Schematic, Simulation, 3D Model,
PCB 설계까지

개정판 9.04

KiCad

기부자 대표 **김훈학**

북스힐

머리말

인류의 인문학적, 철학적 발전사를 통하여 축적되어온 경험적 유산은 현대를 살아가는 인간에게는 끊임없는 삶에 대한 질문과 이를 해결하는 과정을 통하여 미경험의 세계를 현실 세계로 이루어 내는 창조 정신의 뿌리가 되었습니다. 그리고 이러한 창조 정신은 고대로부터 현대에 이르는 시간 축 위에서 꿈과 희망을 채우기 위한 최고의 가치인 정신적인 도구로 사용된 것도 사실입니다. 궁극적으로 창조의 과정은 정신적 깨달음으로 가는 Kairos의 시간과 물질적 욕구를 해소하기 위한 Chronos라는 시간의 상호 보완적 관계 속에서 진화를 거듭하고 있지요. 물질적 산업화의 과정은 창조 정신의 토양 위에서 개인적인 욕구를 해소하기에 합당한 산업 재화의 시대로 이어지고 있으며 여기에는 이러한 산업 재화를 양산하기 위하여 필수 불가결한 다양한 유틸리티들이 등장하게 됩니다. 초기 석기시대에는 인간 스스로 자급자족이 가능한 도구를 자가 제작의 형태로 만들어 사용하기 시작했으나 이러한 도구들의 사용목적과 용도가 복잡해질수록 다양한 재화를 만들어내기 위한 도구들의 효용가치는 상승하고 사용된 도구들 또한 산업 재화로서의 중요한 위치를 차지하게 됩니다.

최첨단 ICT를 기반으로 하는 현대에 이르러서는 다양한 형태의 산업재가 양산되기 시작하였으며 이러한 과정에서는 산업재의 설계와 양산 과정을 위하여 고도화된 하드웨어와 소프트웨어적 유틸리티가 매우 중요한 역할을 하게 됩니다. 초기 인류시대에 산업재를 얻기 위한 자급자족의 도구에는 재화적 가치가 부여되지 않았으나 현대 사회로 이행될수록 고도화, 정밀화된 유틸리티는 또 다른 재화적 비용가치를 지니게 되고 산업재의 비용 가치에 포함될 수밖에 없는 구조를 갖게 됩니다.

현대 산업화 시대의 대표적인 산업재인 소프트웨어 유틸리티는 Microsoft Window

와 같은 운영체제에서부터 프로그래밍 언어인 COBOL, Fortran, Pascal, Basic, C, C#, CSS 그리고 스크립트, 인터프리터 언어인 Java Script, Ruby, Perl, Python등이 출현했으며 최근에는 인공지능 언어로 Scala, Julia, Rust, Lisp, Prolog등과 같은 소프트웨어 유틸리티들도 등장했습니다. 그리고 이러한 소프트웨어 도구를 이용한 설계 목적의 또 다른 유틸리티인 CAD, Graphic Design, 3D Modeling등과 같은 첨단 작업에 필요한 새로운 형태의 도구들도 끊임없이 출현을 하고 있지요. 그러나 이러한 유틸리티는 대부분 산업재로서 비용 가치를 지닌 유료 정책을 따르고 있기에 대단위 산업재를 양산하는 기업이나 단체, 정부기관이외에 소규모 기업이나 개인이 사용하고자 하는 목적에는 제약과 한계가 있어온 것도 사실입니다. 이러한 유틸리티의 사용에 대한 제약으로 창조적 활동이 어려운 소규모 단체나 개인들에게 자급자족 시대에 무상 도구의 개념처럼 무료 오픈소스의 정책을 주장하는 자발적 재능 기부 단체들이 출현하게 되었는데 가장 대표적인 단체가 Linux Foundation으로 지금까지도 이러한 오픈소스 정신을 계승하고 있습니다.

본 교재에서 소개하고자 하는 KiCad 프로그램은 C^{++}과 Python을 기반으로 개발이 되었으며 오프소스 정책을 계승하여 끊임없이 진화를 하고 있는 무료 소프트웨어 입니다. 현재 KiCad 개발자 그룹은 Linux재단의 공익활동에 참여를 하고 있으며 다양한 기업과 단체 및 개인등의 재능 기부와 기부금으로 KiCad 개발자 그룹의 오픈소스 프로그램 정책을 지원하고 있지요. 본 교재의 출판 목적은 국내 오픈소스 환경의 저변을 확대하기 위한 것으로 이러한 오픈소스 정책을 지지하는 110명의 기부자(전공자, 비전공자, 교육계, 중소기업 대표, 다국적 기업 법인장, 국책연구소 임원등)들이 동참하여 모금된 소액 기부금과 교재 출판의 수익금은 KiCad의 발전에 기여하기 위한 목적으로 CERN(유럽입자물리연구소 재단)을 경유하여 기부가 되었습니다.

KiCad 프로그램의 전체 구성은 Schematic Editor, PCB Editor, Footprint Editor, Gerver Viewer, Image Converter, Sheet Editor와 Plugin and Content Manager로 이루어져 있습니다. KiCad 이름에 대한 유래는 1992년에 최초로 초기 버전을 릴리즈한 "Jean-Pierre Charras"의 친구인 "Ki"의 이름에 접미어로 "CAD"를 붙인 것으로 알려져 있으나 지금은 소프트웨어 "KiCad"라는 명칭에 별다른 의미를 부여할 필요는 없습니다. 최근 KiCad재단에서는 매해 연 초에 첫 번째 숫자의 버전 업그레이드를 정례화하고 있고 연중에는 자잘한 버그를 패치하는 방식으로 개선 작업을 진행하겠다는 발표를 하고 있습니다. KiCad는 기존의 상용 EDA도구와 비교할 때 많은 부분에서 경쟁이 가능한 수준으로 프로그램 안정화가 진행되었습니다. 최근에는 Auto-routing 기능은 부분적으로 지원이 되고 있으며 점차 안정화가 이루질 것으로 예상합니다. 전자회로 Simulation 기능은 부품의 시뮬레이션을 위한 라이브러리 지원이 꾸준하게 이루어지고 있으며 버전 9에서는 환경 설정 방법도 직관적으로 개선이 되었습니다. 현재 KiCad의 버전은 9.06 판올림, NGSpice도 45 버전으로 판올림 그리고 부품의 3D 모델링 프로그램인 FreeCAD는 0.2에서 1.02으로 많은 개선이 있었습니다. 이들 프로그램은 대표적인 오픈소스 운영체제인 Linux와 같은 공익적 가치를 지닌 오픈소스 EDA 프로그램의 길을 꾸준히 지켜내고 있어서 많은 응원이 필요합니다.

KiCad 버전 개정에 따른 개선된 부분을 교재에 반영하기로 약속을 지키기 위하여 이번에도 3달여 기간의 개정 작업을 거치고 나서야 출판의 결실을 맺게 되었습니다. 아직도 미흡한 부분이 많습니다. 앞으로도 상위버전으로의 배포판이 발표되는 시기에 맞추어서 개선 내용은 최대한 반영하겠다는 말씀을 드리며 본 교재의 출판에 참여하신 110명의 초기 기부자 분들과 교재의 개정판 출판에 기꺼이 동참해 주신 북스힐 출판사에도 다시 한 번 감사의 인사를 드립니다. KiCad를 포함한 모든 오프소스 소프트웨어가 지향하고자 하는 목표는 인류 공영에 이바지하는 사려 깊은 재능 기부자들의 정신(*σωφροσυνη*)입니다. 감사합니다.

2025. 11

저자 씀

안내 교재를 구매하신 분들께는 Project 파일을 제공해 드립니다. 필요하신 경우 메일로 문의해 주세요. 강의를 진행하시는 교수자 분들께는 Project 파일과 함께 CookBook 파일도 추가로 제공해 드립니다.

학교명과 소속을 기재하신 후 아래 이메일로 문의해 주세요.

- E-mail : bookshill@bookshill.com

CERN & Society
Foundation

CERN & Society Foundation
c/o CERN
Esplanade des Particules, 1
Meyrin, 1217
Switzerland
Tel direct: + 41 754119082
Email: donorcare@csf.cern.ch

Meyrin,

RECEIPT N. CSF-2023-000041

The CERN & Society Foundation (Fondation CERN & Société), a charitable foundation located in Meyrin, Switzerland, with unique identification number CHE - 433.612.330, gratefully acknowledges receipt of the following donation:

Donor:	Hoonhak Kim
Address:	#12 Choansan-ro, Nowon-gu
City:	Seoul
Postal code:	01878
Country:	KOREA, REPUBLIC OF
Amount:	$1,596
Payment method:	Mastercard
Date:	28-06-2023

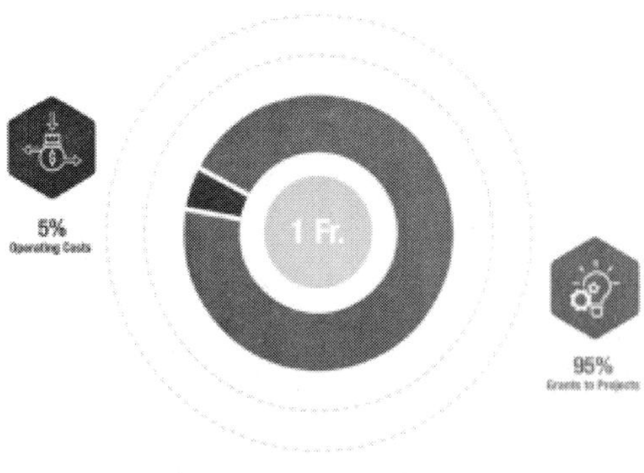

cernandsocietyfoundation.cern

European Organization for Nuclear Research
Organisation européenne pour la recherche nucléaire

Pascale Goy
Head
Partnerships & Fundraising
CERN
CH-1211 Geneva 23
Switzerland

Telephone: +41 22 766 22 32
Email: pascale.goy@cern.ch

Professor Hoonhak Kim
Dean of Library, Department of Computer & Electronics
12 Choansan-ro, Nowon-gu
01878, Seoul
South Korea

Geneva, 31 July 2023

Our reference: IR-DS-PFU-2023-029

Dear Professor Kim,

On behalf of the CERN & Society Foundation, I would like to thank you for your generous donation of USD 1,596 received the 28th of June 2023 in support of KiCad Development Programme.

I was moved by your **dedication to the KiCad's founding spirit, and the remarkable work that has** gone into the publication of the textbook for student education and small business developers in association with KiCad. Additionally, I would like to extend my appreciation for the generosity shown by the 109 individuals who came together to support KiCad. We are grateful for your commitment to advancing education and sharing our philosophy of making valuable knowledge openly accessible to aspiring learners and designers alike.

I remain at your full disposal for any questions regarding the use of the donation or any other subject in relation with the CERN & Society programme of activities.

Thank you once again for your donation. We hope that together we can continue to promote open access to information, create positive change and progress in the world of science and technology.

Yours sincerely,

Pascale Goy
Head of Partnerships & Fundraising
CERN & Society Foundation

표 KiCad 프로젝트 파일 목록 - 따라하기(exercise), 실전 예제

예제 구분	프로젝트 이름	프로젝트 실습 폴더 내용
따라하기 1	Tutorial_exercise_01	도면 일부를 라이브러리 형태로 복사
따라하기 2	Tutorial_exercise_02	새로운 도면 작성 후 저장 및 Schematic편집기에서 새로운 도면 불러오기 실습
따라하기 3	Tutorial_exercise_03	Schematic 편집기에서 Data선 개별 배선 및 벡터 버스 배선 실습
따라하기 4	Tutorial_exercise_04	Schematic 편집기에서 반가산기 계층도면 2개를 이용한 전가산기 설계 실습
따라하기 5	개별 실습	Schematic 편집기에서 새로운 심볼 라이브러리 작성 실습 - 개별 실습
따라하기 6	Tutorial_exercise_06	Schematic 편집기에서 정류 다이오드 회로를 구성하고 내장된 NGspice를 이용한 시뮬레이션 실습
따라하기 7	Tutorial_exercise_07	Schematic 편집기에서 정류 다이오드 회로와 평활 캐패시터를 이용한 리니어 전원회로 구성 및 시뮬레이션 실습과 PCB 제작.
따라하기 8	Tutorial_exercise_07	exercise_07 실습 내용 추가 배선 작업 시 비아의 추가, 배선위치 변경등에 대한 개별 실습
따라하기 9	Tutorial_exercise_09	USB 2.0회로에서 차동 신호 배선에 주름 신호 배선방법에 대한 실습
따라하기 10	Tutorial_exercise_07	exercise_07 실습 내용 추가 PCB 도면 작업 완료 후 거버 파일 생성 방법에 대한 실습
따라하기 11	Tutorial_exercise_07	exercise_07 실습 내용 추가 PCB 도면에 추가적인 로고 이미지 라이브러리 추가 배치에 대한 실습
실전연습 1	Tutorial_01	Schematic 도면이 없이 비아 배치와 Net할당 작업만으로 PCB 도면 완성 실습
실전연습 2	Tutorial_02	로타리 스위치를 이용한 Schematic 스위치 회로 구성 및 PCB 도면 작업 실습
실전연습 3	Tutorial_03	2개 입력 신호와 5 출력 채널을 선택할 수 있는 Schematic 회로구성과 PCB 도면 작업 실습
실전연습 4	Tutorial_04	Transformer와 정류 다이오드, 평활 캐패시터를 이용한 Schematic 회로의 구성과 PCB 도면 작업 및 3D 출력 결과 실습
실전연습 5	Tutorial_05	PCM2704 DAC 소자를 이용한 DA변활 회로의 구성과 PCB 도면, 3D 출력 실습
라이브러리	KICAD_Library	따라하기, 실전연습에서 사용된 라이브러리 모음 폴더

차례

PART1 KiCAD의 기본 정보

PART2 KiCAD의 프로젝트

PART 1

KiCAD의 기본 정보

KiCAD 입문

0.0 KiCAD의 라이센스

KiCAD에는 프로그램 소스코드 개발 라이센스, 문서화 작업 내용과 관련된 라이센스, 신규 부품과 기존 부품의 갱신에 따른 라이브러리 개발에 대한 라이센스 그리고 KiCAD의 웹 페이지에서 설명되고 있는 각종 다양한 문서와 이미지등에 대한 라이센스를 포함하고 있다. 프로그램 소스코드와 문서작업 내용은 GNU General Pulblic License 버전 3 이상의 버전에 따라 개발 및 배포가 이루어지고 있고 KiCAD에서 사용되는 라이브러리는 Creative Commons 라이센스인 CC-BYSA 4.0에 따라 배포가 되고 있다.

GNU General Public License는 2007년에 결성된 Free Software Foundation의 결의 내용을 준수하고 있는 라이센스로 모든 사람에게 문서의 복사와 배포는 가능하지만 변경은 허용되지 않는다. 따라서 본 교재의 모든 내용은 GNU General Public License의 모든 조건을 준수하고 있다.

0.1 KiCAD의 배포

KiCAD는 전자회로 설계 자동화 프로그램(EDA : Electronic Design Automation)으로 버전 3.0이후의 모든 제품군에 GNU 공공 라이센스 정책을 준수해야 하는 무료 배포 소프트웨어이다. 1992년 Jean-Pierre Charras에 의해서 첫 번째 버전이 발표되었으며 지금은 KiCAD개발자 팀에서 지속적인 개발에 따른 새로운 배포판을 공개하고 있다. 2013년에는 CERN BE-CO-HT section에서 KiCAD 리소스를 제공하기 시작했고, 2015년 12월 KiCAD 버전 4.0부터는 포인트 릴리즈 버전의 관리체계에 따라 발표가 되고 있다.

KiCAD의 구체적인 개발 역사와 일반정보 그리고 업데이트 내용은 아래에 표기되어 있는 KiCAD의 공식 인터넷 주소를 통하여 확인이 가능하다. 최근에는 공식적이지는 않지만 1년 단위로 첫 자리 버전 올림이 진행되고 있으며 다음 번 첫 자리 버전 올림이 예정된 1년동안에는 자잘한 버그와 안정화 작업을 진행하는 소숫점이하 버전 올림을 진행하는 방식을 따르고 있다. 본 교재의 작업이 시작될 무렵의 버전이 6.0이었으나 2023년 2월 12일자로 새로운 첫 자리 버전 올림이 발표되면서 현재는 버전 9.06이 배포되었다. 첫 자리 버전 올림이 단 1년 만에 진행되었지만 1000여개의 이슈와 5000여개 이상의 의견 개진이 이루어지고 있다. 이러한 개선과 판올림의 작업에 참여한 개발자등 기여자 수는 전 세계에서 200여명에 이르고 있다. 이번 신규 배포버전에서의 개선 사항에 대한 세부내용은 아래의 주소에서 상세하게 설명이 되고 있다.

https://www.kicad.org/blog/2025/10/KiCad-9.0.6-Release/

신규 배포 버전인 9.06에 추가되거나 개선된 내용은 다음과 같다.

- **향상된 사용자 인터페이스** : 새로운 Zone 관리자 도구, 개선된 텍스트 정의와 단축키 할당 그리고 잘 다듬어진 Net 검사 도구 지원.
- **개선된 Schematic 설계** : schematic과 심볼 편집기의 필터 선택기능, 도면 핀과 계층구조 라벨의 동기화, schematic 규칙 영역 설정등에 대한 개선.
- **고도화된 PCB 설계** : tenting control, 레이어 쌍 관리, dogbone 모서리, 동적 부품 클래스 할당등의 기능 지원.

- 업그레이드된 Export기능 : 3D 모델 내보내기 기능 개선, ODB++ 형식 내보내기 기능 지원.
- 부품의 상호 연계성 관리 : 심볼, footprint 그리고 3D 모델 라이브러리에 대한 중요한 개선.
- 정제된 설계 검토과정 : ERC/DRC 제외기능, 라벨과 배선에 대한 개선된 ERC, 차동 배선쌍에 대한 skew 규칙, creepage와 acute각도에 대한 새로운 설계 규칙검사.
- 대화식 배선기능 개선 : 다중 배선 끌기, 효율성 개선, 배선기와 보드 그리고 DRC 사이에서 길이 계산 통합
- 작업 세트(Jobsets) 출력 : 다중 출력파일 생성을 위한 작업 세트(Jobsets) 정의
- 다중채널 레이아웃 : 보드의 반복되는 부분의 레이아웃 지원.
- Padstacks : 개별 레이어에 대하여 pad/via의 모양, 크기를 독립적으로 제어.
- 다중·복합 파일 : 프로젝트 파일 내에 데이터시트, 3D 모델등을 다중화 지원.
- 베지어 커브 도구 : 모든 편집기에 베지어 도구 지원.

> 용어 Wingdings 마이크로소프트사에서 여러 가지 기호들을 조합하여 만들어낸 글꼴로 윙딩체(영어:Wingdings)는 문자를 다양한 기호로 렌더링하는 일련의 딩뱃 글꼴이다.

> 용어 3Dconnecxion Spacemouse 2D와 3D로 데이터를 입력하는 장치로 현재는 마이크로소프트 윈도우 운영체제와 MacOS에서만 사용이 가능하다.

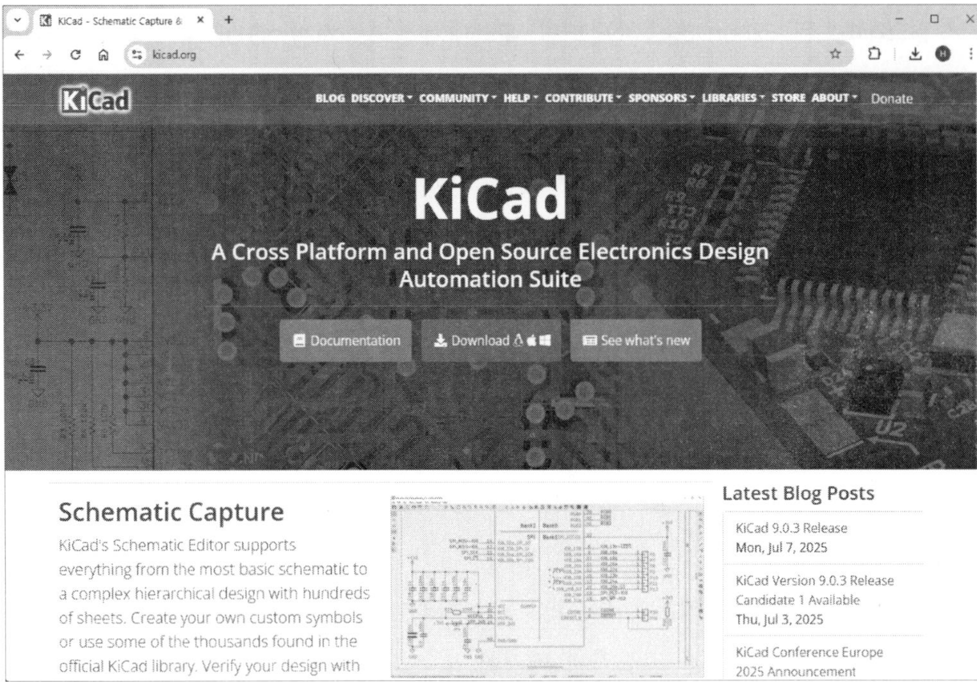

그림 0.1 KiCAD 공식 홈 페이지

KiCAD는 버전 4,5,6,7,8에서부터 9.0에 이르기까지 1년 단위로 지속적인 업데이트 배포판이 발표되었으며 부분적인 캐쉬 오류와 사용자 직관성 개선등의 문제를 해결한 버전인 9.0은 지난 2025년 2월에 Major 버전 9.0이 발표되었다. 이번 버전에서는 모든 플랫폼의 개선과 추가적인 기능들이 업그레이드되었으며 수십 가지의 자잘한 버그가 개선된 9.06 안정화 배포 버전이 최종 발표 되었다.

KiCAD의 플랫폼은 외형적으로 현대적 감각을 바탕으로 일관된 모양과 느낌을 잘 살려내고 있으며, 여타 설계용 소프트웨어와의 교차 호환성의 문제도 손쉽게 전환되도록 사용자 편의를 최대한 반영하고 있다. 그 밖에 시각적 설계언어, 핫키, 대화형 레이아웃과 편집 작업의 흐름 과정도 Schematic 편집과 PCB 편집 방법이 서로 다른 도구가 아닌 마치 하나로 통합되어 있는 것처럼 상호 교차가 부드럽게 연결되어 작업의 연속성으로 편의성이 대폭 개선되었다.

0.2 KiCAD Schematic 작업

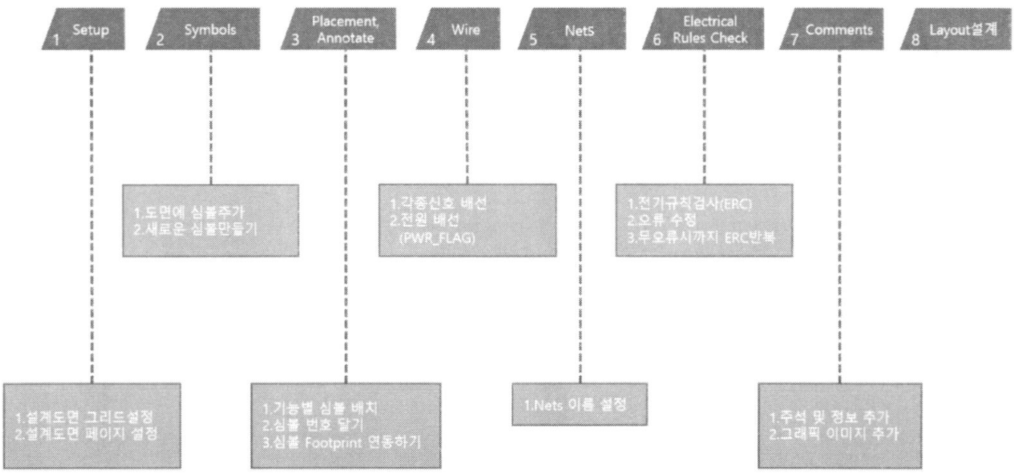

그림 0.2 Schematic 설계 작업 흐름도

Schematic편집 방식은 큰 폭으로 업그레이드가 이루어져서 PCB 편집기와 동일하게 객체를 선택하고 조작하는 패러다임을 일체화하였다. 또한 Schematic 편집모드에서 네트 클래스와 선의 색상, 스타일 규칙을 개별적으로 배선 버스에 적용이 가능하도록 하였고, 계층구조 설계를 하는 경우에 각기 다른 이름을 갖는 신호들을 하나의 그룹으로 묶어서 버스를 만들어 낼 수 있도록 하였다. Schematic의 설계 작업의 흐름은 그림 0.2와 같이 환경설정,부품의 심볼 추가, 부품의 배치와 주석달기, 배선, 네트이름 설정, 전기규칙 검사 및 오류 수정, 주석 및 그래픽 이미지 추가의 순서에 따라 작업이 이루어 진다.

버전 6.0이후에는 KiCAD 보드와 Footprint에서 사용되는 형식을 따라 심볼 라이브러리 형식과 새로운 형태의 Schematic을 지원한다. 이러한 형식에서는 Schematic파일 내부에서 직접 Schematic에 적용된 임베디드 심볼이 사용 가능해지면서 캐쉬 라이브러리가 더 이상 필요 없게 되었다.

> **용어** <u>Schematic</u> 전자 부품등의 라이브러리와 배선 도구등을 사용하여 회도의 설계작업을 하는 도면을 의미한다. 전자회로도면이라고 번역되기도 하는데 여기서는 일반적으로 번역과정 없이 Schematic이라는 용어를 그대로 사용하는 것으로 한다.

0.3 KiCAD PCB 작업

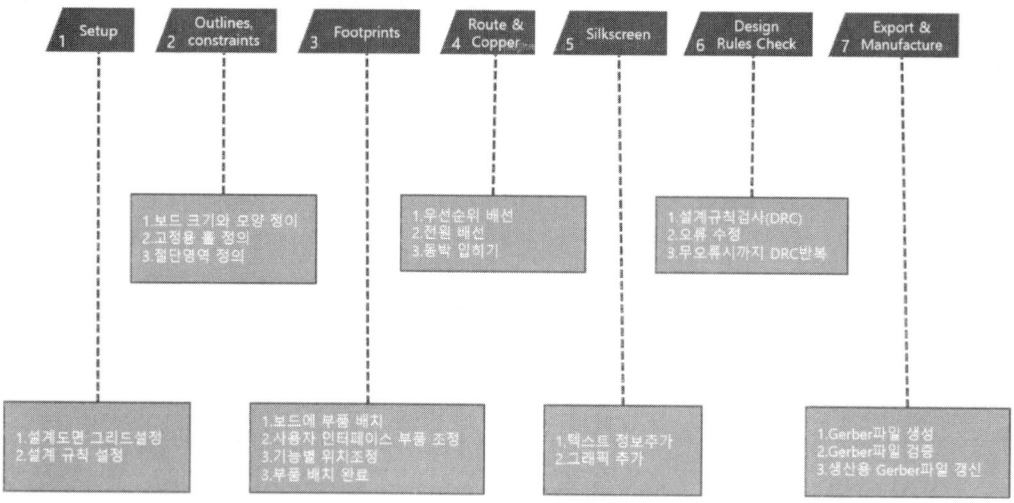

그림 0.3 PCB 설계 작업 흐름도

KiCAD PCB 편집기는 직관적인 형태로 업그레이드되었고, 조금 복잡한 설계를 하는 경우에 사용되는 기능들도 손쉽게 사용가능하도록 다양한 옵션을 지원하고 있다. 작업 중간에 사용자 미리보기를 하고 불러오는 것이 가능해졌으며 일정 구역, 패드, 비아, 트랙등을 개별적으로 감추는 기능도 지원하고 있다. 또한 특정 네트와 네트 클래스에 대한 색상을 설정하거나 설정된 색상을 Ratnests에도 적용가능하며 네트에 연결된 전체 동박에도 이러한 설정 내용을 적용할 수 있다. 또한 편집기 우측 하단에 위치한 새로운 선택 필터(Selection Filter)에서는 선택된 객체의 타입을 제어할 수 있는 기능을 제공하고 있다. 그밖에 3D 보기 기능에는 PCB 편집기에서 선택된 개체들을 밝게 보이게 하거나 배선 추적 시 밝게 보이게 하는 기능도 지원하고 있으며 자주 사용되는 제어기능은 쉽게 선택할 수 있도록 하고 있다. 세부적인 내용의 확인은 계속되는 챕터의 사례를 참고 하도록 하자.

> **용어** <u>Footprint</u> PCB 작업도면에서 부품이 놓이게 되는 형상으로 부품의 종류에 따라서 핀의 위치와 핀 간격등의 조건을 데이터 시트에 따라 사전에 작업을 해놓은 라이브러리를 이용한다. 해당 부품의 라이브러리가 없는 경우에는 사용자가 직접 라이브러리 작업을 해 주어야 한다.

용어 <u>ratnests</u> 부품 간에 배선의 연결을 담당하는 네트가 할당되어 있는 부품들이 상호 연결되어 있는 형태로 뭉쳐있는 덩어리를 의미한다.

0.4 KiCAD의 설치 및 업그레이드

KiCAD의 설치 환경은 Microsoft Window운영체제, 애플사의 MacOS와 다양한 형태의 Linux 배포판 운영체제를 지원하고 있다. 일부 환경에서는 설치와 업그레이드 방법이 다르기 때문에 주의사항을 잘 숙지하기 바란다. 설치 관련 정보는 KiCAD의 홈페이지를 통하여 최신 배포판과 관련된 내용을 참조하면 된다.

KiCAD는 공식적으로 지원하지 않는 플랫폼에서도 설치가 가능하지만, KiCAD 개발팀에서는 향후에는 이러한 환경에서 실행되는 내용을 보증하거나 지원하지 않을 예정이다.

KiCAD의 버전은 "major.minor.point"의 일련번호로 배포가 되는데 major배포 번호는 새로운 기능과 중요한 변화 내용을 코드에 반영하고, minor 번호는 point 번호에 비해서 복잡하지만 비교적 드물게 발생하는 버그를 수정한 내용을 포함하고 point 번호는 단순한 버그들을 수정한 내용을 반영하고 있다. 새로운 버전은 이전 버전과의 호환성을 유지하는데 이 경우 파일은 한번은 새 버전에서 편집되어 저장되며 이렇게 편집된 내용은 이전 버전에서는 사용할 수가 없다.

0.5 KiCAD파일 판 올림

일반적으로 이전 버전에서 설계한 파일을 새로운 버전으로 옮겨가기 위해서는 단순하게 새롭게 설치된 KiCAD에서 이전 버전의 프로젝트 파일을 불러오기만 하면 되는데 이때 Schematic파일과 PCB파일은 한 번 불러오기가 된 이후 새로운 버전에서 각각의 파일을 저장하는 과정만으로 기존의 파일들은 편리하게 판 올림이 이루어진다.

주의 새로운 버전에서 기존의 파일을 불러오기 전에 반드시 이전 버전의 설계 파일은 자동적으로 백업이 이루어 진다.

KiCAD 버전 6.0이상에서는 심볼 라이브러리가 변경되었기 때문에 이전 버전의 KiCAD에서 작업한 내용을 계속해서 사용하려면 반드시 새로운 버전의 포맷으로 판올림이 필요하다. 판올림이 이루어지지 않은 심볼 라이브러리도 읽기 모드로 불러오는 것은 가능하다.

KiCAD 기본용어 및 구성

KiCAD는 유연성을 갖는 소프트웨어 시스템으로 다양하고 효과적인 작업과정을 통하여 일괄적인 작업 결과를 얻을 수 있다. 구체적인 내용은 사용자 커뮤니티의 튜토리얼이나 도움 문서들이 인터넷상에 공개되고 있으므로 이러한 문서를 적극적으로 참조하는 것이 좋겠다.

1.1 KiCAD의 기본용어

KiCAD는 전자회로 설계자동화(Electronic Design Automation : EDA) 소프트웨어 분야에서 사용되는 표준용어를 준수하고 있으며 일부에서는 KiCAD의 독자적 용어도 함께 사용하고 있다.

- **Schematic :** 여러 페이지의 회로도면을 나타내는 그림들의 모음을 표시하는 것으로 KiCAD에서 Schematic 파일은 대부분 단일도면으로 표현되고 있다.
- **Hierarchical Schematic :** 계층구조 도면을 의미하는 것으로 서로 다른 회로를 포함하고 있는 여러 개의 페이지로 구성되어 있다. 계층구조의 최상위에는 반드시 한 개의 주(Root) 도면이 있어야 하며, 하위 계층의 도면에는 여러 개의 하위도면을 포함시킬 수 있다. 예를 들면 하위계층 회로의 복사본을 반복적으로 사용하여 계층도면을 만들어 갈 수 있다. 뒤에서 설명되는 사례를 참고하도록 하자.

- **Symbol :** 설계 도면 위에 놓이게 되는 회로의 구성요소다. 이러한 심볼은 물리적으로 전기적 부품 요소인 저항과 마이크로콘트롤러처럼 물리적 구성요소는 아니지만 전원이나 그라운드 레일과 같은 요소들을 이용한다. 이러한 심볼에는 설계도면 위에서 상호 결선을 할 수 있는 연결점 역할을 하는 핀을 포함하고 있다. 예를들어 저항소자와 같은 물리적 부품 요소의 경우 각각의 핀에는 끝단을 상호 연결하는 두 개의 핀을 가지게 된다. 이러한 심볼들은 Symbol Library에 저장되어 있고 새로 만들어진 것들을 이곳에 저장할 수도 있다.
- **Netlist :** 정보를 다른 프로그램으로 실어 나르기 위해 사용된 도면의 표현방법이다. 여기에는 EDA 프로그램에서 사용되는 다양한 형식이 존재하며 KiCAD에서는 Schematic과 PCB 편집기 사이에서 내부적으로 정보를 서로 주고받기 위한 자체 네트리스 형식을 지원하고 있다. 이러한 네트리스트에는 핀들이 상호 연결되는 정보를 담고 있어서 각각의 네트와 연결된 핀에는 사용된 이름에 대한 정보가 포함되어 있다. 이러한 네트리스트는 파일 형태로 존재할 수 있으나 최근 버전의 KiCAD에서는 이러한 과정이 내부적으로 처리되고 있다.
- **Printed Circuit Board(PCB) :** 설계 도면이 실제로 구현된 결과로 각각의 KiCAD PCB 보드 파일은 단일 PCB 설계 내용을 나타낸다. KiCAD 내부적으로는 공식적인 PCB의 패널이나 배열을 만들어 내는 방법을 지원하고 있지는 않지만 일부 커뮤니티에서는 기능적으로 이러한 내용을 지원하고 있다.
- **Footprint :** PCB에 놓이게 되는 회로 부품의 배치 요소이다. Footprint는 물리적으로 전자부품을 의미하지만, 설계 구성요소의 라이브러리로 사용되기도 한다. 예를 들면 실크인쇄, 로고, 동박 안테나, 코일등이 대표적이다. 또한 전기적으로 연결되어 있음을 나타내는 패드를 포함할 수도 있다. 네트리스트는 이러한 Footprint 패드와 심볼 핀이 상호 연관성을 갖기도 한다.
- **Worksheet :** 템플릿을 의미하며 여기에는 Schematic과 PCB를 위한 템플릿으로 사용되는 것으로 타이틀 블록, 프레임등을 포함하고 있다.
- **Plotting :** 설계도면에서 대량생산을 위한 출력물을 만들어 내는 과정이다. 이러한 출력물에는 기계가 읽어들일 수 있는 Gerber 파일과 같은 포맷을 지원하며 사용자가 관리하기 편하도록 PDF방식의 그림도 지원한다.

- **Ngspice :** 버클리의 SPICE를 기반으로 하는 혼합 신호의 회로 시뮬레이터로서 KiCAD의 Schematic 편집기에는 이러한 기능을 포함하고 있기 때문에 Schematic 모드에서 회로의 시뮬레이션 결과를 실행해 볼 수도 있고 결과를 그래픽 형태로 출력해 볼 수도 있다.

1.2 KiCAD의 구성

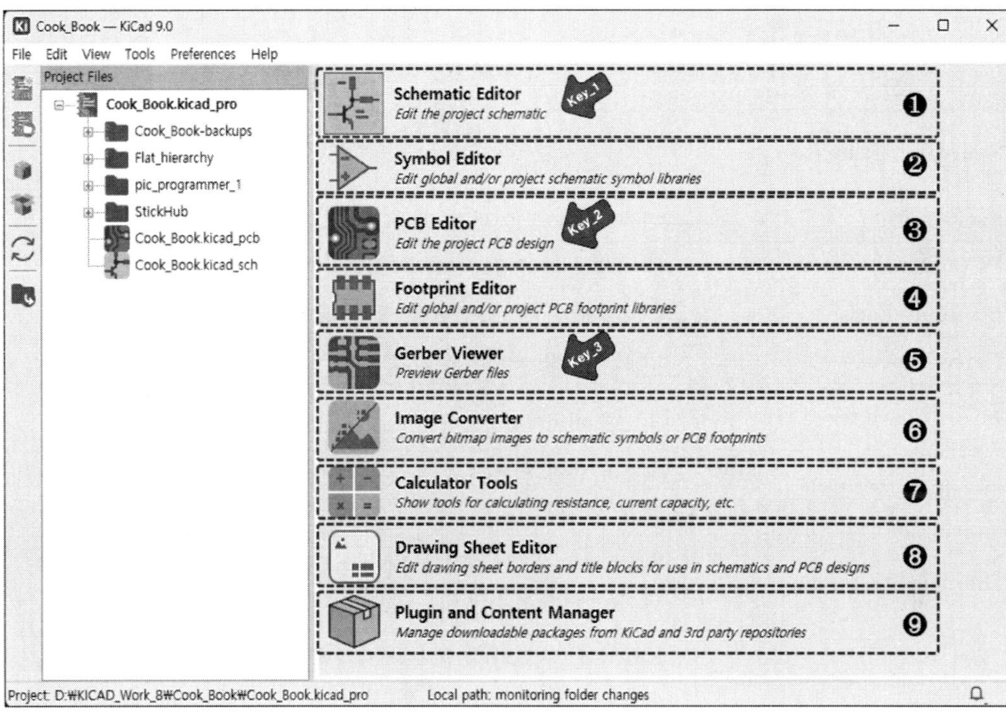

그림 1.1 KiCAD 프로그램 구성

KiCAD는 기능별로 모듈화된 9개의 소프트웨어들이 모여 하나의 종합 프로그램으로 실행하도록 구성되어 있다. 이들 중 일부는 PCB 설계 작업의 편리성을 위해서 통합된 것도 있고 일부는 단독으로 사용하는 것도 가능하다. 초기 버전에서는 이러한 소프트웨어 구성요소들이 거의 통합되어 있지 않았다. 예를 들면 Schematic 편집기(Eeschema라는 명칭을 가지고 있음)와 PCB 편집기(PcbNew라는 명칭을 가지고 있음)는 서로 직접적인 연관성을 갖지 못했다. 따라서 Schematic에서 설계된 내용을 기반으로 PCB

를 만들어내기 위해서 사용자는 Eeschema에서 네트리스트 파일을 만들고 PcbNew에서 이 네트리스 파일을 읽어 들이는 두 가지 과정으로 처리가 되었다. 그 이후 배포판에서는 Schematic과 PCB 편집기가 KiCAD프로젝트 관리자로 통합이 되면서 더 이상 번거로운 네트리스트 파일이 필요하지 않게 되었다. 대부분의 튜토리알 문서에서는 KiCAD의 작업이 구버전에서의 작업 내용을 담고 있기 때문에 두 가지 단계의 네트리스트 파일 처리 과정을 소개하고 있다. 따라서 KiCAD의 버전에 따라 필요한 튜토리얼 문서을 참조하면 되겠다.

표 1.1 KiCAD 프로그램 구성

주요 구성 요소	기능 설명
Schematic Editor	전자회로의 편집, 생성-SPICE를 이용한 시뮬레이션, BOM파일 생성
Symbol Editor	전자회로의 심볼 편집, 생성, 심볼 라이브러러리 관리
PCB Editor	PCB생성 및 편집-2D 혹은 3D 파일 출력, 양산용 파일 생성
Footprint Editor	PCB부품 Footprint 편집, 생성 및 Footprint 라이브러리 관리
GerberViewer	PCB 양산용 거버 파일과 드릴 파일 보기
Image Converter	비트맵 이미지를심볼이나 Footprint로 변환 NEW
Calculator Tools	부품이 연결된 트랙의 폭, 전기적 이격 공간, 색상 코드등에 대한 계산기
Drawing Sheet Editor	Schematic, PCB 설계를 위한 도면의 크기를 나타내는 경계선이나 타이틀 블록을 편집 NEW
Plugin and Content Manager	KiCAD와 써드파티 정보탱크로부터 내려받기가 가능한 패키지를 사용하기 쉽게 관리 NEW

주요 KiCAD 구성요소들은 프로젝트 매니저 창에 위치한 실행 버튼을 통하여 작업을 시작하게 된다. 계속되는 챕터에서 해당 모듈 프로그램의 실행과정에 대한 사례를 참고하도록 하자.

1.3 KiCAD 사용자 인터페이스

KiCAD에서는 각각 다른 편집 창에 대하여 공통적으로 적용이 되는 사용자 인터페이스를 제공하고 있다. 설계에 사용되고 있는 객체(부품, Footprint, 배선등..)는 선택 대상을 마우스 클릭으로 선택할 수 있고 편집 창 내에서 Drag(끌기)가 가능하다. 오른 쪽에서 왼쪽으로 대상을 Drag하는 것은 활성 창 내에서 임의 항목을 선택한 것과 같다. 그리고 대상을 클릭하거나 Drag하는 동안 특정 수정 키를 누르는 것은 선택된 기능이 바뀌는 것을 의미한다.

KiCAD 편집기는 편집기 내부 포함되어 있는 하나의 모드로 취급되는 일종의 도구라는 개념을 가지고 있다. 이러한 도구의 기본 값이 선택도구(Selection Tool)이다. 그 밖에 새로운 객체를 배치하거나, 기존의 객체에 대한 검사 등을 하는 도구들도 있다. 이와같이 현재 사용 중인 도구는 도구들을 모아놓은 막대 목록에서 밝은 색상으로 표시되며 사용하고 있는 도구의 이름은 편집기의 오른 쪽 하단에 위치한 상태 표시 막대에 나타난다. KiCAD에서 ESC키는 취소의 의미를 갖는다. 예를 들어 트랙을 배선하는 중간에 ESC키를 한 번 누른 다는 것은 배선 작업을 취소한다는 의미이다. 그리고 다시 한번 더 ESC키를 누르면 현재의 도구에서 빠져나가 처음 상태로 돌아간다. 선택도구가 활성상태에서 ESC키를 누르는 것은 모든 선택을 취소하는 것이다.

02

KiCAD 준비 작업

KiCAD는 전자회로 도면을 설계하여 작성한 결과를 PCB 보드의 형태로 결과물을 출력하기 위한 오픈소스 소프트웨어로 전자회로도면(Schematic)과 연계된 PCB가 상호 연동이 되어 설계의 완성도를 높여가는 통합 설계 작업 환경을 지원한다. 또한 대부분의 컴퓨터 운영체제에서 설치 운영이 가능하며 지원하는 하드웨어 환경의 범위도 매우 넓다. PCB 설계의 경우에는 최대 32개의 동박 레이어(Copper layers: 32 ∨)를 지원하고 있어서 복잡한 설계를 진행하는 경우에도 무리 없이 설계가 가능하다. 이와같이 KiCAD는 전문적이고 실무적인 설계를 원하는 사람들을 위한 오픈소스 전자설계 소프트웨어이며, 무료 배포라는 취지를 지향하고 있다. 여기에는 전 세계의 소프트웨어 엔지니어와 전기전자공학 엔지니어들이 지속적인 개발과 개선을 위하여 자원봉사자로 참여하고 있으며 현재도 끊임없는 이들의 노력으로 무한한 가치를 향한 진화를 거듭하고 있는 소프트웨어이다.

2.1 KiCAD 기본사항

- **시스템 요구사항 :** 대부분의 운영체제에서 실행이 가능하지만 낮은 성능의 하드웨어 환경에서는 작업 속도가 현저히 떨어지고 작업에 어려움이 발생할 가능성이 있다. 따라서 경험상 최소한의 그래픽 카드 성능을 확인하고 해상도는 최소 1980×1080이상인 디스플레이 환경을 권장한다.

KiCAD를 운영하기에 적합한 하드웨어 환경에 대한 정보는 아래의 사이트를 참조하도록 하자.

https://www.kicad.org/help/system-requirements/

- **KiCAD 파일과 폴더 :** 전자회로와 보드설계를 위해서 다음과 같은 파일 속성을 갖는 파일을 작성하거나 이용을 한다. 신규 버전에서는 새로운 jobset이라는 개념이 등장했는데 출력 작업 목록들과 저장하게 될 목적지를 포함한 것을 jobset이라고 한다. jobset은 한 번의 클릭으로 만들어지는 모든 출력의 결과에 대한 목록으로 사전에 환경설정을 해두고 사용할 수 있다.

표 2.1 프로젝트(Project) 관리 파일

*.kicad_pro	전자도면 Schematic과 PCB 설계 프로그램이 공유하고 있는 환경설정내용을 포함하고 있는 프로젝트 파일이다.
*.pro	이전 버전(kicad 5.x 이전)의 프로젝트 파일로 프로젝트 관리자를 통하여 상위 버전 "*.kicad_pro"로 변환할 수 있다.

표 2.2 전자도면(Schematic) 관리 파일

*.kicad_sch	전자부품관련 정보를 포함하고 있는 전자회로도면 파일이다.
*.kicad_sym	전자부품관련(그래픽 모양, 핀, 필드) 부품정보를 담고 있는 전자회로도면용 심볼 라이브러리 파일이다.
*.kicad_blocks	Schematic 설계 블록 라이브러리 폴더이다. 이 폴더 자체가 라이브러리로 동작한다. NEW
*.kicad_block	재사용 가능한 schematic 설계를 정의하기 위한 Schematic 설계 블록 폴더다. 여기에는 설계 블록 schematic을 정의해 주는 .kicad_sch 파일과 설계 블록의 메타데이터를 정의해 주는 .json파일이 포함되어 있다. NEW
*.wbk	SPICE 시뮬레이션 설정 정보를 가지고 있는 시뮬레이터 학습용 파일이다. NEW
*.sch	이전 버전(kicad 5.x 이전)의 전자회로도면 파일로서 읽어드린 후 상위 버전 "*.kicad_sch"로 변환할 수 있다.
*.lib	이전 버전(kicad 5.x 이전)의 전자회로도면 라이브러리 파일로서 읽기는 가능하지만 저장이 되지 않는다.

*.dcm	이전 버전(kicad 5.x 이전)의 전자회로도면 라이브러리 문서 파일로서 읽기는 가능하지만 저장이 되지 않는다.
*-cache.lib	이전 버전(kicad 5.x 이전)의 전자회로도면 부품 라이브러리 캐쉬 파일로서 이전 버전의 "*.sch"파일의 불러오기가 필요하다.
sym-lib-table	심볼 라이브러리 목록(심볼 라이브러리 테이블)으로 전자회로도면 편집창에서 사용가능한 심볼 라이브러리 목록이다.
design-block-lib-table	설계 블록 라이브러리 테이블-schematic 편집기에서 사용가능한 설계 블록 라이브러리의 목록이다.

표 2.3 보드(Board) 편집 파일과 폴더

*.kicad_pcb	페이지 레이아웃을 제외한 모든 정보를 포함하는 PCB 보드 파일이다.
*.pretty	Footprint 라이브러리 폴더로 폴더 자신도 라이브러리이다.
*.kicad_mod	Footprint 파일로 각각의 Footprint에 대하여는 하나의 설명을 포함하고 있다.
*.kicad_dru	설계규칙 파일로서 특정 .kicad_pcb파일에 대한 사용자가 설정한 설계규칙을 포함하고 있다.
*.brd	이전 버전(kicad 5x 이전)의 보드 파일로서 새 버전의 편집기에서는 읽기는 가능하지만 저장이 되지 않는다.
*.mod	이전 버전(kicad 5.x 이전)의 Footprint 라이브러리 파일로서 Footprint나 보드 편에서 읽기는 가능하지만 저장이 되지 않는다.
fp-lib-table	Footprint 라이브러리 목록-보드편집기에서 사용이 가능한 Footprint 라이브러리 목록을 포함하고 있다.
fp-info-cache	Footprint 라이브러리 불러오기 속도를 올려주는 캐쉬이다.

표 2.4 공통(Common) 파일

*.kicad_prl	현재 프로젝트에서 레이어 보이기, 선택된 필터와 같은 가장 최근에 사용된 설정내용과 같은 부분적인 환경설정 내용을 담고 있다. 반드시 필요한 내용은 아닐 수 있다.
*.kicad_wks	페이지 레이아웃(보드의 경계, 타이틀 블록)의 설명 파일이다.
*.kicad_jobset	출력 작업목록을 포함하고 있는 jobset을 정의한 파일이다.
*.net	네트리스 파일은 전자회로도면에서 만들어 지며, 보드 편집기에서 읽어들이게 된다. 이 파일은 부품과 Footprint가 분리되어 있는 것을 선호하는 사용자를 위한 것으로 ".cmp"파일과 연계되어 있다.
*.cmp	Schematic에서 사용된 부품과 Footprint의 연계된 내용을 포함하고 있다.

	이러한 내용은 Pcbnew에서 만들어지고 Eeschema에서 불러오기가 된다. 이것은 Pcbnew에서 Eeschema로 변화되는 내용을 유연하게 연계하여 가져오기 위한 목적이다. 즉, Pcbnew내부에서 Footprint변경을 하고, Schematic에서 이러한 변경 내용을 불러오기를 하는 작업을 해오던 사용자를 위한 것이다.

표 2.5 기타(Others) 파일

*.gbr	PCB 양산을 위한 거버 파일이다.
*.drl	PCB 양산을 위한 드릴 정보파일이다.
*.pos	부품 자동 삽입을 위한 위치 정보파일(ASCII포맷)이다.
*.rpt	문서용 보고서(ASCII포맷) 파일이다.
*.ps	문서용 출력(Postscript) 파일이다.
*.pdf	문서용 출력(PDF포맷) 파일이다.
*.svg	문서용 출력(SVG포맷) 파일이다.
*.dxf	문서용 출력(DXF포맷) 파일이다.
*.plt	무서용 출력(HPGL포맷) 파일이다.

- **KiCAD 파일의 저장과 전송**: KiCAD의 Schematic과 보드 파일에는 사용된 Schematic의 모든 심볼과 라이브러리를 포함하고 있기 때문에 별다른 문제가 없는 경우에는 백업과 저장을 할 수 있다. 이 경우 중요한 설계 정보는 프로젝트 파일 ".kicad_pro"로 저장하고 필요한 경우 원하는 곳으로 보낼 수도 있다. 또한 프로젝트의 부분적인 환경설정 내용을 담고 있는 ".kicad_prl"나 "fp-info-cache"와 같은 파일은 반드시 필요한 것은 아니기 때문에 무시 목록에 등록하여 프로젝트를 간편하게 관리할 수도 있다.

2.2 KiCAD v9.x 설치 및 부품 라이브러리 구성

2021년 12월25일에 오프소스 하드웨어 지지자들에게는 현재 KiCAD의 중요한 프레임을 갖춘 v6.x이 탄생한 최고의 날 이었다. 그리고 2023년 2월에는 v7.x, 2024년 2월에는 v8.x 그리고 2025년 2월에는 v9.x가 배포되면서 실무자나 KiCAD지지자들이 평소 바램이었던 희망 사항들을 적극적으로 반영한 오픈소스 EDA로 거듭나고 있다. 지금은 v9.06의 안정화 버전이 다운로드가 가능한 상태이고 새 버전에 대한 문서작업이 진행중이지만 끊임없는 버전의 판올림으로 문서의 결과는 실시간 버전으로 지원되는 것은 거의 불가능한 일이 되고 있다. 구 버전에서는 Eagle과 같은 EDA 도구를 사용하는 사용자에게는 직관성이 떨어지고, 사용하는데 애매모호한 부분이 있었던 것도 사실이다. 그러나 지속되는 버전의 판올림으로 초보자나 실무자에게 사용자 친화적으로 개선되고 있다는 사실은 매우 고무적인 변화라고 할 수 있다.

https://www.kicad.org/download/

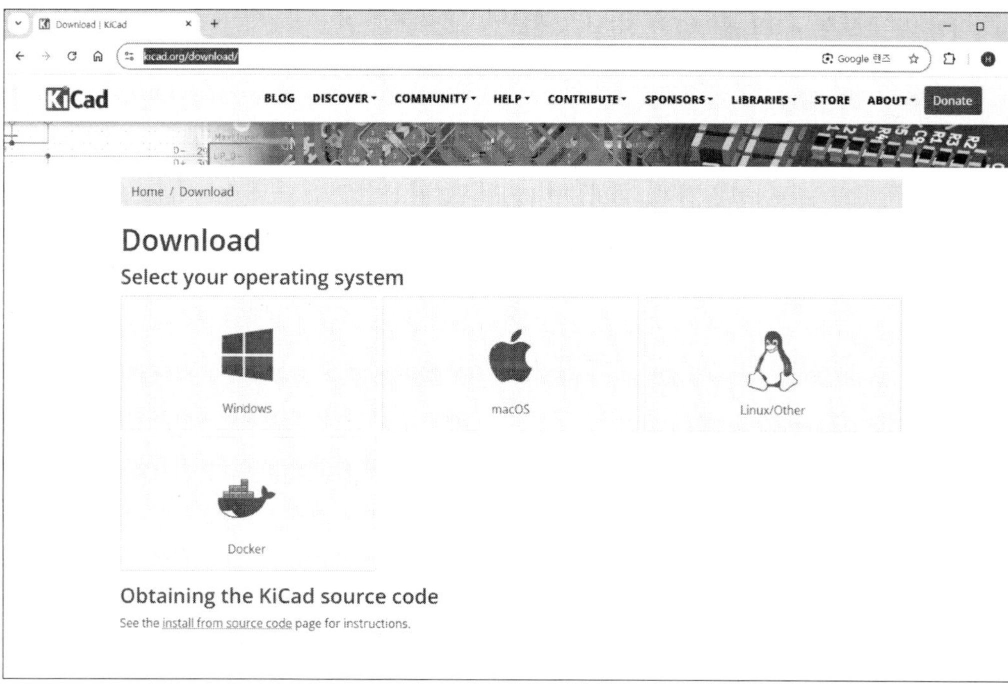

그림 2.1 KiCAD 다운로드 사이트 화면

새로운 버전은 위의 주소에서 본인의 운영체제에 따라서 선택적으로 내려 받기를 하면 된다. KiCAD가 처음인 사용자는 기존에 제공되고 있는 문서파일들을 사전에 일독하기 바라며 v6.x 이하의 기존 사용자의 경우라면 만일의 경우를 대비하여 기존 버전을 삭제하지 말고 당분간 그대로 유지하기 바란다. 계속되는 설명에서는 기존의 버전과 새로운 버전의 프로그램을 동시에 유지하면서 관리하는 방법을 소개하기로 하겠다. 최신 v9.x 배포판은 64비트 운영체제를 권장하며, 기존의 Git version 관리를 하는 방법에 어려움이 없는 사용자라고 가정을 하고 설명을 진행하고자 한다. 만일 익숙하지 않은 사용자일지라도 Git version을 직접 다루어 볼 수 있는 좋은 기회라고 생각하도록 하자. 이와같이 새로운 버전 관리는 PCB 설계와 같은 반복되는 설계 작업에 있어서 반드시 필요한 과정이다.

2.3 KiCAD 버전 v9.x의 주요 개선사항

(1) 프로젝트 관리 및 일반 개선 사항

- **출력 jobsets** : 사용자가 다수의 출력파일(fabrication, assembly, document, 등)을 한 번의 선택(클릭)으로 정의하고 만들어 낼 수 있다. 이러한 jobsets는 연속적인 작업처리와 프로젝트 간에 재사용이 가능하다.
- **git 통합** : 현재 KiCad 프로젝트 관리자에서 버전 제어를 위해서 기본적인 git동작을 지원하고 하고 있으며 상호 협동 방식의 설계와 배선의 변경 내용에 대하여도 중요한 추가사항을 지원하고 있다.
- **임베디드 파일** : 데이터 시트, 3D 모델 그리고 폰트와 같은 외부 파일은 Schematic이나 보드 파일에 직접 포함시킬 수 있도록 프로젝트 사용의 간편함이 개선되었다.
- **Altium 프로젝트 가져오기** : Altium에서 설계한 schematic과 보드 파일을 가져오기 기능이 개선되어 기존의 프로젝트의 판 올림이 용이해 졌다.
- **사용자 인터페이스 강화** : 패닝과 줌 기능 그리고 스냅 기능과 같은 사용자 인터페이스가 세련되게 다듬어 졌고 편집기 사이의 연결성이 강화되었다.
- **플러그인 API(IPC)** : PCB 편집기에서 API를 기반으로한 새로운 상호 처리 통신(IPC)으로 안정성과 플러그 인 지원을 위한 확실한 기반을 갖추는 것을 지향점으로 하고 있다.(향후 지속적으로 개선될 예정)

(2) Schematic 편집기 개선 사항

- **네트 내비게이터 강화 :** 현재 네트 내비게이터에서는 schematic내의 모든 네트를 표시한다. 내비게이션 동작은 쉽고 편리하며 필터링 기능까지 지원하고 있다.
- **전역/지역 라벨에 대한 ERC :** 동일한 이름을 갖는 전역/지역 라벨과 미연결 끝점에 대한 전기규칙검사(ERC) 기능이 개선되었다.
- **심볼 편집기 개선 :** 감춰진 필드의 안 보이기 옵션을 지원하고, 심볼 편집기에서는 핀 끌기 기능이 가능하며, 상호 배타적 핀 모드 표시기가 지원된다. 전체 시트를 대상으로 "채우지 않기(do not populate)", "보드/BOM 배제하기", "시뮬레이션 배제"등을 표시할 수 있다. 다중 네트 클래스를 순서 맞춰서 단일 네트에 할당하는 것도 가능하다.
- **테이블 :** schematic 편집기에서 그리기와 테이블 형태의 데이터 편집 기능을 지원하고 있다.
- **필터의 선택 :** PCB 편집기에서 사용되었던 필터 선택 기능이 schematic과 심볼 편집기에서도 지원이 되어 보다 정확한 필터의 선택이 가능해 졌다.

(3) PCB 편집기 및 Layout 개선 사항

- **Pad stack :** 현재 KiCAD에서는 각기 다른 레이어에서 각각 다른 동박 모양을 갖는 PTH(도금된 관통 홀) 패드 혹은 모든 동박 레이어에서 단일 모양을 갖는 PTH 패드를 지원하므로서 패드 설계 시 강력한 유연성을 제공하고 있다.
- **Tenting 제어 :** 비아별 재정의를 통하여 보드를 기준으로 최상층(top)와 최하층(bottom)면을 구역별로 세분화한 제어가 가능해 졌다.
- **영역(Zone) 관리자 :** 개별적으로 각 영역을 편집하지 않고서도 다른 설정값이나 영역의 우선순위를 조정할 수 있고 사전 보기가 매우 편리해졌다.
- **다중 트랙 끌기 :** 밀기와 당기기 배선에서 다중 트랙을 동시에 끌기가 가능해졌다. 이러한 기능은 버스와 같은 배선을 하는 경우 배선의 효율성이 매우 높아졌다.
- **모양 변형 도구(Shape Modification Tool, "Dog=bone" tool) :** 내부 보드의 절단 부분에 대하여 적절한 "dog bone"(개 뼈모양)을 만들어 주는 도구로서 둥근 모서리의 형태가 생산과정에서 제약 사항이 발생하는데 이러한 방법으로 조정이 가능하다.

- **대화식 위치 교정 도구 :** 선 그리기나 정확한 이동 벡터를 정의해 줌으로서 객체의 위치를 잡아주는 편리한 도구다.
- **레이어 쌍 사전 설정 :** 레이어 쌍의 작업을 위하여 사전 설정 값와 빠른 전환 목록이다.
- **다중 레이아웃 :** 보드의 단면에 반복되는 레이아웃을 지원하는 것으로 반복회로를 갖는 설계의 경우에 매우 유용한 기능이다.
- **통합 길이 계산 :** 배선기, PCB네트 검사기와 DRC 검사를 하는 경우 길이 계산의 불일치 내용을 하나로 통합한 기능으로 정확한 결과 값을 얻을 수 있다.
- **신규 DRC검사 :** creepage(두 도체사이 최단거리), 차동신호 쌍의 비대칭, 그리고 트랙간 좁은 각도(예각)등을 검사하는 기능이 추가되었다. creepage와 clearance(안전이격 거리)의 검사는 시각적으로 최소 경로를 표시해 준다.
- **동적 부품 클래스 할당 :** 부품들은 다양한 조건에 따라서 클래스에 할당되는데 이것은 다중 채널 레이아웃이나 DRC규칙을 적용하기 위해서 사용될 수 있다.

(4) 시뮬레이션 개선 사항

- **개선된 SPICE 시뮬레이션 :** 시뮬레이션용 심볼 속성이 고도화된 처리 방식을 지원하고 있어서 통합 SPICE 시뮬레이터의 성능이 지속적으로 개선되고 있다.

(5) Export(내보내기) 및 출력 개선 사항

- **ODB++ 내보내기 :** 보드 설계의 결과는 제작과 조립 정보의 이해가 용이한 포맷인 ODB++포맷으로 내보내기가 가능하다.
- **개선된 3D 모델 내보내기 :** 다양한 3D 모델 포맷의 지원이 강화되었으며 내보내기가 된 동박 세부 정보와 데이터를 기반으로 하는 제어 방식이 강화되었다.
- **솔리드 3D 모델 내보내기 :** 솔리드 3D 모델을 내보내기 위하여 새롭게 추가된 옵션으로 융합된 구리 형상, 단일 네트 내보내기, 새로운 파일 포맷(BREP,XAO)등이 포함되어 있다.
- **개선된 STEP 내보내기 :** PCB 편집기에서 부품의 선택적 내보내기가 다양해졌다.

2.4 KiCAD의 새로운 시작

KiCAD를 처음 사용하는 사용자는 기존의 사용자에 비해서 오히려 본인의 시스템에서 KiCAD가 어떻게 구성이 되는 지 단계별로 기능을 파악하고 이해하는 것이 오히려 수월할 수도 있다. 첫 번째 단계로 자신의 컴퓨터 운영체제에 따라 최신의 안정버전을 다운로드 받으면 되는데 대략 설치파일의 크기는 1.03GB가 된다. 이것은 표준 설치파일이며 응용프로그램과 가장 최신 라이브러리 팩을 포함하고 있다. KiCAD의 설치 경로에서 실행 프로그램 모음 /bin 폴더의 크기는 500MB정도이며 나머지는 라이브러리를 위한 공간이라고 생각하면 된다.

(1) KiCAD의 설치과정

설치 과정은 사용자의 요구사항을 반영하여 진행하면 되는데 처음 사용자의 경우라면 기본 값으로 설치를 하면 된다. 만일 특정 라이브러리의 설치를 원하지 않는 경우에는 설치 패키지에서 원하는 라이브러리만 선택해서 진행할 수도 있다. 설치되는 내용은 3가지 요소로 Schematic 심볼, Footprint 그리고 3D 모델로 이들 항목은 서로 개별적으로 분리된 라이브러리에 속한다.

설치를 완료한 이후에 곧바로 데모용 프로젝트를 실행해 보기 위해서는 설치를 진행할 때 Demonstration project 항목을 선택해서 진행하는 것이 바람직하다. 왜냐하면 기본적으로 제공되는 데모 프로젝트를 실행해 봄으로써 KiCAD의 전반적인 기능과 사용방법을 짧은 시간 동안 경험할 수 있기 때문이다. 또한 파일 탐색기를 통해서 KiCAD 파일을 곧바로 열어보기 위해서는 File Associations 항목도 체크를 하고 설치를 하는 것이 좋다. 다음 단계는 KiCAD가 설치될 경로를 정해주어야 하는데 특별하게 설치 위치를 정해줄 필요가 없는 경우에는 기본 경로 값으로 설치가 진행된다. 새로운 버전의 기본 설치경로와 이전 버전의 설치경로가 다른데 이것은 이전 버전과 새로운 버전 간의 설치 경로의 충돌을 방지하기 위함이다.

KiCAD의 설치가 완료되면 C:\Program Files\KiCad\9.0 폴더에는 bin, etc, lib, share 라는 4개의 폴더가 만들어 지며 KiCAD 아이콘(Ki)이 데스크탑 화면과 시작메뉴에 나타난다. PCB 도면 설계시 Footprint의 3D 모델 라이브러리가 없는 경우에 새롭게 3D 라이브러리를 생성하기 위한 오픈소스 프로그램인 FreeCAD를 설치하고 교재의 후반부에서 소개하고 있는 3D 라이브러리 만들기 과정을 통하여 생성된 라이브러리를 Footprint 라이브러리에 등록하여 사용할 수 있다.

그림 2.2 KiCAD 버전 v9.x의 최초 설치화면

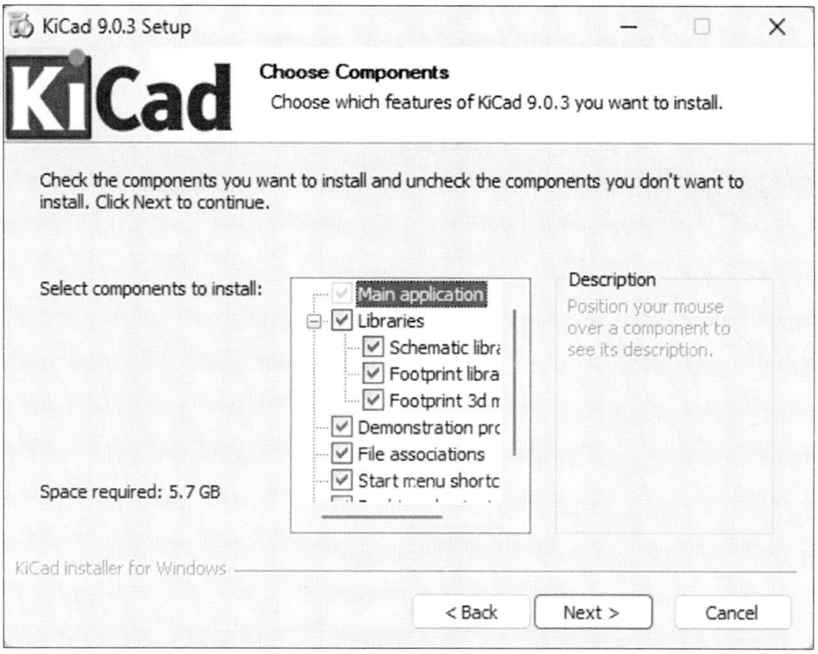

그림 2.3 KiCAD 설치 구성요소의 선택 화면

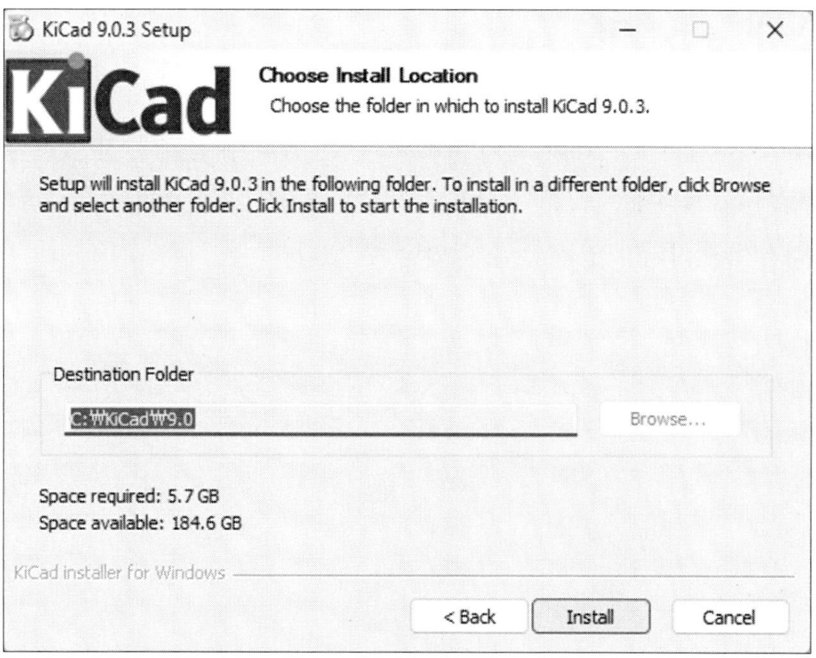

그림 2.4 KiCAD의 기본 설치 디렉토리

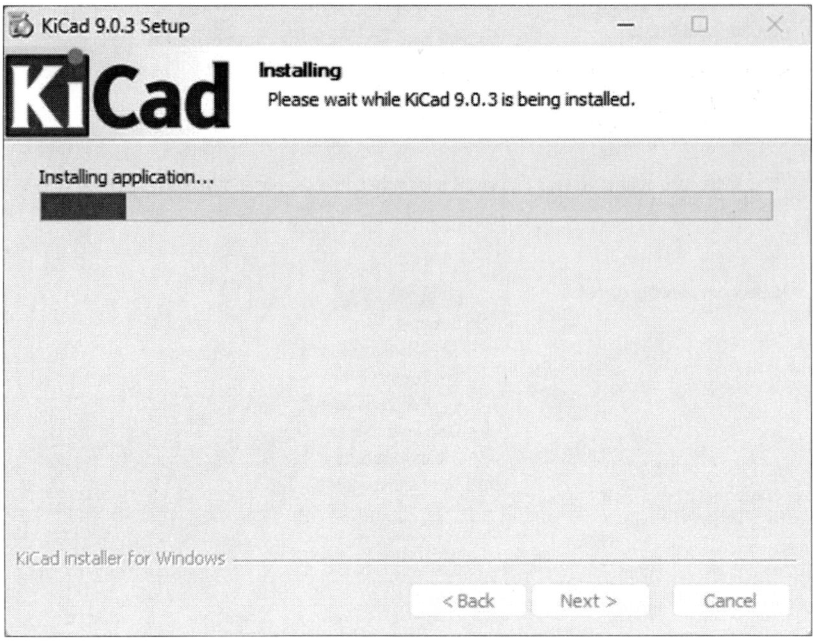

그림 2.5 KiCAD설치 진행 화면

(2) KiCAD의 설치 파일

필자는 새로운 버전 v9.x의 KiCad 프로그램을 "C:\KiCad\9.0"에 설치를 하였기 때문에 Root 디렉토리에 아래와 같이 KiCad 관련 폴더가 만들어 진 것을 확인할 수 있다. 참고로 bin 폴더에는 모든 응용프로그램이 저장되어 있으며 share 폴더에는 모든 라이브러리가 설치되어 있는 것을 확인할 수 있다.

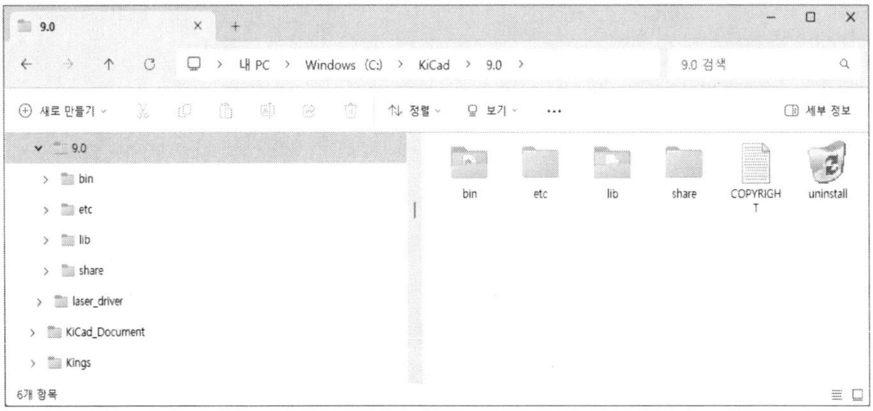

그림 2.6 C:₩KiCad₩9.0 디렉토리

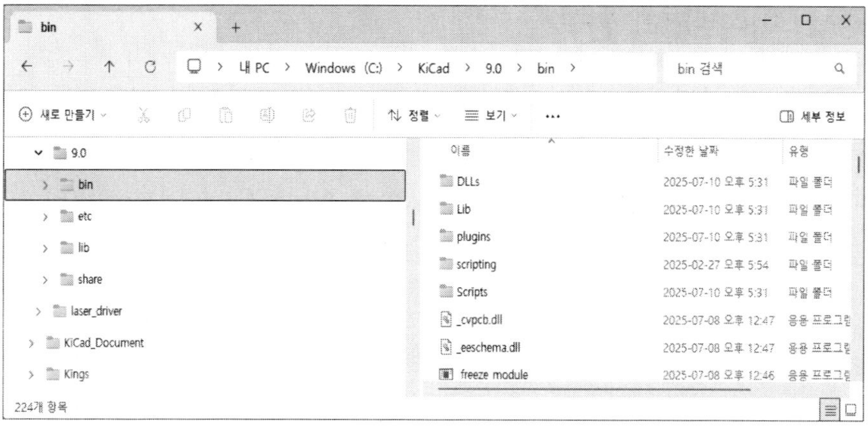

그림 2.7 C:₩KiCad₩9.0₩bin 디렉토리

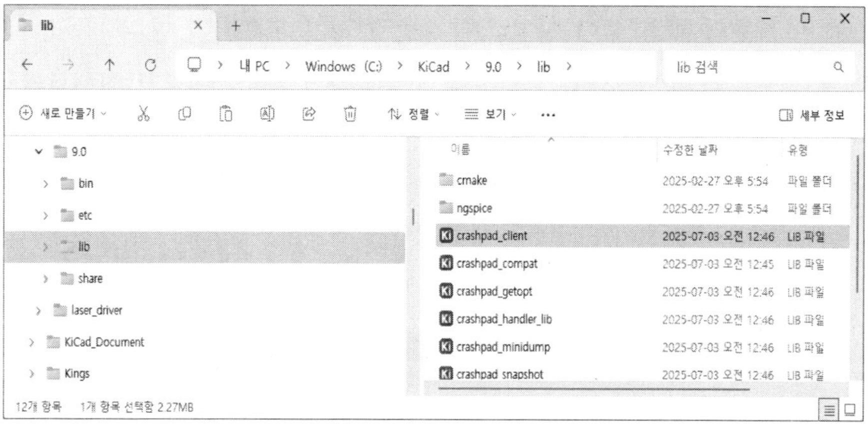

그림 2.8 C:₩KiCad₩9.0₩lib 디렉토리

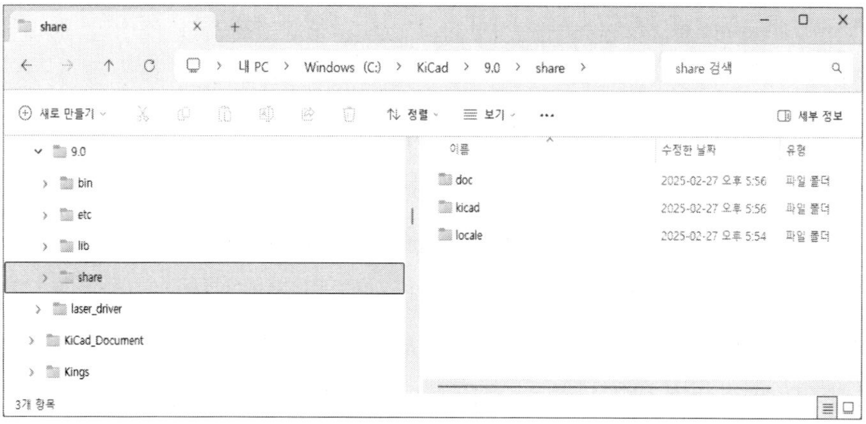

그림 2.9 C:₩KiCad₩9.0₩share 디렉토리

(3) KiCAD 라이브러리 관리

KiCAD에서 기본적으로 지원하고 있는 표준 라이브러리를 이용해서 심볼이나 Footprint등을 수정하는 경우 수정된 내용은 그대로 기존의 표준 라이브러리에 저장이 된다. 새로운 버전의 KiCAD는 업데이트 관리자가 없기 때문에 기존의 방법과 동일한 설치자를 이용하여 설치를 할 수 밖에 없다. 이 경우 Root 디렉토리에 존재하던 모든 파일은 덮어쓰기가 되기 때문에 기존에 작업을 해온 변경된 부품 라이브러리는 모두 잃어버리게 된다. 따라서 추후에 프로젝트 파일을 불러왔을 때 사라진 부품들로 인한 상황은 골칫거리가 아닐 수 없다. 다행히 KiCAD 버전 6이상의 새로운 파일 형식에서는 소스파일 내부에 모든 심볼과 라이브러리를 캐시작업을 하고 있기 때문에 소스 라이브러리를 잃어버린 경우라도 변경된 모든 심볼과 라이브러리를 복구할 수 있다.

위와 같은 복구의 과정 없이 안전하게 작업을 하기 위해서는 단순히 KiCAD 응용 프로그램 디렉토리와 라이브러리 디렉토리를 분리하면 된다. 이렇게 함으로써 이전에 작업한 수정된 라이브러리에 덮어쓰기를 하는 실수 없이 새로운 패키지의 설치와 응용 프로그램의 업데이트가 가능하다. 사용자 라이브러리가 위치하고 있는 장소는 다음과 같은 두 가지 방법으로 설정을 해주면 된다.

Environment variables 환경 변수

Path configuration 경로 변수

환경변수(Environment variables)는 사용하고 있는 운영체제에서 지정할 장소를 나타내는 사용자 지정 위치 표시자라고 할 수 있다. 만일 Python의 변수를 가지고 있고 이 값을 본인의 Python 설치 디렉토리에 설정을 해두게 되면, 임의의 실행 앱에서 Python 변수의 값은 설치된 디렉토리로 패치 시킬 수 있다. 이러한 방법은 아무 때나 본인이 변수의 값을 변경할 수 있기 때문에 유용하기도 하지만 변수 그 자체는 변경되지 않은 상태로 남게 된다. KiCAD에는 이와 같은 환경변수들이 있어서 프로그램 실행 시에 시스템 내에 존재하는 이러한 환경변수를 찾아서 경로를 참조를 하게 된다. 이전 버전 6이상의 환경변수는 서로 독립적으로 분리가 되어 있어서 각기 다른 라이브러리와 설치된 내용을 독립적으로 운영할 수 있다. 새로운 버전을 설치하고 난 후 처음으로 KiCad를 실행하면 화면에서 체크 박스의 선택에 따라서 기존 버전의 프로파일을 가져오거나 새로운 환경으로 시작을 할 수가 있다.

(4) KiCAD 설치와 업그레이드

KiCAD의 주요 배포판은 기본적으로 자체 환경설정 값을 가지고 있다. 따라서 동일한 컴퓨터에서 여러 버전의 KiCAD가 설치되어 있어도 각각의 버전들 사이에 환경설정 값의 간섭이 없이 독자적으로 실행이 가능하다. 새로운 버전을 실행할 때는 다음과 같이 설정 값을 어떻게 초기화할지 묻는 화면을 만나게 된다. 만일 구 버전의 KiCAD를 감지하게 되면 구 버전에서 사용하던 설정값을 그대로 가져와서 사용할지 옵션에서 선택을 하면 된다. 환경설정 값을 가져다 사용을 하더라도 이전 버전에서 사용하던 심볼과 footprint 라이브러리는 설정 경로가 다르기 때문에 사용할 수가 없다. 필요한 경우에는 해당 라이브러리의 경로를 새 버전에 등록하면 사용이 가능하다.

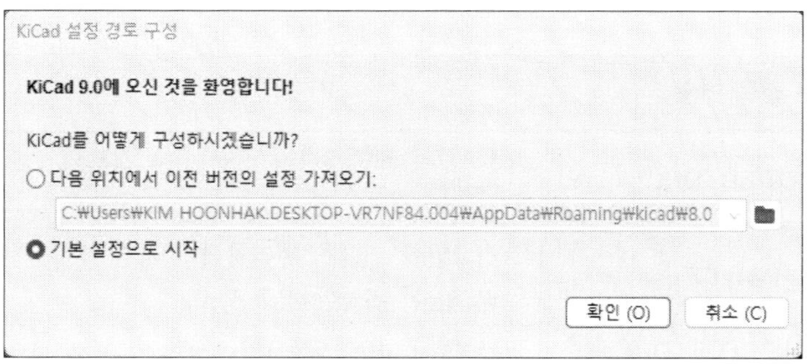

그림 2.10 KiCAD 설정 값 옵션 선택

KiCAD에서 구성 설정파일을 사용자 디렉토리에 내부에 폴더를 만들어서 이곳에 저장하는데 각기 다른 버전의 KiCAD는 버전에 따라 이름이 부여된 폴더를 이용한다. 필자의 버전별로 구성된 폴더를 참고하도록 하자.

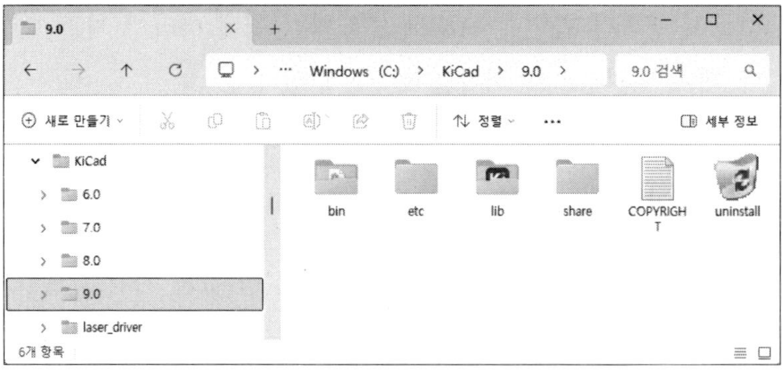

그림 2.11 KiCAD 버전 별로 구성된 폴더

KiCAD에는 경로 구성에 대한 환경 설정을 하는 경우에 경로 변수 값을 이용하여 라이브러리나 3D 형상, 등등이 저장되어 있는 경로를 쉽게 찾아볼 수 있도록 하고 있다. 이러한 경로는 구 버전에 특별하게 별도의 환경 설정을 하지 않은 경우 신 버전에서 기존의 경로를 자동적으로 끌어와서 사용할 수 있다. KiCAD에서 사용되는 경로 변수의 의미는 아래 도표를 참고하도록 하자.

표 2.6 KiCad의 경로 변수

KICAD9_3DMODEL_DIR	KiCAD의 표준 3차원 Footprint 모델의 라이브러리 파일이 저장되는 경로 변수.
KICAD9_3RD_PARTY	플러그인과 컨텐츠 관리자에 설치된 색상 테마, 라이브러리, 플러그인이 위치한 경로 변수.
KICAD9_FOOTPRINT_DIR	표준 Footprint 라이브러리 파일의 저장 경로 변수.
KICAD9_SYMBOL_DIR	표준 심볼 라이브러리 파일의 저장 경로 변수.
KICAD9_TEMPLATE_DIR	표준 프로젝트 템플릿 라이브러리 파일의 저장 경로 변수.
KICAD9_USER_TEMPLATE_DIR	개인 프로젝트 템플릿 저장 경로 변수.
SPICE_LIB_DIR	개인 시뮬레이션 모델 라이브러리의 저장 경로 변수, 이 경로 변수는 기본 값으로 설정되어 있지 않기 때문에 별도 지정을 해 주어야 한다.
KIPRJMOD	현재 프로젝트 디렉토리에 대한 절대경로를 의미하며, 이 변수는 자동적으로 설정되며 별도로 재 정의해 줄 수 없다.

지금까지 설명한 내용은 KiCAD실행 시 “Preference → Configure Path”에서 확인할 수 있다. 만일 사용자 시스템에 이미 환경변수가 설정되어 있다면 환경설정 창에 나타난 일부 값들은 앞선 환경변수가 우선하기 때문에 무시된다. 이러한 이유 때문에 간혹 환경변수를 사용하는 것 보다 응용 프로그램 상에서 직접 경로를 설정해 주는 것이 때로는 편리할 수 있다.

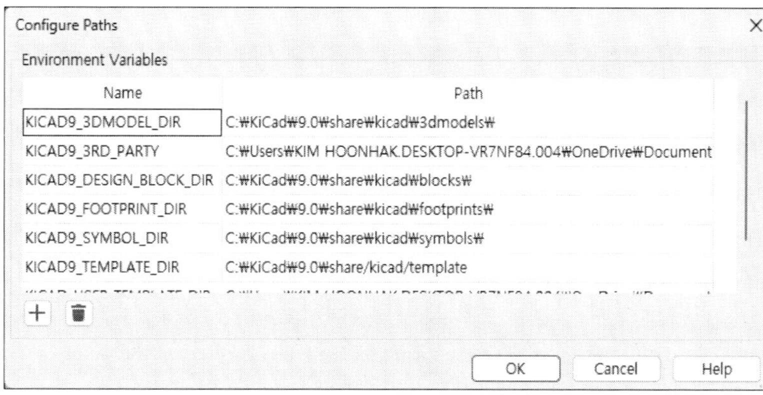

그림 2.12 KiCAD 버전 v9.x의 환경변수와 경로

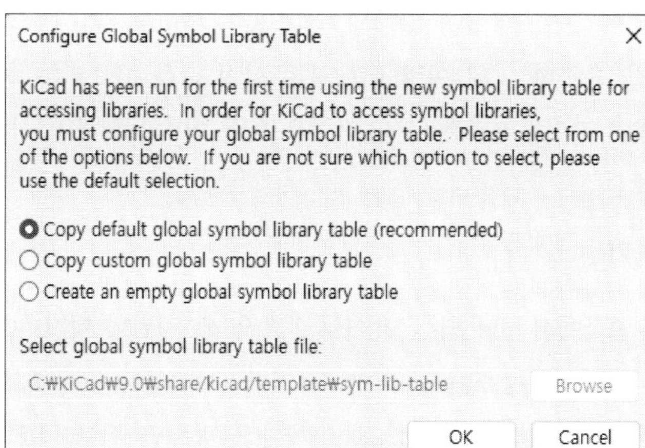

그림 2.13 심볼 라이브러리 테이블 환경설정

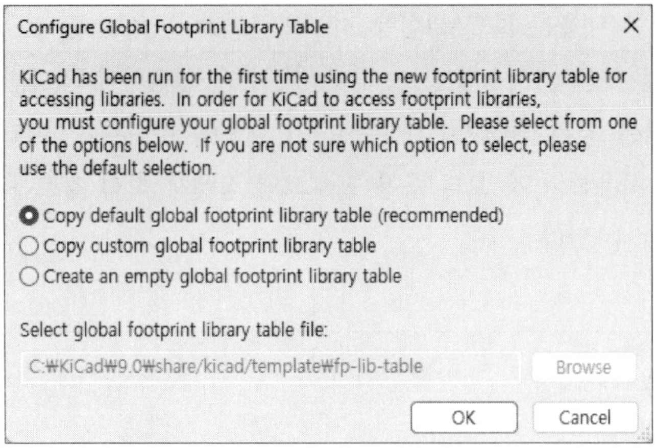

그림 2.14 footprint 라이브러리 테이블 환경설정

새로운 버전을 설치하고 난 후 Preference 메뉴에서 환경 설정을 실행하면 기본 값으로 사용하고 있는 전역 심볼 라이브러리 테이블을 사용할 것을 권장하고 있다. KiCad를 실행하게 되면 반드시 심볼 라이브러리를 불러오게 되기 때문에 반드시 필요한 경로를 설정해 주어야 한다. 설정하는 내용에 대한 이해가 어려운 사용자는 기본 설정 값을 그대로 따르는 것이 현명하다.

심볼 라이브러리에 대한 설정이 끝나면 곧바로 Footprint 라이브러리 테이블에 대하여도 경로 설정을 요구하는 데 이번에도 기본 설정 값을 따르도록 하고 구 버전에서 개인적으로 작업했던 라이브러리는 추가 작업으로 통하여 등록하여 사용하면 된다.

(5) GIT 설치하기

GIT의 어원은 영국에서 사용되는 용어로 "고집 센 사람","항상 자신이 옳다고 따지기를 좋아하는 사람"이라는 의미를 가지고 있다. 여기서는 프로젝트 파일을 관리하기 위해서 사용하는 버전관리 시스템으로 이해하고 있으면 된다. GIT의 최신 버전을 다운로드 받을 수 있는 사이트는 아래와 같다.

https://git-scm.com

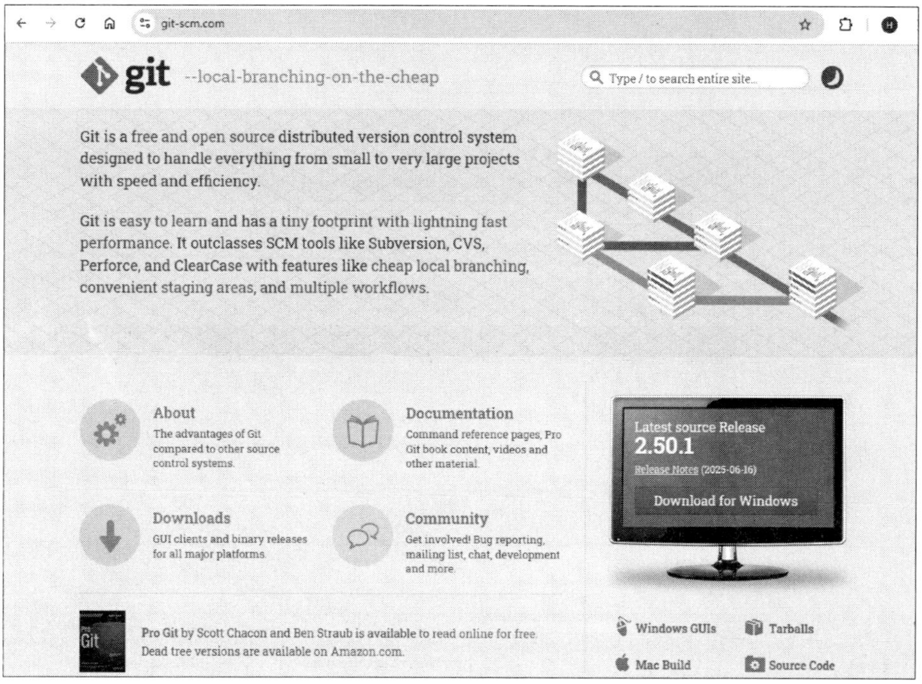

그림 2.15 GIT 다운로드 사이트

GIT는 기본 설정 값으로 설치를 하면 되기 때문에 설치 도중 나타나는 창의 내용을 확인하면서 계속해서 다음 단계(Next)로 진행을 하게 되면 설치가 완료 된다. 다음 화면은 GIT 프로그램이 단계별로 설치되는 과정을 보여주고 있는데 버전이 업데이트 되는 것과 현재 사용되는 컴퓨터의 시스템에 따라 세부적인 옵션의 일부가 변경되는 경우가 있으나 대부분의 중요한 사항은 이전 버전과의 호환성을 위해서 크게 변경되지 않기 때문에 다음 화면을 참고하여 설치하도록 한다.

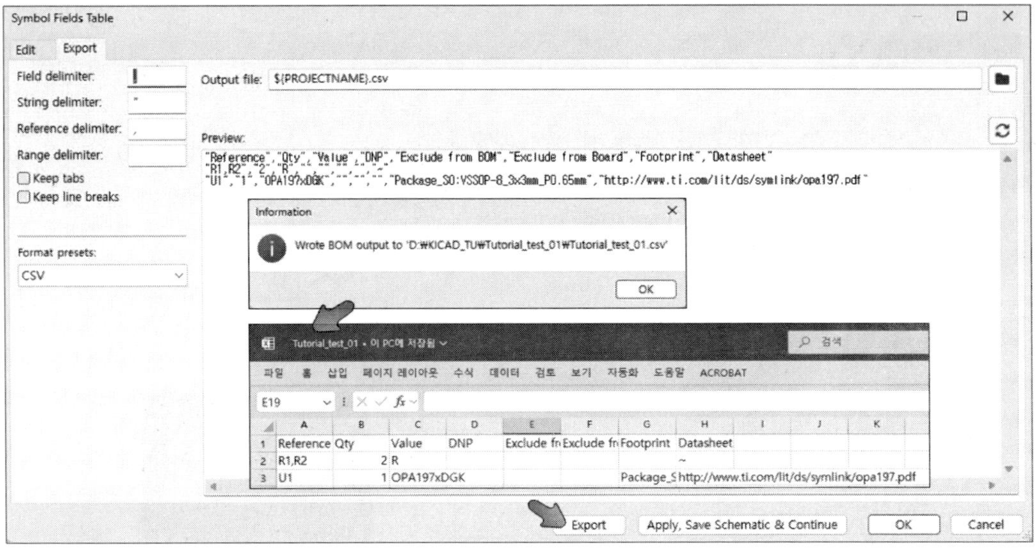
Symbol Fields Table
Edit
Export
Field delimiter:
String delimiter:
Reference delimiter:
Range delimiter:
Keep tabs
Keep line breaks
Format presets:
CSV
Output file: ${PROJECTNAME}.csv
Preview:
Information
Wrote BOM output to 'D:₩KICAD_TU₩Tutorial_test_01₩Tutorial_test_01.csv'
OK
Reference Qty Value DNP Exclude fr Exclude fr Footprint Datasheet
R1,R2 2 R
U1 1 OPA197xDGK Package_S http://www.ti.com/lit/ds/symlink/opa197.pdf
Export
Apply, Save Schematic & Continue
OK
Cancel

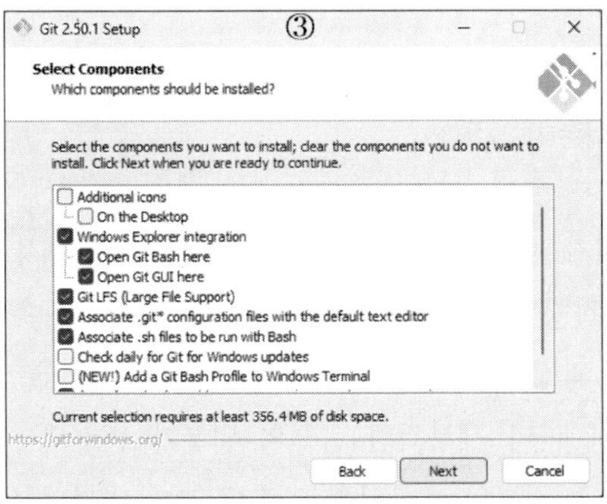
Git 2.50.1 Setup
③
Select Components
Which components should be installed?
Select the components you want to install; clear the components you do not want to install. Click Next when you are ready to continue.
Additional icons
On the Desktop
Windows Explorer integration
Open Git Bash here
Open Git GUI here
Git LFS (Large File Support)
Associate .git* configuration files with the default text editor
Associate .sh files to be run with Bash
Check daily for Git for Windows updates
(NEW!) Add a Git Bash Profile to Windows Terminal
Current selection requires at least 356.4 MB of disk space.
https://gitforwindows.org/
Back
Next
Cancel

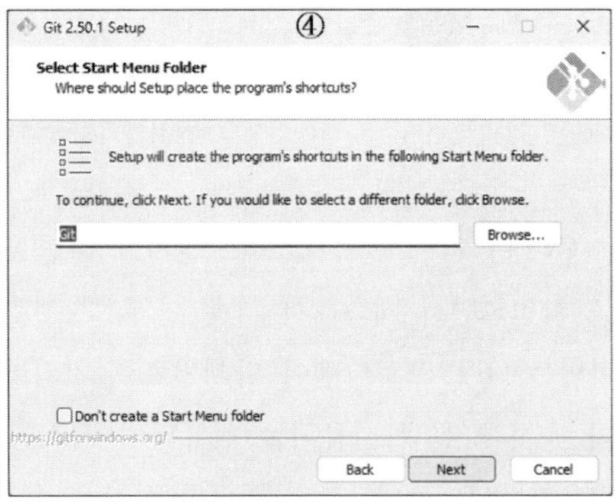
Git 2.50.1 Setup
④
Select Start Menu Folder
Where should Setup place the program's shortcuts?
Setup will create the program's shortcuts in the following Start Menu folder.
To continue, click Next. If you would like to select a different folder, click Browse.
Git
Browse...
Don't create a Start Menu folder
https://gitforwindows.org/
Back
Next
Cancel

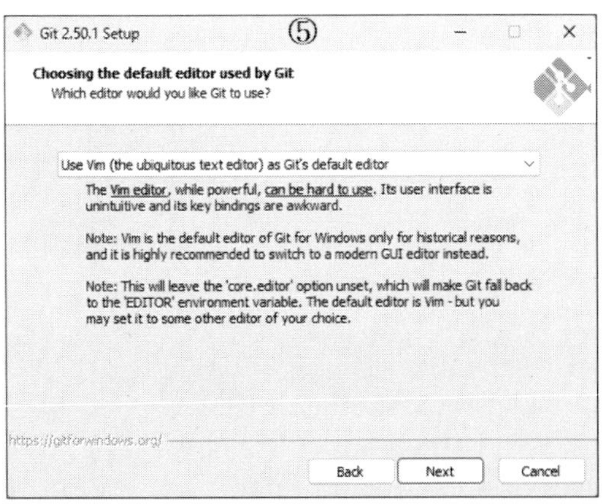
Git 2.50.1 Setup
⑤
Choosing the default editor used by Git
Which editor would you like Git to use?
Use Vim (the ubiquitous text editor) as Git's default editor
The Vim editor, while powerful, can be hard to use. Its user interface is unintuitive and its key bindings are awkward.
Note: Vim is the default editor of Git for Windows only for historical reasons, and it is highly recommended to switch to a modern GUI editor instead.
Note: This will leave the 'core.editor' option unset, which will make Git fall back to the 'EDITOR' environment variable. The default editor is Vim - but you may set it to some other editor of your choice.
https://gitforwindows.org/
Back
Next
Cancel

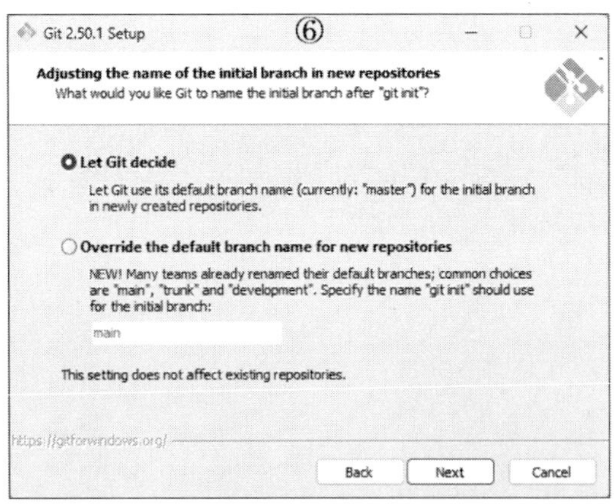
Git 2.50.1 Setup
⑥
Adjusting the name of the initial branch in new repositories
What would you like Git to name the initial branch after "git init"?
Let Git decide
Let Git use its default branch name (currently: "master") for the initial branch in newly created repositories.
Override the default branch name for new repositories
NEW! Many teams already renamed their default branches; common choices are "main", "trunk" and "development". Specify the name "git init" should use for the initial branch:
main
This setting does not affect existing repositories.
https://gitforwindows.org/
Back
Next
Cancel

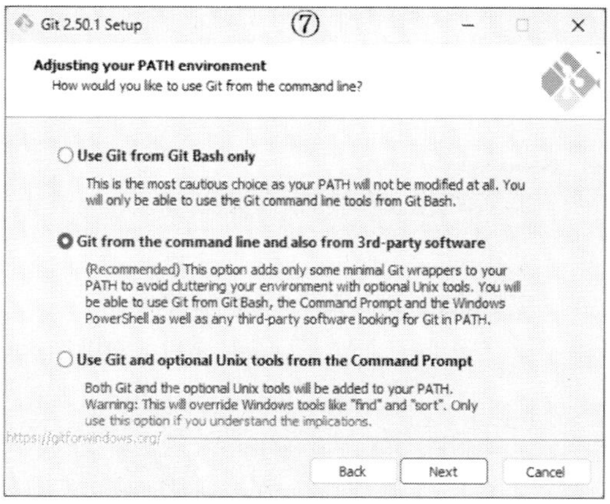
Git 2.50.1 Setup ⑦
Adjusting your PATH environment
How would you like to use Git from the command line?
Use Git from Git Bash only
This is the most cautious choice as your PATH will not be modified at all. You will only be able to use the Git command line tools from Git Bash.
Git from the command line and also from 3rd-party software
(Recommended) This option adds only some minimal Git wrappers to your PATH to avoid cluttering your environment with optional Unix tools. You will be able to use Git from Git Bash, the Command Prompt and the Windows PowerShell as well as any third-party software looking for Git in PATH.
Use Git and optional Unix tools from the Command Prompt
Both Git and the optional Unix tools will be added to your PATH. Warning: This will override Windows tools like "find" and "sort". Only use this option if you understand the implications.
https://gitforwindows.org/
Back
Next
Cancel

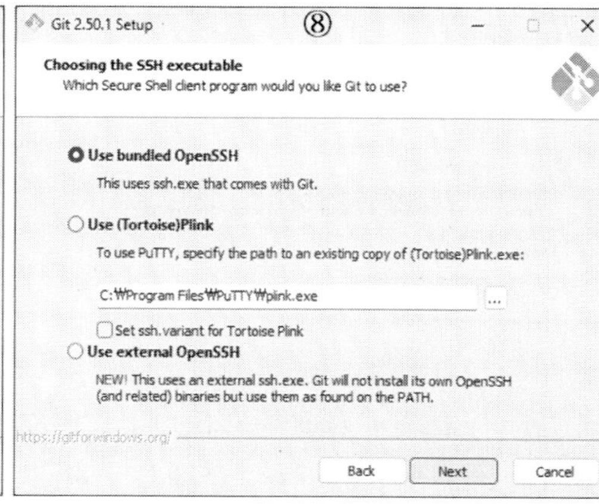
Git 2.50.1 Setup ⑧
Choosing the SSH executable
Which Secure Shell client program would you like Git to use?
Use bundled OpenSSH
This uses ssh.exe that comes with Git.
Use (Tortoise)Plink
To use PuTTY, specify the path to an existing copy of (Tortoise)Plink.exe:
C:₩Program Files₩PuTTY₩plink.exe
Set ssh.variant for Tortoise Plink
Use external OpenSSH
NEW! This uses an external ssh.exe. Git will not install its own OpenSSH (and related) binaries but use them as found on the PATH.
https://gitforwindows.org/
Back
Next
Cancel

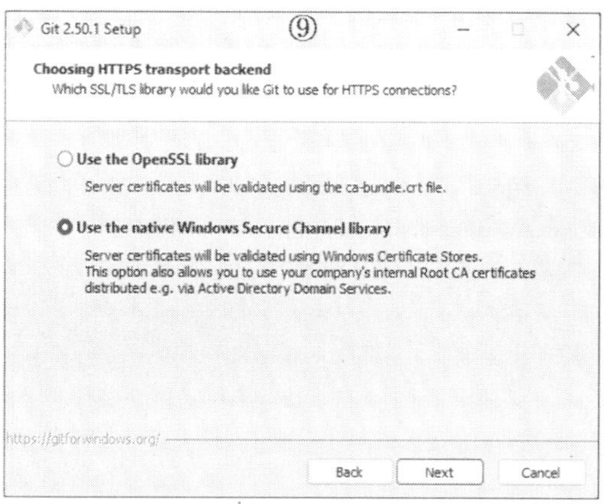
Git 2.50.1 Setup ⑨
Choosing HTTPS transport backend
Which SSL/TLS library would you like Git to use for HTTPS connections?
Use the OpenSSL library
Server certificates will be validated using the ca-bundle.crt file.
Use the native Windows Secure Channel library
Server certificates will be validated using Windows Certificate Stores. This option also allows you to use your company's internal Root CA certificates distributed e.g. via Active Directory Domain Services.
https://gitforwindows.org/
Back
Next
Cancel

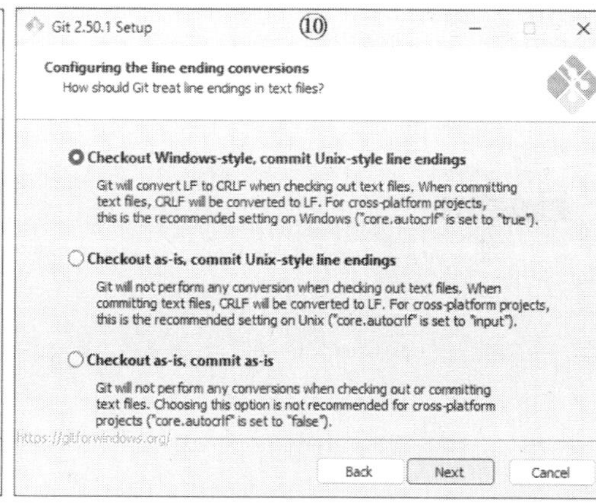
Git 2.50.1 Setup ⑩
Configuring the line ending conversions
How should Git treat line endings in text files?
Checkout Windows-style, commit Unix-style line endings
Git will convert LF to CRLF when checking out text files. When committing text files, CRLF will be converted to LF. For cross-platform projects, this is the recommended setting on Windows ("core.autocrlf" is set to "true").
Checkout as-is, commit Unix-style line endings
Git will not perform any conversion when checking out text files. When committing text files, CRLF will be converted to LF. For cross-platform projects, this is the recommended setting on Unix ("core.autocrlf" is set to "input").
Checkout as-is, commit as-is
Git will not perform any conversions when checking out or committing text files. Choosing this option is not recommended for cross-platform projects ("core.autocrlf" is set to "false").
https://gitforwindows.org/
Back
Next
Cancel

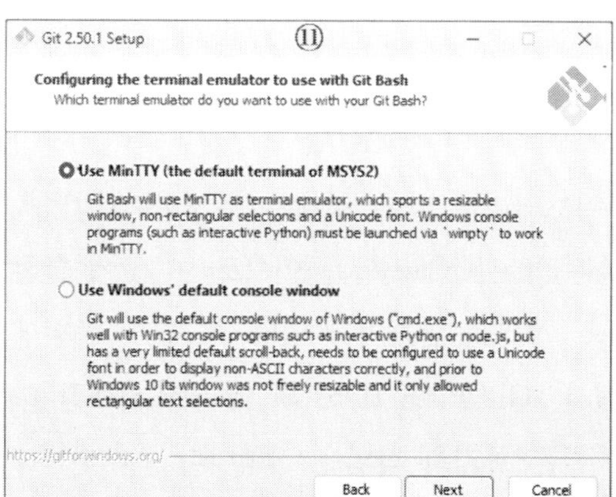
Git 2.50.1 Setup ⑪
Configuring the terminal emulator to use with Git Bash
Which terminal emulator do you want to use with your Git Bash?
Use MinTTY (the default terminal of MSYS2)
Git Bash will use MinTTY as terminal emulator, which sports a resizable window, non-rectangular selections and a Unicode font. Windows console programs (such as interactive Python) must be launched via `winpty` to work in MinTTY.
Use Windows' default console window
Git will use the default console window of Windows ("cmd.exe"), which works well with Win32 console programs such as interactive Python or node.js, but has a very limited default scroll-back, needs to be configured to use a Unicode font in order to display non-ASCII characters correctly, and prior to Windows 10 its window was not freely resizable and it only allowed rectangular text selections.
https://gitforwindows.org/
Back
Next
Cancel

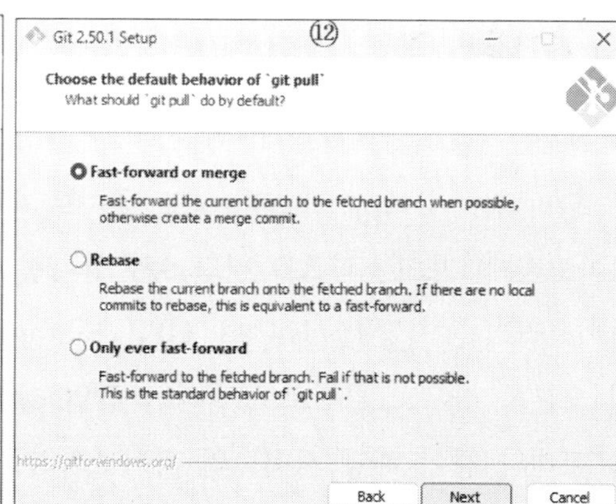
Git 2.50.1 Setup ⑫
Choose the default behavior of `git pull`
What should `git pull` do by default?
Fast-forward or merge
Fast-forward the current branch to the fetched branch when possible, otherwise create a merge commit.
Rebase
Rebase the current branch onto the fetched branch. If there are no local commits to rebase, this is equivalent to a fast-forward.
Only ever fast-forward
Fast-forward to the fetched branch. Fail if that is not possible. This is the standard behavior of `git pull`.
https://gitforwindows.org/
Back
Next
Cancel

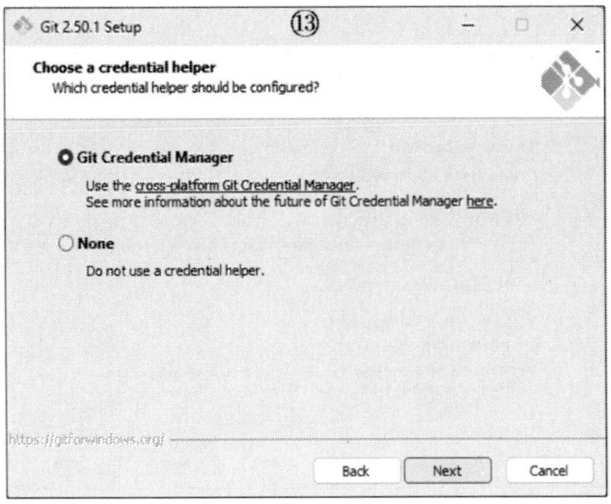

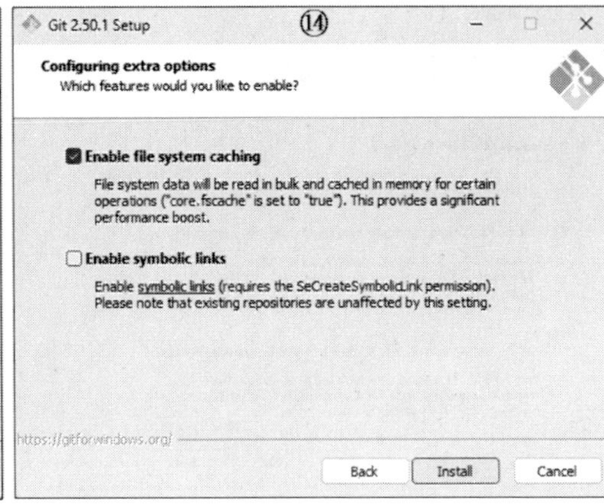

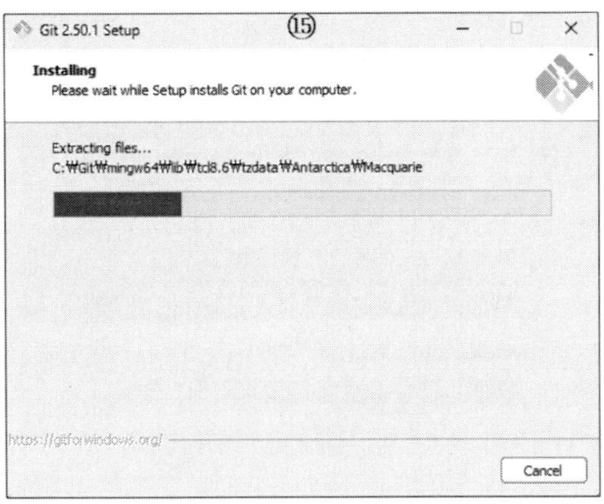

(6) GITlab 클론 라이브러리 설치

필자는 GIT를 "C:\GIT"에 설치를 마쳤다. 이제부터는 KiCAD의 모든 라이브러리가 관리되는 곳에서 사용자 경로 위치로 라이브러리를 클론 형태로 유지하는 방법을 알아보자. 필자의 KiCAD 버전 9의 설치경로는 "C:\KiCad\9.0\"이므로 이 곳에 클론 라이브러리를 저장할 "KiCad_GIT_Libraries" 폴더를 만들어 두었다. 이제 이 폴더에서 오른쪽 마우스 클릭으로 나타난 팝업 창에서 "Git Bash Here"의 메뉴를 선택한 다음 아래와 같이 해당 사이트의 라이브러리를 클론 동기화 작업을 진행한다.

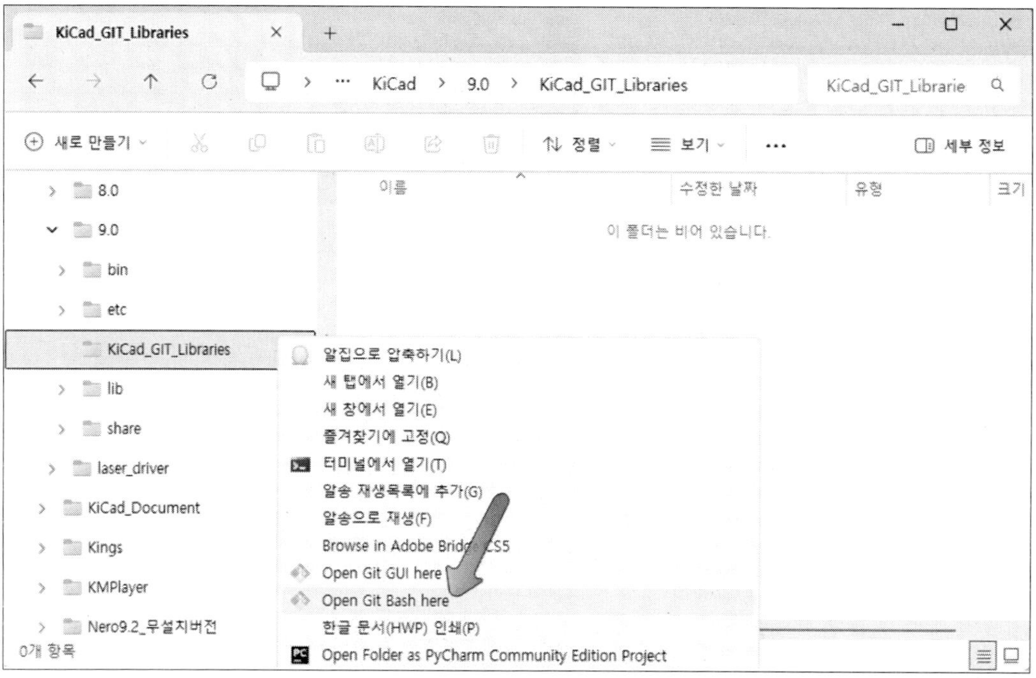

그림 2.16 Gitlab사이트의 라이브러리의 클론 작업을 할 폴더 지정

아래의 gitlab사이트에서 필요한 라이브러리를 본인의 클론 폴더에 순서에 따라서 다운로드 작업을 진행한다.

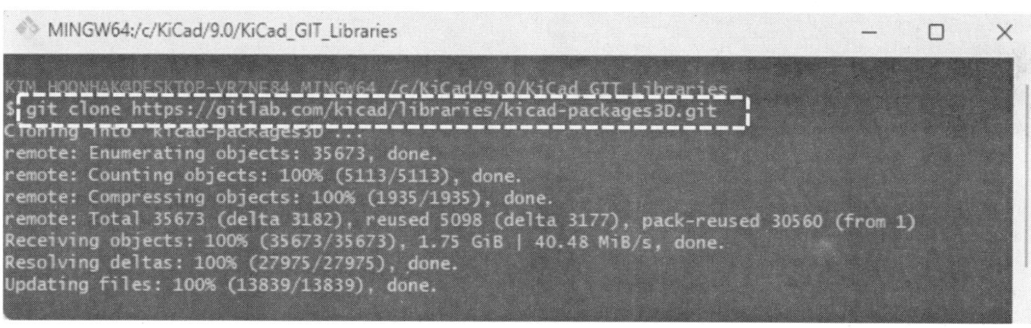

그림 2.17 kicad-packages3D.git 다운로드

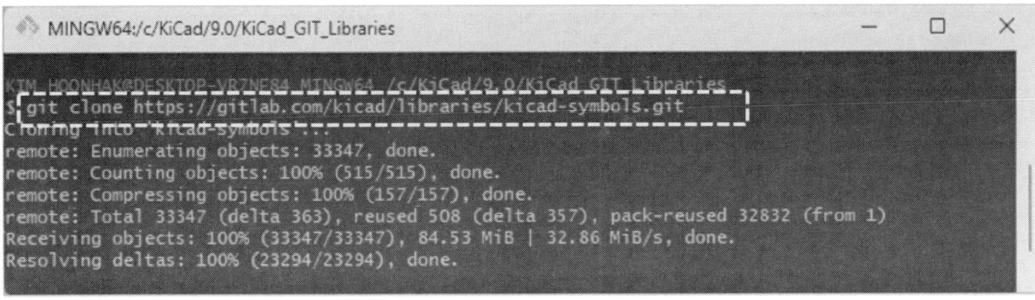

그림 2.18 kicad-symbols.git 다운로드

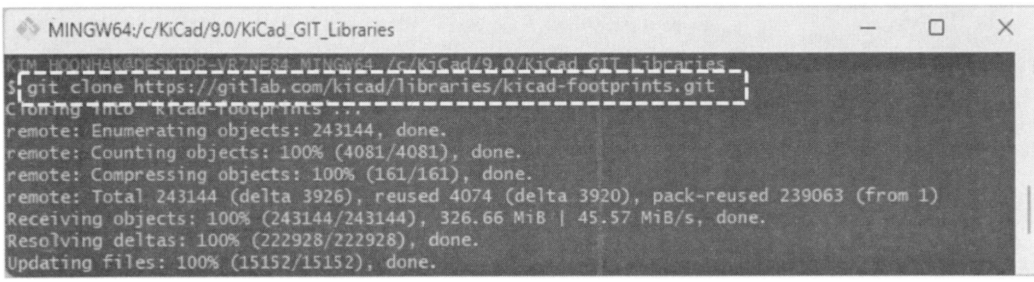

그림 2.19 kicad-footprints.git 다운로드

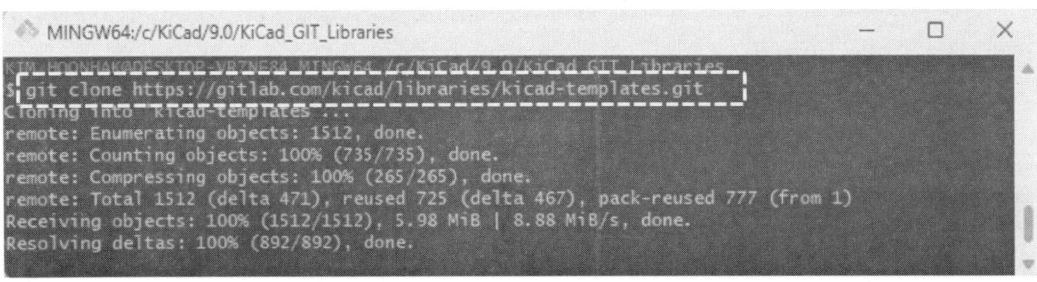

그림 2.20 kicad-templates.git 다운로드

공식적으로 지원되는 라이브러리와 사용자가 개인적으로 작성한 심볼과 풋프린트 라이브러리는 별도의 폴더에 저장해서 관리하는 것이 바람직하다. 이와 같은 방법은 라이브러리의 불일치 및 충돌을 방지할 수 있다.

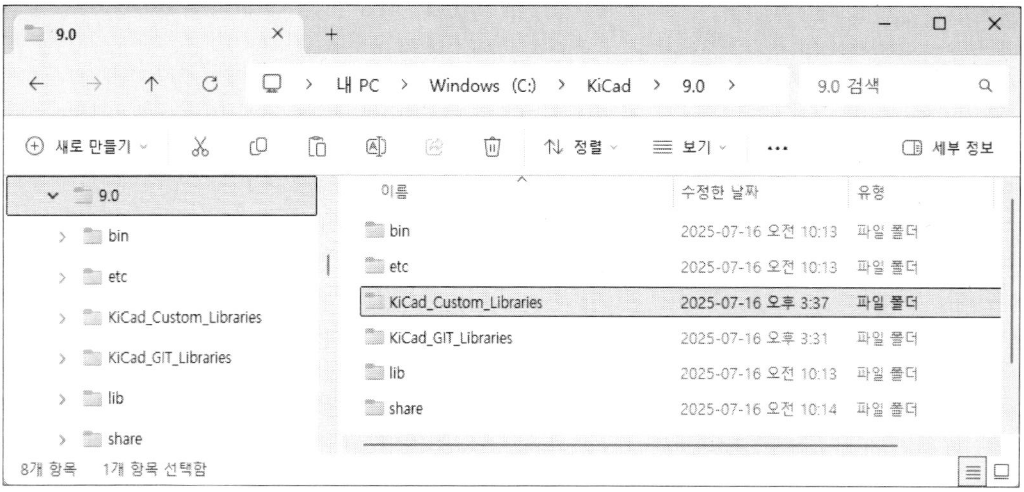

그림 2.21 공식 라이브러리와 사용자 라이브러리 폴더

참고로 필자의 경우는 아래와 같이 공식 라이브러리와 사용자 라이브러리를 분리해서 관리하고 있다.

- KiCad_Custom_Libraries 사용자 라이브러리
- KiCad_GIT_Libraries Gitlab의 클론 라이브러리

공식 라이브러리는 Gitlab으로 복제한 KiCad 라이브러리이고 사용자 라이브러리는 별도로 운영하고 있지만 다른 사용자들과 공익적인 차원에서 공유를 원하는 경우에는 Github를 통하여 공유할 수 있다. 이제는 Gitlab으로부터 다운로드 받은 공식적인 클론 라이브러리가 위치한 경로를 다음과 같이 KiCad의 Preference의 Configure Paths에 등록해 주면 된다. 새로운 버전 9에 해당하는 아래 4가지의 경로는 신규 클론 라이브러리로 연결해 주도록 하고, KISYS3DMOD,KISYSMOD 역시 클론 라이브러리로 연동해서 사용하도록 하자.

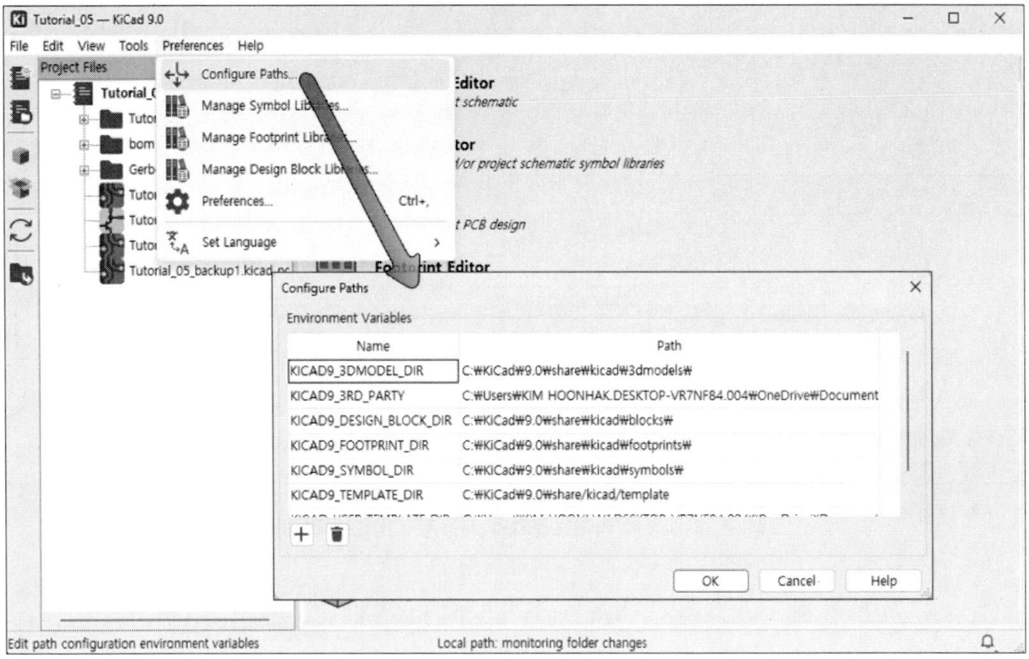

그림 2.22 라이브러리 경로 등록 화면

Gitlab에서 관리되는 공식 라이브러리는 지속적으로 업데이트 버전이 올라오기 때문에 필요한 경우에 정기적으로 클론 라이브러리도 다음과 같은 방법으로 업데이트 한다.

새로운 버전의 KiCAD를 설치한 이후에 설정되어 있던 값이 사라졌더라도 새로운 버전과 이전 버전의 설정 내용은 각각 다른 폴더에 저장되어 있다. 따라서 각각의 버전이 저장되어 있는 폴더의 내용은 만일의 사태를 대비해서 백업을 해 두도록 하자.

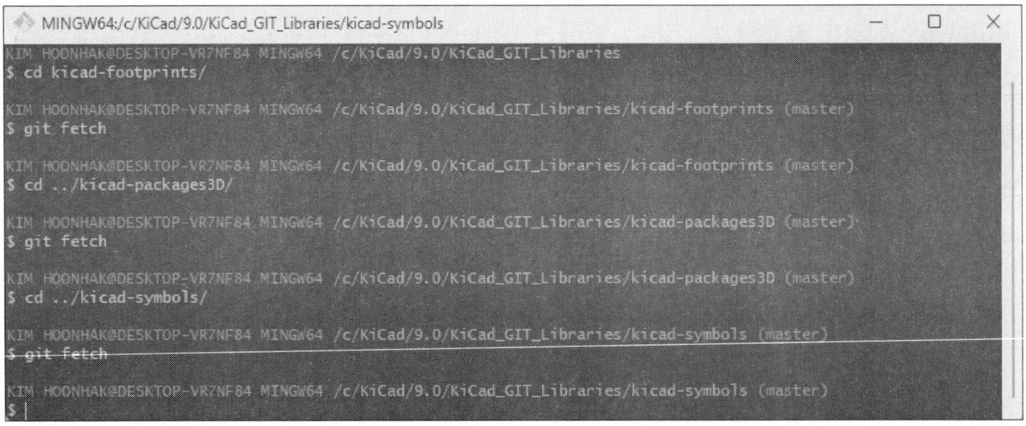

그림 2.23 클론 라이브러리 갱신 화면

설정 파일의 형태는 JSON 속성을 가지고 있는데 JSON은 Java Script Object Notation의 약자로 데이터를 표시하는 방법으로 데이터를 받아서 객체나 변수에 할당해서 사용하기 위함이다. 데이터를 서로 주고받는 방법은 다양한 형식이 있을 수 있으나 JSON은 다른 형식에 비하여 경량화되어 있기 때문에 대부분의 각종 설정파일에서 이용이 되고 있다.

- C:₩Users₩......₩AppData₩Roaming₩kicad₩9.0 　v9의 설정파일 폴더
- C:₩Users₩.......₩AppData₩Roaming₩kicad 　구 버전 설정파일 폴더

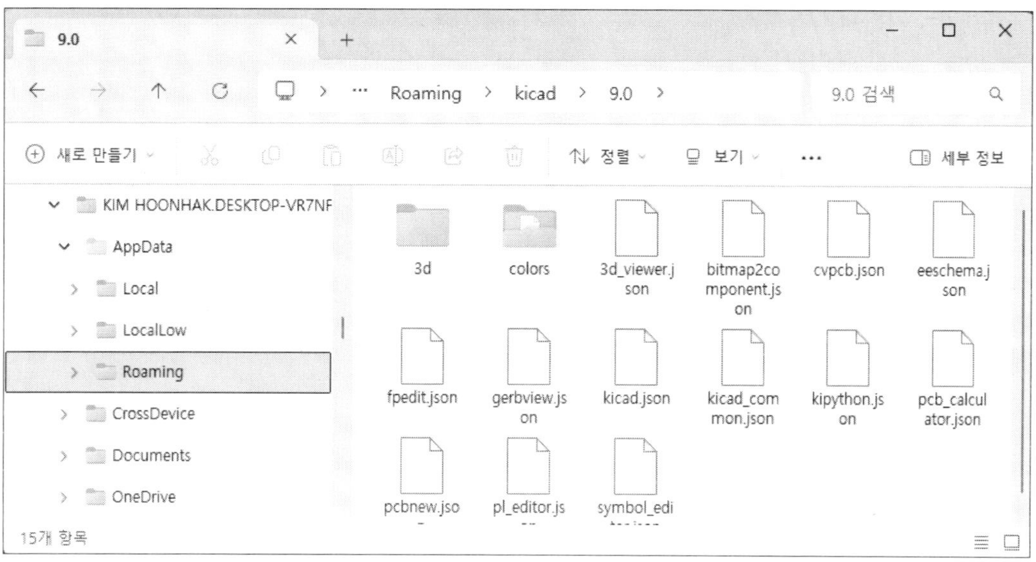

그림 2.24 버전 9 KiCad의 설정파일이 위치한 폴더의 내용

KiCad는 두 개 이상의 버전이 설치가 가능하며 이 경우 동일한 시스템 내에서 버전별로 구분해서 독립적으로 라이브러리를 운영하는 것도 가능하다. KiCad의 버전 6,7,8,9의 중요한 특징은 이전 버전과의 호환성을 유지하고 있다는 점이라고 할 수 있다. 따라서 이전 버전의 프로젝트 파일, 설계 파일, 라이브러리등은 불러오기가 가능하다. 그리고 불러온 파일들은 저장하기 과정으로 구 버전의 파일은 새로운 버전의 형식으로 변환되어 저장이 된 후 사용이 가능하다. 이전 버전의 파일이 요구되는 경우에는

새 버전을 서로 다른 디렉토리에 설치하면 되며 이 경우 라이브러리의 위치도 별도로 운영하면 된다.

이전 버전을 사용하지 않는 경우라도 구 버전의 라이브러리가 필요한 경우에는 새 버전으로 쉽게 판올림이 가능하다. 이러한 작업은 이전 절에서 언급한 것처럼 모두 라이브러리 관리자 창을 통해서 이루어진다. 간혹 사용자 라이브러리가 저장되어 있는 위치에서 원하는 라이브러리를 찾을 수 없는 경우에는 Global Symbol/Footprint Libraries Table을 설정해야 하는 경우도 있다. 이러한 경우에는 경로를 확인해서 fp-lib-table과 sym-lib-table의 내용을 바로 잡아주면 된다.

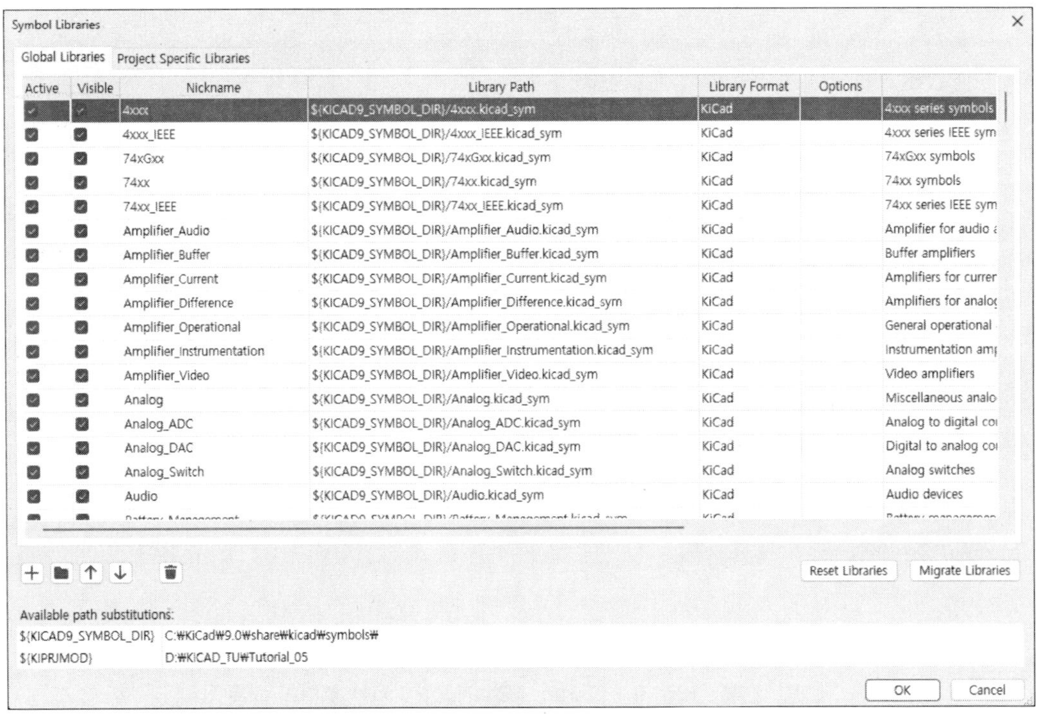

그림 2.25 이전 버전을 판올림하기 위한 화면

KiCAD 프로젝트 관리자

KiCAD의 프로젝트 관리자에서는 전자도면 설계를 진행하면서 사용하게 되는 Schematic편집기, PCB 편집기, Gerber 보기 그리고 유틸리티 도구들을 초기화면에서 타일 형식으로 배치하여 다양한 도구를 편리하게 사용할 수 있는 장점을 지닌 개발 도구이다. Schematic 편집기와 PCB 편집기는 서로 교차 검증이 가능하고 이들 편집기 사이에서는 Netlist 생성과정 없이 상호 부품 데이터의 동기화가 가능하다.

현재 KiCad에서는 한 번에 하나의 프로젝트만 관리하도록 지원함으로 프로젝트 관리자에서 Schematic 편집기와 PCB 편집기를 실행하고 있는 경우에는 현재 열려있는 프로젝트와 연관되어 있는 Schematic과 PCB Board에 대해서만 편집이 가능하다. 즉, 멀티 프로젝트는 아직 지원이 되지 않고 있다. 따라서 위에서 언급한 도구가 단일 프로젝트 모드에서는 임의 파일이나 프로젝트 파일을 실행하는 경우에는 아무런 문제가 없지만 이들 도구들 간의 교차 조사과정을 진행하는 경우에는 예상치 못한 결과를 불러올 수도 있다.

KiCad 프로젝트 관리자 화면은 왼쪽 창으로는 탐색기 화면과 유사하게 프로젝트와 연결된 각종 파일을 트리구조 형태로 보여주고 있고, 오른 쪽 창에는 편집기와 도구들에 대한 바로가기 아이콘이 간략한 설명과 함께 목록 형태로 배치되어 있다.

- **Project Tree 보기 창 :** 프로젝트 폴더 안에 있는 파일이 트리구조의 목록을 나타내며, 이들 트리에 있는 임의의 파일을 마우스로 더블 클릭하면 이와 관련된 편집기의 창이 열린다. 그리고 이 파일 위에서 오른쪽 마우스 버튼을 클릭하면 수동으로 편집을 할 수 있는 텍스트 메뉴가 나타난다.

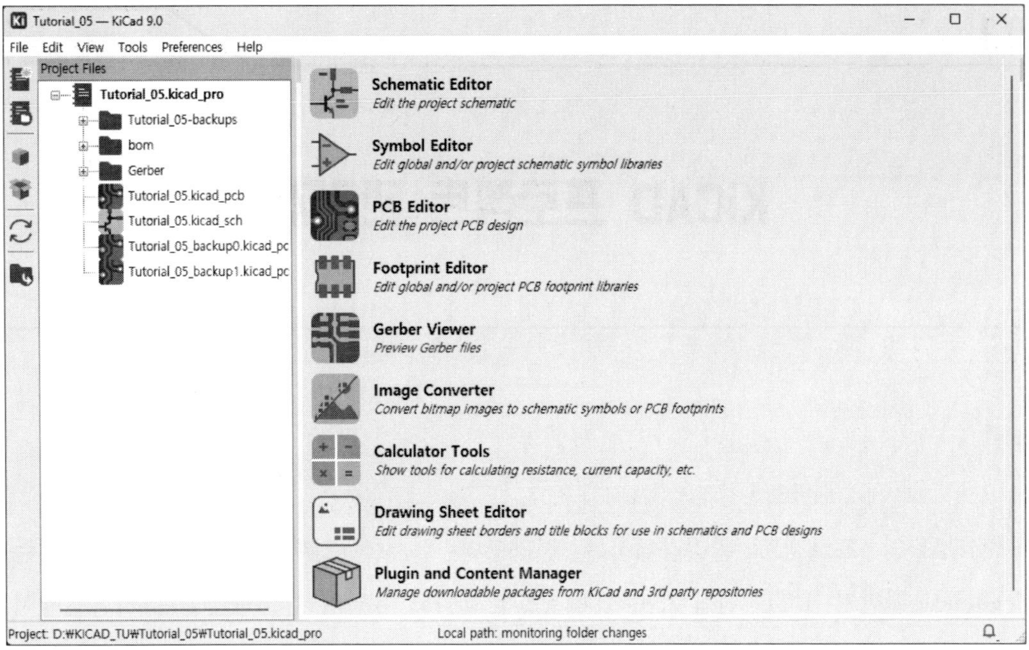

그림 3.1 프로젝트 관리자 화면

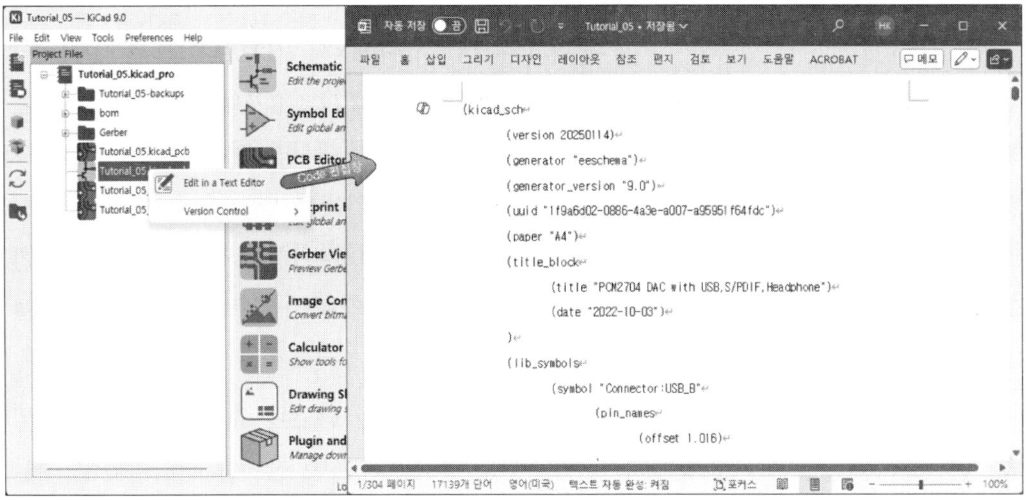

그림 3.2 프로젝트 Schematic Code 편집 창

- **Side Toolbar** : Project Tree의 좌측 창에 위치한 도구 아이콘은 프로젝트를 동작시키는 경우 공통적으로 필요한 단축키를 모아 놓은 곳이다.

표 3.1 프로젝트 관리자 좌측 도구 아이콘

아이콘	설명
	새로운 프로젝트 만들기
	이전에 작성된 프로젝트 열기
	전체 프로젝트(Schematic, Libraries, PCB등)를 압축파일(zip)로 만들기
	압축된 프로젝트를 지정된 디렉토리에 풀어내는 것으로 이 경우 동일한 파일이 존재하는 경우 덮어쓰기로 진행이 된다.
	파일 시스템의 변경된 사항이 있을 경우 트리 보기를 갱신한다.
	파일 탐색기에서 프로젝트가 작업된 디렉토리를 불러온다.

3.1 새로운 프로젝트

KiCAD의 설계 작업은 프로젝트 만들기에서부터 시작이 된다. 프로젝트는 프로젝트 관리자(Project Manager)에서 빈 프로젝트를 만들거나 기존의 템플릿을 바탕으로 프로젝트를 만드는 방법이 있다.

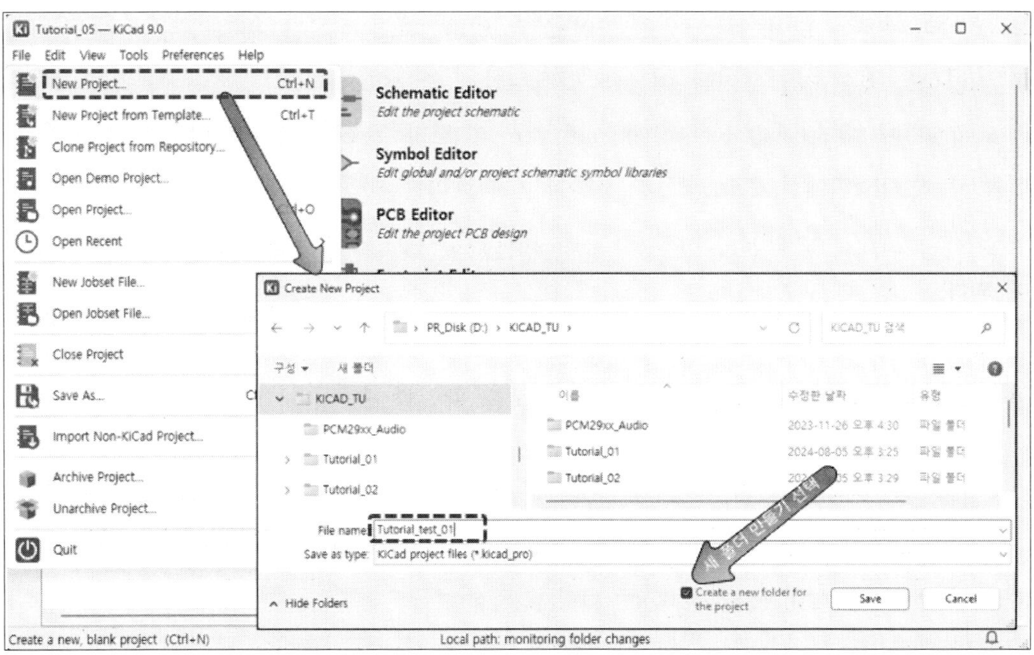

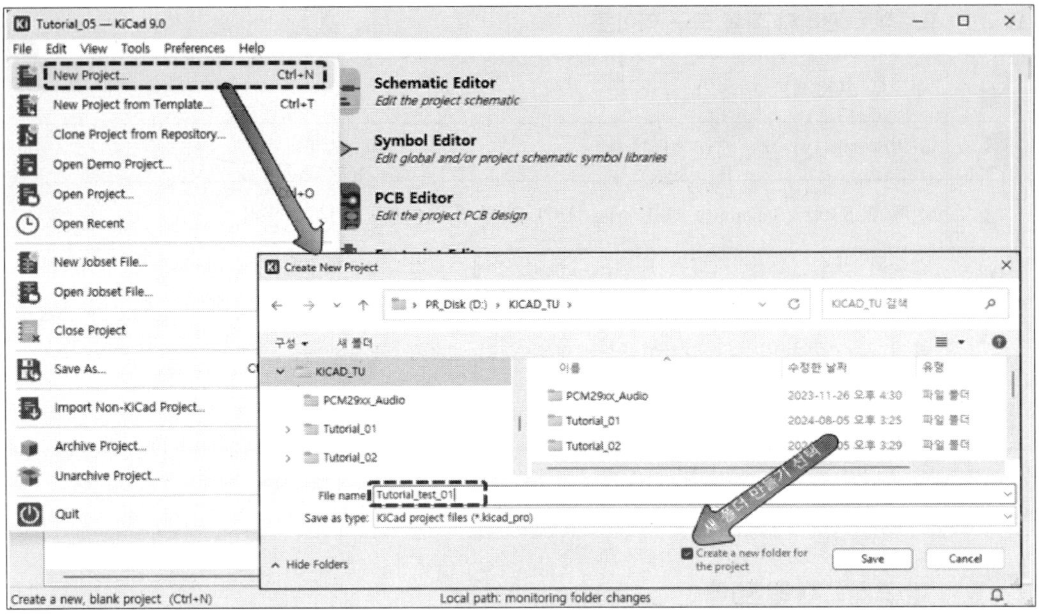

그림 3.3 새로운 프로젝트 "Tutorial_test_01.kicad_pro" 만들기

새로운 프로젝트를 만들기 위해서는 화면 상단의 파일메뉴의 "New Project 명령"을 마우스로 선택하거나 단축키 "Ctrl+N"을 이용하면 된다. 이 경우 프로젝트 이름을 입력하는 창이 나타나는데 기본적으로 사용자 프로젝트 이름과 동일한 디렉토리가 기본 값으로 적용이 되어 있는 것을 확인할 수 있다. 만일 이름을 변경하는 경우에는 새로운 이름을 부여하면 부여된 이름의 디렉토리가 만들어 진다.

그림 3.3에 "Tutorial_test_01.kicad_pro"가 트리 구조로 새롭게 만들어진 것을 확인할 수 있다. 위에서 프로젝트를 저장할 디렉토리를 사전에 만들어 두었다면 새로운 프로젝트 만들기 창에서 "Create a New folder..."의 부분의 체크를 해제하고 진행하면 된다.

KiCad에서 사용자의 프로젝트 이름을 선택하게 되면 프로젝트 디렉토리 내부에 자동적으로 다음과 같은 파일이 만들어지는 것을 확인할 수 있다.

표 3.2 프로젝트 파일

Tutorial_test_01.kicad_pro	KiCad의 프로젝트 이름 폴더
Tutorial_test_01.kicad_sch	Schematic 파일
Tutorial_test_01.kicad_pcb	PCB(Printed Circuit Board) 파일

3.2 다른 EDA도구에서 프로젝트 가져오기

KiCAD에서는 일부 다른 소프트웨어 패키지에서 작성된 파일을 가져오는 기능을 지원하고 있다. 아래의 내용은 현재까지 지원되고 있는 프로젝트 파일의 형식이다.

표 3.3 프로젝트 파일 확장자

*.sch, *.brd	Eagle 6.x 혹은 그 이상 신규버전(XML포맷)
*.csa, *.cpa	CADSTAR 아카이브 포맷
*.zip	EasyEDA(JLCEDA) 표준 백업 파일 NEW
*.epro, *.zip	EasyEDA(JLCEDA) Pro 프로젝트 파일 NEW

위에서 언급된 소프트웨어 패키지에서 작성된 프로젝트 파일을 불러오는 경우에 사용되는 메뉴가 있는데 파일 메뉴 목록에 있는 “Import Non-KiCad Project”가 이러한 기능을 담당한다.

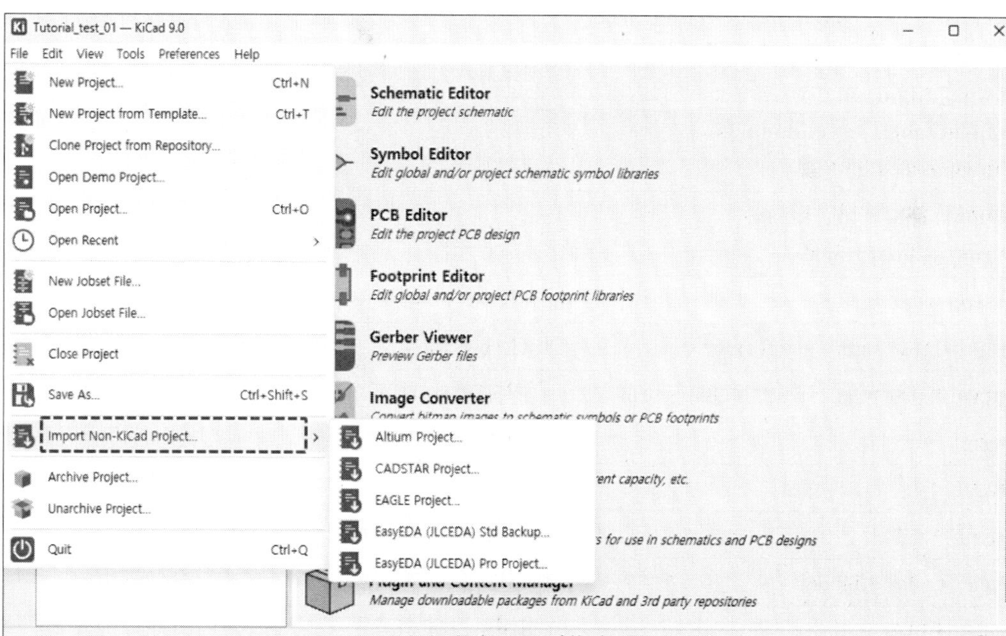

그림 3.4 외부 프로젝트 파일 불러오기 창

외부의 Schematic이나 Board 파일을 가져오기를 하면 대화창이 나타나는데 대상이 되는 파일은 앞에서 설명한 표에 표시된 포맷과 파일 형식을 지원하는 이름이어야 한다. 이렇게 선택된 파일은 KiCad프로젝트로 저장이 되어야하기 때문에 해당 디렉토리의 위치에 저장하도록 한다. 현재 KiCad에서는 여러개의 상위 도면을 갖는 schematic을 지원하지 않기 때문에 이러한 다중 도면을 갖는 Schematic을 지원하고 있는 도구에서 설계 도면을 가져오는 경우에는 각각의 schematic을 불러와서 새로운 프로젝트를 만든 다음 해당하는 계층도면 위치에 저장해서 사용해야 한다.

작업하고 있는 프로젝트 파일은 아카이브 도구(Archive Project...)를 이용해서 압축 형태(*.zip)의 아카이브 저장파일을 만들 수 있으며 압축파일 형태로 저장되어있는 아카이브 파일은 아카이브 해제 도구(Unarchive Project...)를 이용해서 현재 프로젝트로 불러오기가 가능하다. 아카이브 도구를 이용해서 현재 프로젝트 폴더에서 아카이브 형태로 저장할 수 있는 파일은 아래 표를 참고 하도록 하자.

표 3.4 프로젝트 폴더 아카이브 파일

*.kicad_prl, *.kicad_pro, *.kicad_sch, *.kicad_sym, *.kicad_pcb, *.kicad_mod, *.kicad_dru, *.kicad_wks, *.kicad_jobset, *.wbk, *.json, *.fp-lib-table, *.sym-lib-table, design-block-lib-table	KiCad 설계 파일 모음
*.pro, *.sch, *,lib, *.dcm, *.cmp, *.brd, *.mod	공식적인 KiCad 설계 파일 모음
*.stp, *.step	3D 모델 파일
*.g?, *.g??, *.gm??, *.gbrjob	Gerber 파일
*.pos, *.drl, *.nc, *.xnc, *.d356, *.rpt	제작 양산 관련 파일
*.net	네트리스트 파일
*.py	Python 스크립트 파일
*.pdf, *.txt	문서 파일
*.cir, *.sub, *.model	SPICE 모델 파일
*.ibs, *.pkg	IBIS 모델 파일

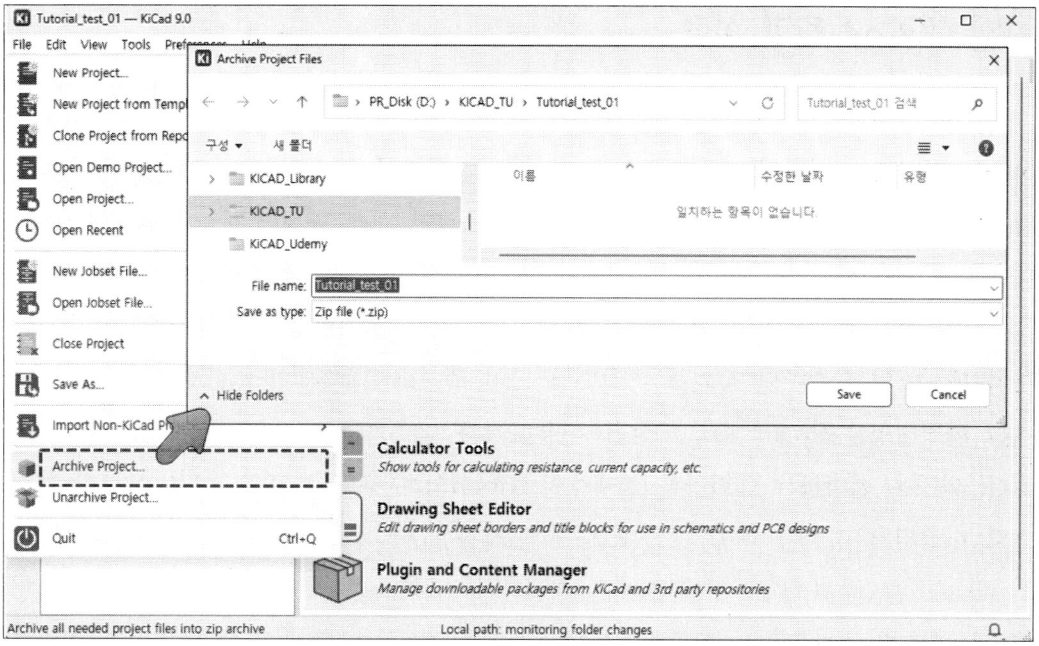

그림 3.5 현재 프로젝트 파일을 아카이브(*.zip)로 저장 화면

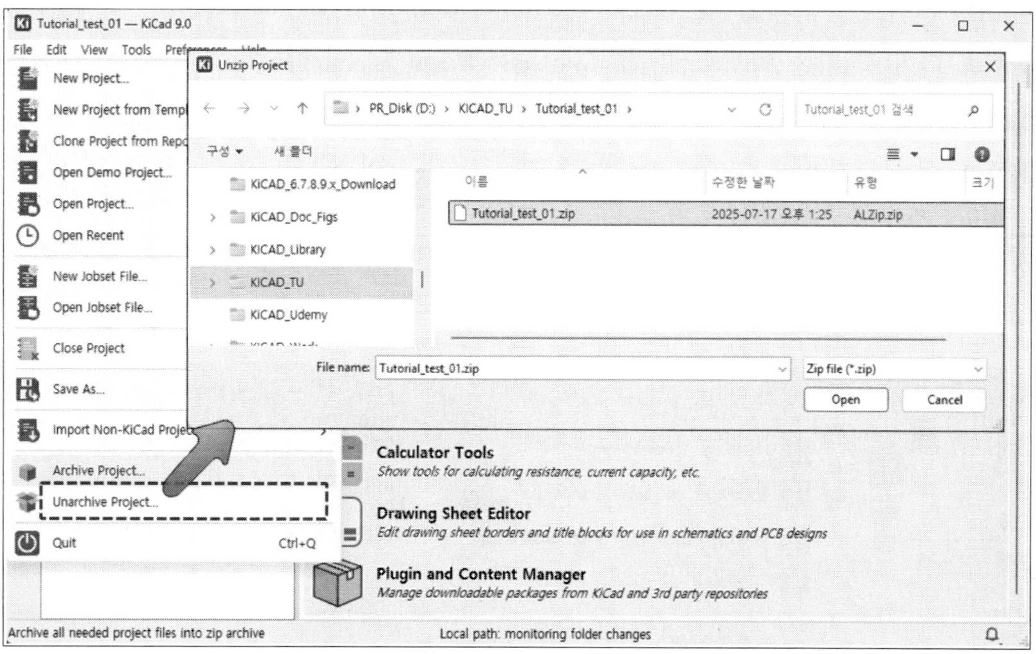

그림 3.6 아카이브(*.zip)로 저장된 파일 불러오기 화면

3.3 KiCad 환경 설정

KiCad의 포괄적인 환경설정의 작업과 내용은 완전하게 습득하고 난 후에 온전한 사용을 하기에는 시간적으로 효율성이 떨어진다. 따라서 처음 사용자의 경우에는 필요한 부분의 설정 내용만 빠르게 확인하도록 하고 실전 설계 과정에 들어갈 때 세부적인 내용은 찾아서 확인 학습하는 것이 효율적이다.

이 번 절에서 설명하는 내용은 구체적으로 정독을 하기보다는 빠르게 읽고 나중에 찾아 볼 수 있는 수준만 유지하는 학습이 되면 좋겠다. 대부분의 KiCAD의 기능에 관련된 환경설정은 Preferences 메뉴를 이용하거나 단축키(기본 값은 "Ctrl+")를 사용하면 된다. 환경을 설정하는 대화창은 실행중인 KiCad의 도구들과 공유되어 있어서 부분적으로 수정된 환경설정 내용을 전체 도구에 적용을 할 수도 있고 특정 도구(예를 들면 "Schematic 편집기"나 "PCB 편집기")에만 적용을 할 수도 있다. KiCad실행 창의 상단 탭에 위치한 "Preferences" 메뉴를 선택하여 나타난 펼침 메뉴는 KiCad의 경로 설정을 하는 "Configure Paths.."와 심볼 라이브러리를 관리하는 " Manage Symbol Libraries...", Footprint를 관리하는 " Manage Footprint Libararies...", 설계 블록 단위로 라이브러리를 관리하는 " Manage Design Block libraries", 공통 환경설정을 하는 " Preference..." 그리고 사용될 언어를 선택하는 "Set Language"의 항목으로 구성되어 있다. 새롭게 도입된 Design Block Library에 대한 구체적인 내용은 계속되는 챕터에서 설명이 될 예정이다.

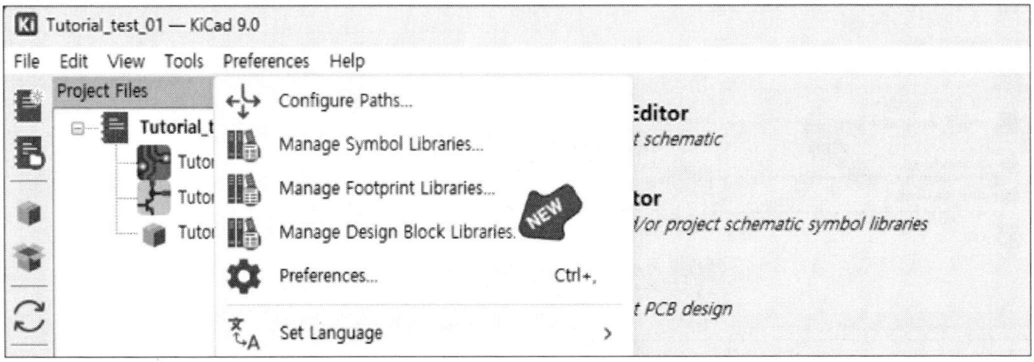

그림 3.7 Preference 메뉴 창

(1) 공통 환경 설정(Common Preferences)

- Accelerated graphic antialising : 그래픽카드의 성능에 따라서 화면의 선들이 고르지 못한 증상(Alising)을 방지하기 위해서 다양한 방법을 사용하는데 이러한 방법들은 다양한 하드웨어의 사양에 따라서 성능이 달라질 수 있다. 따라서 사용자에게 최적으로 보여지는 상태를 각자 시험을 통해서 결정을 해주면 된다. 처음 사용자들은 기본 값으로 시작하는 것으로 하자.
- Fallback graphic antialising : 대체 그래픽 모드를 사용하는 경우 Antialising(이상 증상 방지)을 적용할 수도 있으나 이 경우 일부 하드웨어의 사양에 따라 성능저하가 발생할 수도 있다.
- Text Editor : 프로젝트에서 텍스트 파일을 불러오기 위한 텍스트 편집기이다.
- PDF viewer : 시스템의 기본 값인 PDF viewer를 사용하기를 권장한다.
- Show icons in menus : KiCad사용자 인터페이스의 아이콘을 활성화한다.

주의 일부 운영체제에서는 메뉴에 위치한 아이콘이 표시되지 않음

- Icon theme : 밝은 배경의 윈도우나 어두운 배경의 윈도우 사용하는가에 따라서 설

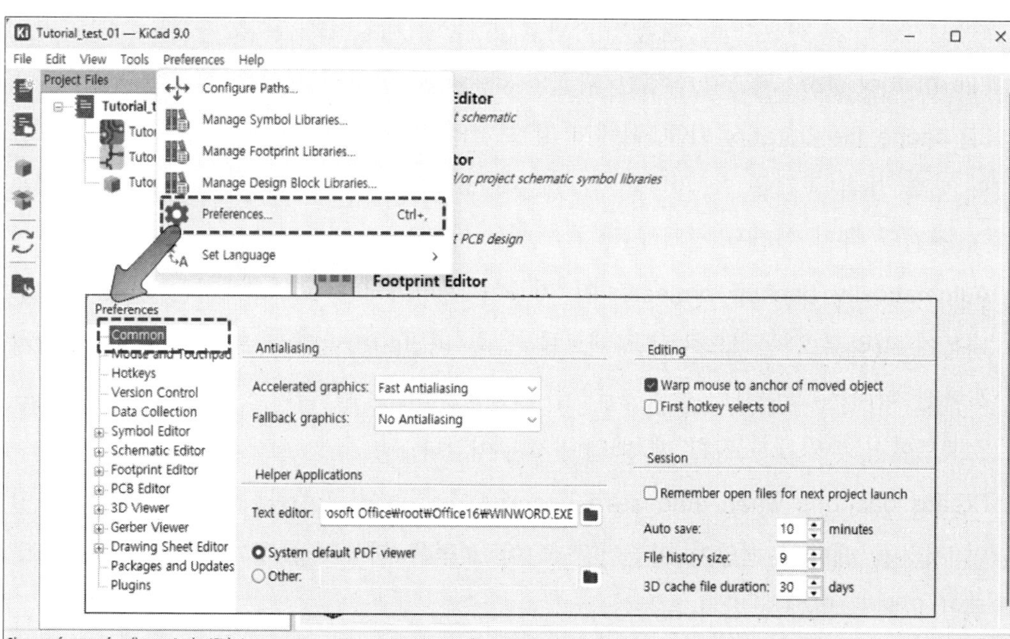

그림 3.8 공통 환경 설정 창

정을 할 수 있는데 윈도우 운영체제에서 사용하고 있는 배경의 밝기에 따라서 자동 설정을 하는 것이 기본 값으로 되어 있다.

- **Toolbar icon size** : KiCad 전반에 걸쳐서 사용되는 버튼과 메뉴 상에서 사용되는 아이콘의 크기를 설정하는데 "Small","Normal" 그리고 "Large" 세가지를 지원하고 있다.
- **High-contrast mode dimming factor** : High 콘트라스트 표시 모드에서 비 촛점 형태로 보이는 항목의 비율을 설정한다.
- **Warp mouse to origin of moved object** : 이 기능이 활성화 되어 있으면 특정 객체를 이동하는 명령을 사용하는 경우 해당하는 객체의 원점으로 마우스 커서의 위치를 설정한다.
- **First hotkey selects tool** : 이 기능이 비활성화 되어 있어도 "Add wire"와 같은 명령에 해당하는 단축키를 선택하면 현재 커서의 위치에서 곧바로 이 기능이 활성화 되어 동작을 한다.
- **Remember open files for next project launch** : 이 기능이 활성화 되어 있으면 프로젝트 다시 불러오기를 할 때 이전에 작업했던 파일을 자동적으로 다시 불러온다.
- **Auto save** : Schematic이나 PCB 파일을 편집하는 경우 일정 주기마다 저장을 해주는 기능으로 "0"값으로 설정을 하면 이 기능이 비활성화 된다.
- **File history size** : 최근에 작업한 파일의 목록에서 항목의 숫자를 설정한다.
- **3D cache file duration** : KiCad에서 3D보기의 속도를 향상시키기 위해서 3D 모델에 대한 캐쉬 공간을 만들어 줄 수 있는데 오래된 파일이 삭제되기 전까지는 이 캐쉬 공간의 유지 기간을 설정해 줄 수 있다.
- **Automatically backup projects** : 이 기능이 활성화되면 KiCad에서는 아래의 설정 내용에 따라서 자동적으로 프로젝트를 압축 파일(ZIP)형태로 모으게 된다. 이렇게 모아진 파일은 프로젝트 폴더 아래에 위치한 새로운 부 폴더 안에 저장이 되며 프로젝트에서 파일을 저장할 때 백업이 이루어진다.
- **Create backups when auto save occurs** : 이 기능이 활성화되면 자동적으로 파일이 저장될 때마다 백업이 이루어진다. 이 설정은 자동저장 주기가 "0"(비활성)으로 되어 있어도 영향을 받지 않는다.
- **Maximum backups to keep** : 새로운 백업을 하는 경우에 최대 백업파일의 수를 유

지하면서 가장 오래된 백업파일을 삭제한다.

- Maximum backups per day : 새로운 백업을 하는 경우에 최대 백업파일의 수를 유지하기 위해 현재를 기준으로 가장 오래된 백업파일을 삭제한다.
- Minimum time between backups : 파일저장 작업으로 백업을 진행하는 경우 기존의 백업파일이 지금 진행되는 파일보다 최신 파일이면 진행을 멈춘다.
- Minimum total backup size : 새로운 백업을 진행하는 경우 백업 디렉토리의 총 크기값 제한에 따라 가장 오래된 파일이 삭제된다.

(2) 마우스와 터치패드 환경 설정(Mouse and Touchpad Preferences)

- Center and warp cursor on zoom : 이 기능이 활성화되면 단축키나 마우스 휠을 이용한 zoom을 실행 시 커서 위치를 중심으로 확대/축소의 결과를 보여준다.
- Use zoom acceleration : 이 기능이 활성화되면 마우스 휠이나 터치패드를 이용한 zoom속도가 빨라진다.
- Zoom speed : 마우스 휠이나 터치패드로 Zoom을 실행하는 경우 스크롤 할 수 있는 범위를 조정할 수 있는데 사용자의 운영체제 따라 자동적으로 기본 값을 갖도록 설정하려면 "Automatic"항목을 체크해 주면 된다.
- Automatically pan while moving object : 이 기능이 활성화되면 대상 객체를 그림판의 가장자리로 이동하는 경우 화면이 그 쪽 방향으로 이동한다.
- Auto pan speed : 객체를 이동하는 경우 그림판이 이동되는 속도를 제어한다.
- Mouse buttons : 마우스의 가운데와 오른쪽 버튼을 끌기 동작으로 설정을 하게 되면, 화면을 확대/축소하거나, 화면 끌기를 하거나 혹은 아무런 동작을 하지 않도록 설정할 수 있다. 편집 화면에서 임의 객체를 선택했거나 혹은 선택하지 않았는가에 따라 왼쪽 마우스 버튼을 끌기 동작으로 설정할 수 있다.
- Vertical touchpad or scroll wheel movement : 마우스 휠을 스크롤 동작을 하도록 설정하거나 혹은 특정한 수정키를 누른 상태에서 터치패드가 상하 동작을 하도록 설정할 수 있다.
- Pan left/right with horizontal movement : 이 기능이 활성화되면 터치패드를 이용하거나 마우스의 수평스크롤 휠(만약 마우스 휠이 있는 경우)을 이용해서 화면을 이동시킬 수 있다.

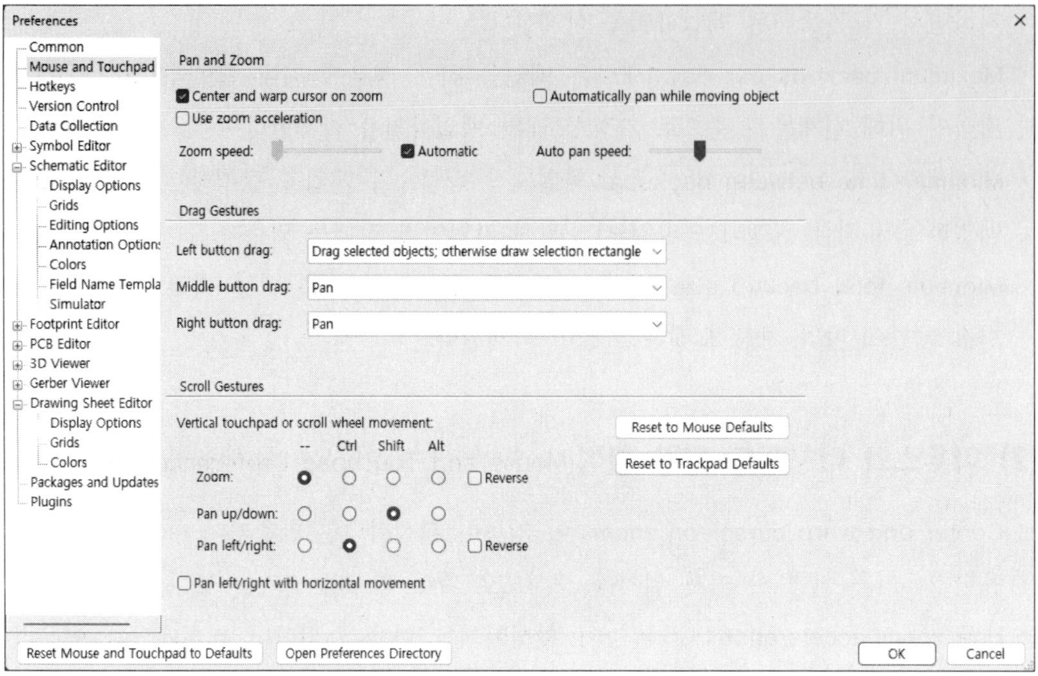

그림 3.9 마우스와 터치패드 환경설정 창

(3) 단축키의 환경 설정(Hotkey Preferences)

KiCad의 전반적인 동작을 제어하는 경우 사용하는 단축키에 대한 설정 값은 그림 3.10의 환경설정 대화 창을 통하여 사용자의 요구사항을 반영하여 정정할 수 있다. 위의 그림에서 “Common” 항에 위치한 단축키는 KiCad의 모든 프로그램에서 공유된 값으로 사용이 된다. KiCad의 개별 프로그램에 대한 단축키는 해당하는 프로그램이 실행하는 중에 나타나는데 각기 다른 프로그램 안에서 서로 다른 동작을 하도록 하는 경우에 동일한 단축키를 사용할 수 있도록 할 수도 있다. 그러나 동일한 프로그램 안에서 하나 이상의 동작을 단축키에 할당하는 것은 불가능하다.

KiCad에서 사용되는 명령어는 매우 많지만 이들 명령에 모두 단축키가 할당되어 있는 것은 아니다. 그림 3.10에서 명령어를 마우스로 더블 클릭을 해서 단축키를 편집할 수도 있다. 만일 다른 명령어에 할당되어 있는 단축키를 선택할 수도 있으나 이 경우 이미 할당되어 있는 단축키의 기능은 사라지게 된다.

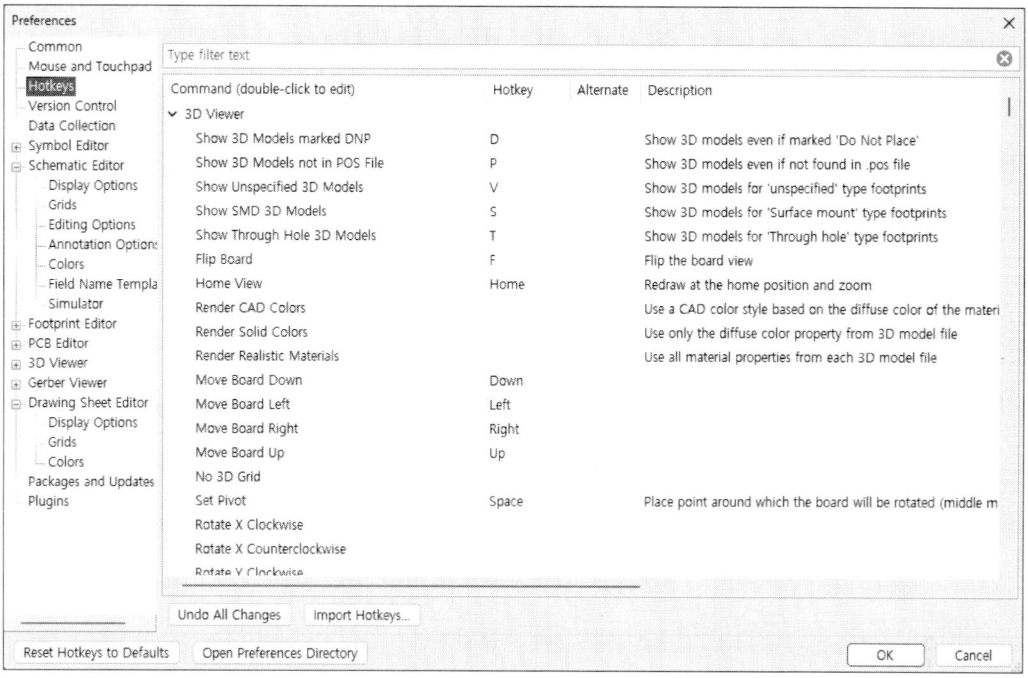

그림 3.10 단축키의 환경설정 창

그림 3.11에서 새로운 단축키가 할당된 경우 명령어에 "*"가 붙어서 변경된 단축키임을 확인할 수 있다. 이렇게 새롭게 변경된 단축키도 명령어 위에서 오른쪽 마우스 버튼을 클릭하거나 팝업메뉴에서 "Undo Changes"를 선택하면 이전 상태로 되돌리기가 가능하다. 할당되어 있는 단축키 값을 취소할 수도 있고 최초에 KiCad가 설치되었때 설정된 초기 값으로 되돌리는 것도 가능하다. 이러한 단축키(Hotkey)의 설정내용은 KiCad의 환경설정 디렉토리에 ".hotkeys" 파일로 저장되기 때문에 사용하는 컴퓨터에서 선호하는 단축키로 설정해둔 내용은 다른 컴퓨터에서 단축키 파일(.hotkeys) 가져오기 작업을 통하여 키 값을 받아오는 것도 가능하다. KiCad 상단의 Preferences 펼침메뉴의 아래에 위치한 Preferences 내용중 공통, 마우스, 터치패드, 단축키에 대한 설정까지만 설명을 마치고 나머지 심볼과 Footprint등에 대한 환경 설정은 실제로 해당 프로그램을 운영할 때 구체적인 내용을 확인하는 것으로 하자.

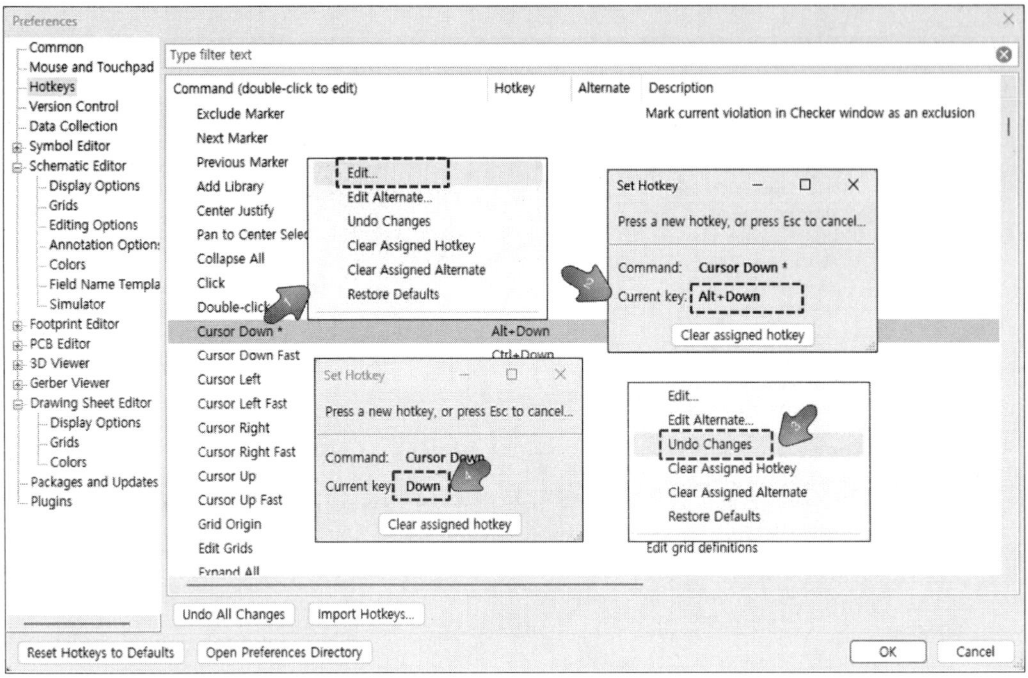

그림 3.11 새롭게 변경된 단축키와 되돌리기

(4) 경로 환경 설정(Configure Paths...)

KiCad에서는 환경변수를 이용해서 다양한 종류의 경로를 정의해 줄 수 있다. 일부 환경변수는 KiCad 자체적으로 내부에서 정의가 되어 있는데 이러한 환경변수는 라이브러리나 3D 모델등의 경로를 정의하는 경우에 사용될 수 있다. 이와 같은 방법은 절대경로를 알 수 없거나 임의 프로젝트를 다른 컴퓨터로 이동하고자하는 경우 변경해 주어야하는 대상의 위치를 알려주거나 하나의 기본 경로가 여러 유사항목과 공유되어 있는 경우에 효과적이라고 할 수 있다. 다음과 같은 항목은 다양한 위치에 설치될 수도 있다.

Schematic Symbol libraries
Footprint libraries
3D shape files used in footprint definitions

예를 들면, "*connect.pretty*" 풋프린트 라이브러리는 "KICAD9_FOOTPRINT_DIR" 이라는 환경변수를 사용하는 경우 "*${KICAD9_FOOTPRINT_DIR}/connet.pretty*"로 정의된다. 아래 그림과 같이 KiCad 프로그램의 "Preferences"의 펼침 메뉴에서 "Configure Paths..."를 선택하여 이미 내장되어 있는 KiCad의 환경변수에 대한 경로를 사용자의 요구에 맞추어 변경이 가능하다.

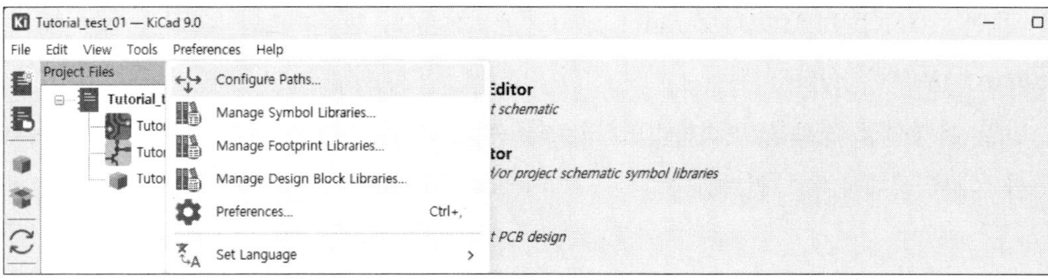

그림 3.12 환경 변수 경로

KiCad의 환경변수의 설정관련 내용은 2.4.4절을 참고하도록 하자. 환경설정 경로 창에서 KiCad가 외부경로로 설정된 경우에는 환경변수의 갱신을 할 수 없다. 즉, 외부 환경변수로 설정된 변수는 경로 창에 읽기 모드로 표시가 된다. 일부 성능이 개선된 환경변수는 KiCad의 동작을 사용자의 요구에 맞추도록 설정하는 것도 가능하다. 이러한 환경변수는 기본적인 환경변수 설정 창에는 표시가 되지 않는다.

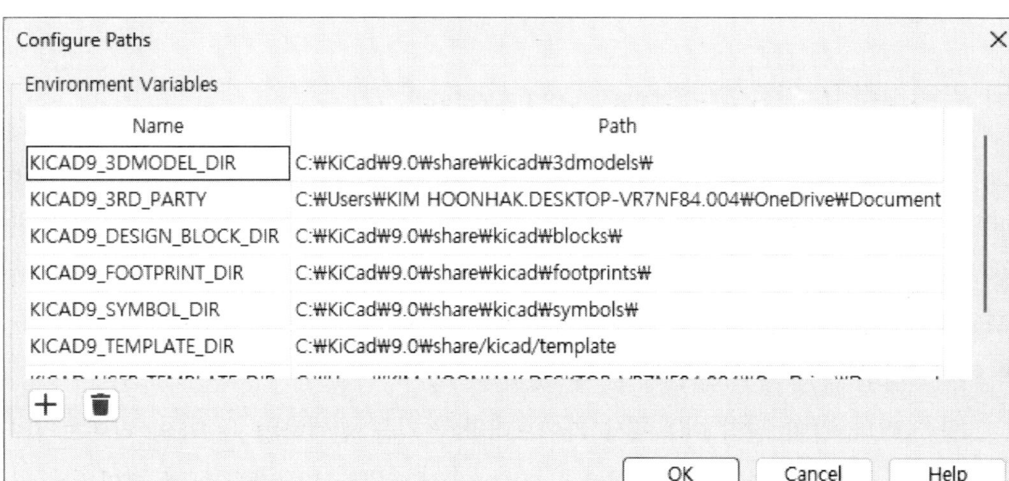

그림 3.13 환경 변수 경로 설정화면

환경 변수를 변경하게 되면 임의 파일을 기본저장 위치에서 새로운 저장위치로 이동시키는 것이 불가능하다. 따라서 만일 이러한 변수를 변경해야하는 경우에는 반드시 원하는 설정 내용이나 파일은 수작업으로 복사를 해두는 것이 좋겠다.

추가 환경 변수(Additional Environmental Variables)는 사용자의 요구에 따라 환경설정을 해주기 위한 것으로 구체적인 내용은 아래 표와 같다. 여기서 변수 "KIPRJMOD"는 현재 프로젝트의 절대경로를 나타내는 것으로 KiCad 내부에 정의가 되어 있다. 예를 들면, "${KIPRJMOD}/connect.pretty"는 현재의 프로젝트의 위치를 나타내는 "connect.pretty" 폴더가 된다.

만일 환경설정 경로를 변경하려면 경로의 충돌을 방지하기 위해서 프로그램을 종료한 후 다시 실행하기를 권장한다.

표 3.5 KiCad 환경설정 경로

KICAD_CONFIG_HOME	KiCad 환경설정 파일의 기본 경로다, KiCad 구 버전은 기본 경로의 하위 디렉토리에 구 버전의 경로가 만들어 진다.
KICAD_DOCUMENTS_HOME	KiCad 사용자의 수정 가능한 문서가 저장되는 기본 경로다. KiCad 구 버전은 기본 경로의 하위 디렉토리에 구 버전의 경로가 만들어 진다.
NEW KICAD_STOCK_DATA_HOME	KiCad의 stock data가 저장되는 경로로 이 디렉토리에 위치한 data는 시스템 패키지 관리자나 KiCad 설치자에서 취급 가능하다. 사용자가 임의로 써넣기는 불가능 하다.

(5) 라이브러리 환경설정(Library Configuration)

라이브러리의 환경설정은 "Preferences"의 펼침 메뉴에서 "Manage Symbol Libraries..."를 선택하면 "symbol libararies table(sym-lib-table)"로 부르는 라이브러리 목록 파일을 관리 할 수 있다. 이와 유사하게 "Preferences"의 펼침 메뉴에서 "Manage Footprint Libraries..."를 선택하면 "Footprint Libararies Table(fp-lib-table)"의 라이브러리 목록 파일도 관리 할 수 있다.

그림 3.14와 같이 펼침 메뉴에서 라이브러리 관리를 선택하면 두 개의 라이브러리 목록파일이 나타난다. 첫 번째는 Global Libraries탭 선택 시 상단 창에서 확인되는 것으로 사용자의 홈 디렉토리의 sym-lib-table에 저장되며 프로젝트 전체에 사용되는 것

이고, 두 번째는 Project Specific Libraries탭 선택 시 창에서 확인되는 것으로 프로젝트 디렉토리의 sym-lib-table에 저장되며 특정 프로젝트에 제한적으로 사용되는 라이브러리 항목이다.

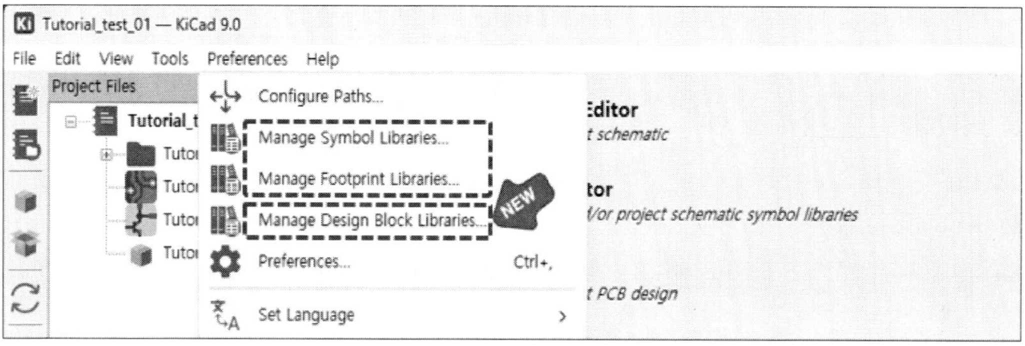

그림 3.14 심볼/Footprint/Design Blocks 라이브러리 환경설정 메뉴

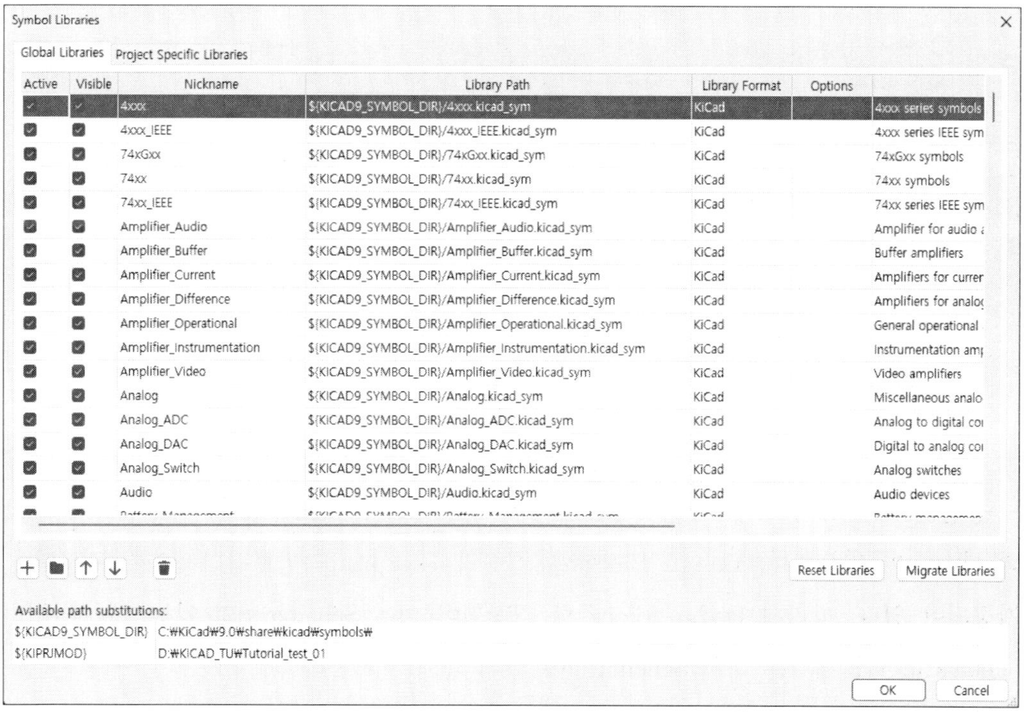

그림 3.15 전역 라이브러리와 프로젝트 라이브러리

그림 3.15의 심볼 라이브러리 창에 표시되어있는 아이콘 모음에서 "+"는 새로운

라이브러리를 등록하는 것으로 라이브러리 탐색창(■)에서 특정 라이브러리를 선택하여 붙여 넣기를 하면 선택된 라이브러리는 현재 열려있는 라이브러리 테이블에 추가된다. "↑ ↓"는 등록된 라이브러리의 위치를 변경하기 위한 것이고 "🗑"는 한 개 이상의 선택된 라이브러리를 삭제하기 위한 것이다.

버전 v9.x에 새롭게 "Design Block Libraries" 관리 메뉴가 추가되었는데 여기서 "Design Blocks"의 개념은 Schematic의 일부를 저장해두고 나중에 저장된 라이브러리를 편리하게 재사용하기 위한 것이다.

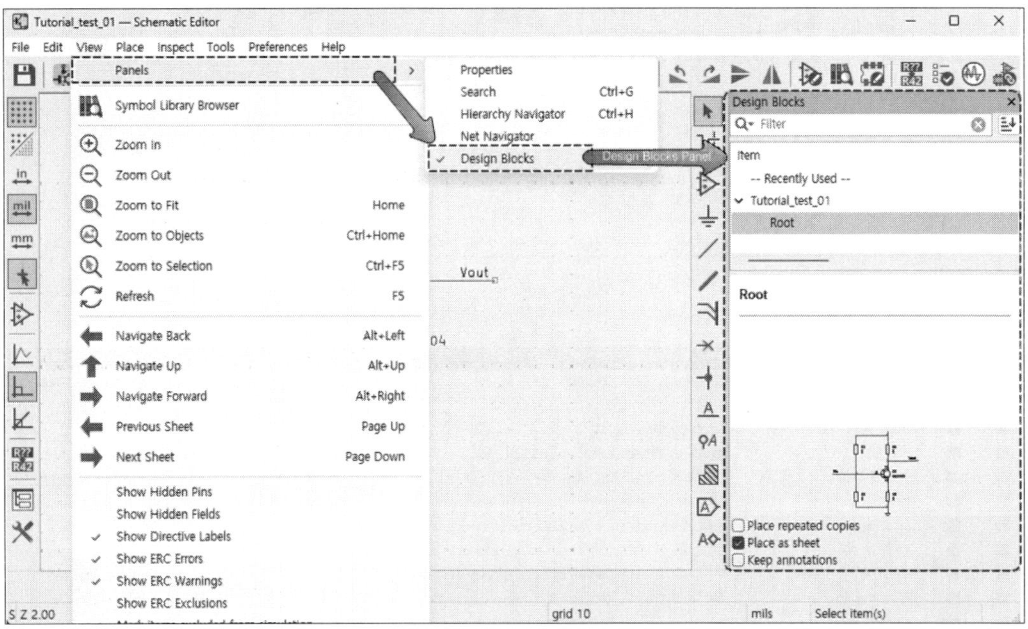

그림 3.16 Design Blocks Panel 만들기 화면

동일한 Schematic이나 다른 Schematic의 경우에도 Design Blocks내의 라이브러리의 재사용이 가능하다. Design Blocks은 심볼과 Footprint라이브러리등으로 구성되어 저장되어 있다. 따라서 Design Blocks로 저장되어 있는 Schematic의 일부분을 현재의 Schematic이나 새로운 하위 Schematic에 끼워 넣기가 가능하다.

Schematic 편집기 메뉴의 "View → Panels → Design Blocks" 과정으로 진행하면 편집기 우측에 Design Blocks 패널이 열린다. 패널에 Schematic을 추가하기 위해서 오른쪽 마우스 버튼 클릭으로 열린 팝업 창에서 New Library를 선택한 다음 Global(모든 프로젝트에 활용)이나 Project(현재의 프로젝트에만 활용)중에서 선택을 한 다음 Design Blocks의 이름을 지정해서 저장을 하면 그림 3.16과 같은 화면이 나타난다.

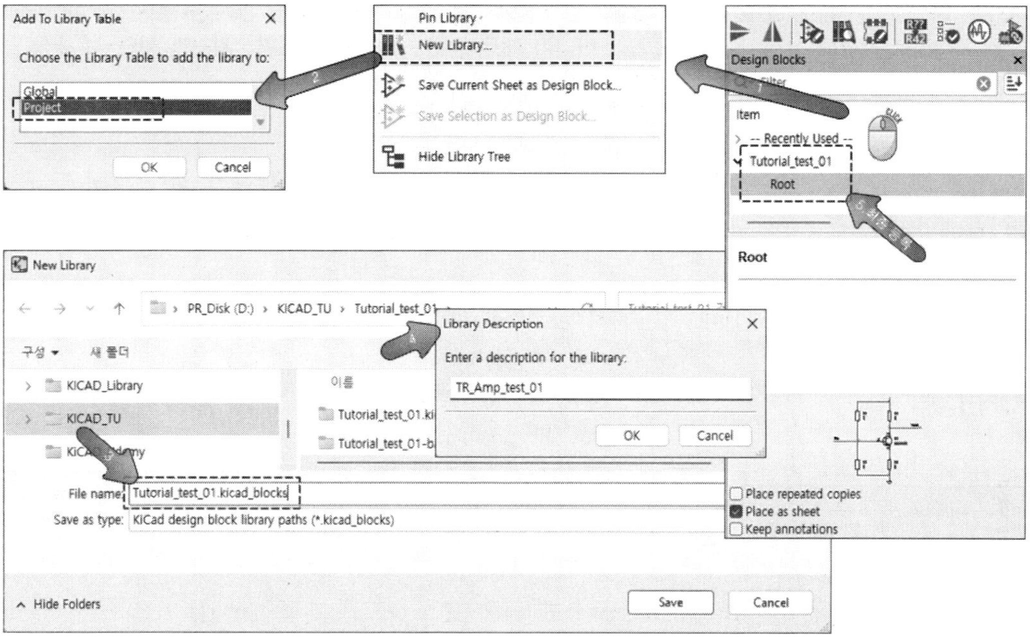

그림 3.17 Design Blocks저장과 현재 라이브러리 등록 과정

Global이나 Project design block 라이브러리 테이블은 그림 3.14의 Manage Design Block Libraries 메뉴를 이용하면 편리하게 관리할 수 있다. 여기에는 삭제되거나 이름을 변경한 design block 라이브러리들이 위치하고 있으며 이 라이브러리들도 심볼 라이브러리 테이블의 처리 방법과 동일한 방식으로 사용이 가능하다.

✓ 따라하기 01

내용 TR앰프 Schematic 회로를 예제로 그려 넣기를 한 다음 전체 도면을 Design Blocks 라이브러리로 저장해 보자. 완벽한 도면이 아니기 때문에 단순 부품배치와 결선처리만 한다.

1. Schematic부품	2N3904-1개, 저항-4개, GND, Vsupply
2. 부품 배치/결선	Schematic 편집기 → 부품 가져오기( ) → 배치 및 결선
3. Design Block	Schematic 편집기 → View → Panels → Design Blocks Panels열기
4. Library 등록	Design Blocks Panel에서 → (오른쪽 마우스 클릭) → New Library → Global or Project 두 가지 중 선택 → Design Block이름 부여 (예: “Tutorial_test_01”) → Library설명(“TR_Amp_test_01”) → “Tutorial_test_01”에서 -> (오른쪽 마우스 클릭) → Name은 “root2”, Keyword는 “kicad.block”로 한다.
5. Library 복사	Design Blocks Panel에서 → “root” → (더블 클릭) → Schematic 편집기에서 복사 영역 그리기(사각형 박스) → 연속 그리기(연속 복사) / 복사 작업 중단 → root2 박스에 “root2.kicad.sch”가 하위계층 도면으로 복사
6. Design Blocks 라이브러리 복사 결과	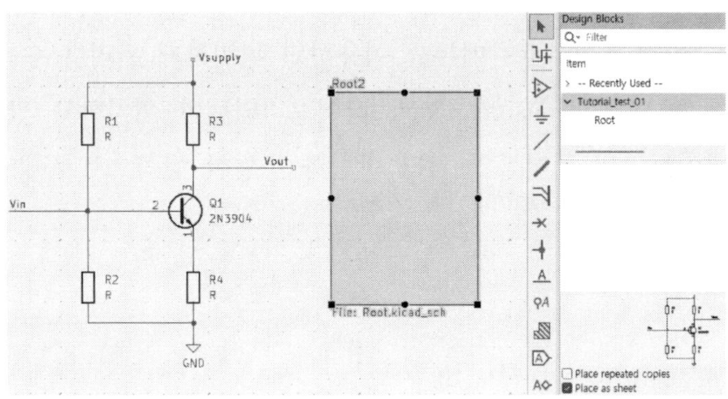

3.4 KiCad 프로젝트 템플릿

(1) 템플릿 사용하기

KiCAD에서 프로젝트 템플릿은 사전에 정의되어 있는 설정 값으로 새로운 프로젝트를 시작할 수 있도록 해준다. 이러한 템플릿에는 사전에 정의된 보드의 외곽선, 커넥터 위치, 도면의 구성요소 그리고 설계규칙 등의 내용을 담고 있다. 새로운 프로젝트를 위한 핵심 파일로 사용된 Schematic이나 PCB의 내용이 여기에 포함되기도 한다.

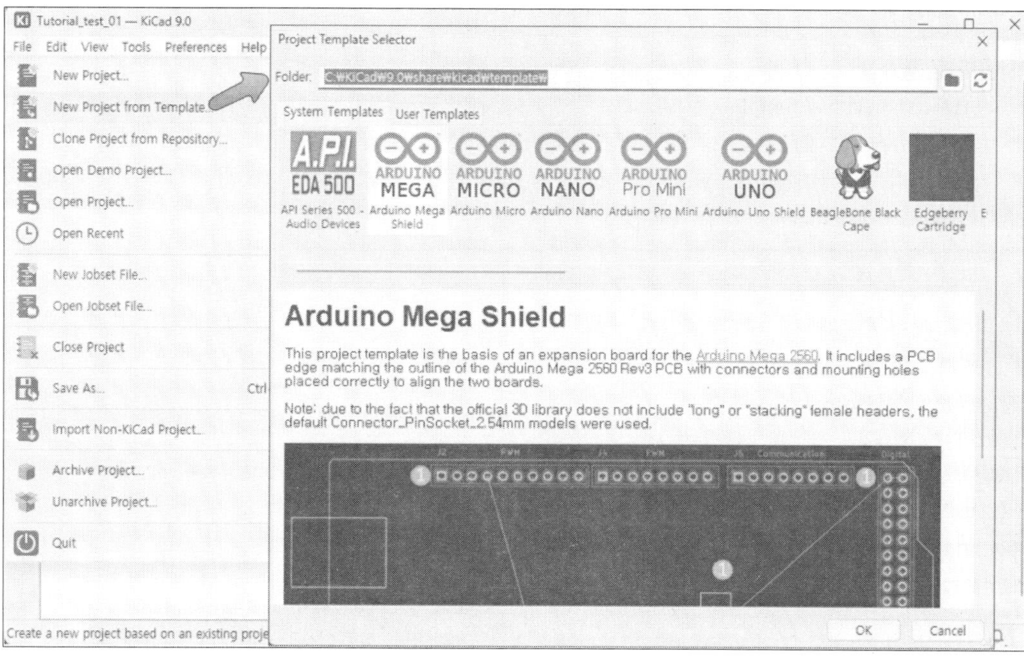

그림 3.18 제공된 템플릿에서 새로운 프로젝트 만들기

그림 3.18의 프로젝트 템플릿 창에서 마우스로 임의의 템플릿 아이콘을 선택하면 해당 템플릿에 대한 정보가 아래 창에 나타난다. 그 다음 하단에 위치한 "OK"버튼을 선택하면 새로운 프로젝트가 만들어진다. 해당 템플릿 파일은 새로운 프로젝트 위치에 복사가 되는데 새로운 프로젝트 이름을 반영하여 이름을 변경할 수 있다.

(2) 템플릿 저장위치

KiCAD에서 템플릿을 사용하는 경우에는 아래와 같은 경로를 참조해서 해당하는 템플릿 파일을 찾는다.(Preference → Configure Paths...)

표 3.6 템플릿 환경설정 변수

KICAD_USER_TEMPLATE_DIR이라는 환경변수에 정의된 경로.
KICAD9_TEMPLATE_DIR이라는 환경변수에 정의된 경로.
시스템 템플릿 : <kicad bin dir>/../share/kicad/template
사용자 템플릿 : - Unix : ~/kicad/template - Windows : C:\Documents 와 설정\username\My Documents\kicad\template 혹은 C:\Users\username\Documents\kicad\template - Mac : ~/Documents/kicad/template

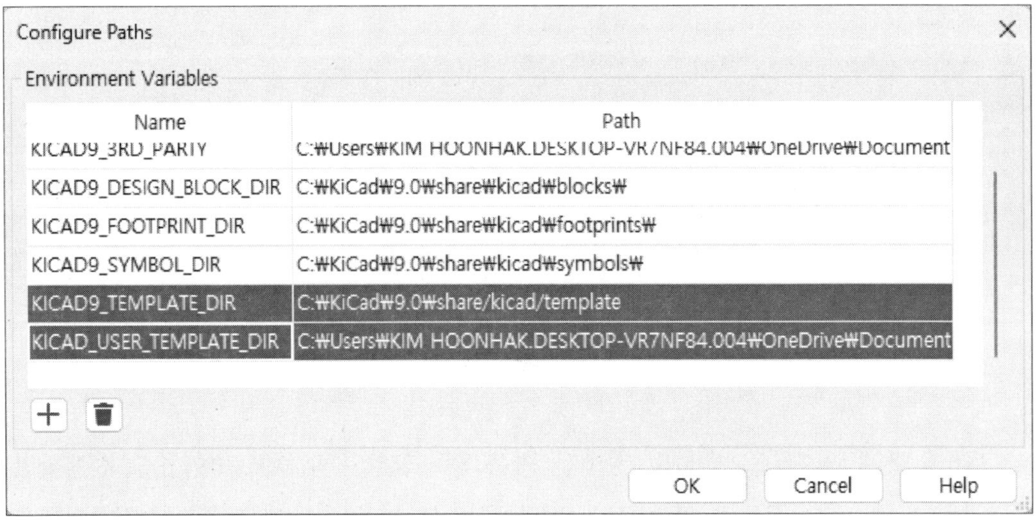

그림 3.19 Preference 메뉴의 경로 설정 화면

(3) 템플릿 만들기

KiCAD에서 템플릿 이름은 템플릿 파일이 저장되는 디렉토리 이름으로 만들어 진

다. 이 경우 메타 데이터 디렉토리는 템플릿에 대한 내용을 설명하고 있는 파일을 포함하는 "Meta"라는 하위 디렉토리가 된다.

메타 데이타는 하나의 요구 파일로 구성되는데 여기에는 옵션 파일들이 포함될 수도 있다. 모든 파일은 텍스트 편집기나 사전 KiCad 프로젝트 파일을 이용하여 작성해야 하며 반드시 요청되는 디렉토리 구조의 내부에 위치해야 한다.

템플릿 내의 모든 파일과 디렉토리는 프로젝트가 템플릿을 이용하여 만들어지는 경우(Meta 제외) 새로운 프로젝트 경로에 복사가 된다. 템플릿은 완벽한 프로젝트를 포함할 필요는 없다. 만일 필요로 하는 요구 파일이 누락된 경우에도 KiCad에서는 기본값을 이용하여 프로젝트를 만들어 낸다. 템플릿 이름을 변경하는 규칙에서 예외사항으로 만일 하나의 프로젝트 파일(.kicad_pro)이 존재하지만 프로젝트 이름이 템플릿 이름과 일치하지 않는 경우에는 KiCad에서 프로젝트 이름을 근거로 이름을 변경해 준다.

그림 3.14는 RaspberryPi-HAT과 관련된 템플릿과 메타 디렉토리의 내용이다.

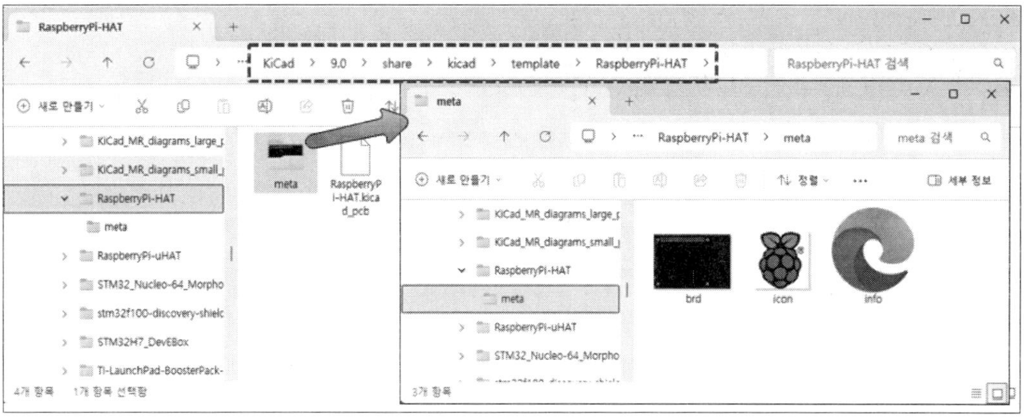

그림 3.20 RaspberryPi-HAT과 관련된 템플릿과 메타 디렉토리

위 그림에서 meta 디렉토리 내의 meta/info.html은 템플릿에 대한 내용을 HTML 형식으로 기술하고 있는 파일이다. 내부의 내용 중에 <title> 태그는 사용자가 템플릿을 쉽게 선택할 수 있도록 밖으로 노출되어 있는 실제 템플릿의 이름이다. HTML을 사용하는 이유는 그림을 새로운 방식으로 처리하지 않고서도 쉽게 나열할 수 있기 때문이다. 다음 그림은 "info.html"의 특정 내용을 담고 있는 사례이다.

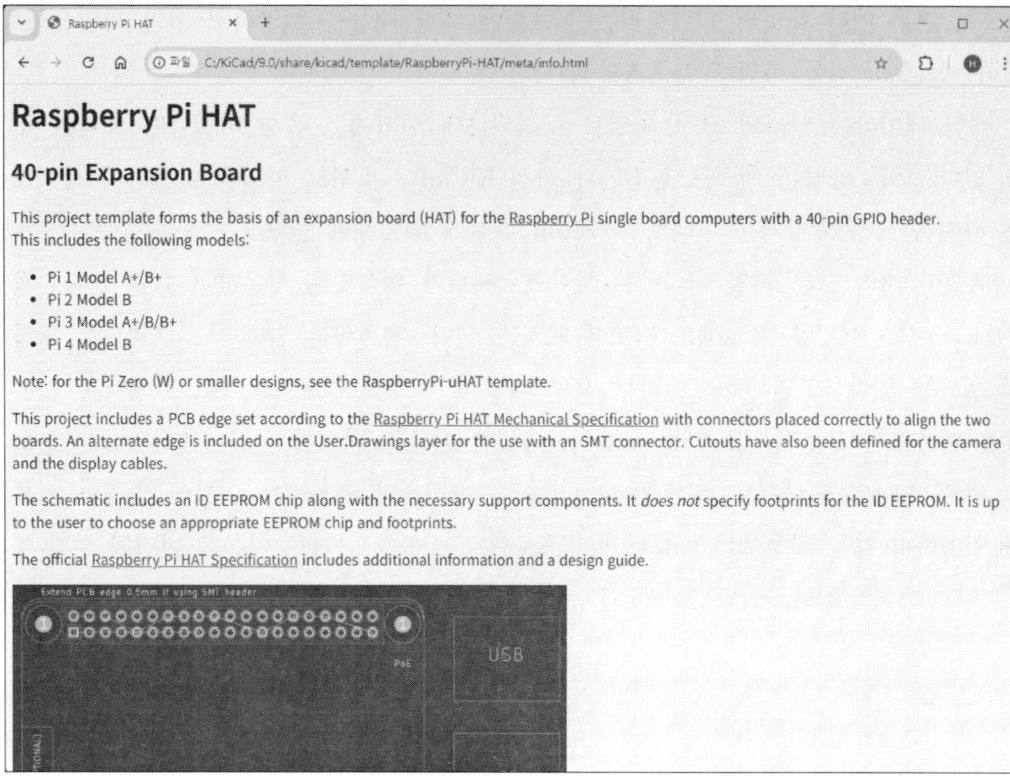

그림 3.21 RaspberryPi-HAT의 meta/info.html 내용

3.5 KiCad Sheet 편집기 : ' Drawing Sheet Editor '

KiCAD의 Sheet 편집기는 사용자 타이틀 블록과 프레임 참조 사항을 작성하기 위해서 사용되는 페이지 레이아웃 편집 도구다.

(1) KiCad Sheet 편집기의 구성

페이지 레이아웃은 프레임 참조사항과 연관되어 있는 타이틀 블록이나 로고와 같은 그래픽 항목을 말한다. 이러한 페이지 레이아웃을 구성하는 기본 항목은 다음과 같다.

표 3.7 Sheet 편집기 레이아웃 구성항목

	Lines : 선 그리기
	Rectangles : 사각형 그리기
	Texts : 포맷 기호의 경우 날자, 페이지 번호등과 같은 실제 텍스트 넣기
	Bitmaps : 로고 배치 형식. 일부 플로터만 사용이 가능해서 PDF와 PS로만 출력된다.
	Appendings : 기존 Sheet를 현재 Sheet에 덧 붙이기
	Delete : 대화식 삭제하기

Texts는 임의 위치 값으로 정의가 되고 필요한 경우는 회전해서 사용할 수 있다. Lines(선)와 Rectangles(사각형)는 시작점과 끝점으로 구성된 두 개의 점으로 정의가 되며 회전해서 사용할 수는 없으며 이러한 기본 항목들은 반복해서 사용이 가능하다. 예를 들어 Texts가 한 자리 문자인 경우 반복해서 사용하게 되면 레이블 값을 증가시켜서 Texts의 중복을 구분해 준다. 좌표를 정의하는 경우에는 위 항목 중 시작점과 끝점에 해당하는 각각의 위치는 사용하는 페이지의 구석에 따라 상대적으로 적용된다.

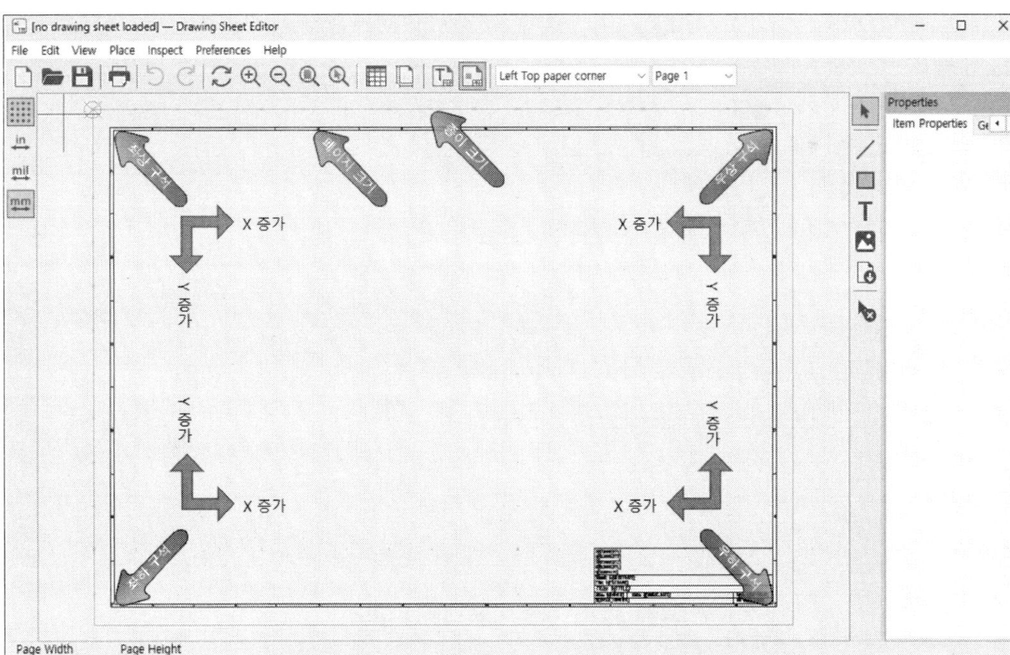

그림 3.22 Sheet 구석 기준에 따른 좌표 설정

페이지의 크기가 변경되어도 특정 구석을 원점 기준으로해서 상대적인 위치 값을 유지하기 때문에 해당하는 항목의 위치는 변경되지 않는다. 그리고 Title Block은 그림 3.23에 보이는 것처럼 Sheet를 작성할 때 기본적으로 우측 하단에 위치한다.

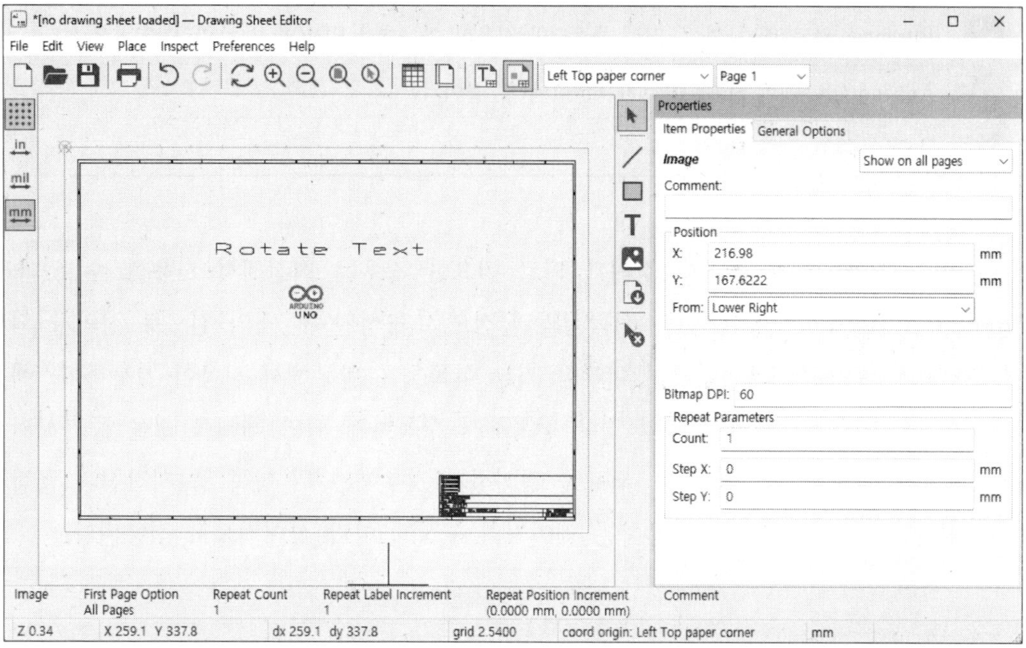

그림 3.23 Sheet 내부의 Text와 Bitmap 편집창

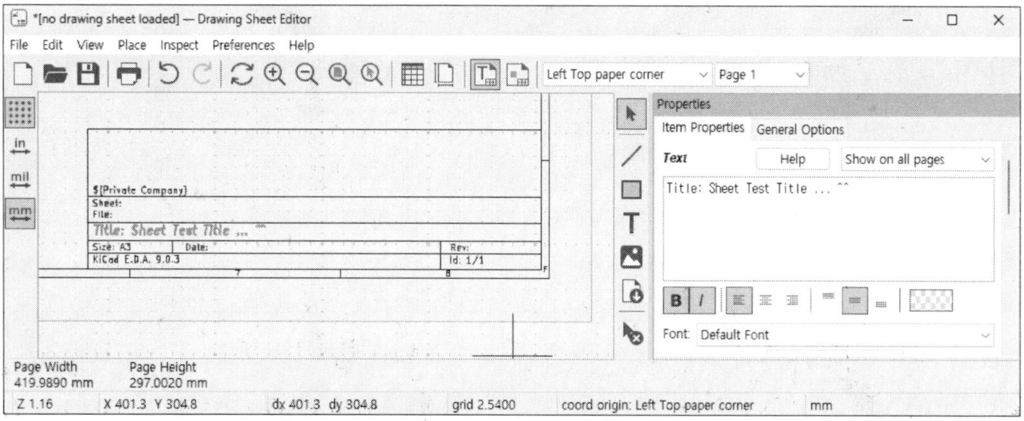

그림 3.24 사용자 표시( ) 모드

Rectangles(사각형)과 세트먼트는 기준이 되는 구석 좌표 값을 기준으로 정의 된 두 개의 점 좌표로 표현된다. Sheet 편집기에서는 텍스트 기호는 단순한 문자열로 사용되며 Schematics나 PCB 내부의 타이틀 블록에 표시가 된다.

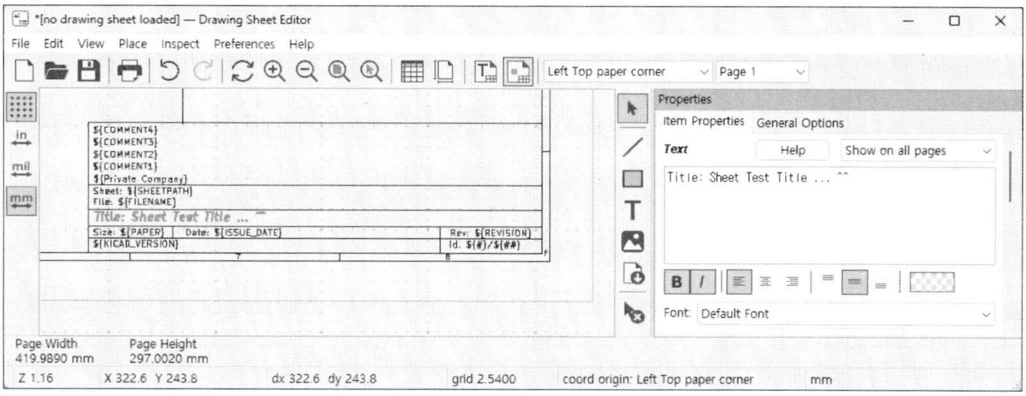

그림 3.25 "Native" 표시( ) 모드

여기에서 사용되는 텍스트에는 키워드 값을 갖으며 "${keyword}"와 같이 표현한다. 사용된 키워드는 해당하는 값으로 치환되는데 KiCad에 내장되어 있는 키워드는 다음과 같은 것들이 있다.

표 3.8 Sheet 편집기의 키워드 변수

키워드 이름	내 용
KICAD_VERSION	KiCad의 버전
#	Sheet 번호.
##	Sheet의 총 갯수 번호.
COMMENT1-9	Page 설정에서 "Comment<n>" 필드의 내용
COMPANY	Page 설정에서 "Company" 필드의 내용
FILENAME	파일 확장자를 갖는 PCB 혹은 Schematic 설계 파일 이름
ISSUE_DATE	Page 설정에서 "Issue Date" 필드의 내용
LAYER	현재 PCB레이어 이름 Schematic/편집기에서 빈칸이지만 PCB 설계 결과 출력물에는 표시
PAPER	현재 Sheet 종이의 크기로 Page설정 화면에서 값을 결정
REVISION	Page 설정에서 "Revison(개정번호)"의 내용
SHEETNAME	현재 Sheet의 이름으로 편집기에서는 빈칸으로 표시
SHEETPATH	현재 Sheet의 저장경로로 편집기에서는 빈칸으로 표시
TITLE	Page 설정에서 "Title" 필드의 내용

(2) KiCad Sheet 편집기의 명령어

KiCad의 Sheet 편집기의 메인 화면은 그림 3.24,3.25와 같으며 좌측 창에는 Sheet가 위치하고 우측 창에는 개별 항목에 대한 속성을 설정하고 일반 선택 항목을 정해주는 창이 위치하고 있다. 그리고 메인 창 상단의 도구 모음에는 다양한 명령어를 간단하게 실행할 수 있는 아이콘이 배열되어 있다. 이러한 개별 아이콘의 기능은 아래와 같다.

표 3.9 Sheet 편집기 상단 도구 모음

	새로운 문서 작성하기(ctrl+N)
	기존의 문서 불러오기(ctrl+O)
	변경된 내용 저장하기(ctrl+S)
	출력하기(ctrl+P)
	마지막 편집 되돌리기(ctrl+Z), 마지막 편집 재실행(ctrl+Y)
	화면다시그리기, 확대, 축소, 화면에 맞추기, 확대 대상선택(ctrl+F5)
	Sheet에 사용된 아이템 목록
	페이지 크기와 타이틀 블록에 대한 미리보기 데이터 편집
	미리보기 모드에서 타이틀 블록 보기
	편집 모드에서 타이틀 블록 보기
Left Top paper corner	상태 표시 창에 표시되는 기준 좌표위치 선택 창
Page 1	페이지 번호 선택(페이지 옵션이 주어진 경우)

키보드 명령어

Sheet 편집기는 상단의 도구 아이콘을 이용해서 필요한 기능을 수행하기도 하지만 컴퓨터의 키보드를 이용한 단축키로 다음과 같은 부수적인 기능을 수행할 수 있다.

표 3.10 Sheet 편집기의 단축키

F1	확대하기
F2	축소하기
F3	화면 다시 그리기
F4	커서를 화면 창의 중심으로 이동하기
Home	Footprint를 화면 창의 크기에 맞추어서 표시하기
Space Bar	현재 커서의 위치를 상대 좌표 값으로 설정하기
→	커서를 오른 쪽으로 한 그리드 만큼 이동하기
←	커서를 왼 쪽으로 한 그리드 만큼 이동하기
↑	커서를 윗 쪽으로 한 그리드 만큼 이동하기
↓	커서를 아랬 쪽으로 한 그리드 만큼 이동하기

마우스 명령어

마우스의 중앙에 위치한 스크롤 버튼과 키보드를 조합한 명령의 동작내용과 오른쪽 버튼의 동작내용은 다음과 같다.

표 3.11 Sheet 편집기 : 마우스와 키보드 조합 동작

	현재 커서의 위치에서 위, 아래 스크롤을 이용하여 확대, 축소하기
Ctrl +	컨트롤 키와 스크롤 키 조합으로 화면 좌, 우 이동하기
Shift +	시프트 키와 스크롤 키 조합으로 화면 상, 하 이동하기
	context 메뉴 열기

Context 메뉴

Sheet 편집 화면에서 오른 쪽 마우스를 클릭하면 그림 3.26과 같은 팝업 창에 Context메뉴가 나타난다. Context메뉴에는 선 그리기( ), 사각형 그리기( ), 글자 넣기(T), 비트맵 이미지 넣기( ), 외부 대상 복사해 넣기( ) 작업을 수행할 수 있으며, Sheet의 확대 크기( )를 선택하거나 그리드 간격의 크기( )를 선택하여 아래와 같은 펼침 메뉴에서 원하는 크기를 선택할 수 있다.

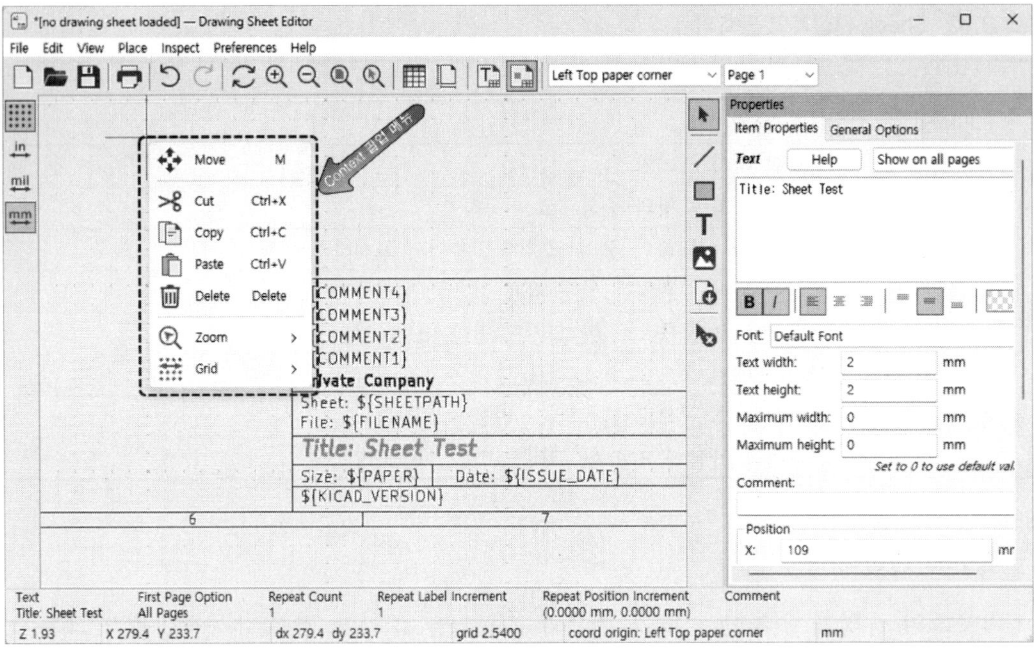

그림 3.26 Sheet 편집기 화면의 Context 메뉴 팝업 창

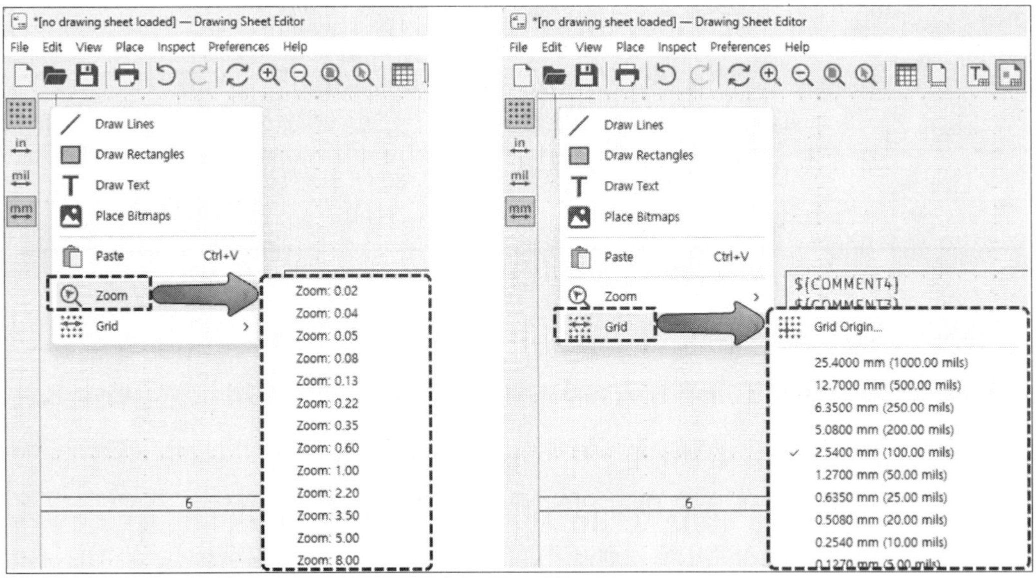

그림 3.27 Sheet의 크기 확대와 그리드 간격을 선택할 수 있는 펼침 메뉴

Sheet 편집기 하단에는 다양한 상태를 나타내는 막대 창이 나타나는 데 이곳에서는 환경 설정에서 정해준 기준에 따라 상대 좌표 값이 표시가 된다. 아래 상태 창의 내용

은 원점 좌표가 왼쪽 상단으로 기준이 정해졌고, 그리드 간격은 mm단위로 12.7의 값을 갖는 것을 확인 할 수 있다. 앞 쪽의 x, y위치에 표시된 값은 커서의 좌표 값을 나타내며 뒷 쪽의 dx, dy는 커서가 리셋되는 지점을 원점으로하여 상대 좌표 값을 표시해준다. 이때 dx, dy의 값은 space bar를 눌러주면 초기화되며 (0, 0)이 기준 값이 된다.

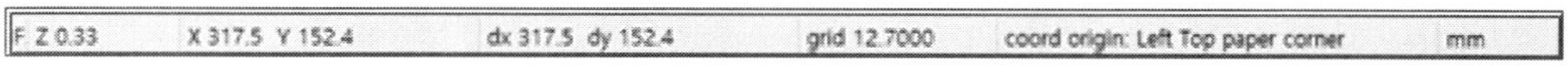

그림 3.28 Sheet 편집기 하단의 상태 창

KiCad의 Sheet편집기 메뉴에서 "▦" 아이콘을 선택하면 다음과 같이 펼침 메뉴 창에 레이아웃에서 사용된 아이템 목록이 나타난다. 여기서 12번째 줄 Text에서 오른쪽 마우스 버튼을 클릭하면 Sheet의 우측 창에 설정해야할 내용들이 표시된다. 이곳 대화창에서는 페이지의 속성과 현재 사용하는 항목의 속성에 대한 설정을 해줄 수 있다.

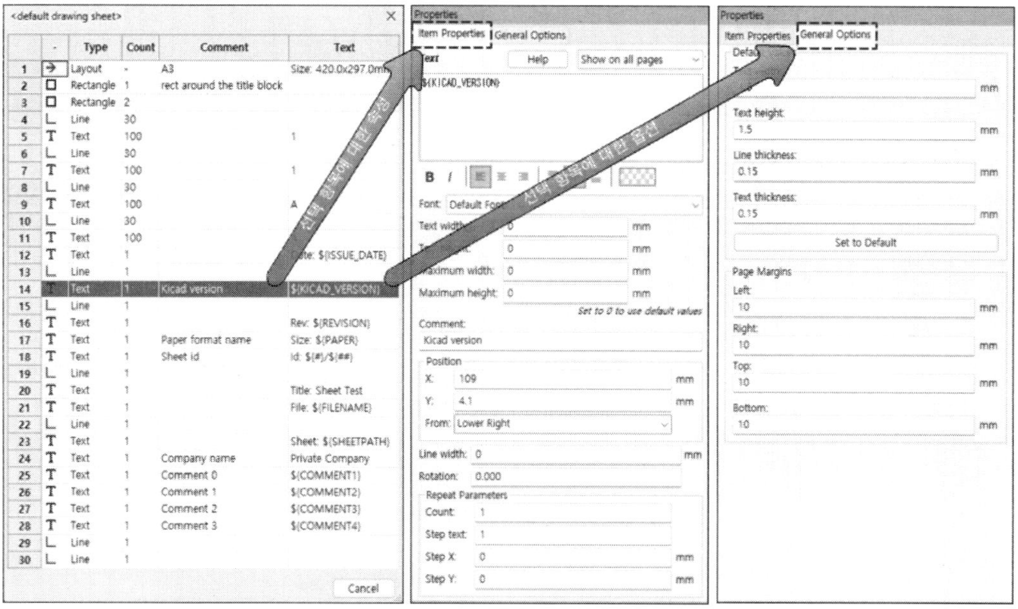

그림 3.29 Sheet편집기에서 아이템에 대한 속성 및 옵션 설정 창

KiCad Sheet 편집은 Sheet 화면에서 오른쪽 마우스 버튼을 이용하여 나타난 팝업 메뉴를 이용하거나 Sheet 편집 화면 중앙에 위치한 아이콘 도구 모음을 이용한다.

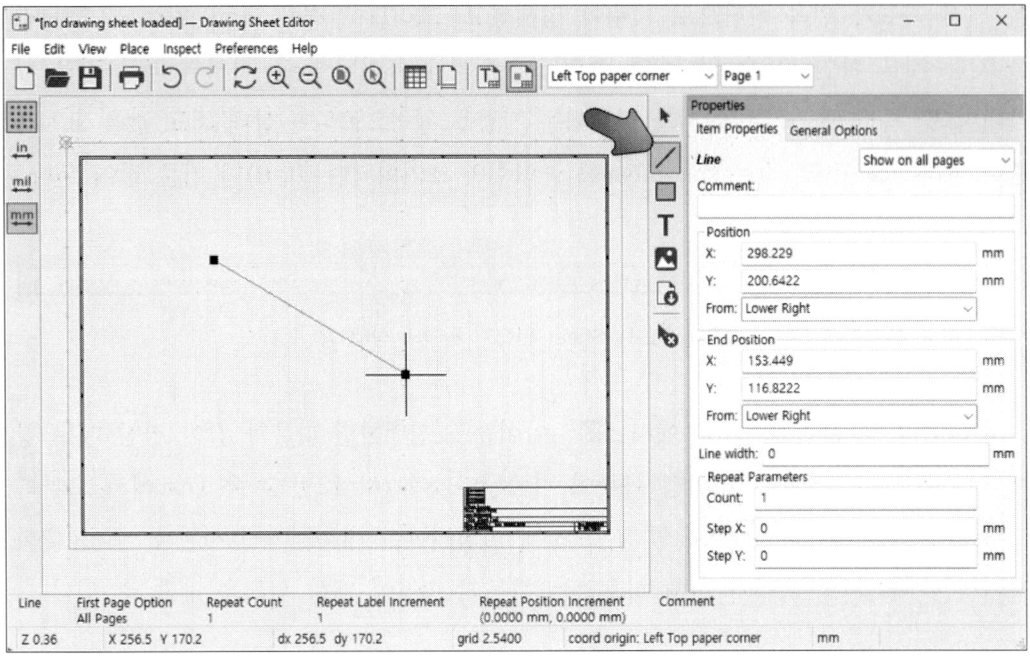

그림 3.30 선 그리기 설정 화면

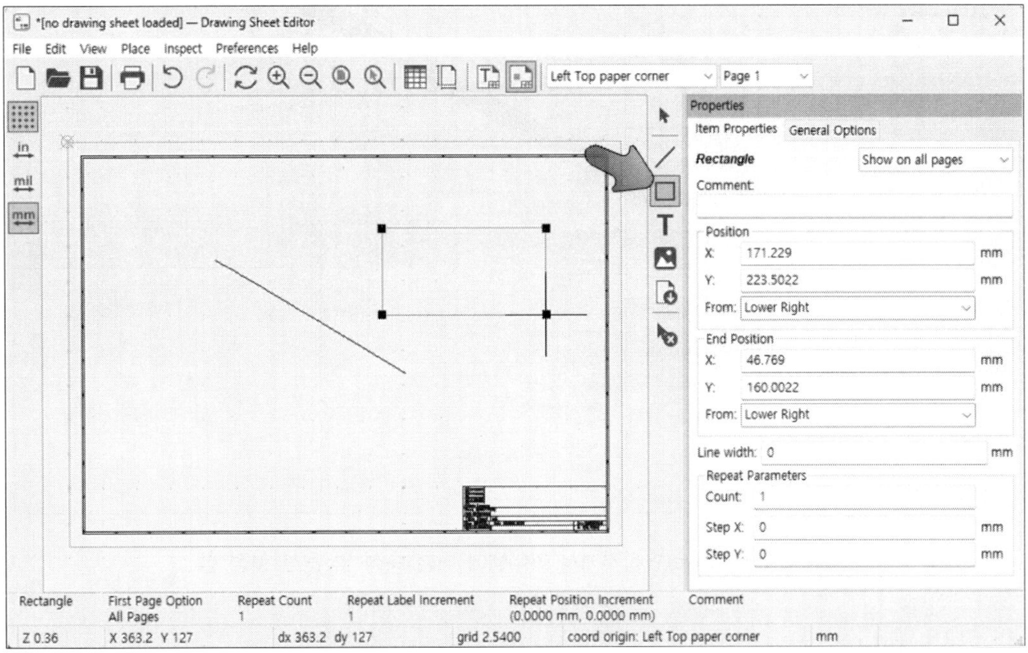

그림 3.31 사각형 그리기 설정 화면

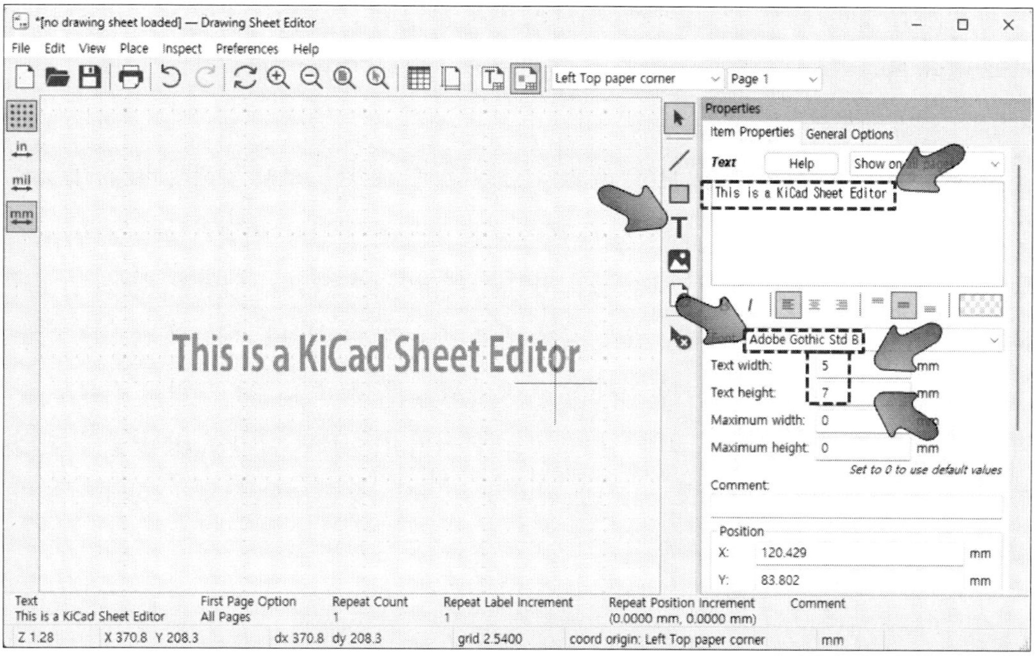

그림 3.32 텍스트 입력 설정 화면

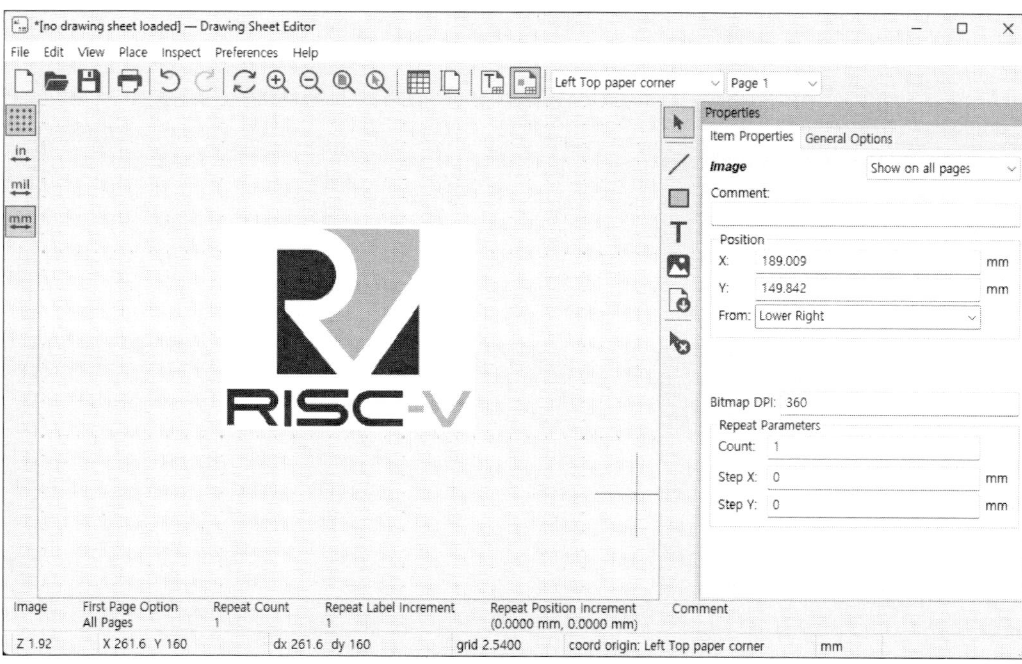

그림 3.33 비트맵 이미지 설정 화면

위의 그림 3.30~33은 선 그리기(), 사각형 그리기(), 글자 넣기(T), 비트맵 이미지 넣기() 작업을 실행한 경우 Sheet 편집기 오른쪽 창에 해당 항목에 대한 수정 가능한 설정 내용을 보여주고 있다.

Sheet 편집 화면에 입력된 모든 항목은 오른 쪽에 나타난 설정 창에서 좌표 값(시작점, 끝점등)을 숫자로 조정할 수도 있고 텍스트의 경우는 굵기나 이탤릭체를 선택할 수도 있고 높낮이 좌우간격 그리고 좌표 위치도 변경이 가능하다. 입력된 항목 위에서 오른쪽 마우스 버튼을 이용하면 위와 같은 팝업 메뉴가 나타난다. 메뉴의 구성은 이동(), 잘라내기(), 복사(), 붙이기(), 삭제(), 확대/축소() 그리고 그리드 간격조정()으로 되어있다. 로고와 같은 비트맵 이미지는 PNG,JPEG,BMP등의 파일 형식을 지원하고 있다. 그리고 비트맵 이미지는 반복사용은 가능하지만 회전이 되지 않는다.

따라하기 02

내용 Sheet 편집기에서 새로운 Sheet 만들기 작업을 실습해 보자. 새로운 Sheet의 이름은 ex02_sheet.wks로 저장하는 것으로 한다. Drawing Sheet Editor( ) 실행하고 다음의 절차를 따라서 새로운 Sheet를 작성해보자.

1. Sheet 조건 설정	Grid → on , 단위 → mm
2. Sheet 박스 작성 - 박스 2개 그리기 - 속성 박스 그리기	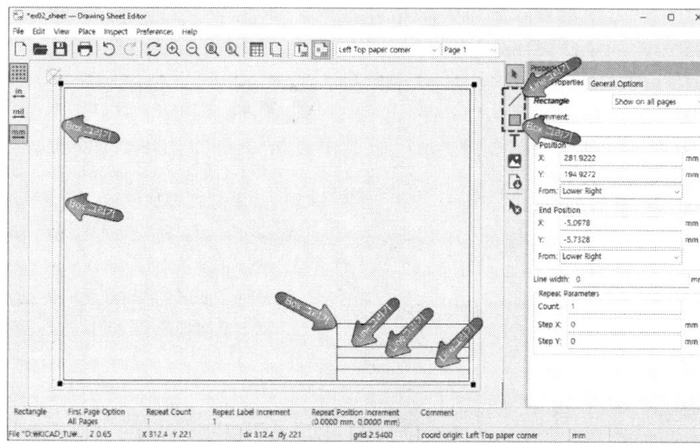
3. Sheet 속성값 입력 - 주석 변수 - 파일이름 변수 - 타이틀 변수 - 크기/날자 변수	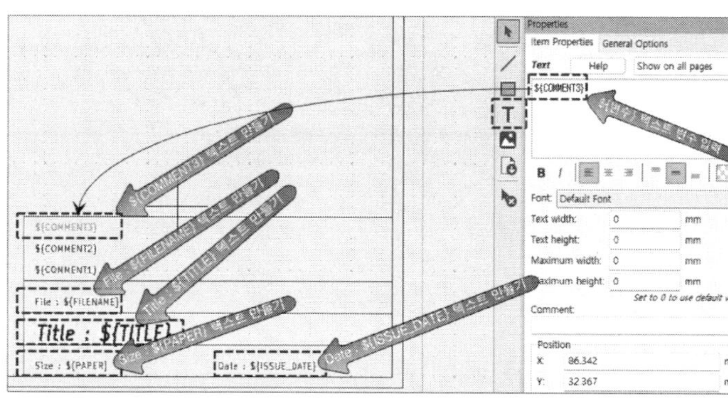
4. Sheet에 로고 넣기 - 작성된 Sheet 저장 - “ex02_sheet.wks”	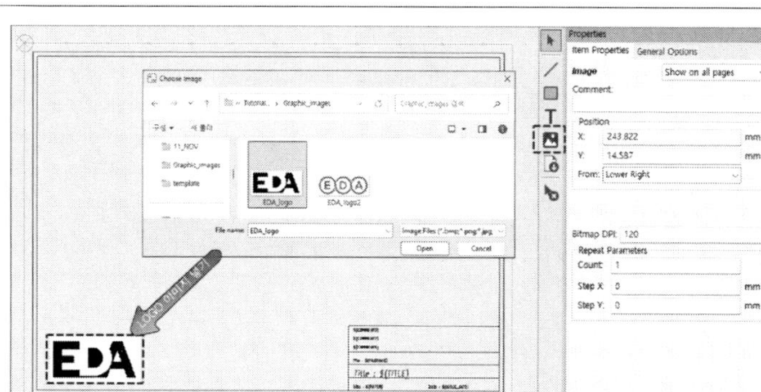

5. Schematic편집기
- 새 Sheet 불러오기
- Sheet 속성값 설정

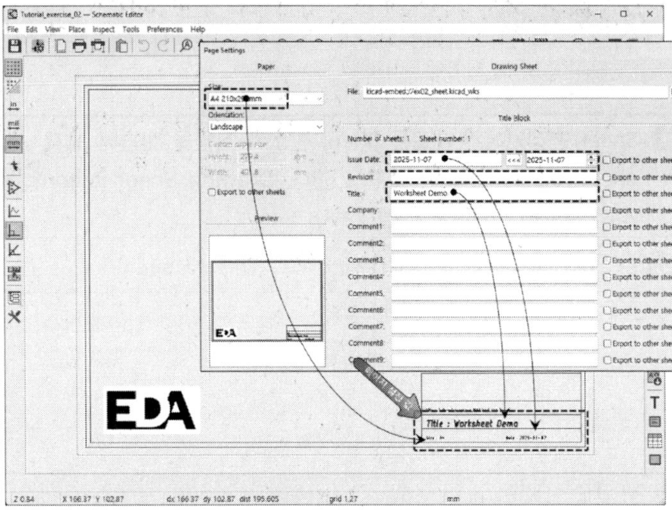

6. Sheet 결과 확인

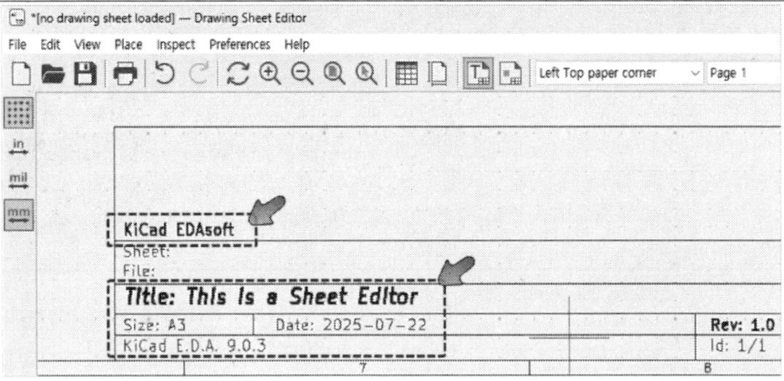

PART 2

KiCAD의 프로젝트

KiCAD Schematic

KiCad의 문서는 GNU의 범용 공유 라이센스(GPL:General Public License)의 규정에 따라 수정 및 재배포를 할 수 있다. 공유 문서에 대한 권한은 아래의 기여자에 있으며 이 장의 내용은 이곳에서 제공되는 문서와 KiCad 프로그램 실행과정을 기본으로 해서 작성되었다.

GNU GPL=https://www.gnu.org/licenses/licenses.html#GPL

범용 공유문서 작업에 기여하신 분들은 David Jahshan, Phil Hutchinson, Fabrizio Tappero, Christian Jarron, Melroy van den Berg이다. KiCad의 오프소스 정책을 따르고 각종 개선의견, 버그개선 사항이나 작성된 문서에 대한 의견은 아래의 주소로 알려 주면 지속적으로 반영하여 개선하겠다고 한다. 또한 최신의 KiCad문서는 아래 주소에 공개되는 내용을 참고하면 된다.

개선 사항 피드백 = https://www.gnu.org/licenses/licenses.html#GPL

최신 문서 주소 = https://docs.kicad.org

KiCad 프로그램은 안정화 버전 정책(KiCad Stable Release Policy)에 따라 주기적으로 발표가 되고 있다. 그리고 새로운 기능이나 개선사항들은 개발자 그룹에서 지속적으로 추가되고 있다. 이러한 개선사항이나 특징등을 우선적으로 경험하고 싶은 사용자는 가장 최신의 올빼미 버전(Nightly Build Package)을 이용해 볼 수도 있다. 올빼미 버전에서는 파일 손상이나 잘못된 거버 파일이 만들어지는 등의 문제를 일으킬 수 있음을 인지하고 있어야겠다. 개발자 그룹에서는 이러한 문제점이 발생할 수 있음에도 불구하고 새로운 기능의 추가와 프로그램의 편의성 개선 등을 위해서 끊임없이 시행착오를 감수하고 있다는 것에 감사와 응원의 메시지를 보낼 수 있으면 좋겠다.

4.1 KiCad의 작업 흐름

KiCAD의 작업 진행과정은 전자회로(Schematic)를 그리는 단계와 기판(Board)을 작성해가는 두 가지의 중요한 작업영역으로 구성되어 있다. 이 경우 Schematic의 부품 라이브러리와 PCB의 Footprint 라이브러리는 이러한 작업을 진행하기 위해서 필수적인 요소다.

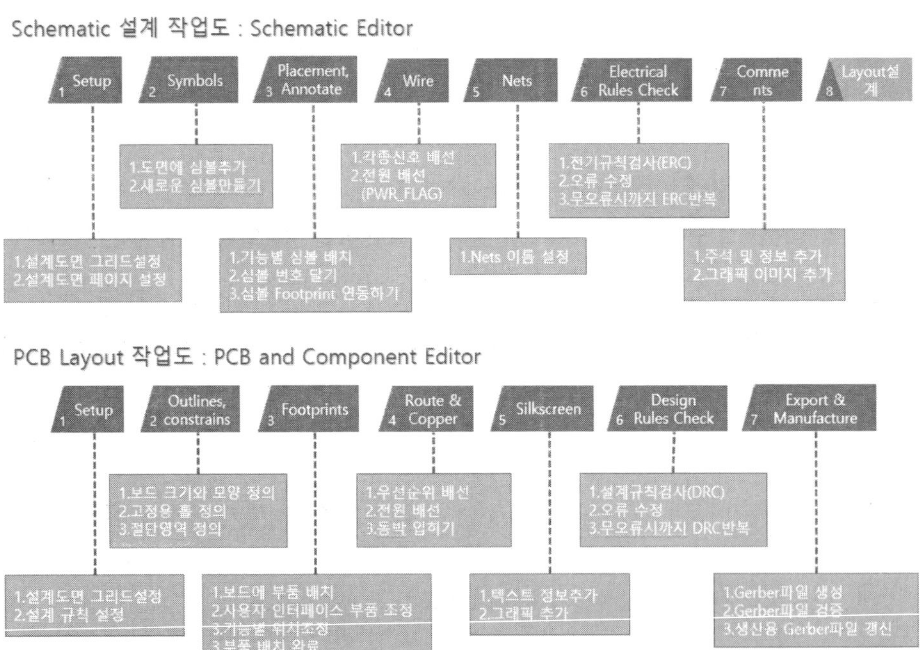

그림 4.1 KiCad의 작업 흐름도

KiCad를 설치하면 매우 많은 부품과 Footprint가 기본적으로 제공되는데 필요한 경우에는 사용자가 직접 이러한 라이브러리를 새롭게 만들어서 등록할 수도 있다. 그림4.1은 KiCad의 작업을 나타내는 흐름도로 사용자가 순서에 따라 진행해야할 절차와 순서가 정리되어 있다. 흐름도의 내용 중 새로운 부품을 작성하는 구체적인 방법에 대해서는 "Schematic 심볼 만들기" 절에서 다루고, 새로운 Footprint를 작성하는 방법은 "Footprint 구성요소 만들기" 절을 참고하도록 하자. 전자회로(Electronic Schematic) 도면의 설계가 완전하게 끝나면 다음 단계는 이것을 PCB 설계 과정으로 넘겨주어야 한다. 종종 설계가 끝난 이후에도 부수적으로 부품의 추가, 크기를 조정하거나 이름을 변경해야하는 경우가 있다. 이 경우 변경된 내용을 Schematic과 PCB에 반영시키기 위해서 순방향(Forward) 혹은 역방향(Backward)으로 Annotation(부품의 주석달기/재배정)처리를 해주면 된다.

Forward Annotation은 Schematic 정보를 Schematic과 연동되는 PCB Layout으로 주석처리한 후 전송하는 과정이다. Schematic 설계자는 초기에 최소 한번은 반드시 Schematic 정보를 PCB로 넘겨주어야하기 때문에 이 과정은 기본적인 핵심요소라고 할 수 있다. Annotation처리 시 변경되거나 추가된 부품에는 부품을 식별하기 위하여 일련번호 형태로 주석(숫자)이 배정되는 방식으로 처리된다.

Backward Annotation은 PCB Layout에 수정 사항이 발생한 경우에 이것과 연동이 되는 Schematic에 변경된 사항을 역으로 반영시키는 과정이다. 이 과정에서 두 가지 공통적인 문제는 게이트가 상호 대칭교환이 되거나 핀이 상호 대칭교환이 되는 상황이다. 이러한 상황은 게이트와 핀이 기능적으로는 완벽하게 동일하기 때문에 정확하게 게이트나 핀을 선택해 주어야 한다. PCB에서 한 번 선택이 이루어져서 변경된 내용은 역방향으로 Schematic에 반영시킬 수 있다.

4.2 KiCad Schematic 준비 사항

KiCad에서 사용되는 명령어는 프로그램 상단에 위치한 메뉴 모음에서 원하는 항목을 선택하거나 바로 아래 상단에 가로 형태로 배치되어 있는 아이콘을 선택하여 실행시킬 수 있다. 몇몇 명령 모음은 프로그램의 오른쪽 측면에 아이콘 형태로 배치되어 있고 왼쪽 측면에는 화면에 표시되는 내용에 대한 옵션 아이콘이 배치되어 있다. 상호 보완적인 기능으로 마우스를 이용하는 방법이 있는데 특별히 도면상에서 오른쪽 마우스 버튼을 누르면 커서의 위치에 팝업 형태의 창에서 "확대/축소, 그리드 간격조정, 일부 구성요소의 편집" 기능을 실행시킬 수도 있다. 기능키(F1, F2, F3, F4), Ins 그리고 Space Bar)키에도 단축키의 형태로 명령어가 할당되어 있어서 다양한 형태의 명령어를 편리하게 사용할 수 있다.

(1) Schematic 도면 구성

Schematic 편집기는 전자회로 도면을 작성하는 프로그램으로 KiCad에서 제공되는 패키지의 일부로 Windows, Linux, MacOS의 운영체제에서 설치 운영이 가능하도록 모듈화된 프로그램으로 개발되었으나 현재는 PCB 편집기능과 함께 통합된 형태로 지원이 되고 있다. 프로그램 내부에서는 다양한 심볼 라이브러리를 지원하고 있으며 새로운 심볼을 만들거나 사용자의 요구에 따라 편집을 할 수도 있다. 또한 추가적으로 회로결선 오류나 누락으로 인한 전기적인 규칙(ERC)을 자동적으로 검사하는 기능도 지원하고 있다. 완성된 도면의 결과는 다양한 형태의 파일 속성(Postscript, PDF, HPGL, SVG)로 출력이 가능하고 Python이나 XLST Scripts를 이용하여 BOM파일의 작성이 가능하다. 이러한 Schematic 편집기는 사용하는 시스템의 가용 메모리 범위에서 사용이 가능하며 작업도면이나 연결 횟수, 부품의 핀 수, 부품의 수에는 제한이 없다. 다중으로 작업하는 도면의 경우에는 계층구조 형태로 처리가 가능하다.

표 4.1 KiCad의 계층 구조

단일 계층 도면	각각의 Schematic이 단 하나의 도면
다중 계층 도면	일부 Schematic에서 다중 인스터스(사례)를 갖는 하나 이상의 도면
평면 계층 도면	Schematic들이 다이어그램에서 명시적으로 연결되지 않는 도면

(2) Schematic 단축키

KiCad에는 두 종류의 단축키(Shortcut Keys)가 있는데 이들 단축키는 명령 수행과정을 마우스 대신 키보드를 사용함으로써 KiCad의 작업 속도를 높일 수 있다.

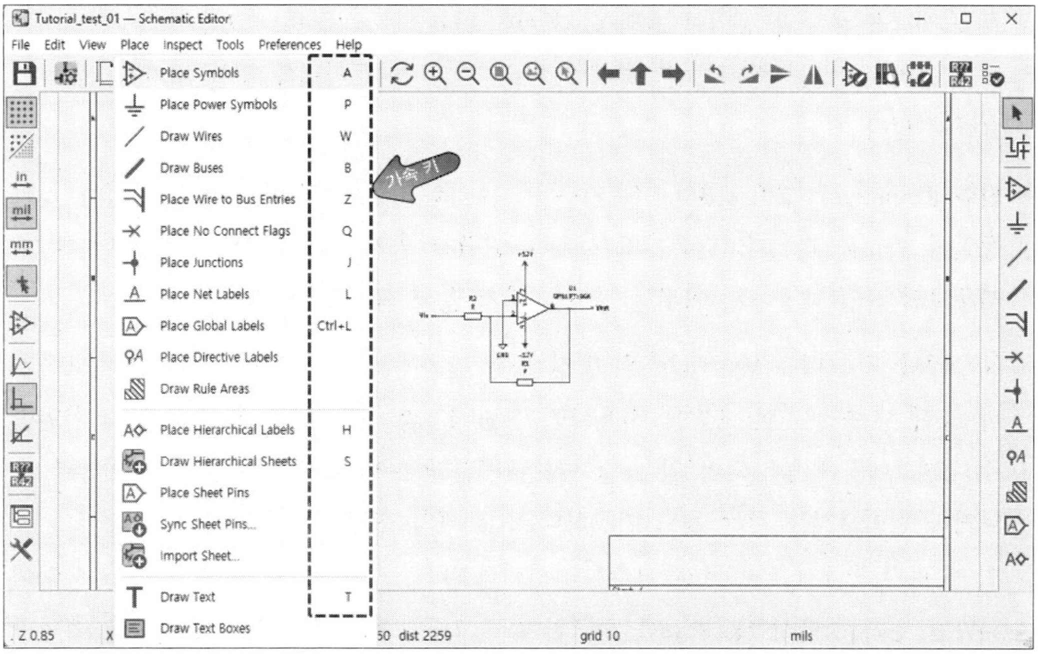

그림 4.2 Place메뉴의 아이콘과 가속키

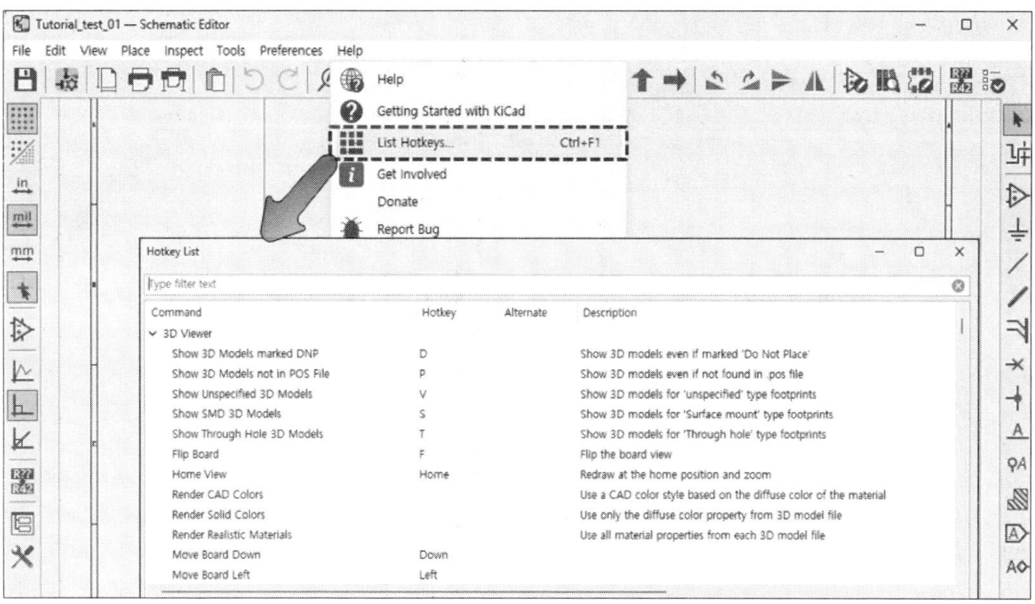

그림 4.3 단축키(Hotkeys) 목록

- **가속 키(Accelerator Keys) : 그림 4.2**의 가속 키는 메뉴나 혹은 도구 모음에서 아이

콘을 선택하는 것과 동일한 효과를 갖는다. 마우스를 사용하는 경우에는 왼쪽 버튼을 이용해서 해당 메뉴를 선택하지만 가속 키는 명령 입력을 위한 추가 작업이 필요하지 않다.

- **단축키(Hotkeys) : 그림 4.3**의 단축키는 가속 키와 마우스 왼쪽 버튼을 조합한 것과 동일한 기능을 갖는다. 단축키의 사용은 커서가 위치한 곳에서부터 시작되며 현재 사용자의 작업 내용에는 아무런 영향을 주지 않고 곧바로 실행이 된다.
- KiCad의 도구 메뉴 중 "Help"의 펼침 메뉴 항목에서 List Hotkeys(⌨)를 선택하거나 조합 단축키 "Ctrl+F1"를 사용하면 그림 4.3과 같은 단축키 목록 창을 확인할 수 있다. 이곳에 할당되어 있는 단축키는 편집할 수도 있고 설정된 값을 외부로 보내거나 받아오기를 하는 것도 가능하다. KiCad의 도구 메뉴 중 "Preference"의 펼침 메뉴 항목에서 Preferences(⚙)를 선택하거나 조합 단축키 "Ctrl+,"를 사용하여 나타난 왼쪽 창에서 Hotkeys를 선택하여도 그림 4.3과 같은 단축키 목록을 확인할 수 있다.

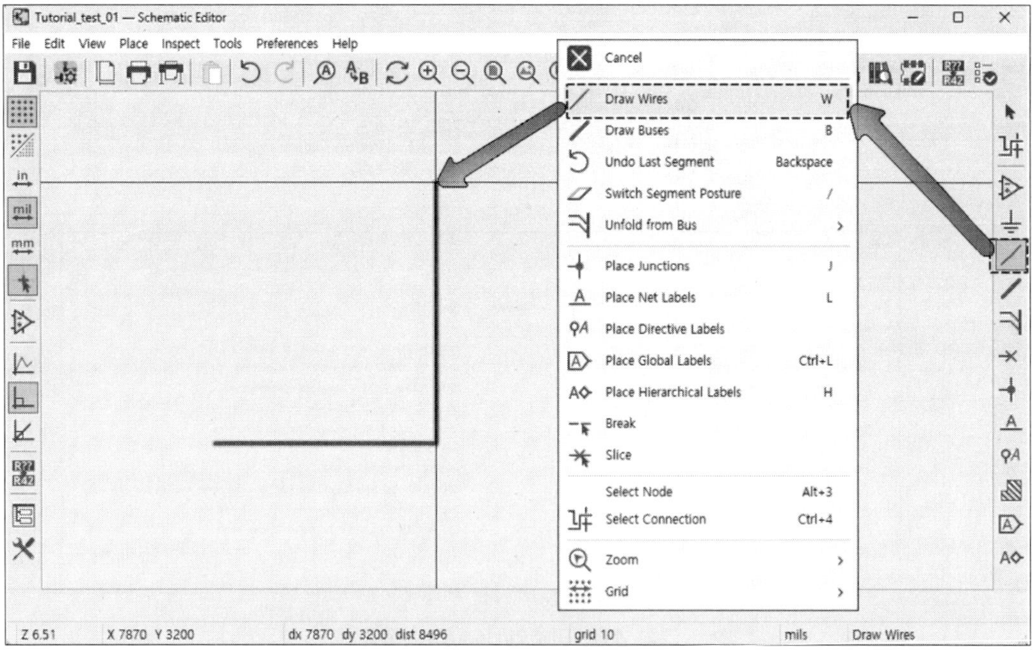

그림 4.4 "Add wire"의 단축키 "W"를 실행한 화면

예를 들어 “Add wire”을 실행하기 위하여 단축키 “W”를 이용하면 그림 4.4와 같이 새로운 “wire” 그리기가 가능하다.

(3) Schematic 마우스 명령

- **마우스 버튼 :** 사용자에 익숙한 마우스는 기존의 프로그램에서 사용되는 사례와 동일하다. 도면 내의 특정 항목에 대하여 왼쪽 마우스 버튼을 한 번 누르는 것은 커서가 위치한 곳의 텍스트나 심볼의 특징들을 하단의 가로 상태 창에 표시하게 된다.

	대상을 이동
Shift +	대상을 복사
Ctrl +	대상을 끌기
Ctrl + Shift +	대상을 삭제

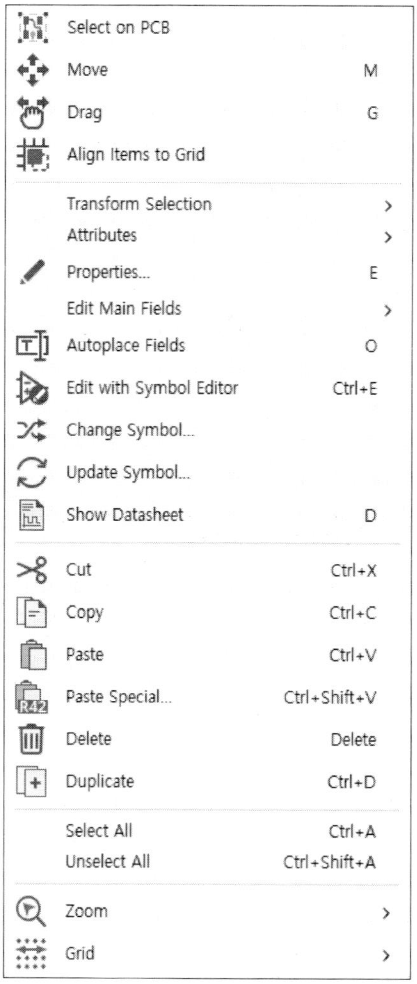

그림 4.5 마우스 오른쪽 버튼을 누른 후 나타난 팝업 창 메뉴 화면

또한 해당 항목에 대하여 마우스 버튼을 두 번 누르기를 하면 심볼이나 텍스트와 같은 대상이 편집가능 상태일 때 선택된 대상에 대하여 속성을 편집 할 수 있다. 그리고 특정 항목에 대하여 오른 쪽 마우스 버튼(🖱)을 눌러주면 그림 4.5와 같이 대상이 되는 항목을 다양한 방법으로 처리할 수 있는 팝업메뉴 창이 나타난다.

- **블록단위 동작 :** Schematic 도면 내에서 마우스의 왼쪽 버튼(🖱)을 누르기하여 끌기 작업으로 만들어진 블록 내의 항목들에 대해서는 이동, 끌기, 복사와 삭제의 기능을 사용할 수 있다. 마우스 버튼과 키보드의 Shift 키와 Ctrl 키를 조합을 해도 복사, 끌기와 삭제 작업이 가능하다. 끌기 동작이나 복사 동작을 진행 중에 해당 항목을 커서의 위치에 배치하려면 마우스를 다시 한번 눌러 주면 된다. 진행 중인 작업은 오른쪽 마우스 버튼을 누르거나 Esc 키를 사용하면 취소가 가능하다. 또한 이동명령을 실행하는 중에도 오른쪽 마우스 버튼(🖱)을 눌러서 나타난 팝업 메뉴를 선택할 수 있다.
- **그리드 :** Schematic에서 커서의 이동은 설정되어 있는 그리드 간격으로 이동을 하게 되는데 이러한 그리드 간격은 사용자의 요구에 맞추어서 변경할 수 있다. 이러한 그리드의 간격의 설정은 팝업 메뉴나 Preference의 옵션 메뉴를 이용하여 변경할 수 있다.

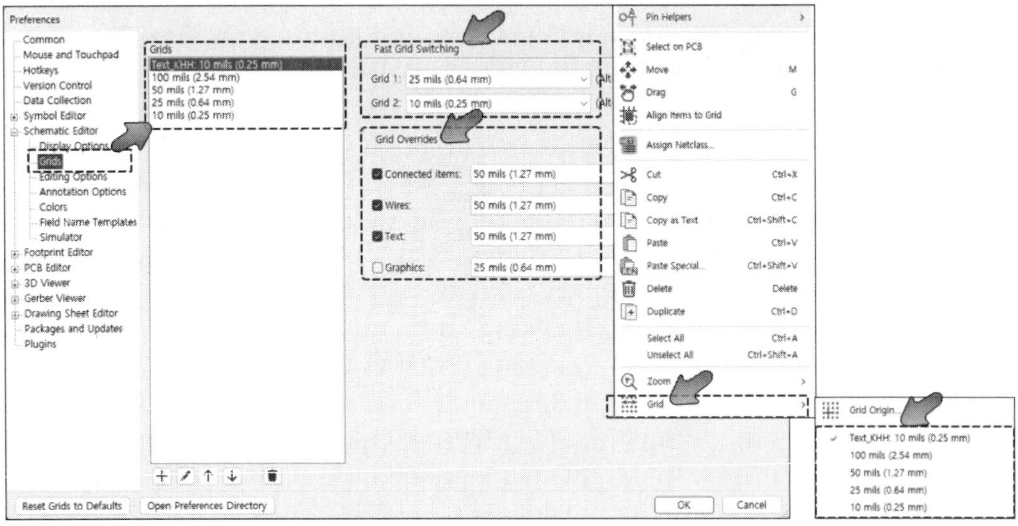

그림 4.6 Preference 옵션 메뉴와 팝업 창을 이용한 그리드 선택 화면

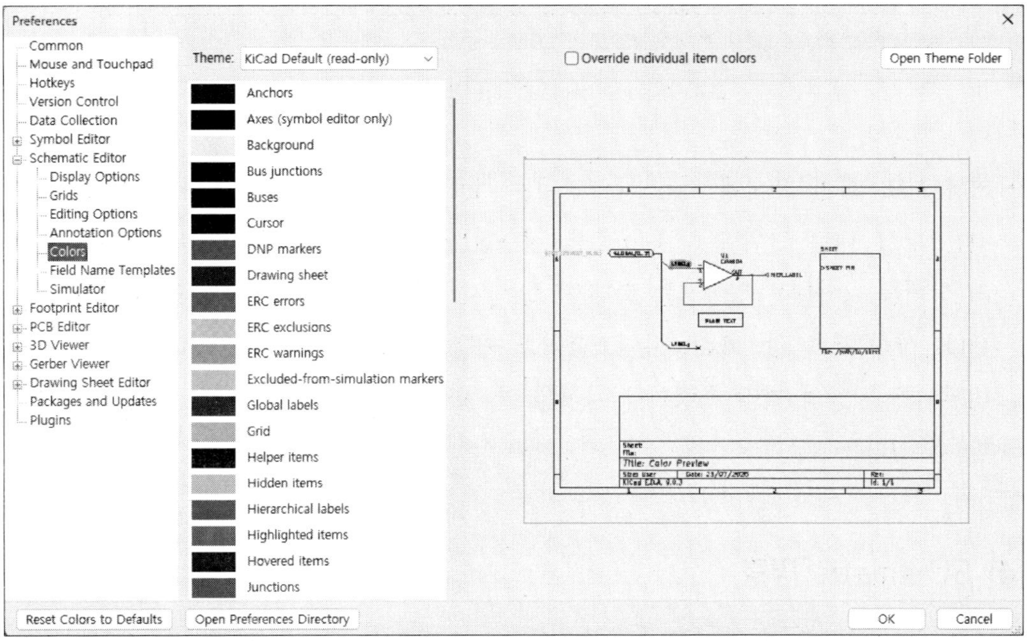

그림 4.7 Schematic 편집 작업에 사용되는 색상목록 화면

Schematic의 심볼 편집기에서는 심볼을 설계할 때 핀을 배치를 하는 경우와 Schematic내에서 심볼을 배치하고 배선 작업등을 할 때 작업자가 가장 선호했던 값이 그리드의 기본 값으로 설정되어 있다. 그리드 기본 값은 50mils(0.050") 혹은 1.27mm로 설정되어 있다. 10mils에서 25mils 사이의 매우 작은 그리드 간격이 필요한 경우가 있으나 이 정도의 간극은 심볼의 몸체를 설계하거나 텍스트를 정확한 위치에 배치하는 경우에 필요할 수는 있겠지만 부품의 핀이나 배선을 배치하는 경우에는 불편할 수 있으니 참고하도록 하자. 색상은 Schematic 편집 옵션에 대한 화면의 색상 탭을 선택하여 변경할 수 있다.

- **확대/축소(Zoom selection) :** Schematic 작업 화면의 확대/축소는 화면 임의 위치에서 오른쪽 마우스 버튼을 누를 때 나타나는 팝업 메뉴를 통하여 원하는 크기를 선택할 수 있다. 혹은 기능키를 이용하는 방법이 있는데 F1은 확대, F2는 축소의 기능으로 동작하며 F4는 커서의 위치를 정중앙으로 도면을 재배치한다. 그 밖에 윈도우 창 화면을 확대/축소하기 위해서는 "마우스 휠(🖱)"을 사용하고, 도면의 좌/우 이동 시에는 "Shift+🖱"의 조합하면 도면의 좌/우 이동이 가능하다. 혹은 도면을 상/하로 이동하는 경우에는 "Ctrl+🖱"의 조합을 사용한다.

그림 4.8 Schematic 하단의 상태 창 화면

- **커서 좌표 :** 화면 표시에 사용되는 단위는 "inch"와 "millimeter"이다. Schematic에서는 항상 내부 단위로 0.01 inch를 사용한다. Schematic 윈도우 화면 우측 하단의 상태를 나타내는 창에서는 확대/축소 인자, 절대좌표 값과 상대좌표 값이 표시가 된다. 상대 좌표 값 "dx,dy"는 스페이스 키를 누르면 값이 "0,0"으로 초기화 되는데 두 개 지점의 거리 측정이나 아이템 간 거리를 측정하는 데 매우 유용하게 사용할 수 있다.

(4) Schematic 명령

- **좌측 아이콘 명령 모음 :** 좌측 가로 방향으로 배치되어 있는 아이콘은 화면과 관련된 옵션 사항을 관리하고 지원하는 기능을 가지고 있다.
- **우측 아이콘 명령 모음 :** 우측 가로 방향으로 배치되어 있는 아이콘들은 심볼, 배선, 버스선, 접점, 레이블등을 배치하는 기능을 가지고 있으며, 계층구조에서 하위 도면을 만들거나 접점 부위의 심볼을 추가하는 기능을 지원하고 있다.
- **상단 아이콘 명령 모음 :** Schematic 상단에 위치한 도구 모음에는 설계 작업에 필요한 중요한 기능을 담당하는 아이콘이 배치되어 있다. Schematic이 단독 모드로 실행되고 있는 경우 화면 상단의 도구 모음은 아래 표와 같다.

표 4.2 좌측 아이콘 명령 구성 및 기능

	편집 창에서 그리드 점이 선을 표시하기	
	그리드 잠금(기본 설정 값 우선 실행)/해제(개별 항목 설정 값 우선 실행)	Ctrl + Shift + G NEW
in	커서 이동 간격을 inch 단위로 설정하기	
mil	커서 이동 간격을 mil 단위로 설정하기	
mm	커서 이동 간격을 mm 단위로 설정하기	
	전체 화면크기 혹은 작은 십자 커서 크기의 상호 전환하기	
	핀의 형태를 보이기 혹은 감추기로 상호 전환하기	

아이콘	기능	단축키
	임의 각도로 선 그리기와 끌기	
	선이나 버스 그리기를 직각모드와 일반모드로 상호 전환하기	
	수평,수직 그리고 45도 각도로 그리기와 끌기	
	새로 추가된 부품들에 대하여 자동으로 Annotation처리하기	
	계층도면 관리자 화면의 보이기/감추기 전환	Ctrl+H
	속성 관리자 창 보이기/감추기 전환	NEW

표 4.3 우측 아이콘 명령 구성 및 기능

아이콘	기능	단축키
	편집 창에서 필요한 항목을 선택하기	
	특정 네트의 핀과 배선을 밝게 보이기	
	심볼 추가하기	A
	전원 포트 추가하기	P
	배선 추가하기	W
	버스 선 추가하기	B
	배선 항목들을 버스에 추가하기	Z
	미결선 상태를 표시 해주기	Q
	배선 중 접점을 표시 해주기	J
	임의의 Net 레이블 추가하기	L
	Net 클래스 지시자 레이블 추가하기	
	규칙영역(Keepout 기능) 그리기	NEW
	전체 도면에 적용되는 전역 레이블 추가하기	Ctrl+L
	계층구조 레이블 추가하기	H
	계층구조 도면 추가하기	S
	하위 계층도면의 pin 라벨 가져오기	NEW
	계층구조 도면의 핀을 가져오기	
	텍스트 추가하기	T
	텍스트 박스 추가하기	
	테이블 형식으로 텍스트 입력하기	NEW
	사각형 추가하기	

	원 추가하기	
	호 추가하기	
	베지어 곡선 그리기	NEW
	선 추가하기	I
	비트맵 이미지 추가하기	
	선택된 항목들을 삭제하기	

표 4.4 상단 아이콘 명령 구성 및 기능

	Annotation과 ERC를 포함하는 Schematic편집 환경을 설정	
	도면의 크기와 타이틀 블록의 환경을 설정	
	출력을 위한 대화 창 열기	Ctrl+P
	출력을 위한 Schematic옵션 환경설정 창 열기	
	클립보드에 복사된 항목을 붙여 넣기	Ctrl+V
	마지막 편집내용으로부터 이전 상태로 되돌리기	Ctrl+Z
	마지막 편집내용을 다시 실행하기	Ctrl+Y
	텍스트 찾기	Ctrl+F
	텍스트 찾아서 새로운 텍스트로 교체하기	Ctrl+Alt+F
	화면 고쳐 그리기(Refresh)	F5
	화면 확대하기	
	화면 축소하기	
	화면 크기에 맞추어서 표시하기	Home
	도면 내의 객체에 맞추어서 확대하기	Ctrl+Home
	커서가 놓인 객체를 확대하기	Ctrl+F5
	이전 작업 도면 상태로 되돌리기	Alt+←
	상위 계층도면으로 이동하기	Alt+↑
	다음 작업 도면 상태로 이동하기	Alt+→
	선택한 항목을 반시계 방향으로 회전하기	R
	선택한 항목을 시계 방향으로 회전하기	S
	선택한 항목을 상하 반전하기	Y

	선택한 항목을 좌우 반전하기	X
	심볼 만들기, 삭제, 편집	
	심볼 라이브러리 검색하기	
	Footprint 만들기, 삭제, 편집	
	Schematic 심볼의 참조 표시자 채워 넣기	
	전자설계규칙(ERC : Electronic Rule Check)의 실행	
	SPICE로 회로 시뮬레이션	
	Footprint를 할당해주는 도구를 실행	
	Schematic 모든 심볼의 참조사항에 필드를 추가하기	
	현재 Schematic에 대한 BOM(Bills of Material)파일 만들기	
	보드 편집기에서 PCB열기	

(5) Schematic 환경 설정( )

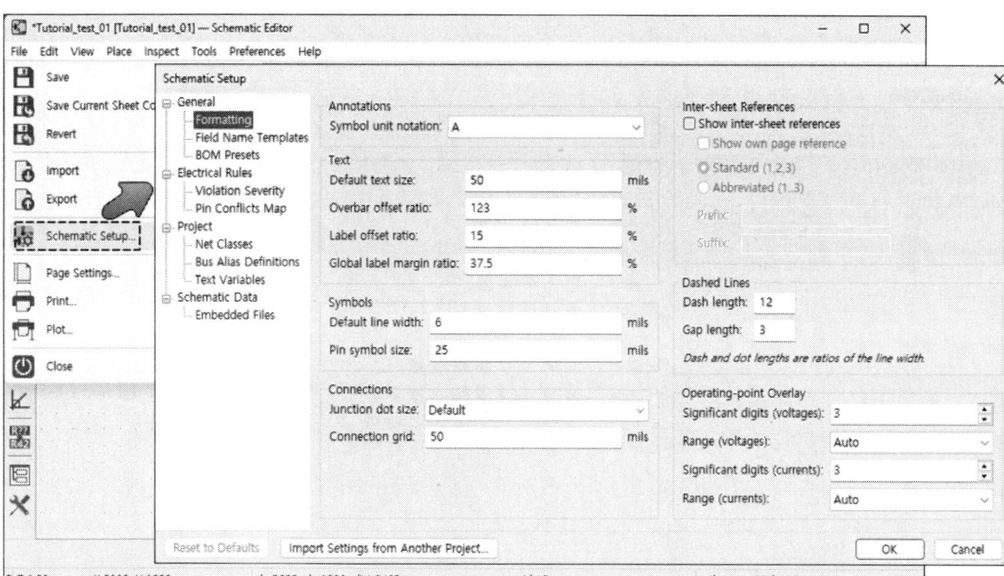

그림 4.9 Schematic 설정에서 일반 옵션 화면

- **Electrical Rules Check** : KiCad에서 도면 작업 시 Annotation과 ERC등을 다루고 있는 Schematic 환경설정은 화면 Schematic 편집기 상단 명령 아이콘모음에서 "⚙"를 실행하여 나타난 환경설정 창에서 "Electrical Rules"의 "Violation Severity"와 "Pin Conflicts Map"에 해당하는 두 개의 하위 항목에 대하여 설정을 해준다. 첫 번째 내용은 연결(Connection), 충돌(Conflict), 기타(Miscellaneous) 사항에 대하여 오류(Error), 경고(Warning), 무시(Ignore)의 세 가지 옵션 중에서 하나를 선택하면 되고, 두 번째 내용은 핀의 충돌 관계를 맵(Map) 형태의 매트릭스에서 마우스를 이용하여 옵션을 변경하도록 되어 있다. 다음 그림에서 "■"는 회로의 결선에 오류가 없음을 나타내며, "❗"는 오류를, "⚠"는 경고를 표시하게 된다. 그리고 오류 상태 설정은 마우스의 커서를 이 사각형의 위치에 두고 선택을 할 때마다 이 세 가지 상태가 반복적으로 전환되기 때문에 사용자의 요구에 맞추어서 필요한 내용으로 변경하면 되겠다.

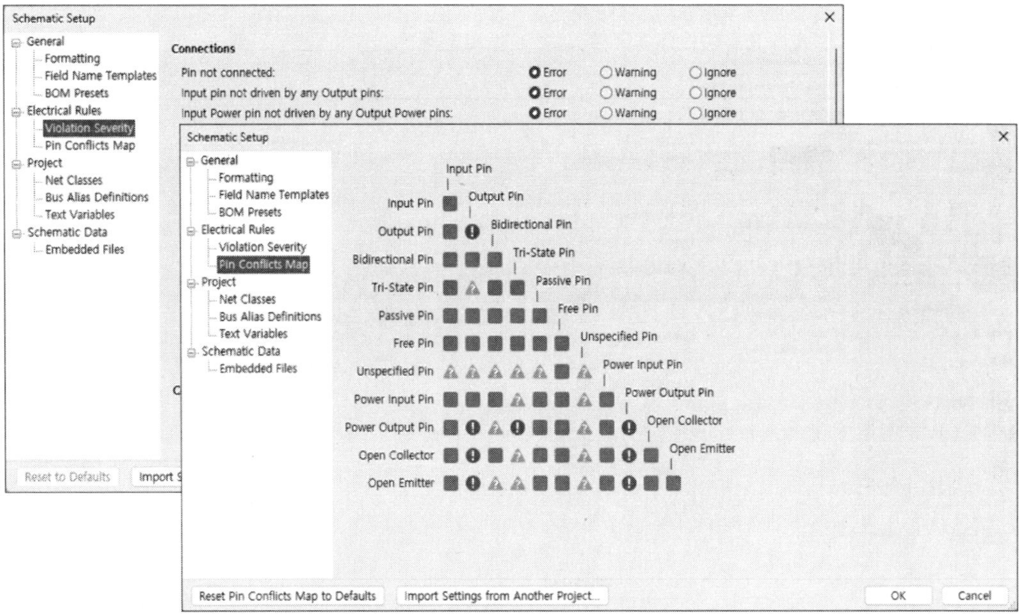

그림 4.10 Schematic의 ERC 환경설정 창

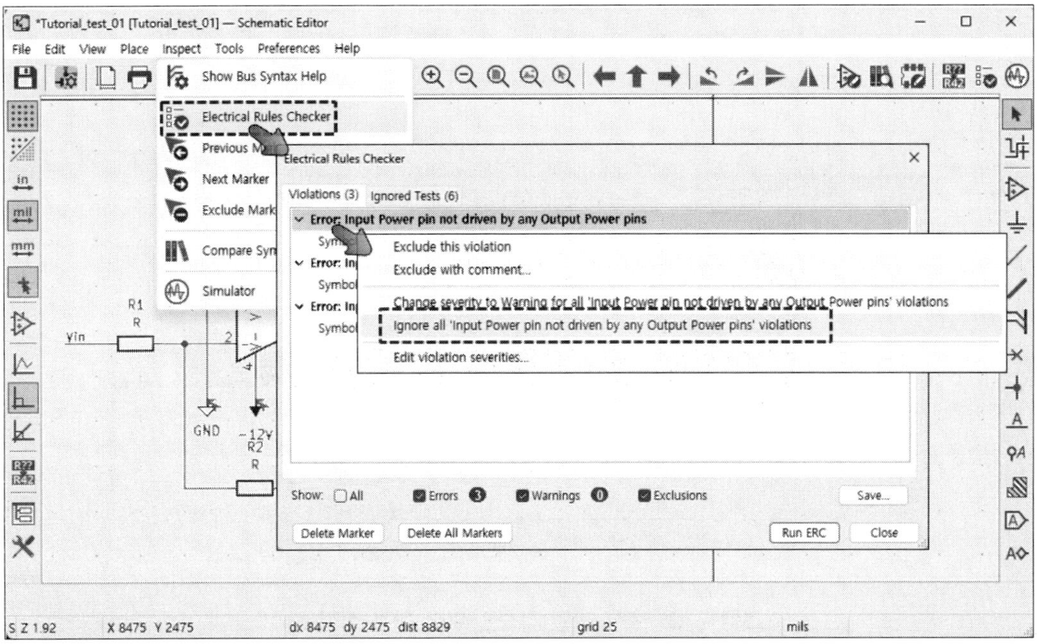

그림 4.11 ERC checker의 실행 화면

Schematic 편집기의 Inspect메뉴에서 "Electronical Rules Checker(ERC)"를 선택하거나 하면 상단 메뉴 아이콘( )를 선택하면 그림4.11과 같이 ERC를 검사하는 창이 나타나는데 창의 하단에 위치한 "Run ERC"을 선택하면 현재 편집중인 전자 회로에 대하여 규칙이 어긋난 결과를 검사하여 이곳 창에 표시하게 된다. 검사 결과를 모두 보기, 에러 결과 보기, 경고 메시지 보기, 제외 항목 보기는 창의 하단의 옵션 버튼(☑)에서 선택을 할 수 있다. 오류를 수정한 이후에도 도면에는 오류 발생을 표시하는 표시자가 남아 있게 되는데 반복 검사를 하는 경우 이전 결과의 내용은 창의 좌측 하단에 위치한 "Delete Markers"로 삭제할 수 있다. 참고로 전자회로 도면에 위반 사항이 없는 경우에도 기본 설정값에 따라서 그림4.11과 같이 ERC 규칙 위반 내용이 표시되는 경우가 있다. 이 경우에는 해당 위반 목록에 마우스 오른쪽 버튼으로 팝업 창을 열고 해당 위반 내용을 무시하도록 설정하면 위반 내용의 표시가 사라진다.

- **Bills of Material(BOM) :** Schematic 편집기 우측 위의 도구 모음에서 " "를 실행하거나 상단 도구 메뉴에서 " Generate Bill of Materials..."를 선택하면 현재 프로젝트에 사용된 각종 전자부품의 목록을 만들기 위한 옵션 환경을 설정하는 창이 나타나고, 하단의 내보내기(Export)를 선택하면 엑셀 구조의 부품 파일이 만들어진다.

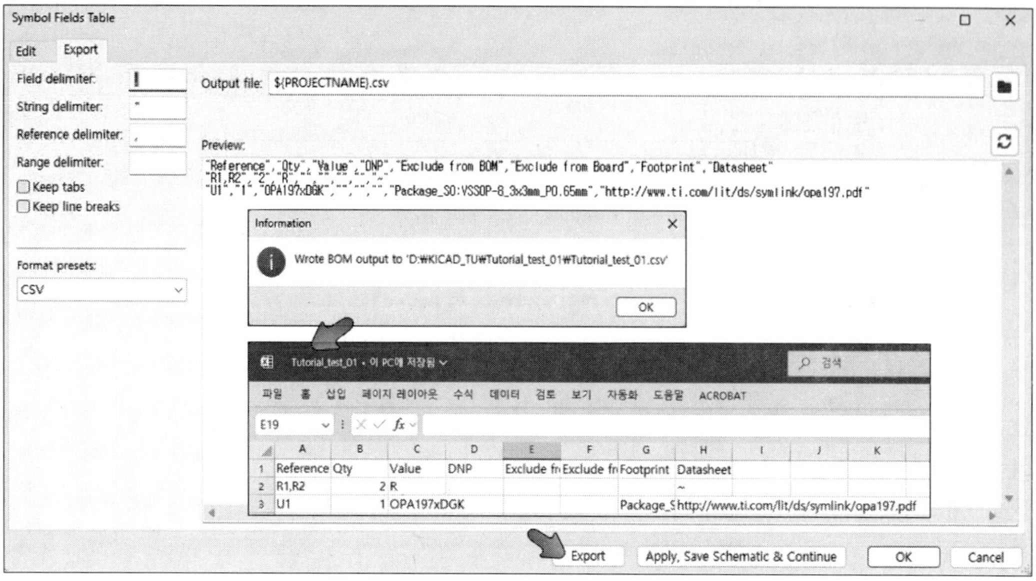

그림 4.12 BOM 파일 작성을 위한 환경 설정 창

- **Edit Fields :** Schematic에서 사용된 모든 부품 심볼에 대한 "Field"의 값을 변경하거나 내용을 확인하기 위해서는 Schematic 편집 창 우측 위의 도구 모음에서 "▦"를 실행하면 다음과 같은 "심볼 Fields Table" 창이 나타난다. 이곳에서는 심볼과 관련된 각종 라벨등에 대한 보이기/감추기등의 설정을 할 수 있다. 그림에서 좌측 창에 나타난 필드는 추가를 하거나 필요한 항목에 사각형 박스에 체크 표시를 해서 사용할 수 있다. 변경된 내용은 "Apply..." 버튼으로 반영한다.

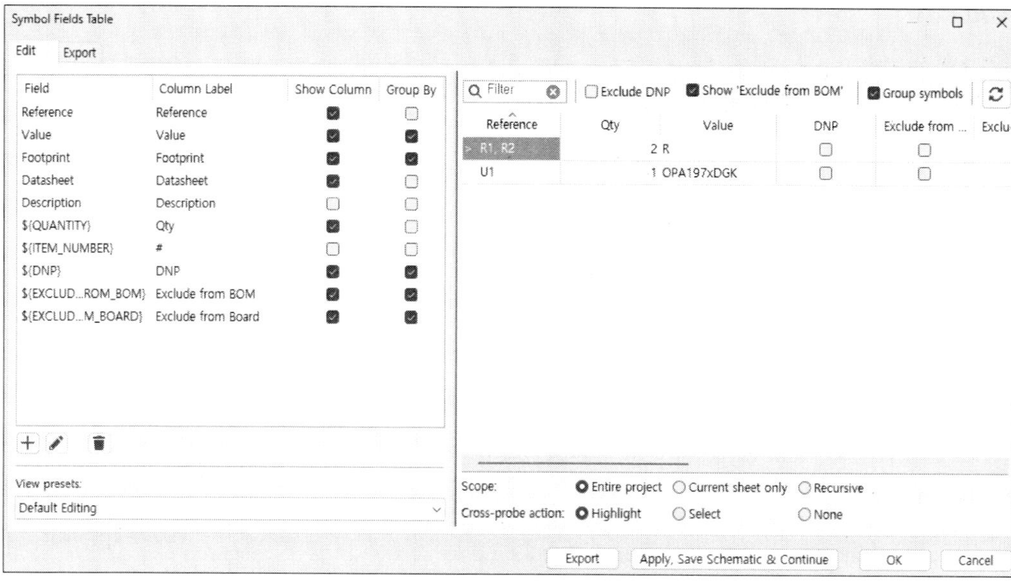

그림 4.13 BOM파일 생성을 위한 심볼 환경설정 창

- **Legacy Bills of Material(BOM)** : 기존의 표준 BOM 파일을 만들기 위해서는 상단 도구 메뉴에서 "Generate Legacy Bill of Materials.."를 선택하면 현재 프로젝트에 사용된 각종 전자부품에 대하여 전통적으로 사용되던 방식의 BOM 파일을 만들어 낼 수 있다. 창의 하단에 내보내기(Export)를 선택하고 만들어낼 BOM 파일에 대한 표준 스크립트 파일을 선택하고, 저장 경로를 지정하면 지정된 곳에 표준 BOM 파일 저장된다. BOM을 작성하기 위하여 사용되는 부품의 심볼 속성은 다음과 같은 내용으로 구성되어 있다.

표 4.5 BOM 파일에서 심볼의 속성 목록

Value	개별적인 도면에서 사용되는 유일한 명칭
Footprint	수작업 혹은 Back Annotation으로 입력된 패키지
Field1	생산 회사 이름
Field2	생산 회사의 파트 번호
Field3	공급 회사의 파트 번호

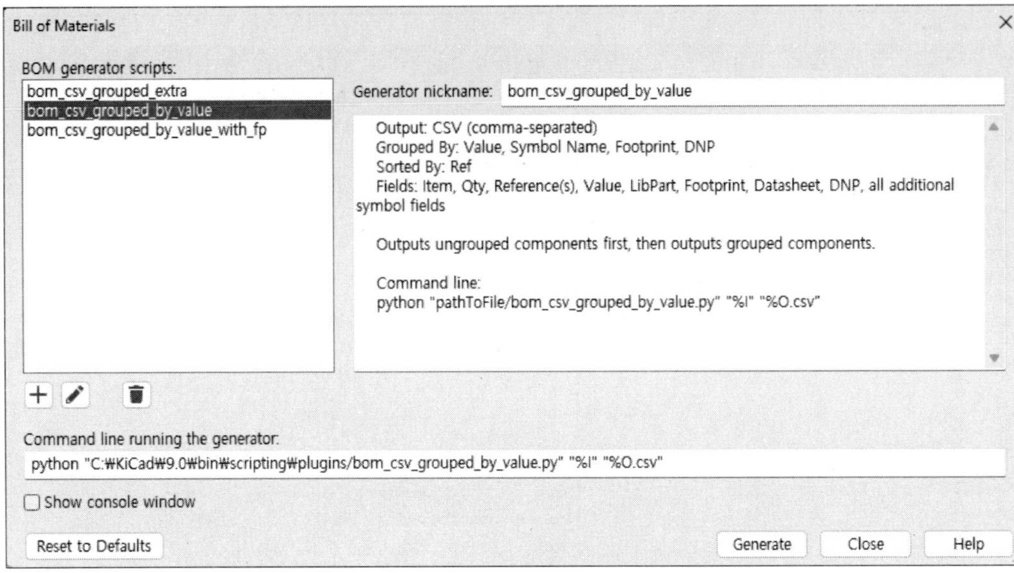

그림 4.14 BOM 파일 생성 스크립트 내용 및 저장 경로

4.3 Schematic 도면 작업

윈도우 운영체제에 KiCad 버전 9.x을 설치하게 되면 바탕화면에 아이콘 이 만들어 진 것을 확인할 수 있다. 아이콘을 눌러서 실행을 하면 이전 버전과는 다른 형태의 프로젝트 관리자 창이 나타난다. 이곳에서 만들어진 프로젝트 파일은 Schematic 도면과 PCB 도면 사이를 순방향/역방향 Annotation으로 상호 도면의 작업 내용을 교차, 갱신시켜 준다.

(1) KiCad 프로젝트 만들기

새로운 프로젝트 파일을 만들기 위해서 File 메뉴에서 “New Project”를 선택하거나 단축키 “Ctrl+N”을 실행한다. 여기서는 새로운 프로젝트로 사용자가 지정한 이름 “Tutorial_test_01”이라는 이름을 사용하였다.

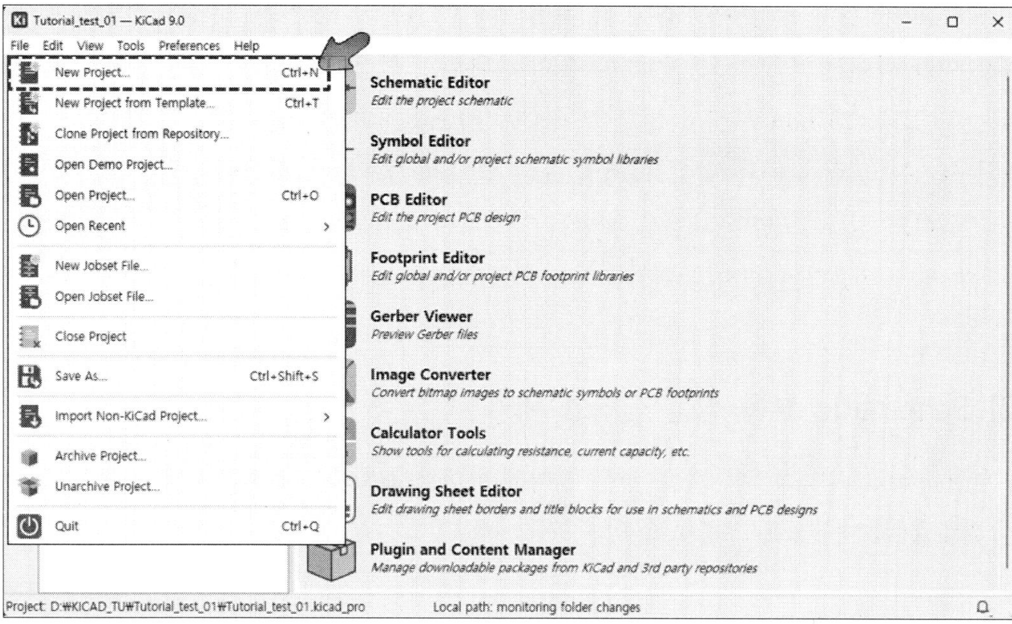

그림 4.15 새로운 프로젝트 만들기

위 그림에서 우측 창 맨 위에 있는 아이콘 을 실행하면 비로소 도면을 설계할 수 있는 다음과 같은 편집 창이 나타난다.

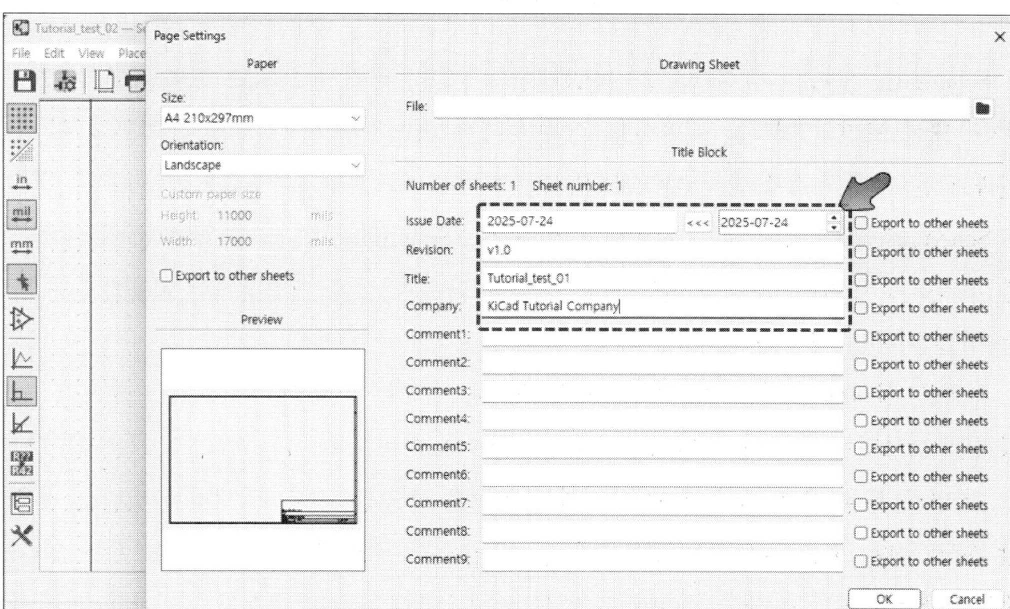

그림 4.16 Schematic 도면 크기와 타이틀 블록 설정 창

도면 설계 창이 나타나면 좌측 위 쪽에 위치한 도면의 크기와 타이틀 블록을 설정하기 위한 아이콘 “🗋”를 선택한 후 필요한 내용을 설정하면 된다. 도면의 페이지 크기는 A4 210×297mm로 하고 방향은 가로보기(Landscape)로 설정하는 것으로 한다. 도면의 크기는 그림 4.16과 같이 14개의 표준 크기와 사용자가 지정해 줄 수 있는 기능을 지원하고 있다. 도면의 내용을 확인하기 위하여 확대 축소를 하는 경우는 마우스의 가운데 휠을 이용하면 커서의 위치를 중심으로 화면을 확대/축소하며 확인할 수 있다.

(2) Schematic 부품 심볼 찾기와 배치

Schematic 도면 설계를 하는 경우 그래픽 형태로 표시되는 전자부품에는 다음과 같은 설계 관련 내용들을 포함하고 있다.

표 4.6 그래픽 형태의 전자부품

· 누락사항 및 에러 검출을 위한 전자회로규칙(ERC) 검증
· 도면 구성목록(BOM)의 자동 생성
· SPICE와 같은 시뮬레이션을 위한 Netlist 생성
· PCB Layout으로 전환을 위한 Netlist 생성

Schematic 도면은 주로 심볼, 배선, 레이블, 접점, 버스선 그리고 전원 포트로 구성된다. 또한 도면의 명확한 개연성을 주기 위해서 버스 입력항목, 주석 그리고 다중 배선과 같은 그래픽 요소가 배치될 수 있다.

Schematic 도면에 심볼을 가져오기 위해서는 Schematic 편집 창 우측에 위치한 심볼 추가하기 아이콘 “▷”를 선택한 후 나타난 다음과 같은 대화창에서 사용하고자 하는 심볼 이름을 이용하여 검색한다.

부품을 선택하는 심볼 창에서는 탐색 필드에 원하는 부품의 이름이나 키워드를 입력하면 해당되는 심볼이 선별되어 아래의 창에 나타나도록 하는 방법을 사용해도 되고, 곧바로 부품 목록 탐색 창에서 원하는 부품을 스크롤하면서 검색하는 방법을 사용할 수도 있다. 또한 검색하는 경우 “?”나 “*”와 같은 와일드카드를 사용할 수도 있다. “?”는 하나의 임의 문자를 의미하고 “*”는 키워드이외 무작위 문자를 의미한다. 따라서 74*125를 키워드로 하게 되면 74와 125사이에 개수에 상관없는 임의 문자가 포함되어

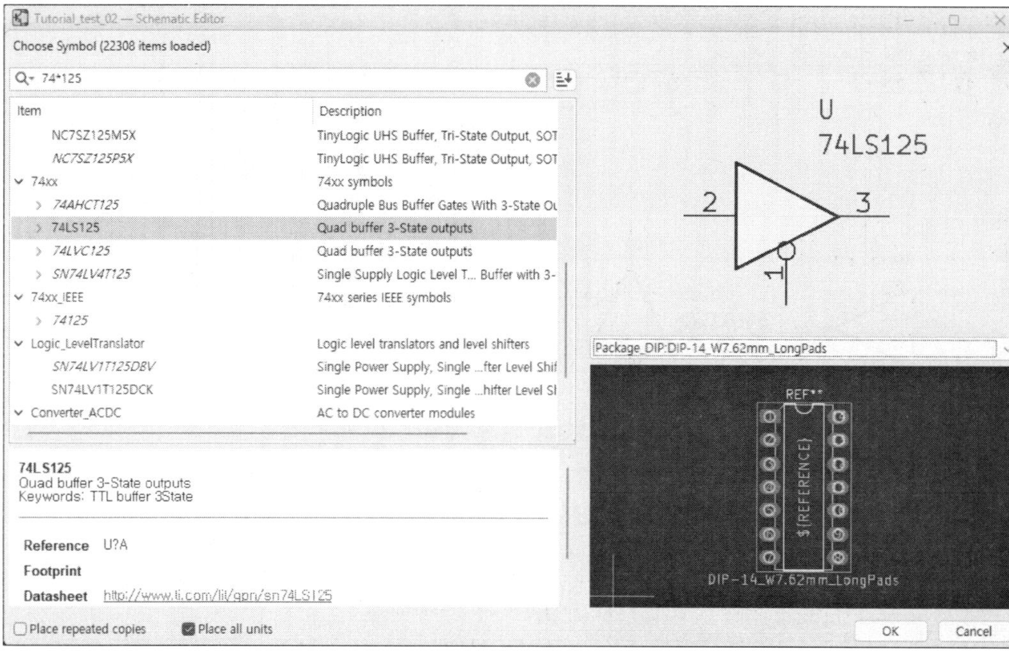

그림 4.17 74LS125 심볼 및 Footprint

검색이 되고, 74?125를 키워드로 하게 되면 74와 125사이에 한 개 이하의 문자를 포함하는 것으로 검색을 한다.

만일 라이브러리의 표현방식이나 키워드에 “key:125”와 같은 형식의 태그가 포함되어 있는 경우에는 “key>125”나 “key<125”와 같은 조건식으로 검색할 수도 있다. 심볼 검색창의 우측에는 해당하는 부품의 심볼이 표현되고 바로 아래에 위치한 펼침 메뉴에서 원하는 Footprint를 선택할 수 있도록 하고 있다.

선택한 부품 심볼은 Schematic 도면에 배치하기 전에 단축키(R)나 마우스 오른쪽 버튼( )을 사용하여 심볼을 회전하거나 Schematic편집 창 상단 아이콘을 이용하여 좌/우 혹은 상/하 반전을 시킬 수 있으며 필요한 경우 해당하는 필드의 내용도 편집할 수 있다.

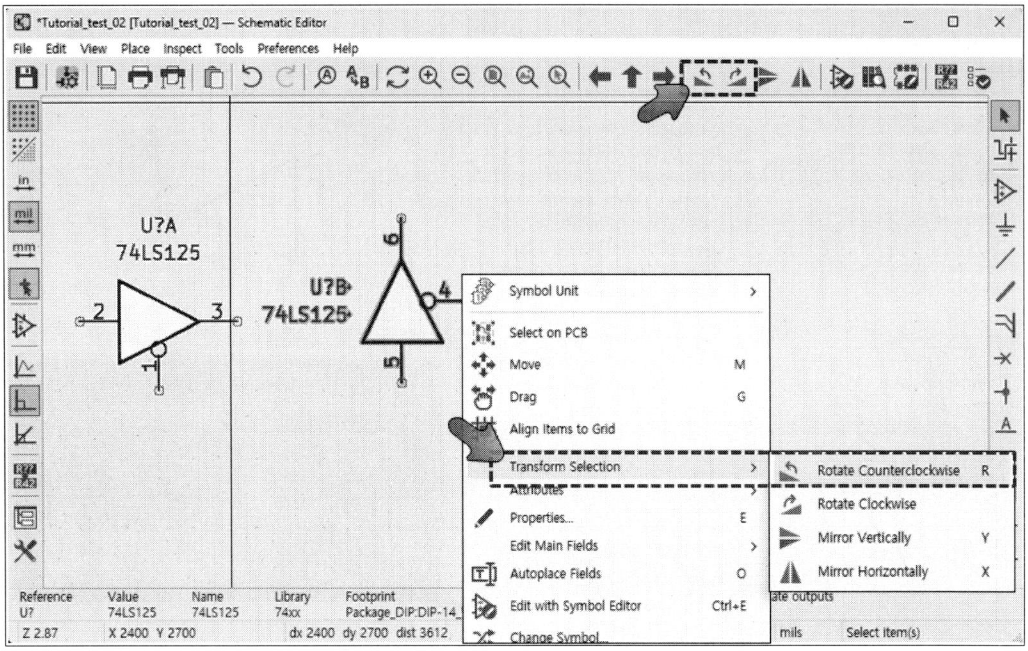

그림 4.18 배치 전 심볼의 회전, 반전등을 위한 메뉴

(3) 심볼의 편집 및 수정(배치된 부품기준)

심볼의 편집은 두 가지 방법으로 진행할 수 있다. 첫 번째 방법은 심볼 자체 값을 수정하는 것으로 심볼의 자세, 원점, 여러 가지 단위를 갖는 심볼에서 필요한 단위를 선택한다. 두 번째 방법은 심볼이 갖는 필드의 값들 중 하나를 수정하는 것으로 예를 들면 참조(Reference), 값(Value), Footprint등을 변경하는 것이다. 부품을 배치하고 난 이후에도 필요에 따라서 저항, 캐패시터등의 부품 값을 수정하는 것도 가능하다.

부품 심볼이 가지고 있는 일부 특성을 수정하거나 심볼 위에 놓이는 커서의 위치를 수정하기 위해서는 해당하는 심볼을 마우스로 더블-클릭(+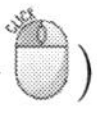)하여 나타난 편집 창에서 심볼과 관련된 모든 내용을 편집할 수 있다. 이곳에서는 전면적인 수정 작업이 가능하다.

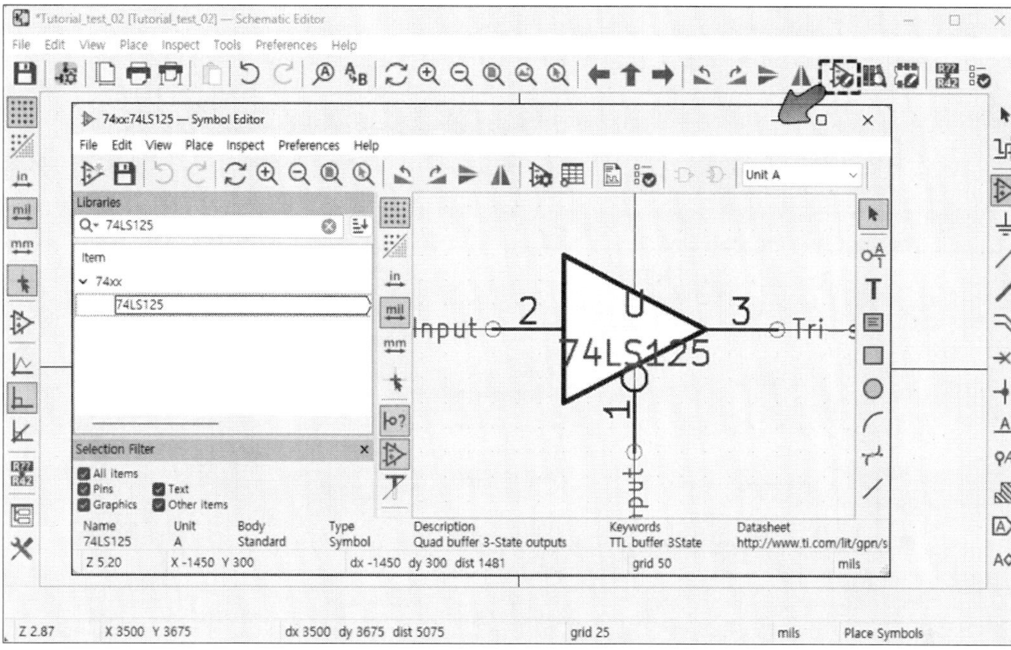

그림 4.19 부품 심볼 편집 창

부품의 속성을 나타내는 편집 창에서 필드에 할당된 참조(Reference), 값(Value), 가로 위치, 세로위치, 텍스트의 이탤릭체 혹은 굵은체 선택, 텍스트의 크기, 필드 값의 보이기/감추기의 등의 내용은 사각 체크 박스를 선택하는 방법으로 수정할 수 있다. 우선 해당하는 부품을 마우스로 더블 클릭하면 심볼 속성을 편집할 수 있는 창이 나타난다. 이곳에서 필요한 필드를 선택하여 수정하면 된다. 또 다른 방법으로는 부품 심볼 위에서 오른쪽 마우스 버튼( )을 클릭하여 나타난 팝업 메뉴에서 이동, 회전, 편집, 삭제 등의 작업을 진행하면 된다. 새로운 필드를 추가하기 위해서는 부품 속성을 나타내는 필드 창 하단에서 "+"버튼을 선택한 후 필요한 내용을 입력하면 된다.

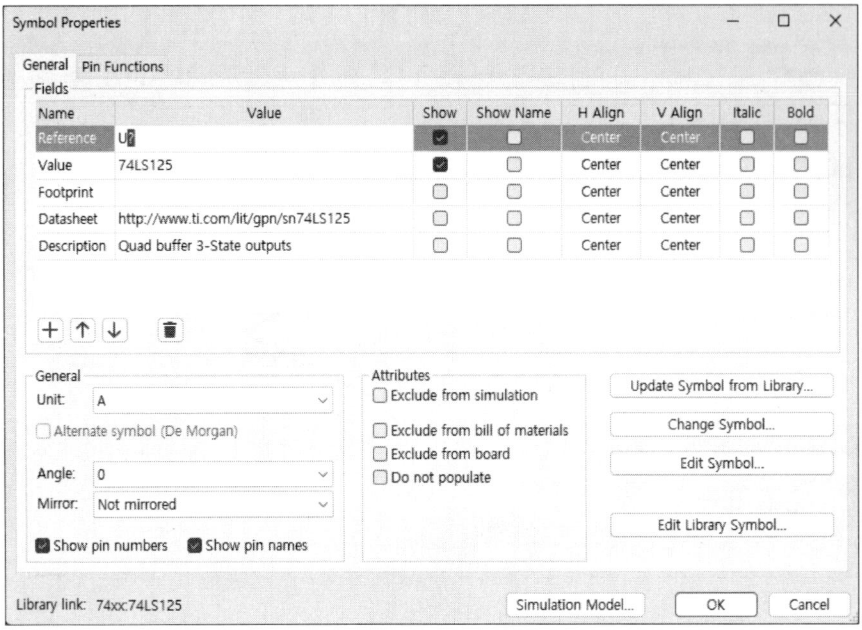

그림 4.20 부품 심볼의 속성 편집 창

(4) 배선, 버스, 레이블 및 전원 포트

추가적인 그리기 요소는 Schematic편집 창 우측에 세로로 배치된 단축 아이콘을 이용하면 된다. 단축 아이콘들의 기능은 계속되는 사례를 통하여 직접 확인하도록 하자.

- **배선**(Wires ⁄) : 우선 설계 도면에서 부품은 핀과 핀 사이에 배선을 작업을 마친 후 배선된 내용에 대한 레이블 작업을 한다. 그림 4.21은 74LS595 직렬에서 병렬로 변환하는 버퍼와 8개의 LED에 대한 배선 작업과 레이블 작업을 진행한 결과다.
- **레이블**(Labels A) : 그림 4.21에서 레이블이 놓이게 되는 위치는 왼쪽 아래 구석 좌표 표시가 “S_Data”의 모양으로 표시가 되는데 원하는 위치에서 마우스나 엔터키로 배치를 한다. 이때 레이블이 확실하게 배선에 연결되기 위해서 부품 핀의 끝부분에 겹치도록 위치시키거나 배선 위에 접촉된 상태로 고정시켜야 하며, 배선을 정확하게 연결하기 위해서는 배선 조각의 끝부분을 다른 배선에 연결을 하거나 부품의 핀에 위치하도록 한다.
- **접점**(Junctions ✛) : 간혹 핀의 끝부분에 배선 연결을 하지 않고 연결선이 지나가면

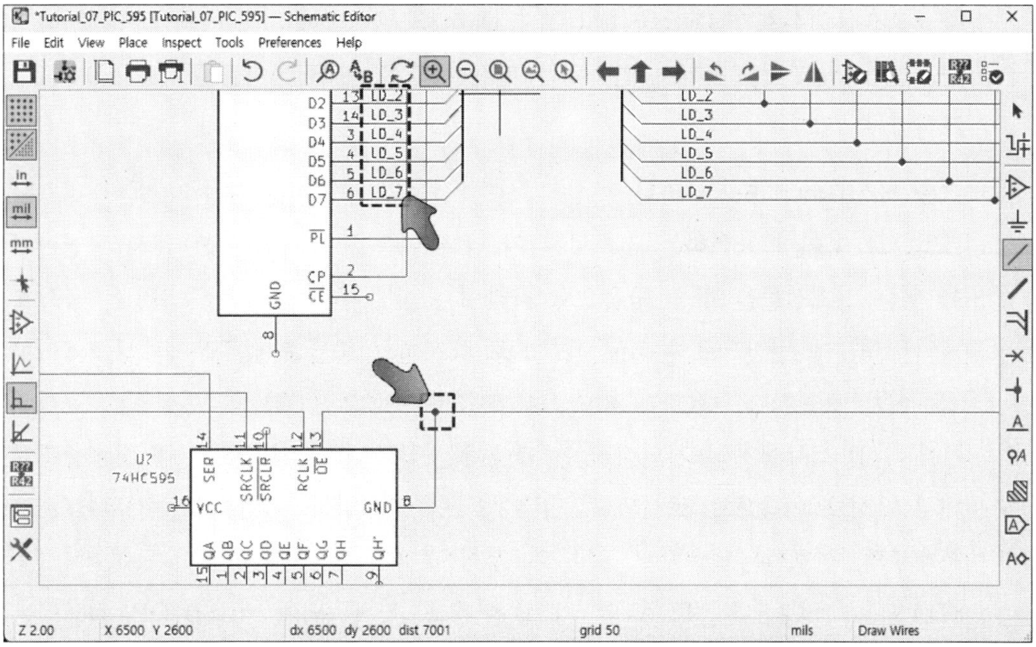

그림 4.21 핀 사이 배선과 접점, 레이블 작업

서 건너뛰기가 되는 경우가 있기 때문에 반드시 핀의 끝부분에 배선이 확실하게 연결이 되었는지 확인을 하도록 하자. 이와 같이 핀의 끝부분에 연결되지 않은 상태로 배선이 지나간 경우는 교차점에 접점(Junction) 아이콘을 이용하여 확실하게 연결 작업을 해준다. 그림 4.21에서 74HC595의 13번, 8번 배선에 접점이 사용되고 있는 것을 확인할 수 있다.

- **버스(Buses)**: 그림 4.22에서 74HC165의 11번~14번, 3번~6번의 핀들이 굵은 선으로 표시된 버스에 연결되어 있는 것을 확인할 수 있다. 이와 같이 버스 선이 복잡하게 배선이 되어있는 도면을 단순화하여 표현하기 위해서 연관성이 있는 신호선들을 그룹으로 묶어서 연결하는 것이 버스다. 도면에서 버스" "를 그리는 방법은 단일 배선" "과 동일하며 버스에 부여되는 레이블 이름도 배선의 경우와 동일하게 처리하면 되는데 이 경우 버스에 사용되는 레이블은 "벡터 버스"와 "그룹 버스" 두 가지 형식이 지원되고 있다.

  - **벡터 버스(Vector Bus)**: 공통 접두어와 숫자의 조합으로 신호선의 묶음을 표현하는 방식이다. "<Prefix>[M..N]"의 형식으로 표현되는 것으로 예를 들면 데이터

를 나타내는 신호가 Data0, Data1, ...Data7과 같을 때 접두어를 Data로 하고 신호선이 0번부터 7번까지 연속되는 배선일 경우 버스 레이블은 "Data[0..7]"로 표현할 수 있다.

– **그룹 버스(Group Bus) :** 하나 이상의 신호 선들의 묶음이나 다수의 벡터 버스를 그룹으로 묶어서 표현하는 것으로 각기 다른 이름을 가지고 있으나 서로 연관성이 있는 신호선들을 다중 묶음으로 나타내는 방법이다. 그룹의 구성원은 중괄호 "{ }" 내부에 빈칸으로 분리된 목록으로 표시하고 중괄호 앞부분에 그룹 레이블 접두어를 표현한다. "〈OPTIONAL_NAME〉{SIG1 SIG2 SIG3}"의 형식으로 표현되는데 만일 접두어가 표기되지 않는 경우에는 PCB상에 나타나는 네트는 중괄호 내부의 신호 이름으로 표시되고, 접두어를 함께 표현하는 경우에는 접두어와 그룹내부의 신호선은 "."으로 구분된 형식을 따르게 된다. 예를 들면 "{SCL SDA}"는 "SCL"과 "SDA"의 네트 이름을 갖게 되며 "USB{DP DM}"는 "USB.DP"와 "USB.DM"의 네트 이름으로 나타난다. 다수의 유사회로가 반복적으로 나타나는 커다란 버스구조를 갖는 설계에서는 이와 같은 표현방식이 설계시간을 단축시켜주는 장점이 있다. 버스 선의 그리기는 배선 그리기와 동일하고 배선간 접점을 표현하는 것도 동일하다. 버스 선의 레이블은 하나의 이름을 갖으며 이를 위반한 경우에는 "ERC"검사에서 에러로 나타난다.

표 4.7 그룹 버스 표현과 네트 결과

그룹 버스 표현	PCB 네트 결과
{SCL SDA}	SCL, SDA
USB{DP DM}	USB.DP, USB.DM
SYSBUS{A[7..0] D[7..0] OE WE}	SYSBUS.A7, SYSBUS.OE, ...

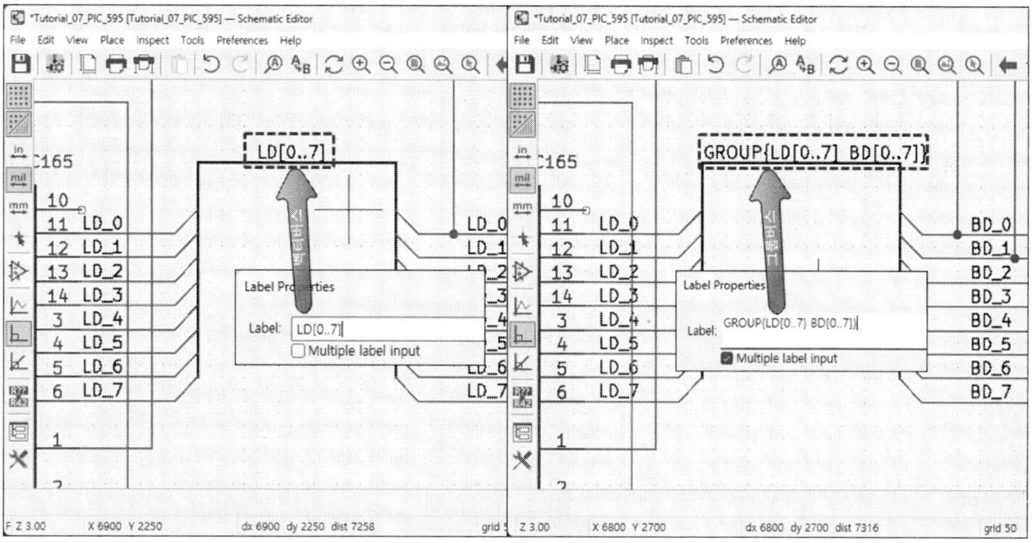

그림 4.22 벡터 버스 레이블과 그룹 버스 레이블

– **버스 구성원인 배선의 연결(Connections of Bus Members)** : 하나의 버스에 속하는 동일한 구성원인 핀과 핀 사이의 배선은 반드시 배선 위에 부여된 레이블 이름으로 연결을 해 주어야 한다. 개별 배선의 핀을 직접 버스 선에 연결하게 되면 이렇게 연결된 버스 선은 Schematic에서 무시 된다. 버스에 45도 각도로 되어있는 배선 세그멘트의 항목들은 단지 그래픽 형태의 연결을 나타내며 논리적 연결에 필요한 사항은 아니다. 메모리, 마이크로프로세서와 같은 부품의 경우 데이터 버스, 어드레스 버스와 같은 핀들은 숫자가 일련번호 형태로 되어 있다. 이러한 경우는 버스 선에 연결하게 되는 배선과 레이블은 반복 명령어 "Insert"를 이용하면 편리하게 순서에 맞게 레이블 이름이 자동적으로 숫자가 증가(LD_0, LD_1, LD_2, ...)하면서 배치가 가능하고 버스에 대한 개별 배선 역시 자동적으로 반복해서 사용이 가능하다.

– **버스의 개별 배선과 레이블의 연계(Bus Unfolding)** : 부품의 핀에서 개별 배선을 버스 선에 멤버로 만드는 방법은 위에서 설명한 방법에 따라서 처리를 했다. 이번에는 버스 선에 소속된 개별 배선의 멤버를 최종적으로 연결을 해 주어야 하는 부품의 핀으로 배선을 해 주어야 한다. 이 경우 반드시 버스 선에 레이블 작업을 해 주어야 하는데 앞서 예제에서 설명한 방법에 따라 "LD_0, LD_1, ... LD_7"의 개별적인 배선은 한 개의 버스선 레이블 이름 "LD_[0..7]"으로 작성

해서 해당 버스 선 위에 배치해 준다. 여기까지 작업을 마치게 되면 버스 선에서 멤버로 구성된 일련의 배선과 레이블을 출력 핀으로 연결이 가능해 진다. 그림 4.23처럼 버스 출력 선 위에 마우스 오른쪽 버튼을 눌러서 “Unfold”메뉴를 선택하여 나타난 팝업 목록에서 배선 위치를 변경하고자 하는 버스를 선택하며 버스의 경로를 변경하는 것도 가능하다.

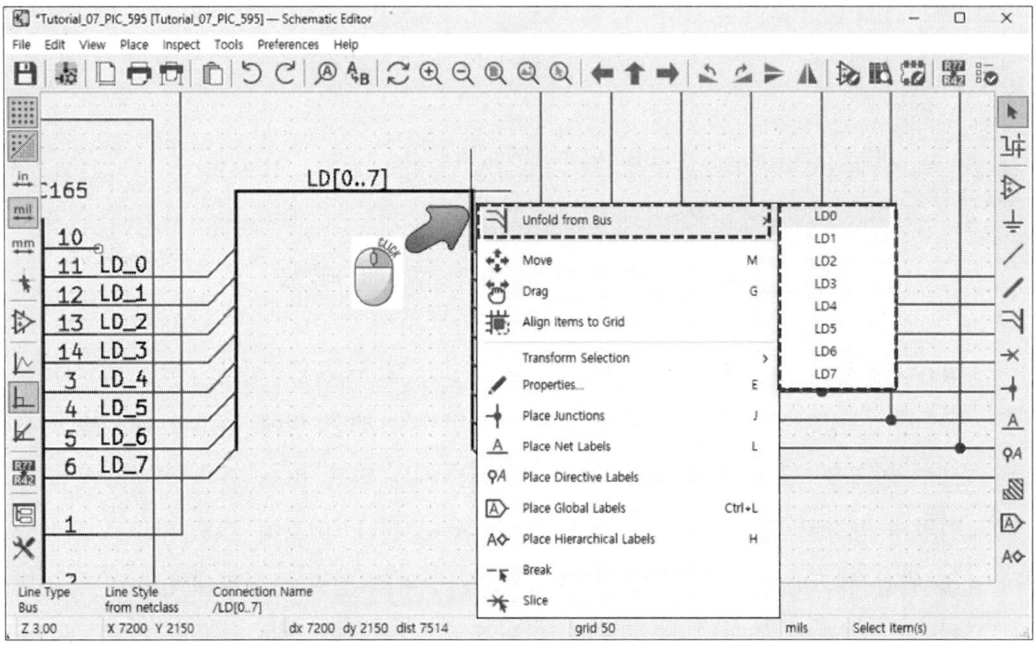

그림 4.23 버스 선에 개별 레이블 할당 혹은 버스 펼침 레이블 할당 화면

– **버스 별명(Bus Aliases)** : 버스 별칭을 사용하면 대형으로 그룹을 이루고 있는 버스에 대한 작업을 효율적으로 처리할 수 있다. 즉 그룹을 이루고 있는 버스를 정의해주고 여기에 도면상에 긴 이름을 사용하는 대신 짧게 단축된 이름을 사용할 수 있다. 이러한 버스의 별명은 Schematic Setup( )에서 “Bus Alias Definitions”를 선택하고 나타난 창에서 다음과 같이 필요한 내용을 작성한다.

별명은 유효한 신호선의 이름을 사용할 수 있는데 여기에 신호들이나 벡터 버스들을 추가하는 것도 가능하다. 예를 들면 “sysbus”라는 버스 별명에 “a_bus, d_bus, c-bus”라는 멤버를 두는 경우 중괄호로 묶은 그룹의 버스는 “sysbus”으로 표현이 되고 이것은 “sysbus{a_bus d_bus c_bus}”라는 이름으로 버스의 레

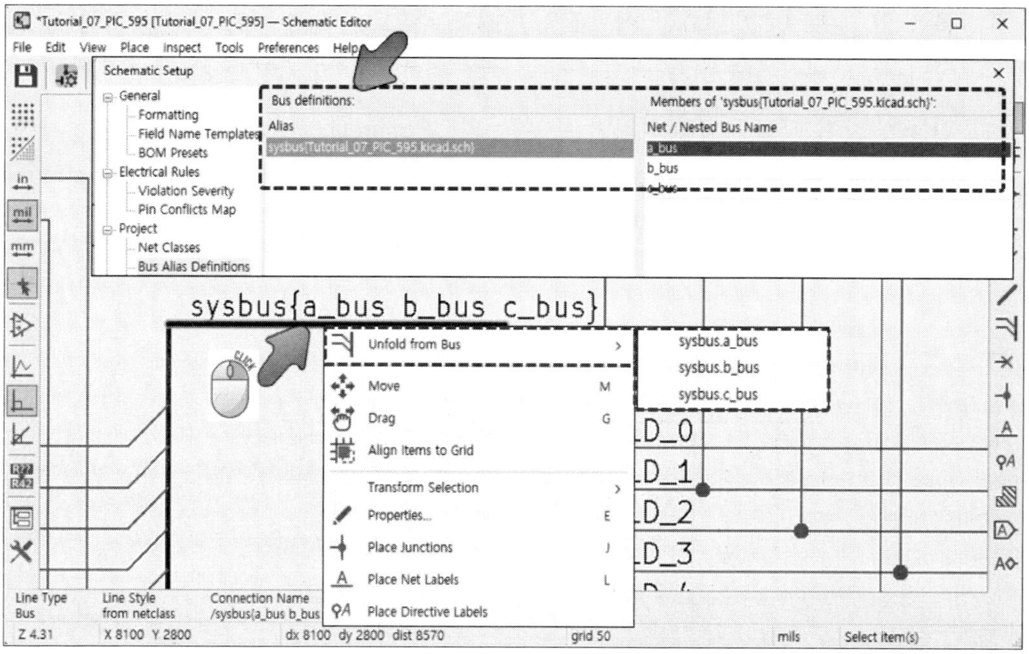

그림 4.24 버스의 별명과 멤버를 정의

이블을 나타내는 것과 같다. 이와 같은 표현은 앞서 언급한 바와 같이 네트 상에는 “sysbus.a_bus”와 같이 표시된다.

– **하나 이상의 레이블을 갖는 버스(Buses with more than label)** : KiCad 5.0이전 버전에서는 서로 다른 레이블을 갖는 버스 선들을 연결해서 사용하는 것이 허용되었다. 따라서 네트리스트 작업 중에 이러한 버스 선들의 멤버가 함께 참여가 되었다. 그러나 신호선에서 받아들이게 될 이름이 쉽게 예측이 어렵고, 네트리스트 작업에 혼란을 일으키며, 그룹을 이루고 있는 버스 선들 사이에 호환성에 문제가 발생하기 때문에 KiCad 6.0이상에서는 이러한 기능은 제거가 되었다. 구 버전에서 작업한 도면을 열게 되면 주어진 버스 선들에 대하여 하나의 레이블만 갖도록 Schematic을 갱신하라는 대화창이 열리는데 이곳에서 중복된 레이블을 순차적으로 갱신해 주면 된다.

– **전원 포트 연결(Power Ports Connection)** : 심볼의 전원 핀들은 보이기 모드로 되어있을 때는 반드시 연결을 해 주어야 한다. 그러나 게이트나 플립플롭과 같은 심볼에는 전원 핀들이 감추기 모드로 된 경우가 많다. 이 경우에는 전원 핀의 이

름을 알 수도 없고 필요한 배선들을 연결할 수도 없다. 강제로 이러한 심볼을 보기 모드로 변경하여 연결을 시도하는 것은 권장하지 않는다. 그러나 강제로 전원 핀들을 보기 모드로 전환하려면 주 메뉴의 "Preference/Options"의 대화 상자에서 "Show Hidden Pins"의 옵션 항목을 체크해 주거나 편집 창 좌측의 도구모음 아이콘에서 " "를 선택할 때 마다 보이기/감추기 동작이 반전되어 나타난다.

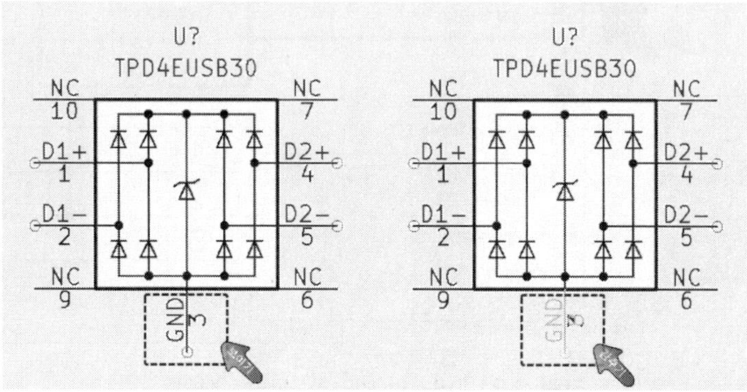

그림 4.25 부품 심볼의 전원 핀 보이기/감추기

Schematic에서는 이와 같이 동일한 이름을 갖는 전원 핀들이 감추기 모드로 되어 있는 경우에도 이들 이름을 갖는 네트로 자동적으로 연결을 한다. 예를 들어 접지의 경우 TTL 부품은 "GND"로 표기하고 MOS의 경우는 "VSS"로 표현되는데 전원 포트를 이용해서 이러한 내용을 포함시킬 필요가 있다. 그리고 전원 연결에 대한 레이블 작업은 단지 일부분 연결을 의미하기 때문에 권장하지 않는다.

- **연결 없음("No Connect" Flag) :** 도면 설계를 하는 경우 사용하지 않기 때문에 연결이 되지 않은 부품의 핀을 아무런 조치 없이 그대로 두면 "ERC" 검사 결과 경고 메시지가 발생한다. 따라서 사용하지 않는 핀이라는 의미의 "No Connect ( )"를 해당하는 핀에 표시를 해두면 이러한 경고 메시지가 나타나지 않는다.
- **텍스트 주석(Text Comments) :** 텍스트 필드와 프레임처럼 도면의 특정 부분에 주석을 배치하는 것은 도면의 관리차원에서 매우 유용한 방법으로 이러한 작업은 우측 도구모음 아이콘에서 텍스트 아이콘 " T "과 텍스트 박스 아이콘 " "을 이용하여 프레임과 텍스트를 작성을 한다.

- **캐쉬에 저장된 심볼의 복구(Rescuing Cached Symbols) :** Schematic에서는 기본적으로 설정되어 있는 경로와 라이브러리 요구에 맞추어서 프로젝트 라이브러리로부터 심볼을 불러오게 되어 있는데 오래된 프로젝트를 불러오는 경우에는 문제가 발생하기도 한다. 왜냐하면 라이브러리 내부의 심볼이 변경되었거나 저장 위치가 바뀌고 프로젝트를 작성한 이후에 라이브러리가 더 이상 존재하지 않기 때문이다. 새로운 버전의 KiCad에서는 이러한 내용이 자동적으로 교체되기 때문에 새로운 버전의 내용으로 바르게 갱신되지 못하거나 잘못된 Schematic 내용으로 변경되고 만다. 이때 프로젝트를 저장하면 현재의 라이브러리 심볼의 내용을 가지고 있는 캐쉬 라이브러리는 해당 도면의 내용에 맞추어서 저장이 되기 때문에 전체 라이브러리를 적용하지 못한 상태로 프로젝트가 결과를 내보낸다. 이 경우 심볼이 캐쉬 메모리와 시스템 라이브러리에 모두 남아있는 상태에서 프로젝트를 불러오면 Schematic에서 라이브러리를 탐색하는 중에 충돌이 일어난다. 이러한 경우 시스템 라이브러리에 더 이상 존재하지 않는 심볼은 캐쉬 메모리에 저장되어 있는 예전 심볼을 이용하여 라이브러리로 복구하는 것도 가능하다. 간혹 KiCAD 시스템이 종료되어 재실행이 되지 않는 증세가 나타나기도 하는데 참고로 이러한 경우에는 사용자 폴더 안에 감춰진 KiCAD 폴더를 찾아가 "*.json"파일, "fp-lib-table"파일과 "symbol-lib-table"파일 삭제한 뒤에 재실행을 하면 초기 상태로 실행이 가능해 진다. 아래의 경로는 window 탐색 창에서는 확인이 어렵기 때문 Shell Command 창을 열고 문자명령어(cd, dir, del ,...)를 사용해서 작업을 해 주어야 한다.

```
C:₩Users₩....₩AppData₩Roaming₩kicad₩9.0
```

따라하기 03

내용 Schematic 편집기에 두 개의 부품을 배치하고 한 쪽 부품에서 8개의 Data선을 다른 쪽 부품의 Data선에 연결을 하는 경우 버스선을 경유하도록 하고 8개 Data선 레이블 이름과 공유 버스의 레이블 이름(벡터 버스, 그룹 버스)을 부여하고 두 부품간 Data선들의 연결성을 확인해보자.

1. 사용 부품	74HC164, 8핀 스위치
2. 74HC165 Data 8핀 스위치・레이블 이름 부여	74HC165 레이블 : LD_0, LD_1, LD_2, ... LD_7 8핀 스위치 레이블 : LD_0, LD_1, LD_2, ... LD_7 혹은 SW_0, SW_1, SW_2, ... SW_7
3. BUS 레이블 작업 (a)Data선 개별 배선 (b)Unfold 배선	(a) Data 개별 배선 후 레이블 이름 작업 (b) Unfold 방식으로 배선 작업
(a)Data개별 배선 및 레이블 작업	(a) 배선 레이블 (A) : 처음 값 "LD_0"를 11번 핀 배선에 배치한 후 "Ins 키를 누르면 레이블 값은 자동 번호부여가 되면서 진행" 우측 버스도 처음 값 "SW_0"으로 시작해서 작업 진행 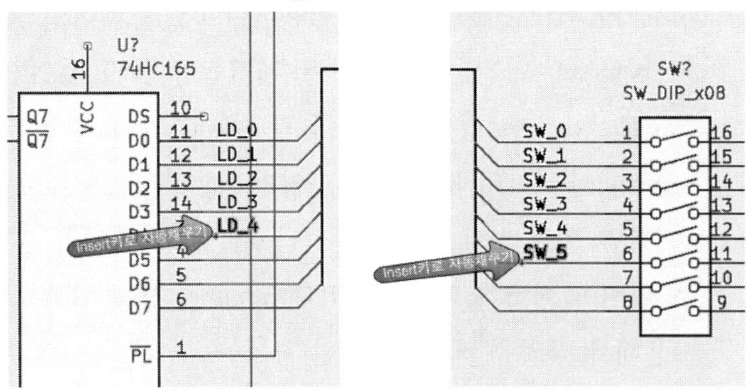
(b)Unfold 배선 및 레이블 작업	(b) 버스 선 위에서 오른 쪽 마우스 클릭 → 팝업 메뉴에서 Unfold.. → LD_0선택 후 차례대로 선택하면서 레이블과 배선 작업을 함께 진행 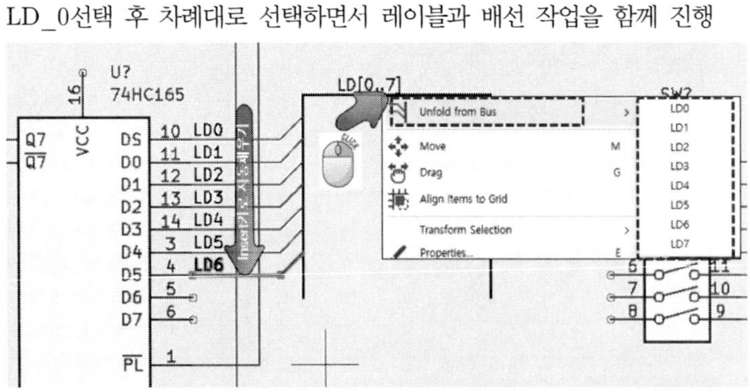

<table>
<tr>
<td>4. Bus 레이블 작업
(a) 벡터 버스 레이블
(b) 그룹 버스 레이블</td>
<td>

(a) 벡터 버스 레이블 (A) → LD[0..7] 이름 부여

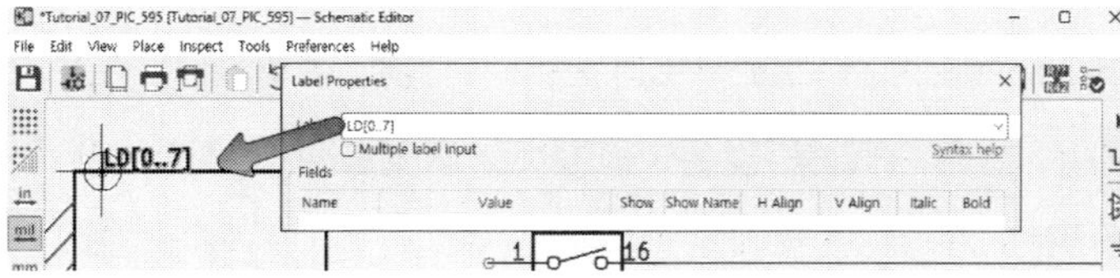

(b) 그룹 버스 레이블 (A) → DATA{LD[0..7] SW[0..7]}

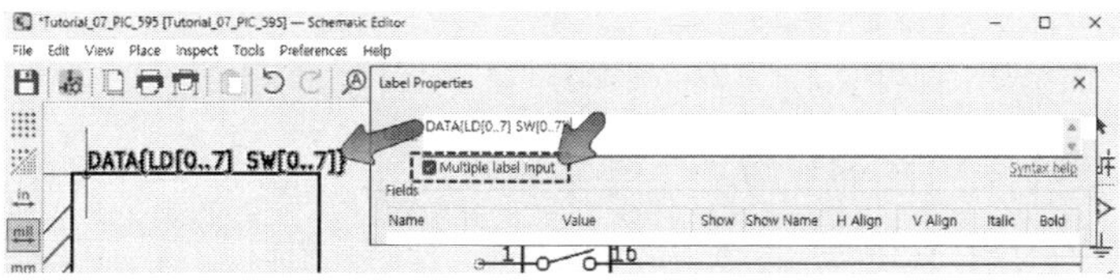

</td>
</tr>
<tr>
<td>5. 벡터 버스 작업 후
– 좌우 배선 연결성</td>
<td>

좌우 배선의 연결성 확인을 위하여 네트 밝게 보기( ) 아이콘을 선택한 다음 좌측의 11번 핀 LD_0의 배선을 선택하면 우측의 LD_0으 배선과 동일한 색상으로 표시되면서 두 배선이 연결된 상태를 확인해 보자.

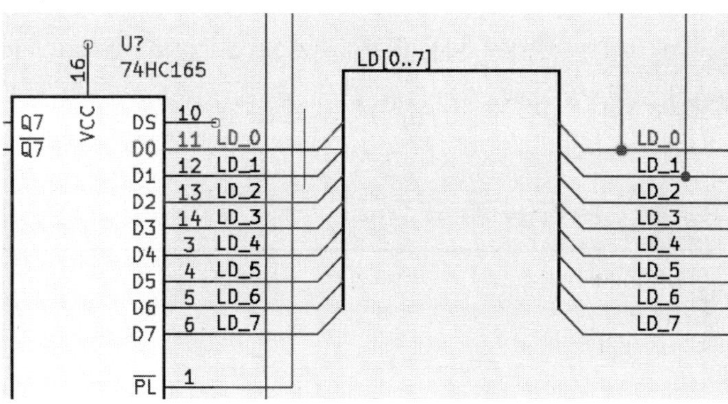

</td>
</tr>
</table>

4.4 Schematic 도면의 계층 구조

Schematic에서 프로젝트의 규모가 커서 여러 개의 도면으로 작업을 해야만 하는 경우에는 계층 구조를 갖는 도면으로 작업을 진행하는 것이 좋은 해결 방법이다. 이와 같이 규모가 큰 프로젝트에서는 도면의 크기가 매우 크기 때문에 문제 해결이나 결과물의 출력이 쉽지 않다. 이와 같이 규모가 큰 프로젝트의 경우에는 계층 구조의 도면을 주 도면(Main sheet)과 부 도면(Sub-sheet)로 분리해서 설계를 하면 된다.

최상위 도면(Root sheet)에서는 모든 하위 계층의 부 도면을 볼 수 있어야 하며 계층 도면의 관리는 Schematic 편집 창의 상단에 있는 도구모음 중 아이콘 “”를 이용하여 최상위 도면과 부 도면간 이동을 할 수 있다.

계층 구조는 두 가지의 형식이 존재한다. 첫 번째는 앞으로 설명하게 될 일반적인 형식이고 두 번째는 도면에서 사용되는 기존의 심볼처럼 라이브러리 내부에 새로운 심볼을 작성하는 경우 사용되는 방식이다. 두 번째의 경우는 IC회로를 심볼 형태로 개발하는 경우에 사용되는 것으로 마치 함수 라이브러리를 사용하는 원리와 유사한 것으로 이해하면 된다. 따라서 Schematic에서는 두 번째 방식은 다루지 않는 것으로 하자. 계층구조의 형태는 다음 세 가지로 표현된다.

표 4.8 계층 구조의 종류와 의미

단일(Simple) 계층	하나의 계층 도면만 사용
다중(Complex) 계층	여러 개의 계층 도면을 사용
평면(Flat) 계층	도면 사이에 연결선이 없는 단순한 계층 도면

계층 도면을 만드는 과정은 매우 단순해서 전체 계층 도면은 최상위 도면(Root Sheet)에서 시작하기 때문에 부 도면이 있더라도 마치 하나의 도면인 것처럼 취급한다. 계층 도면의 작성은 우선 부도면을 만들고 부도면 사이에 전기적 연결을 완성하는 절차로 진행이 된다.

(1) 계층구조 도면

부도면(Sub-Sheet)사이를 이동하는 방법은 앞서 언급했듯이 Schematic편집 창 좌측 아래에 위치한 “ ”아이콘을 이용하여 나타난 탐색 창에서 이동하려는 주 도면이나 부 도면으로 이동이 가능하다.

좌측 창에 나타난 도면은 단순히 해당하는 도면 이름을 클릭하는 것으로 이동이 가능하고, 빠른 이동을 하고자 할 때는 해당 도면에서 오른쪽 마우스( )버튼을 클릭한 후 들어가기를 선택하거나, 도면 영역 안에서 마우스를 더블 클릭하면 이동이 된다. 사용된 예제는 KiCad 설치 시 제공되는 “pic_programmer” 도면을 제어부분 회로와 socket부분 회로를 부도면으로 하고 전원부를 주도면으로 편집해서 사용하는 것으로 하자.

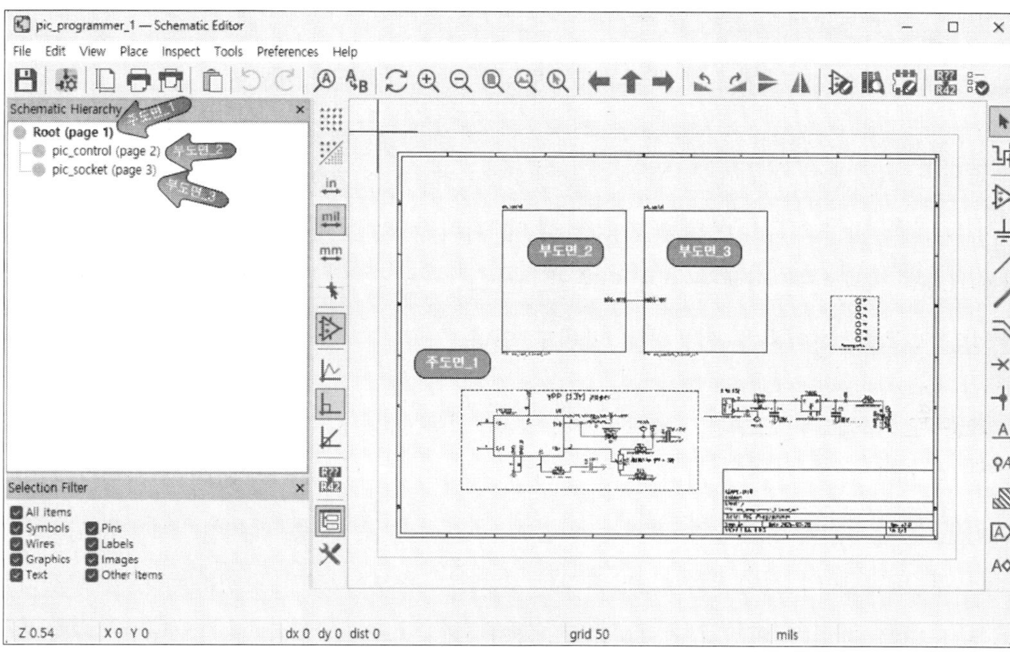

그림 4.26 주도면(Root Sheet)와 부도면(Sub-Sheet)

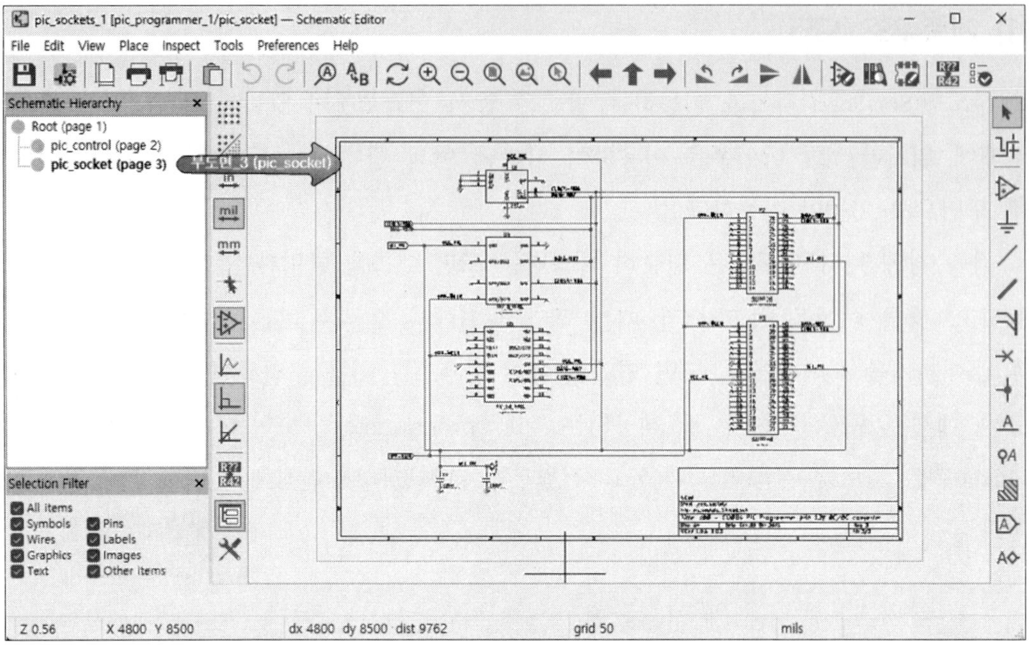

그림 4.27 주도면에서 부도면 "pic_socket"으로 이동

현재의 도면에서 상위계층 도면으로 이동하고자 하는 경우에는 해당도면의 빈 공간에서 오른쪽 마우스(🖱) 버튼을 클릭한 후에 나타난 팝업 메뉴에서 현재 도면에서 나가기("Leave Sheet")를 선택하거나, 단축키 "Alt+BackSpace"를 사용하면 된다. 편집 창 화면 상단의 "⬆"아이콘을 이용하는 방법도 있다.

- **계층구조 작성 :** 부 도면은 주 도면에서 도면 심볼(Sheet Symbol)의 형태로 나타내는데 부 도면의 좌측 상단 모서리와 우측 하단 모서리를 대각점으로 하여 사각형으로 그리면 된다. 이때 사각형의 크기는 나중에 추가하게 될 계층 레이블, 계층구조의 핀과 부 도면 내의 전역 레이블을 배치할 수 있는 충분한 크기로 정하는 것이 좋겠다. 부 도면을 그리기 위해서는 Schematic편집 창의 우측 도구모음에서 아이콘 "⊕"를 실행한 후에 커서를 주 도면의 빈 공간 좌측 상단위치를 시작점으로 한번 클릭하고 우측 하단의 끝점 위치에서 마무리 클릭을 하게 되면 부 도면의 심볼이 배치되면서 부 도면의 각종 설정을 해줄 수 있는 팝업 창이 나타난다. 이곳에서 부 도면의 이름과 Schematic 이름을 정해주면 된다.

계층구조 도면 작성 과정의 요약

❶ 주 도면(Root Sheet)에서 하위계층 도면 심볼(Sheet Symbol)을 배치한다.

❷ 아이콘“ ”을 이용하여 부도면(Sub-Sheet)으로 이동한 후 회로를 그린다.

❸ 새로운 부 도면에 전역 레이블을 배치하여 두 개의 Schematic사이에 전기적 연결을 한다. 이때 레이블(Sheet Labels)은 최상위 도면에서 사용한 이름과 같아야 한다. 이 레이블은 최상위 도면의 도면 심볼(Sheet Symbol)에 연결이 되며 또한 표준 심볼 핀들처럼 schematic의 다른 구성요소에도 연결이 된다.

- **도면 레이블 :** Schematic의 오른쪽 도구모음에서 아이콘 “A”를 이용하여 레이블 작업을 하는 경우 지역 레이블은 단지 해당하는 도면 내부에서만 신호를 연결한다. 계층도면 레이블은 아이콘“A▷”를 이용하여 해당 도면 내부의 신호를 연결하고, 최상위 도면에서 하위 계층도면의 핀에 레이블을 배치한다. 아이콘 “A▷”를 이용한 전역 레

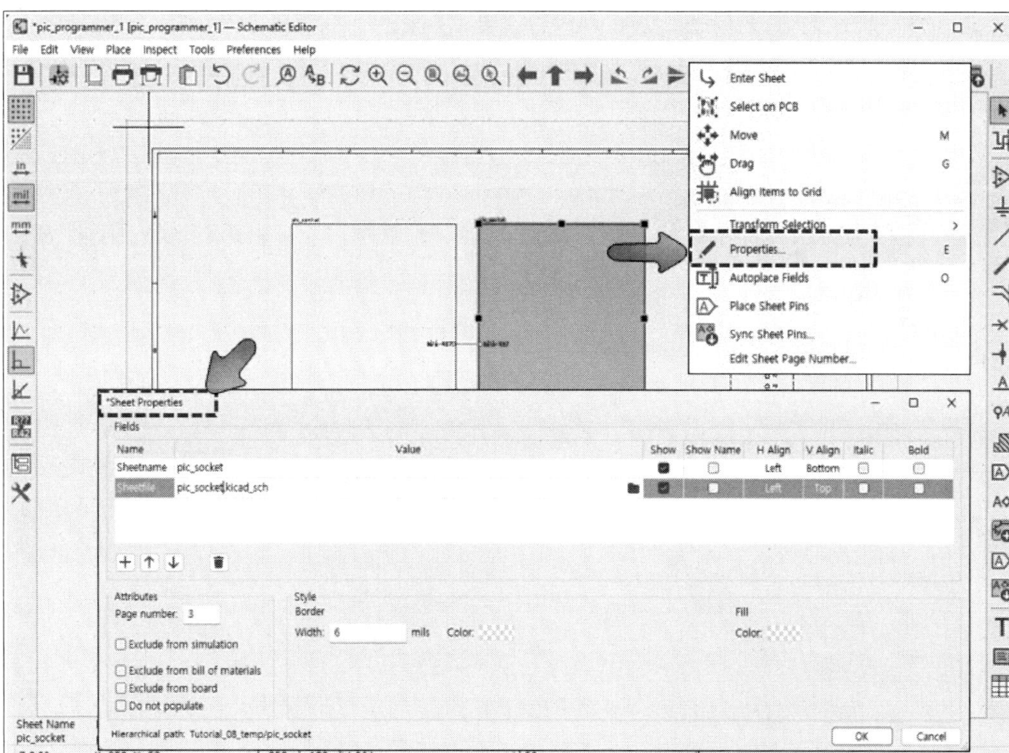

그림 4.28 계층 부 도면에서 심볼의 이름과 도면파일의 설정화면

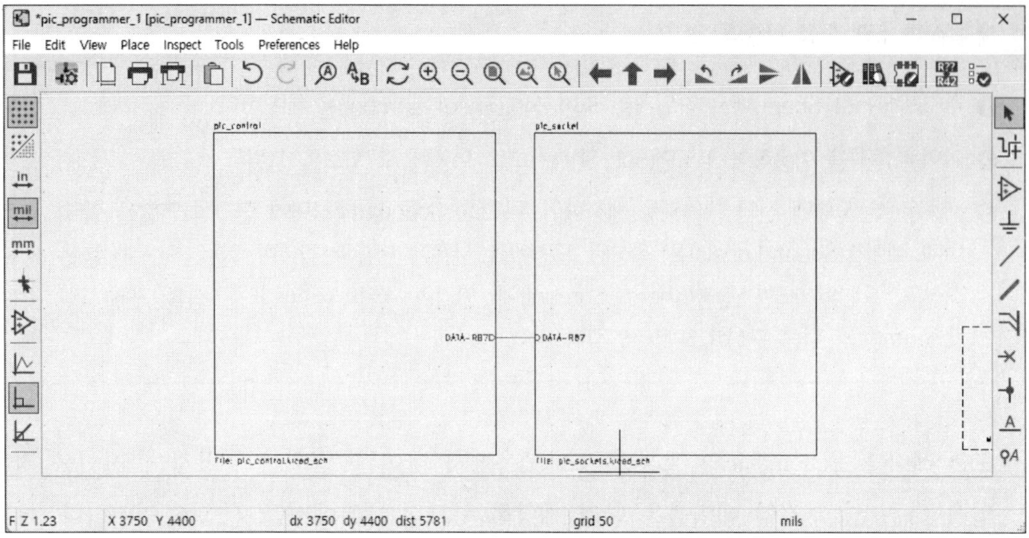

그림 4.29 주 도면 과 부 도면 사이의 계층 레이블

이블은 모든 계층도면에 관련된 신호 선을 연결해주는 역할을 한다. 전원의 입출력을 나타내는 전원 핀들은 전역 레이블처럼 감춰진 상태이다. 이러한 전원 핀들은 모든 계층 도면을 교차하면서 서로 연결된 것으로 나타나기 때문이다. 하위 계층의

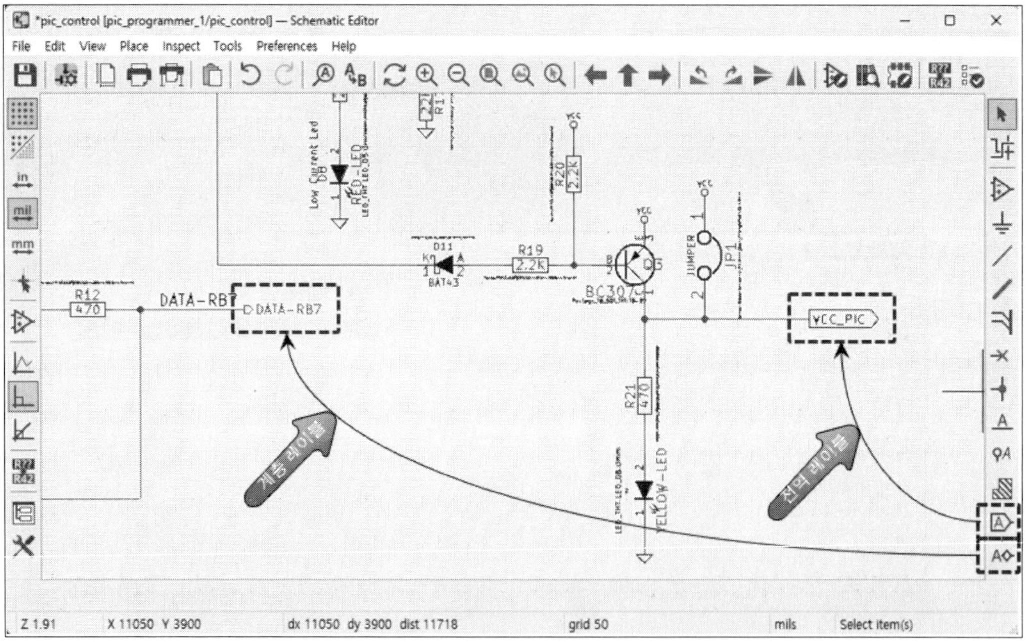

그림 4.30 pic_contol 부 도면에서 전역 레이블과 계층 레이블

부 도면에서 핀들의 연결은 방금 작성한 부 도면의 사각형 도면 심볼에 대하여 계층구조 핀에 해당하는 연결 지점을 만들어 주어야 한다. 이러한 연결점들은 일반적인 부품의 심볼 핀들과 유사하지만 이 경우에는 단 하나의 연결점으로도 버스선의 연결이 가능하다. 이와 같은 작업은 아래와 같은 두 가지 방법으로 처리가 되는데 두 번째 방법이 권장되고 있다.

- **수동배치 :** 부 도면 그리기 작업을 진행하기 전에 각기 다른 핀들을 배치하는 과정이다. 우측 도구모음에서 아이콘 “”를 선택해서 나타난 팝업 창에서 계층부 도면의 심볼 이름과 도면 이름을 정해준 다음 부 도면의 심볼 내부에 핀을 배치할 위치에서 마우스를 클릭하여 배치를 완료한다. 부 도면 내부에서 계층구조 레이블은 반드시 계층구조에서 사용하는 핀의 이름과 동일하도록 사전에 설정해 주어야 한다. 수동배치에서는 이와 같은 작업을 수작업으로 처리해야하기 때문에 자동배치가 권장된다.
- **자동배치 :** 부 도면을 그리고 난 후에 각기 다른 핀과 전역 레이블 핀을 배치하는 과정이다. 우선 계층 부 도면에서 회로 설계를 마친 후에 아이콘 “”를 이용해서 해당하는 핀에 계층 레이블(Hierarchy Labels) 작업을 모두 마친 다음 상위 도면으로 이동한다. 상위 도면에서는 하위계층 도면 핀을 불러오기 위하여 아이콘 “”를 선택한 후 부 도면 심볼 영역에서 마우스를 클릭하면 하위 계층에서 작업한 계층 레이블과 동일한 이름의 도면 핀(Sheet Pin)이 나타난다. 이때 부 도면 심볼 영역내의 원하는 위치에서 마우스를 클릭하면 도면 핀이 배치가 완료된다. 배치하지 않은 도면 핀이 남아있는 경우에는 계속해서 마우스를 클릭할 때마다 순차적으로 도면 핀이 나타나므로 반복해서 원하는 위치에 배치를 하면 된다. 이와 같이 자동배치 작업은 계층 레이블과 도면 핀의 이름을 자동적으로 처리하기 때문에 레이블 배치의 속도를 높일 수 있고 에러를 방지할 수 있다.

- **계층 레이블(Hierarchical Labels) :** 도면 심볼의 각각의 핀들은 하위계층에 해당하는 부 도면내에서 계층 레이블(Hierarchical Label)이라고 하는 레이블의 이름과 반드시 일치되어야 한다. 계층 레이블은 일반적인 레이블과 유사하지만 하위 계층에 해당하는 부도면과 주도면(Root Sheet)사이의 신호선을 연결해주는 기능을 가지고 있다. 두 개의 상호 보완적인(Pin과 Label) 그래픽 표현은 유사한데 계층 레이블은 앞서 언급

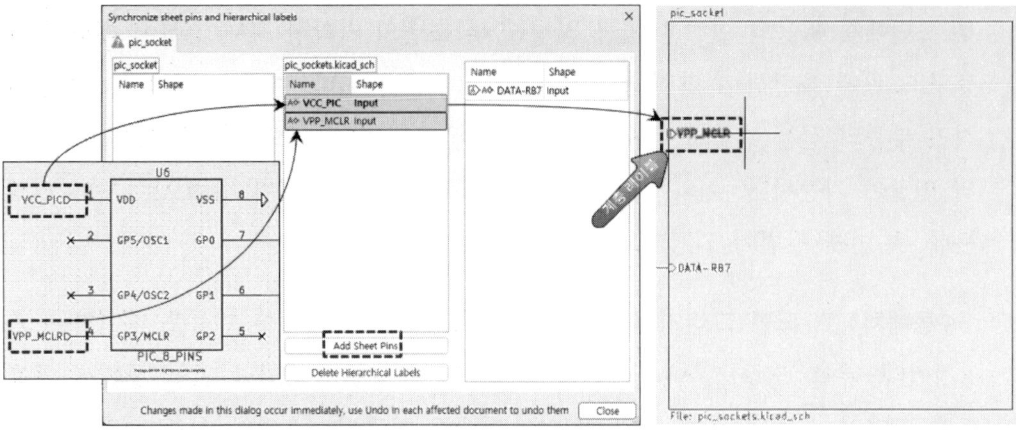

그림 4.31 하위 부 도면의 계층 레이블과 계층 도면 심볼의 레이블

했던 아이콘 “A◇”를 이용하여 작성하면 된다.

부 도면의 회로에서 “VCC_PIC”과 “VPP-MCLR”라는 계층 레이블 이름을 임의로 지정하고 계층 도면 심볼에서 자동 레이블의 배치를 해보자. 위 그림에서 계층 도면 레이블은 전역 레이블의 성격을 갖기 때문에 상위 도면이나 계층 도면 사이에서 상호 연결성을 갖는다. 부 도면 계층 도면 레이블 부여 작업을 마쳤으면 상위 도면으로 이동한 후 해당하는 계층 도면(“pic_socket”) 심볼에서 마우스 오른 쪽 버튼 클릭으로 나타난 팝업 메뉴에서 도면 핀 동기화(Sync sheet pin :“ ”) 메뉴를 선택하면 계층 레이블 목록을 보여주는 창이 나타나는 데 여기서 배치하고자 하는 레이블을 선택 후 추가 버튼을 선택하면 계층 도면 심볼위에 레이블 이름이 모서리를 이동하며 배치가 가능한 화면이 나타난다. 이때 원하는 위치에서 마우스 클릭으로 레이블 배치를 마칠 수 있다. 부 도면에서 작업해 주었던 계층 레이블이 다수인 경우에는 레이블 핀이 순차적으로 나타나기 때문에 실수 없이 쉽게 도면 핀의 배치를 할 수 있다.

- **복잡한 계층구조 도면 :** Schematic이 반복해서 두 번 이상 사용이 되는 경우의 계층구조 도면을 의미한다. 예를 들면 다수의 도면에서 특정 Schematic 파일을 서로 공유해서 사용하고 있는 경우를 말한다. 이러한 경우에도 도면 이름은 서로 다른 이름을 유지해야 한다. 예를 들어 Schematic 파일 “pic_sockets.kicad.sch”을 두 개의 도면에서 공유하고 있더라도 도면 이름은 “pic_sockets_1”, “pic_sockets_2”와 같이 분리해서 다른 이름을 사용해야 한다.

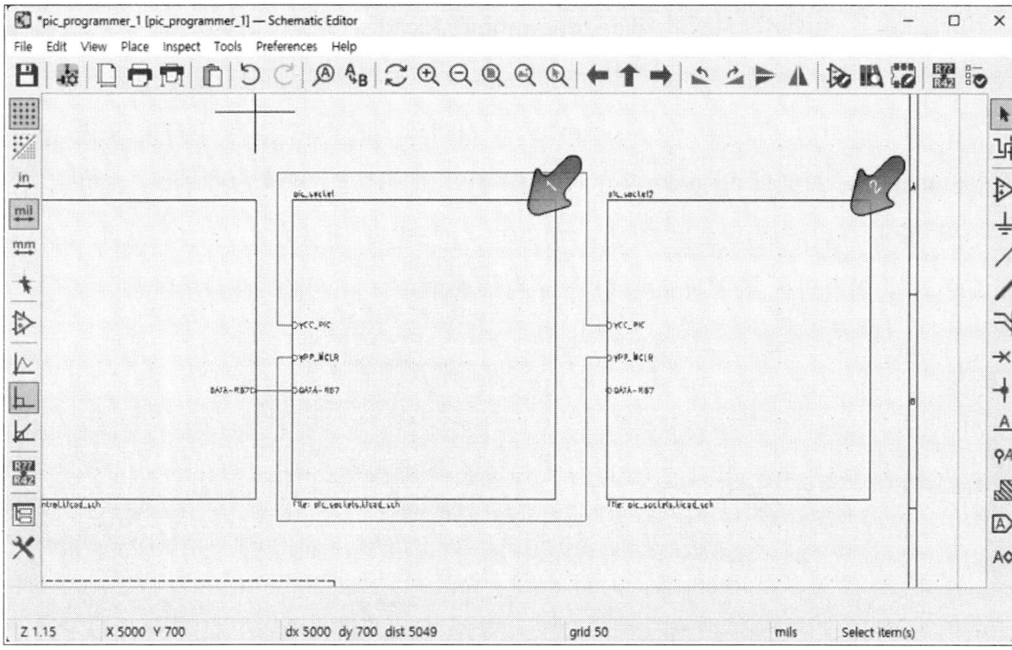

그림 4.32 Schematic 파일을 공유한 다중 계층도면

- **평면 계층구조 도면:** 아래와 같은 규칙을 따르는 경우 여러 개의 도면을 사용하는 프로젝트에서 도면과 도면 사이에 연결 없이 작업이 가능하다.
    - 서로 다른 도면을 전역 레이블과 같은 형태로 동작시키는 주도면(Root Sheet)
    - 어떤 외부 연결도 필요하지 않은 경우
    - 모든 도면에서 계층 레이블(Hierarchical Labels) 대신에 전역 레이블(Global Labels)을 사용하는 경우

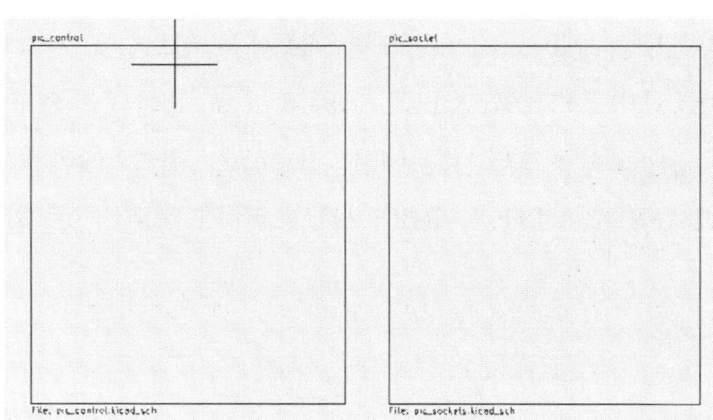

그림 4.33 두 개의 독립 형태의 평면 계층 도면

위의 그림은 위에서 설명한 pic_programmer.kicad.sch에서 하위 계층 부 도면인 pic_control과 pic_socket을 주 도면(Root Sheet)에 평면 계층 형태로 구성한 예이다. 이 경우 pic_control 도면과 pic_socket 도면 사이의 신호선 연결은 각각의 도면 내부에서 Schematic 회로의 입출력 관련 부분을 전역 레이블로 표현하면 된다. 또한 감춰진 전원 핀에 대한 전원회로는 최상위 계층의 주 도면에 배치하여 각각의 하위 계층인 부 도면과의 연결성을 유지하도록 한다.

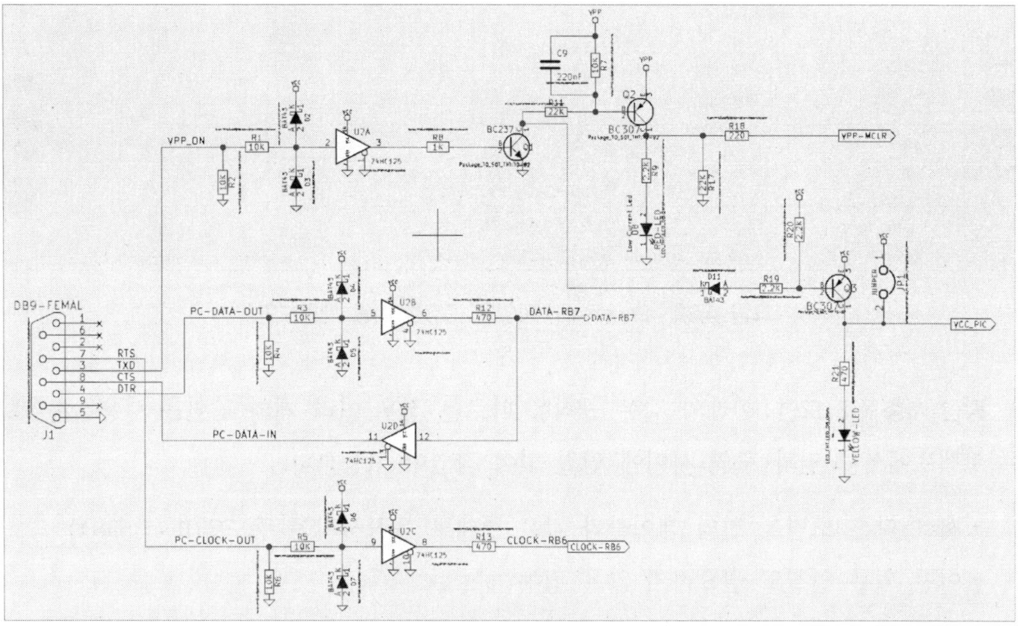

그림 4.34 pic_control 도면 내부의 전역 레이블 표현

그림 4.34는 평면계층 “pic_control” 도면 내부에서 신호선을 전역 레이블 “VPP-MCLR, VCC_PIC, DATA-RB7, CLOCK-RB6”으로 표현하고 있고 그림 4.35에서는 평면계층 “pic_socket” 도면 내부에서 신호선을 전역 레이블 “VPP-MCLR, VCC_ PIC, DATA-RB7, CLOCK-RB6”으로 표현하고 있는 것을 확인할 수 있다.

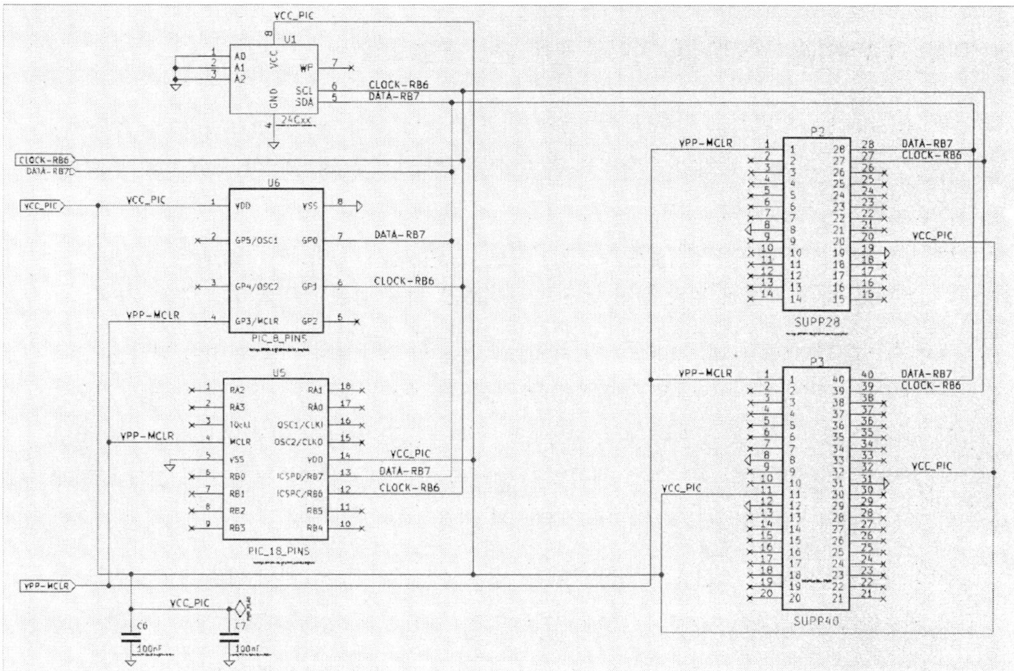

그림 4.35 pic_socket 도면 내부의 전역 레이블 표현

레이블, 계층레이블, 전역레이블, 감춰진 전원 핀에 대한 요약

» **레이블(Labels)** : 일반적인 단순한 레이블의 의미로 현재 작업 중인 Schematic 도면에서만 연결기능을 유지한다. 각각의 도면의 도면 번호를 가지고 있는데 이러한 도면 번호내에서만 레이블의 기능을 갖는다.

예 도면1에서 "USB"의 레이블은 "USB_1"으로, 도면2에서 "USB"의 레이블은 "USB_2"의 의미를 갖기 때문에 이와 같이 단순한 레이블은 서로 다른 레이블의 성격을 갖는다.

» 계층 레이블(Hierarchical Labels) : 이 레이블도 단순한 레이블의 기능과 처리 방법은 같다. 단, 동일한 도면 내에서 사용된 계층 레이블 "USB"는 지역 레이블 "USB"에 연결된 것으로 취급하지만 또 다른 도면 내부에서 사용되고 있는 "USB"라는 레이블이나 계층 레이블의 이름과는 연관성이 없다. 즉, 계층 레이블은 상위 주 도면에 위치한 계층 도면 심볼 내부에 위치한 이름이 일치하는 도면 핀(Sheet Pin)에 연결이 된다.

» **전역 레이블(Global Labels)** : 동일한 이름을 갖는 전역 레이블은 전체 계층구조 도면과 상호 연결성을 유지한다.

» **감춰진 전원 핀(Invisible Power Pins)** : 이들 전원 핀은 감춰진 상태이지만 동일한 이름을 갖는 핀들은 서로 연결되는 것을 확인할 수 있다. 따라서 예를 들어 "VCC"와 같은 감춰진 전원 핀은 이들이 배치된 도면 내에서만 "VCC"라는 이름을 갖는 모든 전원 핀에 연결이 된다. 만일 "VCC"라는 레이블이 하위 계층 부 도면에 배치가 되면 이것은 도면 번호"n"에 따라 "VCC_n"으로 분류가 되기 때문에 "VCC"에 연결되지 않는다. 따라서 "VCC"라는 레이블이 전제 도면에 적용되어 연결이 되려면 "VCC 전원심볼"을 이용하여 감춰진 전원 핀으로 연결을 하는 것이 맞는 방법이다.

따라하기 04

내용 Schematic 편집기에서 반 가산기(Half Adder) 두 개를 이용해서 전 가산기(Full Adder)를 구성해보자. 반 가산기는 두 개의 계층 도면으로 구성하고 주 도면(root)에서 발생된 캐리 값으로 처리하는 회로 구성으로 마무리 하도록 한다.

1.사용 부품	74LS86(XOR gate), 74LS08(AND gate), 74LS32(OR gate)
2.전 가산기 도면 반 가산기 도면	전 가산기 도면 : Tutorial_08_Fulladder 1단 : Halfadder_1 계층도면 만들기 2단 : Halfadder_2 계층도면 만들기 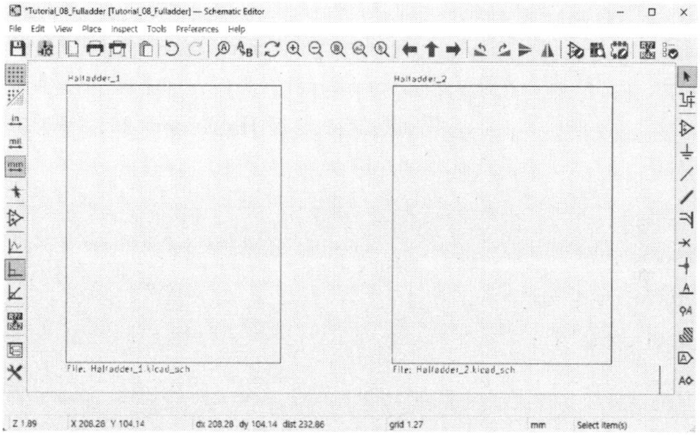
3.Halfadder_1 계층 레이블 작업	(a) 계층 도면 입력 레이블 작업 : IN_A, IN_B (b) 계층 도면 출력 레이블 작업 : SUM_AB, C1_OUT 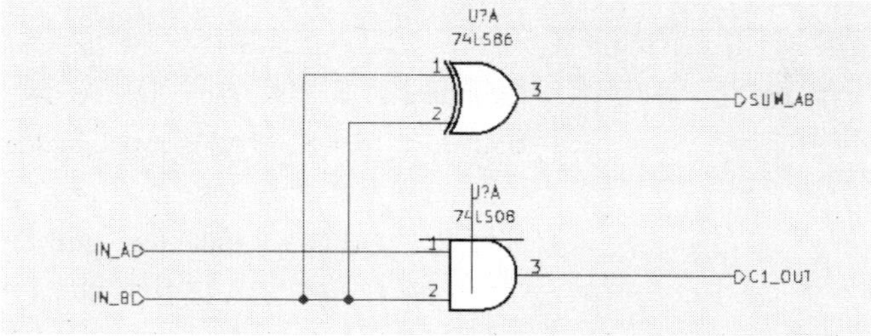
4.Halfadder_2 계층 레이블 작업	(a) 계층 도면 입력 레이블 작업 : IN_A, INB (b) 계층 도면 출력 레이블 작업 : SUM_AB, C1_OUT 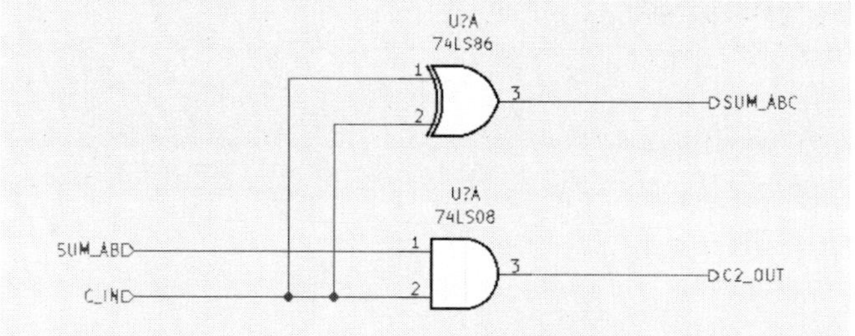

<table>
<tr><td>5.계층도면 핀 동기화
Halfadder_1
Halfadder_2</td><td>(a) Halfadder_1 계층도면에서 오른 쪽 마우스 버튼 클릭 후 팝업 창에서 도면 핀 동기화( )메뉴 선택 후 해당 핀 추가 작업 진행
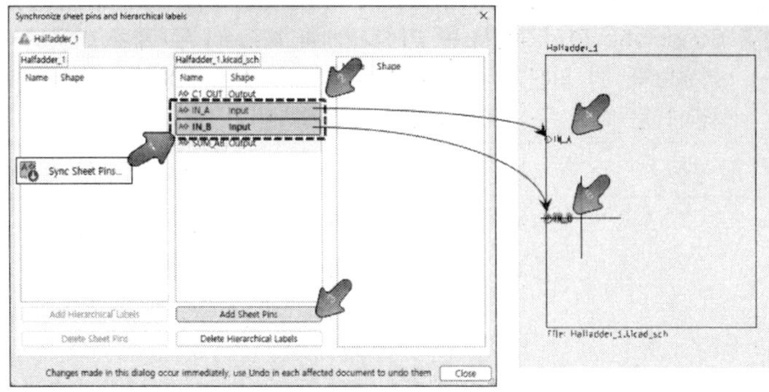</td></tr>
<tr><td>6.계층도면 핀 동기화
도면 핀 추가 결과</td><td>Halfadder_1과 Halfadder_2의 계층도면 핀을 모두 동기화 한다.
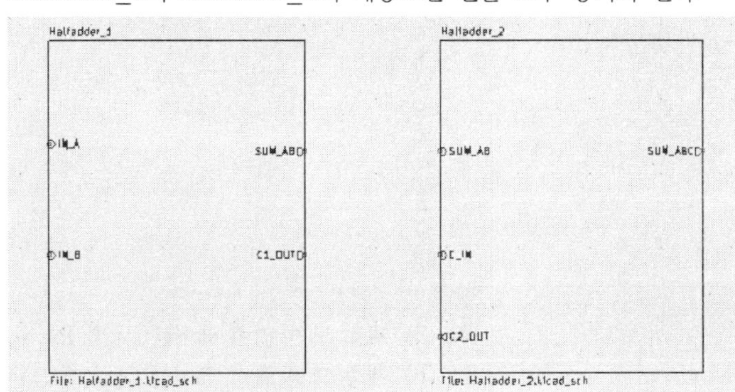</td></tr>
<tr><td>7.전 가산기 회로 작업
- 반 가산기 2개 조합
캐리 연산회로 추가</td><td>Halfadder_1의 입력 값 → IN_A, IN_B
Halfadder_1의 SUM_AB → Halfadder_2의 SUM_AB에 연결
Halfadder_2의 최종 덧셈 출력 → SUM_ABC
캐리1(C1_OUT) → Halfadder_2의 C_IN에 연결
(1단 캐리 C1_OUT).and.(2단 캐리 C2_OUT) → 최종 캐리.
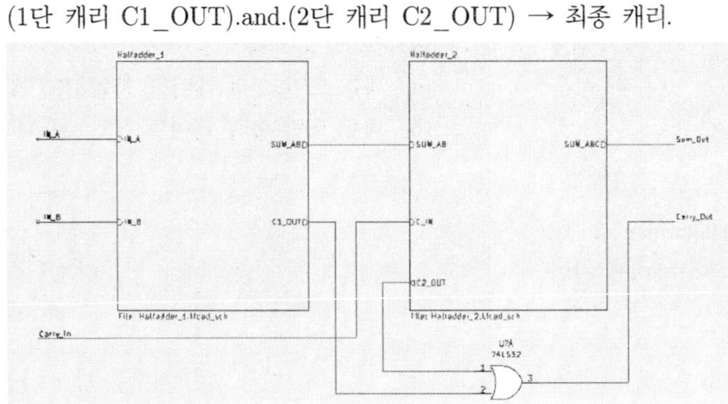</td></tr>
</table>

(2) 심볼 Annotation

Annotation 도구는 Schematic 도면 설계를 마친 후 개별 부품들의 심볼에 자동적으로 표시자(Designator)를 할당해 준다. 여러 개의 장치를 포함하고 있는 심볼에 표시자를 관리하는 경우에는 심볼의 수를 최소화하기 위해서 개별적인 접미사를 할당하는 방법을 이용한다. Annotation작업은 Schematic편집 창 위에 있는 도구모음 아이콘에서 “ ”를 선택하거나 Tools의 펼침 메뉴에서 “Annotate Schematic”으로 작업을 진행한다.

설계도면에서 사용되고 있는 각종 부품과 단자 및 기구물 등을 개별적인 표시자로 작업을 하는 과정이 Annotation이며 선택사항의 기준은 표 4.8과 같다.

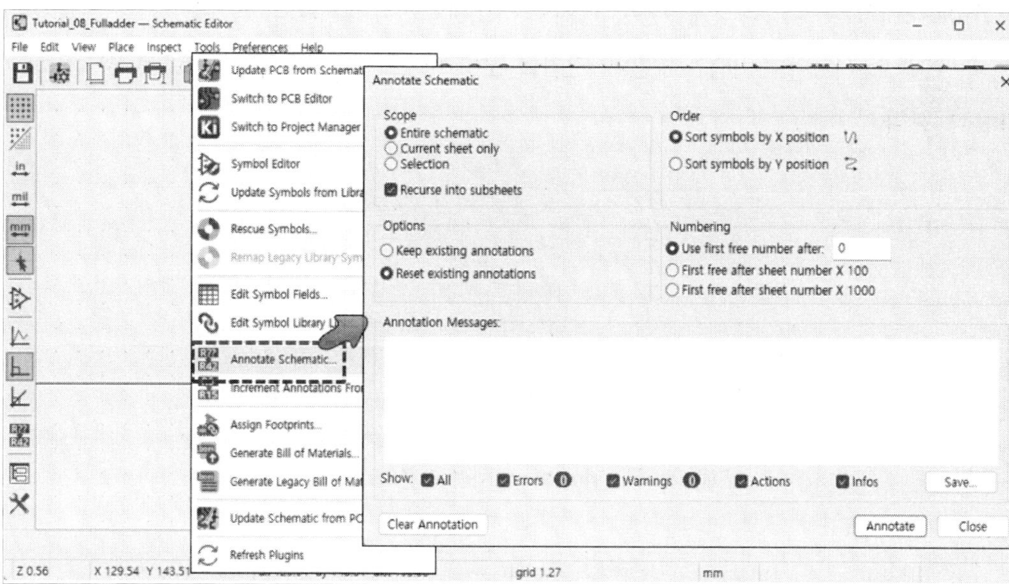

그림 4.36 Annotion 실행 메뉴와 선택 항목

표 4.9 Annotation의 선택 옵션 내용

- 도면의 모든 심볼 Annotation(기존의 Annotation옵션 초기화)
- 도면의 모든 심볼 Annotation(이전 Annotation결과 값은 유지)
- Annotation 미처리 심볼만 Annotation(미처리 심볼은 표시자 끝에 “?”가 표기)
- 전체 계층도면 Annotation(“Entire schematic”옵션 선택)
- 현재 도면 Annotation(“Current sheet only”옵션 선택)

Annotation의 순서는 계층구조의 각 도면 내에서 참조 번호를 설정하는 방법으로 특별한 경우를 제외하면 전체 프로젝트와 새로운 부품에 대한 Annotation은 자동적으로 처리가 된다. 단, 사전에 Annotation처리가 된 부품은 대상에서 제외되었을 경우이다.

- Schematic내의 표시자 번호는 1번부터 부여되며, 사전에 Annotation된 부분이 있는 경우는 사용되지 않은 낮은 번호부터 시작된다.
- 도면번호 *100의 경우 표시자의 시작번 호는 도면1에 대하여는 101부터, 도면2에 대하여는 201부터 시작한다. 만일 도면1에 부여할 동일한 표시자의 개수가 99개가 넘는 경우에는 199다음 계속 200, 201번으로 진행하며, 이 경우 도면2는 계속되는 다음 번호를 따르게 된다.

Annotation의 작업과정에 대한 예제로 74LS00과 74LS04의 심볼을 3개씩 배치를 한 후 옵션으로 X방향 " " 표시자 정렬과 Y방향" " 표시자 정렬 처리를 한 결과는 다음과 같다.

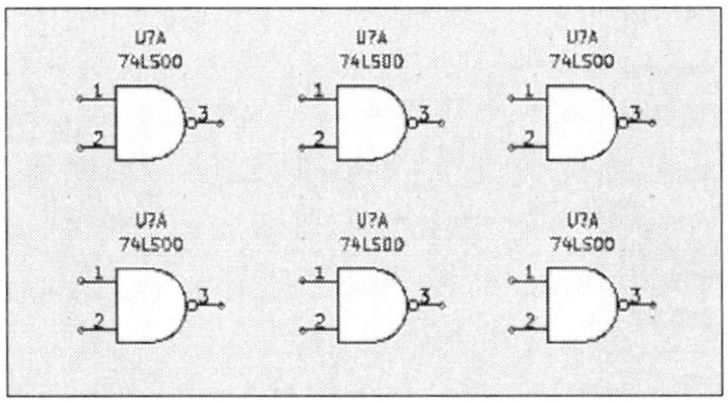

그림 4.37 Annotation 처리 이전의 74LS00

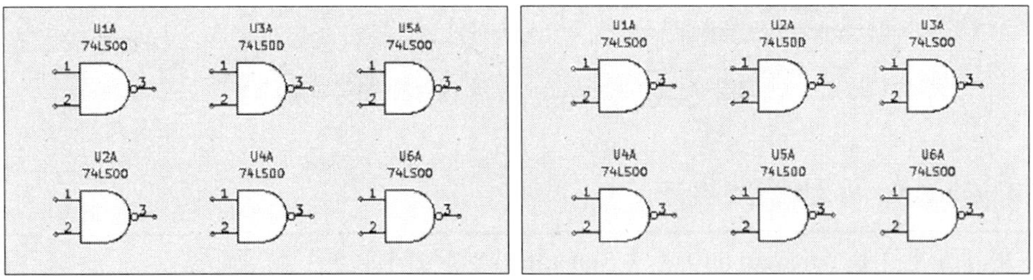

그림 4.38 Annotation 옵션 "x정렬 "과 "y정렬 " 처리 결과

오른쪽의 예는 3번째 도면을 "sheet number X 100"와 "sheet number X 1000"의 옵션으로 Annotation 작업을 진행한 결과이다.

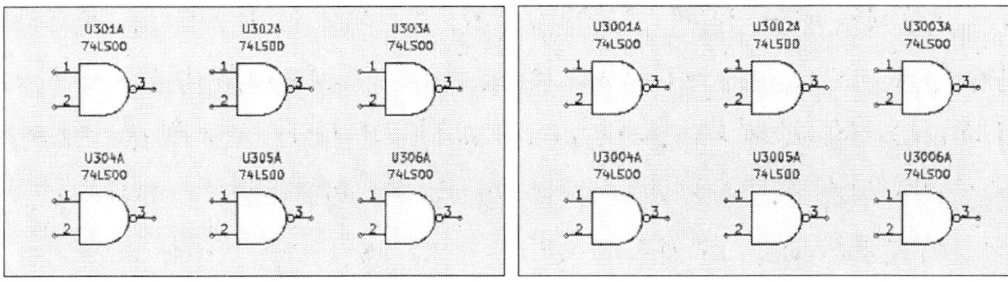

그림 4.39 Annotation의 옵션 "도면번호*100"과 "도면번호*1000"의 처리 결과

(3) 설계 도면 검사 : Electronical Rules Check

사용자가 설계한 도면의 검사는 Schematic편집 화면의 상단에 위치한 도구모음에서 아이콘" "을 이용하거나 Tools메뉴의 펼침 목록에서 "Electronical Rules Checker" 선택하여 처리할 수 있다. ERC검사는 설계한 도면에서 연결하지 않은 핀, 연결되지 않은 계층도면 심볼이나 단락되어있는 출력 상태 등을 검사하여 오류 메시지를 내보낸다. 일반적으로 검사결과에는 오류가 없으나 도면에 대한 모든 오류를 완벽하게 검사할 수 있는 소프트웨어는 없다.

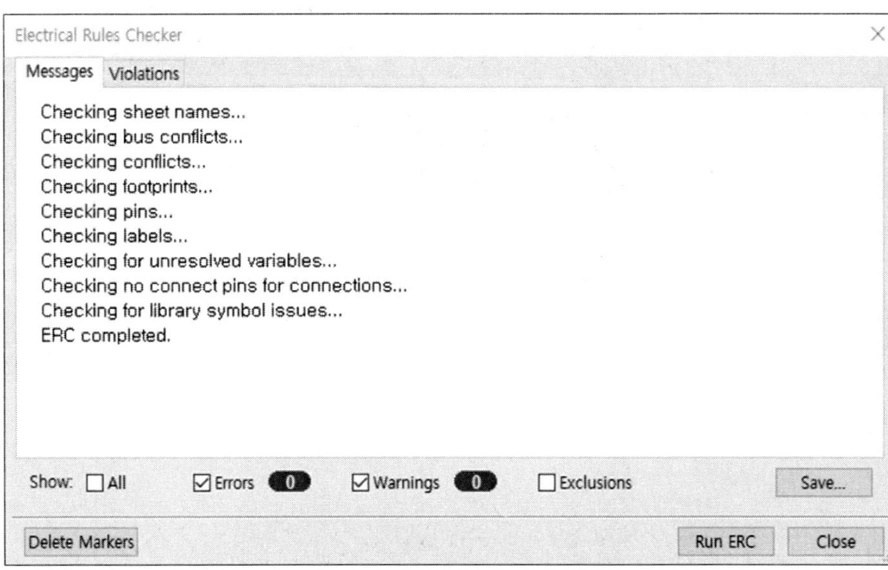

그림 4.40 ERC(Electrical Rules Checker) 실행 화면

그러나 ERC 검사는 설계자에게 미미한 오류를 찾아내거나 간과하기 쉬운 오류를

바로잡는 경우에는 매우 유용한 도구이다. ERC 검사에서 나타난 오류는 다음 작업을 진행하기 전에 반드시 바로 잡아주어야 한다. 심볼 라이브러리를 만드는 과정에서 전기적인 핀의 속성을 다루는 내용이 ERC의 품질을 결정한다. 앞 절에서 계층도면에 관한 신호선의 연결 방법에 따라 복잡한 계층 도면과 평면 계층 도면으로 구분할 수 있는 것으로 설명을 했다. 두 계층 도면의 차이점은 평면 계층 도면의 경우 전역 레이블로 신호선을 연결하고 있는 반면 복잡한 계층 도면은 계층 레이블을 사용하여 주 도면에서 이들 계층 도면 간 계층 레이블의 신호선들을 연결하고 있다. 만일 계층 도면 사이에 계층 레이블이 연결되어 있지 않은 경우 ERC 검사에서 오류로 나타난다. 그림 4.41은 평면 계층 도면 내부의 전역 레이블 중 하나를 계층 레이블로 변경한 후 계층 도면 사이에 신호선을 연결하지 않았을 경우 발생한 ERC 오류이다.

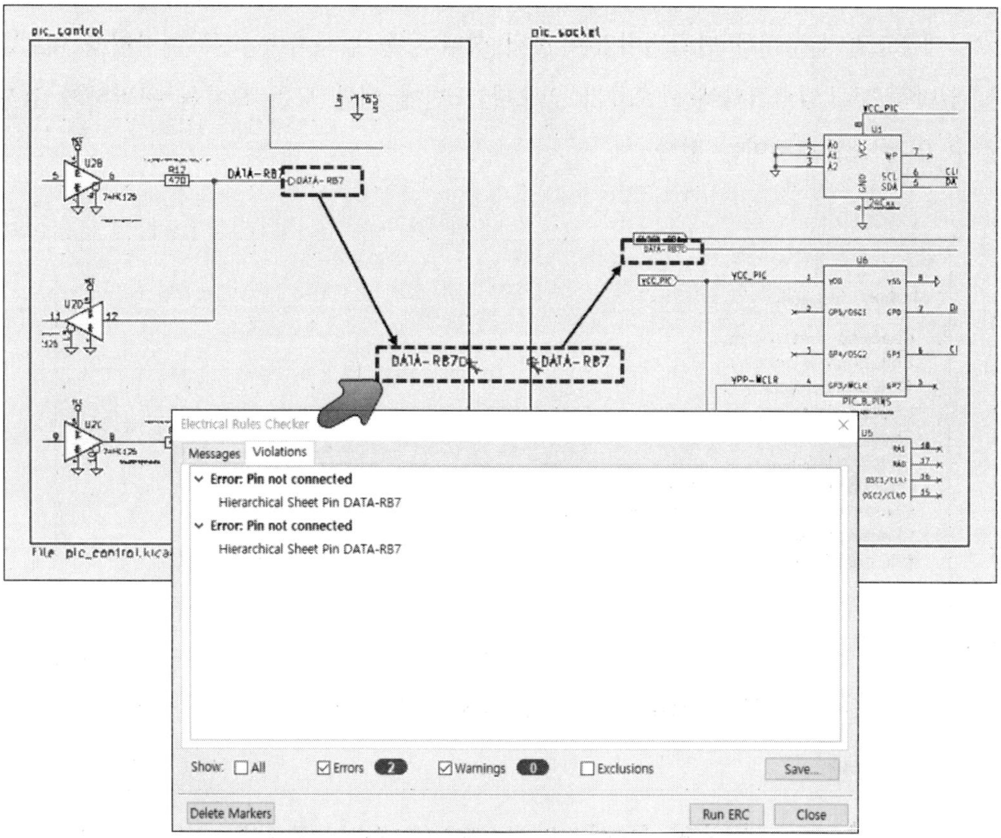

그림 4.41 부도면 간 계층 레이블이 미연결 상태에서 ERC검사 결과

ERC 검사 결과는 ‘Errors’와 ‘Warnings’에 해당하는 내용이 팝업 창에 표시되며 발생 건수는 창 아래에 숫자로 표시된다. 이때 팝업 창에 나타난 오류 메시지를 클릭하면 도면에서 오류가 발생한 위치로 커서가 이동하기 때문에 쉽게 오류 위치를 찾아갈 수 있다. 모든 오류를 찾아서 정정을 한 이후에 ERC 검사를 위해서 이전에 발생한 오류 “마크표시()”를 지워야 하는 데 이러한 작업은 팝업 창 좌측 아래쪽에 위치한 “Delete Markers” 버튼을 이용하면 된다. 다음 예는 74LS00의 배선에서 나타난 오류가 ERC 검사를 통해서 화살표 “”로 표시가 된 결과를 나타내며 오류에 대한 내용은 상태 창에 목록 형태로 표시된다. 이때 오류 항목을 마우스로 선택하면 커서의 위치는 도면 위의 오류 발생 지점으로 이동한다. ERC 팝업 창을 닫은 이후에도 도면위의 오류 화살표 “”는 그대로 표시되며 화살표를 마우스로 선택하면 창 하단에서 오류에 대한 상세한 내용을 확인 할 수 있다.

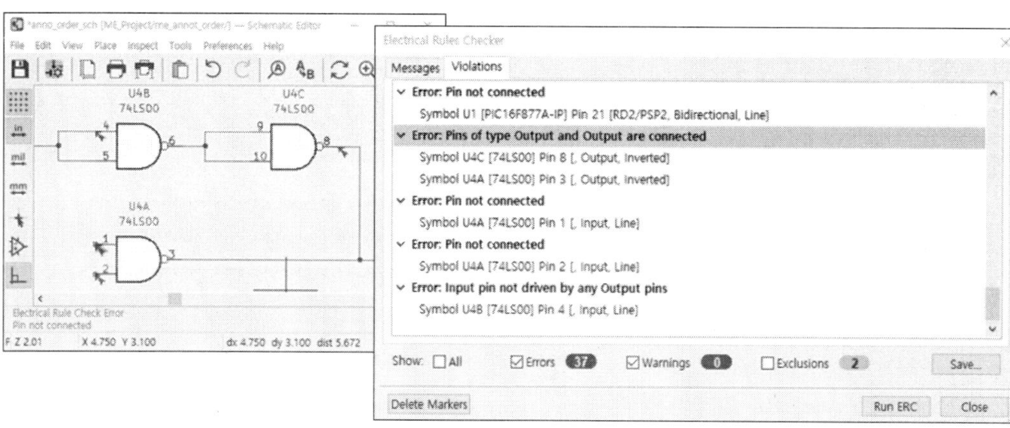

그림 4.42 74LS00 게이트 배선 오류 및 ERC 검사 결과

설계한 도면에 오류가 없는 것으로 확인되었어도 전원 핀에 대하여 오류나 경고 메시지가 나타나는데 이것은 대부분의 설계 도면에서 전원은 커넥터에 의해서 공급되는 것으로 나타나는데 이러한 커넥터는 전원 소스가 아니기 때문이다. 이 경우 ERC 검사에서는 이러한 배선을 제어하는 전원 출력 핀을 찾지 못하고 이 배선은 전원 소스에 의해서 구동되지 않는 것으로 판단하게 된다. 이러한 문제점을 해결하기 위해서 전원 포트를 나타내는 “PWR_FLAG”를 이러한 곳에 배치하여 오류를 방지할 수 있다. 따라서 이러한 “PWR_FLAG”는 접지를 나타내는 GND에 연결해 주도록 한다.

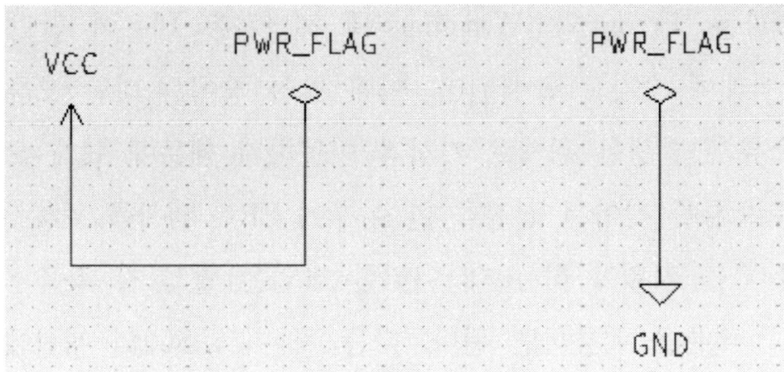

그림 4.43 VCC와 GND에 PWR_FLAG 연결

앞서 작업한 ERC 검사 결과는 실시간 검사창이나 편집 창 하단에서 확인할 수 있으며 검사창 우측 하단부의 저장 버튼을 이용하여 검사 결과를 파일의 형태로 저장할 수도 있다. ERC 검사 리포트 파일의 확장자는 "*.rpt"로 저장되며 파일의 세부 내용은 검사 창에서 설명하고 있는 내용이다.

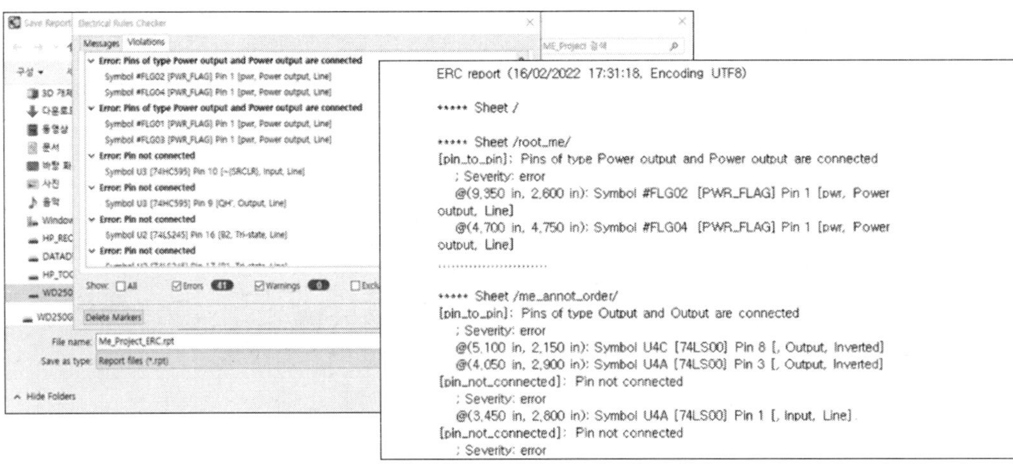

그림 4.44 ERC 검사와 결과에 대한 리포트 파일

(4) Schematic과 PCB 교차갱신

KiCad 버전 5 이전에는 Eeschema와 Pcbnew 사이에는 Netlist의 처리 과정이 준비되어 있었고 이전 버전에서는 사용자가 Schematic 작업을 수정할 때마다 수작업으로 새로운 Netlist를 만들어 준 결과를 Pcbnew에서 읽어 들이는 과정이 필요했다. 그러나 버전 6이상부터는 Schematic 편집과 PCB 작업의 편의성을 위하여 Netlist를 만들어주는 단계가 내부적으로 처리되도록 하여 Schematic에서 곧바로 PCB 단계로 작업의 진행이 유연하게 이어지게 되었다. 아래 그림은 Quad8 증폭 모듈에 대한 디스크리트 Schematic 도면에서 Netlist 만들기 작업이 없이 곧바로 PCB 설계 단계로 넘어간 PCB 편집 화면이다. 간단하게 Edge Cut으로 보드 외곽선을 그려준 다음 아이콘 “ ”를 이용하여 Schematic 도면 내용을 PCB 편집 창으로 업데이트 해주면 부품 간 신호 정보가 네트로 연결되어 있는 ratnest 형태의 부품 뭉치로 나타나며 PCB작업 중에도 Schematic 도면의 내용이 수정되는 경우 업데이트 메뉴를 이용하여 변경된 내용을 PCB의 Net 정보에 업데이트가 가능하다.

Schematic과 PCB 사이에 교차 지원되는 또 다른 기능으로는 대화식 삭제도구가 있다. 이것은 편집 메뉴에서 확인할 수 있는데 키보드의 단축키나 상단에 위치한 도구 메뉴를 이용하는 것이 편리하다.

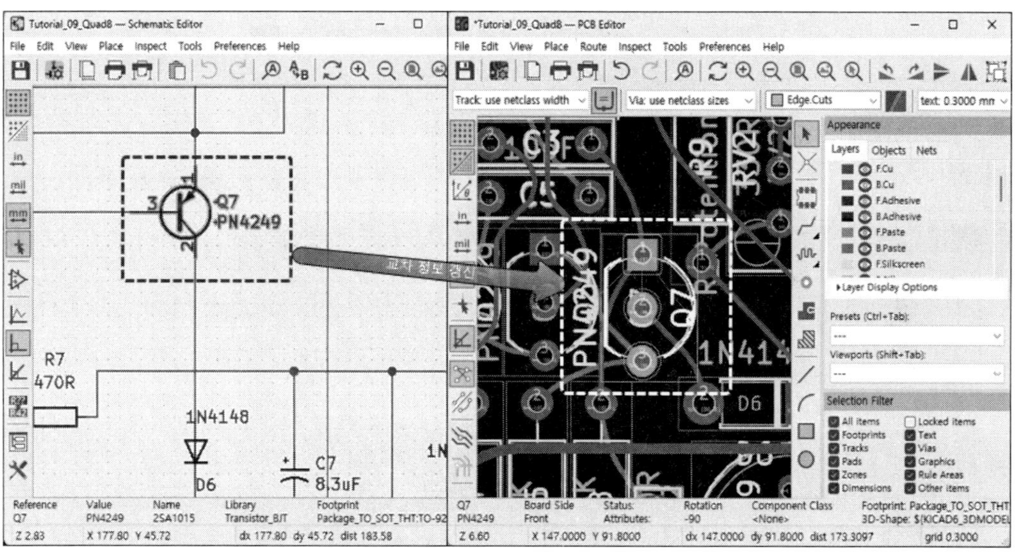

그림 4.45 Schematic과 PCB 편집기 사이에서 부품간 교차 정보 갱신

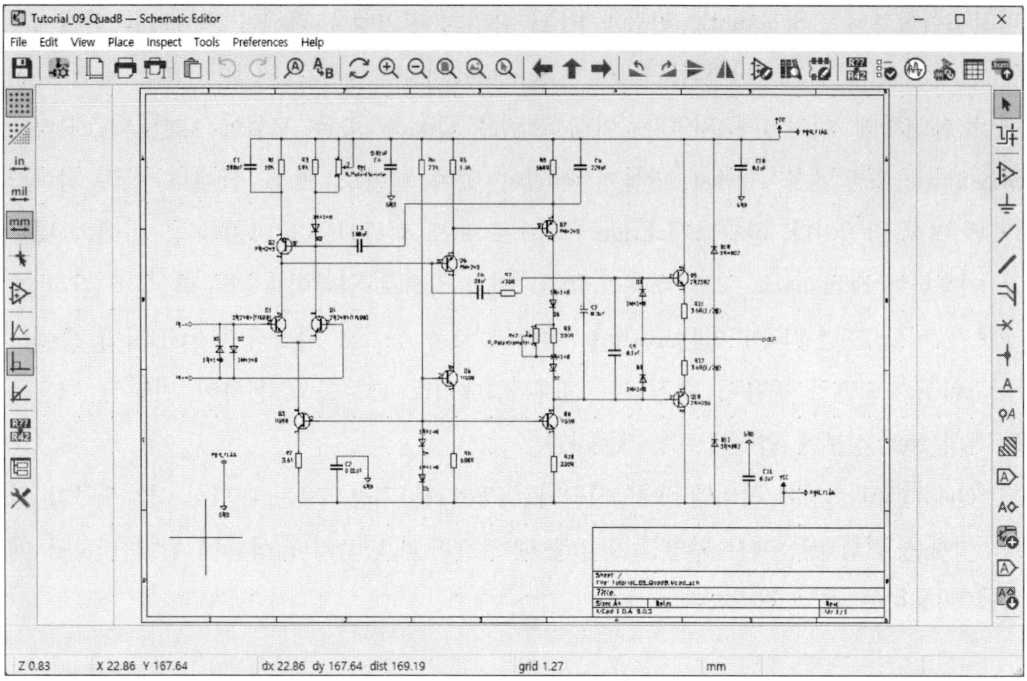

그림 4.46 Quad8에 대하여 완성된 Schematic 도면

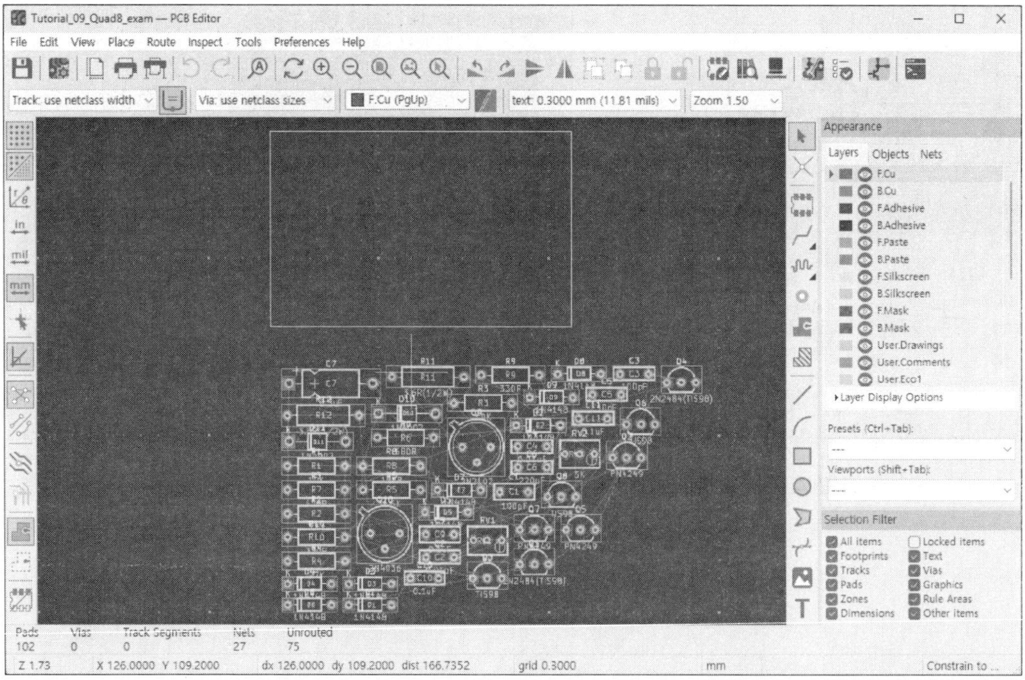

그림 4.47 PCB 편집 창에 나타난 Quad8의 Net정보

Schematic과 PCB 편집기의 "편집(Edit)" 메뉴 중 "Interactive Delete Tool"를 선택하면 지우개 모양의 커서가 나타나며 이 때 커서의 위치를 삭제하고자 하는 항목(부품, 배선, 텍스트등..) 위로 이동을 하면 커서 아래의 항목은 밝은 색으로 변경되며 삭제 대상 위에서 마우스를 클릭하면 삭제가 된다.

이전 버전에서처럼 Netlist 작업을 하고 싶은 경우에는 다음 그림과 같이 File 메뉴에서 Export 항목의 Netlist를 선택하면 된다. 대부분의 경우 Schematic 도면을 수정한 다음 Netlist를 새로 만든 다음에 PCB를 수정하게 되는데 버전 6이상부터는 Netlist를 만드는 과정이 생략되어 사용자의 편의성이 한층 개선된 것을 알 수 있다.

수작업으로 Netlist 파일을 만들기 위한 팝업 메뉴에는 KiCad, OrcadPCB2, Cadstar와 Spice와 같은 다양한 포맷을 지원하고 있다. Spice 포맷에서는 사용자가 읽기 편한 가독성이 높은 네트 이름을 사용하거나, 구 버전의 Spice에서 사용하는 네트 번호를 이용해서 Netlist를 만들어 준다. 파일 메뉴에서 Export 항목의 Netlist를 실행하면 다음과 같은 팝업 창에서 원하는 파일의 형식을 선택할 수 있다.

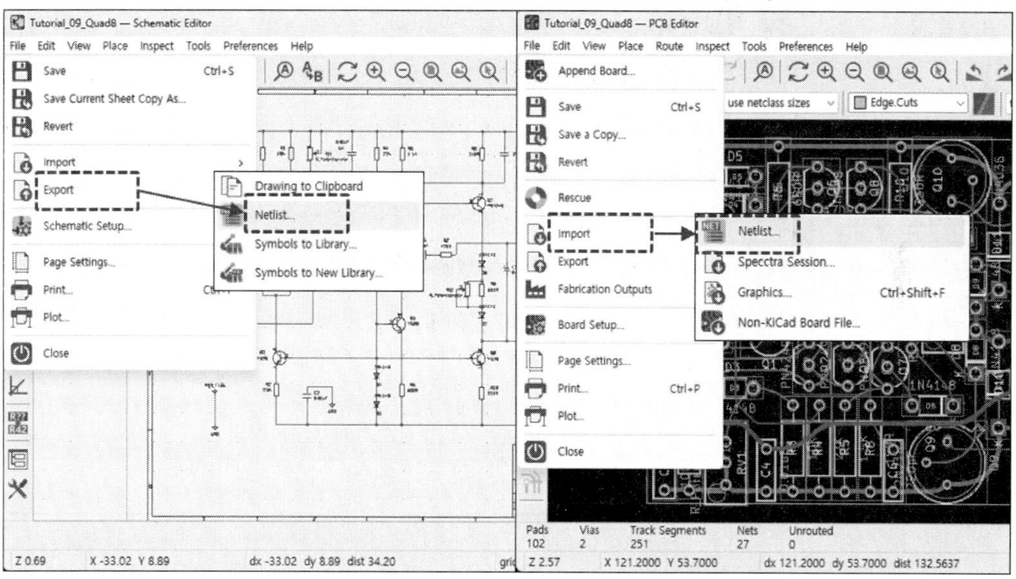

그림 4.48 Netlist를 도면 파일메뉴에서 내보내기와 PCB 파일메뉴에서 가져오기

4.5 심볼 라이브러리 편집기( )

심볼은 그래픽 형태로 표현되는 Schematic 도면을 구성하는 부품의 요소로 전기적 연결 관계와 심볼의 세부 내용을 정의하고 있는 여러 개의 필드에 관련된 내용을 기술하고 있는데 이러한 심볼들은 지정한 경로에 심볼 라이브러리로 저장되어 있다. Schematic에서는 라이브러리를 새롭게 만들거나, 기존 심볼에 내용을 추가하거나 삭제하는 방식으로 편집하기, 라이브러리 내에서 심볼을 다른 것으로 치환하기, 심볼을 외부로 파일 형태로 보내기, 외부 파일로부터 심볼을 가져오기등과 같은 편집 작업이 가능하다. 이러한 작업의 편의를 위하여 KiCad에 메뉴에는 “심볼 라이브러리 편집 도구”를 제공하고 있다. 심볼 라이브러리는 하나 이상의 심볼로 구성되어 있으며 논리적으로는 기능, 형식, 생산자등의 내용을 포함하고 있는데 상세한 포함 내용은 다음과 같다.

표 4.10 심볼 라이브러리 요약

그래픽 요소	심볼 정의내용(선, 원, 호, 텍스트등,..)
핀	ERC 검사 필요한 그래픽 속성(선, 클럭, 반전, 저 수준 구동,..)과 전기 속성 신호(입력, 출력, 양방향)
필드	PCB 설계를 위한 Footprint이름, 참조번호, 부품 값
공통 심볼 별명	7400소자의 유형인 74LS00, 74HC00, 7437등은 동일 심볼을 공유
심볼	유니트 수를 정의 / 드모르강 표현방식 정의
핀 추가	그래픽구성 요소, 명칭, 개수와 전기적 속성(입출력,전원포트등) 추가
별명 추가	심볼이 동일한 설계방식과 핀 출력을 갖는 경우
옵션필드 추가	PCB에서 사용되는 Footprint와 보기/감추기에 대한 정의
주석작업	설명 문장 추가와 해당 부품과 관련된 데이터 시트 연결

심볼 라이브러리 편집기에서 74LS00 심볼을 불러들인 편집 창은 다음 그림과 같이 편집 창의 좌측과 우측 그리고 상단에 빠른 처리를 위한 단축 아이콘에 해당하는 도구 모음이 위치하고 있고, 가운데 부분에는 심볼을 편집하기 위한 창으로 구성되어 있다. 단축 아이콘의 형태는 작업 내용과 처리되는 상황에 따라 사용 가능 상태로 활성화된다.

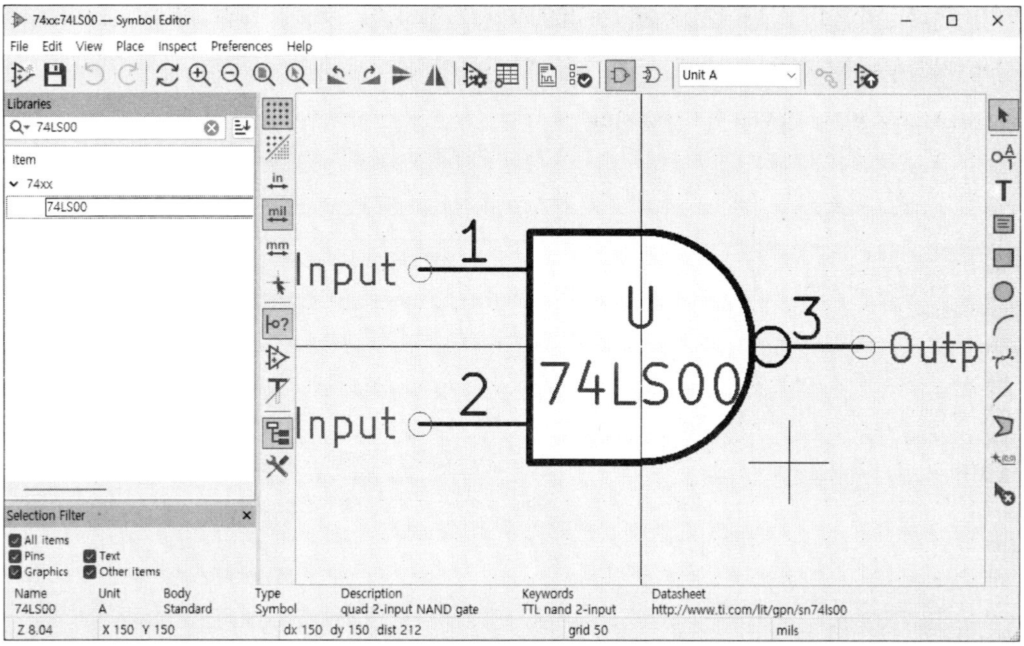

그림 4.49 심볼 라이브러리 편집기 창

(1) 심볼 라이브러리 편집기 메뉴

KiCad 구 버전의 경우 편집 창 상단에 모여 있던 단축 아이콘의 기능이 새로운 버전 업이 되면서 구성 내용이 전체적으로 재배치되어 상단 도구모음 아이콘은 아래 그림과 같이 한 층 간결해졌다.

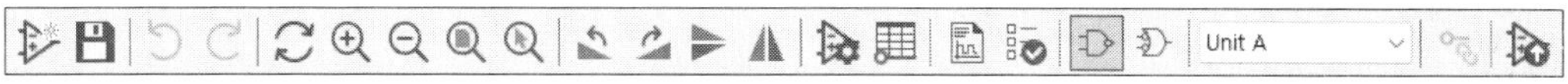

그림 4.50 상단 도구 모임 아이콘 구성

도구 모음 중에서 기존의 라이브러리 불러오기, 불러온 라이브러리를 이용하여 새로운 심볼을 만들기, 메모리 내에서 작업한 심볼을 저장하기와 같은 아이콘의 일부 내용은 내부 메뉴항목으로 이동되었다. 메뉴의 내용은 표 4.11을 참고하도록 하자.

심볼 라이브러리 편집과 갱신등 유지관리를 위한 도구 메뉴와 단축 아이콘의 의미는 아래의 표에 요약 정리된 내용을 참조해서 편집 작업의 효율을 높여보도록 하자. 사용 가능한 라이브러리에서 필요한 항목을 선택해서 불러오기를 한 것은 현재의 라이브러리가 된다. 이러한 상황에서 심볼 불러오기와 저장하기를 하게 되면 현재의 라이브러리에 저장된다는 점을 기억해 두자. 이 때 심볼의 라이브러리 이름은 심볼의 부품 값을 나타내는 필드 내용으로 정해진다.

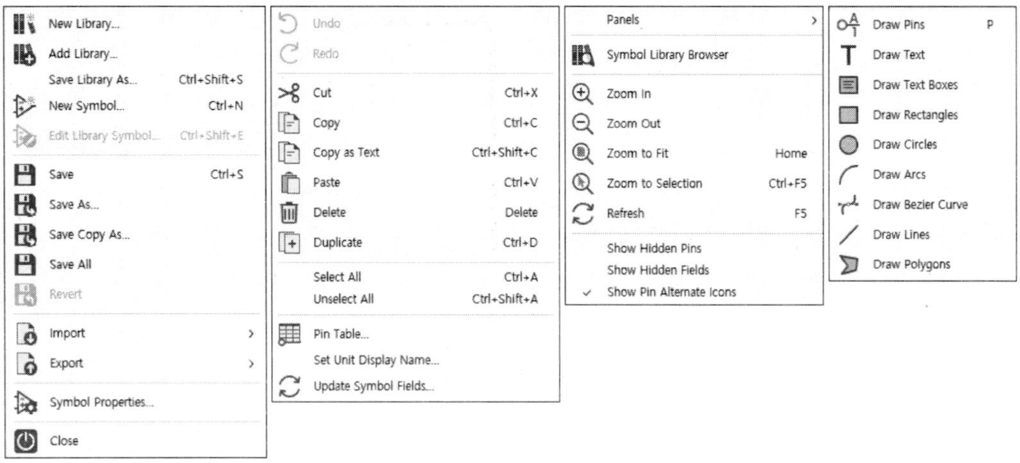

그림 4.51 편집기의 File, Edit, View, Place에 대한 펼침 메뉴

표 4.11 편집기의 File에 대한 펼침 메뉴 기능

	현재 심볼을 포함한 새로운 라이브러리 만들기	
	현재 심볼을 라이브러리에 추가하기(Global, Project중 선택)	
	새로운 심볼 만들기	Ctrl+N
	라이브러리 심볼 편집하기	Ctrl+Shift+E
	현재 심볼 저장하기	
	현재 심볼을 다른 이름으로 저장하기	
	현재 작업 중인 모든 내용 저장하기	
	파일로부터 하나의 심볼 가져오기	
	심볼 가져오기( ) / 그래픽 가져오기(: Ctrl+Shift+F) NEW	
	현재 심볼을 파일로 내보내기(Symbol: , PNG: , SVG:)	
	현재의 심볼에 대한 속성 편집하기	

표 4.12 편집기의 Edit에 대한 펼침 메뉴 기능

	마지막 편집내용으로 원위치하기	Ctrl+Z
	마지막 편집내용을 다시 실행하기	Ctrl+Y
	잘라내기	Ctrl+X
	복사하기	Ctrl+C
	텍스트로 복사하기	Ctrl+Shift+C
	붙이기	Ctrl+V
	삭제하기	Delete
	복제하기	Ctrl+D
	핀을 편집하기 위하여 핀에 대한 정보를 표로 보기	
	심볼의 필드 내용을 갱신하기	

표 4.13 편집기의 View에 대한 펼침 메뉴 기능

	심볼 라이브러리 탐색하기	
	심볼 확대해서 보기	
	심볼 축소해서 보기	
	심볼 화면크기에 맞춰서 보기	Home
	선택부분 확대해서 보기	Ctrl+F5
	화면 다시보기	F5

표 4.14 편집기의 Place에 대한 펼침 메뉴 기능

	핀 편집도구: 왼쪽 마우스 클릭으로 새로운 핀 추가	P
	현재 심볼의 필드 내용 편집하기	
	텍스트 박스 그리기: 시작점과 끝점에서 왼쪽 마우스 클릭	
	사각형 그리기 도구: 시작점과 끝점에서 왼쪽 마우스 클릭	
	원 그리기 도구: 원점과 반지름 끝점에서 왼쪽 마우스 클릭	
	1/4 원호 그리기 도구: 시작점과 끝점에서 왼쪽 마우스 클릭	

	베지어 곡선 그리기 : 시작점과 끝점 클릭 후 중간 곡선 늘리기	
	선 그리기	
	다각형 그리기	

표 4.15 편집기 왼쪽의 도구 아이콘 기능

	편집 창에 도트 그리드 혹은 선으로 표시하기	
	단일 / 다중 그리드 전환하기	Ctrl+Shift+G
	Inch 단위 그리드 간격 설정하기	
	Mil 단위 그리드 간격 설정하기	
	Millimeter 단위 그리드 간격 설정하기	
	십자커서 전체화면 크기와 표준크기 사이에 기능 전환	
	심볼의 전기적 특성 보이기/감추기 전환하기	
	심볼 핀의 보이기/감추기 전환하기	
	심볼의 감춰진 필드 보이기/감추기 전환하기	
	라이브러리 탐색 창 보이기/감추기 전환하기	
	심볼의 속성 창 보이기/감추기 전환하기	

심볼은 불러온 라이브러리 내부의 심볼로서 직접 편집의 대상이 되는 것이 아니라 컴퓨터 내부 메모리에 복사본의 형태로 존재하면서 편집 작업을 진행하기 때문에 문제가 발생하는 경우에도 손쉽게 되돌리기가 가능하다. 편집하고자 하는 심볼은 라이브러리 탐색 아이콘( )으로 미니 라이브러리 창에서 심볼을 선택하는 방법으로 불러오기가 이루어진다.

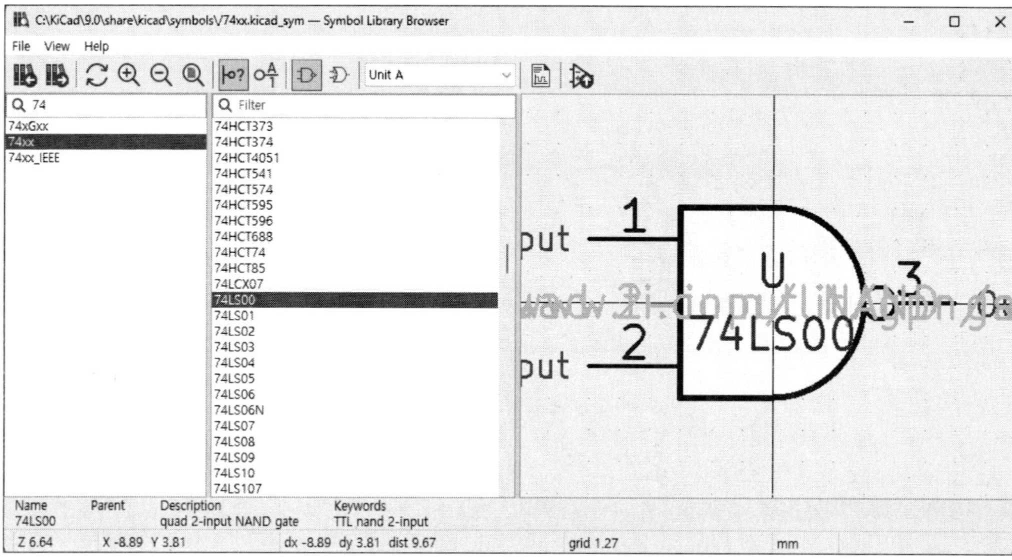

그림 4.52 심볼 라이브러리 탐색 창

탐색 창 상단에 위치한 아이콘 " ", " "는 현재 선택된 심볼을 기준으로 순방향과 역방향 탐색을 한다. 불러 온 심볼을 수정한 이후에는 현재의 라이브러리에 저장할 수도 있고 새로운 라이브러리로 저장할 수도 있다. 또한 추가적으로 백업파일 형태로 내보내기도 가능하다.

심볼의 편집 작업을 하는 경우 편집된 심볼은 기존 라이브러리에 존재하는 심볼의 복사본에 대하여 작업을 진행한 것이기 때문에 편집된 내용을 버리면 편집되지 않은 원본의 심볼을 가져오는 것이 가능하다. 즉 복사본이 존재하는 메모리내의 심볼을 편집하고 갱신을 했다하더라도 최종적으로 해당 라이브러리에 저장하지 않고 작업을 종료하는 경우에는 기존의 원본 심볼의 불러오기가 가능하다.

(2) 새로운 라이브러리 심볼 만들기

앞에서 설명한 것처럼 편집 창 상단의 도구 모음에서 새로운 심볼 만들기 아이콘( )을 선택(이때는 만들고자 하는 라이브러리 목록 중 하나를 선택해야 함) 하거나 파일 메뉴에서 "New Symbol(N)"를 실행하면 다음과 같이 심볼 만들기와 관련된 편집 창이 나타난다. 이곳 창에 표시된 내용은 Schematic 편집 창에서 부품 값 필드에 지정된 값으로 심볼의 기본 이름이 정해지며 필요에 따라서 원하는 이름으로 변경해 준다.

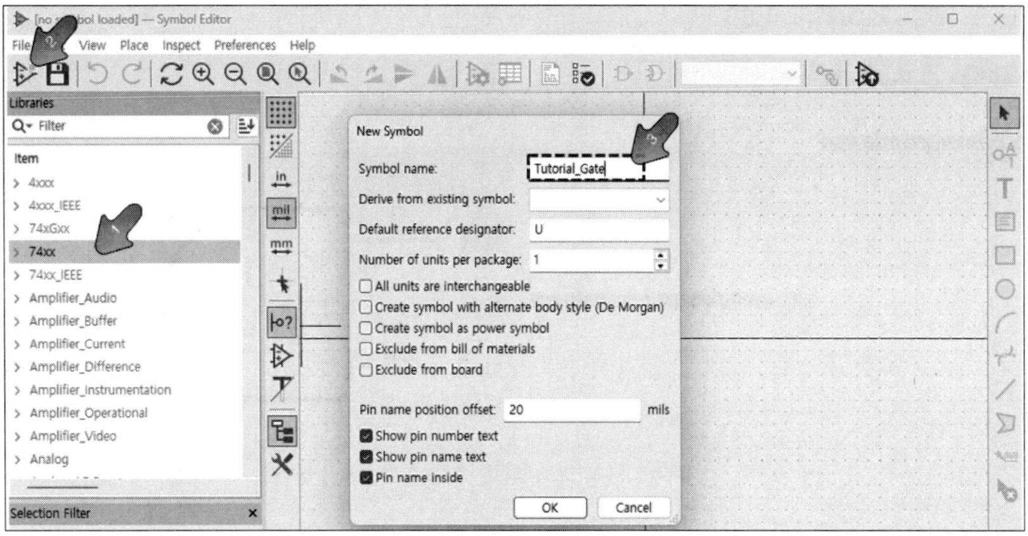

그림 4.53 새로운 심볼 만들기 이름, 참조 표시자, 유닛 개수등 설정

그림 4.54 새로운 심볼 등록 및 편집 창의 심볼 참조 표시자

그 밖에 "U, IC, R.."과 같은 참조 표시자, 패키지당 유닛의 수(예를 들면 7400의 경우는 4개의 유닛으로 만들어 진다.), 심볼 몸체는 필요에 따라 "드모르강"규칙을 준수하는 형태를 따르고, 참조 표시자 항목이 빈칸으로 되어 있는 경우에는 기본 값인 "U?"의 표기 방식을 따른다. 이러한 속성들은 나중에도 변경할 수 있으나 심볼을 작성하는 초기에 정해주는 것이 좋다. 다음 그림과 같이 심볼 이름과 나머지 속성은 기본 값으로 했

을 때 심볼 편집 창은 다음 그림과 같이 나타난다. 새롭게 처음부터 심볼을 작성하는 과정보다 작성하고자 하는 심볼과 유사한 심볼이 라이브러리에 존재하는 경우에는 이러한 심볼을 불러오기를 한 다음 필요한 내용을 수정 및 편집해서 사용하는 것이 편리하다. 다음 과정은 라이브러리에서 심볼을 불러와 수정 작업을 완료한 후 저장하는 과정이다.

심볼 편집을 위해서 시작 좌표 위치에 심볼 가져오기를 한 다음 개별적으로 Reference, Name, Datasheet 항목을 선택하여 수정하는 방법을 이용하거나 또는 라이브러리 속성 창에서 이와 같은 필드의 내용을 하나씩 수정해 주는 방법이 있다. 심볼이 별명을 가지고 있는 경우에는 현재 라이브러리의 내용과 충돌이 발생하기 때문에 새로운 심볼에 대해서는 별명을 제거하도록 한다. 마지막으로 라이브러리에서 가져온 기존의 심볼에 대하여 이름, 부품 값 등의 내용을 수정하고 작업을 완료하면 된다. 이 경우 수정된 새로운 심볼은 현재 라이브러리에 갱신시키는 방법이 있고, 새로운 라이브러리로 저장하는 방법이 있다. 또한 현재의 라이브러리가 아닌 다른 라이브러리를 선택한 다음 지금 작업한 새로운 심볼을 이곳에 저장하는 것도 가능하다.

심볼의 속성은 심볼을 만들어가는 중이거나 복사한 심볼로부터 속성을 물려받는 경우에도 설정 내용을 수정할 때는 주의를 기울여야 한다. 심볼의 속성을 수정하기 위해서는 심볼 편집기의 File 메뉴에서 "Symbol Properties"를 선택하거나 상단의 도구모음에서 단축 아이콘 " "를 실행시키면 아래와 같은 라이브러리 심볼 속성 창이 나타난다. 불러오기를 한 "74LS00"을 "74LT00"으로 이름을 변경하여 저장한 경우에는 심볼 라이브러리 편집 창의 상단 메뉴에서 심볼 속성 아이콘( )을 실행하면 다음 그림과 같이 속성 창에서 Value 필드 이름이 변경된 것을 확인할 수 있다. Footprint는 아직 할당되어 있지 않고 참조 이름 "U"와 데이터 시트는 이전 심볼 값이 그대로 승계되어 있는 것을 확인할 수 있다.

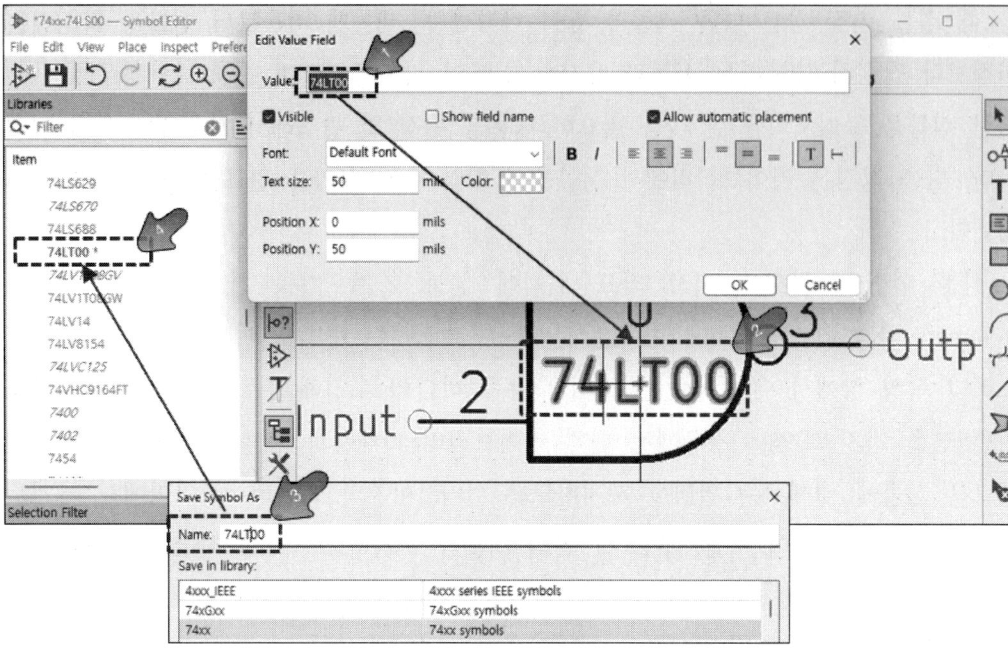

그림 4.55 기존 라이브러리에 새로운 심볼 74LT00을 등록

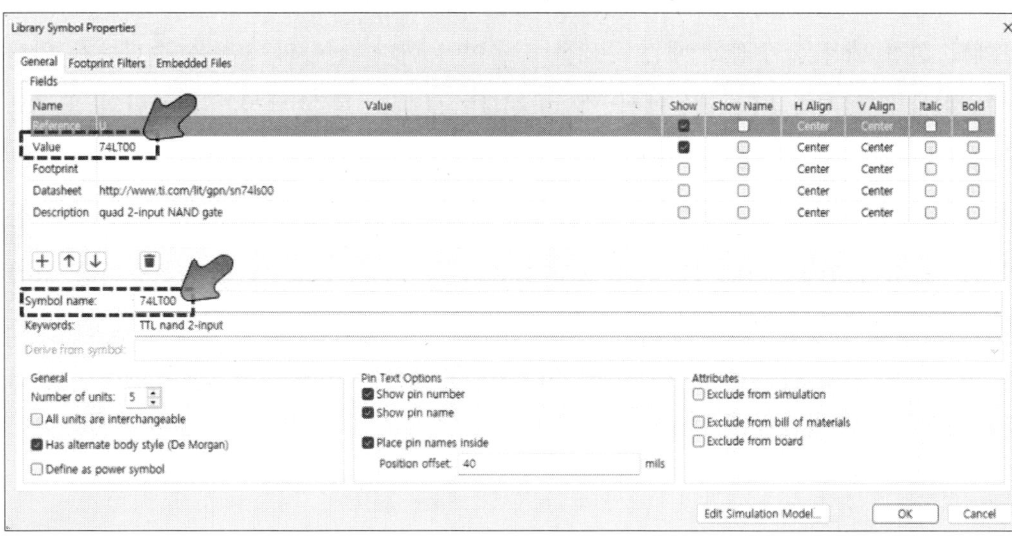

그림 4.56 라이브러리 심볼 속성 창

창의 좌측 아래쪽에는 심볼에 대한 선택 항목을 체크하도록 되어 있는데 드모르간 규칙에 따라 심볼의 형태가 상호 전환 가능하도록 선택되어 있다. 즉, 게이트 심볼 “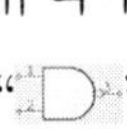”는 게이트 심볼“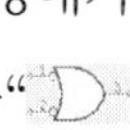”과 드모르간 규칙에 따라서 논리적 호환성을 갖는다. 아

래 쪽에는 새로운 게이트 심볼의 유니트가 패키지당 몇 개로 구성이 되는지를 정해주는 내용으로 그림에서는 5로 입력이 되어 있다. 만일 핀의 작성과 편집 이후에 패키지당 유니트의 수가 변경이 되면 새로운 유니트에 대한 핀과 심볼을 추가하는 작업이 필요하다. 우측에 있는 "Pin Text Options"의 옵션 내용은 핀의 이름과 핀의 숫자가 "감추기/보이기" 기능을 갖도록 선택하는 옵션이다. 그리고 아래에 위치한 "Place pin names inside" 옵션을 체크하였을 때는 다음 그림과 같이 핀 위에 배치되었던 이름이 부품의 내부 핀 위치로 배치가 되는 것을 확인할 수 있다.

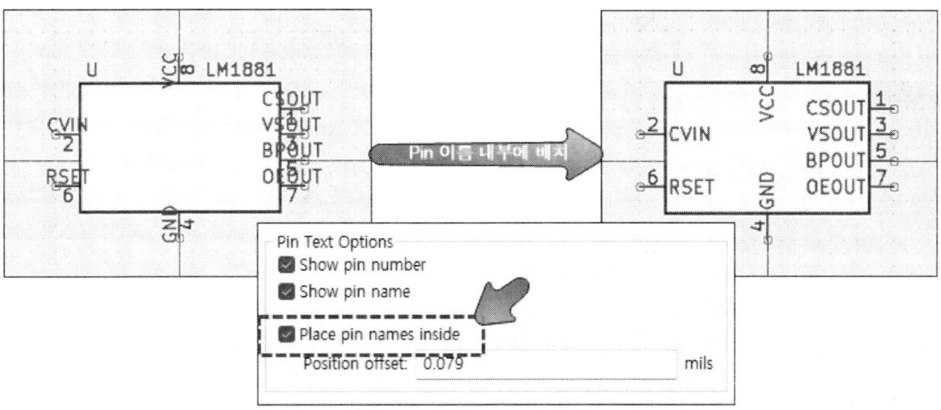

그림 4.57 핀의 이름을 부품 내부에 배치한 결과

심볼을 만드는 그래픽 요소에는 전기적인 연결 정보를 가지고 있지 않다. 실제로 심볼을 설계하는 도구는 심볼 편집 창의 오른쪽에 수직 배열되어 있으며 처리 내용은 표 4.14의 내용을 참고하도록 하자.

심볼을 만들어내는 이와 같은 그래픽 구성 요소들은 모든 장치나 몸체의 형태에 공통적 사항으로 정의되기도 하고 특정 장치나 몸체의 형태에 개별적으로 정의되기도 한다. 이들 그래픽 구성 요소는 오른쪽 마우스 버튼을 클릭하는 순간 나타난 팝업 메뉴 창에서 원하는 작업을 선택적으로 수행할 수 있다.

다음 그림은 74LT00의 그래픽 선을 대상으로 오른쪽 마우스 버튼을 이용하여 나타난 팝업 메뉴이다. 이곳 메뉴를 이용하면 대상이 되는 구성 요소를 좌회전, 우회전, 상/하 반전, 좌/우 반전 및 각종 복사 관련 명령등을 수행할 수 있다.

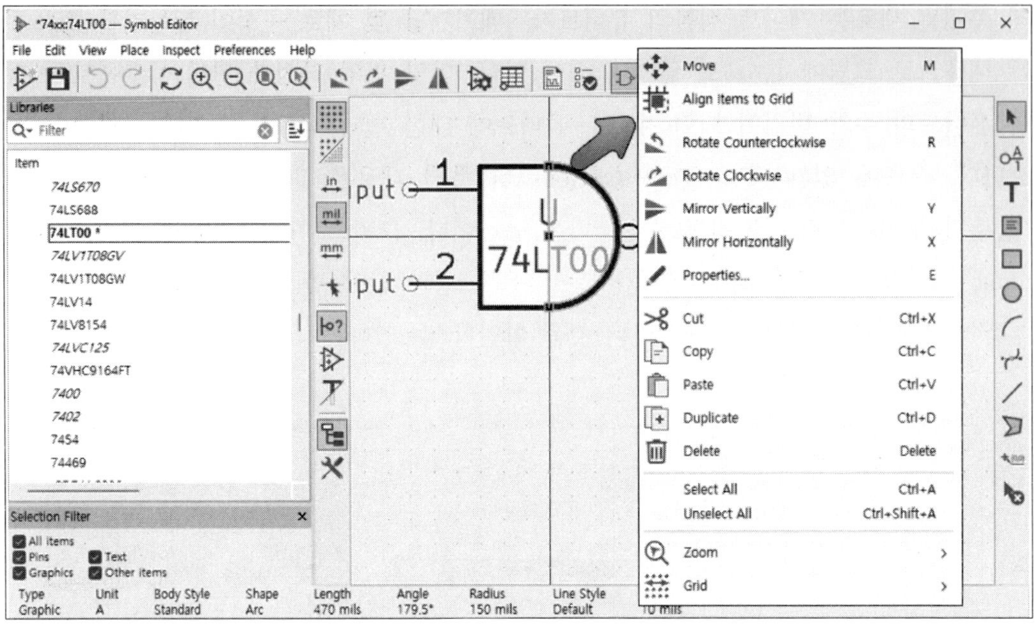

그림 4.58 심볼 그래픽 구성 요소 편집 창

심볼을 구성하는 그래픽 요소의 속성을 조정하려면 마우스로 더블-클릭하여 다음과 같은 다각형 그리기 속성 창을 불러온다.

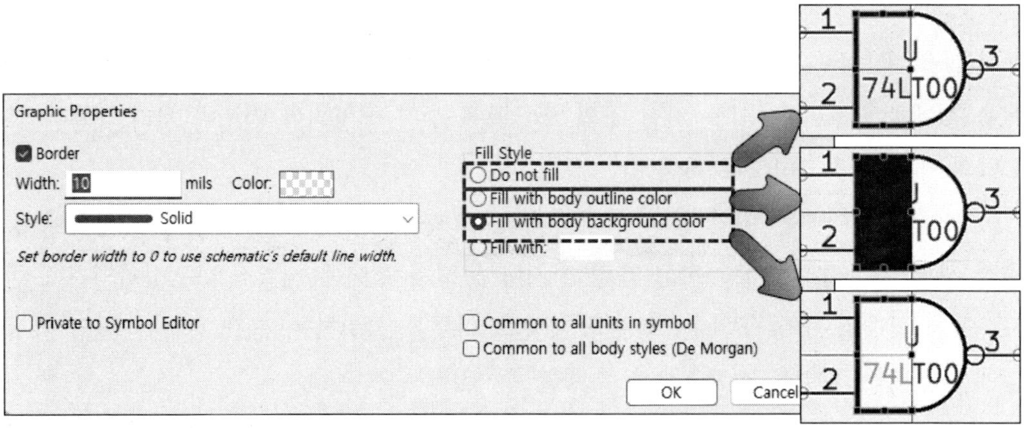

그림 4.59 다각형 그래픽 구성 요소 속성 창

심볼을 구성하는 그래픽 구성 요소에 대한 속성은 다음과 같은 옵션 항목으로 이루어져 있다. 이곳에서 언급하고 있는 유니트(unit)는 패키지를 구성하는 최소 단위 소자를 의미하는 것으로 이해하면 되겠다. 예를 들면 위의 그림과 같이 74LT00의 NAND 게이트 하나가 유니트라고 보면 된다. 패키지는 이러한 유니트가 다수 포함되어 구성된다.

표 4.16 유니트 심볼 구성요소

· 현재 그리기 대상에 대한 선폭 설정	기본 값은 '0'이다
· 그래픽 구성 요소가 패키지 내의 모든 유니트에 공유 방식 혹은 개별 방식으로 적용	패키지 내에 다수의 유니트를 포함하는 심볼의 경우
· 모든 그래픽 구성 요소의 모형이 논리적 호환성을 유지하거나 혹은 현재 그래픽 구성 요소 모형으로 제한	드모르강 규칙
· 심볼의 그래픽 구성 요소에 채우기 속성을 설정	그림 4.59 참조

심볼은 두 가지 표현 형식을 따르며 패키지당 다수의 유니트를 포함할 수 있다. 표현 방식의 하나는 표준 심볼이고 나머지는 드모르강 규칙을 따라 호환성 심볼로 표현하는 것이다. 일부 심볼들은 각각 다른 유니트와 핀 규격을 갖는 다수의 유니트가 하나의 패키지에 포함되는 경우가 있다.

다중 유니트 예제로 두 개의 스위치와 한 개의 코일로 구성된 릴레이 스위치에 대하여 알아보자. 이 경우 스위치1, 스위치2 그리고 코일에 해당하는 3개의 유니트가 하나의 패키지에 포함되는 것으로 설계되어 있다. 설계 시 핀과 몸체 심볼 항목은 전체 유니트에 공통으로 적용하거나 특정 유니트에만 지정하는 것으로 할 수가 있다. 기본적으로 핀들은 개별 유니트의 심볼 표현을 하는 경우에 상호 독립적이기 때문에 개별적인 값으로 적용한다. 핀들을 개별 유니트와 심볼 표현에 공통적으로 사용하는 경우에 전체 유니트나 심볼에 한번만 적용해 주면 되는데 특별하게도 이와 같은 공통 항목으로 적용하는 대표적인 사례가 "전력 핀"들이다. 이와 같은 내용은 심볼의 몸체나 문자에도 해당 된다.

그림 4.60은 3개 유니트가 통합되어 있는 FRT5 심볼이다. 이 심볼이 개별 유니트로 분리가 된 것이 FRT_separated이다. 그림 4.61에는 이것과 관련된 라이브러리 속성 창의 내용을 표시하고 있는데 속성 창의 아래 부분을 보면 모든 유니트 상호교환 가능 항목에 체크가 되어 있지 않은 경우에는 동일한 심볼과 동일한 핀 배치를 갖지 않기 때문에 상호교환이 불가능하다.

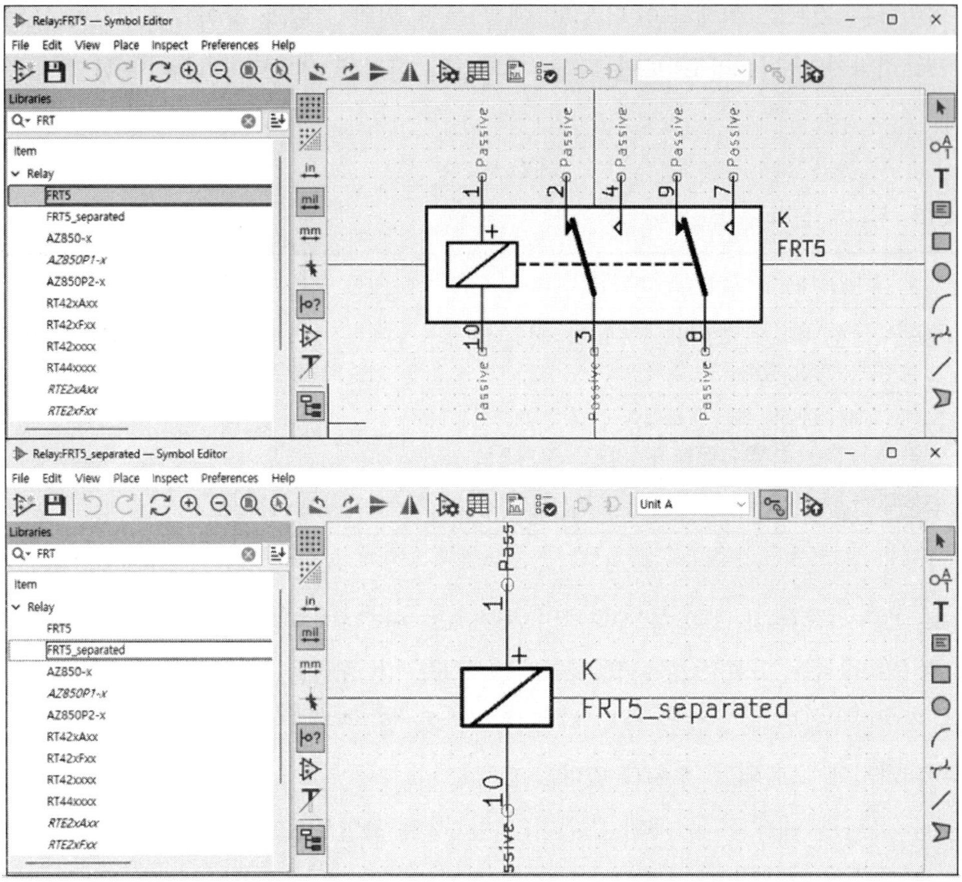

그림 4.60 3개 유니트로 구성 FRT5 릴레이

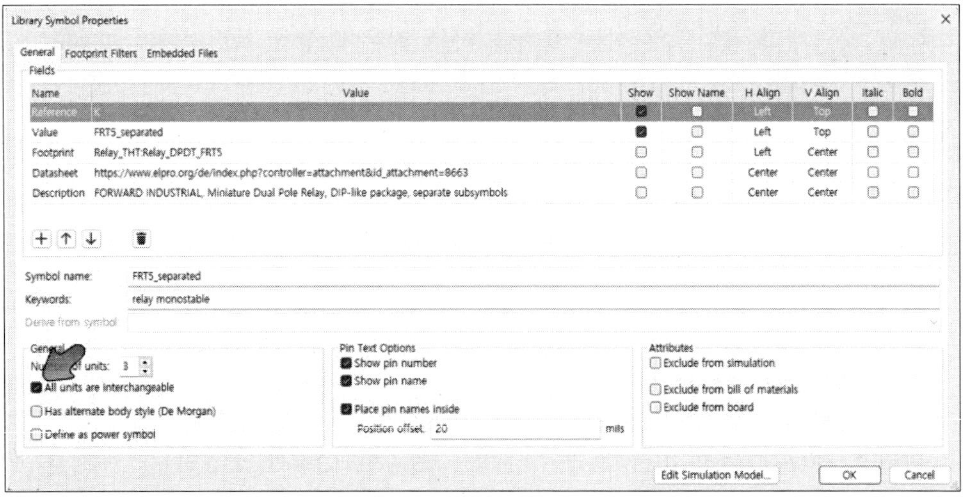

그림 4.61 FRT5의 분리된 유니트와 심볼의 속성

첫 번째 유니트에 대한 사각형의 그래픽 심볼 요소에 대한 속성은 아래와 같은 내용을 담고 있으며 3개의 유니트는 각기 다른 심볼릭 표현을 하고 있다. 따라서 각각의 유니트는 분리가 되어있으며 그래픽 요소에 대한 속성 중 모든 유니트에 공통적으로 적용되는 구성요소를 의미하는 “Common to all units in symbol”가 비활성 상태로 체크가 되어 있지 않은 것을 확인할 수 있다.

유니트를 구성하는 사각형의 상,하 위치에 새로운 핀을 연결하기 위해서는 심볼 편집창의 좌측에 위치한 아이콘 “”를 실행하여 추가 작업이 가능하다. 또한 모든 핀에

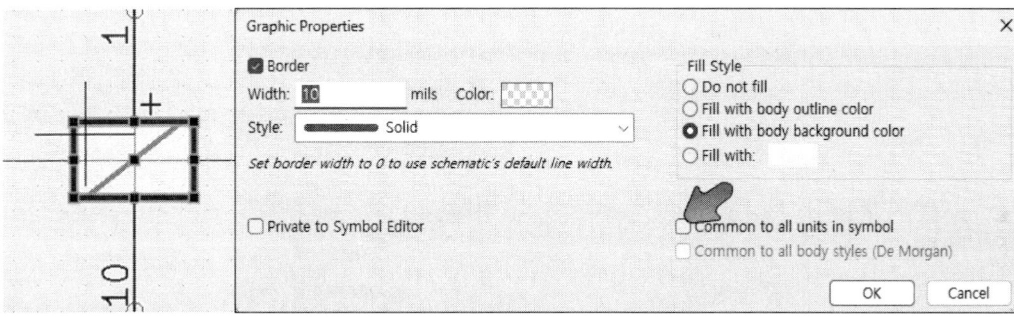

그림 4.62 유니트의 사각형 구성 요소의 속성

대한 편집 작업은 해당 핀 위에서 마우스를 두 번 클릭하거나 오른쪽 마우스 커서를 클릭하여 나타난 팝업 창을 열어서 작업을 하면 된다. 핀을 추가하거나 편집하는 과정은 조심스럽게 이루어져야 한다. 이미 배치되어 있는 핀이 편집되었을 수도 있거나 삭제되었을 수도 있고 다른 위치로 이동을 했을 수도 있기 때문에 이러한 변경사항들이 결과적으로 PCB 설계를 하는 경우에 오류를 발생시킬 수 있기 때문이다.

핀을 만들어 가는 과정은 단순한 그래픽 구성 요소 이상의 중요한 속성에 대한 정의가 필요하다. 왜냐하면 궁극적으로 전기적인 특성을 지닌 부품으로서 동작하도록 정의를 내려주어야만 도면의 전기 규칙 검사인 ERC에서 오류가 발생하지 않게 된다. 핀은 이름과 번호로 구성되어 있는데 핀 번호는 4개의 문자나 혹은 숫자들로 정의가 된다. 그리고 이 핀에 대한 전기적 속성(Input, Output, Tri-state,..)을 반드시 올바르게 정의해 주어야만 ERC 검사에서 문제가 발생하지 않는다. 이와 같이 핀을 만들고 속성에 대한 정의를 설정해 주는 경우에는 다음과 같은 주의 사항을 지켜가면서 작업하는 것이 중요하다.

표 4.17 심볼 핀 작업 시 주의 사항

· 핀의 이름과 숫자 사이에 공백 금지
· 반전 신호(이름 위에 반전표시)는 "~" 문자로 표시. 예 ~OE~ → $\overline{OE}$
· #로 시작하는 핀의 이름은 전원포트 용도
· 핀의 이름은 1~4자리 문자 혹은 숫자로 구성 예 1,2,..,9999,A1,B2,GND,Wire,..
· 심볼 안에는 복제된 핀 번호 사용금지

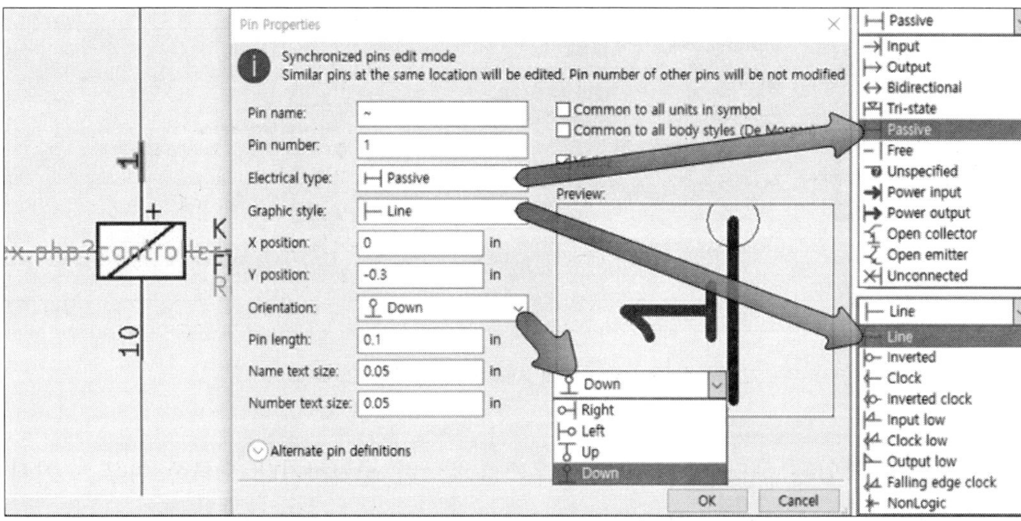

그림 4.63 FRT5 릴레이 유니트1에서 1번 핀의 속성

표 4.18 심볼 핀의 속성

· 핀의 이름과 텍스트 크기
· 핀의 번호와 텍스트 크기
· 핀의 길이와 방향
· 핀의 위치 좌표
· 전기적인 형식 : Input, Output, Tri-state, Bi-directional,..
· 그래픽 형식 : Line, Inverted, Clock, Inverted Clock,...

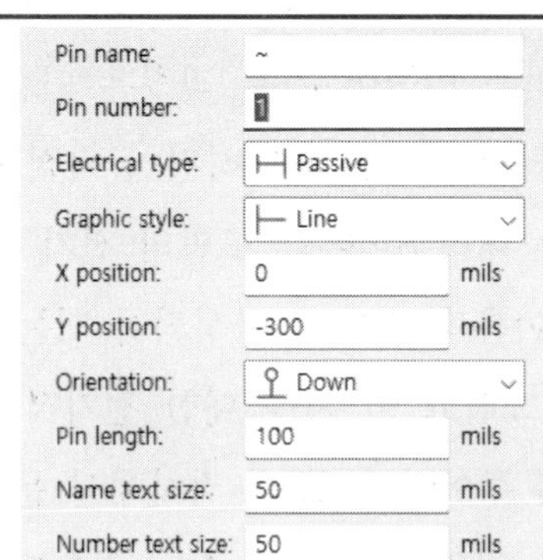

표 4.19 심볼 핀의 전기적 형식

	입력	입력 신호
	출력	출력 신호
	양방향 신호	입/출력 신호
	3상 신호	3가지 상태 출력 신호
	수동신호	저항/커넥트등 수동 심볼 핀
	수동신호	자유연결 신호/DRC오류 방지..
	무 표시	ERC와 무관한 핀
	전원 입력	동일 전원 입력핀에 자동연결
	전원 출력	레귤레이터 출력
	개방 이미터	이미터 개방형 출력
	개방 콜렉터	콜렉터 개방형 출력
	무 연결	미 연결 심볼 핀

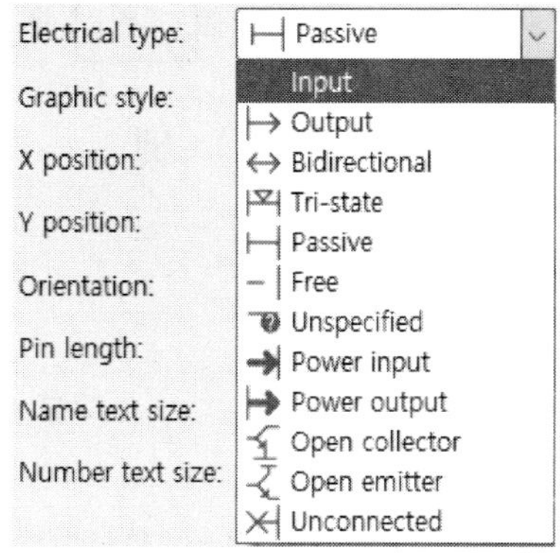

핀의 위치에서 오른쪽 마우스를 이용하면 다음 그림과 같이 팝업 창이 나타나는데 이곳에서 핀의 길이와 핀 이름의 크기 그리고 핀 숫자의 크기를 수정할 수 있는 메뉴를 선택하여 핀의 전역 속성을 편집할 수 있다. 다중 유니트 포함하고 있고 호환 심볼 표현(드모르강 규칙)을 따르는 심볼에 핀을 만드는 작업이나 편집 과정에는 일부에서 문제가 발생할 소지가 있다. 또한 핵심적인 핀들은 각각의 유니트와 각각의 심볼 표현에 대하여 고유 값을 갖기 때문에 새로운 핀들을 만들거나 편집하는 과정에서 다중 유니트를 갖는 심볼이나 호환 심볼은 중복된 표현으로 인하여 문제점이 발생할 수도 있다. 심볼 편집기에서는 동시에 핀을 만들어가는 과정을 허용하고 있는데 기본 값은 다중 유니트 심볼의 모든 유니트와 호환 심볼 표현에 대하여 이러한 부분을 고려하여 핀 수정작업을 하도록 한다.

핀들의 그래픽 유형이나 이름에 대하여는 예외를 두고 있는데 이것은 대부분의 상황에서 손쉽게 핀을 만들고 편집이 가능하도록 하려는 조치라고 할 수 있다. 이와 같은 종속성은 편집기 상단에 위치한 아이콘 " "을 이용하여 전체 유니트와 특정 유니트에 대하여 적용하는 것을 전환 모드 선택기능으로 지원이 하고 있는데 기본 값은 전체 유니트를 대상으로 하고 있다.

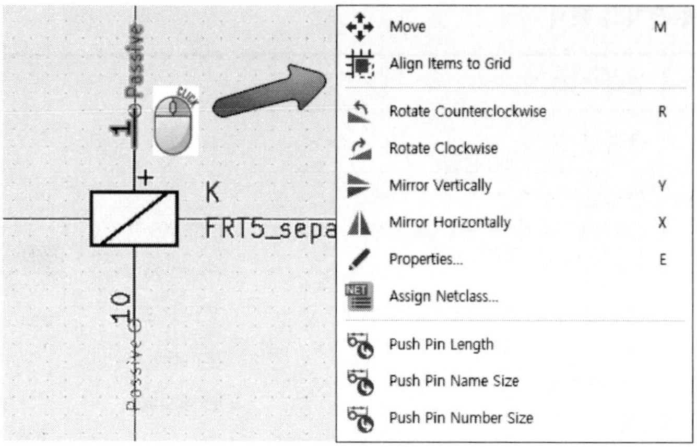

그림 4.64 핀의 글로벌 속성 편집 창

다중 유니트를 갖는 심볼과 호환 심볼(드모르강 규칙 기반)의 관리는 매우 유연하기 때문에 임의의 핀이 각기 다른 유니트에 공유가 되기도 하고 개별적으로 적용되기도 한다. 또한 두 가지의 심볼릭 표현도 공유가 되기도 하고 개별적으로 적용되기도 한다. 이 경우 기본 값은 각각의 유니트나 각각의 심볼 표현에 개별적으로 적용하면 된다.

전원 핀과 같이 공통적으로 사용되는 핀의 경우에는 모든 유니트에 공유가 되도록 적용하여 한 번만 작업을 해주면 된다.

다음 그림은 두 개의 입력과 한 개의 출력을 갖는 NAND 게이트 유니트 4개를 하나의 패키지로 하고 있는 74LT00(필자가 이름 변경)의 핀 작성 및 편집의 예제이다. 좌측의 편집 창 상단에 5개의 유니트 "UNIT A", "UNIT B", "UNIT C", "UNIT D", "UNIT E"를 선택할 수 있는 펼침 메뉴가 있어서 이곳에서 각 유니트 별로 핀 작업을 하고 NAND 게이트와 호환 심볼 표현(드모르강 규칙) 아이콘을 이용하여 호환 심볼 유니트에 대한 편집 작업을 진행한 결과이다.

모든 라이브러리 심볼의 속성 필드는 4개로 구성되어 있다. 4개의 필드는 부품을 구분하는 참조 표시자 "Reference Designator", 부품의 값 "Value", 부품의 풋프린트 "Footprint" 그리고 생산자가 제공하는 부품 정보파일 "Datasheet"로 구성되어 있으며 필요한 경우 생산자, 부품번호, 유니트 가격등의 필드를 추가하는 경우도 있다.

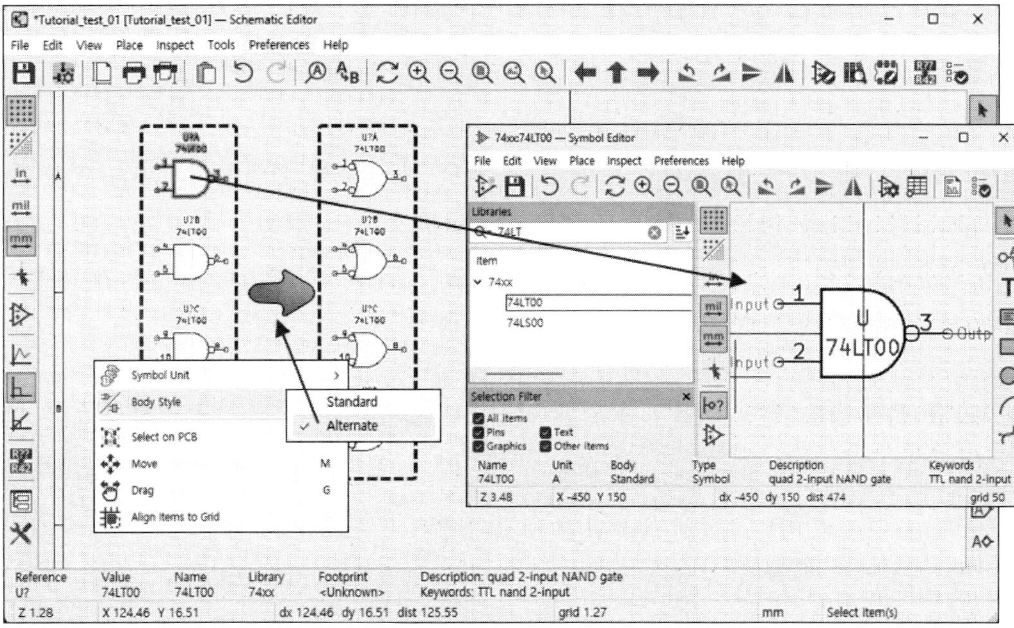

그림 4.65 4개 74LT00 유니트 편집

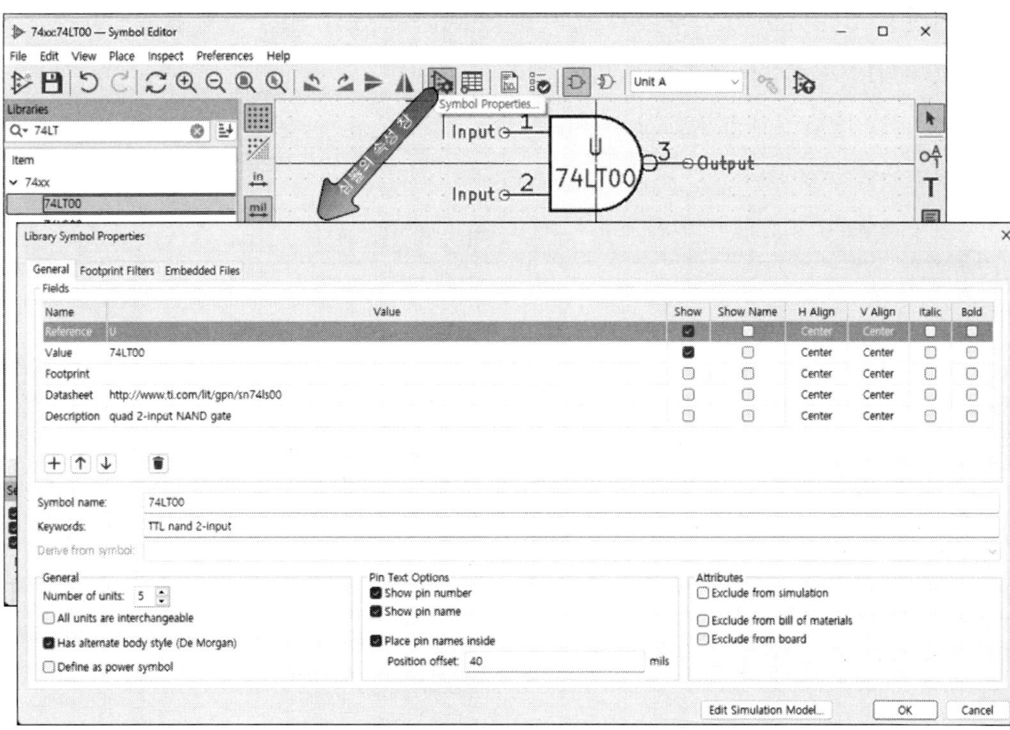

그림 4.66 심볼 74LT00의 속성 설정

심볼에 대한 속성 창을 3부분으로 나누어 볼 때 윗 부분에는 앞서 언급한 것처럼 4개 필드의 이름과 내용을 설명하는 부분과 배치와 글자 속성에 대한 선택사항으로 구성되어 있으며, 중간 부분에서는 심볼의 이름, 설명 그리고 키워드에 대한 설명을 하고 있다. 하단의 좌측 부분에는 심볼에 대한 추가적인 사항들을 선택할 수 있다. 예를 들면 드모르강 규칙을 따르는 호환 심볼의 포함 여부와 전력 심볼의 정의, 하나의 패키지에 허용되는 유니트의 개수 등을 설정할 수 있다. 오른 쪽 부분에는 심볼의 이름과 핀 번호를 화면상에서 보이기/감추기의 사항을 선택(기본 값은 보임)할 수 있다.

- **새로운 전원 심볼 :** 일반 심볼과 동일한 방법으로 만들 수 있으며 만들어진 심볼은 기존의 라이브러리(예 "power.lib")에 포함시키는 것이 효율적이다. 이전에도 언급했듯이 전원 심볼은 그래픽 심볼과 전원이 감춰진("power invisible") 형태의 핀으로 구성되며 도면 작업에서 사용되는 다른 심볼들과 동일한 방법으로 이용된다.

표 4.20 전원 심볼 완성 절차

· 전원 입력("Power Input")의 속성을 갖는 "+5V"의 이름의 핀을 추가 핀 번호: 1, 핀 길이: 0, 스타일: "Line" (핀의 이름은 도면상의 네트 "+5V"에 연결된다.)
· 핀을 대상으로 화살표 세그멘트를 작성
· 핀 위에 심볼의 연결성("Anchor") 부여
· 심볼 값은 +5V 부여
· 심볼 참조자는 "#+5V"－선행 문자 "#"은 전원 심볼임을 표시

- **기존 전원 심볼 :** 새로운 전원포트 심볼을 만드는 방법은 기존의 심볼을 불러와서 편집, 수정해서 사용하는 것이 가장 편리하다. 이러한 방법의 절차는 다음과 같다.

표 4.21 기존 전원 심볼 편집 절차

· 기본의 전원 심볼 불러오기
· 새로운 전원 심볼의 이름과 핀의 이름을 편집
· 핀의 이름과 동일하게 핀의 값 속성을 편집
· 새로운 심볼로 저장

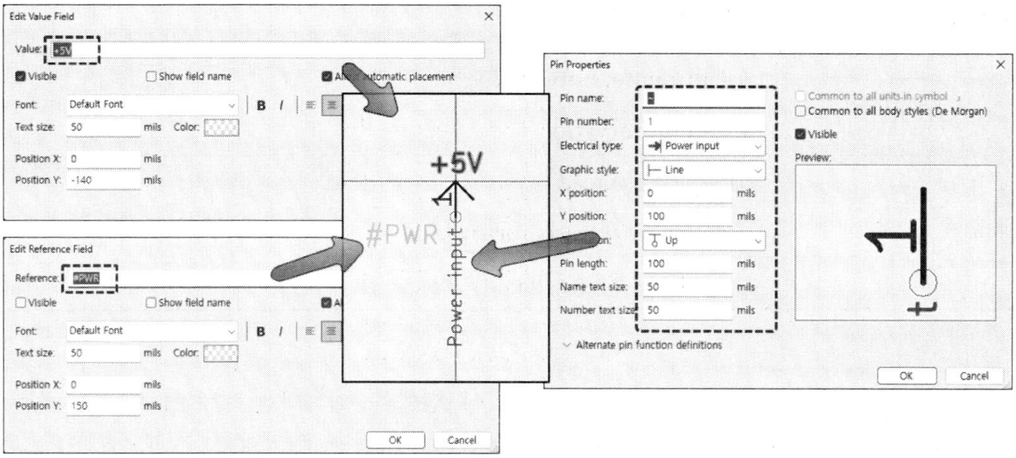

그림 4.67 새로운 전원 심볼의 이름, 핀 속성, 참조 필드의 편집

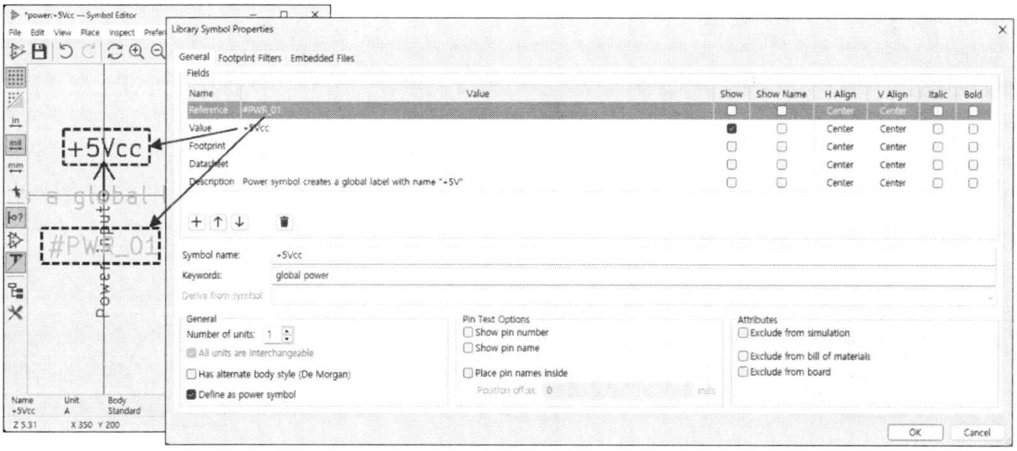

그림 4.68 기존 전원 심볼 불러오기 및 편집

지금까지 살펴본 바와 같이 심볼은 텍스트와 기하학적 모양으로 구성된 그래픽 표현방식을 따르고 있으며 신호의 입출력 역할을 하는 핀으로 구성되어 있다. 심볼의 속성은 네트리스트나 심볼 리스트와 같이 사전에 처리된 내용을 나타내는 몇 가지 텍스트 필드로 표현된다. 참조(Reference)와 값(Value)으로 표현되는 필드는 초기 값으로 설정이 되어 있고, 심볼과 관련된 필드 내용 중에 설계 이름, Footprint 이름과 그밖에 나머지 필드는 자유롭게 수정이 가능하다. 어쨌든 심볼과 관련된 문서는 라이브러리의 관리, 사용방법 및 새로운 개발을 위해서 매우 중요한 역할을 하는데 이러한 문서 파일은 다음과 같은 경로에 저장되어 있다.

표 4.22 심볼 관련 문서 파일 저장 위치

윈도우 시스템	kicad/share/library/doc kicad/library/doc
리눅스 시스템	/usr/local/kicad/share/library/doc /usr/share/kicad/library/doc /usr/local/share/kicad/library/doc

심볼에는 고정점("Anchoring Point")이 있어서 심볼을 배치하는 경우에 이 고정점을 기준으로 회전이나 반전과 같은 작업을 진행할 수 있다. 따라서 이 고정점은 심볼의 기준 위치가 된다. 고정점은 좌표값(0,0)이 되는 위치로 심볼 편집기 우측 메뉴에서 아이콘( )를 선택하면 편집 창에 "◎" 모양의 커서가 나타나는데 원하는 고정점의 위치에서 마우스로 클릭을 하면 이 위치가 고정점의 좌표(0,0)로 설정이 된다. 다음 그림에서 보면 고정점의 위치를 변경한 경우 고정점의 위치가 십자 커서의 교차점으로 나타난 것을 확인할 수 있다.

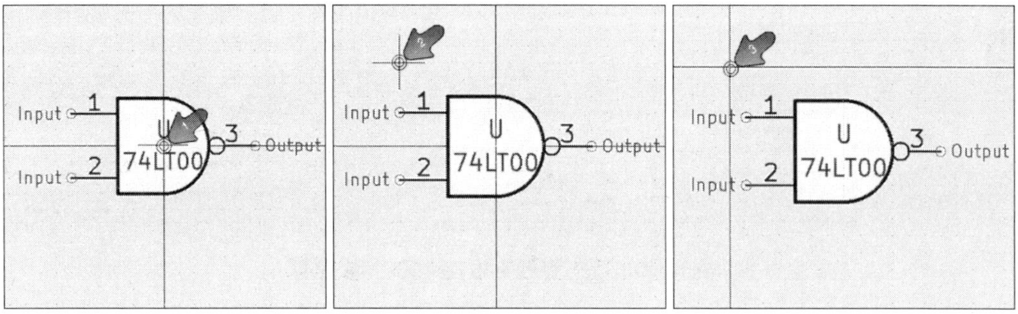

그림 4.69 심볼의 고정점("Anchor Point") 이동

심볼의 이름은 동일한 자격을 갖는 별명도 갖게 되는데 이와 같은 별명을 사용하면 유사한 심볼을 만드는 과정에서 심볼의 숫자가 과다하게 사용되는 것을 줄여주는 효과가 있다.(예 74LS00은 74000,74HC00,74HT00..등의 별명을 갖는다.)

따라하기 05

내용 74HC595 부품 데이터 시트의 규격과 크기 각 핀들의 논리 입출력 상태를 참고해서 새로운 Schematic 심볼을 만들어 보자.

1. 74HC595 : 데이터 시트 참조/ 심볼크기, 패드 간격(H,V),비아 홀 크기. 핀 입출력 논리

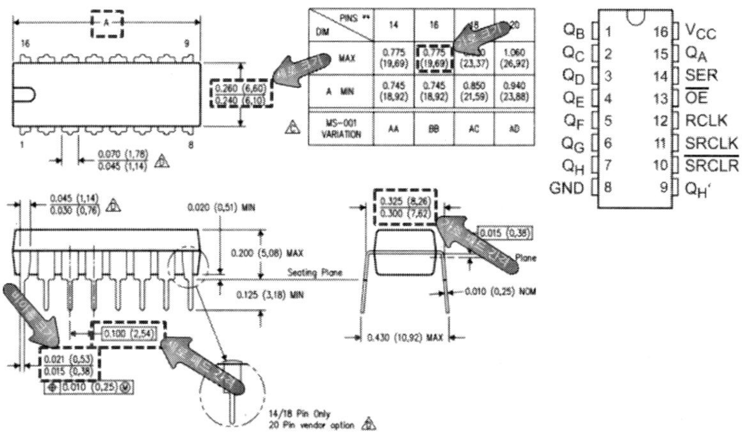

GND	8	Ground Pin
$\overline{OE}$	13	Output Enable
Q_A	15	Q_A Output
Q_B	1	Q_B Output
Q_C	2	Q_C Output
Q_D	3	Q_D Output
Q_E	4	Q_E Output
Q_F	5	Q_F Output
Q_G	6	Q_G Output
Q_H	7	Q_H Output
$Q_{H'}$	9	$Q_{H'}$ Output
RCLK	12	RCLK Input
SER	14	SER Input
SRCLK	11	SRCLK Input
$\overline{SRCLR}$	10	$\overline{SRCLR}$ Input
NC	—	No Connection
V_{CC}	—	Power Pin

2. 새로운 심볼 만들기( ) : 심볼이름, 참조 표시자, 심볼 몸통그리기( )

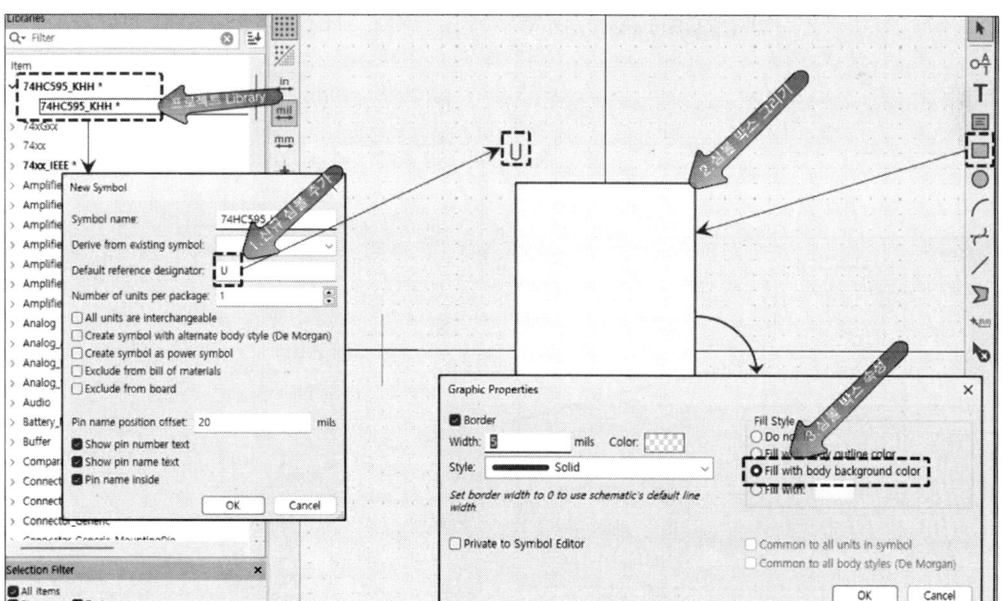

3. 새로운 핀 추가하기() : 핀 추가하기, 핀 속성 결정 하기

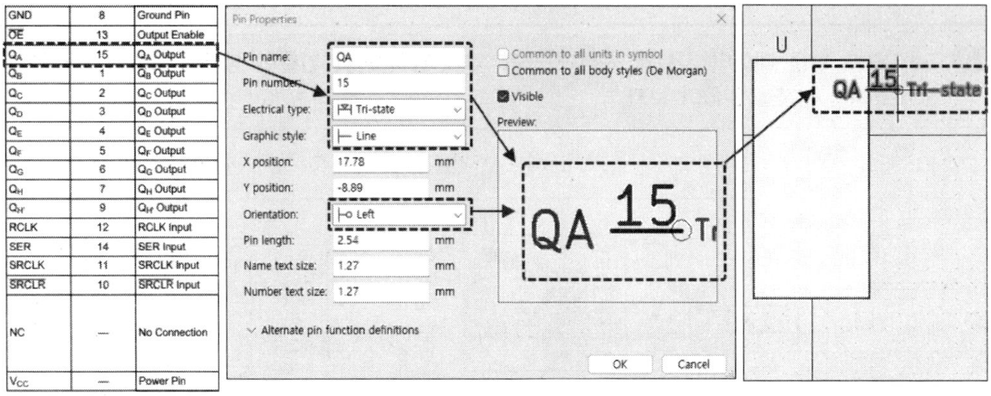

4. 전원 핀, 반전 핀, 나머지 핀 추가하기()와 최종 완성된 결과 저장

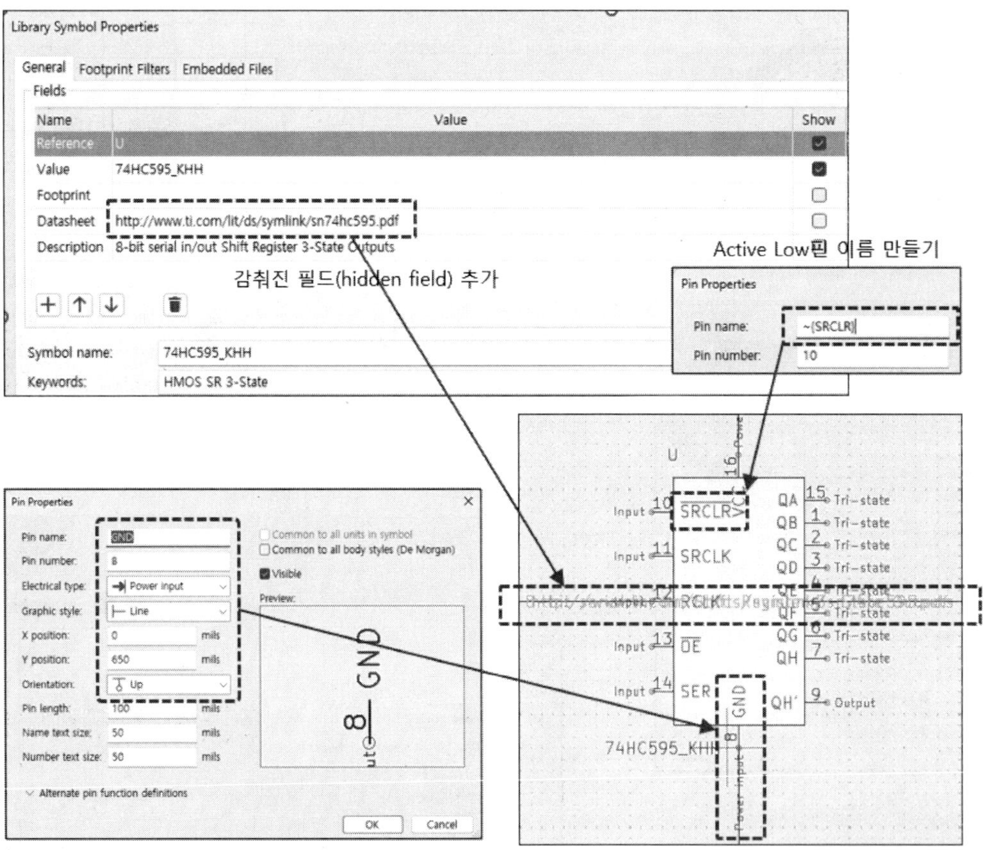

지금까지 설명한 심볼들은 모두 생산자등 필요한 내용으로 분류시킨 다음 라이브러리 경로에 분산되어 저장되기 때문에 이들을 관리하는 과정은 매우 편리하다.

라이브러리 심볼의 속성에서 Footprint 필터 탭을 선택하면 PCB에서 사용가능한 Footprint 목록이 표시된다. Footprint 목록에서는 와일드 문자 “*”의 사용이 가능하다. 예를 들어 SO14*는 PCB 작업시 SO14의 이름을 시작되는 모든 종류의 Footprint 내용을 보여준다. 문자 “?”는 하나의 와일드 문자를 의미하기 때문에 예를 들어 저항이 “R?”로 되어 있는 것은 R로 시작하고 뒤에 하나의 문자만 허용되는 모든 저항목록을 보여주게 된다. 아래 그림은 74LT00의 Footprint로 DIP*W7.62mm*에 대한 필터의 내용을 사용하는 것으로 하자. DIP과 14핀을 의미하는 DIP-14로 검색하려면 첫 번째 창의검색은 “DIP”으로 하고 두 번째 창의 검색은 “14”로 했을 경우 해당하는 Footprint 목록 화면이 나타난다. 이와 같이 2가지 단계의 1차 검색과 2차 검색으로 조금 더 구체적이고 정확한 Footprint의 목록을 찾을 수 있다.

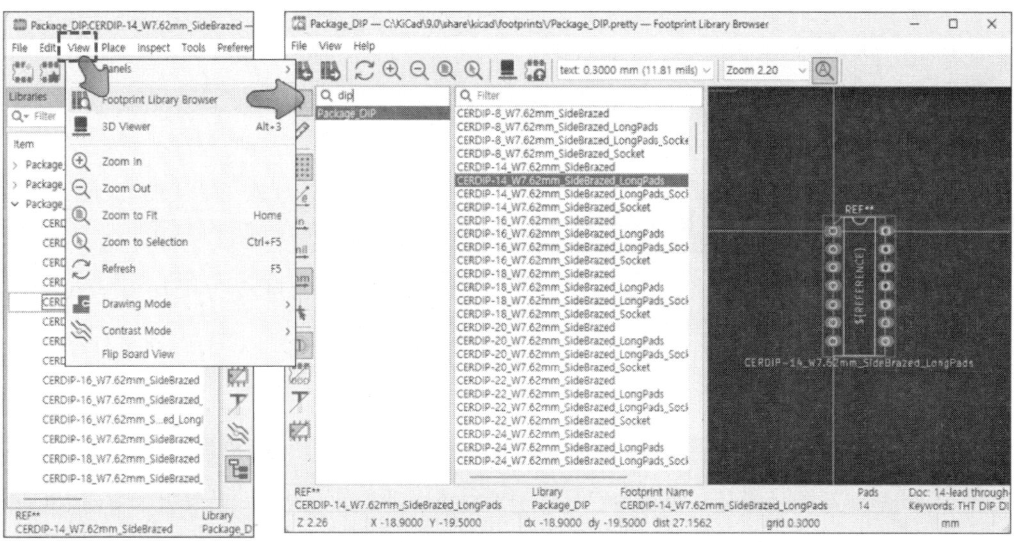

그림 4.70 심볼의 풋프린트 필터 검색

- **심볼 라이브러리 브라우저:** 심볼 라이브러리를 탐색하기 위한 도구로 Schematic 편집창의 “View”메뉴에서 “Symbol Library Browser”를 선택하거나 메뉴 우측 상단에 위치한 도구 모음에서 아이콘 “ ”를 선택하면 브라우저 창이 나타난다. 브라우저 상단의 아이콘( )는 핀의 전기적 형식을 보이기/감추기 모드 전환을 하며 아이콘

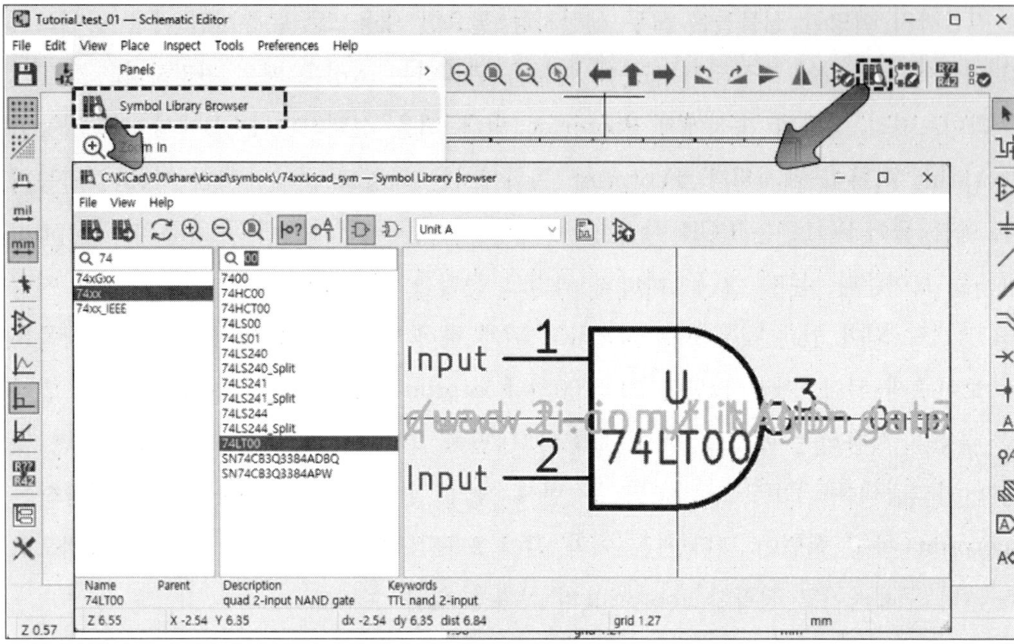

그림 4.71 심볼 라이브러리 브라우저

( )는 핀 번호의 보이기/감추기 모드 전환을 하는 기능을 가지고 있다.

(3) 맞춤형 네트리스와 BOM파일 만들기

앞 절에서 언급했듯이 KiCad 버전 6이후부터는 네트리스트가 만들어지는 과정이 내부적으로 자동처리가 되기 때문에 단순히 Schematic 도면을 PCB로 갱신시키는 과정을 선택하기만 하면 된다. 네트리스트가 자동으로 처리가 되기는 하지만 직접 수작업으로 처리하기를 원하는 경우에는 메인 "File" 메뉴에서 "Export"를 선택한 다음 우측에 나타난 부메뉴에서 "Netlist"를 선택하면 다음과 같이 다양한 형태(KiCad, OrcadPCB2, Allegro, PADS, CadStar, SPICE, SPICE Model)로 작성이 가능하다. KiCad의 경우에는 네트리스트 파일의 확장자는 "*.net"로 저장이 된다. 이 네트리스트 파일에는 사용자가 작성한 도면과 관련된 많은 양의 데이터가 포함되어 있어서 부품 목록과 같은 BOM(bill of material)파일을 작성하거나 다양한 리포트 파일을 생성하게 되는데 BOM이나 네트리스트의 결과에 따라서 중간단계 네트리스트 파일의 구성 정보를 후처리 과정에 사용하기도 한다.

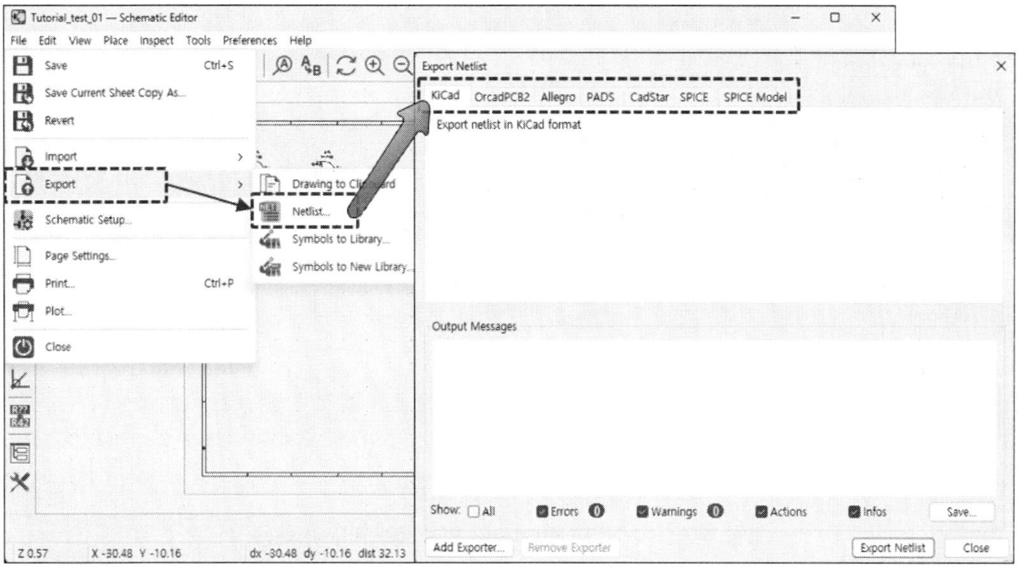

그림 4.72 Schematic 도면의 네트리스트 파일 만들기

예제로 사용된 PIC programmer 계층도면을 대상으로 위에서 설명한 방식에 따라 직접 메뉴에서 네트리스트를 작업을 진행하면 다음과 같은 파일을 얻을 수 있다. 만들어진 네트리스트는 "pic_progrmmer_1.net"라는 파일이름으로 저장되는 데 이것은 버전 6.0이후부터 사용하기 시작한 새로운 파일 형식이다. 이것은 이전 버전 5 이하에서는 볼 수 없었던 중요한 변화라고 할 수 있다. Schematic 파일에는 "S-Expression"이라는 새로운 형식이 소개되고 있는데 중첩된 목록 형태의 트리 구조로 데이터가 표현되고 있다. 이러한 변화는 Schematic이나 Layout 파일을 인간 중심적으로 읽기 쉽도록 개선한 것임을 알 수 있다. 이러한 방식으로 처리하도록 함으로써 Python이나 여타 프로그래밍 언어를 이용한 프로그래밍 형태의 작업이 좀 더 편리해 졌다.

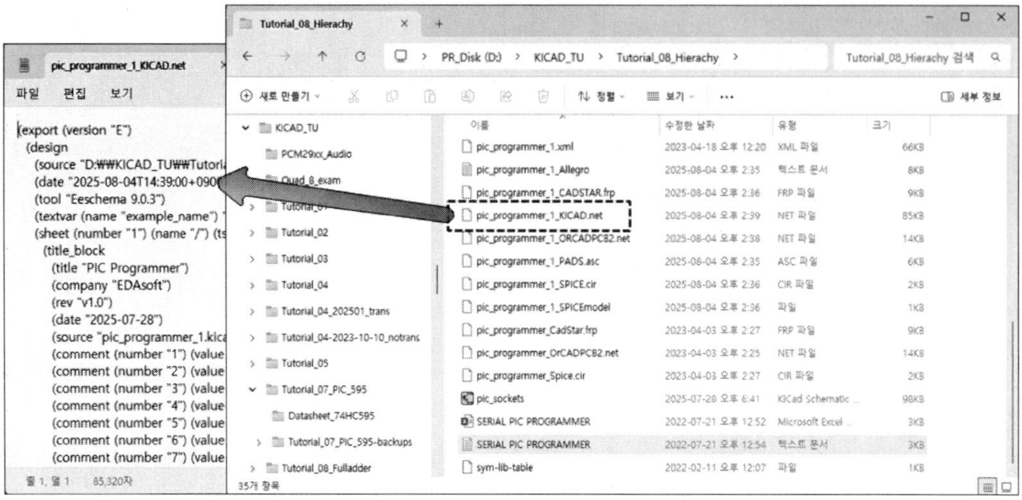

그림 4.73 수작업 Netlist파일 만들기와 파일의 내용

KiCad Layout("kicad_pcb")에서 "S-Expression" 표기 방식은 새로운 내용이라고 할 수는 없으며 버전 6이후부터는 전환 작업 과정의 완성도가 높아졌다.

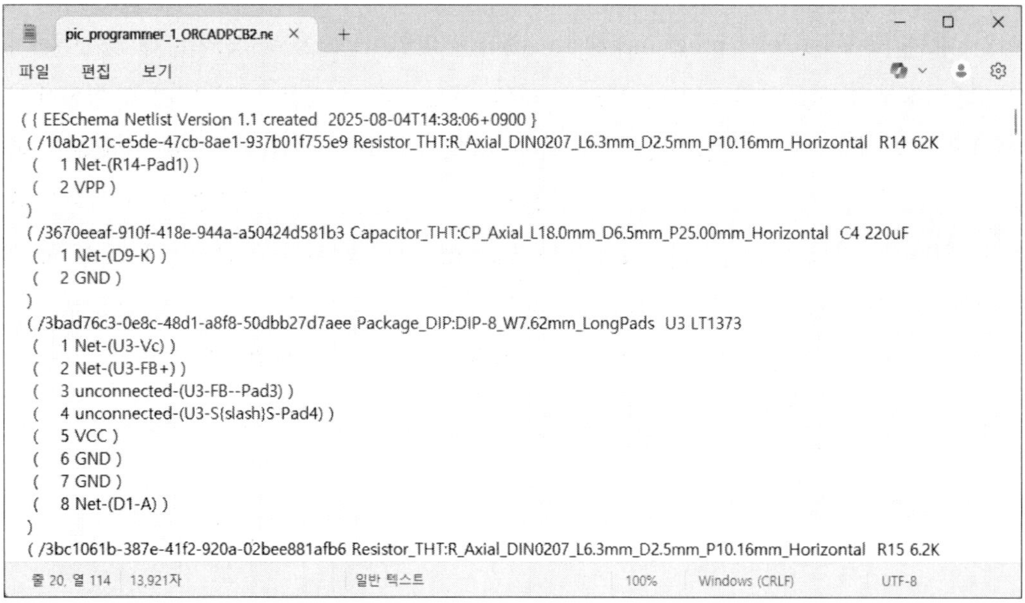

```
( { EESchema Netlist Version 1.1 created  2025-08-04T14:38:06+0900 }
( /10ab211c-e5de-47cb-8ae1-937b01f755e9 Resistor_THT:R_Axial_DIN0207_L6.3mm_D2.5mm_P10.16mm_Horizontal  R14 62K
  (   1 Net-(R14-Pad1) )
  (   2 VPP )
)
( /3670eeaf-910f-418e-944a-a50424d581b3 Capacitor_THT:CP_Axial_L18.0mm_D6.5mm_P25.00mm_Horizontal  C4 220uF
  (   1 Net-(D9-K) )
  (   2 GND )
)
( /3bad76c3-0e8c-48d1-a8f8-50dbb27d7aee Package_DIP:DIP-8_W7.62mm_LongPads  U3 LT1373
  (   1 Net-(U3-Vc) )
  (   2 Net-(U3-FB+) )
  (   3 unconnected-(U3-FB--Pad3) )
  (   4 unconnected-(U3-S{slash}S-Pad4) )
  (   5 VCC )
  (   6 GND )
  (   7 GND )
  (   8 Net-(D1-A) )
)
( /3bc1061b-387e-41f2-920a-02bee881afb6 Resistor_THT:R_Axial_DIN0207_L6.3mm_D2.5mm_P10.16mm_Horizontal  R15 6.2K
```

그림 4.74 OrCadPCB2 네트리스트

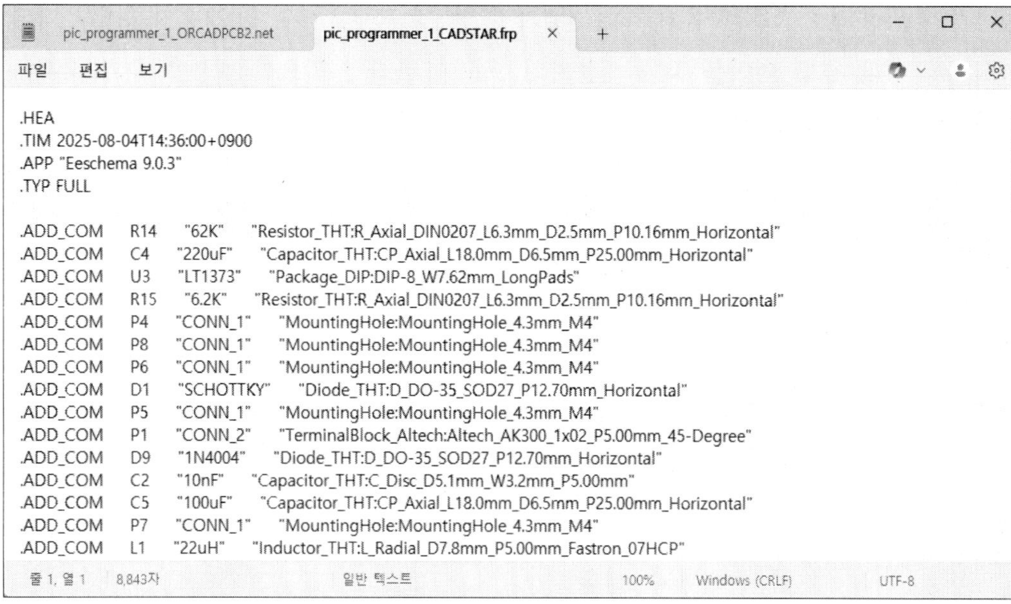

그림 4.75 CadStar 네트리스트

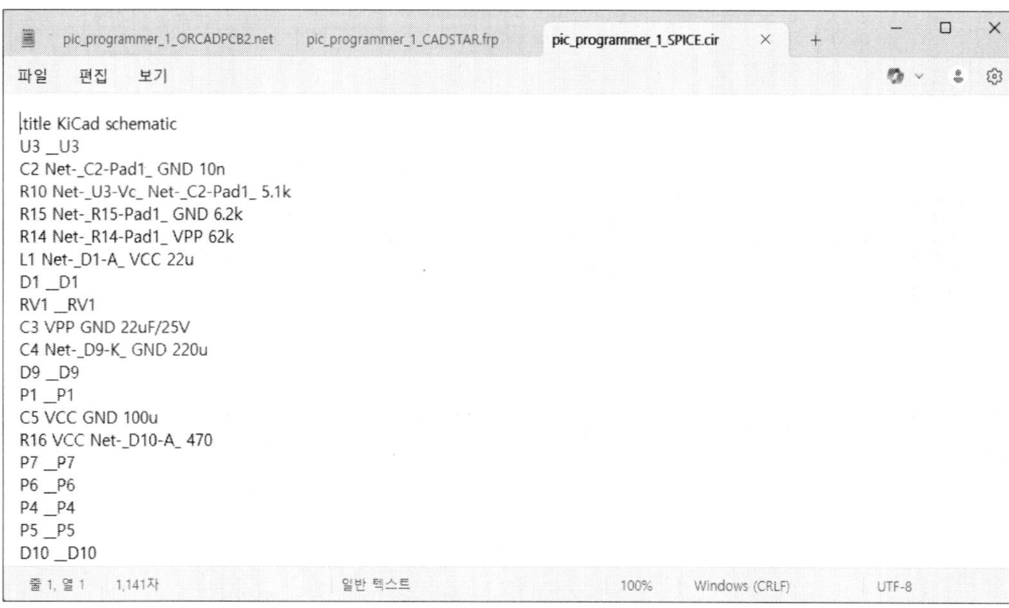

그림 4.76 Spice 파일

네트리스트 파일에는 도면에서 사용된 부품에 대한 정보가 포함되어 있기 때문에 이 파일로부터 재료 목록("BOM = Bill of Materials")을 얻어 낼 수가 있다. BOM 파일은 일반적인 생성 방법으로 다음과 같은 세 가지 형태로 작성할 수 있으며 새롭게 추가된 방식으로 심볼 필드 테이블 값을 사용자의 요구에 따라서 필요한 내용을 추가/삭제하도록 하여 주문자형 BOM 파일을 생성할 수 있는 메뉴가 추가 되었다.

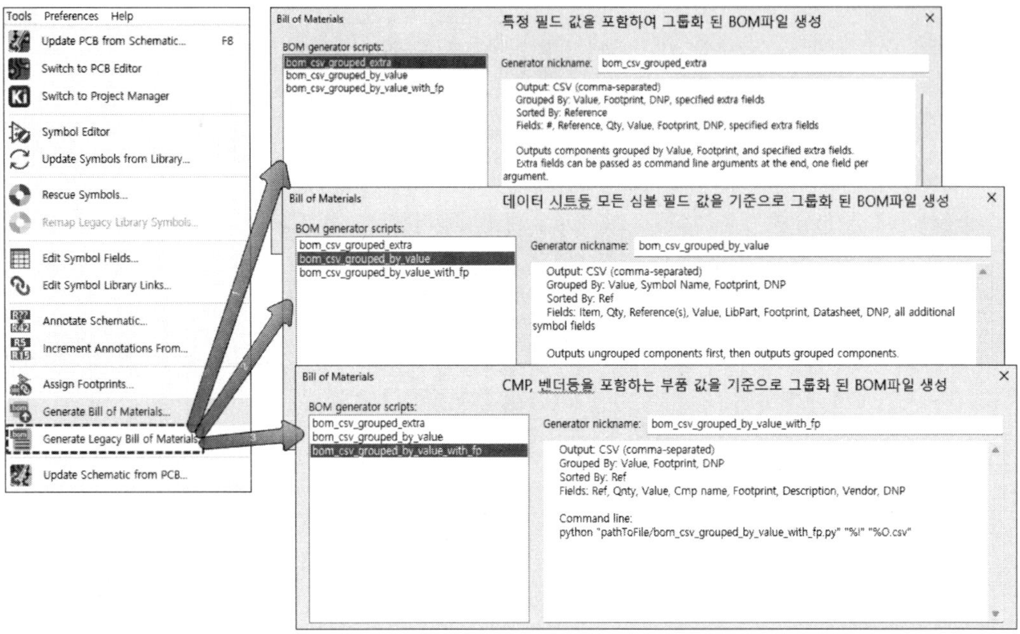

그림 4.77 3가지 기준 값으로 그룹화 된 BOM 파일 생성

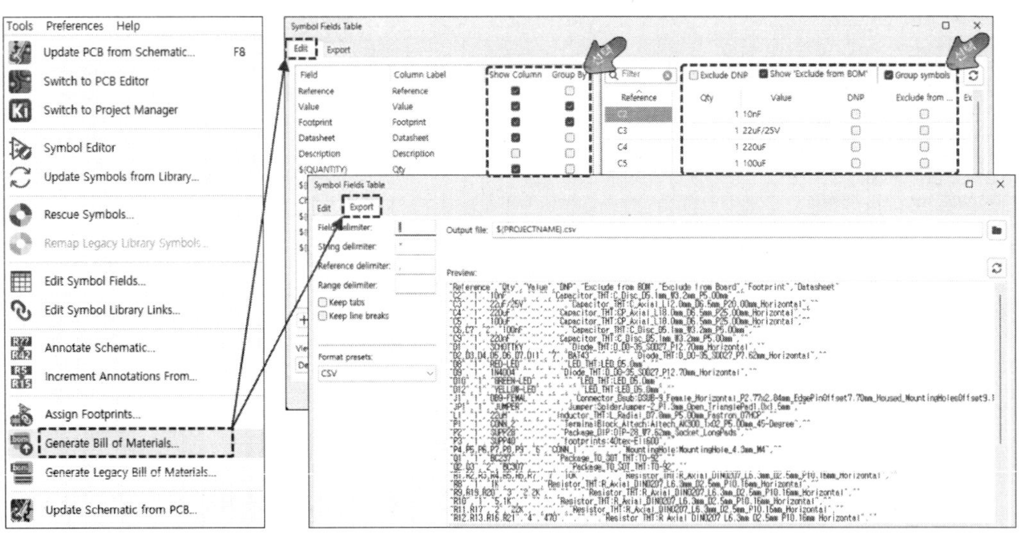

그림 4.78 심볼 필드 개별 값의 조정이 가능한 주문형 BOM 파일 생성

네트리스트 파일 구조는 다음과 같이 다섯가지 항목으로 구성되어 있으며 파일 내용은(export)라는 구분자로 묶여 있다.

```
(export (version “E”)
. . . )
```

header section

```
(design
 (source "K:\\KICAD_Work\\pic_programmer_1\\pic_programmer_1.kicad_sch")
 (date "2025-08-04T14:39:00+0900")
 (tool "Eeschema 9.0.3")
. . . )
```

component section

이 섹션에는 Schematic 도면에서 사용된 부품의 목록을 포함하고 있으며 각각의 부품은 다음과 같은 방법으로 표현한다.

```
(components
 (comp (ref "C1")
  (value "0")
   (footprint "Capacitor_THT:C_Disc_D5.1mm_W3.2mm_P5.00mm")
   (libsource (lib "pic_programmer_schlib") (part "C") (description ""))
   (property (name "Sheetname") (value ""))
   (property (name "Sheetfile") (value "pic_programmer_1.kicad_sch"))
   (sheetpath (names "/") (tstamps "/"))
   (tstamps "31e260d5-5a38-4990-8aec-df39487dcaea"))
. . . )
```

libsource는 부품이 위치한 곳의 라이브러리 이름을 나타내고, part는 이 라이브러리에서 표현하고 있는 부품의 이름을 나타낸다. sheetpath는 계층구조 도면의 경로를 표시하고, tstamps는 도면 파일의 시간정보를 나타낸다. 이러한 시간 정보는 개별 부품을 식별하는 기준으로 사용된다. KiCad에서는 PCB 보드 상의 Footprint와 일치하는 부품을 식별하는 추가적인 방법을 제공하고 있기 때문에 이들 사이에 연결 관계는 끊김이 없이 Annotation을 반복해서 사용하는 것이 가능하다.

libparts section

이 섹션에서는 libparts라는 구분자를 사용하며 내용은 Schematic 라이브러리 내부에서 정의가 된다. 여기에는 Footprint(fp) 이름을 구분자로 사용하며 필드의 내용은 라이브러리 구분자(fields) 내부에 정의가 되어 있다. 또한 핀의 목록은(pins)라는 구분자를 이용한다.

```
(libparts
 (libpart (lib "pic_programmer_schlib") (part "24C16")
  (fields
   (field (name "Reference") "U")
   (field (name "Value") "24C16"))
  (pins
   (pin (num "1") (name "A0") (type "input"))
   (pin (num "2") (name "A1") (type "input"))
   (pin (num "3") (name "A2") (type "input"))
   . . .
   (pin (num "8") (name "VCC") (type "power_in"))))
. . . )
```

위의 내용 중(pin (num “1”) (name “A0”) (type “input”))의 형식에서 언급되고 있는 전기적인 핀의 형식은 다음과 같다.

표 4.23 부품의 전기적인 핀 형식

input-일반적인 입력 핀	output-일반적인 출력 핀
bidirectional-입력/출력(양방향성 선택)	tri-state-3상 버스 입력/출력
passive-일반적인 수동 소자의 말단	unspecified-알려지지 않은 전기 규격
power input-부품의 전원 입력	power output-레귤레이터등 전원 출력
open collector-회로의 개방형 콜렉터	open emitter-회로의 개방형 이미터
not connected-회로에서 연결 불가상태	

libraries section

```
(libraries
 (library (logical "pic_programmer_schlib")
  (uri
"D:\\KICAD_TU\\Tutorial_08_Hierachy/libs/pic_programmer_schlib.kicad_sym")))
. . . )
```

nets section

이 섹션에는 Schematic 도면 내의 모든 연결 관계를 나타내는 "nets"목록을 포함하고 있다. nets의 내용은 다음과 같다. 여기서 net code는 이 네트에 대한 내부 식별자이고 name은 이 네트의 이름이다. 그리고 node는 이 네트에 연결된 핀의 참조 값을 나타낸다.

```
(nets
 (net (code "1") (name "/pic_root/DATA-RB7")
  (node (ref "P2") (pin "28") (pinfunction "28") (pintype "passive"))
  (node (ref "P3") (pin "40") (pinfunction "40") (pintype "passive"))
  . . .
  (node (ref "U5") (pin "13") (pinfunction "ICSPD/RB7") (pintype
"bidirectional"))
. . . )
```

4.6 시뮬레이터

Schematic에서는 "NGSPICE" 시뮬레이터 엔진을 기반으로 하는 전기회로 시뮬레이터를 내장하고 있다. 시뮬레이터를 실행하는 경우 PSPICE에서 공식적으로 사용되는 라이브러리인 전압/전류 소스나 트랜지스터와 같은 핀들은 배열순서가 동일한 것을 확인할 수 있다. 시뮬레이션 모듈을 실행하기 전에는 반드시 해당 부품에 대한 Spice 모델을 할당해 주어야 한다. 부품이 다중 유니트를 포함하는 경우라 하더라도 개별 부품 각각에는 한 개의 모델만 할당해 줄 수 있다. 이러한 경우에는 첫 번째 유니트에 해당 Spice 모델이 할당된다. Spice 표기 방식으로 소자 형식이 서술되고 이러한 형식의 참조 값을 따르는 수동 소자는 내부적으로 Spice 모델이 할당되며 이들의 속성은 필드에 표기된 값을 따른다. Spice 표기에서 'M'은 'Mille'를 의미하고 'Meg'는 'Mega'를 나타내는 표준 표기방식이지만 'M'을 'Mega'를 나타내는 접두 문자로 사용하고자 하는 경우에는 시뮬레이션 설정 창에서 변경을 해주어야 한다.

Spice 모델에 대한 정보는 심볼 필드에 텍스트 형태로 저장되어 있기 때문에 심볼 편집기나 Schematic 편집기를 이용해서 필요한 내용은 새롭게 정의해 주면 된다. 예를 들어 심볼 편집기에서 'opamp' 심볼을 선택한 후 속성 창 "Symbol Properties( )"을 열고 하단 부분에 있는 "Edit Spice Model" 버튼을 선택하면 다음과 같은 "Spice Model" 편집 창이 나타난다.

Spice 모델 편집 창은 각기 다른 모델 형식을 따르는 3개의 탭으로 구성되어 있고 모든 모델 형식에는 창 중간 부분에 2개의 선택 옵션을 제공하고 있다. 첫 번째 옵션은 기존의 "Spice" 모델의 "*.lib, *.sub, *.ibs" 파일을 읽어오는 방법이고 두 번째 옵션은 기본 값으로 내장되어 있는 "SPICE" 모델을 선택하여 사용하는 것이다. 하단 창에는 매개 변수 설정 창과 Code 탭이 있는데 Code 탭의 내용은 Spice에서 사용이 가능한 code 형식을 따르고 있다.

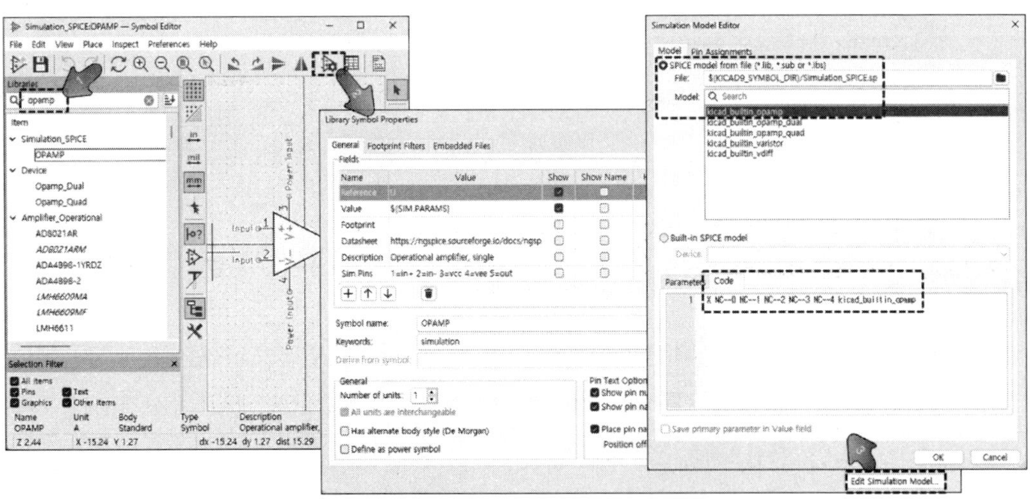

그림 4.79 Spice Model 편집 창

(1) NGSPICE 시뮬레이터

KiCad를 설치하는 경우에는 NGSPICE가 자동으로 설치되어 곧바로 사용이 가능하다. NGSPICE는 PSPICE 소자 라이브러리를 읽어 들이게 되는데 이러한 라이브러리는 클라이언트의 설계를 지원하기 위해서 반도체 제조회사에서 제공되고 있으며 시뮬레이션 과정에서 PSPICE 문법을 NGSPICE로 해석하기 때문에 수작업으로 라이브러리를 서술해 줄 필요는 없다. NGSPICE의 최신버전은 아래 사이트에서 다운 받을 수 있으며 현재 최신 버전은 "NGSPICE-44.2"이다.

https://ngspice.sourceforge.io/download.html

NGSPICE 시뮬레이션 과정은 "ngspice-44-manual.pdf"의 문법을 따르고 있기 때문에 디지털이나 아날로그 회로의 시뮬레이션을 위하여 필요한 사항은 해당 사이트에서 내려 받기를 해서 참고하도록 하자.

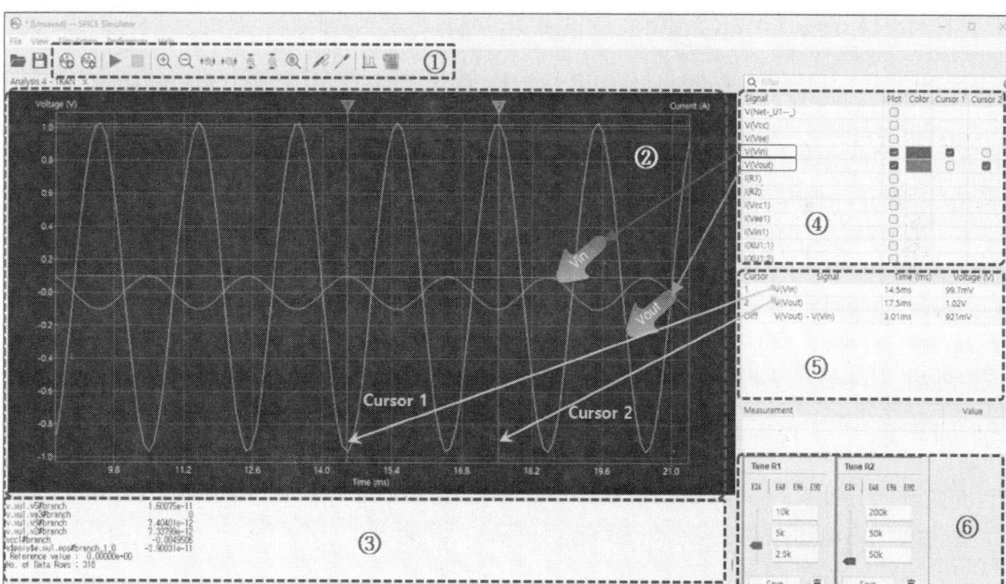

그림 4.80 Spice 시뮬레이터의 화면 구성

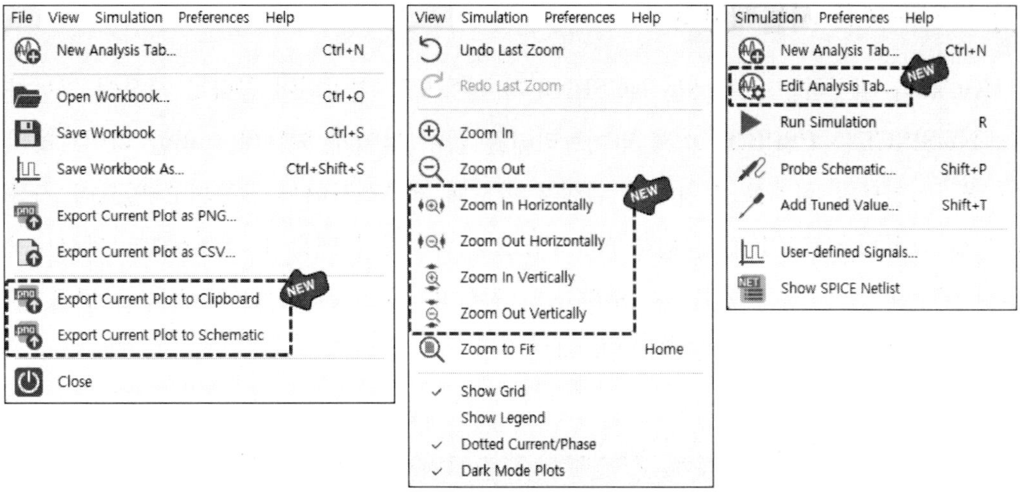

그림 4.81 Spice 시뮬레이터 메뉴 구성

시뮬레이터의 메뉴는 그림4.81과 같이 File, Simulator, View의 아래 펼침 메뉴로 구성되어 있으며 신규로 추가된 메뉴가 있다. 첫 번째 File 메뉴는 새로운 시뮬레이션 결과 만들기, 이전에 수행한 결과를 불러오기, 수행 결과 저장하기, 이미지 파일(*.png)로 저장하거나 raw데이터(*.csv)로 저장하는 메뉴들로 구성되어 있다. 새롭게 추가된 메뉴는 현재의 시뮬레이션 결과 파형을 클립보드로 내보내거나() Schematic 도면으로 내보내기()가 가능해 졌다. 두 번째 View 메뉴는 화면의 확대/축소, 시뮬레이션 결과를 화면크기에 맞추기의 메뉴와 여기에 새롭게 추가된 메뉴와 단축 아이콘으로 신호의 가로 축 스케일의 확대/축소() 기능과 신호의 진폭에 해당하는 세로 축 스케일 확대/축소() 기능이 추가되었다. 세 번째 Simulation 메뉴는 시뮬레이션을 위한 신규 신호선에 대한 환경 설정을 하기 위한 탭 메뉴()와 현재 시뮬레이션 결과에 대하여 신규 명령과 신호 표현 방법을 편집하기 위한 탭 메뉴()도 추가 되었다. 그리고 시뮬레이션 실행 결과를 확인하고자 하는 신호선을 Signal 창에서 선택하기, 결과를 확인하려는 신호선을 탐침하기(), 도면상의 소자 값을 조정하기()등의 메뉴로 구성되어 있다.

Spice 시뮬레이터의 화면은 그림4.80과 같이 기능별로 구획이 나뉘어져 있다. 6개의 영역으로 나뉘어 있는 시뮬레이터 창의 구성 내용은 다음과 같다.

- ①**번 영역 :** 자주 사용하는 단축 아이콘이 표시되어 있다.

• **②번 영역 :** 시뮬레이션 결과를 그려낸 화면으로 여러 개의 결과를 다중 탭의 형태로 보여주는 것이 가능하여 각기 다른 결과를 쉽게 비교할 수 있다. 마우스의 스크롤 키로 화면의 확대/축소가 가능하고, 오른쪽 마우스 버튼으로 팝업 메뉴 창을 불러내어 원하는 기능을 수행할 수도 있다. 또한 특정 영역을 마우스 끌기로 사각형 영역을 선택하면 선택된 영역을 확대해서 보는 것도 가능하고 커서의 위치를 이동시킬 수도 있다.

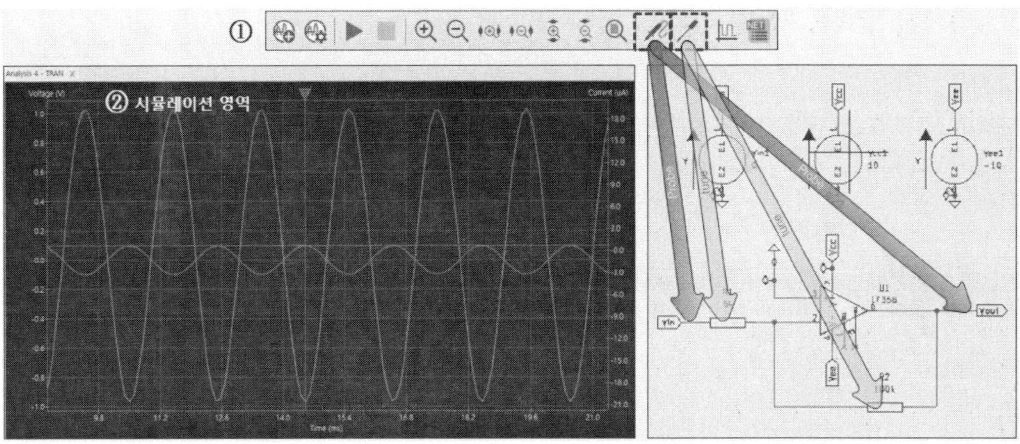

그림 4.82 도면 상의 탐침(Probe)점과 값 조정(Tune)의 대상 부품 지정

• **③번 영역 :** ②번 영역에서의 시뮬레이션 결과에 대한 정보를 표시하거나 오류나 경고 메시지를 표시한다.

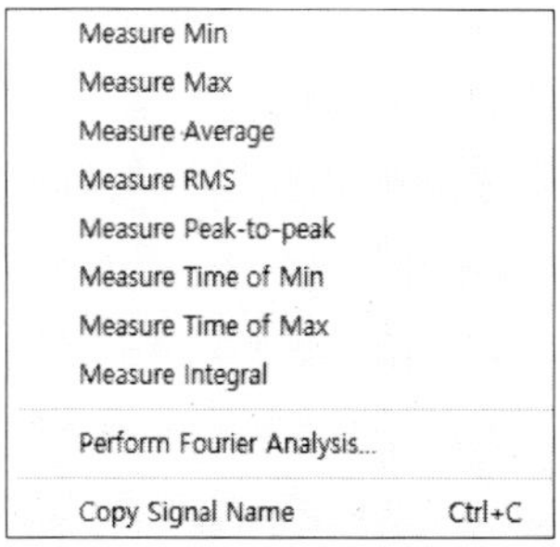

• **④번 영역 :** 시뮬레이션 결과를 확인하려는 신호 선들의 목록을 표시하는 창으로 오른 쪽 마우스 버튼을 이용한 팝업 메뉴에서 해당 신호선의 다양한 옵션을 설정하는 것이 가능하다.

• **⑤번 영역 :** 커서의 목록을 나타내는 창으로 ④번 영역에서 선택한 신호에 대하여 커서를 등록하면 등록된 커서를 이동하면서 해당 위치에서의 시뮬레이션 결과의 세로 축의 진폭 값과 가로 축의 시간 값의 측정 값을 확인할 수 있다.

• **⑥번 영역 :** 도면상에서 값을 조정하고 싶은 소자를 선택하면 해당 소자 값은 최대값, 중간 값, 최소 값으로 표시되며 이 구간의 값은 슬라이드 바를 이용하여 쉽게

변경이 가능하다. 여기서 변경되는 값은 곧바로 ②번 영역의 “Plot 화면”에 반영이 되어 나타난다. 등록된 소자는 “ ”버튼을 이용하여 제거가 가능하다.

(2) Spice 모델 편집기

Spice 모델 편집은 다음과 같이 심볼 속성 창의 우측 하단에 “simulation model” 버튼을 실행하면 라이브러리로부터 얻을 수 있는 모델과 기본 값으로 내장되어 있는 모델중에서 선택을 할 수 있다.

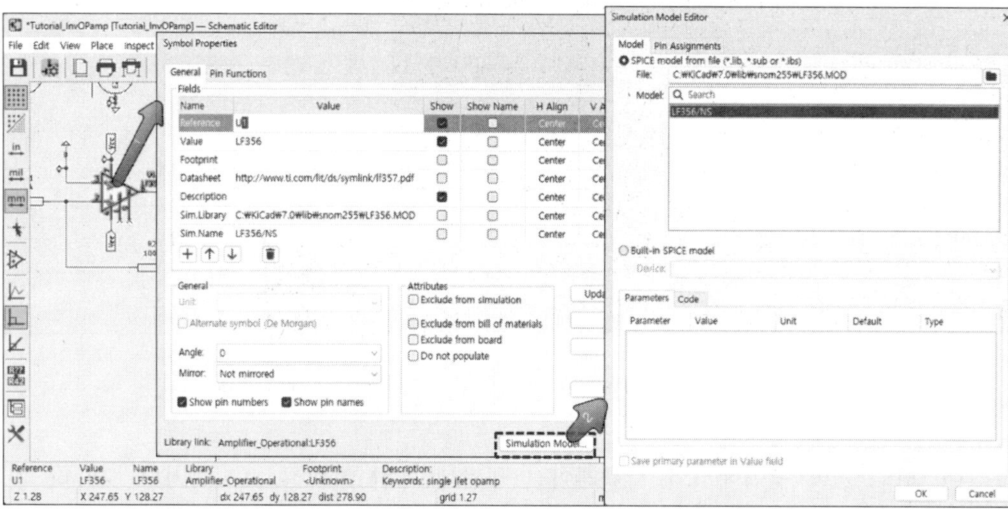

그림 4.83 심볼 속성의 Spice Model 편집 창 열기

- **Model 탭** : 표준 Spice 모델과 내장되어 있는 Spice 모델 중에서 선택하도록 되어 있는데 기본 값은 내장 Spice모델이다. 이곳에서 세부적인 소자의 모델(예 저항, 캐패시터, 인덕터)을 선택하고 소자의 형식(예 일반저항, 포텐시오메터,.)을 결정한다. 중간 부분에는 2개의 탭이 있는데 첫 번째 “Parameter” 탭에서는 부품 이름과 부품의 단위와 형식을 설정하는 내용으로 구성되어 있으며 두 번째 Code 탭에서는 부품 핀의 연결성과 부품 값을 표시한다. 자주 사용되는 옵션은 아니지만 일반적으로 수동 부품은 부품 참조 값이 실제 소자의 형식과 일치하지 않는 한 내부적으로 모델 할당이 이루어진다.

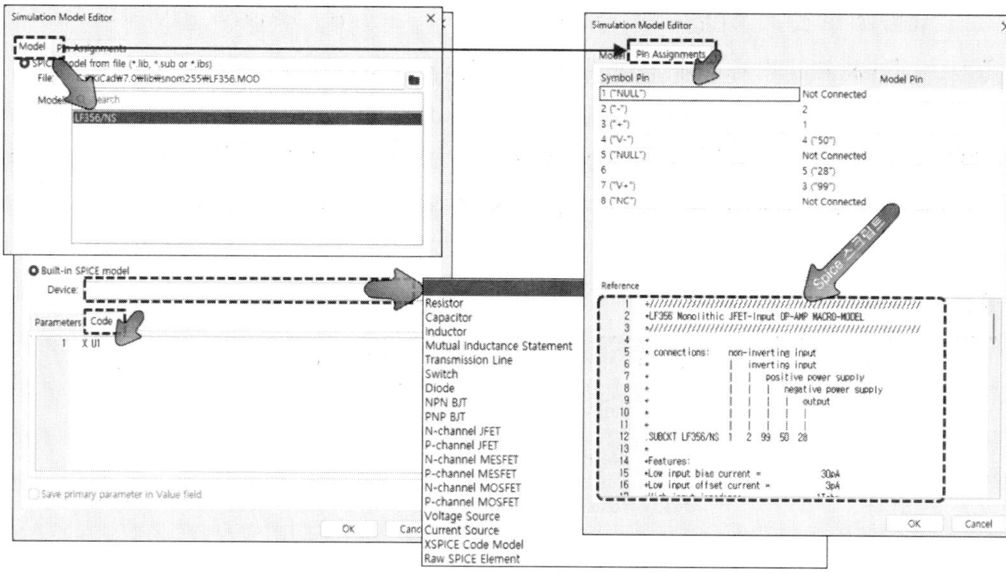

그림 4.84 Spice Model 편집 기의 탭 구성과 기능

- **Pin Assignment 탭 :** 이곳에서는 외부 라이브러리 파일에 정의되어 있는 조금 더 복잡한 모델이나 반도체 소자를 할당해 주는 역할을 한다. 이러한 Spice 모델 라이브러리는 대부분 소자를 제조하는 회사에서 제공이 된다. 이 탭에서는 선택된 외부 라이브러리 소자의 심볼 핀과 모델 핀의 할당 관계를 나타내고 아래 Reference 창에서는 파일에 관한 내용이 설명되어 있는데 각각의 노드의 순서에 따라 라이브러리 파일 내부에 설명되어 있는 내용을 포함하고 있다. 그림4.84의 우측 창의 아래 부분에서는 LF356.MOD OPamp의 Spice 시뮬레이션을 위한 스크립트 내용을 보여주고 있다.

새로운 버전의 KiCad 시뮬레이션에서는 이전의 환경 설정에서 부품관련 설정 내용은 사라지고 해당되는 부품의 Spice 스크립트에서 처리하도록 하고 있다. 따라서 구성된 회로의 시뮬레이션은 시뮬레이션 명령어 창에서 6개의 탭 내용으로 설정하면 된다.

이곳에서는 전원이나 신호원의 모델에서 DC/AC 분석과 상태를 표시하기 위하여 시뮬레이션 형식에 따라서 필요한 소스 파라메타를 설정하도록 하고 있다. 소스 형식을 정해주는 이러한 옵션 내용은 모든 시뮬레이션 형식에 그대로 적용이 된다. DC/AC 분석 칸에는 DC 전압, AC 이득 전압과 AC 위상을 설정하는 내용으로 구성되어 있으며 Transient를 분석하는 부분에는 시뮬레이션의 시간 간극, 시작시간, 끝시간을 설정하는 것으로 단순화되었으며 부품의 시뮬레이션 환경은 NGSPICE 메뉴얼에 언급된 규칙을 따른다. 예를 들어 구형파의 조건을 결정하는 Pulse와 정현파의 조건을 설정하는 Sinusoidal의 내용에 대한 규칙은 다음과 같다.

- **Pulse :** 다음과 같은 문법 규칙에 따라 값을 설정할 수 있다. 실제 시뮬레이션 결과는 다음 절에서 다루게 될 R, C 계단형 회로에서 결과를 확인해 보도록 하자.

표 4.24 구형파 설정 문법

Name	Parameter	Default Value	Units
V1	Initial value	-	V, A
V2	Pulsed value	-	V, A
TD	Delay time	0.0	sec
TR	Rise time	TSTEP	sec
TF	Fall time	TSTEP	sec
PW	Pulse Width	TSTOP	sec
PER	Period	TSTOP	sec
PHASE	Phase	0.0	degrees

```
문법 : PULSE(V1 V2 TD TF PW PER PHASE)
예제 : PULSE(0 5 1u 1u 1u 1 1)
```

위의 문법 규칙에 따라 예제의 내용은 초기전압 0V, 구형파 전압 5V, 지연시간은 1usec, 구형파 상승지연 1usec, 구형파 하강지연 1usec, 구형파 펄스폭 1sec, 구형파 주기 1sec로 설정되어 있는 것을 확인할 수 있다.

- **Sinusoidal :** 다음과 같은 문법 규칙에 따라 값을 설정할 수 있는데 이 부분은 계속되는 시뮬레이션 절에서 실제 예제를 통하여 결과를 확인해 보도록 하자.

표 4.25 정현파 설정 문법

Name	Parameter	Default Value	Units
V0	Offset	-	V, A
VA	Amplitude	-	V, A
FREQ	Frequency	1/TSTOP	Hz

TD	Delay	0.0	sec
THETA	Damping factor	0.0	1/sec
PHASE	Phase	0.0	degrees

> 문법 : SIN(V0 VA FREQ TD THETA PHASE)
> 예제 : SINE(0 1 500 0 0 0)

위의 정현파 규칙에 따른 sine함수의 결과는 표에 명기된 문법에 따라서 다음과 같은 수식의 결과를 갖는다.

$$V(t) = \begin{cases} V0 & 0 \le t \le TD \\ V0 + VAe^{-(t-TD)\cdot\theta}\sin(2\pi FREQ(t-TD) + PHASE) & TD \le t \le TSTOP \end{cases}$$

따라서 위의 예제에서 "SIN(0 1 500 0 0 0)"를 보면 Offset V0 = 0이고, 전압 이득 VA = 1, 주파수 FREQ = 500Hz, 시간지연 TD = 0, THETA = 0이고 위상 변위 PHASE = 0으로 된 것을 확인할 수 있다. 따라서 이 예제의 함수는 다음과 같이 정리할 수 있다.

$$V(t) = \sin((2\pi\, t) \times 500)$$

두 가지 탭 외에 Exponential 탭, Piece-Wise Linear 탭, FM 탭, AM 탭, Random 탭의 내용은 NGSPICE의 매뉴얼을 참조하도록 하자.

(3) Spice 시뮬레이션

앞 절에서 설명한 NGSPICE 시뮬레이션의 실행과정과 결과를 확인하기 위하여 첫 번째로 저항R과 콘덴서C를 이용한 계단형 회로를 통하여 소신호 게인 측정 방법과 PULSE신호의 문법과 기능을 숙달하도록 하고, 두 번째로는 바이폴라 트랜지스터를 이용한 증폭회로에서 다양한 TRANSIENT 탭의 설정 과정을 통하여 얻어지는 시뮬레이션 결과를 확인해 보도록 하자.

> **팁** 이전 버전에서 시뮬레이션을 위하여 사용되었던 VSOURCE 라이브러리를 사용하기 위해서는 "pspice.kicad_sym" 파일을 구 버전의 아래 경로를 통하여 복사를 한 다음 신 버전의 심볼 폴더에 복사한 다음 환경설정에서 해당 라이브러리를 등록하면 사용이 가능하다.

구버전 경로 : C:\KiCad\6.0\share\kicad\symbols\pspiece.kicad_sym

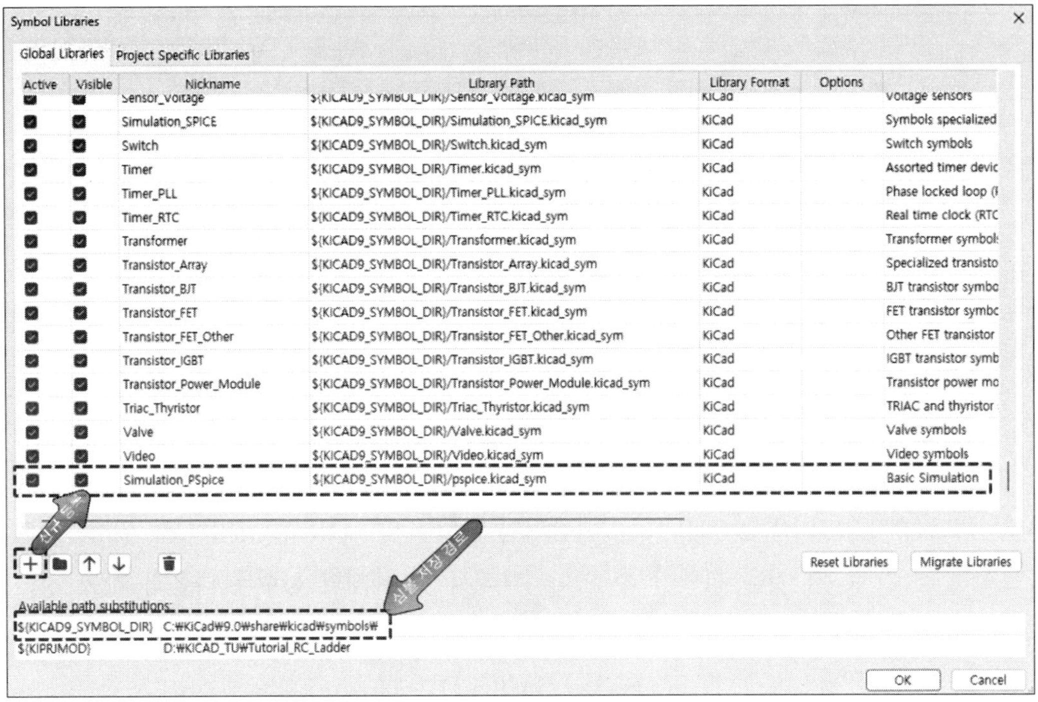

그림 4.85 pspice.kicad_sym라이브러리 신규 등록

사례 1 RC 사다리 회로 시뮬레이션

RC사다리 회로의 도면은 심볼 선택과정에서 'PSPICE' 라이브러리에 위치한 저항 R, 콘덴서C, 접지 0 그리고 VSOURCE 심볼을 이용하여 구성한 회로다. NGSPICE에서는 모든 전압은 접지 핀을 기준으로 정해지기 때문에 반드시 접지 0은 반드시 설정해 주어야 한다. 그리고 입력신호를 전달하기 위해서는 도면에 반드시 VSOURCE가 필요하다. VSOURCE는 NGSPICE 입력을 전달해야 하는 중요한 소스원으로 DC는 성분이 없는 '0'값으로 그리고 AC성분은 '1' 값으로 정하였다.

기본적인 도면을 완성하였으면 시뮬레이션하고자 하는 조건등을 NGSPICE에 알려 주어야 한다. 위 도면에서 시뮬레이션 조건에 관련된 규칙은 NGSPICE44 매뉴얼에서 설명하고 있는 다음과 같은 기준을 따르면 된다.

AC 소신호 분석 문법
.ac dec nd fstart fstop
.ac oct no fstart fstop
.ac lin np fstart fstop

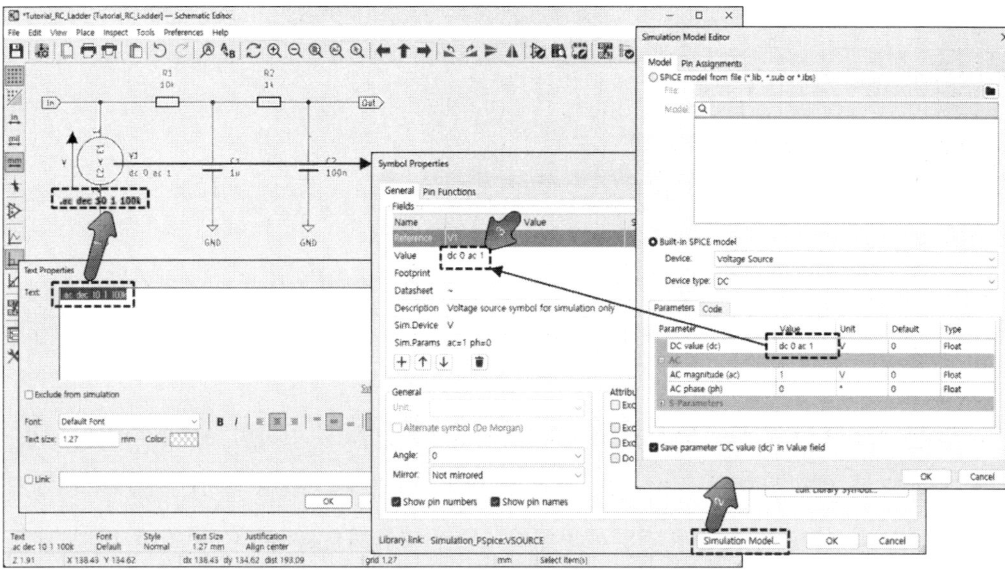

그림 4.86 RC 사다리 회로 시뮬레이션 규칙 설정

AC 소신호 분석 문법중 첫 번째 규칙을 적용하는 경우 dec는 decade 변동에 대한 기준이고, nd는 이러한 decade당 점의 개수이다. fstart는 시작되는 주파수를 fstop은 최종 주파수를 나타낸다. 참고로 decade는 밑을 10으로 하는 로그 스케일 간격을 측정의 기준으로 표시하는 것을 의미한다. 시뮬레이션에서는 소신호 AC의 NGSPICE 문법 규칙에 따라서 AC의 주파수 범위는 1Hz에서 시작해서 100KHz에서 종료되는 것으로 로그 스케일 당 10개의 포인트를 갖도록 하였다.

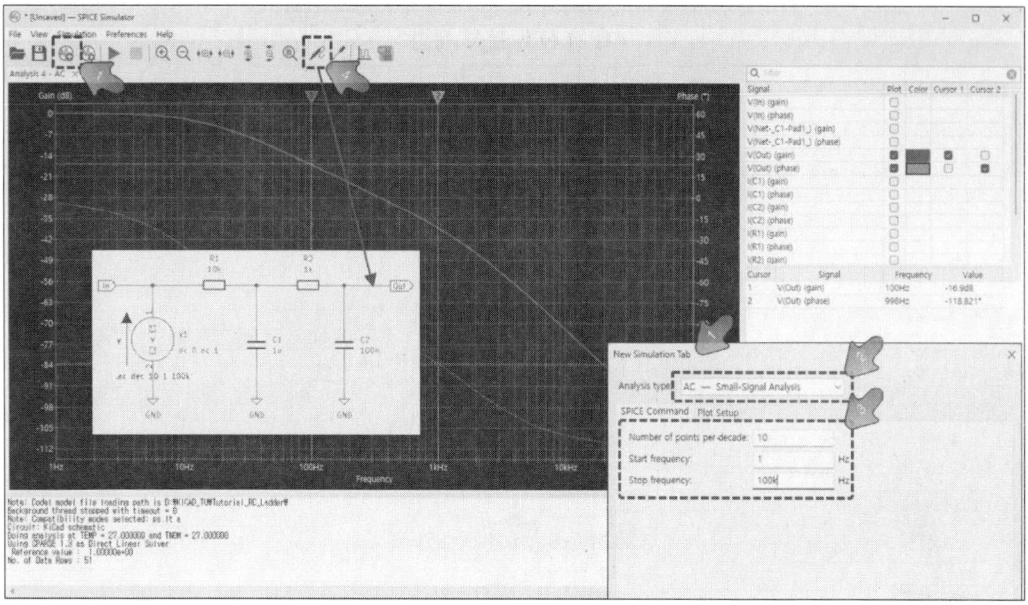

그림 4.87 AC소신호 시뮬레이션 결과 (.ac dec 10 1 100k)

동일한 회로에서 과도현상 결과에 대한 시뮬레이션을 수행하면 모든 결과는 시간 축을 기준으로 계산이 된다. 이러한 결과를 얻기 위해서는 입력 전압 신호를 변경해 주어야 하는데 여기서는 계단 전압이 0에서 5V로 공급되도록 했다. 이러한 변경 내용은 NGSPICE44 메뉴얼의 PULSE 문법 규칙에 따라서 이전에 설정되어 있었던 'dc 0 ac 1'의 값은 VSOURCE에 대한 Spice Model 편집 창에서 'PULSE(0 5 1u 1u 1u 1 1)'로 변경하였다. 즉 입력 전압은 1us의 지연시간이 지난 뒤에 0에서 5V로 상승하는 것으로 설정하였고 펄스의 상승 지연이나 하강 지연 시간은 모두 1us로 하였다.

이전 버전에서 시뮬레이션 부품에 대한 NGSPICE 문법 규칙을 텍스트 속성 형식으로 입력을 했다면 최근 버전에서는 문법 규칙을 찾아보지 않고도 쉽게 입력이 가능한 대화식 메뉴 형태로 업그레이드가 되었다. 앞서 언급한 전원 소스에 PULSE 규칙을 적용하는 방법은 다음 그림과 같이 Spice Model 편집 창에서 조건에 맞는 값으로 입력하는 것으로 모든 준비 과정은 끝이 난다.

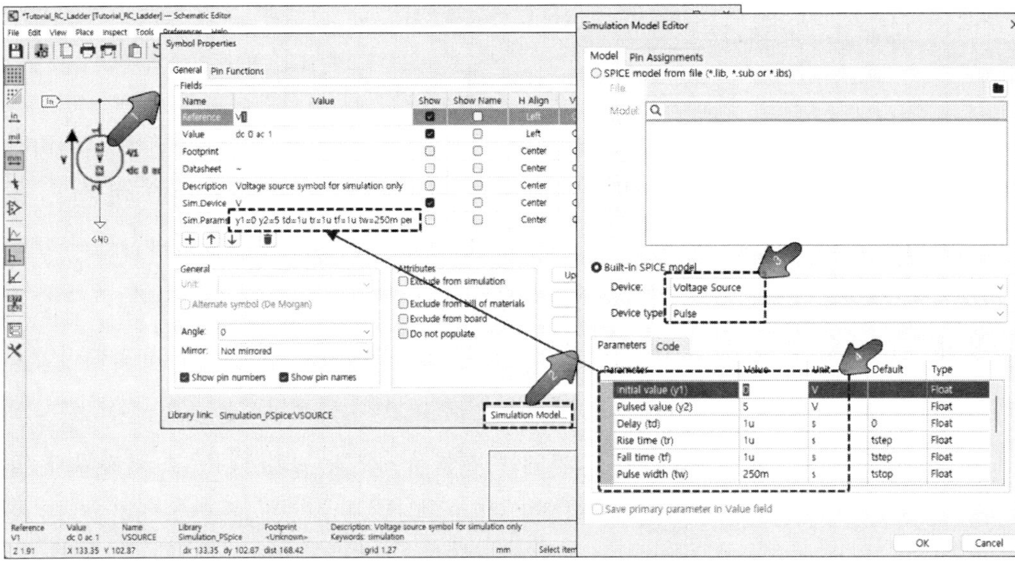

그림 4.88 Spice Model편집 창의 PULSE 값 설정

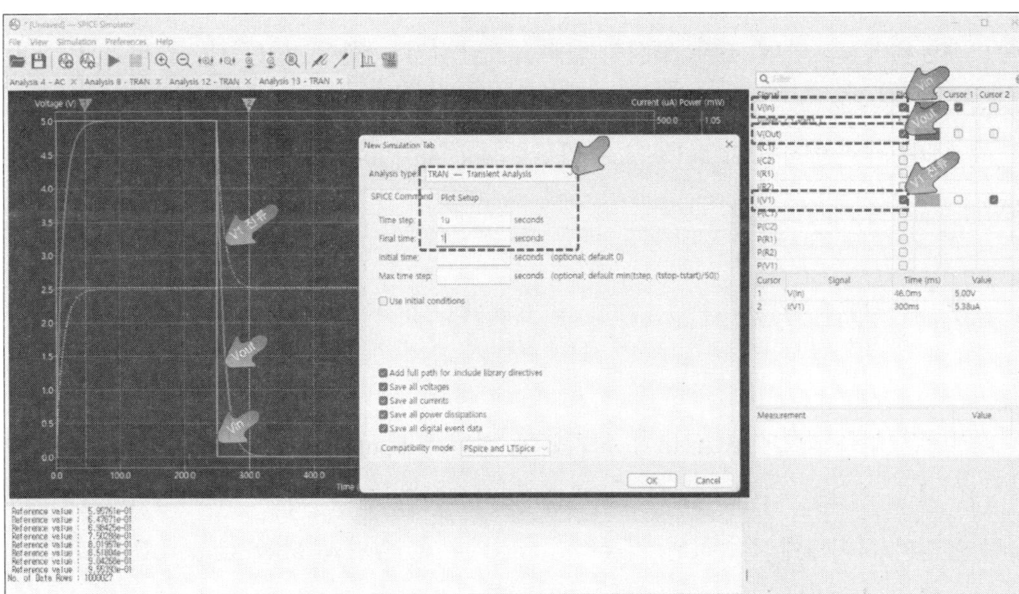

그림 4.89 '.tran 1u 1s'의 시뮬레이션 결과

여기서 펄스의 폭 250msec와 반복 시간을 1s로 하면 확대된 입력 신호의 상승 엣지와 하강 에지의 특성을 관찰할 수가 있다.

사례 2 바이폴라 트랜지스터 증폭회로 시뮬레이션

바이폴라 트랜지스터를 이용한 증폭회로의 예제에서는 일반적인 BJT 라이브러리의 심볼을 배제하고 PSPICE 라이브러리의 심볼을 사용한다는 점을 주의하기 바란다. 증폭회로에서 두 개의 저항 R_1, R_2는 트랜지스터의 베이스 전류를 결정하며 R_3는 직류 부하저항의 역할을 한다. R_L 저항은 NGSPICE를 실행할 때 각각의 터미널에 DC가 연결되지 않은 콘덴서는 시뮬레이션에서 받아들이지 못하기 때문에 필요한 출력전압을 위한 부하저항이다. 모든 도면의 설계 작업을 마쳤어도 시뮬레이션을 위한 회로로서의 준비과정이 필요하다. 즉, Q1 트랜지스터에는 시뮬레이션을 위한 많은 조건 자료가 필요하다. 바이폴라 트랜지스터 모델은 NGSPICE 내부에서 터미널 전압에 대한 전류 값을 계산하는 공식의 형태로 부호화되어 있다. 이러한 시뮬레이션 모델에는 특정 트랜지스터들에 대하여 필요한 값을 계산해 내기 위한 모델별 파라메터 값이 필요한데 이러한 값은 KiCad에서 제공되는 것이 아니라 해당 소자를 생산하는 업체나 웹 페이지에서 제공되며 그 밖의 기타 웹사이트에서 제공되기도 한다. Q1트랜지스터는 BC546으로 아래의 사이트에 접속하면 기본적인 models_ugr.7z 와 MicroCap_LIBRARY.7z을 내려받을 수 있으며 KiCad Spice 라이브러리 사이트에서도 해당 자료를 찾아볼 수 있다.

- https://ngspice.sourceforge.net/modelparams.html
- https://github.com/kicad-spice-library/KiCad-Spice-Library

내려받은 압축 파일은 KiCad가 설치되어 있는 "lib\ngspice" 폴더에 압축을 풀어서 저장한 다음 필요한 라이브러리를 호출해서 사용하면 된다. Q1 트랜지스터는 BC546으로 아래의 사이트에 접속하면 기본적인 models_ugr.7z 와 MicroCap_LIBRARY.7z을 내려받을 수 있으며 KiCad Spice 라이브러리 사이트에서도 해당 자료를 찾아볼 수 있다.

여기서는 models_ugr.7z을 "C:\..\9.0\lib\basic_model\modelos_subckt" 위치에 압축을 해제하고 난 다음 "ZMODELS" 라이브러리에서 BC546.lib 모델을 선택한다.

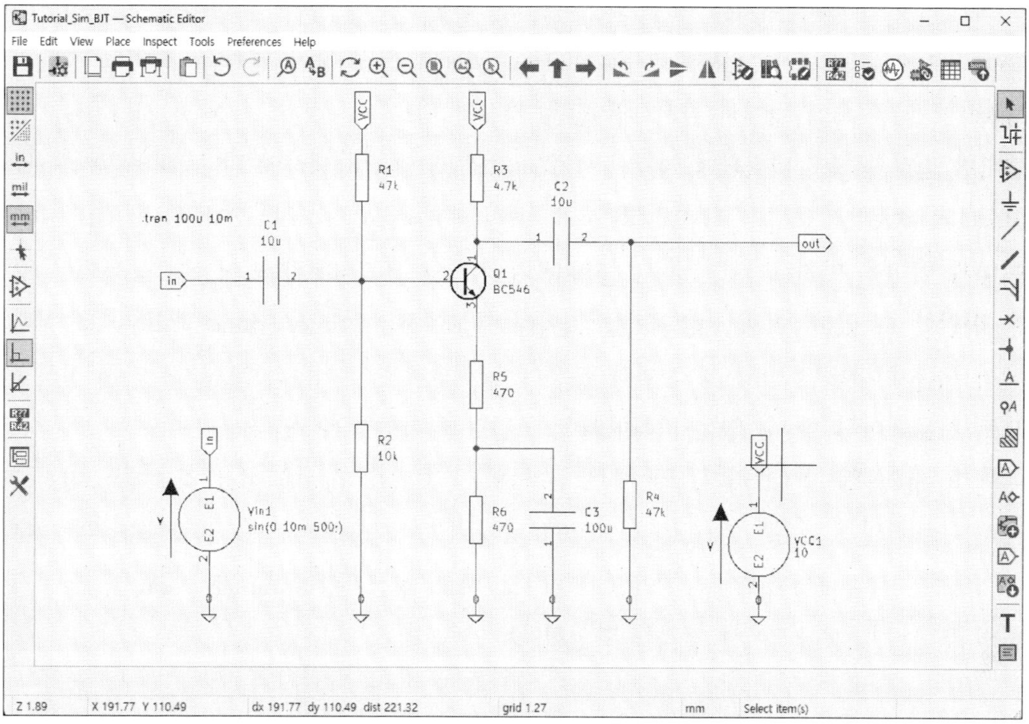

그림 4.90 바이폴라 트랜지스터(BJT) 증폭회로

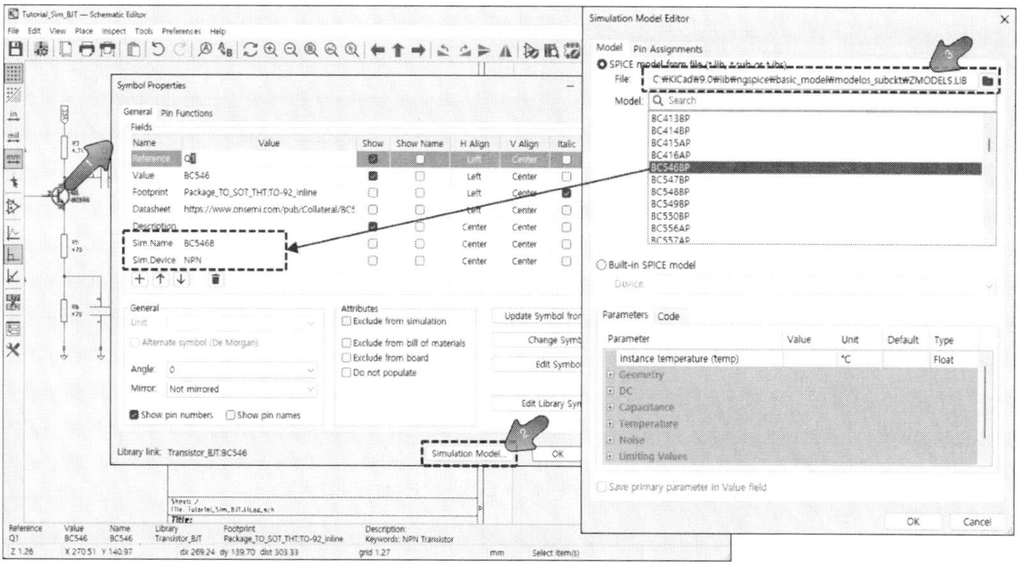

그림 4.91 ZMODEL.LIB에서 BC546BP 모델 설정

도면에서 BC546 심볼을 마우스로 더블-클릭해서 나타난 속성 창에서 우측 하단의 "Simulation Model"을 선택하면 Simulation Model 편집 창이 열린다. 그리고 상단의 Spice 모델가져오기 칸에서 앞서 내려받은 저장된 경로를 지정하고 ZMODEL.LIB를 선택하면 소자 목록이 나타난데 여기서 "BC546BP" 모델을 선택하면 된다. 내려받은 Spice Model의 경로는 "C:\KiCad\9.0\lib\basic_model\modelos_subckt\ZMODEL.LIB"이다. 이렇게 입력을 마치고 나면 Spice_Model의 필드에 BC546B라는 이름이 등록되는 것을 확인할 수 있다. 이제 심볼 속성 창 아래 부분에서는 "Spice Model Editor"를 실행해서 새롭게 나타난 팝업 창의 아래 부분에서 해당하는 바이폴라 트랜지스터를 정상적으로 시뮬레이션 할 수 있는 파라메터 스크립트를 확인할 수 있다.

간혹 Spice용 라이브러리 내부에 오류가 있는 경우가 있는데 이런 경우에는 버전 7에서부터 지원하고 있는 "Built-in SPICE model"을 사용하는 것을 권장한다. 이 경우 BC546 모델은 내장되어있는 "NPN BJT"로 하고 형식은 "Gummel-Poon"으로 설정하면 무난하게 시뮬레이션 결과를 확인할 수 있다.

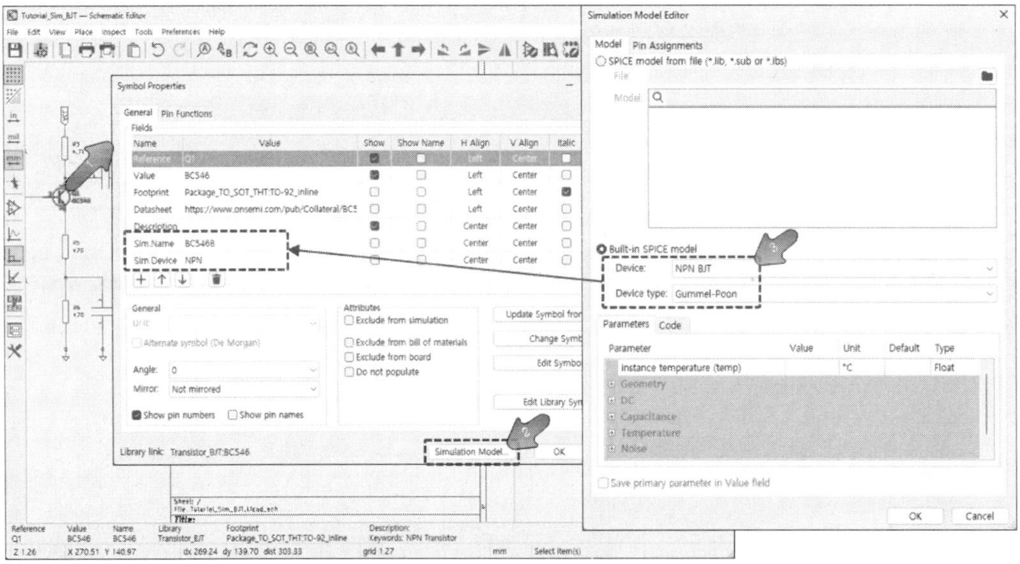

그림 4.92 내장된 NPN BJT의 Spice모델 설정

NPN 바이폴라 트랜지스터의 증폭회로에서 입력 전압 Vin의 정현파 설정은 DC 오프셋은 없는 것으로 하여 '0'으로 하고, 입력 전압은 '10mV' 그리고 주파수는 '500Hz'

로 설정하는 것으로 하자. 그리고 나머지 항목은 설정하지 않는 것으로 하면 스크립트 내용은 ‘sin(0 10m 500;)’으로 정리할 수 있다. 그리고 Vcc 전원에 해당하는 시뮬레이션의 VSOURCE에서는 DC를 ‘10’volt로 하고 AC 이득은 없는 것으로 한다.

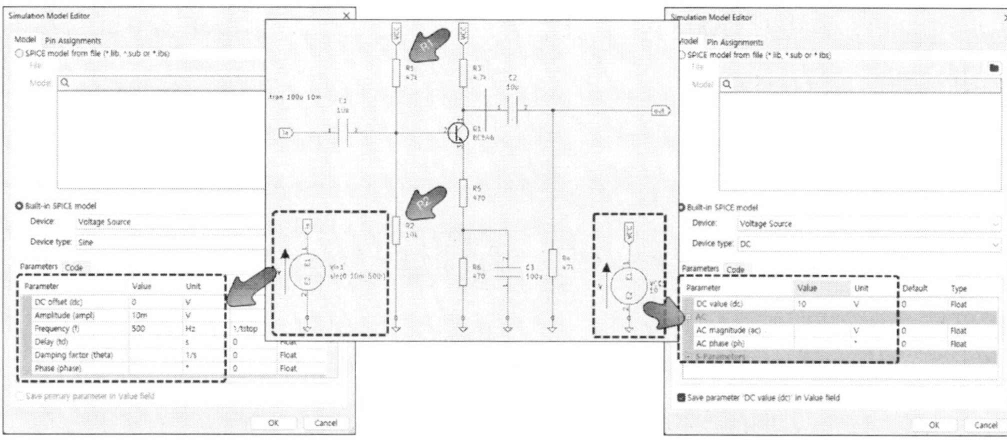

그림 4.93 BC546의 정현파 입력 전압과 전원 설정 및 등가회로 인자(R1,R2)

예제로 소개한 NPN 바이폴라 트랜지스터 증폭회로에서는 R1의 저항 값에 따라 출력 전압의 증폭 품질이 결정된다. 따라서 다음 그림과 같이 Spice 시뮬레이션 창에서 Tune “Tune”을 실행한 후 화면에 나타난 탐침 커서를 증폭회로에서 R1 위에 두고 클릭을 하면 R1 저항 값을 변화시킬 수 있는 슬라이드 바가 나타난다. 여기서 R1값을 변경하게 되면 입력전압과 출력 전압의 증폭관계를 정현파의 형태로 관측할 수 있다. 이 경우 베이스 전류 값이 감소하여 컬렉터와 이미터간 전압 V_{CE}의 값이 Vcc에 가까워지면 차단 점에 이르러서 출력신호의 진폭이 잘리는 클리핑이 발생한다. 위에서 언급한 공통이미터 증폭회로에서는 전압 이득의 안정도를 위하여 이미터에 두 개의 저항 R_{E1}과 R_{E2}를 연결했는데 교류 전압 이득의 경우 R_{E2}는 콘덴서 C_3바이패스가 되므로 $A_v = R_C/(r_e' + R_{E1})$가 된다. 따라서 이미터 저항 R_{E1}는 트랜지스터 내부 다이오드 저항 r_e'의 수 십배 정도로 크게하면 전압이득은 $A_v = R_C/R_{E1}$이 된다. 이와같이 V_{CE}의 크기를 결정하는 구성 요소는 다음과 같이 정리할 수 있다.

직류 등가회로에서 베이스저항 R_{TH}, 베이스전압 V_{TH}, 이미터전류 I_E는 아래 식과 같이 정리되며 이 경우 콜렉터 전류는 이미터 전류와 근사 값으로 동일한 것으로 볼 수 있다. 여기서 R_1값이 60k에서 30k로 변경하는 경우 R_{TH}와 V_{TH}의 값은 일정 범위의 값을 갖게 된다. 이 식의 결과에 따라 R_1이 32K 이상의 값을 갖는 경우에는 V_{CE}의 값이 V_{CC}의 값보다 작은 값을 갖게 되어 차단 점을 안쪽의 DC부하 선상에 동작점이 놓이게 되지만 32K보다 작은 저항 31k 값을 갖는 경우에는 $V_{TH} = 2.44$, $R_{TH} = 7.56k$가 되므로 이때 이미터 전류 $I_E = 1.83mA$으로 V_{CE} 값이 '0'보다 작아져서 차단 점을 넘어가게 된다.

$$R_{TH} = \frac{R_1\,R_2}{R_1 + R_2} \qquad (\text{cf. } 8.57k(= \frac{60k\;10k}{60k+10k}) \le R_{TH} \le 7.61k(= \frac{32k\;10k}{32k+10k})\,)$$

$$V_{TH} = \frac{R_2}{R_1 + R_2}\,V_{CC} \quad (\text{cf. } 1.43(= \frac{100k}{60k+10k}) \le V_{TH} \le 2.38(= \frac{100k}{32k+10k})\ )$$

$$I_E = \frac{V_{TH} - V_{BE}}{(R_{E1} + R_{E2}) + R_{TH}/\beta_{DC}} = \frac{V_{TH} - 0.7}{940 + R_{TH}/430} \cong I_C$$

$$(\text{cf. } \frac{0.73}{959.93} \le I_E \le \frac{1.68}{957.69}, \quad 4.289 \le A(= I_E \times 5.64K) \le 9.89\ )$$

$$V_E = I_E(R_{E1} + R_{E2}),\ V_C = V_{CC} - I_C R_C = V_{CC} - I_E R_C$$

$$\begin{aligned} V_{CE} &= V_C - V_E \\ &= V_{CC} - I_E R_C - I_E(R_{E1} + R_{E2}) \\ &= V_{CC} - I_E(R_C + R_{E1} + R_{E2}) \\ &= 10 - I_E(4.7K + 940R) \\ &= 10 - A \end{aligned}$$

위의 계산 결과를 근거로 R_1 값의 범위를 32k를 기준으로 하고, 동작 점 범위 내에서 전압 이득 10mV인 정현파 신호를 입력할 때 증폭된 출력신호의 Spice를 시뮬레이션 결과는 다음과 같다.

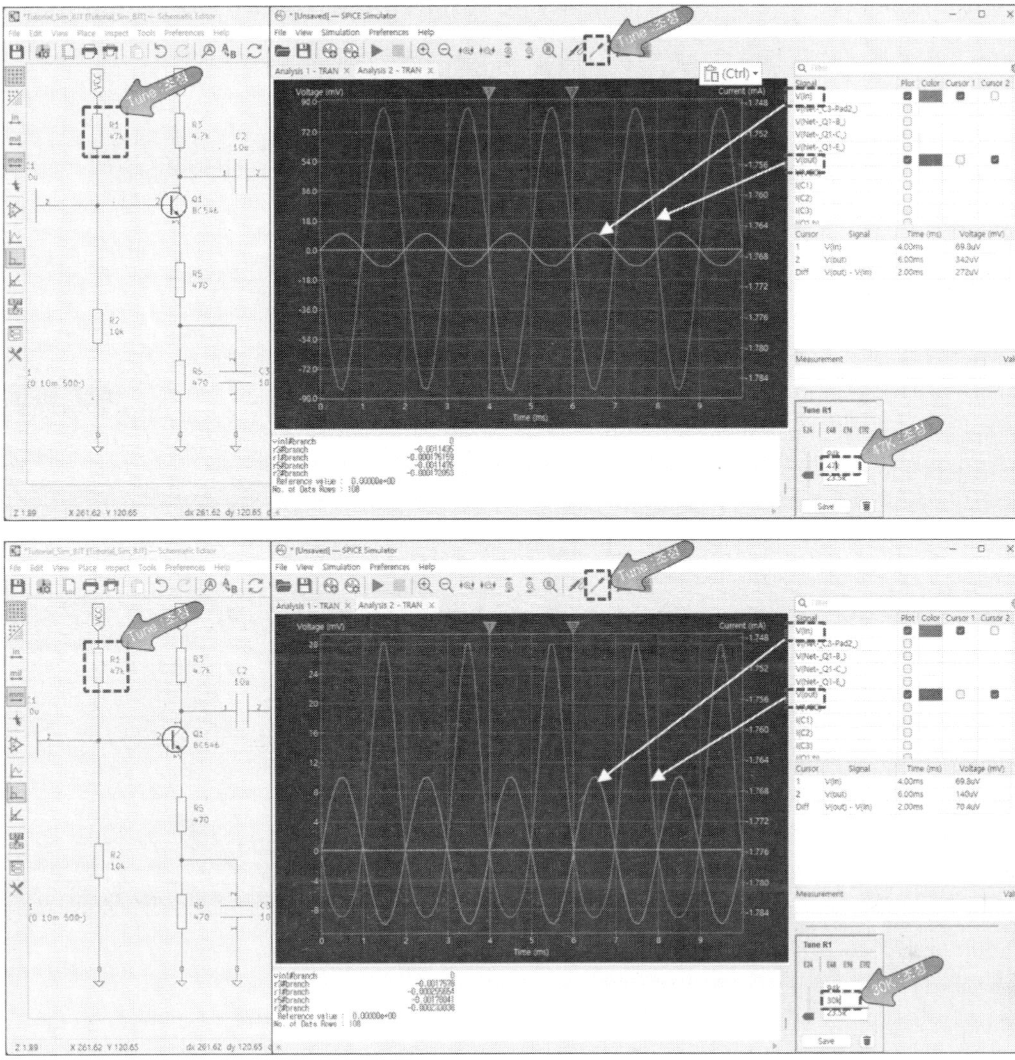

그림 4.94 공통이미터 Swamping증폭회로($R_1 = 47K$, $30K$)의 입,출력파형

사례 3 OP앰프를 이용한 반전증폭회로

OP 앰프를 이용한 증폭회로는 위상이 반전되는 반전 증폭과 비반전 증폭이 있는데 이번 사례에서는 단순한 반전 증폭회로의 입력 값에 대한 출력 결과를 확인하도록 해보자. NGSPICE에 사용된 OP앰프의 Spice 모델은 아래 주소의 KiCad의 github 사

이트에서 내려받은 압축파일은 KiCad가 설치된 lib\ngspice 폴더에 풀어서 저장하도록 하고 지원하는 모델 중에서 LF351 모델을 사용하는 것으로 하자.

https://github.com/kicad-spice-library/KiCad-Spice-Library/tree/master

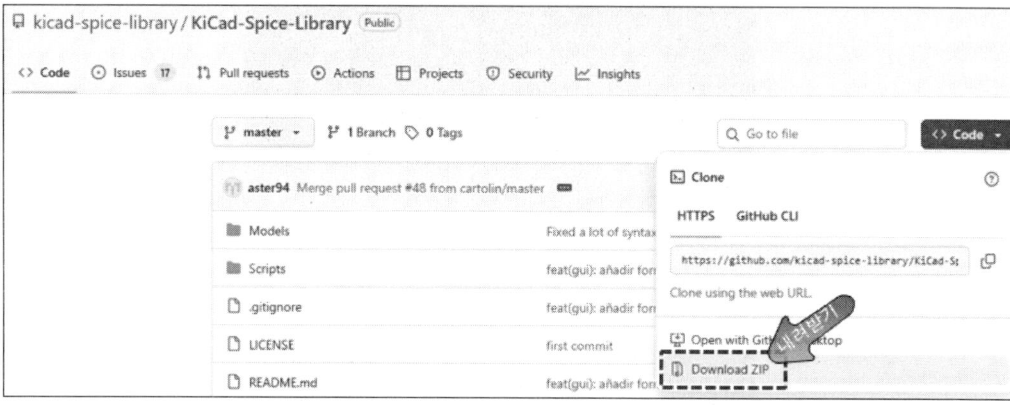

그림 4.95 KiCad-Spice-Library 내려받기

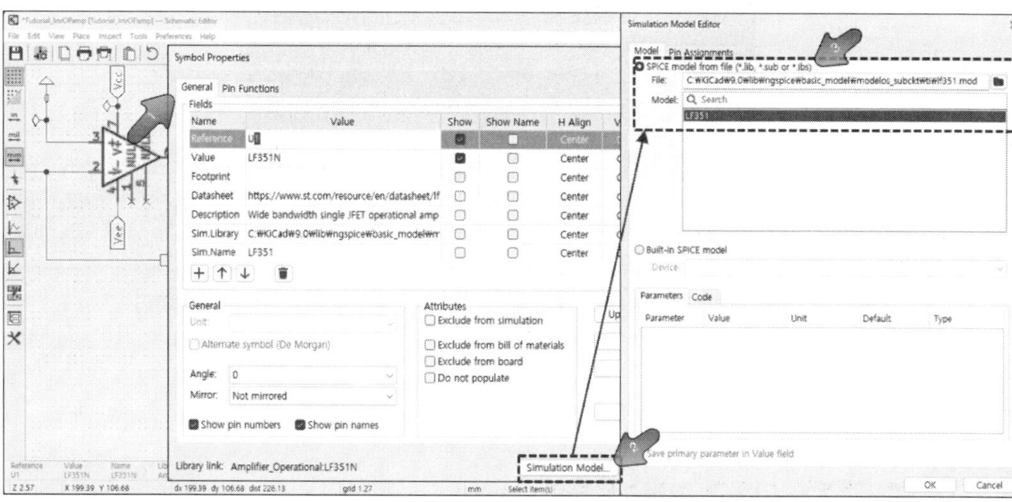

그림 4.96 LF351 OP앰프의 Spice라이브러리 모델 설정

사용된 OP 앰프는 20배 증폭을 위하여 $R_1 = 5k$, $R_2 = 100k$로 설정하고 OP 앰프는 라이브러리에서 LF351 심볼을 사용하도록 한다. OP 앰프의 기준 전압은 $V_{ref+} = 10$,

V_{ref-} =−10으로 하고 입력 신호원은 전압 이득이 100mV, 직류 오프셋 0 그리고 주파수는 500Hz로 설정하도록 한다.

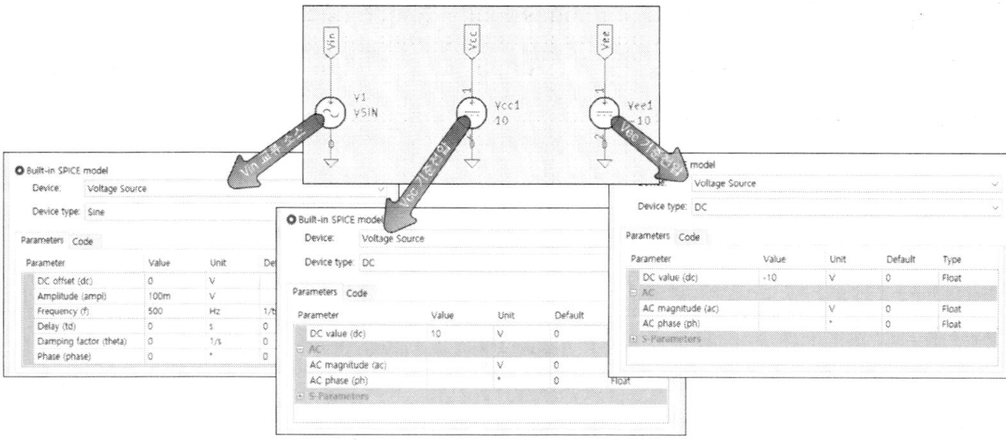

그림 4.97 Spice VSOURCE 모델의 양/음 전압 원 및 교류 입력 전원 설정

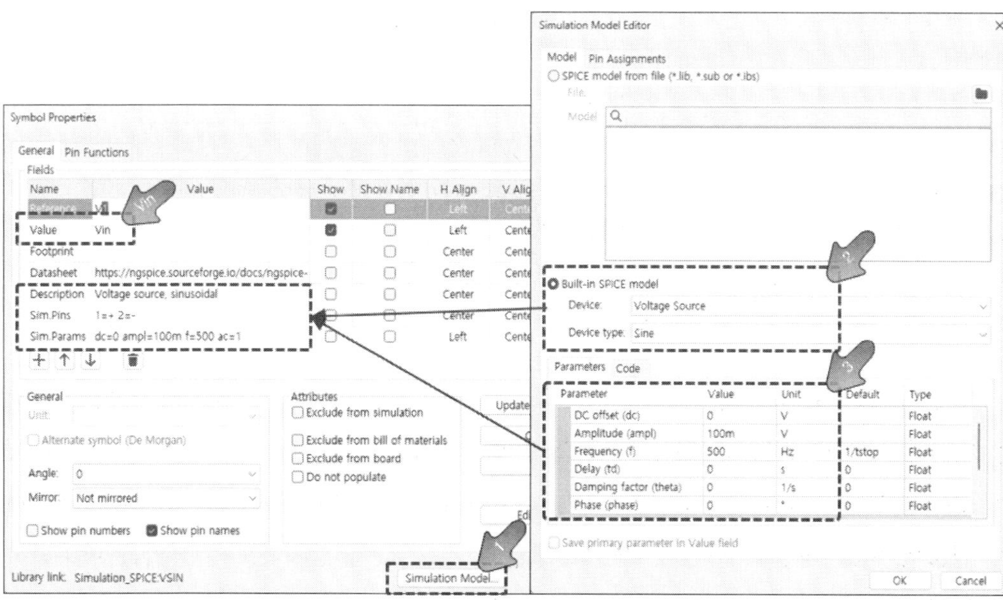

그림 4.98 OP앰프 Spice 입력 교류 전압 신호 설정

기준 전압을 위한 전원은 심볼 라이브러리의 Simulation_SPICE 목록에서 VDC라는 모델을 양 전압, 음 전압으로 사용하고 교류 입력 신호는 VSIN이라는 모델을 사용

한다. OP앰프의 양 기준 전압 Vcc와 음 기준 전압 Vee는 속성 편집 창에서 +10V와 -10값으로 설정하고 전역 레이블도 동일한 이름으로 처리한다. OP앰프의 입력 교류 신호는 VSIN 심볼의 속성 창에서 Vin으로 값을 변경하고 하단의 "Spice Model"을 선택하여 Spice 모델 편집 창을 열고 "Sinusoidal" 정현파 설정에 필요한 값을 입력하도록 한다. 여기서는 DC Offset 값은 '0', Amplitude는 '100m'볼트로 하고 Frequency는 '500'Hz로 설정하였다.

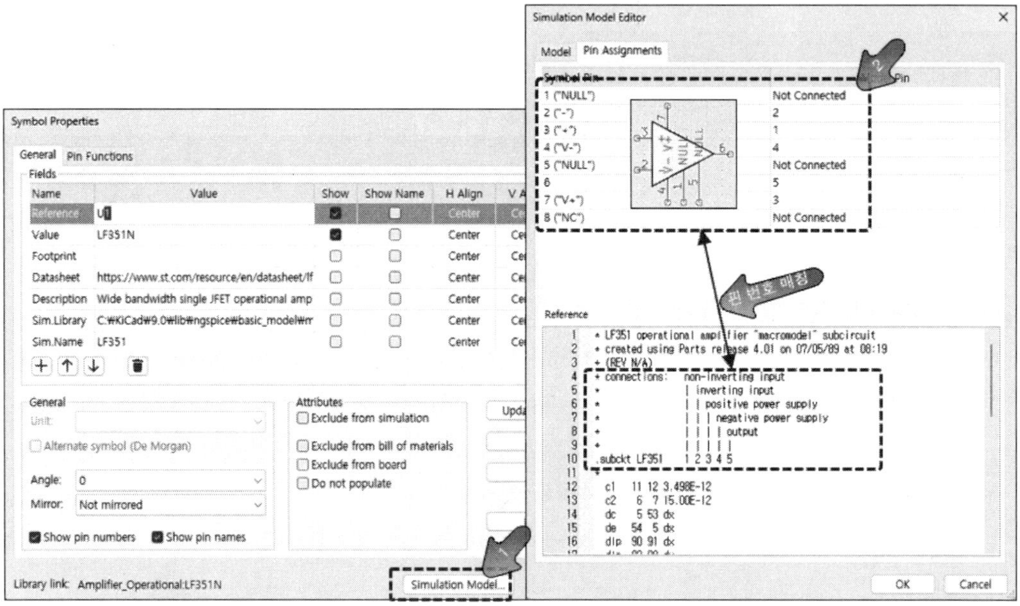

그림 4.99 OP앰프 LF351의 NGSPICE 모델 핀 번호 매칭

마지막으로 OP앰프 LF351의 NGSPICE 모델은 저장해 둔 "LF351.mod"와 논리적 연결 관계를 연계시키는 작업을 한다. 도면에서의 Vin은 LF351의 2번 핀에 연결이 되는 LF351 모델에서 비반전 입력은 1번으로 되어 있다. 그림4.99의 속성 창에서 나머지 핀들의 매칭 작업도 도면과 LF351 모델의 기준 값이 일치하도록 작업을 마무리하도록 한다. 다음은 앞서 설명한 OP 앰프의 시뮬레이션을 위한 각종 설정 값을 입력하는 단계로 결과를 확인하려면 Spice Simulator 화면에서 "New Analysis()" 탭 창을 열고 "Transient" 탭에서 "time step"과 "final time" 값을 설정한 다음 시뮬레이션을 실행하면 된다. 과도상태 해석과 관련된 문법은 다음과 같다.

.tran 과도상태 해석 문법

```
.tran tstep tstop <tstart <tmax>> <uic>
```

예제

```
.tran  1ns  100ns
.tran  1ns  1000ns  500ns
.tran  10ns  1us
```

과도상태 해석에서 tstep은 시뮬레이션의 시간 간격으로 종료 시간까지 상태를 해석하기 위한 최소 시뮬레이션 시간 간극(step)이라고 보면 된다. 전체 시뮬레이션 시간을 지나치게 작은 간극 값으로 설정하면 컴퓨터의 CPU에서 처리해야 하는 연산에 과부하를 초래하게 되어 바람직한 방법이 아니다. 시뮬레이션 시간 간극이 큰 값으로 설정되더라도 시뮬레이터 내부에서는 구간(tstop-tstart)을 50으로 나눈 값을 tstep의 최소값으로 사용한다. 여기서 tstep과 tstop의 값은 사용자가 직접 설정을 하고, tstart의 경우는 값을 정해주지 않으면 기본 값인 '0'으로 설정된다. 최종적인 OP앰프의 시뮬레이션은 이와 같은 문법 기준에 따라서 Transient 값을 설정하면 된다.

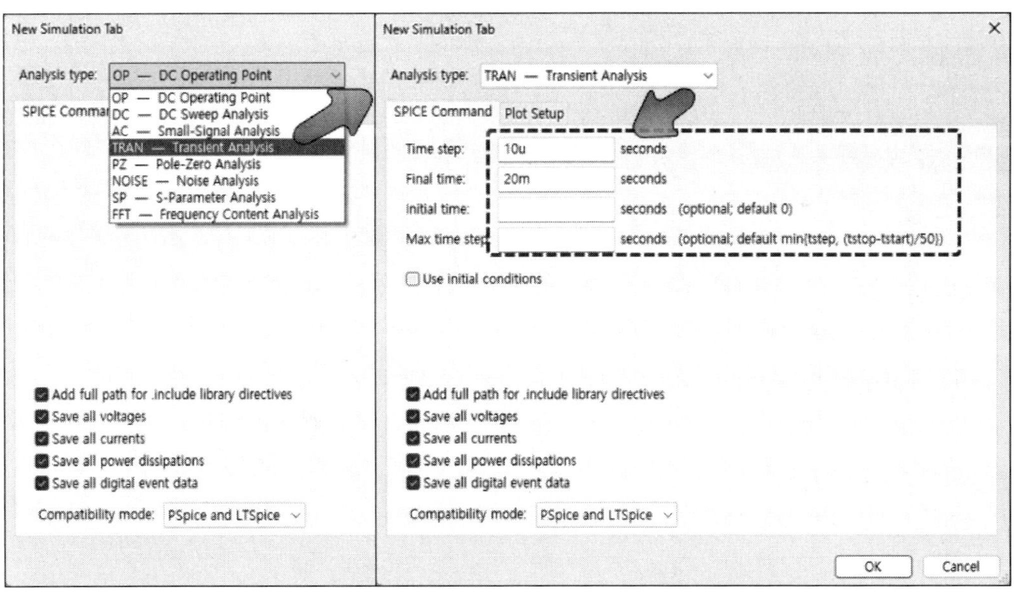

그림 4.100 시뮬레이션의 Transient 값 설정 화면

반전 OP앰프 LF351에서 입력단자로 유입되는 전류가 '0'이 되기 때문에 R_1을 통해서 흐르는 전류는 "$I_{in} = I_{out}$"가 된다. 이 경우 저항은 OP 앰프의 '−' 단자가 가상접지와 연결되었다고 보면 R_1의 양단 전압은 V_{in}과 같다. 따라서 $I_{in} = V_{in}/R_1$가 된다. 그리고 R_2의 양단 전압은 가상접지를 기준으로 $-V_{out}$과 동일하기 때문에 $I_{out} = -V_{out}/R_2 (= I_{in})$가 된다. 따라서 $-V_{out}/R_2 = V_{in}/R_1$이므로 OP 앰프 반전 증폭기 이득은 $A_v = -R_2/R_1$와 같이 정리가 된다. 그러므로 시뮬레이션에서 전압이득은 $A_v = 100k/5k = 20$의 계산 결과에 따라서 20배 정도의 이득 값을 갖는다.

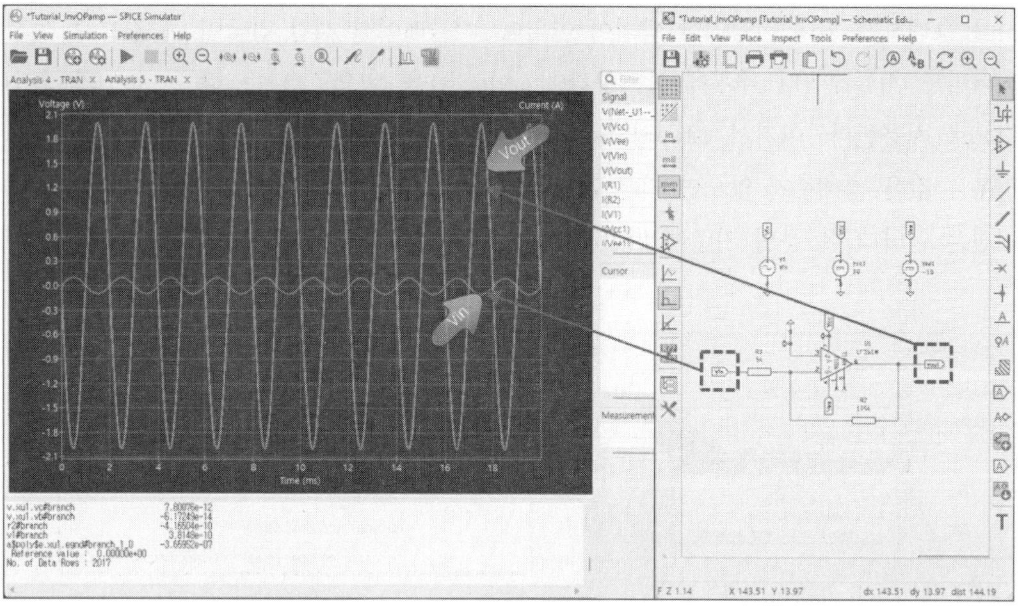

그림 4.101 OP앰프 LF351 반전 증폭 시뮬레이션 결과 (20배 증폭)

사례 4 디지털 회로 시뮬레이션

NGSPICE 프로그램에는 3가지 단계의 디지털 시뮬레이션을 지원하고 있는데 KiCad에 내장된 NGSPICE에서는 2가지 단계까지만 지원되고 있다. 트랜지스터 상태로 표기된 디지털 게이트를 시뮬레이션하는 것이 가능한데 이와 같은 방법은 정확하게 설명하자면 아날로그 시뮬레이션이라고 할 수 있다. 이 경우 게이트의 수가 많아지면 시뮬레이션 속도가 현저하게 떨어지게 되는데 게이트의 수가 적은 경우에는 문제가 되지 않는다. 디지털 모델을 기반으로하는 XSPICE는 아날로그 입출력 구조를 내장하고 있어서 아날로그 회로와 연결된 디지털 게이트를 표현하고 있는데 이것은 입력 레벨, 출력 구동 그리고 시간 지연등을 모방한 일종의 게이트 동작이라고 할 수 있다. 이러한 형태의 동작 시뮬레이션은 트랜지스터 기반 게이트에 비하여 동작 속도가 매우 빠른 장점이 있다. KiCad에서 지원되고 있는 NGSPICE 기반 디지털 시뮬레이션은 아직까지는 100% 완벽하지 않지만 계속되는 버전을 통하여 점진적으로 업그레이드 될 것이라 믿는다. 일단 지원되고 있는 일부 디지털 모델을 이용하여 시뮬레이션을 진행해 보자. 우선적으로 심볼 라이브러리에서 74HC 계열의 게이트를 찾아서 여기에 맞는 NGSPICE 모델 라이브러리를 연계시켜 주어야 하는데 아직 지원되고 있는 모델이 없다. 따라서 LTSPICE 라이브러리로부터 파생되어 얻어진 시뮬레이션 라이브러리 "74HCng.lib"를 이용한다. 여기에 해당하는 74xx게이트는 내부에서 이벤트 발생에 따라 동작하는 논리회로가 내장된 아날로그 입출력 인터페이스를 가지고 있다. 이러한 게이트를 이용한 시뮬레이션 회로를 다음과 같이 구성하도록 한다.

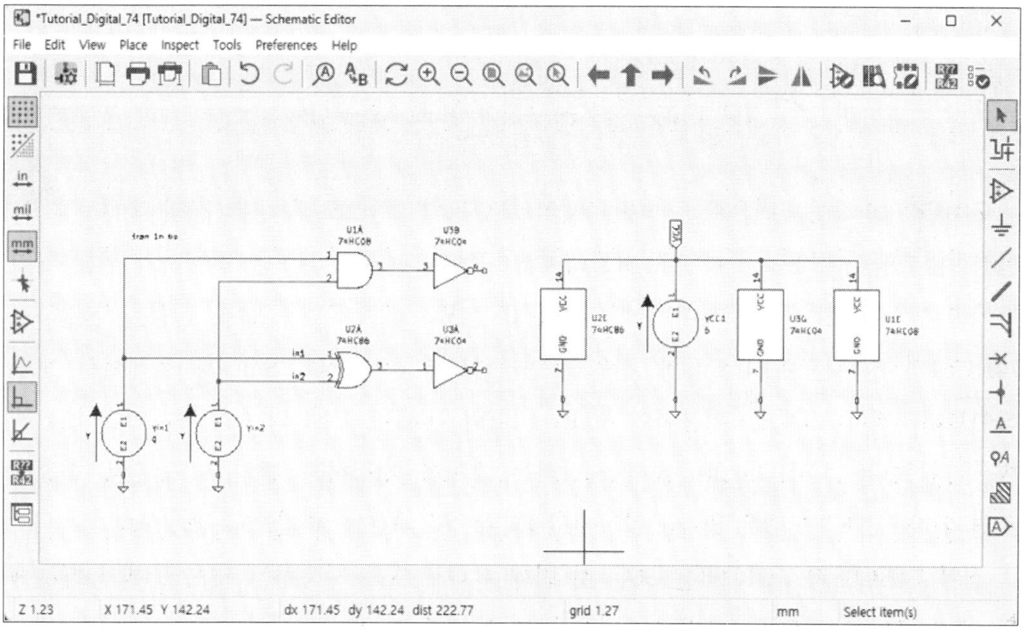

그림 4.102 반가산기 디지털 시뮬레이션 회로

반가산기 구성을 위해서 AND 게이트 7408, EXOR 게이트 7486를 사용하였고 U2A, U2B의 NOT 게이트는 부하 역할을 하도록 하였다. 7808과 7486는 시뮬레이션 모델 라이브러리로 "basic_model\modelos_subckt\spice_complete"폴더에서 해당 74 HC 모델에서 해당 게이트를 할당해 주면 된다.

74HC08과 74HC86의 라이브러리는 5개의 유니트로 구성되어 있으며 두 소자 모두 첫 번째 유니트 A를 사용하는 것으로 하고 전원 공급 유니트 E를 별도로 도면에 구성하도록 한다.

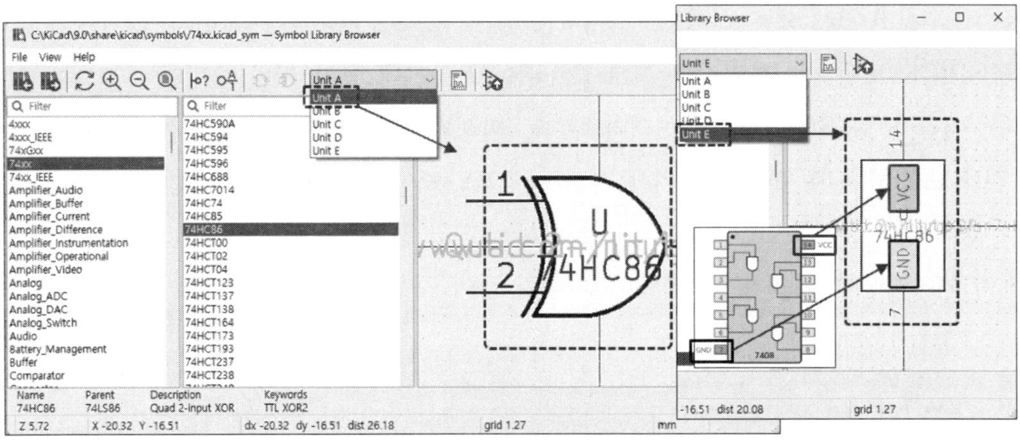

그림 4.103 74HC86 소자의 유니트 A와 유니트 E

74HC08 소자는 3핀으로 구성된 4개의 유니트와 2핀으로 구성된 전원 유니트를 포함하는 14핀 패키지 소자이므로 시뮬레이션 모델과 핀의 호환성을 연계하기 위한 입력 항목을 반드시 명기해 주어야 한다. 74HC08,74HC86는 유니트 E에 전원을 연결하고 74HC04의 경우는 유니트 G에 전원을 인가하도록 구성한다. Spice 시뮬레이션 모델 라이브러리에서 VDC를 이용하여 U1E, U2E와 U3G에 VCC와 GND을 연결하고 개별 유니트에는 "74HGng.lib"에서 해당하는 소자를 지정하고 핀의 노드 값을 설정해 주면 된다. VDC 모델은 Spice 설정에서 DC는 '5', AC는 '0'값으로 설정한다.

심볼 74HC08과 74HC86은 모두 첫 번째 유니트 A를 사용하는 것으로 했기 때문에 두 개의 유니트는 모두 1,2번 핀이 입력이되고 3번 핀이 출력이다. Vcc는 14번, GND는 7번이 된다.

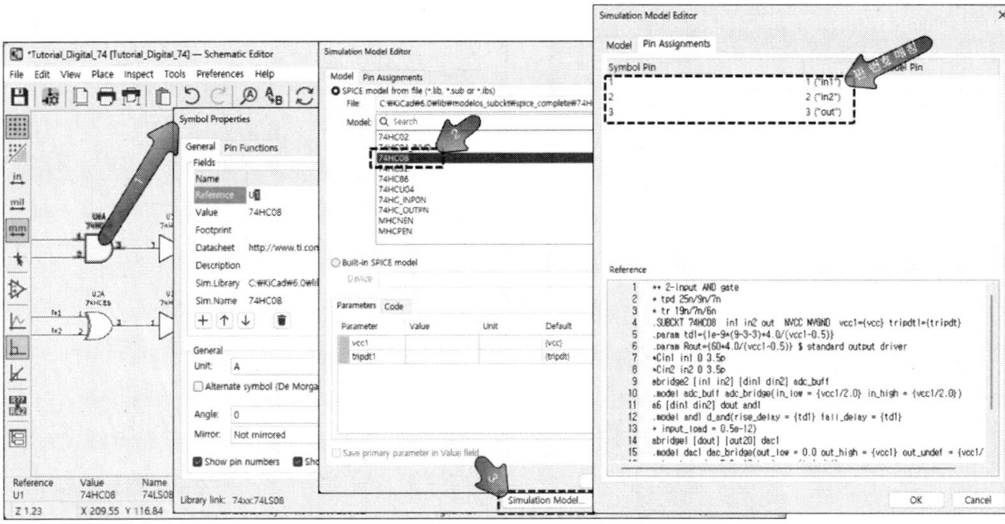

그림 4.104 74HC08의 Spice모델 지정 및 핀 매칭

마지막으로 두 개의 VDC를 이용하여 반가산기의 펄스 입력은 Vin1과 Vin2로 기본 값을 부여하고 Spice Model의 Trasient에서 PULSE의 초기 값을 설정하면 된다. Vin1의 경우는 초기값 '0', 펄스이득 '5v', 지연시간 '50n', 상승/하강 시간 '1n', 펄스 폭 '2usec' 그리고 주기는 '4usec'로 하고 Vin2는 초기값 '0',펄스이득 '5v', 지연시간 '50n', 상승/하강 시간 '1n', 펄스 폭 '1usec' 그리고 주기는 '2usec'로 한다.

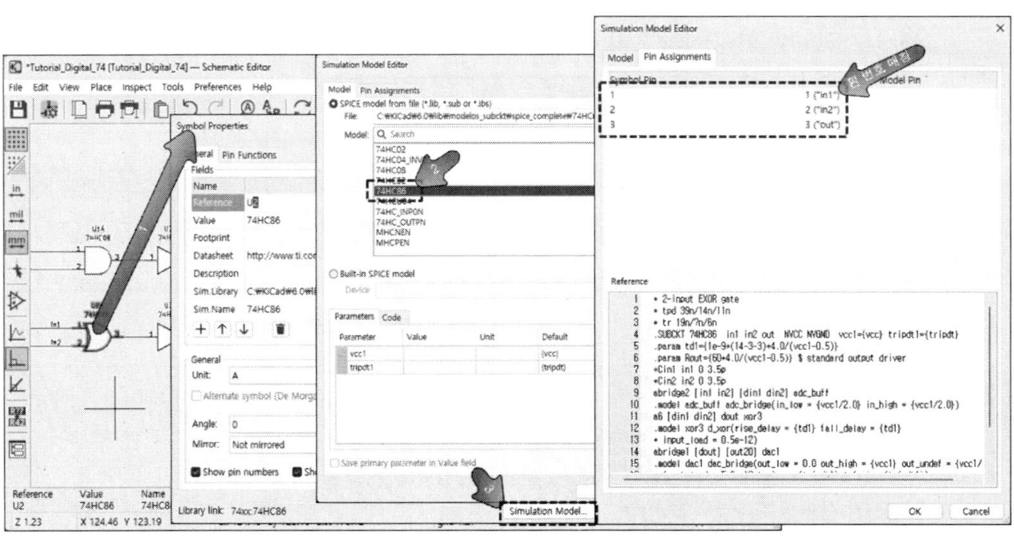

그림 4.105 74HC86의 Spice모델 지정 및 핀 매칭

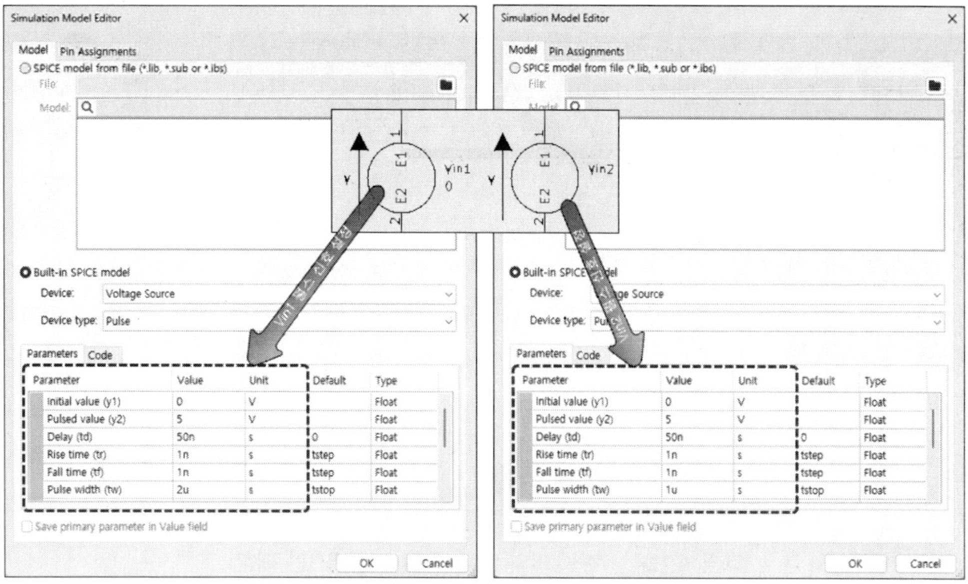

그림 4.106 VDC 모델에서 V_{in1}과 V_{in2} Pulse모드 설정

Pulse 모드에서 첫 번째 V_{IN1}는 2usec의 펄스폭으로 한 주기가 4usec로 하고, 두 번째 V_{IN2}는 1usec의 펄스폭으로 한 주기를 2usec로 하면 V_{IN1} 한 주기 동안 V_{IN2}는 두 주기가 입력이 된다. 따라서 다음과 같은 반가산기의 논리 결과를 파형으로 확인할 수 있다.

표 4.11 반 가산기 논리 표

V_{in1}	V_{in2}	carry	sum
0	0	0	0
0	1	0	1
1	0	0	1
1	1	1	0

주의 KiCad의 설계 환경에서 NGSPICE와 같은 시뮬레이터를 이용하는 경우 시뮬레이션 실행시 디지털 노드가 호환되지 않기 때문에 무한 실행 루프 모드에 빠지게 된다. 이러한 경우에는 다음과 같이 시뮬레이션 실행 단계에서 두 가지 항목의 체크를 해제하고 실행을 하면 정상적인 동작 결과를 확인할 수 있다.

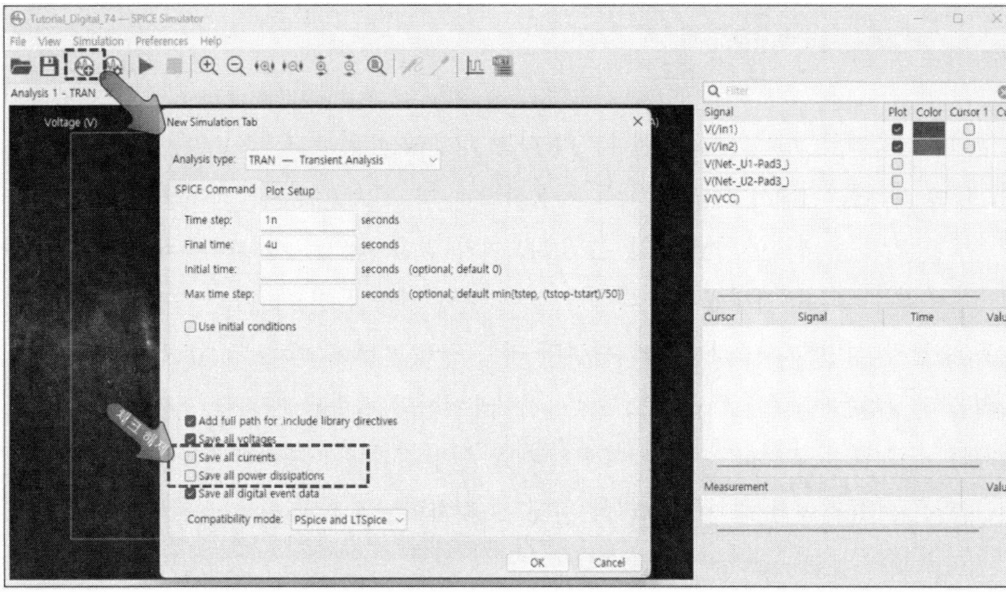

그림 4.107 시뮬레이션 오류 조치 화면 (dot command 오류)

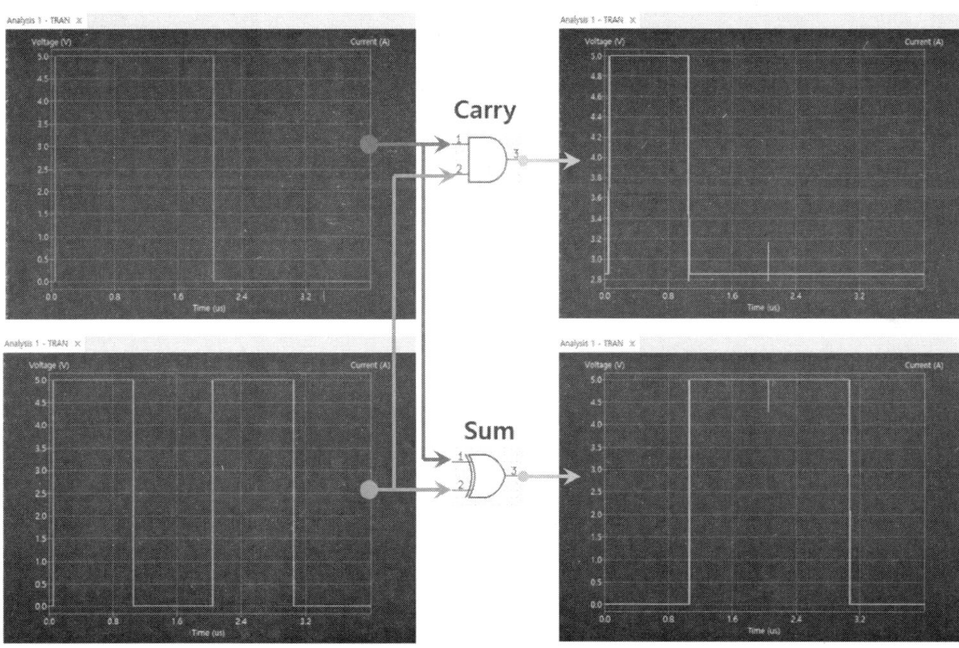

그림 4.108 2비트 반 가산회로 시뮬레이션 결과

사례 5 외부 spice사용하기

Schematic에서 Spice 프로그램을 사용하는 경우에는 일부 제약이 있는 것이 사실이다. 회로 설계를 위해서 Schematic을 사용하도록 하고 나중에 시뮬레이션을 위한 네트리스트를 만드는 과정이 합리적일 수 있다. 이와 같은 방법을 수행하기 위하여 사용하고 있는 컴퓨터의 운영체제에는 다음과 같은 준비 과정이 필요하다. 이 경우 스크립트 내용은 앞서 설명한 시뮬레이션과 관련된 과도 상태 ".tran"의 초기 값 등을 설정하고 파일을 저장하는 형식은 "ascii"로 한다. 시뮬레이션과 관련된 Netlist 파일은 아래에서 정해준 경로에 "laser.out"이라는 이름으로 입,출력 결과를 저장하게 된다. 이렇게 저장된 파일은 시뮬레이션 결과를 그래픽 형태로 그려내는 경우에 활용이 된다.

Window 사용자 기준 준비사항

» C:\..\KiCad\9.0\share\kicad\demos\simulation\laser_driver를 C:\KiCad에 복사를 해서 "C:\KiCad\laser_driver"를 프로젝트 임의의 폴더로 사용한다.

» 최신 NGSPICE 프로그램을 다운 받아서 압축을 풀고 "C:\Spice64"를 외부 시뮬레이션 공동 폴더로 사용한다. 하위 폴더 "\bin"에 ngspice.exe는 KiCad 프로그램에 등록해서 사용이 가능하며 ngspice_con.exe는 새로운 콘솔 모드에서 사용이 가능하다.

새로운 시뮬레이션 프로그램을 사용하기 위해서는 최신 버전의 프로그램을 다운 받아서 등록을 해 주어야 한다. 최근 안정화 버전인 NGSPICE-44.2을 아래 사이트에서 내려받은 다음 Schematic에서 아래와 같은 순서에 따라 등록 작업을 진행하면 된다.

https://sourceforge.net/projects/ngspice/files/ng-spice-rework/44.2/

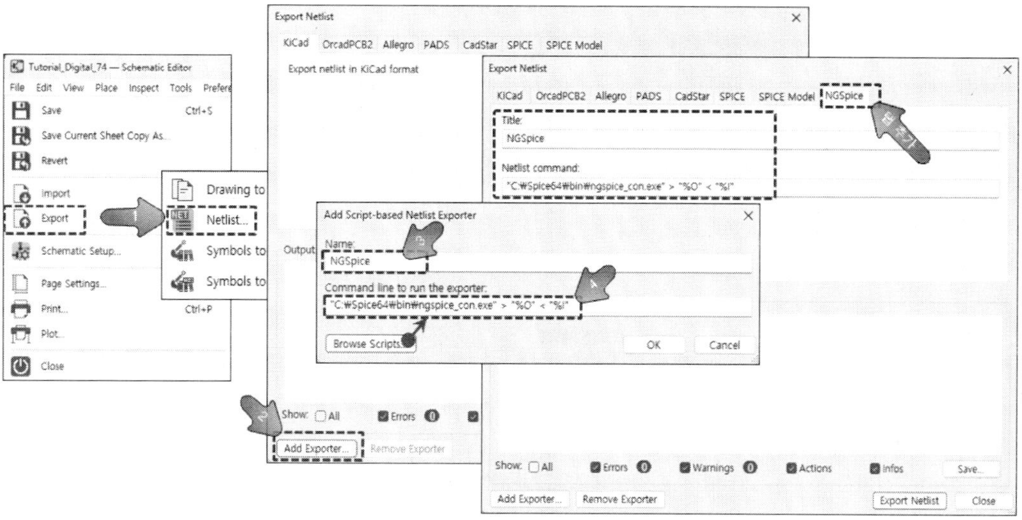

그림 4.109 NGSPICE의 KiCad 등록 과정

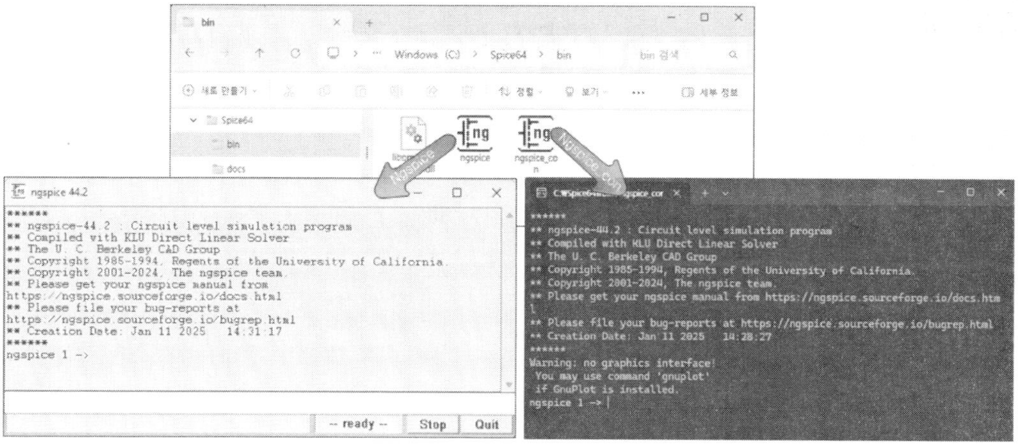

그림 4.110 NGSPICE의 외부 콘솔화면과 GUI 화면

시뮬레이션을 위한 스크립트의 내용은 앞서 언급했던 시뮬레이션과 관련된 과도상태 ".tran"의 초기 값을 설정하고 파일형식은 "ascii"로 하는 내용과 시뮬레이션 Netlist 파일은 해당하는 프로젝트 폴더에 입력과 출력의 결과를 저장한 다음 필요에 따라서 입출력 상태를 확인할 수 있다. Schematic File 메뉴에서 "Export → Netlist → Spice" 항목을 선택하면 다음과 같은 팝업 창이 나타난다. Spice나 NGSPICE 프로그램을 외부에서 사용하는 자세한 방법에 관심있는 사용자는 해당 프로그램의 매뉴얼을 구해서 사용해 보기 바란다.

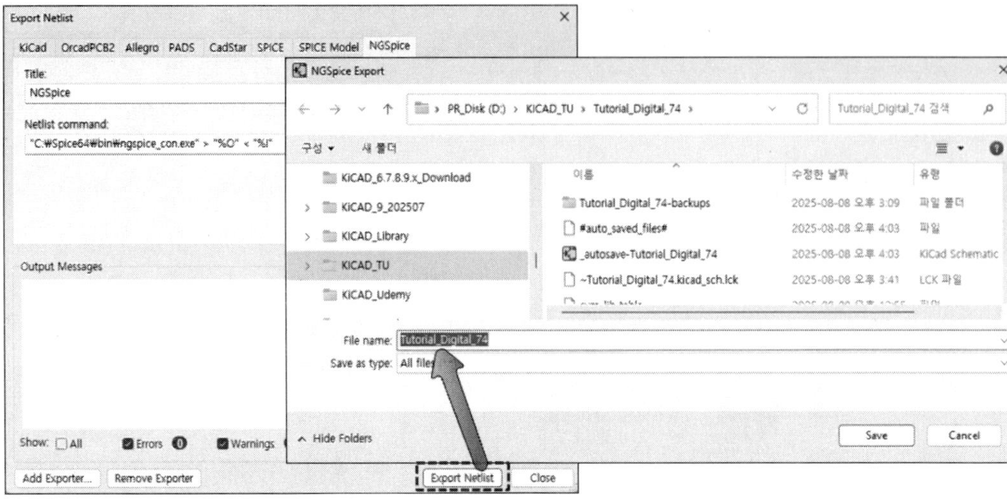

그림 4.111 시뮬레이션 Netlist 파일을 외부 파일로 저장

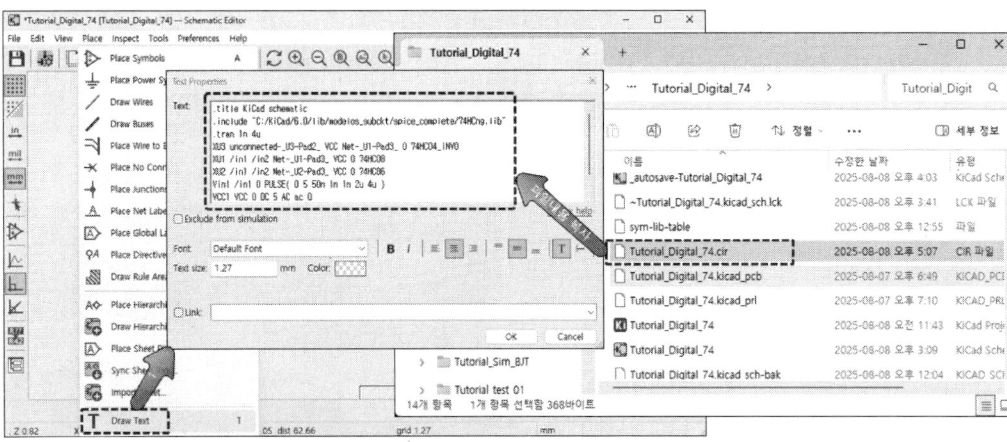

그림 4.112 시뮬레이션 스크립트 “Digital_74.cir” 파일 내용 붙여 넣기

여기서는 KiCad 버전 9.x에 내장되어 있는 Spice 프로그램을 이용하여 시뮬레이션 결과를 확인하고, 외부로 보내진 Netlist 파일에 도면의 텍스트 창에서 작업한 내용이 적용된 내용을 확인해 보자.

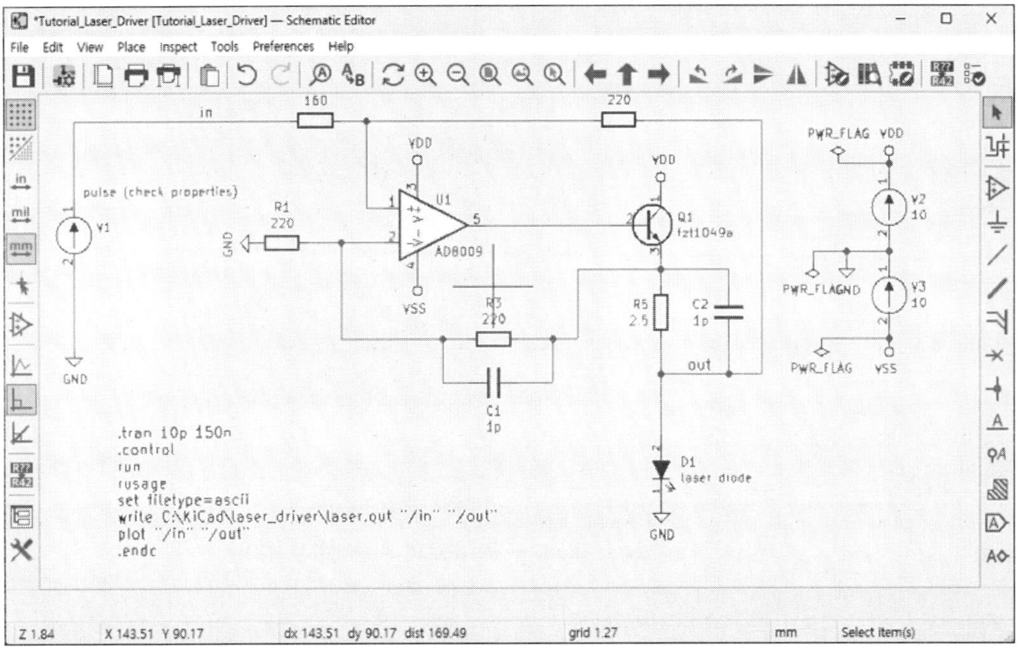

그림 4.113 OP앰프를 이용한 Laser Diode 구동회로

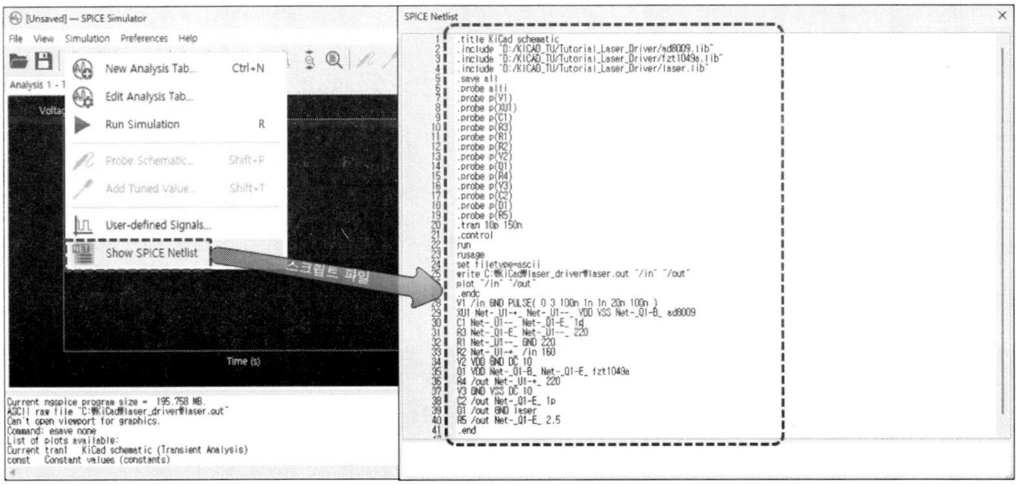

그림 4.114 외부 Spice파일로 보내진 시뮬레이션 Netlist파일

입력 Pulse모드 입력 값을 "0 3 100n 1n 1n 20n 100n"로 설정하여 3v의 입력 전압이 인가되었을 때 시뮬레이션 결과 2배 정도 증폭된 6v정도의 구형 펄스가 출력되고 있는 것을 확인할 수 있다.

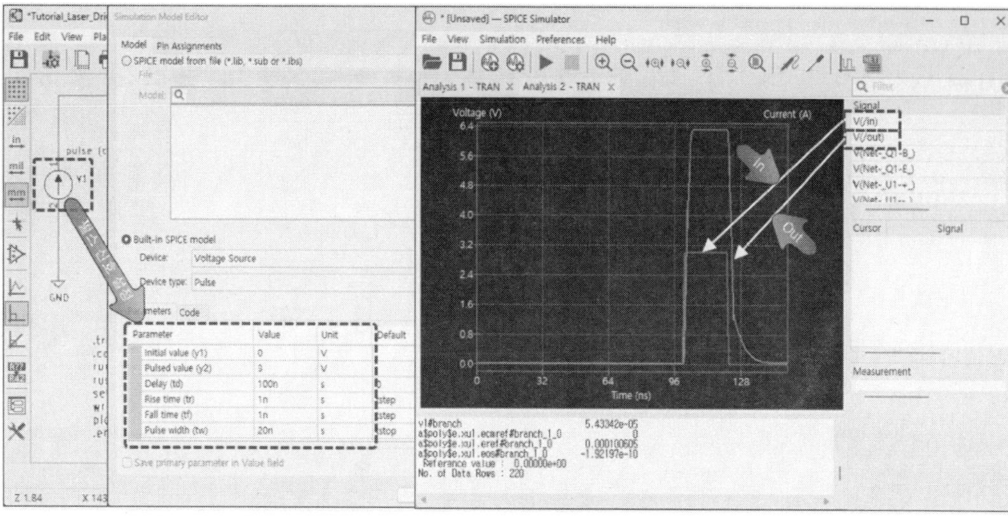

그림 4.115 Laser Diode 구동 회로의 시뮬레이션 결과

사례 6 2단 OP앰프 증폭회로

OP앰프를 이용한 2차 필터의 가장 일반적인 형태가 "Sallen Key" 필터 회로로 일명 전압제어 전압 원으로도 알려져 있다. 이 회로 내에서 RC값은 Butterworth 특성을 갖는 경우 −40dB 정도의 롤오프(천이 대역에서 전달함수의 특성이 감쇄하는 기울기) 비율을 갖는다. 이 회로에서 저항 R_1과 콘덴서 C_1이 하나의 RC회로이고, 저항 R_2와 콘덴서 C_2는 또 다른 RC회로로 동작하는 것으로 보면 된다. 이러한 구조의 필터회로에서는 콘덴서 C_1을 통한 궤환으로 통과대역 부근에서 예리한 응답 특성을 갖는 필터를 "Sallen Key" 필터라고 하는 데 여기서의 차단주파수 f_c는 다음과 같은 수식으로 표현된다. 이 식에서는 편의상 저항을 $R_1 = R_2 = R$로 하고 콘덴서도 $C_1 = C_2 = C$으로 동일한 값으로 처리하면 차단주파수 f_c와 관련된 수식은 다음과 같이 정리된다.

$$f_c = \frac{1}{2\pi\sqrt{R_1 R_2 C_1 C_2}} \rightarrow f_c = \frac{1}{2\pi RC}$$

앞단의 고역 통과 필터에서 저항은 $R_2 = R_2 = 47k$, 콘덴서는 $C_1 = C_2 = 100n$으로 하게 되면 고역 통과 차단주파수 f_{C_1}는 아래와 같이 정리된다.

$$f_{C_1} = \frac{1}{2\pi \times 47k \times 100n} = \frac{1}{2\pi \times 47 \times 10^3 \times 100 \times 10^{-9}} = 33.86Hz$$

뒷 단의 저역 통과 필터에서는 저항을 $R_1 = R_2 = 500R$, 콘덴서는 $C_1 = C_2 = 47n$로 하면 저역 통과 차단주파수 f_{C_2}는 아래와 같이 정리된다. 따라서 앞 단과 뒷 단의 필터가 직렬로 조합되면 통과 주파수는 f_{PASS}는 $f_{C_1} \leq f_{PASS} \leq f_{C_2}$의 범위를 만족하는 대역통과 필터로 동작을 한다.

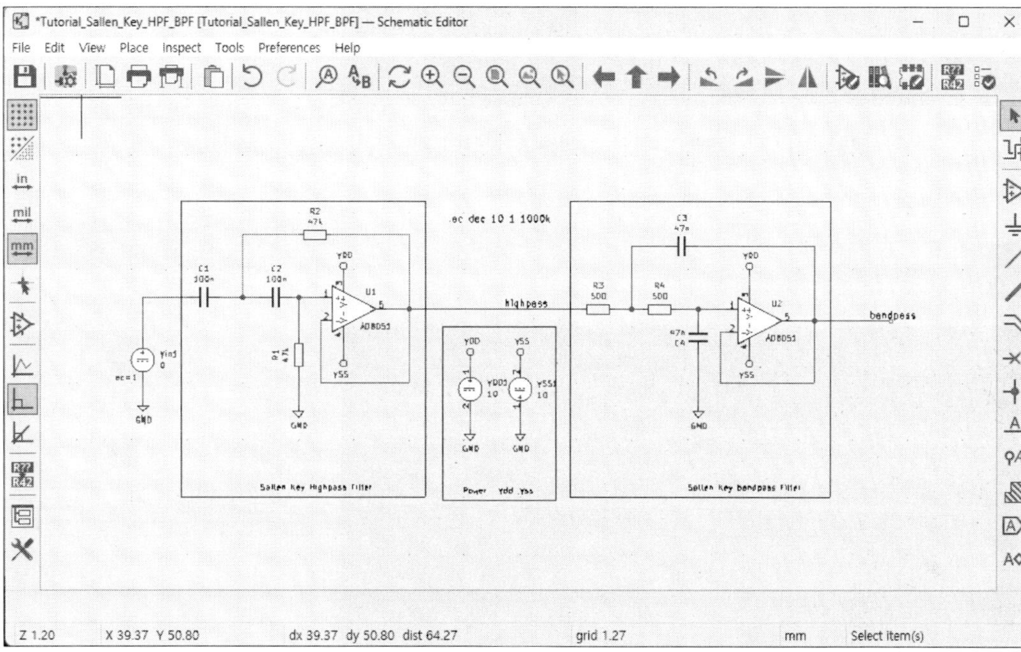

그림 4.116 OP앰프를 조합에 의한 Sallen Key 고역 및 대역통과 필터

$$f_{C_2} = \frac{1}{2\pi \times 500 \times 47n} = \frac{1}{2\pi \times 5 \times 10^2 \times 47 \times 10^{-9}} = 6.76kHz$$

$$33.86Hz \leq f_{PASS} \leq 6.76kHz$$

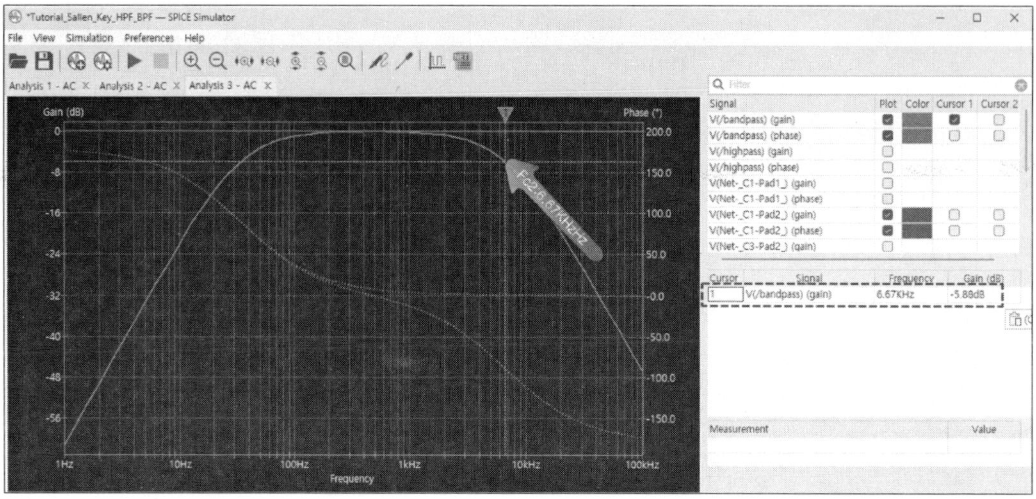

그림 4.117 OP앰프 앞단 고역통과 필터의 차단주파수 $f_{C_1} = 33.86Hz$

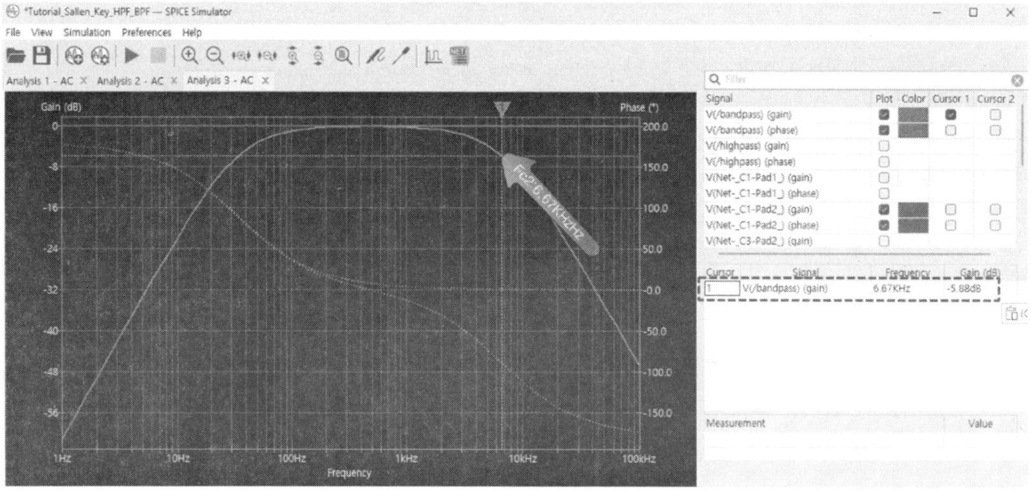

그림 4.118 OP앰프 뒷 단 대역통과 필터의 차단주파수 $f_{C_2} = 6.76kHz$

지금 확인한 시뮬레이션 결과를 시뮬레이션 네트리스트 파일을 이용하여 외부 Spice 프로그램에서 결과를 확인하는 과정에 대하여 간단하게 알아보자. 그래픽 형태의 시뮬레이션 결과를 확인하기 위해서는 아래 주소를 통하여 "ngspice-start.7z"라는 파일을 다운로드 받은 다음 KiCad작업 폴더에 압축파일을 풀고 "ngspice_start"라는 폴더가 만들어 지면 이곳에 "DuSpiceStart"와 "DuSpicePlot"이라는 두 개의 프로그램이 나타난다. 첫 번째 응용프로그램과 두 번째 프로그램은 서로 연계가 되어 실행이 되기 때문에 첫 번째 프로그램을 사용하는 것으로 하자.

https://ngspice.sourceforge.net/download.html

"DuSpiceStart" 프로그램을 실행하면 다음과 같은 팝업창이 나타나는데 파일 메뉴에서 "New File"을 선택하여 이전 예제에서 만들어진 Sallen Key 시뮬레이션 네트리스트 파일을 불러오도록 하자.

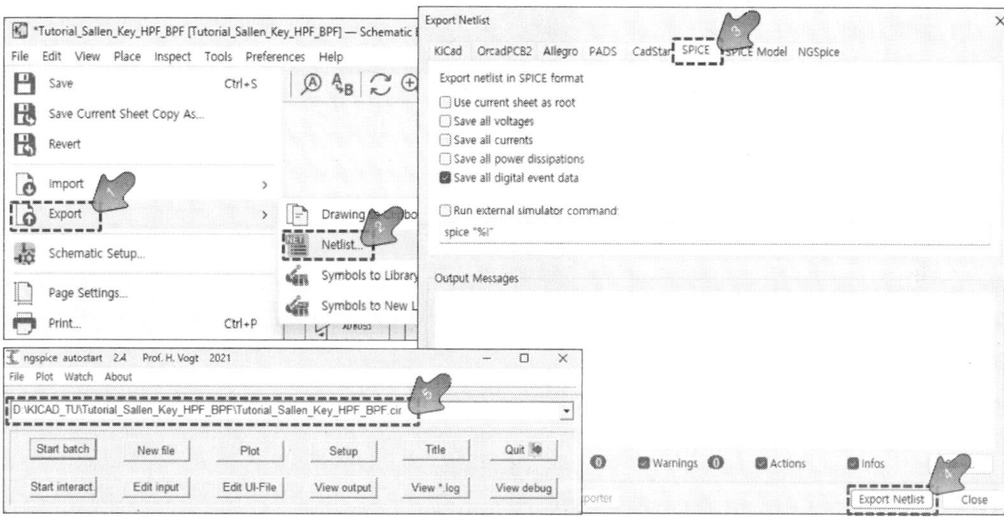

그림 4.119 외부 DuSpice 프로그램에서 시뮬레이션 네트리스트 불러오기

위의 과정을 실행하고 나면 KiCad에 내장되어 있는 NGSPICE-44 시뮬레이션 대화식 창이 나타나는데 이곳에서 NGSPICE의 시뮬레이션 명령어를 수행할 수가 있다. 이 대화창은 내장된 프로그램에서 지원하는 부분이므로 앞서 설치한 외부 프로그램만으로 시뮬레이션 결과를 확인해 보도록 하자.

DuSpiceStart 실행화면에 여러 개의 메뉴 버튼이 단축키 형태로 나열되어 있어서 사용자는 시뮬레이션과 관련된 다양한 환경 설정을 할 수가 있다. "Plot"메뉴는 다음과 같이 시뮬레이션 대상 회로에서 출력값을 확인하고자 하는 노드나 신호선을 선택할 수가 있다. 여기서는 앞서 회로에서 확인을 했던 "Highpass"와 "Bandpass" 네트 이름을 출력값으로 선택하고 하단의 "Plot SPICE" 버튼을 누르면 앞서 확인을 했던 시뮬레이션 결과를 새로운 팝업 창에서 확인 할 수 있다.

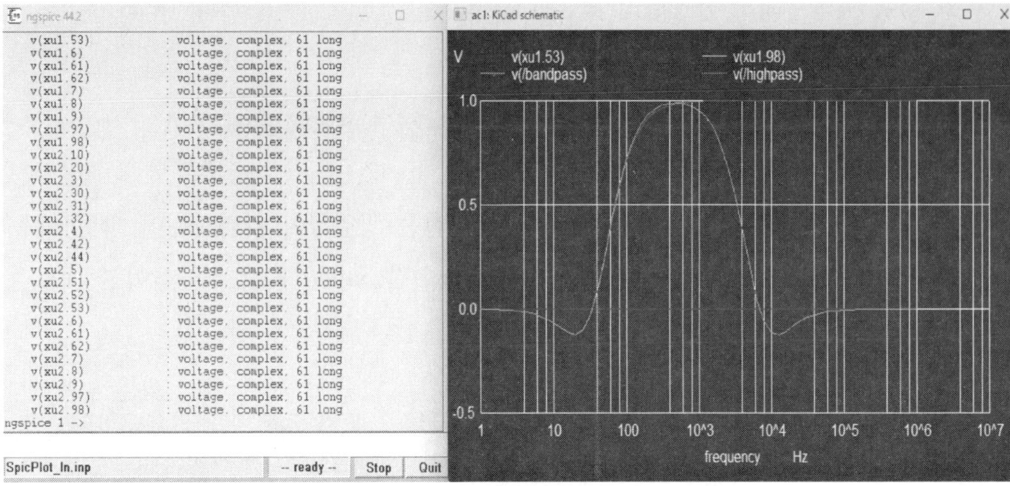

그림 4.120 DuSpice의 출력 값 설정 화면

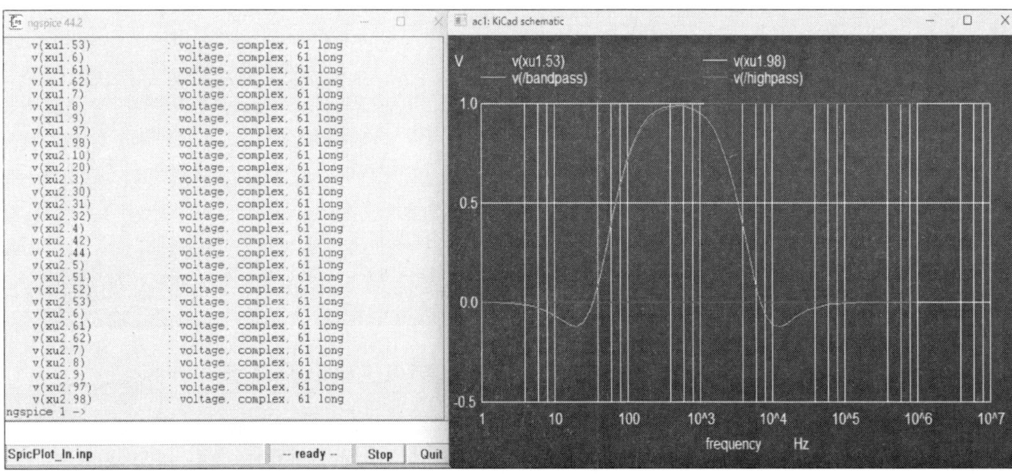

그림 4.120 외부 DuSpice를 이용한 시뮬레이션 출력

✓ 따라하기 06

내용 리니어 전원회로 구성을 하는 경우 자주 사용되는 다이오드 정류회로를 구성하고 입력 신호원을 접지 모드로 하는 경우와 출력 신호의 부하저항을 접지 모드로 했을 때 정류 신호를 시뮬레이션 해보자.

1. 사용부품 : 저항(1.0k,),다이오드(D-4개),GND,입력원(10V, 50Hz),전압메타(출력신호 측정)

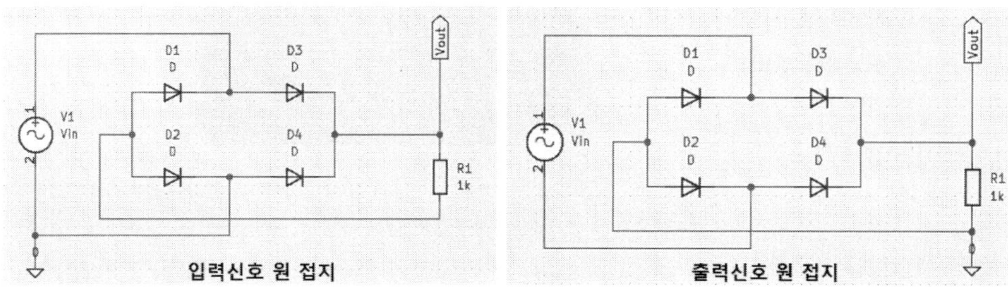

2. 접지 위치에 따른 양(+) 신호와 음(−) 신호의 흐름:
   - 입력 신호원 접지의 경우: 양(+) 출력 신호만 살아있다. (궤환 신호 = 0)
   - 출력 신호원 접지의 경우: 양(+) 음(−) 출력 신호 모두 살아 있다.

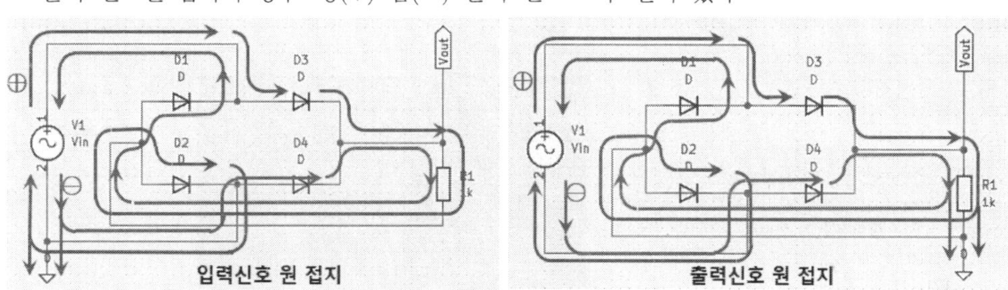

3. 시뮬레이션 모델 매칭:
   - 입력 신호 원은 진폭 10V, 주파수 50Hz 정현파
   - 다이오드, 저항: KiCad에 내장되어 있는 스파이스 모델로 매칭

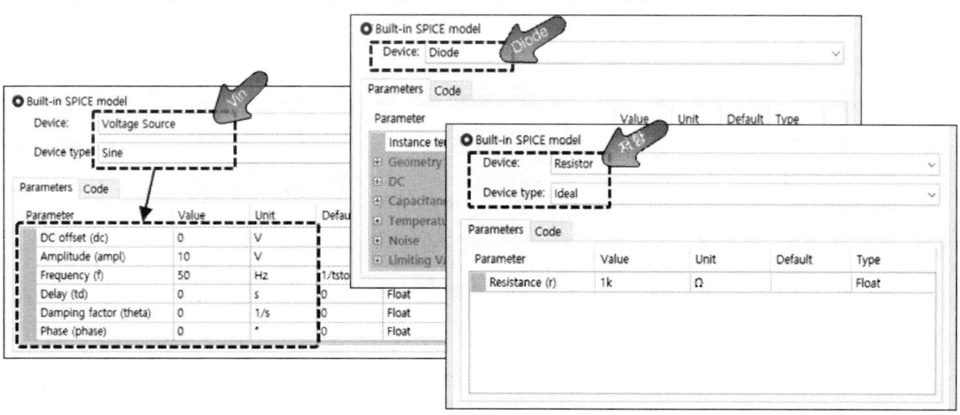

4. 입력신호 원 접지의 경우 :

- 출력신호 (+) : D2,3다이오드에서 0.7V 전압이 감쇄된 피크 전압 8.54V가 R1 저항에 출력
- 출력신호 (−) : GND 출력

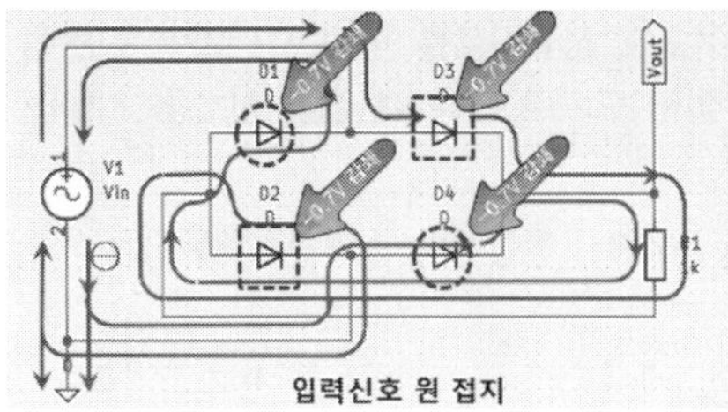

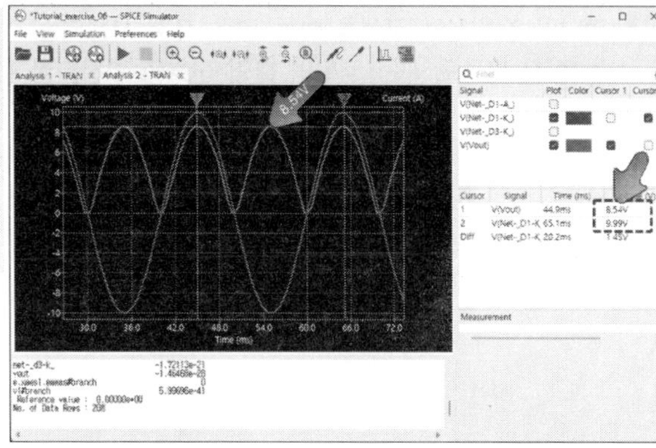

출력신호 (+) : 8.54V=10V-0.7Vx2
출력신호 (-) : 0V

5. 출력신호 원 접지의 경우 :

- 출력신호 (+) : D2,D3다이오드에서 1.4V전압이 감쇄된 피크 전압 8.58V가 R1 저항에 출력
- 출력신호 (−) : D1,D4다이오드에 1.4V전압이 감쇄된 피크 전압 8.58V가 R1 저항에 출력
- 입력신호 (+)의 경우 D3 → R1 → GND
- 입력신호 (−)의 경우 D4 → R1 → GND

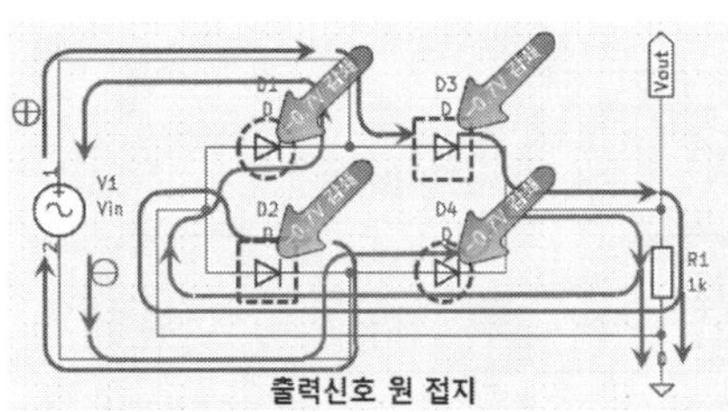

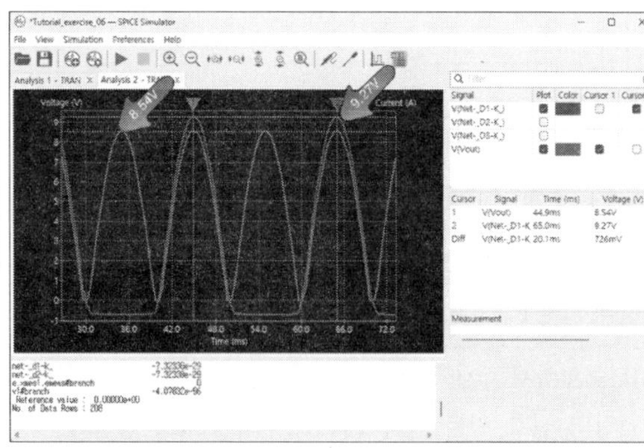

입력신호(+,-) : 9.28V=10V-0.7V(D3)
입력(+)->출력신호 : 8.58V=10V-0.7V(D2,D3)x2
입력 (-)->출력신호 : 8.58V=10V-0.7V(D1,D4)x2

6. 470uF 평활 콘덴서를 출력 부하 저항에 병렬로 연결 시 리플 평활 신호를 확인할 수 있다.

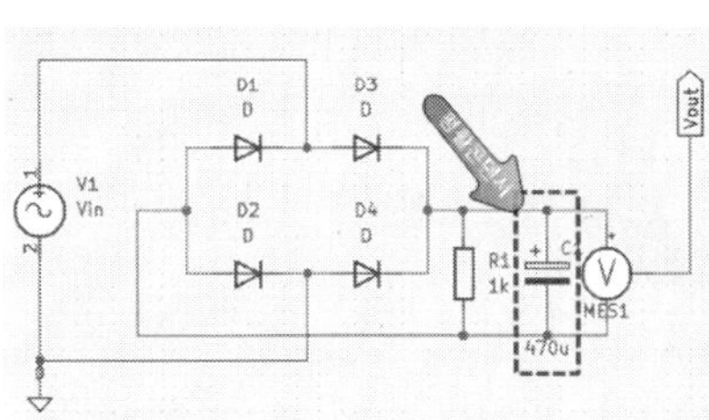

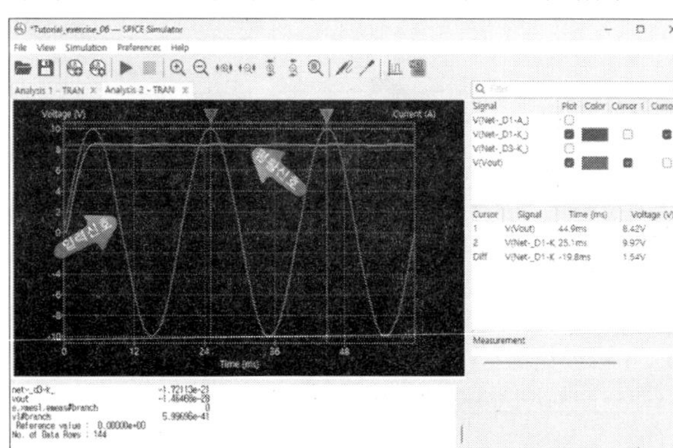

PCB 기본사항

5.1 PCB의 개념

PCB는 Printed Circuit Board의 이니셜을 딴 약자로서 인쇄된 회로기판이라는 의미이다. 기판의 재질은 여러 가지 형태가 있는데 보편적으로는 페놀수지나 에폭시 수지와 같은 물질로 만들어진 절연된 평평한 표면에 배선들을 밀집된 형태로 고정시킨 회로기판이다. 이러한 PCB는 페놀수지나 에폭시 절연판 위에 구리 등과 같은 박막판을 부착시킨 다음에 회로를 구성하는 패턴에 따라서 회로의 선들만 남겨두고 나머지 부분을 부식시켜 회로를 완성한 다음 회로의 배선 위에 부품 소자등을 실장한다. 이때 개별 부품 사이의 배선은 구리 선과 레이어를 연결하는 비아(Via)와 같은 홀(Hole)등을 사용해서 완성을 하게 된다.

인쇄회로 기판은 초창기에는 페놀 기판 등을 사용하였으나 1950년에 이르러서는 에폭시 기판을 사용하기 시작했으며 1960년에는 다층 레이어간의 배선에는 레이어간 연결기능을 갖는 도금된 비아 홀인 스루 홀(Through-Hole) 기술을 적용했으며 1980년대에 이르러서는 표면에 부품을 실장하는 기술과 다층 레이어를 갖는 PCB 제조 기술이 널리 사용되었다. 최근에는 광학 기술의 발전으로 광학인쇄 형식의 거버(Gerber) 데이터를 PCB 설계 프로그램에서 작성하는 것도 가능해졌다.

5.2 PCB의 종류와 구조

PCB를 분류하는 방법은 매우 다양해서 재질, 레이어, 패키지 그리고 설계 밀집도등 제조 방법에 따라서 구분하여 설명이 되고 있으나 대부분은 레이어와 제조 방법에 의한 분류 방법을 널리 사용하고 있다. 레이어나 모양에 의한 분류는 대부분 아래 그림과 같이 단면의 층수를 기준으로 하고 있다. 단면 기판은 한쪽 면에만 배선 구조를 갖는 형태의 PCB로 단순한 제조공정으로 저렴하게 제작이 가능하지만 한쪽 면만 사용하기 때문에 고밀도의 배선이나 부품의 실장이 불가능한 방식이다. 양면 기판의 경우는 양쪽 면에 배선을 구현할 수 있는 PCB로 고밀도 배선 및 부품의 실장이 가능하지만 상대적으로 제조 단가가 높다. 마지막으로 다층 기판의 경우는 3개층 이상을 포함하고 있어서 고밀도 회로의 배선이 가능하여 PCB 크기를 줄일 수 있는 장점이 있으나 제조단가가 비싸고 설계 이후에는 수정과 변경 작업이 어렵다.

- 단면기판(Single Side PCB)
- 양면기판(Double Side PCB)
- 다층기판(Multilayer PCB)

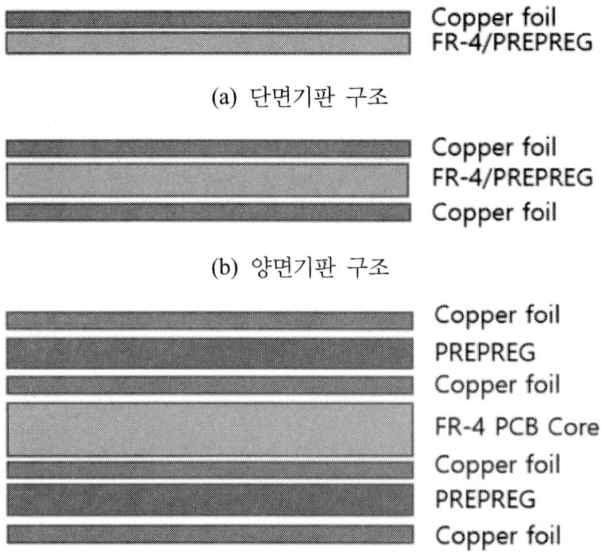

(a) 단면기판 구조

(b) 양면기판 구조

(c) 다층기판 구조

그림 5.1 PCB 단면의 종류별 구조

외형 재질의 기능에 따라서는 연성, 경성, 연-경성 PCB로 분류할 수가 있다. 연성 기판은 절연성과 내열성이 우수하고 미세회로를 구성하는 배선이 재질의 유연성으로 인하여 최근에는 다양한 분야에서 사용이 되고 있다. 연-경성 기판은 앞선 두 가지 방식의 기판의 장점을 이용하여 용도에 따라 일체화시킨 기판이다. 이밖에 재질의 성분에 따른 분류를 하면 페놀 기판, 에폭시 기판, 콤포지트 기판, 플렉서블 기판, 세라믹 기판, 금속 기판으로 구분할 수 있으며 최근에는 새로운 재질이나 친환경 소재가 개발되어 새로운 재질의 기판이 꾸준하게 소개되고 있다. 단층 기판에는 주로 페놀 기판이 사용되는데 페놀수지를 합성하여 적층시켜 만든 기판이다. 반면에 에폭시 기판은 유리섬유에 에폭시 수지를 합성하여 적층시킨 기판으로 기판의 홀은 드릴로 작업을 해 주어야 하며 페놀 기판에 비하여 가격이 비싼 편이다. 콤포지트 기판은 유리섬유에 셀룰로이드를 합성하여 만든 기판으로 주로 양면 기판 제작에 많이 사용한다. 플렉서블 기판은 폴리이미드나 폴리에스테르 필름에 동박을 접착한 기판으로 동작 모듈의 위치가 변형되는 카메라나 휴대폰과 같은 제품에 사용된다. 세라믹 기판은 세라믹 재질 위에 도체 페이스트를 인쇄하는 방식으로 제작하는 데 절연 성질이 매우 우수하다. 마지막으로 금속 기판은 알루미늄 동판 위에 알루마이트 처리를 한 뒤에 동박을 접착하여 제작하는 방식이다.

- 연성 기판(Flexible PCB)
- 경성 기판(Rigid PCB)
- 연-경성 기판(Rigid Flexible PCB)

(a) 연성기판(Flex PCB) (b) 경성기판(Rigid PCB) (c) 연-경성기판(Flex-Rigid PCB)

그림 5.2 재질에 따른 PCB 구조

PCB를 분류하는 또 다른 방법으로 제조 방법에 따라서 스루홀(PCB with Plated Through Holes), 비 스루홀(PCB with Plain Holes), 블라인드 비어 혹은 매립 비어(Blind or Buried via)와 같은 방식이 있다. 필요에 따라서는 PCB의 배선의 밀도를 높이기 위해서 배선의 패턴이나 홀의 크기를 작게 할 필요가 있다. 그리고 표면실장기술(Surface Mount Technology)이 활용되기 시작하면서 기판 위의 홀은 부품의 삽입 목적으로 사용되기도 하지만 비어홀이 층간 배선 기능을 담당하기 때문에 증가하는 이러한 홀의 크기를 작게 하는 것이 중요해졌다. 스루 홀은 부품의 삽입이 가능한 홀이지만 비 스루 홀인 비어 홀은 부품 삽입은 불가능하고 층간 배선을 연결하는 기능을 담당한다. 이와 같이 PCB제조 기술이 다양해지면서 기판의 내층에 감춰진 블라인드 비어(Blind Via)와 내층에 매립되는 베리드 비어(Buried Via)등의 방식이 도입되면서 부품의 실장 밀도가 높아지고 있다.

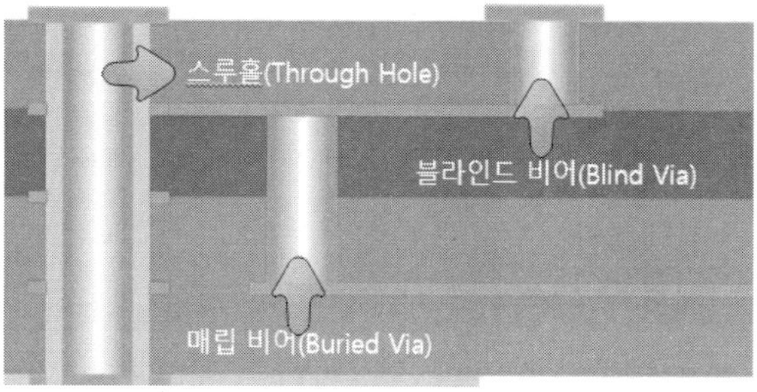

그림 5.3 제조 공정에 따른 PCB 구조

5.3 PCB의 제조과정

PCB를 제조하는 일반적인 공정은 다음과 같은 절차에 따라 진행이 된다.

(1) **동박 적층 판에 에칭 레지스트 부착**: 동박(Copper Clad)은 종이나 유리를 소재로하여 수지 형태로 기판 면 위에 동박을 가열한 상태로 압착하여 만든다. 에칭레지스트리는 부식액으로부터 동박 면을 보호하기 위한 피막으로 동박 위에 패턴을 만들기 위한 것이고, 감광 레지스트리는 액상과 드라이 필름 타입을 사용한다. 이러한 감광 레지스트리는 패턴 이미지 과정에 선택적으로 노광이 되어 필름 위에 배선 패턴을 새기게 된다.

(2) 다층기판의 경우 안쪽 레이어에 포토마스크 위치를 정확하게 밀착 고정시킨다. 포토마스크(Photo Mask)는 PCB 제조를 위한 필름으로 동박 적층에 밀착시킨 상

태로 노광 작업(빛 쏘이기)을 한다.

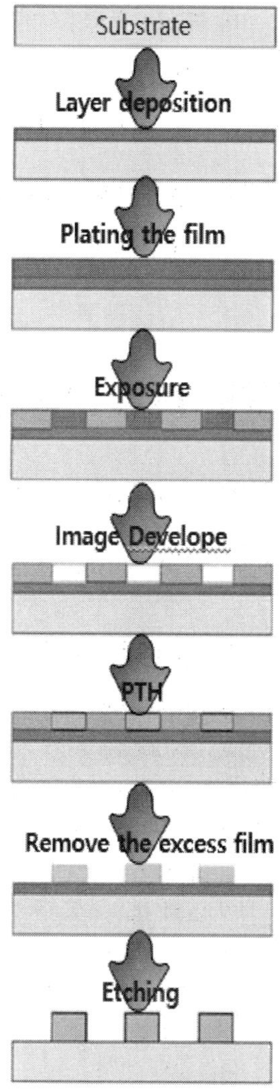

(3) 노광(Exposure)은 빛에 노출시키는 것으로 드라이 필름이나 액상 감광제를 코팅한 기판에 필름을 밀착시킨 상태로 자외선을 조사해서 감광제를 빛에 의하여 감응시키는 과정이다.

(4) 현상(Development)과정에서는 자외선에 노출된 드라이 필름이나 액상 감광제가 중합반응으로 경화가 되어 레지스트리가 남게 되고 나머지 부분은 용해가 되어 제거된다.

(5) 에칭(Etching)은 패턴으로 남게 되는 부분을 제외한 나머지 동박 부분을 에칭 액을 분무해서 부식과정을 거쳐 제거하는 과정이다. 이때 에칭 액을 과다 분사를 하게 되면 패턴이 단선이 되기도 하고 너무 적게 분사를 하면 불필요한 동박이 남아서 패턴이 쇼트가 나기도 하기 때문에 적정한 에칭 액을 분사하도록 주의해야 한다.

(6) 프리 프레그(Pre Preg)는 다층 기판을 제작하는 경우 층간 접착제로 유리 섬유등의 재료에 열화성 수지와 반응하여 경화 상태로 만든 시트다.

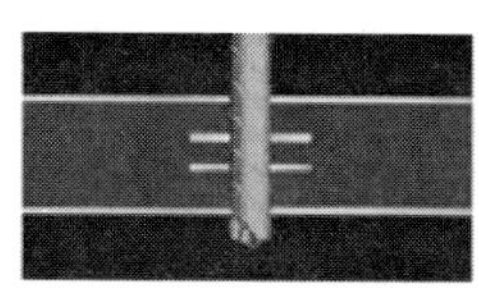

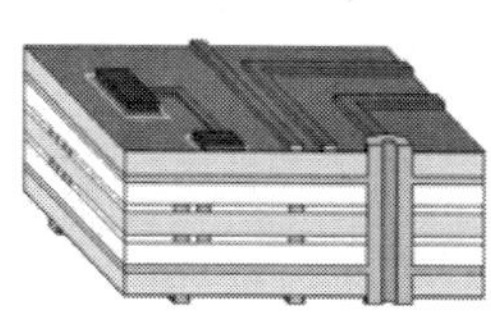

(7) 적층(Layup)은 배선 패턴 작업이 끝난 내층과 프리 프레그 그리고 외층을 설계 요구 사항에 따라서 겹쳐서 쌓는 과정으로 비교적 정교한 과정이 요구되지 않는 MLB를 제작하는 경우에는 Mass Lamination 방법을 사용하고 적층 간에 정밀도가 요구되는 작업에는 Pin Lamination 방법을 사용한다.

(8) 기준이 되는 홀을 선정하고 적층, 패턴 작업이나 홀 가공을 한다. 홀을 가공하고 나면 이물질을 제거하는 Desmear와 Deburring을 수행하고 난 후 도금 과정을 통하여 홀이 전기적 기능을 갖도록 한다.

(10) 다층 작업을 하는 경우 (1)~(5)과정을 반복하여 최종 패턴을 마무리하고 PCB에 부품 실장을 위한 납땜 작업 시 특정 영역에 납이 묻지 않도록 절연 잉크로 코팅을 하는 솔더 레지스터리 과정을 진행한다.

(11) 부품번호, 부품의 위치, 부품의 종류, 업체 이름, 제품 코드와 같은 정보를 PCB기판 위에 인쇄를 함으로써 모든 제조 과정을 마무리 한다.

5.4 PCB 관련 용어

PCB 설계와 별도로 제조 과정에 사용되는 용어를 숙지하고 있으면 실제 기판을 설계자의 요구 사항에 맞게 주문하는 과정에서 오류를 최소화할 수 있다.

표 5.1 PCB 관련 용어 요약

동박면(Bottom view, Solder Side)	동박, 회로 패턴이 있는 면, 납땜이 되는 면	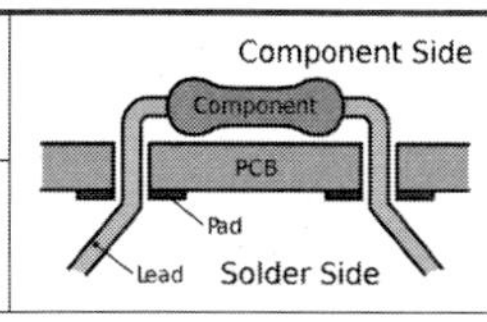
부품면 (Top view, Component Side)	동박, 회로 패턴이 있는 면, 부품 삽입 면	
홀(Hole)	부품의 단자, 전기 접속 리드 구멍-부품 홀, 비어 홀, 고정 홀(기구 홀)	
스루 홀 (Through Hole)	부품 면과 동박 면을 전기적으로 연결하는 홀, 홀 내부는 금도금이 되어 있음.	
비어 홀 (Via Hole)	부품 면과 동박 면 혹은 다층기판 중간층과 연결되는 홀 (홀 반경은 소형을 권장)	
블라인드 비어 (Blind Via)	다층 기판에서 일부 중간 층간의 연결 홀, 부분 매립이나 한쪽 매립의 형태.	
랜드 없는 스루 홀 (Landless Hole)	스루 홀 주변에 랜드 공간이 없는 홀,	
랜드(Land)	부품 단자를 접속, 삽입하기 위한 홀 주변에 만들어진 패드	
패턴(Pattern)	부품 및 회로 연결을 위해 절연판 위에 만들어진 동박선/동박	
Solder Land	동박 중에서 Solder Resist를 제거한 부분, 제거된 부분에서 납땜이 가능.	
Solder Mask (Solder Resist)	패턴에서 납땜 부분 이외의 영역을 절연, 납땜시 인접 패턴 단락 방지, 패턴 산화 방지를 위한 부분	
Marking (Symbol Mark)	부품 번호, 위치, 접속 관계를 표시한 문자나 부호	
V-Cut	PCB부품 장착 이외의 부분을 잘라내기 위한 V자 홈	

KiCAD PCBnew

KiCad의 PCB 설계 도구인 PCBnew API(Application Programming Interface)와 관련된 세부적인 교재의 내용은 아래와 같은 프로그램 개발에 동참한 기여자들의 수고로 작성된 문서의 내용을 기준으로 하였으며 필요에 따라서 다양한 사례와 예제들을 추가하면서 기초에서부터 실무적인 내용에 따라 단계별로 이해도를 높이고자 하였다. KiCad 사이트에서 발표한 내용에 따르면 매년 초 정기적으로 상위 버전이 발표되는 것으로 설명하고 있기 때문에 업그레이드 된 개선 내용은 지속적으로 차기 버전의 문서 작업에 반영할 예정이다. 추가적인 내용의 수정이나 개선 사항 역시 GNU 정신을 계승하는 범용 공공 라이선스(General Public License) 정책을 따르고 있다. 따라서 이곳에서 언급되는 모든 등록상표의 권리는 아래의 기여자들에게 있다.

공동개발 재능 기부자 1			
선도 개발자	Roberto Fernandez Bautista	John Beard	Jean-Pierre Charras
	Fabien Corona	Jon Evans	Seth Hillbrand
	Ian Mclnerney	Thomas Pointhuber	Mark Roszko
	Aleksandr Shvartzkop	Wayne Stambaugh (Project Leader)	Mike Williams
	Tomasz Wlostowski	Jeff Young	
명예 개발자	Dick Hollenbeck	Alexis Lockwood	Brian Sidebotham
	Orson(Maciej) Suminski	Mikolaj Wielgus	

공동개발 재능 기부자 2			
라이브러리 개발	Geries AbuAkel	John Beard	Jeremy Boynes
	Greg Cormier	Jan Sebastian Götte	Petr Honina
	Mikkel Jeppesen	Aristeidis Kimirtzis	Brandon Kirisaki
	Uli Köhler	Andrew Lutsenko	Jorge Neiva
	Valentine Ochs	Carlos Nieves Ónega	Dash Peters
	Carsten Presser(Leader)	Armin Schoisswohl	Kliment Yanev
패키지 개발	Steven Falco	Johannes Maibaum	Jean-Samuel Reynaud
	Bernhard Stegmaier	Adam Wolf	Nick Østergaad
기술 원고	Graham Keeth		
개발자	Dick Hollenbeck	Alexis Lockwood	Brian Sidebotham
	Orson(Maciej) Sumiński	Mikolaj Wielgus	
명예 라이브러리 개발자	Christian Schlüter	Rene Poeschl	

사용 중에 오류 보고, 제안 사항과 같은 내용은 아래의 주소를 참고하여 해당하는 프로젝트 그룹에 상세한 내용을 공유하게 되면 개발자들의 검토를 거쳐서 향후 버전의 개선 작업에 반영이 될 수 있다.

https://gitlab.com/kicad

6.1 KiCad의 PCB 설계 과정

계획을 해 두었던 PCB의 설계 결과물을 얻기 위해서는 사전에 반드시 선행적으로 처리해야 할 작업이 있다. 우선 어떤 내용으로 설계를 진행할 것인지에 대한 분명한 의사결정이 이루어져야 하겠고 의사결정 이후에도 원하는 설계 결과가 나올 때까지 설계 과정을 반복하는 습관이 반드시 필요하다. 그리고 특정한 작업을 완벽하게 처리할 수 있는 설계 결과물을 얻어야 하기 때문에 이러한 설계 작업 과정은 안전하고 높은 기술 품질을 반영한 양산 과정으로 이어져야 한다.

PCB를 설계하는 경우 실제로 고려해야 하는 기술적인 검토 사항과는 별개로 시각적으로 보여지는 예술적인 감각도 매우 중요한 요소가 될 수 있다. 이러한 요소는 공학적인 원리 못지않게 PCB 설계의 과정이 일종의 예술 작품으로 평가되는 이유이기도 하다. 교재에서는 PCB 설계를 위한 기술적인 고려 사항들을 기본으로 설명하고 있지만 여러분이 PCB작업을 진행하는 중간 중간에는 분명히 대부분의 자신만의 예술적인 감각들이 꿈틀거릴 거라고 확신한다. 이러한 감각적인 작업을 하면 설계자의 의도가 분명하게 반영된 자신만의 특별한 결과물을 얻을 수 있다.

PCB 설계를 위한 계획을 작성해 가는 과정에서는 사용되는 도구와 처리 과정 그리고 안내 지침이 매우 중요한 요소가 되며 PCB 제조 과정에서는 이러한 PCB 설계 계획들이 실제 PCB 제작 단계로 전환되는 과정에 매우 중요한 요소로 반영된다. 따라서 설계자는 5장에서 설명된 최종적인 PCB 제작에 필요한 기본적인 지식에 대하여 사전 학습을 해두게 되면 완성도가 높은 결과물을 얻어 내는데 많은 도움이 된다. PCB를 제작하는 회사에서는 PCB의 크기와 허용 기준등을 나타내는 "설계 규칙"등을 제공하고 있다. 예를 들면 "모든 배선(trace)는 최소 0.005인치의 폭"과 같은 요구사항들이다.

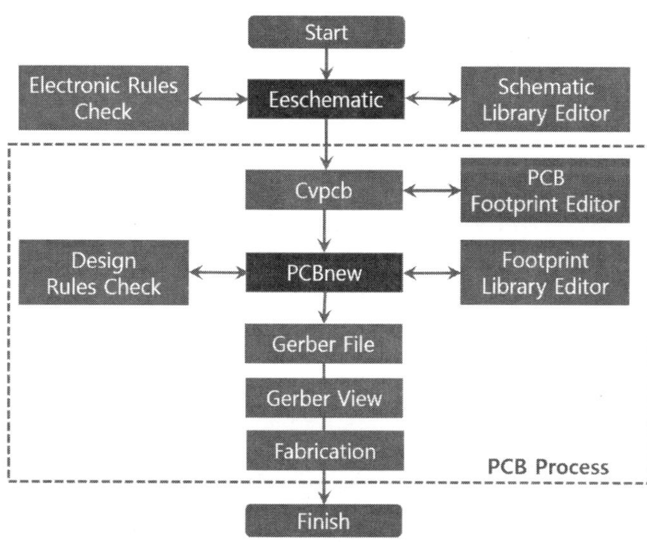

그림 6.1 KiCad 설계 작업 흐름

설계자는 반드시 기본적인 전자관련 기초지식과 설계 도구나 설계 과정에 대한 이해가 필요하다. 대부분의 공학적인 처리 과정과 유사하게 PCB의 설계는 개인적으로 요구되는 사항들을 반영한 반복 처리 과정이다. 따라서 개인적인 설계 역량과 경험이

쌓여 갈수록 자신의 장점을 최대한 반영한 설계 결과를 얻어낼 수 있게 된다.

거시적 관점에서 보면 PCB 설계 과정은 Schematic 도면 설계에서 시작해서 PCB Layout에서 마무리가 된다고 볼 수 있다. 이러한 PCB Layout에는 PCB 제작 및 양산에 필요한 보드의 크기, 보드의 모양, 보드 레이어의 수, 보드 위에 탑재될 부품의 위치뿐만 아니라 보드를 구성하는 패드, 홀, 배선, V컷등에 관한 다양한 정보를 포함하고 있다.

6.1 PCBnew의 기본사항

KiCad 버전 6 이후부터는 개별적인 앱 형태의 프로그램으로 사용되었던 PCBnew가 메인 프로그램으로 통합이 되어 아이콘 형태의 도구로 배치 되면서 Schematic과 PCB 작업등이 기능의 연속성을 갖도록 개선이 되었다. 첫 메인 화면에서 Schematic 편집기를 이용하여 도면을 설계한 다음 편집기 우측 상단에 위치한 아이콘 “”를 선택하면 PCBnew 프로그램이 실행이 된다. 이때 전역 Footprint 테이블 파일인 “fp-lib-table”이 해당 폴더에 자동으로 만들어진다.

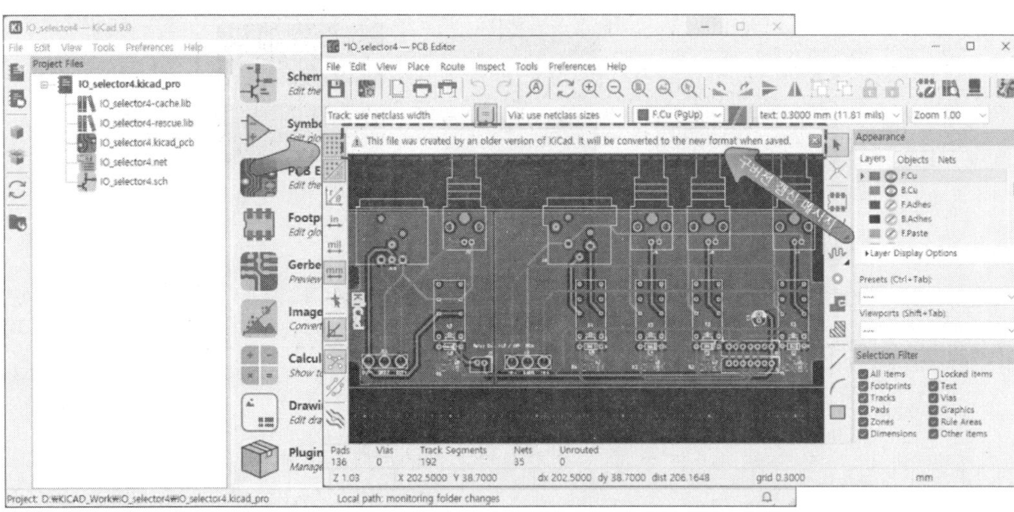

그림 6.2 PCB 편집 파일 갱신

이전 버전의 파일을 불러오는 경우에는 그림 6.2와 같이 새로운 버전으로 변환하기 위해서 파일을 이 상태로 저장하기를 한 번 진행하라는 메시지가 편집 창 상단에 나타난다. 사용자는 여기서 한 번만 저장하기 과정을 진행하면 새로운 버전으로 변환되어 프로젝트 결과가 저장된다.

편집 창에서는 기본 값으로 사용되는 Footprint 라이브러리 테이블에 KiCad가 처음 설치되었을 때 자동적으로 포함되었던 표준 Footprint 라이브러리를 탑재한 상태로 편집상태를 유지하기 때문에 필요한 경우에는 언제나 편리하게 불러오기를 이용하여 이러한 라이브러리를 보드에 적용하는 것이 가능하다.

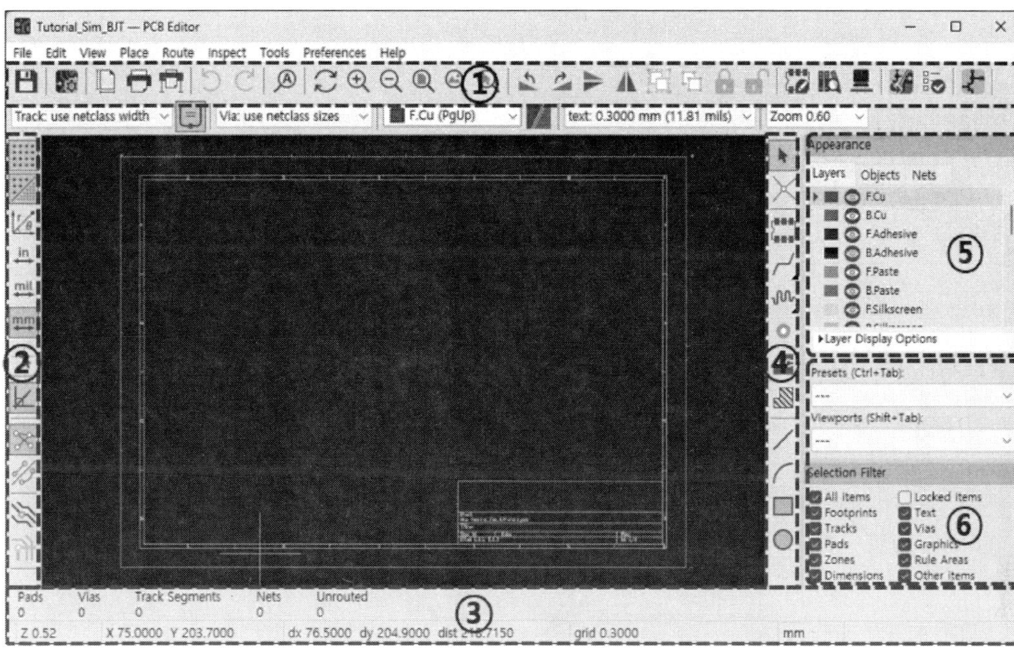

그림 6.3 PCB 편집 화면의 구성

PCB 편집기의 메인 화면은 그림 6.3과 같이 6개의 영역으로 나뉘어서 필요한 기능과 정보를 제공을 제공하고 있다.

① 상단에 가로 열로 배치된 도구로 파일관리, 보드 편집관련 환경 설정, 출력 관리, 보드의 확대/축소, 맞춤 관리, Footprint 편집관리, 설계규칙, 파이썬 스크립트 콘

솔등을 지원하고 있다.

② 좌측 세로 열로 배치된 도구로 그리드 표시, 직각좌표와 극좌표 전환, 사용하는 단위(inch,mil,mm)관리, 십자 커서 관리, 보드내 Ratnest관리, 활성 레이어 관리, 선택영역 채움관리, 패드와 배선 표시관리, ⑤⑥번 도구의 보기 관리등의 아이콘으로 구성되어 있다.

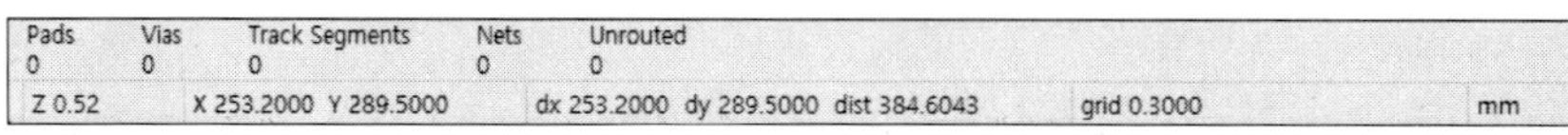

③ 각종 정보(패드, 비아, 트랙, 네트, 미 배선)와 커서의 절대 좌표와 상대 좌표 값등의 상태를 나타내는 영역이다.

④ 부품 선택 및 Ratnest 보기 관리, Footprint 추가, 트랙의 배선, 독립 비아 추가, 선택영역 채우기, 각종 도형 그리기, 텍스트 추가, 측정 등 레이어 관리, 원점 배정, 거리 측정의 도구로 구성이 되어 있다.

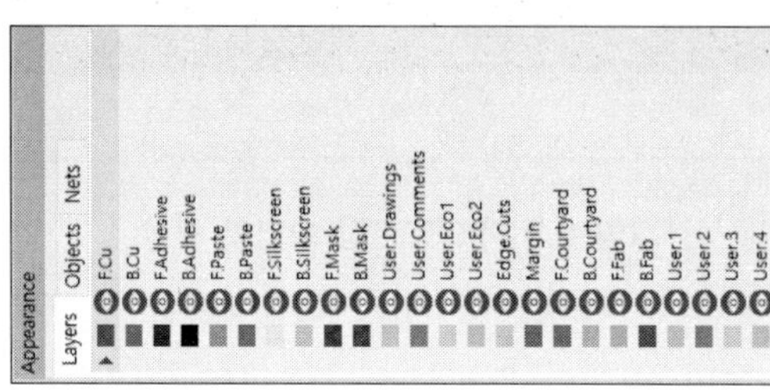

⑤ PCB 도면에 표시하게 될 각종 레이어, 대상(트랙, 비아, 패드,..), 네트와 관련된 세부 선택 항목들을 관리하는 영역이다.

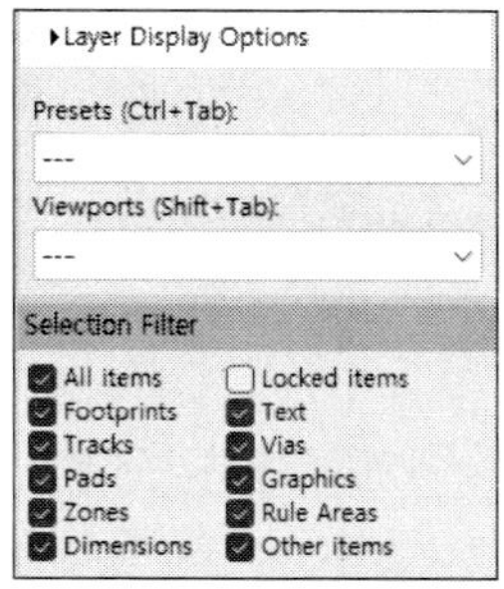

⑥ 레이어 표시 옵션과 도면 상에 나타내는 객체들을 표시하기 위한 개별 항목에 대한 선택을 할 수 있는 항목을 담고 있는 영역이다. 우측 도구 메뉴의 ⑤과 ⑥번 사이에는 Presets 메뉴가 위치하고 있어서 다양한 레이어에 감춰진 도면 상의 객체를 쉽게 식별할 수 있는 기능도 지원하고 있다.

PCB 도면 편집용 캔버스는 앞서 언급한 도구들을 이용하여 도면의 좌우이동, 상하이동, 확대/축소, 화면 맞춤 표시, 도면을 뒤집어서 표시하기와 같은 기능을 수행할 수 있다. 도면 캔버스의 화면을 확대/축소하기 위해서는 "마우스 휠()"을 사용하여 상하로 스크롤을 하면 확대 축소가 가능하고, 캔버스 도면을 좌/우로 이동시에는 "Shift+"의 조합으로 이동이 가능하고, 상/하로 이동하고자 하는 경우에는 "Ctrl+"의 조합을 사용하면 된다. 많은 기능들이 단축키를 이용하여 손쉽게 작업이 가능하며 이러한 기능들은 오른쪽 마우스 버튼을 클릭하여 나타난 팝업 메뉴에서 원하는 항목을 실행하는 방법도 있다.

6.3 PCB 편집화면과 제어

KiCad 최신 버전에서 PCB의 보드 레이어는 Silkscreen, Solder Mask와 Board Edge등과 같은 대상을 정의해 주는 그래픽 표현 형태의 레이어와 마찬가지로 보드 위에 위치한 물리적인 형태의 Copper Layer도 표시해 준다. PCB 편집 작업 중에는 항상 한 개의 레이어만 활성상태가 되기 때문에 편집하고자 하는 하나의 레이어를 선별적으로 선택해서 작업을 진행하면 된다.

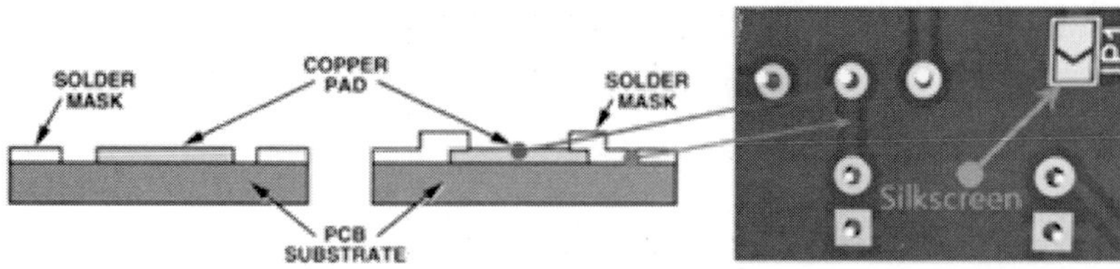

그림 6.4 보드에서 Copper Pad, Solder Mask, Silkscreen

일반 CAD 프로그램이나 포토샵과 같은 그래픽 프로그램에서 사용하는 다중 레이어 작업 방식과 거의 유사한 것으로 생각하면 이해하기가 쉽다. 즉 반투명 용지를 여러 겹으로 쌓아 놓은 개념으로 원하는 종이에 그림을 그리기 위해서 겹쳐진 종이 가운데에서 대상이 되는 종이를 맨 위로 올려놓고 그 위에 작업을 하는 것으로 생각하면 된다. 이와 같이 여러 개의 레이어중에서 작업 대상이 되는 레이어가 활성상태가 되면 이곳에 새로운 작업을 진행할 수 있다.

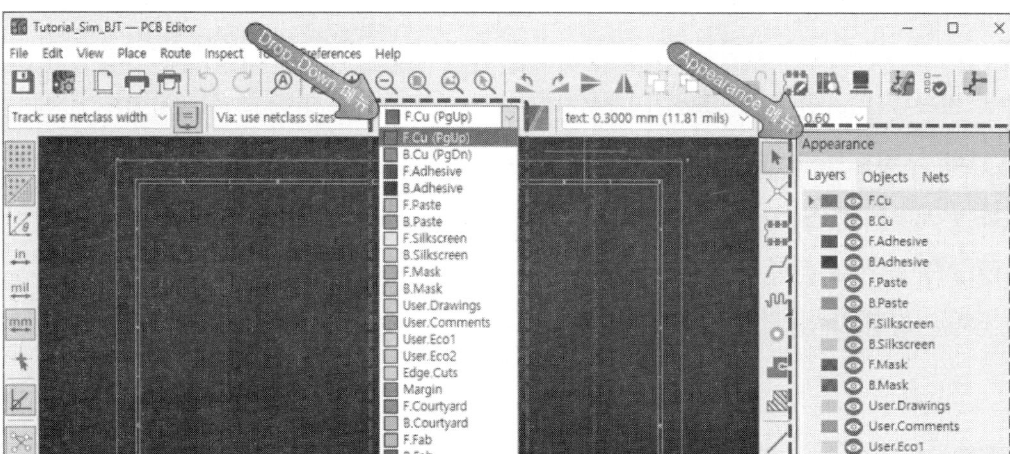

그림 6.5 보드 편집기에서 레이어 선택

활성 레이어는 보드 편집기의 상단에 위치한 펼침 메뉴 박스(Drop-down Box)에서 선택하거나 좌측의 Appearance 메뉴의 레이어 탭 목록에서 선택할 수 있다. Appearance 메뉴의 레이어 탭을 선택하면 "색상, 눈 아이콘, 이름"의 모양을 갖는 전체 레이어 목록이 나타나는 데 단순히 마우스를 이용하여 원하는 레이어를 선택하면 된다. 여기서 "눈 아이콘 "은 마우스로 클릭할 때마다 해당 레이어의 감춤 /보이기 기능이 전환되기 때문에 불필요한 레이어를 감추어 두고 활성 레이어만 표시되는 상태로 작업을 하면 편리하다.

오른쪽 도구 모음은 3개의 탭으로 구성된 Appearance와 중간 부분에 위치한 Presets 그리고 아래 부분에 위치한 Filter선택 도구로 구성되어 있다. Appearance 패널에서는 투명도(Opacity), 색상(Color), 가시성(Visibility)등과 같이 PCB 그림판에서 작업하게 될 대상에 내용을 설정하고 관리할 수가 있다. 또한 레이어 탭 옆으로 두 개의 Objects 탭과 Nets 탭이 구성되어 있어서 다양한 그래픽 형태의 작업 대상을 관리하거나 배선 뭉치(Ratnest)와 동박(Copper)항목등을 관리할 수 있다.

(1) Appearance : Layer 탭

PCB기판은 다양한 재질로 구성된 레이어가 여러 층으로 겹쳐진 3차원 형태의 기판이다. 2층 기판을 사용하는 경우에는 상,하층이 동박 레이어로 구성되고 4층 기판은 4개의 동박 레이어로 구성되었다는 의미이다. 동박 레이어와 같이 실제 물리적인 재질로 이루어진 레이어가 있는가 하면 기판에 필요한 정보를 표시하는 레이어, 납땜 영역을 제한하는 레이어등 기술적인 지원의 필요성에 따라서 다양한 레이어를 추가하여 사용할 수가 있다.

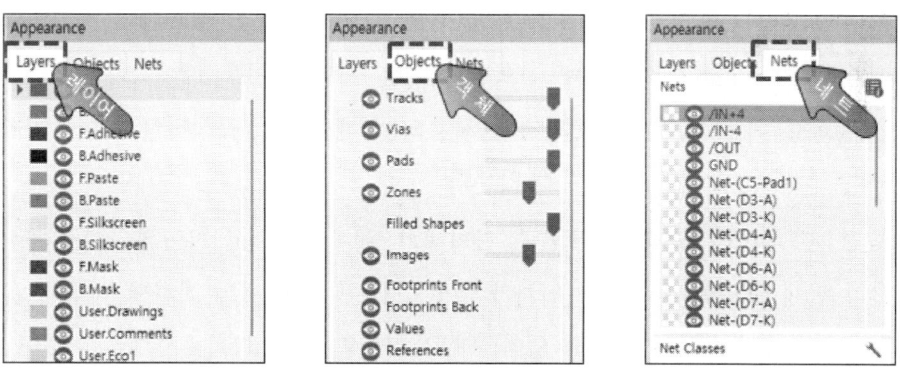

그림 6.6 Appearance 메뉴의 3개 탭의 구성

레이어의 이름에 표기되는 첫 문자 "F(Front)"은 상위(맨위) 레이어를 의미하고, "B(Bottom)"는 하위(맨아래) 레이어를 의미한다. 메뉴 내용을 확인하기 위해서 "Tutorial_09_Quad8" 프로젝트 파일(부록 파일)을 이용하는 것으로 하자. 이 파일은

PCB 배선 작업까지 모두 마무리한 형태로 결과가 제공될 예정이다. Appearance 도구의 첫 번째 레이어 탭은 기능에 따라서 다음과 같은 레이어 목록을 갖는다.

- **Top_layer/Bottom_layer :** 최상위 층과 최하위 층에 만들어진 동박 레이어다.
- **F.Adhesive/B.Adhesive :** 레이어 층 사이를 붙여주는 점착제 층이다. 납땜을 하는 경우 바닥면 위에 부품을 놓는 경우에도 사용이 되지만 반드시 필요한 것은 아니다. 이 부분에 대한 내용은 제조사와 필요한 경우 논의를 해서 조정하면 된다.
- **F.Paste/B.Paste :** 데이터시트에서는 Stencil이라는 이름으로 불리는 데 기판 위에 납땝이 가능한 영역을 나타낸다. 주로 표면실장 부품의 납땜 영역을 나타낸다.
- **F.Silkscreen/B.Silkscreen :** 흰색으로 그려진 부품의 외형, 윤곽선, 참조 표시자, 극성표시에 사용되며, 노출된 동박사이 최소 이격거리와 최소 회로 선폭 등의 요구사항을 준수해야 한다.
- **F.Mask/B.Mask :** Solder Mask(혹은 Solder Resist)는 PCB 기판 위의 배선을 보호하고 단락을 방지, 산화 및 부식 방지를 위하여 기판 위에 적용된 코팅으로 기판의 상위 레이어와 하위 레이어에 적용된다. 일반적으로 녹색의 UV 잉크를 사용하지만 적색, 파랑, 노랑, 흰색, 검정 및 자주색의 색상도 사용이 가능하다.
- **User.Drawings :** 사용자가 직접 만든 Footprint등을 사용하는 레이어다.
- **User.Comments :** 사용자가 직접 설명 문서를 작성하는 경우 사용하는 레이어다.
- **User.Eco1/User.Eco2 :** 특별하게 정의된 목적을 가지고 있는 레이어가 아니고 사용자가 필요로 하는 목적이 있을 경우 사용되는 레이어로 공식적인 라이브러리에서 제공되는 Footprint에는 사용되지 않는다.
- **Edge.Cuts :** 제작이 완료된 PCB를 잘라내기 쉽게 V-Cut 라인을 넣는 레이어로 PCB의 전체 모양의 외곽선의 위치가 된다. 경우에 따라서는 기판의 내부에 공간을 따내는 경우에 사용하는 경우도 있다. PCB 기판의 보드 크기를 정할 때 Edge.Cuts 레이어를 선택하고 그래픽 도구 선( ), 원( ), 호( )등을 이용하여 그려주면 된다.

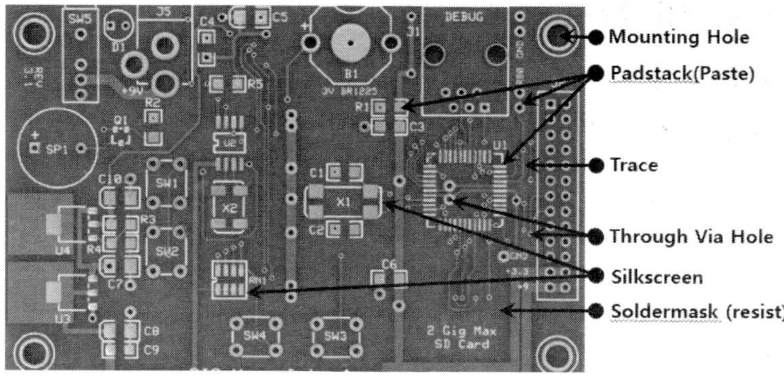

그림 6.7　PCB 보드에서 사용되는 레이어의 예

- **Margin :** PCB 보드의 Edge.cut으로 그려진 외곽선보다 조금 더 여유있게 외곽선 영역을 확보하기 위한 레이어로 추가적인 그래픽 작업이나 텍스트를 표기하기 위한 여유 공간이다.
- **F.Courtyard/B.Courtyard :** 다른 부품과의 단락등의 위험성으로부터 안전거리를 유지하기 위한 영역에 대한 정의를 해주는 것으로 이 영역의 크기는 정밀한 제조 능력과 밀접한 관계가 있다. 또한 설계자의 의도를 대부분 반영하는 내용이기 때문에 상황에 따라 유연하게 조정할 수가 있다. 경우에 따라서는 부품의 외곽선을 표시하는 Silkscreen으로 이 구역을 표시하기도 한다.

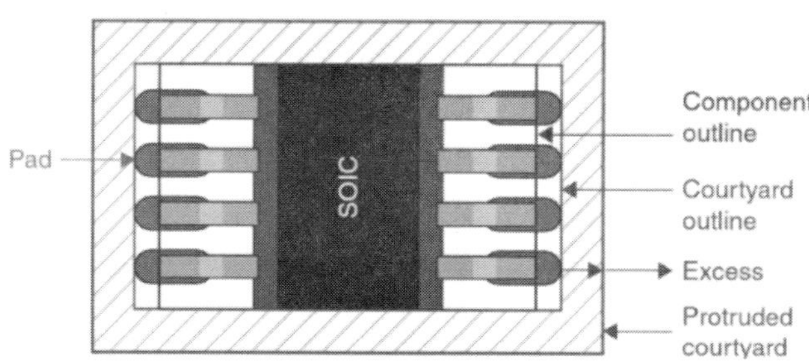

그림 6.8　Courtyard 영역

- **F.Fab/B.Fab :** 문서 레이어로 보드 조립과 생산과정에 필요한 내용등의 내용을 담고 있는 문서로 실제 설계 작업과는 무관한 내용으로 생각될 수 있으나 PCB를 설계한 다음 Fab에서 제공하는 문서에 따라 생산과 조립을 하게 된다. 초기 생산된 PCB의 테스트 과정을 거쳐 수정, 보완 및 문제가 되었던 부분을 제거하는 과정을 통해

생산 안정화 및 생산 수율등의 개선 과정에 중요한 역할을 하는 레이어다.

- **Display Option :** PCB 보드의 전경과 배경의 개선된 그래픽 효과를 나타내기 위한 옵션을 제공한다. 예를 들어 "B.Cu"를 선택하고 "Dim" 옵션의 라디오 버튼을 체크하게 되면 바닥 레이어의 동박과 연결되어 있는 배선들이 밝은 색상으로 표시되고 나머지 레이어들은 희미한 배경 그림으로 보이게 된다. 이러한 기능은 매우 복잡한 도면에서 특정 레이어에 대한 수정작업을 진행하는 경우 시각적으로 편리한 환경을 제공한다.

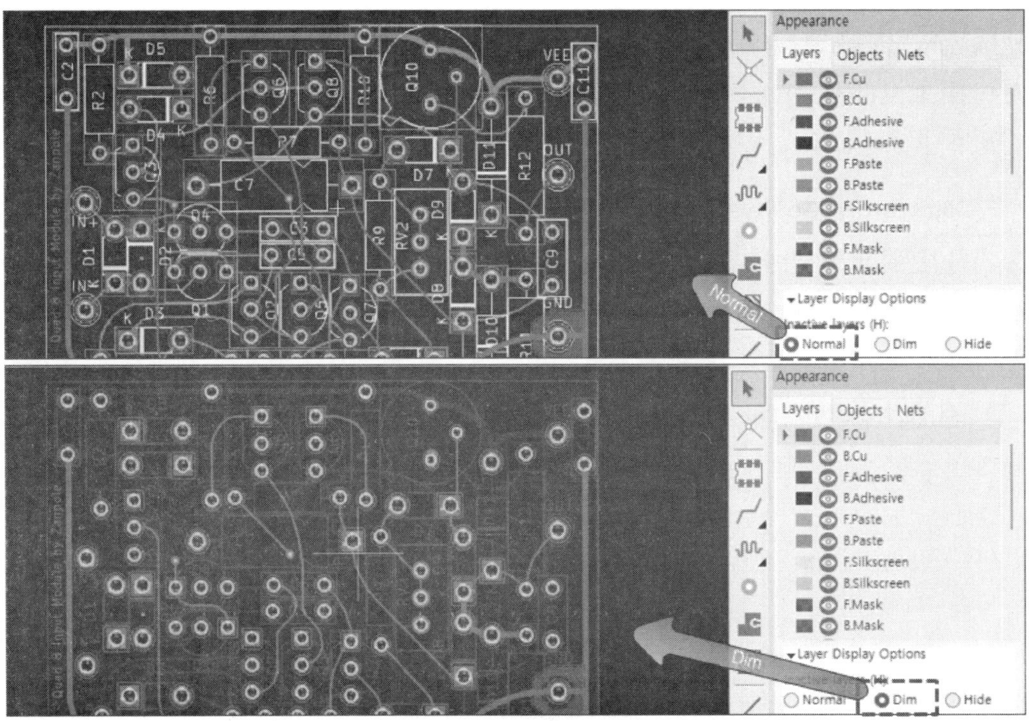

그림 6.9 Layer Display 옵션 : "Normal"과 "Dim" 화면

(2) Appearance : Objects 탭

두 번째 탭인 Objects는 레이어에서 PCB 설계를 구성하는 다양한 객체들을 제어하기 위한 메뉴로 구성되어 있다. 여기서는 Track(배선), Footprint 그리고 Ratnests(배선 뭉치, 이하 서술은 원어로 표기)과 같은 객체에 대한 시각적 측면에서의 제어기능을 지원한다. 이 탭의 슬라이드 제어 메뉴는 Tracks, Vias, Pads, Zones, Filled Shape(신규),

그리고 Images(신규) 여섯 가지이며 슬라이드 버튼을 이용해서 보이기/감추기의 불투명도의 제어가 가능하다. 나머지 15개의 항목은 아래 부분에 위치하고 있으며 메뉴 이름 옆에 있는 눈 아이콘을 이용하면 마찬가지로 도면상에서 객체에 대한 보이기/감추기 기능을 사용할 수 있다. 아래 그림에서 보면 위 도면에서의 Pad는 투명도가 감소하여 희미한 모습이고 아래 도면에서의 Pad는 투명도가 최대로 표시된 것을 확인할 수 있다.

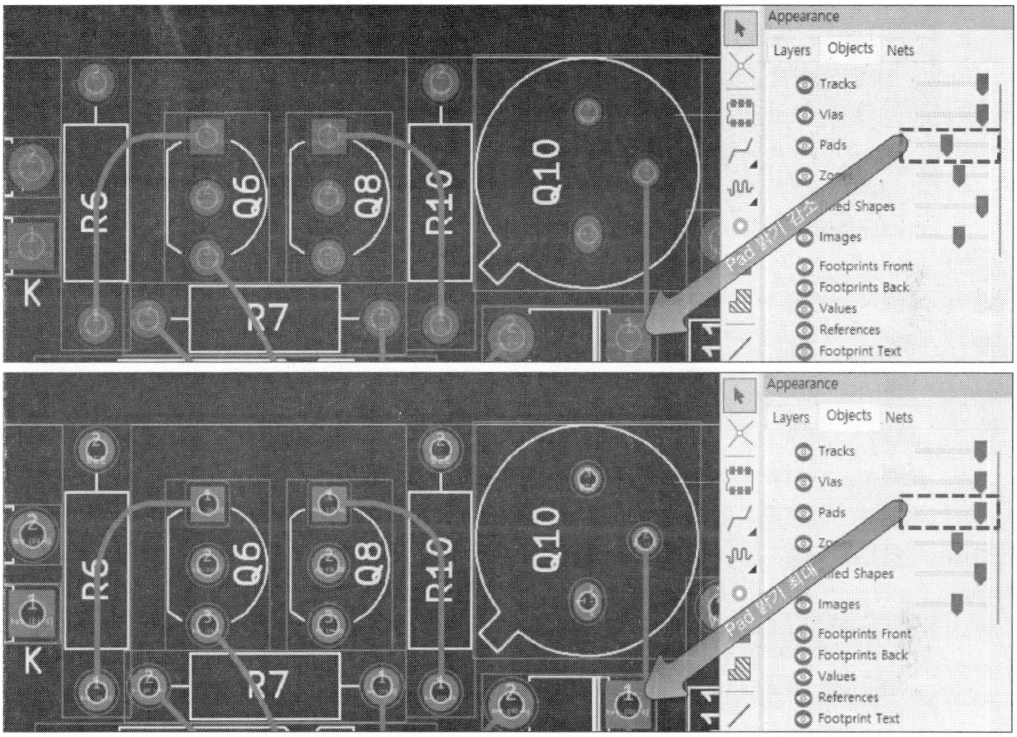

그림 6.10 Object탭 Pads 슬라이드 제어에 의한 Pads의 밝기 제어

(3) Appearance : Nets 탭

세 번째 탭인 Nets에서는 Nets와 Ratnests의 색상을 제어한다. Nets에서는 보드 위에 존재하는 모든 Nets와 Net Class의 목록이 표시된다. 각각의 Net는 Ratnest에서 해당하는 Net에 대하여 보이기/감추기 기능을 제공한다. Ratnest에서 해당하는 Net에 대한 감추기 기능을 동작시켜도 배선의 연결성에는 아무런 영향을 미치지 않고 설계

규칙 검사에도 영향을 주지 않는다. 이것은 단순히 시각적으로만 보이기/감추기의 기능을 제어할 뿐이다.

Net와 Net Class에서는 색상을 할당해 줄 수 있는데 할당된 값은 Net Class내의 모든 Net 혹은 Ratnest의 배선에도 영향을 미친다. Net는 기본적으로 색상이 할당되어 있지 않고 체크 형태로 표시가 되는데 마우스(더블 클릭 혹은 오른쪽 버튼 클릭)를 이용해서 색상을 설정해 주면 된다.

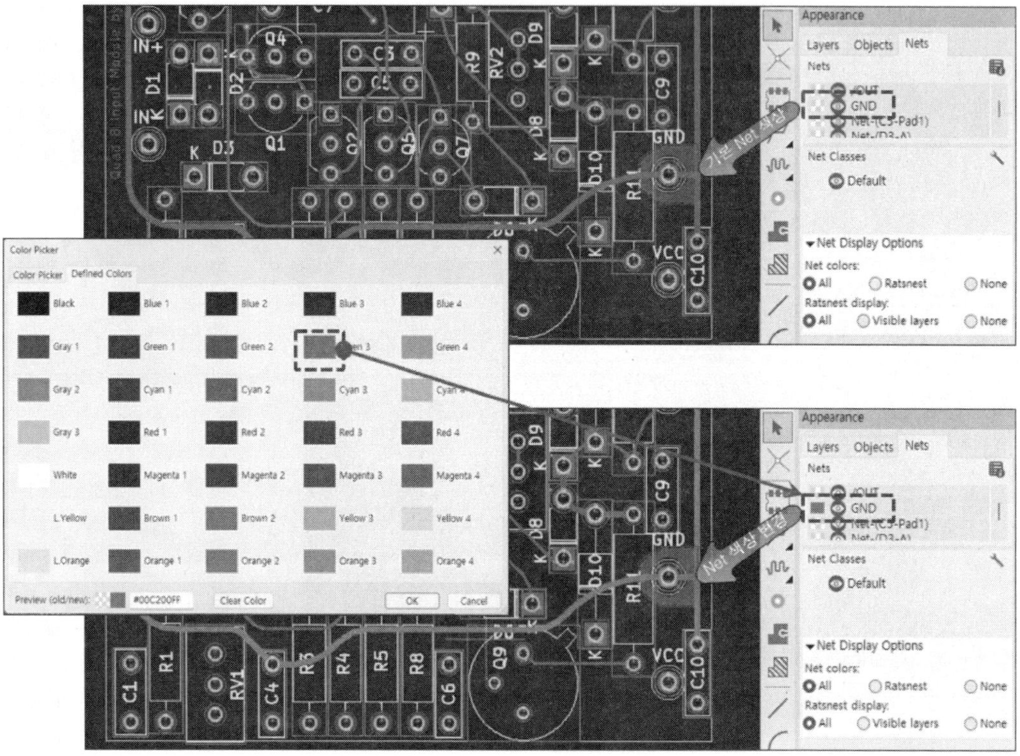

그림 6.11 Nets 탭에서 GND Net의 색상 변경 전/후

Nets 탭의 아래 부분에 Net Display 옵션에서는 세 가지 항목중에서 원하는 항목을 선택할 수가 있다. 최종 PCB에서 모든 내용을 선택하는 것과 배선을 하기 전 부품의 연결과 관계를 묶어주는 부분만 선택하거나 아무것도 선택하지 않는 방법이 있으며 Ratnests의 경우도 모든 Ratnests를 선택하는 것과 보이기 기능으로 나타난 유효한 레이어만 선택하거나 혹은 아무것도 선택하지 않는 세 가지의 옵션이 있다. 위의 그림에서는 모든 Nets와 Ratnests를 선택하고 세부 Nets로는 “GND”를 선택해서 초록색과

적색의 색상이 설정하기 전/후의 도면을 보여주고 있다. 특정 Pad를 선택하는 경우 여기에 연결되어 있는 배선(Track)은 자동적으로 설정된 색상으로 변경이 된다.

(4) Appearance : Presets

앞서 설명한 세 개의 탭(Layers, Objects, Nets)에는 PCB 레이아웃의 결과를 효율적으로 표현하기 위해서 사용되는 여러 개의 위젯을 포함하고 있다. 이러한 위젯을 이용해서 본인의 의도에 맞게 설정을 하게 된다면 PCB에서의 작업 효과를 높일 수가 있다.

사용자의 목적에 맞게 설정된 내용은 Presets의 펼침 메뉴(Drop-Down)중에서 원하는 항목을 선택하는 것 만으로도 세 개의 탭에 대한 설정 내용을 적용하는 것이 가능하도록 되어 있다. 여기에는 사전에 기본 값으로 설정된 여러 개의 Presets값이 있는데 여기에서 제공되는 Presets 값들은 개인적인 설정 값으로 변경해서 사용할 수도 있다.

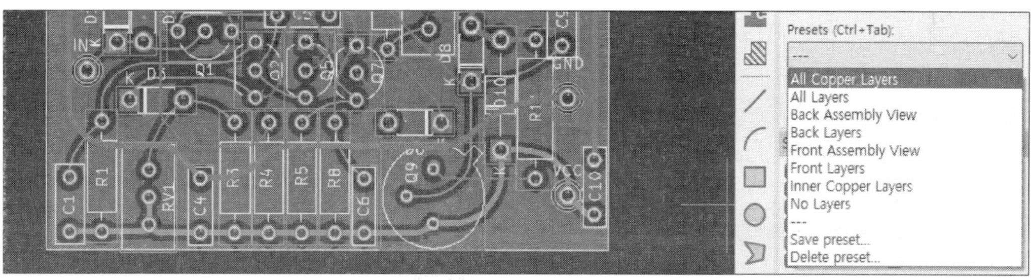

그림 6.12 Presets의 펼침 메뉴

위의 그림은 Presets의 기본설정 메뉴를 나타낸다. Presets의 멋진 기능을 확인해 보기 위해서 PCB 보드에 대하여 “All Layers”를 활성상태로 하면 다음의 첫 번째 그림과 같이 보드 상의 모든 내용을 표시한다. 만일 Presets에서 “All Copper Layers”를 선택하게 되면 두 번째 그림과 같이 상, 하 동박레이어에 “Tracks, Pads, Zones 그리고 Vias”를 제외한 나머지는 모두 사라진 형태로 표시가 된다. 이와같이 배선, 실크인쇄등이 제외된 동박영역, Pad, Via 그리고 트랙만 남게 되기 때문에 전기적 배선 관계나 Pad와 Via의 위치, 동박 영역등의 점검과 검사가 용이해 진다.

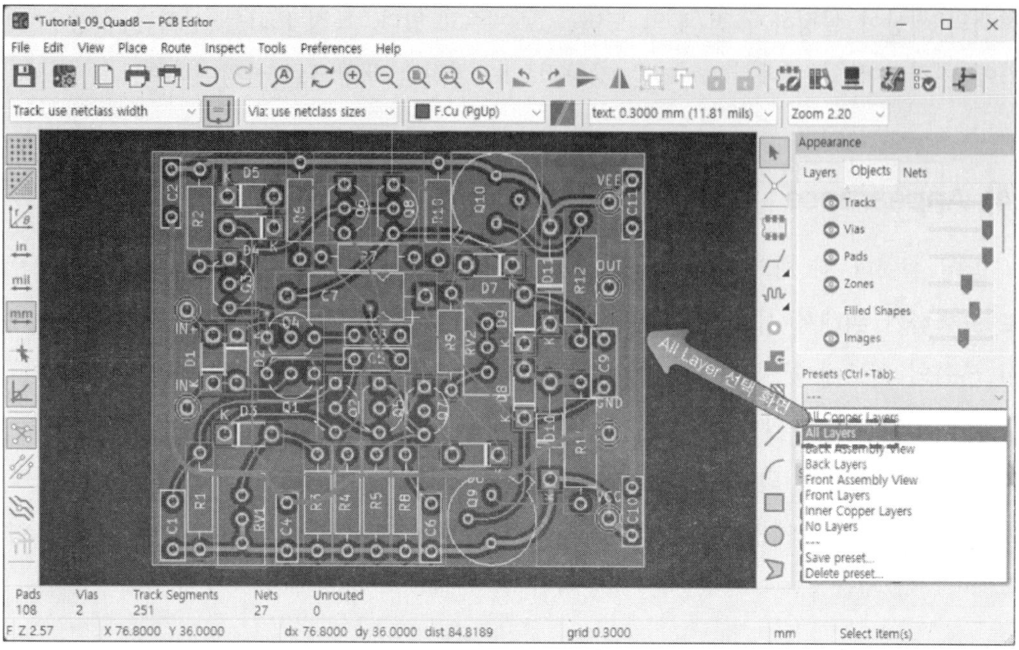

그림 6.13 Presets에서 All Layers 선택 화면

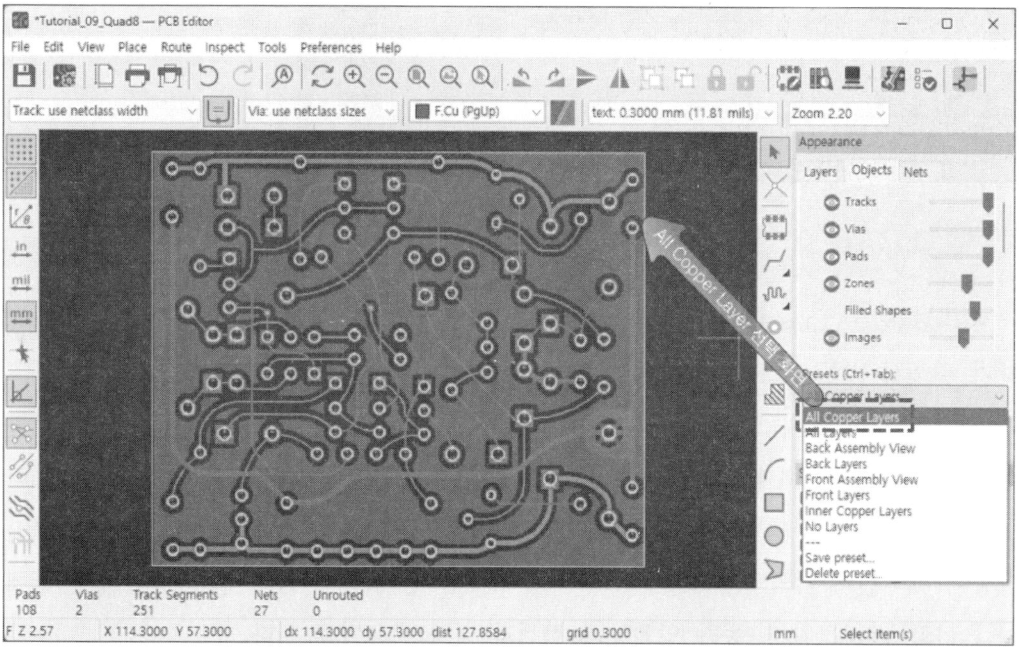

그림 6.14 Presets에서 All Copper Layers 선택 화면

(5) 필터의 선택

필터의 선택 도구에서는 개별 객체나 묶음 형태로 선택을 한 객체에 대한 형식을 제어할 수 있다. 앞 절의 Presets을 All Copper Layer로 설정한 보드를 기준으로 할 때는 PCB 보드를 구성하는 다양한 객체의 목록이 필터 선택 창에 표시되는데 수정이나 이동 등의 작업을 하려는 객체를 목록에서 선택을 하면 선택된 객체만을 대상으로 작업을 진행할 수 있다. 단일 객체의 선택은 단순히 왼쪽 마우스 버튼의 클릭으로 선택할 수 있으며 묶음 형태로 객체를 선택하는 경우에는 왼쪽 마우스 버튼을 클릭한 상태로 끌기를 하면 사각형 내부의 객체가 묶음 형태로 선택이 된다. 마우스 끌기로 만들어진 사각형 외부의 객체를 포함시키고자 하는 경우에는 마우스와 단축키를 조합해서 원하는 객체의 추가와 제거 작업을 진행할 수 있다. 추가할 객체 위에 마우스 커서를 둔 상태에서 Shift 키를 누르게 되면 십자커서 우측 아래에 "+" 첨자 모양이 나타나는데 이때 왼쪽 마우스 버튼을 클릭하면 기존의 객체에 새롭게 선택한 객체가 추가된다. 마찬가지로 제거 대상이 되는 객체 위에 마우스 커서를 둔 상태에서 Shift+Ctrl 키를 동시에 누르게 되면 십자 커서 우측 아래에 "−" 첨자 모양이 나타나는데 이때 마우스를 클릭하면 해당 포함되어 있던 객체는 선택이 해제가 된다.

모든 객체의 선택과 추가/삭제등의 동작은 Esc키를 누르면 현재 동작중인 기능이 해제가 된다. 동박이 연결된 항목을 또 다른 동박이 있는 항목으로 연계하려면 오른쪽 마우스 버튼을 클릭하여 나타난 메뉴 중 단축키 U를 사용하여 기능을 확장하면 된다.

- Shift : 기존의 객체에 다른 객체를 추가
- Shift+Ctrl : 기존의 객체 중에서 선택한 객체를 제거

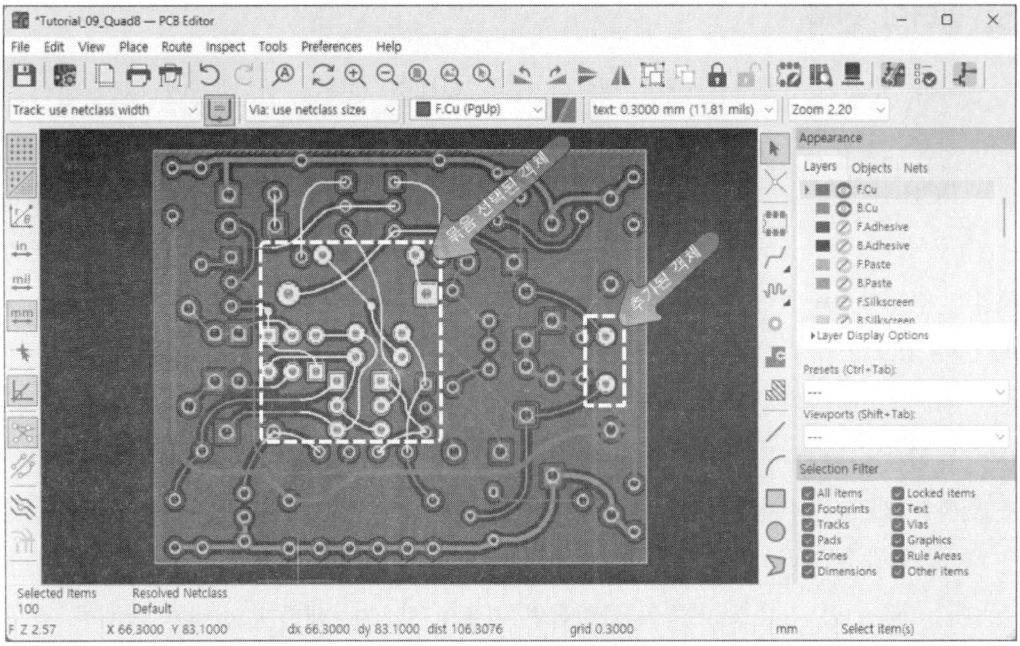

그림 6.15 묶음 선택 객체와 Shift+마우스로 추가된 객체

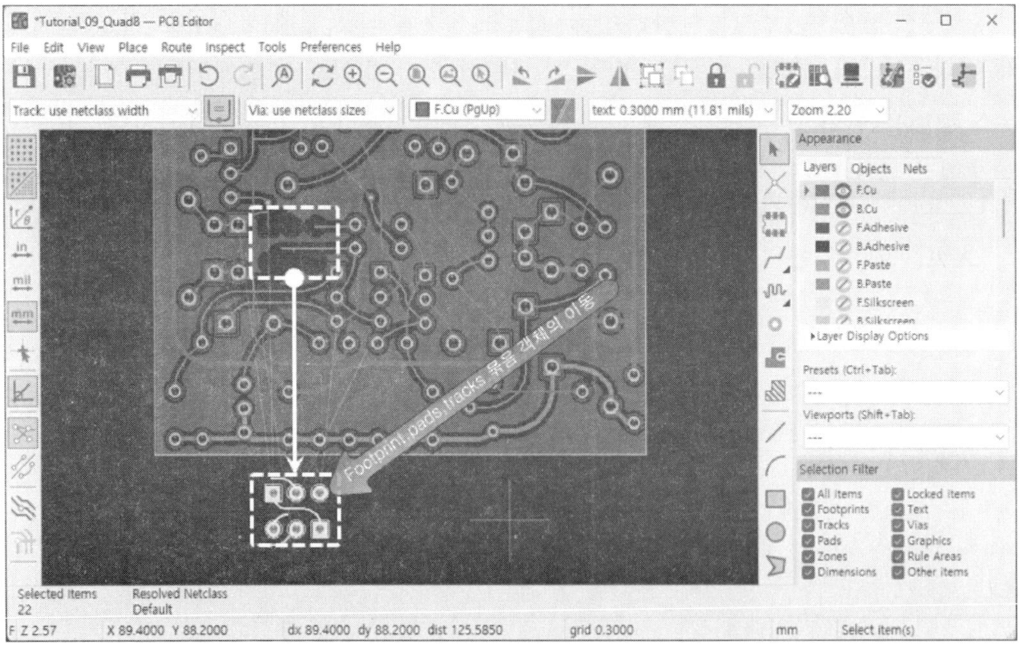

그림 6.16 Footprint, Tracks, Pads 필터가 적용된 묶음 객체의 이동 화면

그림 6.16은 Footprints, Tracks와 Pads의 필터를 선택하고 PCB 도면에서 묶음 객체를 다른 영역으로 이동 작업을 실행한 화면이다. PCB 보드의 Net에서는 배선과 객체를 밝게 보기를 하는 기능을 지원하고 있어서 복잡한 도면에서 특정 객체나 배선의 검증은 시각적으로 확인하면서 편리하게 작업을 진행할 수 있다. 우측의 Appearance의 Nets 탭에는 모든 Net목록이 표시되어 있어서 확인하고자 하는 Net의 색상을 변경하는 방법도 있으며 기존의 동박 영역을 선택한 다음 단축키 [~ `]를 이용하여 원하는 Net의 밝게 보기 기능을 활성화 및 해제를 할 수도 있다.

(6) PCB와 Schematic의 교차탐조

KiCad에서는 PCB와 Schematic 도면 사이에서 양방향으로 사용된 부품에 대한 상호 교차 탐조가 가능하다. 또한 각각의 편 집창의 Preferences메뉴에서 Schematic과 PCB 편집기의 Display 옵션을 변경할 수 있다.

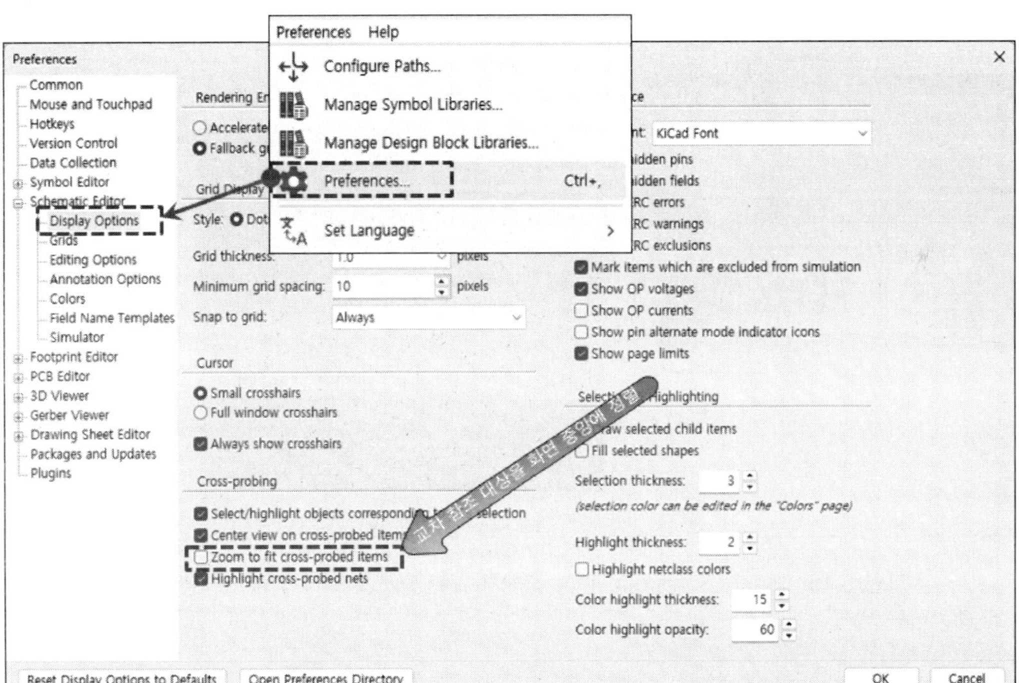

그림 6.17 Preference메뉴에서 Display 옵션의 설정

선택된 객체는 교차 탐조가 되는 상대의 편집 화면의 중앙에 놓이면서 전체 화면크기에 맞게 확대 표시가 되는 것이 기본값으로 설정되어 있는데 이 옵션을 해제하면 화면의 크기는 변하지 않는 상태로 표시가 된다.

- **선택 교차탐조(Selection Cross-Probing) :** PCB 도면에서 Footprint나 패드를 선택하기 위해서 Schematic 도면 내의 부품 심볼이나 핀을 선택하여 PCB 도면의 부품이 상호 교차 선택되도록 하는 방식으로 상호 도면에서 선택 순서를 반대로 해도 된다. 이때 선택된 객체는 화면 중앙에 위치한 상태로 확대되어 표시가 된다.
- **밝기 교차탐조(Highlight Cross-Probing) :** Schematic 도면과 PCB 도면에서 선택된 Net항목을 양쪽 도면에서 밝게 표시하여 상호 선택된 Net를 교차 탐조하도록 하는 기능이다. 그림 6.17의 Display 옵션에서 "Highlight cross-probed nets"항목을 선택하면 Schematic 도면 편집 창에서 선택한 Net는 PCB 도면 편집 창에서 이것과 대응이되는 Net를 밝게 표시하여 상호 비교 탐조가 가능하다.

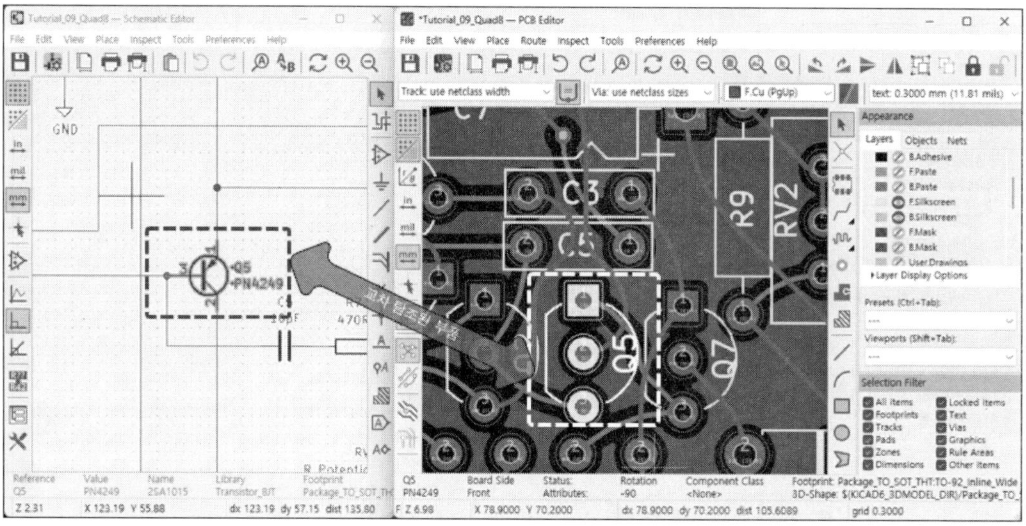

그림 6.18 PCB와 Schematic 편집 창에서 교차 탐조가 되어 밝게 표시된 부품

(7) PCBnew의 편집 도구 : 멀티 도구

PCBnew의 화면을 제어하기 위한 메뉴 아이콘은 왼쪽에 수직으로 배치가 되어 있으며 개별 아이콘에 대한 디스플레이 옵션 기능은 아래 표와 같다.

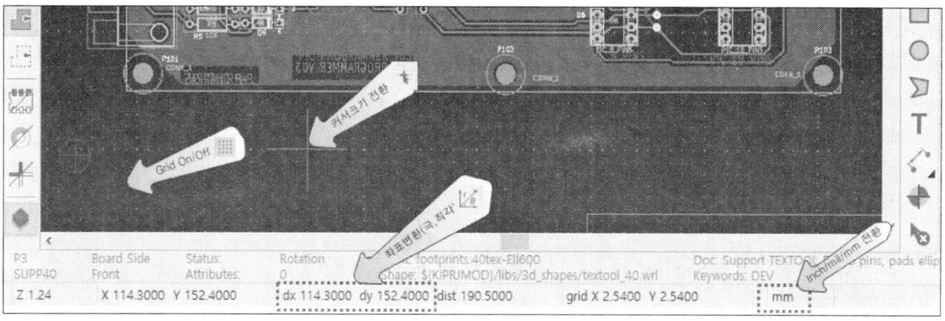

그림 6.19 디스플레이 옵션 : 그리드, 커서, 좌표, 단위 변환

표 6.1 PCB 편집기 좌측 아이콘 메뉴

	화면 위에 그리드 점선의 On/Off : 기본 설정 값은 그리드 Off로 되어 있어서 그리드 점선 간 이동이 비활성화되어 있다. 디스플레이 옵션에서 변경이 가능하다.
	Grid On-개별 항목(wires, text, graphic,item)의 Grid설정 값 우선 적용. NEW Grid Off-개별 항목(wires, text, graphic,item)보다 기본 Grid 설정 값 우선 적용.
	극 좌표와 직각 좌표를 상호 전환해 주는 기능으로 상태를 표시하는 막대 창에 결과가 표시된다.
in	좌표 값의 항목을 inch/mils/millimeter중에서 선택하는 기능이다.
mil	
mm	
	소형 십자 커서와 전화면 크기의 십자 커서 상태를 상호 전환해주는 기능이다.
	트랙이나 선을 수평,수직,45도 그리기 기능이다, 단축키는 Shift+Space Bar이다.
	Ratnests(배선 뭉치)의 상태를 On/Off해주는 기능이다.
	Ratnests에서 사용되는 배선을 직선과 곡선 중에서 선택하는 기능이다.
	비활성 레이어의 표시를 Normal(정상)과 Dim(흐림)중에서 선택하는 기능이다. 주 비활성 레이어가 Dim(흐림)이나 Hide(감춤) 모드일 때 이 아이콘은 활성상태가 된다. 여기서 아이콘을 누르게 되면 Normal(정상)모드로 변경된다. Hide(감춤) 모드는 Appearance 패널의 제어기능이나 단축키 Ctrl+H를 이용하면 된다.

	선택된 네트가 밝게 보이기 모드일 때 이 기능을 On/Off하는 기능이다. 주 선택된 Net가 없어서 밝게 보이기 대상이 없을 때 아이콘은 비활성 상태가 된다. 임의 Net를 밝게 보이기 모드로 전환하려면 단축키 ⌜를 사용하거나 네트 내부의 임의 동박 위치에서 오른쪽 마우스 버튼 클릭한 후 Net 도구 메뉴에서 밝게 보이기 대상 Net를 선택하면 된다. 혹은 Appearance 패널의 Net탭의 목록에서 오른쪽 마우스 버튼으로 선택하면 된다.
	동박으로 채워진 영역을 보이게 하는 기능이다.
	동박으로 채워진 영역의 외곽선만 보이게 하는 기능이다.
	도면상의 Pad를 외곽선 형태로 보이게 하는 기능이다.
	도면상의 Via를 외곽선 형태로 보이게 하는 기능이다.
	도면상의 배선을 채우기와 외곽선 모드를 전환하는 기능이다.
	우측의 Appearance 패널의 보이기/감추기 모드을 전환하는 기능이다.
	PCB 편집 창의 좌측에 속성기능 창을 열기/닫기 모드를 전환하는 기능이다.

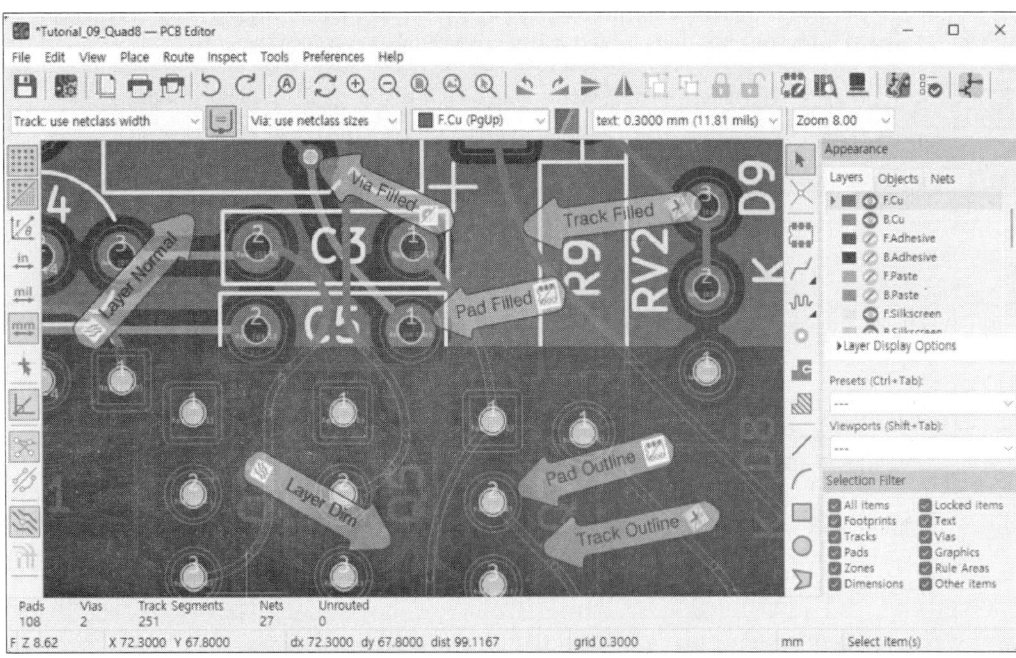

그림 6.20 디스플레이 옵션: 레이어, 트랙, 비아 보기 변환

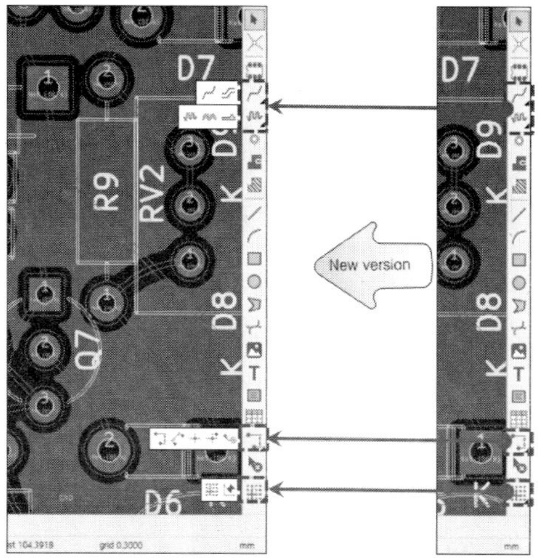

그림 6.21 우측 도구 중 멀티 기능으로 개선된 아이콘

KiCad의 버전 6 이후부터는 PCB 편집 창의 좌우에 배치된 도구의 기능들도 조금 더 섬세하게 개선이 되었다. 이전 버전에서는 단축 아이콘이 세로로 한 개씩 배치가 되어 있었으나 조금 더 많은 기능을 배치하려다 보니 배치 공간의 제약이 발생하게 되었다. 따라서 유사한 기능의 단축 아이콘을 그룹화하는 형태로 구성하였다. 멀티 아이콘은 해당 아이콘 위치에 커서를 둔 상태에서 잠시 누르기 상태를 유지하면 가로 방향으로 추가적인 멀티 아이콘이 나타난다.

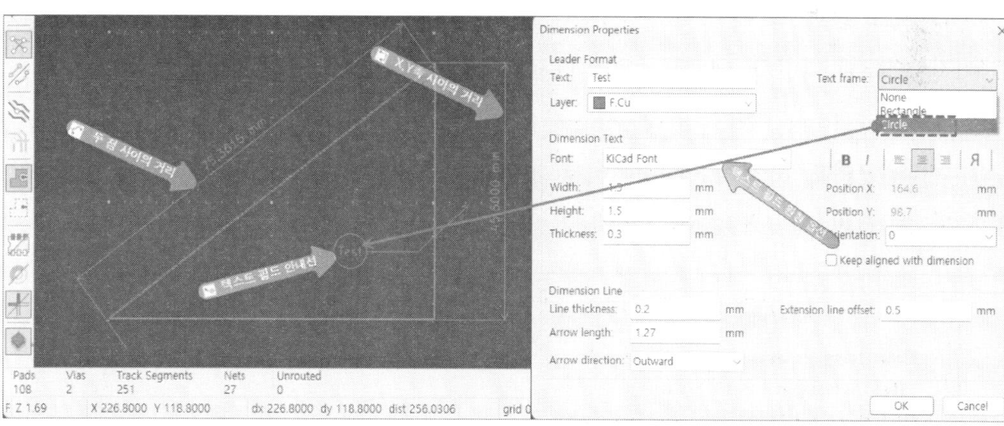

그림 6.22 멀티 아이콘 측정 도구 사용 예

멀티 도구 아이콘에서 배선도구 아이콘 “ ”는 단일 배선, “ ”는 2중 배선 기능

이다. 바로 아래에 위치한 초고주파 형 배선도구 “ ”는 단일 배선의 길이 조율, “ ”는 2중 비대칭 배선을 조율하고 그리고 “ ”는 2중 대칭 배선을 조율하는 기능을 지원한다. 그리고 우측 하단에 위치한 측정도구 아이콘 “ ”는 두 점 사이의 거리를 직선측정하고, “ ”는 두 점 사이의 거리를 x축 혹은 y축을 기준으로 측정하고, “ ”는 원이나 호의 중심에서 교차점까지 거리를 측정 그리고 “ ”는 텍스트에 화살표 모양의 안내선을 표시하는 기능으로 원,사각형 테두리를 두는 옵션까지 지원하고 있다.

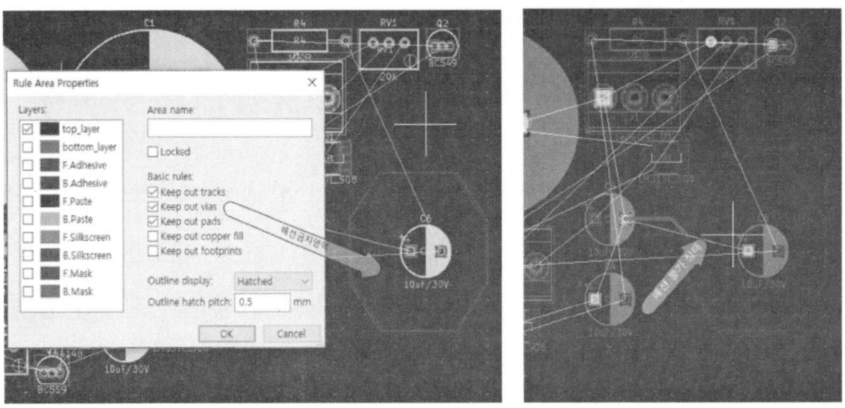

그림 6.23 배선 금지 영역 설정 후 배선 진행 결과

PCB 보드 편집 창 우측 중간 부분에 설계규칙과 관련이 있는 아이콘 “ ”가 있는데 이것은 각종 다양한 객체에 대하여 제한 영역을 설정하는 기능으로 Tracks, Vias, Pads, Copper Pours 혹은 Footprints등을 이 영역에 배치할 수 없도록 제한시킬 수 있다. 제한 영역을 특정 동박 레이어로도 지정할 수 있는데 이것은 DRC 보고서에서 문제점들을 식별하는 데 도움이 된다.

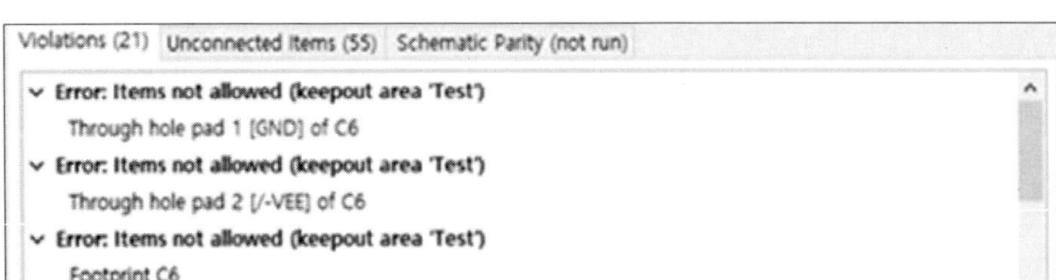

그림 6.24 배선 제한 영역에 위치한 부품 C6로 인한 DRC검사 에러

✓ 따라하기 07

내용 후반부 PCB 관련 학습이 안 되었지만 지금까지 배운 내용을 토대로 Schematic 도면에서 최종 PCB 보드 완성까지 일단 진행해 보도록 하자. 따라하기의 예제는 트랜스을 이용한 2차 전압조정 없이 직접 220V AC 전압을 5V의 DC 전압으로 변환하는 AC/DC 변환기이다.

1. Schematic편집기에서 해당하는 부품을 심볼 라이브러리에서 불러와서 배치와 배선.
2. 심볼 라이브러리에서 전원(스파이스 모델)을 배치한 후 시뮬레이션 조건 입력.
3. 2번의 검증 완료이후 Schematic 개별 부품에 대하여 Footprint 할당 작업 완료.
4. Schematic 도면에서 PCB 편집기로 Net로 연결된 Footprint(Ratnest) 전달 및 배치 완료.
5. 개별 Footprint 배치와 배선 완료 및 고정 홀(Mounting hole) 배치 완료.
6. 바닥 레이어(Bottom)의 Ground에 동박 배치(Copper pour) 완료

1.1 Schematic 편집기에서 해당하는 부품을 심볼 라이브러리에서 불러와서 배치와 배선.

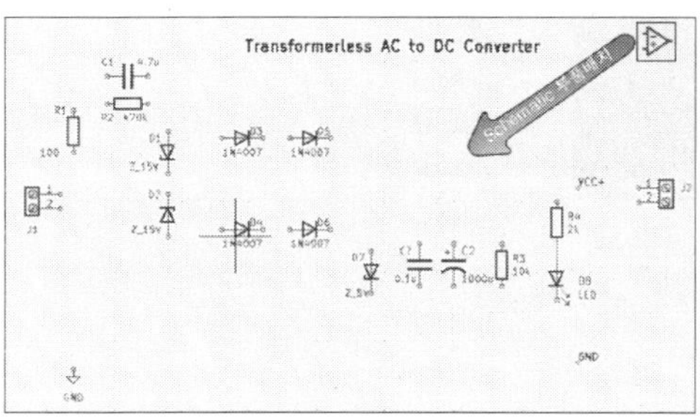

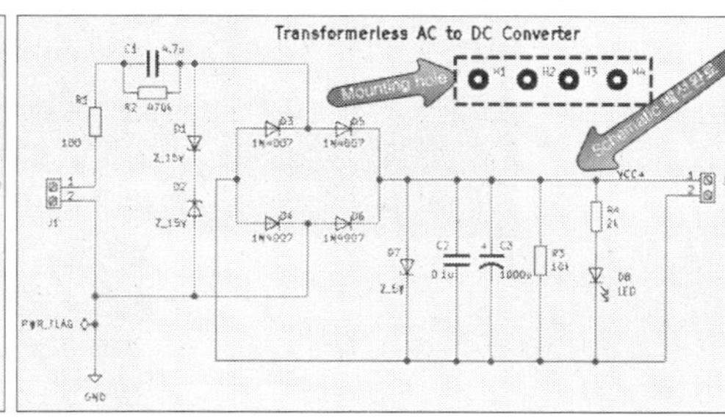

1.2 주석(Annotation)과 전기 규칙 검사(ERC: Electrical Rules Check)

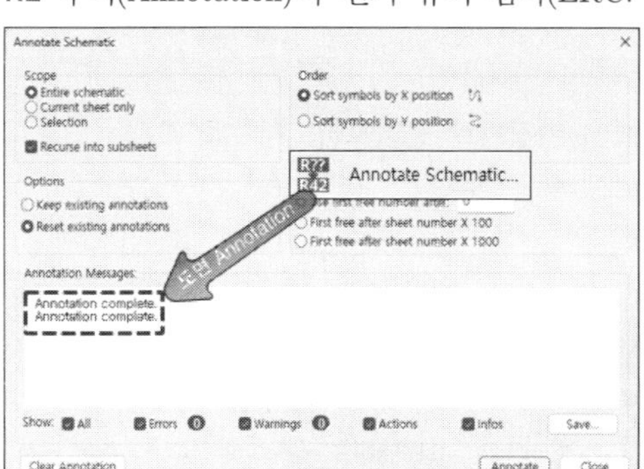

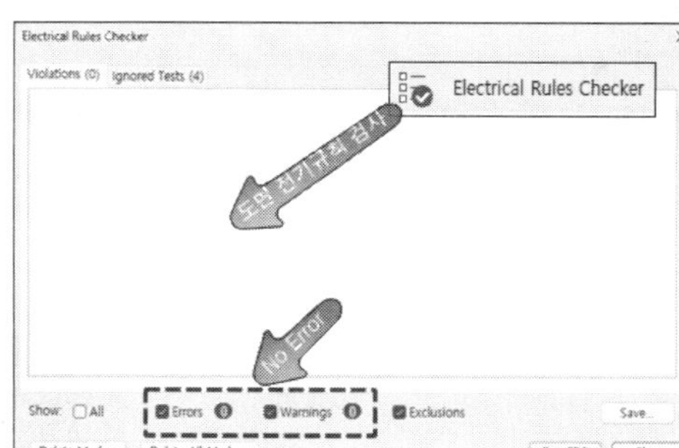

2.1 심볼 라이브러리에서 전원(스파이스 모델)을 배치한 후 시뮬레이션 조건 입력.

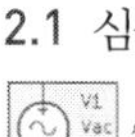

AC전원 : dc=0 ampl=220 f=60 td=0 theta=0 phase=0 ac=110 ph=0

R,무극성C,극성C,LED : 기본 내장 스파이스 모델 사용

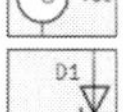

Zener Diode : 제공된 라이브러리(~Spice_lib₩Zener.lib)->DI_1N4744A

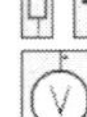

차동 전압 측정 : 기본 내장 VOLTMETER_DIFF 스파이스 모델 사용

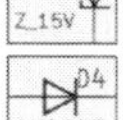

Diode : 제공된 라이브러리(~Spice_lib₩Zener.lib)->1N4007

2.2 전원(스파이스 모델)심볼 시뮬레이션 조건 입력 후 시뮬레이션 실행하기

AC Input: 220V, 60Hz/DC Output:5.22V → Spice Transient설정:: Time step = 10u, Final time = 300m

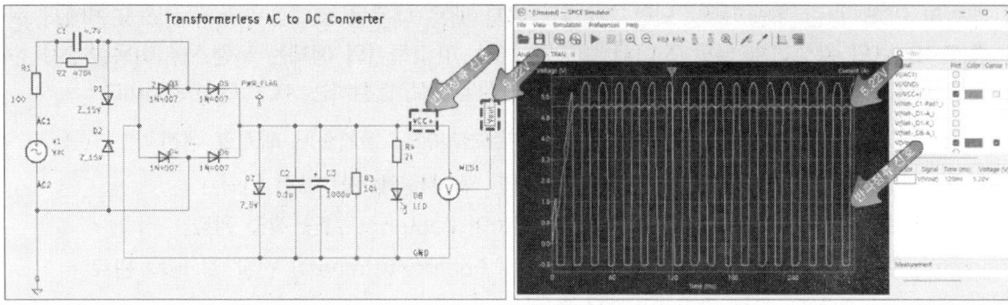

3.1 PCB 편집기에서 보드 페이지 설정 및 PCB 환경설정(사용할 레이어 설정) 완료

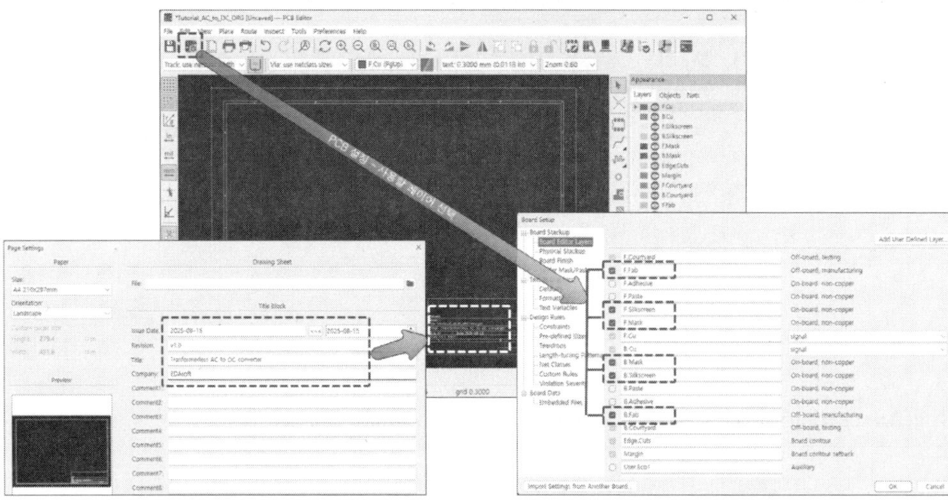

3.2 Schematic 도면에서 부품 정보(Footprint등)를 PCB 편집기로 불러오기

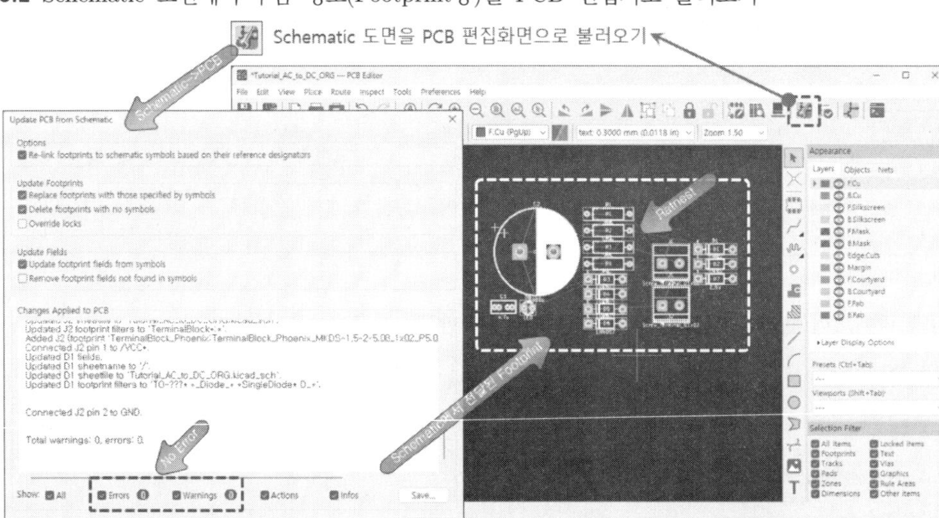

3.3 저항 R, 다이오드 D, LED, 고정 홀의 Footprint와 3D 모델 확인 후 매칭 하기

고정 홀
Mounting Hole

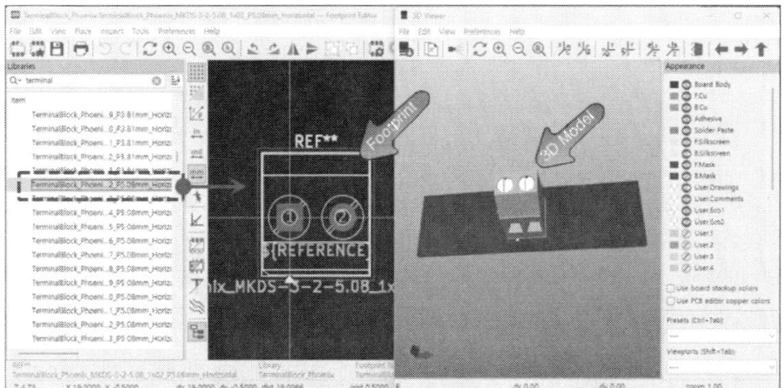

저 항
R-Resistor

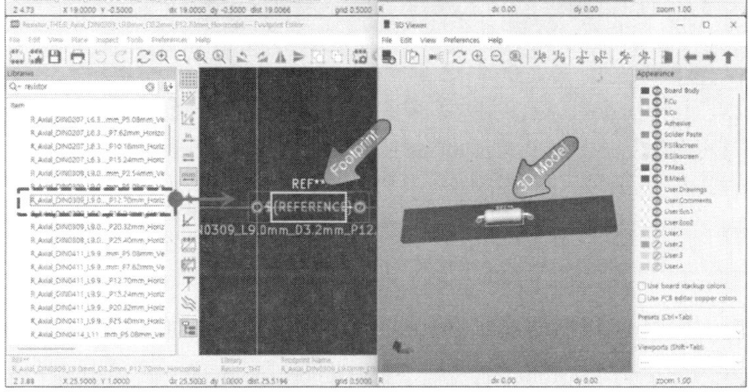

다이오드
Diode

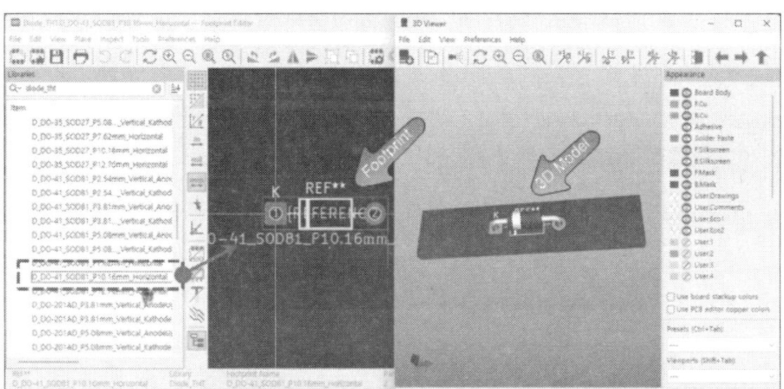

LED

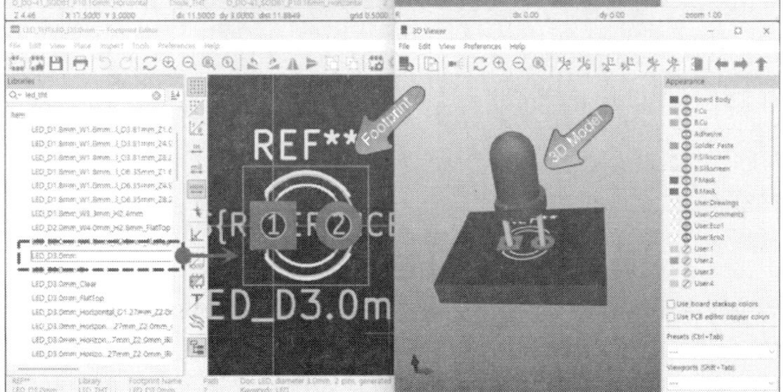

4. Schematic 도면에서 PCB 편집기로 Net로 연결된 Footprint(Ratnest) 전달 및 배치 하기.

· PCB 편집화면 : 부품 Footprint 배치, 고정 홀(Mounting Hole)배치 및 3D View(미 배선 상태)

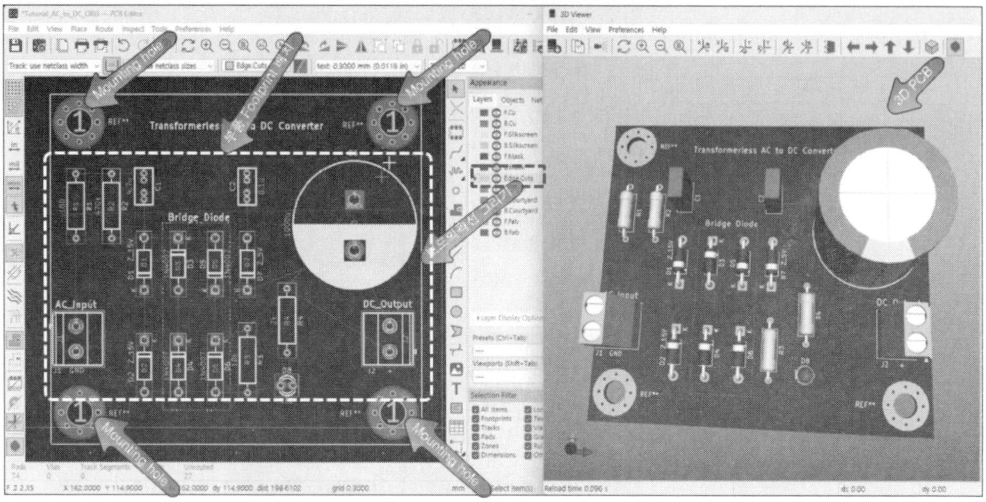

5. 개별 Footprint 배치와 배선 완료 및 고정 홀(Mounting hole) 배치 하기.

6. 바닥 레이어(Bottom)의 Ground에 동박 배치(Copper pour) 하기.

· PCB 편집화면 : 부품 Footprint 배선 및 바닥 레이어에 Ground 동박배치(Copper Pour) 완료

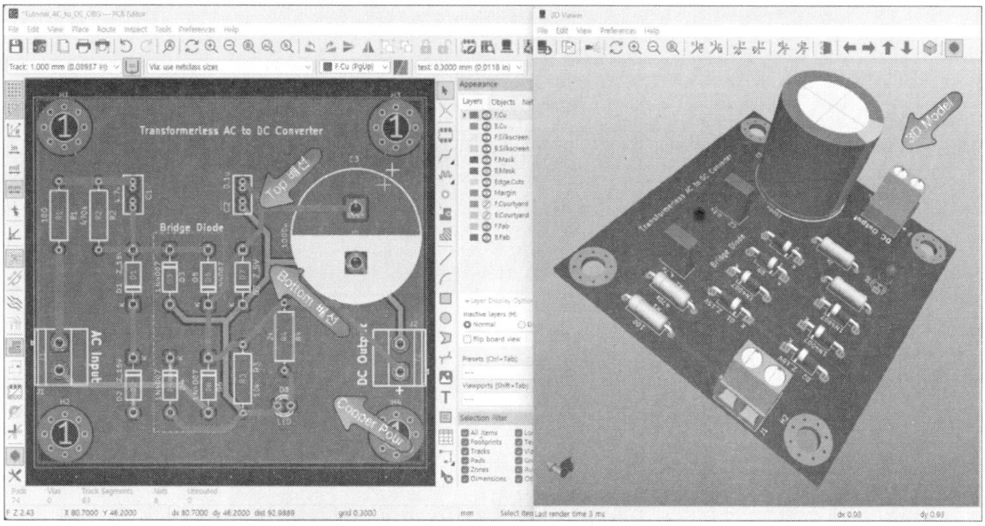

참고 세부적인 실습 부분에 대한 설명은 시뮬레이션 부분, 심볼과 Footprint 불러오기는 해당 라이브러리 활용 부분을 참조하면서 실습을 진행하도록 합니다. 실습에 사용된 스파이스 라이브러리는 예제 파일 제공 시 함께 제공될 예정입니다.

6.4 PCB 보드 환경 설정

KiCad에서 PCB는 전자부품과 이것들을 연결하고 배치하는 패드와 네트로 구성이 된다. 여기서 네트는 부품의 Pad가 배선, Via 그리고 동박 영역들과 어떻게 상호 연결되는지 대한 방법을 정의해 준다. 그밖에 보드의 윤곽을 정의해 주는 그래픽 도구와 부품의 형상등을 표시하기 위한 실크 인쇄등에 관한 다양한 정보를 포함하고 있다.

KiCad에서는 일반적으로 Schematic 도면과 연계되어 동기화된 네트 정보를 PCB 보드에서 그대로 적용하고 있으나 필요에 따라서는 PCB 편집기에서 이러한 네트를 직접 수정하는 것도 가능하다.

현재 KiCad에서 PCB 제작 역량은 최대 32개 동박 레이어를 지원하며, 14개의 기술적인 레이어(Ssilkscreen, Solder Mask, Component Adhesive, Solder Paste등,..)와 13개의 범용 그리기 레이어를 지원하고 있다. 모든 객체에 대하여 내부적으로 측정 가능한 최소 분해능은 1나노미터까지이며 측정 결과는 32비트 정수형으로 저장이 되는 데 이것은 보드의 크기가 최대 4미터×4미터까지 지원이 가능하다는 의미가 된다. 현재는 KiCad에서 Schematic 프로젝트당 1개의 보드 파일만 지원하고 있다.

PCB 보드 만들기는 KiCAD에서 권장하는 작업 방식을 따라 하는 것이 가장 쉬운 방법이다. 새로운 프로젝트 파일 만들기를 진행하면 처음에는 프로젝트 이름으로 비어 있는 보드 파일이 만들어 지는데 Schematic 도면 작업을 끝낸 상태에서 보드를 설계하는 경우에는 단순히 PCB 보드 파일 열기만 진행하면 된다.

그림 6.25 Schematic 편집기 도구메뉴의 PCB 보드 편집기

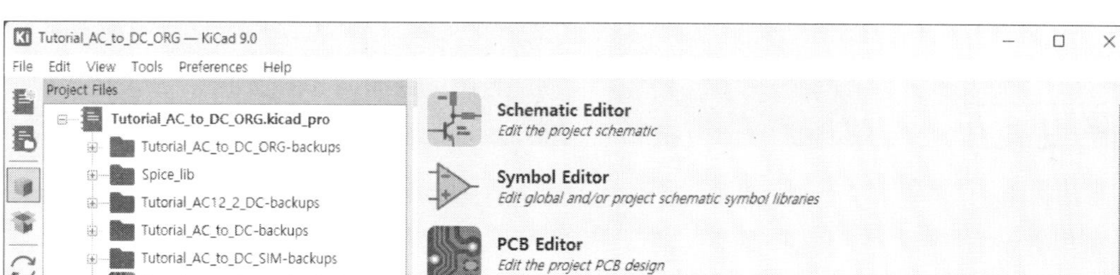

그림 6.26 프로젝트 관리자 : PCB Editor 화면

이러한 작업은 KiCad 프로젝트 관리자에서 진행할 수도 있고 Schematic 편집기의 “Open PCB in board editor” 버튼을 이용하여 진행할 수도 있다. Schematic 회로설계 없이 PCB 보드를 만드는 것도 가능하지만 권장하는 방법은 아니므로 단지 작업이 가능한 방법 정도만 익히는 것으로 하자. 이 경우 PCB 보드 작업은 프로젝트 관리자 화면에서 시작하는 것이 아니라 PCB Editor만 단독으로 사용해야 한다. 다른 작업의 경우도 마찬가지지만 사용자 목적에 맞는 설계 작업을 시작하기 전에는 반드시 보드 파일을 저장하는 습관을 갖도록 하는 것이 좋다. 오프 소스 형태의 소프트웨어는 끊임없는 발전과 진화를 하고 있지만 이러한 진화 과정에는 안정화되지 않은 결과들이 지속적으로 발생할 수 있기 때문에 이러한 문제가 발생하는 경우에는 그동안 고생하여 작업한 내용이 한순간에 사라지는 경우가 있기 때문이다. 물론 날자 별로 백업 파일이 저장되는 기능이 지원되고 있지만 최악의 경우에는 프로그램 자체가 실행이 되지 않는 경우도 발생할 수도 있다. 그러므로 필요에 따라서 다른 매체(클라우드등,..)에 저장하기를 하여 작업한 결과를 백업을 하는 것도 효과적인 방법이 될 수 있다.

PCB 보드의 설계 작업을 진행하기 전에는 보드 설계 환경에 대한 다양한 매개 변수 값을 목적에 맞게 설정해 주어야 한다. 우선 PCB 설계를 위한 편집 화면의 좌측 상단에 위치한 “ ”아이콘을 이용하거나 도구 모음의 파일메뉴에서 “Board Setup..” 을 실행한다.

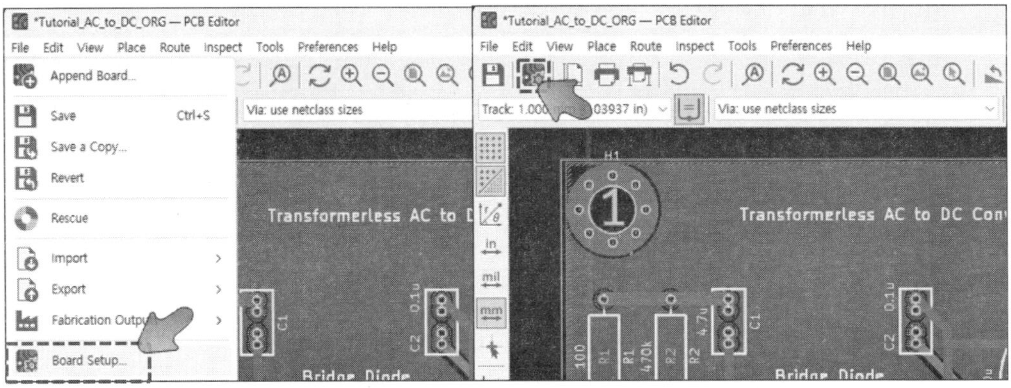

그림 6.27 PCB 보드 환경 설정 메뉴

(1) PCB 보드 페이지 설정

PCB 보드 설계를 위한 첫 번째는 보드의 크기를 결정하는 과정이다. 이러한 보드의 크기와 관련된 기본 설정의 내용에는 보드와 관련된 작성시기, 제목, 설계자, 설계 버전등과 같은 정보를 포함하고 있다. PCB 편집 화면의 파일 메뉴의 "Page Settings"을 선택하면 아래와 같은 페이지 설정 창이 나타난다.

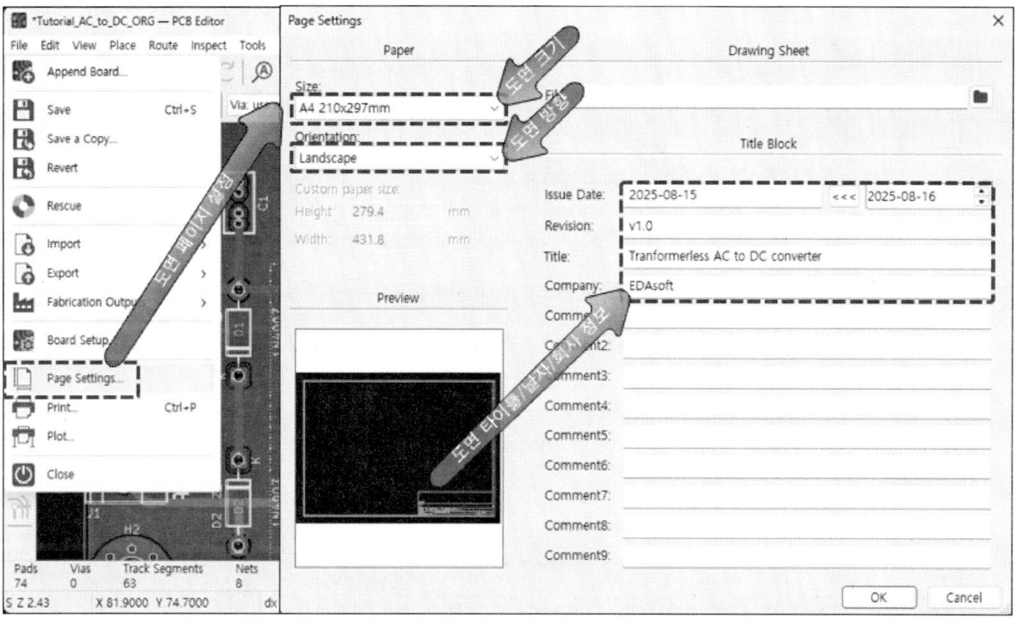

그림 6.28 PCB 보드의 페이지 설정 화면

(2) PCB 보드 환경설정 : Stackup

PCB 보드의 페이지 설정을 마쳤으면 생산과 관련하여 PCB 보드의 다양한 레이어 층에 대한 환경을 설정하는 작업을 진행한다. 보드 설정은 다음과 같이 4가지로 구성이 되어 있으며 각각의 설정 내용은 설계자의 의견과 생산자의 요구 조건에 맞도록 환경 설정을 하면 된다.

① **Board Editor Layers** : PCB 보드에서 적용할 레이어의 종류를 선택하는 내용으로 2층 레이어를 기준으로 할 때 최소한의 기본항목은 윗면 보드의 F.Paste, F.Silkscreen, F.Mask, F.Cu 그리고 아랫면 보드의 B.Cu, B.Mask, B.Silkscreen, B.Paste와 보드

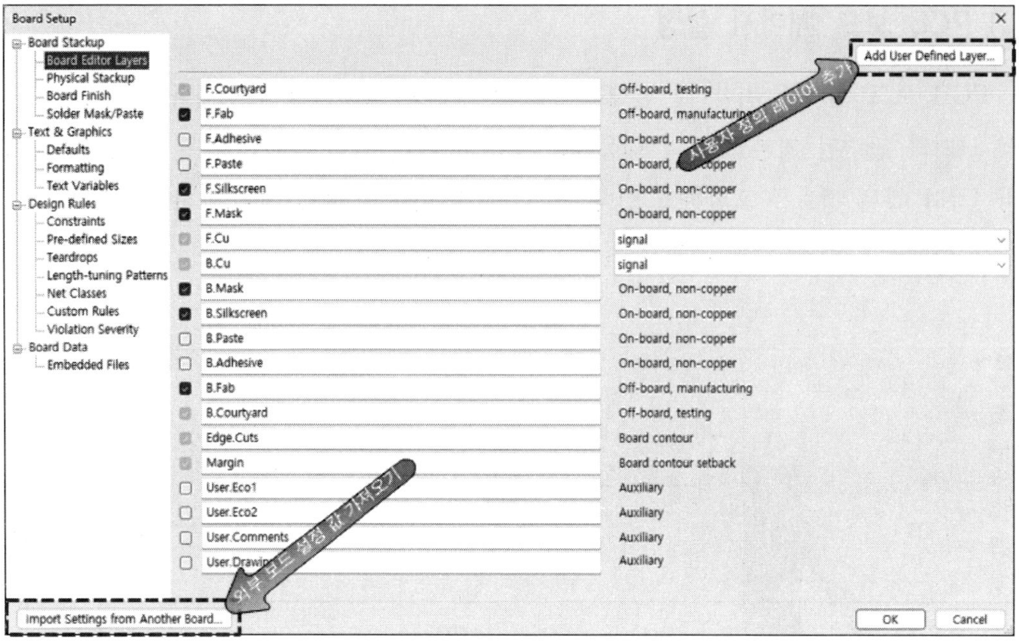

그림 6.29 보드에서 적용할 레이어 설정 화면

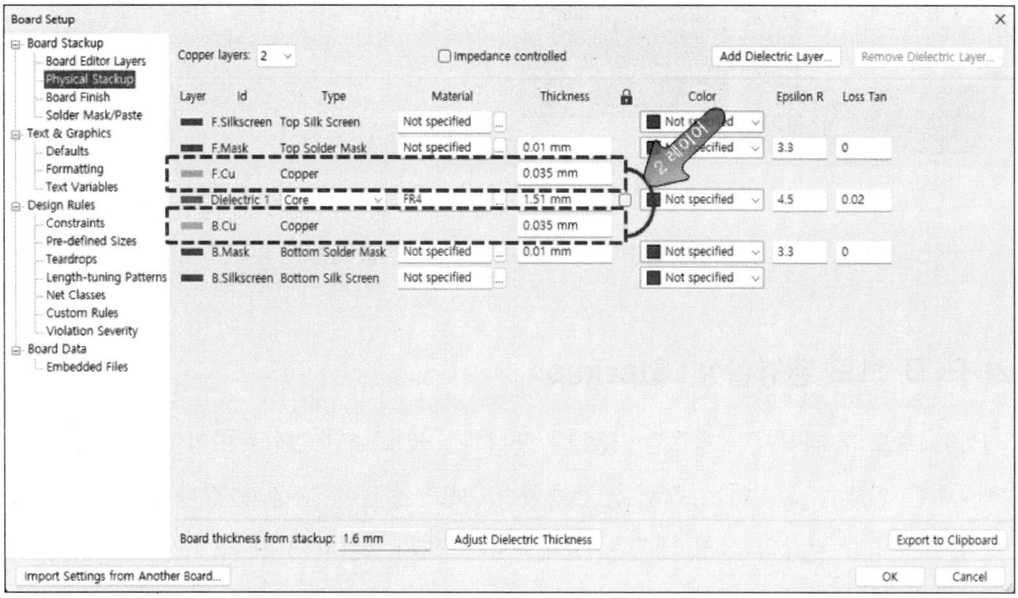

그림 6.30 PCB 2 레이어 설정 화면

크기의 윤곽을 나타내는 Edge.Cuts 레이어다. 편집 창 우측 상단에 위치한 버튼메뉴를 이용하면 사용자의 필요에 따라 새롭게 정의한 레이어의 추가도 가능하며, 창의 좌측 하단에 위치한 버튼을 이용하면 다른 보드 설계에 적용되었던 설정 값들을 불러오기를 하여 현재 보드의 설정 값으로 이용하는 것도 가능하다.

② **Physical Stackup :** Board Editor Layer에서는 동박(copper) 부분을 제외한 기술적인 부분을 설명하고 있는 레이어의 활성 상태를 결정한다. 그러나 Physical Stackup에서는 동박의 물리적인 변수 값이나 절연 층의 두께, 재료의 형태에 맞춰서 동박(Copper)에 대한 레이어의 수를 결정하게 된다.

여기서 사용되는 용어 중에 CCL(Copper Clad Laminate)은 동박 적층 판을 의미하는데 이것은 PCB Core에 동박(Copper)를 한쪽 혹은 양쪽에 접착시킨 것을 말한다. 따라서 PREPREG(Preimpregnated Materials)는 강화 섬유에 열경화성 수지를 침투시켜서 반경화 상태로 만든 것으로 유리 섬유에 에폭시 수지를 함침시킨 것이다. 그러므로 CCL에서 언급하고 있는 PCB Core는 PREPREG를 열로 경화시킨 것이라고 보면 된다.

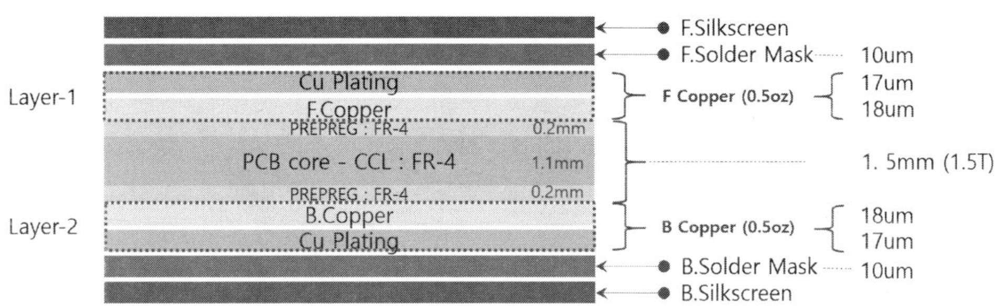

그림 6.31 PCB 2레이어의 Physical Stackup 구성요소

그림 6.31은 앞에서 설정한 값을 기준으로 할 때 2레이어의 적층 구조를 나타낸다. 그림에서 FR-4는 가장 많이 사용되는 유리포에 에폭시 수지를 함침 시킨 것으로 주파수 특성과 강도 및 열에 대한 내구성이 좋기 때문에 대부분의 PCB 업체에서 생산되는 보편적인 제품이라고 보면 된다. 재질 특성상 드릴 작업이 용이하고 스루 홀 작업을 할 수 있다. 고주파 특성이 우수하고 유전율이 낮은 테프론 PCB가 있으나 강도가 높아 가공이 어렵고 제조 가격이 비싸다. 그밖에 알루미늄 재질에 알루마이트 처리를 하여 동박을 접착하는 금속 PCB가 있는데 열에 강하고 방열 효과가 높지만 이 재질도 가공이 어렵고 제조 단가가 비싸기 때문에 일부 업체에서만 생산이 가능하다.

Physical Stackup의 세부 항목을 4레이어 PCB로 구성하는 경우 개별 레이어 값에 대한 단면의 상세한 내용은 그림 6.33과 같다. 여기서 내부 FR-4에 사용되는 PREPREG를 경화시키는 단계는 A,B,C의 3단계로 구분하고 있는데 A는 액체상태, B는 유연한 상태, C는 고체 상태라고 보면 된다. PCB Core를 설명할 때 FR-4라는 용어는 Flame Retardant-4로서 ANSI에서 규정한 불에 타지 않는 난연 등급 중 4단계를 의미하는 것으로 재질을 의미하는 것이 아니라 경화된 PREPERG가 PCB core로 사용될 때의 난연 등급을 의미한다고 보면 된다. 동박이 2 레이어인 양면 PCB의 경우는 FR-4에 동박을 Prepreg로 된 접착제를 이용해서 PCB Core와 동박을 양면에 붙이는 형태라고 보면 된다. 즉 Prepreg를 열 경화시킨 것이 CCL이고 동박 사이에 Prepreg는 절연 접착제로 사용된다. 여기서 내,외측 동박은 Prepreg로 된 접착제를 이용해서 붙이는 형태라고 보면 된다. 현재 KiCad에서는 짝수개의 동박 레이어만 지원하고 있기 때문에 연성 PCB나 금속 PCB와 같은 홀수 레이어를 사용해야 하는 경우에는 홀수 값보다 하나 더 큰 레이어를 선택하고 여분의 레이어를 무시하는 방법으로 작업을 진행하면 된다.

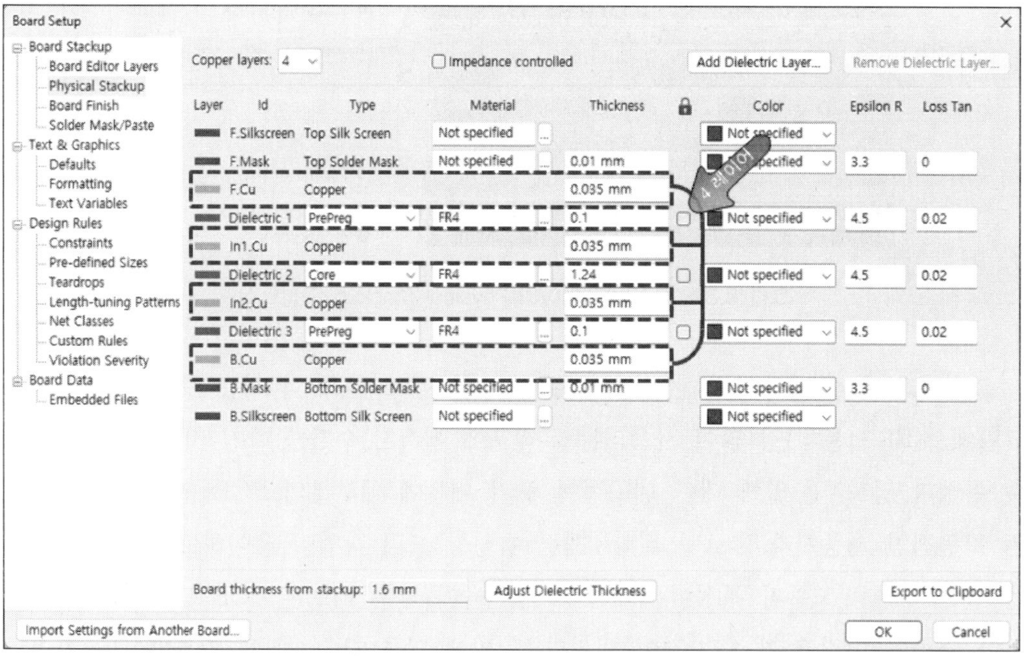

그림 6.32 PCB 4 레이어의 설정 화면

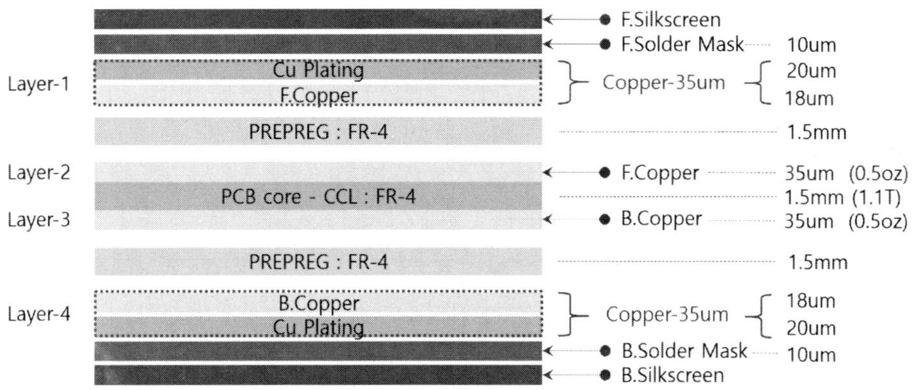

그림 6.33 PCB 4레이어의 Physical Stackup 구성요소

그 밖에 연성필 름 형태의 PCB가 있는데 폴리 에스테르나 폴리 아미드 필름에 동박을 접착시켜 만든 것이다. 이상의 내용을 살펴보면 PCB에서 사용되는 재질은 위에서부터 주요 4개 층(Silkscreen, Soldermask, Copper, Substrate)으로 구성되어 있는 것을 알 수 있다. 녹색의 Soldermask위에는 Silkscreen레이어가 있는데 표기해야하는 정보를 글자와 숫자로 나타내는 것으로 일반적으로는 흰색을 사용하지만 빨강, 노랑, 회색, 검정 등의 색을 사용하기도 한다.

③ Board Finish & Solder Mask/Paste : PCB 제작하는 동안에 불필요한 전기적 접촉이나 외부 장애를 발생시킬 원인으로부터 PCB의 동박 배선을 보호하기 위해서 보드의 표면 레이어에 Solder Mask라는 얇은 비절연 층을 적용한다. 이러한 Solder Mask에 부품을 납땜해 주어야하는 Pad와의 사이에는 공간을 반드시 비워주어야 하는 데 이러한 공간이 "Clearances"이다. 이러한 내용은 PCB 설계, 양산, 조립의 단계에서 납땜이 안전하게 이루어질 수 있을 정도로 충분한 동박 Pad의 크기와 간극이 보드의 윗면과 아랫 면 양쪽 레이어에 정의가 되어 있어야 한다. 이러한 부분은 동전의 양면과 같아서 조밀한 회로의 경우 "Clearances" 공간과 "Solder Mask" 공간의 최적 조건을 맞추어 가는 것이 중요하다.

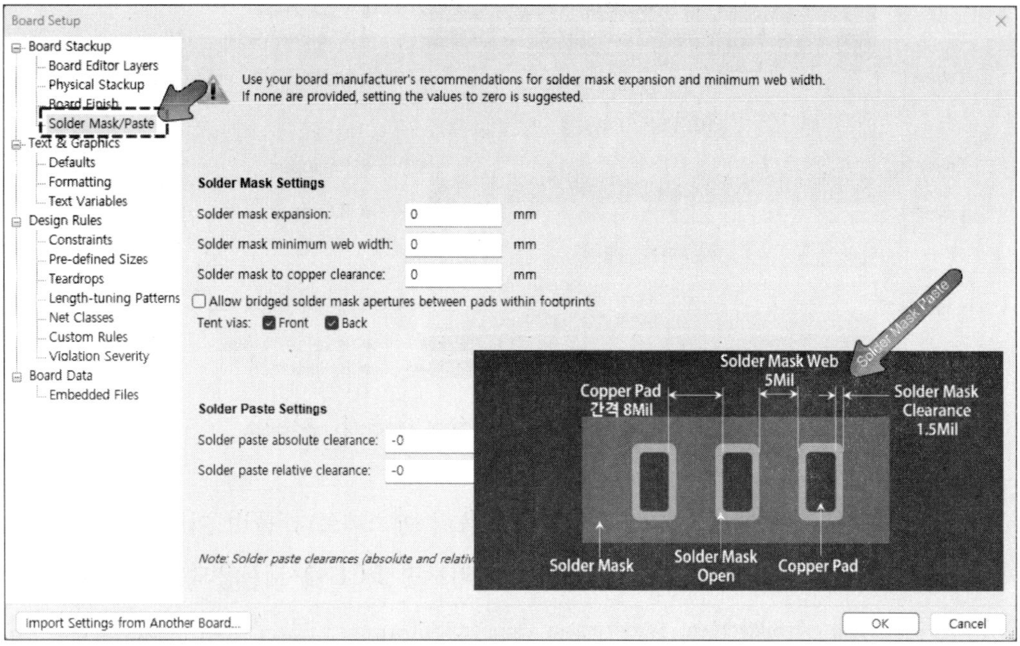

그림 6.34 Solder Mask와 Copper Pad사이의 Clearance, Mask Web의 구조

그 밖에 반달형 Pad(Castellated Pads)는 반원형 Pad가 도금이 된 형태로 만들어진 눌린 모습이다. 이러한 반달형 Pad는 PCB 보드를 다른 보드 위에 장착하는 경우에 편리하다. 반달형 Pad는 보드와 규격이 맞도록 정렬이 된 형태로 설계되어 홀과 보드 혹은 보드와 홀 사이에 납땜으로 마운팅이 된다. 대표적으로 반달형 Pad는 Bluetooth나 WiFi의 PCB 모듈로 만들어지는 경우가 많은데 이러한 모듈은 조립 과정에서 다른 보드에 장착하는 독립된 부품으로 사용하는 것이 가능하다. 산업용 PCB 보드나 RF PCB 보드의 경우 원형 Via 홀과 가장자리가 동박으로 감싸져 있는 경우를 흔하게 볼 수 있다. 이와 같이 가장자리를 동박으로 감싸는 이유는 고속으로 동작하는 디지털신호뿐만 아니라 중속으로 동작하는 디지털신호에 의한 전자기 간섭현상과 전원부를 시스템에 통합하는 과정에서 발생하는 EMC의 문제점을 해결하기 위한 여러 가지 방법 중 하나라고 볼 수 있다.

이와 같이 고속 디지털신호 처리에서 발생하는 전자기 간섭현상은 시스템 내에서 심각한 상호 간섭의 결과를 유발해서 EMC 방사량이 기준값을 초과하는 결과를 나타내기 때문에 이러한 간섭을 제거하고자 하는 다양한 조치들이 무력화된다. 다층 기판 PCB 보드의 측면에서 방사되는 전자기파는 이미 알려져 있는데 접지 판과 전원 판의 가장자리에 돌발 전류가 도달하는 경우에도 이러한 방사 현상이 나타난다. 이러한 돌발 전류는 충분한 전원을 공급받지 못해서 발생된 접지와 전원 간의 잡음이라고 보면 된다. Via 홀에서 발생된 원통형 방사 자기장은 보드의 다층 레이어에서 발생하는데 이러한 자기장은 결국 보드의 가장자리에 모여서 고주파 신호를 실어 나르는 띠 형태의 복귀 전류는 매우 근접한 보드 사이에서 간섭이 일으킨다.

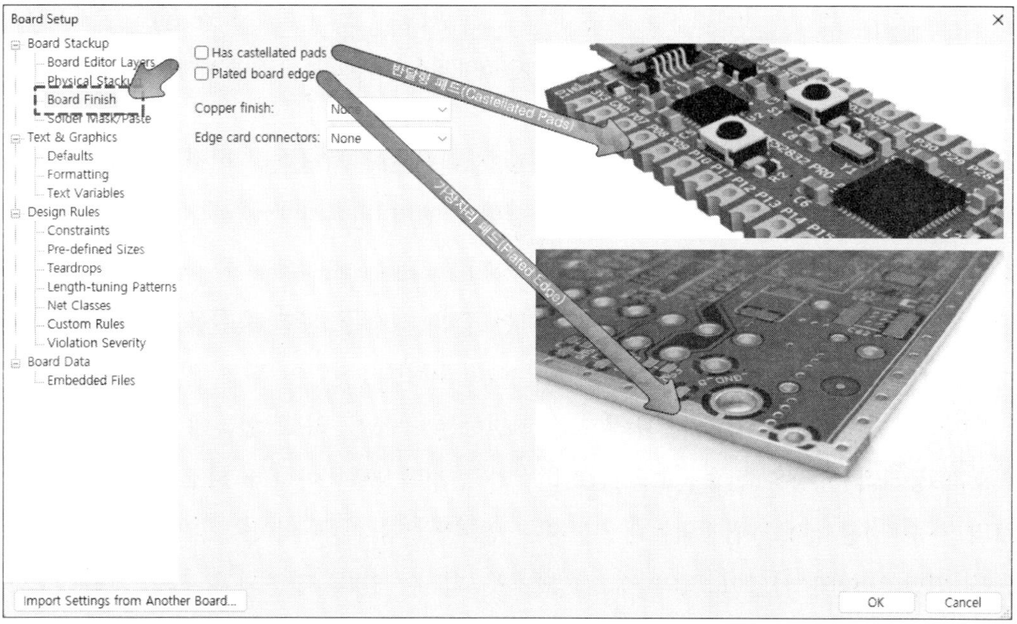

그림 6.35 반달형 패드(Castellated Pads)와 감싸기 패드(Plated Edge)

전원부에서의 잡음은 첫 번째로 고속으로 동작하는 소자에서 전류의 상태변화가 매우 큰 경우에 발생하며 두 번째로는 이러한 전류 루프에 유도되는 인덕턴스가 주요 원인이 된다. 고속으로 동작하는 디지털 회로의 경우 전원이 인가되면 내부의 게이트 회로에서 출력은 "0"과 "1"사이의 상태 값을 내보내게 되어 내부의 트랜지스터는 끊임없이 켜지고 꺼지기를 반복하게 된다. 이때 공급된 전원으로 인덕턴스 성분에 따른 기생 전류가 연결된 회로에 흘러 들어가거나 게이트 회로에서 접지판을 따라서 흐르게 된다. 결국 전원 판과 접지 면의 전류는 불균형 상태가 되어 순간 전류가 발생하고 여기서 만들어진 전류가 복귀 경로를 따라 흐르면서 기존의 인덕턴스가 AC 전압 강하를 유발하게 되어 잡음을 만들어 낸다. 이와 같이 상태변화를 갖는 출력버퍼 회로가 많으면 전압강하 값들이 증가해서 결국 불안정한 전원이 공급된다. 이와 같은 잡음이 SSN

(Simultaneous Switch Noise)이다.

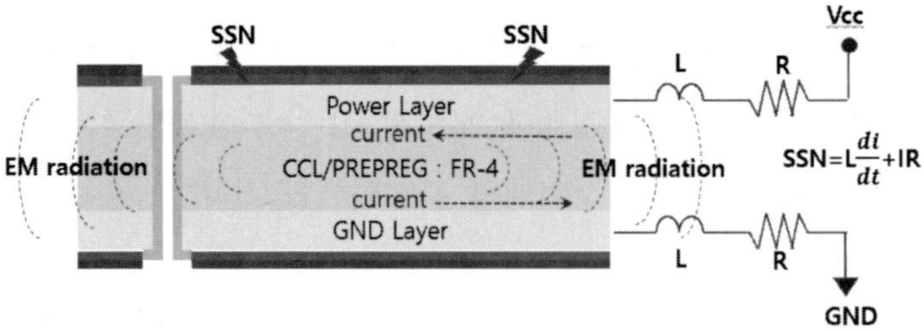

그림 6.36 기판 레이어 전원,접지 레이어에서 발생하는 SSN의 형태

SSN은 전원이나 접지에서 발생하는 기생 인덕턴스와 저항으로 인하여 전원에 공급되어야 할 전류가 방해를 받아서 소자의 전원과 접지 핀에서 발생하는 전원 잡음이라고 보면 된다. SSN으로 인한 신호 왜곡을 SSO(Simultaneous Switching Output)라고 하는데 전원이나 접지 레이어간 발생하는 이러한 잡음 요소는 신호 품질을 악화시키고 논리오류나 비트오류를 발생시키며 이러한 것들이 EMI의 원인이 되고 있다.

Via는 여러 개의 Stack을 수직으로 연결하는 구조를 하고 있는데 여기에 고주파 신호가 통과하는 경우 전송선로의 임피던스가 변경될 뿐만 아니라 신호가 복귀하는 경로의 기준 평판까지도 변경되는데 이 경우 임피던스가 매우 낮아지기 때문에 신호 전송을 위한 비아의 역할이 거의 제 기능을 못 할 수 있다. 전송되는 신호가 라디오나 초고주파 대역으로 올라가면 Via의 기준 평판이 변경되고 전류의 복귀 경로까지 변경된다. 이와 같이 Via에서 발생된 "TEM(Transverse Electromagnetic Mode)"파형은 두 개의 평판 사이에 만들어진 공진 공간을 통하여 측면으로 전송되는 전자기파가 되어 결국은 PCB의 가장자리에서 공기 중으로 방사가 된다.

고주파 신호를 처리하거나 고속으로 동작하는 PCB 보드를 설계하는 경우에는 이와 같이 PCB 보드의 측면에서 전자기파의 방사가 일어난다. 이러한 EMC 문제를 일으키는 원인으로는 전자기 간섭 원인, 경로의 결합 그리고 민감한 장비를 사용하는 것에 있다. 그런데 민감한 장비를 제어하는 것은 쉽지가 않다. 따라서 장비를 금속 인클로저로 차폐하거나 경로가 결합되는 것을 차단할 방법을 추가해야 한다.

PCB 설계에서 적용이 가능한 방법은 전자기파 간섭 원을 제거하는 방법이다. 이러한 EMC 문제를 회피하기 위해서는 PCB 보드 위의 핵심적인 신호의 배선을 최적화시켜 주어야 한다. 배선 작업에서는 레이어를 변경하기 위한 Via들이 다수 발생하게 되는데 중요한 신호가 통과하는 Via의 주변에 추가적인 전류복귀 경로를 제공하기 위해서 접지 Via를 추가할 수 있다. PCB 보드 가장자리에서 발생하는 전자기파 방사를 감소시키기 위해서는 Michael King과 Mark가 1980년에 처음으로 제안한 EMI 설계규칙인 "20H 규칙"에 따라 설계를 하면 된다. 여기서 H는 보드의 두께를 나타내는데 접지 평판에서 20H의 거리만큼 전원 평판의 크기를 줄이는 것이다.

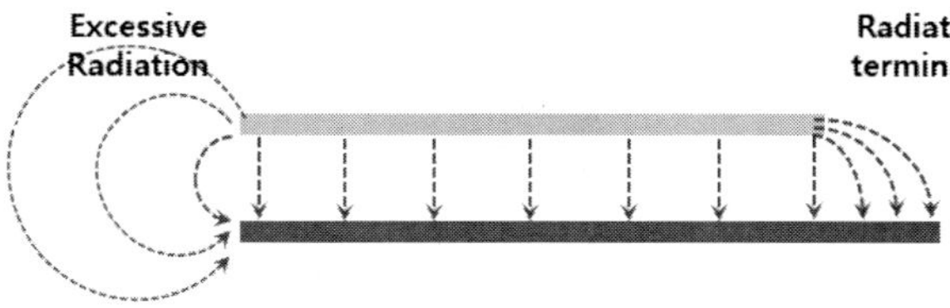

그림 6.37 PCB 가장자리 전자기파 방사

그림 6.37에서처럼 가장자리 전자기파의 방사를 감소시키기 위해서는 접지 판과 비교할 때 전원 평판은 조금 작게 해 주어야 하는데 10H정도 줄였을 때의 효과는 미약했다. 20H정도로 줄이면 70%정도의 가장자리 전자기파가 흡수되었고 100H으로 줄이면 98%정도가 흡수되었다. 따라서 20H규칙은 현재 고주파와 고속 처리를 요구하는 PCB 설계에는 적합하지 않다. 이와같이 접지 판보다 전원 판의 크기를 줄여가는 것으로 전자기파를 감소시키는 것에는 한계가 있다. PCB 보드의 가장자리에서 방사되는 전자기파를 효과적으로 줄이기 위해서 동박으로 감싸는 구조를 사용하여 방사 잡음을 내부로 흡수시켰지만 이로 인하여 감싸고 있는 동박 레이어에 전압 잡음은 증가된다. 가격적인 측면에서 조금 저렴한 방법으로 PCB 보드 주변에 0.5파장 크기의 간격으로 접지홀 비아를 배치하면 TEM 파가 외부로 방사되는 것을 막을 수 있다. 그리고 Radio나 초고주파가 사용되는 민감한 PCB인 경우에는 PCB 보드에 스루홀 차폐 벽으로 설계하는 것이 효과적이다. 즉, PCB 보드에 접지된 비아를 추가하고 가까이에 차폐 벽을 배치하면 된다.

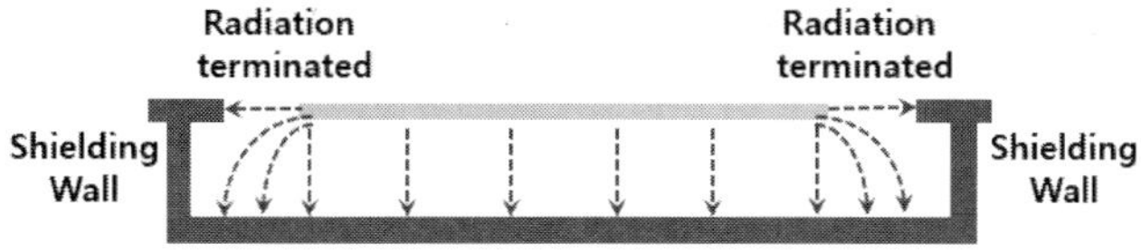

그림 6.38 PCB 엣지의 차폐 벽

(3) PCB 보드 환경설정 : Text & Graphics

PCB 보드 환경설정의 두 번째 항목이 Text와 Graphic에 관한 내용으로 보드 위에 사용되는 그래픽 형상이나 새로운 텍스트에 대한 내용을 설정하는 메뉴다.

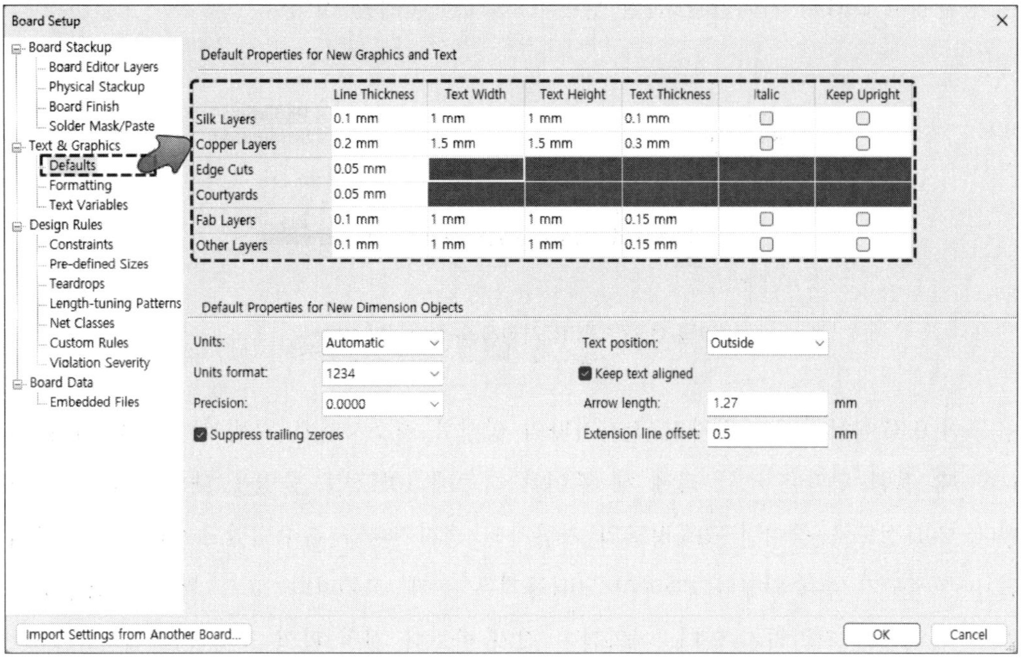

그림 6.39 Text & Graphics의 기본 설정화면

① **Defaults :** 텍스트와 그래픽 항목은 6개의 레이어(Silk, Copper, Edge Cuts, Courtyards, Fab, Other)에 대하여 기본 값(Line Width, Text Width, Text Height, Italic, Keep Upright-텍스트의 폭, 텍스트의 높이, 텍스트의 두께, 이탤릭 체, 바른 체)이 설정되어 있다. 추가적으로 설정화면의 중앙 하단에 보면 새로운 치수 객체에 대한 기본 속성 값을 확인 할 수 있다.

② **Text Variables :** Text변수 교환에 관한 것으로 Text variable 메뉴에서 만들어 줄 수 있다. 이러한 변수들은 임의의 텍스트 문자열을 변수 이름으로 대체하게 된다.

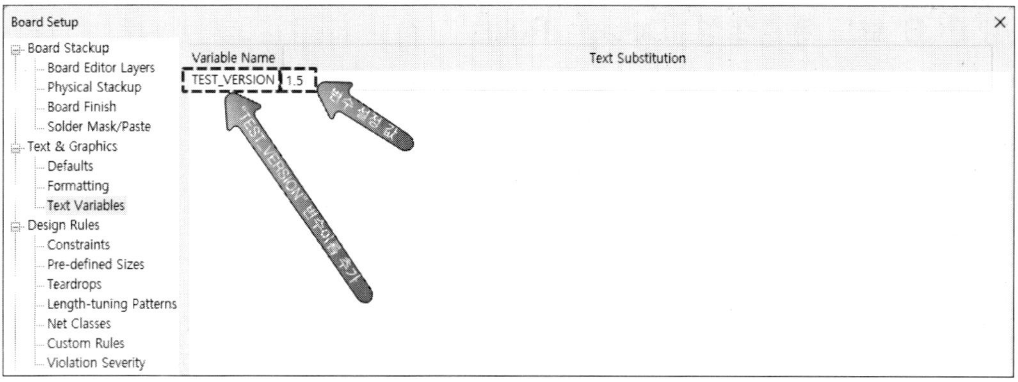

그림 6.40 Text교환 변수 "TEST_VERSION" 추가와 교환 값 설정

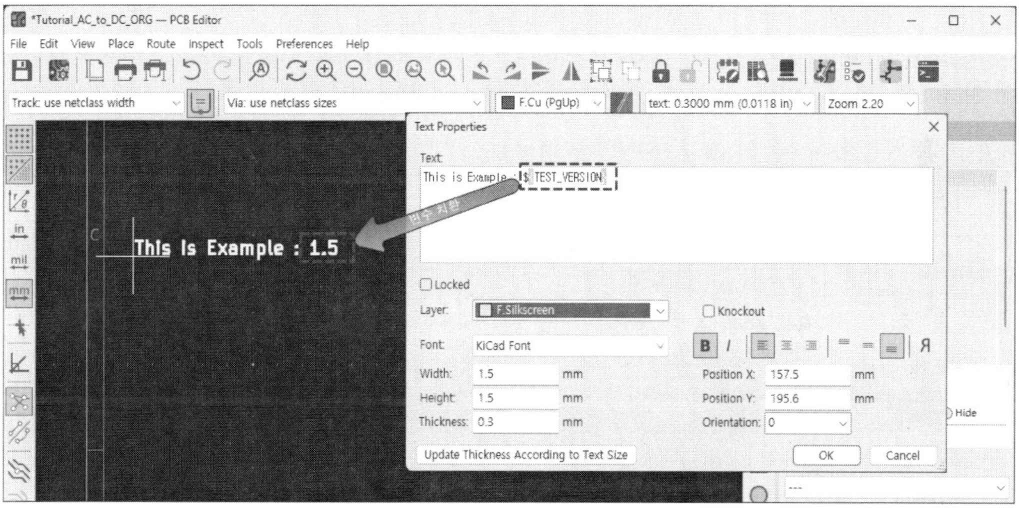

그림 6.41 Text교환 변수와 일반 Text를 혼합하여 PCB 보드에 적용한 예

이러한 이름의 변경 과정은 텍스트 변수 "${VARIABLE NAME}"를 이용하면 된다. 예를 들어 변수 이름을 "TEST_VERSION"으로 하고 여기에 변경해 줄 치환 값을 "1.5"으로 설정하고, PCB 보드 내의 임의의 텍스트 객체에 "${TEST_VERSION}"이라는 변수 이름을 사용하면 KiCad에서는 그 자리에 사전 설정되어 있는 "1.5"라는 치환 값으로 대체 된다. 따라서 설정되어 있는 값만 간단히 "2.0"으로 변경하기만 하면 해당하는 변수 이름을 사용하고 있는 모든 텍스트 객체의 값은 자동적으로 "2.0"으로 갱신이 된다.

(4) PCB 보드 환경설정 : Design Rules

PCB 보드 환경 설정의 Design Rules 항목에서는 대화식 배선 과정을 제어하거나 동박 영역을 채워가는 범위와 과정을 통제하고 또한 설계 규칙을 검사하는 Design Rules Checker의 검사 항목을 정해준다. 이러한 설정 내용은 언제든지 변경이 가능한데 가능하면 보드를 설계하는 초기에 이러한 환경 값을 미리 설정한 다음 작업을 진행하는 것이 편리하다.

① **Constraints(제한 사항) :** 기본적인 설계 규칙에 대한 제한 사항은 보드 환경 설정 항목 중 Constraints에서 설정을 하면 된다. 여기서 정해진 내용은 전체 보드에 적용이 되는데 가능하면 반드시 PCB 보드를 생산하게 될 담당자와 논의하여 추천된 값으로 설정해 두는 것이 바람직하다. 여기서 설정되는 값은 특별한 설계규칙을 적용할 때에도 설정된 최소의 기준값은 초과하지 않도록 해야 한다.

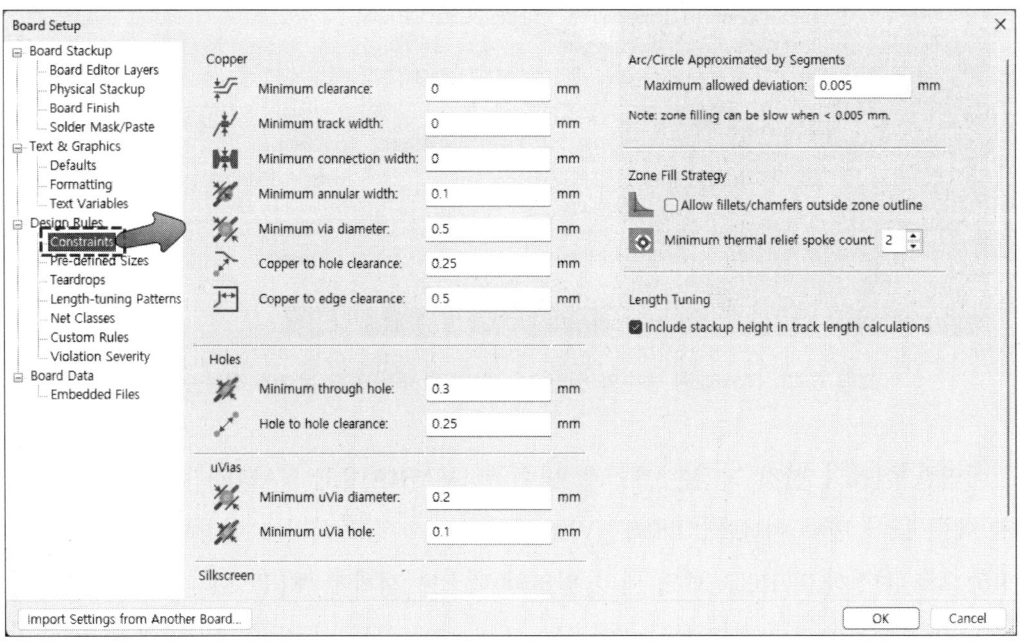

그림 6.42 설계 규칙(Designs Rules) 메뉴의 Constraints(제한 사항)의 설정 내용

예를 들어 보드에서 0.2mm의 동박 제한 영역이 필요하고 나머지 0.3mm의 간극이 필요한 경우는 우선적으로 동박 제한 영역을 0.2mm로 설정한 이후에 NetClass나 사용자가 지정 규칙을 이용하여 0.3mm보다 더 큰 제한 영역을 설정해 주면 된다.

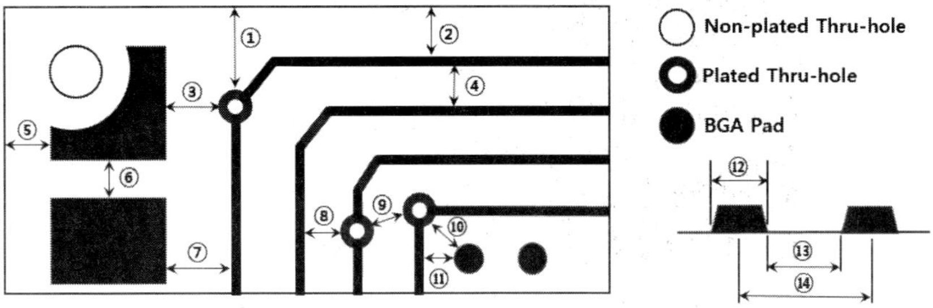

그림 6.43 PCB 보드의 Design Rules의 검사 대상

표 6.2 설계 규칙 대상과 최소 간극에 대한 목록

번호	간극에 대한 설명	기본값 (μm)
①	PCB edge와 pad 사이의 최소 간극	300
②	PCB edge와 배선 사이의 최소 간극	300
③	via-pad와 접지 판 사이의 최소 간극	100
④	배선과 배선 사이의 최소 간극	100
⑤	PCB edge와 접지 판 사이의 최소 간극	300
⑥	접지 판과 접지 판 사이의 최소 간극	200
⑦	배선과 접지 판 사이의 최소 간극	200
⑧	배선과 via-pad 사이의 최소 간극	100
⑨	via-pad와 via-pad 사이의 최소 간극	100
⑩	via-pad와 BGA-pad 사이의 최소 간극	100
⑪	배선과 BGA-pad 사이의 최소 간극	100
⑫	최소 배선 폭	100
⑬	배선 사이의 최소 간극	100
⑭	배선 사이의 피치(중점 거리)	200

PCB 보드에 위치한 다양한 종류의 배선, Via-Pad, BGA, 접지판, PCB Edge사이에 최소한의 거리를 보장하는 설계 규칙의 대상과 최소한의 기본 값에 대한 목록은 표 6.2와 같다. BGA(Ball Grid Array)는 부품의 바닥 면에 연결점을 배치하는 구조의 SMD Footprint로서 납땜의 연결점이 볼 형태로 매트릭스 형태의 배열 구조를 갖는데 기술의 발전으로 이들 간격(1.27mm−1.00mm−0.80mm−0.50mm)은 점차 최소화되고 있다. PCB 보드 내에서 간섭을 회피하기 위한 최소한의 제한 사항에 대한 추가적인 설정 내용은 표 6.3과 같다.

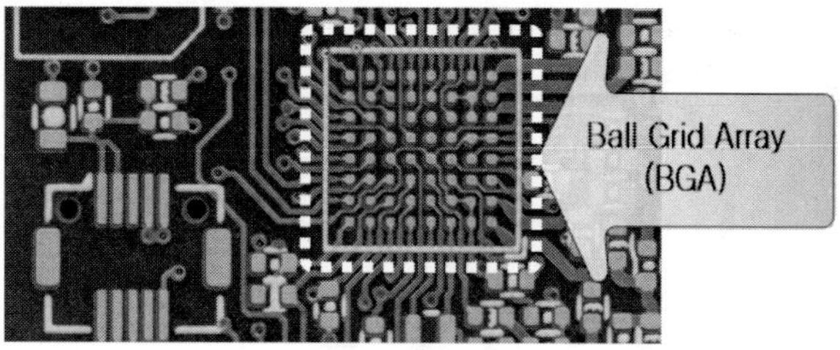

그림 6.44 SMD소자의 BGA(Ball Grid Array)

표 6.3 보드 설정: 레이어 이동 및 Via 배치 단축키

내 용	단 축 키
특정 레이어의 선택: F.Cu / B.Cu	F.Cu: PgUp / B.Cu: PgDn
다음 레이어나 이전 레이어로 이동	다음 레이어: + / 이전 레이어: −
활성 레이어와 쌍을 이루는 레이어 사이에 Via를 배치	V
레이어 선택과 Via의 배치 (대상이 되는 레이어 선택을 위한 대화식 창이 열림)	< ,
PCB 배선 작업 중에 microvia 배치	Ctrl+V
PCB 배선 작업 중에 blind/buried via 배치	Alt+Shift+V

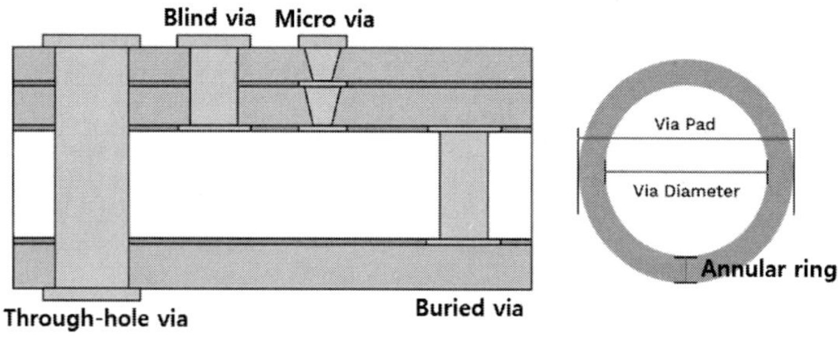

그림 6.45 다양한 Via의 구조와 Pad의 규격 명칭

Blind/buried vias나 micro vias를 배치 가능한 활성 상태로 설정하는 환경 설정 내용은 없어졌다. 대신에 각각의 레이어를 이동하면서 필요할 때 단축키를 이용해서 필요한 위치에 배치할 수 있도록 지원하고 있다. 맨 위 레이어의 동박과 맨 아래 레이어의 동박은 단축키 PgUp와 PgDn를 이용하면 선택이 가능하고 다층 레이어의 경우 다음 레이어와 이전 레이어의 선택은 단축키 +와 −를 이용하면 된다. 필요한 위치에서 via를 배치하고자 할 때는 단축키 V를 사용하며 microvia를 배치할 때는 조합된 단축키 Ctrl

+V를 사용하고 blind/buried via를 배치할 때는 조합 단축키 Alt+Shift+V를 사용한다. 단축키에 대한 내용은 표6.3을 참고하도록 하자.

KiCad에서 원이나 호를 표시하는 경우에 직선 조각을 이용하여 근사적으로 표현한다. 따라서 원이나 호와 같은 곡선 형태를 만들어가기 위해서 직선 조각들을 이용해야 하는데 이경우 설정 내용에서 최대 오차범위를 정해주어야 한다. 즉, 원이나 호의 모양과 직선 조각 사이의 최대 거리는 기본 값으로 정해진 0.005mm보다 작은 값으로 하면 부드러운 곡선이 되지만 복잡도에 따라 처리시간은 지연되므로 Design Rules 메뉴의 Arc/circle approximated by segments에서 직선 조각의 크기를 설정해 준다.

표 6.4 보드 설정: 동박 영역 설정 및 단열 판 연결 설정

	Min thermal relief spoke out: PCB 전체 배선을 마치고 접지를 위한 동박 영역을 배치하는 경우 접지 역할을 하는 Via의 Pad 부분을 동박 영역과 연결하는 것이 "spoke out"이다. 이때 동박 영역과 접지 Pad를 연결하는 배선의 개수를 설정하는 항목이다.
	Allow fillets outside zone outline: 구역 설정 시 속성 창에서 둥근 모서리를 갖도록 설정을 할 수 있다. 동박 영역의 외곽에서 둥근 모서리는 기본 값으로 허용하지 않고 있다. 둥근 모서리를 허용하는 경우에도 영역 안쪽의 외곽선은 둥근 모서리로 처리되지 않는다. 만일 이 기능을 활성화시키면 영역이 외곽선까지 확장되는 동박 영역이 발생하더라도 영역 외곽선의 안쪽은 둥근 모서리로 처리가 된다.
	Include stackup height in track length calculations: 기본적으로 stackup의 높이는 배선이 비아를 통하여 한 쪽 레이어에서 다른 쪽 레이어로 이어지는 경우 추가적인 배선의 길이를 계산하는 경우에 사용된다. 이 경우 계산은 설정되어 있는 보드의 stackup의 높이 값을 따르게 되는데 경우에 따라서는 Via의 길이가 추가되지 않은 것으로 가정하고 배선의 길이를 계산하는 것이 합리적인 경우도 있다.

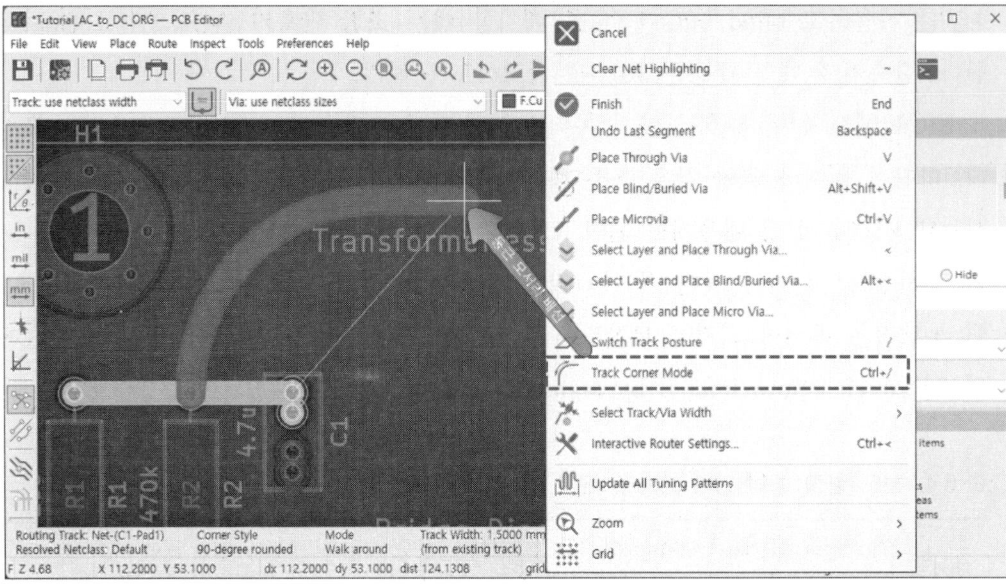

그림 6.46 둥근 모서리 배선(Fillet Track) 작업

둥근 모서리 배선(Fillet Track)은 배선 작업 중 마우스 오른쪽 버튼을 이용하여 나타난 펼침 메뉴에서 "Track Corner Mode"를 선택하거나 단축키 "Ctrl+/"를 누를 때마다 둥근 모서리기능 곡선 반경이 작게 전환되어 적용이 된다.

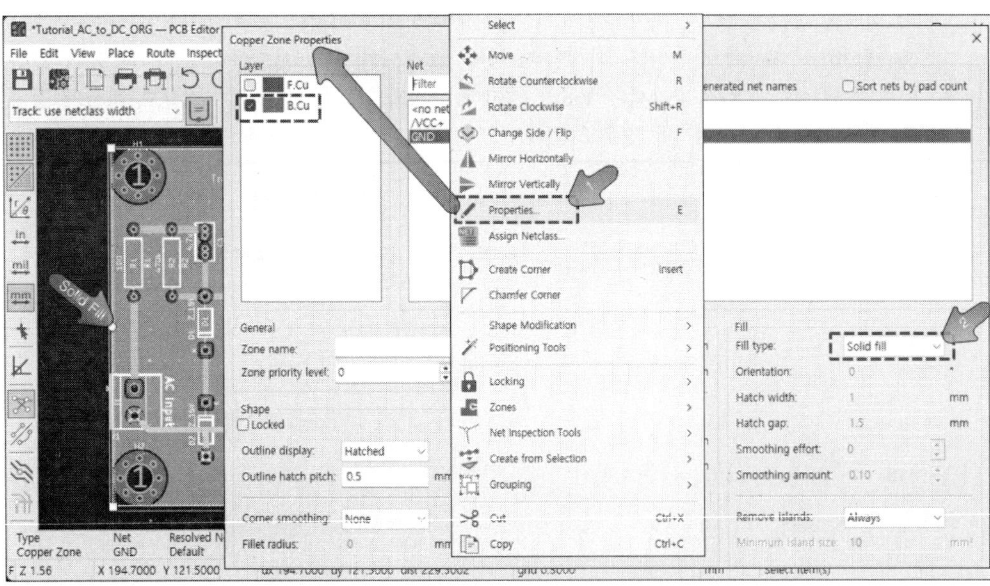

그림 6.47 동박 영역을 Solid 형식으로 채우기

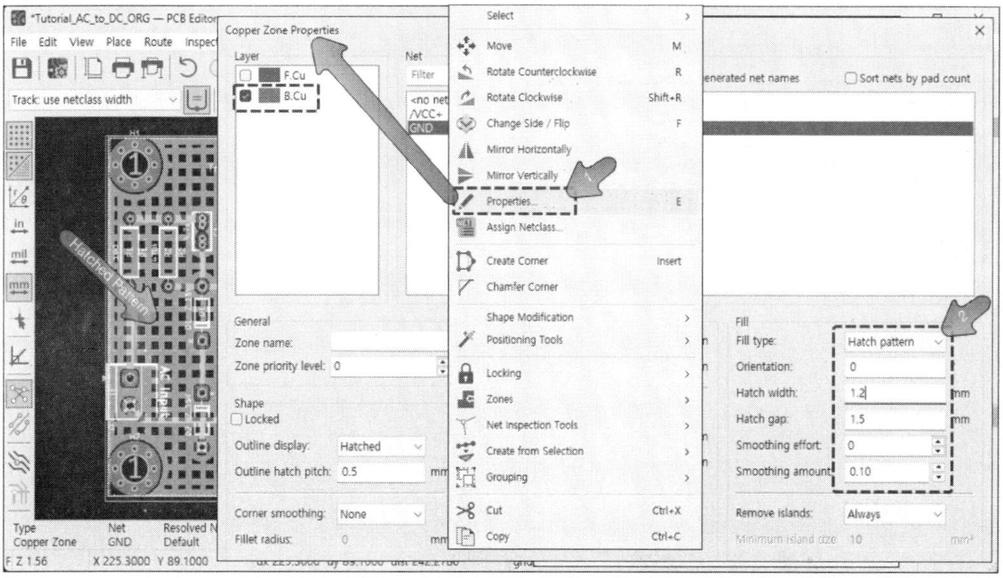

그림 6.48 동박 영역을 Hatch 형식으로 채우기

KiCad의 이전 버전에서는 동박 영역을 Solid(모두 채움) 형태로 채우는 기능만 지원이 되었다. 이러한 Solid형태는 매우 단순하고 효과적인 저항 특성을 제공하고 있지만 아주 얇은 기판을 사용하는 경우 동박 아래에 기포가 발생하거나 서로 말리는 문제가 발생할 수 있다. 이러한 문제를 해결하기 위해서 KiCad 버전 6이후 부터는 동박 영역을 Hatch(그물모양) 형태로 채우는 기능이 지원되기 시작했다. 이러한 기능은 동박 영역의 속성 창에서 중간 우측에 위치한 채움 형식(Fill Type) 메뉴에서 Solid와 Hatch 두 가지 형식 중에서 선택적으로 사용할 수 있다.

② **Pre-defined Sizes :** 배선 작업을 하는 경우 Via와 배선의 크기를 사전에 설정해 주는 메뉴다. Net classes는 다른 네트에 있는 Via와 배선에 대한 기본값을 설정해 줄 수는 있지만 여기서 정의된 크기의 목록 값들은 배선 작업 중에 단계별로 허용이 된다. 예를 들어 기본 배선 폭을 0.2mm로 정하고 있지만 허용 전류가 많은 배선의 경우는 0.3mm를 사용하고 배선 공간에 제약을 받는 경우 0.15mm의 배선 폭을 사용할 수 있다. 이러한 배선 폭에 대한 정의 Track 창에 등록해두고 배선 작업 중에 목록에 있는 값을 선택적으로 적용할 수 있다.

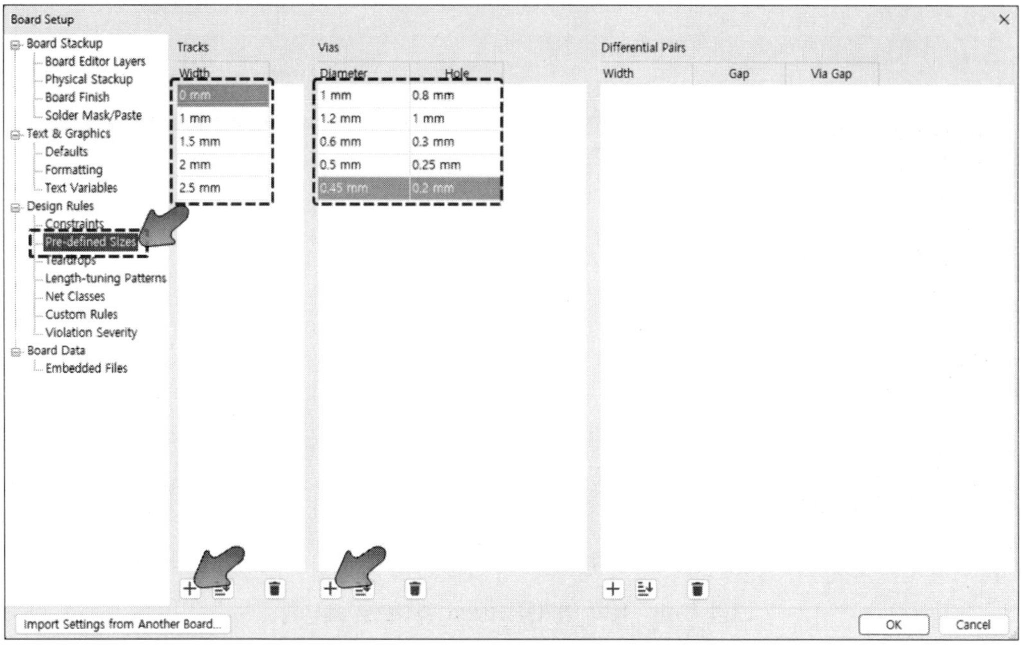

그림 6.49 배선 폭과 Via의 크기 값의 사전 등록

③ **Net Classes :** 네트의 각기 다른 클래스에 대하여 배선과 배선 금지 규칙을 설정하는 내용으로 KiCad에서 각 네트는 정확하게 한 개의 네트 클래스의 일부가 된다. 만일 사용자가 특정 클래스에 하나의 네트를 추가하지 않는다면 이러한 네트는 기본적으로 제공되는 기본 클래스의 일부로 처리가 된다. 또한 이러한 네트들은 Schematic이나 보드의 설정값들을 Schematic 편집기나 PCB 편집기를 통하여 네트 클래스에 추가시키는 방법도 있다. Net Classes설정 창의 윗부분을 보면 개별 네트에 적용될 설계 규칙들이 기본값으로 표시되어 있다. 모든 클래스에는 동박 금지영역, 배선 폭, Via의 크기 그리고 +, −값을 갖는 신호 쌍의 크기에 대한 설정값을 표시하고 있는데 이러한 값들은 사용자가 개별적으로 설정 규칙등을 예외로 적용하지 않는 한 배선과 Via를 처리하는 작업 과정에서는 기본값이 적용된다. 보드 설정 내용의 Constraints에서 설정된 최소값은 어떠한 외부 규칙 내용으로도 영향을 받지 않는다. 예를 들어 Net Class의 배선금지 거리를 0.1mm로 하더라도 Constraints에서 최소 배선 금지 거리를 0.2mm로 하였다면 이 Class에 속한 네트는 0.2mm의 배선 금지 거리값을 따르게 된다.

그림 6.50 Netclass 값을 사용하기

배선의 폭과 Via의 크기는 PCB 편집 화면에서 "Use Netclass Sizes"로 설정되어 있을 때 각각의 네트 대하여 필요한 값들을 선택적으로 사용할 수 있다. 여기에 설정된 값은 해당 Net Class에 대한 최적값이나 혹은 기본값으로 인식되며 이러한 값이 최소값이나 최대값은 아니다. 트랙의 폭과 Via의 크기를 Net Class 설정값과 다른 값으로 수동 변경을 해도 DRC 충돌은 발생하지 않는다. 특정 값에 대하여 배선 폭과 Via의 크기를 제한하기 위해서는 Custom Rules를 이용하면 된다.

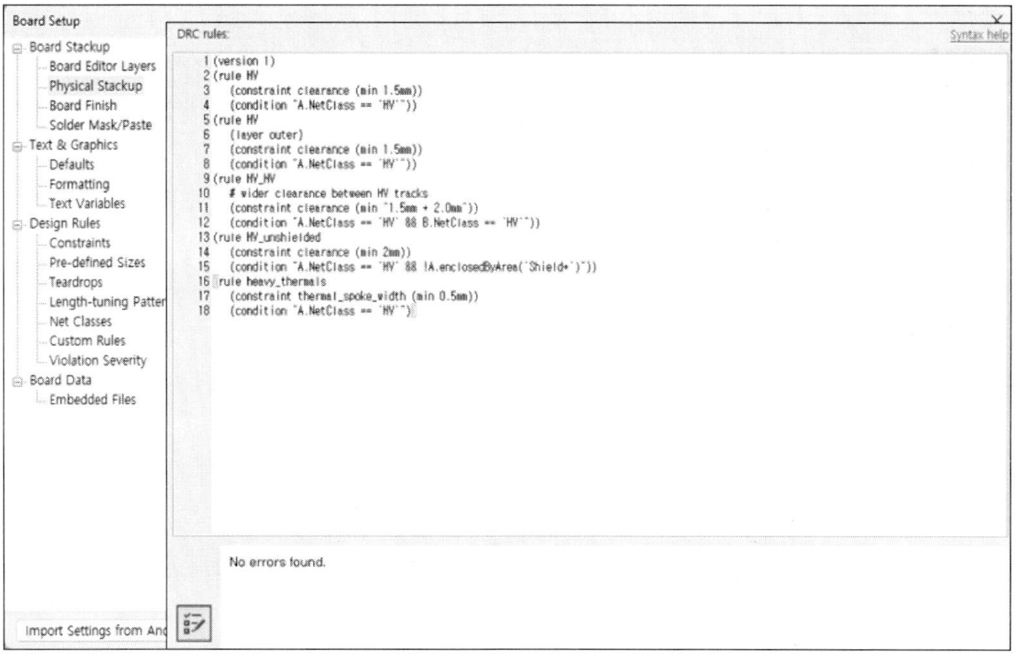

그림 6.51 사용자 규칙의 사용 예

④ **Custom Rules :** 사용자 규칙 언어를 이용한 설계 규칙은 텍스트 편집기를 이용한다. 사용자 규칙은 기본적인 제한 사항이나 Net Class 설정 내용이 반영되지 않은 특별한 설계규칙 검사를 하는 경우에만 사용한다. 보드의 설정을 마치기 전에 사용자 규칙의 문법 버튼을 이용해서 발생된 문제점을 정정하고 규칙들을 테스트한다.

⑤ **Violation Severity :** 이 메뉴에서는 설계규칙의 검사에서 위반 사항의 심각한 정도를 나타낼 수위를 결정한다. 즉 각각의 규칙들은 오류 표시자(Error Maker), 경고 표시자(Warning Maker), 무시 표시자(No Marker:Ignored)의 세 가지 중에서 선택하여 설정할 수 있다. 개별적인 규칙 위반 사항은 이 메뉴에서 무시하는 것으로 설정을 하게 되면 설계규칙 검사는 완벽하게 비활성 상태가 된다.

보드 설정 내용들은 이전에 기존의 보드에서 사용되었던 설정값을 그대로 가져다가 사용하는 것도 가능하다. 다중 설계를 위하여 설정해 놓은 값을 가지고 있는 템플릿 보드에서 기존의 설정값을 가져오기 위해서는 보드 설정화면의 좌측 하단부에 있는 "Import Settings.." 버튼을 선택한 후 가져오고 싶은 "kicad_pcb" 파일을 선택하면 된다. 이 경우 원하는 설정값을 선택하여 가져오기를 실행하면 기존의 설정값 위에 덮어쓰기가 된다.

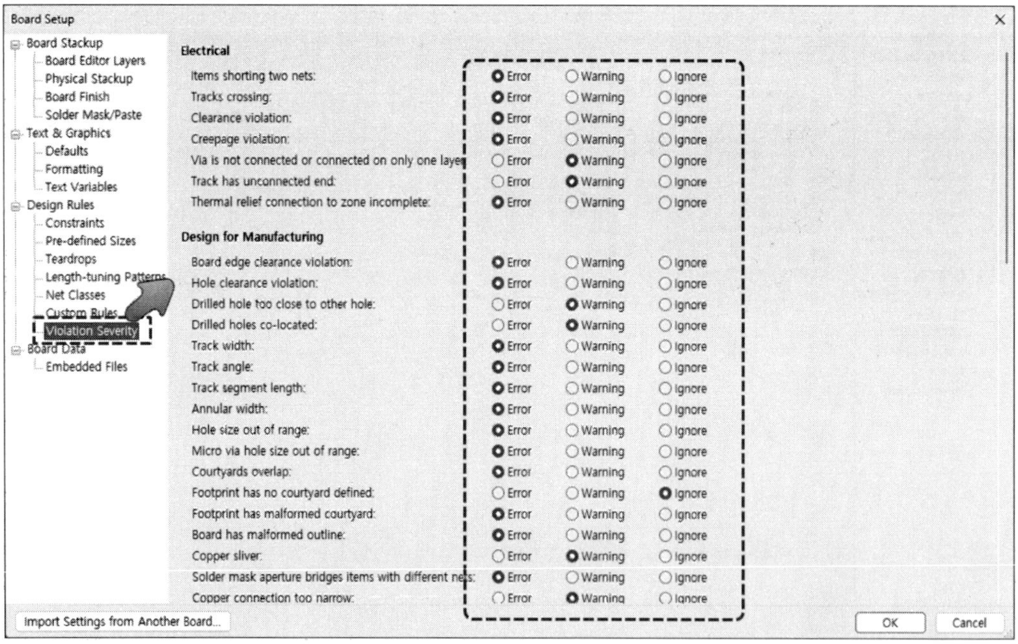

그림 6.51 설계 규칙 위반 수위(Violation Severity)를 설정하는 창

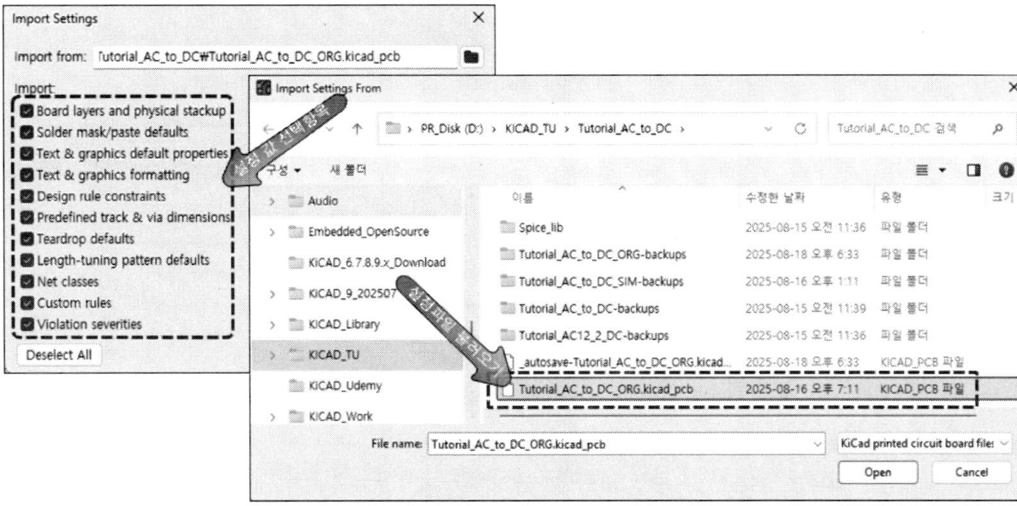

그림 6.53 기존 보드의 설정값 불러오기

따라하기 08

내용 따라하기_07에서 사용한 Tutorial_AC_to_DC 예제를 다시 사용하기로 하고 여기서 PCB 보드의 배선 작업 중 아래의 내용으로 실습을 해 보자.

1. 직각 배선, 둥근 배선 그리고 45도 배선을 단축키를 이용하여 전환시켜보기
2. 배선 작업 진행 중간에 레이어간 배선 이동을 위한 Via설치 하기
3. 배선 작업 진행 중간에 일반 Via, micro Via, Blind/Buried Via 배치하기
4. 배선 작업에 적용된 Via의 결과 확인하기

1. Tutorial_AC_to_DC의 PCB 보드에서 3개의 부품 D7,C2,C3간 완료된 배선을 제거하고 각종 비아 배치와 3가지 배선 실습할 준비를 마치도록 한다.

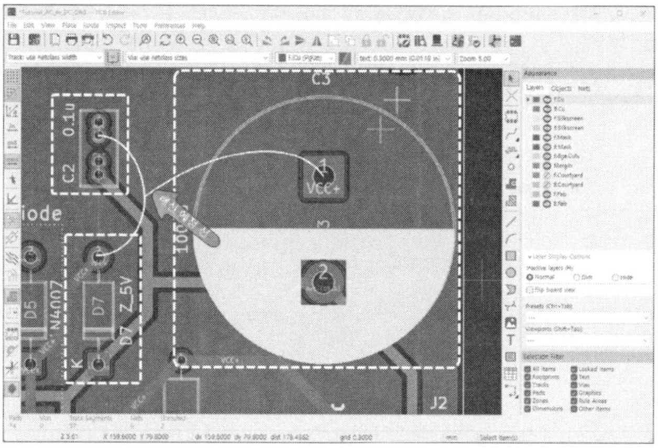

2. C2,D7에서 C3의 1번 핀으로 배선(폭: 1mm)을 진행(a.직각 배선 → b.둥근 배선 → c.45도 배선)해보자. 배선 진행 중에 단축키 "Ctrl+/"를 사용해서 배선 상태를 전환해보자.

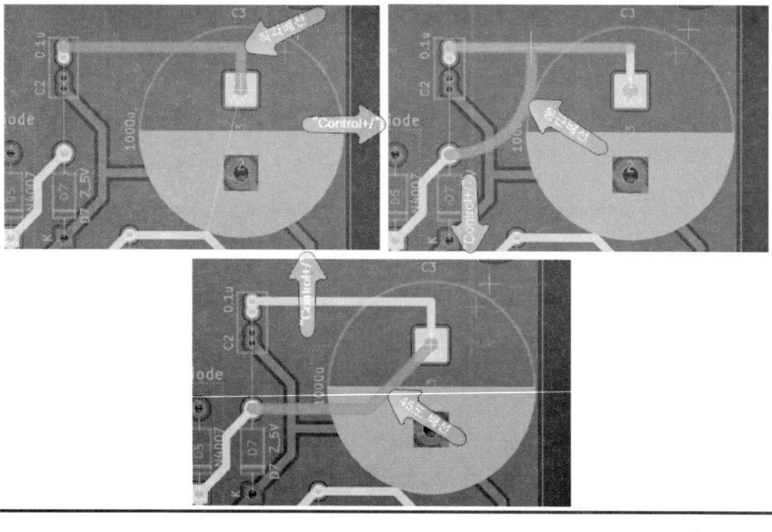

3.1 C2에서 C3의 1번 핀으로 배선 진행 중에 Via를 삽입("V")해서 상위 레이어(Front)에서 하위 레이어(Bottom)로 배선의 위치를 변경하면서 작업을 해보자.

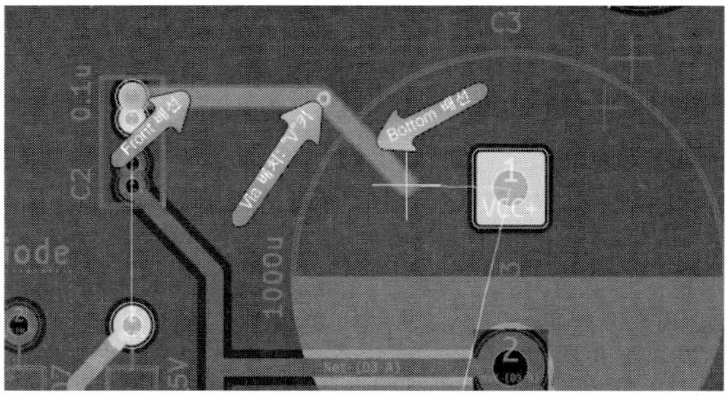

3.2 D7에서 C3로 배선 작업중에 단축키(Ctrl+V, Alt+Shift+V)를 이용해서 micro Via, blind/buried Via를 배치해 보자.

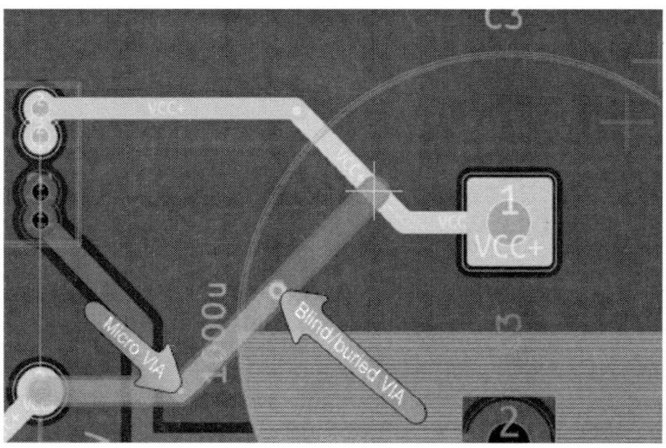

4. 배선 작업에 적용된 Via의 결과 확인하기 : VIA 위치에서 오른쪽 마우스 버튼을 이용해서 속성 창을 열고 VIA의 상태를 확인해 보자.

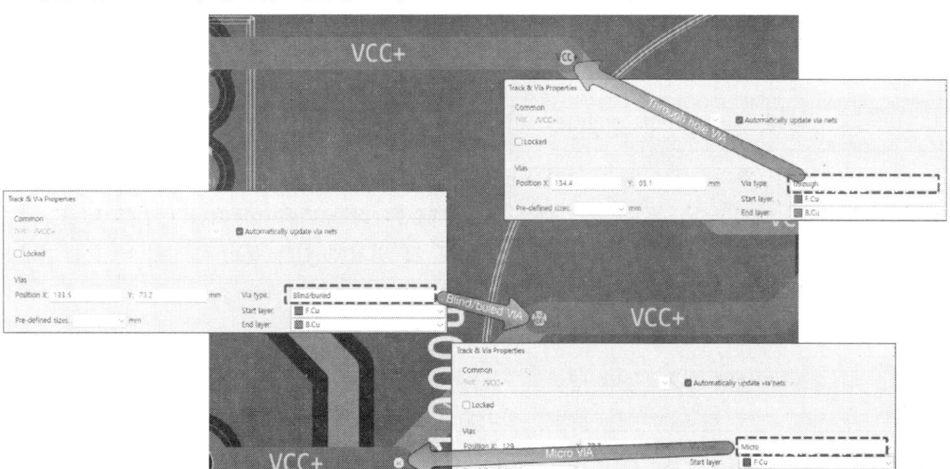

6.5 PCB의 보드 편집

(1) 부품의 배치와 그리기 작업

PCB 편집 화면의 우측에 세로 방향의 아이콘 모음들은 부품의 배치와 그리기 도구 모음으로 편집에 필요한 도구를 선택하여 사용하면 된다. 사용중인 도구는 다른 아이콘 도구를 선택하거나 Esc 키로 취소할 수 있다. 선택된 도구는 다른 도구의 사용이 취소되면 다시 활성화된다. 일부 도구 아이콘은 한 개 이상의 복합 아이콘 기능을 지원하고 있는데 오른쪽 아래 구석에 위치한 작은 화살표  부분을 선택하면 다중 아이콘 모음도 확인할 수 있다. 다중 아이콘의 선택은 대표 아이콘 위에 마우스를 클릭한 후 누르기 상태로 있거나 클릭한 상태로 마우스 끌기를 하면 가로줄 형태로 다중 아이콘이 나타난다. 대표 아이콘은 가장 최근에 사용한 것으로 표시가 된다.

표 6.5 PCB 편집기 화면 우측 도구모음 아이콘

	도구 선택 아이콘(기본으로 설정된 아이콘)
	**지역 Ratnest 도구** : 보드에 Ratnest가 숨겨져 있을 때 이 도구를 이용해서 해당 Footprint를 선택하면 선택된 Footprint에 연결된 Ratnest가 표시된다. 도구가 비활성 상태에서도 각각의 Footprint에 설정되어 있는 지역의 Ratnest는 그대로 남아있다. (cf. Ratnest-부품을 net로 연결하고 있는 부품 모음)
	**Footprint 배치 도구** : Footprint 선택 창을 열기 위해서 보드 위에서 아이콘을 실행한 다음 해당하는 Footprint의 경로를 선택한다.
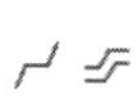	**배선 연결/배선 쌍 연결** : 대화식 배선기를 활성화시킨 다음 배선과 비아를 배치할 수 있다.
	**배선 길이 조정** : 배선을 마친 이후에 배선 길이나 신호 배선의 길이 혹은 배선 쌍의 꼬임 길이를 조정한다.
	**비아 추가** : 배선 연결 없이 Via를 배치하는 기능이다. 도구를 이용해서 배선 위에 배치한 Via는 가장 가까운 배선 네트를 취한 다음 이 배선의 일부분으로 처리가 된다. 다른 곳에 배치된 Via들도 그 위치에 있는 동박 영역의 네트를 취하게 되는데 만일 동박 영역의 네트가 변경되면 이러한 Via들은 자동적으로 새 네트를 얻지 못한다.
	**동박 영역 추가** : 동박 영역의 시작점 설정을 위하여 클릭한 후 외곽선을 그려가기 전에 필요한 환경 설정을 한다음 원하는 영역을 그린다.
	**규칙 영역 추가** : 사전 금지 상태로 설정된 규칙 영역은 모든 항목의 배치와 영역

	채우기를 제한할 수 있으며, 특별히 별도의 설계 규칙을 적용하기 위하여 영역 이름을 정의해 줄 수 있다.
	선 그리기: 그래픽 객체 주 선은 그래픽 객체일 뿐 배선 연결 도구로 그려지는 배선과는 다르다. 이러한 그래픽 객체에는 네트를 할당할 수 없다.
	호 그리기: 그래픽 객체 원하는 위치에서 원의 중심점을 클릭한 후 드래그하여 반지름의 크기를 정했으면 호의 시작점에서 마우스를 클릭하고 두 번째 끝점에서 마우스를 클릭하면 원하는 호의 그래픽 객체가 완성된다.
	사각형 그리기: 그래픽 객체 모서리가 직각인 사각형을 그리는 도구로 시작점과 끝점 위치에서 마우스를 클릭하면 사각형이 완성되며 속성 설정에 따라 외곽선 형태나 채우기 형태로 변경할 수 있다.
	원 그리기: 그래픽 객체 원의 중심으로부터 원하는 위치에 마우스를 클릭하면 원이 완성된다. 속성 설정에 따라 외곽선 형태나 채우기 형태로 변경할 수 있다.
	다각형 그리기: 그래픽 객체 시작점에서 마우스 클릭 후 위치를 이동해 가면서 다각형의 꼭지점 위치를 클릭하면서 처음에 도착하면 이점을 다각형의 끝점으로 다각형이 완성된다. 주 다각형 그래픽은 동박 영역의 다각형이 아니다. 다각형 그래픽에는 네트가 할당되지 않고, 다른 항목들과의 간극 유지의 규칙도 적용되지 않는다.
	베지어(Bezier) 곡선 그리기: 끊김이 없는 곡선의 벡터 그래픽 NEW
	참조용 그림(Reference Image) 배치: 출력물에는 포함되지 않음
T	텍스트 추가하기
	줄 단위로 텍스트 입력 NEW
	테이블(표) 영역에 텍스트 입력 NEW
	측정 단위 추가하기 /실전 예제 참조
	드릴 설정/원점 표시: 양산 결과물 출력시 사용한다.
	그리드 원점 설정하기

PCB 보드의 구성 요소를 이동하거나 끌기 작업을 할 때 그리드와 Pad 그 밖의 요소들은 사용자가 사전에 설정해 놓은 값을 따르는 스냅 포인트(이동 간격)를 갖게 된다. 복잡한 설계를 하는 경우에는 스냅 포인트 값이 매우 작으면 도구의 동작이 원활하게 작동하지 못하는 경우도 있다. 다음과 같은 수정 키를 사용하여 마우스를 이동하는 경우에는 그리드와 객체 간 스냅이동이 비활성화 된다.

Ctrl + 마우스 : 그리드 스냅 이동 불가

Shift + 마우스 : 객체의 스냅 이동 불가

(2) 객체의 속성 편집 : Footprints, Pads, Zones

모든 객체는 대화식 창에서 편집이 가능한 속성을 가지고 있다. 객체의 속성을 편집하기 위해서는 선택한 객체 위에서 오른쪽 마우스 버튼을 이용하여 나타난 팝업 창에서 속성(Properties)항목을 선택하거나 단축키로 "E"를 사용하면 된다. 선택한 항목이 모두 동일한 형식이면 속성 창에서 모두 편집이 가능하지만 다른 형식인 경우에는 개별적으로 한 개씩 처리해 주어야 한다. 속성 창을 보면 숫자 값을 가지고 있는 필드가 보이는데 이곳에는 기본적인 수학 표현식을 이용해서 숫자 값을 표현하는 것도 가능하다. 예를 들면 "3*4mm"와 같은 표현식은 "12mm"라는 결과값으로 처리가 된다.

A. 객체의 속성 : Footprints

보드 위에 부품이 배치된 후에도 Footprints 속성들은 개별적으로 검증하고 편집 작업을 진행하는 것이 가능하다. Footprints의 속성 창은 4개의 탭(General, Clearance.., 3D Models, Embedded Files)으로 구성되어 있는데 General 탭에서는 Footprints가 놓이게 되는 레이어에서 참조 표시자나 해당 값에 대한 문자 표시에 대한 설정을 할 수 있으며 위치정보, 회전각도, 자동배치 규칙등의 내용도 편집할 수 있다. 두 번째 탭 Clearance Overrides and Setting에서는 Pad와 Solder Mask의 배선 금지 범위를 결정할 수 있으며 Pads의 동박 영역 연결 방식(Thermal Relief, Solid,..)을 선택할 수 있다. 세 번째 탭 3D Models에서는 모델이 위치한 경로 설정과 배율, 회전각, 변위, 불투명도 등을 설정해 준다.

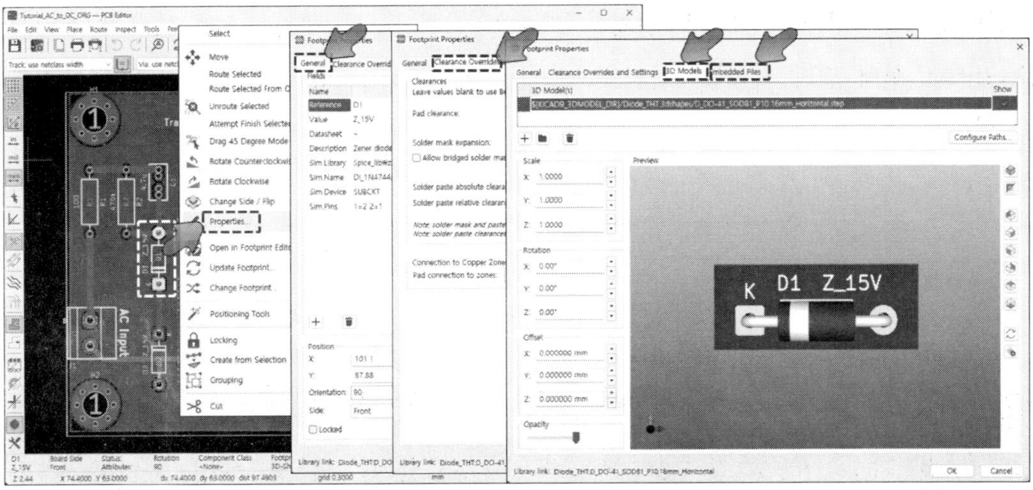

그림 6.54 Footprints의 3가지 속성 탭 화면

B. 객체의 속성 : Pads

Footprint에서 각각의 개별 Pad에 대한 속성은 PCB 보드에 Footprint를 배치를 완료한 후에 검사와 편집 작업을 진행할 수 있다. 만일 라이브러리에 있는 Footprint의 설계 내용이 적합하지 않은 경우에는 보드에 배치된 Footprint에서 특정 부분의 개별 Pad에 대하여 설계 내용을 재정의 하는 것도 가능하다. 특정 부분에 납땜을 할 필요가 없는 Pad의 경우에는 이곳에 위치한 Solder Paste를 제거할 수 있으며, 설계의 편의상 액시얼 형태의 리드를 갖는 저항을 사용해야 하는 경우에는 Through-hole Pad의 위치를 변경해 줄 수 있다. 모든 Footprint에서 Pad의 위치는 변경하지 못하게 위치 잠금 상태를 기본 설정으로 하고 있기 때문에 Pad의 속성을 편집하는 것은 가능하지만 Footprint의 남은 공간으로 이동은 불가능하다. 그러나 잠금 상태를 해제하면 부품의 리드가 변경되는 Through-hole Footprint와 같은 상황에 따라서 위치를 자유롭게 이동시킬 수 있다. 단, 표면 실장형 Footprint에 대하여는 절대로 권장하지 않는다.

Pad의 속성을 변경할 수 있는 대화형 편집 창은 Pad를 선택한 다음 단축키 E를 이용해서 열 수 있고, 해당 Pad에서 오른쪽 마우스 버튼을 이용하여 나타난 열린 팝업창에서 속성 메뉴를 선택하여 열 수도 있다. 간혹 KiCad에서는 Pad 근처를 클릭하는 경우 단일 Pad가 아닌 전체 Footprint를 선택한 것으로 인식하는 경우가 있기 때문에 정확하게 Pad 영역의 내부에 위치한 지점을 선택하도록 하자. 혹은 Pad 설정에서 Footprint 선택 필터 기능을 끄는 것으로도 전체 Footprint가 선택되는 것을 방지할 수 있다.

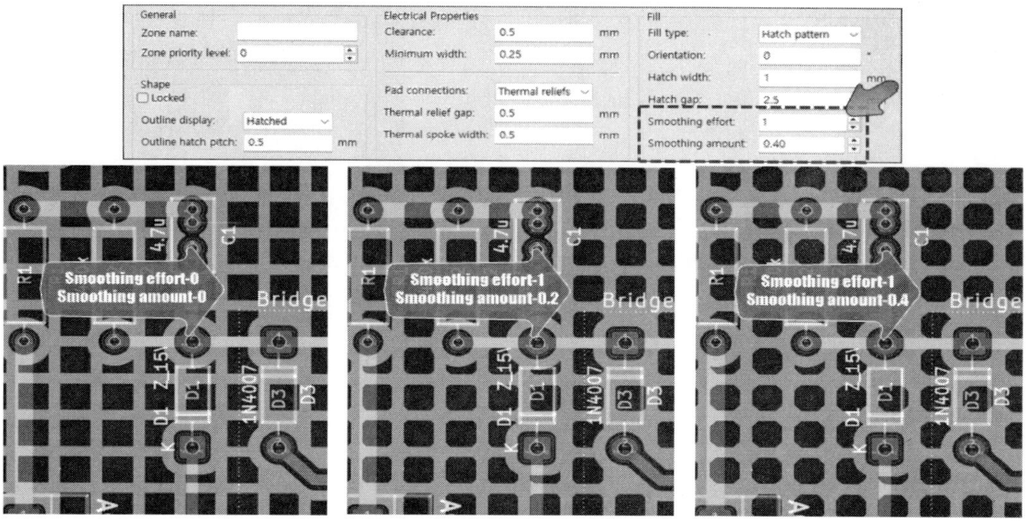

그림 6.55 Pads의 속성 창

① **General 탭** : Pad의 위치,모양 및 레이어 설정 내용을 포함하는 물리적인 속성을 정해준다.

- Pad Type : Pad에 대한 설계 목적에 따라 아래와 같은 형식을 선택한다.
- SMD : 표면 실장형 Pad는 단일 동박 레이어 위에 위치하며 홀과 같은 구멍이 없이 전기적으로 연결되는 패드다.
- Through-hole : 도금된 홀 구조로 전기적으로 연결되는 형태이다. 홀은 전체 레이어를 통과하는 형태로 동박 Pad는 다층 레이어 위에 위치하는 패드다.
- Edge Connector : Edge.Cuts 레이어 위의 보드 외곽선과 겹쳐지는 Pad 부분이다.
- NPTH,Mechanical : 도금이 되지 않아서 전기적인 연결이 되지 않는 Pad다.
- SMD Aperture : 전기적으로 연결이 되지 않고 홀이 없는 Pad로 납땜 부분이나 비납땜 부분과 같이 특별히 설계 내용을 반영하는 경우에 다양한 모양으로 사용한다.

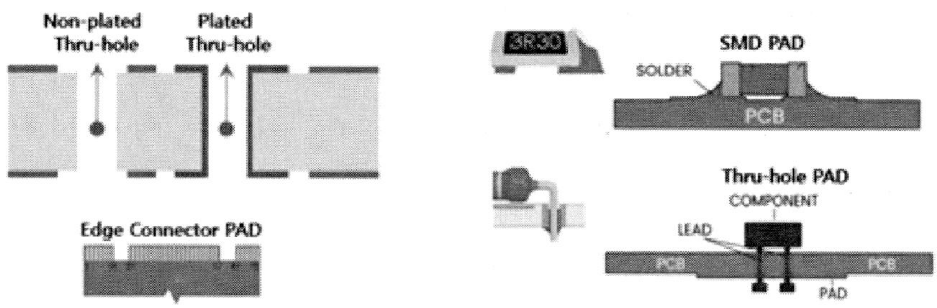

그림 6.56 Footprint의 PAD 종류

동박 레이어 설정에서는 현재 사용되는 Pad가 어떤 동박 레이어와 연결되어 있는지 해당 레이어와 관련된 환경 설정을 하는데 예를 들면 SMD Pad의 경우 Footprint가 보드의 앞, 뒷면 중 어디에 위치하고 있는지에 따라서 Pad가 위치할 레이어(F.Cu 혹은 B.Cu)의 옵션 사항을 결정하게 된다. Through hole Pad의 경우에는 동박 영역이나 다른 배선에 전기적으로 연결되지 않은 Pad를 해당 레이어에서 제거할 수 있다. 즉 동박 레이어를 F.Cu, B.Cu 그리고 연결된 레이어에만 적용하는 것으로 설정을 하게 되면 연결되지 않은 레이어로부터 Pad를 제거할 수가 있다. 이러한 작업은 내부 레이어의 배선 공간이 증가하는 효과로 복잡한 보드 설계를 하는 경우에 매우 효과적인 방법이다.

레이어 목록에서는 새로운 모양의 Pad가 추가된 레이어가 어떤 것인지를 체크박스를 선택하면 되는데 동박 레이어와 일치하는 Paste와 Mask 레이어가 기본 값이다. 탭 아래쪽에 "Specify Pad to die length"의 옵션 내용은 배선 길이를 조정하는 도구로 이미 연결된 배선의 길이에 Pad의 길이를 반영하기 위한 것이다. 내부의 본드 와이어 길이를 지정하거나 네트의 전기적인 길이가 보드에 이미 연결된 배선의 길이보다 길어지는 상황에서 사용하면 된다. 그 밖에 Pad Shape나 Hole Shape는 메뉴의 항목을 선택 시 우측에 나타나는 Pad의 모양을 보고 선택적으로 사용하면 된다.

② Connection 탭

- Teardrops : 새롭게 추가된 내용으로 패드와 연결 배선(트랙) 사이에 연결성 향상을 위해서 부착 상태를 teardrops(눈물 방울 형상)으로 처리가 가능한데 이때 teardrop의 길이와 폭을 지정해 줄 수 있다. 최적의 값은 해당 메뉴창에서 확인이 가능하다.

- Copper Zones에 연결 : 핀의 연결이 메인 Footprint의 설정값을 따를지 Solid나 Thermal Relief로 처리할지 아니면 동박 영역과 연계를 시키지 않을 지를 옵션으로 선택할 수 있다. 동박과 패드를 구분시켜서 처리하는 방법과 동박의 일부로 포함해서 처리하는 방법도 옵션으로 제공하고 있다.
- Thermal Relief Gap : 단열판 Spoke나 Pad와 동박 영역 사이의 간격을 의미한다.
- Thermal Relief Spoke Width : 특정 영역 연결모드를 Thermal Relief(단열판)로 설정할 때 Pad와 동박 영역을 연결하는 배선 다리의 폭을 설정한다. 단열판은 부품 핀이 납땜으로 연결되는 Pad를 경유해서 평면 레이어나 동박 영역등과 연결할 때 납땜 열은 동판으로 빠르게 방열되어 납땜이 제대로 되지 않는다. 따라서 방열의 통로를 줄이기 위한 넓은 동박과 열 차단 목적의 Pad 형태이다.
- Thermal Relief Spoke Angle : 기본 값은 45도다.

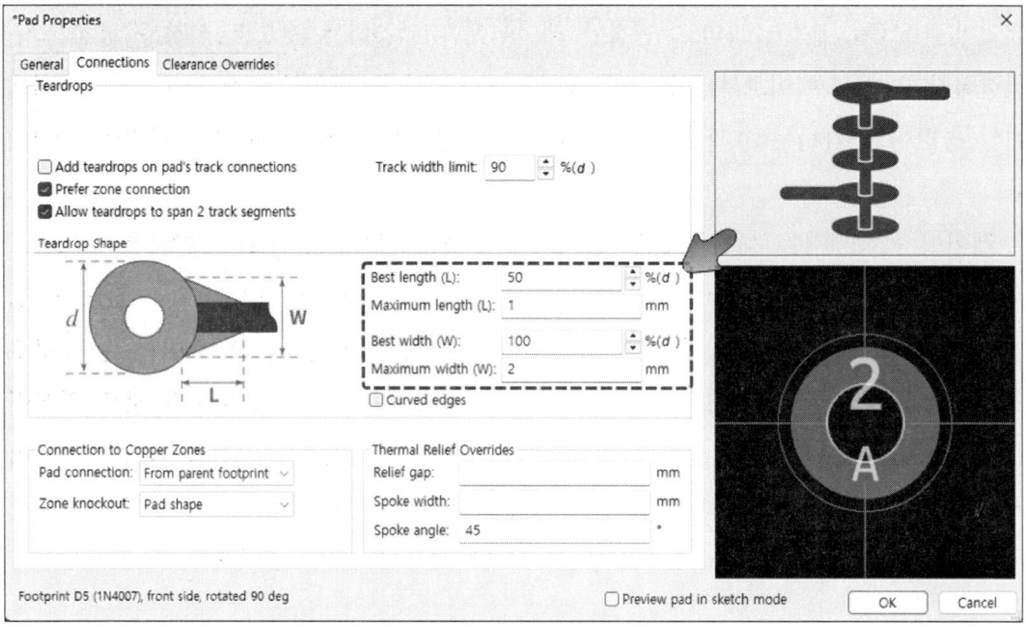

그림 6.57 Pad의 연결과 Teardrop의 환경 설정

③ **Clearance Overrides and Setting 탭** : 특정 레이어에서 보여지는 형상은 동박 레이어에 위치한 Pad의 크기와 모양이 동일하다. PCB 생산 공정에서 생산자는 동박 Pad의 크기에 대하여 납땜이 되는 부분의 모양이나 Mask의 크기를 상황에 따라서

변경하기도 한다. 그러나 이러한 크기의 변경은 생산 공정에서는 특별한 경우이기 때문에 대부분의 생산자는 동박 Pad와 동일한 크기로 설정된 설계 자료가 제공된 것으로 간주하고 생산을 진행한다. 설계 자료상의 레이어 형상에서 기준값 이상이거나 혹은 이하의 크기가 요구되는 경우에는 이러한 값들을 재정의 해주는 "Overrides 탭"에서 설정값들을 변경할 수 있다. 여기서 형상(Aperture)은 거버 파일에서 사용되는 벡터 포맷의 모양을 의미한다.

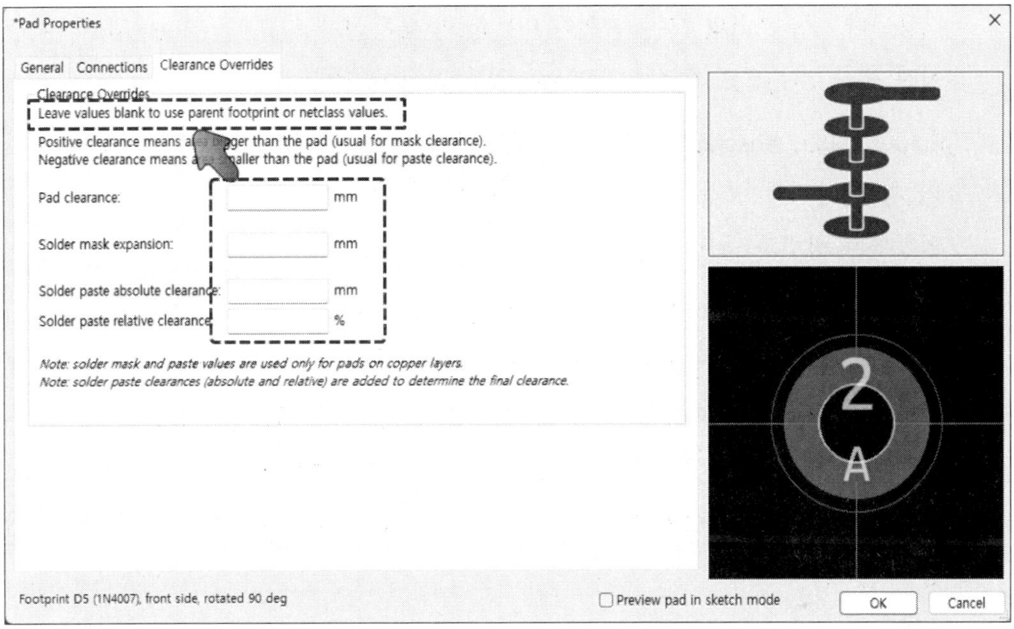

그림 6.58 Clearance 재 정의 및 설정 탭

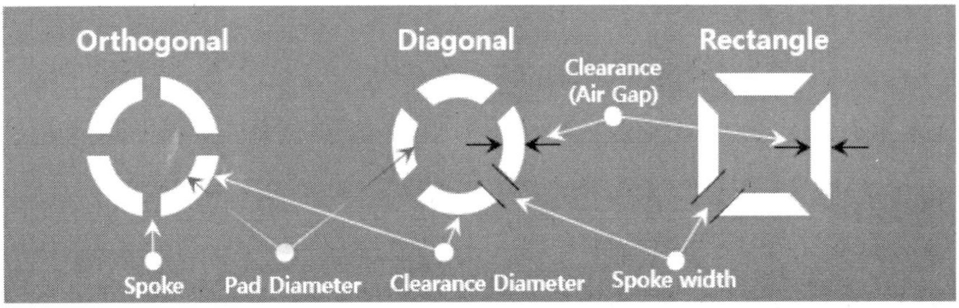

그림 6.59 Pad 모양에 따른 Thermal Relief의 Spoke, Clearance, Gap

- Pad Clearance : 서로 다른 네트 위에 위치하는 동박의 모양(배선, Via, Pad, 영역)과 패드 사이에 최소한의 떨어진 거리를 결정한다. 보통 빈칸으로 설정이 되어 있는데 이 경우에는 보드의 설계 규칙과 네트 클래스의 규칙을 그대로 따른다.
- Solder Mask Clearance : 패드의 모양과 F.Mask와 B.Mask 레이어 위의 형상 사이에 차이 값을 제어한다. 설정값이 양수이면 납땜이 되는 부분의 형상이 동박 모양보다 크다는 것을 의미한다. 이 숫자는 모든 방향으로 확장이 되어 적용이 되는데 예를 들면, 이 값이 0.1mm면 Solder Mask 형상에도 0.1mm로 확장되어 적용된다. 즉, Pad의 모든 측면에 0.1mm의 테두리가 있으며 Solder Mask는 주어진 축을 기준으로 Pad보다 0.2mm정도 확장이 된다.
- Solder Paste Absolute Clearance : 패드의 모양과 F.Paste와 B.Paste 레이어 위의 형상 사이에 크기 차이 값을 제어한다. 이 내용은 Solder Mask Clearance를 설정하는 방법과 동일하게 처리된다.
- Solder Paste Relative Clearance : 납땜 금지영역의 값을 설정하는 메뉴로 반드시 띄어 주어야하는 떨어진 거리(절대 값) 보다는 Pad의 크기(상대 값)를 퍼센트로 표현하는 방법으로 설정을 한다. 만일 절대 값과 상대 값 두 가지가 모두 표시되는 경우에는 두 값 모두 납땜 부분 형상의 크기를 결정하는 데 사용된다. 또한 Pad와 겹치고 네트와 공유가 되는 동박 영역의 Pad를 연결하는 방법은 이곳에서 결정해 준다.

C. 객체의 속성 : Zones

동박 영역(Copper zones)은 다른 EDA 도구에서는 Copper Fill이나 Copper Pour라는 이름으로 사용되기도 한다. 이러한 동박 영역은 Pad와 같은 또 다른 동박 객체와 설계규칙에 따라 Clearance 간격을 유지하고 있는 특정 네트에 대하여 Solid(완전히 채움)나 Hatch(그물모양 채움) 형태로 작성할 수 있다. 일반적으로 이러한 동박 영역은 접지의 차폐나 높은 전류를 통과시키기 위해서 전원 레이어나 접지 레이어의 빈 공간에 만들게 된다. 일부 EDA 프로그램에서는 전원이나 접지 레이어에 대한 처리 방법과 신호선을 처리하는 레이어에 대한 처리 방법을 분리해서 작업하도록 하고 있으나 KiCad에서는 "Copper Zone" 도구를 이용하여 이러한 두 가지 작업을 함께 작업을 한다. 동박 영역의 작업은 다각형의 외곽선 형태로 정의를 하게 되는데 이러한 방법은 동박 영역의 범위를 최대로 확장시킬 수 있다. 사용된 외곽선은 동박 영역과 무관하기 때문에 양산단계의 자료에서는 나타나지 않는다. 실제 동박 영역은 외곽선 안쪽의 객체나 외곽선이 수정되었을 때는 반드시 다시 채워 넣기 작업을 진행해 주어야 한다. 동박 영역은 하나의 영역일 수도 있고 여러 개의 영역으로 나뉘어 있을 수도 있는데 채우기 작업은 단축 키 "B"를 사용하고, 반대로 비우기 작업은 단축 키 "Ctrl+B"를 사용한다. 이와같이 동박 영역 채우기는 구형 컴퓨터의 속도나 복잡한 회로의 경우 작업 지연의 원인이 될 수 있기 때문에 객체가 변경될 때마다 변경 내용을 적용하는 것이 아니라 필요할 때마다 수작업으로 처리하는 과정이다. 따라서 최종적으로 출력을 내보내기 바로 전에 동박 채우기 작업을 갱신해 주는 것이 효과적이다. KiCad에서는 동박 영역의 갱신 작업이 진행되었는지를 검사해서 최종 출력을 내보내기 전에 경고 메시지를 내보내거나 동박 영역을 다시 채우기와 같은 갱신 작업을 진행할 때 DRC 작업을 진행한다.

동박 영역을 그리는 위해서 PCB 편집 창의 오른쪽 도구모음에서 "Add Filled Zone"이라는 아이콘 ""를 선택하거나 단축 키 "Ctrl+Shift+Z"를 사용한다. 동박 영역 외곽선의 시작점에서 마우스를 클릭하면 다음과 같은 속성창이 나타나는데 이곳에서 영역 내의 네트와 그 밖의 속성등을 설정한다. 속성의 편집은 단축키 "E"를 이용하면 속성 창의 내용을 아무 때나 변경할 수 있기 때문에 처음에는 개별항목에 대한 설정값을 정확하게 입력하지 않아도 된다.

속성값을 설정한 후 창을 닫고 계속해서 동박 영역의 위치를 찾아서 다각형 그리기를 진행하고 마지막 위치에서 마우스를 두 번 클릭하게 되면 동박 영역 그리기가 마무리된다. 최종적으로 그려진 동박 영역의 외곽선은 그래픽 형태의 다각형 모양으로 모서리를 이동시키기 위해서는 사각형 모양의 핸들을 마우스 끌기로 수정하거나 가장자리를 이동하는 경우에는 원형 핸들을 마우스 끌기를 하면 원하는 위치로 수정이 가능하다.

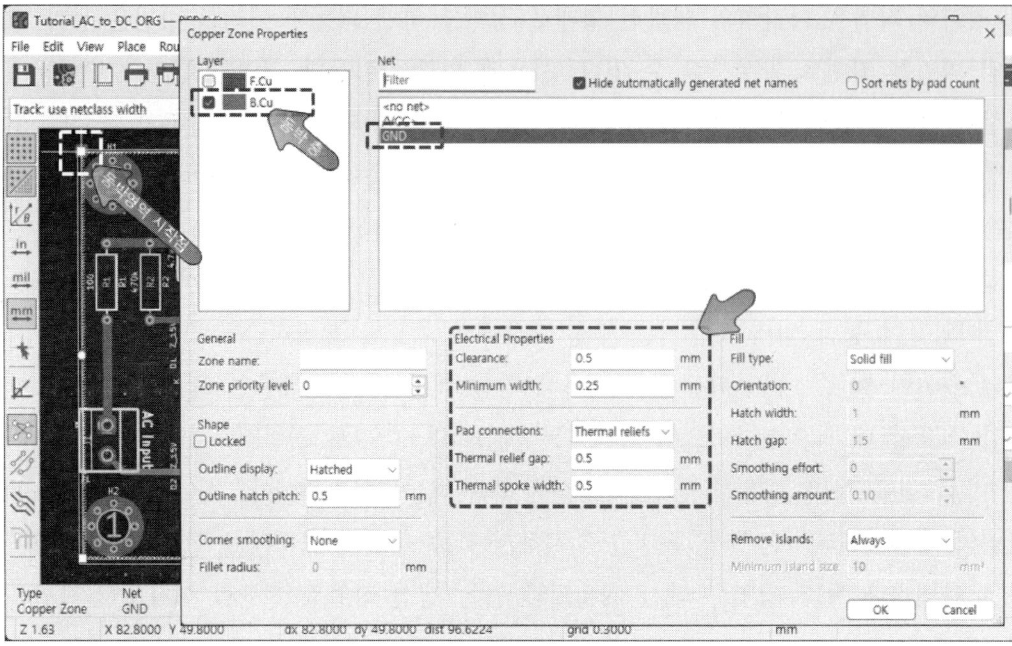

그림 6.60 동박 영역 시작 점의 속성 창

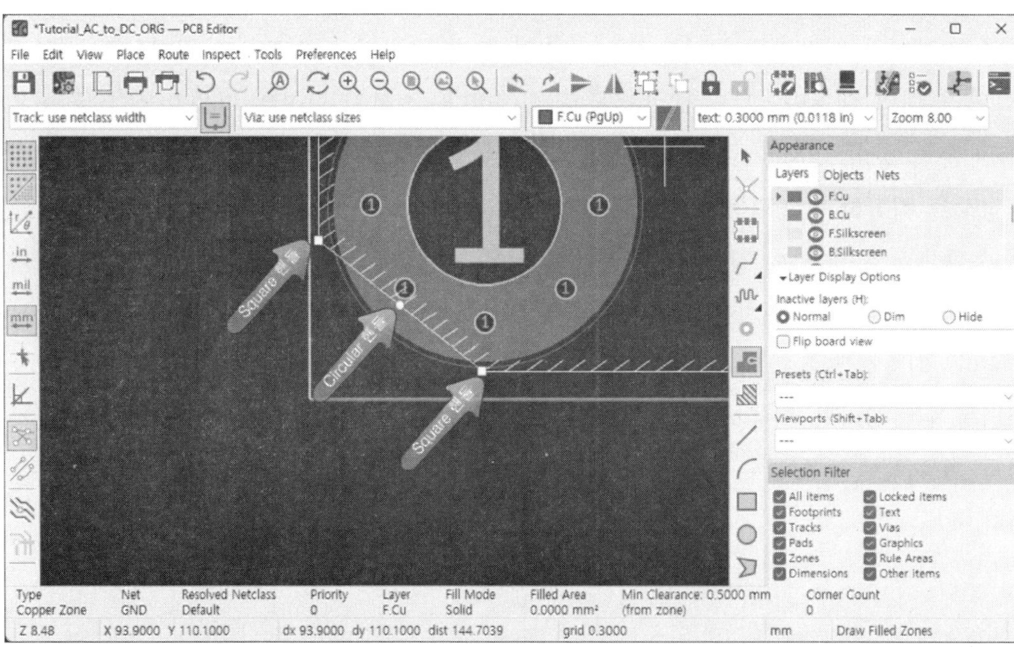

그림 6.61 Zone 외곽선 수정을 위한 Square 핸들과 Circular 핸들

- **Layers :** 단일 동박 영역은 한 개 혹은 여러 개의 동박 레이어 위에 동박을 채워 넣을 수 있는데 이를 위해서는 동박 영역을 나타내는 외곽선 내부를 동박으로 채워야 하는 레이어를 지정해 주어야 한다. 각각의 레이어 위의 동박은 독립적으로 채워지게 되지만 모든 레이어는 동일한 네트의 경우 함께 공유가 된다.

- **Net :** 동박이 연결되는 전기적인 네트를 선택하는 기능이다. 네트가 할당되지 않은 동박 영역을 만드는 것도 가능한데 네트가 없는 동박 영역은 다른 네트 위에서 동박 객체와 설계규칙에 따르는 Clearance(이격거리)를 유지한다.

- **Zone Name :** 동박 영역에 특정 이름을 부여하는 것도 가능하며, 이 이름은 사용자 설계규칙을 따르는 동박 영역의 지시 목적으로 사용이 가능하다.

- **Zone Priority Level :** 하나의 레이어 위에 여러 개의 동박 영역이 존재할 때 동박을 채워가는 우선순위를 결정하는 기능이다. 따라서 우선순위가 높은 동박 영역부터 동박을 채워가는데 우선순위가 낮은 동박 영역은 먼저 채워진 동박과의 Clearance를 유지하면서 동박을 채우게 된다. 이때 우선순위가 동일한 동박 영역들은 서로 겹쳐서 단락상태가 발생할 수 있다.

주의 우선순위가 동일한 동박 영역은 할당된 네트가 서로 다르더라도 상호간의 Clearance를 유지하지 못한다. 따라서 설계규칙 검사기에서는 이들을 단락된 회로로 인식하므로 동박 채우기 작업과정에서 보호 받지 못한다.

- **Constrain Outline to H,V and 45 Degrees :** 동박 영역의 외곽선을 그리는 도구의 초기 동작을 설정하는 기능으로 이 기능을 활성화시키면 동박 영역의 외곽선의 꺽이는 부분이 45도 각도로 처리가 된다. 모든 외곽선 그리기를 마치고 나면 이 기능은 비활성화되기 때문에 외곽선의 사각 핸들이나 원형 핸들을 이용해서 외곽선을 자유롭게 수정할 수 있다.

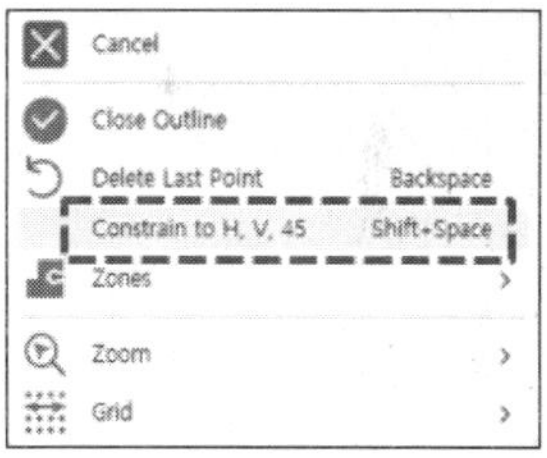

- **Locked :** 동박 영역의 외곽선을 잠금 상태로 설정하는 기능이다. 이렇게 잠금 상태가 되면 "Select Filter" 패널에서 "Locked Items" 옵션을 활성화시키기 전까지는 조작이나 이동도 불가능하다.

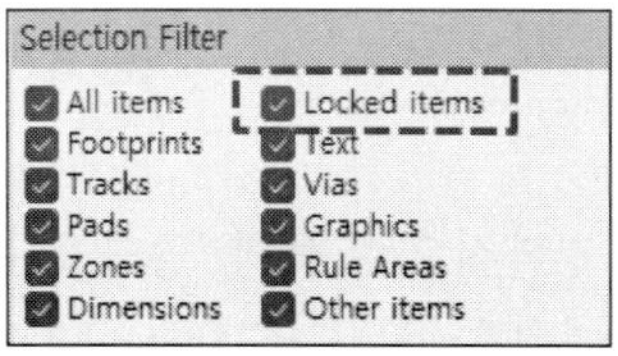

- **Outline Display :** 동박 영역의 외곽선이 화면상에 나타나는 형태를 설정하는 기능이

다. “Line” 모드로 설정되면 외곽선이 선으로 표시되고 “Hatched” 모드로 설정되면 동박 영역의 외곽선이 분명하게 보이도록 아주 짧은 그물 모양이 외곽선 주위에 나타난다. 그리고 “Fully Hatched” 모드가 되면 동박 영역 외곽선 안쪽을 모두 그물 모양의 사선을 채우게 된다.

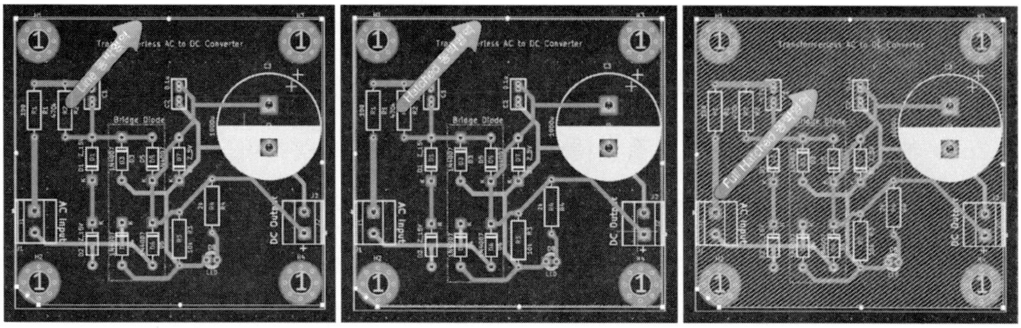

그림 6.62 동박 영역 외곽선 설정 : Line, Hatched, Full Hatched

- **Corner Smoothing** : 동박이 채워진 영역의 외곽선 모서리를 Chamfer나 Fillet과 같은 옵션으로 부드럽게 처리하는 기능이다. 부드러운 모서리 기능이 비 활성화된 경우에는 외곽선에 추가적인 방법을 적용시킬 수 있다.

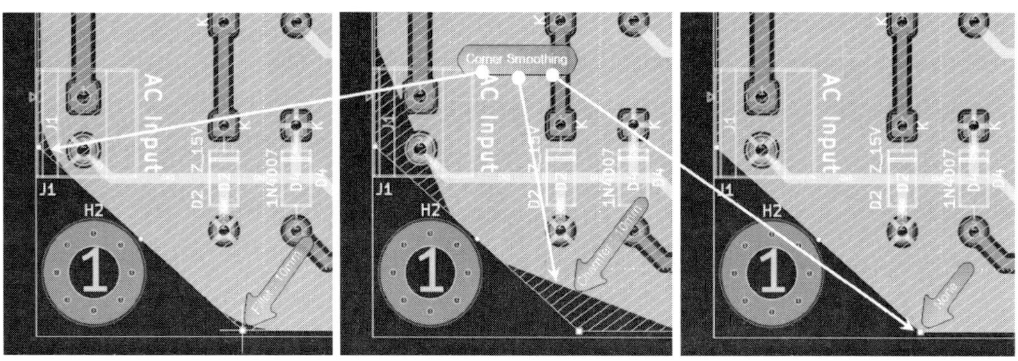

그림 6.63 부드러운 모서리(Corner Smoothing) 처리

기본적으로 동박 영역 외곽선의 안쪽 모서리에는 Chamfer나 Fillet 기능이 지원되지 않는데 이 기능을 지원하게 되면 동박으로 채워진 부분이 외곽선 바깥으로 침범하게 되기 때문이다. 안쪽 모서리가 부드럽게 처리가 되었다면 보드 설정 창의 “Constraints”

부분에서 “Allow fillets outside zone outline” 옵션을 활성화 시키도록 한다.

- **Clearance(상호 간섭이 없는 최적의 거리) :** 현재 동박으로 채워진 영역이 다른 동박으로 처리된 객체와 최소 Clearance 거리를 유지하도록 설정하는 기능이다. 만일 두 개의 Clearance 설정값이 벗어나는 경우에는 큰 값을 우선적으로 적용한다. 예를 들어 동박 영역의 Clearance가 0.2mm로 설정이 되어있는데 네트 클래스의 Clearance 설정값이 0.3mm로 되어있으면 최종적으로 0.3mm의 Clearance 설정값을 따른다.
- **Minimum width :** 동박 영역의 안쪽에 동박을 채워갈 때 병목구간의 최소 크기를 설정해 주는 기능이다. 만약에 병목구간의 크기가 최소 설정값 이하가 되는 동박 영역 부분은 동박 채우기 과정에서 무시된다.
- **Pad connection :** 동박으로 채워진 영역이 동일한 네트에 있는 Footprint의 패드에 연결되는 방법을 설정하는 기능이다. “Solid” 연결은 동박이 패드를 완전하게 덮는 방법이고 “Thermal Relief(단열판)” 연결은 패드와 동박을 “Spokes”라는 다리를 통하여 연결하는 방법으로 이 경우 패드와 동박 사이에는 열저항이 증가한다. “Relief for PTH”는 도금된 부분이 있는 Thru-hole 패드에 Thermal Relief(단열판)을 적용하고 표면 실장형 패드에 대해서는 “Solid” 방식으로 연결을 한다. “None”은 동일 네트 상에 어떤 패드와도 연결되지 않는 영역으로 설정하는 기능이다.

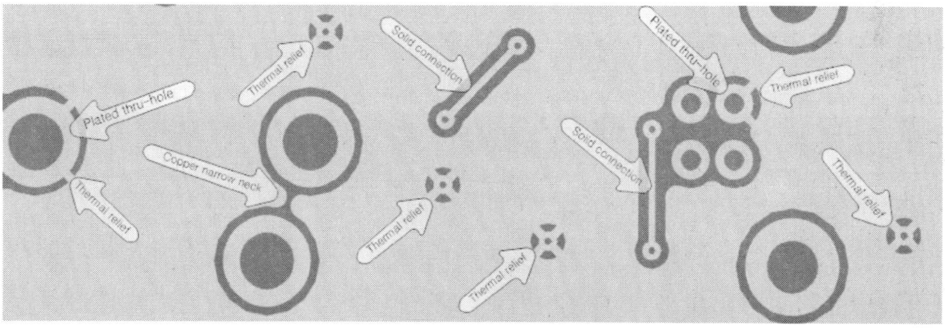

그림 6.64 Pad의 연결 방법과 동박 영역

- **Thermal relief gap :** Pad의 연결 모드가 Thermal Relief를 적용하도록 설정이 되었을 때 Pad와 동박 영역사이에 유지되어야 하는 거리를 설정하는 기능이다.

- **Thermal spoke width** : Thermal Relief에서 Spoke의 너비를 설정하거나 동박 영역의 일부와 Pad를 연결하는 아주 작은 동박 조각의 너비를 설정하는 기능이다.
- **Fill type** : 동박 영역의 외곽선 옵션 사항과 동일한 것으로 동박을 채우는 방식을 설정하는 기능이다. 기본 설정은 동박 영역의 외곽선 내부를 모두 덮는 Solid 방식으로 되어있다. Hatch Pattern은 동박 영역 내부를 그물 사선 모양을 채우는 방식으로 결과물을 출력할 때 조금 더 유연하게 처리할 수 있는 장점이 있다.
- **Orientation** : Hatch Pattern 선의 각도를 설정하는 기능으로 "0"값이면 수평선과 수직선이 그물 모양을 만들어 낸다.
- **Hatch width** : Hatch Pattern의 선 굵기를 설정하는 기능, 최소값은 0.3mm다.
- **Hatch gap** : Hatch Pattern의 선 간격을 설정하는 기능, 최소값은 0.3mm다.
- **Smoothing effort** : Hatch Pattern의 부드러움 처리 수준을 설정하는 기능으로 "0"값은 아무런 처리를 하지 않은 상태이고 "3"은 부드럽게 처리하는 최대값이다. 최대값으로 하는 경우에는 처리시간이 증가하고 거버 파일의 크기가 커지는 단점이 있으므로 상황에 따라 값을 정하는 것이 좋다.

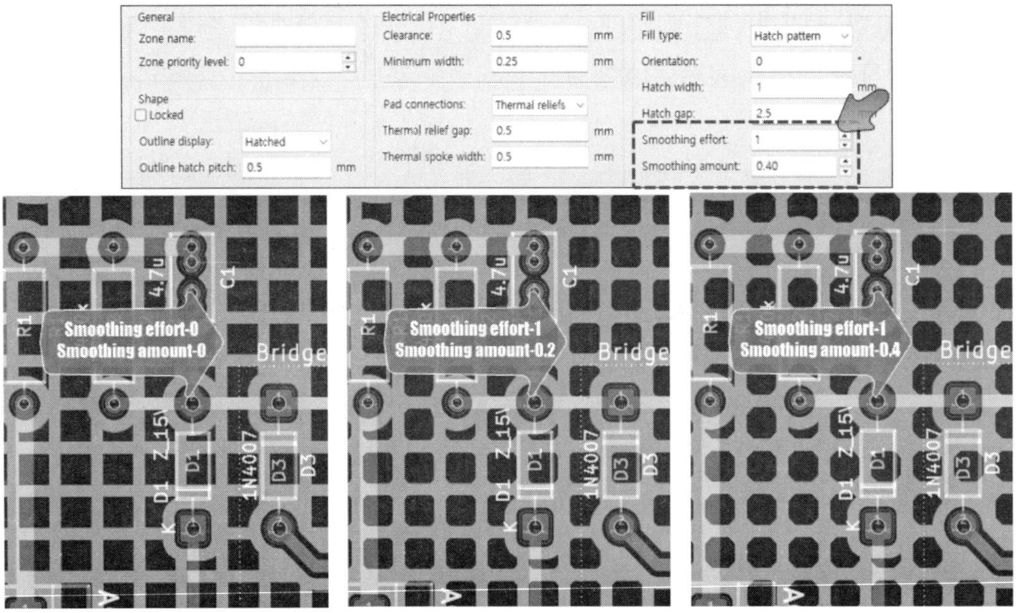

그림 6.65 Hatch의 모서리 Smoothing Effort와 Amount값 설정 적용 결과

• **Smoothing amount :** 위의 Smoothing Effort의 설정값이 "0" 이상인 경우 부드러운 모서리의 처리에 이용되는 Chamfer나 Fillet의 크기를 제어하는 기능이다. "0.0" 값은 아무런 처리를 하지 않은 것이고 "1.0"은 부드러운 처리의 최대값이다.

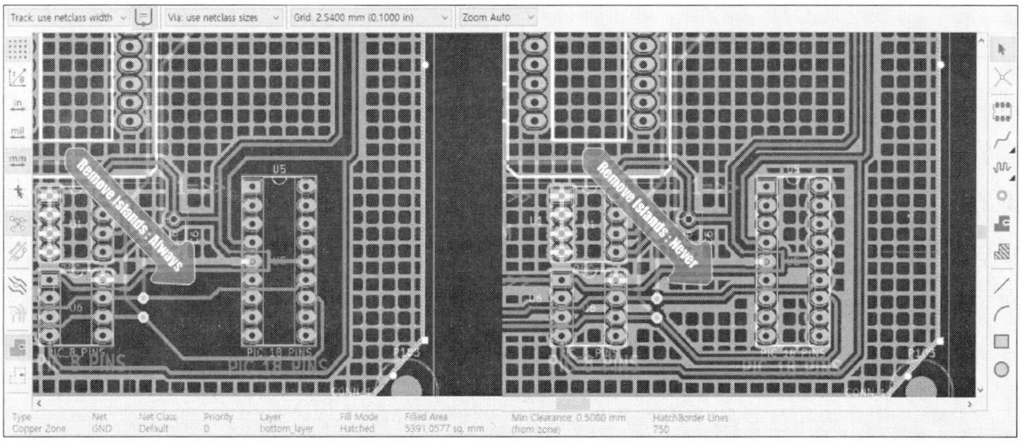

그림 6.66 동박 영역 고립 영역의 제거(Always)와 남긴(Never) 결과 비교

• **Remove islands :** 동박 채우기 작업 이후에 나타난 Island라 불리는 고립된 동박 영역의 처리 방법을 설정하는 기능이다. 초기에 설정된 값은 "Always"로 고립된 영역은 무조건 제거된다. 그러나 설정값을 "Never"로 하면 아무런 네트와 연결이 되지 않은 고립된 모든 동박 영역이 그대로 남아있게 된다. "below area limit"로 설정하면 옵션 아래쪽에 최소 크기의 고립 영역을 표시할 수 있으며 여기에서 설정된 값보다 작은 고립 영역은 제거가 된다.

(3) 그래픽 객체와 치수 : Graphic, Dimension

PCB 보드 위에서 표현되는 그래픽 객체는 선(Line), 호(Arc), 사각형(Rectangle), 원(Circle), 다각형(Polygons), 베지어 곡선(Bezier), 이미지 그리고 문자(Text)다. 보드 위에서 다양하게 표현되는 객체이지만 이러한 그래픽 객체들은 전기적인 규칙이나 심볼을 나타내는 것이 아닌 단순한 그래픽과 문자이기 때문에 회로를 구성하는 네트와는 아무런 관련이 없다. 사각형, 원 그리고 다각형 등의 그래픽 객체는 이들의 속성 창에서 내부가 채워진 형태나 혹은 외곽선의 형태로 선택할 수 있다. 그래픽 선의 두께는 내부가 채워진 그래픽 객체의 외곽선 두께를 설정하게 되는데 "0" 값으로 설정을 하면 그래픽 객체의 외곽선은 없는 것으로 처리가 된다.

A. 그래픽 객체 만들기

PCB 편집창의 오른쪽에 위치한 도구 아이콘을 이용하면 위에서 설명한 그래픽 객체를 만들 수 있다. 여기서 사각형, 원 그리고 다각형은 내부가 채워진 형태나 혹은 외곽선 형태로 지원되고 있다. 그래픽 객체의 외곽선의 두께는 선의 두께와 관련된 옵션 항목에서 설정이 가능하다. 이때 선의 두께는 그래픽 객체의 외곽선 안쪽과 바깥쪽에 모두 적용이 된다. 예를 들면 반지름이 3mm이고 선의 두께가 0.2mm로 설정된 그래픽 원의 객체는 최종적으로 바깥 쪽 반지름이 3.1mm가 되고 안 쪽 반지름은 2.9mm로 선의 두께가 반지름 안쪽과 바깥쪽에 적용이 되는 것을 알 수 있다.

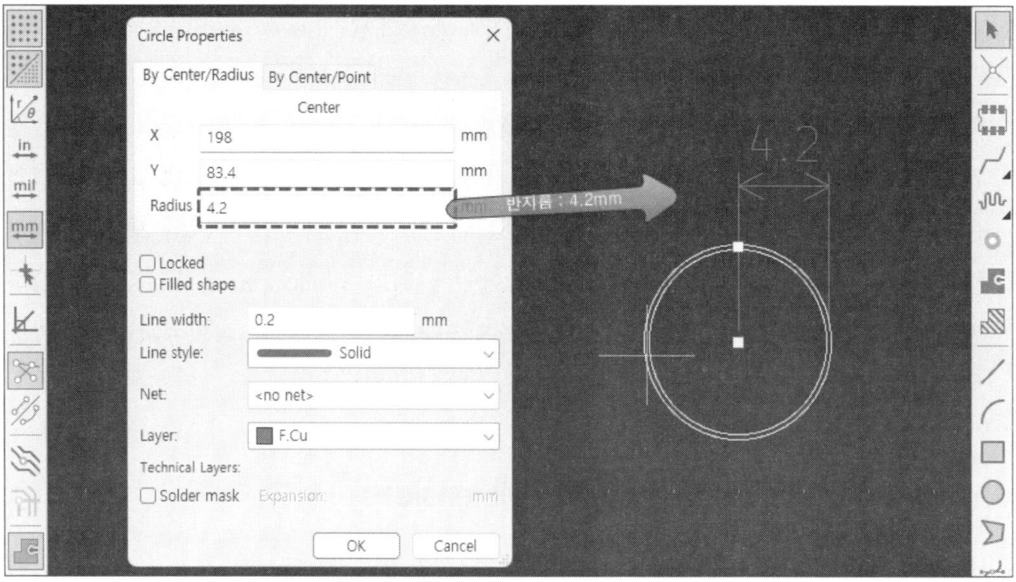

그림 6.67 그래픽 원 객체의 외곽선 두께 옵션 적용 결과

그래픽 원 객체를 외곽선이 아닌 채우기 옵션으로 하고 선의 두께를 0으로 설정하면 반지름 3mm의 채워진 원의 객체가 된다. 나머지 그래픽 객체를 만들어가는 과정과 옵션 내용도 동일하다.

선(Line)	Ctrl+Shift+L
호(Arc)	Ctrl+Shift+A
사각형(Rectangle)	단축 키 없음
원(Circle)	Ctrl+Shift+C
다각형(Polygon)	Ctrl+Shift+P
베지어(Bezier)	Ctrl+Shift+B NEW

B. 텍스트 객체 만들기

그래픽 도형 객체를 처리하는 과정과 유사하게 오른쪽 도구모음에서 일반 텍스트 입력(T),박스 단위로 텍스트 입력( ),테이블 형태로 텍스트 입력( )을 하는 방법에 따라 해당 아이콘을 선택하거나 일반 텍스트 입력의 경우 단축 키 "Ctrl+Shift+T"를 사용하면 텍스트 입력이 가능하다. 텍스트 객체를 편집하기 위해서는 해당 텍스트 객체의 속성 창을 열거나 텍스트 객체를 마우스를 이용하여 더블 클릭을 한 다음 나타난 속성 창에서 편집을 한다.

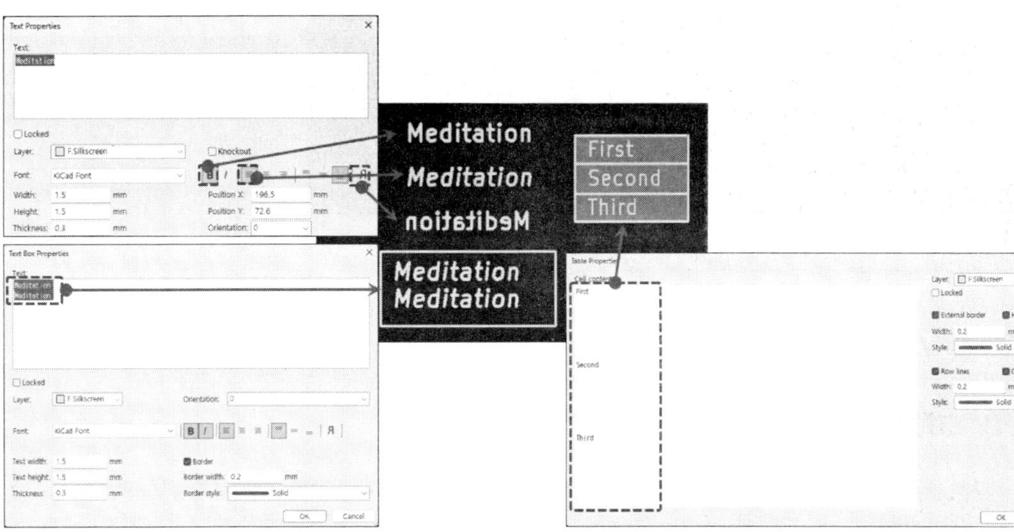

그림 6.68 그래픽 텍스트(T , ,)의 옵션 적용 결과

그래픽 텍스트 객체는 대부분의 레이어에 배치된다. 그러나 동박 레이어 위에 배치된 텍스트는 네트와 관련이 없으며 배선이나 패드와 연결성을 부여할 수도 없다.

C. 보드의 외곽선(Edge Cuts)

PCB의 보드 외곽선은 PCB의 크기를 결정하는 과정으로 Edge.Cuts 레이어에서 그래픽 객체를 이용하여 작성한다. 이때 보드의 외곽선은 반드시 연속적으로 연결이 되어 폐곡선 형태의 모양으로 작성이 되어야 한다. 이 경우 보드의 외곽선은 선이나 호와 같은 그래픽 객체를 이용하여 작성하거나 사각형이나 다각형 그래픽 객체로 만들어진 단일 객체를 이용하기도 한다. 보드의 외곽선 작업이 정상적으로 설정이 되지 않았을 때는 보드의 3차원 보기 기능과 일부 설계규칙 검사가 제대로 동작하지 않게 된다.

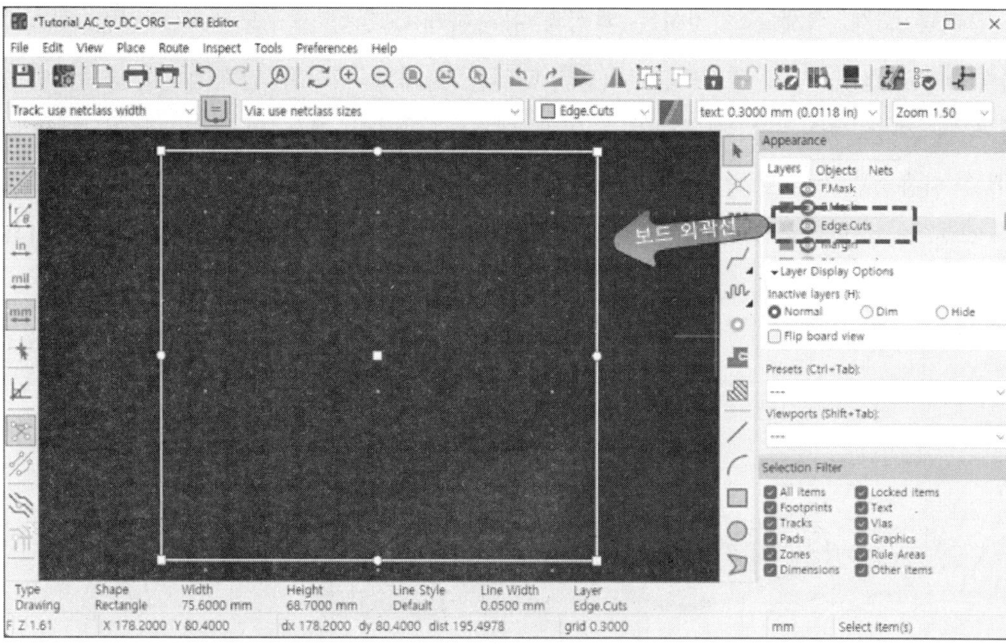

그림 6.69 Edge Cuts 레이어에 그려진 보드 외곽선

D. 그래픽 치수 객체 ( )

보드 설계 시 객체를 대상으로 측정 수치값을 표시하기 위해서 사용되는 측정용 그래픽 객체다. 이러한 치수를 표시하는 그래픽 객체는 대부분의 레이어에서 사용될 수 있으나 일반적으로는 사용자가 정의한 레이어에서만 사용이 된다. 현재 KiCad에서는 치수 표현 객체는 다음과 같은 5가지의 형식을 지원하고 있다.

– 정렬(Align) 객체 : 측정하고자 하는 두 점 사이의 거리를 표시한다. 두 점 사이를 연결하는 측정 축은 평행하게 상하 위치로 크기를 변경하여 표시가 가능하다.

– 직교(Orthogonal) 객체 : 정렬 객체와 마찬가지로 두 점 사이의 거리를 표시한다. 그러나 측정 축은 X나 Y 축 방향으로만 표시가 되므로 두 점사이의 수직거리나 수평거리만 나타낸다.

– 중점(Center) 객체 : 원이나 호의 중심 혹은 임의 한 점을 표시하기 위하여 중심점을 기준으로 십자 모양의 객체를 만들어서 표시한다.

– 원치수(Radial) 객체 : 원이나 호의 중심으로부터 반지름의 치수를 태그 형태로 시하는 그래픽 객체다. 직각이나 45도 각도의 지시 선으로 표시가 된다.

– 지시형(Leader) 객체 : 텍스트 영역과 연결된 지시 선을 화살표 형태로 표시한다. 텍스트 영역은 텍스트를 포함한 상태로 텍스트의 주변은 원이나 사각형의 옵션을 사용하여 표시할 수 있다. 이러한 치수 객체는 제작 시 참고사항을 참조할 수 있도록 설계 부분에 주의 사항을 삽입하는 방법으로 사용된다.

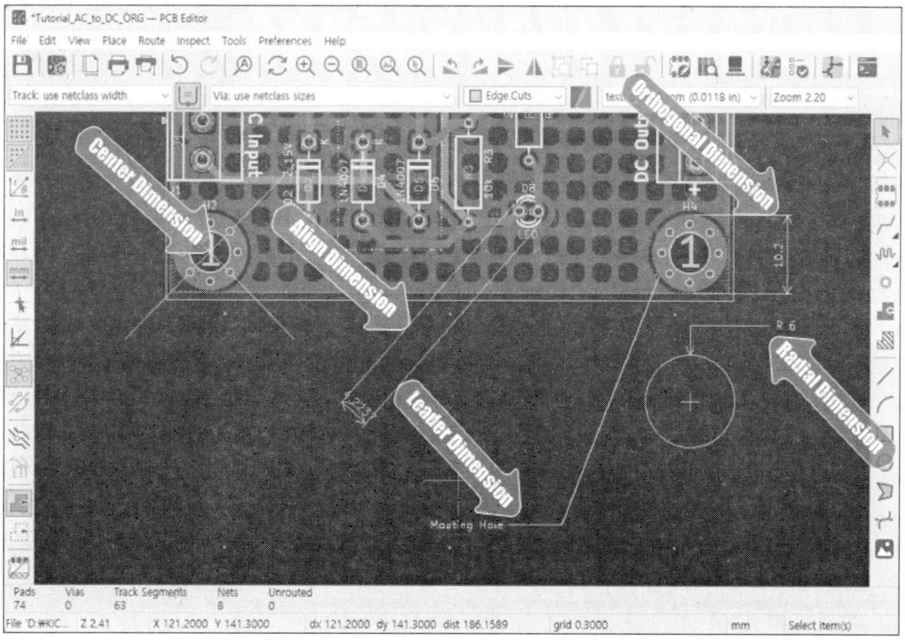

그림 6.70 Dimension 5가지 객체 : Align, Center, Orthogonal, Radial, Leader

치수 표시 옵션

도면에 측정 치수를 표시하기 위한 작업을 마치고 난 이후에도 단축 키 "Ⓔ"를 사용하면 표시되어 있는 치수의 형식이나 텍스트나 그래픽 선들의 스타일 속성을 변경하는 것이 가능하다.

- Override value : 이 옵션 항목이 활성화되어 있으면 실제로 측정된 값을 사용하는 대신에 측정값을 value 필드에 직접 입력할 수 있다.
- Prefix : 이곳에 표기된 텍스트는 측정값의 앞부분에 표시한다.
- Suffix : 이곳에 표기된 텍스트는 측정값의 뒷부분에 표시한다.
- Layer : 치수가 표시되는 객체의 레이어를 선택한다.
- Units : 측정값을 표시할 단위를 선택한다. Automatic으로 된 경우에는 보드 편집기의 단위 표시 설정값이 변경되면 자동적으로 따라서 변경 된다.
- Units Format : 내장되어 있는 단위 표시 스타일을 선택한다.
- Precision : 소수점 이하의 표시되는 자릿수를 선택한다.

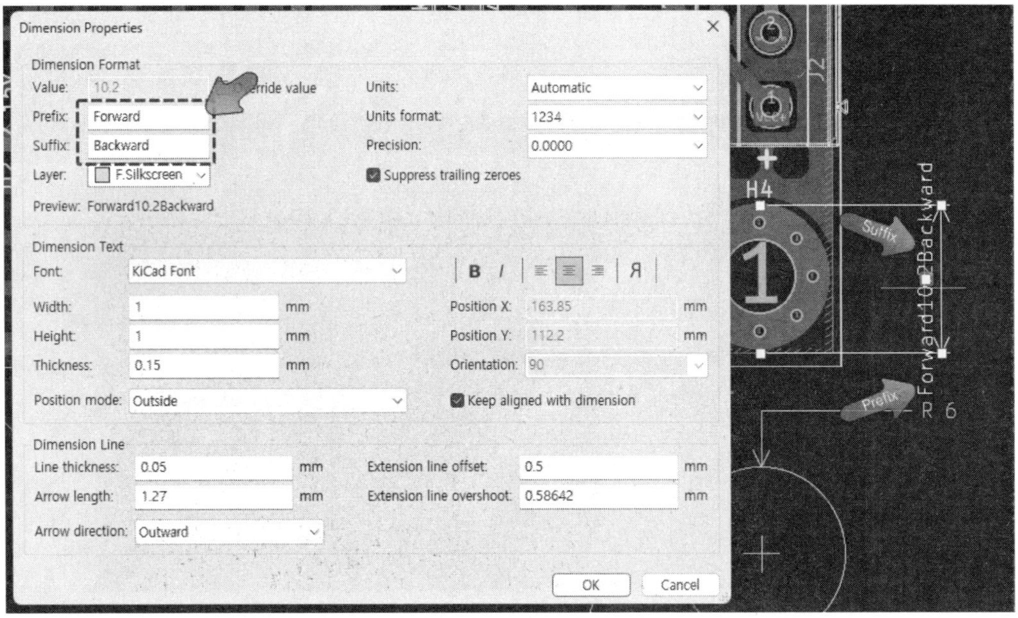

그림 6.71 Dimension Format의 옵션

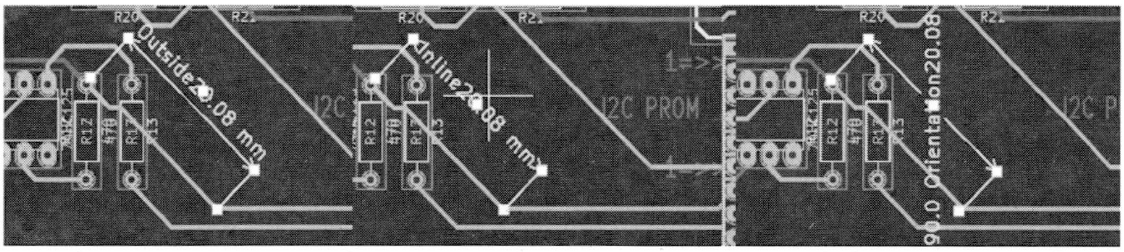

그림 6.72 텍스트 표시 옵션: Outside, Inline과 90도 Orientation 적용 결과

치수 텍스트 옵션

- Position mode: 치수 표시 화살표 바깥(Outside) 위치, 화살표 위(Inline)의 위치와 수작업(Manual)의 위치 세 가지 모드를 선택할 수 있다.
- Keep Aligned with dimension: 치수 표시를 화살표와 평행하게 나타내는 옵션으로 이 옵션을 선택하지 않는 경우에는 90도, -90도, 180도의 방향으로 치수를 표시할 수 있다.

치수 선 옵션

- Extension line offset: 측정 점과 연장선의 시작점 사이의 거리를 설정한다.
- Arrow length: 치수 표시 화살표 머리의 길이를 설정한다.
- Line thickness: 치수를 나타내는 그래픽 선의 두께를 설정한다.

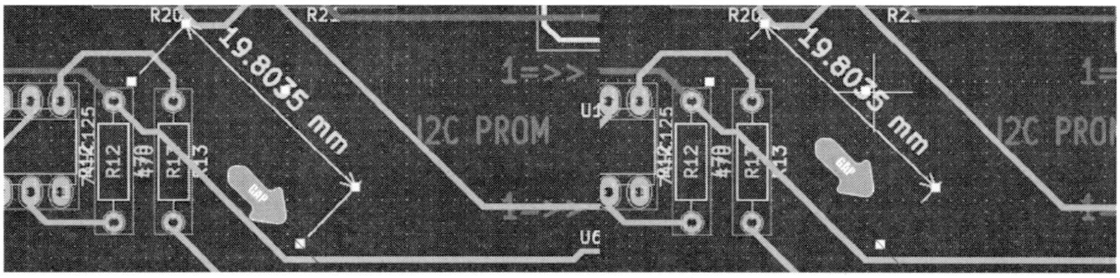

그림 6.73 측정 점과 연장선의 시작 점 사이의 Offset(간극 거리) 설정

지시형 치수 옵션

- Text: 지시선의 끝부분에 표시될 텍스트를 입력한다.
- Text frame: 텍스트를 둘러쌓게 될 경계선(원, 사각형, 없음)의 형태를 설정한다.

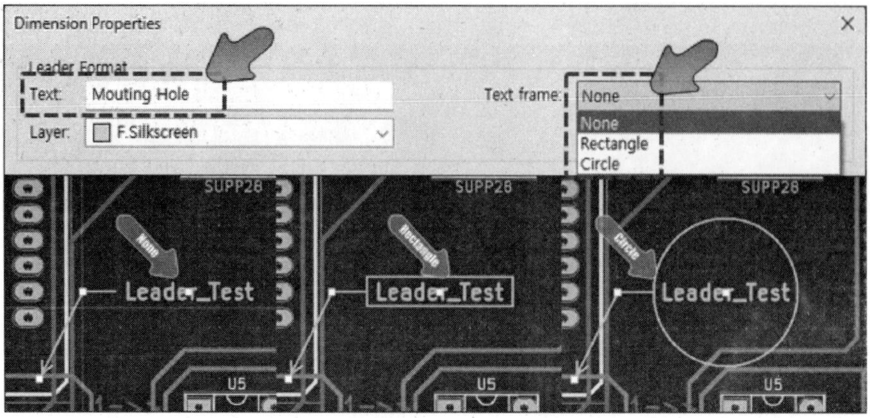

그림 6.74 지시형 치수 텍스트 프레임 옵션: None, Rectangle, Circle

(4) 배선 : Routing, Annotation

PCB 보드 상의 회로에서 대화식 배선기(Router)는 단일 트랙 배선이나 차동 형태로 쌍을 이루는 트랙의 배선을 진행하는 경우 수동과 반자동 배선 방법이 지원된다. 회로의 일부가 이동하는 경우에는 기존의 트랙을 재배선 처리를 하고, Footprint의 위치가 이동한 경우에는 Footprint의 패드에 연결되어 있는 트랙을 재배선 처리를 하는 것이 가능하다. 조금 복잡한 기능으로는 차동 신호선에서 상호 신호간 지연시간의 차이가 발생하지 않도록 배선 길이를 동일하게 처리하기 위하여 신호 경로가 짧아지는 부분에 주름 배선(Serpentine) 기능을 추가하여 처리하는 것이 가능하다.

PCB 보드 위에서 트랙을 연결하는 과정에서 배선기는 기본값으로 설정되어 있는 설계규칙을 따라야 한다. 즉, 새로운 트랙의 크기(너비등..)는 설계규칙을 참조하고, 새로운 트랙과 더불어 배치 가능한 비아의 위치를 결정할 때에도 동박 금지 영역과 같이 사전에 설정되어 있는 설계규칙을 따라야 한다. 그러나 배선기의 환경설정 항목 중에서 "Highlight Collisions" 모드를 사용하고 "Allow DRC Violation" 옵션을 활성화는 경우에는 사전에 설정되어 있는 설계규칙을 비활성화 시킬 수 있다. 배선기에는 다음과 같은 세 가지 배선용 모드가 있으며 새로운 트랙을 배선하기 위해서는 "Router Mode"가 사용되지만 끌기용 단축키 "D"를 이용하면 기존 트랙의 끌기 작업도 가능하다.

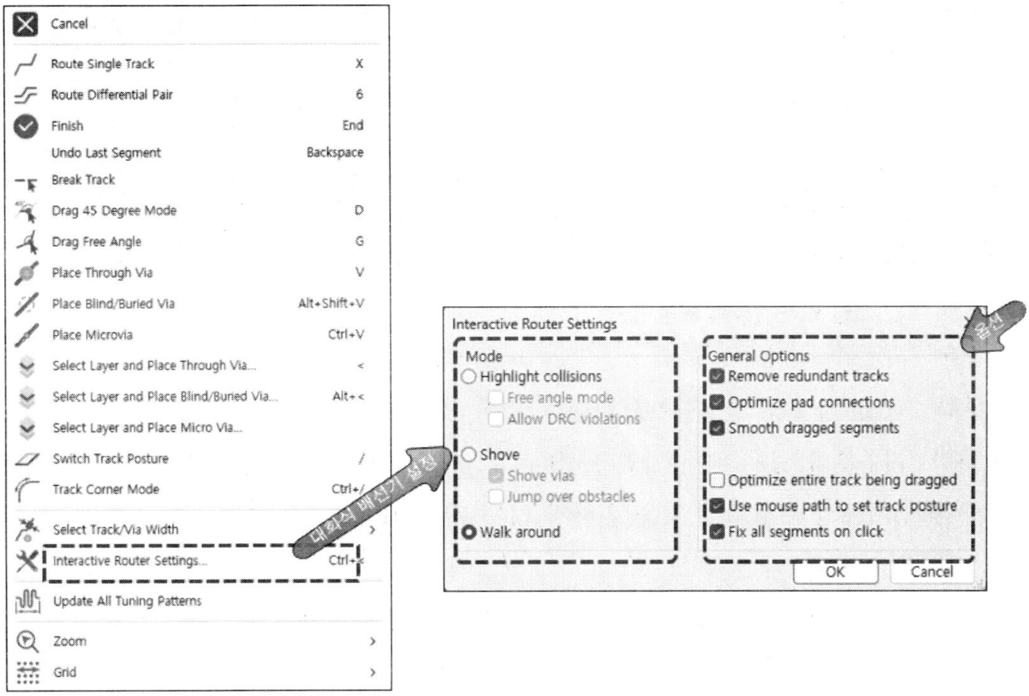

그림 6.75 배선기의 3개 배선 모드와 옵션 설정 창

- **Highlight Collisions :** 배선기 대부분의 기능들이 비활성화되서 완전한 수동 배선으로 작업이 진행된다. 배선 작업 중에 트랙 간 배선 금지 영역을 침범해서 충돌이 발생한 부분의 트랙은 밝은 녹색의 형태로 표시된다. 이러한 상태의 배선 작업은 DRC 오류를 인정하겠다는 옵션을 활성화시키지 않는 한 작업이 진행되지 않는다. 정상적으로 배선 처리를 진행하는 경우에는 수평 방향과 대각선 방향의 배선 조각이 표시되면서 작업이 진행된다.
- **Shove :** 흥미로운 작업 모드로 트랙을 배선할 때 이동이 불가능한 장애물(예 Pad, 잠긴 트랙이나 Via)은 돌아가기로 진행이 되고 배선 경로에서 이동이 가능한 장애물을 만나면 밀어내기로 처리가 된다. 이 작업 모드에 배선기는 DRC 오류 옵션을 금지하게 되는데 이것은 DRC 오류가 발생하지 않은 커서 위치에 배선하는 방법이 없다는 의미이고 이 경우 새로운 트랙은 만들 수 없다.
- **Walk Around :** 배선 경로상의 장애물을 밀어내기를 하는 기능을 제외하면 Shove 모드의 처리 방법과 동일한 것으로 멀리 우회해서라도 배선을 하고자 하는 경우에 사용한다.

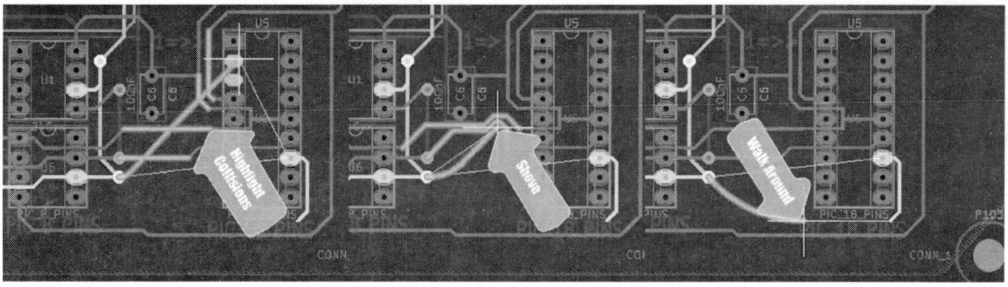

그림 6.76 트랙 배선 옵션 : Highlight Collisions, Shove, Walk Around

트랙의 배선 작업을 진행할 때 어떤 방법이 효과적일지는 작업자의 관점에서 매우 중요하다. 대부분의 경우 배선 작업은 "Shove" 모드를 권고하고 있으나 배선되지 않은 트랙이 배선기에서 수정되는 것을 원하지 않을 경우에는 "Walk Around" 모드를 권고하고 있다. "Shove"와 "Walk Around" 모드에서의 배선 작업은 수평, 수직, 45도(H/V/45) 형태의 배선 세그먼트를 사용한다. 수평,수직,45도(H/V45) 세트멘트이외의 각도를 갖는 배선 작업이 필요한 경우에는 반드시 "Highlight Collisions" 모드를 선택해 주어야 하고 대화형 배선기(Interactive Router)의 설정 창에서 자유각도(Free Angle) 모드 옵션을 활성화해 주면 된다.

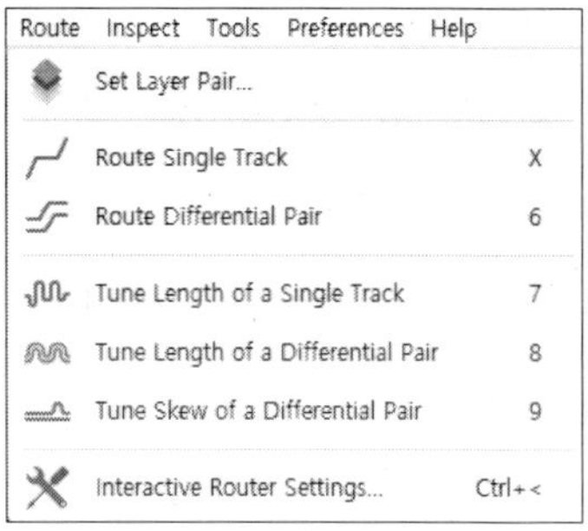

PCB 보드에서 트랙의 배선 작업을 하는 경우에는 다음과 같은 4가지 중요한 기능이 있다. 여기에 소개하고 있는 내용은 PCB 편집기 상단에 위치한 "Route"의 펼침 메뉴에서 선택할 수도 있고 편집기 화면 우측에 위치한 그리기 아이콘 모음에서 선택할 수도 있다. "Route" 메뉴의 2개는 배선 관련 기능이고 3개는 조정 관련 기능의 메뉴이다. 그 밖에 레이어 쌍을 선택하는 메뉴와 대화식 배선기의 환경설정 메뉴로 구성되어 있다.

표 6.6 대화식 배선기의 옵션 요약

설 정	내 용
■ Mode	
Free Angle mode (no shove/walkaround)	45도 꺽기 배선방식에서 자유각도 배선으로 설정. 이 옵션은 배선기의 모드가 "Highlight Collisions"로 설정되어 있는 경우에만 적용한다.
Allow DRC violations	Highlight Collisions모드에서 DRC규칙을 위반하는 트랙과 Via들도 배치를 허용한다. 다른 모드에서는 적용되지 않는다.
Shove vias	새로 추가된 옵션으로 배선을 하는 경우 트랙과 함께 Via까지도 끌어서 이동시킨다.
Jump over obstacles	Shove mode에서 배선기가 충돌을 일으킨 트랙을 패드와 같은 장애물의 뒤쪽으로 이동시킨다.
■ General Options	
Remove redundants tracks	현재 배선이 종료된 트랙에서 발생한 루프를 자동적으로 제거된다. (단 가장 최근에 배선을 마친 루프는 유지)
Optimize pad connections	이 옵션이 활성화되면 배선기에서는 Pad와 Via를 경유해서 배선하는 경우 심한 꺽임 배선이나 만족스럽지 않은 배선을 배제한다.
Smooth dragged segments	트랙 끌기를 할 때 트랙을 구성하는 세그멘트들을 함께 묶어서 방향에 따른 변화를 최소화한다.
Optimize entire track being dragged	**설정 활성화** : 트랙 세그멘트의 끌기 작업은 화면에 보이는 트랙의 나머지 부분까지 최적화된 결과를 얻게 된다. 최적화 과정은 불필요한 코너,예리한 꺽기를 배제하고 트랙의 최단거리 배선 경로를 찾는다. **설정 비활성화** : 최적화 과정이 배제되어 트랙 외부까지 끌기 작업영역의 제한이 없어진다.
Use mouse path to set track posture	시작점에서 배선이 마우스의 이동 경로에 위 또는 아래로 트랙의 배선 자세를 결정한다.
Fix all segments on click	**설정 활성화** : 배선중 마우스 클릭시 마우스 커서 끝에 위치한 세그멘트를 포함하여 배선된 전체의 트랙 세그멘트를 고정시킨다. 새로운 세그멘트의 배선은 마우스 커서의 위치에서 다시 시작된다. **설정 비활성화** : 마우스 커서 끝에 위치한 마지막 세그멘트는 고정되지 않고 마우스 커서의 이동에 따라 위치가 조정된다.

① **Route Single Track** : 배선을 시작하기 위해서는 PCB 편집기 상단 메뉴 화면에서 "Route"의 메뉴 목록이나 우측의 그리기 도구모음에서 " "아이콘을 선택하는 방법과 단축키 "X"를 사용하는 두 가지 방법이 있다. 처음 배선은 시작해야 할 네트를 시작점으로 마우스를 클릭한 다음 배선 작업을 진행하면 된다. 배선이 진행

된 네트는 자동적으로 밝은 색으로 표시가 되며 배선 된 트랙의 주변에 회색 외곽선이 표시된 것은 배선 금지의 경계선 폭을 의미한다. 이러한 배선 금지(Clearance) 외곽선은 PCB 편집 화면 상단에 위치한 Preference 메뉴의 "Display Option"에서 "Clearance Outline" 설정 내용을 변경하면 비활성화 할 수 있다. 배선 금지 영역(Clearance)의 외곽선은 배선 된 네트에서 PCB 상의 다른 동박 영역에 이르는 최대 폭을 나타낸다. 임의 네트에서 다른 객체에 이르는 또 다른 Clearance를 나타내기 위해서는 사용자가 직접 설계규칙을 지정하는 것이 가능하다. 배선기가 활성화되어 있을 때는 배선 시작점에서 커서의 위치까지 새로운 배선 세그먼트가 그려지는데 이러한 배선 트랙은 마우스의 왼쪽 버튼을 클릭하거나 Enter↵키를 이용하여 배선을 고정시킬 때까지 한시적으로 나타나는 비고정 배선 객체라고 보면 된다. 이때 비고정 트랙의 세그멘트는 고정된 트랙 세그멘트 보다 밝은 색으로 나타나며 Esc 단축키등을 이용하여 배선기를 빠져나오면 트랙이 고정된 세트멘트만 저장이 된다. 최종 배선은(단축키 "End") 모든 트랙을 고정시킨 다음 배선기를 종료하면 된다.

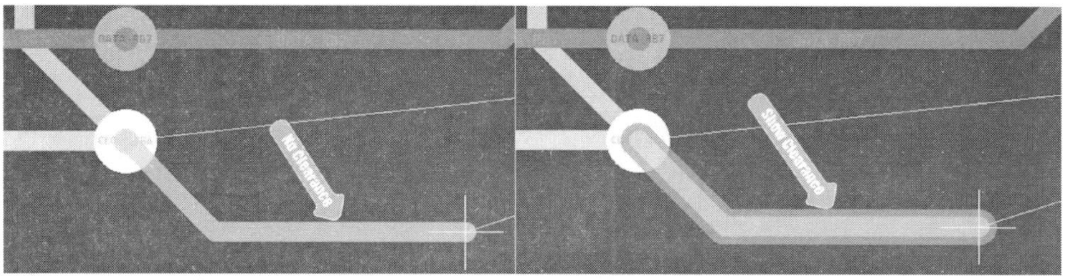

그림 6.77 트랙 배선 : Clearance의 감추기/보이기

배선 과정 중간에도 단축키 "Back Space"를 이용하면 마지막 세그멘트의 작업 내용을 이전 상태로 되돌리기가 가능한데 단축 키를 반복해서 사용하면 연속해서 이전 작업으로의 복귀가 가능하다. 배선 작업 중간에 "Ctrl" 를 누르면 그리드 간 이동 기능을 중단시킬 수 있고, "Shift"를 누른 상태에서 배선 작업을 진행하면 패드나 비아와 같은 객체의 고정점에 맞춤 이동이 비활성화 된다. 객체 간 맞춤 이동에 대한 설정은 PCB 편집 창에서 Preference 메뉴의 편집 옵션에서 "Magnetic Points preferences"의 내용을 수정하면 된다. 그러나 객체의 정확한 중점 위치에 배선 작업을 하기 위해서 객체 맞춤 옵션(Snapping to Object)을 활성화하도록 한다.

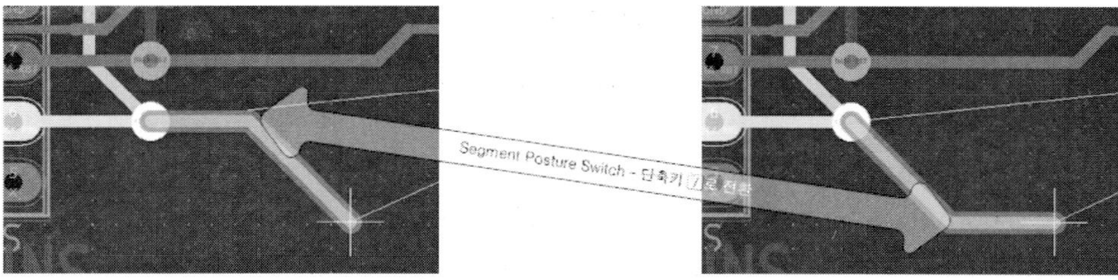

그림 6.78 단축키 "⁄"를 이용한 트랙 세그멘트의 방향 전환

- **Track posture (단축키 "⁄")** : H/V/45의 모드로 배선 작업을 진행할 때 연결을 해야 할 지점이 서로 다른 경우 H/V/45의 규칙을 따른 배선 세그멘트의 방향에 대한 설정을 Posture라고 한다. 이 경우 두 지점사이의 배선은 수평 혹은 수직 세그멘트와 한 개의 대각선 세그멘트로 연결을 할 수 있다. 이때 Posture는 수평/수직 세그멘트와 대각선 세그멘트중 먼저 배선되어야 되는 세그멘트를 선택한다. KiCad의 배선기에서는 꺽이는 모서리를 최소화하고 모서리가 뾰족하게 꺽이지 않는 등 다양한 고려 사항을 근거로 자동적으로 최적의 배선 작업을 진행한다. 그러나 KiCad 배선기는 사용자의 의도를 벗어나는 경우가 있기 때문에 배선 작업 중에 배선의 방향(Posture)을 변경하고자 하는 경우에는 단축키 "⁄"를 사용하여 방향을 전환하면 된다. 최적의 방향이 애매한 상황에서는 마우스 커서의 이동 방향을 따르게 된다. 예를 들면 수평(혹은 수직) 세그멘트로 배선을 시작하는 경우에는 마우스 커서는 수평(혹은 수직) 세그멘트 내의 시작점에서 먼 위치로 이동한다. 이와 같이 마우스 커서가 배선 시작점에서 충분히 멀리 떨어지게 되면 배선 세그멘트의 방향은 잠금 상태가 되어 시작 위치로 돌아가지 않는 한 이 상태를 유지하게 된다.

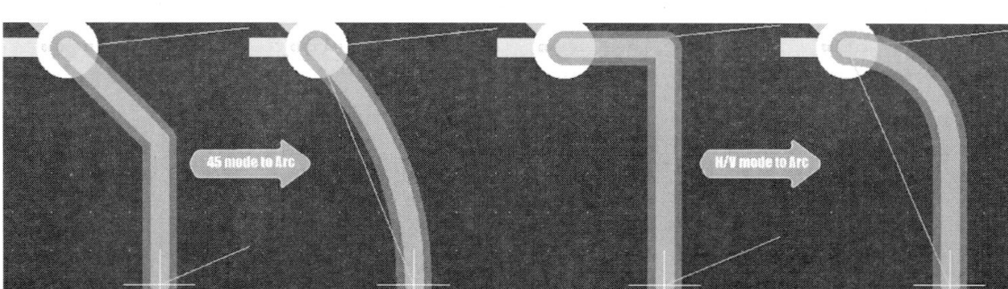

그림 6.79 단축키 "Ctrl+⁄"를 이용한 Sharp 트랙을 ARC 트랙으로 전환

마우스 커서의 이동에 따른 세그멘트 방향을 감지하는 기능은 그림6.74의 대화식 배선기 설정 창에서 "use mouse path to set track posture"옵션을 비활성 상태로 할 수도 있다.

- **Track corner mode(단축 키 "Ctrl+/")**: H/V/45 모드로 배선 작업을 진행할 때 트랙의 모서리는 둥근형(Arc)이나 예리한 각형(Sharp)으로 처리가 된다. 이때 둥근 모서리와 예리한 각형의 두 가지 중에서 선택 전환을 하는 경우에는 단축 키 "Ctrl+/"를 사용한다. 둥근 모서리 배선 작업을 하는 경우에는 직선 세그멘트와 둥근(Arc) 세그멘트가 조합이 되어 배치가 된다. 이때 트랙의 방향은 둥근 세그멘트 혹은 직선 세그멘트 중 먼저 배치되는 것에 따라서 결정된다. 트랙의 모서리를 둥글게하는 또 다른 방법으로는 앞서 설명을 했었던 방법으로 원하는 트랙을 선택한 후 Fillet Track 명령을 이용하여 처리하는 방법이 있다.

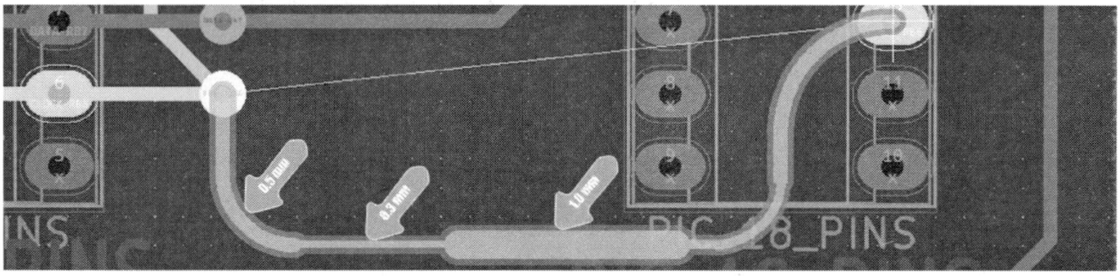

그림 6.80 단축 키 "W"와 "Shift+W"를 이용한 트랙 폭의 변경

- **Track width**: 배선 작업중 트랙의 폭은 세 가지 방법으로 결정된다. 첫 번째, 기존의 트랙의 끝부분이 새로운 트랙의 시작점이고 PCB 편집기의 상단에 위치한 "[아이콘]"아이콘이 활성 상태인 경우에는 트랙의 폭은 기존 트랙에서 설정된 값을 따르게 된다. 두 번째, PCB 편집기의 상단에 위치한 트랙 폭을 결정하는 펼침 메뉴에서 "use netclass width"를 선택한다. 이때 트랙의 폭은 배선이 완료된 네트의 네트 클래스로부터 설정된 값(혹은 사용자가 설계규칙에 따라 사전에 설정해 놓은 값)을 따르게 된다. 마지막으로 트랙 폭을 결정하는 펼침 메뉴에서 보드의 환경 설정시 이미 설정해 두었던 트랙의 값들 중에서 선택해서 사용하는 방법이다. KiCad에서는 실제 배선 작업이 진행 중에는 단일 트랙 폭만 지원한다. 트랙의 중간 부분에서 트랙 폭을 변경하려면 현재 진행 중인 배선 작업을 종료하고 이

전 배선 작업을 진행하던 마지막 부분에서부터 새롭게 배선 작업을 재개해야 한다. 배선 작업 중에 트랙의 폭을 변경하려면 단축키 "W"와 "Shift+W"를 이용하여 보드 설정 창에서 사전에 설정된 트랙 폭으로 변경할 수 있다.

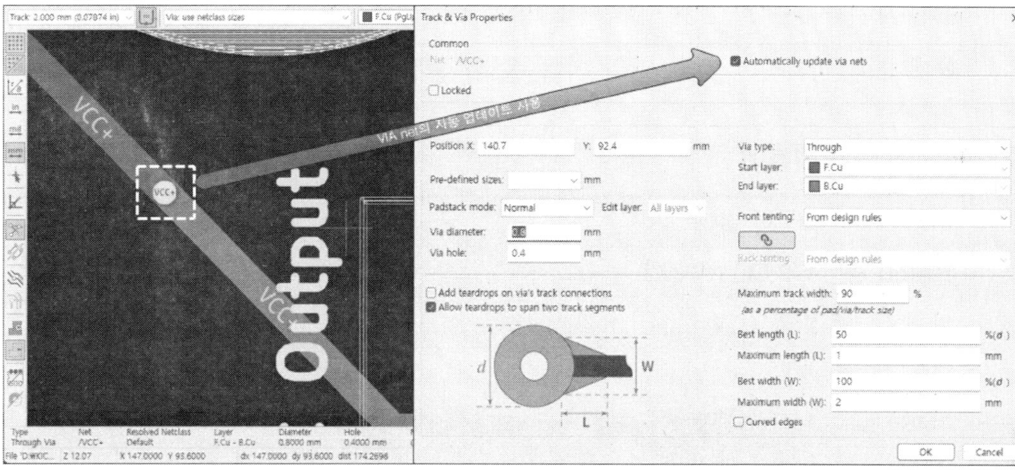

그림 6.81 Via의 배치와 Via Net의 자동 업데이트 기능 선택

- **Placing vias :** 트랙을 배선하는 과정에서 관통형 Via를 만나게 되면 현재 트랙의 경로는 Via를 경유해서 새로운 레이어로 이동을 하게 된다. Via를 배치하고 배선을 진행하는 경우에는 Via를 통하여 연속되는 새로운 레이어에서도 작업이 이어져야 한다. 이와같이 새로운 레이어를 선택하거나 Via를 배치하는 방법은 다양하다. Via의 크기는 활성화되어 있는 Via 설정값을 따르거나 편집 창 상단에 있는 도구바에서 선택할 수 있다. 이때 Via의 크기는 단축 키 "'"를 사용하여 값을 증가시키거나 "\"를 사용하여 값을 작게 할 수 있다. 트랙의 폭을 설정하는 방법과 동일하게 "use netclass sizes"를 이용하면 사전에 설정해 둔 값으로 크기값을 전환해 가면서 사용할 수 있다. 보드 설정 창에서 "Constaints" 항목에 마이크로 Via(Micro Via)나 감춘/매립(Blind/Buried) Via가 활성화되어 있으면 이러한 Via는 배선 작업 중에 자동적으로 배치가 된다. 이때 마이크로 Via는 단축키 "Ctrl+V"를 이용하고, Blind/Buried Via는 단축키 "Alt+Shift+V"를 이용하면 배치가 가능하다. 마이크로 Via는 외부 동박 레이어의 한 쪽과 인접하고 있는 레이어가 연결이 된 경우에만 배치가 가능하고 Blind/Buried Via는 어떤 레이어에

도 배치가 가능하다. 이때 배선기에 의해서 배치가 된 Via는 배선 된 트랙의 일부분으로 인식되는데 이것은 Via 네트도 일반적인 트랙의 네트처럼 자동적으로 업데이트가 될 수 있다는 것을 의미한다. Via 네트가 자동적으로 업데이트 되는 것을 비활성화 시킬 수도 있는데 이러한 작업은 Via의 속성 창에서 “automatically update via nets”의 선택 해제하면 된다. 배선 작업의 효율을 높이기 위해서 아래 도표에 정리되어 있는 단축 키를 잘 활용하도록 하자.

표 6.7 Via의 단축 키

Front 레이어(F.Cu) 선택	PgUp
Bottom 레이어(B.Cu) 선택	PgDn
다음 레이어 선택,	+
이전 레이어 선택	−
비아를 배치 (비아를 관통하여 다음 레이어로 전환)	V
레이어를 선택하여 비아를 배치 (레이어 선택 창)	“<”

② **Route Differential Pair** : 차동 신호 쌍(Differential Pair Signal)의 개념은 신호가 전송되는 과정에 발생된 잡음을 최소화하기 위하여 송신부의 신호에 반전된 신호를 쌍으로 결합하여 전송하는 방식이다. 이러한 디지털 데이터 전송 방식은 전송신호의 높은 신뢰성을 보장하고 외부 잡음 제거 효과가 좋기 때문에 USB, Ethernet, DDR 클럭과 데이터를 전송하는 표준 방식으로 사용이 되고 있다. 차동 신호 쌍은 신호의 진폭 값은 동일하고 극성이 반대인 신호와 원래의 신호가 쌍으로 구성한다. 이러한 차동 신호선에서는 각각의 신호선이 특정 임피던스값을 갖도록 설계된 PCB 상에서 단일 신호 배선을 통하여 PAM4(Pulse Amplitude Modulation 4)와 펄스폭 변조 고속 디지털 프로토콜 기반으로 데이터를 전송한다. KiCad에서 차동 신호 쌍은 공통 이름 뒤에 +와 −를(혹은 P와 N을 사용한다) 나타내는 접미사를 붙인 이름을 갖는 네트로 정의하고 있다. 예를 들면 USB+(혹은 USB_P)와 USB−(혹은 USB_N)라는 네트 이름으로 차동 신호 쌍을 구성하한다. 그러나 두 가지를 함께 섞어 쓰기(USB+, USB_N)는 지원되지 않는다. 그리고 PCB 편집기에서 차동 신호 쌍 배선기의 사용이 가능하도록 Schematic에서 차동 신호를 사용할 수 있는 기능이 활성 상태여야 한다.

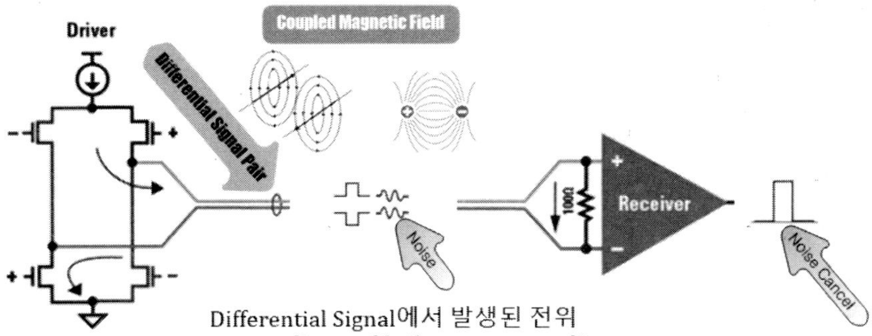

$$V = L\frac{dI}{dt} + M\frac{d(-I)}{dt} = (L - M)\frac{dI}{dt}$$

그림 6.82 차동 신호의 전송

차동 신호 쌍의 배선은 우측 도구모음에서 "⎍"아이콘을 선택하거나 단축 키 "6"를 선택하고 난 후 배선을 시작할 위치(패드, 비아 혹은 기존의 차동 신호 쌍의 끝부분)를 마우스로 클릭하여 배선 작업을 진행한다. 상황에 따라서는 차동 신호 쌍의 +네트나 혹은 −네트에서 배선을 시작할 수도 있다. 이때 차동 신호 배선기는 설계 규칙에서 설정된 차동 신호의 트랙 간격을 유지하면서 배선을 시작한다. 차동 신호의 트랙 간격은 보드 환경설정 창의 Net Classes에서 설정하거나 사용자의 설계규칙에서도 설정할 수 있다. 배선의 시작 위치나 끝 위치가 설정된 간극 값에서 벗어나 다른 값을 갖게 되는 경우에는 배선기에서 차동 신호가 정확하게 매칭이 되지 않은 곳에 트랙의 길이를 최소화하는 방법으로 짧은 "Fan-Out"을 만들어 준다.

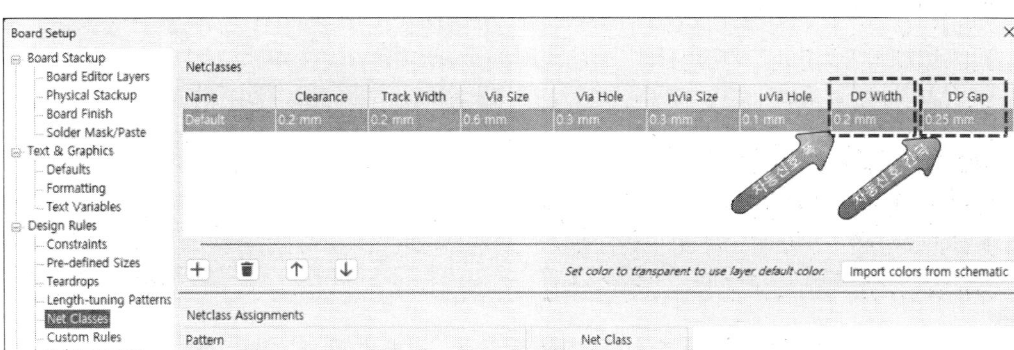

그림 6.83 차동 신호 쌍(Differential Pair)의 선 폭과 선 간극 설정

차동 신호를 배선하는 중간에 레이어를 전환하거나 Via를 배치하고자 하는 경우에는 차동 신호 배선기에서 두 개의 비아를 만들어서 설계규칙(동박과 비아 홀 간격 설정 값)에 따라 배치를 하면 된다. 차동 신호선에 전송되는 두 개의 신호가 상호 위상이 일치하지 않은 경우에는 위상 정합이 되도록 신호선의 길이를 조정해 주어야 한다. 신호선의 위상 정합을 위하여 신호선 길이를 조정하는 방법으로 주름 배선을 사용하는데 이때 주름의 주기와 진폭을 조정하는 방법과 주름 배선을 권고하지 않는 영역등이 있기 때문에 이러한 주의 및 권고 사항을 확인해서 배선 작업을 하도록 한다.

③ Tune length of a single track : 신호 트랙에 대한 배선이 끝난 이후에도 필요에 따라서 배선의 이동, 끌기, 삭제 작업뿐만 아니라 다시 재배선 작업을 진행할 수 있다. 단일 트랙 세그멘트가 선택되었을 때 단축 키 “U”를 사용하면 이곳에 연결되어 있는 모든 트랙 세그멘트가 확장되어 선택이 된다. 단축 키 “U”를 한번 누르기를 하면 Pad 혹은 Via에 가장 가깝게 연결된 트랙 세그멘트가 선택이 되고, 계속 누르기를 하면 모든 레이어에서 선택된 트랙과 연결되어 있는 전체 트랙 세그멘트로 선택을 확대하게 된다. 이와 같은 트랙 선택 방법을 이용하면 배선되어 있는 전체 네트의 삭제등의 작업을 손쉽게 처리할 수 있다.

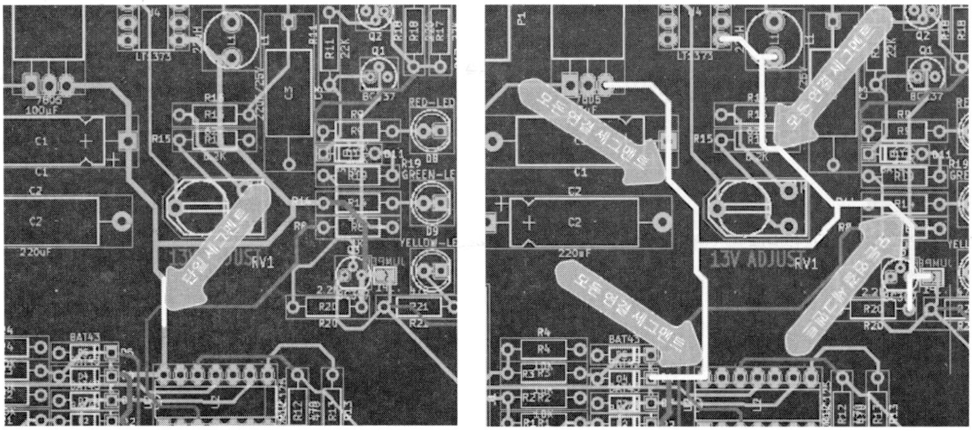

그림 6.84 단일 트랙 세그멘트 : 단축 키 “U”로 전체 세그멘트 선택

트랙 세그멘트 수정은 두 개의 명령어를 사용할 수 있다. 첫 번째는 “45도 모드” 명령어로 단축키 “D”를 사용해서 트랙의 끌기 작업을 할 수 있다. 배선기의 설정

모드가 "들어내기(Shove)"로 되어 있는 경우에 이 명령어를 실행하면 커서 부근에 위치한 트랙이 밀려나면서 배선이 이루어지며 배선기 설정모드가 "돌아가기(Walk Around)"로 되어 있는 경우에는 배선 구간에 따라 돌아가기로 작업을 진행하며 더 이상 배선이 불가능한 장애물을 만나면 이곳에서 배선 작업을 멈춘다. 단축키 "G"를 이용하면 배선 끌기가 자유 각도(Drag Free Angle)를 갖게 되어 트랙 세그멘트가 분할된 형태로 다음 위치로 이동한다. 이 명령은 충돌한 트랙을 밝게 표시하는 "Highlight Collisions" 기능과 동일하기 때문에 장애물을 만나도 들어내기나 회피 과정 없이 충돌이 된 부분을 밝은 색으로만 표시(그림 6.85 참조)를 한다.

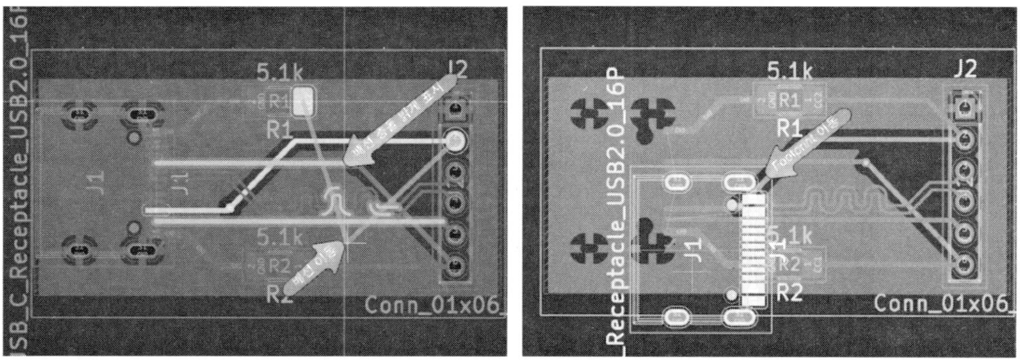

그림 6.85 Footprint의 끌기(단축키 G)와 이동(단축키 M)

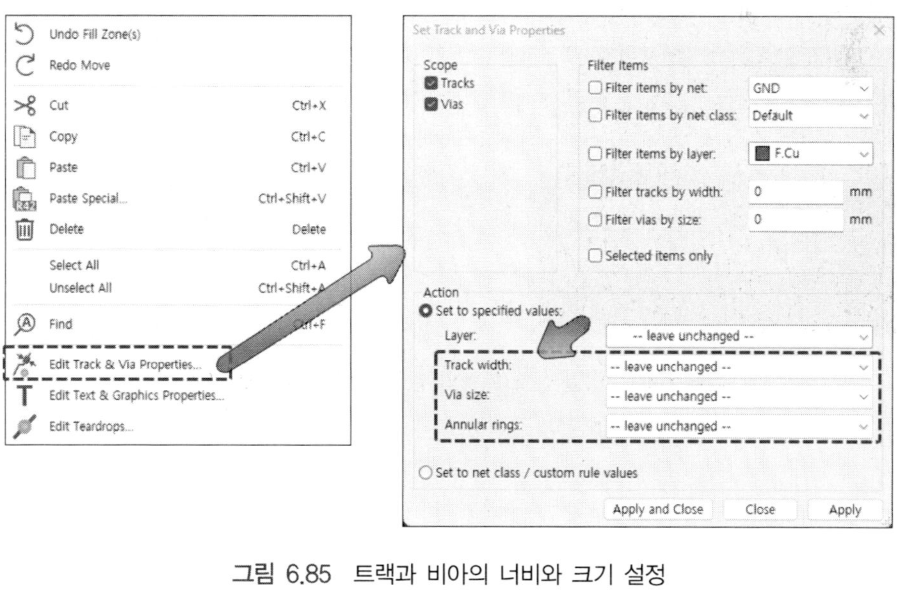

그림 6.85 트랙과 비아의 너비와 크기 설정

버전 7 이후에는 호를 포함하는 트랙 전체의 끌기 작업이 가능해졌다. 또한 단축키 "M"의 이동 명령어는 선택된 세그멘트만 대상으로 처리되었으나 신규 버전에서는 이곳에 연결되어 있는 트랙이나 선택된 모든 비아도 끌기 작업이 가능하다. Footprint를 이동하는 경우에는 여기에 연결되어 있는 트랙은 단축키 "D"와 함께 끌기를 하는 경우 재배선 작업을 해 주어야 한다. 참고로 재배선 작업을 거치지 않고도 트랙의 너비와 Via의 크기를 수정할 수 있는데 PCB 편집 창의 "Edit" 메뉴에서 "Edit Tracks and Vias properties"를 실행해서 나타난 팝업 창에서 세부 항목을 변경할 수 있다.

④ **Tune length and skew of a differential pair** , : 단일 신호선 뿐만 아니라 차동 신호 쌍의 배선을 마친 이후에 인덕턴스 값을 반영하거나 차동 신호 배선의 길이가 맞지 않아서 발생할 수 있는 임피던스 매칭의 문제점을 해결하고 크로스 톡과 같은 잡음 요소를 제거하기 위해서 주름 신호선(Serpentine Tuning)을 삽입하여 배선 길이을 조정할 수 있다. 단일 신호선의 길이 조정을 위해서는 아이콘 "" 혹은 단축키 "7"를 이용해서 단일 배선의 위에 주름 배선을 추가한다. 차동 신호의 두 개의 배선 쌍에는 아이콘 "" 혹은 단축키 "8"를 이용해서 동일한 방법으로 주름 배선을 추가한다.

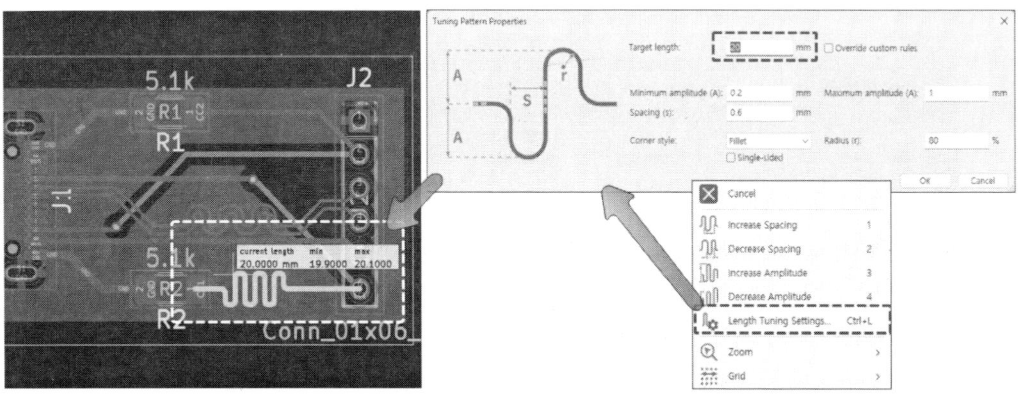

그림 6.87 단일 신호 트랙의 길이 조정 : 주름 신호 설정

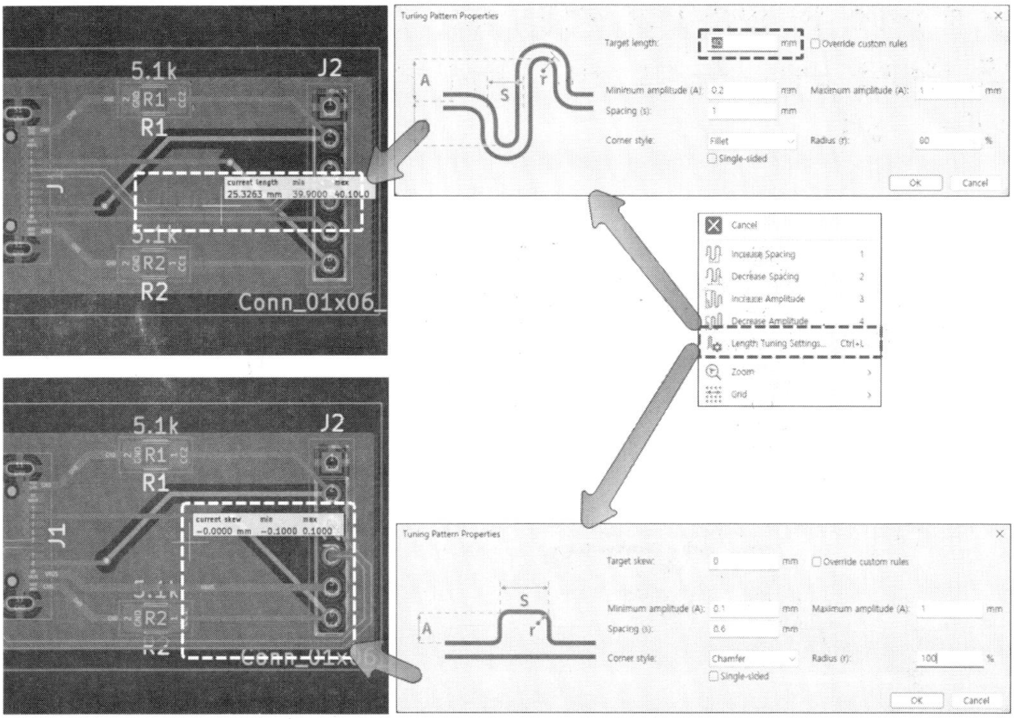

그림 6.88 차동 신호 길이 조정: 양쪽 주름(Serpentine) , 한쪽 주름(Skew)

또 다른 방법으로 차동 신호 두 개의 신호 배선 중 한 쪽 신호선의 길이가 다른 쪽 신호보다 짧게 배선이 된 경우에는 위상 편차가 발생하기 때문에 이곳에 주름 신호를 삽입해서 두 개 신호의 배선 길이 같도록 보정을 하면 된다. 이러한 작업은 아이콘 “ ” 혹은 단축키 “9”를 사용하여 작업한다.

주름 신호 모양(Meander Shape)은 단일 신호선, 차동 신호선에 대하여 목표하는 길이를 정하고 주름 신호의 진폭과 주름 신호의 간격등을 설정을 한 다음 작업을 진행하면 된다. 차동 신호 배선을 한 이후에 두 신호선의 길이에 대한 보정은 한쪽에 주름 배선을 넣는 방법과 양쪽에 주름 배선을 넣어서 길이를 보정하는 방법이 있다. 한쪽 주름 배선을 넣는 경우에는 반대쪽 배선에 대하여 주름 배선의 골이 깊지 않고, 주름 배선의 간격도 조밀하지 않도록 하고 가능하면 한 개의 큰 주름 배선 보다는 여러 개의 주름 배선을 두는 것이 좋다. 한쪽에 주름 배선을 삽입하는 경우에는 주름 배선의 간격이 최소한 차동 신호 선폭의 4배 이상이 되도록 하고, 주름 배선의 진폭은 차동 배선 선폭의 3배 이하로 구성하도록 한다. 차동 신호 쌍(Differential Pair)의 배선 폭과 배선 사이의 간격에 대한 설정은 PCB 편집창의 좌측 상단에 위치한 보드 설정(Board Setup :) 아이콘을 실행한 다음 네트 클래스 창에서 확인할 수 있고 설정되어 있는 값도 변경할 수 있다.

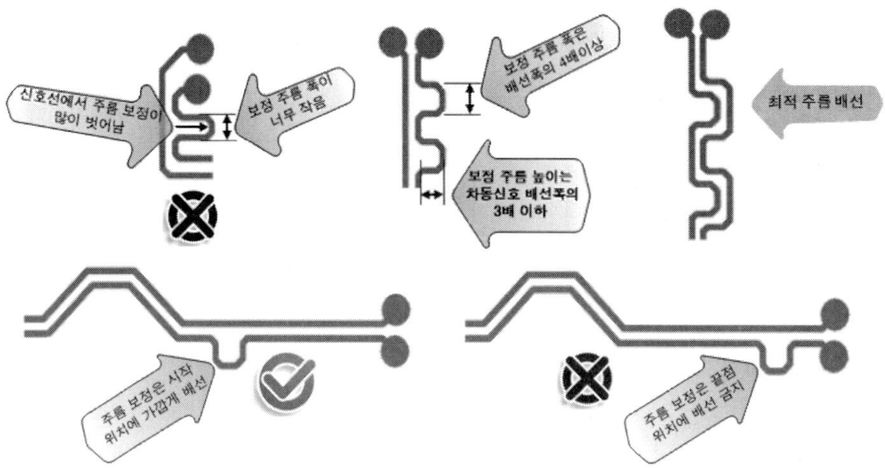

그림 6.89 차동 신호의 길이 수정 시 고려 사항

차동 신호 배선을 하는 경우 Via나 Pad 쌍을 경유하는 경우에도 쌍을 이루고 있는 Via와 Pad도 가능하면 대칭구조를 갖도록 배치가 된 상태에서 배선 작업을 하도록 한다. 다음 그림은 차동 신호 배선이 경유하는 패드가 대칭과 비대칭 형태의 배선을 보여주고 있다. 또한 차동 신호 쌍이 지나가는 배선 간극 사이에는 어떤 종류의 부품도 배치하지 않는 것이 좋다.

그림 6.90 차동 신호가 경유하는 배선의 대칭과 비대칭 구조

(5) 배선 : Forward and Back Annotation

Schematic에서 회로에 대한 설계과정 작업을 모두 끝내고 나면 회로에서 사용되고

있는 부품에 대한 참조 값들이 충돌 없이 구별되기 위해서 고유의 참조 번호를 할당해 주어야 한다. 이와 같이 사용된 부품과 기구물 등에 대하여 참조번호의 주석 작업을 진행하는 과정이 Annotation이다. 이러한 과정은 PCB 보드를 설계하는 경우에도 정확하게 부품번호, 네트등 필요한 정보를 PCB 보드에 사용된 부품등의 참조 번호와 정확하게 동기화 시켜주어야 한다. 따라서 Schematic의 Annotation 결과 값은 PCB 도면과도 정확하게 정보 값이 동기화되어야 한다. 기존의 EDA에 설계 도구들에서는 PCB 도면 설계 단계로 전환하기 전에 Schematic 설계 단계에서 부품번호와 Net 정보 등에 대한 주석처리 과정을 통하여 Netlist를 출력한다. 그리고 이러한 Netlist 정보는 PCB 설계과정에 필수적인 정보 형태로 전달된다. 이때 Schematic의 Netlist 정보를 PCB 설계 단계로 전달하는 과정을 순방향 Annotation이라고 하고 반대 과정을 역방향 Annotation이라고 한다. 물론 수작업으로 Netlist를 생성하는 과정도 Schematic 편집창의 파일 메뉴를 이용하여 처리가 가능하다.

① **순방향 Annotation**: Schematic 편집기에서 PCB 편집기로 설계 정보를 동기화시키기 위해서는 Schematic의 도구(Tool) 메뉴에서 "Update PCB from Schematic.."을 실행하거나 단축 키 "F8"를 이용하여 처리하면 된다. 이미 PCB 설계 과정중이라면 PCB 편집창의 위의 아이콘 " "를 선택하여 실행을 시켜도 순방향으로 업데이트가 진행된다. KiCad의 구 버전에서는 Schematic 편집기의 파일 메뉴에서 Netlist 내보내기(Export)를 하거나 PCB 편집기의 파일 메뉴에서 Netlist 가져오기(Import)과정을 통하여 처리가 되었으나 지금 더 이상 필요가 없게 되었다. 간혹 Netlist 정보가 필요한 경우가 있기 때문에 새로운 버전에서도 이와 관련된 메뉴항목은 그대로 유지되고 있다. Annotation 처리 이후에는 Schematic의 개별 부품에 대한 Footprint 정보와 함께 동기화된 Net 정보도 함께 전달된다. 동기화는 Update 창 하단 부의 "Update PCB"를 실행할 때까지는 반영이 되지 않는다. 처리결과는 체크 박스의 선택에 따라 상태 창을 통하여 작업 결과를 확인할 수 있다. 중요한 선택 옵션은 다음과 같다.

- 참조 표시자의 내용에 따라 Footprints를 Schematic 심볼에 재 연결
- Schematic에서 지정된 것으로 Footprints를 교체
- 심볼이 없는 Footprints는 삭제

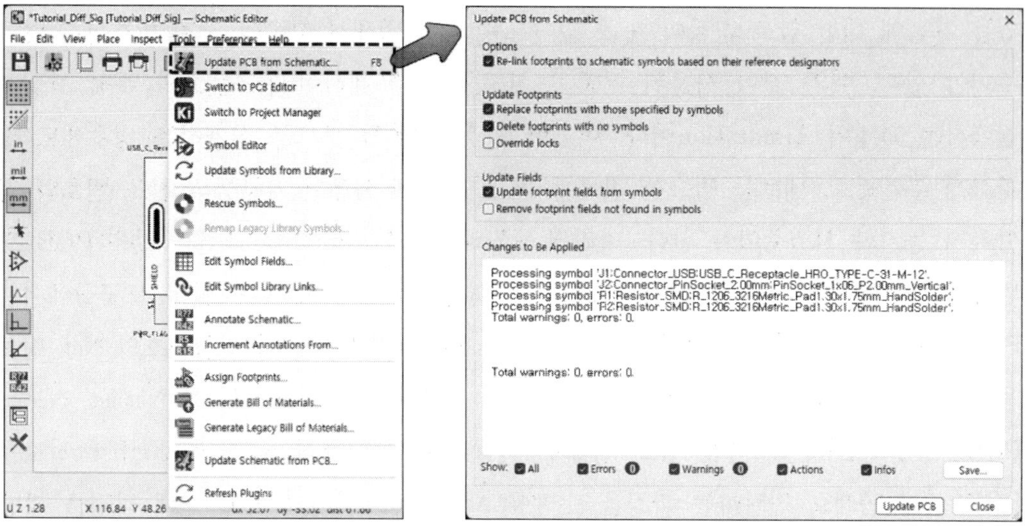

그림 6.91 Schematic에서 PCB로 순방향 Annotation

② **역방향 Annotation :** KiCad의 작업은 Schematic 도면에서 수시로 변경사항이 발생한다. 이러한 경우에는 PCB 편집창의 도구 메뉴를 이용해서 Schematic의 변경내용을 PCB 보드로 업데이트 해 주었는데 이러한 작업의 역순으로도 처리가 가능하다. 즉, PCB 보드의 변경 사항이 발생하면 Schematic의 도구 메뉴 "Update Schematic From PCB"를 실행하면 양쪽 편집 창의 변경된 정보는 동기화 과정을 통하여 업데이트 된다.

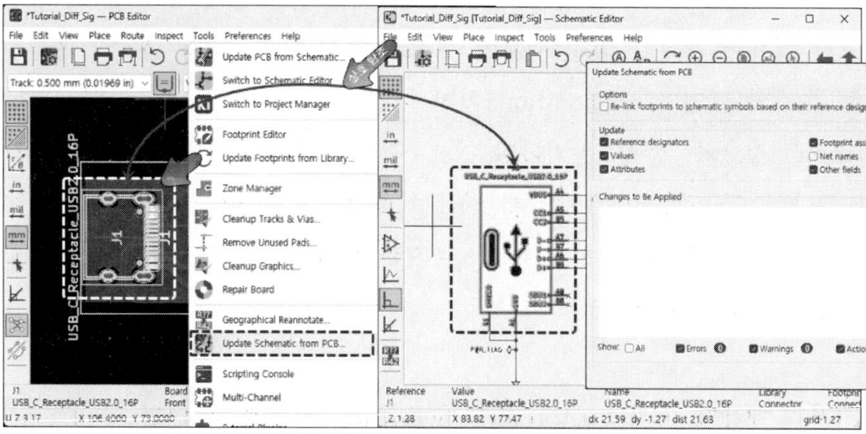

그림 6.92 PCB에서 Schematic으로 역방향 Annotation

역방향 Annotation에서 처리 가능한 옵션과 업데이트 선택 항목은 다음과 같다.

- 참조 표시자의 내용에 따라 Footprints를 Schematic 심볼에 재 연결
- **참조 표시자(Reference Designator)** : 선택 시 연결되어 있는 Footprint의 참조 표시자의 내용을 Schematic 참조 표시자의 내용과 동기화
- **값(Value)** : 선택 시 연결되어 있는 Footprint의 값으로 심볼 값을 동기화
- **Footprint할당** : 선택 시 Footprint가 PCB 보드에서 교체가 되었거나 변경된 내용으로 심볼의 Footprint에 반영
- **네트 이름** : 선택 시 PCB 보드에서 만들어진 변경된 이름으로 Schematic을 업데이트.

6.6 PCB의 보드의 검사 : Tools, DRC

PCB 보드를 검사하고 확인하는 절차에는 물리적 정량 데이터(거리, 각도)를 측정해서 검토하는 과정과 설계된 보드 회로의 전기적인 규칙에 대한 준수사항을 검사하는 DRC 그리고 최종 설계된 보드를 3차원 형태의 부품과 모듈의 형상을 그래픽 형태로 확인하는 과정으로 진행이 된다.

① **Measurement tools** : PCB 보드 위의 두 지점 사이의 거리와 각도를 측정하는 도구로 PCB 편집기 우측에 위치한 “ ” 아이콘을 실행하거나 단축키 “Ctrl+Shift+M”를 이용하여 측정 기능을 활성화시킨 다음 첫 번째 위치에서 마우스를 클릭하여 시작점을 지정하고 커서를 끝점으로 이동한 후 마우스를 클릭하면 측정 과정은 종료된다. 이러한 측정 도구는 측정 결과를 계속해서 표시해 두는 것이 아니라 필요한 경우에 한시적으로 값을 표시해서 결과를 확인하고자 하는 경우에 사용된다. 만일 측정 결과를 결과물로 남기려면 앞 절에서 설명했던 치수 도구(Dimension Tools)를 이용하면 된다.

② **DRC(Design Rule Check) 검사** : DRC 검사기에서는 PCB 보드 설계 시 초기에 보드 설정 내용 그리고 보드에 사용된 모든 패드들이 네트리스트와 회로 도면에 정상적으로 연결이 되었는지 검사 결과를 얻기 위해서 사용된다. 경우에 따라서는 KiCad에서 트랙을 배선하는 과정 중에 일부 설계규칙 위반 사항을 자동적으로 검사하지

않도록 설정할 수는 있으나 대부분의 검사 규칙을 자동적으로 금지시킬 수는 없다. 그만큼 DRC 검사는 PCB를 양산단계로 넘어가는 과정에서 매우 중요한 파일로 이용되고 있다.

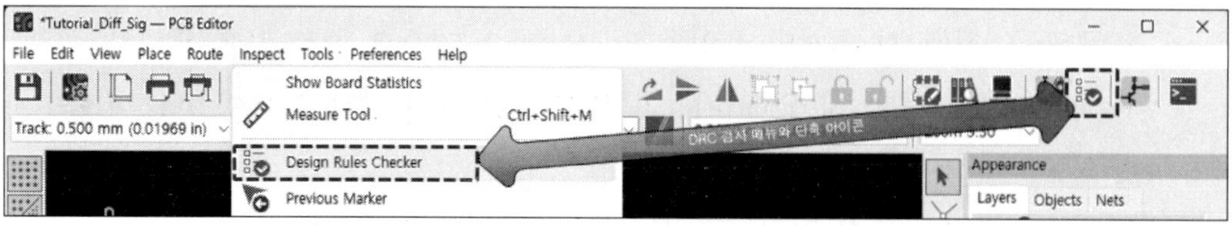

그림 6.93 DRC 검사기 메뉴와 단축 아이콘

DRC 검사기를 사용하기 위해서는 PCB 편집기 우측 상단에 위치한 “ ”아이콘을 실행하거나 “Inspect” 메뉴에서 “Design Rule Checker”를 실행하면 된다. 이러한 DRC 검사 제어창에는 다음과 같은 옵션 항목을 가지고 있다.

- **Refill all zones before performing DRC :** 이 옵션이 활성화된 경우에는 DRC 검사가 실행할 때마다 새로운 결과 값을 보여준다. 그러나 비활성화가 되어 있으면 수작업으로 이전 결과값을 지우지 않고 그대로 두기 때문에 경우에 따라서는 잘못된 DRC 검사 결과를 그대로 보여줄 수도 있다.

- **Report all errors for each track :** 이 옵션이 활성화된 경우에는 각각의 개별 트랙 세그멘트에 대한 배선 금지 영역에 대한 위반 사항을 레포트로 내보내며 이 경우 DRC 검사기의 동작 속도는 저하가 될 수 있다. 그리고 옵션을 비활성화한 경우에는 첫 번째 오류에 대한 레포트만 내보낸다.
- **Test for parity between PCB and Schematic :** 이 옵션이 활성화된 경우에 DRC 검사기에서는 PCB 설계규칙이 적용된 PCB 보드와 Schematic 사이에서 발생한 변경된 내용을 검사 한다. 단순히 PCB 편집기에서만 단독으로 실행을 하는 경우에는 아무런 영향을 받지 않는다. DRC를 실행한 후 DRC 제어 창에는 각종 규칙 위반, 연결되지 않은 항목과 Schematic의 내용과 PCB 보드상의 내용 사이에 일치하지 않는 내용을 표시해 준다. 여기에 표시된 위반 사항과 관련된 목록은 심각한 정도에 따라 표시/감추기 옵션을 선택할 수 있다. 그리고 저장 버튼을 이용하면 DRC 검사를 마친 후 텍스트 형식의 레포트 파일로 출력할 수도 있다.

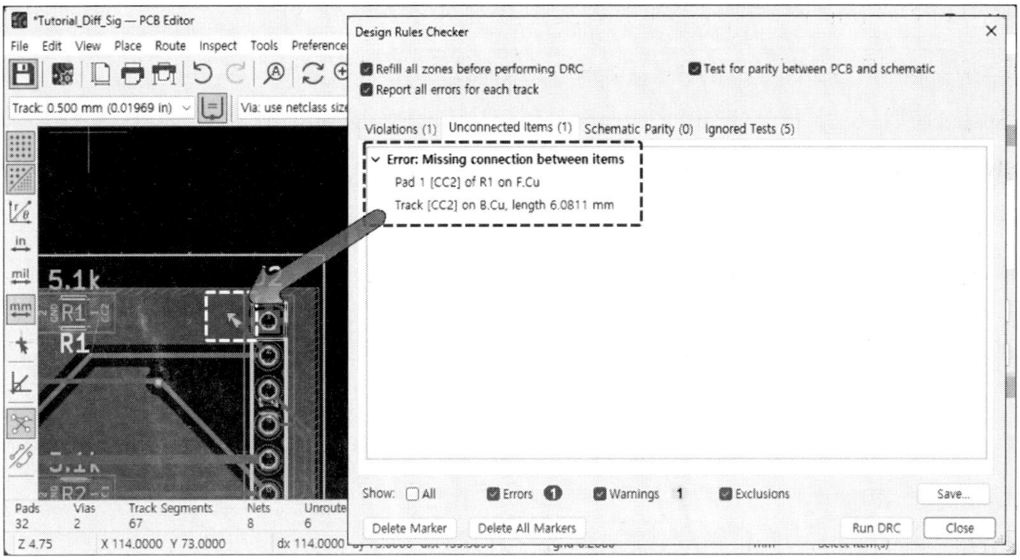

그림 6.94 DRC 검사기 오류 목록과 해당 객체

각각의 위반(Violations)사항 목록에는 PCB 도면에서 발생한 한 개 이상의 객체들에 대한 오류 사항을 포함하고 있다. 위반 목록 중에서 확인하고자 하는 위반 목록을 마우스로 클릭하면 PCB 보드 내에서 오류가 발생한 항목을 화면의 중심에 두고 PCB 보드가 표시된다. 그리고 오류 목록을 마우스로 클릭을 하면 해당하는 객체는 PCB 보드 상에서 구분이 가능하도록 밝은 색으로 표시가 된다. DRC 오류 목록 중에서 한 개를 오른쪽 마우스 버튼으로 선택을 하면 선택된 오류를 배제하는 것과 같은 추가적인 메뉴가 나타나는데 여기서 개별 항목에 대하여 이러한 배제하고자 하는 항목을 선택하면 오류 표시가 배제된 객체의 숫자가 DRC 제어 창의 하단부에 위치한 "Exclusions" 항목 우측에 표시되며 이 옵션 항목의 체크 박스를 선택하지 않는 한 오류를 배제하는 "Excluded violation"는 감추기 모드를 유지한다.

DRC 검사는 초기에 환경 설정된 "Clearance and Constraint Resolution" 값을 해당하는 객체에 대한 검사 규칙으로 이용한다. 특정 객체에 적용된 규칙을 깨끗하게 초기화하는 것이 어려워서 복잡한 설계규칙을 따라야만 하는 PCB를 설계하는 경우에는 이러한 도구의 사용이 많은 도움이 된다. 두 개의 객체 사이에 적용되는 배선 금지 간격 유지, 두 개의 객체 선택 그리고 배선 금지 간격의 범위와 Clearance 규칙이 제대로 적용이 되는지 검사를 한다. 이때 Clearance 레포트 창에는 Clearance 간격을 따르는 설계규칙과 마찬가지로 각각의 개별 동박 레이어 사이에 필요한 Clearance 값을 표시한다. Clearance에 대한 결과를 레포트 창에서 확인하기 위해서는 두 개의 객체(예 두 개의 트랙을 선택하거나 트랙과 Pad를 선택한다.)를 선택한 다음 PCB 편집기 상단의 "Inspect"의 펼침 메뉴에서 "Clearance Resolution"를 선택하면 최소 배선 간격을 위반한 결과가 "Clearance Report" 창에 표시된다.

PCB 보드를 구성하는 객체에 적용되어 있는 금지 사항(Constraints)을 검사하기 위해서는 대상이 되는 객체를 마우스로 선택한 다음 PCB 편집기 상단의 "Inspect" 메뉴의 펼침 메뉴에서 "Constraints Resolution"을 선택하면 금지 사항을 위반한 내용을 설명하는 "Constraints Report" 창이 열린다.

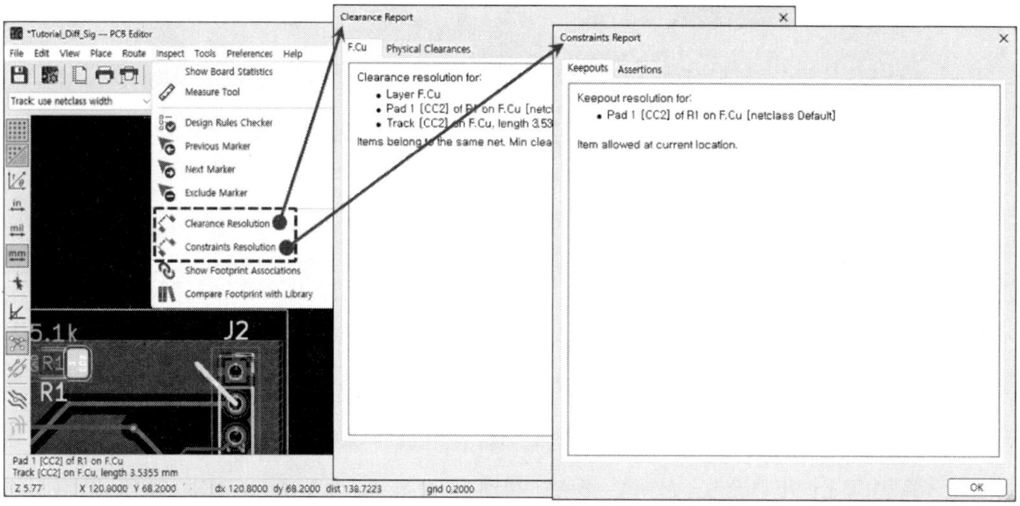

그림 6.95 Clearance 와 Constraints 레포트

③ **Net Inspector** : PCB 보드에 나타난 모든 네트(부품간 신호의 연결성등,..)에 관한 정보를 확인하기 위한 네트 검사기이다. Appearance 패널의 Net 부분 상단에 위치한 단축 아이콘 "(Show Net Inspector)"을 실행하거나 상단 View메뉴의 펼침 항목에서 Panel 부메뉴의 "Net Inspector"선택하면 다음과 같은 모든 네트에 관련된 정보창이 표시된다.

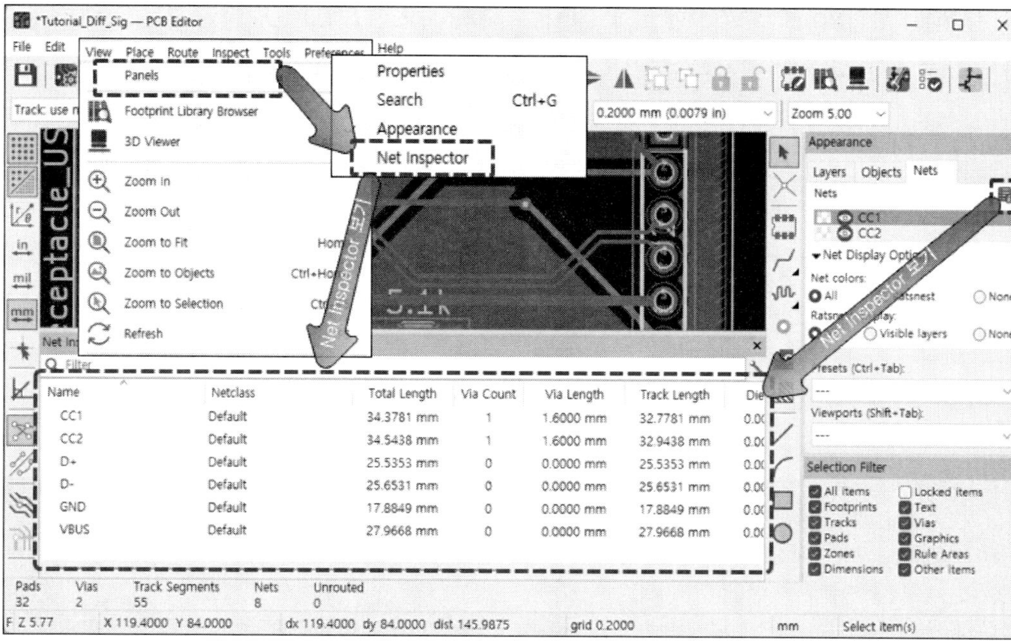

그림 6.96 네트 검사기(Net Inspector) 화면

네트 검사기를 실행하면 모든 네트가 목록 창에 표시가 되는데 목록이 많은 경우에는 해당하는 열의 제목을 클릭해서 보기 편리하게 네트 목록을 정렬하는 것도 가능하다. 또한 검사 확인 대상을 마우스로 선택을 하면 PCB 보드 위에 해당하는 네트는 밝은 색으로 표시가 된다. 네트 검사기 창에 있는 Group 칸은 아래에 나열된 네트를 필요에 따라서 Group으로 묶음처리를 할 수가 있다. 이 경우 개별 네트를 매번 번거롭게 선택하기 보다는 유사한 네트를 묶어서 관리와 검사가 가능하기 때문에 검사 효율을 높일 수 있다. 예를 들어 아래 목록 창에서 CC1과 CC2는 슬래쉬 기호를 이용해서 "/^CC/"로 표기하고, 차동신호 쌍인 /D+, /D−는 "/^D/"로 묶음으로 처리를 해서 Custom 그룹으로 묶음 처리하면 다음과 같은 묶음 목록으로 처리가 된다. 이 경우 차동 신호 쌍 네트는 그룹 네트 "/^D/"로 두 개의 신호 라인을 선택할 수 있고 그룹 네트 "/^CC/"를 선택하면 앞서 언급한 2개의 신호가 선택된다.

Net목록에서 Pad Count 열에는 표면 실장형과 스루홀 형식의 모든 Pad의 개수를 표시하고 Via Count 열에는 하나의 네트 위의 존재하는 Via의 개수를 나타낸다. 그 다음 열에 있는 Via Length는 Via가 연결된 특정 동박 층에 대한 높이를 의미하는 것이 아니라 각각의 개별 Via의 총 높이를 나타낸다. Track Length 역시 하나의 네트에서 사용된 배선의 모든 세그멘트의 길이를 나타낸다. 그리고 Die Length는 네트에서 설정된 모든 Pad대 다이사이의 길이 값을 합한 결과를 나타낸다.

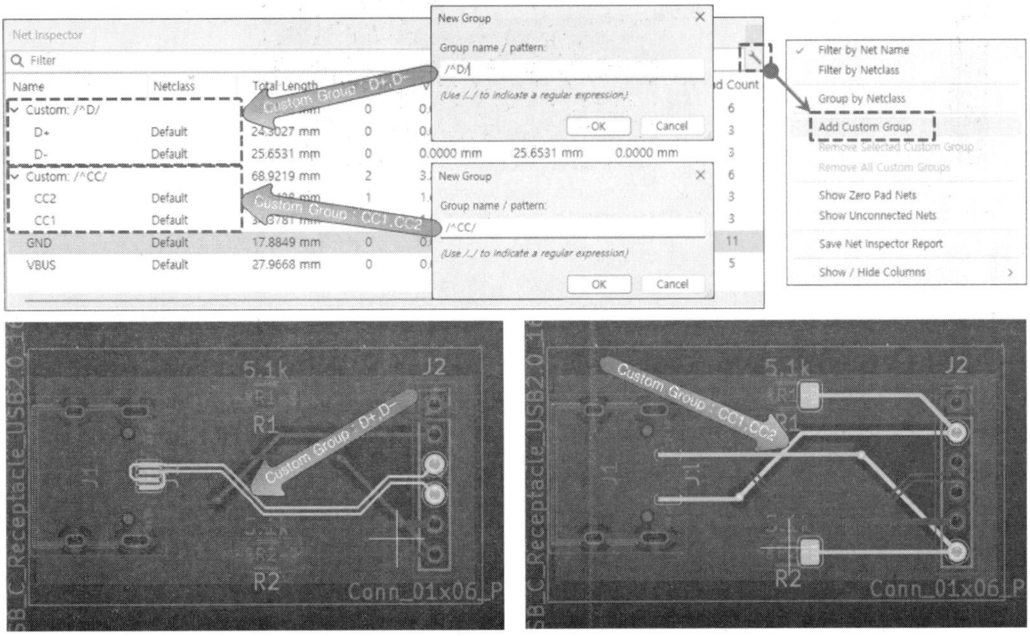

그림 6.97 Net 그룹 묶음 : /^D/ (/D+, /D−) , /^CC/ (CC1, CC2)

Net 검사기에서 표기하고 있는 길이는 길이 조정도구를 이용할 때 표시되는 값과 차이가 나는데 검사기에서는 하나의 네트에 연결된 모든 배선의 합을 표시하지만 길이를 조정하는 도구를 이용할 때는 두 개의 Pad 사이의 최단거리를 표기하거나 분기하는 Via들 간의 거리를 표시하고 있기 때문이다.

✓ 따라하기 09

내용 차동 신호 선에 신호 지연을 최소화하기 위한 주름 배선과 동박 배치 그리고 설계 규칙 검사에 대한 설명에 사용된 Tutorial_Diff_Sig의 예제에서 Schematic 도면 설계와 PCB 보드 부품 배치 및 배선에 대한 내용으로 실제 USB C 신호를 커넥터 단자로 확장하는 회로를 가지고 따라하기 실습을 해보자.

1. Schematic 부품 : USB2.0_C_16P, 저항(5.1k-2개), 1x06 Connector
2. Schematic 배선 작업 : 전원부, 차동 신호 입력, CC단, 커넥터 Net작업

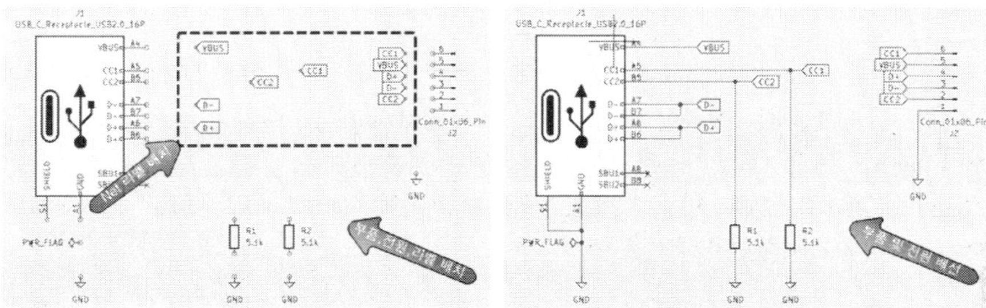

3. PCB Footprint 라이브러리 매칭 :
   USB2.0_C_16p → Connector_USB:USB_C_Receptacle_HRO_TYPE-C-31-M-12
   저항 5.1k → Resistor_SMD:R_1206_3216Metric_Pad1.30x1.75mm_HandSolder
   1x06 Connector → Connector_PinSocket_2.00mm:PinSocket_1x06_P2.00mm_Vertical

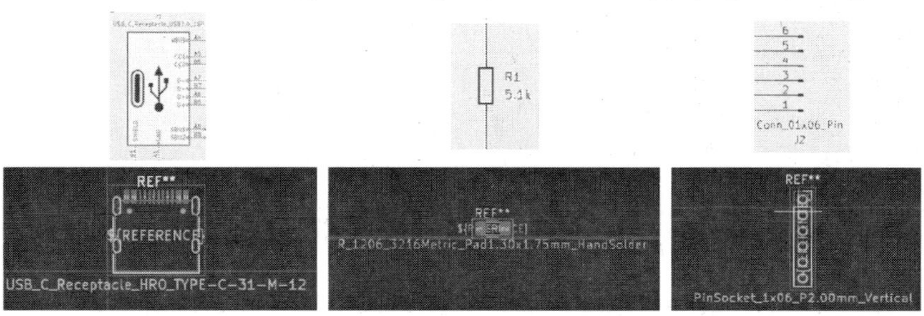

3. Schematic 도면을 Annotation 및 DRC 검사 후 오류가 없으면 PCB 보드 파일로 전송하고, 매칭된 Footprint를 Schematic 도면을 참조하면서 배치 완료한다. Edge Cut 레이어에서 보드의 외곽선을 그려준 다음 Footprint의 배선을 완료 한다.

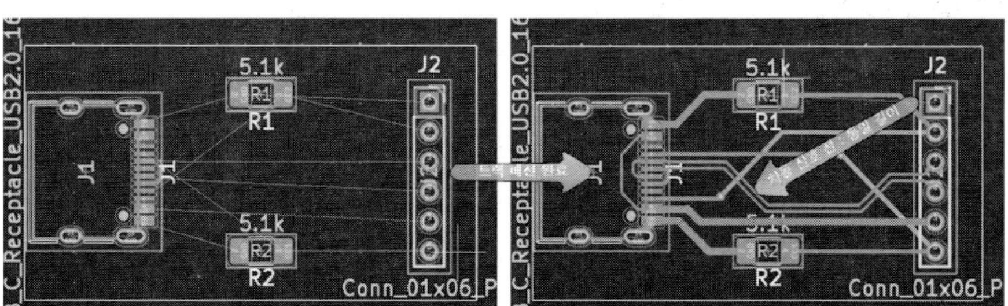

4. 차동 신호 배선 길이가 유사한 경우 주름 배선의 결과 확인이 불가능하므로 의도적으로 배선을 우회해서 실습을 하도록 한다. 실습 이후에 최종 배선은 최단 거리로 재배선 완료하도록 한다.

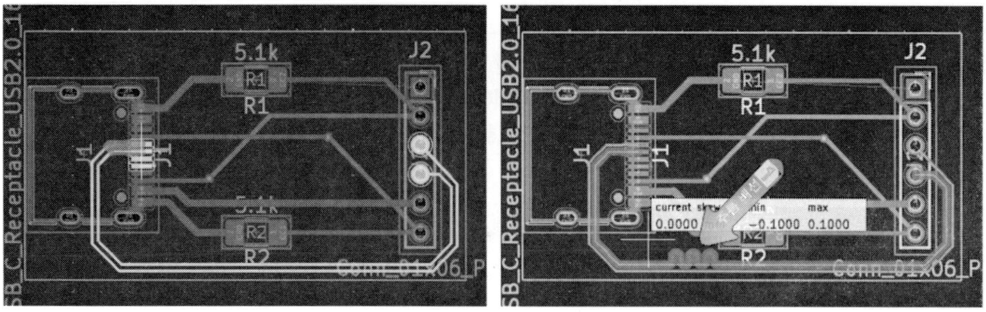

5. PCB 배선 폭은 사용하는 부품이 SMD이므로 0.2mm,0,3mm, 0.5mm,1.0mm로 트랙 폭을 사용자 등록을 해 두고 사용한다. 중간에 비아 배치로 신호 이동 경로를 Front 레이어에서 Bottom 레이어를 경유하면서 배선을 완료 한다.

6. 배선이 완료된 이후에는 Bottom 레이어에 동박을 GND로 처리하도록 한다.

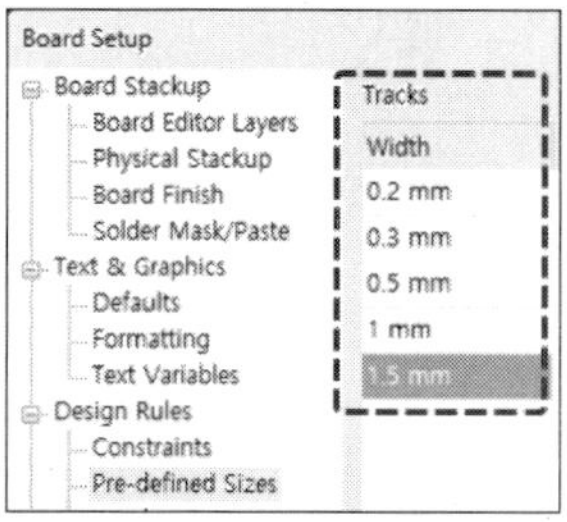

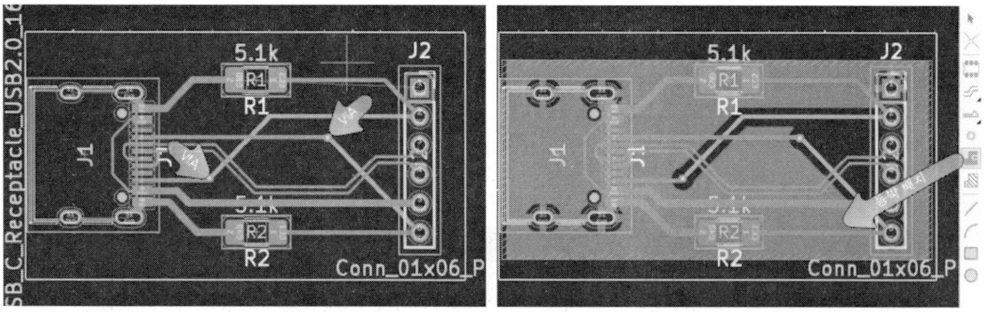

6. 납땜 부위의 열처리를 위한 단열판(Thermal-relief)의 조건에 대한 결과와 최종 완성된 PCB 보드는 3D 보기로 확인해 보자.

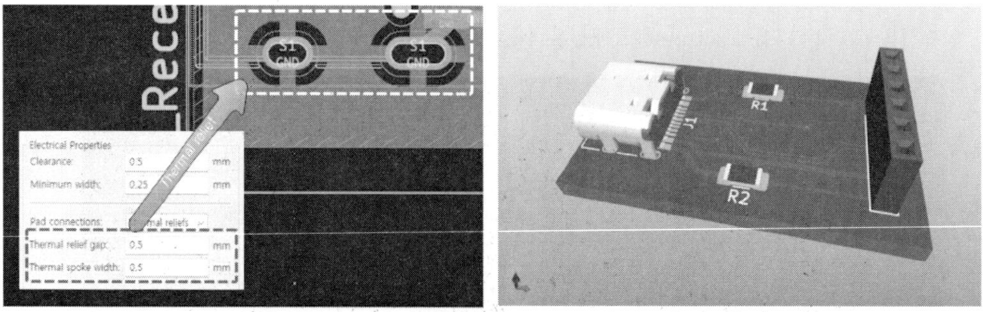

PCB 제작 결과

KiCad에서 PCB 보드의 설계를 마치고 나면 외부 프로그램과의 연계를 하거나 양산을 위한 유용하고 다양한 형식의 파일들을 만들어 낼 수도 있고 외부 파일로 내보내는 것도 가능하다. 이와 같이 다양한 출력 결과를 만들어내는 기능는 PCB 편집 화면의 "File" 펼침 메뉴를 이용하면 된다. 제작 결과(Fabrication Outputs)를 출력하는 섹션 부분에는 PCB 제작을 위한 가장 일반적인 작업 내용이 포함되어 있다. 그리고 외부(Export) 섹션에는 외부에서 사용하는 소프트웨어에서 결과를 쉽게 읽어 들일 수 있도록 원하는 파일을 만들어 내는 도구가 포함되어 있다. Plot 기능에서는 다양한 형식으로 PCB의 2차원 배선 결과들을 외부로 출력할 수도 있고, Print 기능에서는 PCB의 화면 내용을 2차원 프린터로 출력할 수 있다.

7.1 PCB 제작 결과 출력 : Fabrication Outputs / Plot

제작 결과물과 출력의 기능을 다루는 부분이다. KiCad에서는 PCB 양산을 위하여 가장 중요한 출력 형식으로 거버(Gerber) 파일을 사용한다. 이러한 거버 파일은 파일 메뉴에서 Plot 창을 열거나 Fabrication Outputs 섹션에서 거버를 선택하고 작업을 한다. 제작 결과 출력에 사용될 예제는 앞서 사용했던 "Tutorial_09_Quad8" 프로젝트 파일을 사용하는 것으로 하자. 참고로 본 교재에서 사용된 Tutorial 파일은 교재를 구매한 이용자에게 출판사와의 협조로 제공될 예정이다.

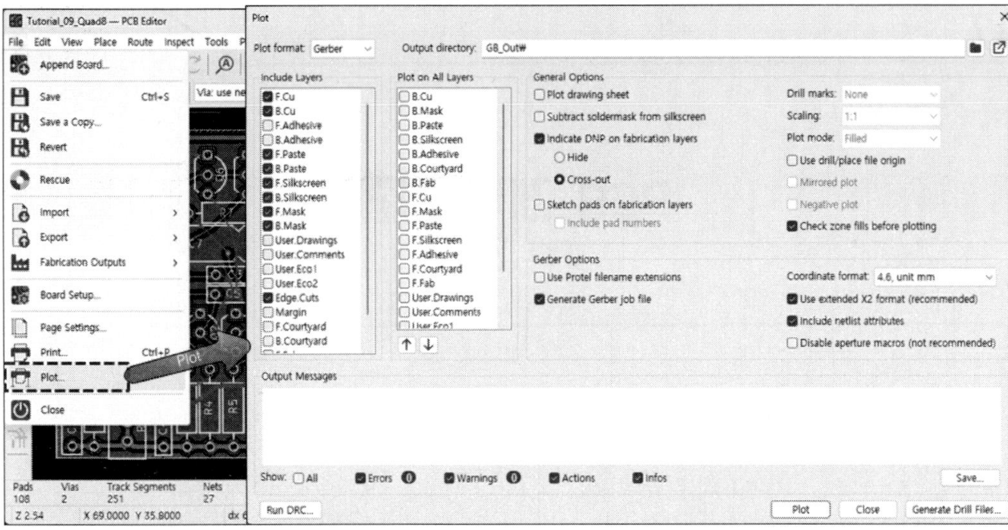

그림 7.1 PCB Plot 창: 거버 환경 설정 화면

두 번째 Plot 메뉴를 선택해서 열린 Plot 창에서 거버 파일 작성과 관련된 설정 내용을 검토한 후 거버 파일 작성하도록 한다. 최종적으로 출력되는 파일은 프로젝트 폴더내에 새로운 폴더를 준비해서 이곳에 모든 출력 파일을 모아서 관리하는 것이 효과적이고 실제로 양산단계에 주문을 넣을 수 있는 자료로 사용하기에도 편리하다. Plot 창에는 여러 가지 옵션 항목이 나타나는데 기본 설정값을 이용하는 것이 무난한 방법이 될 수 있다. 그러나 경우에 따라서는 동박 레이어(*.Cu), 보드 외곽선(Edge.Cuts), 솔더마스크(*.Mask)와 실크인쇄(*.Silkscreen)을 포함시켜서 작업을 할 수도 있다. 필요에 따라서 추가적인 레이어를 포함시킬 수는 있지만 이러한 것들이 PCB제작 과정에 반드시 필요한 내용은 아니다.

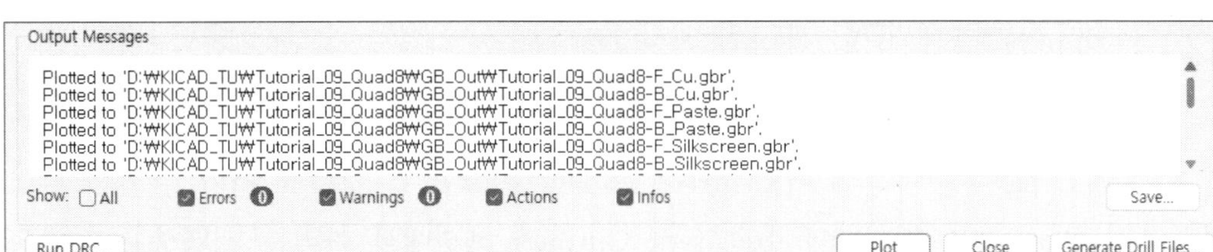

그림 7.2 GTL,GBL,GTO,GBO,GBRJOB의 거버 파일 작성 완료 메세지

지금까지 설명한 환경 설정과 관련된 Plotting 옵션은 다음과 같다.

- **Include Layers** : PCB 보드에서 출력을 위하여 활성화 시키고자하는 레이어를 체크 박스를 통하여 선택을 한다. 비활성화로 체크가 된 레이어는 출력되지 않는다.
- **Output Directory** : 출력된 결과 파일을 저장할 위치를 표기한다. 만일 상대경로로 설정을 하면 프로젝트가 저장되어 있는 폴더를 기준으로 상대 위치에 폴더가 만들어 진다.
- **Plot drawing sheet** : 활성화 상태에서는 도면의 경계선과 타이틀 블록이 각 레이어 위에 출력이 된다. 단, 거버 파일을 출력할 때는 이 기능은 반드시 비활성화 되어야 한다.
- **Subtract soldermask from silkscreen** : 실크 스크린에 표시된 솔더 마스크 부분을 제거 한다.
- **Indicate DNP on fabrication layers** : 활성화 상태에서 fabrication 레이어는 Footprint가 DNP(일반 표시 금지) 속성으로 설정되어 감춤 모드가 되기 때문에 레이어 상에는 x로 표기가 된다.
- **Sketch pads on fabrication layers** : 제작 레이어 위에 Pad를 스케치하는 기능으로 활성화된 상태에서는 제작 레이어(Front.Fab, Bottom.Fab) 위에 Footprint Pad가 채워진 모양이 아닌 외곽선 형태로 그려진다.
- **Drill marks** : 거버가 아닌 다른 형식으로 출력을 하기 위한 기능으로 모든 드릴 구멍 위치에 드릴 표시가 출력 된다. 드릴 표시는 실제 드릴 구멍과 동일한 크기나 혹은 이 보다는 작은 크기로 만들어진다.
- **Scaling** : 1:1 대응 크기가 아닌 비율로 출력하기 위한 기능이다. 자동 비율 설정이 되어 있으면 표시된 페이지 크기에 맞춰서 출력을 한다.
- **Plot mode** : 일부 출력 형식의 경우 채워진 모양도 윤곽선으로만 출력이 된다.(스케치 모드)
- **Use drill/place file origin** : 드릴 및 배치파일 원점 값을 사용하는 기능으로 활성화된 상태에서는 출력된 파일에 대한 좌표 원점은 보드 편집기에서 기존에 설정되어 있는 드릴/배치 파일의 원점 값을 따르지만 비활성화 상태에서는 좌표 원

점은 도면의 절대 원점 값을 따른다.

- **Mirrored plot :** 일부 출력 형식의 경우 이 옵션이 설정되어 있으면 결과물이 수평으로 미러링된 결과값을 갖는다.
- **Negative Plot :** 일부 출력 형식의 경우 결과물이 네가티브 모드로 설정될 수 있다. 이 모드에서는 보드 외곽선 안쪽의 빈공간에 결과물이 그려진다. 그리고 이 공간은 PCB 안쪽에 객체가 위치하고 있는 장소에 남게 된다.
- **Check zone fills before plotting :** 출력하기 전에 채워진 부분을 검사하는 기능으로 활성화된 상태에서는 결과를 출력하기 전에 채워진 부분을 체크 한다. 만일 이 옵션이 비활성화 되면 출력 결과가 부정확할 수 있다.

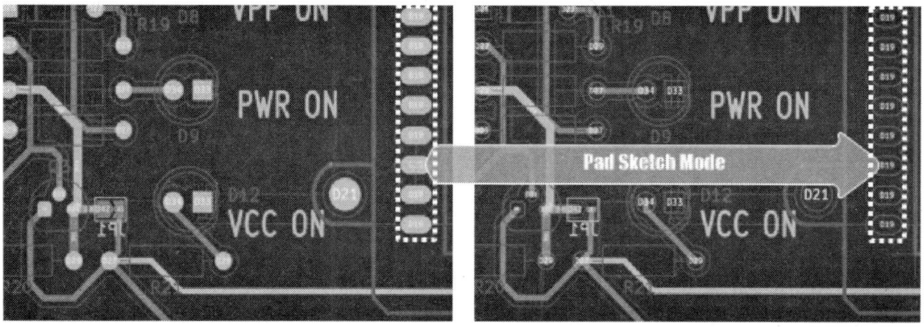

그림 7.3 Pad의 Sketch 모드 변경

Plot 환경설정 내용 중 거버 관련 옵션은 다음과 같다.

- **Use** Protel filename extensions : 활성 상태인 경우 출력된 거버 파일은 Protel의 확장자(.GBL, .GTL, ...)에 맞춰서 이름이 만들어 진다. 비활성화된 경우에는 "*.gbr"의 확장자를 갖는 이름을 따른다.
- **Generate Gerber job file :** 활성 상태인 경우 거버 작업 파일(*.gbrjob)은 거버 파일과 함께 만들어 진다. 이 파일은 PCB의 스택업, 재료, 마감 관련 내용을 포함하는 거버 파일의 확장판이다.
- **Coordinate format :** 출력되는 거버 파일에 좌표 값의 저장 방법을 설정한다. 이 부분은 생산자가 추천하는 값을 고려해서 정해주는 것이 좋다.

- **Use extended X2 format :** 활성 상태인 경우 출력될 거버 파일은 네트리스트와 기타 확장된 속성을 포함하고 있는 X2 형식을 따르게 된다. 이 형식은 일부 생산자들이 사용하고 있는 구형 CAM 소프트웨어와 호환되지 않는다는 점을 참고하자.
- **Include netlist attributes :** 활성 상태인 경우 출력되는 거버 파일에는 CAM 소프트웨어에서 설계 내용을 검사하기 위해서 사용되는 네트리스트 정보가 포함된다. 참고로 X2형식 모드가 비활성화 되면 이 정보는 거버 파일에 주석 형태로 표시된다.
- **Disable aperture macros :** 활성 상태인 경우 모든 모양들은 Aperture Macro를 사용하지 않고 기본 형태로 출력이 된다. 이러한 설정은 생산자가 구버전이나 버그 확률이 높은 CAM 소프트웨어와의 호환성 요구가 있는 경우에 사용된다.

Plot 환경 설정 내용 중 PostScript 관련 옵션은 다음과 같다.

- **Scale factor :** 보드 파일 내부의 좌표값을 Postscript 파일 내부의 좌표값에 비율을 맞추는 방법을 제어한다. X,Y의 비율 요소에 각각 다른 값을 사용하면 늘어나거나 왜곡된 결과를 얻게 된다. 이러한 비율 요소를 이용하면 Postscript 출력 장치가 정확한 비율로 출력값을 내보낼 수 있다.
- **Track width correction :** Postscript 파일을 출력하는 경우 트랙이나 Via와 Pad의 크기에 더해지는 전역 요소값으로 만일 음수 값이 지정되는 경우에는 크기가 감해지는 전역 요소값이 된다. 이 요소값은 Postscript 출력 장치가 정확한 비율로 출력을 내보내기 위한 보정 값으로 사용되기도 한다.
- **Force A4 output :** 활성 상태인 경우 KiCad의 보드 파일에 설정된 크기 값이 다른 경우라도 작성되는 Postscript 파일은 A4 크기가 된다.

Plot 환경설정 내용 중 SVG관련 옵션은 다음과 같다.

- **Precision :** 좌표를 저장하는 경우에 사용되는 유효자리 수를 제어한다.
- **Output mode :** 생성된 SVG파일의 색상이나 흑백 모드를 결정한다.
- **Fit page to board :** 활성 상태인 경우 생성된 SVG파일은 보드 외곽선에 맞춤 크기가 된다.

Plot 환경설정 내용 중 DXF관련 옵션은 다음과 같다.

- **Plot graphic items using their contours :** DXF 파일 내부의 그래픽 모양에 너비(두께)가 없는 것으로 KiCad 보드 내부의 너비를 갖는 그래픽 모양을 DXF 파일로 출력하는 방법을 제어한다. 이 옵션이 활성 상태인 경우 그래픽 모양은 외곽선 형태로 출력 된다. 비활성 상태인 경우 그래픽 모양은 너비는 무시되고 모양의 중앙 위치를 나타내는 선으로 출력이 된다.
- **Use KiCad font to plot text :** 활성 상태인 경우 KiCad 설계에 사용된 텍스트는 KiCad 폰트를 채용한 그래픽 모양으로 출력된다. 비활성 상태에서 텍스트는 KiCad보드 편집기에 표시된 것과 정확하게 동일한 위치와 크기로 나타나지 않으며 폰트 역시 다른 형식을 따르는 DXF 텍스트 객체로 출력이 된다.
- **Export units :** DXF 파일에서 사용될 단위를 제어하는 것으로 DXF 형식에 단위 시스템이 표기되지 않는 경우에는 반드시 다른 소프트웨어로 가져오기를 할 때 사용한 단위와 동일한 단위 설정값으로 내보내야 한다.

Plot 환경 설정 내용 중 HPGL 관련 옵션은 다음과 같다.

- **Defaul pen size :** 그래픽 출력 작업에 사용되는 플로터 펜의 크기를 제어한다.

Plot 환경 설정 내용 중 PDF 관련 옵션은 다음과 같다.

- **Output mode :** 생성된 PDF 파일의 색상이나 흑백 모드를 결정한다.
- **Generate property popups for front footprint :** 활성화 상태에서 전면(front) 보드 위의 개별 Footprint에 대한 부품 정보가 포함된 대화식 창이 표시된다.
- **Generate property popups for back footprint :** 활성화 상태에서 후면(bottom) 보드 위의 개별 Footprint에 대한 부품 정보가 포함된 대화식 창이 표시된다.
- **Generate metadata from AUTHOR and SUBJECT variables :** 설계자가 사전에 제작자 이름과 프로젝트 이름을 설정해 둔 경우에는 이들 이름에 대한 텍스트 변수를 근거로 문서에 제작자와 프로젝트 이름을 설정한다.

- **Single document :** 활성화 상태에서는 단일 PDF 안에 각각의 레이어가 개별 도면으로 출력이 되고, 비활성화 상태에서는 각각의 레이어는 분리된 PDF 파일로 출력이 된다.

7.2 PCB 제작 결과 출력 : Drill / Component

① **Drill Files :** 대부분의 PCB 생산과정은 Excellon이나 Gerber X2 형식으로 진행이 되는 데 KiCad에서는 여기에 사용되는 CNC 드릴 파일과 추가적으로 드릴 지도 파일을 작성한다. 드릴 지도는 PCB의 그래픽 출력물에 드릴의 위치를 표시한다. 드릴 파일 작성에 대한 옵션은 "Fabrication Output" 메뉴에서 선택할 수 있다.

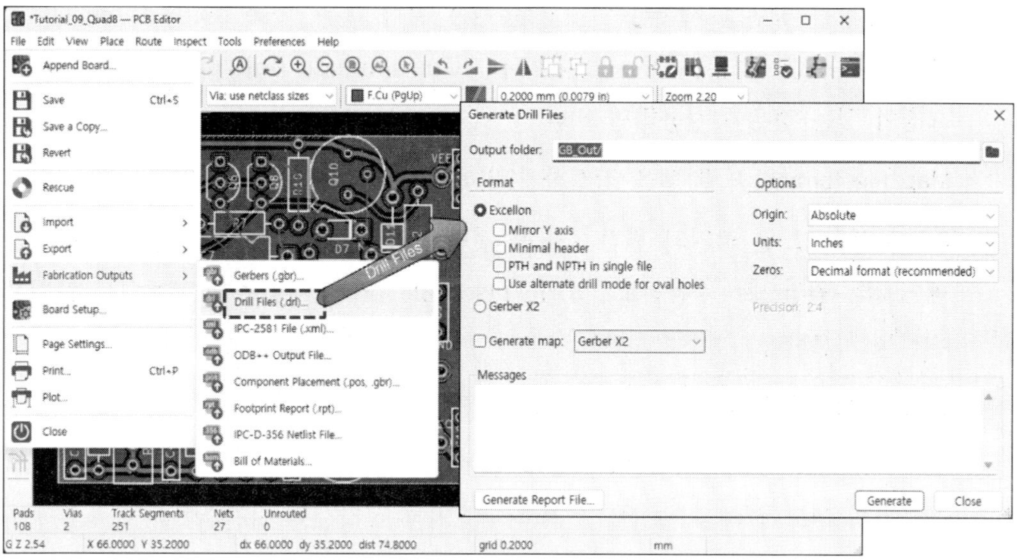

그림 7.4 파일 메뉴의 Drill 파일 작성

- **Output folder :** 드릴과 드릴 맵 파일을 저장할 폴더를 설정하는 것으로 상대경로를 입력하면 프로젝트를 작업 중인 폴더를 기준으로 상대경로가 지정된다.
- **Drill file format :** 드릴 파일을 Excellon과 Gerber X2 중에서 선택을 한다. 참고로 대부분의 생산과정에서는 Excellon 드릴 파일을 채용하고 있다.
- **Mirror Y axis :** Excellon 드릴 파일을 사용하는 경우 Y축 좌표를 미러링(좌우 대

칭)을 할지를 결정한다. 이 옵션은 제3의 생산 업자를 이용하는 경우 대부분 사용하지 않는다. PCB의 자작을 하는 사용자에게 매우 유용한 옵션이다.

- **Minimal header** : Excellon 드릴 파일을 사용하는 경우 전체 헤더파일을 보다는 최소 헤더파일을 출력하기 위한 옵션이다. 이 옵션은 생산자의 요청이 있는 경우에만 활성화 된다.
- **PTH and NPTH in single file** : 기본 값으로는 도금된 홀(Plated Through Hole)과 도금되지 않은 홀(Non-Plated Through Hole)이 모두 두 개의 서로 다른 Excellon 파일로 만들어 지는데 만일 이 옵션이 활성화된 경우에는 두 개의 파일이 합쳐져서 하나의 파일로 만들어 진다. 이 옵션은 생산자의 요청이 있는 경우에만 활성화시켜서 사용하면 된다.
- **Use alternate drill mode for oval holes** : 타원 홀의 형태를 Excellon 드릴 파일에 표현하는 방법을 제어하는 것으로 기본 설정 값은 "Use route command"로 대부분의 생산자가 요구하는 방식이다. "Use alternate drill mode"는 생산자의 요청이 있는 경우에 사용하면 된다.
- **Map file format** : 드릴 맵을 작성하기 위하여 출력 형식을 선택한다.
- **Drill origin** : 드릴 파일의 원점 좌표를 선택한다. "Absolute"는 좌측 상단 구석을 페이지의 원점으로 사용하고, "Drill/place file origin"은 보드 설계에서 표기한 원점을 사용한다.
- **Drill units** : 드릴 좌표와 크기에 대한 단위를 설정한다.
- **Zeros format** : Excellon 드릴 파일에서 사용되는 숫자 형식을 제어한다. 대부분 생산자의 권고에 따라 옵션을 설정하는데 기본 설정값은 십진수이다.

② **Component placement files** : 부품 배치 파일은 부품의 중앙 위치와 방향에 맞추어서 보드에 배치된 부품을 나열한 텍스트 파일이다. 이와 같은 파일은 부품을 집어서 배치하는 기계 "Pick-and-place machines"를 프로그래밍하기 위해서 사용되는데 부품이 완전 조립된 PCB를 주문하는 경우에 생산자가 이 파일을 요청하기도 한다. "부품 위치 배제(Exclude from position files)"라는 옵션을 활성화하는 경우에는 작성된 부품 배치 파일에 Footprint가 표시되지 않는데 이것은 실제로 조립된 부품이 표시되지 않는 특정 Footprint를 배제시키고자 하는 경우에 사용되기도 한다.

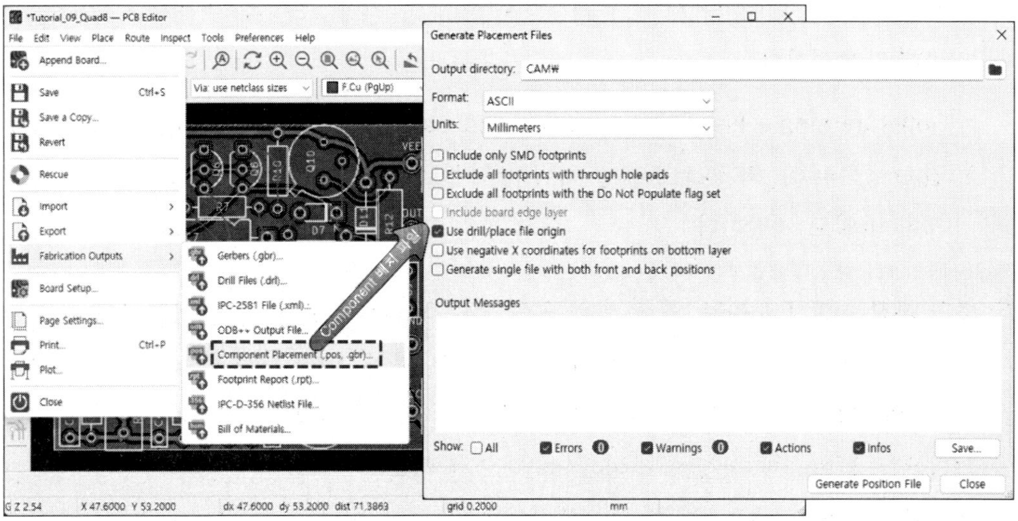

그림 7.5 Component Placement 파일 작성

- **Format :** 일반적인 형식의 텍스트(ASCII), 콤마로 구분된 텍스트(CSV) 혹은 Gerber 배치파일 형식을 선택하는 옵션이다.
- **Units :** 배치파일 내부의 부품 위치에 대한 단위를 선택한다.
- **Files :** 보드의 앞, 뒷면에 위치한 Footprint에 대하여 개별파일을 작성하거나 양면을 통합한 하나의 파일을 작성할지를 결정하는 옵션이다.
- **Include only SMD footprints :** 활성 상태인 경우 SMD 제작 속성을 갖는 Footprint만 포함시킨다. SMD 형식이 아닌 Footprint를 포함하거나 위치 파일을 배제하는 것은 생산자와 협의 하에 결정하도록 한다.
- **Exclude all footprints with through hole pads :** 활성 상태인 경우는 제작 형식이 SMD인 경우라도 스루홀 Pad가 포함된 배치 파일은 배제하는 옵션이다.
- **Include board edge layer :** Gerber 배치파일을 사용하는 경우 보드의 외곽선을 Footprint 배치 자료와 함께 포함시킬지를 결정하는 옵션이다.
- **Use drill/place file origin :** 활성 상태인 경우 부품은 보드 설계 시 드릴과 배치 파일의 원점 설정 값에 대하여 상대 위치 값을 갖는다. 비활성 상태에서는 페이지의 원점에 대하여 상대 위치(좌측 상단 구석) 값을 갖는다.
- **Use negative X coordinates for footprints on bottom layer :** 활성 상태인 경우

후면(bottom) 레이어에서 사용되는 footprint의 좌표 조정을 위해서 x좌표 값을 반대로 변경한다.

- **Generate single file with both front and back position :** 활성 상태인 경우 앞뒷면(front, bottom)의 footprint를 하나의 파일로 저장하고, 비활성 상태인 경우에는 개별 파일로 저장한다.

③ **추가 제작 파일 / 프린팅 :** 거버 파일등과 같은 직접적인 제작 관련 파일이외에 PCB 보드 설계도에서는 Footprint와 관련된 레포트 파일, IPC-D-356 네트리스트 파일과 재료 목록과 같은 BOM 파일의 추가적인 결과를 생성할 수 있다. 이러한 출력 결과에는 특별하게 설정해 주어야 하는 옵션 항목은 없다. 생산을 위한 양산용 결과들만 출력할 수 있는 것이 아니라 설계된 보드를 일반 표준 프린터기로도 출력이 가능하다. 다음은 파일 메뉴의 Print와 관련된 설정 내용을 보여주는 창이다.

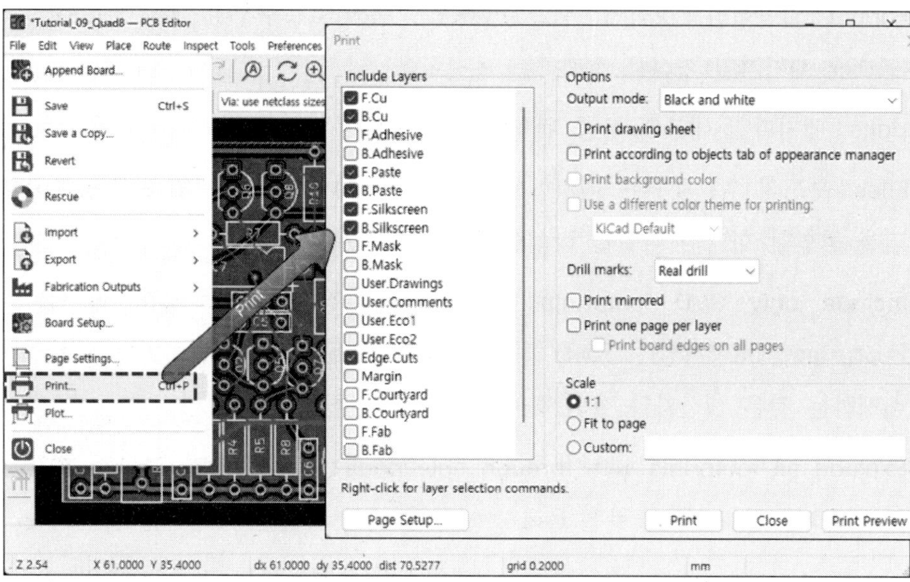

그림 7.6 PCB 보드 프린팅 설정 창

- **Include Layers :** 출력을 하고자 하는 레이어를 선택한다. 선택되지 않은 레이어는 표시되지 않는다.
- **Output mode :** 출력은 흑백 모드와 풀 컬러 모드 두 가지 중에서 선택할 수 있다.
- **Print drawing sheet :** 활성 상태인 경우 페이지의 경계선과 함께 타이틀 블록도

출력이 된다.

- **Print according to objects tab of appearance manager :** 활성 상태인 경우 Appearance 패널의 Object 탭에서 감추기로 설정된 객체는 출력되지 않지만 비활성 상태로 설정되었을 때 보이기 모드로 된 레이어가 레이어 목록에서 선택된 경우라면 이 객체도 출력이 된다.
- **Print background color :** 이 옵션은 풀 컬러로 출력 시 배경의 컬러도 함께 출력을 할지를 결정한다.
- **Use a different color theme for printing :** 이 옵션은 풀 컬러로 출력 시 다른 컬러의 테마를 사용할 수 있다. 비활성 상태가 되면 보드 편집기에서 사용되었던 컬러 테마를 적용하여 출력한다.
- **Drill marks :** 드릴 구멍의 출력을 실제 크기나 작은 크기 혹은 감추기 형태로 내보내기 위한 옵션이다.
- **Print mirrored :** 활성 상태인 경우 프린트 출력은 수평 반전된 형태로 출력한다.
- **Print one page per layer :** 활성 상태인 경우 레이어 목록에서 선택된 각각의 레이어가 개별 페이지에 출력이 된다. 이 상태에서 "Print board edges on all pages" 옵션은 Edge.Cuts 레이어를 모든 프린트 출력물에 포함시킬지의 여부를 제어한다.
- **Scale :** 페이지 환경 설정에서 기존에 정해진 페이지 크기와 상대적인 비율로 출력하는 것을 설정하고 제어한다.

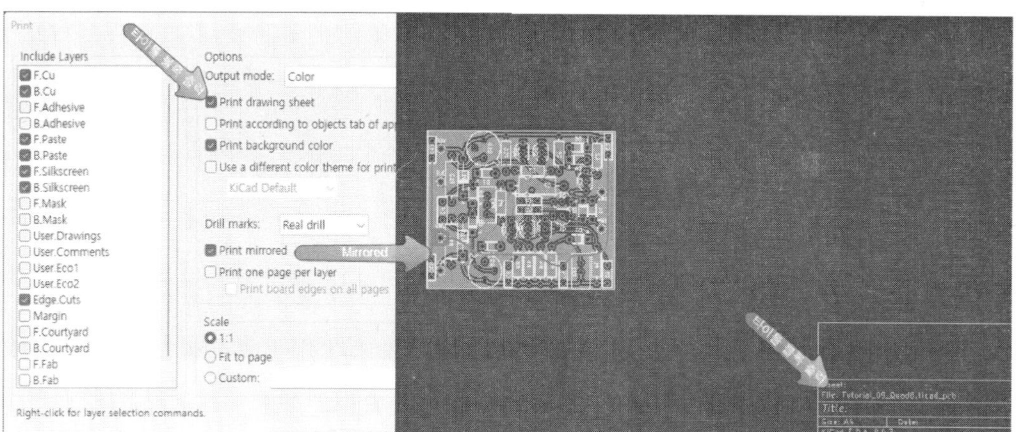

그림 7.7 Border, Title, Mirror(반전)와 배경 색이 적용된 프린트 출력

7.3 PCB Gerber 파일 보기

KiCad의 데모 파일 중에서 "pic_programmer_1" 파일이 PCB 제작과 관련하여 다양한 부품과 기구 모듈을 사용해서 제작이 되었기 때문에 이 파일을 기준으로 앞에서 언급한 제작 관련 출력물을 작성하고 출력하는 사례로 사용해 보자. 앞 절에서 설명했던 내용을 토대로 거버 파일, 드릴 파일 그리고 부품 배치파일을 작성하고 나면 PCB 제조 업체에서 요구하는 거버 파일의 작성은 완료가 된 것이다. 최근에는 국내외 PCB 제작 업체들의 주문 환경도 매우 편리하게 바뀌어 가면서 간단하게 온라인 상에서 거버 파일을 업로드하고 결과를 확인할 수 있는 웹 기반 기술들이 보편화 되었다. 대표적으로 홍콩에 본사를 두고 있는 JLCPCB 업체와 중국의 NextPCB가 최근 국내 개발자들에게 인기를 얻고 있으며 제작 후 국내 배송 시간도 2~5일 정도가 소요되니 세계가 마치 한 울타리에서 살아가는 것처럼 편리해졌다. 국내에서도 일부 업체에서는 웹상에서 거버 파일보기 기능등을 지원하고 있어서 편리하게 PCB의 상태를 확인하면서 필요한 다양한 옵션 사항들을 추가할 수가 있다. 국내에서는 소량 주문 제작이 편리한 업체로 샘플 PCB, 아이씨뱅크, 디바이스마트등의 업체가 있다. 다음은 웹상에서 거버 파일을 업로드하고 결과를 확인하면서 옵션 항목을 추가한 후 PCB 주문을 완료하는 비교적 편리한 주문 환경을 제공하는 대표적인 회사들이다.

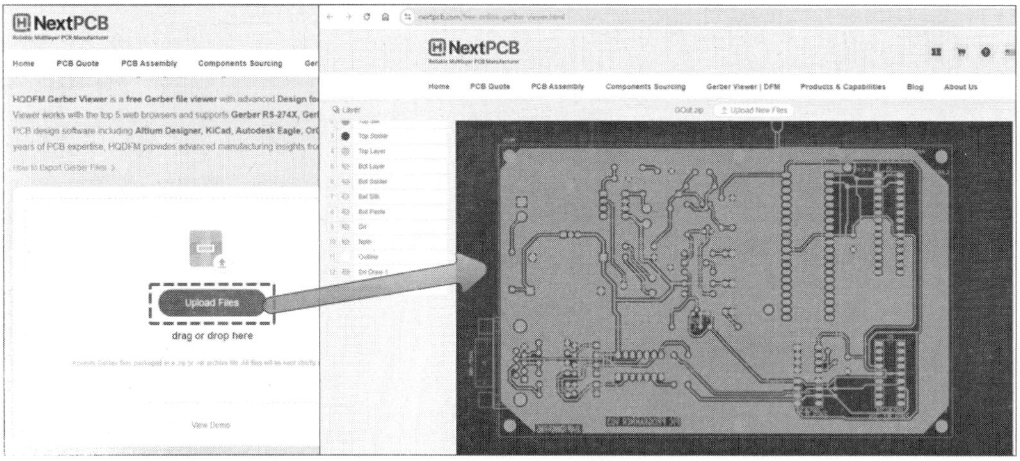

그림 7.8 NextPCB 회사의 거버 파일 업로드 화면

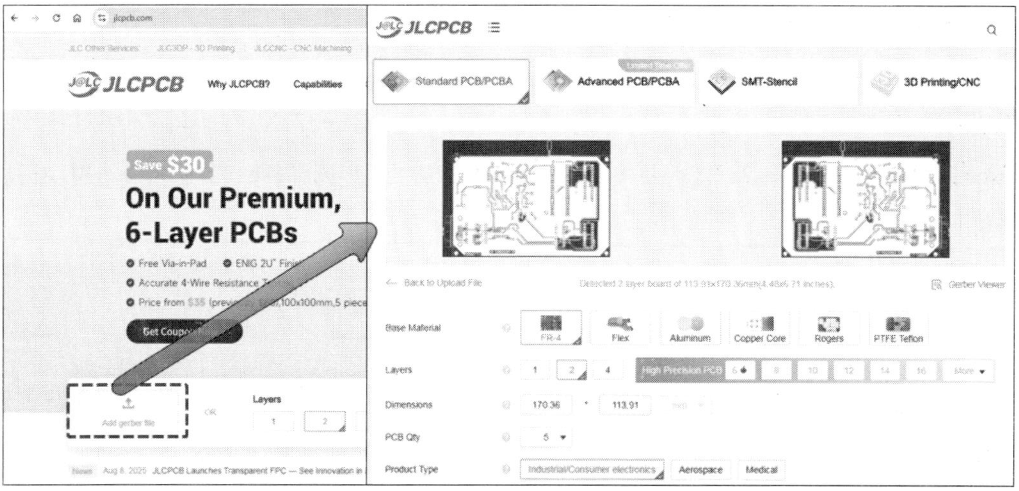

그림 7.9 JLCPCB 회사의 거버 파일 업로드 화면

최고의 PCB 업체를 소개하는 것이 아니라 사용자 입장에서 가격 대비 효율이 높은 회사 정도로만 참고하도록 하자. 다음은 국내 샘플 PCB사의 주문 화면으로 거버 파일 보기와 각종 다양한 추가 주문 옵션을 웹상에서 추가하면서 실시간 가격과 제작 기간 및 배송 예정일까지 확인할 수 있는 환경을 제공하고 있다. 그러나 이 업체의 제작, 생산하는 나라도 중국이라는 점을 참고하면 좋겠다.

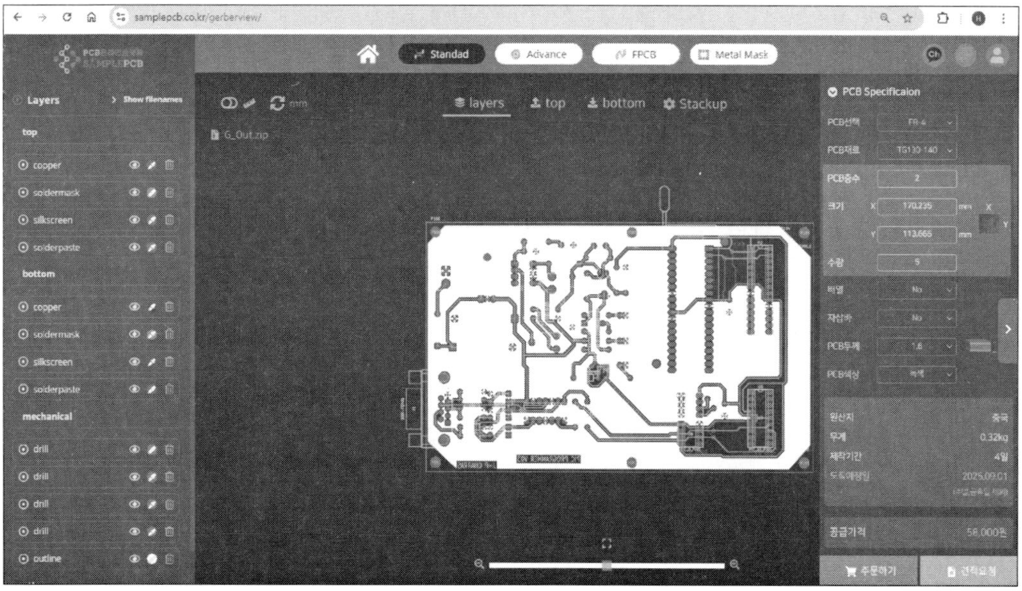

그림 7.10 샘플 PCB 회사의 거버 파일 보기 및 주문 화면

이상과 같이 PCB 주문 환경에서도 거버 파일을 확인할 수 있는 기능이 제공되고 있지만 KiCad에서도 PCB의 설계 완료 후 제작 파일을 확인할 수 있는 소프트웨어가 지원되고 있다. 현재 버전 3.2.8의 Gerber Viewer는 RS-274X 형식의 거버 파일과 Excellon 드릴 파일을 확인할 수 있는 프로그램으로 한 번에 최대 32개 파일까지 지원한다.

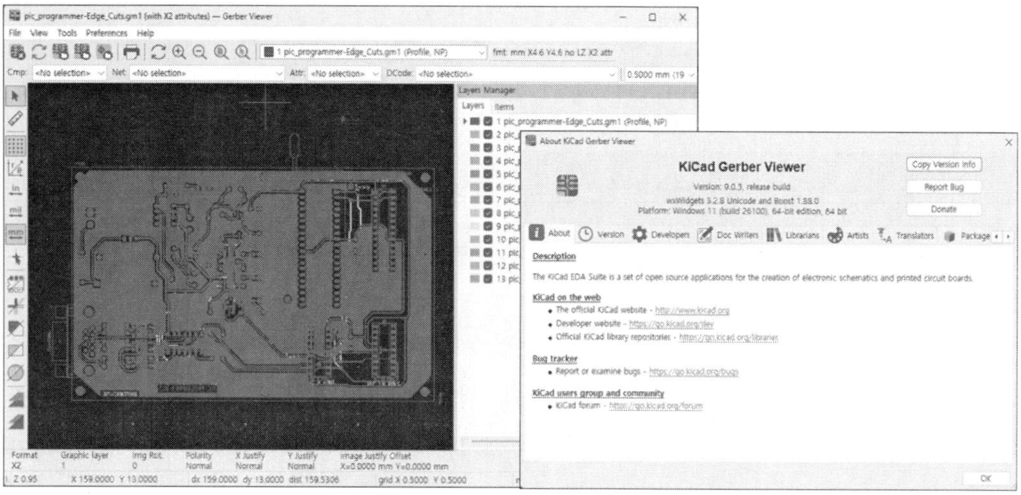

그림 7.11 Gerber Viewer 프로그램의 메인 화면

Gerber Viewer의 파일 메뉴에서는 Gerber Plot 파일 "", Excellon Drill 파일 " ", Gerber Job 파일" "을 선택적으로 불러올 수 있는 메뉴가 준비되어 있고 각각의 개별 파일 작업을 했던 히스토리가 준비되어 있어서 최근에 작업했던 파일을 목록에서 선택할 수 있는 편리한 메뉴도 제공되고 있다. 그 밖에 전체 레이어를 지우거나 모든 레이어를 다시 불러오기와 외부 PCB 편집기로 보내기와 같은 추가적인 메뉴도 준비가 되어 있다. 이 경우 Geber 파일은 KiCad PCB 편집기로 내보내는 것으로 제한하고 있다. 최종 결과물은 Geber의 원 파일에서 사용된 RS-274X 형식의 특성에 따르게 되는데 래스터화 된 객체(예 네거티브 객체)는 변환할 수 없고 via나 선으로 변환된 항목들은 배선 조각으로 변환되거나 혹은 비 동박층의 그래픽 선으로 변환된다. 위에서 사용된 파일은 "picprogrammer" 프로젝트 파일로서 Gerber 파일을 사용자가 지정한 폴더에 출력을 한 다음 해당 폴더의 모든 출력 파일들을 사용자가 지정한 이름으로 압축 파일(*.zip)로 만든다. 이렇게 만들어진 압축 파일을 Gerber 프로그램에서 읽어들

이면 그림 7.11과 같은 내용을 확인할 수 있다.

참고 Rasterized Item : 윤곽선 형태로 저장된 이미지를 모니터나 프린트 출력이 가능한 픽셀 형태로 변환한 것을 말한다.

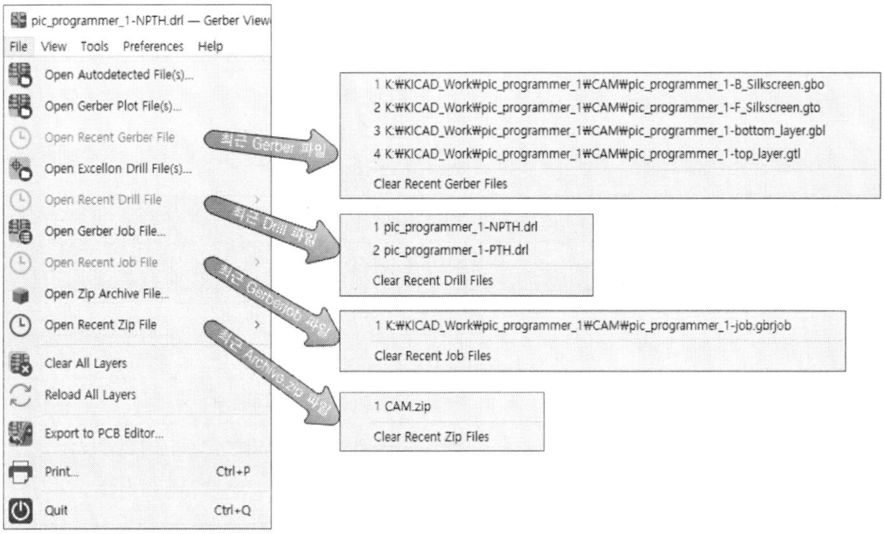

그림 7.12 Gerber Viewer의 파일 메뉴 구성

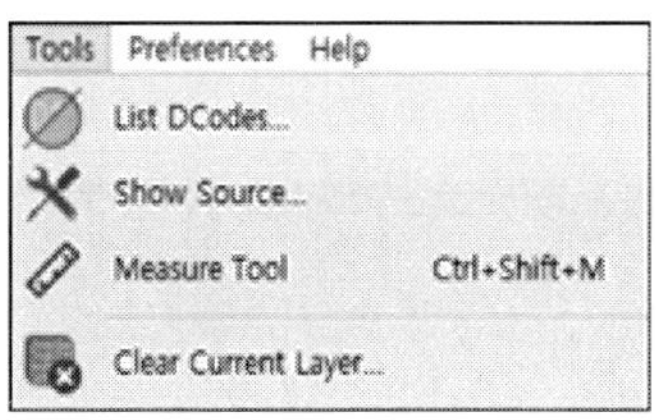

그림 7.13 Gerber Viewer의 Tools 메뉴

Tools에는 4개의 메뉴가 있는데 첫 번째 "List D Codes "는 모든 레이어에 D코드 정보를 표시하고, 두 번째 "Show Source "는 텍스트 편집기에서 활성 레이어의 거버 파일 내용을 표시하고, 세 번째 "Measure Tool "은 선택한 두 지점 사이의 거리를 측정한다. 마지막으로 "Clear Current Layer "는 현재 활성 레이어의 내용들을 지우는 기능을 가지고 있다. Gerber Viewer 화면 상단에 위치한 단축 아이콘 도구 모음의 기능은 다음과 같다.

표 7.1 Gerber 보기 상단 아이콘 메뉴

단축 아이콘 / 선택 메뉴	동작 내용
	모든 레이어 지우기
	화면 다시 그려서 보여주기
	자동 인식된 거버 파일 불러오기
	거버 파일 불러오기
	Excellon 드릴 파일 불러오기
	프린터 출력하기
,	화면 확대 , 축소
	화면을 편집 창에 맞춰서 표시하기
	마우스 선택 부분 확대하기
2 pic_programmer_1-top_layer.gtl (Copper, L1)	펼침 메뉴에서 활성 레이어 선택하기
fmt: mm X4.6 Y4.6 no LZ X2 attr	활성 레이어 관련 정보표시
Cmp: C1	선택 부품과 연관된 밝은 항목(거버 X2)
Net: /DATA-RB7	선택 네트와 연관된 밝은 항목(거버 X2)
Attr: <No selection>	선택된 속성을 갖는 밝은 항목(거버 X2)
DCode: tool 10 [0.100x0.100 mm] Round	활성 레이어에서 선택된 D코드의 밝은 항목

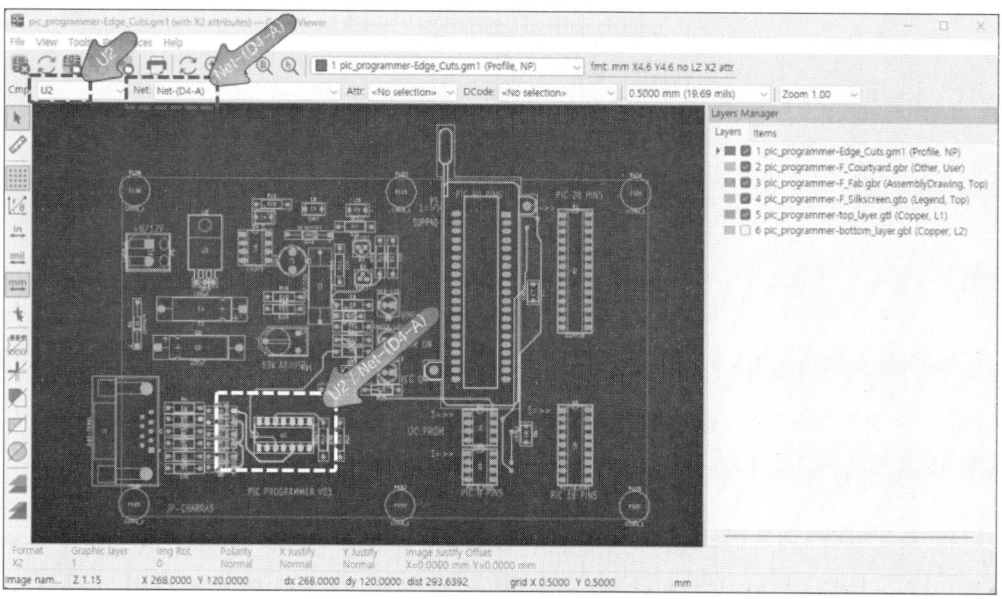

그림 7.14 Gerber Viewer의 활성 레이어에서 U2와 Net(D4-A)

Gerber Viewer의 상단 도구 모음에 위치한 펼침 메뉴 중에서 CMP에서 U2 디바이스를 선택하고 Net에서 Net(D4-A)를 선택했을 때 해당 디바이스와 배선이 밝게 표시가 된 것을 확인할 수 있다. 화면의 왼쪽에 세로 방향에 표시된 단축 아이콘의 기능에 대한 요약은 KiCad의 Schematic, PCB 편집 창에 보여준 아이콘들과 거의 유사한 기능을 갖는다. 세부적인 내용은 표 7.2를 참고하도록 하자.

표 7.2 Gerber Viewer의 화면 왼쪽 열에 위치 단축 아이콘

단축 아이콘	동작 내용
	화면에서 필요한 항목(부품, 배선, 패드등,..)을 선택
	선택한 두 개 점사이의 거리를 측정
	화면에 격자모양 그리드의 보이기/감추기 전환
	직각좌표와 각좌표의 상호 전환
in, mil, mm	3가지 단위(inch, mils, millimeter) 중에서 사용할 단위를 선택
	마우스 커서 크기(작은 십자, 전체 화면 십자)를 선택
	선택된 항목을 Sketch(외곽선) 모드로 표시로 전환
	배선을 Sketch(외곽선) 모드로 표시로 전환
	다각형들을 Sketch(외곽선) 모드로 표시로 전환
	네거티브 객체를 고스트 색상으로 표시
	D코드의 보이기/감추기 전환
	레이어들을 색상 차동 비교 모드로 표시
	레이어들을 배타적 혼합 비교 모드로 표시
	비활성 레이어를 정상표시/흐림표시로 전환
	거버 보기 화면을 수평으로 미러링 전환
	우측에 위치한 레이어 관리자 창의 보이기/감추기 전환

거버 파일에서 선택한 항목과 배선 항목을 Sketch(외곽선) 모드로 전환한 결과는 다음의 그림에서 확인할 수 있다. 또한 Polygon(동박 영역)을 Sketch(외곽선) 모드로 전환한 결과와 부품의 D코드 값을 보이기 모드로 전환한 결과는 그림7.15와 7.16을 참고하자. 여러 개의 레이어를 비교하며 보여주는 두 가지의 ", "전환과 화면에 표시된 거버 파일 도면을 수평으로 미러링하는 "" 전환은 결과를 확인하는 것이 비교적 단순하기 때문에 작업 도중에 직접 확인할 수가 있다.

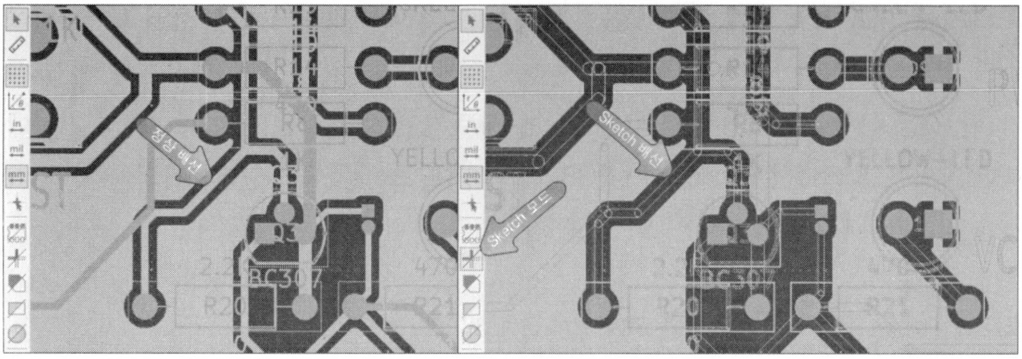

그림 7.15 Gerber 파일에서 Pad와 배선을 Sketch(외곽선) 모드로 전환

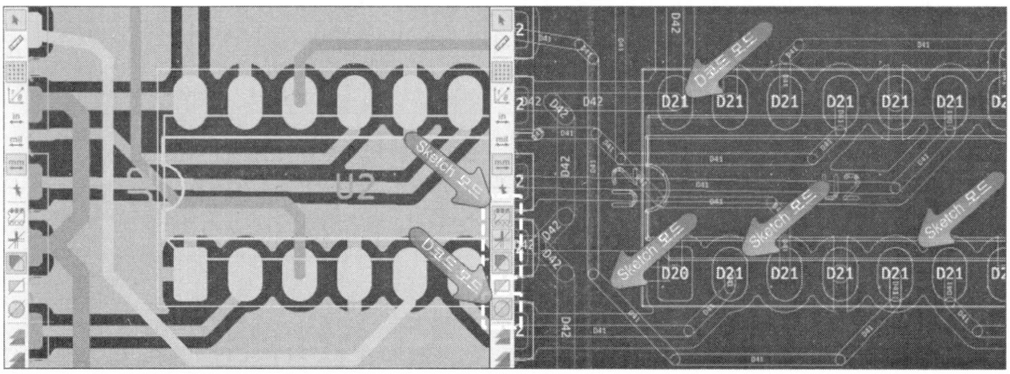

그림 7.16 Item, Line, Polygon을 Sketch(외곽선) 모드로 전환

주로 자주 이용되는 것이 D코드 보이기인 “ ” 전환과 Polygon(여기서는 동박을 의미)의 Sketch(외곽선) 모드 “ ” 전환 기능이다.

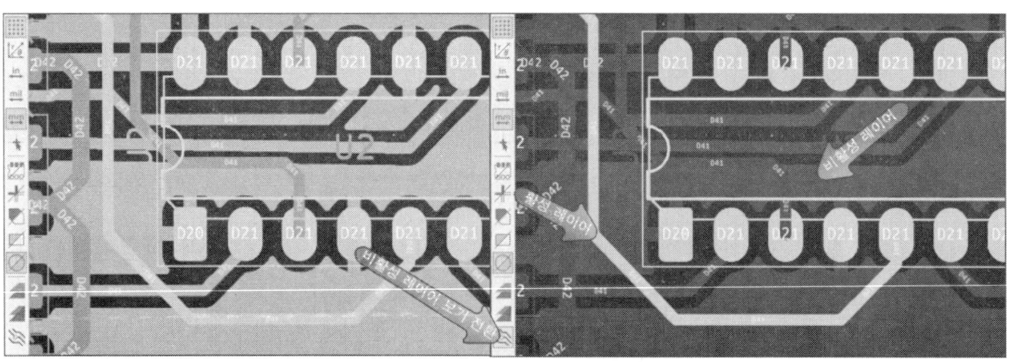

그림 7.17 활성-비활성 레이어 표시 전환

회로가 복잡한 경우에는 배선의 중첩과 Pad와의 간격 등을 확인해야 하는 경우가 있는데 이때 선택한 항목이나 배선은 Sketch(외곽선) 모드 “ , ”로 전환하는 기능을 사용하기도 한다. 그림 7.17은 비활성 레이어를 흐림 모드 “ ”로 전환시킨 결과다.

거버 작성시 드릴 파일을 생성했다면 파일 메뉴에서 드릴 파일 불러오기를 할 때 NPTH(Non_Plated Through Hole) 드릴 파일과 PTH(Plated Through Hole) 드릴 파일을 동시에 불러왔을 때 결과는 다음과 같다.

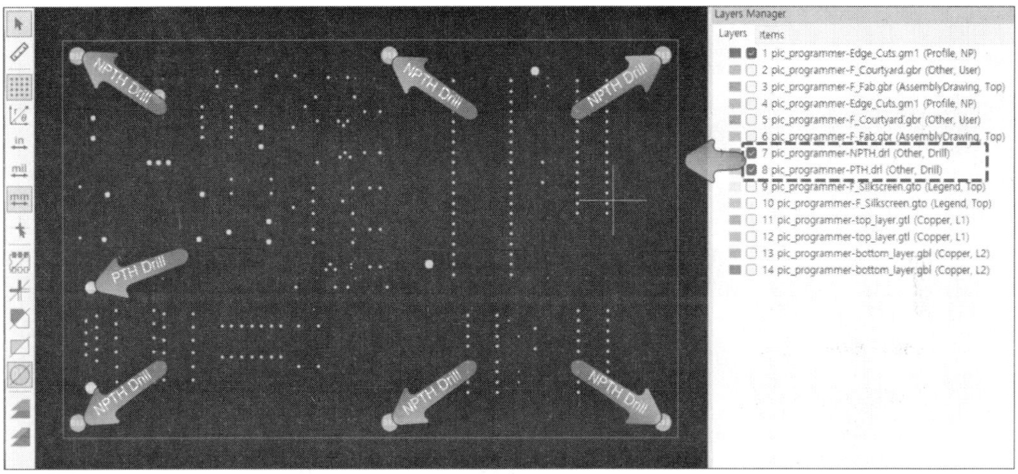

그림 7.18 파일 메뉴에서 Drill 파일 불러오기 : PTH_Drill , NPTH_Drill

Gerber 파일에는 Plot파일, Drill파일, Job 파일 그리고 Pos 파일등이 포함되어 만들어지게 되는데 이렇게 작성된 전체 Gerber 파일은 압축파일(*.zip) 형태로 저장한다. 앞서 소개한 PCB 제작업체에 주문을 하는 과정에서 보면 Gerber 파일을 업로드하고 제출된 Gerber 파일은 제작업체의 Gerber 보기 기능으로 확인이 가능하다. 여기서도 압축파일 형태로 저장하고 불러오기를 통하여 Gerber 파일의 결과를 확인할 수 있다. 그림7.19는 picprogrammer 데모 프로젝트의 PCB 보드에 대한 거버 출력 결과이다.

대부분의 PCB 제작 업체는 Gerber 파일 좌측 하단의 레이어 관리자를 제어하는 단축 아이콘 “ ”은 거버 파일 보기 화면 우측에서 관리되고 있는 레이어 관리자 창을 감추기/보이기 모드를 전환시키는 기능을 가지고 있다. 레이어와 아이템을 관리하는 창의 내용은 그림 7.20과 같다.

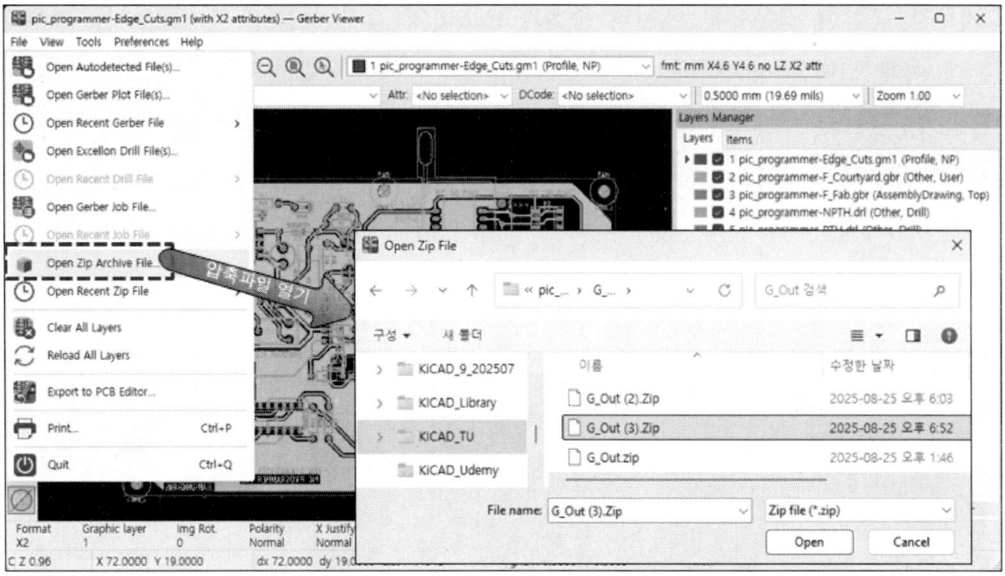

그림 7.19 Gerber Viewer에서 압축파일 불러오기 : *.zip

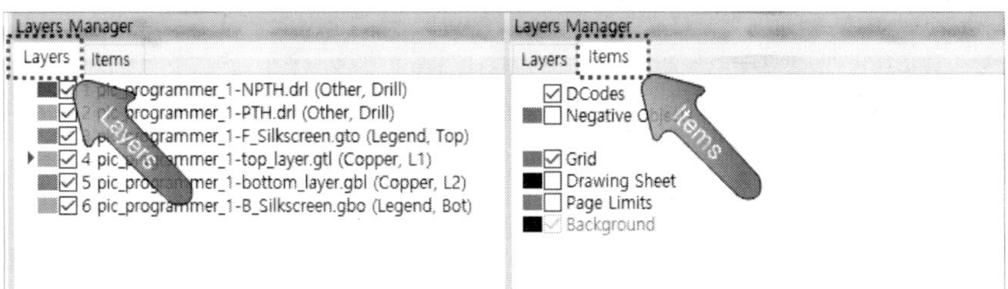

그림 7.20 레이어와 아이템 관리자 화면

Gerver Viewer의 우측에 레이어 관리자 화면이 표시되어 있는데 여기서는 모든 레이어들의 제어와 표시하기 기능을 선택할 수 있다. 삼각형 체크 표시가 되어 있는 레이어는 활성화되었다는 것을 나타내며 각각의 레이어 앞에 놓여있는 사각형의 체크박스를 선택하는 것에 따라서 레이어의 감추기/보이기 기능이 전환된다. 마우스의 왼쪽 버튼 “”을 클릭하면 활성 레이어를 선택하는 것이고, 마우스의 오른쪽 버튼 “”을 클릭하면 “보이기/감추기/정렬”과 같은 옵션을 전환하면서 선택을 한다. 커서를 레이어의 컬러 사각형 위치에 두고 가운데 버튼 “”을 클릭하거나 왼쪽 버튼 “”을 더블 클릭을 하면 구체적인 색상을 선택할 수 있는 창이 열리고 이곳에서 세밀한 색상을 선택하는 것이 가능하다.

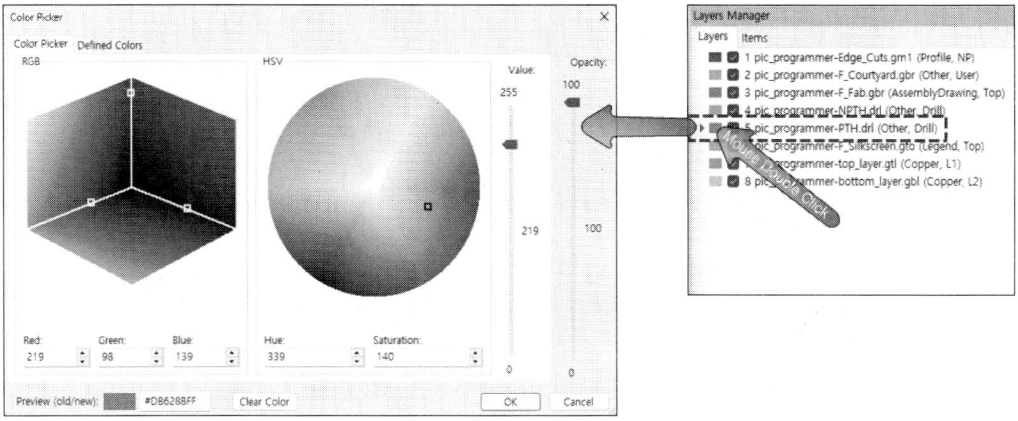

그림 7.21 거버 파일 보기에서 특정 레이어 색상 변경

최종적으로 생성된 Gerber 파일에 포함되는 파일의 확장자 의미는 다음과 같다.

표 7.43 Gerber 파일 확장자가 갖는 내용

확장자	내 용
*.GKO	보드의 윤곽선 레이어 파일. PCB의 보드 파일로 한 커팅 정보 포함
*.GTL	최상위 면의 동박 레이어 정보.
*.GBL	최하위 면의 동박 레이어 정보.
*.GTO	최상위 면의 실크스크린 정보.
*.GBO	최하위 면의 실크스크린 정보.
*.GTS	최상위 면의 솔더 마스크 정보. 표면은 기본 값으로 녹색 절연코팅이 되고 납땜이 되는 pad, via와 같은 요소에는 코팅이 되지 않음.
*.GBS	최하위 면의 솔더 마스크 정보. 표면은 기본 값으로 녹색 절연코팅이 되고 납땜이 되는 pad, via와 같은 요소에는 코팅이 되지 않음.
*_PTH.DRL	도금 처리된 스루 홀(내벽 도금처리). 스루 홀의 위치 정보..
*_NPTH.DRL	비도금 처리된 스루 홀로(내벽 비도금 처리). 스루 홀의 위치 정보.
*.GTP	최상위 면의 작은 pad, via의 위치에 있는 스텐실 공간. Paste를 생성하기 위한 마스크 정보.
*.GBP	최하위 면의 작은 pad, via의 위치에 있는 스텐실 공간. Paste를 생성하기 위한 마스크 정보.
*.GTA	읽기만 가능한 최상위 면의 조립 정보로서 PCB 제작과는 무관
*.GBA	읽기만 가능한 최하위 면의 조립 정보로서 PCB 제작과는 무관
*.GML	PCB 설계 관련 내용은 이곳 기계 기구 레이어에 정보를 기록

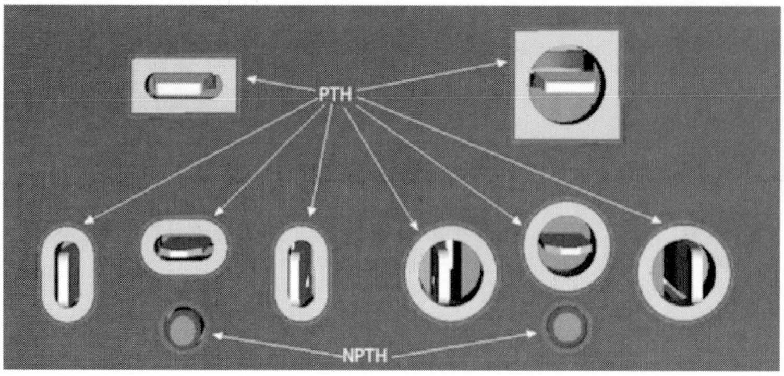

그림 7.22 도금 처리된 스루 홀(PTH)와 비 도금 처리 된 스루 홀(NPTH)

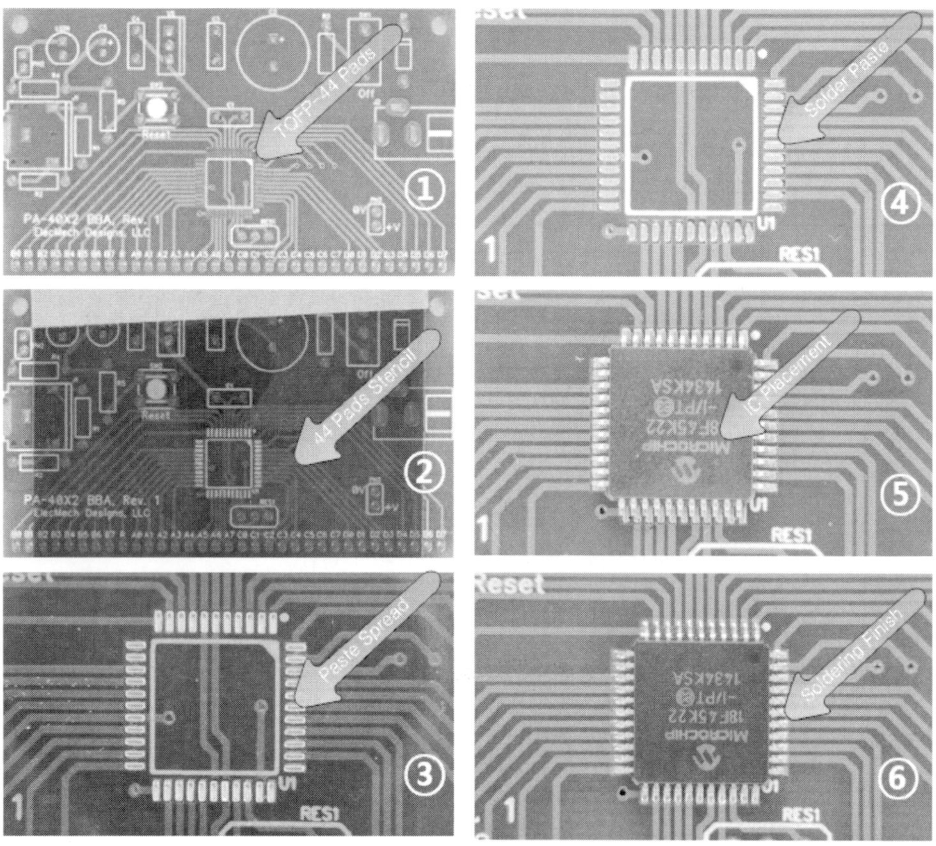

그림 7.23 Stencil을 이용한 Paste Mask를 통하여 납 페이스트와 IC 납땜 완성 과정

7.4 PCB의 BOM 파일 작성

PCB 제작에 사용된 부품의 목록이 BOM(Bills of Material) 파일이다. 이러한 BOM 파일을 만들어내는 작업은 사용자 친화적인 측면이나 기능을 위해서라도 우선적으로 처리가 되도록 하는 것이 좋다. BOM을 작성하고 관리하는 일은 PCB 설계 과정에서는 필수적인 작업으로 마치 소프트웨어 패키지의 한 부분인 것 같은 느낌이 들 정도로 확실한 결과를 얻어내는 것이 중요하다. BOM 파일의 작성은 KiCad에 기본적으로 내장되어 있는 단축 아이콘“ ”를 이용하는 방법과 프로젝트 초기화면에서 플러그인 설치 프로그램“ ”을 이용하여 필요한 플러그인을 설치한 다음 설치된 유틸리티 프로그램을 활용하는 방법이 있다.

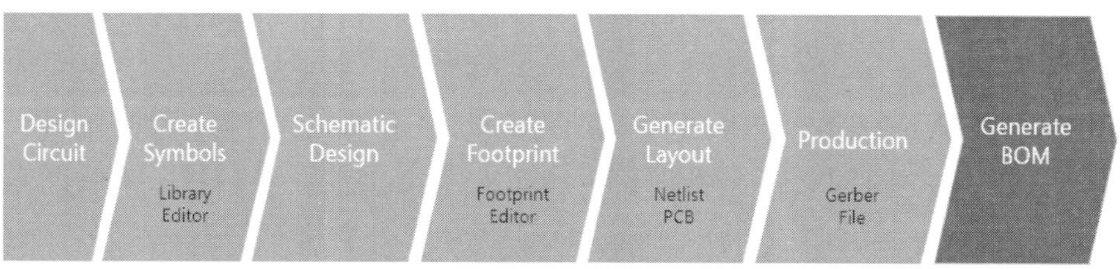

그림 7.24 설계부터 생산의 마지막 BOM 파일까지 생성 과정

(1) BOM의 기본 작업 : “ ”

다음과 같이 Schematic 편집기의 우측 상단에 위치한 단축 아이콘을 사용하거나 Tool 메뉴의 펼침 목록에서 “Generate BOM”을 실행 한다. BOM 작성 메뉴를 실행하면 기본적으로 다음과 같이 두 가지의 BOM 생성 스크립트 목록이 좌측 창에 나타난다. 첫 번째 “bom_csv_grouped_by_value”는 부품값으로 그룹이 묶인 결과를 얻는 방법이고, 두 번째는 첫 번째 내용에 Footprint를 갖는 부품값으로 그룹이 묶인 목록을 얻는 방법이다. 실제 BOM 파일을 생성하기 위해 아래 부분의 명령을 입력하는 칸에는 Python을 이용해서 위의 스크립트를 실행하는 내용이 자동으로 입력되어 있는 것을 확인할 수 있다.

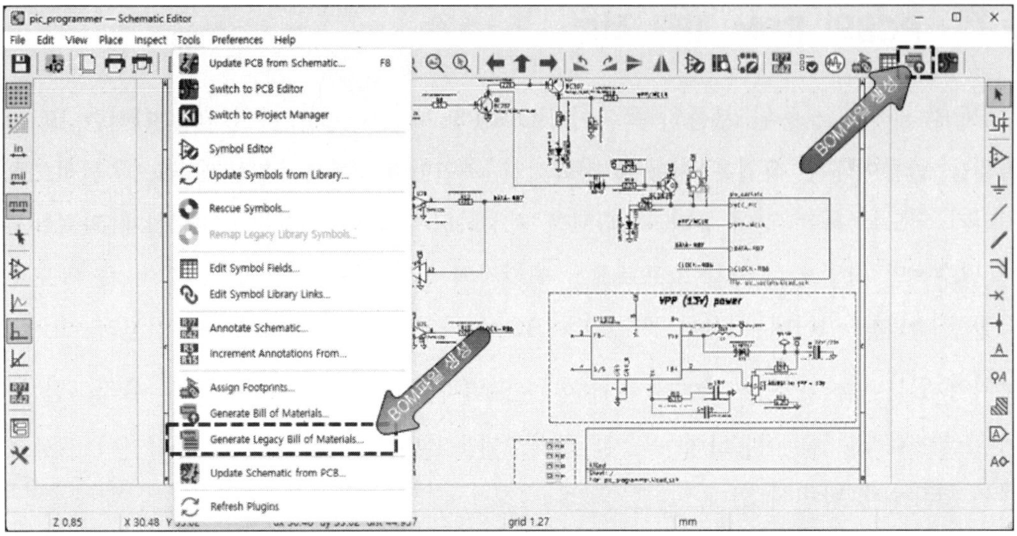

그림 7.25 BOM 파일 생성

최종 결과는 콤마로 분리가 된 결과값을 csv 형식의 파일로 출력을 하게 된다. 이렇게 생성된 파일은 최종적으로 엑셀과 같은 오피스 프로그램을 이용하면 생성된 내용을 사용자의 요구에 맞추어서 편집과 수정을 할 수 있다.

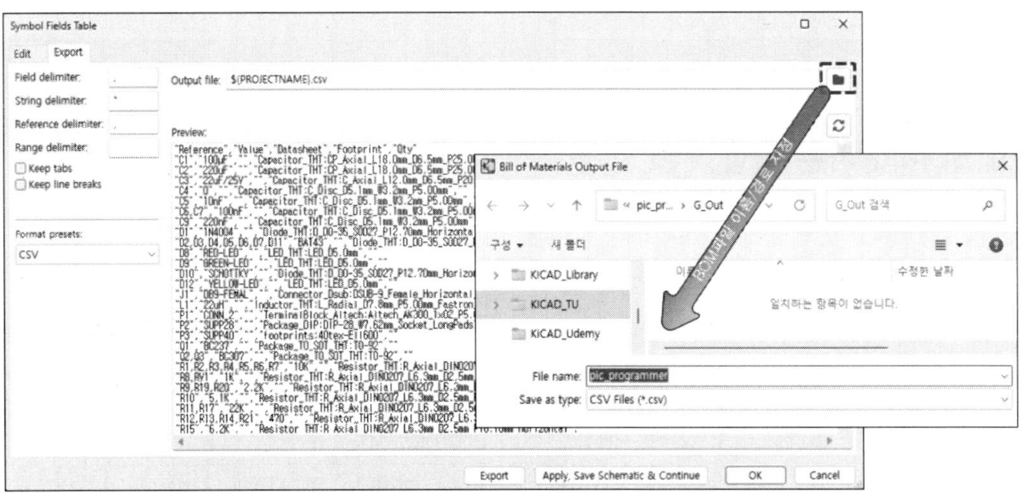

그림 7.26 BOM 파일 생성 스크립트 실행

BOM 파일을 만들어 낼 때 필요한 형식과 부품 규격에 따른 구분자등 출력 옵션을 변경하거나 선택할 수도 있는데 이러한 내용은 BOM 파일 만들기 "Symbole Fields

Table” 화면에서 “Edit” 탭을 선택하면 다양한 선택 옵션을 추가하거나 제거가 가능한 창이 나타난다.

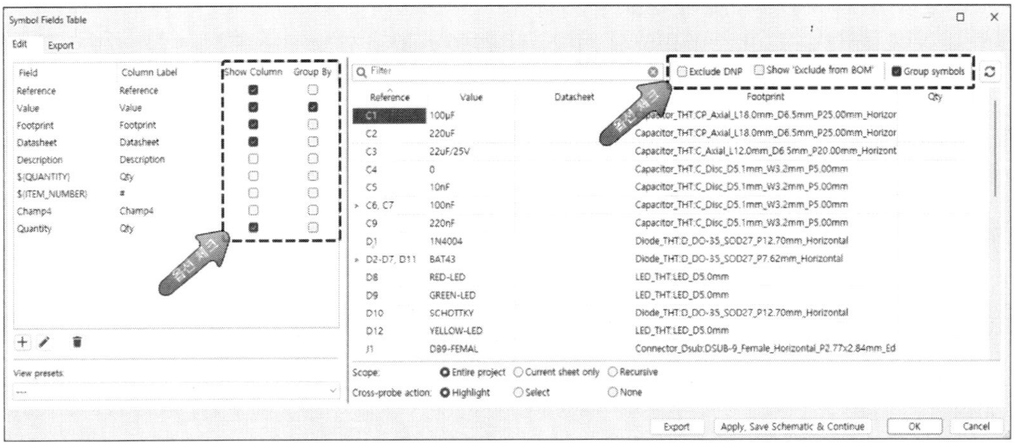

그림 7.27 BOM 파일의 출력 형식 옵션 설정화면

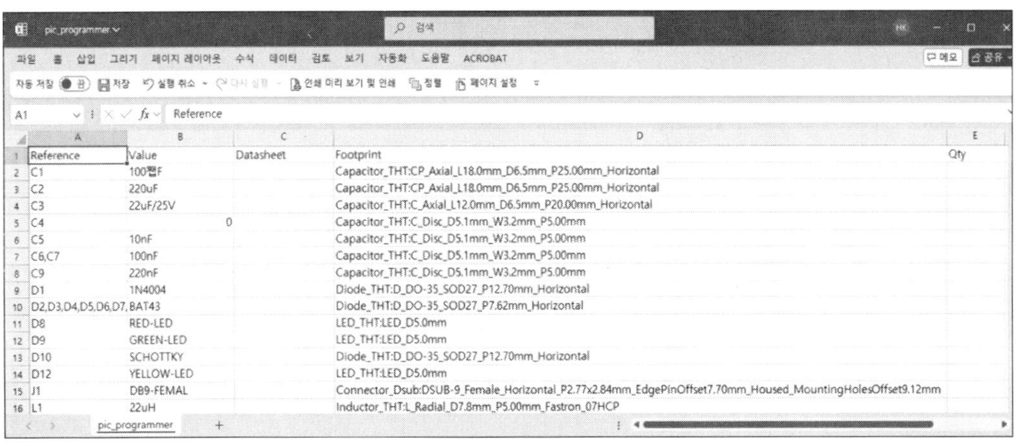

Reference	Value	Datasheet	Footprint	Qty
C1	100鞫F		Capacitor_THT:CP_Axial_L18.0mm_D6.5mm_P25.00mm_Horizontal	
C2	220uF		Capacitor_THT:CP_Axial_L18.0mm_D6.5mm_P25.00mm_Horizontal	
C3	22uF/25V		Capacitor_THT:C_Axial_L12.0mm_D6.5mm_P20.00mm_Horizontal	
C4	0		Capacitor_THT:C_Disc_D5.1mm_W3.2mm_P5.00mm	
C5	10nF		Capacitor_THT:C_Disc_D5.1mm_W3.2mm_P5.00mm	
C6,C7	100nF		Capacitor_THT:C_Disc_D5.1mm_W3.2mm_P5.00mm	
C9	220nF		Capacitor_THT:C_Disc_D5.1mm_W3.2mm_P5.00mm	
D1	1N4004		Diode_THT:D_DO-35_SOD27_P12.70mm_Horizontal	
D2,D3,D4,D5,D6,D7,	BAT43		Diode_THT:D_DO-35_SOD27_P7.62mm_Horizontal	
D8	RED-LED		LED_THT:LED_D5.0mm	
D9	GREEN-LED		LED_THT:LED_D5.0mm	
D10	SCHOTTKY		Diode_THT:D_DO-35_SOD27_P12.70mm_Horizontal	
D12	YELLOW-LED		LED_THT:LED_D5.0mm	
J1	DB9-FEMAL		Connector_Dsub:DSUB-9_Female_Horizontal_P2.77x2.84mm_EdgePinOffset7.70mm_Housed_MountingHolesOffset9.12mm	
L1	22uH		Inductor_THT:L_Radial_D7.8mm_P5.00mm_Fastron_07HCP	

그림 7.28 CSV 형식의 BOM 파일 결과

KiCad의 개발 언어의 중요한 부분은 “Python”으로 이루어져 있으므로 대부분의 스크립트나 플러그인 파일의 내용이 “Python”의 문법을 따르고 있다. 구체적인 생성 과정이나 스크립트의 실행 과정 혹은 스크립트 내용의 수정 등의 작업 내용은 본 교재의 범위를 벗어나므로 반드시 필요한 최소한의 의미만 이해하는 것으로 하자.

(2) BOM의 플러그인 작업

다음과 같이 KiCad를 설치하면 기본적으로 제공되는 플러그인 스크립트는 지정된 폴더인 "C:**\KiCad\9.0\bin\scripting\plugins"의 경로에 저장되어 있다. 이곳에 저장된 "bom_html_with_advanced_grouping.py" 플러그인 스크립트를 등록한다.

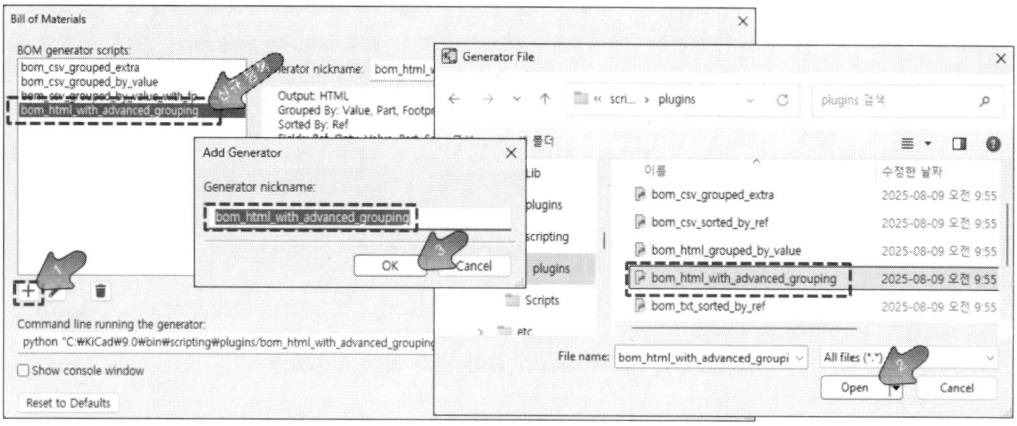

그림 7.29 BOM 생성기에 플러그인 추가 등록

등록된 플러그인 스크립트를 실행하여 만들어진 BOM 파일은 그림 7.30과 같이 일목 요연하게 정리된 결과를 확인할 수 있다.

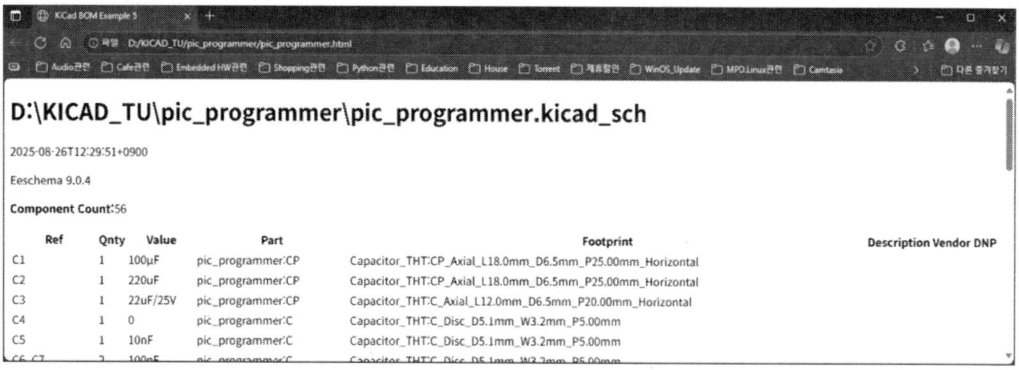

그림 7.30 HTML형식 신규 플러그인을 이용한 BOM 생성 결과

앞에서 얻어낸 출력 결과와 지금의 결과는 모두 부품 번호순으로 정렬되어 동일한

종류의 부품이 묶음으로 표시되지만 부품에 대한 사양은 없고 부품 정보는 Footprint만 나타나 있다. 따라서 부품 내용과 규격등 정확한 사양을 제공하는 웹 사이트 정보를 이용해서 BOM 목록을 생산에 필요한 내용으로 정리하는 편집 과정이 필요하다.

이번에는 PCB 제작 및 부품 관련 정보를 제공하는 대표적인 사이트인 "JLCPCB"에서 제공하는 부품 정보을 이용하여 BOM 파일을 새롭게 수정 편집해 보도록 하자. 필요한 플러그인 스크립트 파일은 "https://github.com/wokwi/kicad-jlcpcb-bom- plugin" 주소의 우측 상단에 있는 "Code" 메뉴에서 "Download ZIP" 파일 내려 받아서 적당한 폴더에서 압축을 푼다. 그리고 "bom_csv_jlcpcb.py"파일을 KiCad의 플러그 인 폴더에 복사하고 BOM 실행 창에 지금 복사한 플러그인을 등록하도록 한다.

지금 등록한 플러그인을 사용해서 BOM 파일을 생성하면 없었던 새로운 필드 "JLCPCB Part#"가 새로 추가된 것을 확인할 수 있다. 한 가지 사례로 앞서 프로젝트의 부품 중 C5 콘덴서 10nF를 JLCPCB 웹사이트에서 TDK, Plugin,P=5mm로 필터링한 검색 부품 "B32529C1103J289"를 선택한 다음 여기서 확인된 JCLPCB 부품 번호 "C125392"를 BOM의 LCSC Part#에 추가하는 방식으로 BOM 파일을 수정한다. 그리고 이 파일을 생산자에게 제공하면 작성된 파일은 곧바로 PCB 제작에 필요한 정보로 사용될 수 있다.

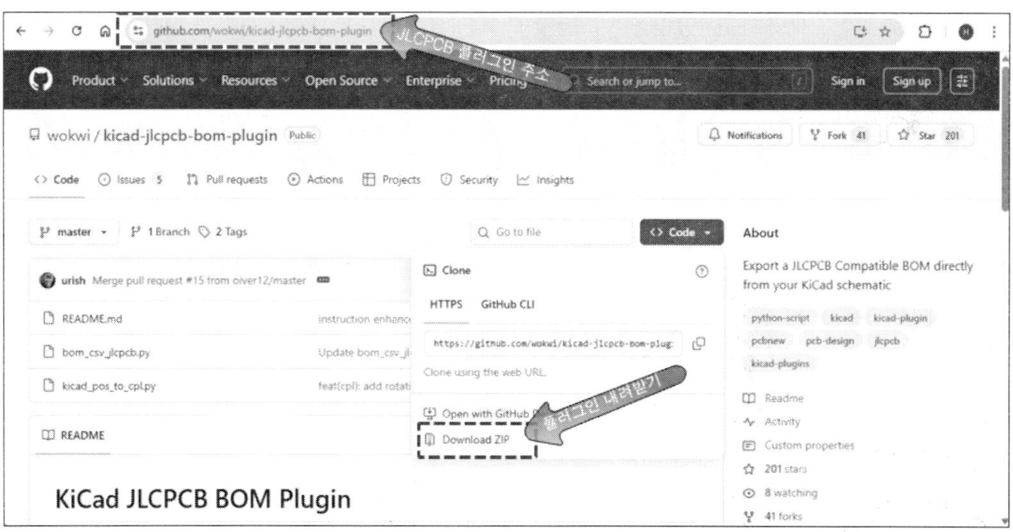

그림 7.31 Github에서 JLCPCB 플러그인 내려받기

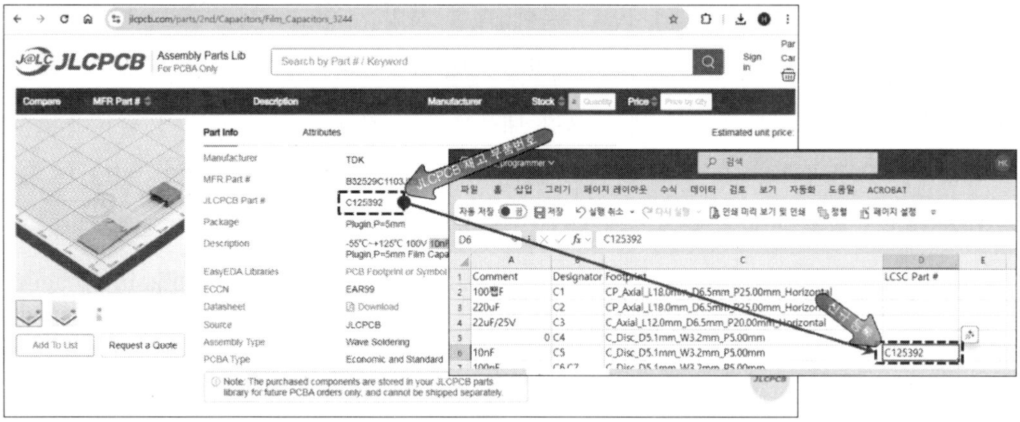

그림 7.32 JLCPCB 사이트에서 부품 파트 검색 및 LCSC Part 번호로 등록

(3) PCB 편집기 BOM 플러그인 : "▦"

이 플러그인은 KiCad의 BOM 작업을 실행하는 창에 등록된 플러그인이 아니다. KiCad 프로젝트 실행 화면에 위치한 플러그인과 콘텐츠 관리자 "▦"의 실행 과정을 통하여 등록해서 사용할 수 있는 것으로 플러그인 목록에서 대화형 HTML BOM "▦"을 설치해 보도록 하자. 비교적 다른 플러그인의 기능에 비해서 사용이 편리하고 직관적인 화면을 제공하고 있다.

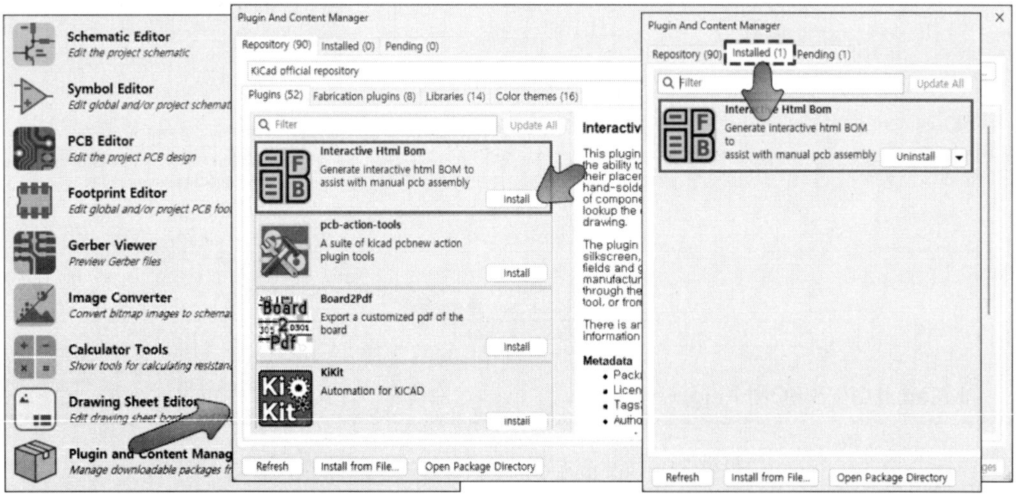

그림 7.33 대화형 HTML BOM 플러그인 설치

플러그인 설치가 원활하지 않은 경우에는 창 하단부에 있는 파일 내려받기를 한다음 좌측 하단의 파일로부터 설치하기를 실행하면 된다. 플러그인을 설치하고 나면 PCB 편집창의 우측 상단에 대화형 HTML BOM “ ”아이콘이 등록된 것을 확인할 수 있다. 단축 아이콘 “ ”을 실행하면 BOM 파일을 작성하기 위한 각종 옵션 사항 등을 설정하는 대화형 창이 열리는 데 일단은 모든 옵션 사항은 기본적으로 설정되어 있는 값을 그대로 사용하는 것으로 하고 곧바로 “Generate BOM” 버튼을 실행하도록 한다. HTML 모드의 BOM 파일을 작성해주는 플러그인이기 때문에 PC에서 사용하고 있는 Browser에서 “file:///*:/***/bom/ibom.html”라는 파일 주소를 입력하면 BOM 파일 목록과 PCB의 앞면과 뒷면의 상태가 화면에 바둑판 형태로 나타나는 것을 확인할 수 있다. 왼쪽 창의 부품 BOM 목록과 오른쪽 창에 나타난 PCB 앞면과 뒷면에 배치된 부품은 마우스 커서의 움직임에 따라서 배치된 부품이 붉은 색으로 상호 연동되어 표시가 되는 직관적 표현 방식을 경험할 수 있다. BOM 파일을 생성하는 것 이외의 환경 설정과 옵션 사항은 화면 우측의 단축 아이콘을 통하여 설정할 수 있다.

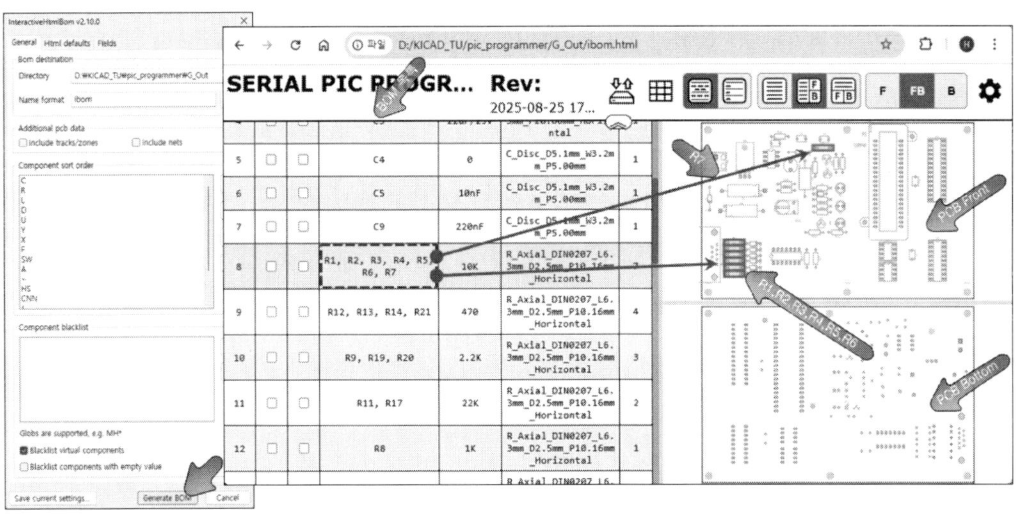

그림 7.34 대화형 HTML BOM 실행 화면

화면 우측 상단에 준비된 환경 설정 내용은 다음과 같이 다양한 내용을 담고 있는데 메뉴 구성 내용은 간결하고 편리하게 배치가 되어 있기 때문에 확인만으로도 손쉽게 기능을 배워갈 수 있다.

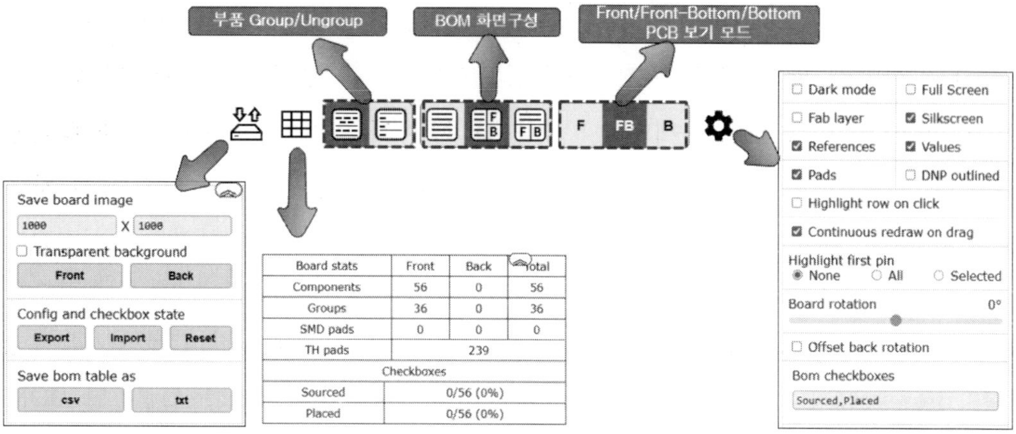

그림 7.35 대화형 HTML BOM의 옵션, 환경 설정

보드의 크기, PCB 앞/뒷면 배경의 투명, BOM 목록에서 선택 항목 내보내기/받아오기, CSV/TXT형식을 선택해서 저장하는 기능이 준비되어 있다. 또한 BOM 부품 목록에서 동일한 기능의 부품을 묶음/비묶음 상태를 결정할 수도 있고 브라우저 화면을 세 가지 항목(BOM/PCB전면/PCB후면)으로 배치 형태( )를 선택할 수 있다. 마지막으로 PCB 전면/PCB 후면을 세 가지 " F FB B "중에서 선택적으로 표시하는 것도 가능하다. PCB 도면과 BOM 목록을 상호 비교하면서 최종 부품 목록을 점검할 수 있고 출력 파일의 형태는 엑셀파일 형태의 CSV 형식과 일반 텍스트 문서 TXT 형식을 지원하고 있다. 여기서도 BOM 파일에는 Ref, Value, Footprint, 수량을 출력하고 있으나 구체적인 부품의 사양과 규격은 앞서 설명한 것처럼 부품 생산자의 검색 사이트 등을 참조하여 부품 번호를 조사해서 편집 결과를 편집 수정과 같은 추가 작업이 필요하다.

✓ 따라하기 10

내용 앞에서 실습했던 예제 Tutorial_AC_to_DC 프로젝트 파일을 이용해서 PCB 제작을 위한 거버 파일을 플러그 인 프로그램을 이용해서 작성하고 결과를 확인해 보자.

1. 실습 파일 : Tutorial_AC_to_DC 프로젝트 파일(Schematic , PCB)
2. 일반 Gerber 파일 생성기로 거버 파일 작성 후 Gerber Viewer로 확인하기
3. BOM 파일 작성 후 부품 목록 확인
4. 플러그인 대화형 HTML BOM 생성기를 이용하여 거버 파일 만들기
5. 브라우저에서 거버 파일 불러오기 후 부품 그룹 묶기, PCB 보드 부품과 교차 탐색 확인하기

1. 실습 파일 : Tutorial_AC_to_DC 프로젝트 파일(Schematic , PCB)

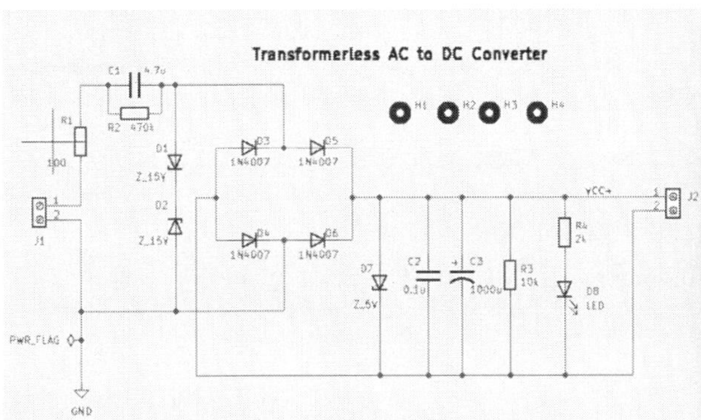

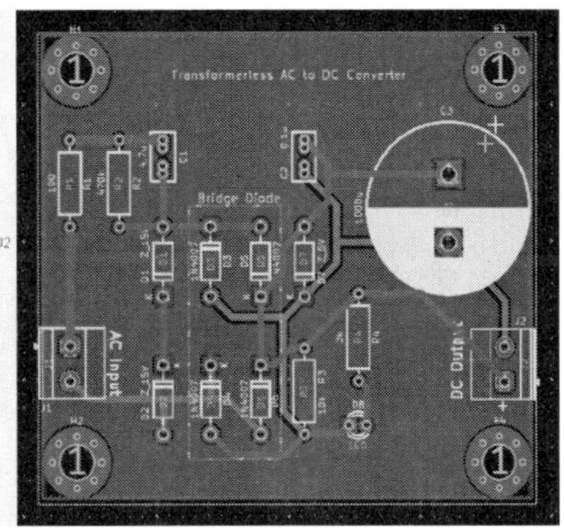

2. 일반 Gerber 파일 생성기로 거버 파일 작성 후 Gerber Viewer로 확인하기

File → Gerber → Gerber 파일 압축(*.zip) → Gerber Viewer → 거버 압축파일 불러오기

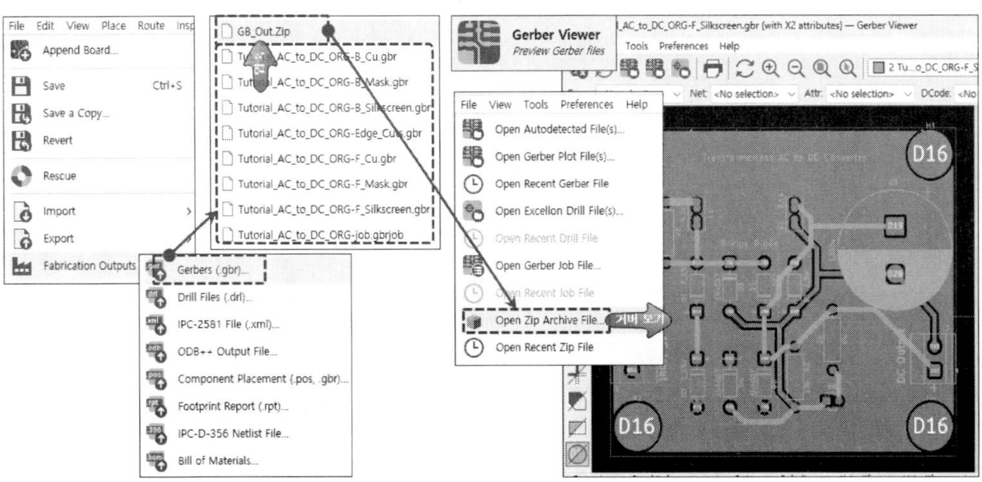

3. BOM 파일 작성 후 부품 목록 확인
   Schematic Tool → Generate Legacy BOM → Tutorial_AC_to_DC.csv 파일 열기
   (추가: Schematic Tool → Generate BOM 실행해 보기)

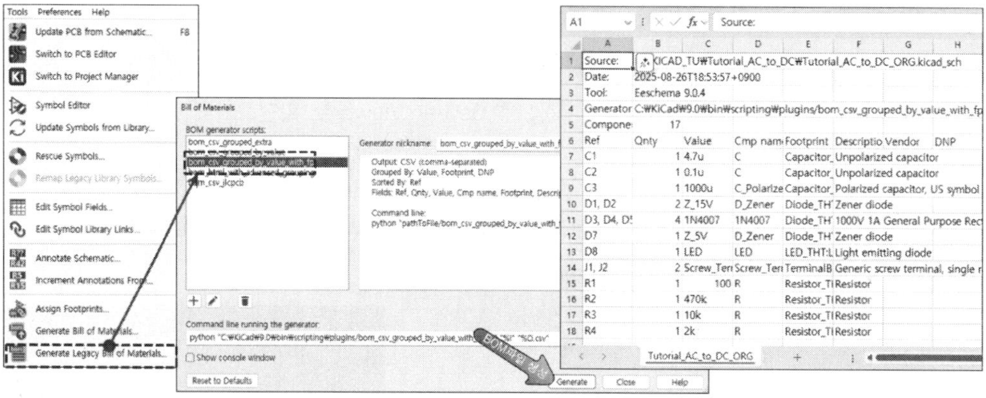

4. 플러그인 대화형 HTML BOM 생성기를 이용하여 거버 파일 만들기
   PCB 편집기 우측 상단 "Generate Interactive HTML BOM" 플러그 인 아이콘 실행
   대화형 HTML BOM 파일 열기
   : 화면 3가지 모드 확인 하기,
   : 거버 보기 3가지 모드 확인 하기
   : BOM 부품 목록의 묶음(Group)보기와 개별 보기

7.5 PCB의 추가 도구 : Image Converter, Calculator Tools

KiCad의 처음 프로젝트 화면에 세로로 배치된 개별 프로그램 중에는 PCB 제작 소프트웨어와 함께 제작에 도움을 주는 유용한 유틸리티 프로그램도 아이콘 메뉴 형태로 함께 제공되고 있다. 이번 절에서는 PCB의 마지막 제작 단계에서 실크스크린 위에 회사의 로고나 이미지를 가져다가 배치할 수 있는 이미지 변환 도구 "Image Converter : "와 함께 PCB 도면에서의 전류, 저항, 콘덴서 등을 쉽게 계산해서 적용할 수 있는 계산기 "Calculator Tools: " 프로그램의 사용 방법에 대하여 알아보자.

(1) 이미지 변환기(Image Converter) : ""

PCB 보드 설계 결과는 벡터 형식의 이미지와 유사하게 CAD 데이터로 컴퓨터에 저장되어 관리가 된다. 이러한 형식을 따르면 PCB 설계 보드는 양산을 위한 거버 파일 형식으로 출력이 가능하다. 그러나 로고와 아트워크의 작업 결과는 Raster화된 픽셀 형식으로 저장되기 때문에 CAD 데이터로 사용할 수가 없다. 따라서 이러한 로고와 같은 Raster 이미지를 KiCad에서 사용이 가능한 벡터 형식의 데이터로 변환해 주는 도구가 필요하다. 이러한 목적으로 지원되고 있는 프로그램이 "Image Converter"다. 이 도구를 사용하면 비트맵 이미지를 Schematic 심볼이나 PCB 설계에 사용할 수 있는 형식으로 변환이 가능하다.

KiCad에서 제공하고 있는 이미지 변환기(Image Converter)는 사용 방법이 직관적이고 단순화되어 있어서 사용하기가 편리하다. 그러나 이미지를 벡터 형식으로 변환하기 때문에 하나의 색상만 사용이 가능하고 배경 색상을 사용할 수 있다는 점을 기억해 두자. 컬러 이미지는 흑백 모드로 변환이 되는 데 이 경우 검정 패턴의 만족스러운 결과를 얻기 위해서 백색 임계치 값을 슬라이드 바 형태의 제어 메뉴를 이용해서 최적의 백색 밸런스를 맞추어 주면 된다. 예제의 이미지로는 UC버클리에서 개발 중인 무료 개방형 소프트웨어인 RISC의 로고인 "RISC V"를 사용해 보도록 한다.

프로젝트 화면에서 Image Converter 아이콘을 선택해서 실행하고 RISC-V의 비트맵 이미지를 불러오게 되면 원본 이미지와 그레이스케일 이미지 그리고 흑백 이미지를 선택할 수 있는 탭이 화면 상단에 나타난다.

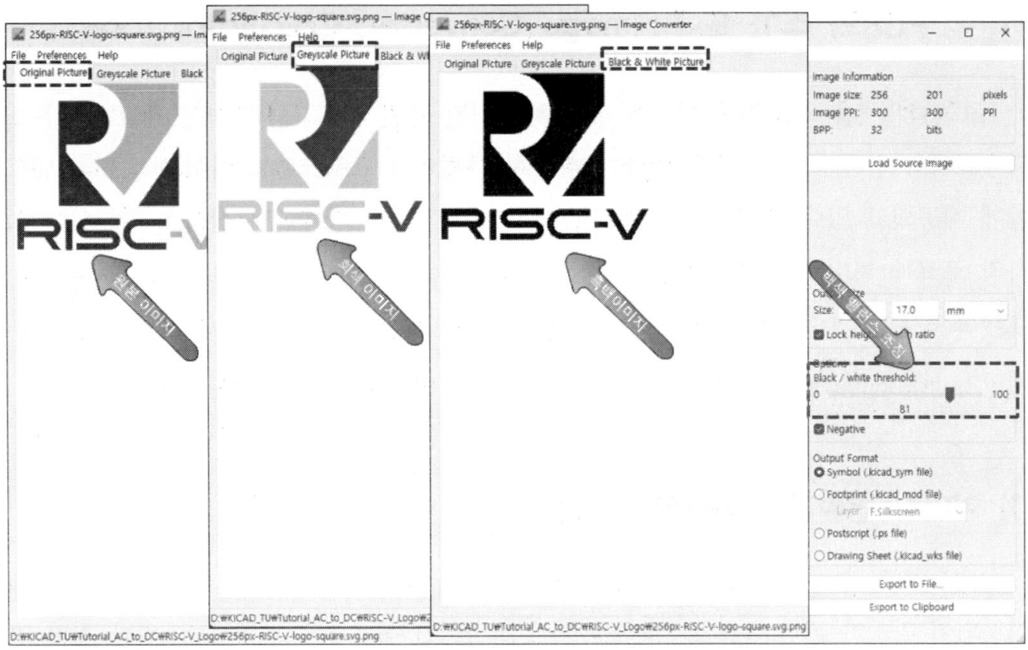

그림 7.36 이미지 변환기 : 원본, 회색, 흑백 이미지

흑백 이미지의 경우에는 우측 중간에 위치한 흑백 밸런스 조정 바를 이용해서 흑색 패턴이 최적으로 나타나도록 조정한 결과다. 이미지 전환을 마친 결과는 외부의 지정된 경로에 파일로 저장을 하면 되는데 이때 PCB 실크스크린 위에 배치를 하고자 하는 경우에는 실크스크린에 배치될 이미지의 크기를 조정해서 저장하는 것이 좋다. 여기서는 “15×11.8mm”의 크기로 변경해서 저장하도록 하자.

변환된 이미지를 저장하는 방법으로는 4가지 옵션이 지원되고 있으나 KiCad에서 사용하는 용도는 Schematic 심볼과 PCB 로고 이미지가 대부분이기 때문에 두 가지 옵션만 기억하는 것으로 하자. 두 가지 경우의 적용 사례를 확인하기 위해서 첫 번째 옵션인 Schematic 심볼 모드로 파일을 저장해 보자. 저장된 이미지는 Schematic 심볼 편집기에서 새로운 심볼 가져오기를 이용하여 불러들인 다음 새로운 심볼 규격으로 편집, 수정을 하거나 기존의 심볼에 이미지를 추가하는 것도 가능하다. 모든 작업을 마쳤으면 “RISC-V”로 저장한다.

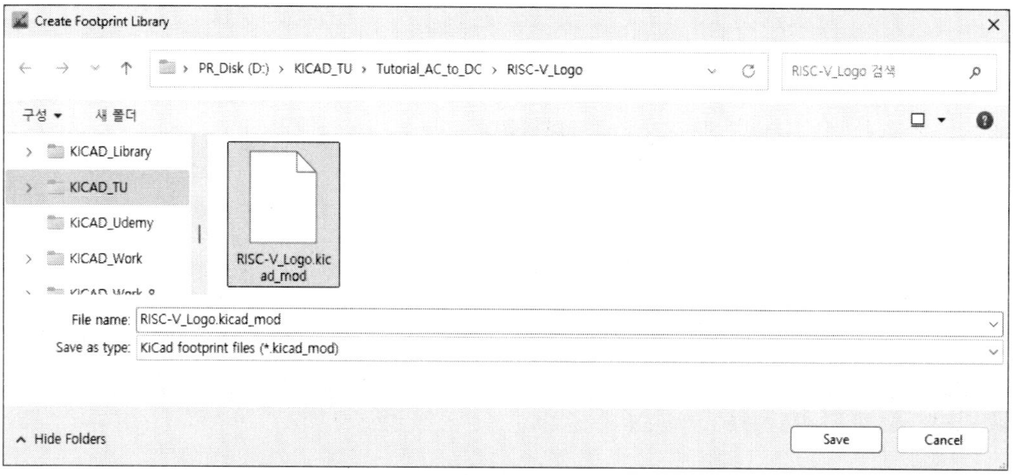

그림 7.37 Footprint용 "RISC-V2.kicad_mod" 파일로 저장

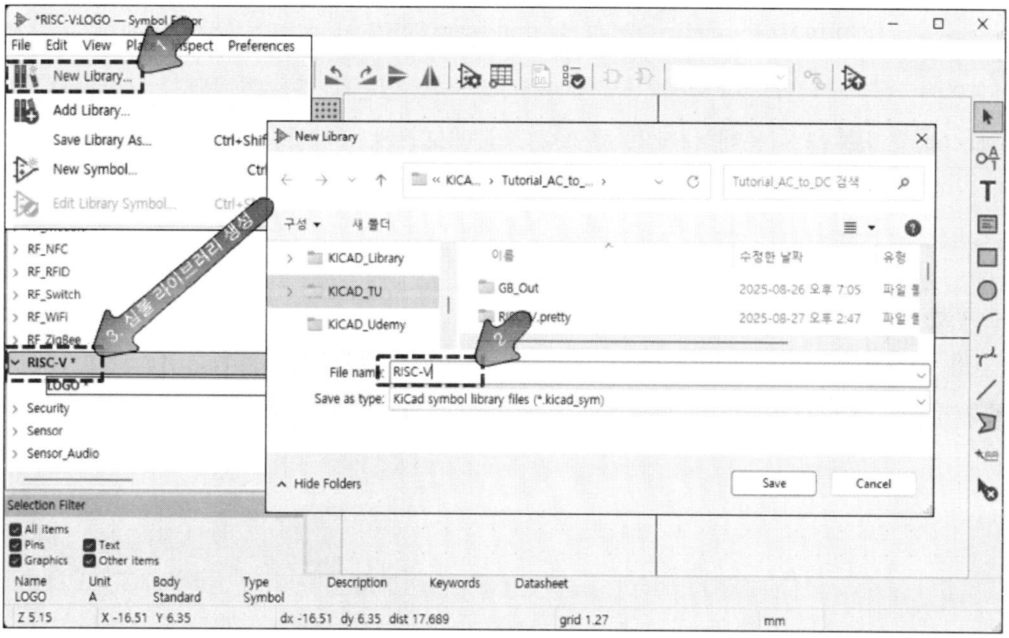

그림 7.38 새로운 Schematic 심볼 라이브러리 "RISC-V" 만들기

Schematic 심볼 라이브러리로 신규로 등록된 RISC-V에 Image Converter에서 만들어 놓은 그래픽 이미지를 Symbol 파일로 저장한 다음 신규 라이브러리에 심볼 불러오기를 하여 등록한 결과는 다음과 같다.

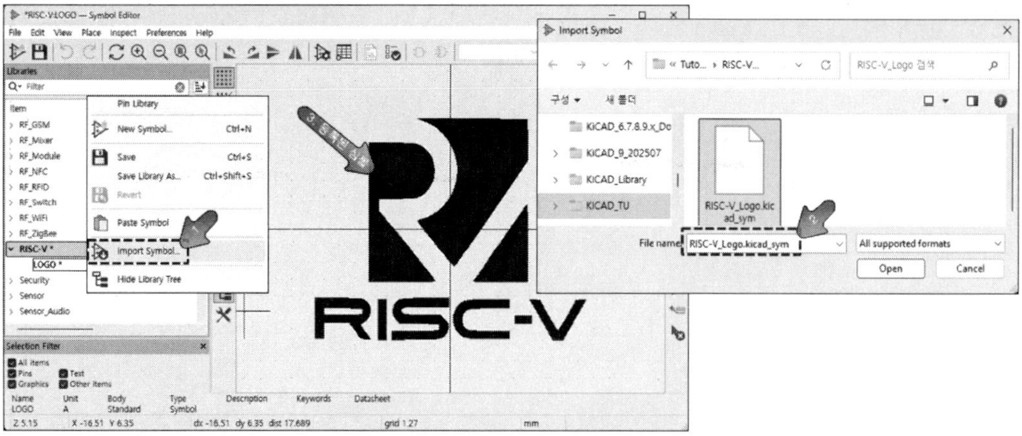

그림 7.39 심볼 라이브러리 "RISC-V"에 신규로 등록된 심볼

이번에는 앞서 이미지 변환을 마친 Footprint용 그래픽 로고를 PCB 보드의 "실크스크린"과 "솔더마스크" 레이어에 추가 시켜 보자. 특별히 이미지 변환 결과를 파일로 저장하지 않고 곧바로 PCB 도면에 추가할 수 있는데 이 경우에는 "export to clipboard" 버튼을 이용해서 작업 중인 PC의 메모리에 복사를 해두고 사용 한다.

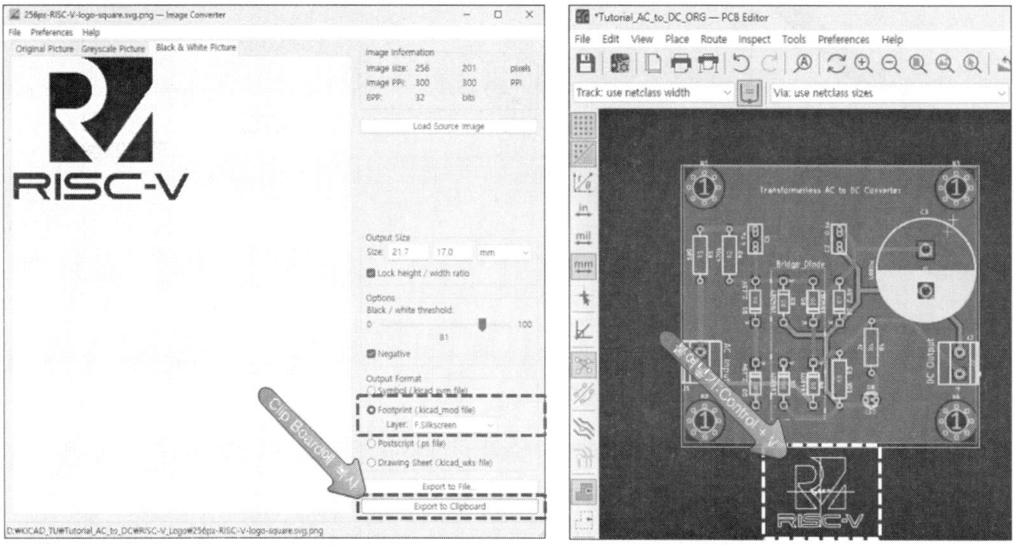

그림 7.40 변환된 이미지를 클립보드를 이용해서 붙여넣기

클립보드의 이미지는 PCB 편집화면에서 해당 레이어를 선택한 다음 붙여넣기를 하

면 아래 우측 그림과 같이 변환된 로고 이미지가 끌기 모드로 나타나는데 이때 실크스크린의 원하는 위치에 배치를 완료하면 된다. 로고 이미지를 저장해두고 필요할 경우 계속 사용하려면 “export to file” 메뉴를 이용하여 앞서 설명한 방법처럼 사용자 지정 경로에 파일로 저장을 하면 된다.

다음 과정은 Footprint 편집기에서 저장된 그래픽 로고 파일을 추가하려면 라이브러리 폴더를 선택한 후 오른 쪽 마우스 버튼을 이용하여 “Import Footprint”를 실행하여 저장된 그래픽 로고를 불러오거나 아니면 새로운 라이브러리 만들기 과정으로 작업을 해 주어야 한다. 두 가지 방법이 유사하지만 첫 번째 방법은 라이브러리를 추가하는 것으로 기존의 임의 라이브러리를 선택하고 그래픽 로고를 불러오기만 하는 과정으로 쉽게 그래픽 로고를 표시할 수 있다. 이때 “Save as”에서 새로운 이름과 라이브러리 경로를 선택하여 저장을 하면 새로운 Footprint가 해당 라이브러리 트리에 등록된 것을 확인할 수 있다. 두 번째 방법은 새로운 라이브러리를 만드는 방법으로 “New Library”를 실행하면 추가할 라이브러리 테이블을 선택하는 창이 열리고 여기서 사용할 라이브러리의 범위를 범용(Global)이나 일반(Project) 중에서 지정해 주면 된다. 새로운 라이브러리 테이블을 만들었으면 지정된 경로에 그래픽 로고를 새로운 Footprint로 등록을 해준다.

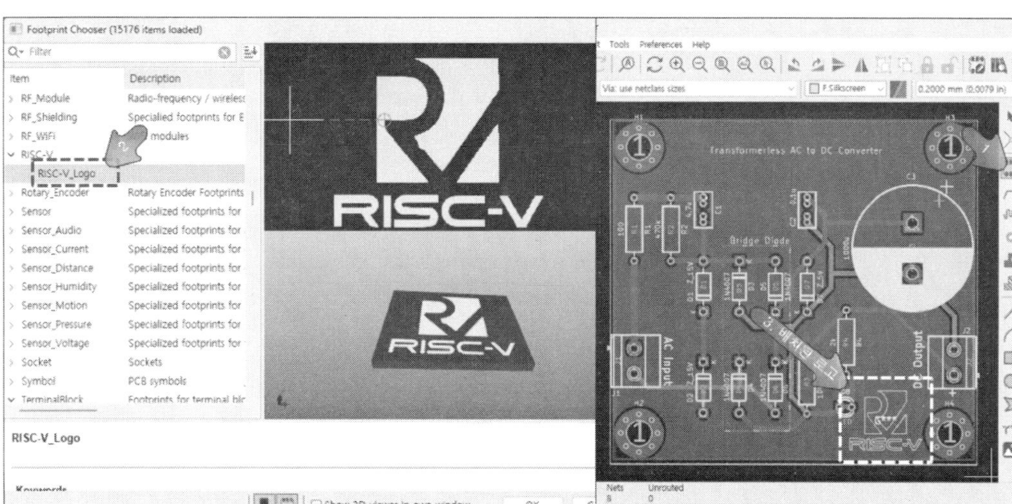

그림 7.41 새로운 그래픽 로고 “RISC-V” Footprint의 배치

새롭게 등록된 그래픽 로고인 "RISC-V"의 Footprint를 PCB의 실크스크린 레이어로 불러들인 결과는 그림 7.41과 같다.

참고로 그래픽 로고의 비트맵 이미지의 크기가 매우 작거나 해상도가 낮은 경우에는 이미지 변환 결과가 매우 열화된 상태를 보이게 된다. 따라서 이미지 변환의 대상이 되는 그래픽 이미지는 최소 가로, 세로 크기가 10cm이상 그리고 해상도는 최소 300dpi이상이 되는 것으로 사용하기를 권장한다.

따라하기 11

내용 그래픽 이미지를 이미지 변환기를 이용해서 심볼이나 Footprint 라이브러리로 등록하는 방법을 실습해 보자. 미국의 UC 버클리에서 개발 중인 무료 오픈소스 RISC 명령어 셋 아키텍춰 로고를 내려받은 RISC-V 로고 이미지를 사용하는 것으로 하자.

1. RISC-V 로고의 다운로드 사이트에서 내려 받기
2. 내려받은 RISC-V 로고를 이미지 변환기를 이용해서 Footprint 파일로 저장하기

1. RISC-V 로고의 다운로드 사이트에서 내려 받기

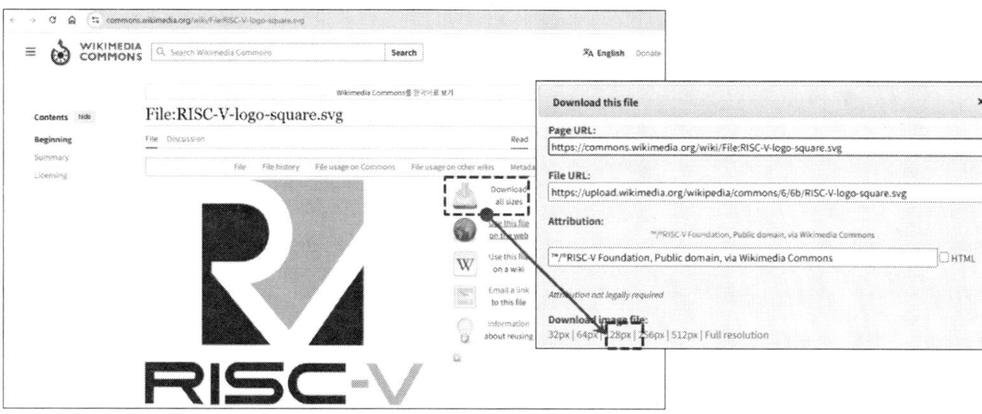

2. 내려받은 RISC-V 로고를 이미지 변환기를 이용해서 Footprint 파일로 저장하기
"RISC-V 256px" 파일 → 흑백 이미지 변환 → Footprint 파일로 내보내기

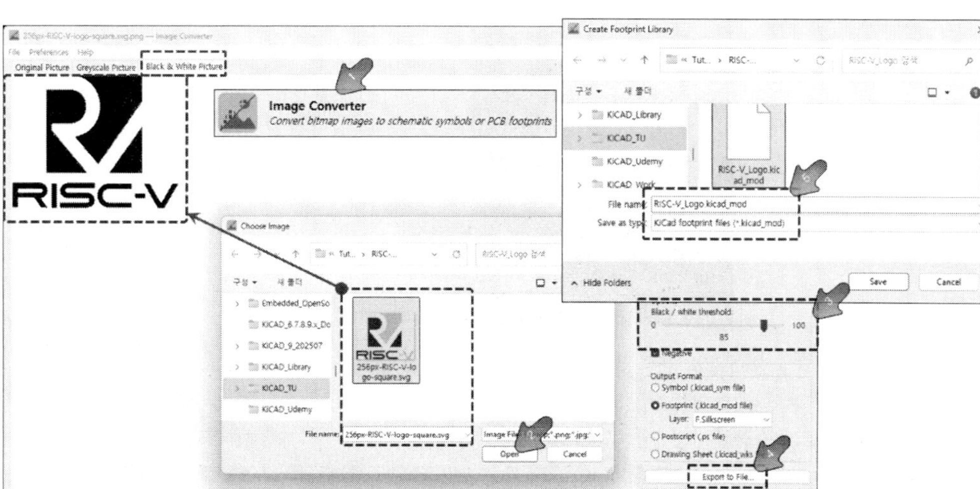

1. Footprint 편집기에서 새 라이브러리 RISC-V를 만들고 여기에 신규 Footprint 등록하고 편집기의 적정한 위치에 배치하고 저장하기

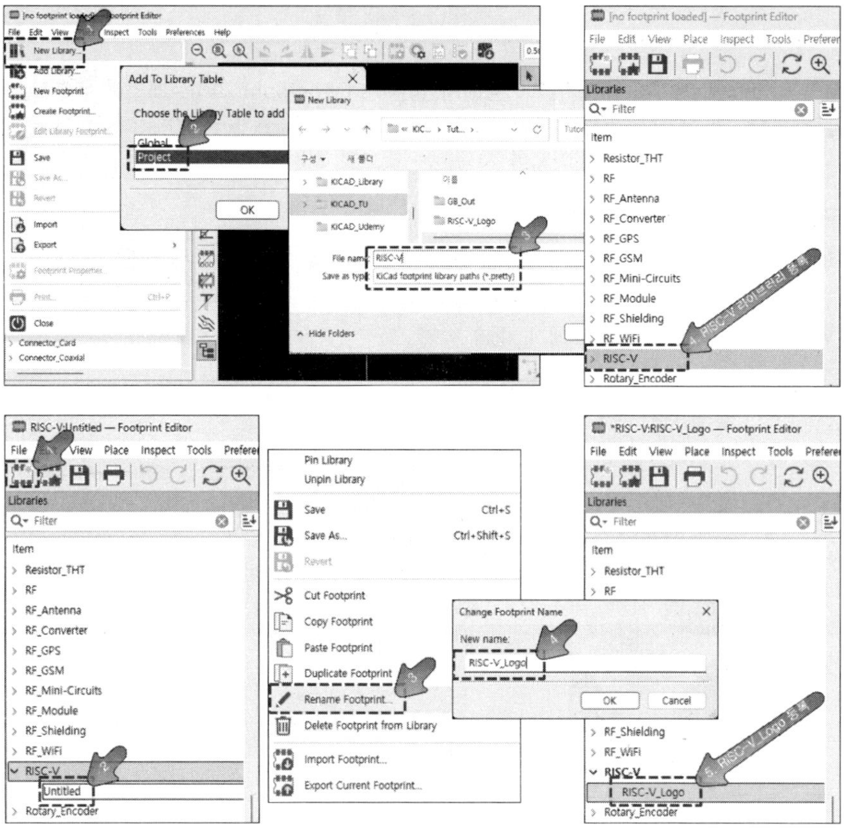

2. Preference 메뉴의 Footprint 라이브러리 관리자에서 project 라이브러리 등록 내용 확인하기

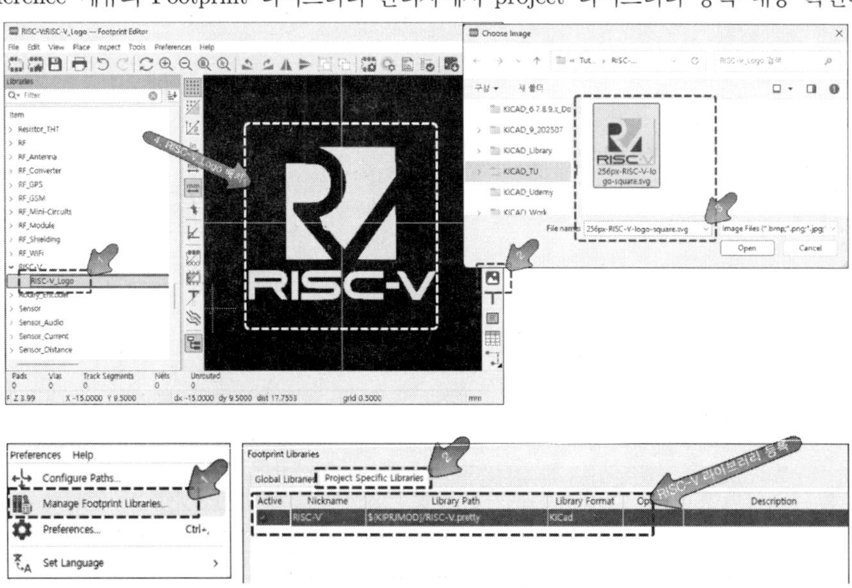

(2) 계산기 도구(Calculator Tools) : “ ”

KiCad PCB의 계산기는 부품의 값을 찾거나 PCB 도면에서 사용되는 각종 매개변수의 적절한 값을 찾아주는 유틸리티 모음으로 구성되어 있다. 계산기에는 레귤레이터, 트랙폭에 흐르게 될 최소 전류 값, 전송선, RF 감쇄기, 색상 코드등 부품에 대한 다양한 정보와 계산을 위한 보조 도구들이 준비되어 있다. 계산기의 화면은 이러한 도구들이 탭 메뉴 화면의 형태로 구성되어 있는데 지금부터 계산기에 포함되어 있는 각각의 도구에 대한 기능을 차례대로 살펴보기로 하자. 첫 번째 탭의 도구는 레귤레이터로 흔히 전압 전환기 정도로 이해를 하면 된다.

A. 일반 시스템 설계 도구

- **Regulators :** 선형적인 특성과 낮은 전압강하 성능을 갖는 레귤레이터를 구성하기 위해서 전압 출력단에서 기준 전압의 전압분배 역할을 하는 저항의 적절한 값을 찾아주는 도구다. 레귤레이터에는 리니어 방식과 스위칭 방식의 두 가지로 분류가 되는데 리니어 방식은 입력단의 전압이 출력단에서 곧 바로 감소되기 때문에 전압의 차이 만큼의 에너지가 열로 바뀌어서 발열이 발생하고 전력효율이 낮다. 또한 전류값이 낮은 회로에서 많은 양의 전류를 이용하는 경우에도 발열이 발생한다. 참고로 리니어 레귤레이터의 대표적인 소자로 양(+) 전압 출력용인 78xx 시리즈와 음(−) 전압 출력용인 79xx 시리즈가 있다. 이 소자는 3단자로 구성되어 좌측이 입력, 가운데가 접지, 우측이 출력전압의 형식으로 구성된다.

  한 가지 주의할 점은 레귤레이터에서 기본적으로 자체 전압강하가 1.5V정도 발생하기 때문에 입력전압은 출력전압보다 1.5V이상 높은 값이 입력되어야 정상적으로 동작을 한다는 점과 전류도 1A~1.5A가 허용전류 값이기 때문에 허용전류 이상을 사용하면 발열과 성능저하가 발생한다는 점을 기억해 두자. 스위칭 레귤레이터는 스위칭 소자를 이용한 On/Off의 반복 동작으로 원하는 출력전압을 만드는 방식이다. 이 방식에서는 강압과 승압이 모두 가능하고 음 전압을 만들어 낼 수도 있으며 비교적 큰 전력을 얻는 것도 가능하다.

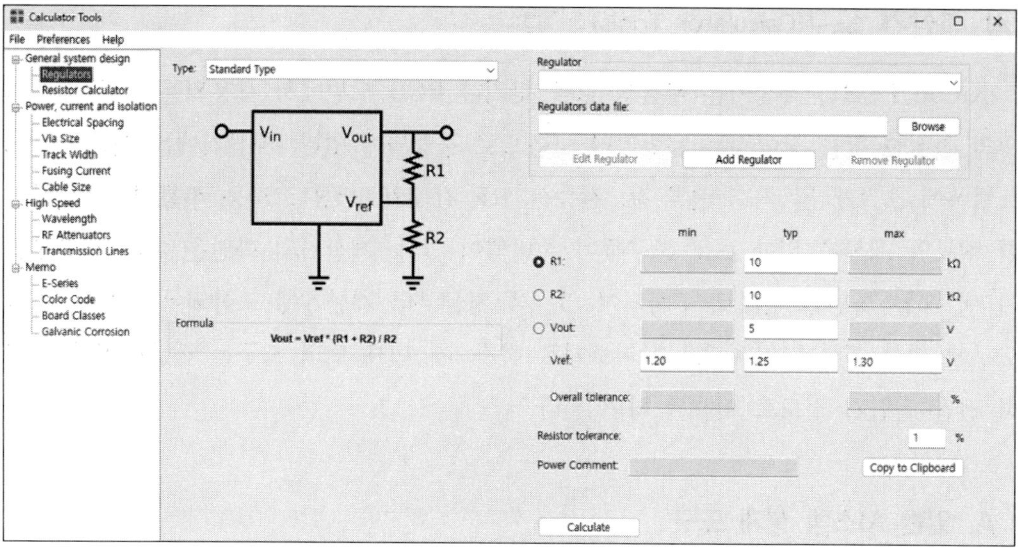

그림 7.42 계산기 도구(Calculator Tools) : Regulator

표 7.4 리니어와 스위칭 레귤레이터 장단점

	LDO(Low Dropout)	Switching
장점	회로구성이 단순 저잡음 특성	전력효율이 높음 강압,승압,음전압 전환
단점	전력 효율이 낮음 전류 증가시 발열발생 강압만 가능	회로구성이 복잡 스위칭 노이즈발생

KiCad 계산기 도구의 레귤레이터에서 제공되는 표준형의 경우 출력전압 Vout은 기준 전압 Vref와 분배저 항 R_1과 R_2로 구성된 다음의 관계식을 따르며, "3단자 모델의" 경우에는 궤환 조정 핀에 연결된 대기 전류 I_{adj}에 대한 인자 값이 반영된 수식을 따른다. 이 경우 조정 전류가 100uA 이하는 계산과정에서 무시가 된다. 계산기의 레귤레이터 계산식을 이용하려면 레귤레이터 형식, 기준 전압 V_{ref}와 필요한 경우 조정 전류 I_{adj}의 값이 필요 하다.

- 표 준 형 : $V_{out} = V_{ref} \cdot (\frac{R_1 + R_2}{R_2})$
- 3단자 형 : $V_{out} = V_{ref} \cdot (\frac{R_1 + R_2}{R_1}) + I_{adj} \cdot R_2$

실제 사례 값을 적용한 계산 결과를 알아보기 위하여 LM317T에서 최소 부하 전류 값으로 10mA를 갖는 매우 양호한 레귤레이터를 설계하는 것으로 가정 하자. 이때 기준 전압 Vref가 1.25V로 일정한 값을 유지할 때 궤환 저항 R1의 최소 값은 1.25V/10mA= 120 오옴이 되지만 저항의 허용범위는 120에서 1000 오옴의 통상적인 범위까지 허용이 된다. 그러나 레귤레이터의 최적의 안정 상태를 위한 값은 220~240 오옴의 범위가 되어야 한다.

따라서 R1값을 240 오옴으로 하게 되면 원하는 출력 전압을 9V로 할 때 R2의 저항은 다음과 같이 계산이 된다.

$$R_2 = \frac{(V_{out} - V_{ref})R_1}{(Vref + I_{adj}R_1)} = \frac{(9-1.25)\times 240}{1.25 + 10\times 10^{-3}\times 240} = 509.6$$

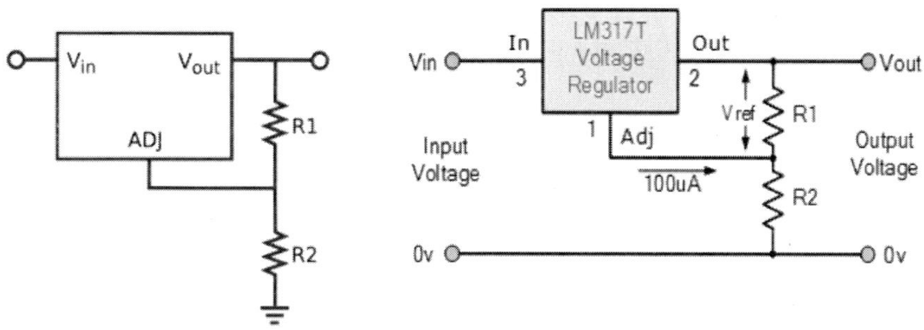

그림 7.43 3단자 레귤레이터 구조 : LM317T

아쉽게도 KiCad에서 아직은 다양한 레귤레이터에 대한 PCB Calculation 파일 "*.pcbcalc"이 제공되지 않아서 정확한 표준 모델을 기준으로 한 결과 값은 일치하지 않는다. I_{adj} 전류 값이 20uA를 만족하는 레귤레이터라고 가정을 하면 위의 계산이 일치하지만 100uA 값은 무시된다. 따라서 다양한 소자에 대한 파일이 제공될 때 까지는 참고하는 정도로 당분간 이 부분에 대한 내용은 참고용으로만 보면 좋겠다.

B. 전원, 전류 및 전기절연 도구

- **Electrical Spacing** : 도체, 배선사이에 최소한 떨어져야 하는 거리를 계산하기 위한 도구다. 아래 도표에서는 도체나 배선에 걸리는 전압(DC 혹은 AC)에 따라서 도체 사이에 띄어 주어야하는 최소한의 이격거리(Clearance) 데이터로 IPC 2221의

규격에 따른 최소한의 권고 값으로 가로 열의 B1, B2,..의 내용은 다음과 같다.

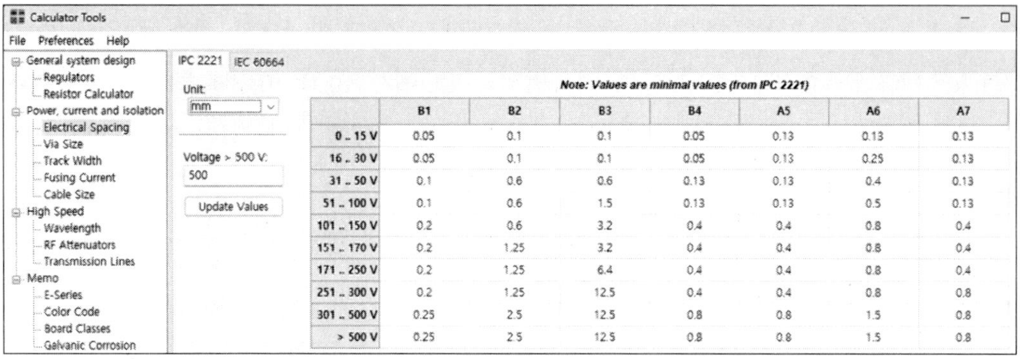

	B1	B2	B3	B4	A5	A6	A7
0 .. 15 V	0.05	0.1	0.1	0.05	0.13	0.13	0.13
16 .. 30 V	0.05	0.1	0.1	0.05	0.13	0.25	0.13
31 .. 50 V	0.1	0.6	0.6	0.13	0.13	0.4	0.13
51 .. 100 V	0.1	0.6	1.5	0.13	0.13	0.5	0.13
101 .. 150 V	0.2	0.6	3.2	0.4	0.4	0.8	0.4
151 .. 170 V	0.2	1.25	3.2	0.4	0.4	0.8	0.4
171 .. 250 V	0.2	1.25	6.4	0.4	0.4	0.8	0.4
251 .. 300 V	0.2	1.25	12.5	0.4	0.4	0.8	0.8
301 .. 500 V	0.25	2.5	12.5	0.8	0.8	1.5	0.8
> 500 V	0.25	2.5	12.5	0.8	0.8	1.5	0.8

그림 7.44 전압과 도체 규격에 따른 도체 간 Clearance 권고 데이터

- B1 : 내부 도체
- B2 : 외부 도체로 코팅 없는 상태, 해발 3050m까지
- B3 : 외부 도체로 코팅 없는 상태, 해발 3050m초과
- B4 : 외부 도체로 영구 폴리머 코팅
- A5 : 외부 도체로 기판완성 후 Conformal 코팅
- A6 : 외부 부품의 코팅 없는 리드선
- A7 : 외부 부품의 코팅 된 리드선

위에서 설명하고 있는 "Conformal Coating"은 기판 위에 모든 부품의 실장을 끝낸 상태에서 기판을 폴리머 필름으로 코팅을 하는 것을 말하는 데 이러한 작업을 하는 이유는 습기와 같은 외부 환경 요인으로 기판이 화학적인 충격을 받는 것을 방지하기 위한 작업이다. 최대 500V 까지의 데이터 값을 나타내고 있는데 500V 이상의 데이터는 왼쪽 전압 입력 칸에 500V 이상의 값을 적용하면 원하는 데이터 표를 얻을 수 있다. 새롭게 추가된 탭(IEC 60664)의 내용은 낮은 전압이 공급되는 시스템에서 절연을 고려한 설계를 할 때 필요한 지침 내용으로 참고만 하는 것으로 하자.

- **Via Size** : PCB 도면에는 크기와 역할에 따른 다양한 종류의 Via가 사용이 된다. 단독형으로 존재하는 접지 Via, 복잡한 배선 작업 시 네트의 연결을 위해서 레이어간 연결을 목적으로 하는 스루홀 Via등이 있다.

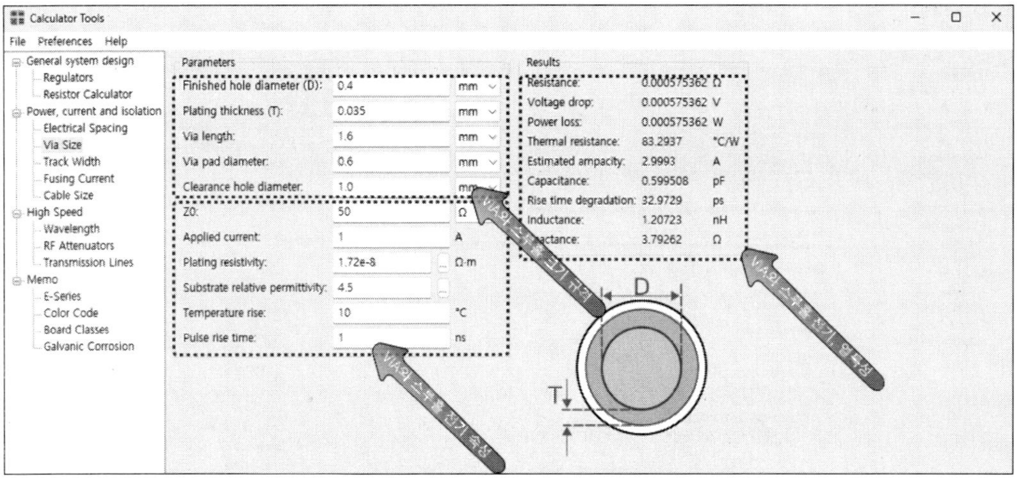

그림 7.45 Via , 스루 홀의 크기와 전기, 열 특성

도금된 스루 홀이나 Via의 크기(도금 두께, 비아의 길이, 비아 패드 직경, 홀 직경,)와 전기적인 속성(전류, 도금부위 저항, 온도 상승등)에 따른 전기적 속성과 열 속성을 계산하는 도구다.

- **Track Width** : PCB 설계에서 매우 중요한 요소로 회로에 인가되는 전류와 온도 상승에 따라 최적의 배선 폭을 계산하는 도구다. 배선 폭의 계산에 적용되는 이론과 계산식은 IPC-2221(이전 규정은 IPC-D-275)을 따르고 있다. IPC는 국제 전자산업 표준협회로 비영리 회원 조직으로 업계 표준, 교육, 산업 정보 및 공공 정책을 선도하고 있으며 OEM, EMS, PCB 제조 업체 및 공급 업체의 제품 표준화를 구축하도록 지원하는 글로벌 협회이다. 현재 3000개 이상의 기업이 IPC 프로그램과 서비스를 이용하고 있다. 구체적인 내용은 인터넷을 통하여 확인할 수 있으며 여기서 제안하고 있는 규격을 따르는 업체와 단체등에서는 이들 규격을 쉽게 찾아보거나 계산값을 얻을 수 있도록 다양한 종류의 계산기 형태의 소프트웨어 도구를 지원하고 있다. KiCad 계산기에서 지원하고 있는 Track Width도 이와 같은 도구 중의 하나라고 보면 된다. 계산기 항목을 보면 최대 허용전류 값을 입력하면 여기에 합당한 배선 폭을 자동으로 계산하고, 역으로 배선 폭을 입력하면 허용 가능한 최대 전류 값을 계산한다.

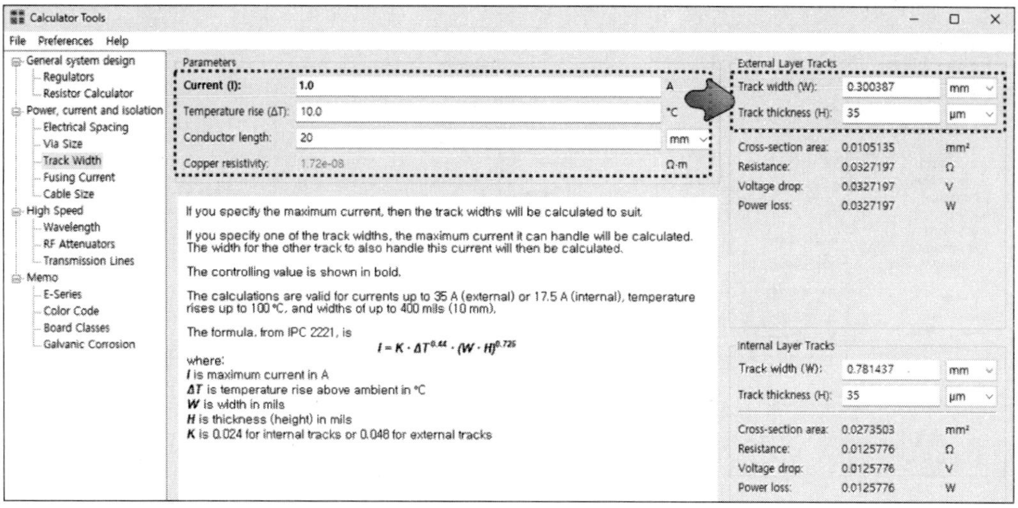

그림 7.46 PC 2221에 따른 배선 폭 계산기

계산의 허용 범위는 외부 전류의 경우 최대 값은 35A이고, 내부 전류의 경우 최대 값은 17.5A로 하고 있으며 온도 상승은 최대 100C°, 배선 폭은 최대 400mils(10mm)까지로 규정하고 있다. 이러한 규격은 IPC 2221을 따르면 그 공식은 다음과 같다.

$$I = K \times \Delta T^{0.44} \times (W \times H)^{0.725}$$

여기서 I는 최대 전류(A)이고, ΔT는 주변의 섭씨 온도를 넘어서는 온도 상승 값이다. W는 mils 단위로 표시되는 배선의 폭, H는 mils 단위로 표시되는 배선의 두께 그리고 K는 배선 상수 값으로 내부 배선에는 0.024, 외부 배선에는 0.048 값이 적용된다. 그 밖에 짧은 배선에서 순간 과전류에 대한 휴즈 전류에 대한 계산기와 배선 와이어 대한 규격에 대한 내용은 필요한 경우 참고하기 바란다.

C. 고속 처리 회로 도구

- **RF Attenuator** : RF(Radio Frequency) 감쇠기의 의미로 일반적으로 감쇠기는 신호 전력의 세기를 원하는 값 만큼 낮추어야 하는 경우에 사용하는 전자 장치로 신호의 발진을 방지하고 반사로 인한 손실을 줄이고자 하는 용도등으로 사용 범위

가 매우 다양하다. 감쇠기는 단순한 전압분배 구조의 회로로 구성되는 수동 장치이다. 각기 다른 저항으로 계단식 조정 감쇠기와 포텐시오 메터를 이용한 연속적인 감쇠기도 있다. 그리고 고주파 영역에서는 정밀하게 매칭된 낮은 VSWR 저항 회로가 이용되기도 한다. 회로 내에 고정형 감쇠기는 전압을 낮추고 전력을 분산시키면서 궁극적으로는 임피던스 매칭을 개선하는 효과가 있다.

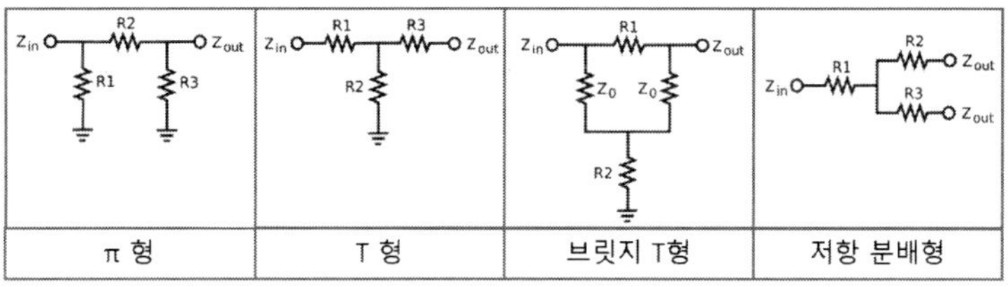

그림 7.47 RF 감쇠기의 종류

감쇠기에 사용되는 기본적인 회로의 구조는 파이(Π)형과 T형이 있는데 KiCad Calculator에서는 고정형으로 파이형, T형과 가변형인 Bridge T형과 단순한 저항 분배기(Resistive Splitter)형까지 원하는 형과 임피던스의 선택에 따라서 해당하는 저항소자 계산 값을 손쉽게 얻을 수 있도록 지원하고 있다.

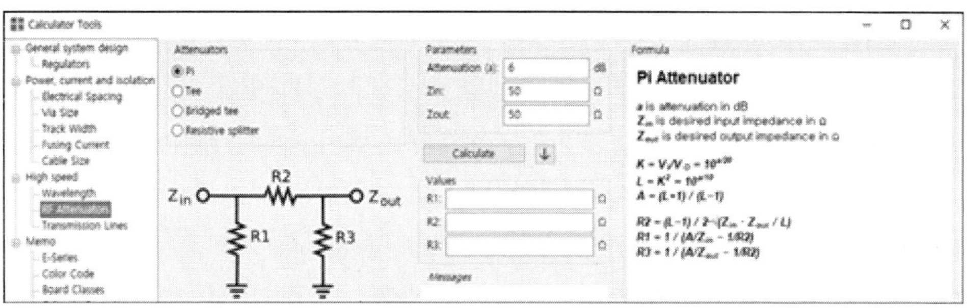

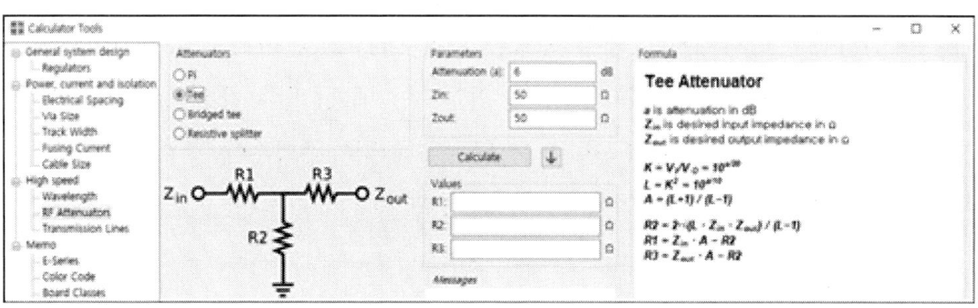

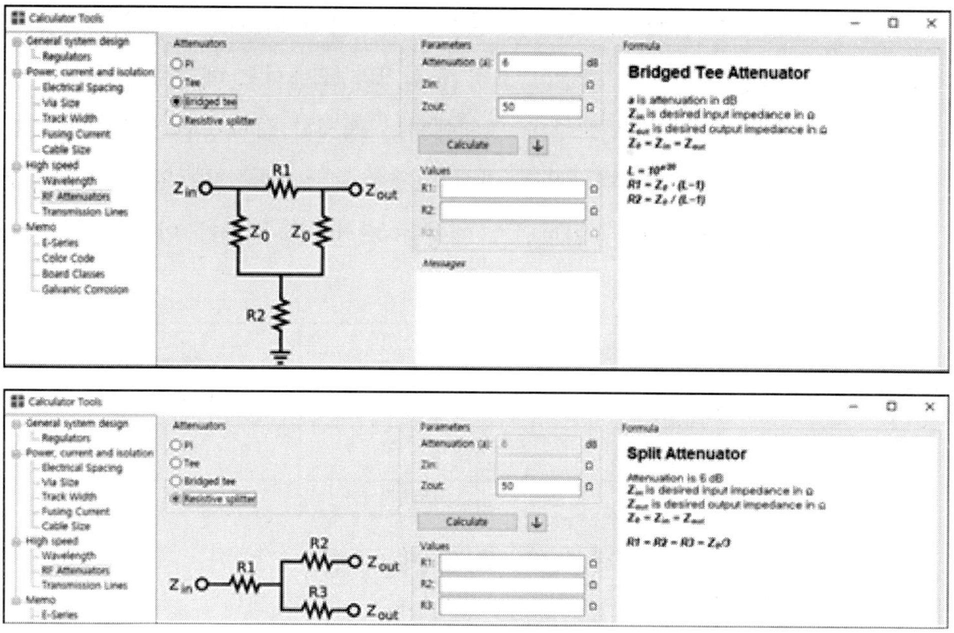

그림 7.48 감쇠기 종류별 저항 값 계산

고정형 감쇠기는 회로 내부에서 임피던스 매칭 개선, 회로의 안정성 개선과 이득의 조정을 이루고자 하는 목적을 가지고 있다. 여기서 첫 번째와 두 번째의 개선을 하게 되면 마지막 특성은 자동적으로 개선되는 특성이 있다. 반면에 가변형 감쇠기는 모양에 따라 반도체 소자의 바이어스 조정으로 연속적인 감쇠를 제어하는 방식과 고정형 감쇠기 회로의 스텝업 스위칭 방식이 있다.

감쇠기의 사용은 이와같이 입출력 신호 사이에서 신호 개선의 효과가 있지만 감쇠기가 삽입되므로서 나타나는 반사손실이 발생하는 부분에 대한 개선도 함께 이루어져야 한다.

- Transmission Line : 초고주파 공학이나 RF 안테나 공학등에서 전송선로와 관련된 내용은 전기전자 공학에서는 매우 중요한 핵심 이론이다. 따라서 계산기에서는 전송선로의 다양한 유형을 선택하고 여기에 필수적인 매개 변수 값을 선택할 수 있도록 계산 결과를 제공하고 있다. 구현된 모델들은 대부분 주파수에 종속적인 성질을 띠기 때문에 충분한 고주파 대역에서의 단순 모델들과는 다른 것으로 보면 된다.

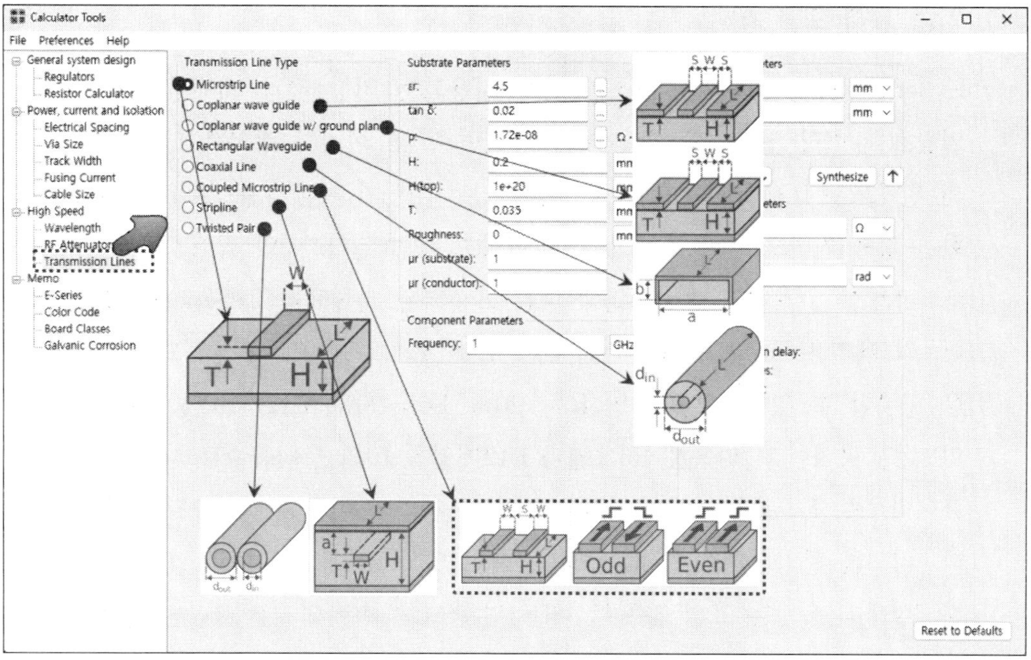

그림 7.49 Transmission Line의 종류와 모양

계산기에서 다루는 내용은 Transcalc에 근거를 두고 만들어졌는데 여기서 언급하고 있는 Transcalc는 RF와 초고주파 전송선로의 전기적인 속성과 물리적인 속성을 계산하기 위한 분석과 합성을 위한 도구라고 할 수 있다. 여기서 소개하고 있는 전송선로의 형식과 이들에 대한 수학적 모델의 기준은 아래와 같다.

- 마이크로스트립 선로(Microstrip line)
- 동일 평면 도파관(Coplanar wave guide)
- 접지면이 있는 동일 평면 도파관(Coplanar wave guide with ground plane)
- 장방형 도파관(Rectangular wave guide)
- 동축 선로(Coaxial line)
- 결합 마이크로스트립 선로(Coupled microstrip line)
- 스트립라인(Stripline)
- 상호 꼬임 쌍(Twisted pair)

D. 각종 규격 도구

- **E-Series** : IEC 60063은 2015년 자주 사용되는 저항 값과 캐패시터 값에 대한 일람표를 미리 정의해 놓은 것이라고 보면 된다. 여기서 정의하고 있는 숫자 값의 일람표는 IEC 60062에서 표기하고 있는 저항과 캐패시턴스로 표기하고 부호화한 값을 기반으로 한 표준화 된 값이라고 보면 된다. 이와 같이 저항은 오차(공차,허용차)를 고려해서 등비수열에 따른 표준화된 분류표를 E-Series로 부르고 있다. 각 계열은 E1, E3, E6, E12, E24, E48, E96, E192로 구분하고 오차로 계열을 구분할 수 있다. 예를 들면 E3 > 20%, E6 = 20%, E12 = 10%, E24 = 5%, .. 와 같은 방식이다. 다음은 E6계열과 E12계열을 10의 등비급수로 나눈 값의 일람표이다. 즉, E 뒤에 오는 숫자를 10단위 구간의 등비급수 간격으로 사용한 값이다. 이러한 등비급수의 간격은 캐패시터의 양산과정에도 그대로 적용이 되고 있다. 실제 사용되는 표의 값들이 다소 편차(E12의 표에서 굵은 글씨의 값)를 보이는 값들이 있는데 사사오입의 결과인 것으로 판단된다. 따라서 표를 이용하는 사용자는 실제 양산 단계에서 적용되는 값을 이용하는 것으로 이해하는 것이 좋겠다.

KiCad에서 제공되는 Calculator를 이용하는 경우 E시리즈의 선택에 따라 실제로 저항 값이 없는 경우 2개, 3개, 4개의 저항을 조합한 결과를 보여주고 있다. 대부분 적절한 값으로 결과를 도출하고 있으나 몇몇 구간에 대하여는 아쉽게도 완벽한 결과를 보여주지 못하는 부분도 있는 것으로 확인되고 있다.

표 7.5 E6와 E12 계열의 저항 값에 대한 등비급수 표

E3	$10^{\frac{0}{3}}$				$10^{\frac{1}{3}}$				$10^{\frac{2}{3}}$			
	1				2.2				**4.7**			
E6	$10^{\frac{0}{6}}$		$10^{\frac{1}{6}}$		$10^{\frac{2}{6}}$		$10^{\frac{3}{6}}$		$10^{\frac{4}{6}}$		$10^{\frac{5}{6}}$	
	1		1.5		2.2		3.2		**4.7**		6.8	
E12	$10^{\frac{0}{12}}$	$10^{\frac{1}{12}}$	$10^{\frac{2}{12}}$	$10^{\frac{3}{12}}$	$10^{\frac{4}{12}}$	$10^{\frac{5}{12}}$	$10^{\frac{6}{12}}$	$10^{\frac{7}{12}}$	$10^{\frac{8}{12}}$	$10^{\frac{9}{12}}$	$10^{\frac{10}{12}}$	$10^{\frac{11}{12}}$
	1	1.2	1.5	1.8	2.2	2.6	**3.3**	**3.9**	**4.7**	5.6	6.8	**8.2**

따라서 사용자는 결과 값을 참고하되 등비 급수표를 보는 방법을 완벽하게 이해를 한 다음 상호 보완하는 방법으로 이용하는 것이 좋겠다. 이전 버전에서

KiCad 계산기의 결과 값이 최적의 해를 찾지 못한 결과를 보이는 경우가 있었는데 새로운 버전에서는 계산 기능이 없어졌다.

- **Color Code :** 저항 몸통에 입혀져 있는 색상을 이용하여 저항 값을 계산해 주는 것으로 오른쪽 끝의 색상은 오차율을 10%, 5%, 2%, 1%, 0.5%, 0.25%, 0.05%의 간격으로 표시한다. 아래의 그림은 4.7k 오옴의 저항 띠 색상의 계산 결과다. 저항의 색상 코드 값의 참조 테이블로 오차 10/5%와 2%이하는 옵션으로 선택해서 띠 테이블 참조할 수 있도록 구성 되어 있다.

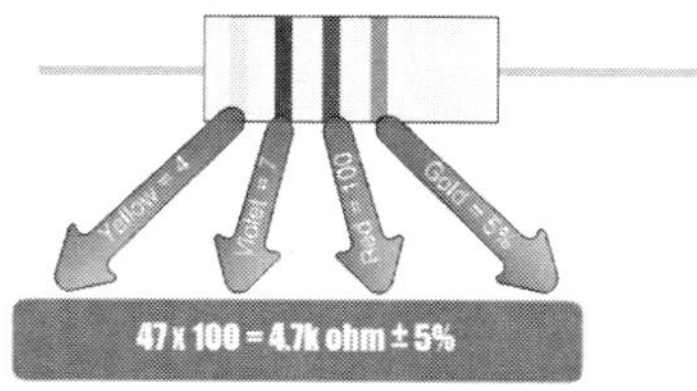

그림 7.50 저항 띠 색상 값 계산

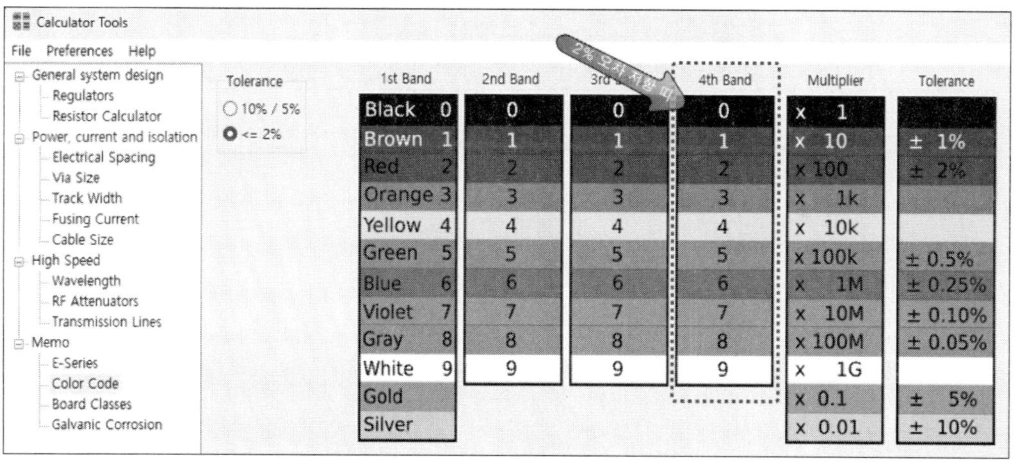

그림 7.51 저항 계산용 색상 테이블

- **Galvanic Corrosion :** PCB 기판의 성능을 나타내는 클래스 등급의 내용이 없어지고 새롭게 추가된 내용이다. PCB 구성 재료 물질인 다양한 금속과 합금 사이에서 발생하는 전기화학적 전위 값을 나타내는 테이블을 제공하고 있다. 접촉하는 다양한 금속과 주변 조건에 따라서 부식이 발생하는데 이것을 Galvanic 부식

이라고 한다. 금속이 전기화학적 쌍을 이룰 때 Anode는 산화되어 부식이 발생하지만 Cathode는 용해된 금속으로 도금이 되어 보호 상태를 유지한다. 플러스 숫자는 해당 행이 Anode이고, 해당 열이 Cathode임을 나타내는데 따뜻한 색조와 차가운 색조로도 표시가 되어 있다.

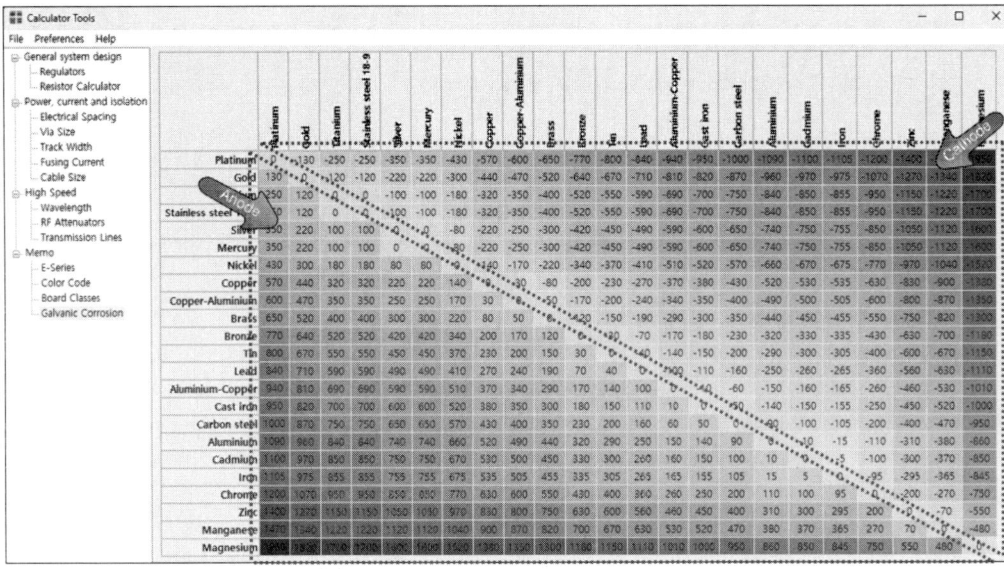

	Platinum	Gold	Titanium	Stainless steel 18-9	Silver	Mercury	Nickel	Copper	Copper-Aluminium	Brass	Bronze	Tin	Lead	Aluminium-Copper	Cast iron	Carbon steel	Aluminium	Cadmium	Iron	Chrome	Zinc	Manganese	Magnesium
Platinum	0	-130	-250	-250	-350	-350	-430	-570	-600	-650	-770	-800	-840	-940	-950	-1000	-1090	-1100	-1105	-1200	-1400	[illegible]	[illegible]
Gold	130	0	-120	-120	-220	-220	-300	-440	-470	-520	-640	-670	-710	-810	-820	-870	-960	-970	-975	-1070	-1270	-1340	-1820
[illegible]	250	120	0	0	-100	-100	-180	-320	-350	-400	-520	-550	-590	-690	-700	-750	-840	-850	-855	-950	-1150	-1220	-1700
Stainless steel	[illegible]	120	0	0	-100	-100	-180	-320	-350	-400	-520	-550	-590	-690	-700	-750	-840	-850	-855	-950	-1150	-1220	-1700
Silver	350	220	100	100	0	0	-80	-220	-250	-300	-420	-450	-490	-590	-600	-650	-740	-750	-755	-850	-1050	-1120	-1600
Mercury	350	220	100	100	0	0	-80	-220	-250	-300	-420	-450	-490	-590	-600	-650	-740	-750	-755	-850	-1050	-1120	-1600
Nickel	430	300	180	180	80	80	0	-140	-170	-220	-340	-370	-410	-510	-520	-570	-660	-670	-675	-770	-970	-1040	-1520
Copper	570	440	320	320	220	220	140	0	-30	-80	-200	-230	-270	-370	-380	-430	-520	-530	-535	-630	-830	-900	-1380
Copper-Aluminium	600	470	350	350	250	250	170	30	0	-50	-170	-200	-240	-340	-350	-400	-490	-500	-505	-600	-800	-870	-1350
Brass	650	520	400	400	300	300	220	80	50	0	-120	-150	-190	-290	-300	-350	-440	-450	-455	-550	-750	-820	-1300
Bronze	770	640	520	520	420	420	340	200	170	120	0	-30	-70	-170	-180	-230	-320	-330	-335	-430	-630	-700	-1180
Tin	800	670	550	550	450	450	370	230	200	150	30	0	-40	-140	-150	-200	-290	-300	-305	-400	-600	-670	-1150
Lead	840	710	590	590	490	490	410	270	240	190	70	40	0	-100	-110	-160	-250	-260	-265	-360	-560	-630	-1110
Aluminium-Copper	940	810	690	690	590	590	510	370	340	290	170	140	100	0	-10	-60	-150	-160	-165	-260	-460	-530	-1010
Cast iron	950	820	700	700	600	600	520	380	350	300	180	150	110	10	0	-50	-140	-150	-155	-250	-450	-520	-1000
Carbon steel	1000	870	750	750	650	650	570	430	400	350	230	200	160	60	50	0	-90	-100	-105	-200	-400	-470	-950
Aluminium	1090	960	840	840	740	740	660	520	490	440	320	290	250	150	140	90	0	-10	-15	-110	-310	-380	-860
Cadmium	1100	970	850	850	750	750	670	530	500	450	330	300	260	160	150	100	10	0	-5	-100	-300	-370	-850
Iron	1105	975	855	855	755	755	675	535	505	455	335	305	265	165	155	105	15	5	0	-95	-295	-365	-845
Chrome	1200	1070	950	950	850	850	770	630	600	550	430	400	360	260	250	200	110	100	95	0	-200	-270	-750
Zinc	1400	1270	1150	1150	1050	1050	970	830	800	750	630	600	560	460	450	400	310	300	295	200	0	-70	-550
Manganese	1470	1340	1220	1220	1120	1120	1040	900	870	820	700	670	630	530	520	470	380	370	365	270	70	0	-480
Magnesium	[illegible]	1820	1700	1700	1600	1600	1520	1380	1350	1300	1180	1150	1110	1010	1000	950	860	850	845	750	550	480	0

그림 7.52 금속, 합금의 갈바닉 부식에 따른 전기화학적 전위차 테이블

08

라이브러리 관리 규칙 및 지침

8장에서 설명되는 내용은 사용자 입장에서 부품의 데이터 시트 규격을 정하고 직접 라이브러리를 만들어야 하는 상황이 아니라면 다음 장으로 건너뛰어도 된다. KiCad에서 취급되는 심볼과 풋프린트 라이브러리는 공식적인 라이브러리로 적용이 되도록 각종 요구조건과 가이드 라인을 제공하는 협약기구로 KLC(KiCad Library Convention)이 있다. 여기서 제공되는 지침을 따르게 되면 사용자 측에서도 필요한 경우 신규 라이브러리의 제출과 갱신을 쉽게 할 수 있다. 따라서 KLC는 법적인 의미의 규칙이라기 보다는 일종의 안내자의 역할을 하는 것으로 보면 된다. 전자부품을 다루는 라이브러리는 매우 다양하고 복잡하기도 하며 라이브러리를 관리하는 팀의 요구에 따라 예외적인 부분이 있을 수 있다. 따라서 KLC에서는 부품의 데이터 시트나 제조업체의 권장사항에서 벗어나는 경우 합당한 이유가 있지 않다면 데이터 시트를 우선적으로 적용하도록 하고 있다. KLC의 협약 내용이 불분명한 경우라면 기존의 라이브러리 부품의 협약내용에 맞추어가야 하며 아니면 분명한 규약을 찾아보아야 한다. KiCad 라이브러리를 구축해가는 과정에 기여하기 위한 방법에 대한 안내는 기여자가 따라야하는 지침을 참조하도록 하자.

https://www.kicad.org/blog/2025/10KiCad-9.0.6-Release/

KiCad의 라이브러리 지원 팀에서는 신규 라이브러리가 KLC 요구사항을 준수하는 경우 도움말 내용을 지원할 수 있도록 해당 내용을 Python 스크립트로 개발을 하고 있다. 즉, 신규 라이브러리로 통합하는 과정에서 기여자의 라이브러리는 Python 스크립트를 이용해서 자동적으로 검사를 받게 된다는 의미이다. 라이브러리로 제출하기 전에 본인의 컴퓨터에서 직접 이 스크립트로 자가 검사가 가능하기 때문에 신규 라이브러리로 통합하는 과정이 매끄럽고 신속하게 이루어질 수 있다.

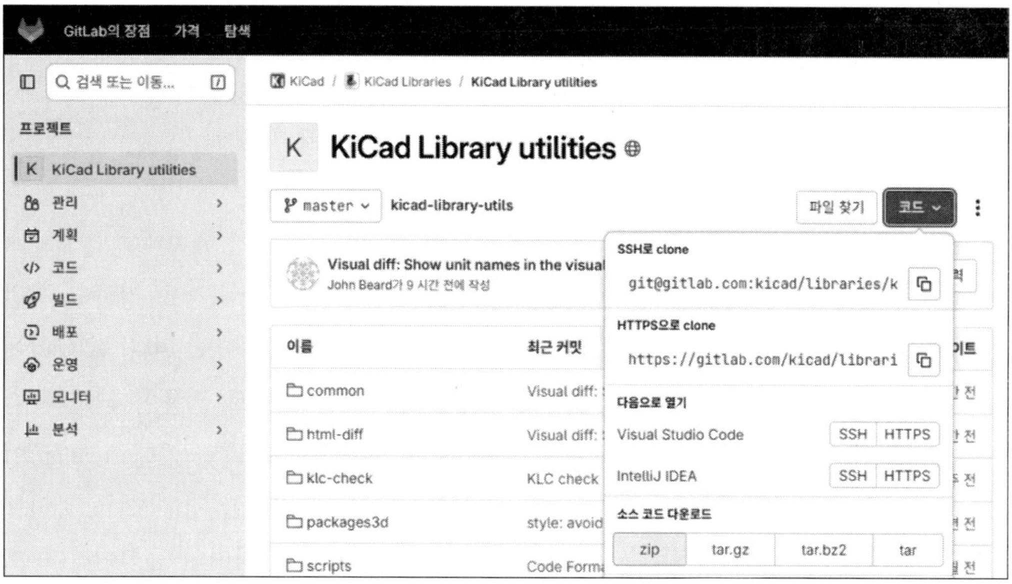

그림 8.1 KiCad 라이브러리 검사기 내려받기 화면

KLC사이트에서 Python Script 링크를 접속하면 그림 8.1과 같이 라이브러리 검사기를 다운 받을 수 있는 곳으로 접속이 된다. 윈도우 운영체제라면 “zip”파일을 다운받아서 KiCad 설치 폴더에 풀어두고 사용하면 된다. Python 스크립트 파일로 구성되어 있기 때문에 당연히 Python이 설치되어 있어야 한다. 윈도우 환경에서는 명령프롬프트를 실행하고 해당 폴더로 이동하면 Schematic 심볼, Footprint, 3D 모델등의 라이브러리를 검사할 수 있는 Python 스크립트를 확인할 수 있다.

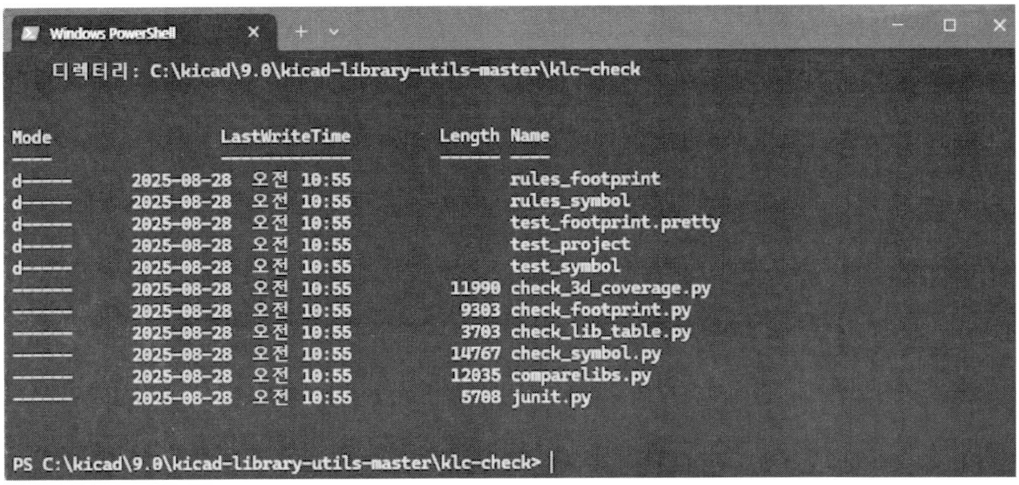

그림 8.2 Symbol, Footprint, 3D등의 검사용 파이썬 스크립트

8.1 일반 라이브러리 작성 지침

일반 라이브러리 작성지침은 모든 라이브러리("Symbols, Footprints, Models, Templates, 3D Models)에 적용이 된다.

(1) 일반 지침 사항

- **라이브러리와 부품의 이름은 표준 문자만 사용:** 파일 이름, 심볼 이름, 풋프린트 이름, 모델 이름 그리고 템플릿 이름은 공식적인 문자(알파벳 대,소문자,숫자(A~Z, a~z, 0~9), 밑줄 "_", 하이픈/대쉬 "−", 마침표 ".", 콤마 ",", 플러스 "+")만 사용이 가능하다. 공식 문자를 사용하는 경우에 아무런 문제없이 모든 파일시스템에서 호환이 된다. 그리고 파일이름과 심볼 이름에는 빈칸을 사용할 수 없다.
- **모든 라이브러리는 250개 항목으로 제한:** 250개 항목이 넘는 라이브러리는 불러오는 시간이 급증하게 된다. 따라서 이와 같이 방대한 부품 항목으로 구성을 하게 되면 라이브러리 내부에 특정 부품은 배치가 불가능해 진다. 따라서 라이브러리의 크기를 250개 항목으로 제한을 두면 라이브러리를 가져오는 시간이 빨라지고 부품들을 배치하기가 쉽다. 250개 항목을 초과하는 라이브러리는 부품의 기능에 따라서 나누기와 하위 카테고리로 묶는 작업을 해 주어야 한다.

- **기능별로 라이브러리 구성 :** KiCad에서 라이브러리는 제조 업체별로 부품(심볼, 풋프린트)을 묶지 않고 부품의 기능별로 구성하고 있다. 이와 같은 방법은 유사한 부품을 묶음 처리하기 때문에 대체품을 찾아 교체가 용이하다. 그리고 가능하면 심볼들은 라이브러리 크기를 줄이기 위해서 기존의 심볼들에서 파생된 것으로 작성하도록 한다. 또한 여러 회사에서 생산되는 일반적인 부품이 지원되도록 한다. 라이브러리 구성은 다음과 같은 일반적인 형식을 따라야 하며 각각의 형식 사이에는 밑줄 문자 "_"로 구분해서 표기한다.

  - 라이브러리 함수(Library function)
  - 라이브러리 부함수(Library sub-function)
  - 제3자격(Tertiary qualifier)
  - 제조사 이름(Manufacturer name)
  - 부품계열 이름(Component series name)
  - 추가 라이브러리 표시자(Extra library descriptors)

- **라이브러리 전체에 영어 사용 :** KiCad 프로그램의 사용자의 언어는 매주 다양하기 때문에 필요한 경우에는 이들 언어로 번역을 해야 한다. 이러한 경우 라이브러리 파일은 올바르게 번역이 되지 않는다. 따라서 라이브러리는 반드시 영어로 작성하는 것을 원칙으로 한다.(단, 일부 비영어권 제조사의 특정 부품은 예외사항을 두고 있다.) 영어의 스펠링과 문법적인 차이점이 발생하는 경우는 무조건 미국식 영어를 기준으로 한다.

Color *instead of* Colour

- **복수 이름은 사용 금지 :** 일반적으로 복수형(예 libraries,..) 이름은 사용금지다. 왜냐하면 일부 단어의 경우의 복수형은 일관성을 유지하고 있지 않기 때문이다. 아래와 같이 복수형이 아닌 이름의 표기를 따르도록 한다.

Sensor_Temperature *instead of* Sensors_Temperature
Memory_Flash *instead of* Memories_Flash

- **대문자 사용규칙 :** 약어는 반드시 대문자로 표기해야 하며 제조사의 이름은 제조사의

대문자 표기 방식을 따르도록 한다. 이름을 구분 문자"_", "-", "."로 분리해서 표기하지 않는 경우에는 연속되는 각 단어의 첫 문자를 대문자로 "CamelCase" 표기법을 따르도록 한다.

```
MCU(Microcontroller), FPGA(field programmable gate array) - 약어
Microchip, ROHM, Texas, SAMSUNG - 제조사 이름
TestPoint, BatteryHolder - CamelCase - 표기법
```

- **라이브러리는 Unix식 줄 마감 방식을 사용:** 라이브러리 파일은 Unix식 줄 마감 방식을 사용해서 GitLab에 공유가 되어야 한다. 유닉스에서는 줄 마감을 LF(Line Feed) 문자로 마감을 하지만 DOS에서는 CR+LF로 줄 마감을 하고 있다. KiCad 라이브러리 파일은 다양한 운영체제와 호환성을 유지해야하기 때문에 사용자 입장에서는 줄 마감 방식의 변경 등으로 인하여 파일에 불필요한 문제가 발생하지 않도록 하는 것이 좋다. 윈도우 운영체제를 사용하는 경우에 KiCad 라이브러리의 줄 마감은 CR+LF형식으로 자동 변환이 되지만 라이브러리 자체에서 LF형식의 줄 마감을 따르고 있다면 문제가 되지 않는다. 이러한 문제는 KiCad 라이브러리에 속성 변환파일 ".gitattributes"을 포함시켜서 해결을 하고 있다. 공식적인 라이브러리는 반드시 최근의 안정화 버전에서 작업된 것으로 공유해야 한다.

```
*.kicad_mod text=auto
```

- **치수 단위:** 부품 등의 치수를 표기할 때는 반드시 단위를 표기해 주어야 한다. 예를 들면 3mm는 millimeters이고 2in는 inches를 의미한다. 다중 치수(Length×Width×Height)로 표기해야 하는 경우에는 마지막에 부분(예 3×4×5 mm)에 단위를 표기한다. 특별한 경우가 아니라면 미터법을 사용도록 하며 선형 치수는 반드시 "millemeter"로 표기한다. 각도를 나타내는 치수는 "도(Degree)"로 표기하고 온도는 "섭씨"로 표기하도록 한다.

(2) 일반표기와 완전표기 심볼

KiCad에서는 회로상의 정확한 부분을 심볼을 이용해서 표기하고 설계과정의 마지막 과정에서는 Footprint 도구를 이용한 Footprint를 할당하는 방법으로 작업을 마무

리 한다. 이 과정에서 심볼은 일반 표기 방식이나 완전 표기 방식의 심볼을 사용한다.

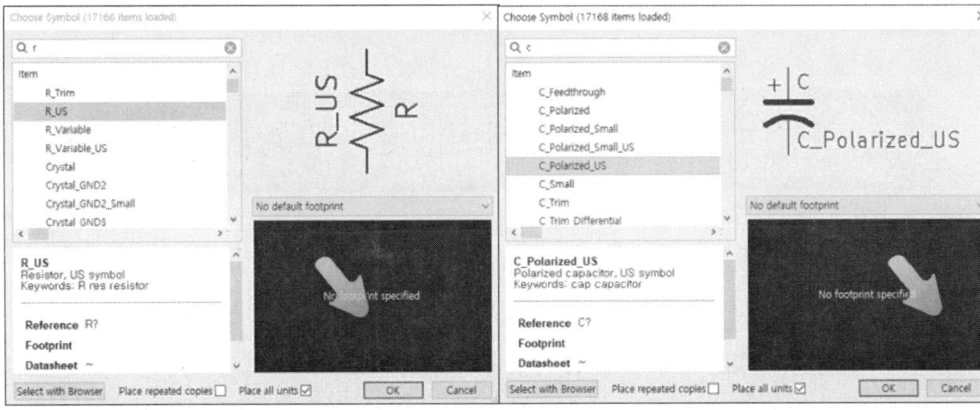

그림 8.3 저항과 캐패시터의 일반표시 심볼 : No Footprint

- **일반표기 심볼 :** 일반표기 심볼에서는 기본적인 Footprint가 할당되어 있지 않기 때문에 다수의 Footprint를 사용하는 것이 가능하다.

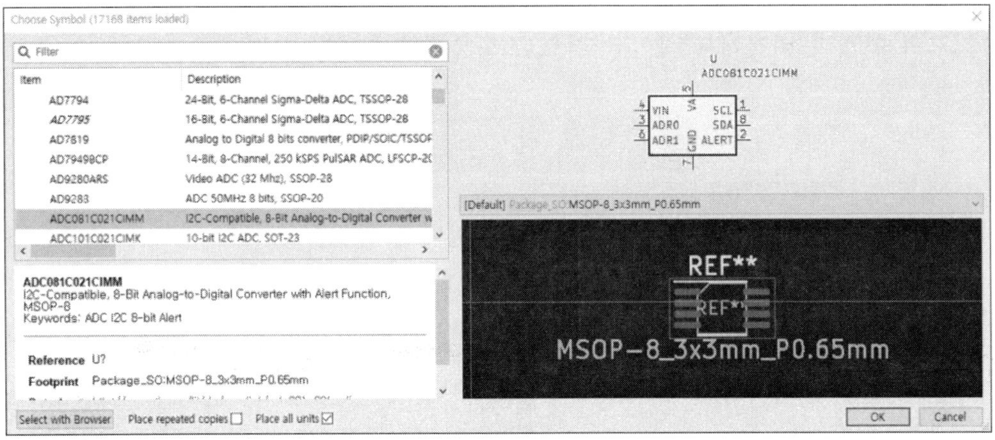

그림 8.4 완전표기 심볼 : Schematic 심볼, Footprint

따라서 일반 표기 심볼은 설계 작업을 진행할 때 조금 더 유연성을 가지고 있다. 이러한 작업 방식에서 Schematic 도면에 배치되는 심볼은 특정 부품에 맞춤을 하는 대신 사용자의 의도에 맞는 기능에 따라 선택하면 된다. 그리고 정확한 부품번호를 선택하면 나중에 Footprint를 할당 할 수 있다. 일반표기 심볼은 많은 수의 결합된 부품을 나타낼 수 있도록 라이브러리 심볼에 작은 수의 번호를 사용한다.

- **완전표기 심볼 :** 완전표기 심볼에는 제조사의 부품번호 MPN(Manufacturer Part Number)를 기반으로 하는 이름과 심볼에 일치하는 Footprint까지 할당되어 있다. 따라서 이러한 심볼은 사용자가 나중에 Footprint를 할당해 주지 않아도 되며 필요에 따라서는 교체 가능한 Footprint를 목록에서 Filter 기능을 이용하여 찾아서 사용하는 것도 가능하다. 완전표기 심볼이 하나의 부품에 특화된 Footprint를 갖는 경우를 "Atomic Part"라고 부르는데 이러한 부품으로 이루어진 라이브러리를 "Atomic Library"로 부르기도 한다. 혼란스럽게도 일부 사용자는 완전표기 심볼을 "Atomic Symbol"로 언급하기도 한다. KiCad에서 공식 라이브러리라 함은 일부 일반표기 심볼을 갖는 라이브러리를 제외한 모든 라이브러리가 완전표기 심볼이라고 보면 된다. 이러한 완전표기 심볼은 "Device", 모든 "Connector" 라이브러리와 논리소자등의 모든 라이브러리(예 74xx, 4xxx, ...)를 의미한다.

8.2 Schematic 심볼 지침 : Symbols, Symbol Library

Schematic에서 사용되는 심볼과 심볼 라이브러리에 적용되고 있는 지침에 대하여 구체적인 내용을 확인해 보도록 하자.

(1) 심볼 라이브러리

심볼 라이브러리는 다음과 같은 우선 순위의 기능에 따라 분류가 되어야 한다. 이때 각각의 기능은 밑줄 "_"문자를 조합하여 표현하며 필요하지 않은 경우는 일부 요소를 생략할 수 있다.

- 기능 : 예 MCU, Sensor, Amplifier
- 부기능 : 예 CurrentSense, Temperature
- 제조사 이름 : 예 Microchip, Atmel, SAMSUNG
- 심볼계열이름 : 예 PIC32, STM32
- 추가 라이브러리 표시자 : 예 Deprecated

실제 심볼 라이브러리의 이름은 다음과 같이 만들어 진다.

- MCU_Microchip_PIC32 : Microchip사의 마이크로 콘트롤러 PIC32
- Driver_Motor : 모터 드라이버
- Sensor_Temperature : 온도 센서

(2) 심볼 이름 작업

심볼 이름의 작업 지침으로 기능이 없는 내용은 와일드카드로 처리하거나 다중 Footprint가 필요한 경우는 개별적으로 Footprint 심볼을 만들어서 등록한다.

- **일반표기 심볼 이름 작업지침 :** 라이브러리 이름은 심볼 이름과 중복되지 않아야 하고 만일 다수의 제조사에서 사용하는 심볼 이름이 동일한 경우에는 우선적으로 제조사의 이름을 먼저 표기한다. 완전표기 심볼의 이름은 제조사의 부품 번호를 근거로 작업을 한다. 다수의 제조사에서 호환 부품을 생산하는 경우에는 부품 번호의 접미어가 다르게 표시가 되지만 이때는 공통적인 부품번호만 취하고 끝에 붙은 접미어는 떼어내고 사용한다. 그리고 MPN의 기능분류가 되지 않은 부품은 와일드 "*"로 대신해서 표현한다. 일반표기 심볼에서 공통 부품에 대해서는 줄여서 표기(예 Connector →Conn)하는 것이 가능하고 참조 표시자(예 R, C, LED)를 대신해서 사용할 수도 있다. 심볼 다수가 배열되어 있는 형태에는 배열 숫자를 표기(예 8개 어레이 저항→Resistor_x8)하고 원래의 심볼을 수정한 경우(예 트랜지스터의 핀 순서가 다른 경우 Q_NPN_CBE, Q_NPN_BCE,Emitter,Base,Collector의 순서를 뒤에 표기)는 뒷부분에 변경된 사유를 붙인다. 단일 단위로 되어 있는 심볼이 다수의 단위의 형태로 변종이 생긴 경우에는 접미어로 "_Split"을 붙여준다.

- **부품번호에 기능이 없는 부분은 와일드카드 처리 :** 제조사의 부품 번호에는 기능과 관련이 없는 부분에 대한 내용도 포함되어 있다. 예를 들면 부품의 온도 변화율, 패키지 정보(예 Reel, Tray, Tape)나 RoHS/PbFree와 같은 내용이다. 부품의 관련 내용을 파악하고 있는 경우에는 이러한 파생적인 정보는 가능하면 간소화시킬 필요가 있다. 제조사 부품번호는 이러한 기능과 관련이 없는 정보는 와이드카드 "*"로 대체가 되는 옵션으로 처리가 가능하다. 만일 이러한 비 기능적 부분이 심볼 이름의 마지막

부분에 표시되어 있는 경우에는 와일드카드를 사용하지 않는다.

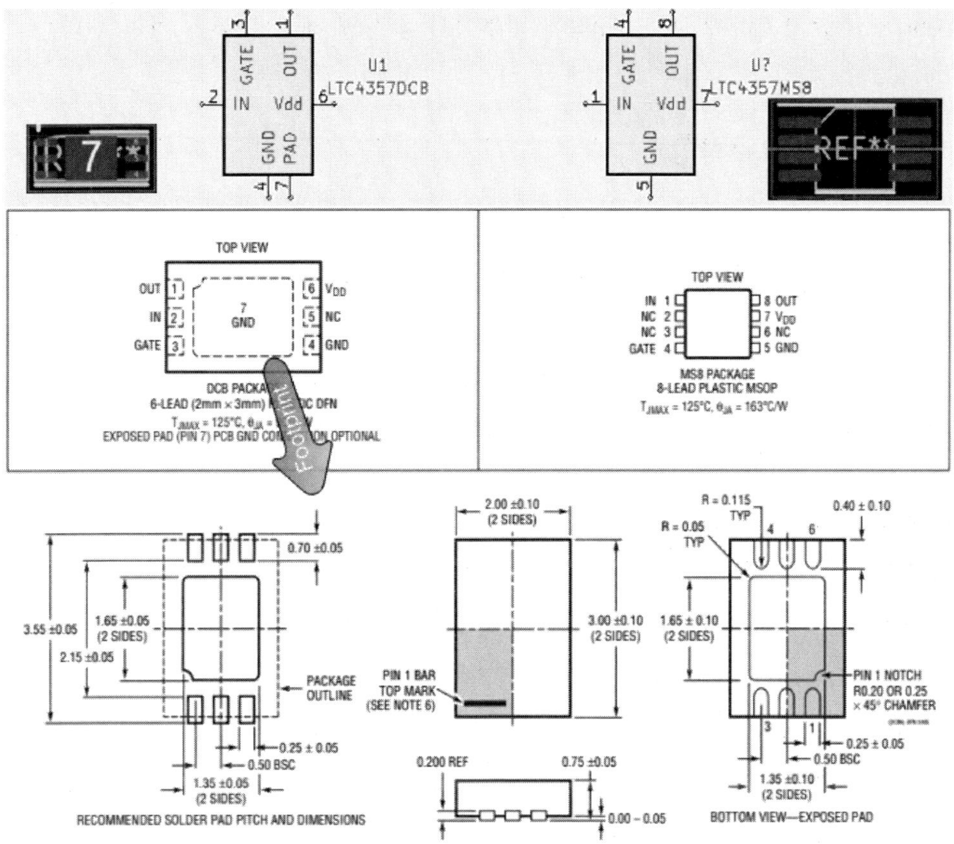

그림 8.5 DCB 패키지 데이터 시트규격: DFN-6-패키지를 수정해서 사용

- **다중 Footprint를 사용하는 경우 개별 Footprint에 대한 심볼 그리기:** 대부분의 전자부품은 다중 패키지로 제공되는데 이러한 경우 핀의 호환성은 불확실할 수 있다. 완전 표기 심볼에서는 모든 패키지에 대하여 하나의 분리된 심볼이 필요하다. 심볼의 핀들이 호환되는 경우에는 기존의 심볼이 가지고 있는 기능을 이용해야 한다. KiCad의 Footprint는 적용되는 3D 모델과 1:1의 대응 관계를 갖는다. 그리고 Footprint가 동일하더라도 3D 모델이 기능적으로 차이점을 갖는 경우에는 다수의 Footprint가 필요하다. 아래 그림에서 LTC4357의 핀 규격은 패키지에 따라서 다른 모양을 가지고 있다. DCB 패키지는 6개의 핀과 몸통 중앙에 7번 GND Pad가 있고, MSB 패키지는 일반 적인 8핀 구조로 "MSOP-9_3×3mm_P0.65mm"인 Footprint가 기

본 값으로 할당되어 있다. 그러나 DCB 패키지의 기본 Footprint는 제공되지 않기 때문에 패키지 규격과 유사한 “DFN-6-1EP_3×2mm_P0.5mm_EP1.65×1.35mm”인 Footprint를 가져다가 DCB 규격에 맞추어서 수정을 해서 등록을 하면 된다.

(3) 일반 심볼 요구사항

일반적으로 부품의 중앙 위치가 원점으로 되어 있고 텍스트는 50mils 크기로 일반 문자를 사용해야 한다. 핀의 이름이나 핀 번호는 텍스트 크기를 따라도 되고 심볼이 매우 작은 경우에는 20mils 정도의 크기를 사용할 수도 있다. 심볼을 만드는 경우 외곽선 형태와 몸통을 특정 색상으로 채우는 방법이 있으며 복잡한 기능을 갖는 심볼의 경우에는 기능을 나타내는 단순한 형태의 다이어그램을 사용하는 것도 가능하다.

- **심볼 중앙 위치의 원점 :** 대칭 구조를 갖는 심볼의 경우 심볼 편집기에서 심볼의 중앙 위치를 원점 (0,0)으로 한다. 비대칭 구조를 갖는 심볼의 경우나 핀의 간격이 100mils 그리드 간격을 넘어서 이동하는 경우는 예외이다. 이런 경우에는 핀 그리드 요구사항을 지키면서 최대한 원점에 가깝게 배치하도록 한다. 심볼의 몸체는 10mils (0.254mm)의 선폭으로 작성해야하며 기능을 숨기기 모드로 하는 IC의 블랙박스는 반드시 몸체에 배경색을 적용해야 한다. 디스크리트 부품이나 모양 구분이 분명한 단순 부품의 경우는 배경색을 채우지 않도록 한다. 배경 색상이 채워진 MCU심볼과 외곽선으로 구성된 단순 부품인 레조네이터 심볼의 비교는 다음과 같다.

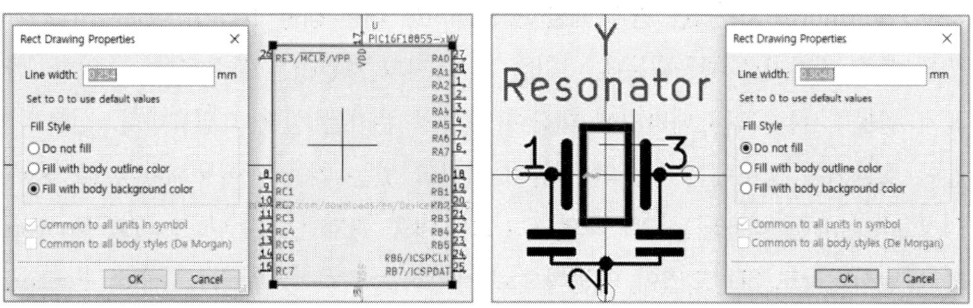

그림 8.6 단순 외곽선 모양 심볼과 몸통 배경 색상을 갖는 MCU 심볼

- **복잡한 기능을 갖는 심볼 :** 심볼이 복합적인 기능을 갖는 경우는 이러한 기능을 나타

내는 다이어그램 모양을 심볼 내부에 배치하기도 한다. 이러한 심볼은 Schematic 도면 작업시 회로에 대한 직관적인 이해를 돕는 역할을 한다. 그러나 마이크로콘트롤러와 같이 다양한 기능을 갖는 부품에는 이러한 다이어그램과 같은 기능 그림은 추가하지 않는다. 그리고 심볼 핀의 연결점은 반드시 심볼의 외부 위치에 배치한다.

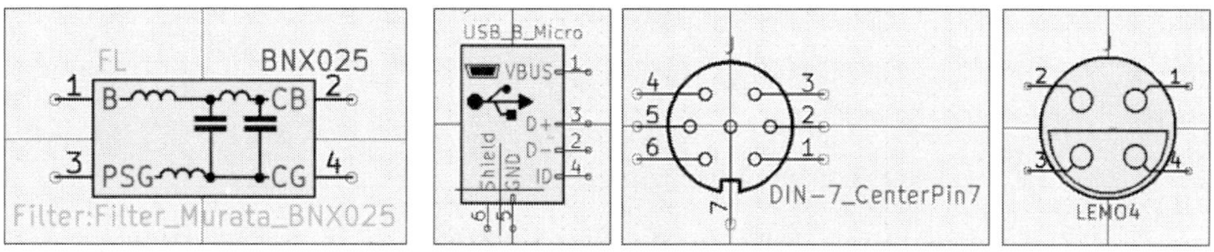

그림 8.7 다이어그램을 포함한 심볼과 심볼 외부에 배치된 핀 연결점

- **심볼 핀의 위치와 핀 번호 작업 :** 심볼 핀의 위치까지 거리는 50mils(1.27mm)을 넘어가지 않도록 하고 반드시 20mils(0.508mm) 이내로 설정하도록 한다. 간혹 특수한 심볼 구조의 경우에는 이러한 지침을 벗어나는 경우도 있다. 노출된 패드를 갖는 IC부품과 같이 전용 패드에 대하여 핀 번호 작업을 하는 경우에 노출된 패드는 Footprint의 핀 번호보다 하나 정도 큰 값으로 시작하도록 한다. 노출된 패드가 한개인 SOIC-8패키지의 경우 노출 Pad에는 숫자 “9”가 할당 된다. 차폐 부품의 경우에는 차폐 연결용 핀 번호로 “SH”를 사용하는데 커넥터의 경우 이 핀은 반드시 케이블

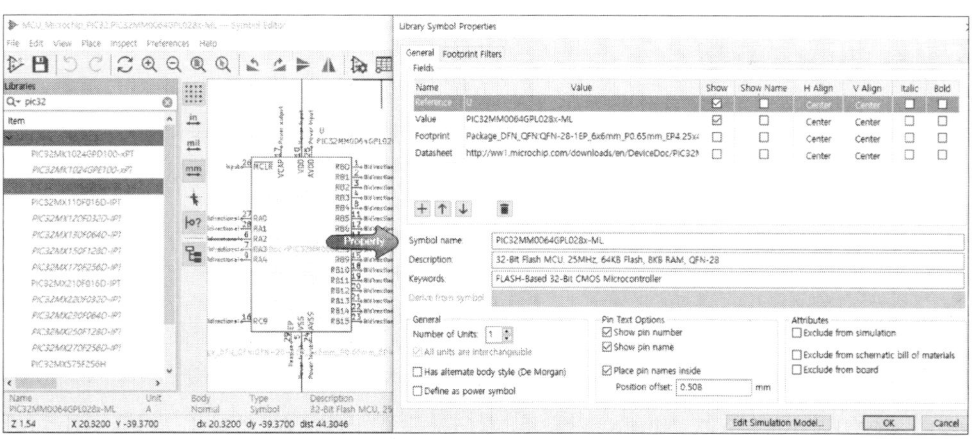

그림 8.8 심볼 위치 변위 값 및 속성

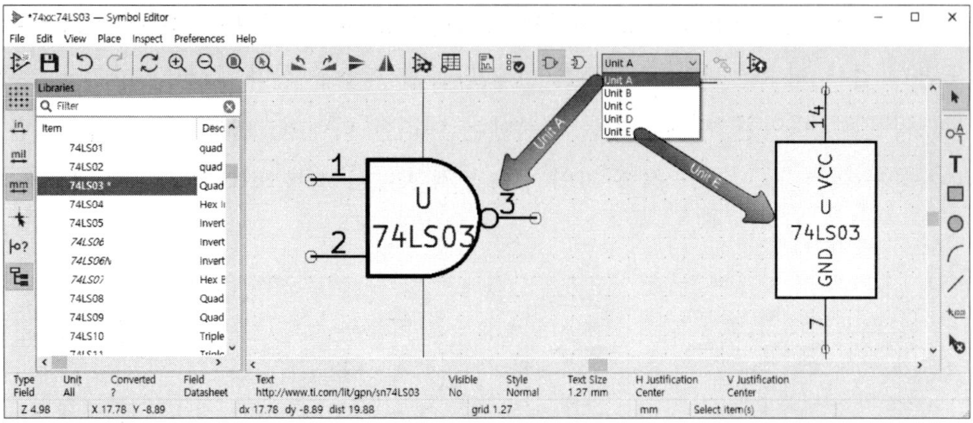

그림 8.9 다수 모듈로 구성된 74LS03 심볼 : 논리장치-A, B, C, D, E(전원장치)

의 차폐 부분에 연결되어야 한다. 전기적인 용도가 없는 기구 고정용 Pad를 포함하고 있는 부품은 핀 번호로 "MP"를 사용한다. 그리고 도금이 되지 않은 스루홀에는 어떠한 Pad 번호도 할당되지 않는다.

- **다수 모듈로 구성된 심볼 :** 그림 8.9는 기본 단위 기능을 담당하는 여러 개의 논리모듈이 각각 분리되어 그려져서 하나의 대표 심볼을 이루고 있는 것을 의미한다. 이러한 기본 단위 모듈은 공통의 전원 핀을 공유하면서 개별적인 논리장치로 그려진다. 이러한 방식은 하나의 모듈을 갖는 심볼에는 해당되지 않으며 전원 핀은 논리 핀과 동일한 심볼 안에 포함되어 있어야 한다.

(4) 심볼 핀 요구사항

심볼 핀의 요구사항에는 일반 지침과 기능별로 여러 개의 핀을 묶어서 단일 네트에 연결하는 지침, 전기적 형식을 지정해야 하는 핀의 지침 그리고 심볼에서 생략되는 핀이나 숨김 모드 핀에 대한 지침이 있다.

- **심볼 핀의 일반요구 사항 :** 100mils(2.54mm)의 그리드를 사용할 때는 핀의 원점은 반드시 그리드의 마디에 위치하도록 한다.(IEC-60617) 핀의 길이는 최소 100mils의 길이 값을 가져야 하며 50mils 단위로 길이를 증가시킬 수 있다. 그리고 핀 번호에 있는 문자의 수가 핀의 길이를 결정하게 된다. 예를 들면 핀 번호에 두 개의 문자가 있는 경우는 100mils의 핀 길이를 사용하고 세 개의 문자가 있는 경우에는 150mils

의 핀 길이를 사용하면 된다. 여기서 핀의 길이는 300mils(7.62mm)을 초과할 수 없다. 그러나 저항이나 캐패시터와 같은 단순한 심볼의 디스크리스 소자에는 짧은 핀의 사용이 가능하다. 심볼에 표기되는 핀의 길이는 모두 같아야 하고 중복된 번호의 사용은 불가능하다.

- **심볼에 사용된 유사기능 심볼 그룹 :** 심볼에 사용하는 핀은 이것에 해당하는 Footprint에서 물리적인 위치를 그대로 사용하기 보다는 유사한 기능의 핀을 그룹 형태로 묶어서 표현하는 것이 효과적이다.

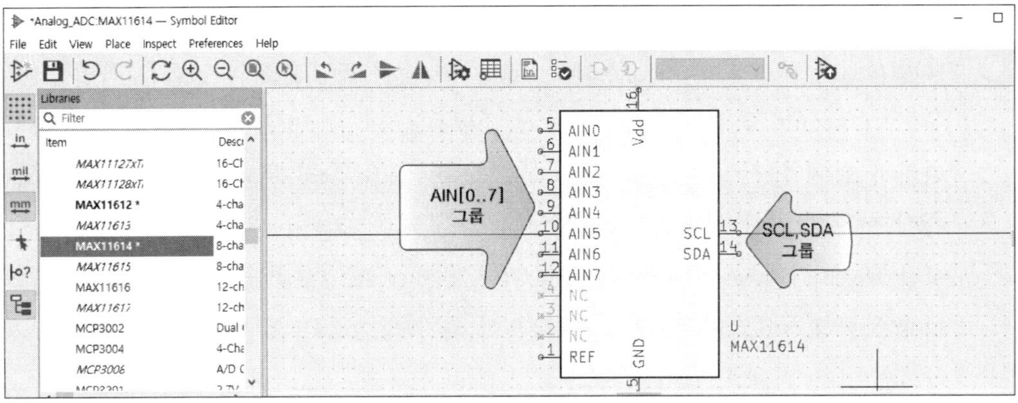

그림 8.10 유사기능 심볼 핀의 그룹

이러한 방법으로 핀의 위치를 결정하게 되면 Schematic에서 배선된 심볼의 연결관계를 이해하는데 많은 도움이 된다. 아래의 "MAX11614" 심볼에서 핀 배열을 보면 포트 AIN0부터 AIN7까지 하나의 묶음 배치가 되어 있고, NC 핀이 세 개가 하나의 그룹으로 묶여서 배치가 되어 있다. SCL과 SDA도 시리얼 데이터 포트로 한 곳에 배치가 되었고 "+" 전원은 맨 위에 "Vdd"로 배치하고 "−"전원은 맨 아래에 "GND"로 배치가 되어 있다.

- **심볼 핀 묶음 지침 :** 다수의 핀들이 한 개의 논리적 네트에 연결이 되는 Footprint를 갖는 심볼들이 많이 있다. 이러한 경우 사용자는 회로도에서 한 개의 핀만 연결하면 되고 PCB에서 배선을 하면 해당하는 물리적인 핀에 자동으로 연결이 된다. 이러한 과정은 회로도의 혼란을 방지하고 배선의 책임을 설계자가 아닌 라이브러리의 문제로 해결하기 위한 목적이라고 보면 된다. KiCad에는 특정 심볼 핀을 다수의

Footprint 핀에 매칭을 시키는 쉬운 방법은 없다. 따라서 다음과 같은 지침을 통해서 이러한 심볼에 대한 문제를 해결하면 된다. KiCad의 배선 알고리즘에 따라 회로도에서 동일한 위치를 공유하고 있는 핀들은 상호 연결이 된 것으로 인정 된다. 따라서 이러한 핀들은 다음과 같은 특별한 상황에서만 동일 장소에 위치할 수 있다.

- 핀들은 “No Connect” 형식이면 안 된다.
- 전원 공급 핀들은 모든 핀에 디커플링 캐패시터가 필요하지 않은 경우 반드시 묶음 처리를 해야 되며 이러한 핀들은 심볼 내부에서 논리적으로 연결된다.
- 핀들의 이름은 모두 동일해야 하고 전기적인 형식도 같아야 한다.
- 묶음 핀들 중 하나는 반드시 보임 상태여야 한다.(나머지 핀들은 숨김모드)
- “Output, Power Output, Power Input”과 같은 전기형식의 핀들은 특별한 경우로 “Output” 혹은 “Power Output” 핀들을 연결하면 ERC 에러가 발생한다. 따라서 함께 연결해야하는 “Output” 핀들은 묶음 처리가 되어야 한다. 이 경우 숨김 모드로 되어 있는 핀들의 형식은 “Passive” 상태가 된다.
- 숨김 모드의 “Power Input” 핀들은 전역 라벨(Global Label)로 되어 있는데 이것은 피해야 한다. 이러한 이유로 이들 묶음의 숨김 모드 핀들은 전기적으로 “Passive” 형식을 따라야 한다.

• **심볼 핀의 전기형식 :** 심볼 핀의 전기적 형식은 그림 8.11과 같이 적절하게 핀 기능과 일치하도록 설정해 주어야 한다. 전원과 접지 핀들은 반드시 “Power Input”이나 “Power Output”으로 설정해야 하며 로직 핀들은 데이터시트의 요구사항에 따라 설정

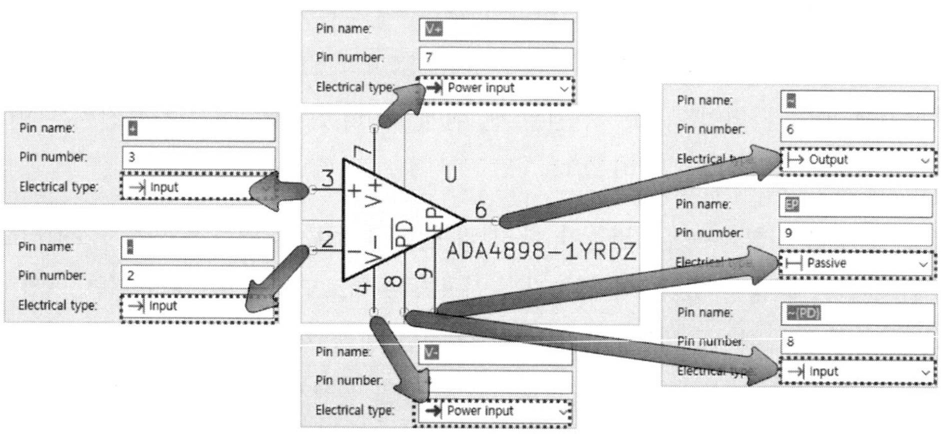

그림 8.11 ADA4898의 심볼 핀에 대한 전기적 형식 설정

해 주어야 한다. 특수한 경우로 프로그래밍 기능을 갖는 핀(MCU의 입출력 포트)들은 "Bidirectional"로 설정해 주어야하고 반전 그래픽 심볼을 할당하는 방법으로 이중 반전(Double Inverted)이나 핀의 이름 위에 반전 막대표시는 하지 않는다.

- **Footprint에 연결되지 않은 핀들의 생략 :** 종종 물리적으로 연결되지 않은 핀을 포함한 부품을 보게 되는데 그럼에도 불구하고 이러한 핀들은 심볼에 포함되어 있다. 또한 핀의 표기가 "NC" 되어 있으나 데이터 시트에서 이 핀들을 접지로 빼거나 특정 네트에 연결하는 것으로 설명되어 있으면 이러한 핀들은 회로 심볼에 보이기로 표기 되어 있어야 한다. 그리고 심볼 핀들이 생략되었더라도 Footprint 필터는 Footprint Pad 숫자를 산정할 때 이 핀들도 반드시 포함하고 있어야 한다. 어쨌든 상황에 따라서 미 연결 핀들은 다음과 같은 상황에서 생략할 수도 있다.

  – 어떤 상황에서도 연결되지 않는 핀.
  – 미 연결 핀들이 심볼의 크기를 불필요하게 크게 만드는 경우.

- **감춰진 핀 :** 회로를 작성할 때 감춰진 핀이 있는 심볼의 사용은 허용되지 않고 있다. 그리고 연결점들은 반드시 시각적으로 확인 가능한 상태여야 한다. 그렇지 않은 경우에는 예기치 않은 네트와 연결되는 문제가 발생할 수 있다. 예외적인 상황으로 파워 입력 핀은 전역 라벨이기 때문에 파워 심볼에서 사용하는 경우가 아니라면 숨김 상태여야 한다. 그리고 연결할 필요가 없는 핀들도 보이지 않음으로 설정을 해야 하는데 이 경우 전기적 형식은 "Not Connected"로 되어 있어야 한다. 따라서 핀의 끝부분은 감춰진 핀에 원하지 않는 연결을 방지하기 위해서 심볼의 안쪽이나 심볼의 외곽선에 배치한다. 연결되지 않는 것으로 지정된 핀들도 일부 상황에 따라서는 연결을 해야하는 경우가 있다. 예를 들어 데이터시트에서 EMC의 개선을 위해서 접지나 또다른 곳에 연결되는 것으로 기술하고 있는 경우에는 연결을 할 수 있다. 감춰진 핀은 다중 연결을 위해서 핀의 묶음 형태로 사용될 수도 있다.

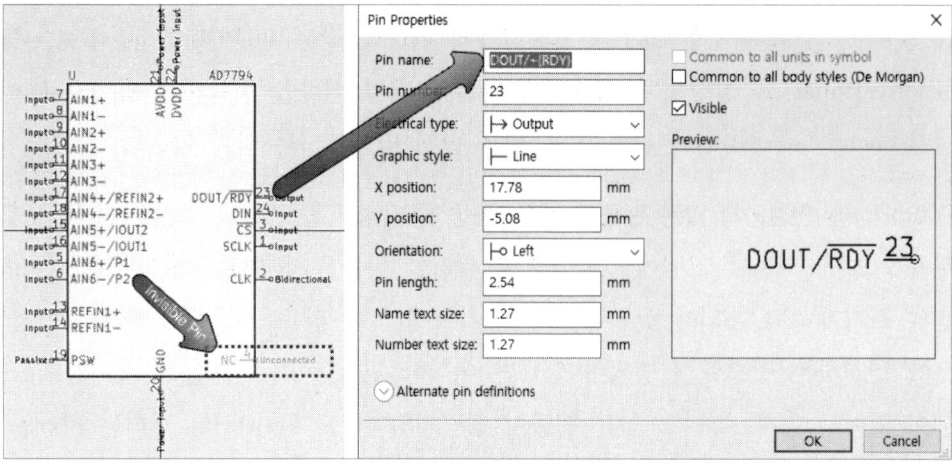

그림 8.12 반전 상태 활성 핀의 표기와 감춰진 핀

- **반전 상태의 활성 핀:** 반전 상태의 활성("Active Low") 그래픽 핀 모양을 선택하는 것보다는 반전 상태의 핀의 이름 위에 바("$\overline{EN}$")를 표시를 하는 것이 회로도의 간결한 구성에 도움이 된다. 핀의 이름 위에 바와 같은 선을 표시하기 위해서는 핀의 이름을 중괄호 "{}"로 묶고 그 앞에 틸트 "~" 문자로 표시한다. 핀에 두 개 이상의 이름을 갖는 경우 일부 이름만 반전활성 핀이라면 "\~{RESET} / GPIO"와 같이 역 슬래쉬와 슬래쉬을 이용하여 구분해서 표현한다. 혹시 제조사에서 부여된 핀의 이름에 반전활성 상태를 나타내는 접두문자나 접미문자가 포함된 경우라면 신호의 이중 반전을 방지하기 위해서 이름 위의 바는 제거해야 한다.

(5) Footprint 연계 사항

기본 값으로 Footprint을 포함하고 있는 심볼들에 대하여 Footprint 필터을 사용해서 사용자의 요구사항에 맞는 라이브러리를 연결함으로서 잘못된 결과가 나타나지 않도록 하는 것이 중요하다. 이번 절에서는 이러한 Footprint의 메타데이터의 구조와 특수 심볼 등에 대해서 살펴보도록 한다.

- **기본 Footprint를 갖는 심볼을 다른 Footprint로 연결:** 기본 값으로 Footprint가 부여된 심볼을 최소 단위 심볼(Atomic Symbol)이라고 하는데 이 경우 Footprint필드에는 "<Footprint_library>:<Footprint_name>"의 형식에 맞추어서 필요한 값을 표기

를 해 주어야 한다. 다양한 Footprint로 연계가 가능한 일반형 심볼의 경우에는 Footprint필드를 반드시 공백 상태로 두어야 한다.

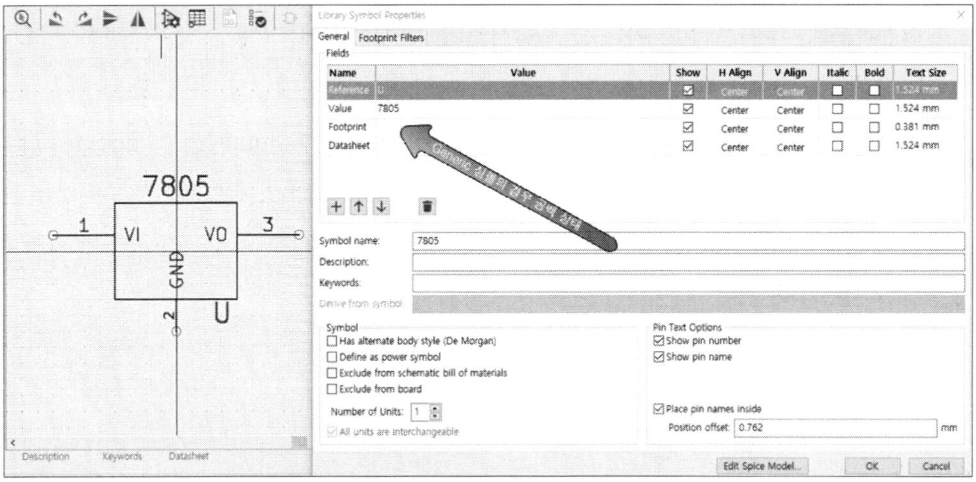

그림 8.13 일반형 심볼의 Footprint 필드 : 공백 상태 유지

- **Footprint 필터에서 적합한 Footprint 매칭 작업 :** 이곳에서 적합한 Footprint의 매칭과정에 문제가 발생하면 설계의 제안 사항을 위반하는 결과를 초래하게 된다. Footprint 필터는 주어진 심볼에 대하여 적합한 Footprint를 찾아서 연관시켜 주는 작업에 도움이 주는 기능이다. 이러한 과정은 일반표시 심볼뿐만 아니라 한 개의 Footprint가 할당되어 있는 완전표시 심볼의 경우에도 각기 다양한 옵션과 변형된 내용을 포함하는 호환 Footprint로 상호 연계를 시켜준다. Footprint 필터를 이용하는 경우에는 일반적으로 사용되는 와일드카드 "*"와 "?"의 사용이 가능하다. "*"는 다수의 문자를 대신하는 기능이고 "?"는 한 개의 문자를 대신한다. 이러한 기능은 일반화된 사항이므로 구체적인 설명은 생략하기로 한다. 라이브러리 이름은 필터의 기준으로 사용이 가능하고 이 경우 라이브러리와 필터링 사이에 사용되는 구분기호에 따른 필터의 규칙은 다음과 같다.

  - 수정된 Footprint 접미사와의 매칭을 위해서 필터의 끝자리는 "*"를 사용
  - 필터의 차원 정보는 필요한 부분에 구체적으로 매칭이 되어야 한다.
  - 심볼 핀의 수가 Footprint의 핀의 수와 일치할 때는 필터에 핀 수는 포함하지 않는다. 이 경우 Footprint는 KiCad의 핀 필터를 통하여 일치하게 된다. 만일

심볼내의 모든 핀이 나타나 있지 않을 경우(예 NC 핀) 핀 수는 Footprint 필터의 일부로 처리되어야 한다.

– 기본적으로 Footprint 검색에는 Footprint 라이브러리의 이름은 포함하지 않는다. 강제적으로 라이브러리 이름을 포함시키기 위해서는 필터에 ":"을 추가하면 된다. ":"앞에 위치하는 텍스트는 라이브러리 이름이며 그 뒤에 오는 텍스트는 Footprint 이름이 된다. 예를 들면 "Package_DIP*:DIP-?_W7.62mm*"는 "Package_DIP"이라는 라이브러리 이름으로 시작하는 것 중에서 "7.62mm"폭을 갖는 Footprint를 검색하게 된다. Footprint 필터는 심볼 속성 창의 "Footprint Filter" 탭에서 설정할 수 있다.

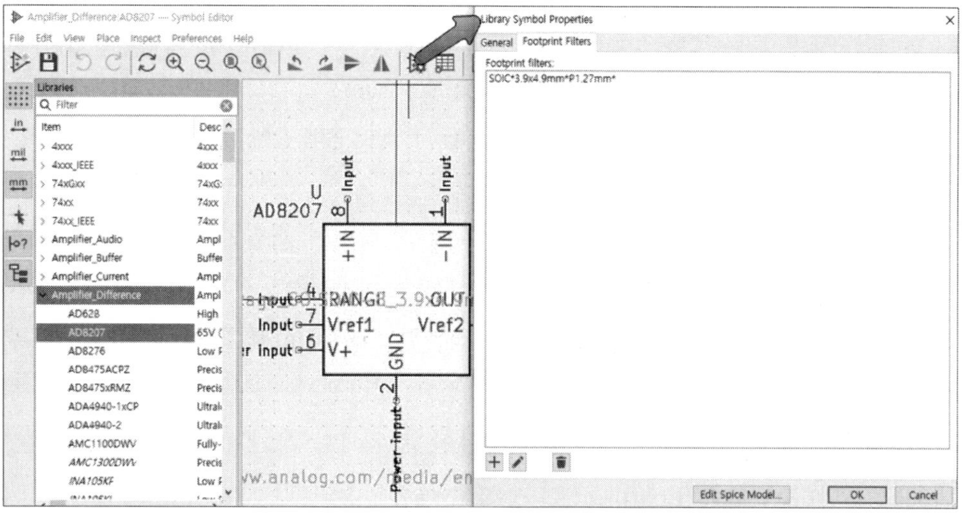

그림 8.14 라이브러리 심볼 속성 창: Footprint 필터 탭

(6) 심볼 메타 데이터

부품을 참조하기 위한 표시자로 요구 조건에 따라서 심볼 필드와 메타 데이터를 상세하게 표기할 수 있다.

표 8.1 부품 참조 표시자 목록

표시자 (Designator)	부품 형식 (Component Type)
A	플러그인 모듈 , 부 조립(Sub Assembly)
AE	안테나
BT	배터리
C	캐패시터
D	다이오드
DS	디스플레이
F	퓨즈
FB	페라이트 비드(Ferrite bead)
FD	노출 동박(Fiducial)
FL	필터
H	하드웨어(Mounting screw등)
J	잭, 커넥터 쌍에서 고정부분
JP	점퍼 / 연결
K	릴레이
L	인덕터, 코일, 페라이트 비드
LS	Loudspeaker 혹은 부저
M	모터
MK	마이크
P	플러그, 커넥터 쌍에서 이동부분
Q	트랜지스터
R	저항
RN	저항 네트워크
RT	써미스터(Thermistor)
RV	가변저항(Varistor)
SW	스위치
T	트랜스포머(Transformer)
TC	열전대(Thermocouple)
TP	테스트 점(Test point)
U	IC(Integrated Circuit)
Y	크리스탈(Crystal) / 오실레이터(Oscillator)
Z	제너 다이오드(Zener diode)

- **부품 참조 표시자:** 부품의 "Reference Designator"는 줄여서 "RefDes"로 표시하는데 심볼의 특별한 형식에 대해서는 반드시 적절한 값을 표기해 주어야 한다. 표8.1은 이러한 부품 참조 표시자의 목록으로 이곳 목록에 없는 부품의 항목은 KiCad의

개발팀에 추가 요청을 할 수 있다.

- **심볼 필드와 메타 데이터 :** 심볼 라이브러리의 속성 창에서 반드시 표기해주어야 하는 내용과 선택 가능한 옵션 사항들을 의미한다.
  - Reference : 심볼에서 선택되는 참조 필드로 보임 상태를 유지한다.
  - Value : 심볼의 이름을 포함하는 필드로 보임 상태를 유지한다.
  - Footprint : 완전표기 심볼에 대한 Footprint의 연결 내용을 담고 있는 필드로 감추기 상태를 유지해야 하며, 일반표기 심볼의 경우에는 연결되는 Footprint가 없는 빈 상태를 유지해야 한다.
  - Datasheet : 부품에 대한 제조사의 데이트 시트 주소를 포함하고 있으며 감추기 상태를 유지한다.
  - Field의 추가 : 필드 추가를 통해서 필요한 문서작업 내용을 등록할 수 있다.
  - Description : 부품에 대한 정보를 콤마로 구분하면서 표기한다. Footprint를 기본값으로 갖는 심볼의 경우 단순화한 Footprint의 이름이 뒷부분에 추가되며 부품의 이름은 중복해서 사용할 수 없다.
  - Keywords : 키워드를 표시하는 곳으로 다수의 키워드는 공백으로 구분해서 표기한다. 이곳에 표기된 키워드는 부품 검색에 도움을 줄 수 있지만 필터의 단어로 사용할 수는 없다.

(7) 특수 심볼

전원 플래그나 그래픽 형태로 만들어지 심볼을 의미한다.

- **전원 플래그 심볼 :** 전역 네트를 표시하기 위해 사용되는 심볼로 "Power Flag"로 표시되는 특수한 심볼이다. 이 심볼들은 반드시 "전역 전원 플래그"(전체 회로에 적용되는)로 고려해야 하는 곳을 표시하기 위한 참조 표시자라고 보면 된다. 이때 참조 표시자는 "#PWR"로 설정해야 하며 전원 플래그 심볼에는 감추기 모드로 설정된 한

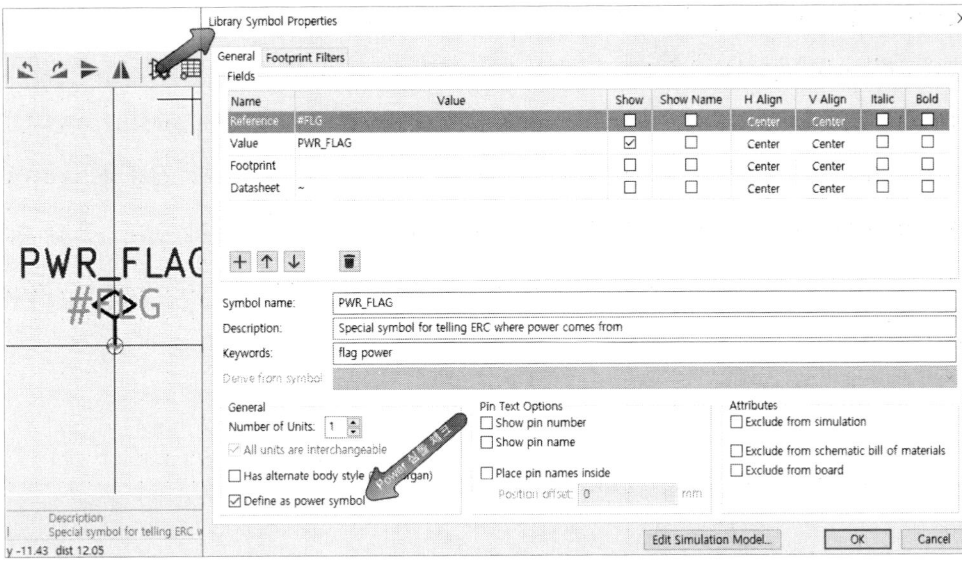

그림 8.15 특수 심볼: 전원 플래그 심볼 속성 설정

개의 핀을 정확하게 포함하고 있어야 한다. 이때 이 핀의 전기적인 형식은 "Power Input"으로 설정해야 하고 핀의 이름은 반드시 심볼 이름과 일치하도록 해야 한다. 마지막으로 심볼 속성 창에서 "Define as power symbol"의 항목을 체크 "☑"해 주어야 한다.

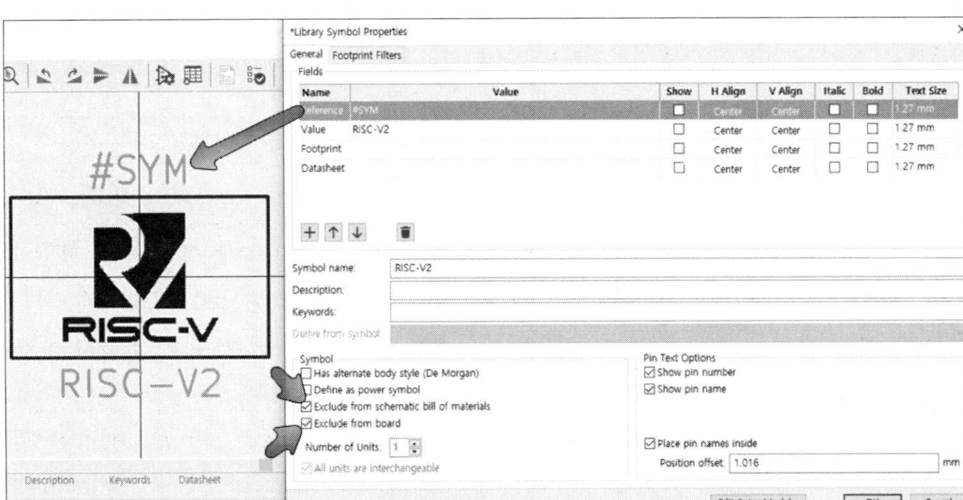

그림 8.16 특수 심볼: 그래픽 심볼의 속성 및 옵션 설정

- **그래픽 심볼 :** 그래픽 형태로 작성된 심볼은 회로도에 주석형태로 사용하는 경우에만 필요하다. 이러한 심볼은 PCB의 Footprint와는 아무런 관련이 없다. 참조 표시자는 반드시 "#SYM"으로 설정을 해 주어야 하고 감추기 모드로 되어 있어야 한다. 심볼 이름도 마찬가지로 감추기 모드로 설정해 주어야 하고 이러한 심볼에는 어떠한 종류의 핀도 Footprint에 포함하지 않고 Footprint 필터도 없어야 한다. 옵션 항목에서 두 가지 항목 "exclude from BOM"과 "exclude from board"는 체크 "☑"설정을 한다.

8.3 Footprint 지침 : Footprint Library

이번 절에서는 기능별로 분류가 된 Footprint 라이브러리의 세부 기능들에 대한 내용과 일반 Footprint와 특수한 Footprint에 대한 이름을 작성하는 지침에 대하여 살펴보도록 한다.

(1) Footprint 라이브러리

일반적인 Footprint 라이브러리는 기능별 분류 우선순위에 따라서 분류가 되어 있으며 커넥터와 같이 사용 용도가 매우 다양한 경우는 분류 체계를 별도의 기준으로 정하고 있다.

- **일반적인 기능에 따른 Footprint 라이브러리의 분류 :** Footprint는 분류의 우선 순위에 따라서 ".pretty"라는 확장자를 갖는 라이브러리에 그룹으로 분류되어 있다. 라이브러리는 이러한 확장 기준에 따라서 반드시 동일한 기능을 근거로 이름을 작성해야 한다. 라이브러리 이름은 아래의 우선순위 분류 목록을 기준으로 작성하되 각각의 항목은 밑줄 문자 "_"로 구분하도록 한다. 아래 분류 목록의 항목은 필요하지 않은 경우에는 생략될 수도 있다.

  - 주 기능 : "LED" , "Capacitor"
  - 부 기능 : "USB" , "HDMI"
  - 3 순위 기능 : "SMD" , "Rectangular"

– 제조사 이름 : “Microchip” , “NEC”
– Footprint계열 이름 : “MicroFit”
– 추가 라이브러리 표시자

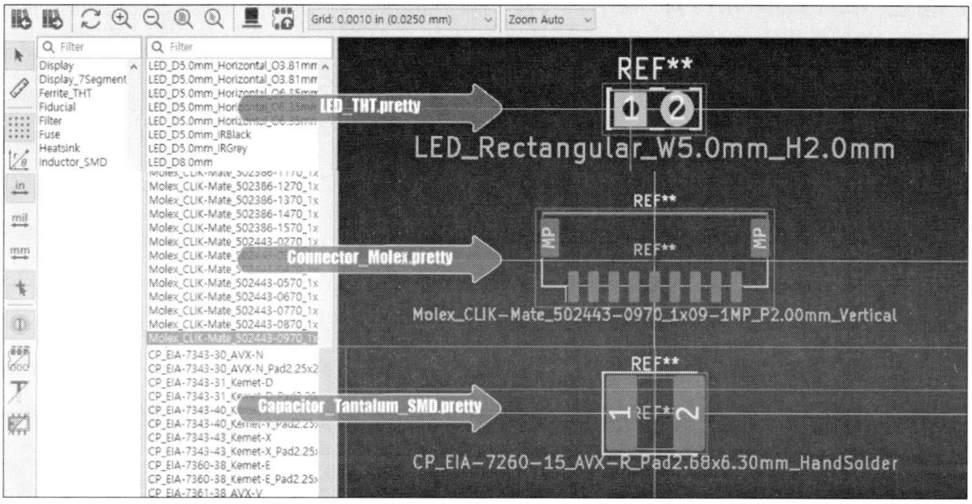

그림 8.17 Footprint 라이브러리 이름 작업 예

- **커넥터 Footprint 라이브러리 :** 커넥터가 사용되는 용도나 범위가 매우 광범위하기 때문에 기능에 따라서 커넥터를 분류하고 그룹으로 묶는 작업은 쉽지가 않다. 따라서 커넥터를 분류하고 그룹화하는 작업은 다음과 같이 특별히 고려해야 할 우선순위의 내용들이 있다.

① 주요기능에 따른 그룹화

Connector_USB", "Connector_Ethernet"

② 주요기능 이름이 긴 경우 부기능이나 제조사에 의해서 분리 표시

"Connector_USB_Molex" , "Connector_DSUB_HighDensity"

③ 특별한 기능이 없는 경우 기계적인 형식에 따라 그룹화

"Connector_DIN", "Connector_DSUB", "Connector_PinHeader"

④ 또 다른 분류기준에 따라 분리표시

"Connector_PinHeader_2.54mm", "Connector_PinHeader_1.27mm"

⑤ 다양한 목적을 갖는 커넥터는 제조사에 의해서 세부 분리 표시

```
"TerminalBlock_Phoenix_MKDS", TerminalBlock_Wago", "Connector_JST"
```

(2) 일반 Footprint이름 작성 지침

일반 Footprint 이름 작업지침과 이름 필드의 접두어는 어떤 규칙이 적용되는지 확인해 보고 일반 Footprint에 대하여 제조사에서 정한 특별한 버전이 있는지, 비표준 핀 번호가 부여되는 Footprint의 이름은 어떻게 정해지는지 그리고 특정 부품에 대한 이름의 작성 방법에 대하여 알아보자.

- **일반 Footprint 이름 작성 규칙 :** 모든 Footprint는 ".pretty" 폴더에 ".kicad_mod"라는 파일로 저장된다. 이와 같이 주어진 Footprint에 대한 이름 작업규칙은 대부분 Footprint의 형식을 따르고 있으며 여기에 적용되는 일반적인 지침은 다음과 같다.

① 특별 패키지 형식

```
QFN – Quad Flat No Lead Package
C - Capacitor
```

② 패키지 이름과 핀의 숫자는 하이픈 "–"으로 분리표시

```
TO-92 , QFN-32 , DIP-4
```

③ 특별한 패드를 갖는 패키지는 핀 숫자 필드에 하이픈 "–"으로 분리표시 - 이 필드에는 고유의 번호가 부여된 이러한 유형의 패드를 포함한다. 부품아래 위치한 커다란 노출 패드는 "[count]EP", 실드 패드는 "[count]SH" 그리고 단순히 기계적인 마운팅 리드선에 연결된 패드는 "[count]MP"로 표기한다.

```
DFN-6-1EP_2x2mm_P0.5mm_EP0.6x1.37mm
Samtec_LSHM-110-xx.x-x-DV-S_2x10-1SH_P0.50mm_Vertical
Molex_PicoBlade_53261-1271_1x12-1MP_P1.25mm_Horizontal
```

④ Footprint 이름 고유 필드(매개 변수)는 밑줄 "_"로 분리표시

⑤ 패키지의 치수는 "length x width"로 표기 (옵션 : height)

```
3.5x3.5x0.2mm , 1x1in
```

⑥ 핀의 레이아웃

```
1x10 , 2x15
```

⑦ 피치(간격)는 문자 “P”로 시작

P1.27mm , P5.0mm

⑧ 표준 Footprint 값에 대한 수정자

Drill1.25mm , Pad2.4x5.2mm

⑨ 원점(시작점) : Horizantal, Vertical

⑩ 원본 Footprint에 대한 수정내용 추가

_HandSoldering , _ThermalVias

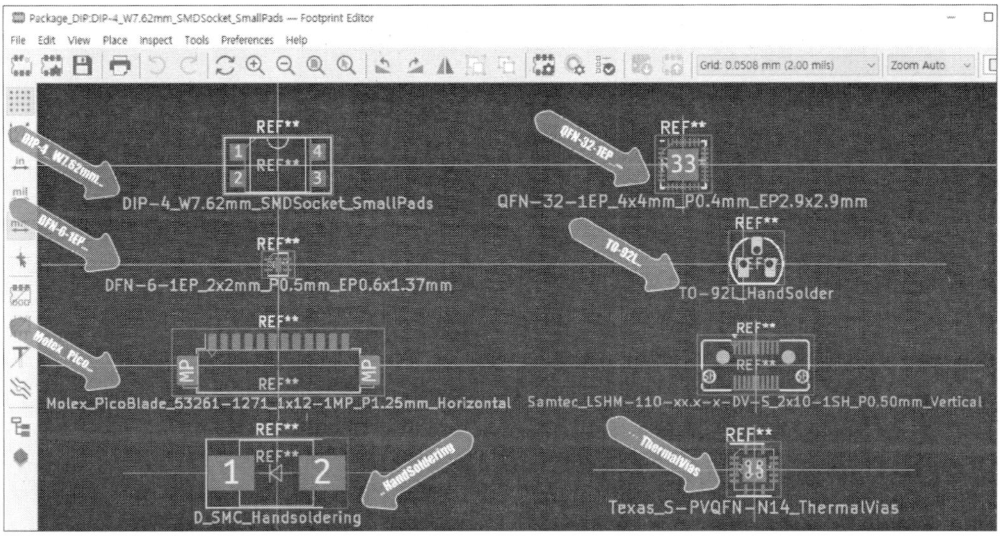

그림 8.18 일반 Footprint에 대한 이름 작성 결과

- **Footprint 이름 필드의 접두사** : Footprint의 이름은 Footprint의 매개 변수와 사용목적을 분명하게 전달하기 위해서 필요한 정보를 제공하는 역할을 해야 한다. 이름에서 일부 필드는 다수의 Footprint에서 공통적으로 사용하는 내용을 포함하기 때문에 특별히 약자 표기 방식을 이용해서 축약시킬 수 있다. 모든 Footprint에 이러한 약자 표기 방식을 사용하지는 않지만 이러한 표기 방법은 Footprint의 매개 변수를 호출하는 방법에서 표준화된 방법을 제공하는 장점이 있다. 대부분의 경우에는 몸체의 치수가 가장 높은 우선순위를 갖는 것으로 가정한다. 따라서 중요한 치수는 접두사 없이 표기할 수 있다. 그러므로 “SOIC-8_3..2×5.7mm_P1.27mm”와 같은 표기를 보면 추가적인 “B3.2×5.7mm”와 같은 표현식이 아니고 몸통을 나타내는 “B”와

같은 접두사가 사용되지 않았음을 알 수 있다. 그러나 이와 같은 표기 방법이 추후에 잠재적인 표기 충돌의 우려가 있는 경우에는 접두사 "B"를 사용해야 한다. 아래의 표는 공식적으로 KiCad에서 사용되는 접두사의 목록이다. 아래의 그림에서 좌측의 "LQFP-36_7×7mm_P0.65mm"는 LQFP 패키지가 32개 핀으로 구성되어 있고 몸통의 크기는 7×7mm이며 핀의 간격이 0.65mm라는 것을 나타낸다. 두 번째 그림의 "CP_Radial_D10.0mm_P5.00mm_P7.50mm"는 수직 원통형 캐패시터의 지름이 10.0mm이고 가까운 쪽 패드 간격은 5.0mm이고 먼 쪽 패드의 간격은 7.5mm임을 표시하고 있다.

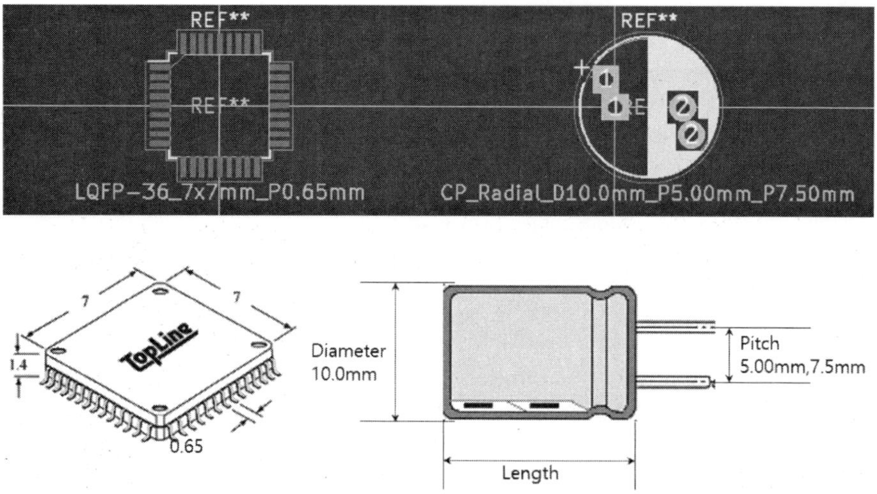

그림 8.19 Footprint 이름의 접두사 사용

위의 그림에서 일반 접두사 표 목록에 매개 변수가 없는 경우에는 매개변수의 이름은 약어가 아닌 완전한 표현 방식을 따라야 한다. 아래의 표는 Footprint 이름 작업시 사용하던 약자 매개변수가 아닌 정상적인 매개변수 표현식의 목록이다.

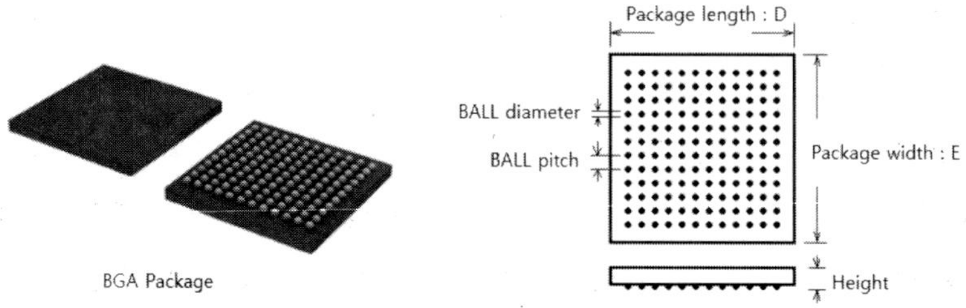

그림 8.20 BGA 패키지의 치수 구조

표 8.2 일반 접두사 표현식 목록

접두사	필드 표현	설 명
B	몸통 치수 (Body dimensions)	· 몸통의 크기(X×Y×Z) · 높이 변수 Z는 생략 가능하다. · 몸통크기가 Footprint를 정의하는 중요치수인경 접두사 "B"는 생략 가능하다.
D	직 경(Diameter)	· 실린더형 부품에서 핵심 축의 직경 예문 D05mm → 5mm 직경
H	높 이(Height)	· PCB에서 측정된 부품의 높이 · 참조 표시란에 몸통크기 "B"를 사용해야 한다. 예문 H2.1mm → PCB위로 높이 2.1mm
L	길 이(Length)	· 부품의 핵심 축의 길이 · 참조 표시란에 몸통크기 "B"를 사용해야 한다. 예문 L12.5mm → 12.5mm 길이
W	너 비(Width)	· 부품의 핵심 축의 너비 · 참조 표시란에 몸통크기 "B"를 사용해야 한다. 예문 W15.5mm → 15.5mm 너비
EP	노출된 패드 치수 (Exposedpad dimension)	· 하나의 노출된 Pad를 포함한 패키지는 이 Pad에 대한 크기값을 가지고 있다. 예문 EP2.4x3.6mm → 2.4x3.6mm 크기 Pad
P	패드 간격(Pad pitch)	· 핀,패드 혹은 리드선 사이의 간격 예문 P0.54mm → Pad 간격이 0.54mm
T	두 께(Thickness)	· 부품의 두께

표 8.3 매개 변수 접두사 완전 표현식 목록

접두사	필드 표현
Ball	BGA(Ball Grid Array)의 Ball 직경
Clearance	핀의 열 간격 (안전 거리)
Drill	Drill 구멍의 직경
Layout	특정 Footprint의 레이아웃 예문 Layout3x7 → 21개 Ball이 3행 7열로 구성된 레이아웃
Lead	리드 선의 치수
Mask	맞춤형 솔더마스크 치수
Pad	맞춤형 Pad 치수
Tab	탭 치수

- **일반 Footprint의 제조사 특별 버전**: 제조사의 Footprint가 표준 Footprint의 표기 방식에서 벗어난 경우에는 제조사에서 표기해 놓은 방식을 라이브러리에 새롭게 등록해야 한다. 만일 Footprint가 단일 제조사에 국한된 것이면 이것은 제조업체의 이름과 MPN(Manufacturer Part Number)을 Footprint앞에 표시해 주어야 한다. 간혹 부품의 데이터 시트에 제시된 내용이 KLC의 요구사항을 충족하지 못하는 경우(예 솔더 페이스트 레이어에서 스텐실의 모양에 대한 요구사항)가 있는데 이런 경우에는 데이터 시트의 요구사항 보다는 KLC의 지침을 따르는 것이 좋다.
- **비표준 핀 번호가 부여된 Footprint에 대한 이름 작업**: 일반적으로 Footprint의 표기는 패키지와 핀 번호로 구성된 "<pkg>-<pincount>" 형식을 취한다. 예를 들면 "SOIC-8"이나 "QFN-32"와 같은 형식이다. 이와 같이 대부분의 경우 핀의 수는 설명할 필요도 없이 심볼의 핀 수를 쉽게 확인할 수 있다. 그러나 Footprint 핀의 수가 패키지 핀의 수와 일치하지 않는 예외적인 경우가 있는데 이와 같은 예외적인 사항(핀이 생략되었거나 누락된 경우)는 건너뛰기로 처리해 주어야 한다. 이와 유사한 사례로 "LTC3638" 패키지는 "MSOP-16"으로 표기되어 있지만 4개의 핀이 누락되어 있는데 증가된 전압에 대한 절연을 위한 조치이다. 이런 경우는 누락된 핀은 건너뛰고 정상적인 핀들만 남아있는 핀에 할당을 한다. 이와 같은 내용을 나타내기 위해서는 Footprint에서 "PKG-<xx.-<yy>"의 형식으로 이름 작업을 해 주어야 한다. 여기서 "xx"는 남아있는 핀의 수이고 "yy"는 남은 핀과 누락된 핀의 수를 모두 포함한 수를 의미한다. 따라서 LTC3638 패키지의 Footprint 이름은 "MSOP-12-16"의 형식으로 표현하면 된다.

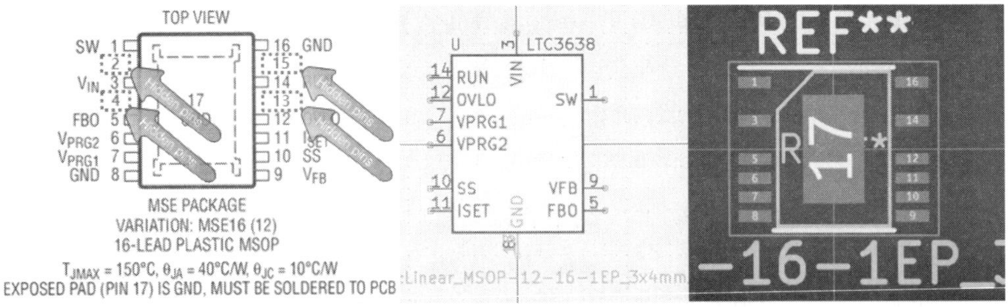

그림 8.21 LTC3638의 Footprint이름 : MSOP-12-16

- **특정 부품에 대한 Footprint 이름 작업:** Footprint는 적용되는 범위가 넓고 다양해서 이러한 의미를 완벽하게 설명하는 이름 작성은 매우 어렵다. 일반적인 Footprint의 이름을 작성하는 지침은 KLC 2.1에 정의되어 있고 추가적인 특정 Footprint 형식에 대한 작성지침은 KLC F3.x에서 제공하는 내용을 참고 하도록 하자.

(3) 특수 Footprint이름 작성 지침

표면실장 부품인 SMD(Surface Mount Device) 칩 패키지에 대한 이름과 저항에 대한 이름 작성지침이다.

- **SMD 칩 패키지의 이름 작성 규칙:** 특정 Footprint의 형식과 일치하는 적절한 규칙을 찾지 못한 경우에는 KiCad 라이브러리 팀에 협조를 구하거나 기존의 라이브러리 구성요소에 설정되어 규칙을 따르도록 한다. 이름 작성 작업규칙의 변수 필드는 고정된 필드와 필수적인 필드 그리고 선택 필드로 구성된다. Prefix는 부품의 형식을 나타내는 접두어 부분으로 필수적인 필드이고 나머지 필드는 선택 필드이다. 여기서 언급하고 있는 Metric과 Imperial의 의미는 국제적으로 사용되는 두 가지의 단위체계로 KiCad에서 사용될 때는 Metric은 미터법인 "mm"으로 "millimeter" 단위를 표시하고 Imperial은 "in"으로 "inch"로 표시하는 것으로 이해하면 된다. 그러므로 "Imperial size"는 인치로 표기된 크기이고 "Metric size"는 밀리미터로 표기된 크기를 나타내는 필드이다. "Modifier"는 Footprint가 비표준일 때 부여되는 수정자 필드이고 "Options"는 추가적인 Footprint에 대한 선택 내용에 대한 필드이다.

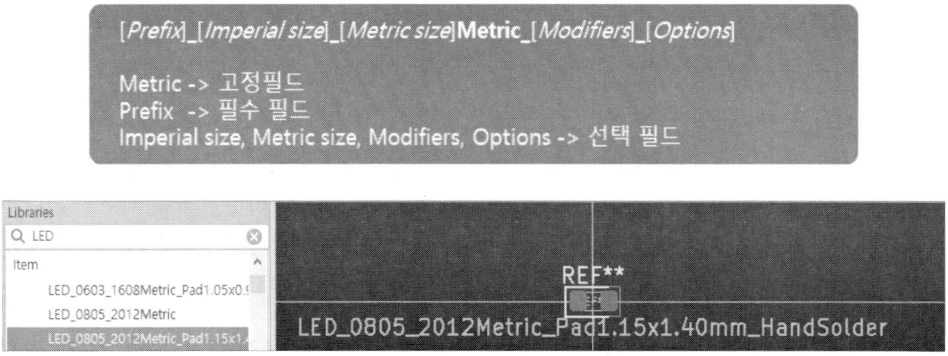

그림 8.22 LED 소자의 SMD Footprint 이름

위의 Footprint 이름 "LED_0805_2012Metric_Pad1.15x1.40mm_HandSolder"에서 접두어는 LED소자를 의미하며 "0805"는 인치 크기이고 "2021"는 밀리미터 크기라는 의미이다. 그리고 패드의 크기는 미터법에 따라 "1.15×1.40mm"를 표시하고 있다. 추가적으로 수작업 납땜이 가능하다는 선택사항이 마지막에 추가되어 있다. 여기서 사용된 접두어 "LED"의 위치에는 표시자로 다음과 같이 표현되는 참조 표시자의 기본 설정 지침을 따른다.

```
Capacitor (극성이 없는 : 무극성) -> C
Capacitor (극성이 있는 : 유극성) -> CP
Resistor -> R
Diode   -> D
```

표 8.4 SMD 소자의 규격: Imperial(inch), Metric(millimeter)

Imperial code	Metric code	Imperial size(Inch)	Metric size(millimeter)
01005	0402	0.0157in×0.0079in	0.4mm×0.2mm
0201	0603	0.024in×0.012in	0.6mm×0.3mm
0402	1005	0.039in×0.020in	1.0mm×0.5mm
0603	1608	0.063in×0.031in	1.6mm×0.8mm
0805	2012	0.079in×0.049in	2.0mm×1.25mm
1008	2520	0.098in×0.079in	2.5mm×2.0mm
1206	3216	0.126in×0.063in	3.2mm×1.6mm
1210	3225	0.126in×0.098in	3.2mm×2.5mm
1806	4516	0.177in×0.063in	4.5mm×1.6mm
1812	4532	0.18in×0.13in	4.5mm×3.2mm
1825	4564	0.18in×0.25in	4.5mm×6.4mm
2010	5025	0.197in×0.098in	5.0mm×2.5mm
2512	6332	0.25in×0.13in	6.3mm×3.2mm
2920	7451	0.29in×0.20in	7.4mm×5.1mm

- **저항 이름 작성 규칙:** 저항의 Footprint 형식과 일치하는 적절한 규칙이 없는 경우에는 개발자 그룹의 도움을 요청하거나 아니면 기존의 라이브러리 부품에서 설정되어 있는 규칙에 맞춰가도록 한다. 원통형 저항의 이름 작성 규칙은 다음과 같이 필수적으로 표기해 주어야 하는 필드와 선택사항을 표기하는 필드로 구성되어 있다. 원통

형(Axial) 저항의 경우 저항 몸통의 길이는 "L", 저항 몸통의 직경은 "D", 저항의 리드 간격은 "P"로 표기한다. 선택 항목으로 변경 사항은 "Modifier", 저항의 기본 좌표값은 "Orientation" 그리고 추가적인 Footprint에 대한 선택사항은 마지막 "Options" 부분에 추가할 수 있다.

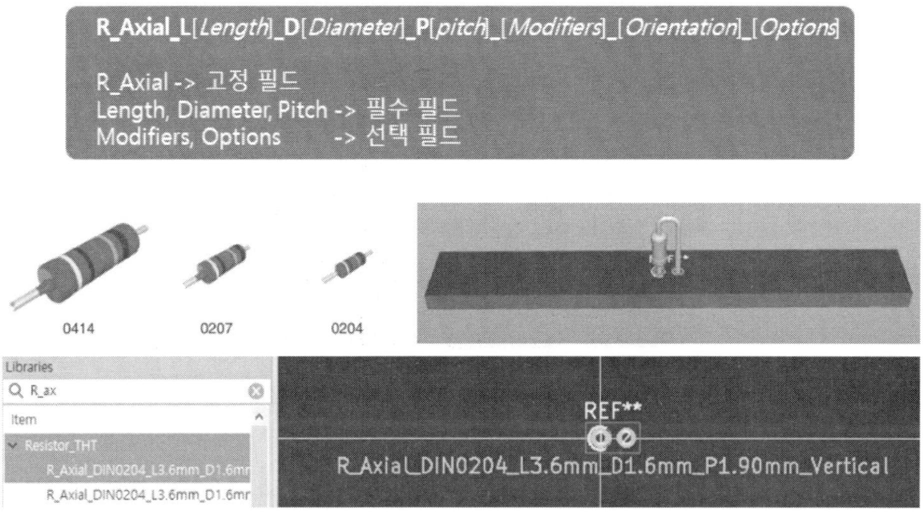

그림 8.23 원통형 저항 소자의 Footprint 이름

Footprint의 이름 "R_Axial_DIN0204_L3.6mm_D1.6mm_P1,90mm_Vertical"에서 접두어 "R_Axial"은 원통형 저항, "L3.6mm"는 저항의 길이, "D1.6mm"는 저항의 직경, "P1.90mm"는 저항 리드선의 간격을 표시하며 마지막 "Vertical"은 저항을 세워서 장착하는 Footprint라는 것을 나타낸다. 두 번째에 표기되어 있는 "DIN0204"에서 DIN은 독일 표준연구소에서 정한 저항의 표준 크기를 뒤에 표시된 숫자로 나타낸 것인데 "0204"는 예를 들어 멜프 원통형 저항의 경우 직경이 2밀리이고 길이가 4밀리라는 것을 의미한다. 따라서 이곳에는 "DIN0204" 규격의 소형 저항이라는 표시다.

- **캐패시터 이름 작성 규칙 :** 캐패시터의 Footprint 형식과 일치하는 적절한 규칙이 없는 경우에는 기존의 라이브러리 부품에서 설정되어 있는 규칙에 맞춰가도록 한다. 캐패시터에는 SMD 칩, SMD 탄탈륨, SMD 극성 그리고 스루홀 타입이 있다. 첫 번째 SMD 칩 캐패시터의 이름 작성 규칙은 다음과 같다.

① SMD칩 캐패시터 이름 규칙

*[C/CP]*_*[Imperial size]*_*[Metric size]***Metric**_*[Modifiers]*_*[Options]*

Metric -> 고정 필드
C/CP -> 필수 필드
Imperial size, Metric size, Modifiers, Options -> 선택 필드

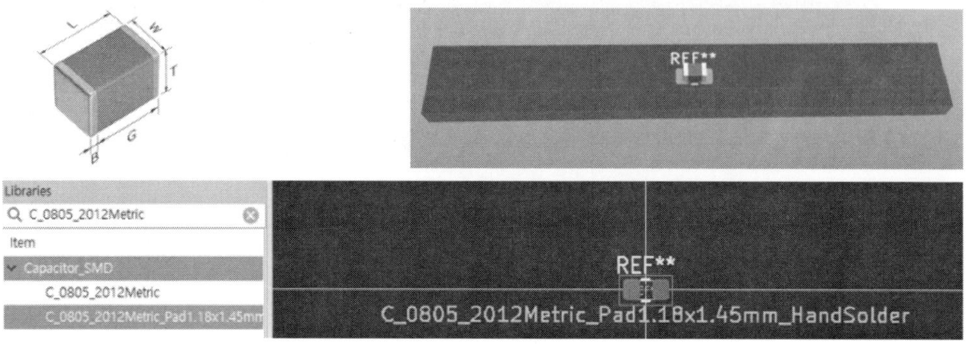

그림 8.24 SMD칩 저항의 Footprint 이름

필수 필드의 "C/CP"는 캐패시터가 무극성일 때는 "C"과 극성일 때는 "CP"로 표기하며 크기를 표기하는 단위로 "Imperial size"는 인치 표기, "Metric size"는 밀리미터 표기를 하는 선택 필드이다. 나머지 부분은 저항에서 설명한 규칙과 동일하다. 이름 작성 시 둘 중 하나는 반드시 표기 되어야 하고 Metric 크기의 경우는 반드시 "Metric"이라는 접미사를 표기해 주어야 한다. Footprint가 "C_0805_2021Metric"으로 표기된 경우 Footprint는 2.0mm x 1.2mm의 크기를 나타낸다. 탄탈륨 캐패시터의 고정필드의 이름은 "CP_Tantalum_EIA.."에서 "CP_EIA.."로 단순화시킨 접두어를 사용하는 것으로 개선이 되었다.

② SMD 탄탈륨 캐패시터의 이름 규칙

CP_EIA-*[Metric size]*_[Size code]_*[Modifiers]*_*[Options]*

CP_EIA -> 고정 필드
Metric size, Size code -> 필수 필드
Modifiers, Options -> 선택 필드

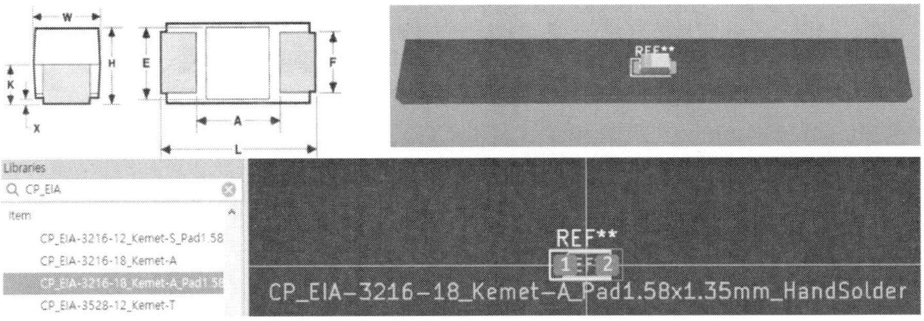

그림 8.25 SMD Tantalum 캐패시터 이름

Footprint 이름 "CP_EIA-3216-18_Kemet-A_Pad1.58x1.35mm_HandSolder"에서 접두어 "CP"는 극성 캐패시터, "3216"은 "3.2×1.6mm" 크기, 높이는 "1.8mm"를 의미한다. 탄탈륨 캐패시터의 규격을 요약한 표는 다음과 같다.

표 8.5 SMD Tantalum 소자의 규격

EIA Metric size	Body size(XxYxZ)	Kemet Code	AVX Code
1608-08	1.0×0.8×0.8mm	-	J
1608-10	1.6×0.85×1.05mm	-	L
2012-12	2.05×1.35×1.2mm	R	R
2012-15	2.05×1.35×1.5mm	-	P
3216-10	3.2×1.6×1.0mm	I	K
3216-12	3.2×1.6×1.2mm	S	S
3216-18	3.2×1.6×1.8mm	A	A
3528-12	3.5×2.8×1.2mm	T	T
3528-15	3.5×2.8×1.5mm	-	H
3528-21	3.5×2.8×2.1mm	B	B
6032-15	6.0×3.2×1.5mm	U	W
6032-20	6.0×3.2×1.5mm	-	F
6032-28	6.0×3.2×1.5mm	C	C
7343-15	7.3×4.3×1.5mm	W	X
7343-20	7.3×4.3×2.0mm	V	Y
7343-30	7.3×4.3×3.0mm	-	N
7343-31	7.3×4.3×3.1mm	D	D
7343-40	7.3×4.3×4.0mm	Y	-
7343-43	7.3×4.3×4.3mm	X	E
7360-38	7.3×6.0×3.8mm	E	-
7361-38	7.3×6.1×3.8mm	-	V
7361-43	7.3×6.1×4.3mm	-	U

③ SMD 극성 캐패시터 이름 규칙

CP_Elec_[*Manufacturer*]_[*X*]*x*[*true*]_*H*[*Height*]_*P*[*pitch*]_[*Modifiers*]_[*Options*]

CP_Elec -> 고정 필드
X, True -> 필수 필드
Height, Pitch, Modifiers, Options -> 선택 필드

Footprint의 이름 "CP_Elec_10×10"에서 "10×10"은 "X"에서 x의 크기를 의미하고 "true"는 y의 크기를 표기하는데 SMD 극성 캐패시터의 데이터 시트를 보면 솔더링 부분의 사각형의 크기가 "W : width"와 "H : height"로 되어 있고 캐패시터 원통 지름이 "D"로 표기되는 데 지름에 해당하는 부분이 x의 크기를 나타내며 원통의 높이를 나타내는 "L"이 y의 크기를 나타내는 것으로 이해하면 된다. 그 밖에 간격 "P:pitch"와 수정자 및 옵션 사항이 있는데 이 부분은 선택사항으로 생략될 수 있다. 따라서 원통 캐패시터 원통의 지름과 높이의 크기를 표기한 것으로 이해하면 된다.

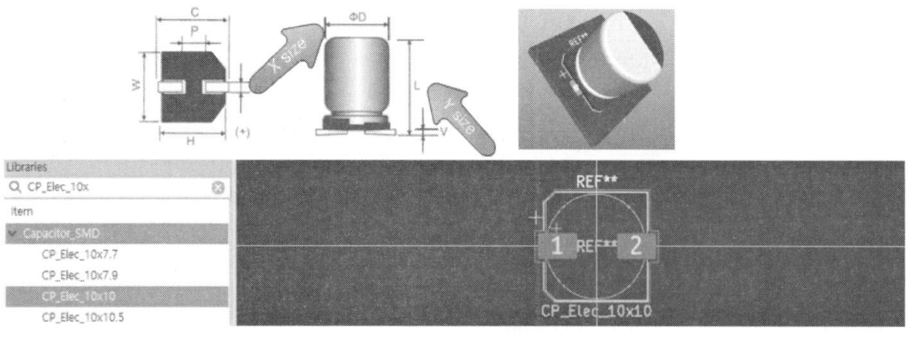

그림 8.26 SMD 극성 캐패시터의 이름

④ 스루홀 캐패시터의 이름 규칙

[*C/CP*]_[*Style*]**_L**[*Case size*]**_D**[*Diameter*]**_W**[*Width*]**_P**[*Pitch*]_[*Modifiers*]_[*Options*]

C/CP, Style, Pitch, Modifiers -> 필수 필드
Case size, Diameter, Width, Options -> 선택 필드

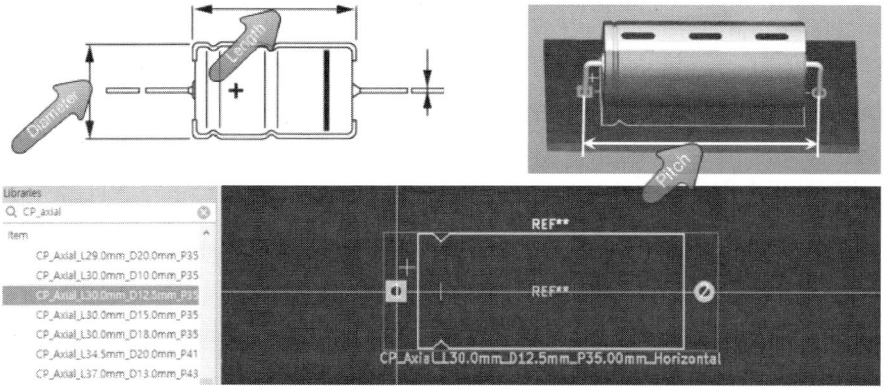

그림 8.27 스루홀 캐패시터의 Footprint 이름

Footprint의 이름 "CP_Axial_L30.0mm_D12.5mm_P35.00mm_Horizontal"에서 원통형 캐패시터가 수평 "Horizontal"로 되어 있는 것이 "Axial"형이다. "L30.0 mm"는 원통의 길이, "D12.5mm"는 원통의 지름, "P35.00mm"는 리드선의 간격을 의미한다. 그리고 접두어가 CP(Capacitor Polarisation)로 시작하기 때문에 극성이 있는 캐패시터를 나타낸다. 캐패시터는 모양에 따라 4가지(Axial, Radial, Disc, Rectangle)로 분류할 수 있다. Axial 형식은 원통의 축방향으로 양쪽 끝에 리드선이 부착되어 있으며, Radial 형식은 원통의 한 쪽면에 두 개의 리드선이 부착되어 있다. Disc 형식

표 8.6 캐패시터 모양과 크기 인자

모 양	크기 인자	캐패시터 사진
Axial	L[length]_D[diameter]	
Radial	D[diameter]{_H[height]}	
Disc	D[diameter]_W[width]{_H[overall height]}	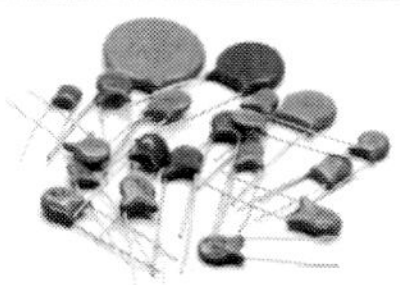
Rect	[X]×[Y]×[Z]	

에서 리드선이 원판의 접선 방향으로 들어가 있으며 Rect형식에서는 사각형의 박스 모양으로 PCB 보드와 맞닿는 면에 리드선이 연결되어 있다. 이와같이 캐패시터의 모양이 다양하기 때문에 크기를 표현하는 인자도 각각 다르다.

- **SMD IC 패키지 이름 규칙 :** SMD IC 패키지의 Footprint에 대하여 이름을 작성하는 규칙은 패키지의 이름에 따라 "Gullwing Package", "No-Lead Package", "Ball Grid Array Package"로 분류된다. SMD IC 패키지와 일치하는 적절한 Footprint가 없는 경우에는 기존의 유사한 라이브러리 부품에 설정되어 있는 규칙을 따른다.

  - **Gullwing IC 패키지의 Footprint 이름 작성 규칙 :** "PKG"는 패키지의 접두어로 "SOIC, SOP, QFP, J-Lead"와 같이 산업분야에서 일반적으로 사용되는 이름을 따르지만 요구사항에 따라서는 다른 표준방식이 사용될 수도 있다. "Pin count"는 패키지의 고유 핀의 수를 나타내는데 소자 아래 부분에 노출된 패드는 핀수에서 제외된다. "EP"는 소자의 아래 부분에 노출된 패드의 개수를 의미한다. X,Y는 필수 필드 값으로 x축과 y축의 치수를 나타내며 Z는 선택사항이다. IC Footprint 형식이 다양하기 때문에 "Clearance, Lead size, Pad size, Exposed pad size, Soldermask expansion"의 내용이 [Modifiers]에 추가될 수도 있다.

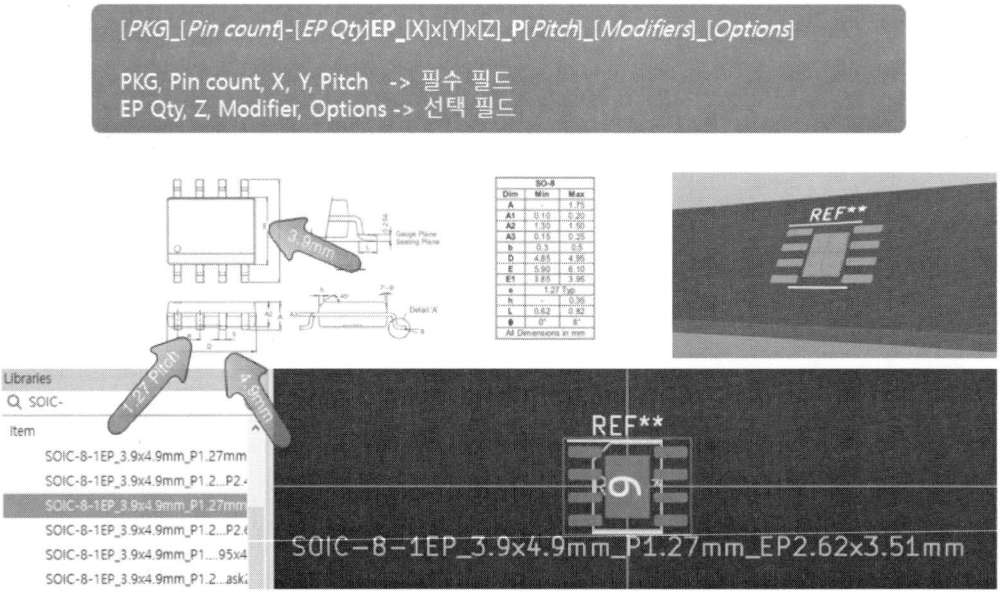

그림 8.28 SOIC IC패키지 Footprint 이름 작성 예

• **No-Lead 패키지** : Gullwing IC 패키지의 Footprint 이름 작성 규칙과 동일한 문법체계를 따르고 있지만 IC 패키지의 리드 핀이 IC의 몸체의 외부로 노출되지 않는 "DFN, QFN, LCC"의 접두어 형식을 따르는 방식이다. 리드의 길이는 Footprint가 설계된 것에 대한 공칭치수를 의미하는데 여기서 "공칭"이라는 의미는 실제 값과는 동일하지 않지만 실제 치수에 근접한 명목상의 수치를 말한다. 따라서 이러한 공칭 리드선 폭은 선택 값으로 제공될 수 있다.

*[PKG]_[Pin count]-[EP Qty]***EP_***[X]*x*[Y]*x*[Z]***_P***[Pitch]_[Modifiers]_[Options]*

PKG, Pin count, X, Y, Pitch -> 필수 필드
EP Qty, Z, Modifier, Options -> 선택 필드

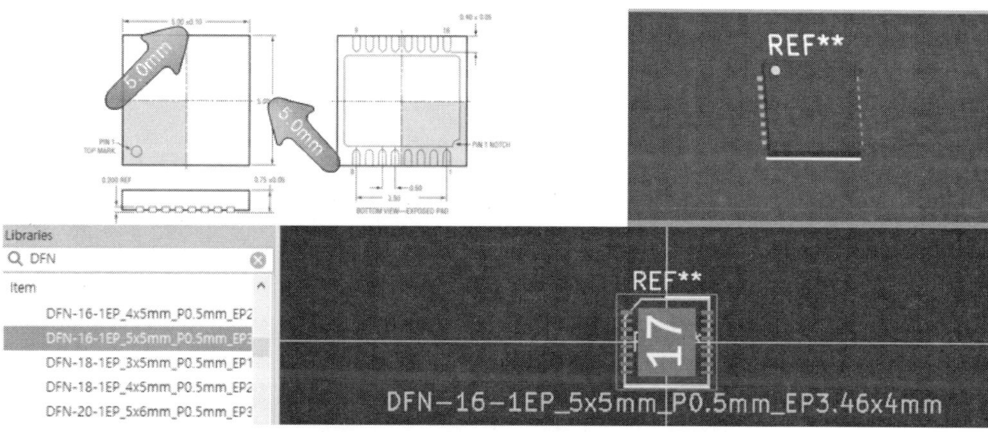

그림 8.29 DFN-16 IC 패키지 Footprint 이름 작성 예

• **BGA 패키지** : BGA(Ball Grid Array) IC 패키지의 Footprint 이름에 단순히 핀의 개수를 제공하는 것만으로는 패키지의 용도와 기능에 대한 정보제공에 미흡한 부분이 많다. 따라서 행과 열의 개수를 표시하는 것은 필수 사항이다. 일부 BGA 패키지의 경우에는 x축과 y축의 간격이 다르게 되어 있는 경우가 있기 때문에 간격에 대한 수치를 제공해 줄 필요가 있다. 또한 Footprint가 설계되었을 때 "Ball"의 직경에 대한 정보 역시 제공할 필요가 있다. BGA Footprint의 경우에는 NSMD와 SMD가 선택사항으로 되어 있는데 NSMD는 "Non Solder Mask Defined"의 약자로 동박 패드와 Solder Mask사이에 간격이 있는 형식이고 SMD는 Solder Mask가 동박 패드의 일부를 덮고 있는 형식이다. BGA에서는 SMD

방식을 사용하면 열이나 기계적 변형으로 PCB에서 동박 패드가 벗겨지는 문제를 방지하는 효과가 있다.

> *[PKG]_[Pin count]-[EP Qty]_***Layout**[Column]x[Rows]_**P**[*Pitch X*]x[*Pitch Y*]_**Ball**[*Ball*]_**Pad**[*Pad*]_[*NSMD/SMD*]_[*Modifiers*]_[*Options*]
>
> PKG, Pin count, X, Y, Columns, Rows, Pitch X, Ball, Pad, NSMD/SMD -> 필수 필드
> Z, Pitch Y, Modifier, Options -> 선택 필드

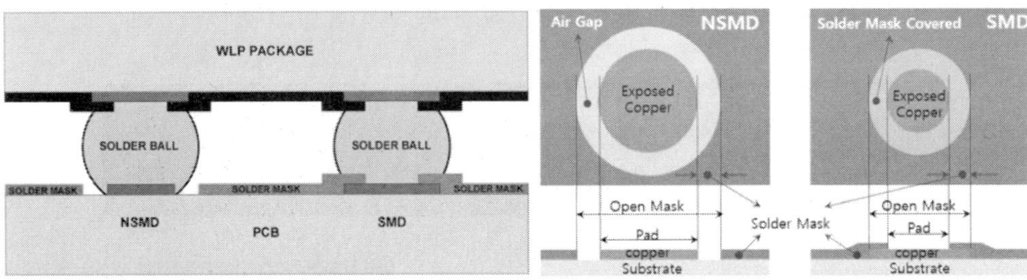

그림 8.30 BGA IC패키지 Footprint 형식 비교: NSMD vs. SMD

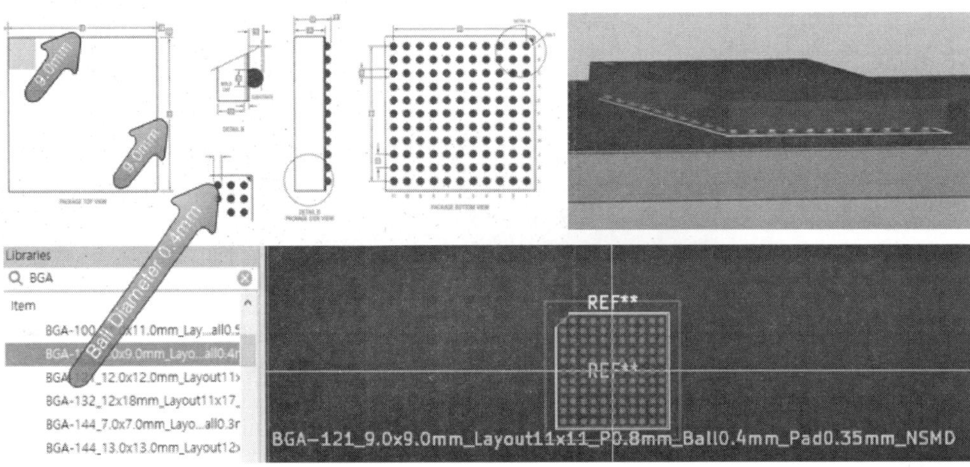

그림 8.31 BGA IC 패키지 Footprint의 이름 작성 예

- **스루 홀 IC 패키지의 이름 규칙**: 부품의 리드 선이 PCB 레이어를 관통하는 것을 스루 홀(THT: Through Hole)형식이라고 하고 패키지는 "DIP"와 "TO" 형식으로 분류한다. 스루 홀 IC 패키지에 대한 적절한 Footprint가 제공되지 않는 경우에는 기존 라이브러리에서 유사한 Footprint의 이름 작성규칙을 참조하도록 하자.
  - DIP 형식의 스루 홀 패키지: IC 패키지의 핀이 사각형 부품의 좌,우로 배치하고 있

는(DIP: Dual-Inline Package) 가장 일반적인 형식으로 드릴의 크기를 표기해야하는 경우에는 반드시 "mm"단위를 사용해야 한다.

```
[PKG]_[Pin count]_[X]x[Y]x[Z]_W[Lead span]_P[Pitch]_[Modifiers]_[Options]

PKG, Pin count, X, Y, Lead span, Pitch, Modifiers -> 필수 필드
Z, Options -> 선택 필드
```

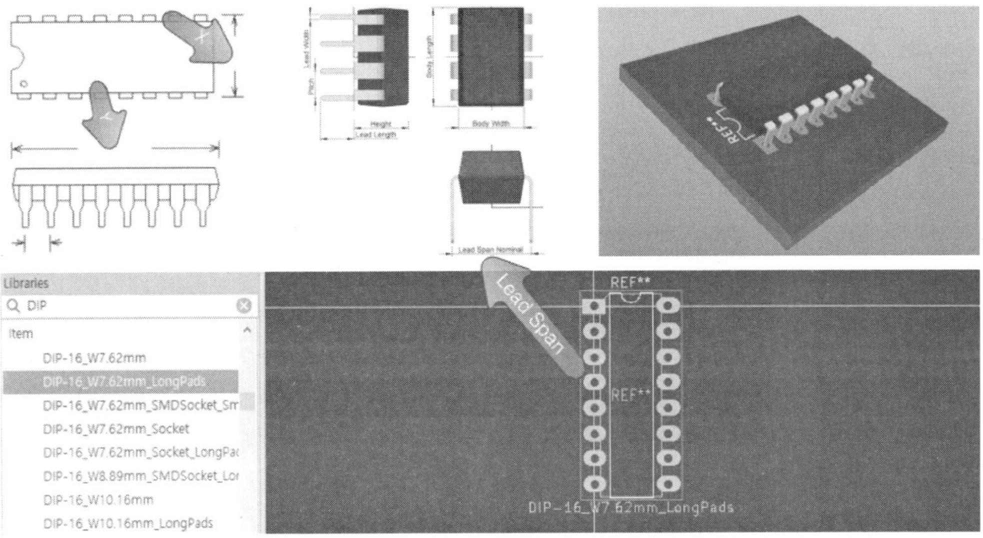

그림 8.32 DIP IC 패키지 Footprint 이름 작성 예

- TO형식의 스루 홀 패키지: TO는 "Transistor Outline"의 약자로 트랜지스터의 외형을 나타내는 형식의 접두어로 사용되고 있다. TO시리즈는 뒤에 오는 숫자에 따라 다양한 형태가 있다. 패키지의 접두어는 TO로 시작하고 바로 뒤에 고유 핀 번호가 표기되어 있다. 나머지 규칙은 모두 선택 사항이지만 부품의 방향(Vertical, Tabdown, TabUp)은 필수 사항으로 되어 있다. 드릴의 크기를 표기해야 하는 경우에는 반드시 "mm"치수로 해주어야 하고 "Stagger"는 부품의 몸체에 있는 핀의 개수(우수 혹은 기수)를 선택할 수 있다. 부품의 크기는 핀을 수직으로 보았을 때 가로 방향이 x 크기이고 세로 방향이 y 크기를 나타낸다.

```
[PKG]_[Pin count]_[X]x[Y]x[Z]_W[Lead span]_P[Pitch x]x[Pitch y]_[Stagger]_[Modifiers]_[Orientation]_[Options]

PKG, Pin count, Orientation -> 필수 필드
X, Y, Z, Lead span, Pitch x, Pitch y, Stagger, Modifiers, Options -> 선택 필드
```

표 8.7 TO 패키지의 외형 분류 표

TO-3	TO-5	TO-18	TO-66	TO-92	TO-126	TO-263

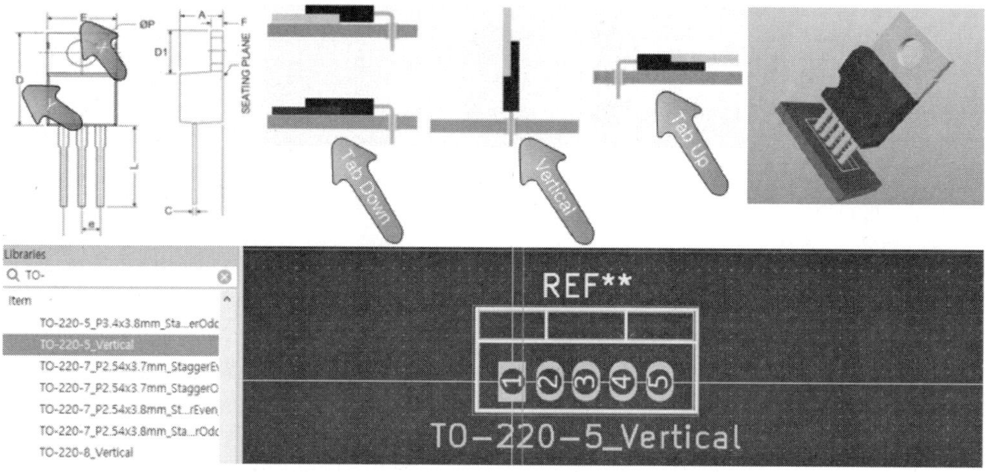

그림 8.33 TO 패키지 규격,형태와 Footprint 이름 작성 예

- **커넥터 이름 작성 규칙 :** 각종 다양한 종류의 커넥터에 대한 Footprint의 이름을 작성하는 경우에는 정형화된 규칙을 따르도록 한다. 만일 커넥터와 일치하는 적절한 Footprint가 없는 경우에는 기존의 유사한 부품 라이브러리의 설정을 참조하도록 한다.
  - **커넥터에 대한 규칙 :** 커넥터 Footprint는 너무나 다양해서 이름을 작성하는 규칙 또한 매우 복잡할 수밖에 없다. 여기서는 이러한 다양한 커넥터의 형식에 대한 이름을 작성하는 방법과 계획에 대한 구체적인 사례를 알아보자. 커넥터 마다 차이점을 가지고 있지만 일반적으로 이름을 작성하는 규칙은 다음의 문법을 따르고 있다. 여기서 MPN은 "Manufacturing Part Number"로 제조업체별 식별자이고 MAN는 "Manufacturer Name"로 제조업체 이름이다. Series에는 "USB"와 같이 기능을 표기 하거나 "PinHearder"와 같은 커넥터 형식을 표기하기도 하고 산업 표준 "DSUB-15"나 "Hirose_DF13"와 같은 제조사의 제품계열을 표기한다. MPN은 제조사의 자체 이름 작성규칙에 따르고 있는 부품번호를 나타내고 Pin

layout은 커넥터의 형식에 따라서 1열 커넥터(1x핀의 수)를 표기하거나 각 열마다 동일한 핀 수를 갖는 다열 커넥터를 표기한다. 또다른 커넥터로 "가로 열의 수, 각 열의 핀 수"를 표기하기도 하고 핀 정보가 필요 없는 표준 인터페이스 커넥터 "USB"를 표기한다. Modifiers에는 표준 Footprint설계 방식에서 벗어나서 변경되거나 수정된 내용을 표기하는데 예를 들면 패드나 드릴의 크기가 변경된 내용이 이곳에 표기된다. Orientations는 PCB 보드 면을 기준으로 커넥터의 방향과 위치를 표기한다.

> *[Series]_[Subseries]-[Pins]_[MPN]_[Pin layout]*_**P***[Pitch]*_*[Modifiers]*_*[Orientation]*_*[Options]*
>
> 모두 선택 필드

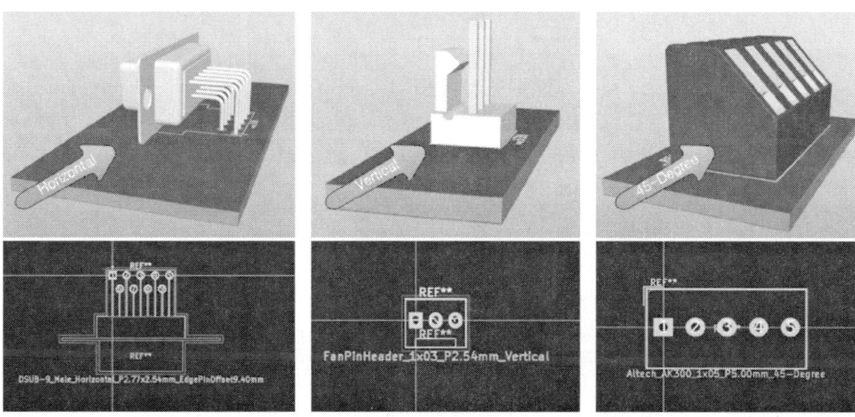

그림 8.34 PCB 보드 기준 커넥터의 방향 : Horizontal, Vertical, 45-Degree

- **특별한 기능을 갖는 커넥터** : 대부분의 많은 커넥터들은 특별한 기능 "USB, SD-Card,.."을 갖는 것으로 설계가 되었다. 이와 같은 기능을 가지고 있는 커넥터의 Footprint 이름은 다음과 같은 이름 작성 규칙에 따른다.
  특별한 기능을 갖도록 설계된 커넥터의 사례는 다음과 같으며 이와 같이 기능을 갖는 Footprint는 핀의 결과물에 대한 구체적인 표기가 생략되어 있다.

> *[Function]_[Standard]_[Size]-[Type]_[MAN]_[MPN]_[Modifiers]_[Orientation]_[Options]*
>
> Function -> 필수 필드
> Standard, Size, Type, MAN, MPN, Modifiers, Orientation, Options -> 선택 필드

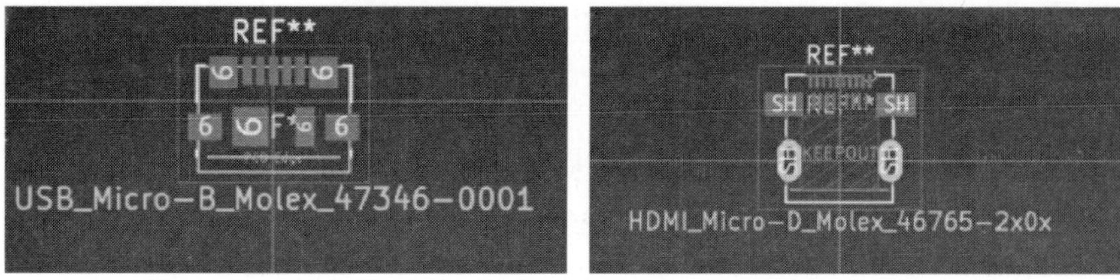

그림 8.35 특별한 기능을 갖는 커넥터 : USB, HDMI

- 표준화된 모양의 커넥터 : 대부분의 커넥터들은 산업계 표준으로 정해진 패키지나 물리적 레이아웃에 따라 다양한 제조업체에서 제공이 되고 있다. 따라서 이러한 커넥터들은 Footprint 이름의 시작부분에 다음과 같은 업계 표준의 이름 작성규칙을 따르고 있다. 예를 "Standard"는 일반 커넥터 모양을 정의한다.

[Standard]-[Pins]_[Series modifier]_[MAN]_[Series]_[MPN]_[Pin layout]_**P**[Pitch]_[Modifiers]_[Orientation]_[Options]

Standard, Pins, Series modifier -> 필수 필드
MAN, Series, MPN, Pin layout, Pitch, Modifiers, Orientation, Options -> 선택 필드

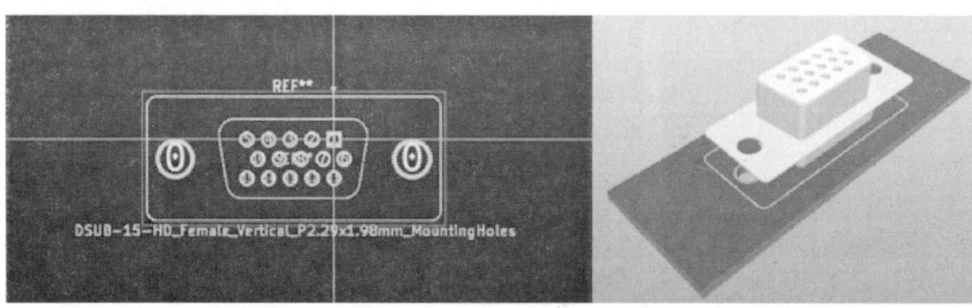

그림 8.36 표준 커넥터 : DSUB-15-HD_Female_P2.29x1.98mm_MountingHoles

- 일반 커넥터 형식 : "PinHeader, PinSocket, TerminalBlock"과 같이 핀이 배열 구조를 갖는 커넥터로 다음과 같은 이름 작성 규칙을 따른다.

[Connector type]_[MPN]_[Pin layout]_**P**[Pitch]_[Modifiers]_[Orientation]_[Options]

Connector type, Pin layout, Pitch, Orientation -> 필수 필드
MPN, Modifiers, Options -> 선택 필드

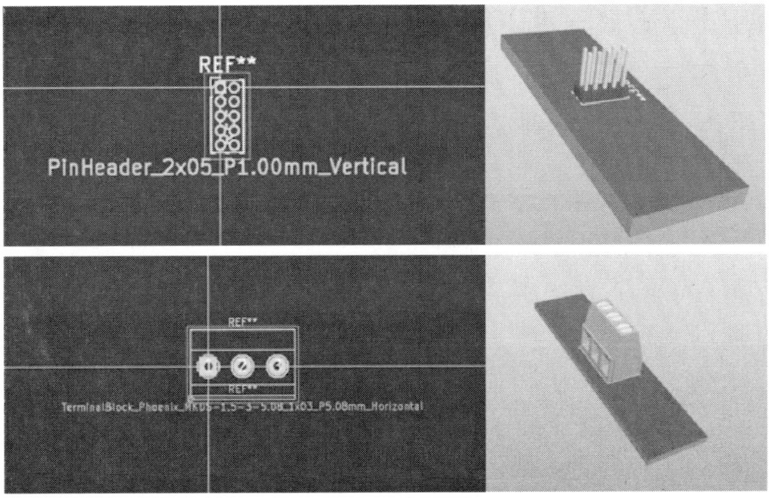

그림 8.37 일반 커넥터 : PinHeader, TerminalBlock

- **제조사의 특별 커넥터** : 제조업체의 커넥터 계열은 해당하는 제조업체의 표준에 특화되어 있는 커넥터라고 보면 된다. 이러한 커넥터는 이름 작성 규칙의 접두어에 항상 제조업체 이름이 필수적으로 표기되어 있다. 그러나 해당 커넥터를 제조하는 회사가 단일 업체로 유일한 경우에는 제조업체 이름은 생략될 수 있다.

*[MAN]*_*[Series]*_*[MPN]*_*[Pin layout]*_**P***[Pitch]*_*[Modifiers]*_*[Orientation]*_*[Options]*

Series, MPN, Pin layout, Pitch, Modifiers, Orientation -> 필수 필드
MAN, Options -> 선택 필드

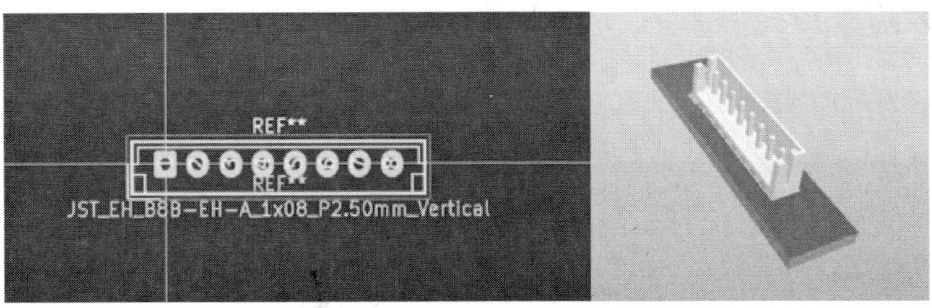

그림 8.38 제조사의 특별 커넥터 : JST_EH_B8B

- **퓨즈의 이름 작성 규칙** : 퓨즈와 퓨즈 홀더의 Footprint의 이름은 다음과 같은 작성 규칙을 따라야 한다. 정확하게 일치하는 Footprint 형식이 없는 경우에는 기존의 라이브러리에서 설정된 작성 규칙 내용을 참조한다.

- **퓨즈 홀더**: 퓨즈를 담는 지갑의 기능을 가지고 있으며 자동차에 들어가는 종류와 일반 산업용으로 구분할 수 있다. 미니 블레이드 형식과 산업용을 많이 사용되는 원통형 퓨즈 홀더는 다음과 같다.

FuseHolder_[*Fuse Type*]_[*MAN*]_[*Series*]_[*MPN*]_[*Modifiers*]_[*Orientation*]_[*Options*]

FuseHolder -> 고정 필드
Fuse Type, MAN, Series, MPN, Modifiers, Orientation, Options -> 선택 필드

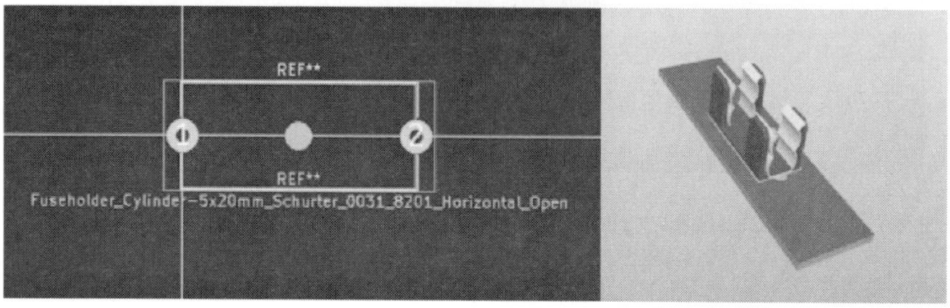

그림 8.39 산업용 원통 퓨즈 폴더: FuseHolder_Cylindar

- **원통형 퓨즈**: 원통형 퓨즈의 Footprint의 이름을 작성하는 규칙은 다음과 같다. Fuse는 반드시 사용해야하는 내용이고 중간에 몸통의 크기를 나타내는 항목도 반드시 표기해야하는 필수 내용이다. "Fuse_Littlefuse-LVR100"의 이름과 외형은 아래 그림과 같다.

Fuse_[*MAN*]_[*Series*]_[*MPN*]_[*Body size*]_[*Modifiers*]_[*Orientation*]_[*Options*]

Fuse -> 고정 필드
Body size -> 필수 필드
MAN, Series, MPN, Modifiers, Orientation, Options -> 선택 필드

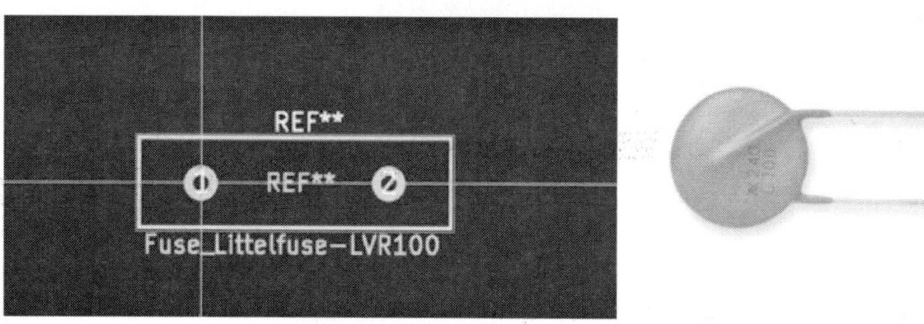

그림 8.40 원통형 퓨즈 Footprint: Fuse_Littlefuse-LVR100

- 사각 SMD 퓨즈 : 사각형 SMD 퓨즈의 Footprint 이름을 작성하는 규칙은 다음과 같다. 여기서도 Fuse는 반드시 사용하는 고정필드 값이고 크기는 반드시 미터법 “Metric”으로 표기 한다. “Fuse_0805_2012Metric”의 Footprint의 이름과 모양은 아래 그림과 같다.

Fuse_[*Imperial size*]_[*Metric size*]**Metric_**[*Modifiers*]_[*Orientation*]_[*Options*]

Fuse -> 고정 필드
Imperial size, Metric size, Modifiers, Orientation, Options -> 선택 필드

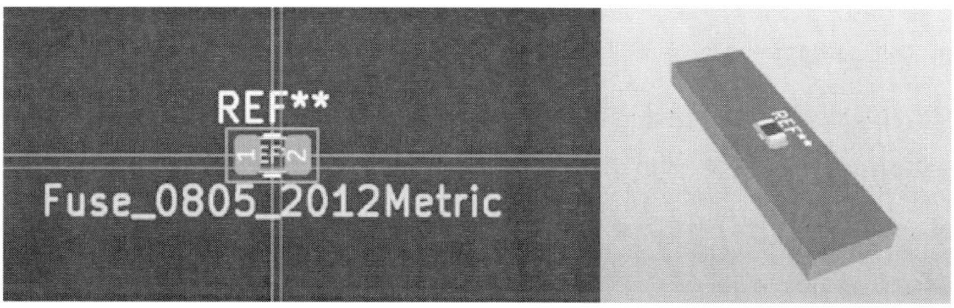

그림 8.41 사각형 SMDD 퓨즈 Footprint : Fuse_0805_2012Metric

(4) 일반 Footprint의 요구 사항

데이터 시트의 권고 사항과 KLC의 요구사항이 서로 다른 경우에는 데이터 시트의 권고 사항을 우선적으로 따르도록 한다. 이러한 내용은 기판의 조립과 납땜 과정 시 필요한 요구 사항에 맞춰서 Footprint를 설계할 때 중요하다. 따라서 KLC의 내용과 데이터 시트가 일치하지 않는 경우에는 데이터 시트를 따르고 변경 사항은 KiCad 라이브러리 팀과 논의해서 결정하도록 한다.

- **Footprint의 1번 핀 :** 모든 패키지 Footprint의 1번 핀은 반드시 좌측 상단 첫 번째 위치에 배정되어야 한다. 예외적으로 Footprint의 좌측 상단의 사분면에 1번 핀을 지정할 수 없는 경우에는 상단의 중앙 위치에 정렬하고, Footprint의 터미널이 2개만 존재하는 경우에는 좌측을 1번 핀으로 정렬한다.

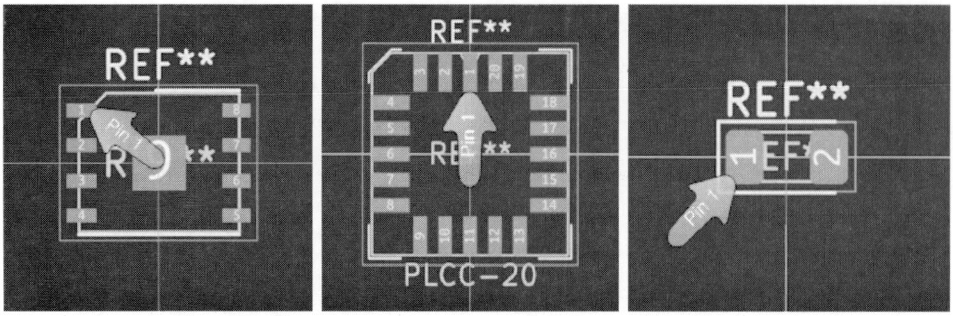

그림 8.42 Footprint 패키지의 1번 핀의 위치 : DFN-8, PLCC-20, LED_1210

- **동박과 연결된 패드 :** 다수의 패드를 포함하고 있거나 혹은 물리적으로 연결이 된 도체가 포함된 Footprint에서는 특별히 주의해야 한다. Footprint에서 물리적으로 연결이 되어 있는 다수의 패드에는 동일한 핀 번호가 주어져야 한다. 또한 열 비아(Thermal Vias)가 있는 경우 여기에 연결된 열 패드(Thermal Pad)도 동일한 핀 번호로 공유가 되어야 한다.

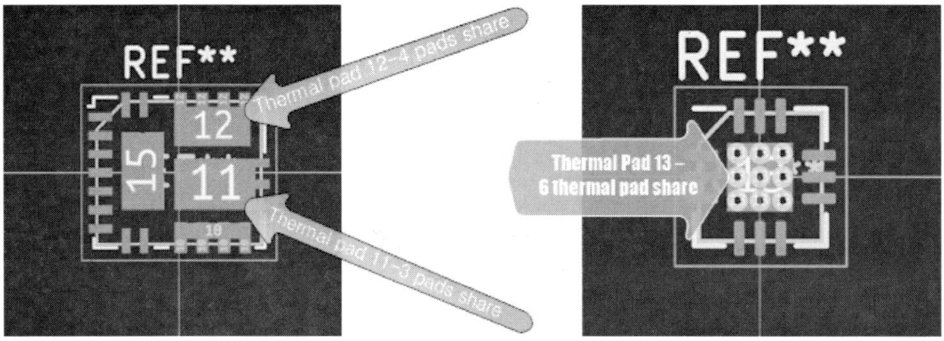

그림 8.43 Footprint 패키지 열 Pad와 열 Via : PQFN-22, QFN-12

- **열 패드(Thermal Pads) :** 기판 위 넓은 동박 면을 통해서 전달되는 열을 차단해서 다른 부품에 영향으로 주지 않도록 하는 역할을 하며 또한 납땜을 하는 경우 급격한 방열로 납이 제대로 기판위에 부착되지 않는 것을 방지하기 위한 목적도 가지고 있다. 핀의 리드가 홀 전체에 납과 같이 부착이 되어야 하지만 일부는 부착이 되고 일부는 급격한 냉각이 되면 냉땜(Bad Solder Joint)이 발생한다. 제조사의 데이터시트에서는 열 Via는 부품 패키지의 아래에 위치한 열 Pad에 방열의 목적으로 열 Via를 추가하는 것을 권고하고 있다. 데이터시트에서는 추가되어야 하는 열 Via의 크기,

위치 그리고 개수를 다음과 같이 표기해 두고 있다.

- 열 Via가 위치한 Pad의 번호는 서로 동일한 값으로 공유한다.
- 열 Via는 "F.Cu" 레이어에 연결하고 동박 Pad는 "B.Cu" 레이어에 추가해서 비아에 대하여 열 완화(Thermal Relief)를 해주고, "B.Mask"는 "B.Cu" 레이어에 대하여 활성화되지 않았기 때문에 이 경우 "Mask"는 남아있는데 이때 Pad는 0.5mm 크기 이상의 마진을 갖는 Via를 충분히 감쌀 수 있을 만큼 크게 조정한다. 만일 "B.Cu" 레이어에 배치할 Pad에 대한 데이터 시트의 권고 사항에 문제가 있는 경우에는 단지 참고만 하도록 하자.
- 데이터 시트에서 권고하지 않는 한 납땜 공간(Solder Paste)을 열 Via 위에 두면 안 된다. 이것은 납 작업시 납이 Via로 흘러들어서 냉땜(Solder Joint)의 원인이 된다.
- 열 Via를 갖는 Footprint에 대해서는 이름 뒤에 "_ThermalVias"라는 접미사를 붙여서 표기한다.

- **Footprint 외곽 배제 영역 표기 :** Footprint의 배제 영역은 제조사의 데이터 시트의 권고 사항을 따르거나 필한 경우 배제 영역 규칙에 따라서 Footprint의 내/외부에 그려준다. 이 영역은 용도에 따라서 이름을 정해주어야 하며 "User.Comments" 레이어에도 텍스트로 이 영역 이름을 지정해 준다. 우선 적으로 사용할 레이어를 선택하고 모든 규칙의 선택 박스에 체크(단, "Constrain outline"과 "Locked"는 반드시 체크를 하면 안 됨)를 해 준다. 그리고 영역 표시는 반드시 "Fully Hatched"로 하는 것으로 한다.

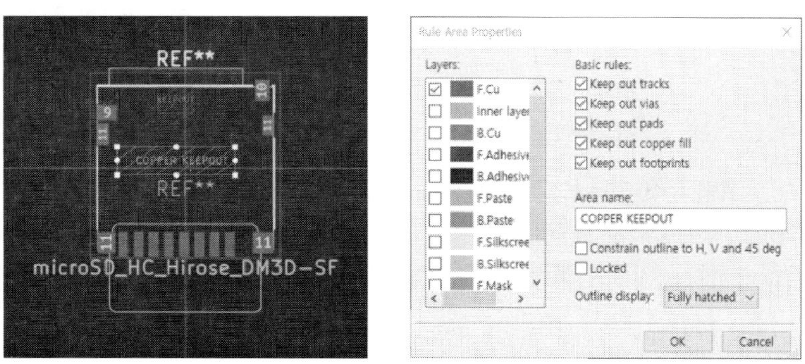

그림 8.44 Footprint의 Keepout 영역의 설정

- **지역 "Clearance와 Setting"은 "0"으로 설정:** 패드가 인접 요소들 간의 간섭 없이 안전하게 놓이게 되는 공간을 "Clearance"라고 하는데 여기서는 Clearance를 기본값을 사용하는 것으로 하자. 패드의 Clearance에 대한 설정은 다음과 같은 우선순위에 따라서 설정을 한다. 설정값이 "0"으로 되어 있는 경우에는 해당 설정 내용은 무시되고 다음 우선 순위에 따른 설정 단계로 진행을 한다. 패드나 핀에 대한 Clearance 지역 값의 설정은 특별한 이유가 없는 한 모두 "0" 값으로 유지한다. 데이터 시트에서 특정 패드에 대한 별도의 Clearance 값을 요구하는 경우에는 이들 값을 적절하게 활용하도록 한다.

  - **지역 패드 설정:** 개별 패드에 대한 Clearance 값을 설정
  - **Footprint 설정:** Footprint 속성 창에 Clearance 값을 설정
  - **전역 설정:** 1, 2번 미 설정시 PCB의 전역 설정 값을 사용

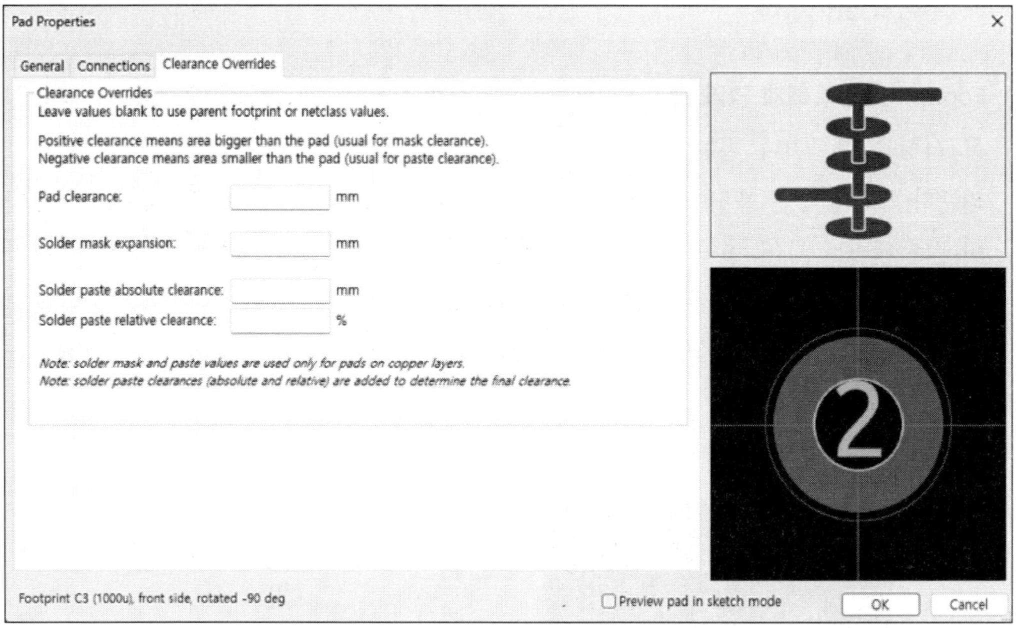

그림 8.45 Pad의 속성 창: Pad, Solder Mask의 Clearance 설정

(5) 레이어 요구 사항

그래픽 레이어 구성요소, 부품의 Courtyard 영역, 제조공정 레이어의 요구사항, 실크스크린의 요구사항에 대한 정보를 제공하는 내용으로 부품을 구성하는 요소(핀, Pad, Via, 배선등,)에 대한 안전 공간은 Clearance로 표기하고 있지만 부품의 몸통에 대한 인접 부품과의 간섭을 방지하기 위한 최소한의 거리 즉 안전 공간의 의미로 Courtyard를 표기하고 있다.

- **실크스크린 레이어 요구사항 :** 실크스크린은 PCB 기판 위에 놓이게 되는 부품의 방향과 식별 표식을 인쇄해 놓은 것이다. 특별하게 기판을 조립한 이후에 기판 위에 부품을 위치시키기 위하여 부품에 대한 참조번호 "RefDes"를 포함하고 있는 레이어이다. KiCad에서는 실크스크린 레이어로 기판의 전면의 "F.Silks"와 후면의 "B.Silks" 레이어를 대상으로 한다. 실크스크린 레이어에서 반드시 제공되어야 하는 요소들은 다음과 같은 것들이 있다.

  - 참조 표시자(Reference Designator) : 반드시 "F.Silks" 레이어에 표기되는 요소로 텍스트의 크기는 "1.00mm", 두께는 "0.15mm"로 하고 있다.
  - 실크스크린의 선폭은 IPC-7351C의 권고에 따라 "0.10~0.15mm" 값을 사용한다. 일반적으로는 "0.12mm"의 선폭이 사용되는데 고해상도 설계의 경우에는 "0.1mm", 저해상도 설계의 경우에는 "0.15mm"를 사용한다.
  - 실크스크린은 노출된 동박이나 Pad의 위에 배치하면 안 된다. 실크스크린과 노출된 Pad 사이의 Clearance는 "0.2mm"를 권장하고 있고, 실크스크린의 선폭이나 Pad의 마스크 확장 간극의 크기 보다는 같거나 커야 한다.
  - SMD Footprint의 경우에는 보드 조립 이후에도 실크스크린이 가려진 부분이 없어야 한다. 따라서 SMD의 경우 부품 바닥에는 실크스크린을 두지 않도록 한다.
  - 스루홀(THT) 부품의 경우에는 조립 과정에 부품에 대한 정보를 제공하는 목적으로 부품 바닥에 실크스크린을 표시할 수 있다.
  - 1번 핀의 표시자는 "F.Silks" 레이어에서 제공되어야 하고 조립 이후에 가려지는 부분이 없도록 한다.

그림 8.46 무극성 부품의 실크스크린

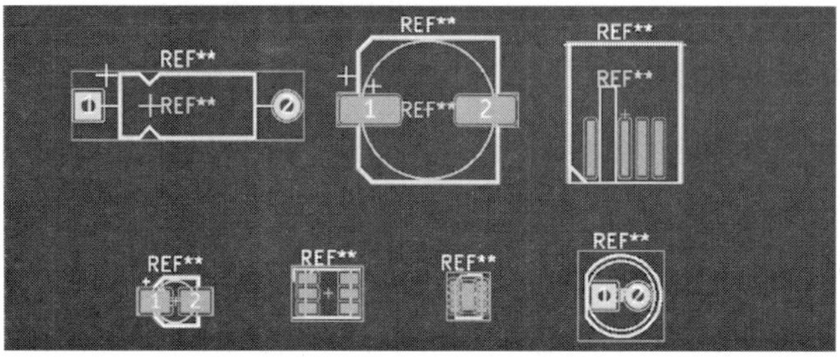

그림 8.47 극성 부품의 실크스크린

- **제조공정 레이어의 요구사항 :** 제조 레이어에서는 PCB 기판 위에 부품의 모양을 외곽선 형상으로 표시하기 위해서 사용된다. KiCad에서는 제조 레이어로 전면은 "F.Fab", 후면은 "B.Fab" 레이어를 대상으로 한다. 제조 레이어에서 반드시 제공되어야 하는 요소들은 다음과 같다.

  - 단순화시킨 부품의 외곽선 모양은 반드시 "F.Fab" 레이어에서 제공되어야 하는데 이때 외곽선의 선폭은 "0.1~0.15mm"의 값(권장 값은 0.1mm)을 사용한다. 부품의 외곽선은 단순화된 모양으로 실제 부품의 크기를 기준으로 그려야 한다.
  - Footprint 1번 핀의 위치와 극성을 표기해 주어야 하는데 IC패키지의 경우는 1번 핀 옆 사각부분을 패키지 크기의 25%나 혹은 1mm 정도로 꺾임 표시를 한다. 커넥터의 경우에는 1번 핀의 옆에 작은 화살표시를 한다.
  - 부품 값(Footprint 이름)은 반드시 "F.Fab" 레이어에 표시해야 하며 이때 권장되는 텍스트의 크기는 1.0mm(허용 가능한 크기 : 0.5~1.0mm)이다. 텍스트의 두께는 텍스트 크기의 15%수준으로 부품 외곽선 아래에 배치한다.
  - 참조 표시자(RefDes)의 복사본은 반드시 "F.Fab" 레이어에서 제공되어야 하며 두 번째 "RefDes"를 추가하기 위해서는 "${REFERENCE}" 값을 갖는 텍스트 객

체를 추가해 주어야 한다. "RefDes"는 부품 몸통의 중앙에 배치하고 부품의 축과 방향을 일치시키도록 한다. 텍스트의 크기는 부품의 크기와 비율을 맞추도록 하는데 권장하는 크기는 다른 레이어와 겹치지 않는 범위에서 4글자 정도의 비율이다. 텍스트의 크기는 1.00mm를 권장(허용 범위 : 0.5~1.00mm)하며 두께는 텍스트 크기의 15%정도를 권장한다.

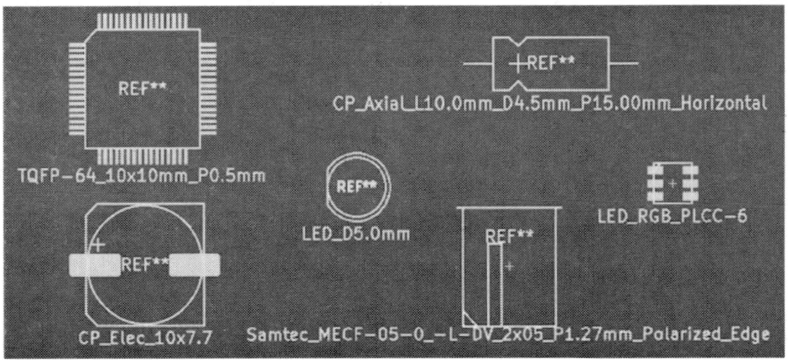

그림 8.48 제조 레이어 : Footprint이름, 참조 표시자

- **Courtyard 레이어의 요구사항** : 부품에 대한 Courtyard의 개념은 결합된 부품의 본체와 부품이 자리를 잡은 패턴의 주변에 최소한의 전기적,기계적 공간을 제공하기 위한 최소한의 사각형 영역을 의미한다. 이러한 Courtyard 공간은 단순한 사각형 대신에 다각형을 이용하여 윤곽을 만드는 것도 가능하다(IPC-7351C). 이러한 Courtyard에는 예를 들어 짝을 이루는 커넥터에 대해서는 추가적인 여유 공간이 반드시 필요하다. KiCad에서는 이러한 Courtyard를 전/후면에 "F.CourtYard" 레이어와 "B.CourtYard" 레이어를 두고 있다. CourtYard를 구성하는 요소로 선폭은 "0.05mm"를 사용하며 모든 CourtYard의 선들은 "0.01mm" 그리드 위에서 배치가 이루어진다. 일부 부품의 경우에는 CourtYard를 PCB의 뒷면에 두어야 하는데 이때는 "B.CourtYard" 레이어를 이용한다. CourtYard가 부품의 본체 치수에 따라서 달라지는 경우에는 Clearance는 공칭치수를 이용해서 이 공간의 크기가 계산된다. CourtYard의 Clearance는 다음과 같은 요구사항을 반드시 따라야 한다.
    - 별도 표기가 없는 경우 Clearance는 "0.25mm"이다.
    - 부품 크기가 "0603"보다 작은 경우 Clearance는 "0.15mm"이다.
    - 커넥터의 Clearance는 "0.5mm"이지만 짝을 이루는 커넥터의 경우에는 추가적인

Clearance값이 필요하다.

· 캔 형 캐패시터와 크리스탈의 Clearance는 "0.5mm"이다.

· BGA소자의 Clearance는 "1.0mm"이다.

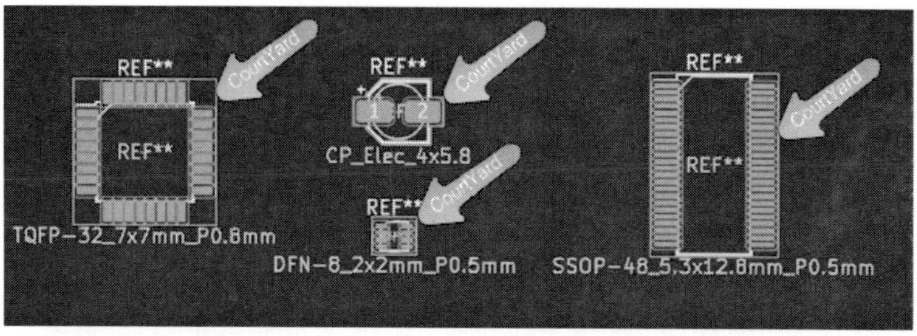

그림 8.49 부품의 CourtYard : TQFP-32, CP, DFN, SSOP

- **그래픽 레이어의 요소 :** Footprint는 중복되거나 겹치는 그래픽 요소가 없어야 한다. 이러한 그래픽 요소는 선, 호와 원을 의미하며 끝점이나 교차점이 접촉되는 상태는 겹치는 것으로 처리하지 않는다.

(6) 표면 실장 부품

PCB 기판 위에 실장되는 부품을 표면실장 부품(Surface Mount Component)라고 하고 구체적으로 SMD(Surface Mount Device)로 표기한다. 이러한 부품에 대한 패드의 요구사항과 형식, Footprint 몸체의 원점 설정에 관하여 알아보자.

- **Footprint의 형식은 SMD로 설정 :** 부품의 형식은 표면실장 Footprint에 대하여 반드시 SMD로 설정해 주어야 한다. 이러한 내용은 Footprint 위치정보를 가지고 있는 ".pos"파일에 포함이 된다. 따라서 Footprint 속성 창의 우측 하단에 위치한 "Not in schematic", "Exclude from position files", "Exclude from BOM"의 항목에 대한 3개의 체크 박스는 모두 해제해야 하고, 바로 위에 위치한 부품의 형식을 선택하는 "Component type"의 펼침 메뉴에서는 "SMD"로 선택을 해 주어야 한다.

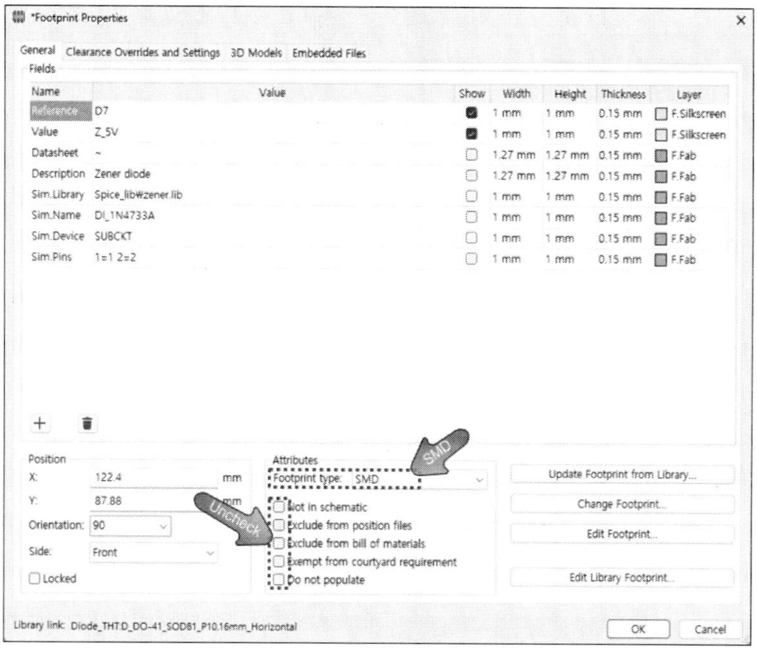

그림 8.50 Footprint 속성 창의 설정 : SMD, 체크 해제

- **footprint의 원점 설정 :** Footprint의 원점은 PCB 기판 위에 SMD 부품이 놓이게 될 위치를 찾아서 정확하게 배치하기 위하여 부품 자동 삽입기(PNP: Pick and Place)에서 사용된다. 대부분의 표준 부품은 몸체의 중앙지점을 원점으로 하면 KiCad의 원점은 "(0,0)"으로 되어 있다. 이러한 원점을 상대적인 좌표로 이동시키기 위해서는 " "아이콘을 사용하거나 "Ctrl+Shift+N"와 같이 단축키를 사용하면 된다.

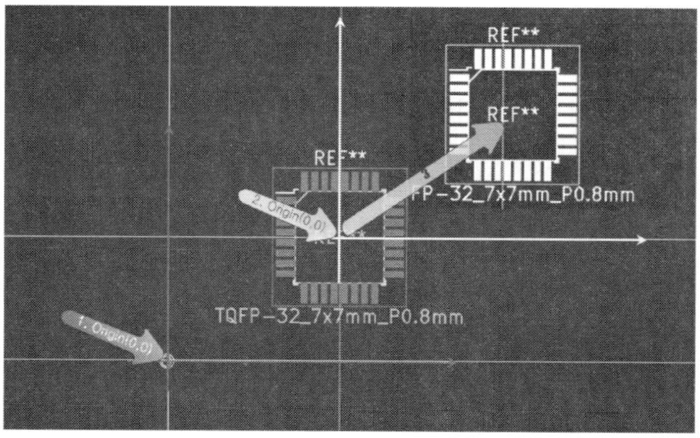

그림 8.51 상대 원점 설정 : Footprint의 원점 이동

비대칭 모양을 갖는 Footprint의 원점이 몸체의 중앙에 놓이지 않는 경우가 있다. 이러한 경우 부품의 원점은 제조사에서 제공하는 데이터 시트를 참조하면 찾을 수 있다. 아래 그림은 Micro SIM Footprint와 제조사의 데이터 시트 상의 원점이다.

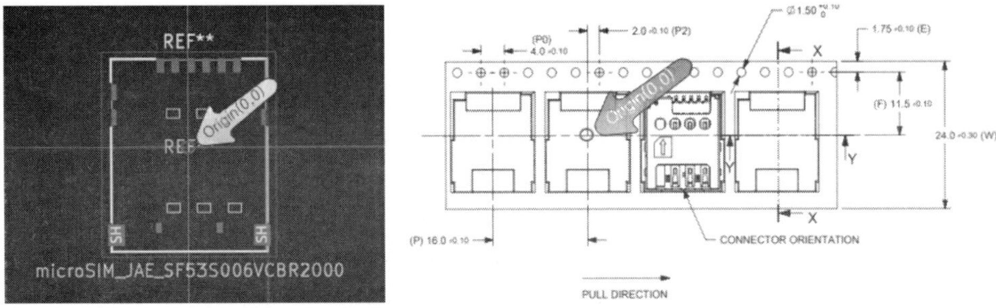

그림 8.52 제조사 데이터시트상의 부품 원점과 Footprint의 원점

- **SMD Footprint에 대한 패드의 요구사항 :** 표면 실장 Pad는 PCB 설계 시 특별한 요구사항을 준수해야 한다. SMD Footprint의 Pad의 기본 설정은 앞면의 동박은 "F.Cu" 레이어로 설정을 하고 앞면 솔더 마스크는 "F.Mask" 레이어에 설정을 한다. 그리고 마지막으로 앞면 솔더 페이스트는 "F.solderpaste" 레이어에 설정한다. 만일 SMD Pad가 PCB 기판의 뒷면에 배치되었다면 마찬가지로 후면 동박은 "B.Cu", 후면 솔더 마스크는 "B.Mask", 후면 솔더 페이스트는 "F.solderpaste"로 설정한다. 특별한 금속 마스크를 갖는 Pad의 경우는 조심스럽게 고려할 사항들이 있으므로 내용을 확인하는 것이 좋다. 솔더 페이스트는 PCB 기판 위에 납을 이용하여 부품을 붙이는 화학물질을 의미하는데 일명 "납땜용 합금"으로 분말 형태의 파우더와 플럭스로 이루어져 있다.

    - **솔더 페이스트 요구사항 :** IC패키지와 같은 많은 부품들에는 솔더 페이스트(Stencil) 설계를 위한 요구사항들이 있다. 이러한 요구 사항들은 Footprint의 데이터 시트나 기술적 문서를 참조하면 된다. 대형 IC 패키지에는 종종 솔더 페이스트의 양을 줄이기 위해서 노출 Pad인 금속 마스크를 두기도 한다. 주문형 노출 Pad(Stencil)은 "F.Cu" 혹은 "B.Cu" 동박 레이어에서 기존의 Pad를 포함하여 동박을 노출 Pad 형상으로 만들 수 있다. 이러한 동박 Pad는 "F.Paste"나 "B.Paste" 레이어에 체크가 되지 않도록 한다. 필요한 경우 솔더 페이스트 레이

어("F.Paste, B.Paste")만을 사용하는 Pad를 포함해서 노출 Pad(Stencil)를 추가할 수도 있는데 이러한 Pad는 Pad 번호가 없다. 솔더 페이스트는 솔더 마스크가 없는 Pad 영역의 50~80%의 범위 이내에서 만들어야 한다.

- **노출 Pad의 크기**: 노출 Pad를 갖는 부품의 경우 효율적인 Pad의 크기를 갖도록 하기 위해서는 패키지에서 제공하는 Pad의 공칭 치수를 기본값으로 사용하도록 하는 것이 좋다. 만일 제조사에서 Footprint를 제공하고 있는 경우에는 패키지가 갖는 Pad의 허용 범위 안에서 변경하는 것은 가능하다. 즉, 패키지가 갖는 Pad의 최소 크기보다 작은 Footprint의 Pad는 허용되지 않으며, 만일 제안된 Footprint에서 패키지가 갖는 Pad의 최대값보다 큰 Pad를 사용하는 경우에는 솔더 마스크에서 정의한 Pad를 사용해야 한다.

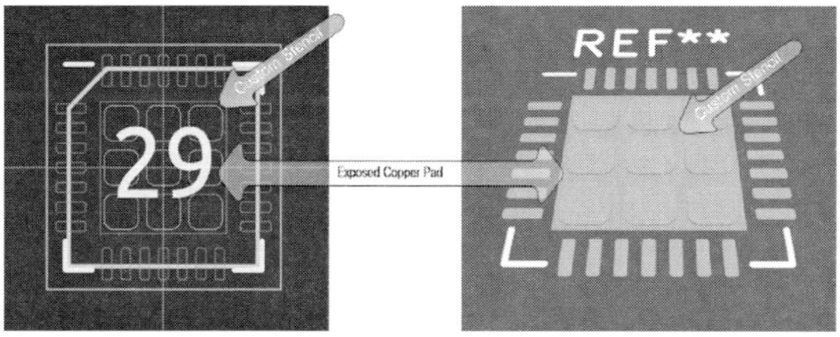

그림 8.53 주문형 노출 Pad : QFN-28-1EP_5x5mm_P0.5mm

- **노출 Pad와 일반 Pad 사이의 Clearance 요구사항**: 노출 Pad와 일반 Pad 사이에는 최소 0.2mm의 Clearance가 필요한데 이러한 Clearance는 솔더 마스크가 없는 공간에만 적용이 된다. 즉, 솔더 마스크가 정의한 Pad의 Clearance는 일반 Pad와 노출 Pad의 솔더 마스크가 끝나는 지점 사이의 공간(Air Gap)이 된다. 따라서 이러한 Clearance를 확보하려면 일반 Pad의 Heel Fillet을 줄여야 한다.

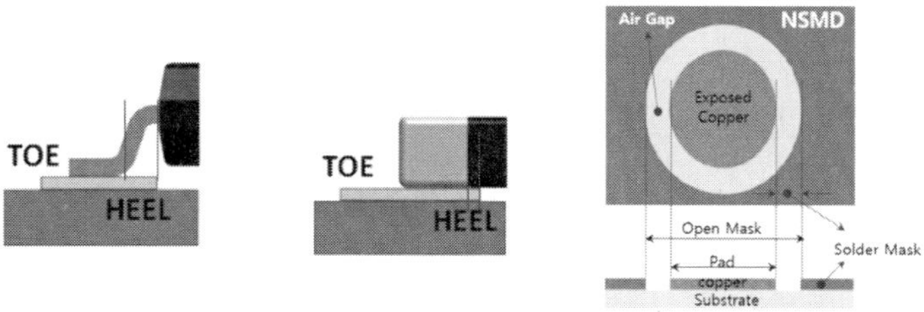

그림 8.54 Pad의 Clearance 구조 : Heel Fillet, Air Gap

(7) 스루 홀 형식 부품

PCB 기판을 관통하는 Via 홀에 납땜을 해서 고정되는 부품을 의미하는 것으로 타원 고리 형식, 환상 고리 형식, 환상 고리의 폭이 최소인 형식이 있다. 스루 홀 Footprint에 대한 Pad의 요구사항, 1번 핀의 모양에 대한 규칙과 원점 좌표 및 배치형식에 대한 설정 내용에 대하여 알아보자.

- **Footprint 형식의 설정:** Footprint의 배치 형식은 THT Footprints에 대하여 "스루 홀"로 설정을 해 주어야 한다. 이러한 설정을 해두는 것은 이들 Footprint가 부품을 자동 삽입(PNP : Pick and Place)을 하기 위한 좌표 파일에 포함시키지 않겠다는 확인 작업이라고 보면 되겠다. 이러한 설정은 Footprint 속성 창에서 "Fabrication Attributes"에서 "Component type"을 "Through hole"로 선택하면 된다.

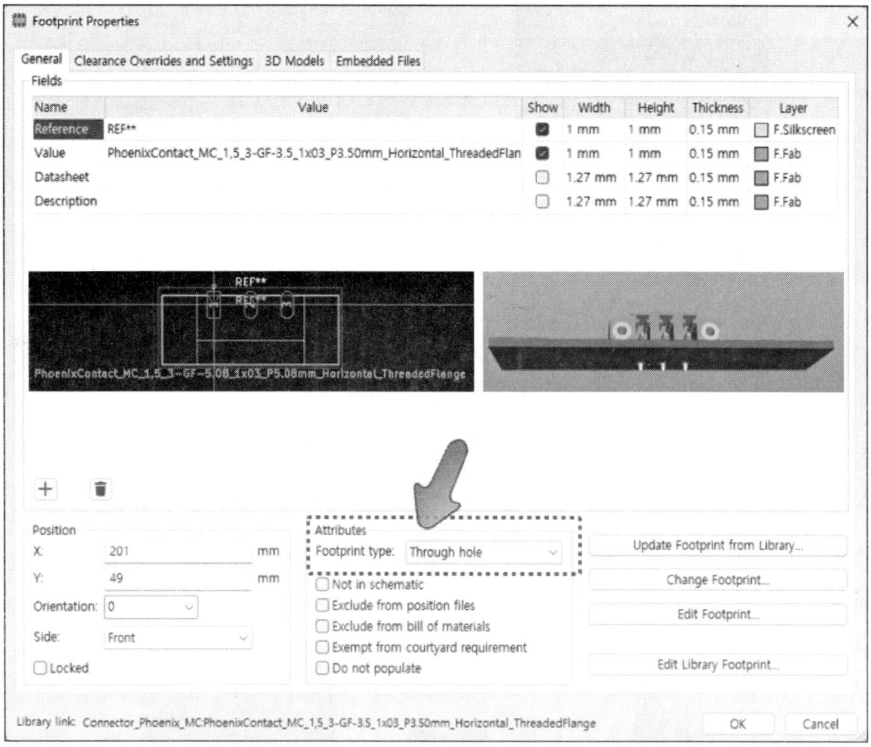

그림 8.55 Footprint 형식의 설정: Through hole

- **Footprint 1번 핀의 모양과 원점 설정:** 스루 홀 형식의 부품의 Footprint에서 1번 핀

의 모양은 사각형이나 모서리가 둥근 사각형으로 설정해 주어야 하며 나머지 핀들의 Pad 모양은 원이나 타원형으로 설정한다. 이와 같이 1번 핀의 모양을 다르게 하면 부품을 배치하는 경우 부품의 정확한 방향에 맞추어서 배치가 쉽고 부품의 방향에 대한 오류를 최소화할 수 있다. 1번 핀의 모양은 사각형이나 모서리가 둥근 사각형으로 할 수가 있는데 이때 모서리의 곡면은 최대 반지름이 0.25mm인 25%로 한다. 예외적으로 스루 홀 형식의 저항과 같은 부품에서는 1번 핀을 사각형 모양의 Pad로 설정하지 않는다.

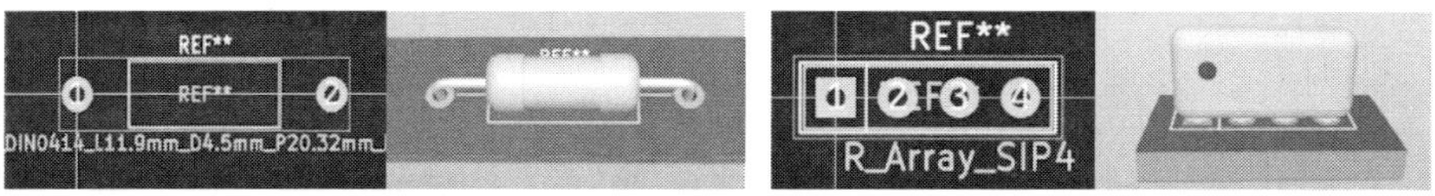

그림 8.56 무극성 저항의 1번 핀: Axial 저항, Array 저항

그러나 이 경우에도 여러 개의 저항이 배열 구조를 갖는 어레이 저항의 경우에는 내부 구조에 따라서 1번 핀의 표시가 필요한 경우가 있다. 이러한 경우에는 1번 핀의 표기 방법은 앞서 설명한 방법과 동일하게 사각형 혹은 둥근 모서리 사각형의 모양으로 구분을 해 주어야 한다.

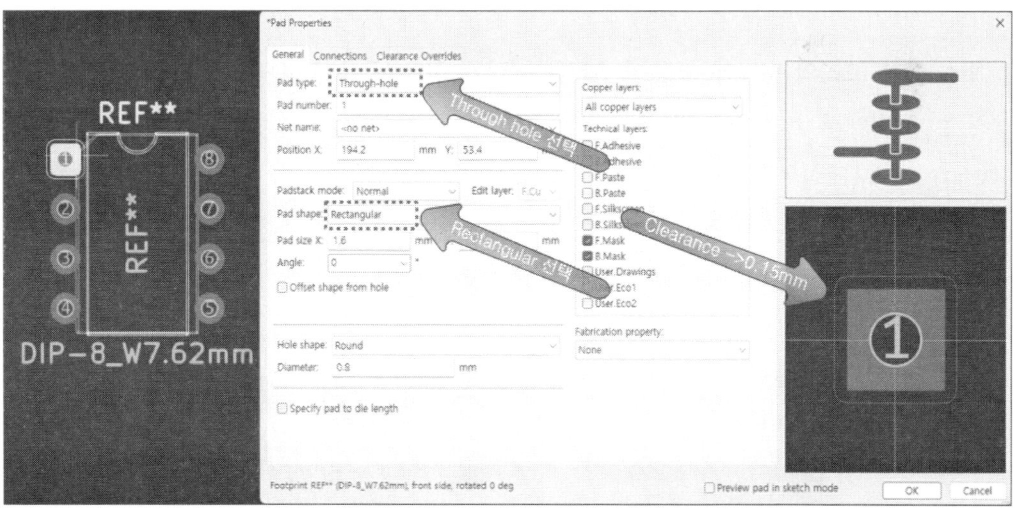

그림 8.57 스루 홀 부품의 1번 핀: Rectangular, Rounded Rectangle

- **스루 홀 Footprint의 Pad 요구사항 :** 스루 홀 형식의 Pad는 납땜을 위한 공간 확보를 위해서 솔더 마스크를 뒷 쪽으로 이동시킨다. 그러나 스텐실(노출 패드) 공간을 두는 경우에는 솔더 페이스트를 받을 수 없기 때문에 솔더 페이스트를 두는 공간이 없어야 한다. 스루 홀 Footprint에 대한 Pad는 전체 동박에서 "F.Mask"와 "B.Mask"의 레이어에 대하여 설정을 하고 Pad의 실크스크린 레이어는 비 활성상태로 둔다.

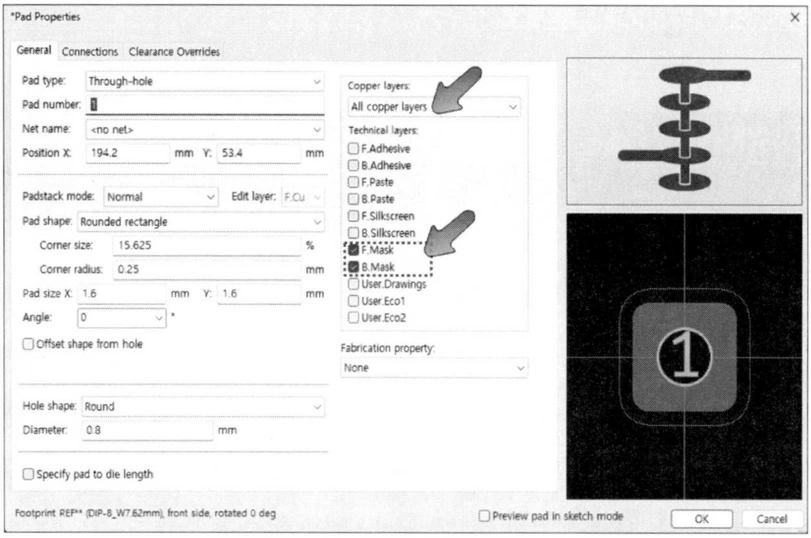

그림 8.58 스루 홀 Pad의 레이어 설정

- **최소 원형 고리의 너비와 최소 홀 직경 :** 드릴을 이용한 스루 홀을 만드는 경우 Pad의 원형 고리에서 최소한의 너비 크기는 0.15mm 이상으로 설정해 주어야 한다.(IPC-2221) 여기서 원형 고리는 드릴 구멍작업을 마친 이후에 남게 되는 동박 Pad다. 스루 홀을 위한 드릴 작업을 하는 경우 드릴구멍의 최소 직경은 가장 굵은 리드선의 직경에 0.2mm 정도를 더한 크기로 한다.(IPC-2222 클래스 2)

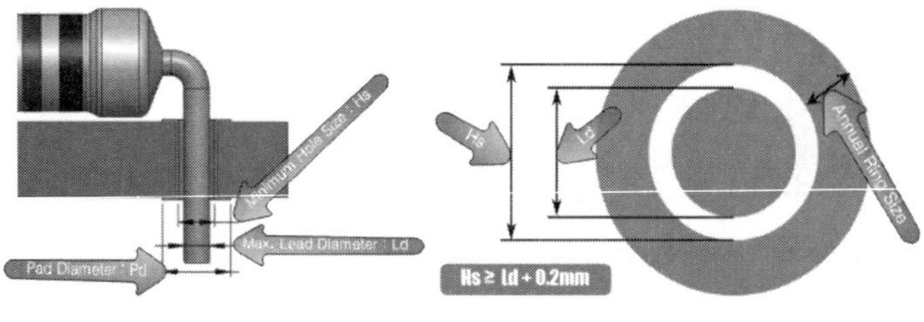

그림 8.59 스루 홀의 최소 직경

- **타원형 도금 홀:** 타원형 스루 홀의 크기 역시 최대 리드선의 크기와 홀 내부 모든 방향 간극의 Clearance는 반드시 0.2mm를 지켜주는 수준에서 결정 한다. 타원형 스루 홀은 리드선의 길이와 너비의 비율이 2보다 클 때만 허용이 된다. 리드 단면은 너비의 최소 2배 길이를 유지해야 한다. 리드의 최대 치수는 데이터시트를 참조하도록 하자. 일부 PCB제조사에서는 도금 밀링 슬롯의 제작이 불가능하기 때문에 이런 경우에는 원형 홀을 이용한 대체 Footprint를 사용 한다. 이때에는 리드의 대각 방향 길이 보다 최소 0.1mm의 간극을 확보해 준다. 이러한 대체 형태의 원형 홀의 Footprint이름의 마지막에는 "_CircularHoles"라는 접미사가 붙는다.

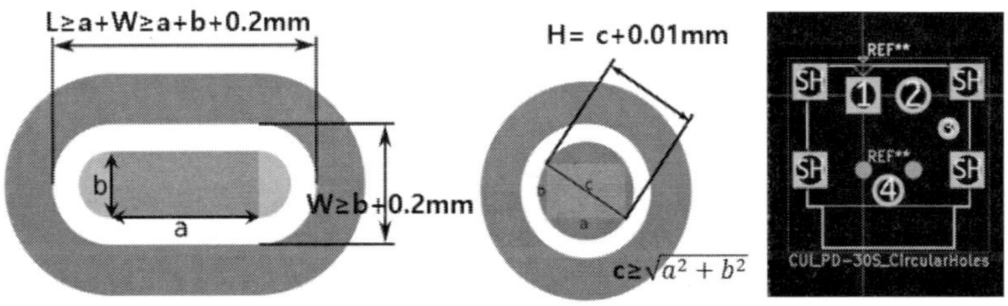

그림 8.60 직사각형 리드에 대한 타원 스루홀과 원형 홀의 규격

(8) Footprint 속성

Footprint 메타 데이타의 내용과 기본 값으로 설정되어 있는 속성의 내용을 확인하고 Footprint와 연계된 3D 모델의 속성에 대하여 알아보자.

- **Footprint 메타 데이터:** Footprint 속성 창에서 Reference 필드의 텍스트는 반드시 "REF **"로 설정하도록 하며 Value 필드와 Footprint Name 필드의 이름은 반드시 동일하게 처리한다. Description 필드에는 소자에 대한 정보를 콤마로 구분하면서 표기하도록 하고 필요한 따라서는 Footprint의 데이터 시트를 나타내는 URL주소도 표기해 준다. Keywords 필드에는 공백으로 구분한 핵심 단어들을 표시하면 된다.

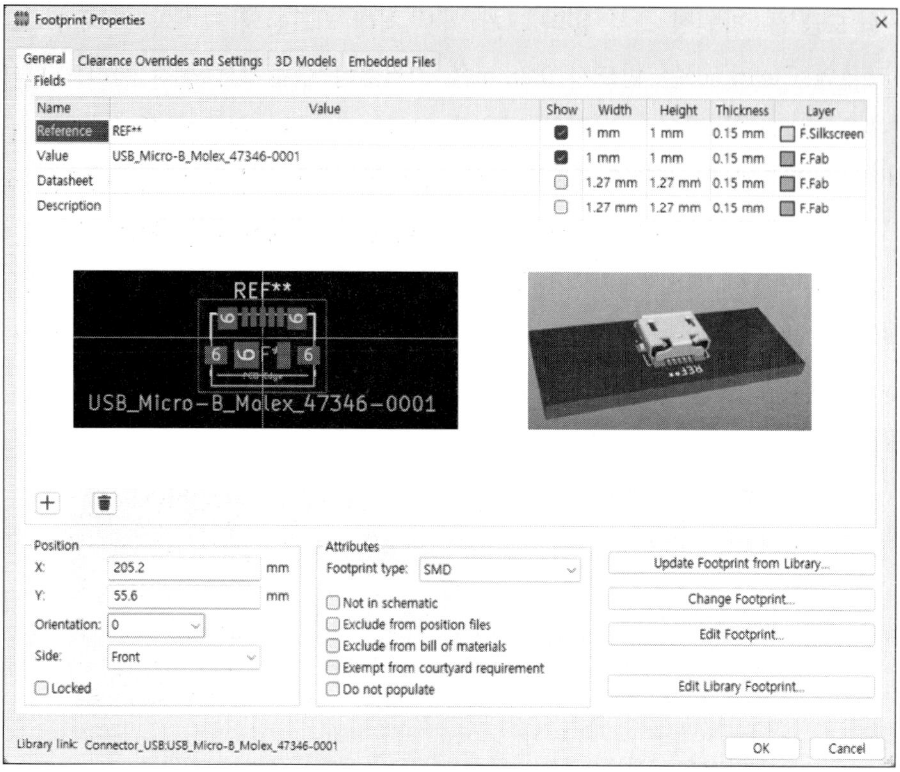

그림 8.61 Footprint 메타 데이타 : Reference, Value, Footprint Name, Description

- **Footprint 속성의 기본설정 값 :** Footprint의 속성은 데이터시트에 표기되어 있는 정보의 내용을 따라야하는 등의 이유가 없는 한 기본적으로 설정되어 있는 값을 그대로 두어야 한다. Clearances의 설정 값도 모두 기본 설정 값으로 한다.

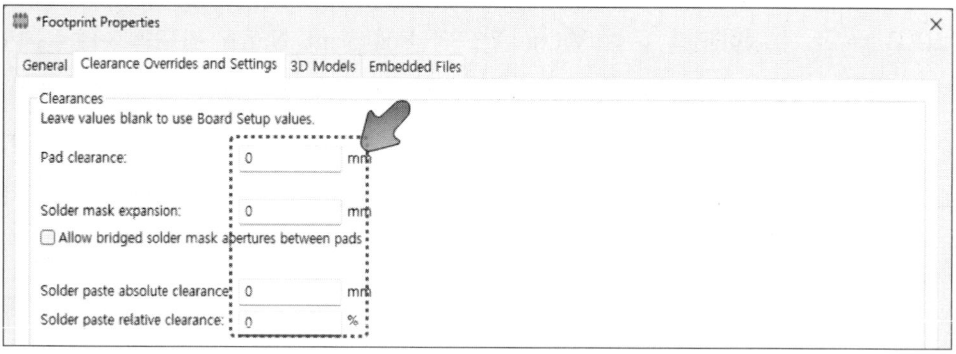

그림 8.62 Footprint의 기본 설정 값 : Auto Placement, Clearance

- **Footprint 3D 모델의 요구사항**: Footprint에 연계되는 3D 모델의 요구사항은 별도의 폴더에 다음과 같은 내용으로 저장되어 있어야 된다. 가상 Footprint를 제외한 모든 Footprint는 3D 모델이 아직 만들어지지 않아서 존재하지 않는 상황에서도 3D 모델의 참조(References)값은 가지고 있어야 한다. 이런 작업은 Footprint를 다시 편집하는 과정 없이 쉽게 3D 모델을 추가할 수 있으며 3D 모델은 Footprint에 맞추어서 비율작업을 할 필요가 없기 때문에 "1:1:1"의 비율을 사용한다. 또한 3D 모델은 3차원 모델링 프로그램에서 Footprint에 맞춤 작업을 한 결과이기 때문에 모델을 회전시키거나 위치에 대한 변위 값을 변경할 필요가 없어서 그대로 "0"값으로 설정한다.

  - **3D 모델 라이브러리 폴더**: 3D 모델 파일은 ".3dshapes"의 확장자를 가지고 Footprint 라이브러리와 동일한 이름의 라이브러리(폴더)에 위치하고 있어야 한다. 예를 들면 "*.pretty"의 확장자를 갖는 파일은 "*.3dshapes"라는 확장자를 갖는 파일과 연계가 된다는 것을 의미한다.
  - **3D 모델 파일의 이름**: Footprint 이름 "C_Radial_D4.0_.._mod" 파일은 3D 모델 "C_Radial_D4.0_.._.wrl"과 동일 이름으로 되어 있어야 한다.

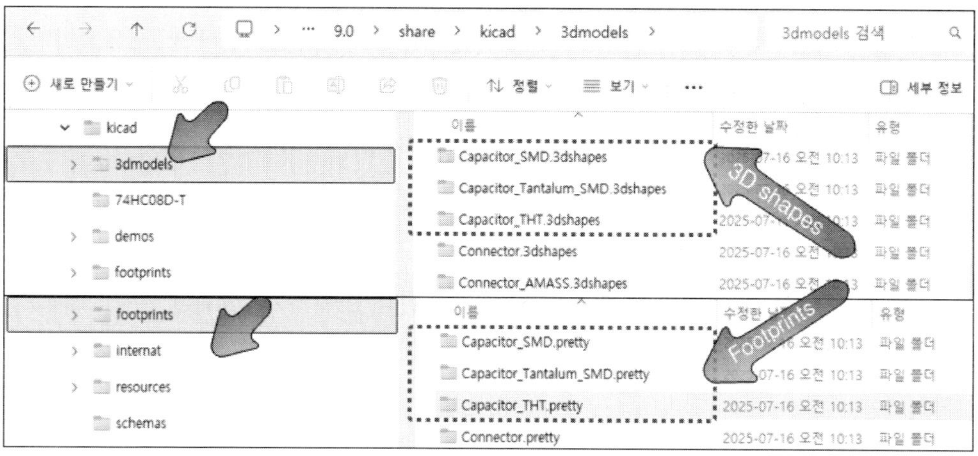

그림 8.63 Footprint와 3D Shapes의 연계 폴더

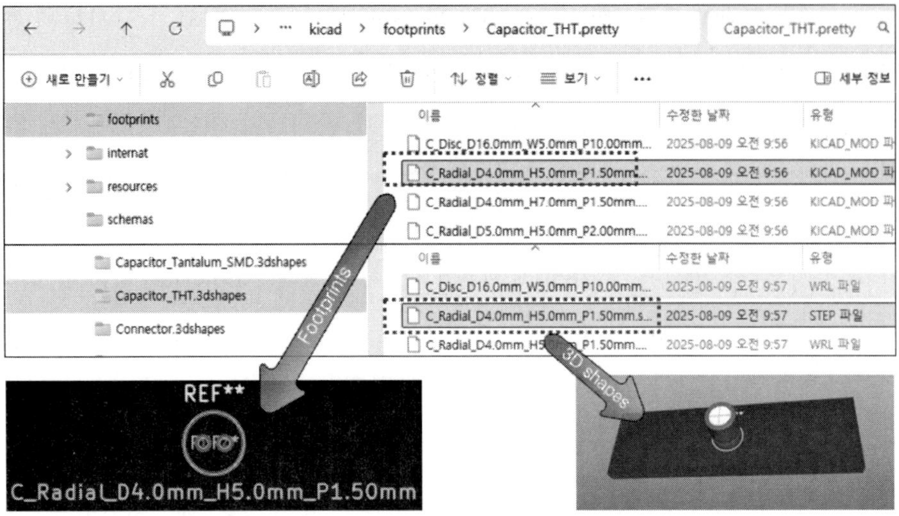

그림 8.64 Footprint "*.pretty"와 3D "*.wri" 파일의 연계

- 공통 3D 모델 : Footprint가 단순한 변경 사항만 있어서 3D 모델의 표현을 변경하지 않고 사용하는 경우에는 모델의 복제 과정이 없이도 공동 3D 모델을 사용할 수 있다. 따라서 "R0805_HandSoldering.kicad_mod"는 "R0805.wrl" 라는 이름의 3D 모델을 공통으로 사용하면 된다.

- **3D 모델의 지침** : 재능 기부자에 의해서 만들어진 모델들은 이들에게 소유권리가 있으며 이러한 3D 모델 라이브러리의 최종 목표는 무료로 공개 라이브러리를 제공하는 것이다. 이를 위해서는 기부자의 법적 지위와 관련하여 특별한 제한이 필요하기 때문에 사용자는 KiCad 라이브러리 라이센스 정책에 따라서 라이센스가 부여된 모델만 사용해야 한다. 대부분의 경우 스크립트 도구나 혹은 파라메트릭 모델링 프로그램을 이용해서 3D 모델은 수작업으로 진행된다. 제3자가 설계한 모델 데이터를 제공하는 것은 라이센스 문제에서 문제가 되는 경우가 많기 때문에 가급적 피해야 한다.

  - 3D 모델의 소스 파일 : KiCad 라이브러리는 3D 소스 파일의 Repository를 다음의 주소에 두고 있다. 따라서 새로운 3D 모델 데이터를 만든 경우에 사용되는 소스파일은 반드시 이곳 Repository에 제출하도록 한다. 3D 모델의 소스 파일은 FreeCAD와 같은 3차원 모델링 소프트웨어로 작업이 이루어진 파일이지만 대안

으로 Repository에 추가할 필요가 없는 스크립트로 제공되기도 한다. 소스 Repository는 "Kicad-packages-3D" Repository의 폴더를 미러링하고 있다. 예외적인 경우로 제조사에서 부품에 대한 인증을 받은 모델은 KiCad 팀에서 우선적으로 채택하여 서비스를 한다.

```
Source file -> https://gitlab.com/kicad/libraries/kicad-packages3D-source
Script      -> https://gitlab.com/easyw/kicad-3d-models-in-freecad
```

- **3D 모델의 파일형식**: KiCad 라이브러리로 기부되는 3D 모델의 파일 형식은 반드시 "STEP"과 "WRL"이어야 한다. "WRL" 파일에는 실제 렌더링을 진행하는 재질의 속성 값이 포함되어 있으며 MCAD 패키지와 정보공유를 할 수 없다. 반면에 "STEP" 파일은 MCAD 소프트웨어 패키지와 통합을 위해서 사용되는데 여기에는 재질의 속성 값을 포함하지 않고 실제 렌더링을 하는 경우에는 사용할 수 없다.
- **3D 모델의 정렬과 크기조정**: 3D 모델은 연계된 Footprint와 일치를 위해서 정렬과 배율 조정 작업을 해 주어야 하는데 나중에 Footprint 옵션에서 정렬을 위한 추가적인 위치 조정이 필요하지 않도록 모델링 과정에서 마무리하는 것이 좋다. 따라서 사전에 배율과 정렬작업이 마무리된 3D 모델은 Footprint와 연계 작업 시 변위는 "(0,0,0)"값으로 설정한다. STEP 파일에는 절대 치수 정보를 포함하고 있고 추가적인 배율요소를 적용하면 안 되기 때문에 KiCad에서 모델의 배율 값은 "(1,1,1)"로 설정되어 있어야 한다. 그리고 WRL 파일은 절대 치수를 표시하기 않기 때문에 치수 단위를 표기할 별도의 방법이 없다. KiCad에서 하나의 WRL 단위는 기존의 방법처럼 0.1인치로 인정하기 때문에 이에 따라서 모델의 적절한 배율 조정 작업이 필요하다. 모델이 "mm" 단위로 설계가 된다면 이 경우 WRL에 대하여 요구되는 배율 인자의 값은 "1/2.54" 값이 된다. FreeCAD에서 KiCad 설정 작업을 통해서 얻어진 WRL 파일은 배율 조정 작업이 완료된 상태라 추가적인 작업이 필요하지 않다. 또한 나중에 Footprint와 정렬을 위한 추가적인 회전 작업이 필요하지 않도록 미리 회전 정렬 작업도 마무리해 두어야 한다.
- **FreeCAD**: KiCad 3D 모델 라이브러리의 목표가 3D 모델에 대한 오픈 라이브러리

리를 제공하기 위한 것이라면 이러한 작업에 사용되는 오픈소스 설계 도구도 매우 중요하다. 이러한 목적에 따라 우선적으로 선택된 것이 FreeCAD이며 KiCad 설정과의 확장된 기능도 잘 결합되어 있어서 사용의 편리함을 제공하고 있다. 또 다른 대안으로 OpenSCAD나 CadQuery와 같은 오픈 스크립트 옵션을 사용하는 것인데 비 오픈소스 도구 보다는 오픈소스 도구를 우선적으로 사용하도록 한다.

(9) 가상형식 부품요소

SMD/THT 이외의 요소를 지칭하는 것으로 PCB 기판 위에 Footprint를 갖는 요소이기는 하지만 조립과정에서 기판 위에 안착시켜야 하는 물리적인 부품이 없기 때문에 이들의 형식은 "Other"로 설정을 한다. 따라서 Footprint의 속성 창에서는 위치 파일에서 배제라는 의미의 "Exclude from position file" 항목과 BOM에서 제외라는 의미의 "Exclude from BOM" 항목을 체크해 주어야 한다. 이러한 요소의 예는 "Mounting holes","Solder bridge","Net ties","Test points","Fiducial markings","Symbols and Logos"등과 같은 것들이 있다.

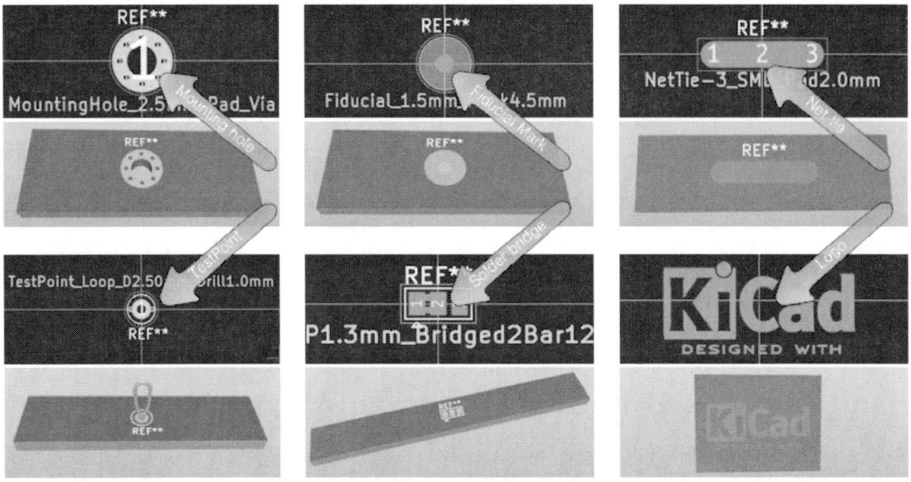

그림 8.65 가상 형식 부품 요소

09

KiCAD PCB의 3D 모델

지금까지 KiCad의 오픈 소스로서의 기능과 장점을 여러 부분에서 학습을 했다. 이번 절에서는 PCB 생산 공정 작업을 하기 전에 실제 부품 실장의 결과를 3차원 형태로 확인할 수 있는 기능이 매우 중요한 기능에 대하여 알아보기로 하자. 이러한 기능은 설계가 완료된 결과를 가상으로 확인할 수 있기 때문에 최종 출력 결과의 기구적인 오류를 최소화할 수 있다. 최근에는 PCB에 실제 부품과 동일한 3차원 모듈을 탑재하거나 보유하지 않은 3차원 부품 모듈로 만들어가는 과정은 후처리 공정에 없어서는 안되는 중요한 기술이 되었다. 이미 KiCad에서는 다양한 종류의 전자부품에 대한 3차원 라이브러리를 제공하고 있으며 KiCad와 마찬가지로 오프소스 정책을 지지하는 FreeCAD 프로그램을 연동해서 새로운 3D 부품 모델을 만들고 등록해서 사용할 수 있는 교차 환경이 준비되어 있다. 따라서 KiCad에서는 새로운 3D 부품 모델을 만들어낼 수 있는 FreeCAD의 사용을 권장하고 있다.

솔리드 모델링은 공기나 액체와 같이 가변적인 형상이 아니라 고체와 같은 고정된 물체를 컴퓨터를 이용하여 3차원 형상으로 표현하는 것을 의미한다. 여기에는 대부분 3차원 공간좌표 위에 점과 선으로 구현하는 Wireframe 모델링과 다양한 면의 조합으로 구현하는 Surface 모델링 방법이 있다. 이 경우 입체 형상을 제작하는 구체적인 기법이나 알고리즘은 수학적으로 매우 복잡하고 많은 양의 계산을 필요로 한다. 이러한 3차원 모델링을 할 수 있는 소프트웨어에는 다음과 같은 것들이 있다.

- Maya : 강력한 애니메이션 3D 모델링 프로그램으로 유료다.

- 3D Max : 3D게임, 만화 제작에 활용되나 작업환경이 윈도우로 제한되어 있다.
- Blender : 영화. 게임등의 분야에 사용되는 최고의 오픈소스 무료 프로그램이다.
- Catia : 주로 기계설계에 사용되며 디자인과 설계도면의 해석기능이 우수하다.
- FreeCAD : 건축/기계설계, 제품디자인등에 사용되며 오픈소스 무료 프로그램이다.
- Inventor : Cad와 호환성이 높고 학습방법이 비교적 용이해서 선호도가 높다.
- Solidworks : 범용성이 뛰어나서 기계/산업설계, 제품 디자인등에 사용된다.

이 가운데 FreeCAD는 오픈소스 무료 프로그램으로 크로스 플랫폼(Windows, MacOS, Linux)의 작업환경을 지원하고 있다. 또한 파라메트릭 3D 모델링 프로그램이기 때문에 PLM,CAx,CAE,MCAD 및 일반 CAD와 상호 연동이 되어 작동하는 장점을 가지고 있어서 다양한 사용자 정의 옵션과 확장 기능등을 사용할 수 있다. KiCad와는 태생적으로 동일한 Python을 기반으로 하고 있으며 광범위한 API와 3D 모델의 QT 기반 사용자 인터페이스를 지원하고 있다. FreeCAD는 다음 사이트에서 무료로 내려 받기가 가능하며 깃 허브를 통하여 지속적으로 다양한 정보를 공유하고 있으며 여기에 동참하고 있는 재능 기부자들의 노력으로 소프트웨어 성능의 안정화가 이루어지고 있다.

FreeCAD download : https://www.freecad.org

그림 9.1 FreeCAD 다운로드 사이트

FreeCAD에서 Solid Modeling은 3D 기하 공간에서 객체를 만들어내고 조작을 할 수 있는 특징을 지닌 OpenCASCADE Technology(OCCT) 커널을 기반으로 하고 있다. FreeCAD의 Part Workbench(부품 모델 작업대)는 바로 이러한 OCCT 라이브러리의 최상위 레이어에 위치하고 있다. 이러한 이유로 작업자는 OCCT 기하구조의 객체 원형과 기능을 손쉽게 사용할 수 있으며 Workbench(Draft, Sketcher, PartDesign,..)의 모든 모듈들은 Part Workbench로 만들어진 기능 위에서 작동하게 된다. 따라서 Part Workbench는 FreeCAD에서 Modeling 작업을 수행하는 핵심 내용이다.

Part Workbench에서 만들어진 객체는 의외로 단순해 보이지만 이것은 Boolean 작업(결합과 자르기)을 통하여 조금 더 복잡한 형상을 만들어가려는 의도로 만들어 졌다. 이러한 Modeling 패러다임은 고체 구조를 기하학적인 공간에서 형상을 계속해서 더해가려는 의도이며 이것이 초기 CAD 시스템에서 채용하고 있는 기존의 방법론이었다. 반면에 Part Design Workbench는 객체 형상을 만들어가는 과정이 현대적인 작업흐름을 따르고 있다. 즉 기본적으로 제공되는 솔리드 객체를 배제하고 파라메터 값에 따라 자유롭게 형상을 구조화하는 Sketch 기능을 채용하고 있어서 최종 객체를 완성하기 전까지는 언제든지 파라메터 값에 따른 형상의 변형과 개조를 할 수 있다.

KiCAD 부품의 3D 모델을 구현하는 방법은 FreeCAD의 작업 계통도에 나와 있는 것처럼 "Part"나 "Part Design"의 기능을 이용하게 되며 세부적인 형상의 작업이나 문자 작업은 "Sketcher"와 "Draft"의 기능을 이용하면 된다. FreeCAD를 단순히 부품의 3차원 형상을 만들어내는 용도로만 생각하면 안 된다. FreeCAD에는 매우 다양한 기계 부품, 제품디자인 및 건축 설계등 사용 목적이 다양하고 매우 복잡한 비활성/활성 메뉴가 계통도의 목적에 따라 수많은 단축 아이콘과 메뉴들을 지원하고 있다. 9장에서는 KiCAD의 전자회로 도면 설계에 필요한 내용 이외의 학습 범위를 벗어나는 내용은 생략하기로 하고 꼭 필요한 한 두가지 모델링의 예제를 통하여 실제로 3D 모델을 구현하는 방법과 작업에 필요한 실전 메뉴에 대하여 학습하는 것으로 하자.

9.1 FreeCAD 준비 작업

FreeCAD를 설치하고 KiCAD의 부품 라이브러리에서 하나의 Footprint를 불러온 다음 내용을 수정하고 수정된 내용을 새로운 라이브러리로 활용하는 방법에 대하여 알아보자. 우선 다음과 같은 FreeCAD의 계통도에 대한 이해가 필요한 데 여기서는 “Part”,“Part Design” 메뉴를 이용하여 몸체를 구성하고 필요한 문자 작업을 진행한 다음 FreeCAD와 KiCAD의 상호 연동 플러그인을 통해서 최종적으로 Footprint 라이브러리에 등록을 하는 과정으로 진행한다.

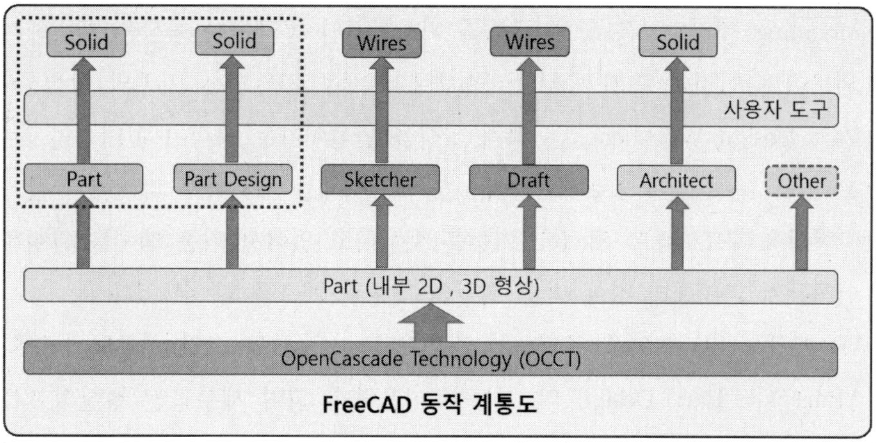

그림 9.2 FreeCAD의 작업 흐름도

FreeCAD는 최근 0.2에서 1.02로 엄청난 버전 상승이 이루어졌다. 그리고 향후의 버전 역시 재능 기부자로부터 지속적인 성능 개선이 진행되고 있다. FreeCAD의 내부에서 진행되는 작업에 대한 계통은 그림 9.2와 같고 솔리드와 와이어 프레임 형태의 결과물을 얻게 된다. 사용자 도구 부분은 플러그인 형태로 여타 소프트웨어와 결과물을 상호 공유하는 작업 도구(여기서는 Workbench로 부르고 있다.)이다. 여기서 설명하고 있는 FreeCAD는 현재 KiCad의 PCB 설계시 3D 부품과의 연계를 위해서 “KicadStepUp Workbench”의 플러그인 모듈을 설치하도록 한다. FreeCAD를 처음 설치했을 때는 반드시 다음과 같이 도구 메뉴에서 플러그 인 모듈 추가 관리자(Addon Manager)를 이용하여 설치를 마치도록 한다. 여기까지 마쳤으면 KiCad의 PCB 3D 부품의 모델링을 위한 작업 환경 구축은 완료된 것이다.

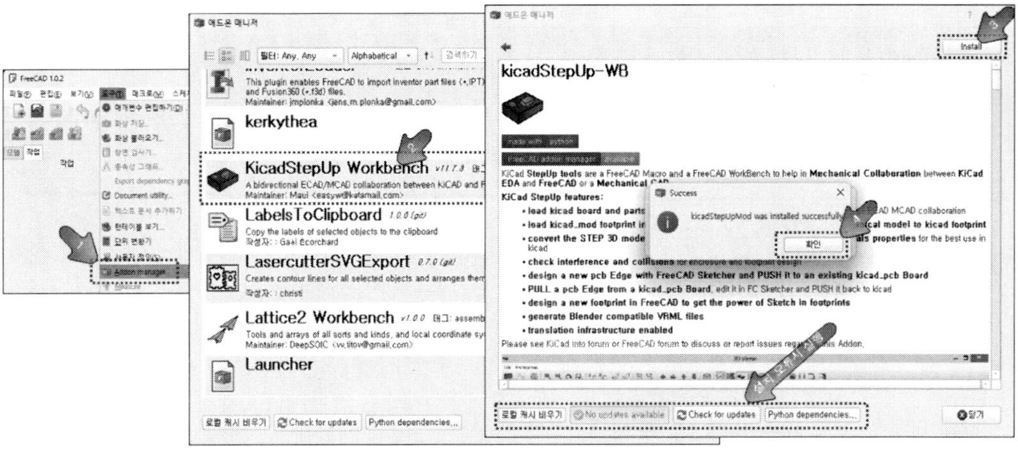

그림 9.3 FreeCAD의 플러그 인 "KicadStepUp Workbench"의 설치

FreeCAD의 목적이 3D 부품 설계, 기계기구 설계, 건축 설계, 일반 디자인 설계등 다양한 기능을 지원하기 때문에 Workbench와 도구 및 설계 내용에 따라 활성화되는 도구 아이콘이 매우 많다. 이러한 전 기능을 모두 학습하는 것은 쉽지 않다. 따라서 여기서는 KiCad와 연동할 3D 모델링 작업에 반드시 필요한 기능만 알아보도록 하자.

FreeCAD를 실행 첫 화면의 좌측 상단에 위치한 3개의 단축 아이콘인 "새 문서작업 : ","기존 문서불러오기 : ","작업 중인 문서 저장 : "는 필수적인 작업 메뉴이고 중앙에 위치한 "Workbench" 펼침 내용중 필요한 내용에 대해서만 간략하게 개념 정리를 이해하는 것으로 하자. 우선 "Draft "는 2D 객체나 문자 작업을 위한 것이다. KiCad와 연계를 위한 "KiCadStepUp "과 3차원 형상의 조합을 이용한 "3D 부품 : "작업 그리고 부품의 세부 스케치과정을 통하여 직접 부품설계를 하기 위한 "3D 부품 설계 : "의 세 가지 "Workbench"기능만 이해하면 수월하게 PCB의 3D 부품의 모델링 작업이 가능하다.

"Part"는 기존의 3D 객체를 이용해서 모양의 변형과 조합으로 원하는 부품을 만들어가는 기능을 지원하고 있으며, "Part design"에서는 사전에 만들어진 3D 객체가 없으므로 처음부터 3D 객체를 만들어가는 "Workbench"라고 보면 된다. Workbench의 "Part"와 "Part design"의 차이점을 정확하게 이해한 다음 작업을 진행하도록 하자.

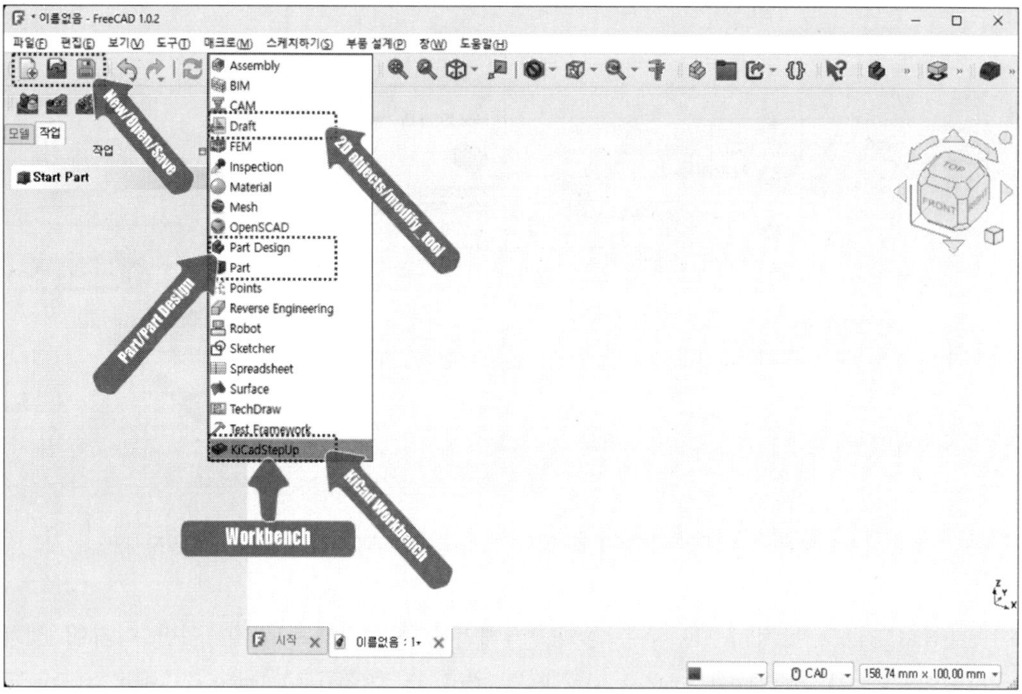

그림 9.4 FreeCAD의 초기화면에서 필수 작업 메뉴

9.2 FreeCAD : Part Workbench

FreeCAD에서는 용도에 따라서 다양한 Workbench를 제공하고 있는데 KiCAD와 연동하는 경우에 자주 사용되는 Part에 대한 작업 아이콘의 기능을 파악해두면 3D 모델링 작업이 용이하게 진행될 수 있다. 아래는 작업 아이콘의 기능을 정리한 표이다.

표 9.1 Part workbench의 기본 아이콘

아이콘	이 름	동 작
	Box	직육면체 만들기
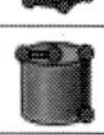	Cylinder	원통 만들기
	Cone	원뿔 만들기
	Sphere	구 만들기
	Ellipsoid	타원 구 만들기

	Torus	도넛 통 만들기
	Parts Primitive	정해진 치수의 도형 만들기 NEW
	Part Builder	모양(shape) 만들기 NEW

표 9.2 기존 객체 수정 및 새로운 객체로 만들기 위한 응용 아이콘

아이콘	이 름	동 작
	New Sketch	새로운 스케치 만들기 NEW
	Extrude	평면을 돌출시키기
	Revolve	축 주변의 객체를 회전시켜 솔리드 만들기
	Mirror	거울 면 반대쪽에 객체 만들기
	Scaler	선택한 모양에 배율 조정 NEW
	Fillet	객체 모서리 다듬기
	Chamfer	객체 모서리 따내기
	Make face from wires	폐곡선 내부를 면으로 만들기
	Ruled Surface	괘면 만들기
	Loft	하나의 프로파일을 다른 프로파일로 넘기기
	Sweep	경로를 따라 다수 프로파일 없애기
	Section	자르기 평면으로 객체를 절단 후 단면 만들기
	Cross sections	객체의 다수 절단 단면 만들기
	Offset tools	변위 도구
	Thickness	솔리드 비우기
	Projection on surface	표면에 프로젝트 로고,문자,와이어,.. 만들기
	Color Face	선택한 객체의 면 색상 조정

표 9.3 객체에 대한 부울 논리 응용 아이콘

아이콘		이 름	동 작
		Merge Object	선택한 객체의 일체화
		Explode Object	일체화 된 객체의 나누기
		Object filter	선택한 객체의 필터 적용 결과

	Boolean		객체에 대하여 Boolean작업 수행
	Cut		Boolean작업 객체에서 하나의 객체 꺼내기
	Fuse		두 개의 객체 묶기
	Common		두 개 객체의 절단면 추출
		Object Connect	객체 연결하기
		Embed Object	객체를 포함시키기
		Cutout for Object	객체 대상 잘라내기
		Boolead fragment	조각 대상 부울 적용
		Slice apart	얇게 떼어내기
		Slice to compound	얇게 떼어낸 부분 합성하기
		Boolean XOR	조각에 대한 배타적 합성하기
	Check geometry		도형 형상에 대한 검사
	Defeaturing		도형 형상의 특징을 제거

FreeCAD의 문서 작업을 위해서는 일반 프로그램과 동일한 방식으로 새로운 문서 작업 메뉴를 선택하고 Workbench 목록에서 “Part”를 선택하면 이미 만들어진 3D 객체의 아이콘과 3차원 좌표를 제어하는 아이콘 목록이 화면 상단에 나타나고 화면 우측에는 3차원 직각좌표가 제어 아이콘이 표시된 3차원 편집 공간이 나타난다.

그림 9.5 새로운 문서의 “Part” Workbench 편집 화면

지금부터는 실제로 SMD 0805 타입의 캐패시터에 대한 3D 모델을 FreeCAD를 이용하여 작성한 다음 KiCad에서 기존의 0805 타입의 Footprint 라이브러리를 편집해서 새로운 라이브러리로 만든 다음 3D 모델과 연동하는 방법을 학습해 보도록 하자.

여기서 사용하게 될 캐패시터는 C0805C101J5GACTU Capacitor, Ceramic, 100pF 으로 기본 규격은 다음과 같다.

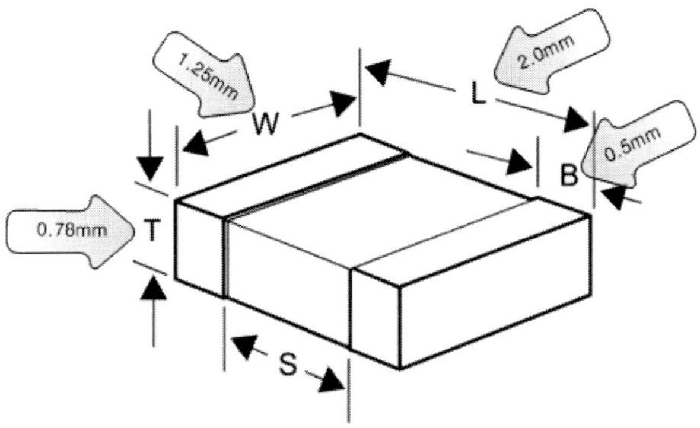

Dimensions (mm)			Specifications	
ID	Dimension	Tolerance	Manufacturer:	KEMET
L	2.00	+/-0.20	Capacitance:	100 pF
W	1.25	+/-0.20	Chip Size:	0805
T	0.78	+/-0.1	Voltage:	50V
B	0.50	+/-0.25	Temperature Coefficient:	C0G
S	0.75	min	Tolerance:	+/-5%

그림 9.6 SMD 0805 캐패시터의 외형 치수

(1) FreeCAD에서 3D 모델 작업

실제 100pF SMD 캐패시터의 외형치수를 기준으로 작업준비가 완료된 FreeCAD의 "Part" Workbench에서 육면체 Cube " "를 3개의 덩어리로 작업을 해서 합체를 하는 방법으로 작업을 진행한다. 참고로 커서를 3D 화면의 원하는 위치에 두고 "Shift+ "조합으로 마우스를 드래그하면 3차원 공간의 회전이 가능하고, "Ctrl+ "의 조합으로 커서를 3D 화면의 원하는 위치에 두고 마우스를 드래그하면 객체의 위치 이동이 가능하다. 또한 단순히 " "의 스크롤은 커서의 위치에서 화면의 확대와 축소가 된다. 이와 같은 세 가지 기능을 이용하면 작업의 효율을 높일 수 있다. 그러면 지금부터는 대상이 되는 SMD 부품을 3개의 큐브로 나누어서 각각의 모델링 작업을 진행하도록 하자

- **첫 번째 6면체 객체의 작업 :** 화면 상단의 큐브 " "를 선택하면 3D 형상의 큐브가 편집화면에 나타나는 데 육면체의 3D,상면,하면,좌앞면,좌뒷면,우앞면,우뒷면을 제어하는 아이콘 " "를 이용하여 앞면(xy평면)을 SMD의 "L"과

"W" 값으로 조정하고 xy면의 앞뒤를 나타내는 z축을 "H"값으로 조정하도록 하자. 따라서 두 번째와 세 번째의 객체도 동일하게 L과 W값이 변경된 것으로 처리하면 된다. 즉 좌표상의 X축을 길이로 사용하도록 처리한 것으로 보면 된다.

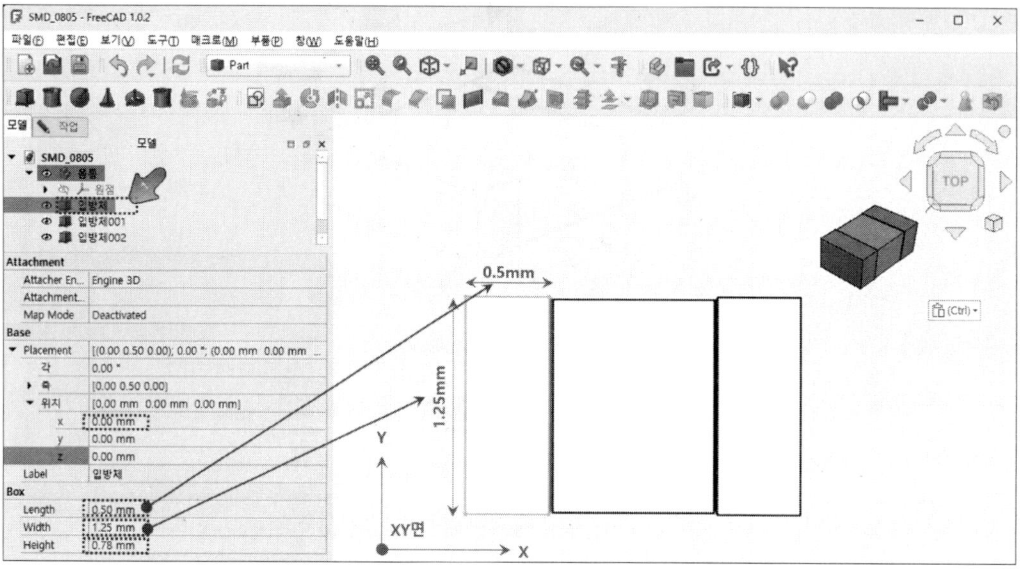

그림 9.7 SMD의 첫 번째 육면체 : 0.5 x 1.25 x 0.78

- **두 번째 6면체 객체의 작업 :** 첫 번째와 동일하게 화면 상단의 큐브 "□"를 선택하여 동일한 방법으로 수치를 조정하면 되는데 이때 좌표의 위치가 첫 번째 큐브와 겹쳐서 나타나기 때문에 길이에 해당하는 x축 좌표의 위치를 첫 번째 큐브의 W값 만큼 이동하면 두 번째 큐브가 나란히 배치되는 형태로 나타난다.
- **세 번째 6면체 객체의 작업 :** 첫 번째와 동일한 크기의 큐브를 만들고 큐브의 위치는 첫 번째 큐브의 W값인 0.5mm와 두 번째 큐브의 W값 1.0mm를 더한 1.5mm를 세 번째 큐브가 놓이게 되는 x축 좌표의 변이 값으로 조정하면 된다. 마지막 큐브 작업을 마치고 난 이후에는 가운데 큐브의 4면 색상을 실제 SMD와 동일하게 설정해 준다. 이때 사용하는 단축 아이콘을 실행한 다음 변경해야 할 객체를 대상으로 각각의 면에 대하여 색상을 변경해 주면 된다.

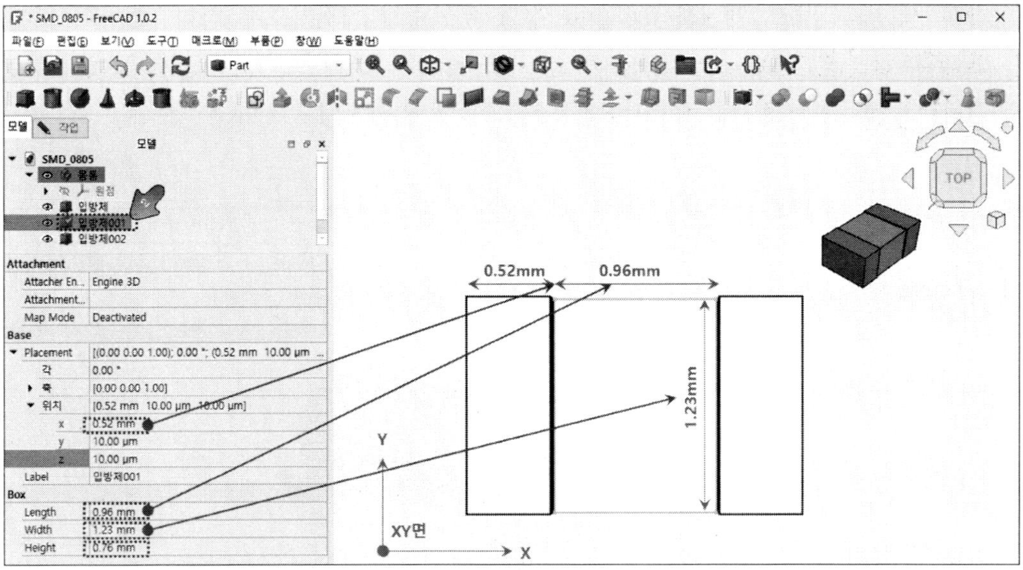

그림 9.8 SMD의 두 번째 육면체: 1.00(0.96)x 1.25(1.23) x 0.78 (x좌표 0.52 이동)

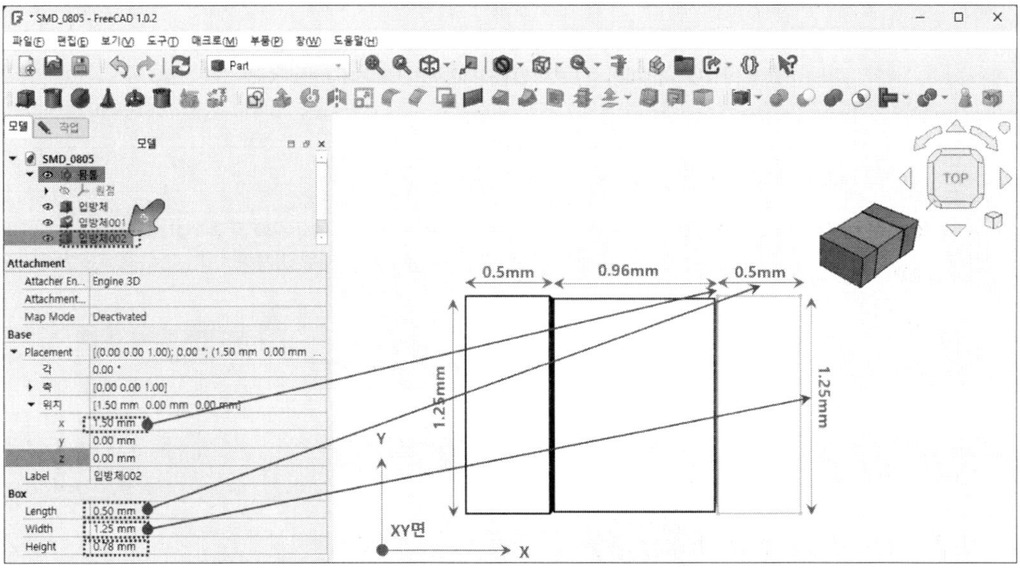

그림 9.9 SMD의 세 번째 육면체: 0.5 x 1.25 x 0.78 (x좌표 1.5 이동)

- **세 개 큐브 객체 색상 조정:** 세 개의 큐브가 만들어지고 정확한 위치에 배치가 끝나게 되면 중간 단계에서 저장 아이콘을 실행해서 작업한 파일을 저장하도록 한다. 여기서는 "SMD0805_100pF_3D"라는 이름으로 저장하기로 한다. 현재 큐브의 모서리 각이 날카롭기 때문에 편집 화면 중앙 상단에 있는 Fillet 아이콘 ""를 이용

해서 세 개의 큐브 에지를 0.05mm 정도 부드럽게 처리하도록 한다. 대상이 되는 객체를 선택하고 Fillet을 실행하면 모서리와 면에 대한 두 개의 옵션 파라메터가 나타나는데 여기서는 모서리 부분을 선택해서 처리하였다.

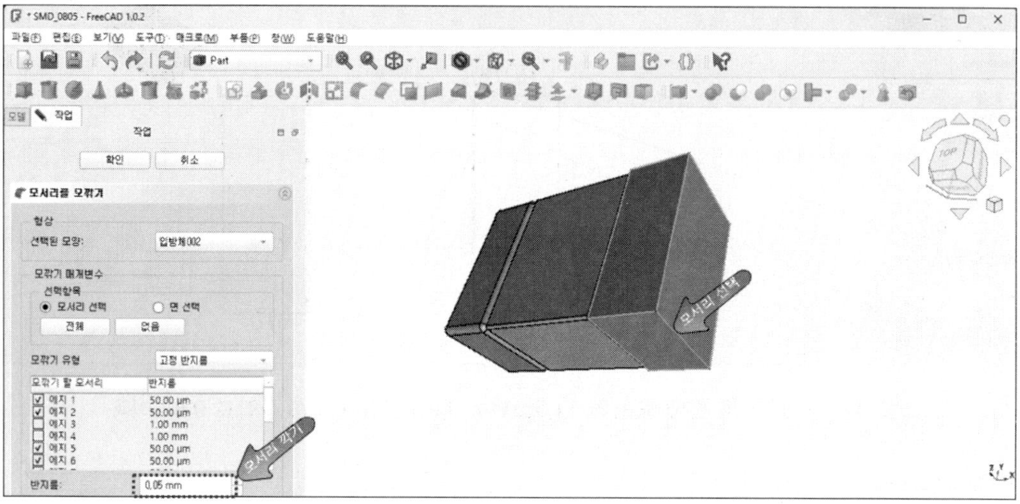

그림 9.10 선택한 큐브 객체의 모서리 깍기(Fillet) 처리

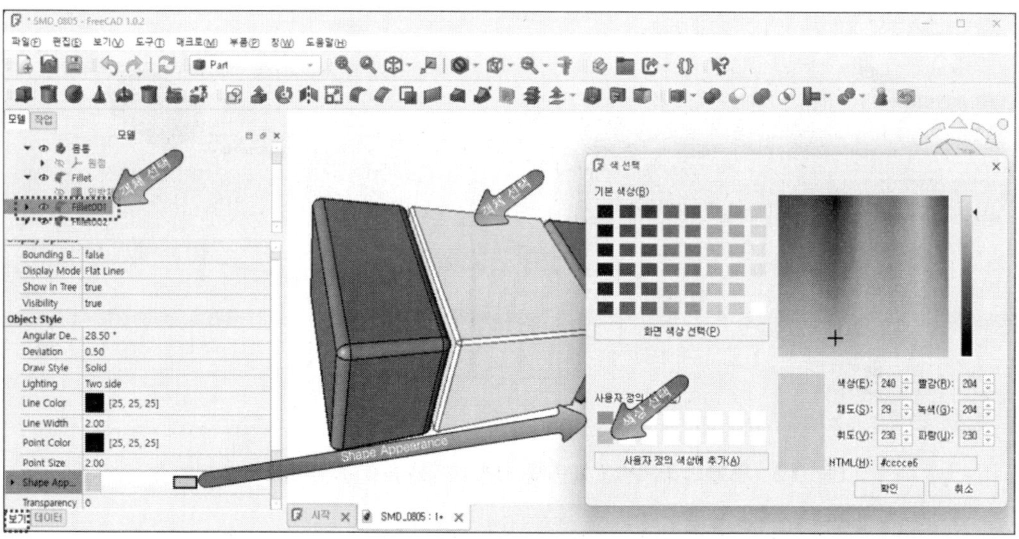

그림 9.11 선택 된 객체의 색상 변경

부품의 색상을 변경하기 위해서는 우선 대상이 되는 객체를 선택한 좌측 하단의 보기를 선택하면 왼쪽 작업 창에 객체 스타일에 관한 정보가 표시되는데 여기서

중간 부분의 Shape Appearence 색상 팔레트를 선택하면 색상을 선택할 수 있는 창이 열린다. 이곳에서 원하는 색상을 선택하면 된다. 나머지 객체에 대해서도 동일한 방법을 색상을 적용한다.

(2) KiCad의 Footprint 편집

- **세 개의 큐브 통합 및 Kicad와 연동 :** FreeCAD에서 사용할 Footprint는 KiCad 라이브러리 편집기로 새로운 Footprint를 만들어서 3D 모델을 적용하는 방법도 있으나 SMD 0805 형식의 표준 Footprint가 KiCad 라이브러리에 존재하기 때문에 이들과 유사한 Footprint를 불어와서 필요한 부분을 수정하고, 여기에 적용되어 있는 기존의 3D 모델을 배제하고 새롭게 작업한 3D 모델을 불러온다.

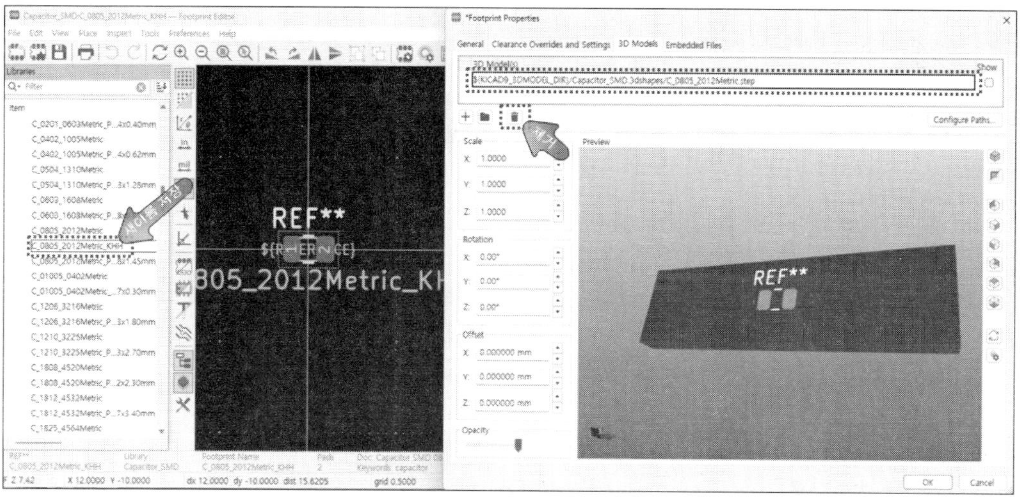

그림 9.12 KiCad Footprint 변경 후 저장 : C_0805–2012Metric_KHH

우선 대상이 되는 “C_0805_2012Metric” Footprint 라이브러리를 불러온 다음 이름을 C_0805_2012_KHH로 변경하여 저장하였다. 그리고 Footprint의 속성을 편집하는 아이콘 “”를 실행한 다음 기존에 연계되어 있는 3D 모델을 선택하여 제거한 뒤에 저장을 하면 새로운 3D 부품 모델을 적용할 준비 작업이 된 것이다.

(3) FreeCAD와 KiCad의 연계작업

FreeCAD에서 만들어진 3D 모델은 Fillet처리와 색상 조정이 완료된 세 개의 큐브로 남게 되는데 다음 과정으로는 화면 상단의 "하나로 합치기"를 실행하여 하나의 파일로 통합 작업을 완료한다. 다음 작업을 위해서 화면 상단의 Workbench메뉴의 "KicadStepUp"을 실행하면 화면 상단에는 다음과 같이 KiCad와 연동이 가능한 메뉴가 나타난다.

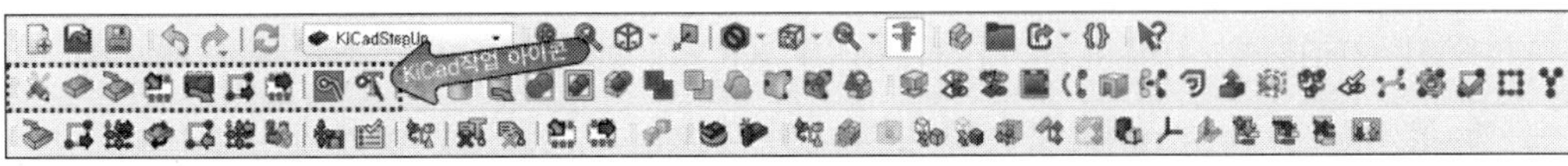

그림 9.13 FreeCAD의 KicadStepUp 실행 후 나타난 KiCad 아이콘 메뉴

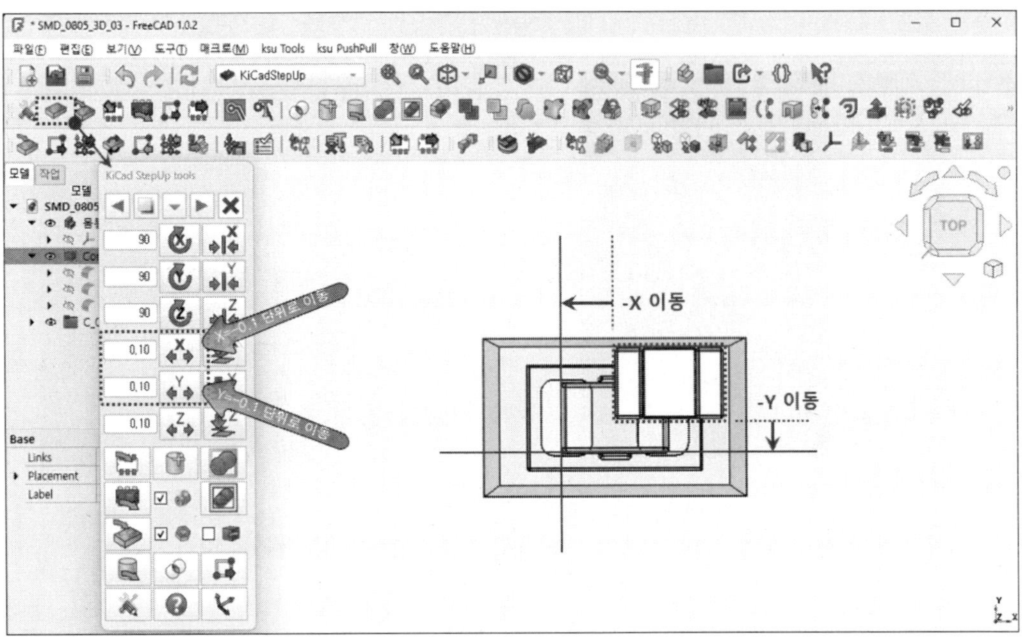

그림 9.14 Footprint 불러오기와 3D 모델의 위치

지금부터는 앞서 작업한 SMD 3D 모델을 기존의 KiCad Footprint의 정확한 위치에 안착시키는 과정이 필요하다. 따라서 KiCad 연동 아이콘 중에서 기존의 Footprint를 가져오기 위한 메뉴 아이콘 ""를 실행하여 FreeCAD 편집 창으로 Footprint

"C_0805_2012Metric_KHH.kicad_mod"를 불러 온다. 불러온 Footprint와 3D SMD 부품의 좌표가 정확하게 일치하지 않는데 이 경우에는 좌측에 위치한 위치 교정 메뉴 아이콘 " "을 실행한 후 변위 값 조정 버튼을 이용하면 된다. 3D 부품의 xy평면에서 x축의 감소 방향(-0,01)으로 수평 중심을 맞추어 가면서 이동하고, y축에 대해서도 감소 방향(-0,01)으로 수직 중심을 맞추어 이동하여 위치 조정 작업을 완료한다.

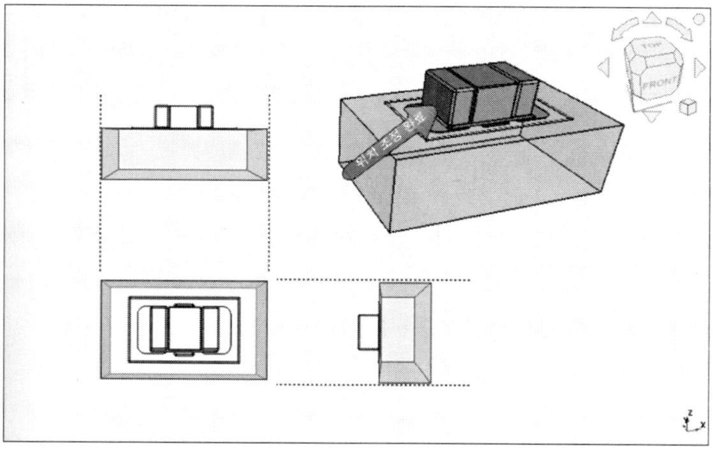

그림 9.15 3D 부품 모델 자세 교정 완료 화면

자세 교정 작업 전에는 반드시 3D 모델이 하나의 합체로 되어 있어야 한다. 그리고 지금까지 작업한 3D 부품 모델은 KiCad로 보내기 위해서 "Compound"라는 라벨 이름을 "SMD0809_100pF_KHH"라고 변경을 한다. 마우스로 편집 좌측 화면에서 해당 객체의 이름을 선택한 다음 우측 도구 메뉴에서 아이콘 " "를 선택하면 KiCad로 전송 내용에 대한 몇 가지 선택 창이 열리는 데 모든 선택 내용은 기본 값으로 해서 다음 단계로 진행을 하면 KiCad의 3D 모델 라이브러리에 등록이 된다. 저장된 3D 모델은 "SMD0809_100pF_KHH.wri","SMD0809_100pF_KHH.step"이라는 이름으로 처음 작업을 한 폴더에 저장이 된다.

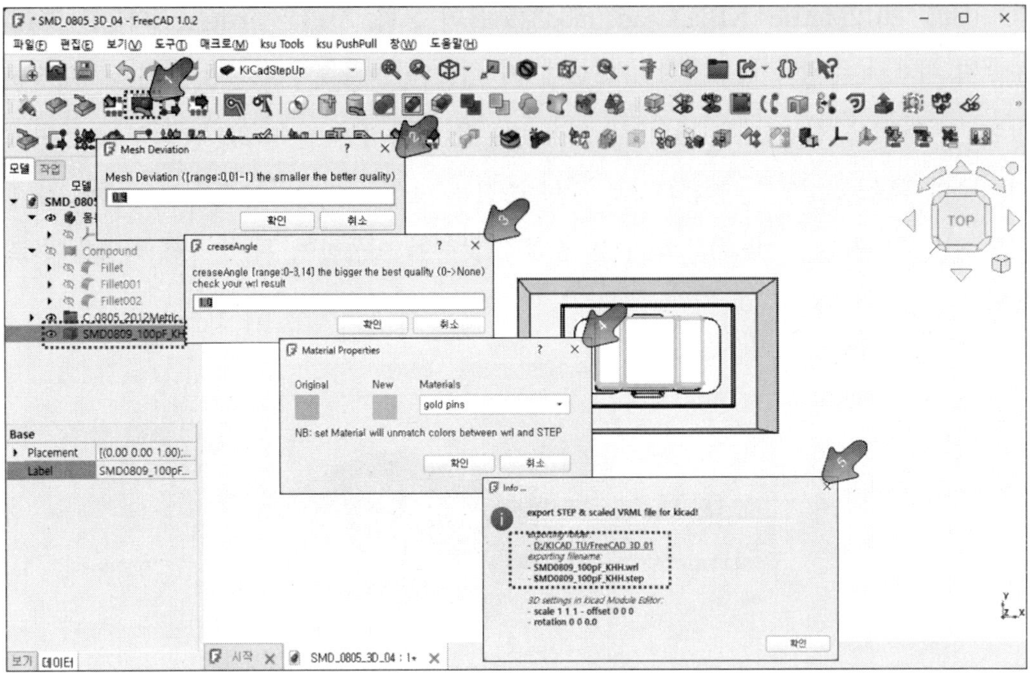

그림 9.16 3D 부품 모델을 KiCad로 전송

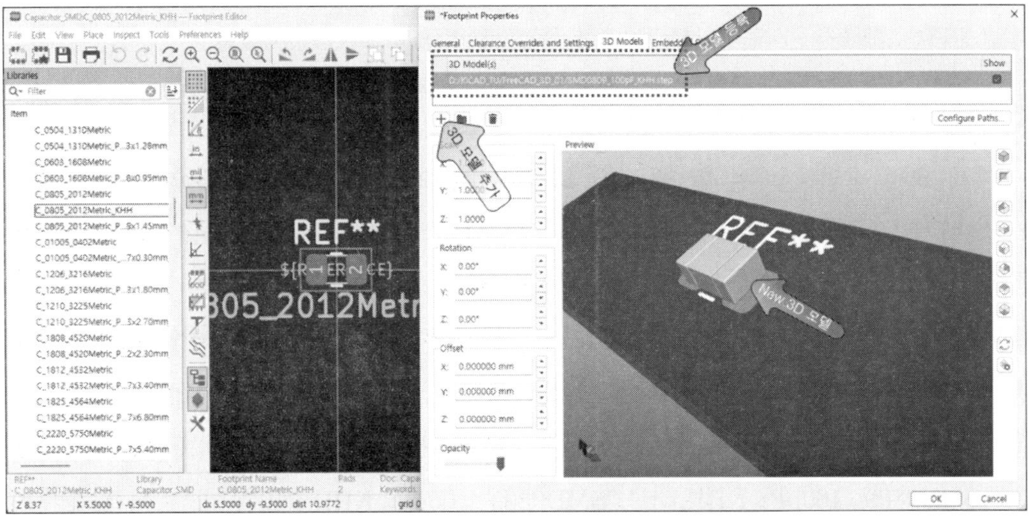

그림 9.17 Footprint 편집 속성 3D Model 탭에서 새로 작업한 3D 모델

저장경로는 KiCad의 3D 모델의 경로가 아닌 개인 작업 폴더에 3D_model 폴더를 만들고 이곳에 작업한 내용들을 저장해 두었다. 대부분의 작업자들은 개인 프로젝트

내용을 지정해두고 있기 때문에 작업 내용은 개인 폴더에 보관해 두는 것이 편리하다.

KiCad의 Footprint 편집기에서 이전에 작업해 두었던 “C_0805_2012_KHH”를 불러온 다음 Footprint의 속성을 편집하기 위해서 화면 우측 상단에 있는 아이콘 “”을 실행해서 나타난 Footprint속성 창에서 “3D Models” 탭을 선택하면 새롭게 등록된 3D 모델의 결과를 확인할 수 있다.3D Model 탭을 선택하면 Footprint에 대한 3차원 PCB가 나타나며 3D 부품에 대한 기존 모델이 존재하는 경우에는 PCB 위에 고정된 모양으로 나타난다. 만일 해당 부품정보가 없는 경우에는 지금까지 소개된 것과 같은 방법으로 새롭게 3D 모델링 작업한 이후에 “[+]”버튼으로 등록하거나 기존의 3D 모델을 검색해서 등록하는 것이 가능하다.

지금 작업한 3D Model은 개인 작업폴더에 저장되어 있기 폴더열기를 해서 이곳에 저장되어 있는 “SMD0805_100pF_KHH.WRI”를 불러오면 위의 그림과 같은 결과를 확인할 수 있다.

9.3 FreeCAD : Part Design Workbench

이전 절에서는 FreeCAD의 Workbench목록에서 Part 모드로 3D 모델 작업을 했다. 이 방식은 이미 만들어져 있는 3D 객체를 불러온 후 요구 사항에 따라 치수를 변경하고 필요에 따라 여러 개의 객체를 원하는 공간위치에 배치를 하고 조합하는 방식으로 필요한 3D 부품의 조합 모델을 만들었다면 Part Design 모드에서는 필요한 객체를 선, 원, 다각형, 돌출, 관통등과 같은 다양한 기능을 이용하여 새롭게 객체를 만들어가는 방식이다.

표 9.4 Part Design Workbench 메뉴 아이콘

아이콘	이 름	동 작
	Part	새로운 객체 담기 그릇(활성 상태)
	Group	객체 담기 그릇 일체화
	Link	객체 링크(연결) NEW
	Variable Set	변수 집합 만들기 NEW
	Create Body	객체 몸통 만들기

	Create Sketch	작업 패널 위에서 객체 그리기	
	Edit Sketch	선택된 스케치 편집	
	Make sketch to face	스케치 객체를 면으로 객체화	
	Create Datum Point	활성 객체 몸통에 점 만들기	
	Create Datum Line	활성 객체 몸통에 선 만들기	
	Create Datum Plane	활성 객체 몸통에 면 만들기	
	Create local Coord.Sys	활성 객체 몸통에 지역좌표 할당하기	
	Create Shape Binder	단일 상위객체 기준좌표에 형상 묶기	
	Create Sub-Obj Binder	다수 상위객체 기준좌표에 하위형상 묶기	
	Create clone		
			Pocket
	Pad : 돌출		Hole : 관통
	Revolution : 회전		Groove : 돌려 따내기
	Additive loft		Subtractive loft
	Additive pipe		Subtractive pipe
	Additive helix		Subtractive helix
	Create Additive primitives		Create Subtractive primitives
	Additive box		Subtractive box
	Additive cylinder		Subtractive cylinder
	Additive sphere		Subtractive sphere
	Additive cone		Subtractive cone
	Additive ellipsoid		Subtractive ellipsoid
	Additive torus		Subtractive torus
	Additive prism		Subtractive prism
	Additive wedge		Subtractive wedge
	Boolean Operation	부울 작업	
	Fillet	활성 객체 몸통의 모서리 다듬기	
	Chamfer	활성 객체 몸통의 모따기	
	Draft	활성 객체 몸통의 선택면에 각도 주기	
	Thickness	활성 객체 몸통에 각 따내기	

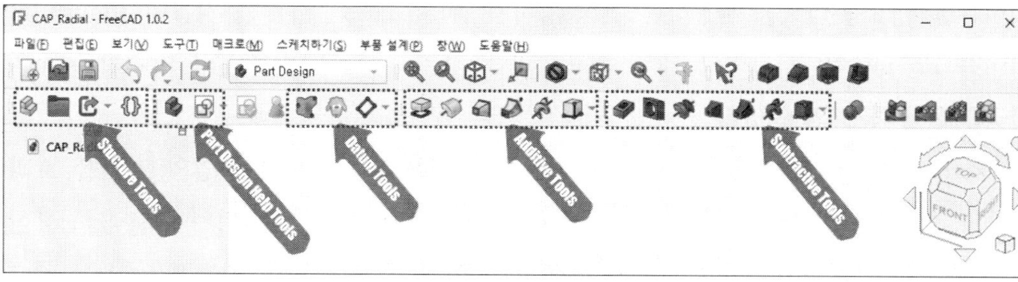

그림 9.18 Part Design Workbench작업 아이콘 메뉴

PartDesign Workbench에서는 생산을 위한 최종 단계의 기계 기구 물을 제작하는 것을 목적으로 하고 있으며 건축 설계, 유한 요소 해석 혹은 3D 프린팅과 같은 다양한 분야에서 조금 더 복잡한 형태의 고체 부품을 모델링할 수 있는 기능을 제공하고 있다. 두 가지 Workbench 모두 기구 물의 제작에 병행해서 사용할 수 있지만 두 번째 방식은 몸체에 기본형 객체를 더하기와 스케치 결과물 돌출하기 혹은 객체 가져오기의 과정을 통해서 최종적인 혼합 객체를 구성하게 된다.

KiCad와 마찬가지로 오프 소스 정책을 지원하는 FreeCAD는 적용되는 범위가 다양한 전공 분야에 적용이 가능한 수준 높은 프로그램이다. 관심이 있는 독자는 FreeCAD의 공식 사이트를 방문해서 깊이 있는 학습을 해보기 바란다.

두 번째 실습으로는 지금까지 간략하게 설명한 FreeCAD의 Part Workbench의 단축 아이콘의 기능을 이용해서 원통형 콘덴서의 3D 모델을 만들어 가는 과정을 단계별로 학습해 보자. 우선 3D 모델의 대상이 되는 부품은 아래와 같은 330uF/25V 용량의

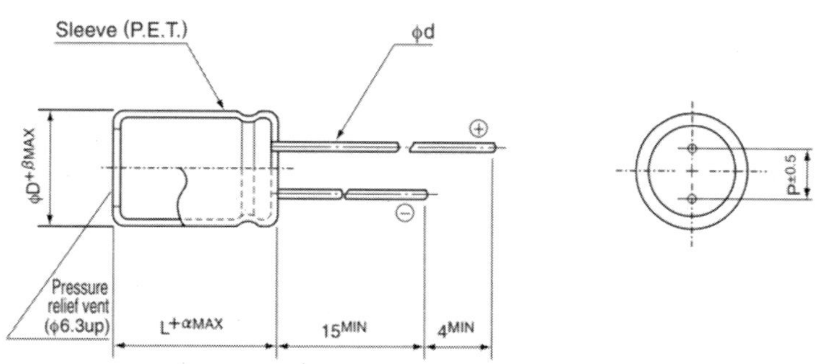

Rated Voltage	Rated Capacitance	Case Size D x L	Rated Ripple	Part Number
25	330uF	10 x 12.5	440	UVR1E331MPD

그림 9.19 330uF/25V 래이디얼 콘덴서 규격

레이디얼 타입 콘덴서를 사용하는 것으로 하자. 이 콘덴서의 규격은 지름이 10mm이고 길이가 12.5mm이다. 그리고 내부 리드선의 간격은 5mm로 원을 중심으로 2.5mm의 간격으로 배치가 되어 있다.

Sketch Workbench의 단축 아이콘 기능을 정확하게 학습하면 작업의 진행을 효과적으로 할 수 있다. KiCad의 학습 내용에서 많이 벗어나지 않는 범위에서 꼭 필요한 단축 아이콘의 기능은 사전에 학습을 해 두도록 하자. 아래의 표에는 Sketch 작업에 필요한 단축 아이콘만 선별해서 요약해 두었다.

표 9.5 Sketch Workbench의 단축 아이콘 요약

아이콘	이 름	동 작
	Create Sketch	선택한 평면위에 새로운 Sketch 만들기
	Edit Sketch	선택한 Sketch편집하기
	Leave Sketch	Sketch편집모드에서 나가기
	View Sketch	Sketch평면에 대하여 수직 보기
	Map sketch to face	객체의 이전 선택 면에 Sketch 매핑하기
	Point	점 그리기
	Line	선 그리기
	Create Arc	호 그리기(중심,반지름,각도)
	Create Circle	원 그리기(중심,반지름/3개 점)
	Create Conic	원 뿔 만들기
	Create B-spline	B-spline 선 만들기
	Polyline	다각형 만들기
	Create Rectangle	사각형 만들기
	Create regular polygon	정 다각형 만들기
	Coincident	다수의 점을 한 점에 일치 시키기
	Point on Object	한 점을 객체(선,호,축)에 일치 시키기
	Vertical	선택한 선/다수의 선을 정확한 수직화하기
	Horizontal	선택한 선/다수의 선을 정확한 수평화하기
	Parallel	두 개 이상의 선을 서로 평행화하기
	Equal	선택한 두 개의 항목을 서로 동일화하기
	Symmetric	선택한 점,선을 서로 대칭화하기

	Lock	원점 기준 수평,수직거리 설정 후 잠그기
	Horizontal Distance	두 점 혹은 선의 끝점 사이의 수평거리 고정
	Vertical Distance	두 점 혹은 선의 끝점 사이의 수직거리 고정
	Distance	점과 점 혹은 선 사이의 거리
	Radius	선택된 호, 원의 반지름을 설정 후 고정
	Diameter	선택된 호, 원의 지름을 설정 후 고정

(1) FreeCAD에서 3D 모델 작업

FreeCAD 화면에서 Workbench를 “Part Design”으로 선택을 한 다음 “ ”를 클릭하여 새로운 부품을 만들어서 담을 부품 통을 준비한다. 다음 단계로는 “ ”를 클릭해서 새로운 객체 몸통을 만들 수 있도록 준비 작업을 한다. 기존의 기본 객체를 이용하는 것이 아니라 객체를 새롭게 만들어 주어야 하기 때문에 “ ”를 클릭해서 객체의 모양을 그리기 위한 스케치 모드로 들어 간 후 좌표 평면을 xy로 정한다.

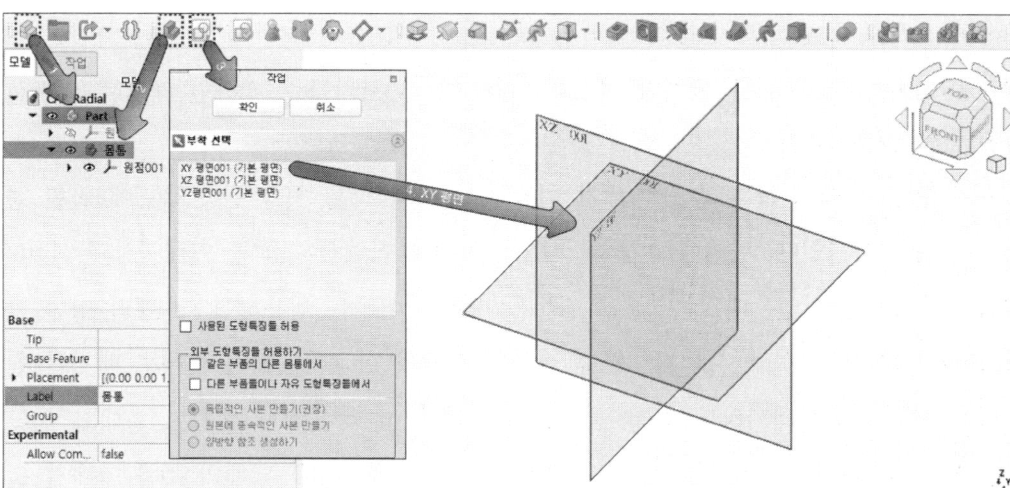

그림 9.20 새로운 Part와 Body를 등록 후 Sketch 모드 평면을 결정

Sketch의 단축 아이콘 “ ”를 이용하여 xy 평면에 콘덴서의 몸통에 해당하는 원을 그린 다음 단축 아이콘 “∅”를 이용하여 지름 10mm의 원으로 고정한다.

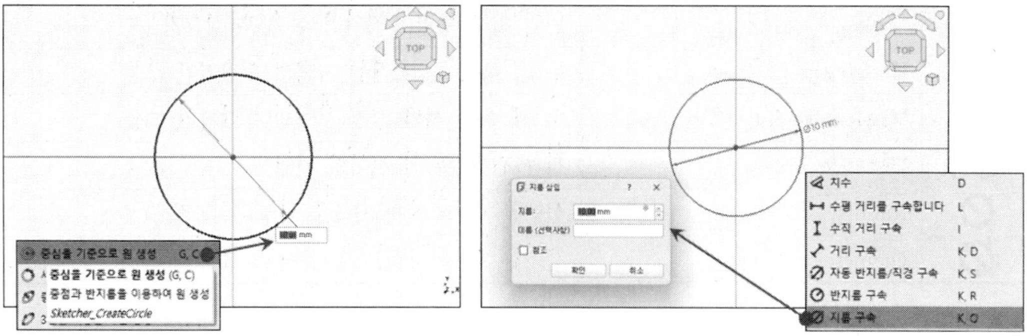

그림 9.21 Sketch xy 평면에 10mm 원 그리기

원 그리기 작업을 마쳤으면 좌측의 Sketch 모드를 업데이트 한 다음 닫기를 하면 다시 Part Design 모드로 화면이 전환되며 여기서 원통을 "[icon]" 아이콘을 이용하여 12.5mm 높이 만큼 z축 방향으로 돌출하기 작업을 한다. 이번에는 좌측의 프로젝트 트리에서 Part의 Origin을 선택한 다음 화면 좌측 하단의 창에서 보기 탭을 선택하고 Display 옵션의 Visibility를 true로 하면 지금 만들어진 원통에 3차원 좌표 평면이 함께 나타나는데 여기서 3차원 좌표의 xz평면을 선택하고 "[icon]"아이콘을 이용하여 다시 Sketch 모드로 전환하면 원통의 측면이 표시된다. 이 상태에서 화면 상단의 "[icon]"의 열림 아이콘을 열고 원통 객체를 와이어 "[icon]" 형태 보기를 선택하면 객체는 외곽선 모양으로 표시된다.

이제 원통 둘레에 작은 홈을 따내기 위해서 1mm의 작은 원을 원통 측면에 반원 형태로 중첩해서 그린다. 데이터 시트를 보면 래이디얼 콘덴서의 원통 아래에서 3~4mm 지점에 주름이 접혀있는데 이 부분은 원통을 "[icon]"아이콘을 이용하여 xz 평면 정면 보기로 하고 Sketch 모드에서 작은 원을 겹쳐 그리기를 한 다음 반원 형태로 배치된 원통을 회전하면서 따내기하는 과정으로 단축키 "[icon]"를 이용해서 솔리드 형태의 원통 측면을 따내기하고 xyz의 3D 형태로 화면보기를 전환하면 3D 객체의 주름 따내기 결과를 확인할 수 있다.

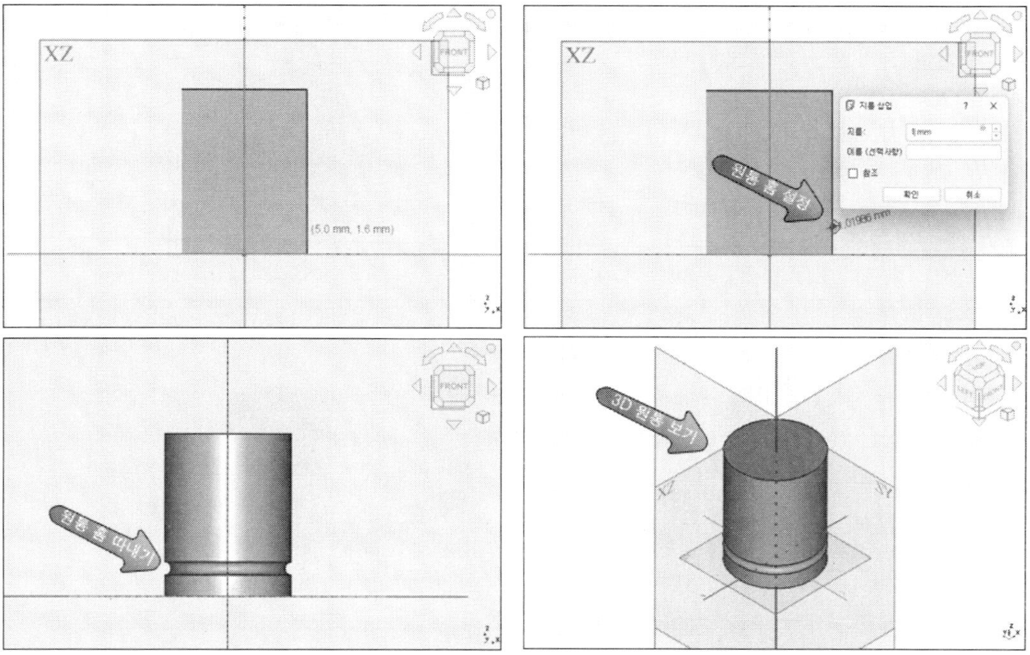

그림 9.22 원 객체 돌출하기 및 측면 반지름 0.5mm원 주름 따내기

다음은 xz평면의 바닥 보기로 전환한 다음 콘덴서의 두 개의 리드선(다리)를 만들어 주어야 하는데 이 경우도 “ ”아이콘을 이용하여 Sketch모드로 들어간 다음 반지름 0.5mm인 작은 원을 원점을 중심으로 2.5mm 거리로 마주보게 배치를 하고 난 후 앞에서 작업했던 Sketch에 객체 돌출시키기 위한 “ ”아이콘을 실행하여 리드선 작업을 진행한다. 객체의 돌출방향은 xz 바닥면에서 대칭 방향으로 12.5mm로 설정하도록 한다.

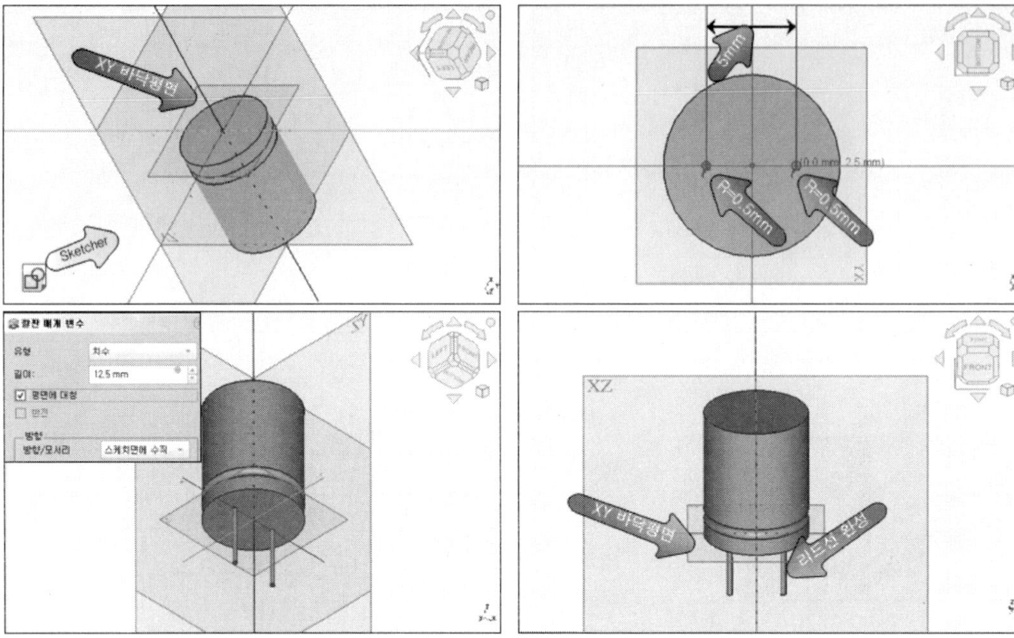

그림 9.23 원통 바닥면에 0.5mm 리드 선 돌출하기

콘덴서의 기본 몸통이 완성되었으면 여기에 콘덴서의 용량을 표기할 수 있는 텍스트를 입히기 과정에 대하여 알아보자. 우선 Draft Workbench를 선택하여 텍스트 작업을 하기 위한 환경 모드로 전환하면 화면 상단에 새로운 단축 아이콘이 나타나는 데 여기서 "S"아이콘을 실행하면 텍스트 입력 창이 열리게 된다.

주의 마우스 커서는 몸통 객체 편집화면을 경유하지 않도록 편집 창 외부영역을 거쳐서 텍스트 입력창으로 이동하도록 한다. 만일 편집 창을 거쳐서 커서가 이동하게 되면 x, y, z의 좌표 위치 값이 커서의 위치에 따라 가변적으로 변하기 때문에 나중에 텍스트의 위치 보정이 매우 어려워질 수 있다.

텍스트 창의 문자열에는 "330uF/25V"라고 입력하고 글꼴 파일 칸에는 사용자의 컴퓨터에 내장된 폰트 중에서 원하는 것을 할당해 주면 된다. 여기서는 필자의 시스템 경로에 사전에 복사해 둔 "D:\KICAD_TU\FreeCAD_3D_01\ARIALUNI.TTF" 폰트를 사용하는 것으로 했다. 그리고 텍스트의 크기는 "1.2mm"로 정하고 확인 버튼을 누르면 xy 평면 위에 텍스트 문자가 배치된 것을 확인할 수 있다.

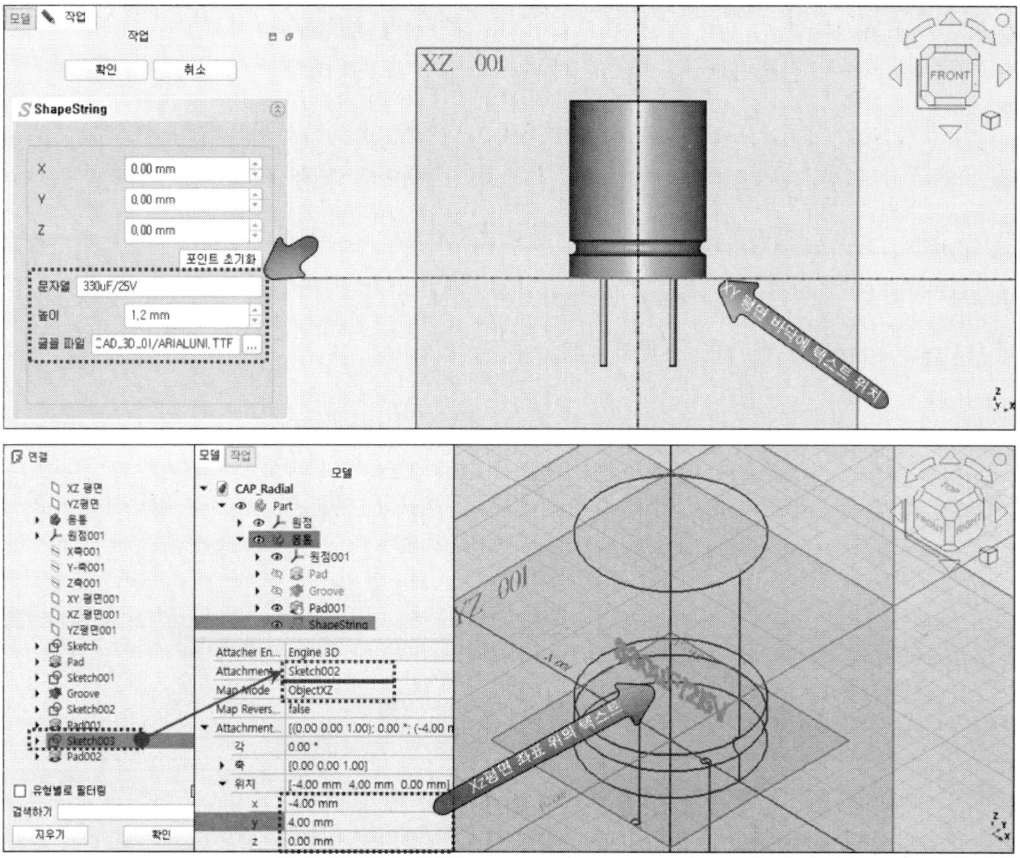

그림 9.24 xy 평면에 텍스트 입력과 xz 평면으로 텍스트 전환

xy 평면에 배치된 텍스트를 xz 평면으로 일으켜 세우기 위해서는 좌측 창에서 지금 작업한 "ShapeString"을 선택하고 아래 창에서 두 번째 칸의 "Attachment.."란에 지금 작업한 스케치(필자의 경우: Sketch003)을 입력하면 몸통과 연결 상태가 된다. 그리고 Map Mode의 "Deactivated"를 선택하여 텍스트가 배치될 기준 평면을 xz으로 선택하면 텍스트의 위치가 xz평면으로 올라서게 된다. xz 평면을 Draft 모드에서 FreeCAD의 좌측 아래 속성 창에서 Attachment의 Position 항목에서 텍스트의 좌표 위치를 콘덴서의 x축으로 −4.0mm 이동하여 중앙에 위치시키고 가로축은 텍스트가 xz 평면으로 올라서 있지만 초기 기본 배치가 xy 평면의 y값이므로 y값으로 하여 +3mm 위치로 이동하여 텍스트 배치를 완료 한다. 아직 Draft 모드에서 텍스트는 Body에 연결되어 있는 상태가 아니기 때문에 좌측 모델 창의 트리에서 ShapeString 항목을 마우스로 선택한 후 끌기를 하여 Body 항목으로 이동시키면 활성화 되어 있는 Body로 텍스트의

속성이 연결된다. 이 과정을 수행하지 않으면 텍스트와 Body가 별개의 개체로 취급되기 때문에 다음에 진행하게 될 텍스트 돌출 작업이 불가능하다.

xz 평면에 배치된 텍스트는 Part Design Workbench에서 객체 돌출 아이콘 " "를 이용하여 원통 표면으로 돌출하기를 실행한다. 다음은 돌출된 텍스트 객체를 xy 평면 보기로 화면을 전환한 다음 돌출된 부분을 Sketch 모드에서 그림과 같이 두 개의 원으로 영역을 지정한 다음 Part Design에서 객체 잘라내기 " "를 하면 원통 표면에 0.1mm의 돌출된 텍스트 결과를 얻을 수 있다.

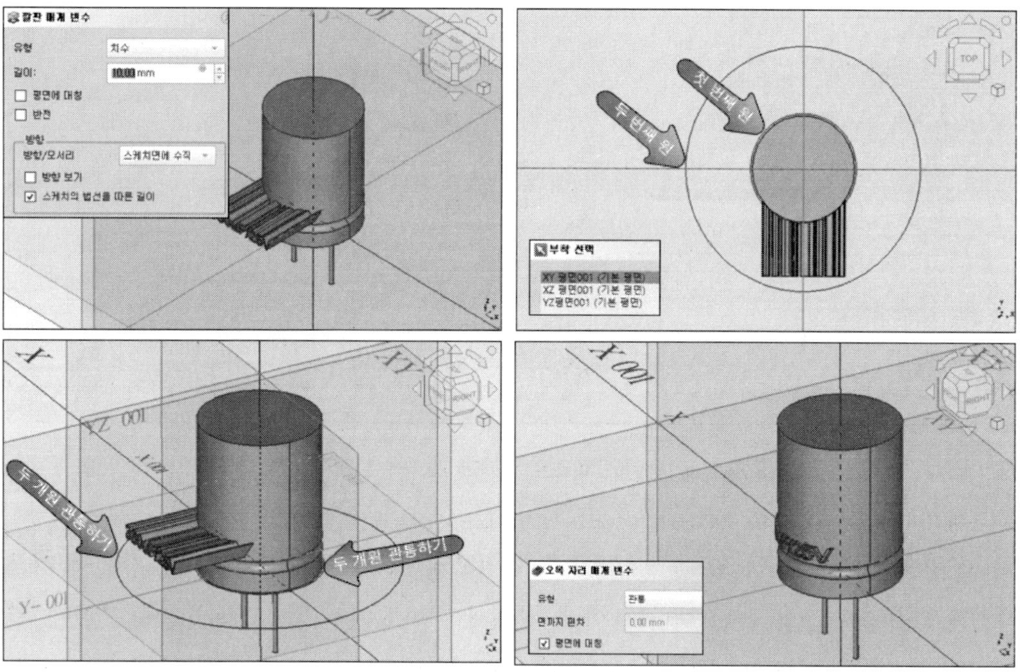

그림 9.25 텍스트 돌출하기와 Sketch 모드에서 잘라내기

지금까지의 작업으로 기본적인 콘덴서 객체의 몸통 만들기 과정이 마무리가 되었다. 지금부터는 다수의 객체를 병합할 수 있는 메뉴 중에서 "하나로 합치기"아이콘을 실행해서 하나의 객체로 병합하고 병합된 객체에 대하여 모서리 다듬기와 색상을 입히는 과정에 진행하도록 한다.

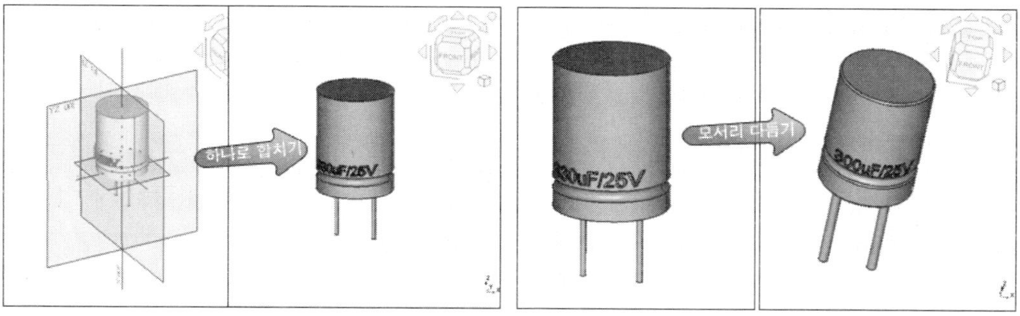

그림 9.26 몸통 객체 병합과 모서리 다듬기(Fillet)

모서리 다듬기(Fillet)와 색상 처리를 위해서는 지금까지 작업한 몸통이 반드시 하나의 객체로 병합되어 액티브 객체 모드로 되어 있어야 한다. Part Design 모드에서 다듬기 대상이 되는 객체를 선택한 상태에서 "[icon]"아이콘을 실행하면 객체에서 다듬기 대상이 되는 모서리를 추가할 수 있다. 원통의 상단부터 중간 주름 부분 세 군데를 선택해 가면서 모서리 다듬기 수치를 "0.2mm"로 처리하자. Workbench를 Part로 전환하고 수정된 내용으로 객체를 다시 한번 병합하고 이름을 CAP330UF로 변경 하자.

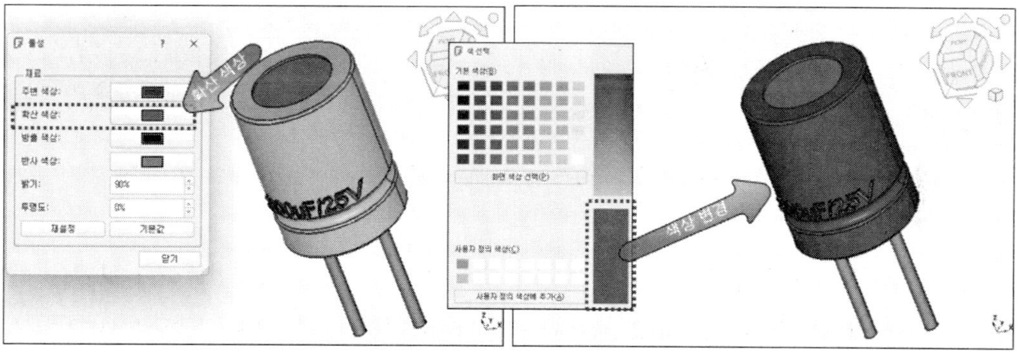

그림 9.27 Part Workbench에서 몸통 객체에 색상 입히기

마지막으로 콘덴서 객체에 색상을 입히기 위해서 객체의 표면을 선택한 상태에서 "[icon]"아이콘을 선택하고 색상을 입힐 표면을 Ctrl키와 선택을 한 후 Custom Appearance 메뉴에서 "확산 색상" 버튼을 선택하여 나타난 색상 선택창에서 사용자가 원하는 색상을 선택하면 캐피시터의 몸통 색을 변경할 수 있다.

(2) KiCad의 Footprint 편집

KiCad의 Footprint 편집기를 실행해서 앞서 작업 대상이 되었던 콘덴서의 규격을 새롭게 만들어도 되고 아니면 기존의 유사한 Footprint를 불러와서 필요한 부분을 요구사항에 맞도록 수정해서 사용하는 방법이 있다. 지금 작업은 원통형(Radial) 타입에서 직경이 10.0mm이고 리드간격이 5.0mm인 기존의 “CP_Radial_D10.0mm_P5.00mm” 라이브러리를 가져온 다음 “CAP_Radial_D10.0mm_P5.00mm_KHH”라는 새로운 이름으로 변경을 한 다음 개인 작업 폴더에 저장해 두고 사용하도록 하자.

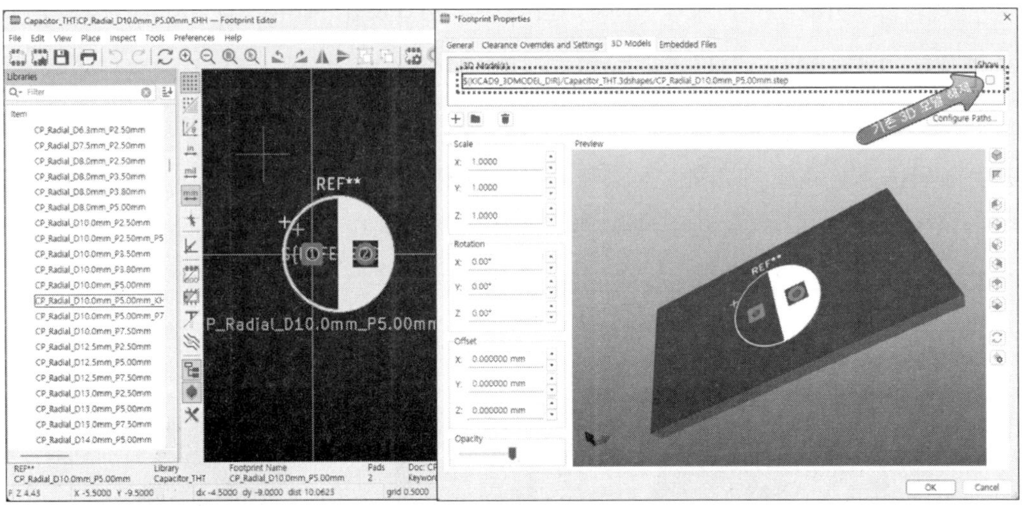

그림 9.28 기존 Radial 콘덴서(직경 10.0mm, 피치 5.0mm) Footprint와 3D 모델

이제 “”아이콘을 실행하고 3D Model 탭에서 이미 할당되어 있는 3D 모델을 해제하고 저장한다. 이제는 FreeCAD의 Workbench를 KiCadStepUp으로 변경하고 KiCad의 Footprint 불러오기 아이콘 “” 실행하여 “CAP_Radial_D10.0mm _P5.00mm _KHH”를 불러오면 작업한 3D 모델 객체와 좌표 위치가 일치하지 않고 있음을 확인할 수 있다. x축 “−”방향에 자리를 잡은 객체는 “”버튼을 이용하여 “+”방향으로 0.1mm씩 이동하면서 중심 위치로 조정하도록 한다. 마지막으로 최종 3D 모델 객체의 이름을 “CAP330UF_KHH”로 변경하고 개인 작업 폴더에 저장하자.

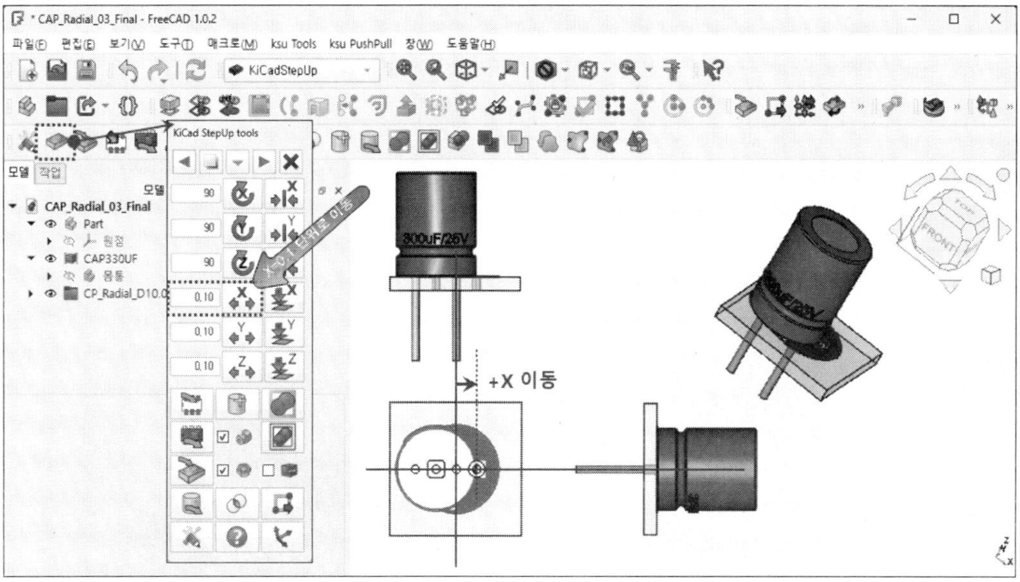

그림 9.29 KiCad StepUp에서 Footprint 불러오기 3D 객체의 좌표 보정

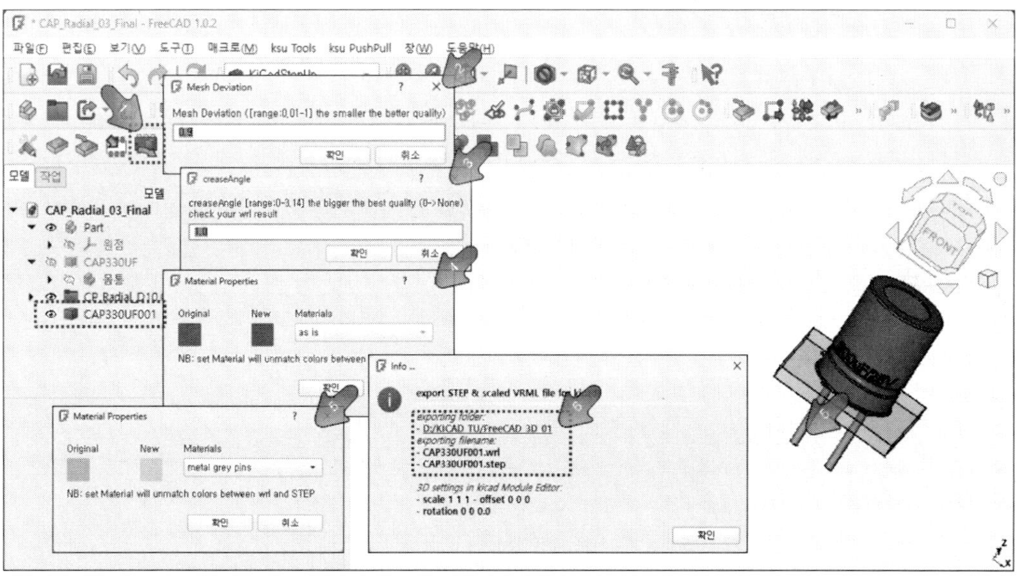

그림 9.30 FreeCAD 3D 객체 좌표 조정 – 개인 작업 폴더 저장

KiCad의 Footprint 편집기에서 "CAP_Radial_D10.0mm_P5.00mm_KHH"를 불러오면 이전에 Footprint의 속성을 편집해서 "3D Models"을 해제해 두었기 때문에 단순히 PCB 보드만 나타난다. 여기에 새롭게 작업을 마친 3D 부품 추가 "⊞"버튼을 이

용하여 등록한다. 지금 작업한 3D Model은 개인 작업 폴더에 저장되어 있기에 폴더 열기를 해서 이곳에 저장되어 있는 "CAP330UF_KHH.WRI"를 불러오면 아래와 같은 3D 부품의 Footprint 라이브러리의 결과를 확인할 수 있다.

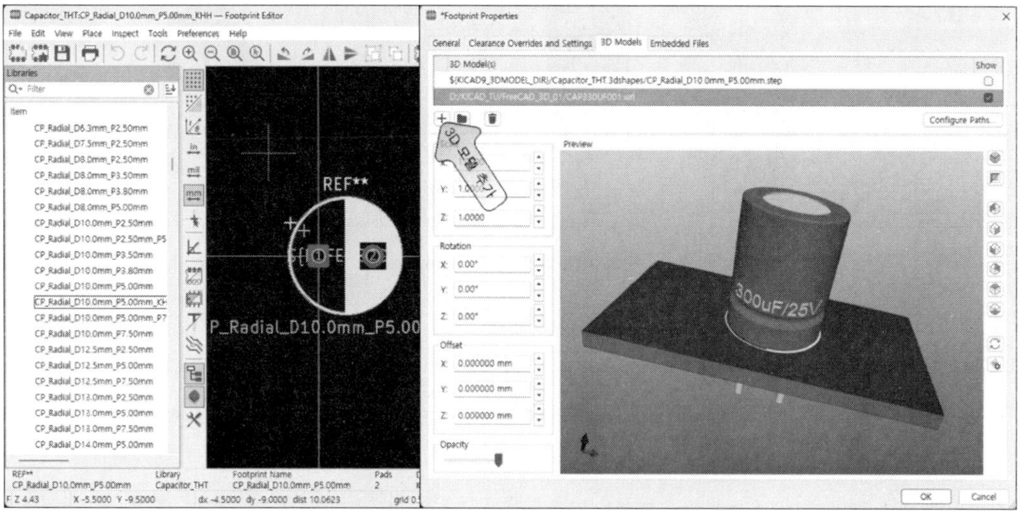

그림 9.31 Footprint 속성 창에서 3D 모델 등록

PART 3

KiCAD의 실전 연습

PCB 보드의 직접설계

실전 연습의 첫 번째는 사전에 Schematic을 이용한 회로도의 작업을 진행하지 않고 회로의 도면이 없는 PCB 보드를 직접 설계를 진행한 다음 보드 환경에 맞춘 네트정보를 할당하는 방법에 대하여 실습해 보도록 하자.

10.1 개념 정리

회로 도면이 필요 없거나 부품의 개수가 적고 비교적 단순한 회로의 경우 PCB 보드를 설계하는 과정은 사전에 Netlist 작업 없이 직접 PCB Editor를 이용해서 PCB 보드를 설계하는 것이 가능하다. 이와 같이 직접 PCB 작업을 하는 경우에는 Schematic을 이용한 회로도 작성과 기타 부수적인 프로그램의 수행 과정이 필요 없고 개별 부품이나 부대 장치 대한 Footprint의 정보와 설계와 관련된 Net 작업의 후처리 과정만 필요하다.

10.2 PCB 보드의 설정

실습을 위한 첫 번째 과정은 KiCad의 초기화면에서 새로운 프로젝트 작성 메뉴를 이용하여 프로젝트의 이름을 지정하고 템플릿 작업을 진행한 후 저장한다.

① KiCad “File Menu”에서 “New Project”를 선택하거나 좌측 단축 아이콘 “ ”이나 단축 키 “Ctrl+N”을 이용하여 작업 내용이 없는 새로운 빈 프로젝트를 만든다.

② 사용자의 작업 폴더에 프로젝트 이름을 “Turorial_01.kicad_pro”으로 저장한다.

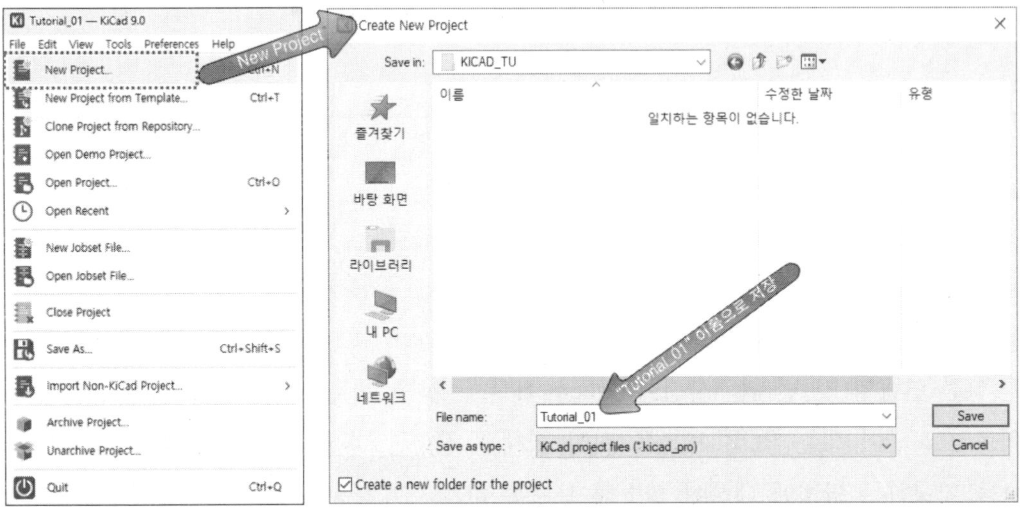

③ 새로운 Project를 만들면 “Turorial_01.kicad_pcb”와 “Tutorial_01.kicad_sch”의 두 개의 파일이 프로젝트에 등록된다. 이번 프로젝트는 회로도 없이 직접 PCB 도면을 설계하기 때문에 곧바로 “PCB Editor”를 실행하여 도면 설정작업을 진행한다.

④ PCB 편집 화면의 우측 하단에 위치한 도면에 대한 페이지 설정을 실행하여 날자와 타이틀 “CCS_VTG Gender”만 입력하고 나머지는 모두 기본 설정을 따른다.

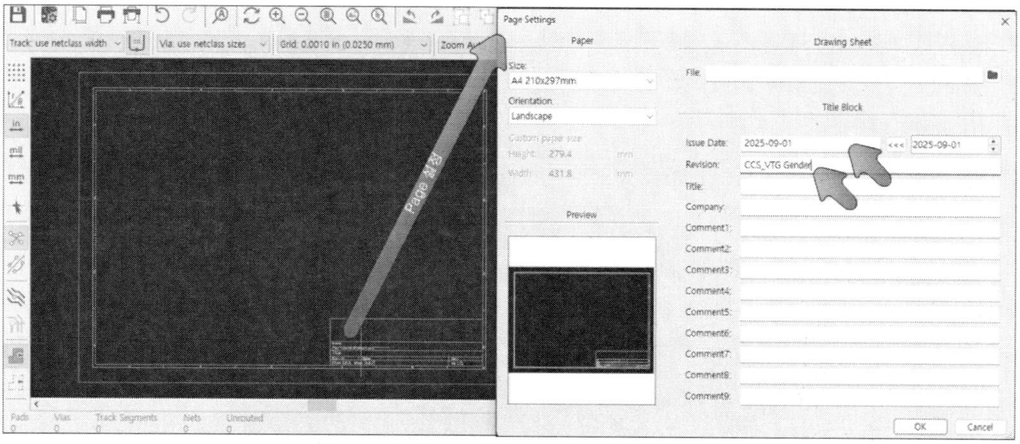

10.3 PCB 보드의 외곽선(Edge.Cuts) 만들기

① PCB의 외곽선을 만드는 작업은 "Edge.Cuts" 레이어에서 이루어지기 때문에 해당 레이어는 우측의 Appearance 창에서 선택한 다음 작업을 진행한다.

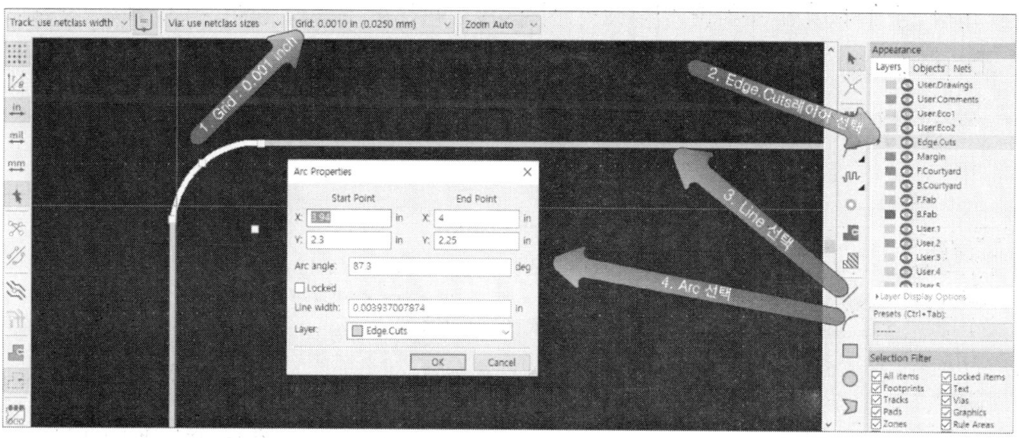

② 보드의 외곽선은 PCB 편집창의 우측에 위치한 단축 아이콘 "／"를 이용하거나 Place 메뉴에서 "Draw line"혹은 단축키 "Ctrl+Shift+L"를 선택한 후 보드의 외곽선을 그린다. 모서리의 호 그리기는 단축 아이콘 "◜"를 이용하면 된다. 정확한 좌표의 위치와 호의 각도를 편집 입력창을 통하여 작업을 하는 것도 가능하다.

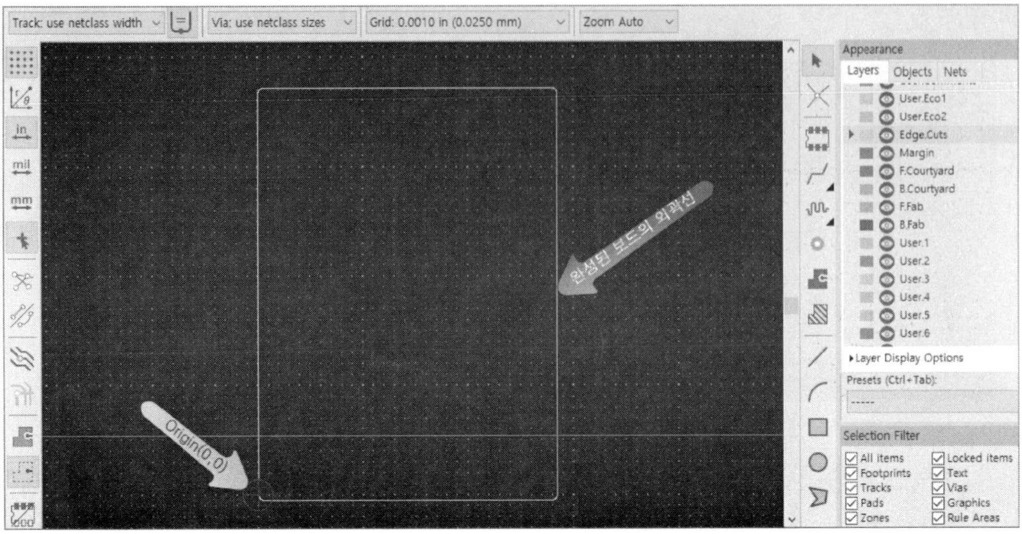

10.4 PCB 설계 환경 설정

① 작업 도면의 그리드 설정은 그리드의 간격 치수는 Preference 메뉴의 PCB 편집 설정 창에서 직접 수치를 입력해서 사용하는 방법과 우측과 같이 펼침 메뉴 창에서 기본 값으로 제공되는 것을 선택하여 사용하는 방법이 있다. 그리드의 치수는 좌측의 단축키에서 “inch”,“mm”,“mil” 세 가지 중에서 선택한다.

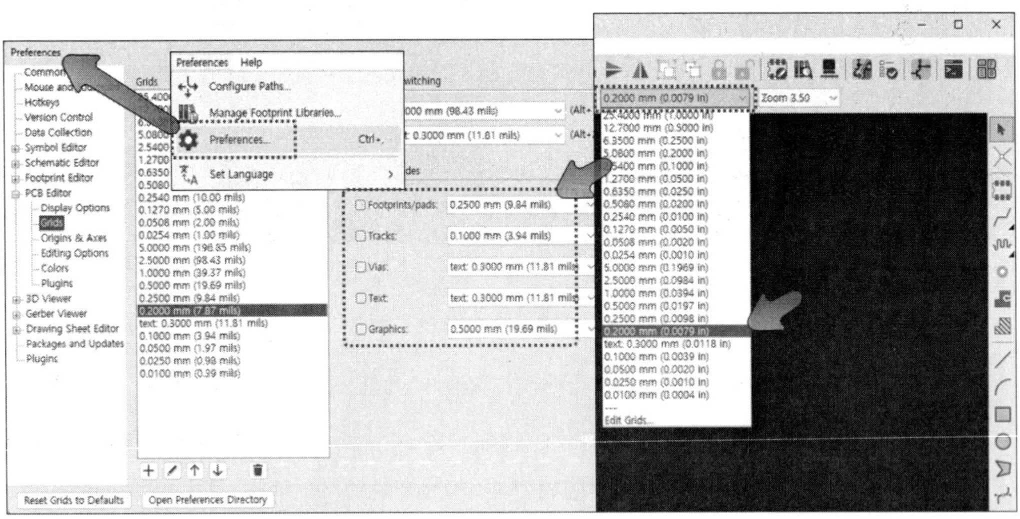

② PCB의 작업에는 사용 목적과 용도에 따라서 다양한 레이어가 제공되고 있다. 실제 PCB 제작에 사용되는 레이어는 보드 환경 설정“ ” 메뉴에서 작업할 레이어를 선택한다. 이번 실습에서는 2층 기판을 사용하는 것으로 한다.

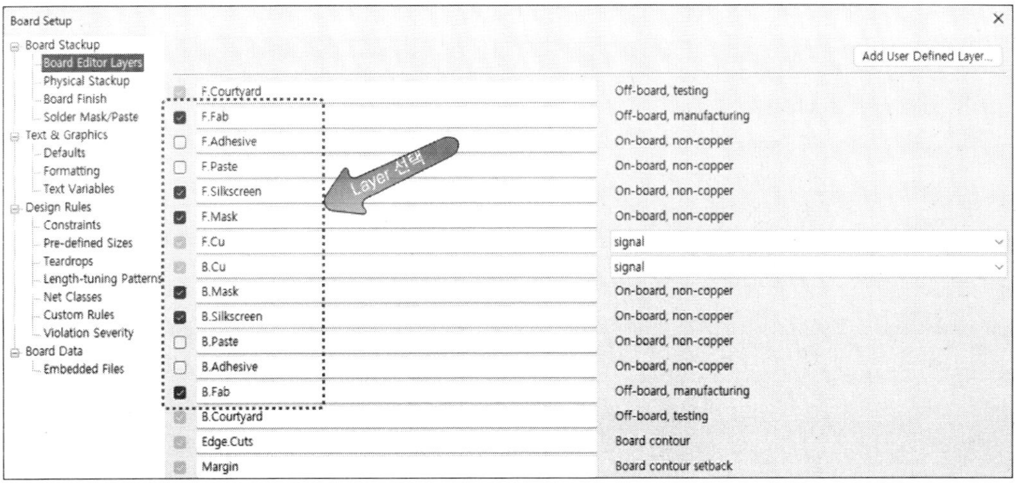

6개의 레이어를 선택한 후 바로 아래 “물리적 적층(Physical Stackup)” 메뉴를 선택하면 다음과 같은 화면이 나타난다. 레이어별 설정은 사용자의 요구에 따라 레이어의 재질과 두께, 절연층에 대한 값을 입력할 수 있다. 이번 실습 내용에서는 설정되어 있는 기본 값을 그대로 이용하도록 한다.

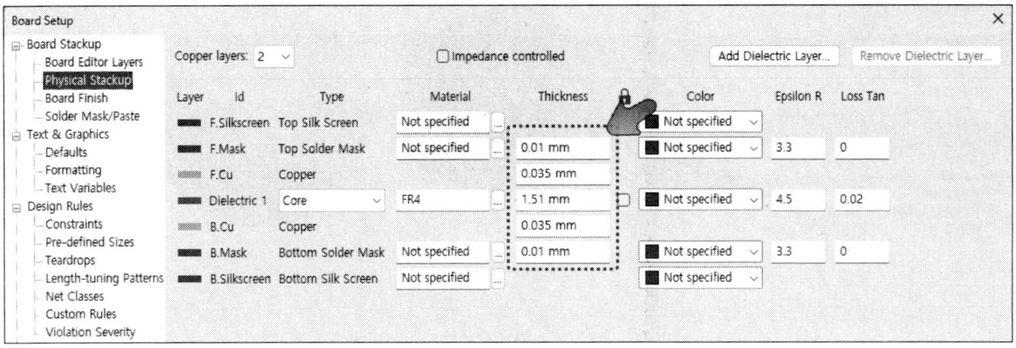

③ 보드설정 창에서 “Design Rules”의 “Constraints” 메뉴에서는 보드를 구성하는 배선 간격, 최소 배선 폭, 패드의 직경과 고리의 두께 및 동박과 홀 사이의 간격등에 대한 설정을 위하여 사용자의 요구 값을 직접 입력 설정하는 것이 가능하다. 이번

실습에서는 여기에 설정되어 있는 기본 값을 그대로 따르도록 한다. 도면 설계 마지막 단계에서 동박 영역을 설정 시 연결되는 단열판(Thermal Relief)의 연결 다리 Spoke-Qut의 갯수는 기본 값 "2"를 "4"로 변경하여 사용하도록 하자.

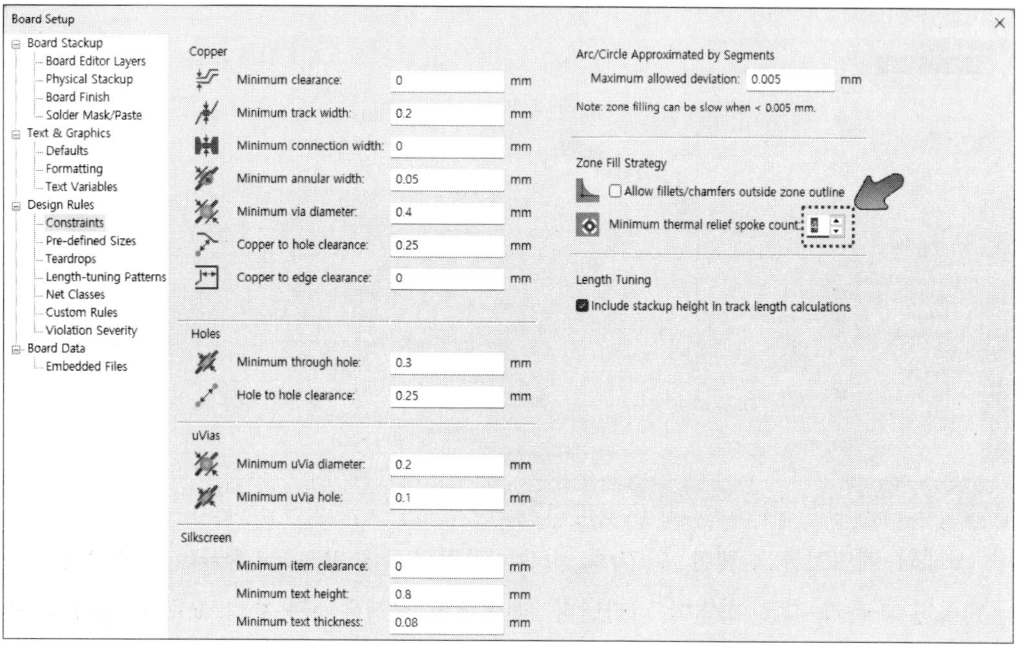

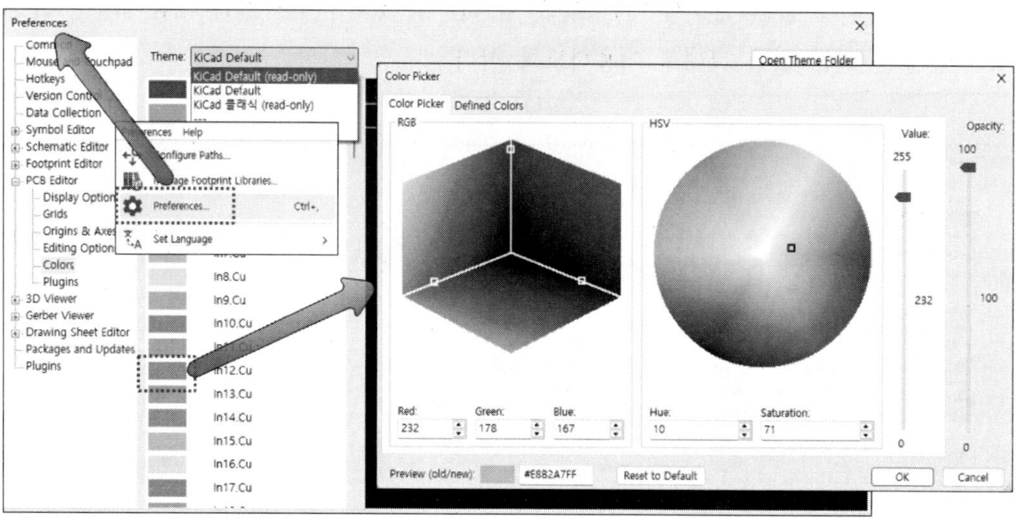

④ 도면 작업을 위해서 선택한 레이어 색상은 "Preference" 메뉴 창에서 모든 레이어의 색상을 사용자의 요구에 맞춰서 변경할 수가 있다.

10.5 PCB Footprint의 선택 및 배치

실습의 내용은 필자가 파워앰프의 CCS 단을 업그레이드 하면서 기존 모듈의 신호의 위치가 변경되어 사용이 불가능한 상황에서 리셉터클 방식의 변환 젠더를 직접 보드설계와 네트할당 방식으로 작업을 한 매우 단순한 젠더 보드의 제작 과정이다. 이러한 경우 가장 중요한 것은 스루 홀 패드의 정확한 위치와 최대한 두개 신호의 배선 길이를 동일하게 작업하는 것이다. 설계된 보드의 가로, 세로 크기는 "2.8×3.7 inch" 크기이며 2종의 비아 패드와 1종의 리셉터클 핀을 사용하는 것으로 한다.

① 젠더에 사용된 2종 패드와 1종의 마운팅 홀의 Footprint는 기존 모듈의 홀 크기가 맞지 않아서 기존의 "MountingHole_3.2mm_M3_Pad_Via"를 3.4mm로 수정 편집한 다음 "MTH_3.4mm_ViaPad"로 이름을 변경하여 Local 프로젝트 라이브러리로 등록해서 사용하도록 한다. "MountingHole_4mm_Pad" 역시 "MTH_4mm_ViaPad"로 이름을 변경하여 Local 프로젝트 라이브러리 폴더에 저장 해두자. 각각의 Via Pad와 Pin의 Footprint는 모듈의 홀 좌표에 맞추어서 정렬을 한다. 이번 실습 모듈은 일반 범용으로 사용되는 것이 아니기 때문에 정확한 좌표 위치를 정렬하는 내용은 기술하지 않지만 이와 유사한 모듈작업을 하는 경우에는 사용자의 요구사항에 따라 정확한 좌표 정렬을 해 주어야 한다.

Footprint 이름	Footprint , 3D 모델	할당될 Net
MTH_3.4mm_ViaPad		GND
MTH_4mm_ViaPad	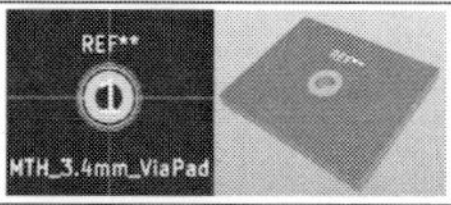	DRV+, DRV-, IN+, IN-, GND , VCC+, VEE-
Pin_D1.2mm_L10.2mm_W2.9mm		DRV+, DRV-, IN+, IN-, GND , VCC+, VEE-

10.6 Net 만들기와 배선 작업

① 3종의 Footprint를 배치 완료한 이후에는 이곳에 배선을 위한 Net를 할당해 주어야 한다. 모듈에서 사용되는 신호 Net는 “DRV+”, “DRV-”, “VCC+”, “VEE-”,

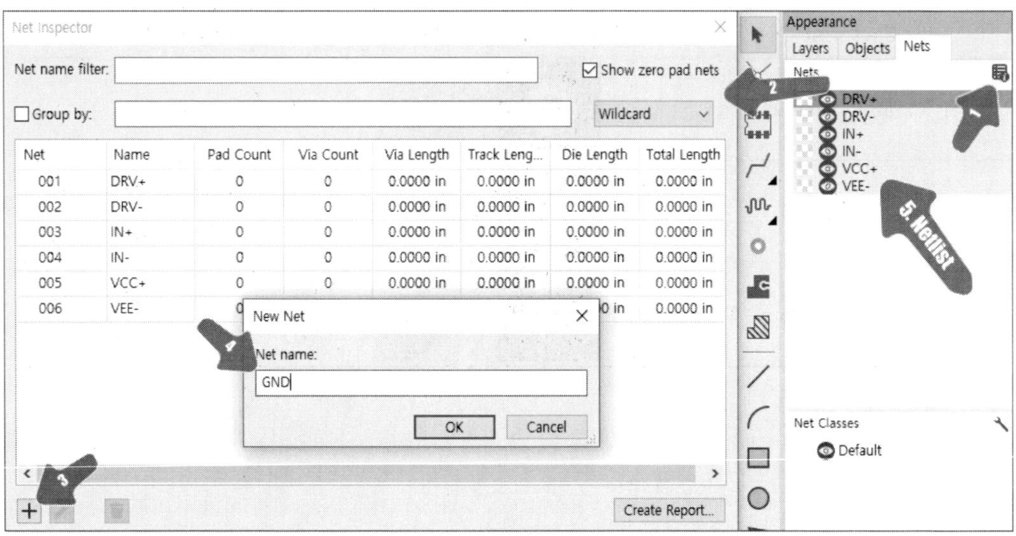

"IN+", "IN-" 그리고 "GND"로 모두 7개의 Net가 필요하다. 신규 네트의 목록을 만들기 위해서는 PCB 편집 창의 우측에 있는 Appearance의 "Nets" 탭을 선택하고 이곳에 필요한 Net를 등록한다.

② Netlist를 작성한 다음에는 PCB 도면에 배치되어 있는 모든 Via Pad와 Pin에 회로상의 신호 경로에 맞추어서 해당되는 Net를 할당한다. 모든 Net의 할당 작업을 마치고 나면 서로 연관된 Net끼리 연결 신호선이 보이게 되는데 이것이 Net의 묶음을 나타내는 Ratnest다.

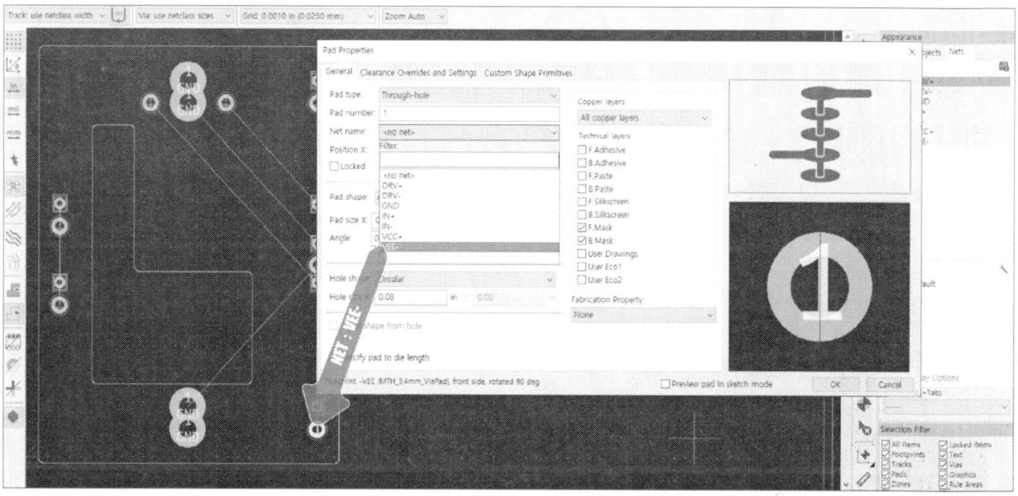

③ 배선 작업을 하기 전에 신호선의 전류값과 온도, 배선의 길이등을 고려해서 배선의 선폭을 결정하는 것이 매우 중요하다. 그러나 이러한 세부적인 내용을 정확하게 검토해서 정밀한 배선의 폭과 길이를 결정하는 것은 쉽지 않다. 따라서 KiCad에서 제공하는 PCB Calculator 유틸리티 프로그램을 이용해서 권장하는 값을 참조하는 방법을 추천한다. 이번 실습에서 사용되는 모듈의 신호선에서 최대 전류 값은 1[A]를 넘지 않고 온도는 60도 이하로 할 때 권장하는 배선 폭의 값을 사용하는 것으로 하자.

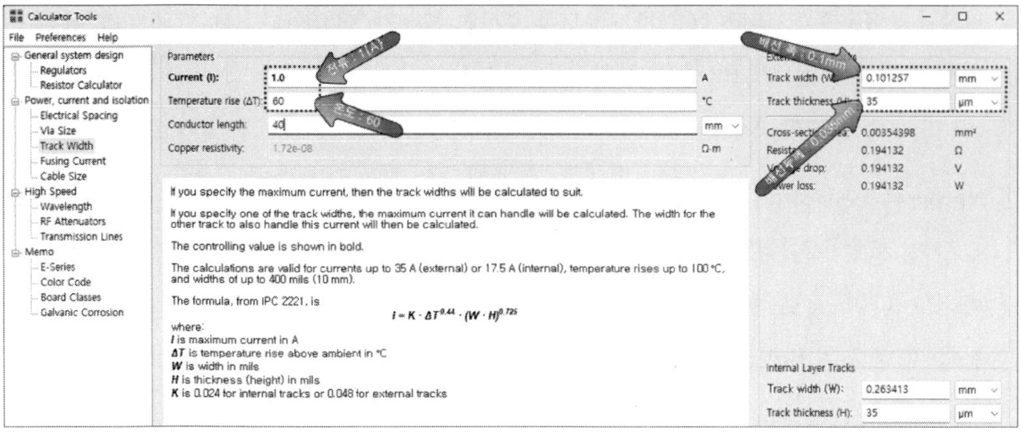

배선 폭은 0.1mm, 배선의 두께는 0.035mm로 계산된 최소 값을 확인할 수 있다. 최소 값 이상으로 "0.03in(0.76mm), 0.04in(1.0mm), 0.05in(1.27mm)"를 사용자의 배선 폭 목록으로 등록하여 사용하도록 한다.

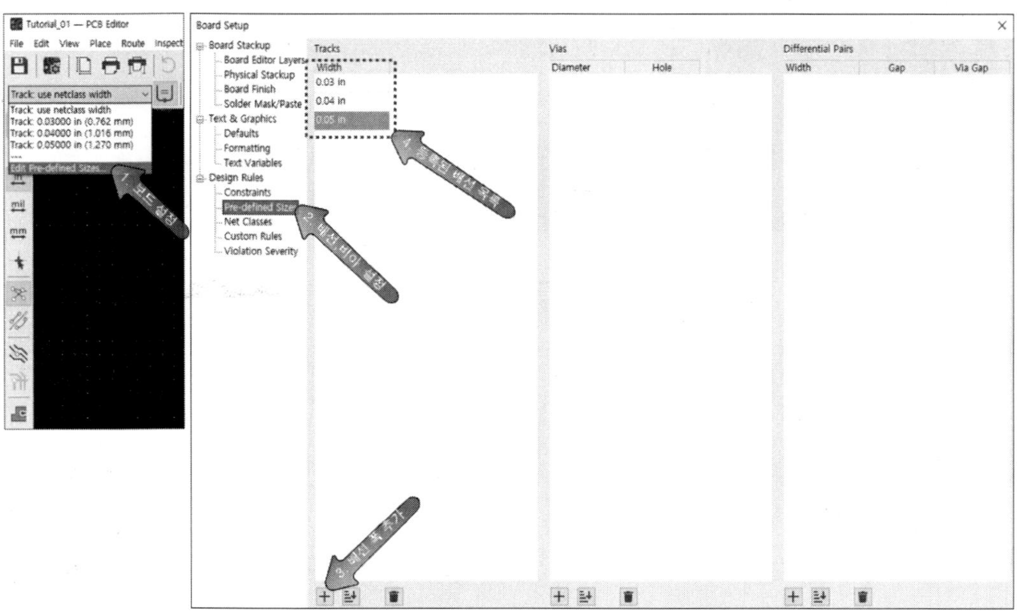

Via와 차동 신호 쌍에 대한 내용은 이번 실습에서는 사용하지 않기 때문에 등록하지 않는 것으로 한다. 상호 신호선의 연결을 나타내는 Net을 "F.Cu" 레이어, "B.Cu" 레이어에 배선 폭은 "0.04in"로 하여 배선을 완료한다. 배선 중에 오른쪽 마우스 버튼을 누르면 배선과 관련된 창이 열린다. 이곳에서는 배선 방법(45도 꺾기,

90도 꺾기, 둥근 호)을 선택할 수도 있고 보드 상의 Via, Pad 그리고 이미 배선이 끝난 트랙과의 연동(밀어내기, 피해가기등..)의 기능을 선택적으로 적용할 수 있다.

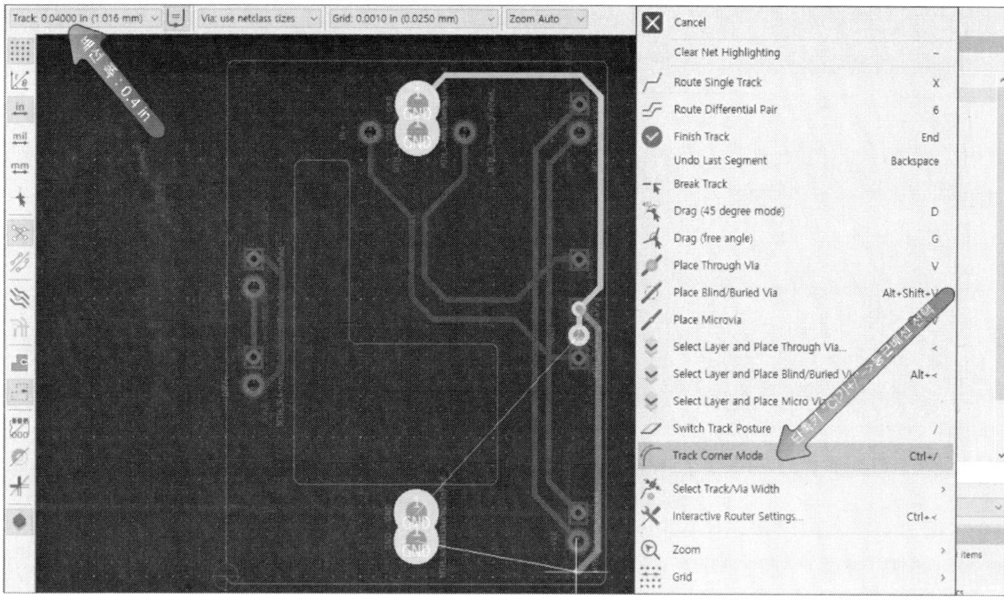

10.7 텍스트와 로고 작업

① 텍스트를 추가하기 위해서는 Appearance 창의 Layer 탭에서 “F.Silkscreen” 레이어를 선택하고 PCB 편집 창의 좌측 메뉴 아이콘 “ **T** ”를 선택한 다음 작업을 진행한다.

② LOGO는 KiCad 초기화면에서 제공하는 “Image Converter”라는 유틸리티 프로그램을 이용해서 Bitmap 이미지를 회도 도면의 심볼이나 PCB Footprint로 변환한 후 해당 라이브러리로 등록한 후 사용한다.

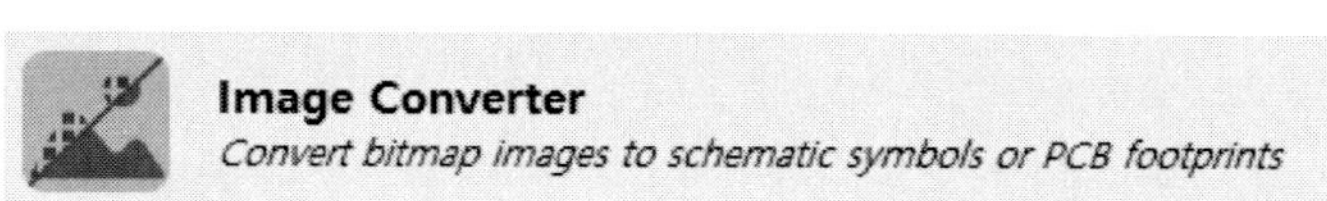

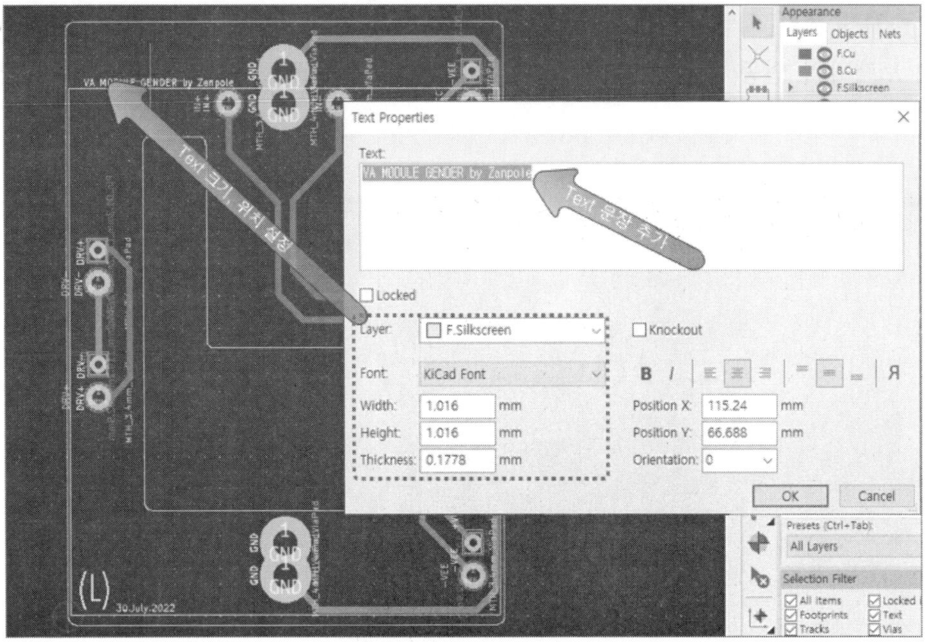

이미지 변환 프로그램을 실행한 후 예제로 사용될 Bitmap 이미지로 내장되어 있는 "RISC-V"를 예제로 사용하기 위해서 불러온다.(사용자는 적당한 크기의 Bitmap이미지를 사용해 보기 바란다) 원본 이미지가 매우 크기 때문에 회로도나 PCB 보드에 배치할 공간을 고려해서 크기를 조정할 필요가 있다. 대부분의 경우 LOGO는 5~20mm 정도의 높이를 사용한다. 따라서 Image의 크기는 "8.9×7mm"로 입력하고 파일의 용도는 PCB 도면 위에 사용할 목적이기 때문에 Footprint 항목을 체크 한다. 기본적인 설정을 마친 후에는 "Export to file" 메뉴를 선택하여 변환된 이미지를 작업 폴더로 내 보낸다.

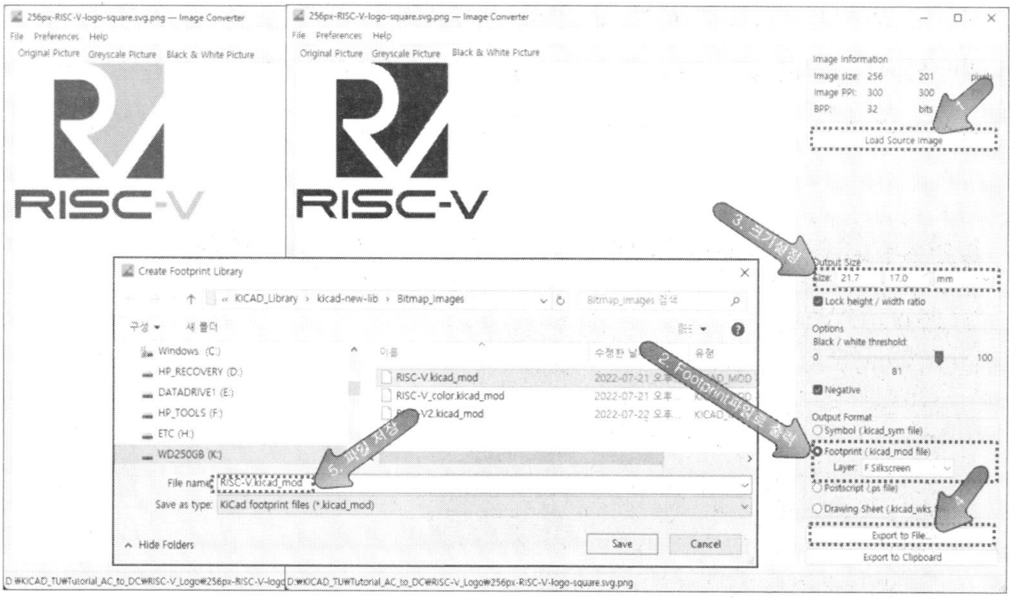

Footprint의 라이브러리 파일 형태로 저장된 파일은 Footprint 편집기에서 새로운 라이브러리로 등록을 한 후에 사용을 하면 된다. 저장된 "RISC- V.kicad.mod" 파일 심볼을 모아놓은 "Symbol" 라이브러리 폴더에 아래와 같은 순서에 따라 등록한다.

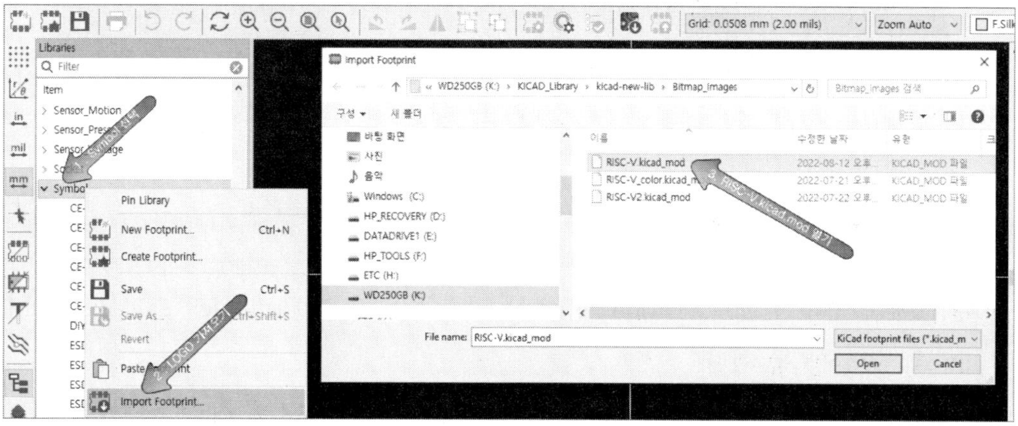

PCB 편집기에서 Footprint 라이브러리의 심볼 폴더에 저장된 'RISC-V.kicad.mod'를 불러오기를 한 다음 도면 내의 필요한 위치에 배치를 하면 실크스크린 레이어에서의 텍스트와 로고의 작업이 종료된다. 이제 PCB 직접 설계의 모든

과정이 마무리가 되었다. 이번 실습의 내용은 단순한 변환 보드이기 때문에 신호선의 간섭과 접지의 안정성을 확보하기 위한 동박 영역을 설정하는 작업은 진행하지 않았다. 텍스트와 로고 작업이 완료된 PCB 보드와 3D 모델의 결과는 다음과 같다.

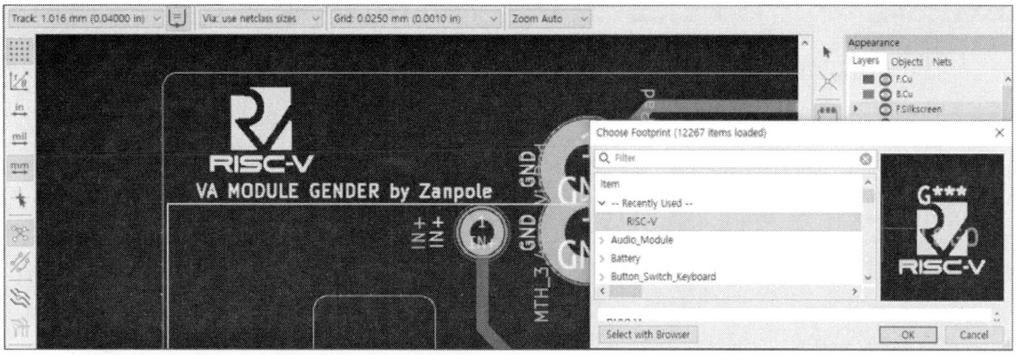

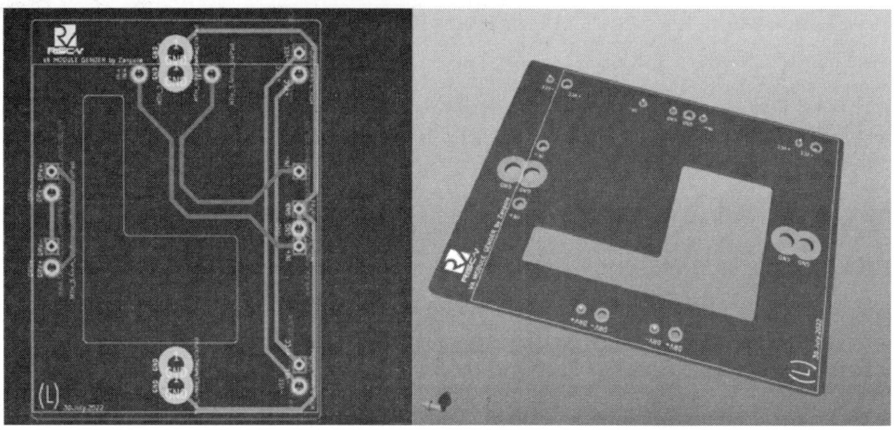

10.8 Gerber 파일의 작성

① 파일 메뉴 목록 중 Fabrication 메뉴에서 "Gerber file","Drill file" 그리고 "BOM file"을 출력하도록 한다.

Gerber 파일이 저장될 경로를 지정하고 "Plot"을 선택하여 해당 폴더에 출력을 한 다음 우측 아래에 위치한 "Generate Drill File" 버튼을 선택해서 드릴 홀 좌표 관련 파일까지 출력을 하면 PCB 제조를 위한 모든 작업은 종료가 된다. 최종 파일은 대부분 제조사에서 압축파일 형태로 제출하기 요구하기 때문에 해당 폴더의 파일을 압축 파일을 만들어서 주문을 하면 된다.

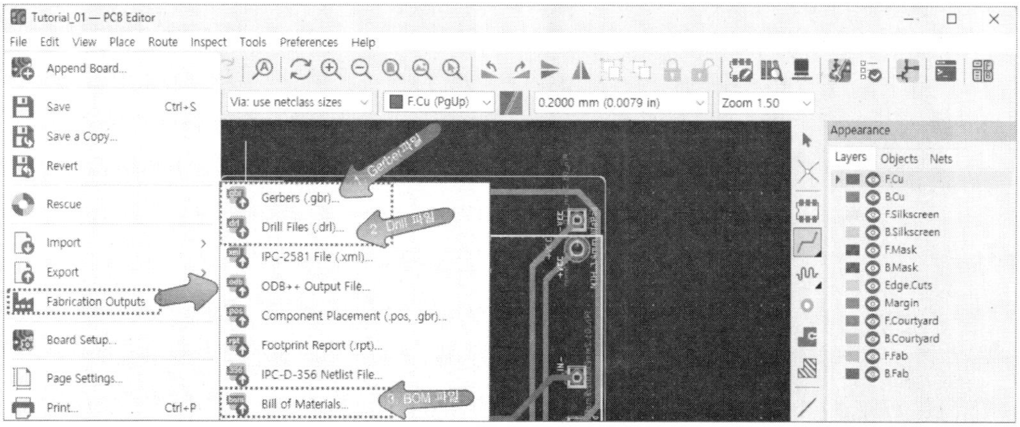

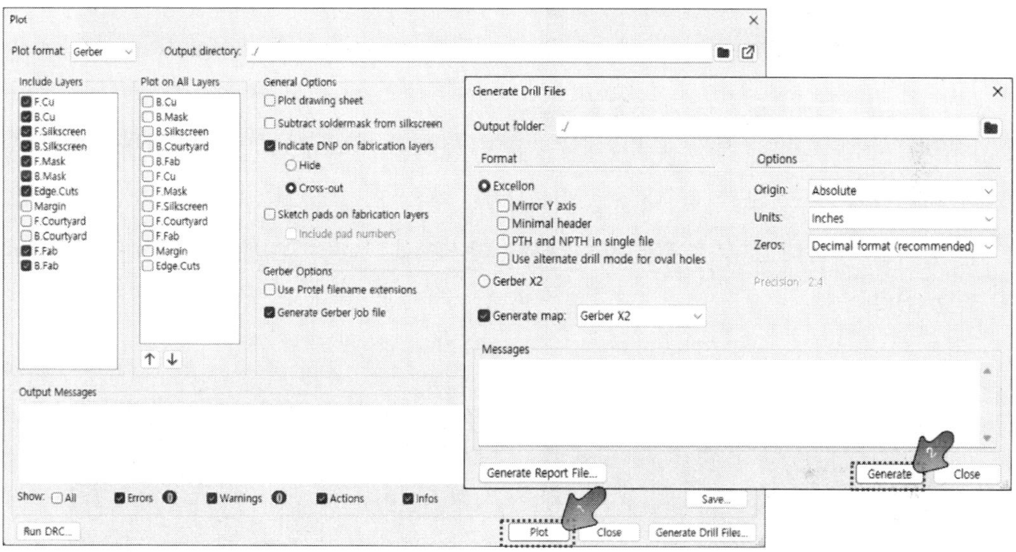

② Gerber View : 결과물을 저장한 폴더내의 모든 파일은 압축파일 이름 "Tutorial_01.zip"으로 저장한다. 이 파일은 KiCad에서 제공하는 Gerber viewer 프로그램을 이용하면 제조사에 제출될 파일의 내용을 사전에 검토해 볼 수 있다.

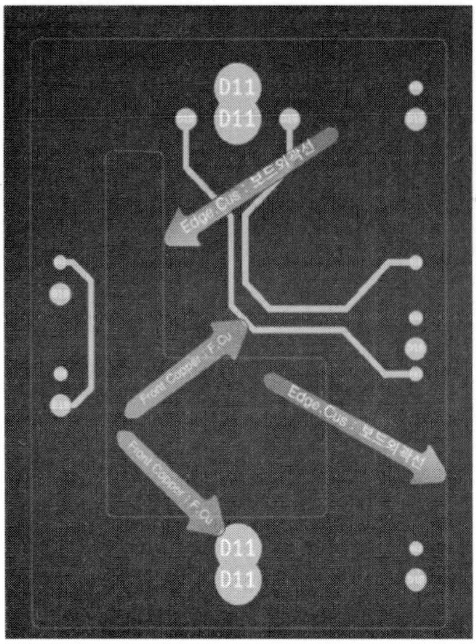

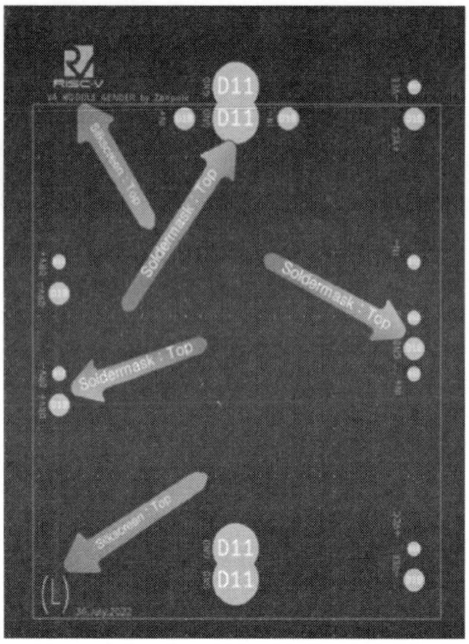

위의 좌측 그림은 보드의 외곽선과 앞면 동박을 나타내고 우측의 그림에서서는 솔더 마스크과 실크스크린의 내용을 나타낸다. 다음 그림의 좌측에는 Drill 파일과 후면 동박을 나타내고 우측에는 후면 솔더 마스크와 후면 실크스크린의 내용을 보여주고 있다.

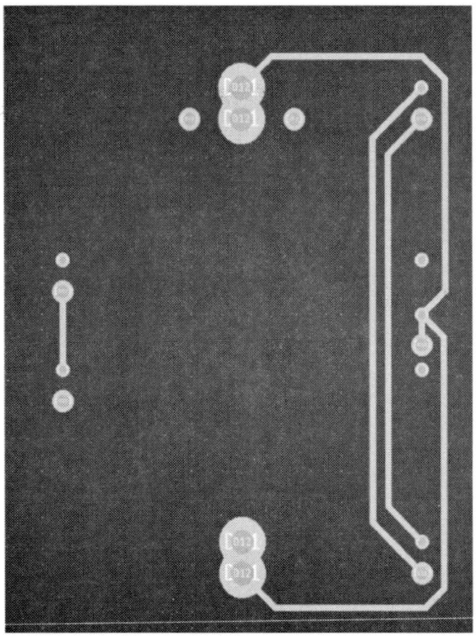

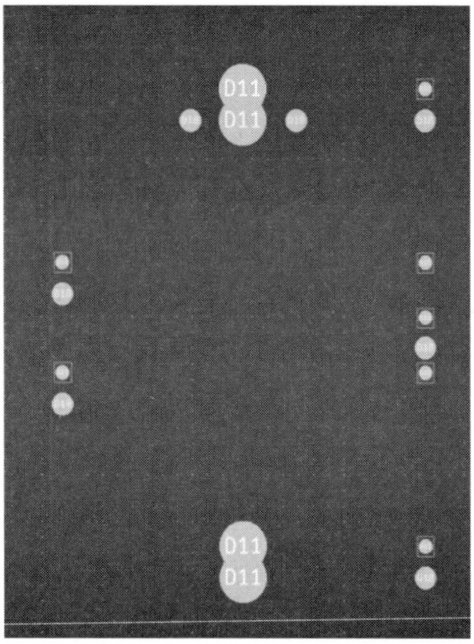

② PCB 제조 업체 "JLCPCB"를 통하여 제작된 CCS 젠더의 실제 운용 사진은 다음과 같다. 편의상 필자는 "RISC0V" 로고 대신에 개인 목적에 맞게 "DIYMANIA"라는 로고를 사용했다.

로타리(회전) 스위치 회로 구성 실습

각종 전자기기를 운용하는 경우 다양한 신호의 흐름을 선택해 주어야 하는데 이 경우에는 신호 경로를 변경하기 위한 스위치 회로를 이용한다. 이러한 스위치에는 전자식 방식과 기계식 방식의 두 가지 종류가 있으며 두 가지를 혼합한 방식을 사용하기도 한다. 로타리 스위치는 접촉 암이 있는 스핀들(로터) 혹은 캠 모양의 스포크로 구성되어 있다. 로터의 주변에는 원형으로 단자가 배치되어 있고 각각의 단자는 여러 개의 신호 중 하나를 로터에 연결할 수 있는 스포크의 접점 역할을 한다. 따라서 사용할 신호 회로의 수에 따라서 사용 접점 수에 맞는 제품을 선택해서 사용하면 된다. 이번 실습에서는 Grayhall사의 2pole 5position 로타리 스위치 "56SD36-01-Z-AJN"를 이용하여 5가지의 신호라인을 선택할 수 있는 스위치 회로를 만들고 이를 이용한 PCB 도면 설계까지 실습하기로 한다.

11.1 개념 정리

로타리 스위치는 원주 모양으로 배치된 접점 사이를 이동하는 전환 구조에 따라서 두 가지 종류로 구분된다. 비 단락(Non-Shorting)이라고 하는 BBM(Break Before Make) 방식과 단락(Shorting)이라고 불리는 MBB(Make Before Break) 방식이 있는데 두 가지 방식의 차이점은 다음 그림과 같이 공통 접점이 이전 접점에서 다음 접점으로 이동하는 경우 두 접점이 연결된 상태로 전환하는 방법과 두 접점에 모두 연결되지 않는 상태를 거쳐서 다음 접점으로 이동하는 차이점이 있다. 좌측의 그림과 같이 비 단락 스위치에서는 2,3번 접점의 어느 곳에도 연결되지 않는 상태가 발생하기 때문에 스위치 전환 중간에 잠깐 하이 임피던스(잡음) 상태가 나타난다. 우측의 스위치는 전환 시 2,3번 접점을 잠시 단락 상태를 거치기 때문에 잠간 전위 상태가 다르게 나타나는 경우가 발생하기도 한다.

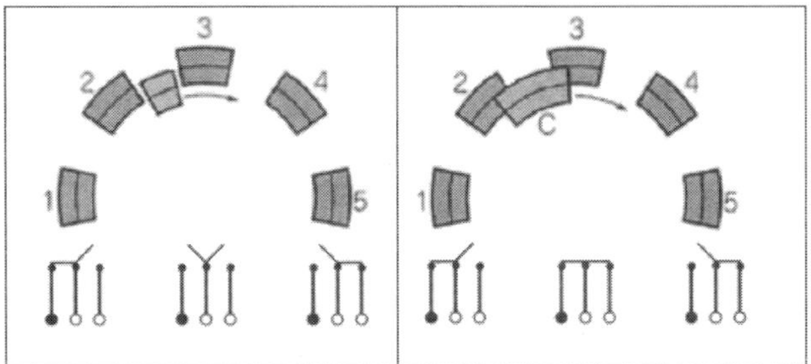

BBM(Break Before Make) MBB(Make Before Break)

트랜스에서는 2차 전압의 선택을 위하여 단락 스위치를 사용하는 경우는 순간적으로 2차 권선에 단락이 발생하여 스위치가 타거나 퓨즈가 끊어지는 등의 상황이 발생할 수도 있으며 OP 앰프와 같은 증폭회로에서는 게인을 조정하는 스위치에 비 단락 방식을 사용하게 되면 순간적으로 피드백 저항에 하이 임피던스가 인가되어 잡음이 발생하기도 한다. 따라서 로타리 스위치의 용도에 따라서 단락형과 비 단락형 스위치를 바르게 선택해서 사용하는 것이 중요하다.

11.2 로타리 스위치 회로

① **프로젝트 만들기 :** 새로운 프로젝트를 작성하기 위해서 KiCad 초기화면의 File 메뉴에서 New Project를 선택하고 두 번째 프로젝트 이름으로 "Tutorial_02"를 "C:\KiCad_TU" 폴더에 저장하면 다음과 같이 프로젝트 목록에 "Tutorial_02.kicad.sch","Tutorial_02.kicad. pcb"와 같은 기본 파일이 자동적으로 생성이 된다.

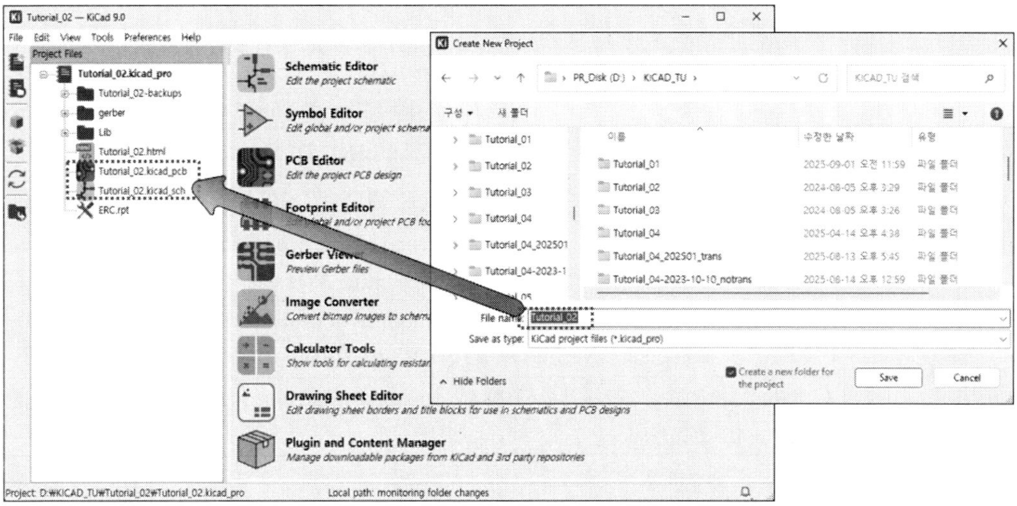

프로젝트 만들기로 자동 생성된 “Tutorial_02.kicad.sch” 파일은 우측에 위치한 아이콘 “”를 선택하여 편집 창을 열고 우선적으로 우측하단에 위치한 도면의 페이지 설정 부분을 마우스로 더블 클릭하여 날자와 타이틀 정도만 입력하는 것으로 하자.

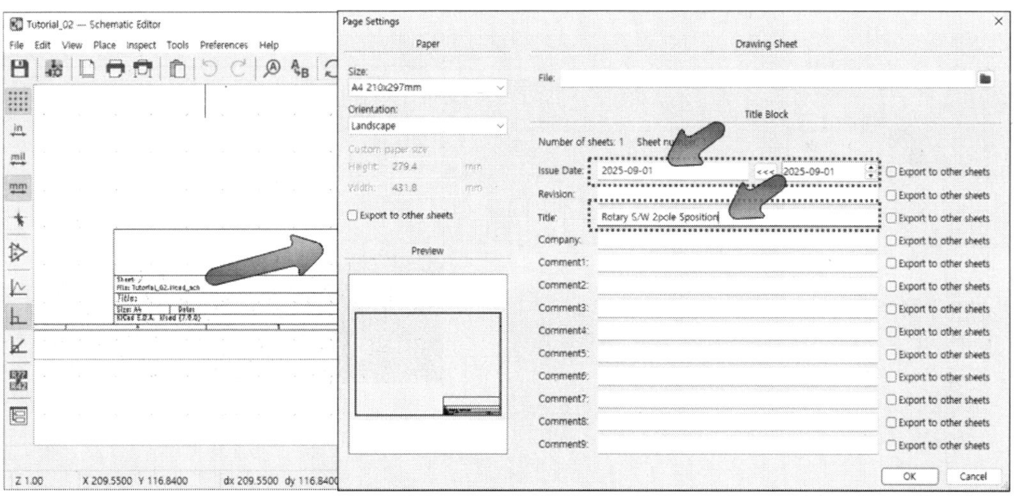

② **부품 불러오기와 배치 :** 실습에 사용할 부품과 부품에 대응하는 Footprint의 목록은 아래 표와 같다.

부품 이름	부품 값	수량	Footprint
Resistor	1k/0.25w	5	Resistor_THT:R_Axial_DIN0309_L9.0mm_D3.2mm_P12.70mm_Horizontal
LED	THT_LED_D3.0mm	5	LED_THT:LED_D3.0mm
Capacitor	47uF/16V	1	Capacitor_THT:CP_Radial_D5.0mm_P2.50mm
Connector	Conn_01x02	2	Connector_Molex:Molex_SPOX_5267-02A_1×02_P2.50mm_Vertical
	Conn__01x07	1	Mpre_module_footprint:Molex_SPOX_5267-07A_1×07_P2.50mm_Vert_KHH
Rotary Switch	Grayhall 56SD36-01-Z-AJN	1	Mpre_module_footprint:Rotary_SW_2pole_5pos_KHH

Schematic 편집화면의 우측에 위치한 심볼 추가하기 아이콘 “ ”을 선택한 후 라이브러리 목록에서 필요한 부품을 불러와서 작업도면의 원하는 위치에 배치를 한다. 첫 번째 저항은 일반 저항으로 Filter칸에 “R”이라고 입력한 후 다음과 같이 저항을 선택하여 도면에 배치를 한다.

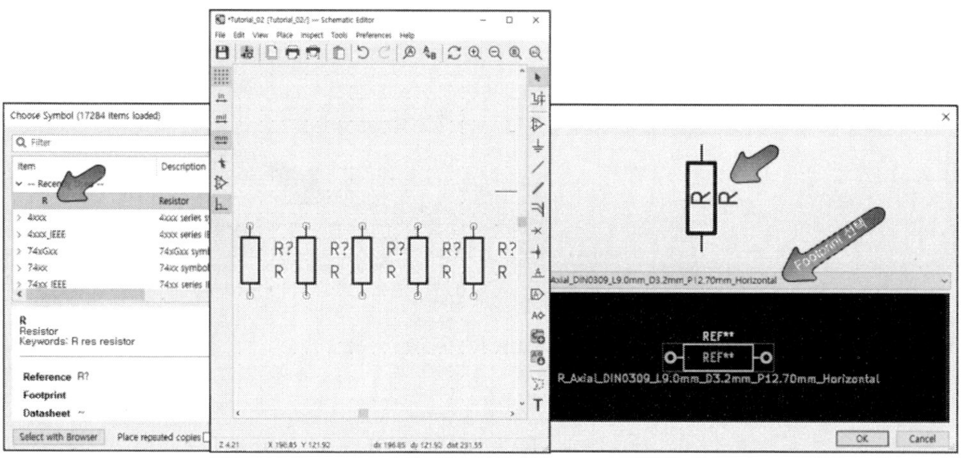

저항 값은 1k로 변경하기 위해서 해당 저항을 마우스 더블 클릭으로 속성 창을 열고 값을 변경하는 칸에 “1K”를 입력 한다. 그리고 단축 키 “Ctrl+D”를 이용하여 5개까지 복사를 하여 배치를 완료한다. 동일한 방법으로 캐패시터, LED 그리고 커넥터에 해당하는 심볼을 불러와서 도면의 원하는 위치에 배치를 한다. 회로구성에 사용된 부품 목록에서 커넥터 “01×07”의 Footprint는 필자의 요구에 따라서 부분

적인 변경을 했으나 기본적으로 제공되고 있는 "Molex_SPOX_5267-07A_1×07_P2.50mm_Vertical"을 그대로 사용해도 된다.

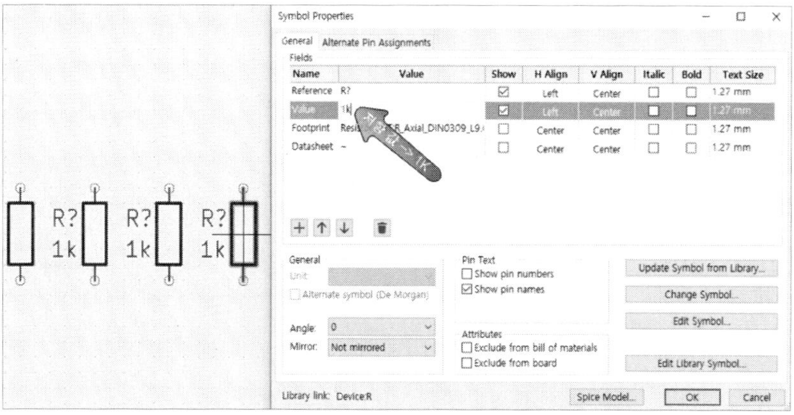

③ **신규 부품 심볼 작성:** 로타리 스위치에 대한 심볼은 기본 라이브러리에서 제공되지 않기 때문에 다음과 같이 심볼 추가 작업을 이용하여 새롭게 만들어 주어야 한다. 새롭게 작성된 심볼은 모든 프로젝트에서 공통적으로 사용할 수 있도록 전역 심볼로 등록하는 방법과 해당 프로젝트에서만 사용하도록 지역 심볼로 등록하는 방법이 있는데 여기서는 지역 심볼로 사용하는 것으로 "KiCad_SW_ 2p5p" 라이브러리 폴더에 "SW_Rotary2×5"로 등록한다.

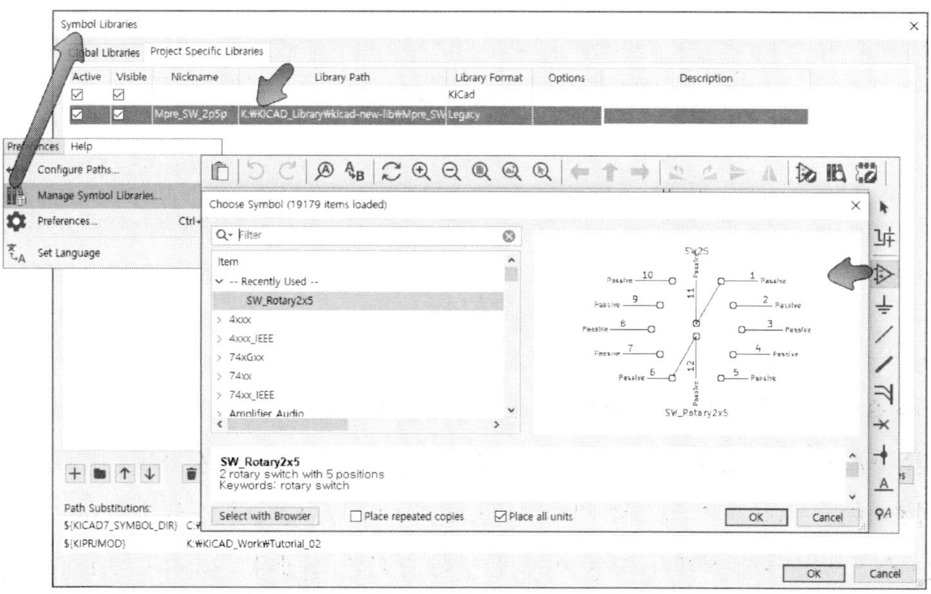

5 position 접점의 이동은 “1-6번, 2-7번, 3-8번, 4-9번, 5-10번”의 순서로 전환되면서 선택 신호라인에 연결된 장치에 필요한 바이어스 전압을 출력하고 채널이 선택된 상태를 LED를 구동하여 표시하도록 회로를 구성 한다.

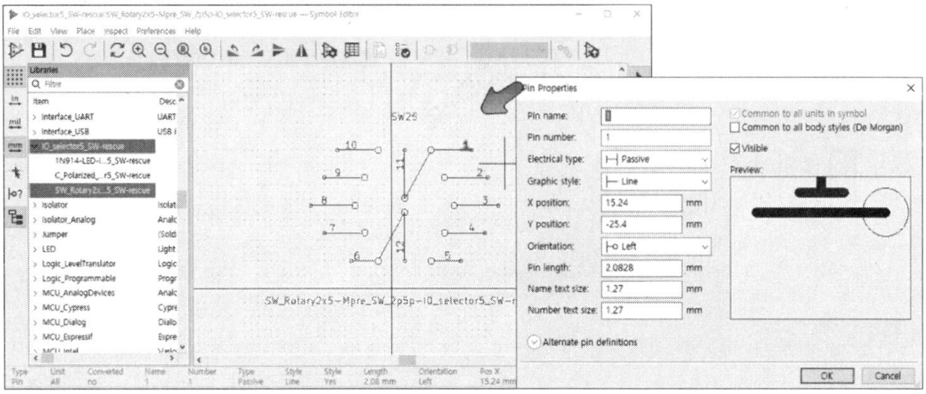

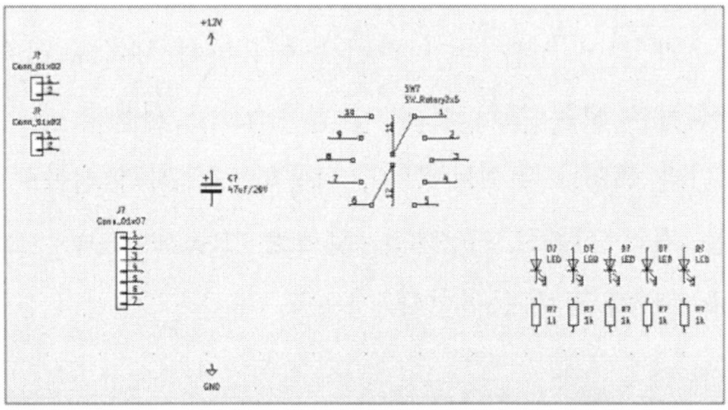

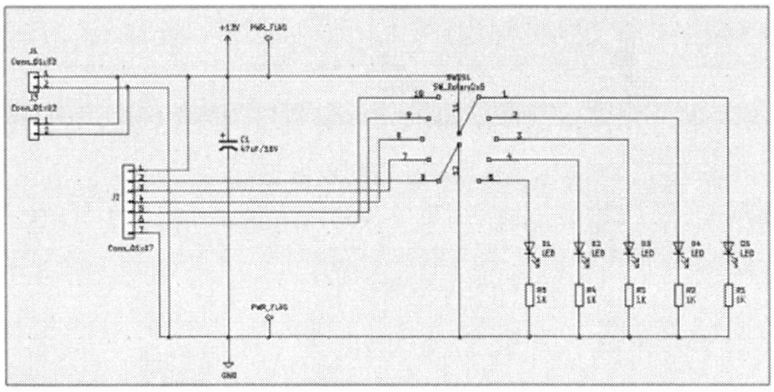

실습에 사용할 로타리 스위치는 비 단락형 BBM 형식으로 2pole , 5position를 갖는 구조이다. 새로운 심볼은 “Switch” 라이브러리 묶음 중에 “SW_Rotary12”를 참조하여 수정하는 방식으로 작업하도록 한다. 2pole 방식의 스위치는 서로 마주보는 스위치가 단락 상태가 되면 이때 11번에 인가된 전압이 대척점의 핀으로 전달되

는 방식이다. 회로상의 +12V와 GND의 전원 라인은 나중에 ERC 검사 오류 회피를 위하여 "PWR_ FLAG"를 연결해 두도록 한다.

④ **Annotation과 ERC 검사 :** 모든 회로 작성을 마쳤으면 파일을 저장하고 "Tool" 메뉴의 "Annotate Schematic"로 전체 부품에 대한 고유번호 주석 작업을 진행한다.

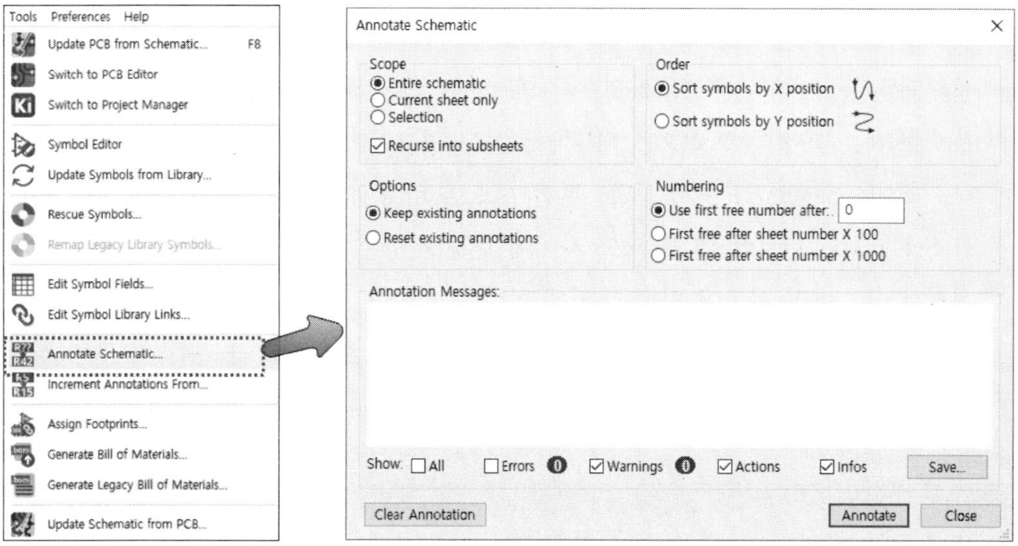

오류가 없으면 "Inspect" 메뉴의 전기 규칙오류 검사(Electrical Rule Check)를 실행하여 회로의 전기 규칙에 오류가 없는지를 검사한다.

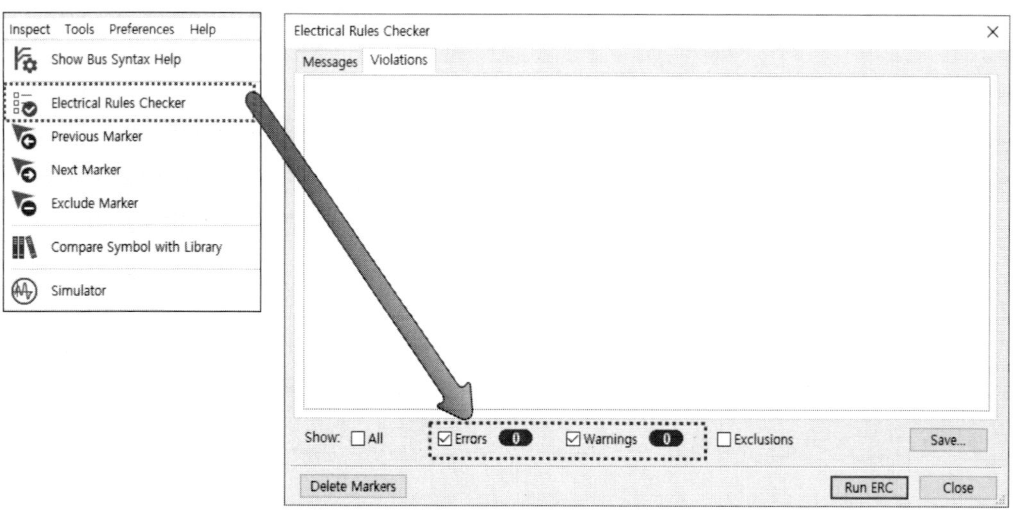

이제 Schematic 도면 작성 및 오류 검사의 결과는 파일(*.rpt)로 저장할 수도 있고 열린 창에서 결과를 확인할 수도 있다. 오류 없이 모든 과정을 마쳤으면 회로의 심볼에 대한 Footprint를 지정하는 작업을 진행해야 한다.

⑤ **Footprint의 할당 :** 이번에는 실습 부품 목록을 참조하면서 Footprint 라이브러리에서 회로에서 사용될 Footprint를 찾아서 할당한다. 이때 부품의 3D 모델을 확인하면서 작업을 하면 PCB 완성 이후의 결과를 예측할 수 있기 때문에 결과물에 대한 신뢰도를 높일 수 있다. KiCad6 이후의 버전부터는 Schematic 도면에 대한 Netlist를 생성하는 과정이 프로그램 내부에서 자동 처리되어 사용자의 편의성이 개선되었다. 따라서 Schematic에서 PCB 편집 모드로 바로 전환이 가능해 졌을 뿐만 아니라 Schematic 회로와 PCB 보드 사이에 변경 사항은 상호 교차 탐조가 가능해져서 실시간으로 변경 사항이 양쪽 도면에 곧바로 갱신이 될 수 있게 되었다. 지금 작업한 회로의 심볼들에 대하여 일괄적으로 Footprint를 할당하려면 편집 창 우측 상단의 " "아이콘이나 "Tool" 메뉴에서 "Assign Footprints"를 선택한다.

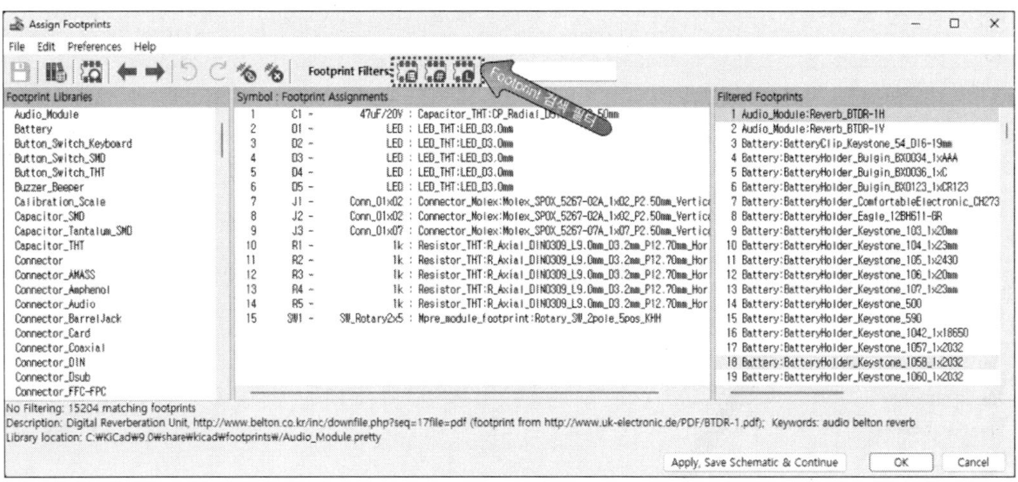

검색 필터는 3가지 모드의 토글 선택이 가능하다. 일반적인 Footprint의 할당 목록에서 검색 찾기는 1, 2번을 이용하고, 목록에 기본값의 내용이 없는 경우에는 3번을 선택하여 직접 라이브러리 목록에서 찾아서 할당하는 방법이 있다. 이번 실습에서 로타리 스위치를 제외한 나머지 부품은 1, 2번 필터를 이용하여 선택한다.

1. : 심볼에 정의 된 값으로 검색
2. : 심볼의 핀 수에 의한 검색
3. : 라이브러리 목록에서 검색

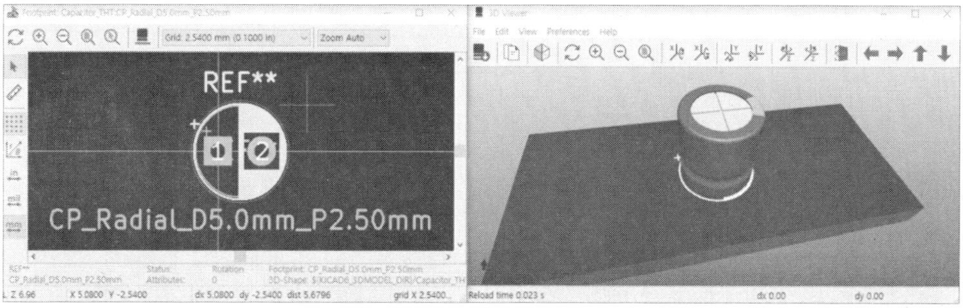

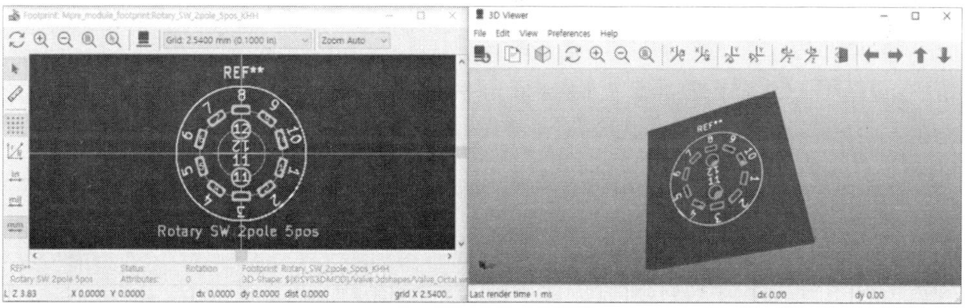

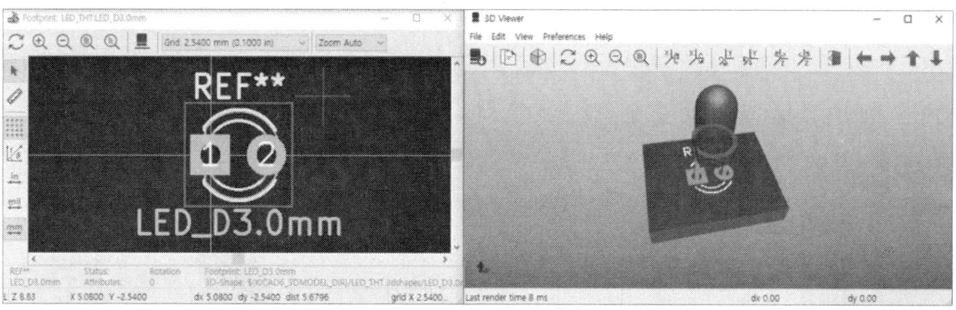

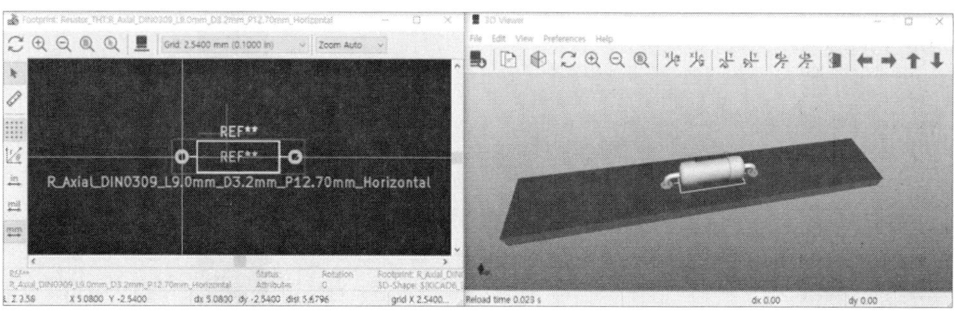

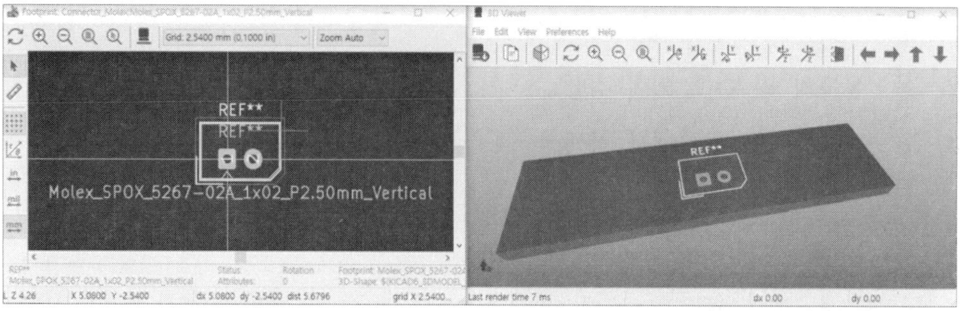

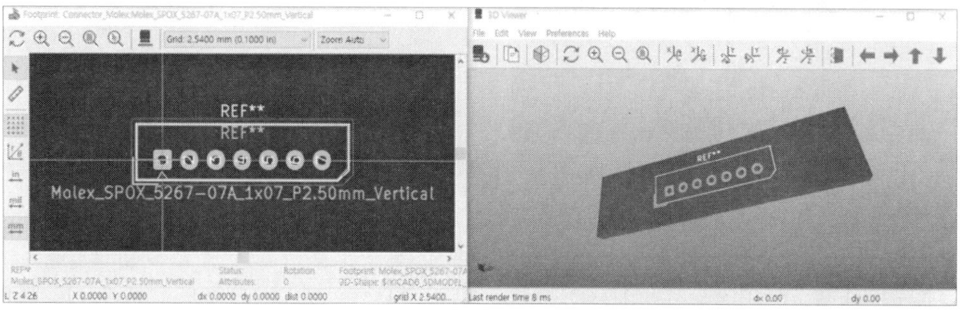

마지막 로타리 스위치는 기본적으로 제공되는 라이브러리 아니기 때문에 제조사에서 제공되는 데이터 시트를 참조하여 다음의 과정을 거쳐서 신규 라이브러리로 만들어서 지역 라이브러리로 등록을 해서 사용하도록 한다.

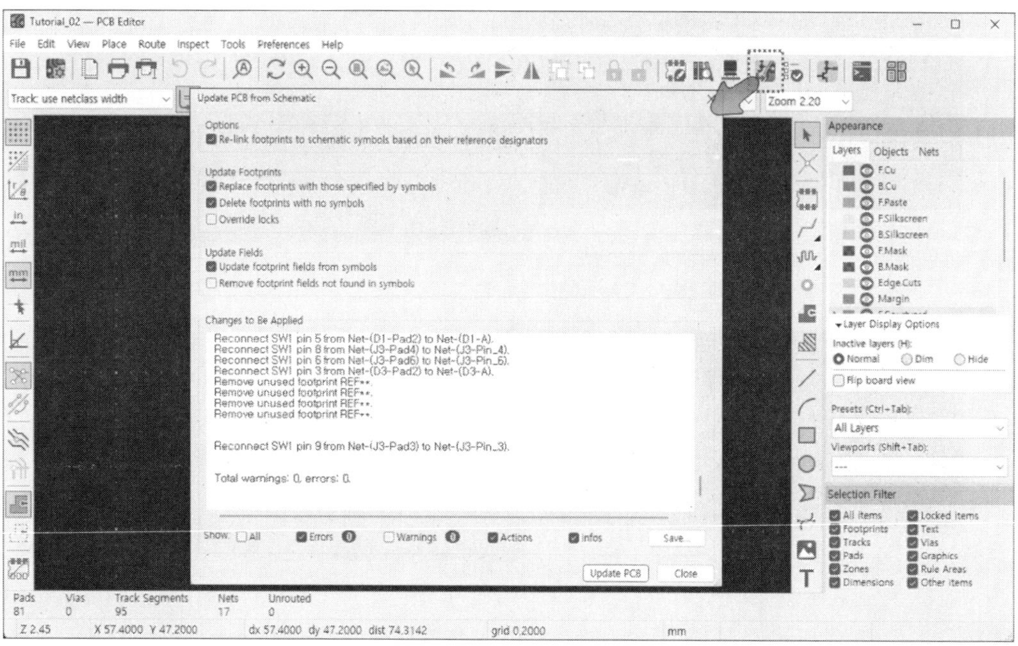

PCB 보드 상태로 전환하기 위해서 " "아이콘을 선택해서 PCB 보드 편집 창을 불러오거나 "Tool" 메뉴에서 "Switch to PCB Editor"를 이용해서 PCB 보드의 편집모드로 들어간다. 이때는 Schematic의 회로도가 전달되지 않은 상태기 때문에 "Tool" 메뉴에서 "Update PCB from Schematic"를 실행하면 Schematic 회로도의 심볼들에 대하여 개별적으로 Footprint를 할당하는 과정을 진행하게 된다. 그러나 이러한 방법은 매우 번거롭기 때문에 중간에 몇몇 심볼에 대한 Footprint를 정정하는 경우가 아니라면 앞서 설명한 일괄 할당 방법을 사용하도록 한다.

⑥ **신규 Footprint의 작성 :** 새로운 Footprint는 Grayhill사의 데이터 시트를 참조하여 새롭게 작성한 다음 신규 라이브러리로 등록하도록 하자. 제공된 데이터 시트에서 참조해야 할 사항으로는 1~10번 핀의 솔더링 러그에 대한 PCB 보드상의 패드와 홀의 크기 규격, 11,12번 공통 핀의 지름과 간격, 1~10핀 패드의 원의 중심에서의 패드 위치까지의 거리 그리고 각각의 패드에 대한 원형 접점 간의 각도(36도) 값에 대한 것이다. 새로운 Footprint를 편집기에서 직접 그려서 작업을 하는 경우와 Footprint 마법사를 이용하여 기존에 제공되는 다양한 프레임을 이용하는 방법이 있다. 후자는 조금 더 복잡하고 고급 Footprint를 작성하는 경우에 사용하고 전자는 비교적 간단하거나 제조사에서 제공하는 데이터를 이용하여 작업하는 경우에 사용한다. 이번 실습에서는 첫 번째 방법으로 작업을 하도록 하자.

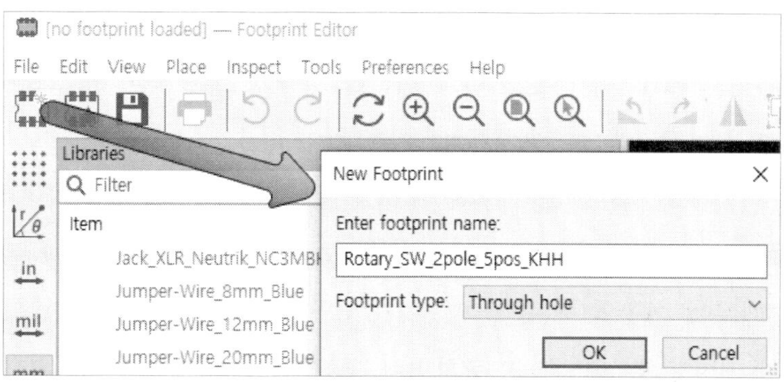

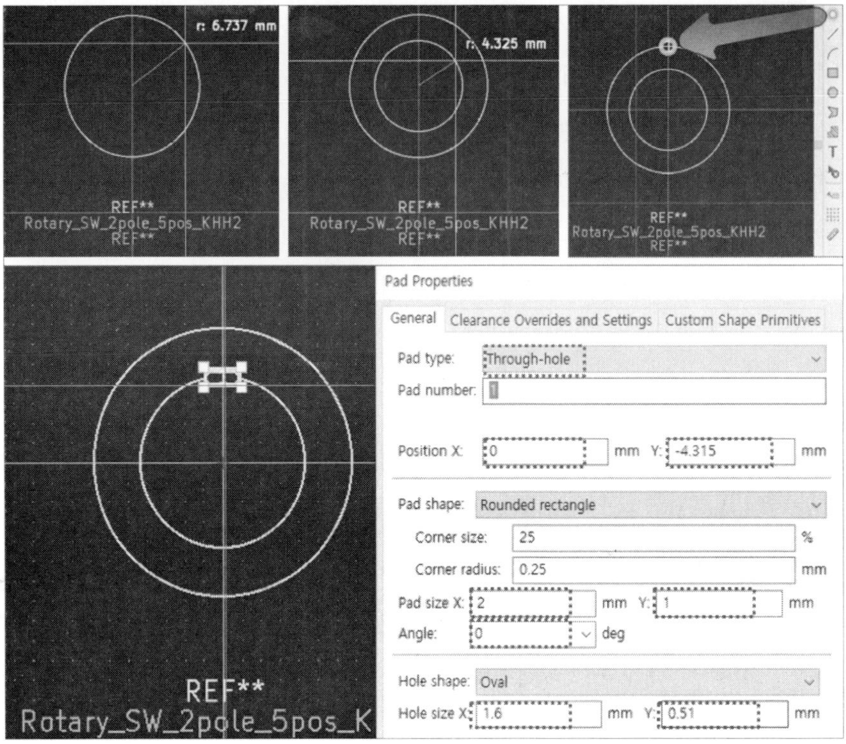

새로운 Footprint 이름은 "Rotary_SW_2pole_5pos_KHH"로 한 후 편집화면 우측의 원 그리기 아이콘을 이용하여 데이터 시트의 10개 패드가 놓이게 되는 직경의 1/2값을 반지름으로 하는 작은 원(r = 4.315mm)과 원형 패드를 포함하는 큰 원(r = 6.737)을 그린다. 다음에는 반지름 r = 4.315 위에 놓이게 될 패드를 36도 각도의 간격으로 배치를 하면 된다. 추가되는 패드의 기본은 원형으로 되어 있기 때문에 모서리가 둥근 사각형 패드로 변경하고 내부 홀의 크기도 데이터 시트를 참고하여 다음과 같이 설정한다. 원의 궤적 위에 놓이게 되는 패드의 위치는 위의 그림과 같이 x, y값을 계산하면 된다. 원점은 원의 중심으로 하고 시작 점은 가운데 맨 위쪽 패드를 했기 때문에 이곳의 좌표 값이 x = 0, y = −4.315(반지름)가 된다. 이점을 기준으로 반시계 방향으로 36도씩 이동하면서 좌표 값을 계산하고 패드의 방향각을 설정하면 된다.

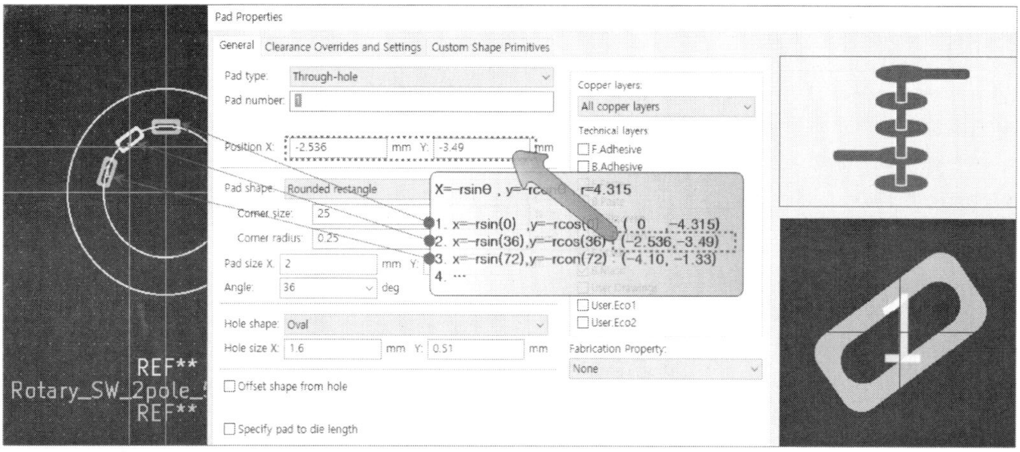

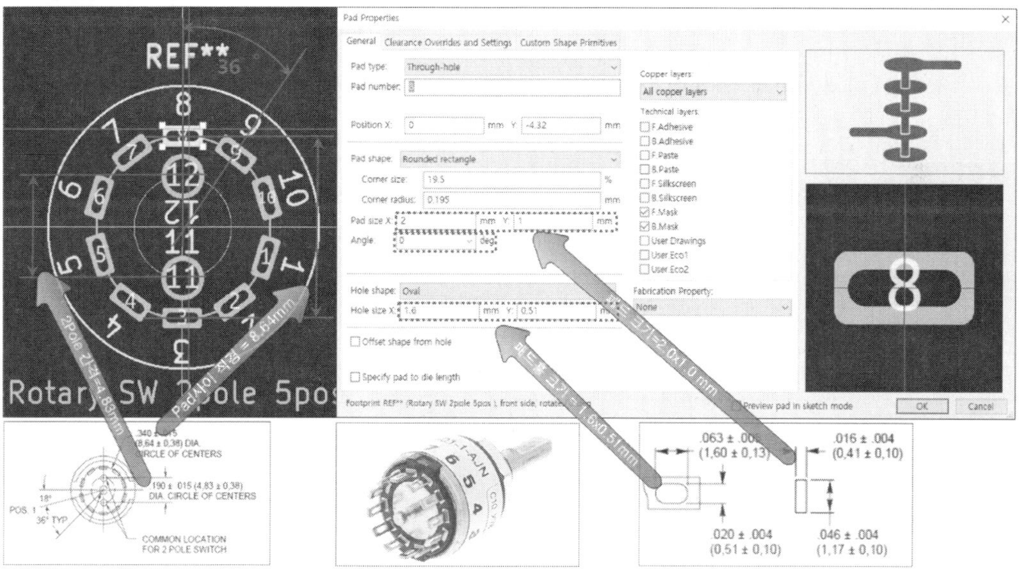

⑦ **BOM 파일의 작성 :** Schematic 편집 화면의 "Tool" 메뉴에서 두 가지 BOM 파일 메뉴가 있는데 기존 방식을 따르는 "Generate Legacy BOM"을 선택하여 나타난 창에서 부품 명세서를 작성하기 위한 BOM(Bill of Material) 파일의 파이썬 스크립트 파일 중에서 출력하기 원하는 부품에 대한 명세의 형식을 담고 있는 것을 선택한 다음 "Generate" 버튼을 누르면 지정된 경로에 파일이 만들어 진다. 이번 실습에서는 기본 값으로 설정된 스크립트를 그대로 적용하는 것으로 한다.

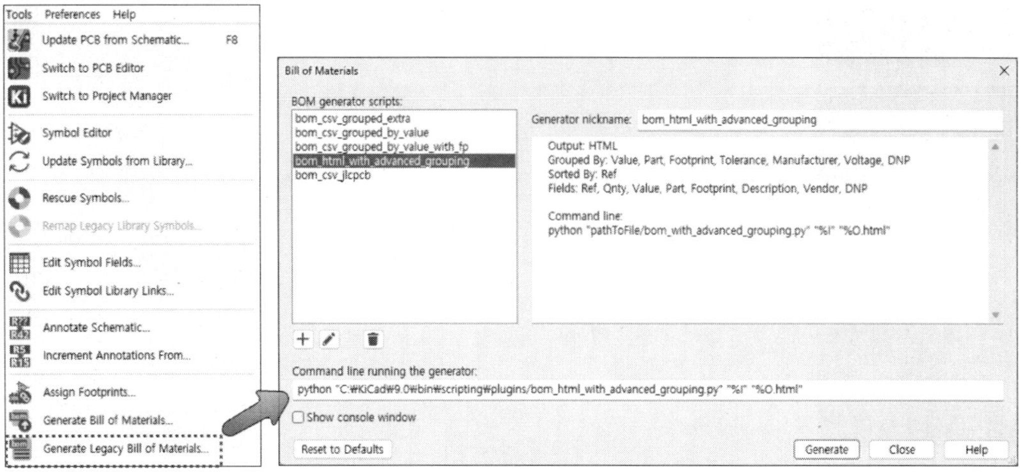

위의 그림과 같이 선택한 스크립트로 BOM을 작성한 파일을 브라우저로 열었을 때 부품의 참조, 수량, 부품값, 부품이름, Footprint, 설명, 제조사의 내용을 웹 형식으로 출력된 결과를 확인할 수 있다.

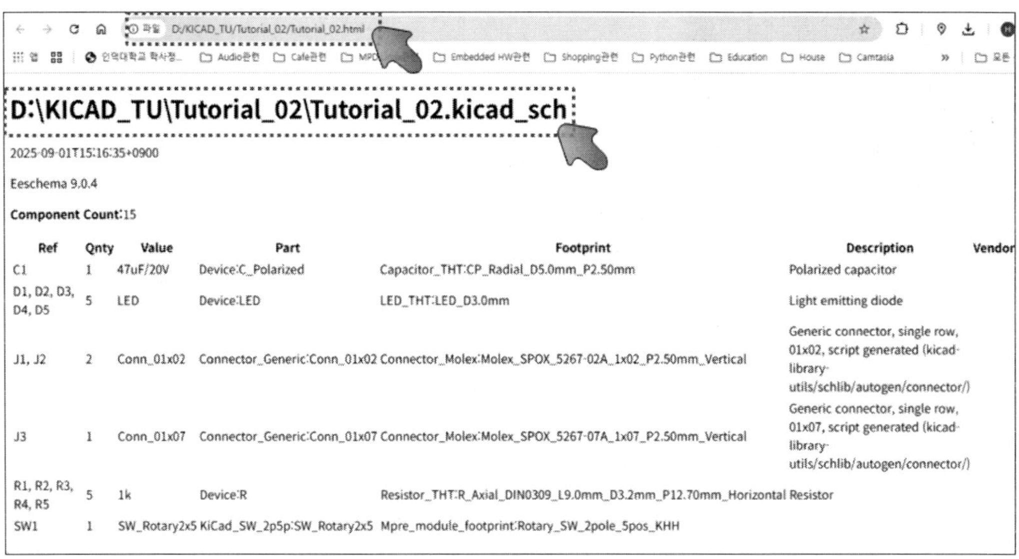

11.3 PCB 보드의 설계

① **작업 레이어 설정:** PCB 보드의 레이어 설정은 2층 기판을 기준으로 할 때 윗면과 아래 면의 동박 레이어 "F.Cu, B.Cu"는 기본 값으로 선택해 준다. 두 번째로 솔더 마스크도 위/아래 모두 선택하고, 세 번째 부품의 그래픽과 텍스트 표기를 위하여 위/아래에 모두 실크스크린 레이어를 선택한다. 나머지 레이어는 필요에 따라 선택하면 된다.

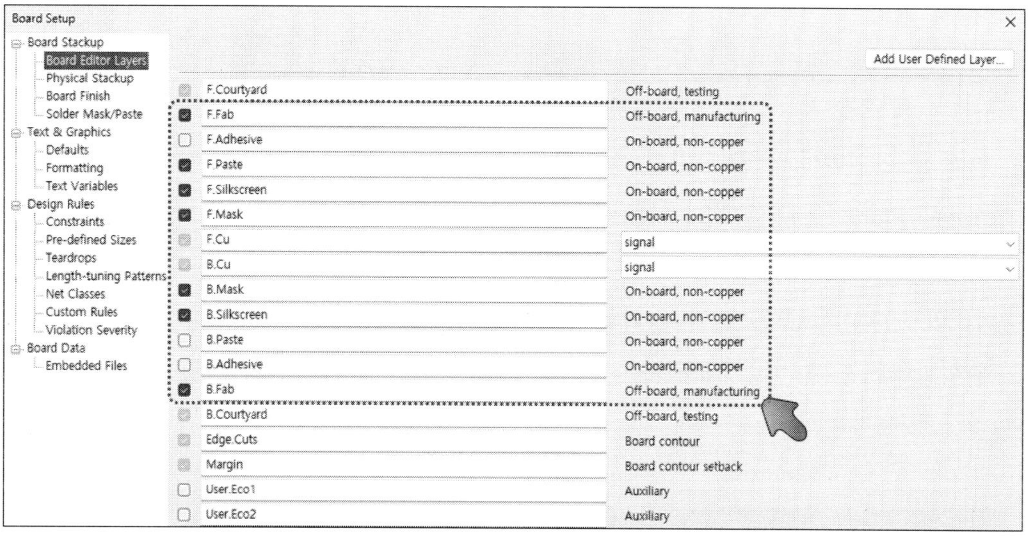

② **측정 단위 및 그리드 설정:** 측정 단위는 "mm"으로 하고 배선 폭, 비아 크기는 아래와 같이 추가하고 그 밖에 네트에 대한 기본 설정 값은 그대로 따르는 것으로 한다. 배선 작업 시 다양한 그리드 설정을 해두면 일정 간격의 규칙을 가지고 배선 시 그리드 점 위로 이동하는 것이 편리하다. 그리드에 대한 설정은 화면 중앙 상단에 펼침 메뉴 형태가 제공되고 있는데 기본 값으로 제공되는 값을 사용해도 되고 추가적인 설정이 필요한 경우에는 하단의 "Edit User Grid"를 선택하여 추가하면 된다. 이번 실습에서는 기본으로 제공되는 그리드 목록에서 제공되는 값을 선택적으로 이용하도록 한다.

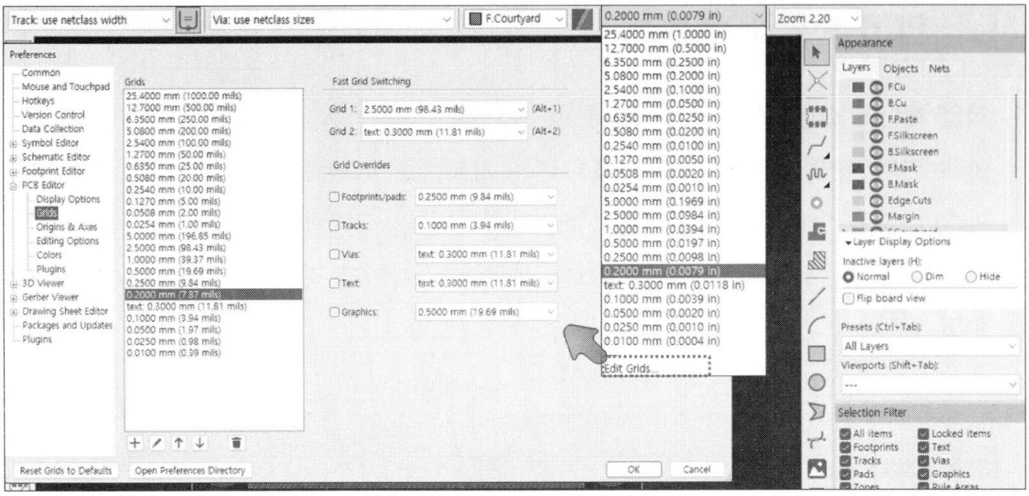

③ **PCB 보드 외곽선 설정 :** 로타리 스위치의 크기는 59×54mm로 설정하기로 하고 우선 Appearance 창에서 보드 외곽선을 그리기 위해서 "Edge.Cuts" 레이어를 선택한 다음 편집창의 좌측에 위치한 "□"아이콘을 선택한 다음 작업도면 위에서 사각형의 외곽선을 그린다. 일단 정확한 좌표 값을 의식하지 말고 일정 크기로 외곽선을 완성한 다음 나중에 시작점과 끝점 좌표 값을 입력하여 정확한 위치 보정을 하는 것으로 하자.

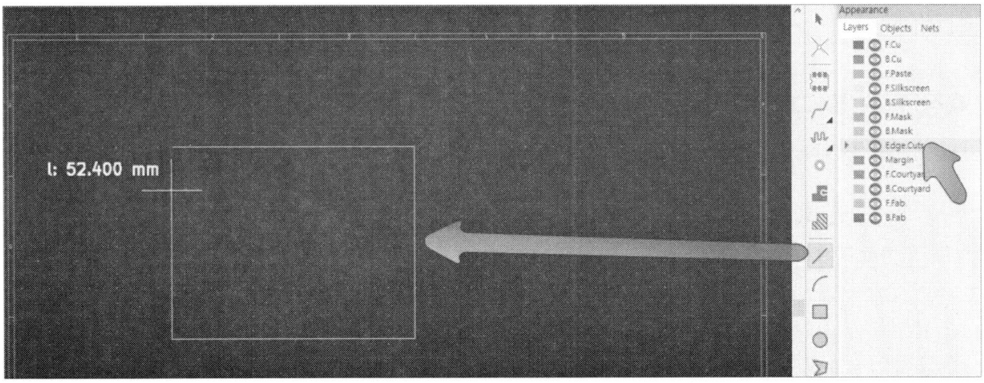

사각 형의 각 변을 마우스로 더블 클릭하면 선의 속성 창이 열리는 데 이곳에 정확한 좌표 값을 입력한다. 좌표는 좌측 상단을 "(50,50)"로, 우측 상단을 "(109, 50)", 우측 하단을 "(109,104)" 그리고 좌측 하단을 "(50,104)"로 보정을 하면 정확한 크기의 보드 외곽선이 완성된다.

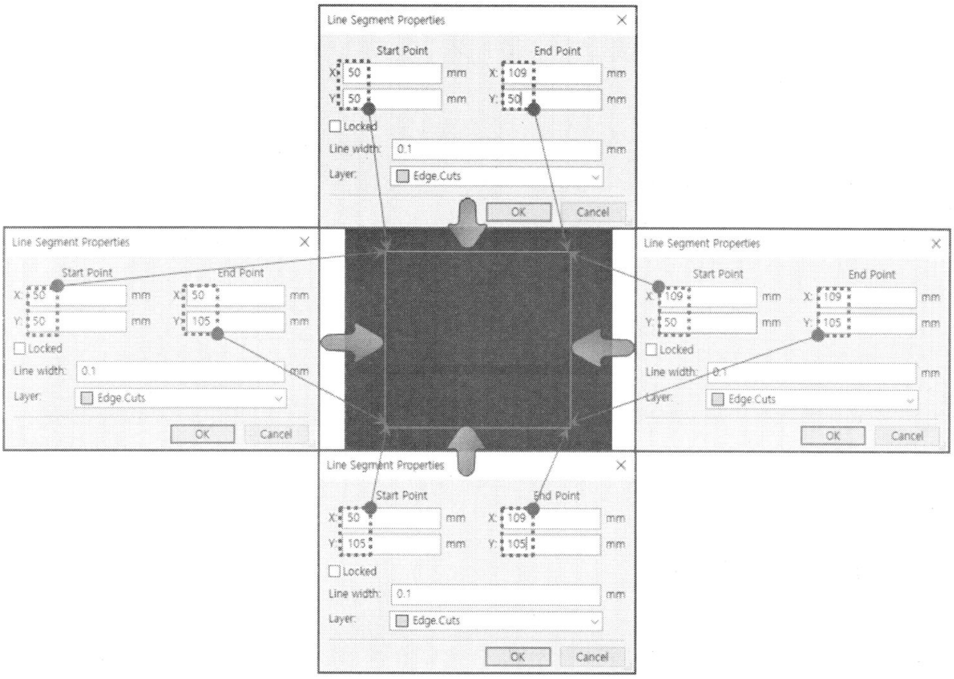

④ 보드의 외곽선이 완성되었으면 부품을 네트가 그물 형태로 부품을 연결하고 있는 Ratnest를 끌어와서 보드의 인접 위치로 이동시킨 다음 로타리 스위치에서 사용할 기구의 위치의 좌표 값을 부품의 속성 창을 열어서 입력해 준다. 첫 번째 로타리 스위치의 1번 핀의 위치를 좌측으로 배치하기 위해서 위상을 180도로 회전하고 좌표 점은 "(93,82)"의 위치로 설정한다. 좌표 점의 위치를 정확하게 맞추어야 하는 부품은 기구 외부에 노출되는 로타리 스위치의 중심 좌표와 5개 LED의 좌표 값으로 보드의 "F.Cu" 레이어에 배치한다. 여기서 5개의 LED는 D1을 "(64,82)", D2를 "(65.8,71.3)", D3를 "(71.9,62.2)", D4를 "(81,56.1)", D5를 "(92,55)"의 좌표로 설정해서 배치한다.

나머지 부품의 위치는 후면 "B.Cu" 레이어에 고정된 부품과의 연계성에 따라 사용자의 임의로 배치를 완료하고 마지막 기구 고정용 "Mounting Hole" 패드의 위치는 기구물의 고정 좌표 위치에 맞추어서 "(54,54)", "(105,54)", "(105,101)", "(54,101)"의 위치에 배치하도록 하자.

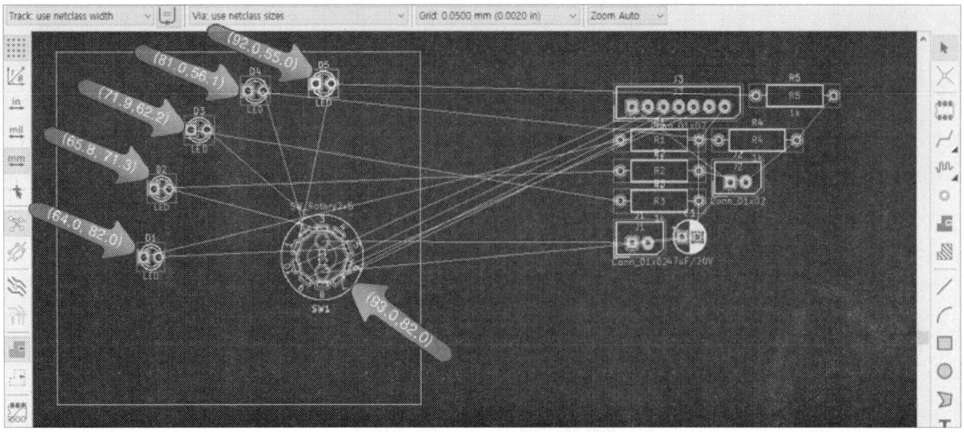

11.4 PCB 보드의 배선

① **배선 환경 설정 :** 배선에 필요한 설정은 PCB 보드 환경 설정 메뉴에서 배선 폭, 비아의 크기등 사용자의 요구사항은 사전에 등록해 두고 사용하거나 Net Class에서 기본 설정 값으로 제공하는 내용을 사용하면 된다.

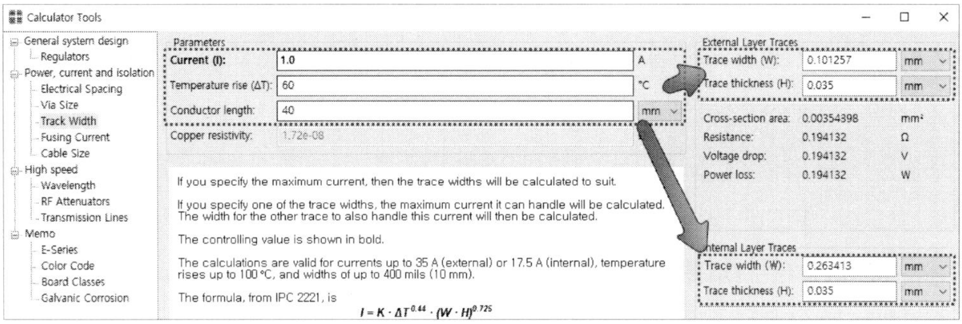

배선 폭에 대한 최소값 등에 대한 기준은 KiCad에서 제공하는 PCB Calculator 도구의 "Track Width" 메뉴를 선택한 다음 매개 변수 값으로 허용전류를 최대 1A로 하고 온도 상승값은 60도 그리고 도체의 길이를 최대 40밀리로 할 때 배선의 폭은 "0.101257mm", 배선의 두께는 "0.035mm"로 기준 값이 나타난다. 물론 PCB 기판이 2레이어 이상인 경우 배선 층이 내부에 놓이게 되는 경우에는 기준 값이 "0.1mm"에서 "0.26mm"로 두 배 이상을 권고하고 있다. 이번 실습에서 사용하는

배선은 2레이어 PCB이고, 단순히 셀렉터 부분의 릴레이를 구동하는 목적의 신호를 사용하기 때문에 배선 폭은 "0.1mm" 이상으로 설정하고 사용하는 것으로 한다. 최종 배선 폭의 형태와 보드의 패드와 배선의 솔더링 착화등을 위해서 배선의 폭은 다양하게 "0.3, 0.4, 0.5, 0.65, 0.8, 1.0"로 목록에 등록을 하고 비아의 크기도 기본 값을 사용하지만 예비 목적으로 4가지의 비아를 목록에 등록하는 것으로 하자.

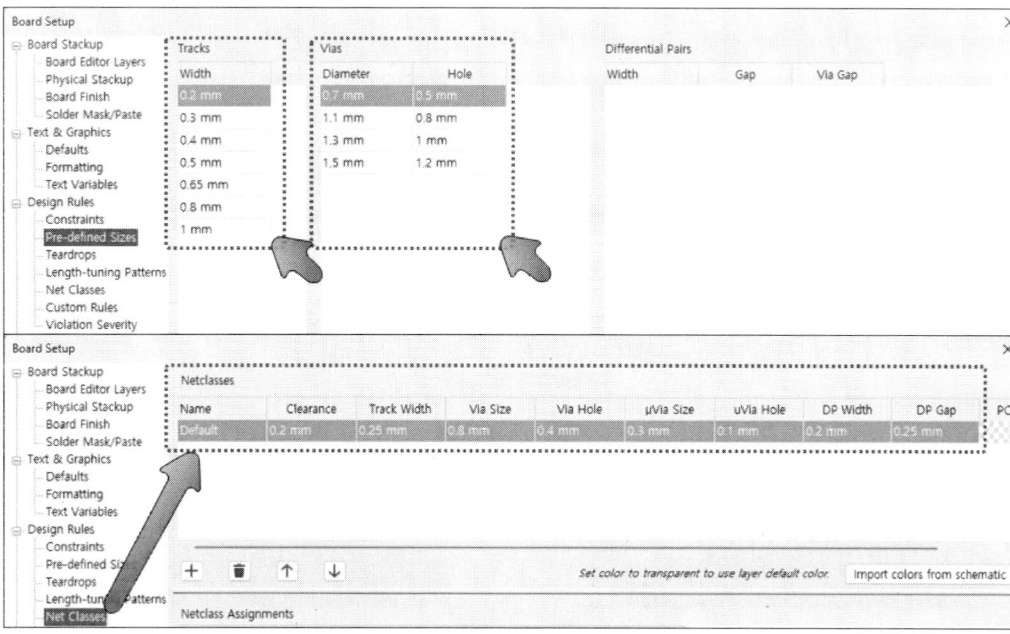

② **부품의 배선 :** LED 부분과 로타리 스위치는 기기 고정시 전면 패널에 위치하기 때문에 PCB 보드의 앞면에 배치를 하는 것으로 하였고, 나머지 저항과 콘덴서는 뒷면에 배치하도록 한다. 전원 배선은 "F.Cu" 레이어로 하고 접지부는 "B.Cu" 레이어로 한 다음 부품의 배선을 완료한다.

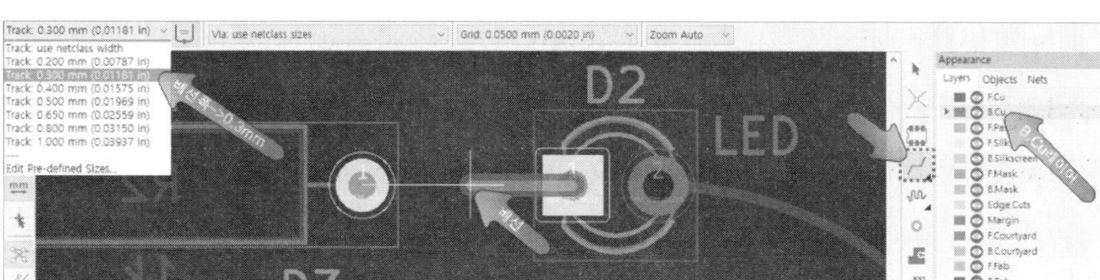

배선 중에 오른 쪽 마우스 버튼을 이용한 팝업 창에서 “Track Corner Mode”메뉴를 이용하거나 단축 키 “Ctrl+/”를 이용하면 배선의 형태(45도, 90도, 곡선)를 필요에 따라서 변경해 줄 수 있다.

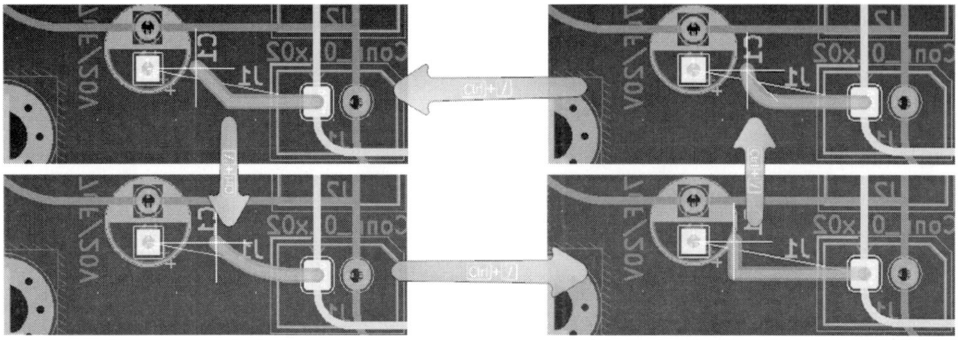

배선 중에 꺽임의 방향을 전환시킬 수도 있는데 이때는 단축 키 “/”를 이용한다. 이와 같은 방법을 이용해서 모서리를 곡선 형태로 배선을 완료하도록 한다.

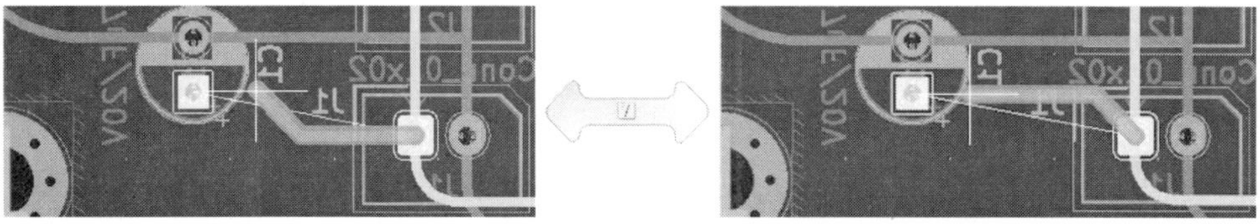

③ **동박 영역 추가 :** 이번 실습의 내용은 접지 영역을 추가할 필요는 없지만 실습목적으로 동박 영역을 추가하는 과정에 대해서도 실습 해보자.

접지 동박 영역 설정은 “B.Cu” 레이어로 설정하고 “ ” 아이콘를 선택한 후 원하는 영역을 그려주면 된다. 나중에 영역의 위치를 변경할 수 있기 때문에 처음에는 대략적인 위치를 잡아서 사각형 영역을 완성한다. 좌측의 동박 영역을 나타내는 빗금 위의 점들은 마우스 선택 끌기로 영역의 모양을 변경할 수 있다. 초기에는 동박 영역의 네트가 설정되어 있지 않기 때문에 팝업 창이 열리면 네트를 “GND”로 선택하고 패드의 연결은 “Thermal Relief”로 하고 나머지는 기본 값을 따른다.

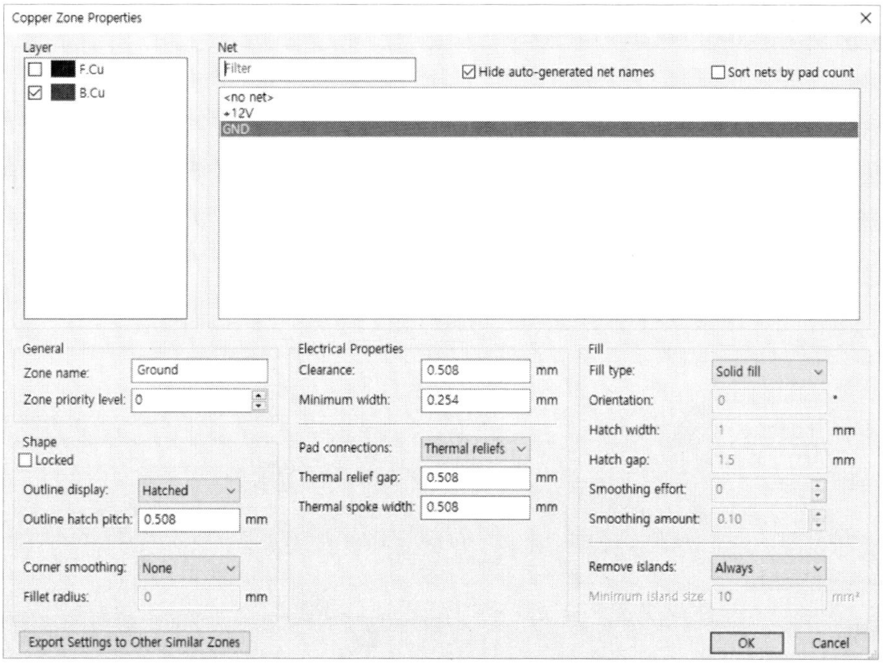
Copper Zone Properties
Layer
F.Cu
B.Cu
Net
Filter
Hide auto-generated net names
Sort nets by pad count
<no net>
+12V
GND
General
Zone name: Ground
Zone priority level: 0
Shape
Locked
Outline display: Hatched
Outline hatch pitch: 0.508 mm
Corner smoothing: None
Fillet radius: 0 mm
Electrical Properties
Clearance: 0.508 mm
Minimum width: 0.254 mm
Pad connections: Thermal reliefs
Thermal relief gap: 0.508 mm
Thermal spoke width: 0.508 mm
Fill
Fill type: Solid fill
Orientation: 0 °
Hatch width: 1 mm
Hatch gap: 1.5 mm
Smoothing effort: 0
Smoothing amount: 0.10
Remove islands: Always
Minimum island size: 10 mm²
Export Settings to Other Similar Zones
OK
Cancel

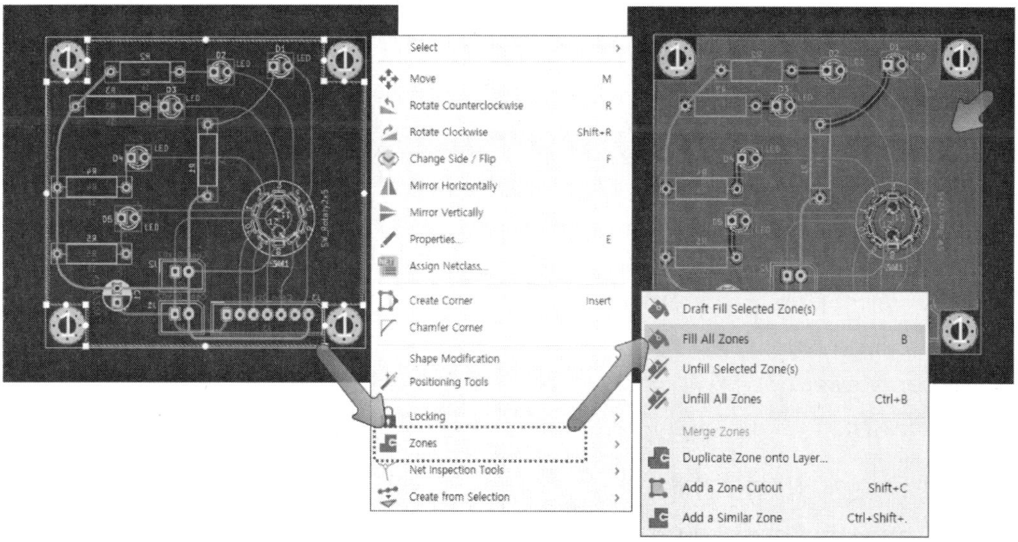
Select
Move M
Rotate Counterclockwise R
Rotate Clockwise Shift+R
Change Side / Flip F
Mirror Horizontally
Mirror Vertically
Properties... E
Assign Netclass...
Create Corner Insert
Chamfer Corner
Shape Modification
Positioning Tools
Locking
Zones
Net Inspection Tools
Create from Selection
Draft Fill Selected Zone(s)
Fill All Zones B
Unfill Selected Zone(s)
Unfill All Zones Ctrl+B
Merge Zones
Duplicate Zone onto Layer...
Add a Zone Cutout Shift+C
Add a Similar Zone Ctrl+Shift+.

11.5 PCB 거버 파일의 작성

① 파일 메뉴에서 “Fabrication Output”를 선택하면 옆으로 펼침 메뉴가 나타나는데 여기서 “Gerbers(*.gbr)”을 선택한 다음 파일 출력경로를 입력한다. 출력 대상이 되는 레이어와 일반 옵션과 거버 옵션은 모두 설정되어 있는 기본 값을 그대로 적용하는 것으로 한다.

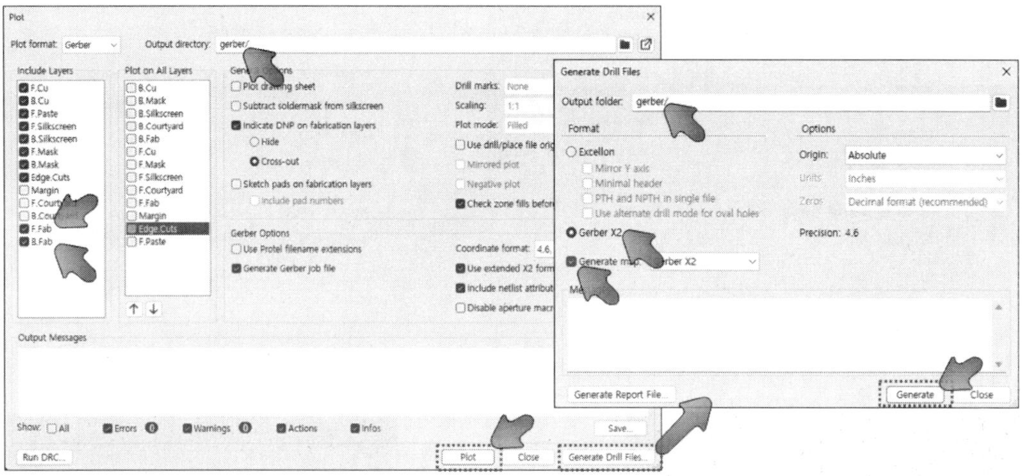

단 제조 과정 필요한 “F.Fab, B.Fab” 레이어는 체크를 하고 출력 “Plot” 버튼을 눌러서 파일을 생성한다. 거버 파일이 만들어 졌으면 우측하단의 “Generate Drill files”버튼을 눌러서 drill 파일도 동일한 폴더에 만들어 준다. 필요한 경우에는 “Map” 파일과 “Report” 파일도 동일한 폴더에 생성시키면 된다.

② **Gerber Viewer :** 지금까지 작업한 거버 파일은 대부분의 제조사에 제출할 때 압축 파일을 이용하는 경우에도 전체를 압축한 통합 파일을 읽어오는 기능이 있다. 따라서 방금 전에 작성한 거버 파일이 저장된 폴더의 모든 파일을 “Tutorial_02.zip”으로 압축한다. 압축한 파일을 불러오기를 한 다음 작성된 보드의 각종 레이어를 확인하도록 하자.

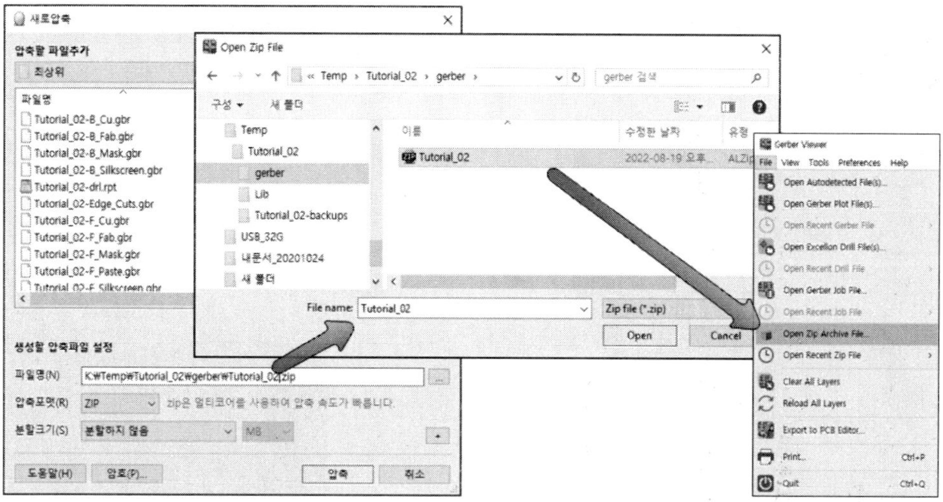

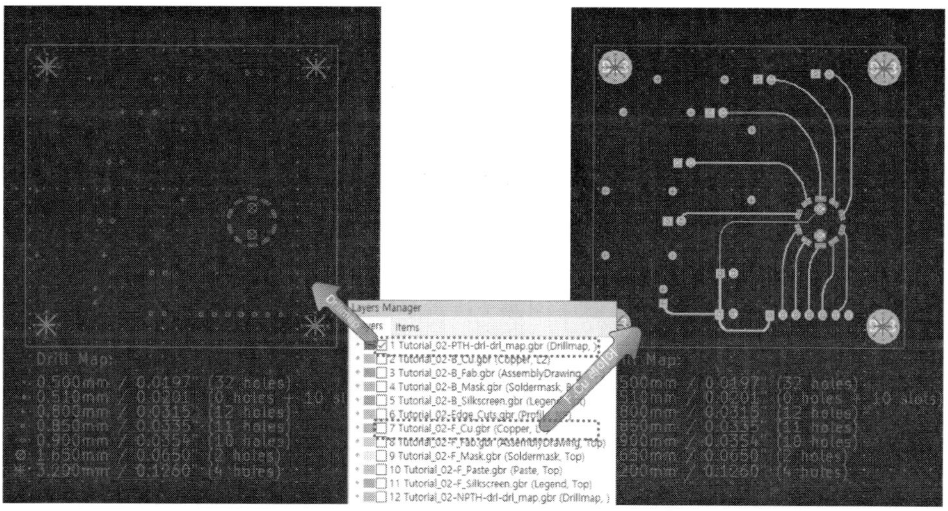

위의 그림에서 좌측은 드릴 정보를 보여주고 우측은 동박 배선과 패턴을 나타낸다.

다음 그림에서 좌측은 조립제작 과정의 "F.Fab"과 "B.Fab"의 그림과 "F.Silkscreen"과 "B.Silkscreen"의 옵션을 추가한 상태의 보드이고 우측의 그림은 뒷면의 접지에 대한 동박처리(B.Cu)가 된 결과를 나타낸다.

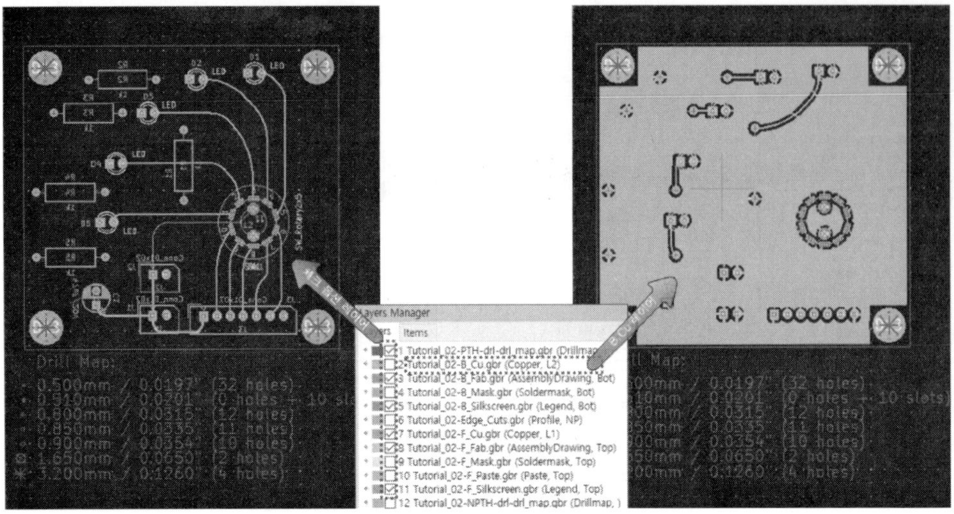

11.6 PCB 최종 제작 결과

① 로타리 스위치 회로의 경우와 같이 신호 경로의 릴레이 스위치를 선택하는 목적의 단순한 회로에서는 동박 영역을 둘 필요는 없으나 실전 연습이라는 목적에 따라 동박으로 PCB 보드에 배치해 보았다. 모든 부품의 배치, 배선 그리고 동박 영역의 설정의 작업을 거쳐서 최종적으로 완성된 PCB 보드는 아래와 같이 3D 모델로 확인 해보자.

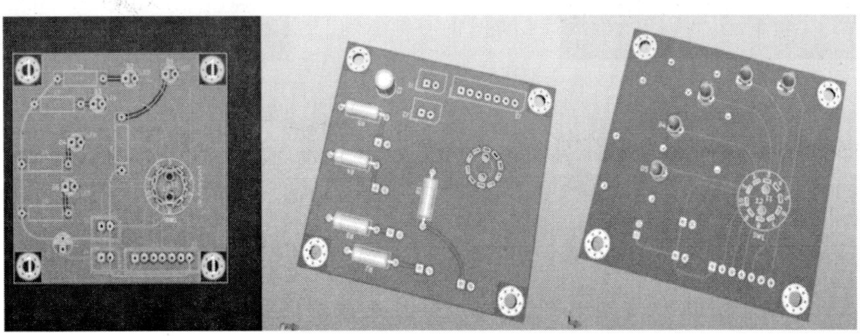

5채널-2입력 셀렉터 회로 설계

대부분의 음향기기를 설계하는 경우에는 여러 개의 입출력 신호 채널을 선택적으로 사용할 수 있는 셀렉터 회로를 기본으로 하고 있다. 이러한 다양한 신호 채널 중에서 원하는 채널을 선택하기 위해서는 수동 스위치를 이용하는 방법도 있지만 대부분의 음향기기에서는 전기 코일 감응식 릴레이 스위치를 이용하여 원하는 채널을 선택하는 보편화된 방식을 사용하고 있다. 이번 실습에서는 이전 실습에서 5채널 로타리 스위치의 설계 실습과 함께 연동이 되는 하드웨어로 두 개의 출력신호(밸런스1 ,언밸런스1)의 선택 스위치와 다섯 개의 입력신호(밸런스1, 언밸런스5)의 선택 스위치의 설계 방법에 대하여 실습 해보자. 릴레이를 이용한 기본 회로와 PCB 보드의 설계 방법 그리고 최종 결과물에서 사용된 일부 부품중 3D 모델이 지원되지 않는 부품을 공개 소프트웨어인 FreeCAD를 이용하여 구성하고 Footprint에 연동하는 실습까지 단계별로 학습해 보도록 한다.

12.1 개념 정리

이번 실습에 사용되는 릴레이 스위치는 DPDT 방식이다. 릴레이 스위치의 방식은 입력과 출력 단자의 결선 방식에 따라서 다음 그림과 같이 구분이 된다. SP는 Single Pole의 약자이고 DP는 Double Pole의 약자로 입력단의 개수를 의미하는데 3개 이상의 입력단 부터는 숫자로 3P,4P,..와 같은 방식으로 표현하고 있으며 출력단의 경우도

ST는 Single Through로 출력단이 1개이고 DT는 Double Through로 출력단이 2개임을 나타낸다. 출력단도 3개 이상부터는 3T,4T,..와 같은 방식으로 표현한다.

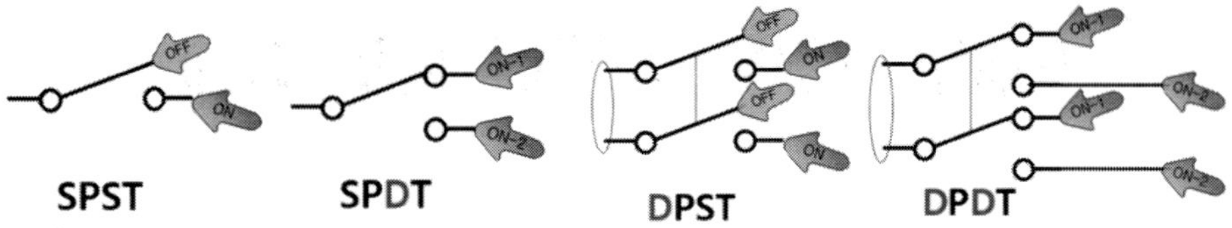

첫 번째 스위치는 "On"과 "Off"의 전형적인 방식이고 두 번째 스위치는 "On/Off"의 개념보다는 하나의 입력 신호를 1번이나 2번 채널로 전환하는 개념이다. 세 번째 스위치는 두 개의 입력이 동시에 "On"과 "Off"로 동작하는 확장 개념이고 우리가 실습에 사용하는 스위치는 두 개의 신호라인을 하나의 묶음으로 해서 1번 출력 묶음 채널이나 2번 출력 묶음 채널로 전환해 주는 개념을 사용하는 것으로 하자.

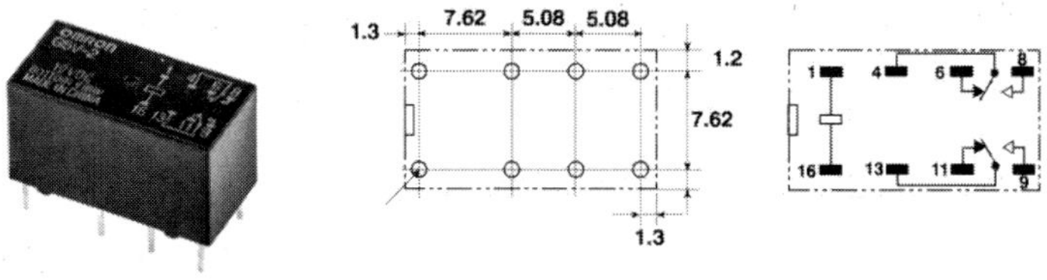

실제 실습에 사용할 Omron 12V DPDT 릴레이 스위치의 제조사 데이터 시트를 보면 네 번째 방식의 원리처럼 4번,13번이 입력 묶음 신호로 1번,16번의 릴레이 코일을 동작시키면 6번,11번의 출력 묶음 채널이 8번,9번 묶음 채널로 전환되는 방식이다.

로타리 스위치에서 언밸런스 RCA를 선택해서 릴레이의 1번 핀의 +12V가 16번 핀으로 통과하면서 릴레이 코일이 동작으로 하게 되면 4번,6번의 신호라인은 4번 8번으로 전환되고 11번,13번의 신호라인은 9번,13번으로 신호 경로가 변경되면서 INPUT+ 신호는 RCA의 "+" 출력라인으로 연결이 된다. 그리고 INPUT- 신호는 9번,13번 라인을 통과하지만 GND와 단락이 된 상태로 RCA 2번 핀은 접지 상태가 된다. 밸런스 XLR을 선택하게 되면 4번,8번은 INPUT+ 신호가 XLR 2번 핀으로 연결되고 9번,13번의 INPUT- 신호는 XLR 3번 핀으로 연결된다. 그리고 언밸런스의 경우 INPUT- 신호와 연결된 GND는 단독으로 XLR의 1번 핀에 연결이 되면서 정확한 밸런스 신호경

로

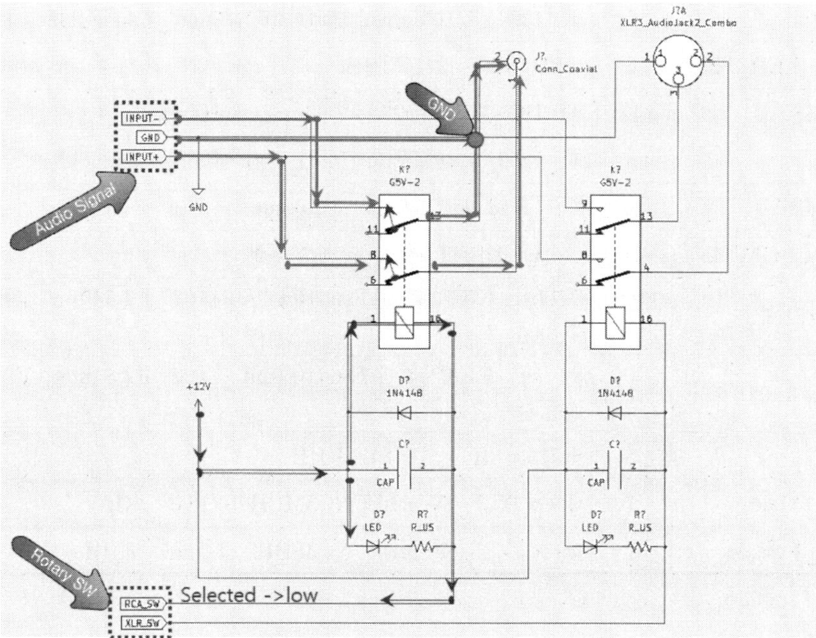

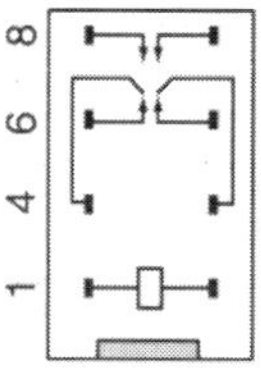

가 만들어 진다. 이와 같은 방식으로 4개의 RCA와 1개의 XLR 채널을 설계하면 된다.

12.2 2입력-5출력 회로

① **프로젝트 만들기 :** 이전의 실습과 동일한 방법으로 KiCad의 초기 화면 파일 메뉴에서 새로운 프로젝트 만들기 선택한 다음 세 번째 프로젝트 이름을 "Tutorial_ 03"로 하여 작업 폴더에 저장한다. 프로젝트 목록에서 "Tutorial_03.kicad.sch"를 선택하여 빈 작업 도면을 불러온 다음 우측 하단의 도면의 페이지 설정부분에서 제목과 작업 날자을 입력하도록 한다.

② **부품 불러오기와 배치 :** 실습에 사용되는 부품과 각 부품에 대응되는 Footprint의 목록은 다음과 같다. 그 밖에 PCB 보드 상에 추가한 Mounting 홀과 SolderWire가 있으며 이 부분은 실습을 진행하면서 뒷부분에서 확인하도록 하자.

부품 이름	부품 값	수량	Footprint
Resistor	2k/0.25w	6	R_1206_3216Metric_Pad1.30x1.75mm_HandSolder
Diode_LED	SMD_LED_3212	6	LED_1206_3216Metric
Diode	1N4148	6	D_DO-35_SOD27_P7.62mm_Horizontal
Capacitor	0.1uF	6	C_1206_3216Metric_Pad1.33x1.80mm_HandSolder
	47uF/16V	1	CP_Radial_D5.0mm_P2.00mm
Relay SW	Omron_G5V-2	6	Relay_DPDT_Omron_G5V-2
Connector	Molex 1x07	2	Molex_KK-254_AE-6410-07A_1x07_P2.54mm_Vertical
	Molex 1x02	1	Molex_KK-254_AE-6410-02A_1x02_P2.54mm_Vertical
	RCA	5	RJ255_RCA_BKPL_KHH
	XLR_Male	1	Jack_XLR_Neutrik_NC3MBH-0_Male_KHH
	XLR_Female	1	Jack_XLR_Neutrik_NC3FBH2_Female_KHH

③ Schematic 작업 화면에서 부품 추가 아이콘 ""를 선택한 후에 심볼 라이브러리 목록에서 위의 부품 목록에 해당하는 것을 불러와서 적당한 곳에 일단 배치를 한다.

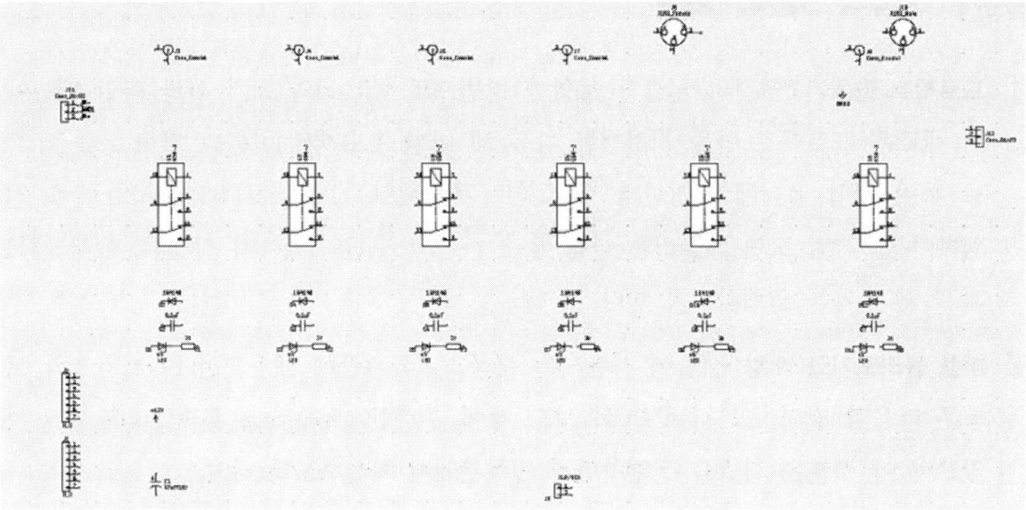

부품의 배치를 모두 마치고 나면 Tool 메뉴에서 도면에 배치된 부품에 대한 Annotion 작업을 진행한다.

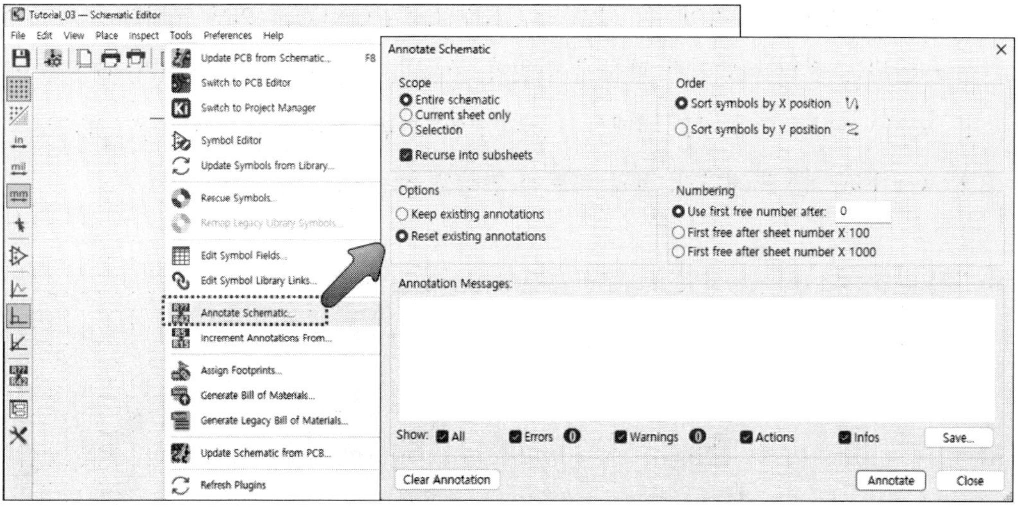

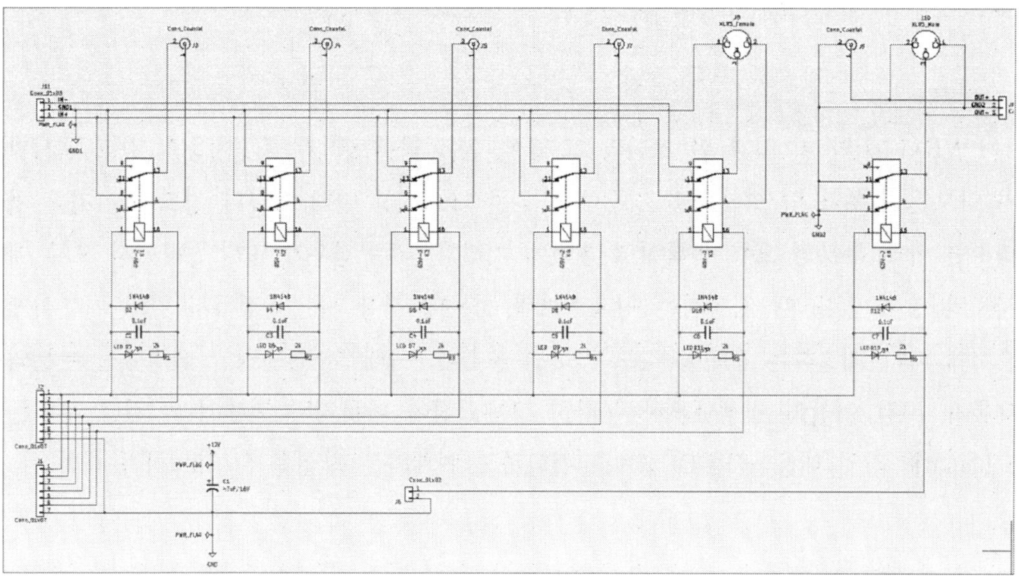

④ **전자 규칙 검사 :** Inspect 메뉴에서 “Electronic Rules Checker”를 실행해서 작성한 회로에 대한 전기 규칙 위반 사항 등을 검사를 하면 배선이 되지 않은 곳이나 네트가 누락된 곳들을 검사 결과 창을 통해서 보여준다. 이번 실습의 경우 릴레이 스위치의 6번과 11번은 앞서 설명한 바와 같이 DPDT 방식으로 릴레이 코일이 동작을 하게 되면 8번과 9번으로 전환이 된다. 따라서 전환이 되지 않은 상태에서 이 두 핀은 연결되지 않은 미 배선 오류가 발생한다. 이때는 편집 창 우측에 있는 “No connecting flag” 아이콘 “✕”을 선택한 후 미배선 핀에 “x” 표시의 플래그를 달

아준다. 그 밖에 전원라인 중 +12V와 GND,GND1,GND2는 외부 장치와의 연결에서 공급되는 전원 라인이기 때문에 전원이 공급되지 않는 것으로 체크가 되는데 이곳 역시 아이콘 “⏚”를 선택한 다음 전원 관련 목록에서 전원임을 표시하는 “Power Flag”를 가져다가 전원 파트에 연결을 해준다.

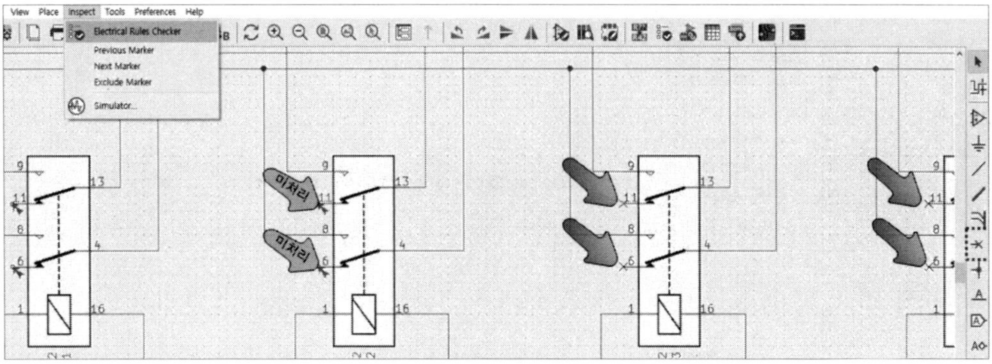

PWR-Flag와 미 연결 핀 처리와 그 밖에 심볼 라이브러리 불일치등의 경고 메시지가 나오는 경우가 있으나 이런 경우에는 우선적으로 첫 번째 오류나 경고 메시지를 처리하면 아래 부분의 오류 목록이 한꺼번에 처리가 되는 경우가 많다. 따라서 오류 메시지의 양이 많을 때 사용자는 당혹스러워 하는데 사용자는 걱정하지 말고 차분하게 순서에 따라 해결하는 습관을 갖도록 하면 좋겠다. 아래 화면은 방금 설명했던 부분의 오류가 10건 이상이 발생했으나 무사히 오류교정이 마무리된 화면이다. 지금 부터는 Schematic 작업 내용을 PCB 보드로 전달하고 연계하는 작업을 하기로 하자.

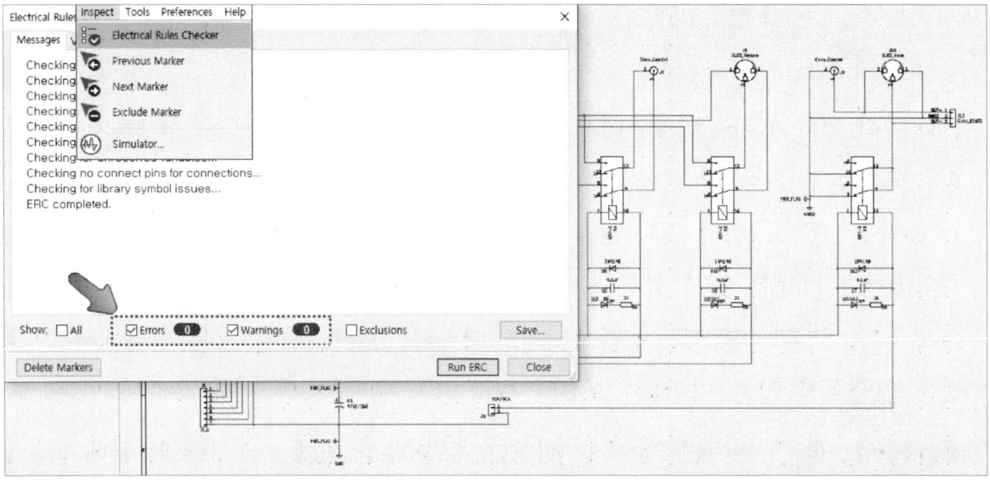

⑤ **Footprint 심볼의 할당 :** Schematic 도면에서 사용된 부품의 라이브러리 심볼에 대하여 PCB 보드 제작에 필요한 Footprint 라이브러리 할당하는 작업을 진행 해보자.

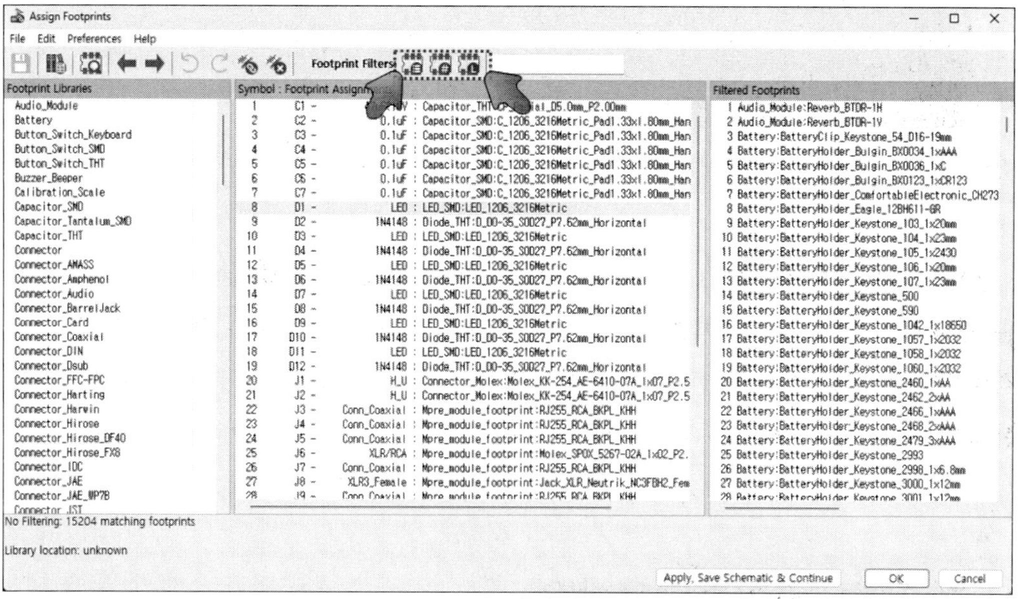

이전 실습에서 언급했듯이 개별적으로 Footprint를 일일이 할당하는 방법도 있으나 라이브러리 창에서 "필터" 기능과 "3D Model"을 동시에 실행한 후 부품 선택에 따른 부품의 실물 형태와 외형 규격을 확인하면서 차분하게 할당하도록 한다. 부품 검색 필터가 3가지 있는 것으로 설명을 했는데 특별한 경우 아니라면 1,2번 필터를 사용한다. 첫 번째 C1 캐패시터 46uF/16V는 직경 5mm, 핀 간격 2.5mm인 Radial 형식으로 하고 두 번째 C2, C3, C4, C5, C6, C7의 6개 캐패시터는 3216 규격의 SMD 형식의 Footprint로 할당을 해준다.

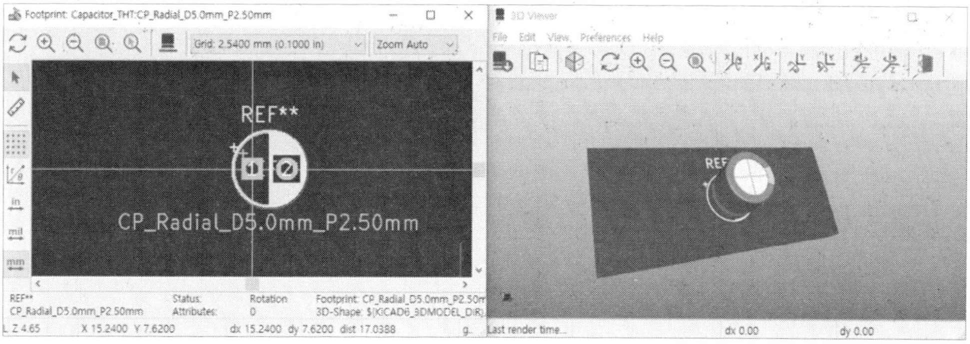

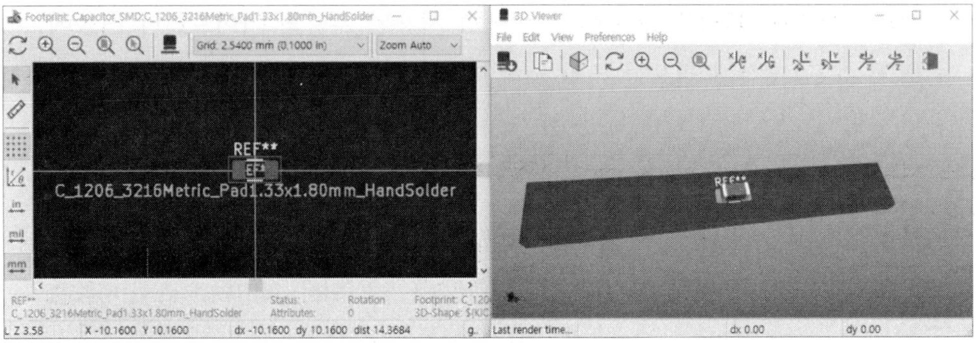

1N4148 다이오드 6개(D2, D4, D6, D8, D10, D12)는 핀 간격이 7.62mm인 스루홀 형식으로 하고 LED 6개(D3, D5, D7, D9, D11, D13)는 SMD 형식으로 3216 규격의 Footprint로 할당을 한다. 6개의 저항(R1, R2, R3, R4, R5, R6)의 규격도 동일한 SMD 형식으로 3216 규격의 Footprint로 규격을 통일해서 할당한다.

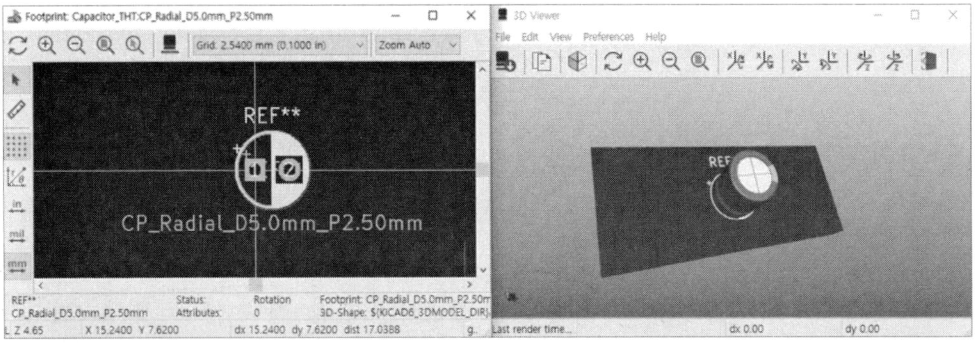

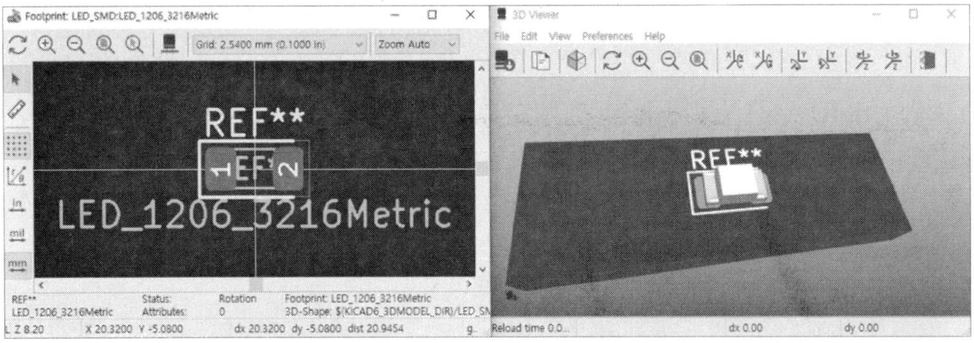

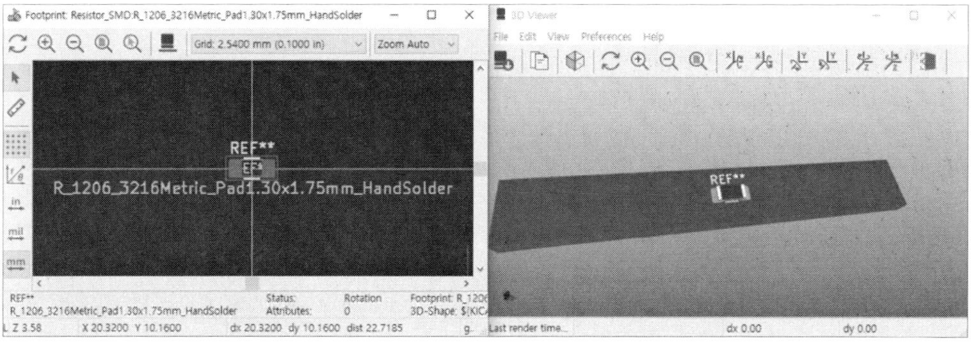

커넥터는 신호의 입력 단자와 출력 단자에 1×3 형식의 Footprint가 필요하다. 그리고 로타리 스위치의 제어신호로 5개의 입력 릴레이 스위치를 선택하는 출력 신호 단자는 1×7 형식의 Footprint를 선택하도록 한다. 두 가지 모두 Connect_Molex의 라이브러리에서 선택을 하면 된다. 대부분의 경우 SPOX 모델의 핀 간격이 2.54mm인 규격을 사용하지만 이번 실습에서는 3D 모델까지 지원되는 KK-254 모델을 사용하도록 한다. 1×7 커넥터는 J1, J2 두 개가 사용이 되고 1×3 커넥터는 리셉터클 핀 입력을 받을 수 있도록 패드비아 3개를 묶어서 사용하는 형태로 새롭게 라이브러리를 만들어서 사용하는 것으로 하자.

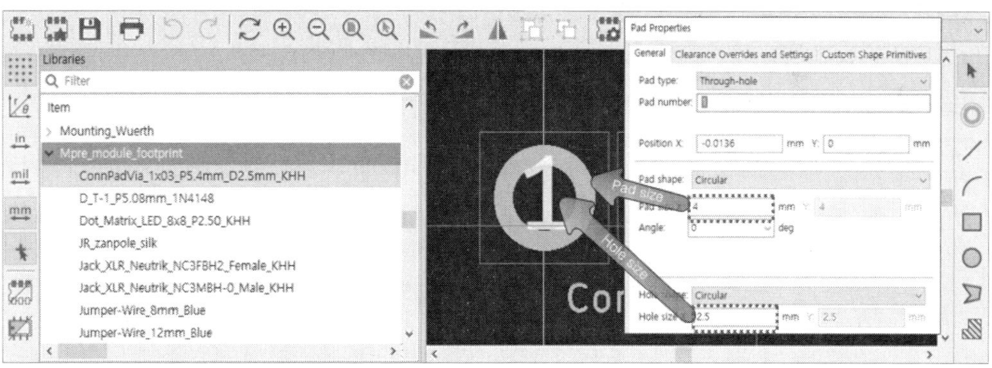

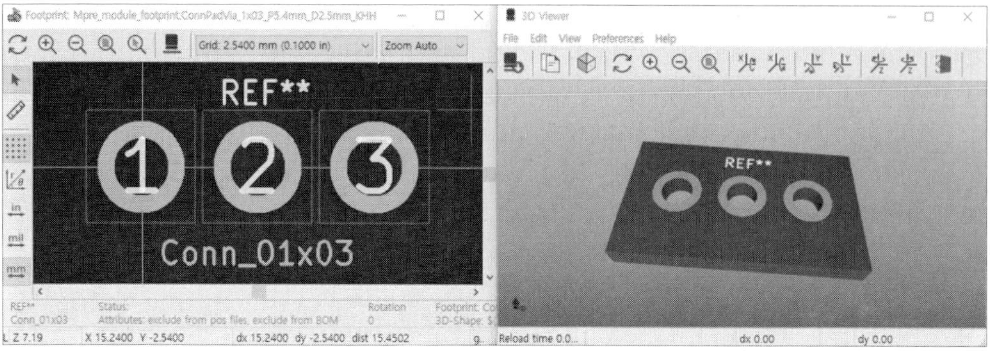

패드의 크기는 외경을 4mm로 하고 내부 홀의 직경은 2.5mm로 설정한다. 그리고 3개의 패드 간격은 5.4mm로 배치하고 커넥터의 이름은 Conn_01×03으로 하도록 하자. 새롭게 만들어진 Footprint는 1×3 커넥터 J11,J12에 할당을 해준다.

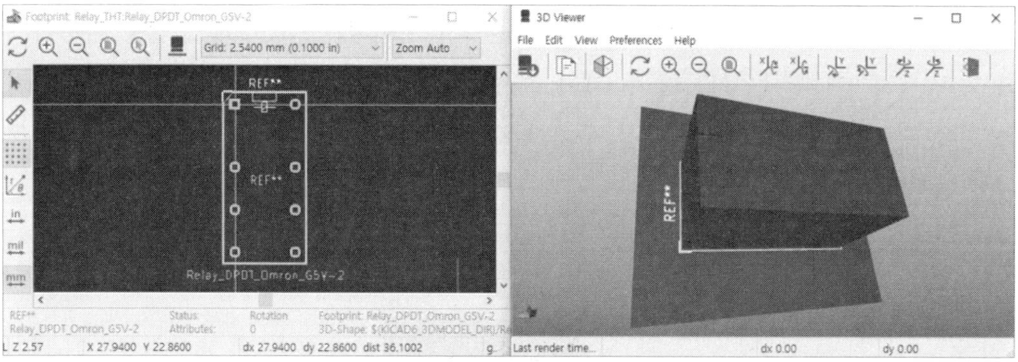

릴레이 스위치는 앞서 언급한 바와 같이 DPDT(Double Pole Double Through) 방식인 Omron사의 G5V-2 모델로 다섯 개의 릴레이(K1, K2, K3, K4, K5, K6) 스위치에 대한 스루 홀 Footprint를 할당해 준다.

12.3 Footprint의 3D 모델 작업

① **3D 모델 파일 받기**: 밸런스 출력단자는 Male과 Female 단자로 구분되는 두 가지 모두 PCB에 장작이 되는 XLR_Neutrik 단자로 3D 모델은 별도로 FreeCAD와 KiCadSetup 유틸리티를 이용하여 수정된 라이브러리를 사용하도록 하자. 3차원

XLR 단자는 새롭게 모델링 작업을 진행하는 것보다 부품 제공 업체나 오프소스 사이트에서 무료로 지원하고 있는 3차원 모델 라이브러리중에서 “*.step” 파일을 내려 받아서 사용하기로 한다. 내려 받은 3D 부품을 FreeCAD와 KiCad의 Footprint라이브러리에 연계시키는 방법은 계속되는 작업 내용을 참고하여 따라 하기를 진행하면서 실습을 하는 것으로 하자. 우선 아래의 두 사이트에서 필요한 부품에 대하여 무료로 제공되는 3D 모델의 “*.step” 파일 형식을 내려 받기를 한다.

XLR male & female : https://componentserachengine.com
RJ255 : https://www.3dcontentcentral.com/Default.aspx

위의 두 사이트에서 제공하는 3D 모델은 전기전자 부품 및 기구등 다양한 형태의 라이브러리를 제공하고 있다. 회원 가입을 하고 내려 받기를 하면 사용자 후기를 남겨 달라는 요청을 받게 되는데 가능하면 후기를 남겨두면 좋겠다. 첫 번째 사이트에서 XLR의 Female 단자의 라이브러리로 뉴트릭 모델인 “XLR-S NEUTRIK”을 내려 받는다. 두 번째 사이트에서는 XLR Male 모델이 조금 더 정교하기 때문에 “NC3MAH-0” 라이브러리를 내려 받고 PCB 고정용 “RJ255” 역시 이 사이트의 모델이 완성도가 높기 때문에 이 라이브러리를 사용하도록 하자.

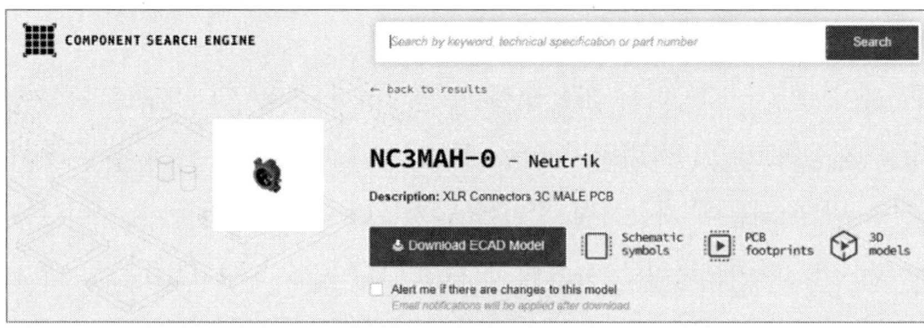

② **3D 모델과 Footprint 정렬 :** 내려 받은 파일은 새롭게 3D 모델을 작업할 폴더에 압축 풀기를 한다. 세 가지 커넥터 모듈 중에서 XLR Female에 PCB Footprint와의 연계 작업에 대한 실습을 해 보기로 한다. 우선 FreeCAD를 실행한 다음 “User Library-XLR-S NEUTRIK.step” 파일을 불러와서 “XLR_Female_KHH.FCStd”의 이름으로 저장을 한다. FreeCAD 편집 창의 중앙 상단에 위치한 펼침 메뉴에서 “KiCadSetUp”를 선택한 다음 KiCad에서 PCB Footprint 불러오기 아이콘 “ ”를 이용해서 XLR 암단자 “Jack_XLR_ Neutrik_NC3FBH2_Female_KHH.kicad.mod” 를 불러온다. 라이브러리를 필자가 조금 조정 작업을 진행한 내용이라 파일이름에 KHH가 붙어있으나 여러분은 이 단자의 원본 라이브러리를 그대로 사용해도 된다.

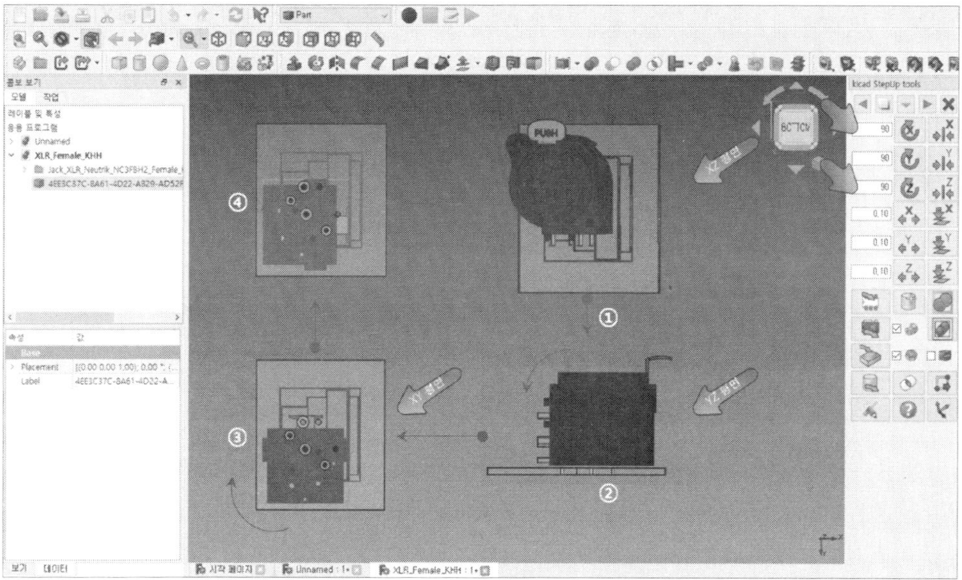

3D 모델에 KiCad Footprint를 불러들이면 1번 그림과 같이 핀의 위치와 PCB 판의 방향이 틀어져 있다. 따라서 2번 그림처럼 yz 평면으로 돌려놓고 x축의 반시계 방향으로 90도 회전하고 난 다음 xy 평면에서 보면 3번 그림과 같이 바닥 핀의 위치가 틀어져 있는 것을 확인할 수 있다. 이제는 z축을 기준으로 시계 방향으로 90도 회전하면 3D 모델의 몸체 자세를 바로잡고 핀과 PCB 면의 방향을 일치 시킨다.

지금부터는 아래 그림의 순서에 맞추어서 +x축 방향으로 “X” 아이콘 버튼을 누르면서 미세 조정을 하여 1번 그림의 형태에서 2번 그림처럼 세로 정렬을 한다. 이번에는 “Y” 아이콘을 이용해서 “-y”축 방향을 조정하여 3번 그림처럼 홀과 핀의 정렬을 맞춘다.

Footprint와 3D 모델의 위치 정렬 작업이 끝나게 되면 두 개의 파일을 하나의 단일 그룹 “LinkGroup”로 묶고 나면 개별 몸체가 하나의 몸통으로 그룹화되는데 마우스 커서를 이동하면서 해당 객체를 클릭하면 내용을 확인할 수 있다.

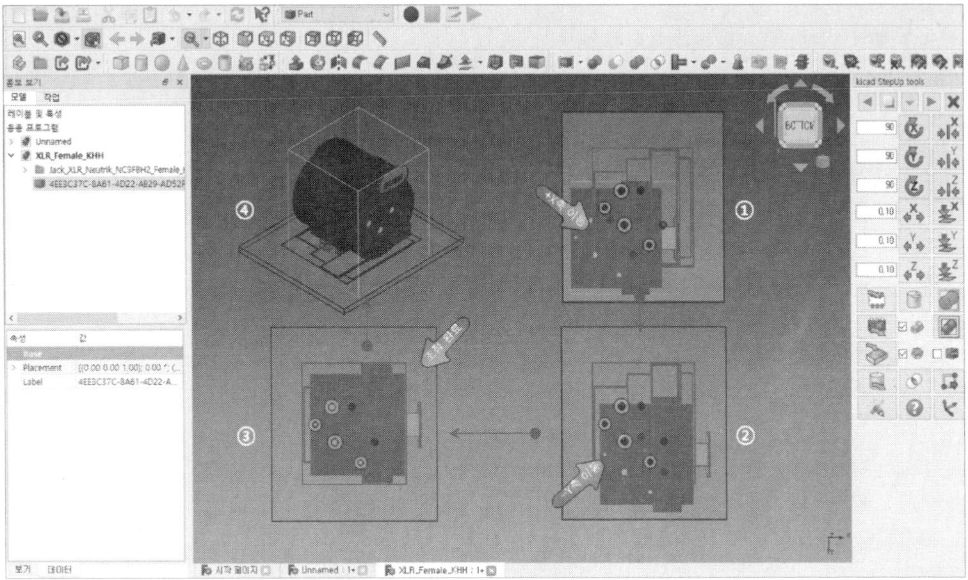

지금까지 작업한 내용을 KiCad의 Footprint에 연동을 위하여 아이콘 “ : ksu Export 3D Model to KiCad”를 이용해서 내보내기를 해 주어야 한다. 이때 전체 몸통을 선택하여 내보내기를 하면 기존의 Footprint의 크기등이 틀어지는 경우가 있다. 따라서 KiCad로 내보기를 해야하는 대상은 단일 그룹화 되어 있는 몸체가 아니라 3D 모델 부분만 선택해서 전송을 해야 한다. 여기서는 “LinkGroup”에 묶여있는 3D 모델의 이름이 임의로 “4EE3C37C...”로 되어 있는데 이 항목을 선택해서 이름을 변경해 주어도 되고 아니면 아래와 같이 내보기 작업을 마친 최종 결과 파일의 이름을 변경해 주어도 된다. 여기서는 “XLR_Female_3D_KHH”로 변경하는 것으로 하자.

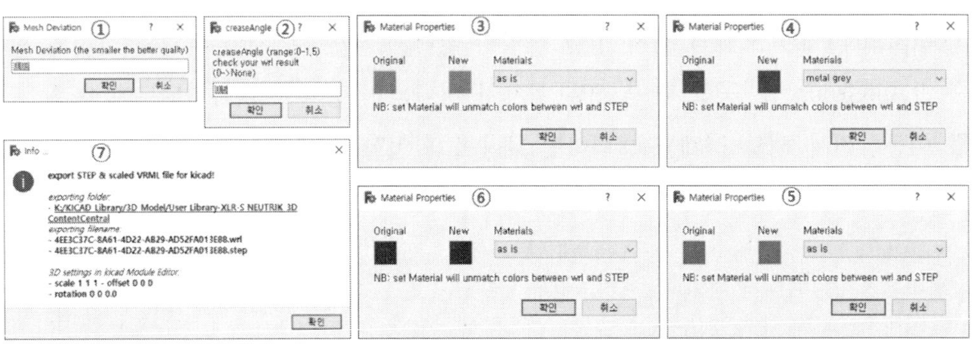

변경된 이름으로 내보내기 작업을 진행하면 이 명칭으로 “*.step”과 “*.wri”라는 확

장자를 갖는 파일이 자동으로 만들어진다. 이렇게 만들어진 3D 모델은 KiCad Footprint 편집 창에서 정식으로 등록하면 사용이 가능하다. 지금까지의 과정은 아래 그림과 같이 3D 모델과 Footprint의 정렬 작업이 끝난 파일을 하나의 그룹으로 묶고 난 다음 묶여있는 파일 중에서 3D 모델만 선택하여 KiCad로 내보내기 작업을 진행한다.

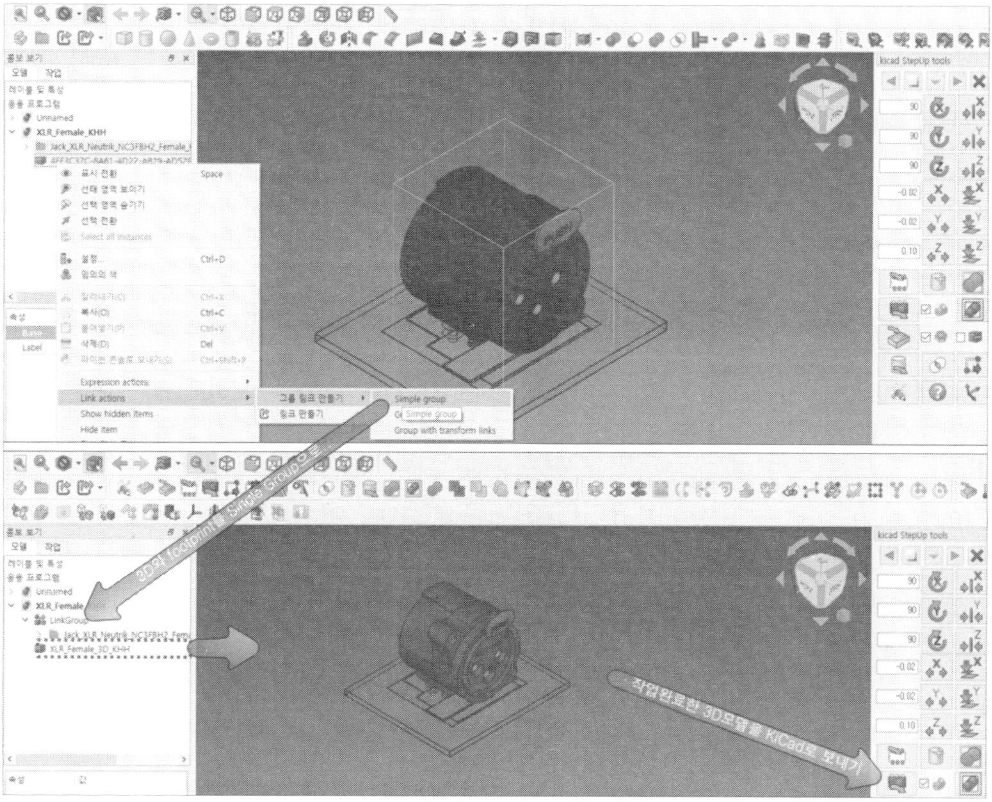

③ **3D 모델의 Footprint 연결:** "Jack_XLRR_Neutrik_NC3FBH2_Female" 이름 갖는 XLR Footprint를 3D 모델과 연계하기 위하여 Footprint 편집기를 실행한 다음 해당 라이브러리를 선택한다. 필자는 기존의 라이브러리를 부분적인 수정을 한 파일을 사용하였다.

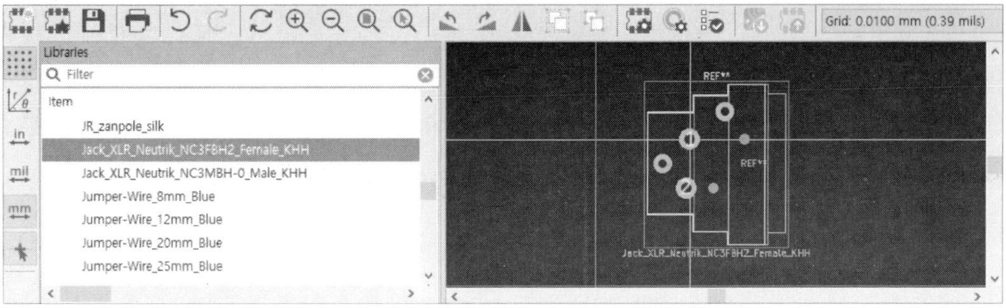

해당 라이브러리의 속성 창을 열고 "3D Models" 탭을 선택한 다음 기존에 등록되어있던 모델이 있으면 아이콘 "🗑"을 이용하여 삭제를 한 다음 지금 작성한 3D 모델을 등록한다.

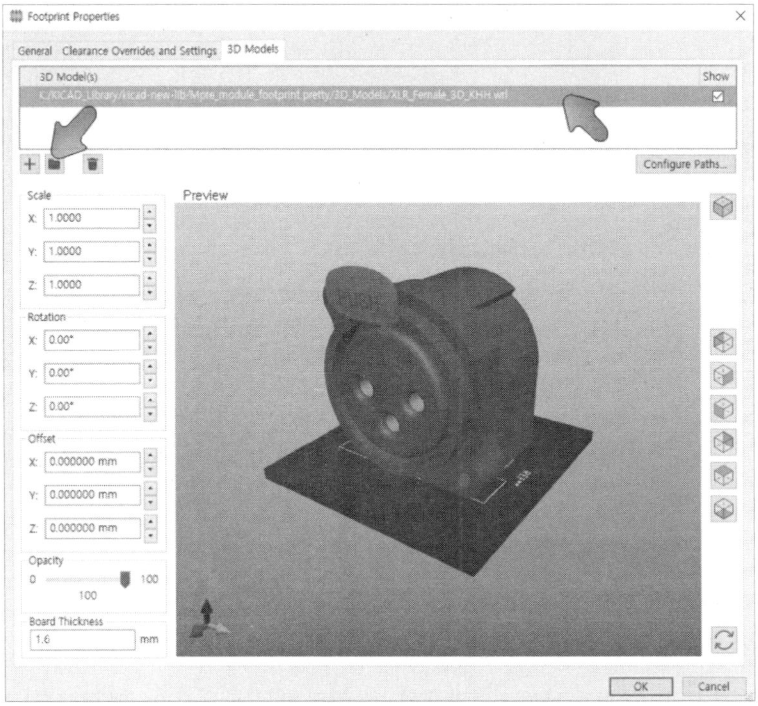

지금 까지 XLR_Female, XLR_Male 그리고 RCA의 3개 단자 중에서 첫 번째 단자의 3D 모델 작업에 대한 실습을 한 것과 동일한 방법으로 나머지 두 개의 단자에 대한 3D 모델의 작업도 완성시키자. 아래 그림은 나머지 두 개 단자의 작업 결과이다.

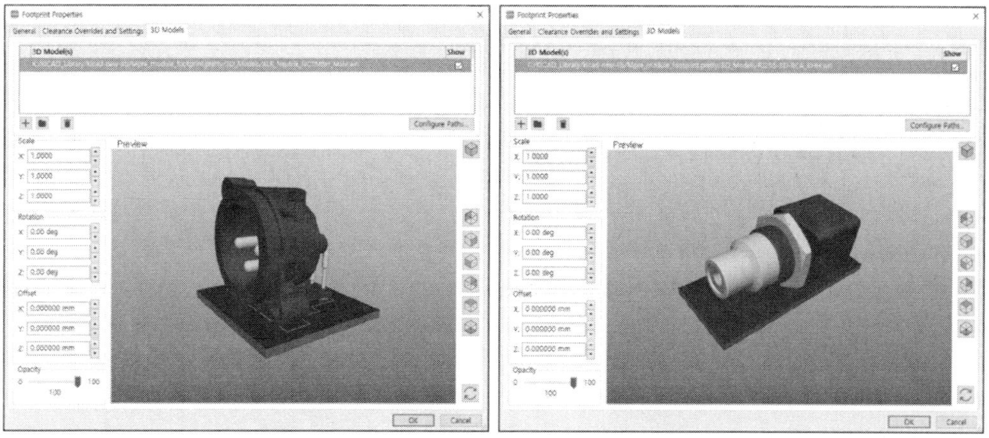

3개 단자에 대한 3D 모델의 Footprint와 연결 작업을 모두 마쳤으면 Schematic 도면의 J8와 J10의 XLR 단자와 J3,J4,J5,J7,J의 RCA 단자에 대한 Footprint 할당 작업도 마무리 하도록 한다.

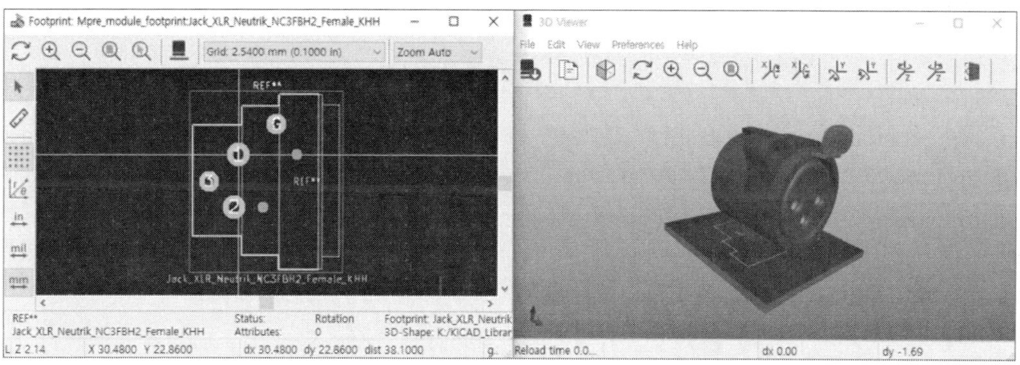

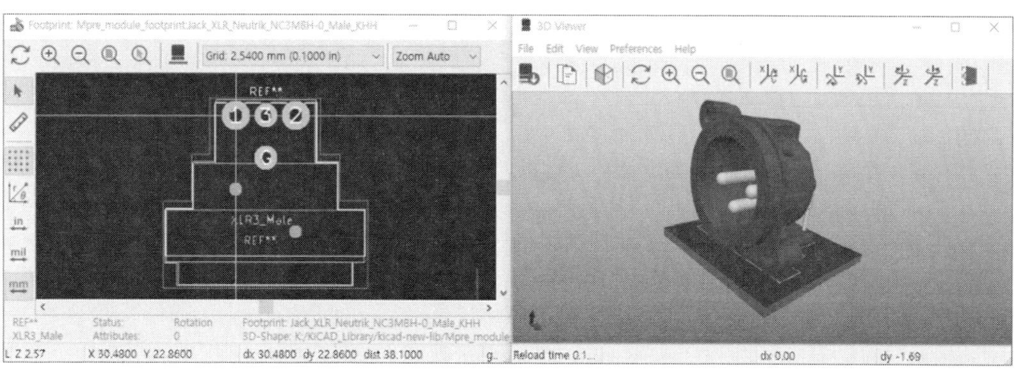

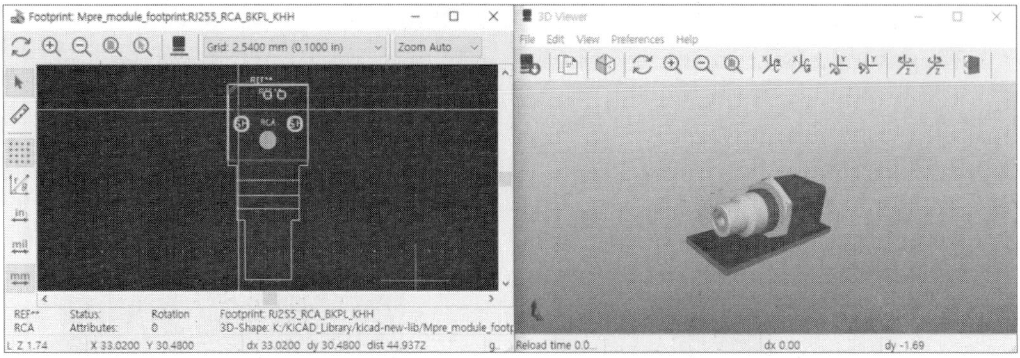

④ **BOM 파일의 작성:** 7장에서는 KiCad의 메인 화면에서 “ : Plugin and Content Manager”를 이용하여 플러그인 “Interactive HTML Bom”을 설치해 두었기 때문에 이번 실습에서는 PCB 편집 창의 우측 상단에 위치한 아이콘 “ ”을 이용하여 BOM 파일의 결과를 확인해 보자. 이 플러그인은 대화 형식의 HTML 코드 형태의 결과를 보여준다. 실행을 하면 팝업 창에 3개의 설정 탭(“General”,“HTML Defaults”, “Fields”) 보이는 데 각각의 개별 탭에는 설정 항목이 있다.

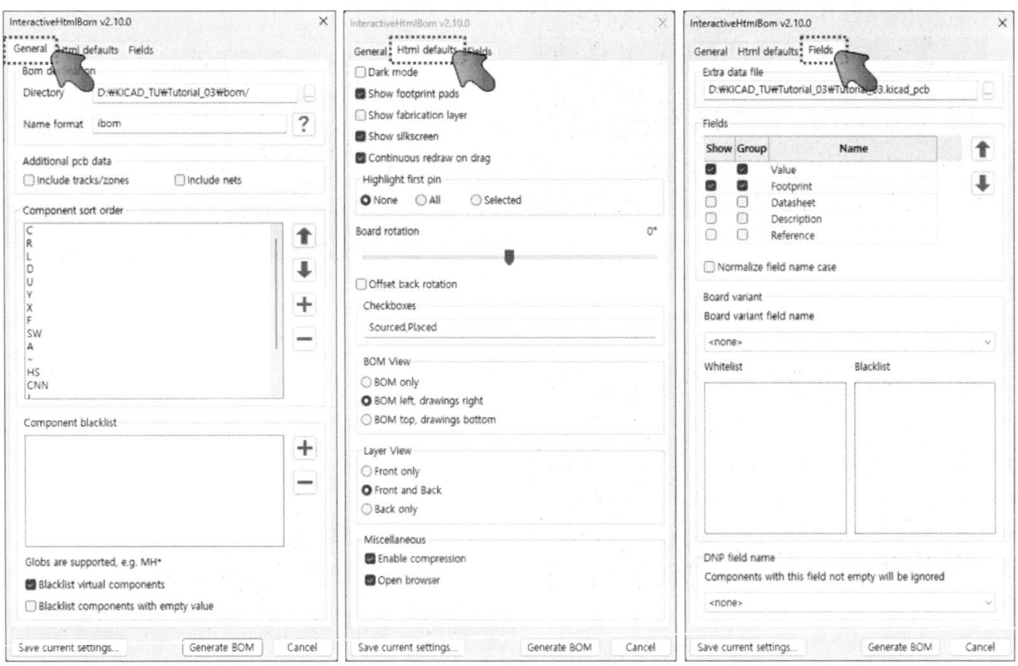

첫 번째 “General” 탭에서는 BOM 파일의 저장 경로와 파일이름만 결정하고 나머

지는 모두 기본 설정 값을 그대로 따르도록 한다. 이번 실습에서 사용할 BOM 파일 이름은 “In5_n_Out2_ Relay_SW”로 하고 아래 부분에 위치한 “Generate BOM”을 선택하여 파일을 만들어 보자.

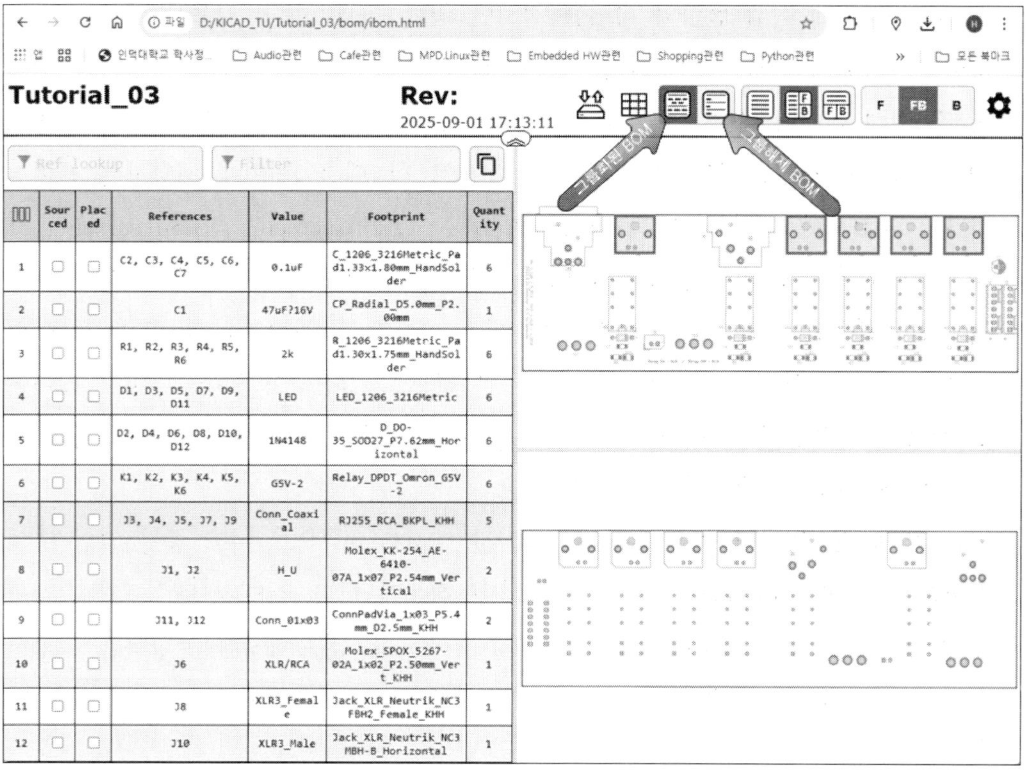

	Sourced	Placed	References	Value	Footprint	Quantity
1	☐	☐	C2, C3, C4, C5, C6, C7	0.1uF	C_1206_3216Metric_Pad1.33x1.80mm_HandSolder	6
2	☐	☐	C1	47uF?16V	CP_Radial_D5.0mm_P2.00mm	1
3	☐	☐	R1, R2, R3, R4, R5, R6	2k	R_1206_3216Metric_Pad1.30x1.75mm_HandSolder	6
4	☐	☐	D1, D3, D5, D7, D9, D11	LED	LED_1206_3216Metric	6
5	☐	☐	D2, D4, D6, D8, D10, D12	1N4148	D_DO-35_SOD27_P7.62mm_Horizontal	6
6	☐	☐	K1, K2, K3, K4, K5, K6	G5V-2	Relay_DPDT_Omron_G5V-2	6
7	☐	☐	J3, J4, J5, J7, J9	Conn_Coaxial	RJ255_RCA_BKPL_KHH	5
8	☐	☐	J1, J2	H_U	Molex_KK-254_AE-6410-07A_1x07_P2.54mm_Vertical	2
9	☐	☐	J11, J12	Conn_01x03	ConnPadVia_1x03_P5.4mm_D2.5mm_KHH	2
10	☐	☐	J6	XLR/RCA	Molex_SPOX_5267-02A_1x02_P2.50mm_Vert_KHH	1
11	☐	☐	J8	XLR3_Female	Jack_XLR_Neutrik_NC3FBH2_Female_KHH	1
12	☐	☐	J10	XLR3_Male	Jack_XLR_Neutrik_NC3MBH-B_Horizontal	1

KiCad에서 기본으로 제공하는 BOM 파일 생성기에 비하여 부품의 그룹화, 비그룹화 목록을 제공하고 있다. PCB 보드의 앞, 뒷면에 배치된 부품과 연계되어 있는 목록을 확인해 보도록 하자. 결과는 앞면 보기, 뒷면 보기, 앞뒷면 동시 보기가 가능하고 단순히 BOM 목록만 확인하는 등 모드 설정을 할 수 있어서 매우 편리하다. 우측에 “✿” 아이콘을 이용하면 조금 더 다양한 모드의 설정이 가능하다. 구체적인 내용은 7장을 참고하도록 하자.

12.4 PCB 보드의 설계

① **작업 레이어 설정 :** Schematic 편집 창의 우측 상단에 위치한 아이콘 “”를 실행해서 PCB를 편집할 수 있는 화면을 불러온 다음 편집 창 우측 하단의 페이지 설정을 선택한 후에 작업 날자와 타이틀 정도만 입력하도록 한다. 다음으로는 보드 작업을 위한 설계 환경을 설정하기 위해서 좌측 상단에 위치한 아이콘 “”를 실행한 후 활성 레이어, 설계규칙, 기타 기본 값 등 설계에 필요한 내용을 설정을 한다. PCB 보드는 2개의 레이어를 사용하는 것으로 할 때 앞,뒷면에 해당하는 레이어 “F.Cu”, “B.Cu”와 부품 및 텍스트를 표기하는 “F.Silkscreen”, “B.Silkscreen”, 그리고 PCB 제조 공정에 필요한 “F.Fab”, “B.Fab” 레이어를 사용하는 것으로 체크해 준다. 부품의 안전 공간을 나타내는 “F.Courtyard”, “B.Courtyard”와 보드 외곽선 정보를 표시하는 “Edge.Cuts”는 기본 값으로 설정되어 있다. 나머지 레이어는 사용하지 않는 것으로 체크를 해제해 준다. 설정된 레이어는 PCB 편집 창의 우측 “Apperance 탭”에서 확인 할 수 있다.

그 밖에 앞, 뒷면의 동박 두께는 기본 값 “0.035mm”으로 하고 중간 절연 층의 두께도 기본 값 “1.51mm” 값을 그대로 사용하도록 한다. 나머지 텍스트와 그래픽 설정, 설계 규칙에 설정되어 있는 기본 값은 필요한 경우 해당하는 항목을 수정하는 것으로 하고 나머지는 보편적으로 많이 사용되는 값으로 이미 설정되어 있기 때문에 그대로 따르기로 한다.

설계 규칙에서 제한 사항 부분의 Clearance, 최소 배선 폭, 최소 Via의 직경등, 세부적인 설정 항목 기본 값을 그대로 따르도록 한다.

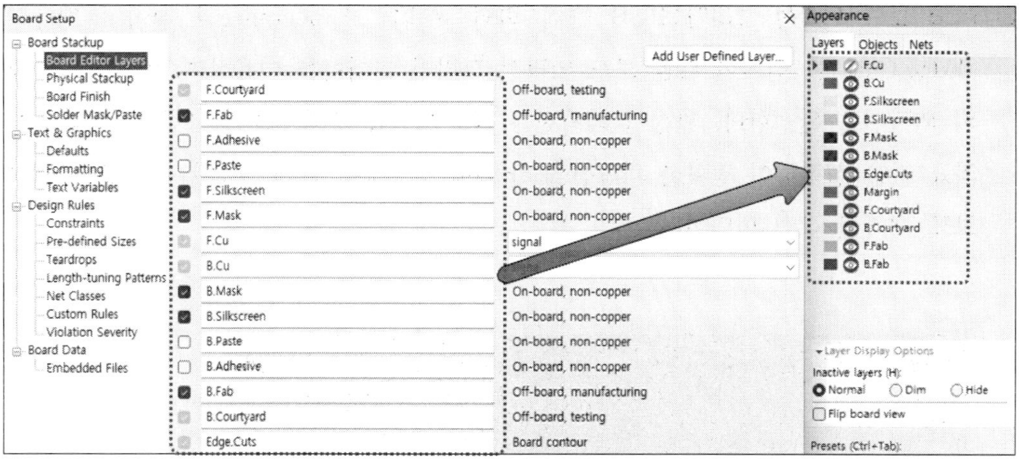
Board Setup
Board Stackup
Board Editor Layers
Physical Stackup
Board Finish
Solder Mask/Paste
Text & Graphics
Defaults
Formatting
Text Variables
Design Rules
Constraints
Pre-defined Sizes
Teardrops
Length-tuning Patterns
Net Classes
Custom Rules
Violation Severity
Board Data
Embedded Files
Add User Defined Layer...
F.Courtyard Off-board, testing
F.Fab Off-board, manufacturing
F.Adhesive On-board, non-copper
F.Paste On-board, non-copper
F.Silkscreen On-board, non-copper
F.Mask On-board, non-copper
F.Cu signal
B.Cu
B.Mask On-board, non-copper
B.Silkscreen On-board, non-copper
B.Paste On-board, non-copper
B.Adhesive On-board, non-copper
B.Fab Off-board, manufacturing
B.Courtyard Off-board, testing
Edge.Cuts Board contour
Appearance
Layers Objects Nets
F.Cu
B.Cu
F.Silkscreen
B.Silkscreen
F.Mask
B.Mask
Edge.Cuts
Margin
F.Courtyard
B.Courtyard
F.Fab
B.Fab
Layer Display Options
Inactive layers (H):
Normal Dim Hide
Flip board view
Presets (Ctrl+Tab):

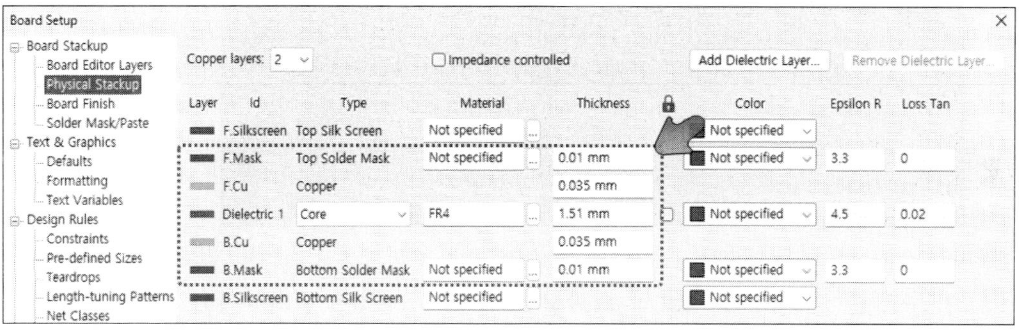
Board Setup
Board Stackup
Board Editor Layers
Physical Stackup
Board Finish
Solder Mask/Paste
Text & Graphics
Defaults
Formatting
Text Variables
Design Rules
Constraints
Pre-defined Sizes
Teardrops
Length-tuning Patterns
Net Classes
Copper layers: 2
Impedance controlled
Add Dielectric Layer...
Remove Dielectric Layer...
Layer Id Type Material Thickness Color Epsilon R Loss Tan
F.Silkscreen Top Silk Screen Not specified Not specified
F.Mask Top Solder Mask Not specified 0.01 mm Not specified 3.3 0
F.Cu Copper 0.035 mm
Dielectric 1 Core FR4 1.51 mm Not specified 4.5 0.02
B.Cu Copper 0.035 mm
B.Mask Bottom Solder Mask Not specified 0.01 mm Not specified 3.3 0
B.Silkscreen Bottom Silk Screen Not specified Not specified

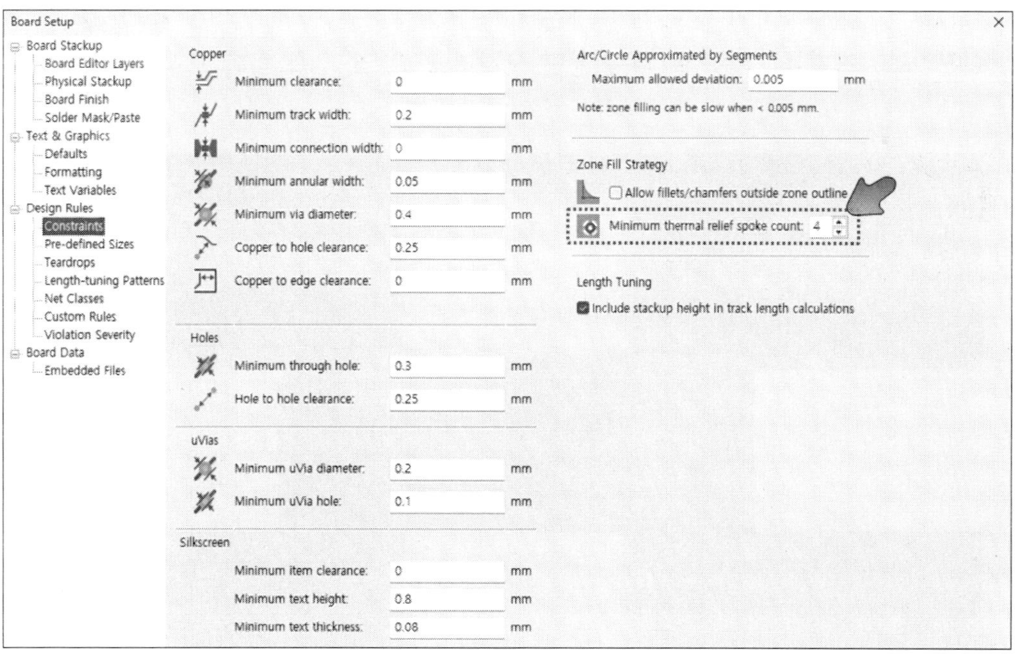
Board Setup
Board Stackup
Board Editor Layers
Physical Stackup
Board Finish
Solder Mask/Paste
Text & Graphics
Defaults
Formatting
Text Variables
Design Rules
Constraints
Pre-defined Sizes
Teardrops
Length-tuning Patterns
Net Classes
Custom Rules
Violation Severity
Board Data
Embedded Files
Copper
Minimum clearance: 0 mm
Minimum track width: 0.2 mm
Minimum connection width: 0 mm
Minimum annular width: 0.05 mm
Minimum via diameter: 0.4 mm
Copper to hole clearance: 0.25 mm
Copper to edge clearance: 0 mm
Holes
Minimum through hole: 0.3 mm
Hole to hole clearance: 0.25 mm
uVias
Minimum uVia diameter: 0.2 mm
Minimum uVia hole: 0.1 mm
Silkscreen
Minimum item clearance: 0 mm
Minimum text height: 0.8 mm
Minimum text thickness: 0.08 mm
Arc/Circle Approximated by Segments
Maximum allowed deviation: 0.005 mm
Note: zone filling can be slow when < 0.005 mm.
Zone Fill Strategy
Allow fillets/chamfers outside zone outline
Minimum thermal relief spoke count: 4
Length Tuning
Include stackup height in track length calculations

② **PCB 보드 외곽선 그리기**: PCB 편집 화면 우측의 Appearance의 레이어 탭에서 "Edge.Cuts"를 선택한 다음 보드 외곽선 그리기 아이콘을 이용하여 임의로 사각형의 외곽선을 완성한다. 완성된 외곽선은 상, 하, 좌, 우에 배치된 4개 선에 대하여 좌표 값을 설정하여 정확한 외곽선을 완성하도록 하자. 아래 그림은 임의로 완성한 보드 외곽선 작업 화면이다.

이번 실습에서 PCB 보드의 외곽선 사각형의 크기는 임의로 192×59mm로 해서 처리했다. 사용자의 요구에 따라 보드의 크기는 별도로 정해 주어도 된다. 앞서 주어진 보드 크기를 기준으로 좌측 상단 모서리에서부터 우측 하단 모서리까지 4개의

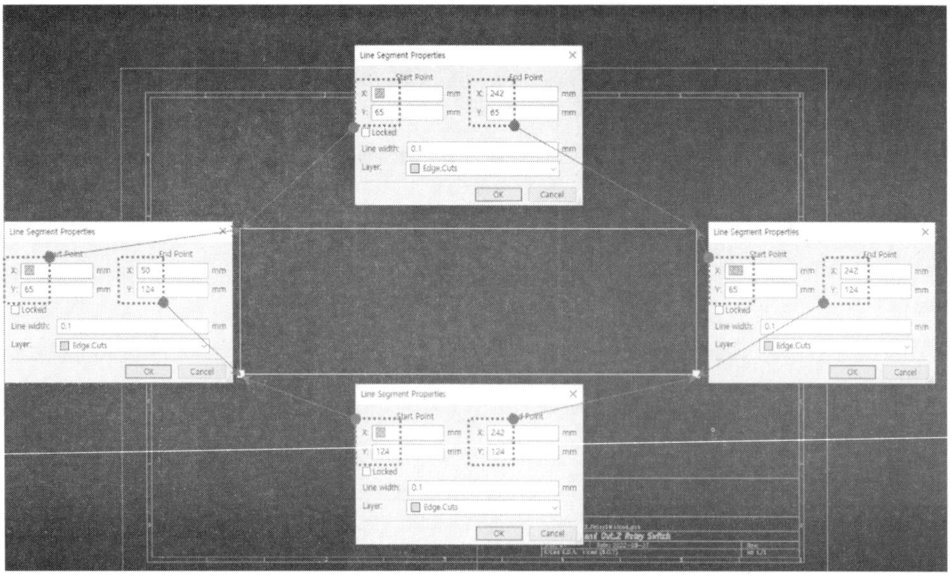

좌표 값을 정리해 두고 작업을 하면 실수 없이 빠른 작업이 가능하다. 4곳의 모서리 위치는 좌상 좌표가 "(50, 65)", 우상 좌표는 "(242, 65)", 좌하 좌표는 "(50, 124)" 그리고 마지막 우하 좌표는 "(242, 124)"으로 한다.

③ **Schematic 도면 부품 불러오기:** KiCad의 버전 6 이후부터는 별도의 네트리스트 처리과정 없이 Schematic 도면에서 PCB로 업데이트를 실행하면 자동적으로 내부 처리과정을 통하여 네트리스트가 생성된다. PCB 편집 창의 상단 Tool 메뉴에서 ":Update PCB from schematic" 메뉴를 실행하면 다음과 같이 모든 부품의 Footprint 할당 목록이 나타난다. 여기서 "Update" 버튼을 누르면 부품 사이를 네트로 연결한 그물 형태의 "Ratnest"가 보드 위에 나타나는데 보드의 임의 위치에 마우스 클릭으로 배치한다.

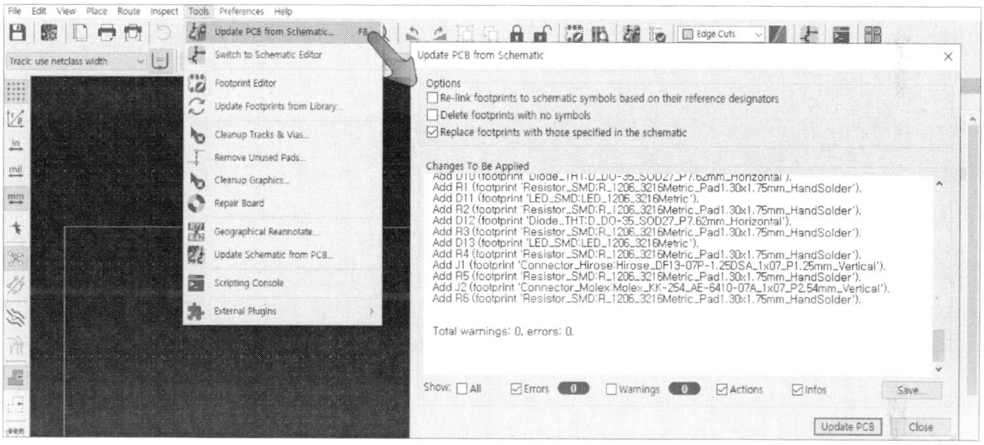

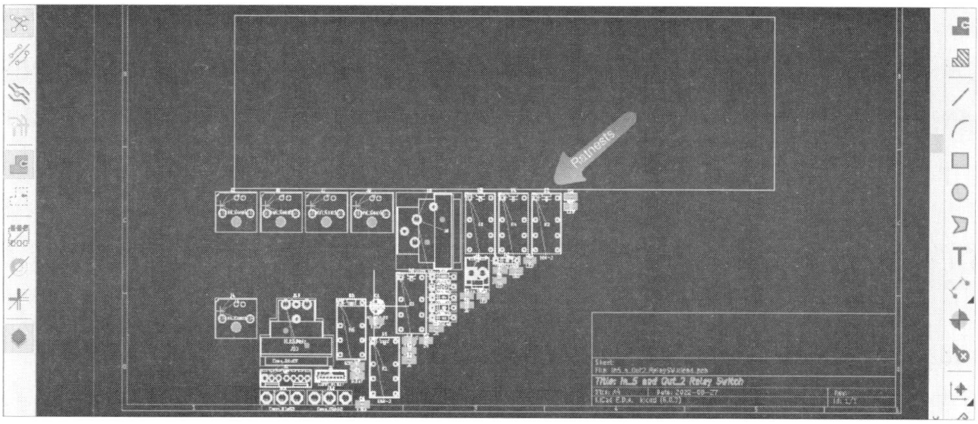

④ **부품의 Footprint 배치 :** 모든 부품에 대한 Ratnest가 준비되었으면 Schematic 도면의 부품 위치를 참조하면서 부품의 Footprint를 기구물의 홀 위치 값에 맞추어서 순서대로 배치 작업을 진행한다. 외형 기구와 매칭을 위해서 좌측부터 입력 XLR 단자, RCA 단자를 배치하고 이어서 출력 XLR 단자와 4개의 RCA 단자를 이어서 배치를 한다. 맨 좌측에 위치할 J10-XLR 단자의 자세가 뒤집어져 있어서 단축키 "R"을 이용해서 180도 회전을 하고 좌표 "(71.34, 82.526)"위치 값으로 설정을 한다. 두 번째 RCA 입력 단자도 180도 회전으로 자세를 바로잡은 다음 좌표 "(98.87, 74.525)"값으로 설정을 한다.

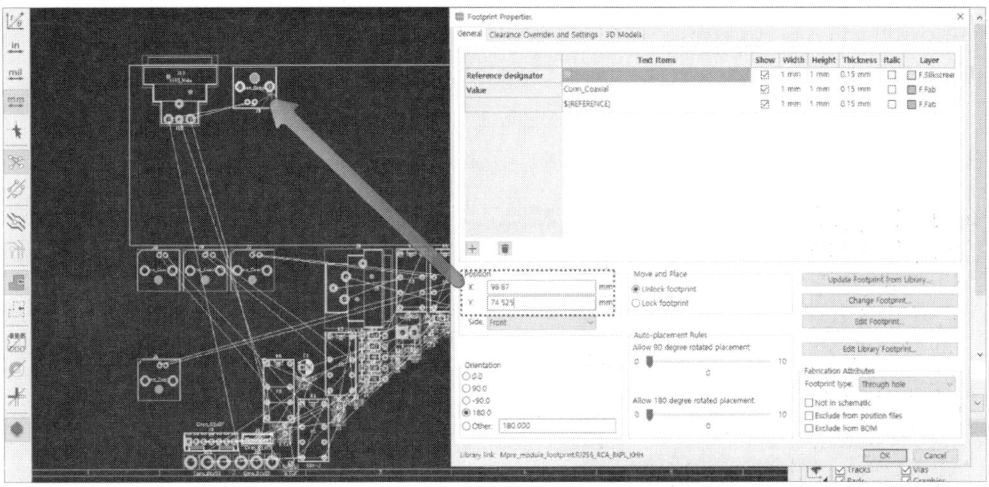

나머지 입력 J8-XLR은 "(130.01, 77.446)", J7-RCA는 "(164.91, 74.525)", J6-RCA는 "(185.21, 74.525)", J5-RCA는 "(205.51, 74.525)" 그리고 마지막 J4-RCA는 "(225.81, 74.525)" 좌표로 위치를 잡아서 배치를 완료 한다. 나머지 PCB 보드에 배치될 부품은 단자의 위치에 맞추어서 순서대로 배치를 완료 한다.

12.5 PCB 보드의 배선

① **배선환경 설정 :** 배선에 사용될 배선 폭은 기본 값을 사용하기도 하지만 회로에서 사용되는 신호의 전류, 전압에 따라서 배선 폭을 변경하기도 하고, 시각적인 부문도 고려하기 때문에 다음과 같이 5가지 정도의 값을 등록하고, Via나 차동 배선 항목

은 미등록하는 것으로 한다. 또한 네트 클래스와 전기규칙 검사 결과 메시지 목록의 체크 사항은 기본 설정 값을 그대로 사용하는 것으로 한다.

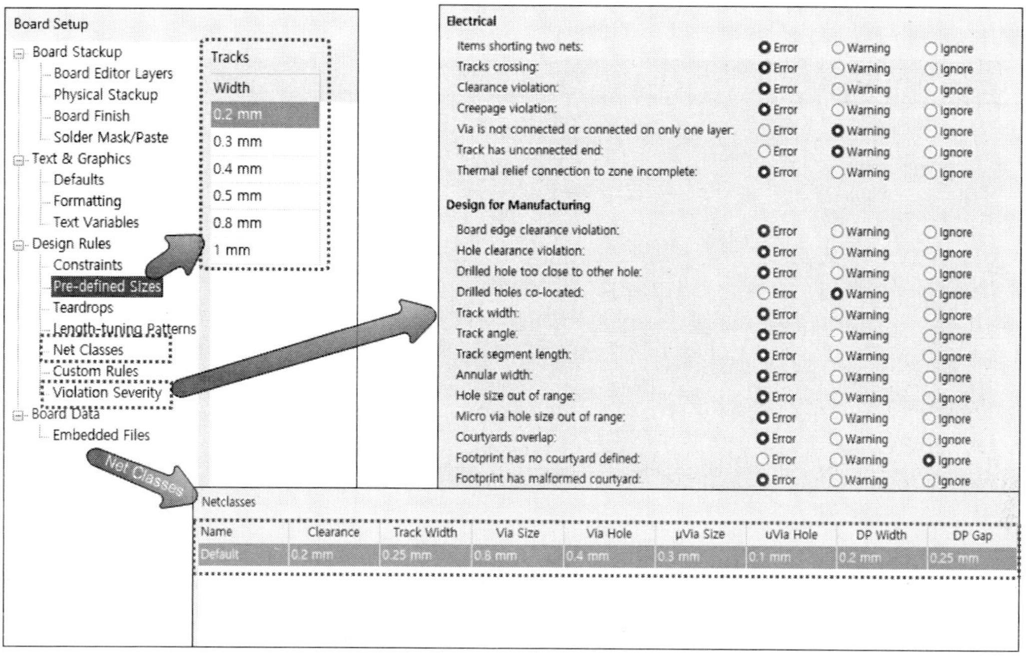

② **PCB 부품 배선 :** 단자는 기구물의 홀의 위치를 고려하여 정확한 좌표 값으로 설정하는 것이 중요하다. 나머지 부품의 배치는 Schematic 도면을 참고하면서 부품의 배선이 가능한 최소 간격으로 유지하도록 배치한다. 꺽기 배선, 직각 배선 그리고 둥근 모서리 배선의 3가지 방식을 지원하고 있는데 각각의 방식은 단축 키 "Ctrl+/"를 누를 때마다. 배선 방식이 순차적으로 전환이 되기 때문에 필요한 방식을 선택하도록 한다.

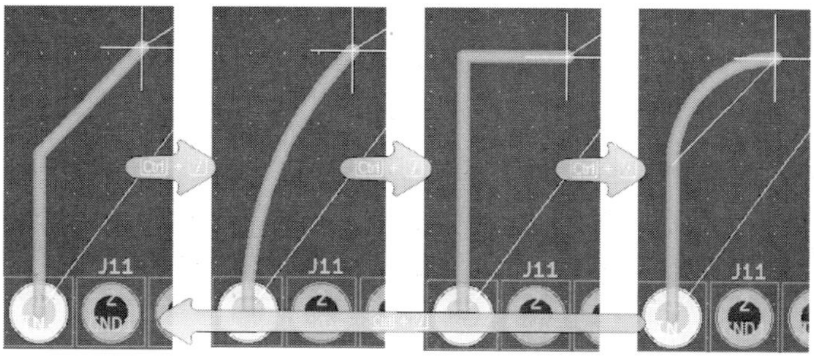

다음 그림과 같이 모든 부품의 배치를 완료한 이후 앞, 뒷면의 배선 작업을 둥근 모서리 배선 모드로 완료하도록 한다. 필요한 경우 각각 독립적으로 입력 신호부의 GND1과 출력 신호부의 GND2에 대한 접지 동박 영역을 설정하도록 한다.

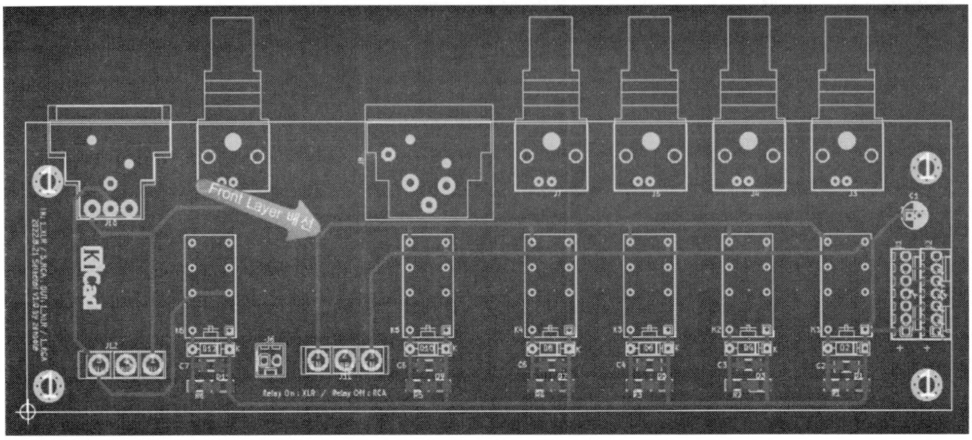

③ **동박 영역의 설정 :** 동박 영역을 설정하기 위해서는 편집 창 우측에 위치한 아이콘 “”를 선택한 다음 필요한 영역을 그린다. 이때 동박이 속하는 네트에 대한 설정을 위한 창이 나타나면 입력 신호라인의 접지 영역은 GND1 네트로 설정하고 출력 신호라인의 접지 영역은 GND2 네트로 설정하여 각각의 영역을 분리하여 설정하도록 한다.

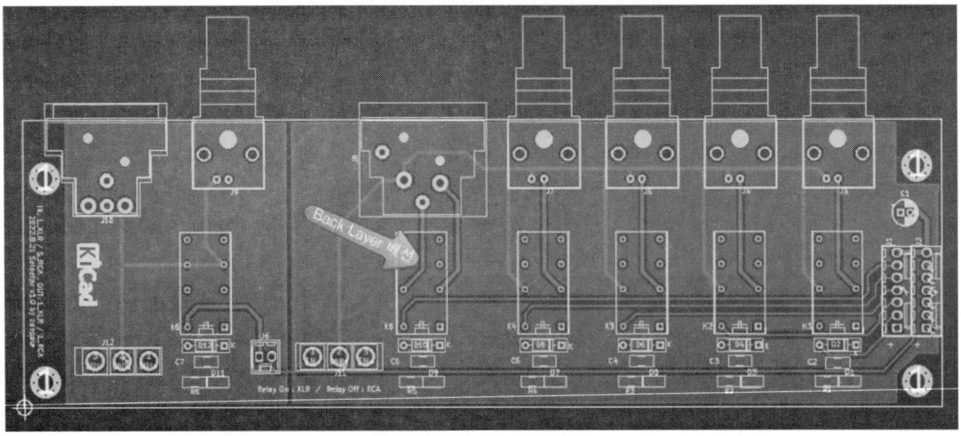

메인 회로부에서의 접지 설정은 공유되도록 설계가 되겠지만 입력 신호라인은 내

부 메인회로를 경유하여 출력 신호라인으로 들어오기 때문에 셀렉터에서 사전에 접지라인을 공유하는 것은 잡음의 원인이 될 수도 있기 때문이다. 최종 출력라인의 밸런스 출력을 하는 경우에는 메인회로의 접지인 GND와 GND2는 공유가 된다.

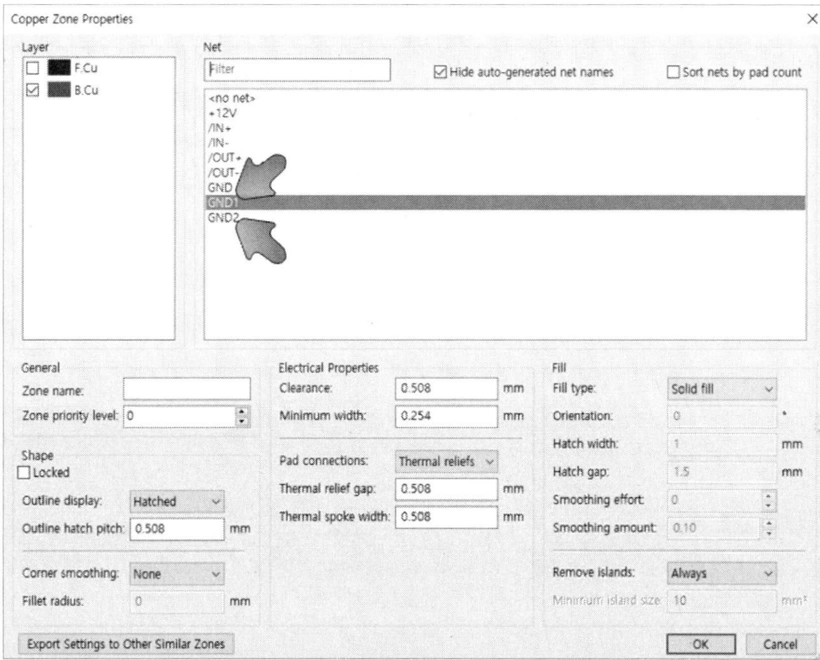

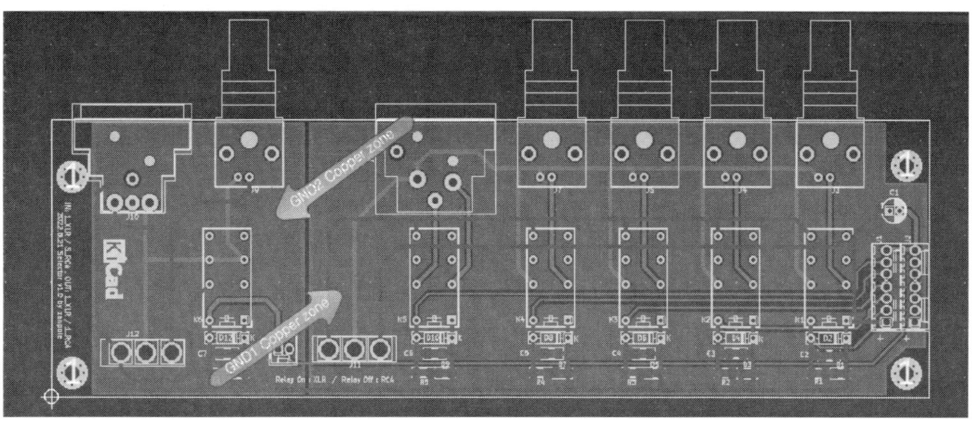

12.6 PCB 거버 파일의 작성

① 파일 메뉴의 “Fabrication Output”의 펼침 메뉴에서 “Gerbers(*.gbr)”를 선택한 다음 거버 파일이 작성될 출력 경로를 입력한다. 이때 출력을 하고자 하는 레이어를 체크해 주고 일반 옵션과 거버 옵션은 기본 설정 값으로 따르도록 한다. 제조 과정에서 필요한 “F.Fab”과 “B.Fab” 레이어가 기본 설정이 되어 있지 않기에 이 두 개의 레이어까지 체크를 해서 모든 설정 체크가 완료되었으면 하단의 출력 “Plot”버튼을 눌러서 파일을 생성하고, 우측에 위치한 드릴파일 생성 “Generate Drill files” 버튼도 눌러서 동일한 폴더에 드릴 파일도 만들어 준다.

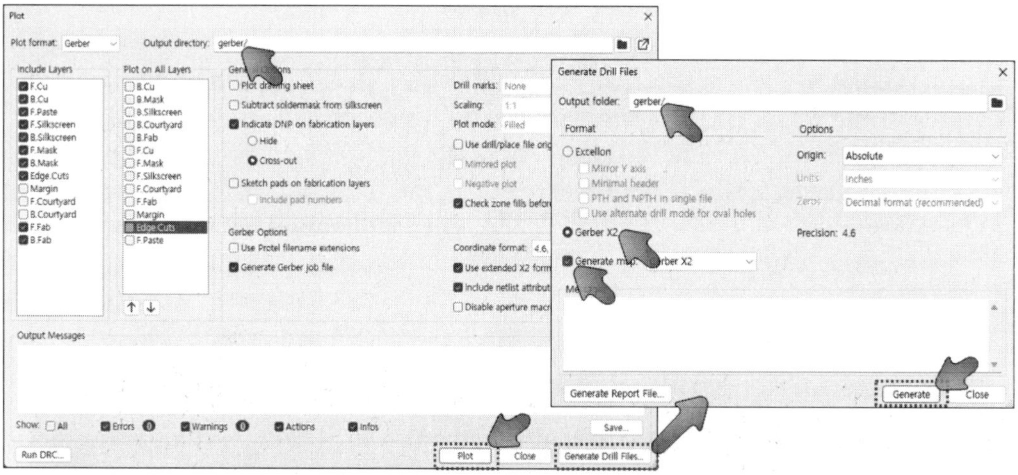

② **Gerber Viewer** : 이전 실습에서도 설명이 되었듯이 실제 PCB 제조사에 거버 파일을 제출하는 경우에 “*.zip”의 형식으로 압축파일을 제출하는 경우가 많기 때문에 거버파일이 작성된 폴더를 “Tutorial_03.zip”라는 이름으로 압축한다. 대부분의 Gerber Viewer 프로그램이나 제조사의 Gerber View 유틸리티 프로그램에서는 이러한 압축파일을 보여주는 기능을 지원하고 있다.

KiCad에서 제공하는 Gerber Viewer 프로그램의 우측 창의 레이어 관리자 창에서 보드의 외곽선 레이어와 도금이 된 드릴 구멍과 드릴 맵 레이어 그리고 앞면의 동박 레이어와 제조 레이어를 체크하고 난 후 앞면의 보드 설계의 결과가 아래와 같이 나타나는 지 확인해 보자.

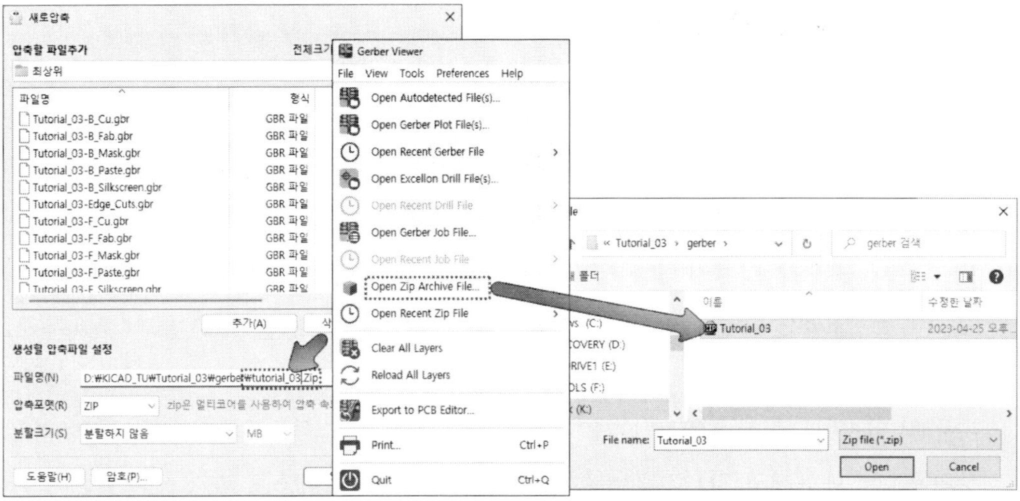

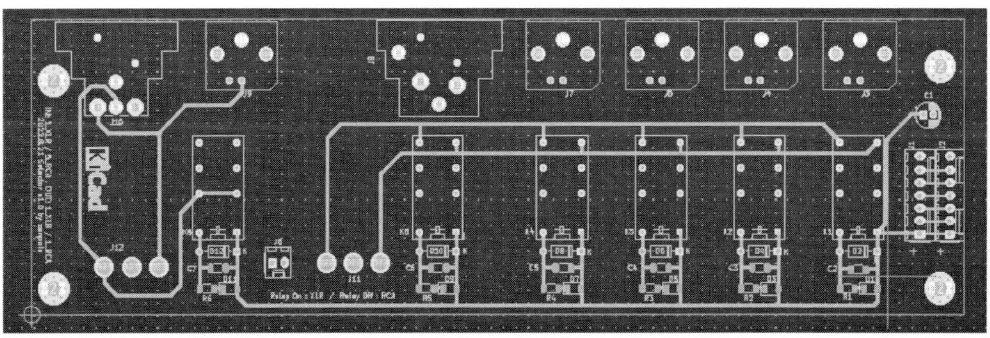

이번에는 보드의 후면을 확인하기 위해서 레이어 관리자 창에서 보드 외곽선 레이어와 도금된 드릴 구멍과 드릴 맵 레이어를 체크하고 후면의 동박 레이어와 제조 레이어를 체크하고 난 후 후면의 보드 설계의 결과가 다음과 같이 나타나는 지 확인해 보자. 후면에서는 GND1,GND2의 네트에 개별적인 동박 영역을 둔 부분에서 Thermal Relief가 제대로 처리되었는지 확인 해보자.

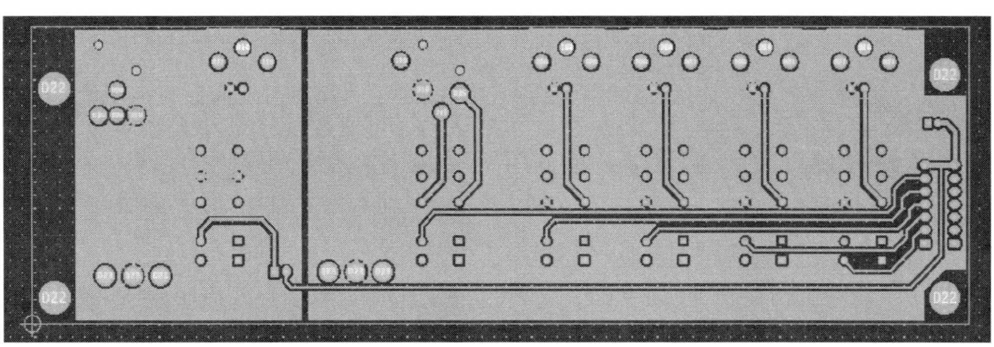

12.7 PCB 최종 제작 결과

① 이전 장에서 실습한 로타리 스위치와 이번 실습 내용이 상호 연계되어 있음을 확인해 보자. 입력부는 RCA가 4개가 배치되어 언밸런스 형태로 접지와 신호(IN+)를 전송하기 위한 회로가 설계되었고, 1개의 XLR에서는 접지와 두 개의 신호(IN+, IN−)가 밸런스 형태로 설계가 되었다. 출력부의 경우도 언밸런스 RCA에서 접지와 신호(OUT+)로 설계가 되었고 밸런스 XLR에서는 접지와 두 개의 신호(OUT+ , OUT−1)의 신호로 설계가 되었다. 모든 단자와 사용된 모든 부품은 3D 모델이 지원되는 부품과 미지원 된 부품은 새롭게 재구성하는 과정으로 실습했다. 이제 PCB 편집창의 View 메뉴에서 3D 결과보기를 하여 다음과 같은 최종 결과가 얻어졌는지 확인해 보자.

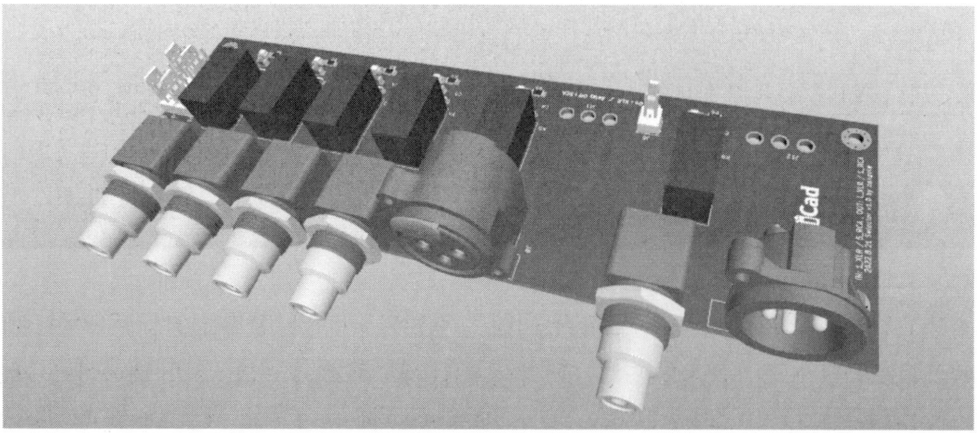

Linear Power Supply 회로 설계

전원 공급 장치는 크게 두 가지 형태로 구분이 된다. 아날로그 개념의 전원장치라고 할 수 있는 "Linear 방식"과 디지털 개념의 전원장치라고 할 수 있는 "Switch Mode" 방식이 있다. 이번 장에서는 주로 오디오 장치나 통신회로에서 많이 사용되는 Linear 방식의 양파 전원공급 회로에 대하여 실습하도록 한다.

13.1 개념 정리

선형 전원 공급(Linear Power Supply) 장치는 다음 그림과 같은 과정을 통하여 원하는 결과를 얻을 수 있다. 가정에 공급되는 220V/60Hz의 전원을 입력하면 규격에 맞는 스위치로 전원이 공급되고 과부하 방지를 위한 정격치 "Fuse"를 거치게 된다. 상황에 따라서 이곳에 사용되는 Fuse는 고열 방지용 "Thermal fuse"를 사용하기도 한다. 이렇게 입력된 교류 전원은 변압기 "Transformer"의 1차 코일을 통하여 2차 코일에서 변환된 전압을 얻어낸다. 그리고 이 전압은 다이오드 브릿지 회로를 경유하면서 정류가 되는데 대부분 중앙 탭을 갖는 변압기의 2차 전압은 4개의 브릿지 다이오드를 통하여 음전압 반파신호와 양전압 반파신호를 정류시켜서 전파 정류신호를 얻는다.

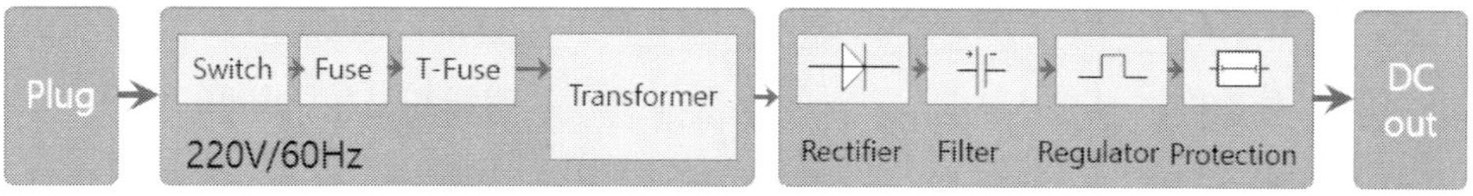

유럽과 오세아니아 국가에서는 240V/50Hz가 표준 전압 체계이지만 전압은 220V로 전환해 가는 추세이고 AC 주파수는 안정적인 50Hz를 유지하고 있다. 국내에서는 미국의 표준을 따르는 상황이라 220V/60Hz를 표준으로 하고 있다. 교류 전원은 0V를 기준으로 "+V"와 "−V"으로 진동하는 Sine 파형이므로 양 전원의 실효값을 얻기 위해서는 입력 신호의 제곱을 한 결과를 반으로 나눈 값의 제곱 근을 실효 전압으로 한다. 예를 들어 임의의 AC 전압이 얼마만큼의 DC 전압과 동일한 전력을 나타내는지 표현한 값이 바로 실효 전압이라고 보면 된다. 교류 전압은 "+"와 "−"를 한 주기에 한 번씩 규칙적으로 반복이 되기 때문에 한 주기를 더하면 평균 전압은 "0"이 되고 만다. 따라서 Sine의 한 주기를 실효값으로 계산하려면 Sine의 제곱(모두 "+"값)에 대하여 한 주기를 적분한 다음 제곱근 취한 것을 실효값으로 보면 된다.

$$
\begin{aligned}
V_{rms} &= V_p\sqrt{\frac{1}{2\pi}\int_0^{2\pi}\sin^2 t\,dt} = V_p\sqrt{\frac{1}{2\pi}\int_0^{2\pi}\frac{1-\cos 2t}{2}dt} \\
&= V_p\sqrt{\frac{1}{4\pi}\int_0^{2\pi}(1-\cos 2t)dt} = V_p\sqrt{\frac{1}{4\pi}[t-\frac{\sin 2t}{2}]_0^{2\pi}} \\
&= \frac{V_p}{\sqrt{2}}
\end{aligned}
$$

이 때 평균전압은 $V_{avg}\times\pi = 2\times V_p$ 이므로 $V_{avg}=\frac{2}{\pi}V_p=\frac{2\sqrt{2}}{\pi}V_{rms}=0.9V_{rms}$가 된다. 이 식의 자세한 유도 과정은 "www.pearsonhighered.com/floyd"를 참조하기 바란다.

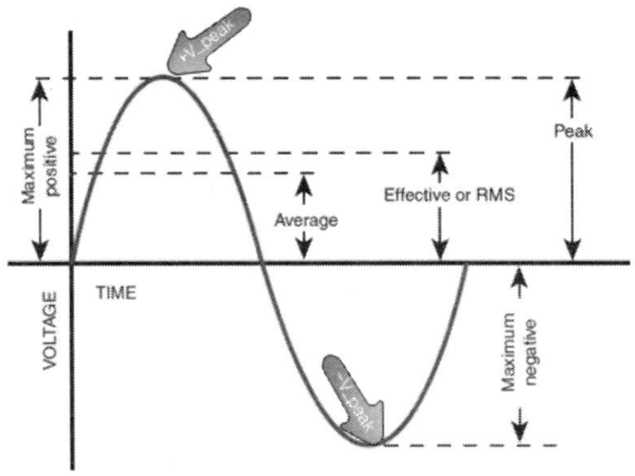

가장 많이 사용하는 4개 다이오드를 이용한 브릿지 정류회로는 아래와 같으며 이때 "+" 양파의 경우 전류는 D1, D3를 통과하면서 부하 저항에 출력 전압이 인가되며,

"−" 음파의 경우에도 전류는 D2, D4를 통과하면서 부하 저항의 극성은 변하지 않는 상태로 전압이 인가된다.

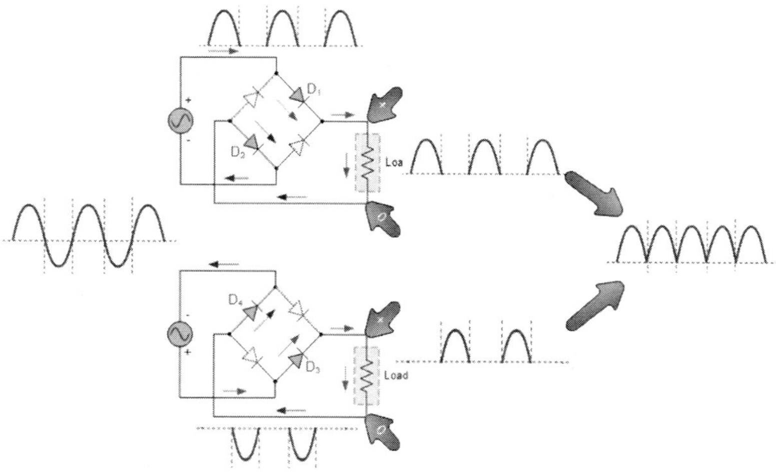

이때 전파 정류 출력 값은 실효값의 평균 값을 취한 결과에서 다이오드 2개를 경유하면서 발생한 전압강하 값을 뺀 결과 식 "$V_{LOAD} = 0.9 \times V_{\mathrm{rms}} - 0.6\mathrm{V} \times 2$"이 된다. 여기서 출력된 신호는 위상만 반전이 된 리플 신호의 형태가 된다. 여기에 평활 캐패시터를 연결하면 파형의 상승기는 충전이 되고 하강기에는 방전의 형태로 방전시간 전압 리플이 발생하는 수준의 평활 신호를 얻게 된다. 이때 평활 캐패시터의 용량과 전류, 전압 그리고 한 주기 신호의 관계는 "$Q = CV = iT$"의 수식을 따르게 되는데 여기서 T는 평활된 교류 전압의 반주기의 시간이다. 60Hz를 기준으로 하면 $T = \frac{1}{60\mathrm{Hz} \times 2} = 0.0083\mathrm{sec} = 8.3\mathrm{ms}$ 이고 V는 이 주기동안 전압 강하가 발생한 리플전압이다. 따라서 예를 들어 전파 정류 회로에 리플전압이 1V에서 1A의 전류가 공급된다고 하면 이때 $C = \frac{iT}{V} = \frac{1 \times 0.0083}{1} = 8300\mu F$로 계산이 되듯이 평활 캐패시터의 값은 입력되는

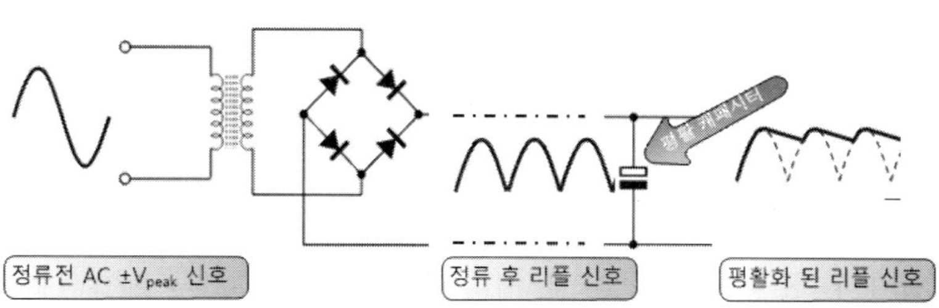

Vdc의 값에 따라서 변경되는 것을 알 수 있다. 이렇게 정류 후 평활화 된 DC 전압은 리플 값이 줄어들어 있는 것을 확인할 수 있다.

평활화된 DC 전압은 3단자 레귤레이터, 트랜지스터 보상회로, OP앰프 궤환 보상회로등을 거치면서 고주파 잡음이 제거된 양질의 DC 전압을 얻게 되는데 이 부분의 회로는 수많은 설계자들의 제안과 검증을 거치면서 다양한 형태의 회로가 알려져 있다. 이번 실습에서는 비교적 단순하면서도 저렴한 가격에 구성할 수 있는 3단자 레귤레이터 보상회로를 이용한 전원장치를 설계와 검증의 절차를 거쳐서 PCB 보드의 설계까지 실습하도록 한다.

13.2 3단자 레귤레이터

평활화 된 DC 신호의 뒷 단 회로에는 대부분 3단자 레귤레이터 회로가 배치된다. 이곳에서 사용되는 3단자 레귤레이터는 입력단과 출력단 그리고 공통단의 3개의 단자를 이용하여 간단하게 회로를 구성할 수 있다. 이러한 3단자는 과전류를 제한하고 과열을 차단하는 특성을 가지고 있지만 직접 출력 전압의 제어가 불가능하기 때문에 추가적인 회로의 구성을 하면 출력 전압의 변경이 가능하다.

① **3단자 레귤레이터 :** 가장 많이 사용되는 대표적인 양전원 레귤레이터는 78** 시리즈와 LM317이다. 3단자 레귤레이터에서 공유단자 "Adj"와 출력단자 사이는 항상 1.25V의 전압을 유지하도록 설계가 되어 있어서 이 전압이 바로 기준전압 "V_{ref}"이 되고 있다. 따라서 출력단과 공통 단자 사이의 저항 R_1값과 무관하게 두 단자 사이에는 1.25V가 유지되고 있기 때문에 R_1저항에 흐르는 전류 I_{out}가 결정되고, 이 전류가 R_2에도 흐르게 된다. 공통 단자 "Adj"에서도 미세하게 전류가 R_2로 흐르기 때문에 출력 전압 V_{out}는 아래와 같은 수식과 같이 결정이 되지만 I_{adj}는 매우 작아서 이 전류에 의한 R_2에 걸리는 전압은 무시한 근사식을 이용한다.

$$V_{out} = \frac{1.25\,V}{R_1} \times (R_1 + R_2) + I_{adj} \times R_2 \fallingdotseq \frac{1.25\,V}{R_1} \times (R_1 + R_2)$$

이 경우 R_1의 저항 값은 $R_1 = \frac{1.25\,V}{I_{out}}$의 수식에서 결정되고 R_2는 $R_2 = R_1 \times (\frac{V_{out}}{1.25} - 1)$의 식으로 결정이 된다. 이와같은 3단자 레귤레이터에서 사용되는 전압은 입력과 출력

전압의 차이가 크지 않으면 제한이 없다. 입출력 단자 사이의 전압 차이가 15V 이하인 경우에는 출력 전압 37V에 1.5A까지 전류를 보낼 수 있다. LM317/337 레귤레이터에서는 규격이 TO-220 패키지를 사용하는 경우에 20W 출력 손실을 보장하기 때문에 주어진 범위 내에서 전압/전류를 결정하도록 하고 높은 전압/전류를 사용하는 경우에는 열 발산을 위한 방열판을 사용하는 것이 좋다. 레귤레이터에 낮은 전류가 발생하면 외부 캐패시터가 방전될 수 있으므로 이러한 캐패시터의 방전을 막기 위해서 보호용 다이오드를 추가할 수 있다. 회로에서 D5, D6 다이오드는 입력전압(V_{in})보다 출력전압(V_{out})이 높을 때 전원을 차단해도 C13, C14 캐패시터가 방전되지 않아서 역전압이 발생하는 것을 방지하기 위한 것이고, D7, D8 다이오드는 V_{adj}전압보다 출력전압(V_{out}) 이 낮을 때(예 출력단이 단락) 역전압이 발생하는 것을 방지하기 위한 목적으로 사용하고 있다.

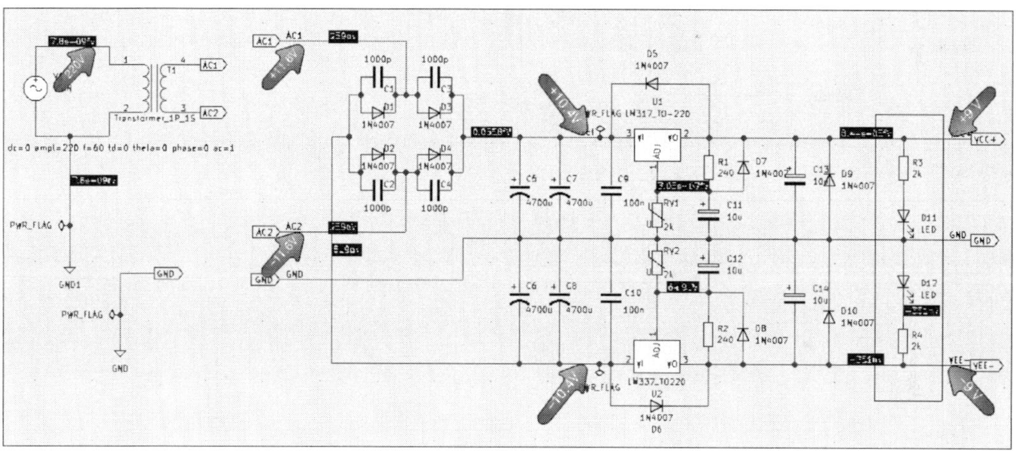

② **시뮬레이션 예제:** 입력 신호가 Sine파 60Hz이고 전압은 220V이다. 이때 트랜스의 권선비가 10:1이면 2차측 AC 신호의 전압은 22~23V 정도가 된다. 이것은 브릿지 정류 다이오드를 거치면 대략 양 전압은 $V_{input+} = \frac{V_{p(\sec)}}{2} - 0.6 \times 2 = 11.6 - 1.2 = 10.4$ 정도가 되고 음 전압은 $V_{input-} = \frac{V_{n(\sec)}}{2} - 0.6 \times 2 = 11.5 - 1.2 = -10.4$ 가 된다. 이 전압은 양파 회로의 평활 캐패시턴스을 통과하면서 리플전압만큼 감쇄가 된다. 캐패시터 용량에 따른 리플전압은 아래와 같이 계산이 되며 레귤레이터에 입력되는 최종 전압은 ±10.4V 정도가 된다. 따라서 3단자 317/337에서의 최종 출력

은 앞서 언급한 수식에 따라서 다음과 같이 9V의 출력 값을 얻을 수 있다.

$$V_{r(pp)} \fallingdotseq \frac{1}{f \times R_L \times C} V_{p(rect)} = \frac{1}{60 \times 220 \times 9400 \times 10^{-6}} \times 10.4 = 0.084$$

$$V_{out} \fallingdotseq \frac{1.25\,V}{R_1} \times (R_1 + R_2) \fallingdotseq \frac{1.25}{240} \times (240 + 1500) = 9.07$$

KiCad에서 지원하고 있는 NGSpice나 LTSpice는 Spice 프로그램과 호환성을 갖기 때문에 Spice 문법에 대한 학습과 KiCad Spice 라이브러리가 준비되어 있으면 시뮬레이션 결과를 쉽게 확인할 수 있다.

부품 이름	부품 값	Spice Script
Diode	1N4007	.model 1N4007 D(IS = 7.02767n RS = 0.0341512 N = 1.80803 EG = 1.05743 XTI = 5 BV = 1000 IBV = 5e-08 CJO = 1e-11 VJ = 0.7 M = 0.5 FC = 0.5 TT = 1e-07 mfg = OnSemi type = silicon)
	Diode_Bridge	.subckt D_Bridge_+-AA 1 2 3 4 D1 3 1 1N4001 D2 4 1 1N4001 ------------------- 중간 생략 TT = 5.76E-6 CJO = 1.85E-11 VJ = 0.75 M = 0.333 BV = 50 IBV = 1E-5) .ends D_Bridge_+-AA
Regulator	LM317	.SUBCKT LM317 IN ADJ OUT_0 R_R1 VXX IN {RINP} R_R6 N242982 VYY 10 TC=0,0 ------------------- 중간 생략 .MODEL DD D (IS=1E-015 N=0.01 TT=1e-011) .ENDS D_D *$
	LM337	*LM337 negative voltage regulator *Connections Input Adj. Output .SUBCKT LM337-1 8 1 19 .MODEL QN NPN (BF=50 TF=1N CJC=1P) ------------------- 중간 생략 D2 8 6 DN V1 18 19 1.25 .ENDS
Transformer	1:10	.SUBCKT XFORMER 1 2 3 4 Rp 1 11 0.1 ------------------- 중간 생략 K1 L1 L2 1 .ends
V Source	AC	.dc 0 sin(0 220 60)

https://github.com/kicad-spice-library/KiCad-Spice-Library/find/master

KiCad용 Spice 라이브러리는 세계 각지의 기부자, 공여자들의 수고로 Github 주소를 통하여 쉽게 구할 수가 있는데 대부분 파이썬 기반의 스크립트 형태로 제공되기 때문에 해당 부품의 텍스트를 가져다가 라이브러리로 등록("*.lib"라는 이름으로 저장)해서 사용하면 된다. 이번 실습에서 사용된 Spice 라이브러리와 스크립트 내용은 위의 표를 참조하도록 하고 라이브러리는 표 아래의 주소를 참고하자. 다음은 KiCad-Spice-Library 사이트를 방문해서 다이오드 라이브러리 "INTERNAT.LIB"에서 D1N4007 모델에 대한 스크립트를 드래그하여 노트 패드에 복사해 넣은 다음 "D1N4007.LIB"로 저장한 Spice용 라이브러리의 작업화면이다. 이렇게 만들어진 라이브러리는 앞서 설명한 내용을 참고하여 부품 속성 창을 열고 등록하도록 한다.

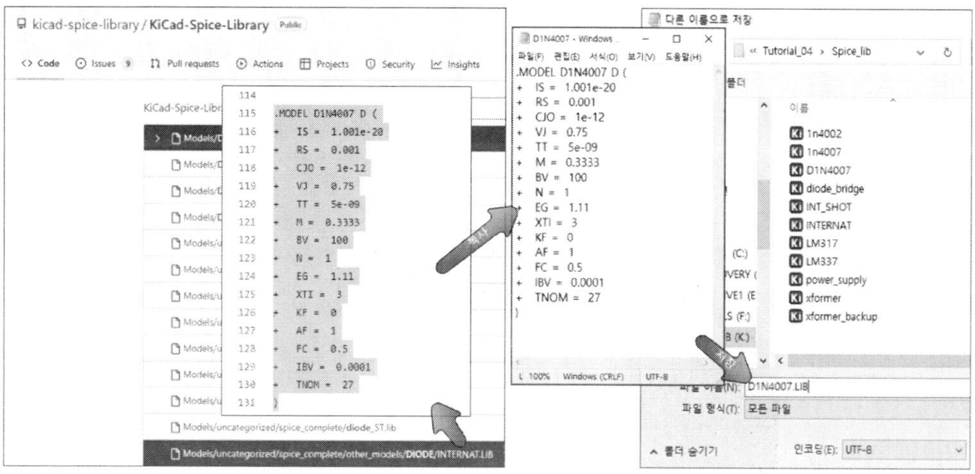

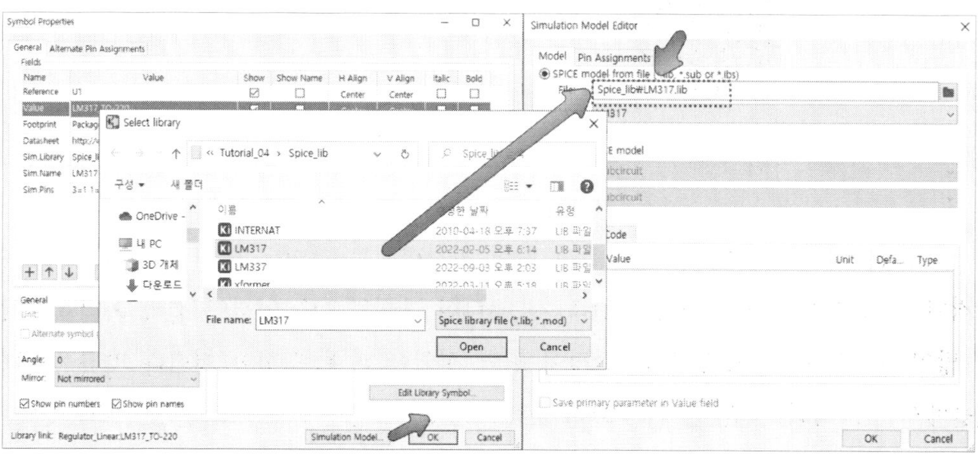

입력 소스는 Spice 시뮬레이션을 위하여 DC = 0, AC 전압이득은 220V/60Hz의 정현파를 사용하는 것으로 할 때 ".dc=0 ampl=220 f=60 td=0 theta=0 phase=0 ac=1"와 같이 설정하도록 한다. 그 밖에 브릿지 다이오드와 입력/출력단이 단락되는 상황에서 레귤레이터를 보호하기 위한 다이오드의 Spice 라이브러리 모델은 "D1N4007.lib"으로 등록하고 3단자 레귤레이터는 "LM317.lib"와 "LM337.lib"를 Spice 라이브러리 모델로 등록을 한다. 라이브러리 등록 후 창의 아래 부분에서는 3단자의 입력, 조정, 출력의 핀 순서를 지정하는 란에는 데이터 시트를 참고해서 Vin, ADJ, Vout의 순서에 맞추어서 핀 번호를 "3 1 2"로 순서를 지정해 준다. 나머지 LED에 대한 Spice 라이브러리와 부품의 핀 배열 순서를 확인 후 등록을 마쳤으면 시뮬레이션으로 확인할 양자화 시간(Time step), 종료 시간(Final time) 그리고 측정 시간(Max time step)을 설정하도록 한다.

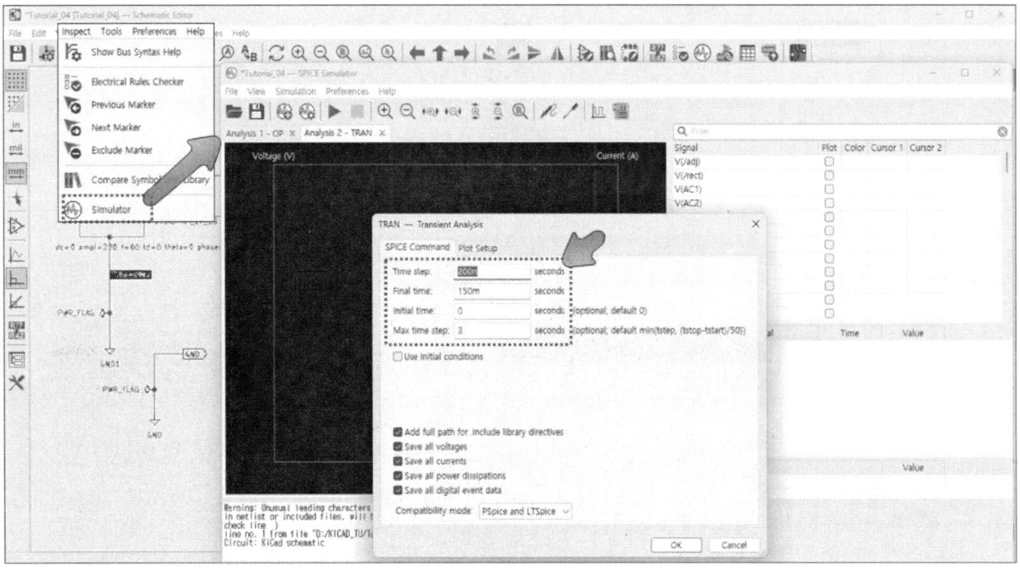

설정 창에서 측정시간을 너무 길게 하면 양자화되는 데이터 량이 폭주하고 주파수 간격이 조밀해져서 신호 파형의 관측 시 과다한 계산량으로 인하여 결과 확인에 시간이 많이 소요되고, 양자화 시간 간격이 길면 정밀한 파형 측정이 어렵다 따라서 이번 실습에서는 양자화 시간 간격을 200ns로 하고 측정시간은 150ms로 설정하도록 한다.

13.3 시뮬레이션 결과 확인

트랜스포머의 권선 비는 앞서 언급한 바와 같이 10:1이라고 할 때 2차측 양 전압은 +12V이고 음 전압은 −12V정도가 되는지 확인해 보자. 또한 2차 측에 안정화 된 전압이 유도되기까지의 천이시간(Transition Time)이 어느 정도 소요가 되는지도 확인해 보자. 시뮬레이터 상에서는 대략 60~70ms정도의 시간이 지난 후에 유도 전압이 안정화되는 것으로 확인할 수 있다.

> 참고사항 : 현재 Simulation 결과의 Spice Library는 KiCad v9.04에서 검증됨.

① **양파 전원회로 :** 브릿지 다이오드에 공급되는 양파 전원은 위상이 반전된 정현파로 양 전원 쪽의 D3,D2 다이오드에서는 "+" 반파 정류의 결과를 내보내고 D4, D1 다이오드에서는 "−" 반파로 위상이 반전된 반파 정류의 결과가 더해져서 양 전원 방향으로 전파 정류신호를 내보낸다.

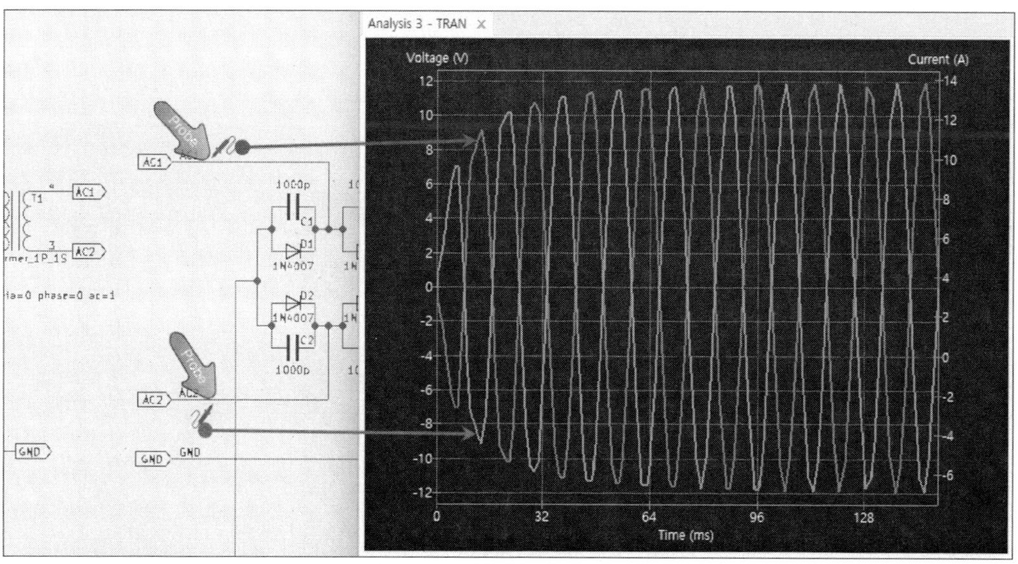

평활 캐패시터를 통과한 양 전압은 +10.4V은 LM317의 입력이고 , 음전압 -10.4V는 LM337의 입력으로 3단자 레귤레이터에서 가변저항 RV1,RV2를 다음과 같이 값을 조정해서 +9V,-9V의 양 전원 전압이 출력 결과를 측정해 보자.

$$V_{out+} \fallingdotseq \frac{1.25\,V}{R_2} \times (R_2 + RV_1) \fallingdotseq \frac{1.25}{240} \times (240 + 1488) = 9$$

$$V_{out-} \fallingdotseq -\frac{1.25\,V}{R_3} \times (R_3 + RV_2) \fallingdotseq -\frac{1.25}{240} \times (240 + 1488) = -9$$

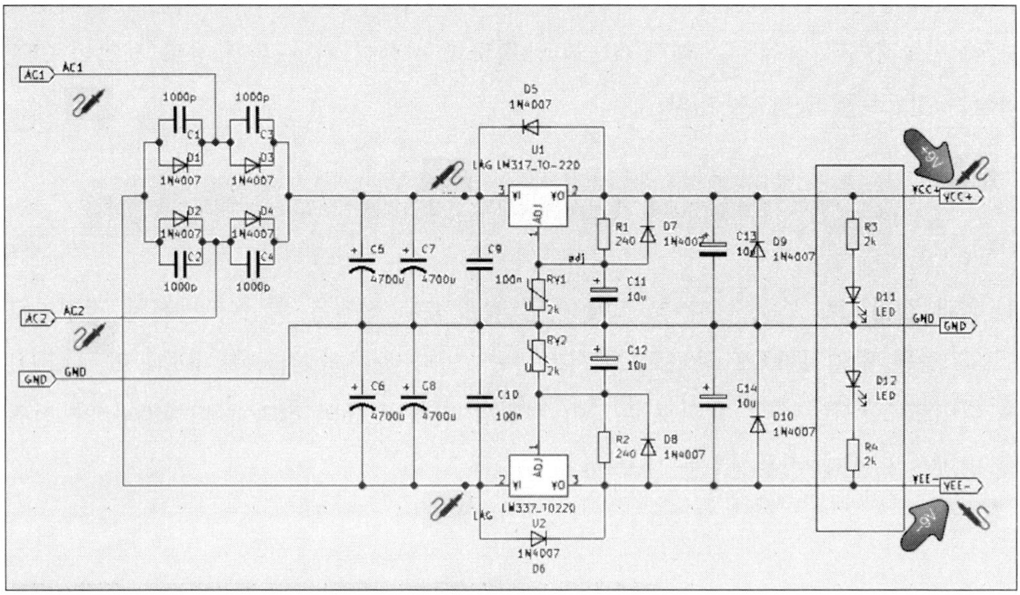

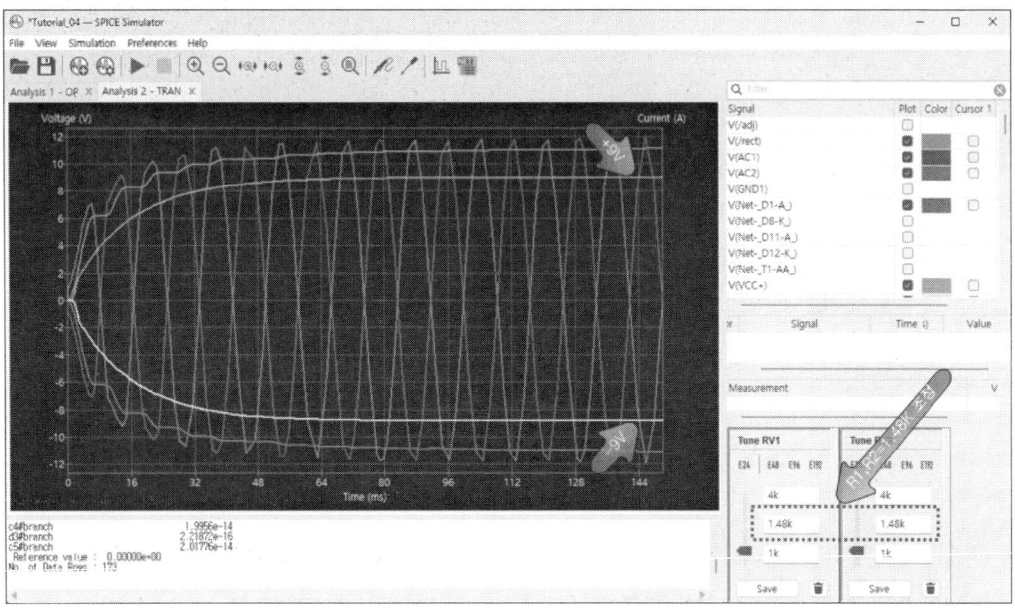

② **양 전압 단전원 회로 :** 트랜스포머 권선비 10:1에 따라 단 전원의 경우는 22V가 브릿지 다이오드 D3,D2에서 양전압, D4,D1에서 음전압 반파 정류를 모아서 전파 정류 신호를 얻게 되고 평활회로를 거치면 20.8V 정도의 전압이 LM317 입력 값으로 인가되고 레귤레이터의 저항 비에 따라 양 전압을 얻는다. RV1 저항 값으로 조정해서 출력 전압 값의 범위를 +15V에 맞추어 보도록 하자. 앞서 설명한 수식을 이용하면 R_2의 저항 값은 2.74k 정도에 맞출 때 15.52V로 계산이 된다.

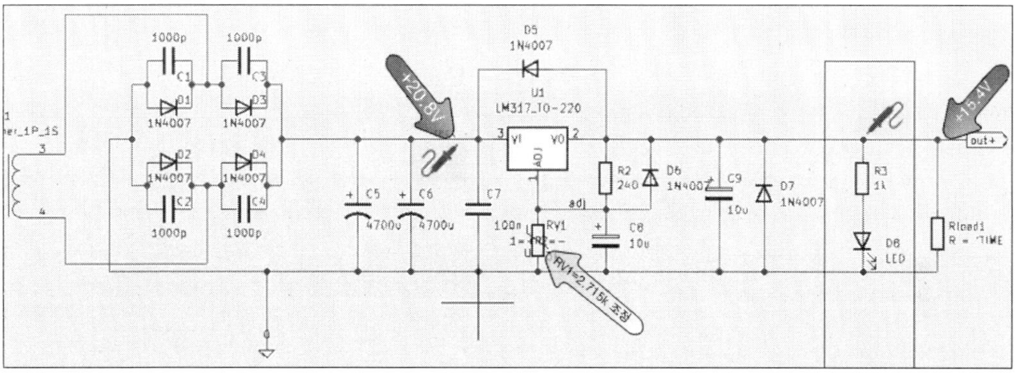

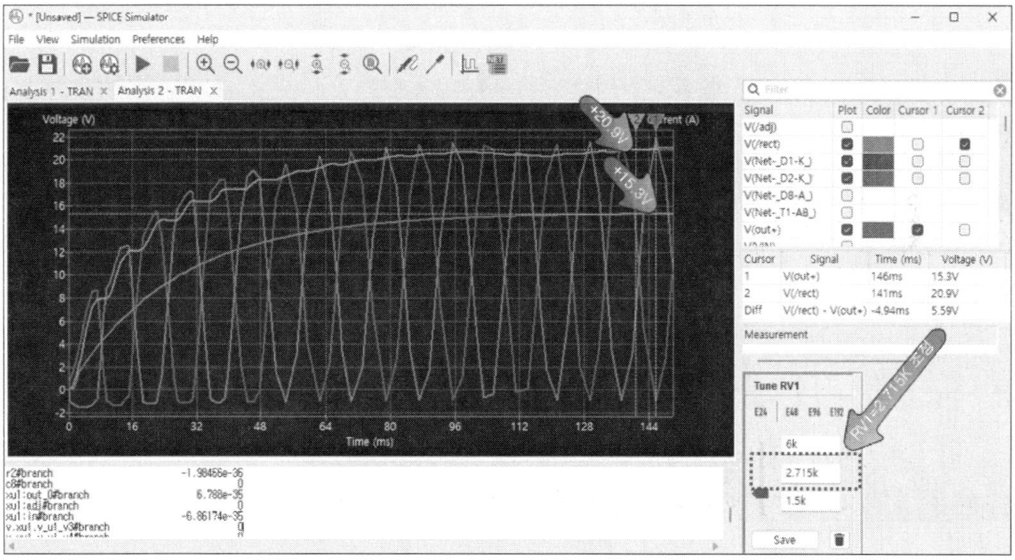

시뮬레이터의 "Tune" 아이콘을 이용해서 Schematic 도면의 RV1 저항 값을 변경하면서 출력 전압의 변화를 측정해 보자.

$$V_{out+} \fallingdotseq \frac{1.25\,V}{R_2} \times (R_2 + RV_1) \fallingdotseq \frac{1.25}{240} \times (240 + 2740) = 15.52$$

③ **음 전압 단전원 회로 :** 양 전압 단전원 회로와 동일하게 트랜스포머 권선 비 10:1에 따라 음 전압 단 전원은 −22V가 브릿지 다이오드 D4, D1에서 음전압, D3, D2에서 양전압 반파 정류를 모아서 전파 정류 신호를 얻게 된다.

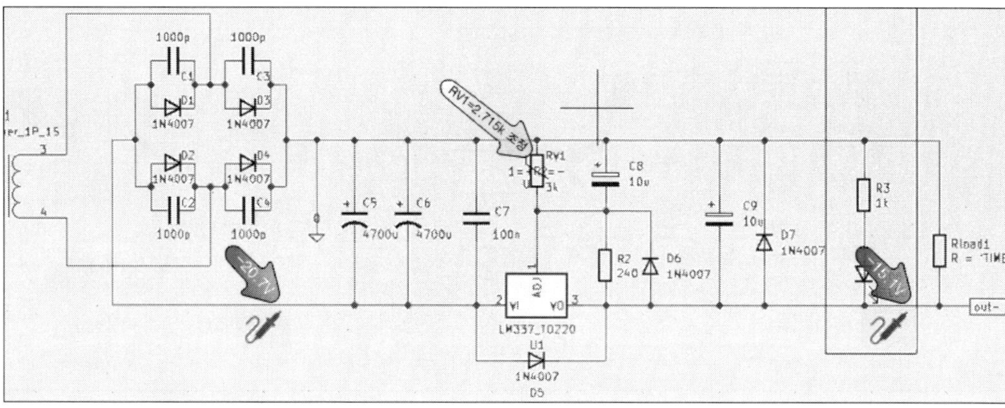

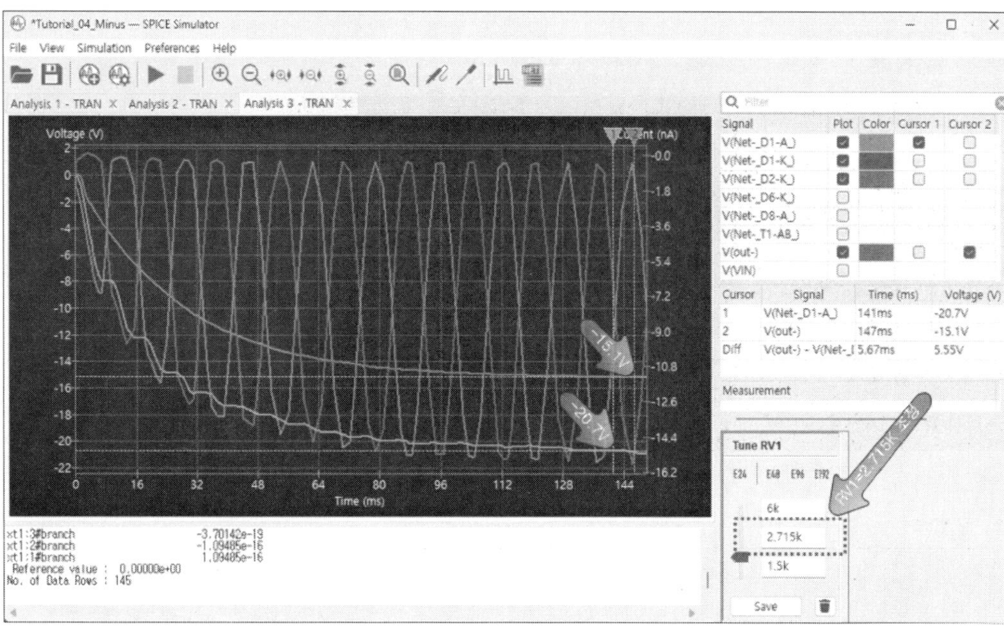

그리고 평활회로를 거치면서 −20.8V 정도의 전압이 LM337 입력 값으로 인가되

고 레귤레이터의 저항 비에 따라 음 전압을 얻는다. RV1 저항 값으로 조정해서 출력 전압 값의 범위를 −15V에 맞추어 보도록 하자. 앞서 설명한 수식을 이용하면 RV2의 저항 값은 근사 값으로 2.74k 정도에 맞출 때 −15.5V로 계산이 된다. 시뮬레이터의 "Tune" 아이콘을 이용해서 Schematic 도면의 RV2 저항 값을 변경하면서 출력 전압의 변화를 측정해 보자.

$$V_{out-} \fallingdotseq -\frac{1.25\,V}{R_3} \times (R_3 + RV_2) \fallingdotseq -\frac{1.25}{240} \times (240 + 2740) = -15.52$$

13.4 PCB 보드의 설계

Schematic 회로도면에서 시뮬레이션을 위하여 사용된 트랜스포머는 제외하고 브릿지 다이오드에 공급되는 AC 전압 입력 단에는 AC1, AC2, GND의 네트를 추가한다. 그리고 양전압과 음전압 출력단의 네트는 VCC+, VEE−, GND라는 이름을 추가하도록 하자.

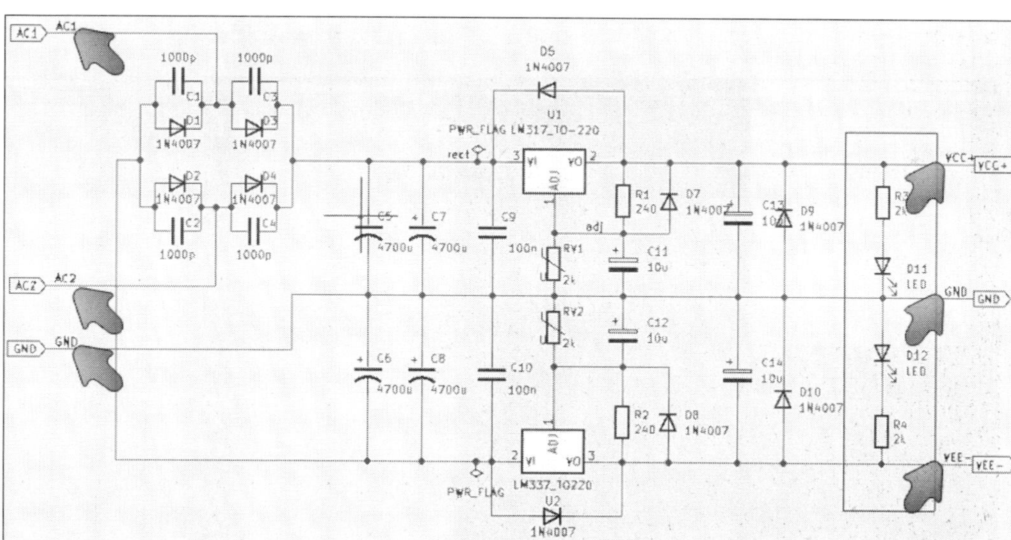

① **작업 레이어 설정 :** Schematic 회로 도면의 준비를 모두 마쳤으면 PCB 편집 창에서 좌측 상단의 보드 환경설정 아이콘 ""를 실행한 후 PCB 제작에 사용 될 개별

레이어를 선택해 준다. 설계에 PCB는 2 레이어로 할 때 설계에 사용되는 기본 레이어는 양면에 대하여 Cu, Silkscreen, Mask, Fab, EdgeCuts, Courtyard, Fab 그리고 예비용으로 User.Eco1 레이어를 추가하는 것으로 하자. 그 밖에 물리 계층의 옵션이나 배선등과 관련된 제한 사항에 대한 옵션은 추후 변경이 가능하기 때문에 우선 기본 값을 그대로 따르도록 한다.

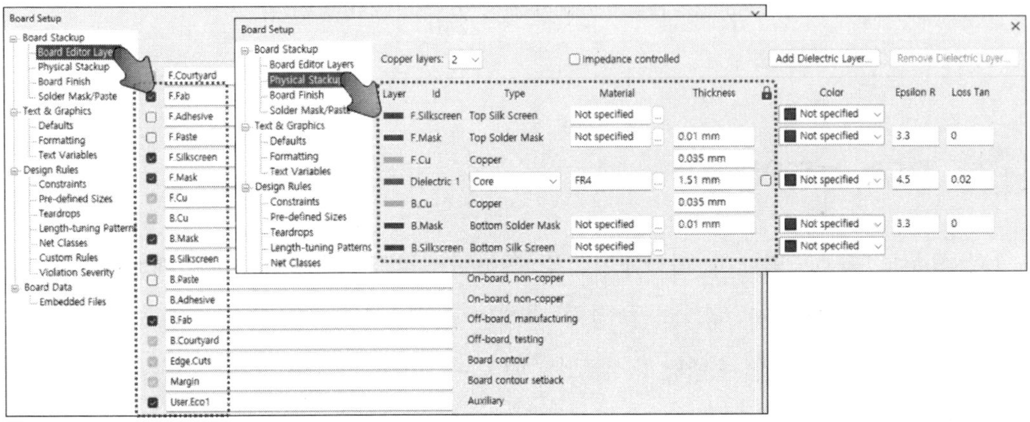

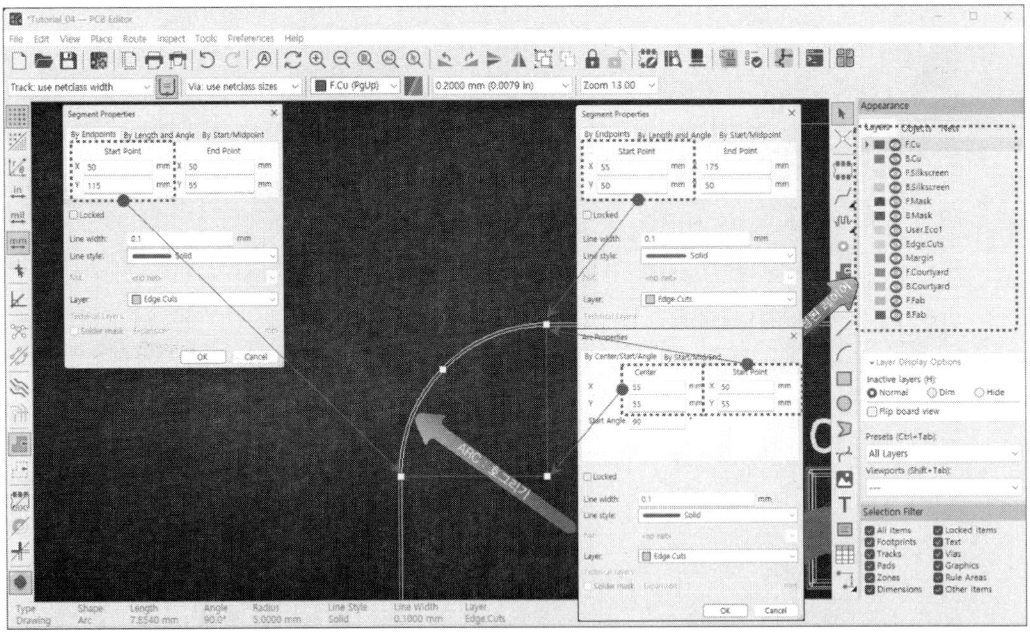

② **PCB 보드 외곽선:** PCB의 크기는 “120×70mm”로 하고 모서리는 반경 “5mm” 라운드로 모따기 작업을 하도록 한다. 우선 외곽선을 그리기 전에 우측 레이어 창에서 “Edge.Cuts” 레이어를 선택한 다음 도면의 시작 원점은 “(50, 50)”으로 하여 우측 상단 모서리 “(170, 50)”, 우측 하단 모서리 “(170, 120)”, 좌측 하단 모서리 “(50, 120)”으로 좌표를 설정해 주면 정확한 크기의 외곽선을 설정할 수 있다. 외곽선 그리기 작업을 마무리하고 모서리의 원형 라운드 모따기를 하기 위해서는 각각의 모서리 위치에서 “5mm”씩 길이를 줄여서 나타난 모서리 공간에 좌측 아이콘 “⌒”를 선택한 다음 90도의 “호” 그리기를 해서 모서리를 완성하도록 한다.

③ **Footprint 추가:** Schematic 설계 도면에서 개별부품에 대한 Footprint이외에 PCB 기구의 단자나 고정용 홀 등에 대한 Footprint는 네트리스트를 가져오기 위한 갱신 작업 전에 먼저 위치를 잡아서 고정하도록 한다.

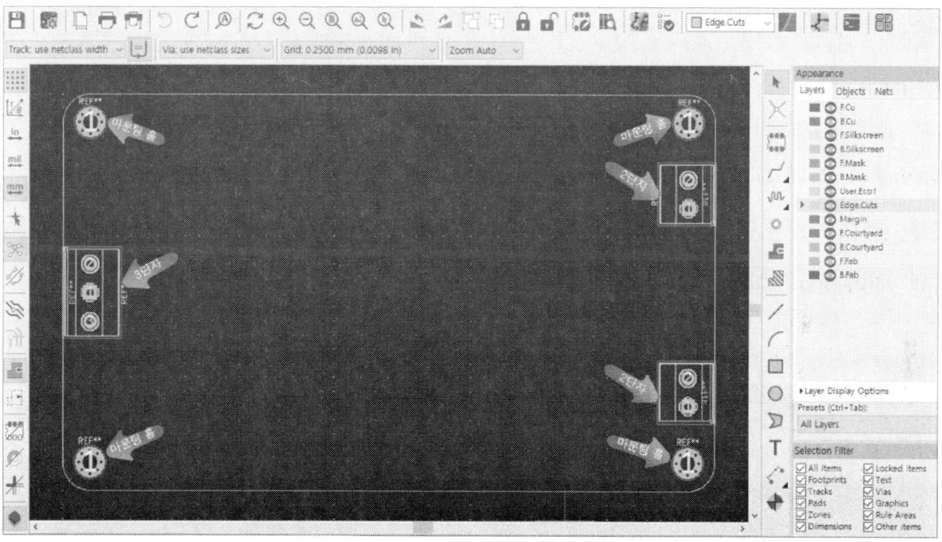

PCB 보드 외곽선의 4개 모서리에 고정용 홀인 마운팅 홀 Footprint “MountingHole_2.7mm_Pad_Via”를 보드의 4개 모서리 좌표 값 “(55, 55), (165, 55), (165, 115), (55, 115)”의 위치에 배치를 한다. 또한 AC전원 입력 용 3단자는 “(55, 80)” 좌표에 배치하고, 양, 음전압 출력용 2단자는 각각 “(165, 70)” 와 (165, 105)”의 좌표에 배치를 해준다. 여기서 입력용 3단자는 부분 수정을 해서 중간 단자에 접지 패드가 오도록 Footprint를 수정해서 사용하도록 하자.

- “TerminalBlock_Phoenix_MKDS-1,5-3-5.08_1x03_P5.08mm..” : 입력 3단자
- “TerminalBlock_Phoenix_MKDS-1,5-2-5.08_1x02_P5.08mm..” : 출력 2단자

④ **부품별 Footprint 할당 :** PCB에 마운팅 홀과 입출력 단자에 대한 Footprint 배치를 완료한 다음에는 Schematic 도면에서 사용된 각종 부품에 대한 Footprint를 할당하기 위해서 Schematic 편집 창의 아이콘 “ ”을 실행하고 부품 Filter는 “ ”만 활성화시킨다.

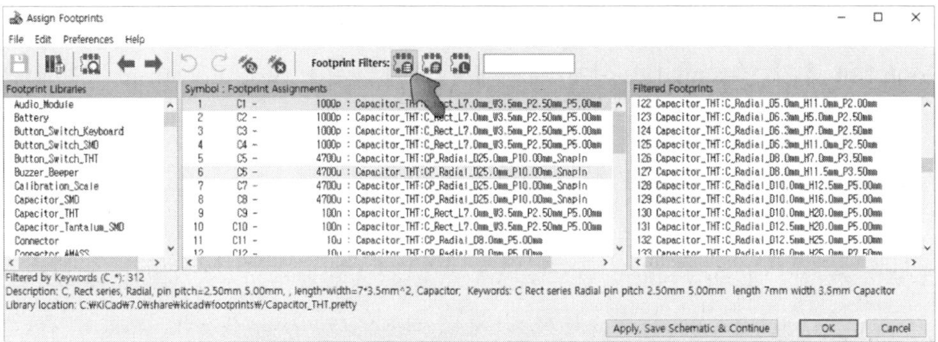

도면에서 선택된 부품에 대한 Footprint의 실물을 확인하기 위해서 아이콘 “ ”를 선택하고, 추가적으로 3D 모델 보기 창을 열어둔 상태에서 개별 부품을 선택하면 실물 모양의 Footprint 3D 모델을 확인하면서 할당 작업을 진행할 수 있다.

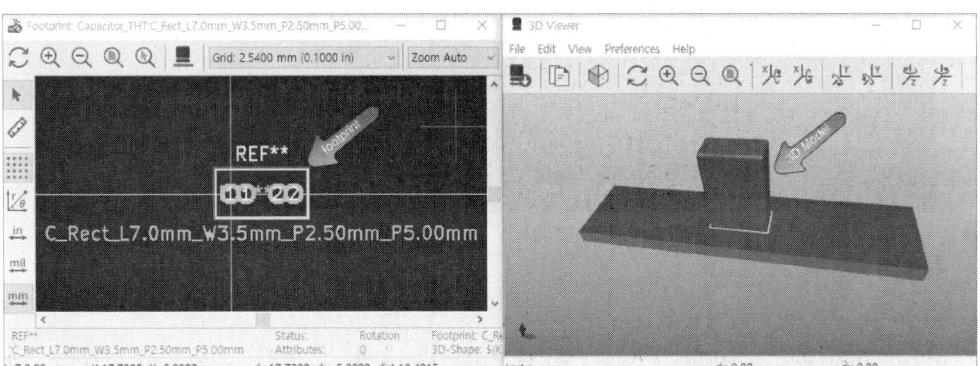

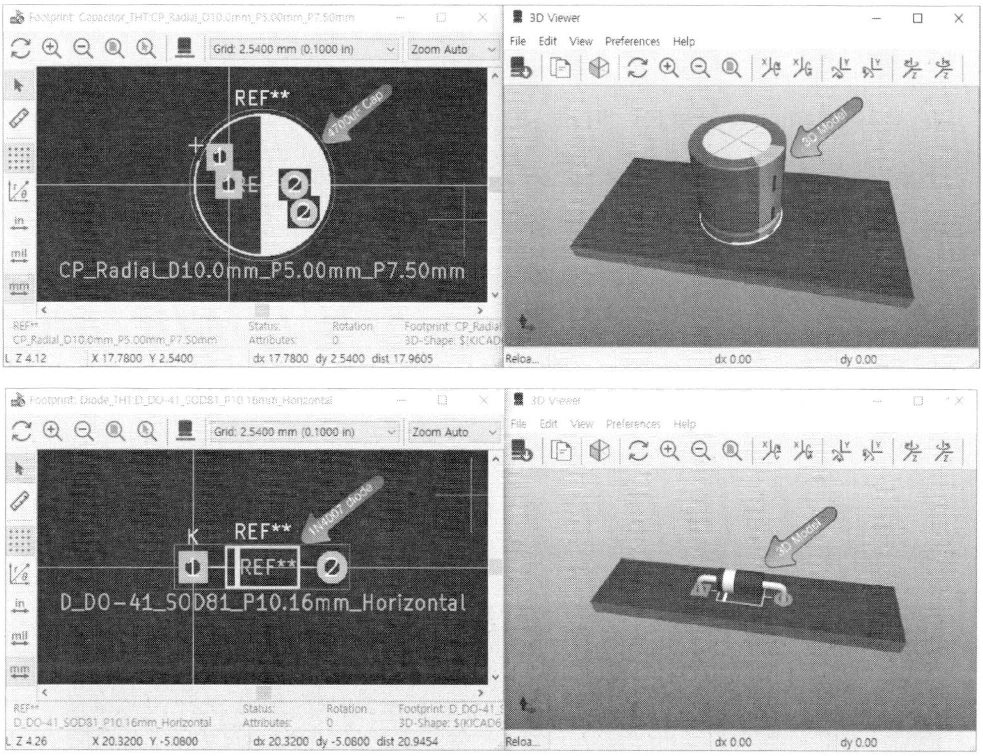

⑤ **부품의 Ratnest :** Schematic 도면상의 모든 부품에 대하여 Footprint 할당 작업을 마쳤으면 도면의 변경사항이 발생했기 때문에 오류 방지를 위해서 도면을 다시 한 번 저장한다.

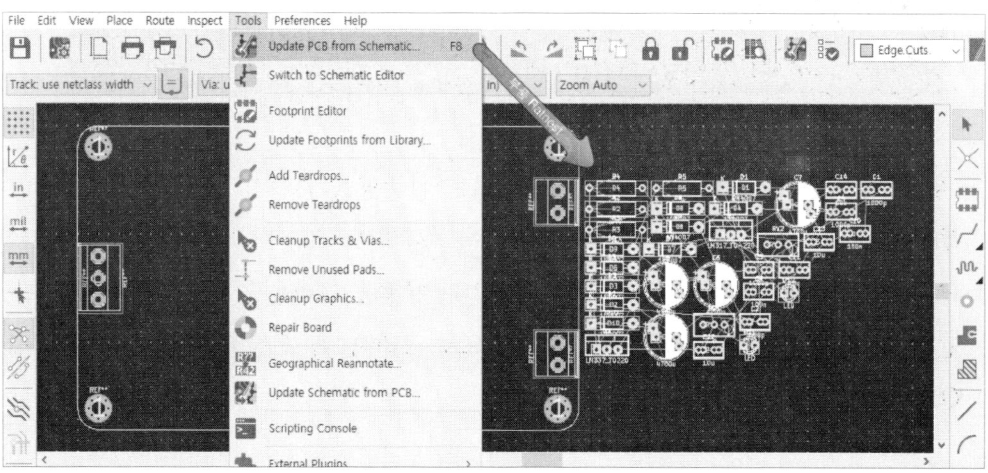

그리고 Schematic에서 PCB 보드로 업데이트를 진행하면 자동적으로 Netlist의 정보가 PCB 보드와 공유가 되면서 외곽선 부근에 위치한 부품의 Footprint들이 Net로 연결된 부품 뭉치인 "Ratnest"의 형태로 마우스의 커서에 부착된 상태로 나타 난다. 이때 부품의 배치 작업이 용이하도록 "Ratnest"는 PCB 외곽선 부근의 적당한 위치에서 마우스를 클릭해서 그 위치에 Ratnest를 위치시킨다. 그리고 지금부터는 Schematic 도면과 교차 참조를 하면서 적당한 위치에 부품을 배치하도록 한다.

⑥ **부품의 배치**: Schematic 도면을 기준으로 입력부에서 출력부로 신호의 흐름에 따라 위치하고 있는 부품을 배치하도록 한다.

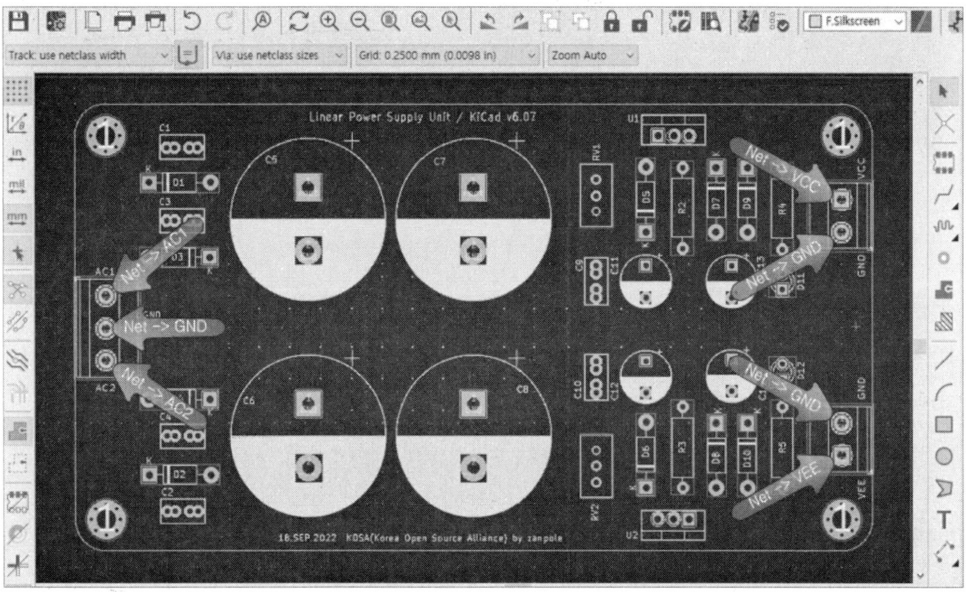

두 개의 전원 라인에 대한 그라운드는 보드의 중앙을 가로지르는 배선을 고려하여 부품의 극성위치를 그라운드와 마주 보도록 배치한다. 3단자 터미널 블록의 네트는 교류 전압이 입력되는 곳으로 AC1, AC2의 이름과 그라운드 GND로 매칭하고, 2단자 양 전원 터미널 블록은 VCC,GND으로, 2단자 음 전원 터미널 블록은 VEE, GND로 매칭을 해준다.

13.5 PCB 보드의 배선

① **부품의 배선**: 우선 PCB 보드의 입력 GND 라인과 출력 GND 라인을 배선폭 2.5mm로 중앙에 수평으로 배선을 한다. Schematic 도면의 회로와 유사하게 중앙의 GND 배선을 기준으로 윗 쪽에는 양 전압 회로를 두고 아래쪽에는 음 전압 회로의 배선을 하면 되는데 극성이 있는 캐패시터는 중앙의 GND 배선과 마주하도록 부품을 배치하는 것으로 작업을 한다. GND 관련 배선을 마치고 나면 캐패시터의 GND를 감싸는 동박의 단열판을 앞 뒷면에 배치하고 양면의 단열판 접지능력을 개선하기 위하여 Pad Via를 아래 그림과 같이 일정 간격으로 배치하도록 한다.위쪽의 VCC 라인과 아래쪽의 VEE 라인은 동일한 수평 배선 위치에 두고 뒷면 레이어에서 배선을 완료하도록 하자. 그리고 나머지 브릿지 다이오드와 레귤레이터 부품의 배선은 앞면 레이어에서 다음과 같이 배선 작업을 진행한다. GND 수평 배선을 제외한 나머지 부품의 배선 폭은 전류가 1A이고 온도가 60도 이하인 경우 배선 폭은 "0.1mm"으로 권장하고 있지만 각종 스루 홀 Pad의 크기와 부품의 Pad 크기를 고려하여 "1.5mm"로 하여 배선을 하도록 한다.

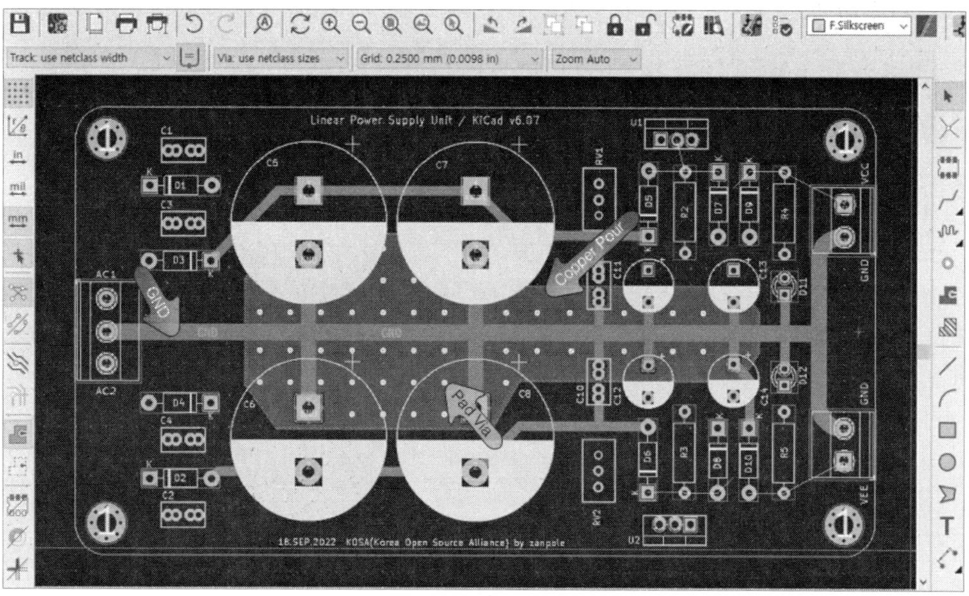

② **심볼과 텍스트 배치 :** PCB 보드의 좌측 하단 부분에는 Footprint 심볼 라이브러리에서 "KiCad" 로고 중 5mm 크기의 동박 로고를 불러와서 반시계 방향으로 90도 회전을 시킨 다음 앞면 동박 레이어의 원하는 위치에 배치를 한다. 또한 지금까지 설계한 선형 전원보드에 대한 이름과 설계 날자와 각종 단자의 식별 이름 등은 사용자 요구에 맞게 글자의 크기와 두께 등을 설정한 다음 실크 레이어의 원하는 위치에 배치를 하도록 하자.

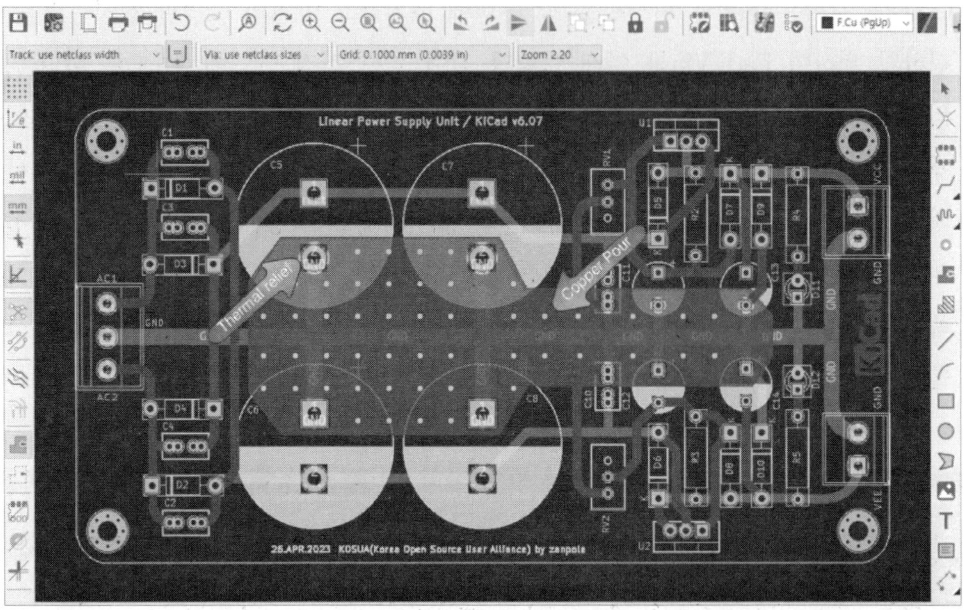

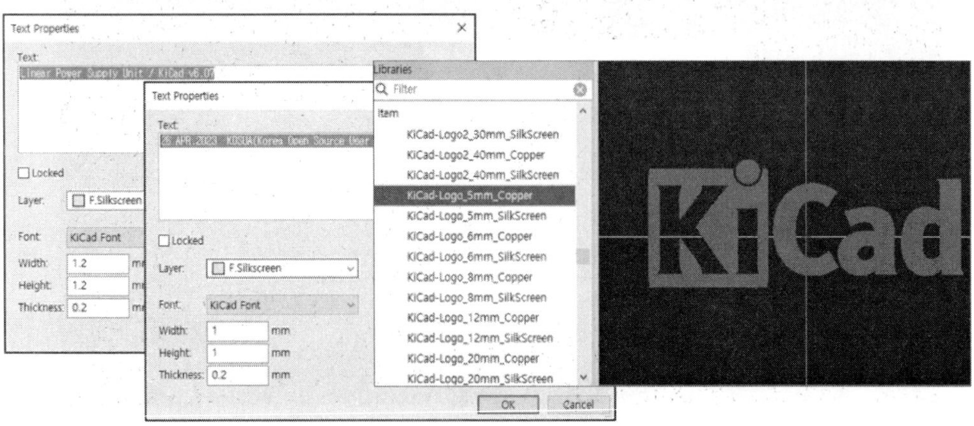

모든 작업을 마치고 난 이후에도 배선 과정에서 불필요한 중복된 배선 조각들이

Pad나 Via 부근에 감춰져 있어서 오류를 발생시키는 경우가 많기 때문에 도구 메뉴에서 "Cleanup Tracks & Vias.."를 실행하여 이러한 중복 요소들을 깨끗이 제거하도록 하자. 또한 검사 메뉴에서 설계 규칙 검사(DRC)를 실행해서 설계 규칙에 위배된 부분은 단계 별로 한 개씩 찾아서 수정하도록 한다.

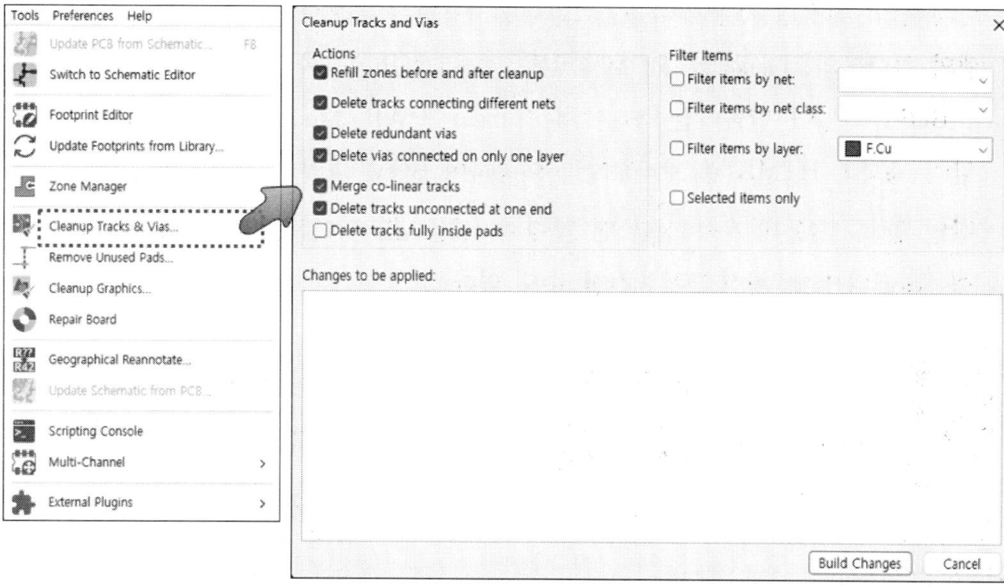

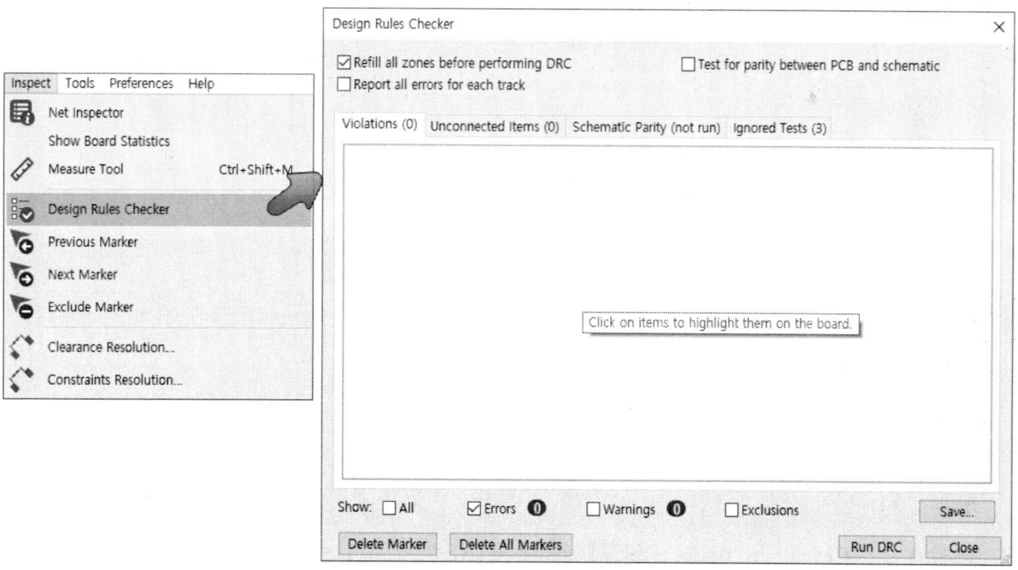

③ BOM 파일의 작성 : PCB 편집 창의 우측 상단에 위치한 “Interactive HTML BOM” 아이콘 “”를 실행하여 BOM 파일의 결과를 확인해 보자. 실행 시 팝업 창에 3개의 설정 탭 (“General”,“HTML defaults”,“Fields”)이 보이는데 “General” 탭에서는 BOM파일의 저장 경로와 파일 이름을 설정하도록 한다. 이번 실습은 “Linear_ PWR_ Module”라는 이름으로 BOM 파일을 작성하는 것으로 하고 나머지 탭의 설정내용은 기본 값을 그대로 사용하는 것으로 하자. 그리고 “General” 탭의 하단부의 “Generate BOM” 버튼을 눌러서 BOM 파일을 작성하도록 한다.

BOM 파일이 만들어진 폴더에서 “Linear_PWR_Module”를 실행하면 아래와 같이 대화형 HTML 웹 브라우져를 이용하여 BOM 파일의 결과를 다양한 형태를 확인 할 수 있는데 우측 상단 맨 앞에 위치한 “”아이콘을 이용하면 BOM 파일을 “csv”나 “txt”형식으로 저장할 수도 있다.

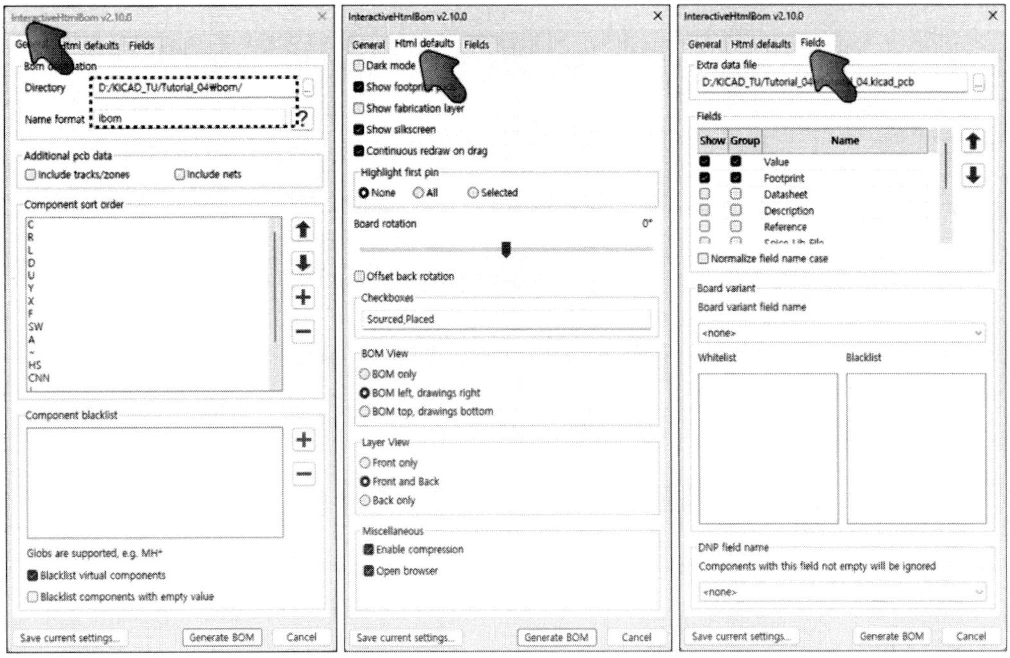

“”의 아이콘을 선택하면 동일한 종류의 부품을 묶음 형식으로 보거나 개별 부품 형식으로 표시할 수 있다. “”의 아이콘은 BOM 파일만 보는 기능과 PCB 보드의 전,후면 레이어까지 함께 보는 것이 가능해서 부품의 위치를 확인하는 경우 유용한 기능이다. 세 개의 아이콘의 선택으로 화면 변화의 상태를 직접 확인해 보자.

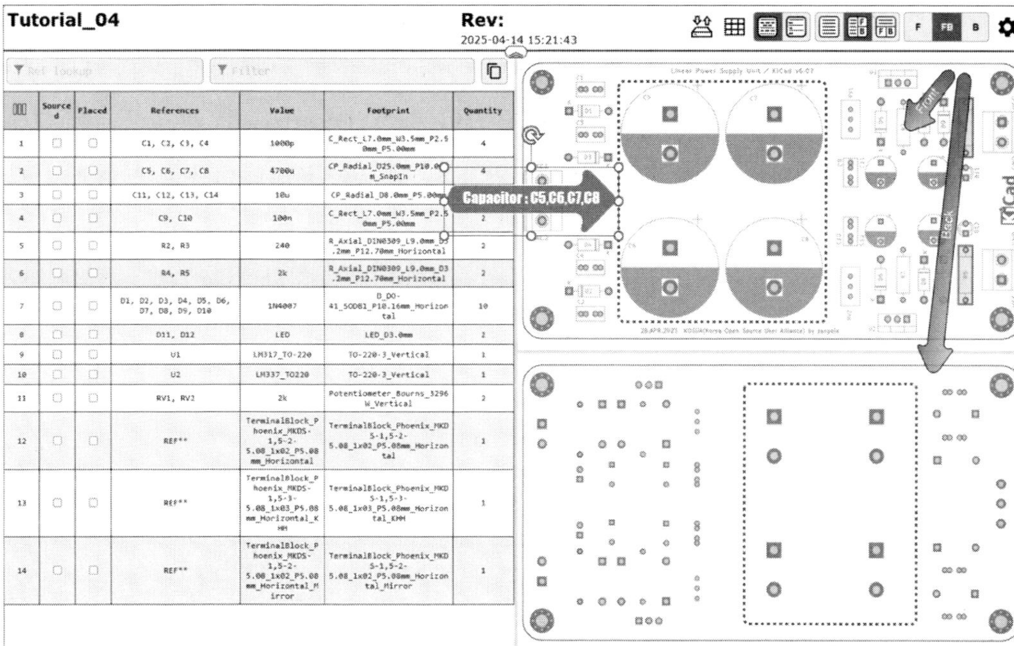

앞서 대화형 웹에서 저장해둔 “csv” 형식으로 파일을 엑셀을 이용하여 파일 열기를 하면 다음과 같은 내용을 확인할 수 있다.

null	Sourced	Placed	References	Value	Footprint	Quantity
1			C1, C2, C3, C4	1000p	C_Rect_L7.0mm_W3.5mm_P2.50mm_P5.00mm	4
2			C5, C6, C7, C8	4700u	CP_Radial_D25.0mm_P10.00mm_SnapIn	4
3			C11, C12, C13, C14	10u	CP_Radial_D8.0mm_P5.00mm	4
4			C9, C10	100n	C_Rect_L7.0mm_W3.5mm_P2.50mm_P5.00mm	2
5			R2, R3	240	R_Axial_DIN0309_L9.0mm_D3.2mm_P12.70mm_Horizontal	2
6			R4, R5	2k	R_Axial_DIN0309_L9.0mm_D3.2mm_P12.70mm_Horizontal	2
7			D1, D2, D3, D4, D5, D6, D7, D8, D9, D10	1N4007	D_DO-41_SOD81_P10.16mm_Horizontal	10
8			D11, D12	LED	LED_D3.0mm	2
9			U1	LM317_TC	TO-220-3_Vertical	1
10			U2	LM337_TC	TO-220-3_Vertical	1
11			RV1, RV2	2k	Potentiometer_Bourns_3296W_Vertical	2
12			REF**	TerminalB	TerminalBlock_Phoenix_MKDS-1,5-2-5.08_1x02_P5.08mm_Horizontal	1
13			REF**	TerminalB	TerminalBlock_Phoenix_MKDS-1,5-3-5.08_1x03_P5.08mm_Horizontal_KHH	1
14			REF**	TerminalB	TerminalBlock_Phoenix_MKDS-1,5-2-5.08_1x02_P5.08mm_Horizontal_Mirror	1

13.6 PCB 거버 파일의 작성

① PCB 파일 메뉴 중 “Fabrication Output”의 펼침 메뉴에서 “Gerbers(*.gbr)”을 선택하고 새롭게 작성될 거버 파일이 저장될 출력 경로를 지정하도록 한다. 이때 거버 파일로 출력하고자 하는 레이어는 체크박스를 통해서 마우스로 선택하고 일반

옵션과 거버 옵션은 기본을 설정 값을 그대로 사용하자. 제조과정에 필요한 "F.Fab"과 "B.Fab"은 필요한 경우 선택해서 거버 파일에 포함시키면 된다. 모든 옵션사항에 대한 체크를 완료하였으면 지금 작업 중인 Tutorial_04 프로젝트 폴더내에 "Gerber"라는 이름의 새로운 폴더를 만들고 하단의 "Plot" 버튼을 실행해서 거버파일을 출력한다. 비아 홀등 드릴 구멍좌표를 나타내는 드릴 차트도 "Plot" 창 하단에 위치한 "Generate Drill files"메뉴를 실행하면 동일한 "Gerber" 폴더에 드릴파일도 작성할 수 있다.

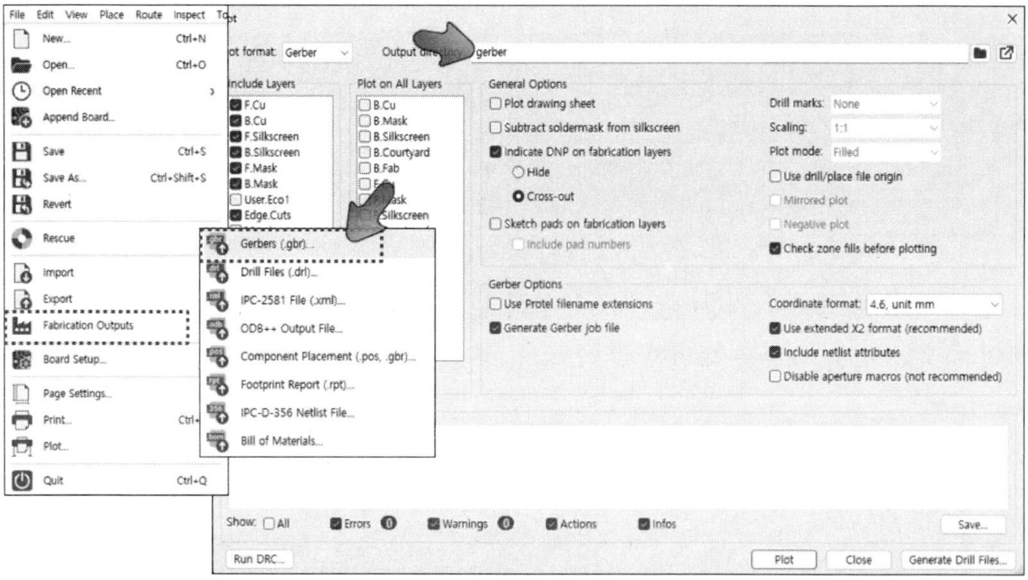

② **Gerber Viewer :** 거버 파일 작성이 모두 끝났으면 PCB 제조사에 제출하는 형식으로 "Tutorial_04.zip"이라는 이름으로 파일을 압축한다. 최근의 PCB 제조사에서는 압축된 거버 파일을 확인할 수 있는 거버 보기 프로그램을 개별적으로 지원하고 있는 추세이다. 이번 실습도 KiCad에서 지원하는 Gerber Viewer 프로그램을 이용하여 압축된 거버 파일 보기를 실행해 보자.

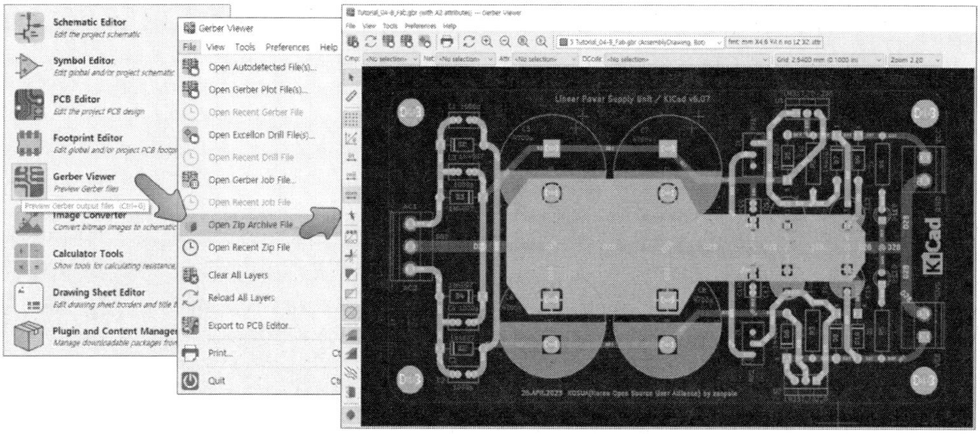

거버 보기에서 첫 번째로 PCB 외곽선과 앞면 동박 레이어와 비아 홀만 보기 모드로 위치를 확인하고, 두 번째로는 PCB 외곽선과 후면 동박 레이어와 비아 홀을 확인해보자.

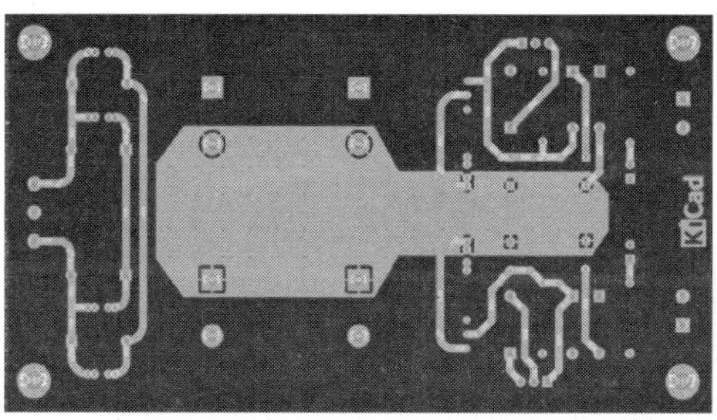
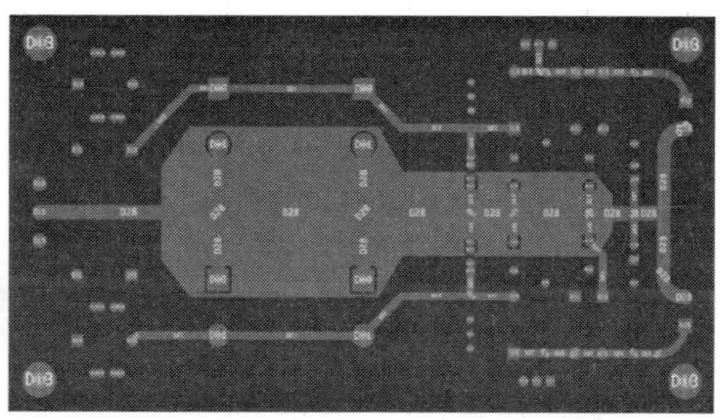

세 번째는 앞, 뒷면 레이어와 Fab 레이어 보기와 네 번째로는 Silkscreen 레이어까지 모든 레이어를 보기 모드로 선택한 다음 보드의 최종 결과를 확인해 보자.

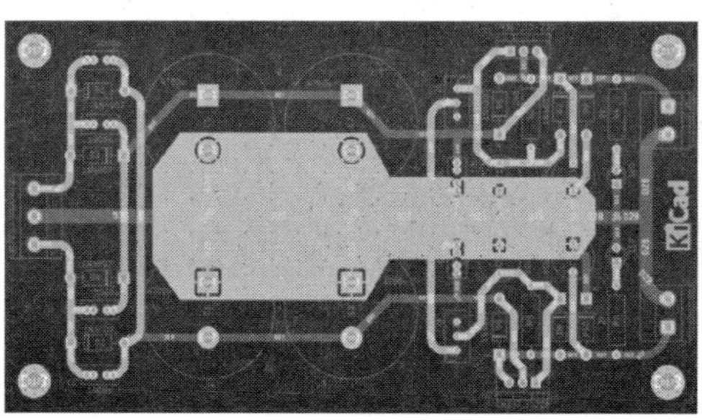
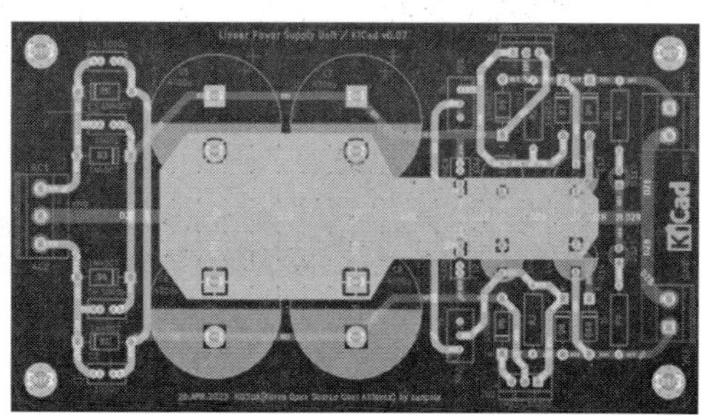

거버 보기 창의 왼쪽에 위치한 아이콘 “ ”,“ ”,“ ”를 선택하면 PCB 보드의 배선과 패드 비아홀등을 외곽선 형태로 보는 것도 가능해서 이면에 감추어진 부품들의 상태를 확인할 수 있다. 각자 세 가지 아이콘을 기능을 숙달하도록 하자.

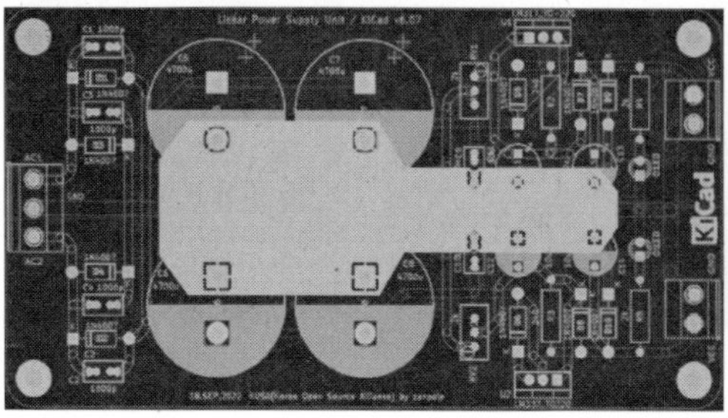

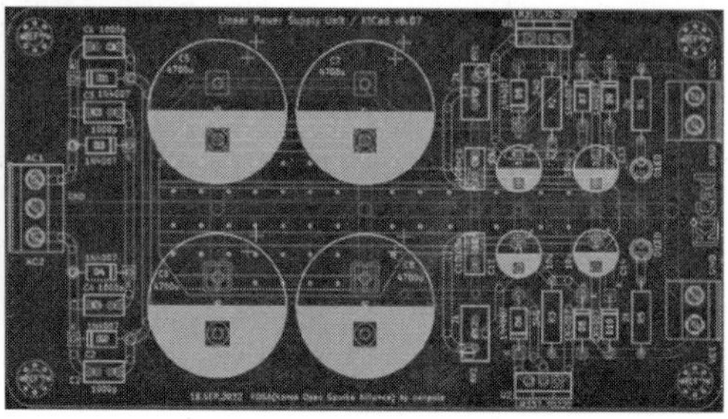

13.7 PCB 최종 제작 결과

최종 제조 생산 단계로 넘기기 전에 지금까지 작업한 부품의 배치와 배선, 동박영역의 설정, 심볼 배치 그리고 텍스트 배치의 과정을 모두 마친 PCB 보드와 3D 모델의 결과가 다음과 같이 나타나는지 확인해 보도록 한다.

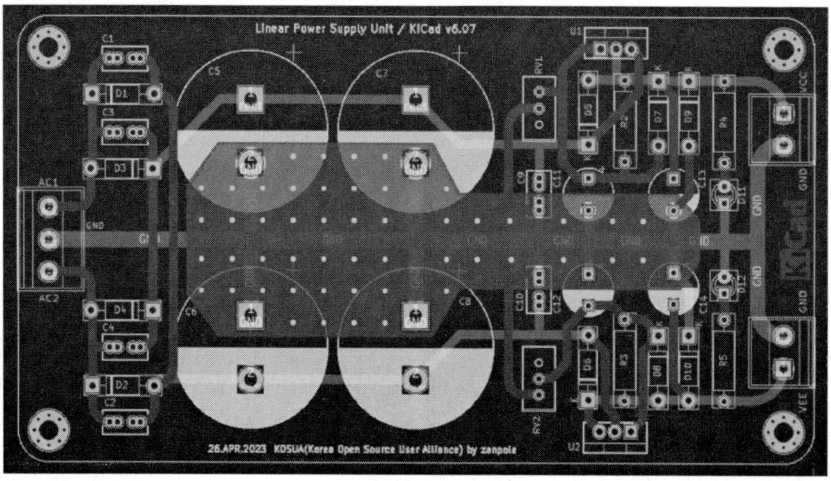

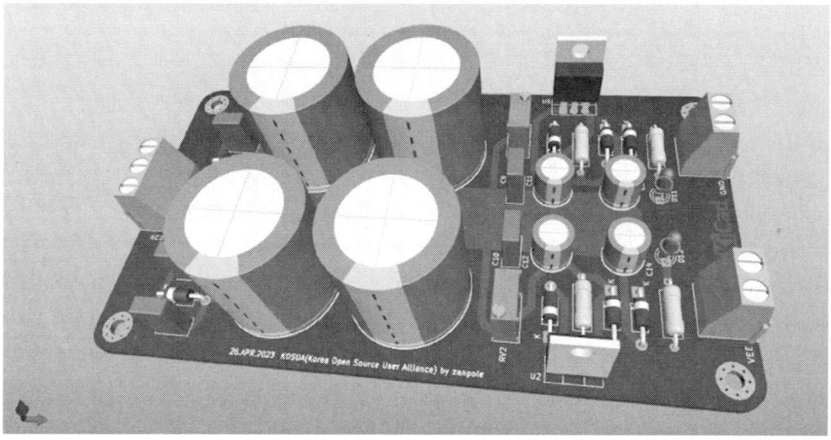
26.APR.2023 KOSUA(Korea Open Source User Alliance) by zanpole
RV2
U2
VEE
GND

PCM2704 DAC 설계 실습

대부분의 전자장비에서는 디지털 신호나 아날로그 신호를 상호 변환해 주는 작업이 매우 중요하다. 아날로그 회로상의 신호는 디지털 형식으로 변환하는 ADC(Analog to Digital Converter) 작업을 거쳐야만 추후에 재사용이 가능한 형태로 디지털 저장장치에 저장이 된다. 또한 디지털 형식으로 저장되어 있는 데이터는 인간의 오감으로 인지되는 아날로그(영상,음성등) 신호로 역 변환 과정의 작업이 이루어지지 않으면 실용 데이터로서의 가치를 갖지 못한다. 따라서 디지털 매체에 저장되어 있는 데이터는 인출이 되어 아날로그 신호로 변환하는 DAC(Digital to Analog Converter) 작업이 시스템의 성능을 좌우하는 매우 중요한 기술이 되었다. 이번 실습에서는 이러한 DAC 기능을 갖는 Texas Instrument사의 저가형 PCM2704 소자를 이용하여 USB 입력 음성신호를 DAC로 변환하는 회로에 대한 실습을 하도록 하자. DAC 변환된 결과는 S/PDIF, Optical과 Headphone Jack으로 출력하도록 하고 모든 수동소자는 SMD 형식을 이용하는 것으로 하고 IC 소자는 28핀의 SSOP 형식을 사용하는 것으로 하자. 이 소자는 기능 통합형 칩셋으로서 보급형 오디오 제품에 적용이 되었으며 출시된 지 시간이 조금 경과된 소자이기는 하지만 소형, 저가형 제품에 지속적으로 활용되는 칩셋이다. 이번에 실습하게 되는 DAC 회로는 설계 단계부터 PCB 제작까지 최종 결과를 확인하는 과정에서 교육적으로 배울 내용이 많아서 KiCAD PCB 설계 예제로 사용하는 것으로 하였다.

14.1 DAC의 개념 정리

디지털 데이터를 아날로그 신호로 변환하는 DAC의 설계 방식은 매우 다양하다. 가장 단순한 방식이 저항소자를 이용한 계단형 방식이고, 캐패시터를 이용한 방식, 전류를 사용한 방식 그리고 오버샘플링과 같은 방식 등이 있다.

① **DAC의 구현방법**

- **R2R :** 일반저항을 사용하여도 10bit 정도의 정밀한 설계가 가능하고 정밀저항을 사용하는 경우 정밀한 고속 변환 회로의 구현도 가능하다.
- **Capacitor :** 저항소자에 비하여 중급 변환기 설계에 사용하는 방식으로 정밀도를 높이기 위해서 고용량 캐패시터가 필요하지만 충전과 방전의 응답시간이 지연되는 단점으로 고속 변환이 어렵다.
- **Current :** 고속 변환 방식으로 디지털 입력에 맞춰서 전류원을 스위칭하여 출력전류로 전환하는 방식으로 저항과 OP 앰프를 사용하여 IV 변환을 한다.
- **Over Sampling :** 16bit 이상의 높은 정밀도를 요구하는 경우에 사용하는 변환 방식으로 낮은 Resolution, 고속 샘플링 속도의 결과를 필터링하여 아날로그 신호로 출력하는 방식이다. 대표적으로 '0'과 '1'의 출력과 LPF로 구성하는 1bit 델타 시그마 방식이 있다.

② **DAC의 종류 :** 최근 DAC에서 처리하는 데이터의 비트 수와 Over Sampling 주파수는 거의 유사한 성능을 나타내기 때문에 차이점을 구분하기 쉽지 않다. 이러한 이유로 최근에는 변환 방식을 기준으로 DAC를 분류하고 있다. 변환 방식은 1bit방식과 멀티 bit 방식으로 구분하는데 최근 고품질의 DAC에서 채용하고 있는 R2R DAC는 대표적인 멀티 bit 방식이라고 할 수 있다. 그 밖에 대부분의 DAC는 1bit 방식으로 분류한다.

- **델타 시그마 DAC (1bit 방식) :** 하나의 칩에 모든 기능을 구현하기에 적합하고 대량생산에 유리한 장점을 가지고 있다. 대부분의 초기 오디오 회로에서 DAC로 채택하고 있는 방식이다. SONY에서 시작되어 버-브라운의 PM-17xx 시리즈에서 이 방식을 최초로 사용한 원조 칩셋으로 기록되고 있다. 최근에는 ESS의 ES-90xx시리즈와 AKM 반도체회사의 AK-449x가 이 방식을 사용한 대표적인 칩셋

이다. 델타 시그마 DAC는 PCM을 델타 시스마 방식으로 변환하여 아날로그로 출력하는데 소형화, 대량 생산 그리고 고성능으로 구현하는 것이 쉽다는 장점을 가지고 있다. 이번 예제에서 사용되는 PCM2704 칩도 델타 시그마 방식의 DAC 이다. 아래 그림이 대표적인 델타 시그마 DAC의 처리 과정이다. 입력 PCM 신호는 16bit/8KHz로 Interpolation 필터를 거치면서 16bit/1MHz로 Oversampling 된 멀티 bit 신호는 시그마 변조기에서 잡음 처리 과정을 거치게 된다. 시그마 변조기에서는 1bit 디지털 신호가 출력이 되는 데 이때 주파수도 1MHz를 유지하고 있으며 곧바로 아날로그 신호로 변환이 된다. 변환된 아날로그 신호는 저항과 캐패시터로 구성된 저역 통과 필터를 통과시켜 Oversampling에서 사용된 고주파 샘플링 주파수를 차단하여 최종 출력 신호는 최대 입력주파수의 2배인 8KHz의 샘플링 주파수가 반으로 줄어들어 원래의 4KHz 주파수로 출력되는 과정을 확인할 수 있다.

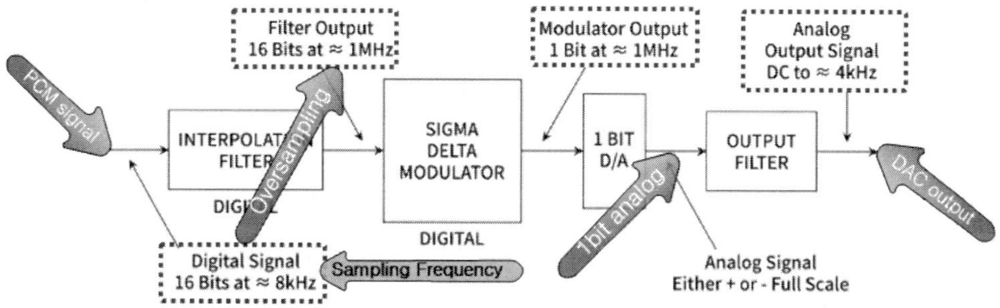

- **R-2R DAC(멀티 bit 방식)** : 대표적인 멀티 bit DAC로 필립스사에서 처음으로 도입했던 방식이다. 초기에 정밀 저항을 사용한 칩 설계의 기술적인 난제에 부딪히기도 했으나 디지털 음원에 대한 우수한 품질을 인정받아서 결국은 최근의 멀티 bit 방식의 DAC를 구현하게 되었다. PCM 신호의 전압을 저항을 이용하여 출력하는 방식으로 구조가 단순해서 MCU,DSP와 저항으로 R-2R DAC를 설계할 수 있으나 사용되는 저항의 초 정밀도가 요구되어 고성능으로 구현 시 가격이 상승하는 단점이 있다. 또한 이러한 저항을 샘플링 주파수에 맞추어서 고속으로 제어가 가능한 MCU와 DSP등도 요구된다. 4bit R-2R DAC 회로의 간단한 예는 다음과 같이 직렬 저항 R과 병렬 저항 2R이 계단모양으로 다음 단으로 연결된 형태다. 첫째 단의 병렬 저항은 $2R//2R = R$값으로 이어지는 직렬 저항 R과 합성

저항이 2R이 되어 다음 병렬 저항 2R과 연속적으로 2R값을 유지하기 때문에 MSB 단의 전압은 병렬 마디를 경유하여 다음 단으로 이동할 때마다 반으로 줄어들기 때문에 2의 지수승으로 반감이 되어 출력 전압이 결정되는 방식이 R-2R DAC의 원리다.

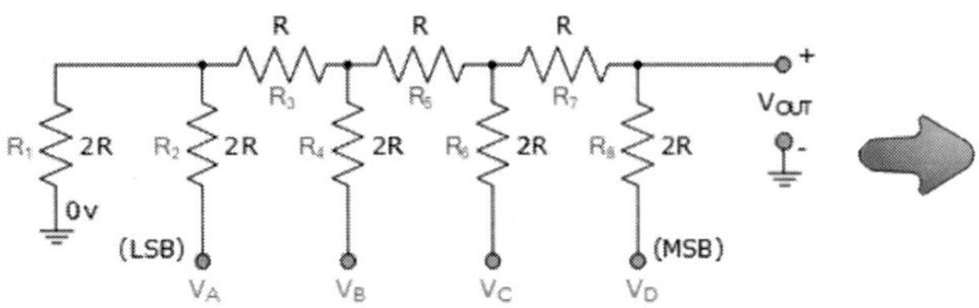

$$V_{OUT}=\frac{V_A+2V_B+4V_C+8V_D}{16}$$

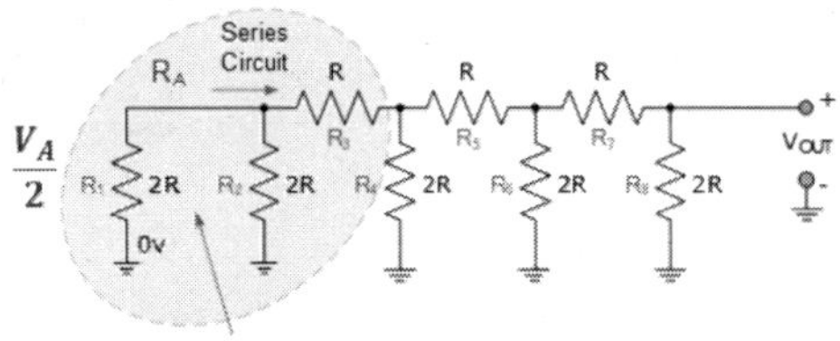

$$R_A=R_3+\frac{R_1\times R_2}{R_1+R_2}=R+\frac{2R\times 2R}{2R+2R}=R+R=2R$$

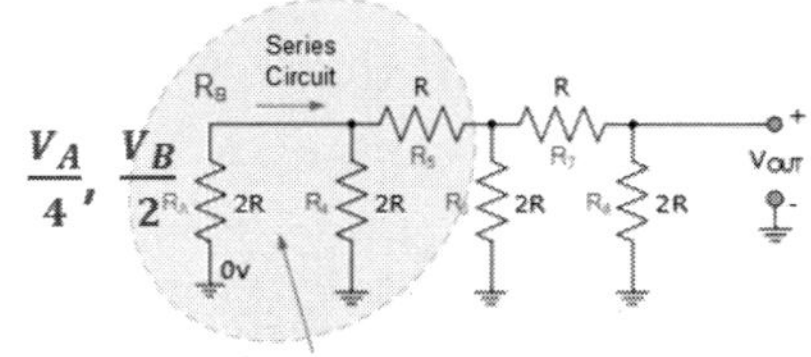

$$R_B=R_5+\frac{R_A\times R_4}{R_A+R_4}=R+\frac{2R\times 2R}{2R+2R}=R+R=2R$$

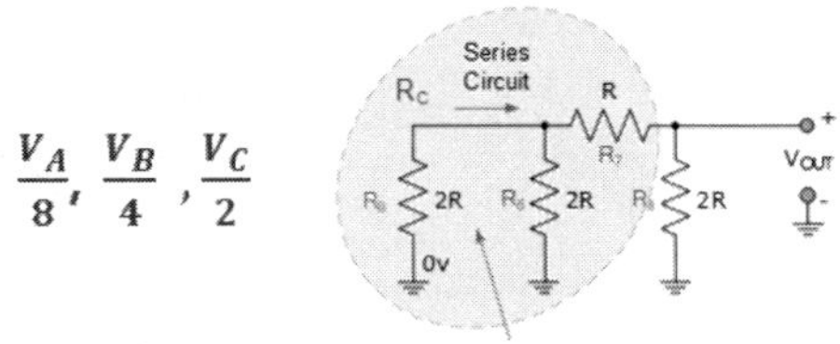

$$R_C=R_7+\frac{R_B\times R_6}{R_B+R_6}=R+\frac{2R\times 2R}{2R+2R}=R+R=2R$$

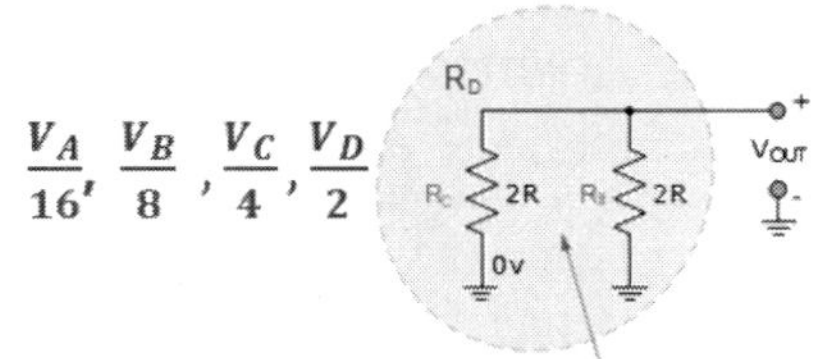

$$R_D=\frac{R_C\times R_8}{R_C+R_8}=\frac{2R\times 2R}{2R+2R}=R$$

이와 같은 R-2R 방식 DAC의 대표적인 제품은 Total DAC, MSB, CS에서 제공하고 있으나 가격이 매우 고가이다.

③ **DAC의 성능:** 디지털 데이터를 변환하는 경우에 Bit 수와 Sampling 주파수는 DAC에 가장 중요한 영향을 미치는 요소이며 그밖에 성능에 영향을 미치는 요소로 디지털 필터와 지터 잡음 등이 있다.

- **디지털 데이터 bit 수:** 데이터의 비트 수는 샘플 데이터를 분해하는 능력으로 16bit, 24bit, 32bit로 처리 능력이 높아지고 있다. 비트 수가 증가하면 양자화하는 경우에 발생하는 잡음의 크기를 감소시키고 분해능의 정밀도를 높여줄 수 있다. 이

경우 잡음 감소와 분해능의 정밀도가 높아지는 장점도 있으나 처리해야하는 데이터가 급격하게 증가하는 단점도 발생한다. 데이터의 증가는 네트워크상에서 전송해야 하는 트래픽의 증가로 이어지기 때문에 실시간 전송지연의 문제가 될 수도 있다. 따라서 스트리밍 데이터를 전송하는 음원서비스에서는 아직은 CD급 데이터 전송이 대부분이고 고속 전송의 문제를 해결하기 위하여 MQA와 같은 압축처리 기법들이 대안으로 제시되고 있다.

- **Sampling 주파수** : DAC 샘플링 주파수는 섬세한 데이터의 복원을 결정하는 중요한 요소로서 여기서 전제 조건은 아날로그 신호를 디지털 신호로 변환하는 ADC가 높은 샘플링 주파수 변환으로 얻어진 데이터여야 한다는 점이다. 샘플링 간격을 최소화하기 위하여 높은 샘플링 주파수를 사용하게 되면 원래의 아날로그 신호에 가까운 복원이 가능하다. 최근에 오디오 기기의 DAC에 사용되는 샘플링 주파수는 784KHz 까지 지원이 되고 있다. 그러나 인간의 가청음의 최대 주파수가 20KHz인 점을 고려할 때 샘플링 주파수가 96KHz 이상이 되면 샘플링 주파수가 높아져도 음질에는 큰 변화를 감지하기 어렵다. 가청 주파수 대역을 벗어난 음원 데이터에 대하여 다양한 의견과 평가가 있지만 기술적 배경을 고려할 때 음질 개선의 효과는 사람의 인지 감각에 따른 주관적 평가일 수 있다는 점도 배제하기 어렵다.
- **디지털 필터** : ADC와 DAC의 변환 과정에서 발생하는 양자화 잡음 요소는 피할 수 없는 단점 요소이며 기술적으로 양자화 잡음의 완벽한 제거는 불가능하다. 따라서 양자화 잡음의 고주파 요소는 가청 주파수대역 밖에 존재하도록 하고 적절한 필터링 과정을 통하여 불필요한 대역 주파수를 차단하는 역할을 하는 것이 디지털 필터이다. 예를 들어 CD 규격의 경우는 최대 가청주파수 대역인 20KHz의 두 배에 해당하는 44.1KHz를 샘플링 주파수로 하고 있으며 이 경우 신호의 주파수 스펙트럼상에는 20KHz 대역을 초과한 지점에 양자화 에러가 존재하는 것을 확인 할 수 있다. 따라서 이러한 최대 주파수를 기준으로 저역 통과 필터를 사용하면 최대 주파수대역 밖의 양자화 잡음을 제거할 수 있다. 배음 효과를 높이기 위하여 가청 주파수대역의 범위를 넘는 Oversampling을 하기도 하고 잡음 이득을 감소시키기 위한 다양한 Noise-Shaping 기법을 사용하기도 한다.
- **Jitter 잡음** : ADC 과정을 통하여 디지털 데이터를 얻는 과정에서는 샘플링 주파

수가 사용되는 데 이때 사용되는 샘플링 주파수는 외부 클럭을 사용하여 공급을 하기 때문에 외부 클럭의 정밀도가 떨어지면 주파수 샘플링의 간격이 불규칙하게 되어 이러한 샘플링 주파수로 변환된 데이터에는 잡음이 남게 된다. 따라서 이러한 잡음 요소를 최소화하기 위하여 클럭의 정밀도가 높은 수정진동자를 사용하기도 한다.

14.2 PCM2704 DAC 요약

Texas Instrument사의 PCM2704/5/6/7 시리즈의 소자는 단일 칩에 구현된 USB 스테레오 오디오 DAC이다. USB 입력 신호에 대한 전 가중 프로토콜 제어기와 S/PDIF 출력이 가능한 모듈을 내장하고 있다. USB 프로토콜 제어기는 프로그램 소스 코드 없이 동작하며 필요한 경우에는 USB를 제어하는 디스크립터의 부분적인 수정도 가능하며 외부 ROM(PCM2704/6)과 SPI(PCM2705/7)를 이용할 수도 있다. 외부 ROM 이나 SPI를 통하여 USB 디스크립터를 수정하는 경우에는 반드시 USB-IF 가이드라인을 참조해서 작업을 하도록 한다. 이 칩은 TI사의 특정 아키텍춰인 SpAct를 채용하고 있어서 USB 패킷 데이터를 통하여 오디오의 클럭을 복구하는 독특한 시스템으로 이러한 구조를 갖는 아날로그 PLL은 음원 재생 시 매우 낮은 클럭 지터의 특성을 갖는다.

① **PCM2704의 특징 :** USB 인터페이스는 특정 디바이스 드라이버가 필요하지 않으며 전 가중방식의 트랜시버이다. USB 1.1규격을 지원하고 디스크립터는 부분적으로 프로그램이 가능하다. 샘플링 주파수는 32, 44.1, 48KHz까지 지원하고 있고 내장된 클럭 발생기는 12MHz로 동작을 한다. 전원에서 버스 공급전원 모드는 5V이고 셀프 전원 모드는 3.3V로 공급이 된다. DAC 방식은 앞서 언급한 "16bit Delta-Sigma" 방식의 스테레오 DAC로 98dB의 동작범위를 갖는다. 그리고 양자화 에러를 개선하기 위한 아날로그 저역 통과 필터가 내장되어 있다. 다음 그림은 PCM2704의 기능을 나타낸 블록 다이어그램이다.

② **PCM2704의 응용 :** USB 헤드폰 앰프, USB 오디오 스피커, USB CRT/LCD 모니터, USB 오디오 인터페이스 박스, USB 기능을 갖는 소비자 오디오 제품등에 활용이 가능하다.

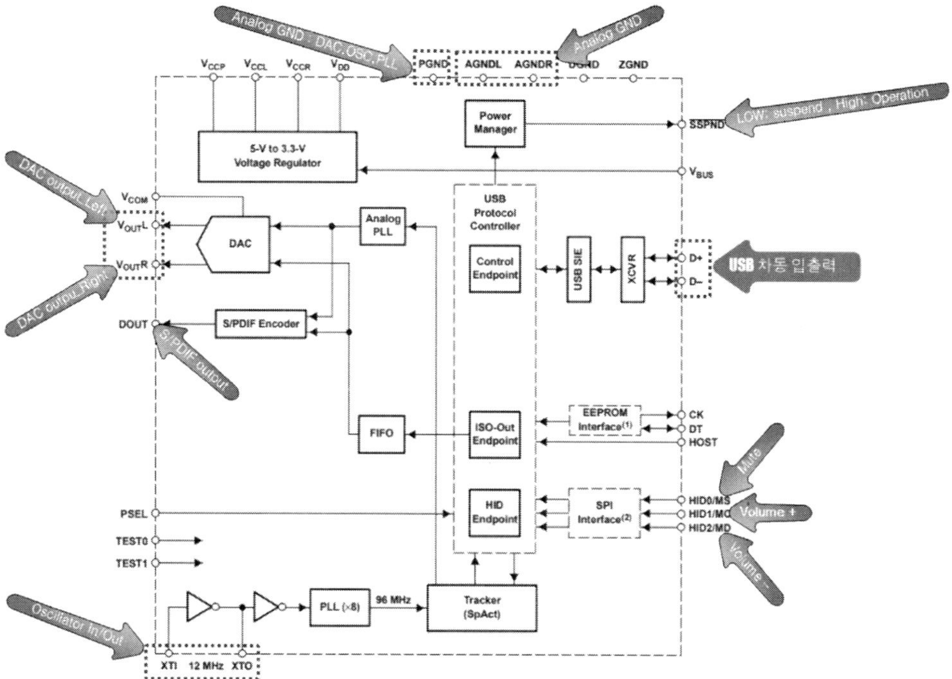

14.3 PCM2704 DAC 회로구성

Texas Instrument사의 PCM2704 DAC 칩셋을 기본으로 하는 제품은 중국의 알리익스프레스나 타오바오에 저가형으로 이미 판매가 되고 있는데 워낙 가격이 저렴해서 샘플로 제작하기 위하여 부품을 구매해서 PCB 설계 및 제작을 하는 것이 의미가 없는 상황이다. 그러나 이러한 이유로 제품 가격을 떠나서 칩셋을 사용할 수 있는 의욕마저 상실된다면 계속되는 선제적인 저가 공세에 휘말려 신종 칩셋을 경험할 수 있는 기회마져 사라지게 된다. 이러한 점에서 이번 실습은 제품화하는 목적보다는 기존에 출시되어 있는 상용제품에 대한 이해와 PCB를 직접 설계하는 경험을 쌓는 것에 목적을 두고자 한다.

① **PCM2704 회로 도면설계 :** 앞서 설명한 바와 같이 PCM2704 칩셋 내부에는 클럭 발생 회로, 델타 시그마 방식의 DAC, USB 차동 입출력, 3개의 SPI 인터페이스를 내장하고 있어서 제조사의 설계 가이드라인 따라 기본 회로를 구성하고 3개의 출력으로 헤드폰, S/PDIF, 동축을 구성하는 것으로 하자. TI사에서 제공하는 다음과

같은 기본 회로 구성도를 참고하여 DAC 메인 회로 도면을 설계하도록 한다.

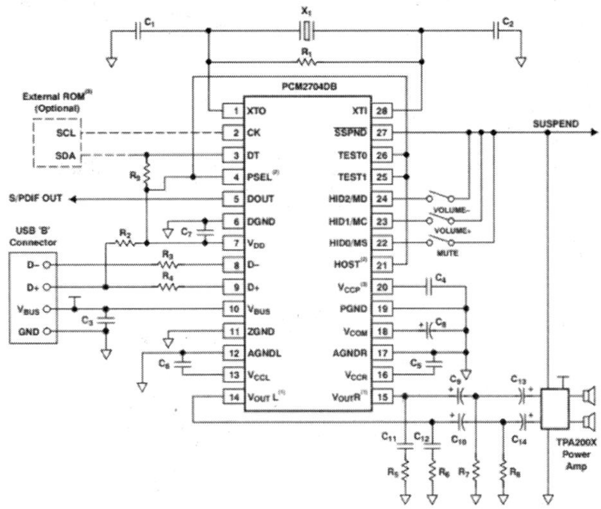

X1-> 12MHz Crystal Resonator
C1,C2->10~33pF
C3,C4,C5,C6,C7-> 1uF ceramic capacitor
C9,C10->100uF electrolytic capacitor
C11,C12->0.022uF ceramic capacitor
R1-> 1MR resistor
R2,R9->1.5kR
R3,R4->22R
R5,R6->16R
R7,R8->330R

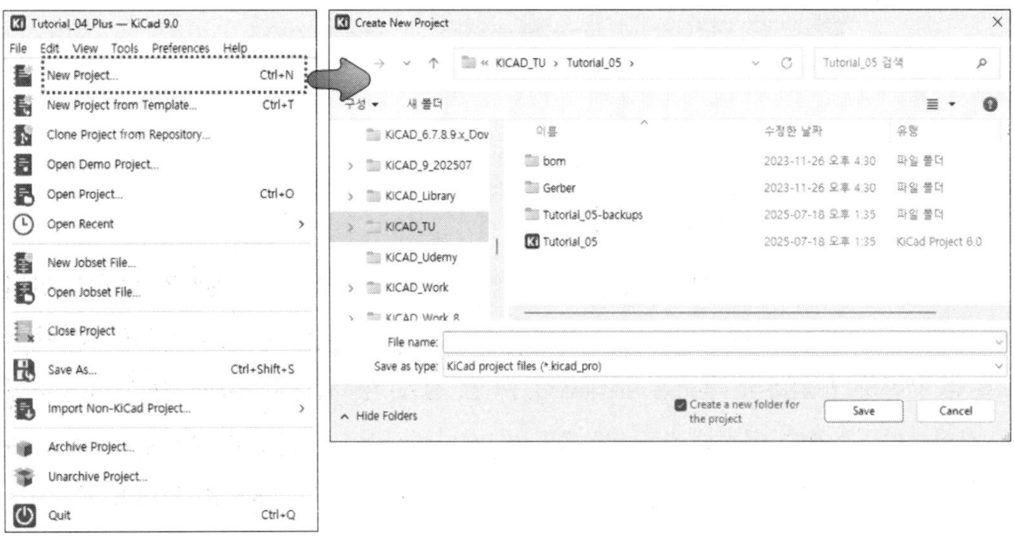

② **새 프로젝트 작성:** KiCAD를 실행한 다음 다섯 번째 "Tutorial_05"라는 이름의 프로젝트를 작성한다.

프로젝트를 만들고 나면 "Tutorial_05.kicad.pcb"와 "Tutorial_05.kicad.sch"라는 파일이 트리구조에 나타난 것을 확인할 수 있는데 여기서 Schematic 편집 창을 실행하고, 우측 하단 부분에 필요한 "Title"과 도면의 크기, 날자등을 설정해 준다.

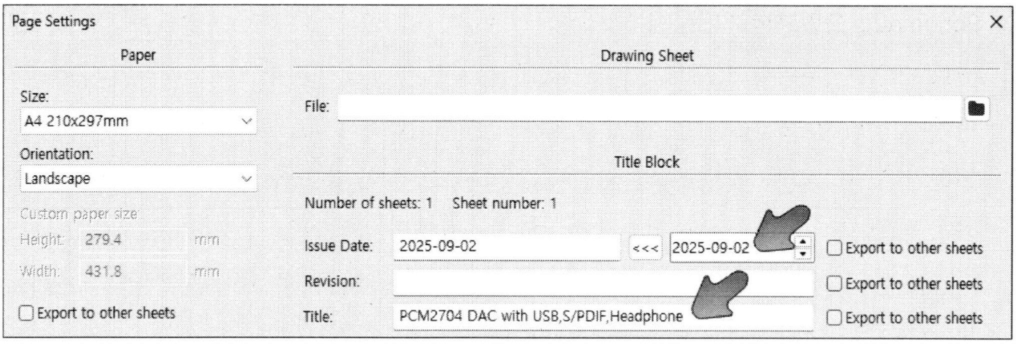

PCB2704의 심볼 라이브러리는 KiCAD에서 제공하고 있지만 핀 배열이 기능에 따라 배치되어 있어서 Schematic 도면 작업에 혼란스러운 부분을 해소하기 위하여 아래의 사이트에서 PCM2704CDB 소자에 대한 심볼과 Footprint 라이브러리 그리고 3D 모델을 다운 받아서 사용하는 것으로 하자.

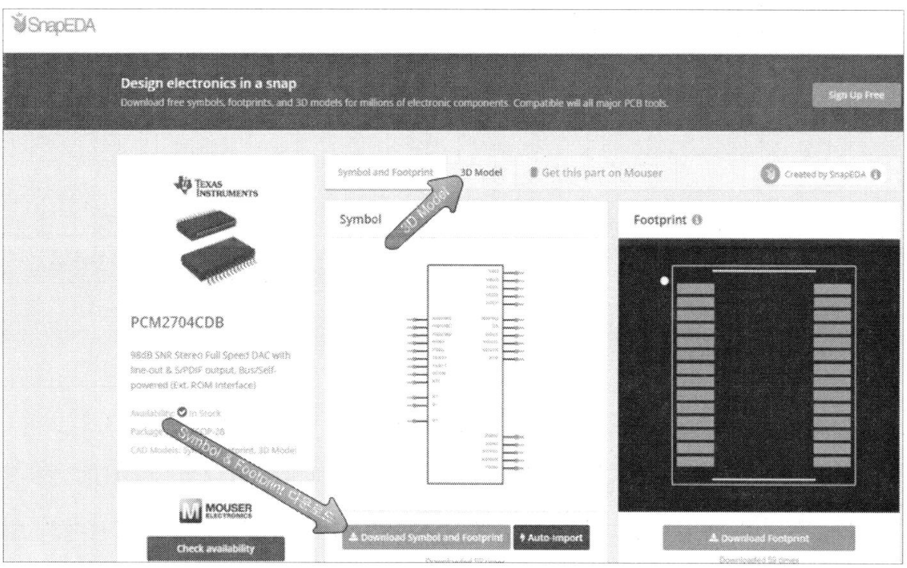

아래 주소는 다양한 부품에 대한 라이브러리와 3D 모델까지도 제공하고 있으며 필요한 경우 이곳에서 직접구매 절차까지 진행을 하기 때문에 실제 제작을 하고자 하는 경우에는 참조하면 좋겠다.

Symbol,Footprint 라이브러리, 3D Model 제공 : https://www.snapeda.com

③ **Schematic 도면 작성 :** Pin3,4 번에는 USB에서 입력되는 D+가 연결되는 "VDD"로 네트 이름을 부여하고, Pin5 번은 DAC의 출력인 "D_OUT"으로 네트 이름을 부여한다. Pin22, 23, 24번은 SPI 방식의 인터페이스로 DAC 출력 데이터 이득을 조정하거나 "0" 값을 갖도록 하는 기능을 가지고 있다. 음악과 같은 스트리밍 데이터가 출력되는 경우 볼륨 조절과 무음 상태를 결정하는 "Volume+(Pin24)", "Volume- (Pin23)", "Mute(Pin22)"의 기능을 사용하기 위하여 푸쉬 버튼 스위치를 연결하는 것으로 한다. 나머지 회로의 구성은 제조사에서 제공하는 Schematic 도면 가이드라인에 따라서 작업을 하도록 하자.

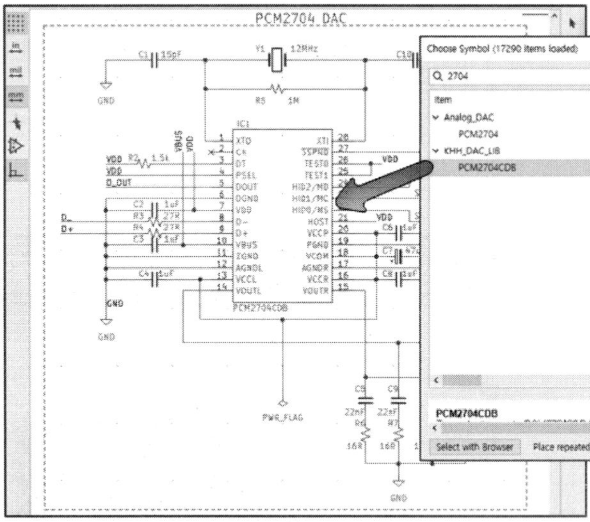

④ **USB 입력1과 S/PDIF, 동축, 헤드폰 출력 도면작성 :** 입력 부는 KiCAD의 기본 심볼 라이브러리에서 제공하고 있는 USB B 타입으로 하고 Pin 1번 "VBUS"를 통하여 DAC에 전원을 공급하는 것으로 설계한다. S/PDIF 출력을 위한 도시바의 광단자 TOTX173에 대한 심볼 라이브러리와 Footprint 그리고 3D 모델은 KiCAD에서 제공되지 않기 때문에 앞서 언급한 "SnapEDA" 사이트에서 다운 받아서 사용하는 것으로 하자.

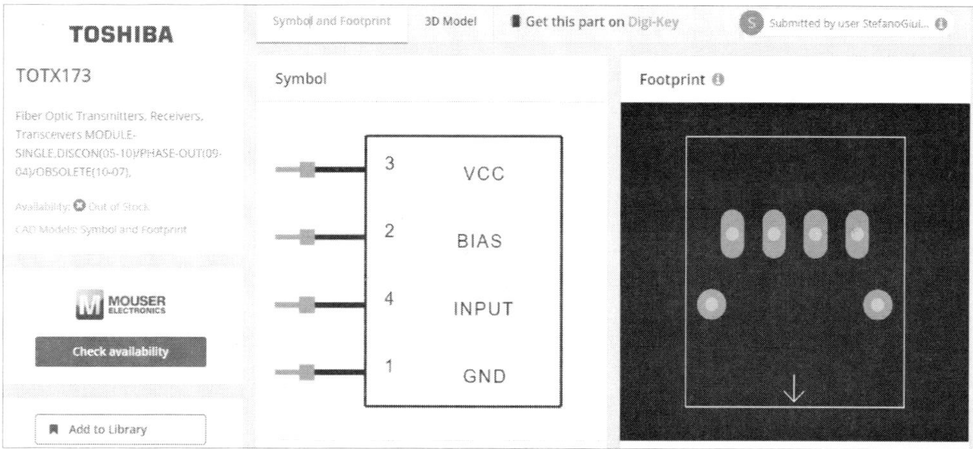
TOSHIBA
TOTX173
Fiber Optic Transmitters, Receivers, Transceivers MODULE-SINGLE,DISCON(05-10)/PHASE-OUT(09-04)/OBSOLETE(10-07),
Availability: Out of Stock
CAD Models: Symbol and Footprint
MOUSER ELECTRONICS
Check availability
Add to Library
Symbol and Footprint
3D Model
Get this part on Digi-Key
Submitted by user StefanoGiul...
Symbol
Footprint
3 VCC
2 BIAS
4 INPUT
1 GND

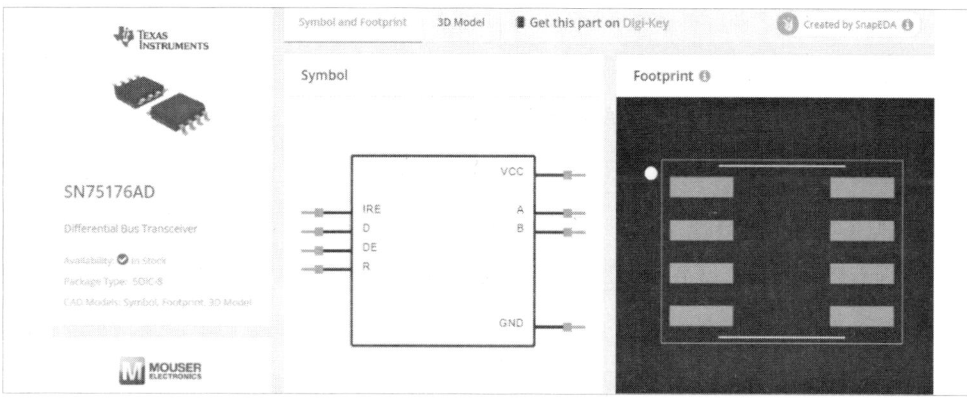
TEXAS INSTRUMENTS
SN75176AD
Differential Bus Transceiver
Availability: In Stock
Package Type: SOIC-8
CAD Models: Symbol, Footprint, 3D Model
MOUSER ELECTRONICS
Symbol and Footprint
3D Model
Get this part on Digi-Key
Created by SnapEDA
Symbol
Footprint
VCC
IRE
D
DE
R
A
B
GND

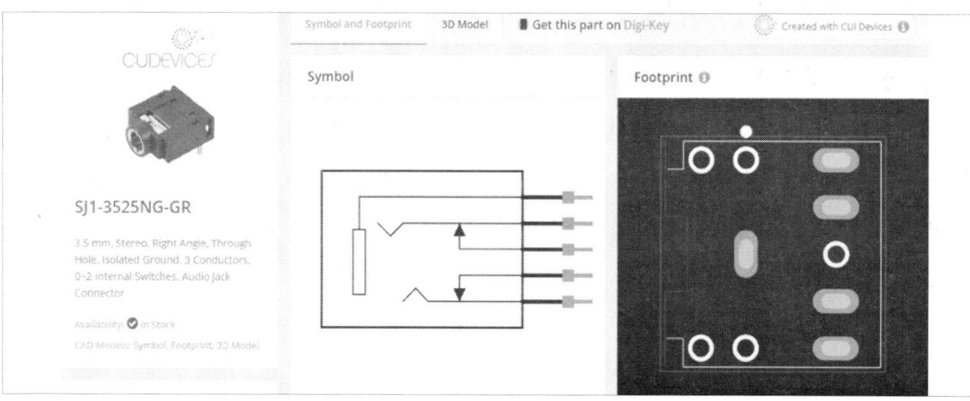
CUI DEVICES
SJ1-3525NG-GR
3.5 mm, Stereo, Right Angle, Through Hole, Isolated Ground, 3 Conductors, 0~2 Internal Switches, Audio Jack Connector
Availability: In Stock
CAD Models: Symbol, Footprint, 3D Model
Symbol and Footprint
3D Model
Get this part on Digi-Key
Created with CUI Devices
Symbol
Footprint

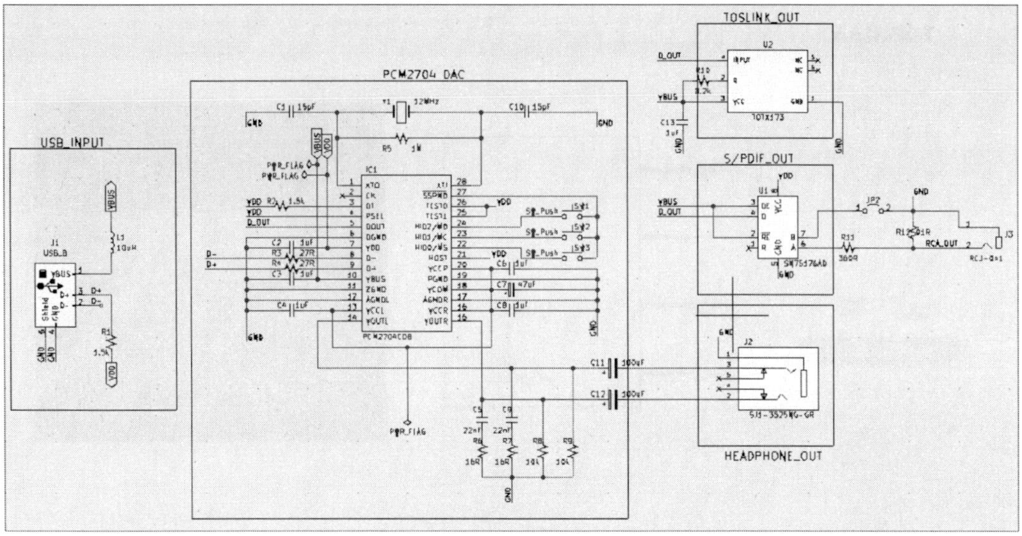

부품의 심볼 라이브러리가 모두 준비되었으면 Schematic 도면의 작성을 마무리하도록 한다. 도면 내의 전원 경로에 "PWR_FLAG"를 연결해 두면 DRC 검사를 하는 경우 불필요한 에러 발생을 방지할 수 있다. 도면에서 PCM2704CDB의 Pin8, 9번은 USB의 데이터 "D+,D−"에 연결되는 부분으로 "D+"는 Pin 3번에 VDD 라는 네트로 USB와 연결이 되고, VBUS는 USB Pin 1에서 공급되는 전원 라인으로 DAC와 TOTX173과 SN75176에 연결하도록 한다. 입력1, 출력 3개를 갖는 PCM2704 DAC의 Schematic 도면은 위와 같이 전체 회로를 최종 완성하도록 한다.

⑤ **Schematic 도면의 Annotation :** 프로젝트 파일 "Tutorial_05"로 저장하기를 한 다음 도구 메뉴에서 부품번호의 일렬 작업을 위한 "Annotate"를 실행하고 잘못된 부분이 있으면 바로 잡도록 한다. 번호를 부여하는 작업은 x축 방향을 우선으로 하여 작업을 하도록 옵션을 설정했는데 필요에 따라서는 y축을 기준으로 작업을 해도 된다.

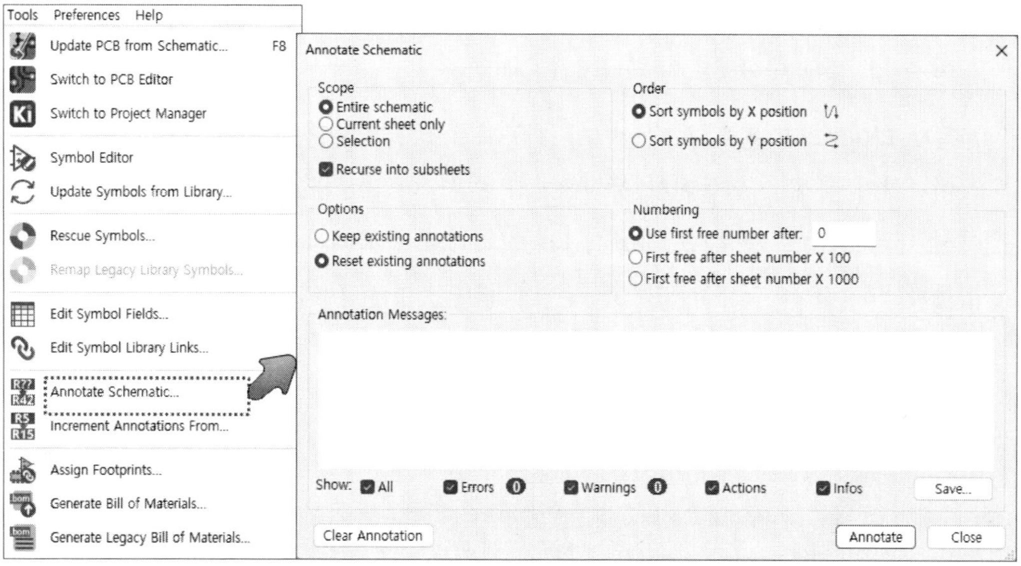

⑥ **전기 규칙 검사(Electronics Rules Checker) :** Annotation 작업으로 모든 부품에 명칭과 주석 달기 작업을 마쳤으면 미 배선 네트와 전원 라인의 연결성을 확인 시켜주는 PWF_Flag 부착등의 마무리 작업을 완료한다.

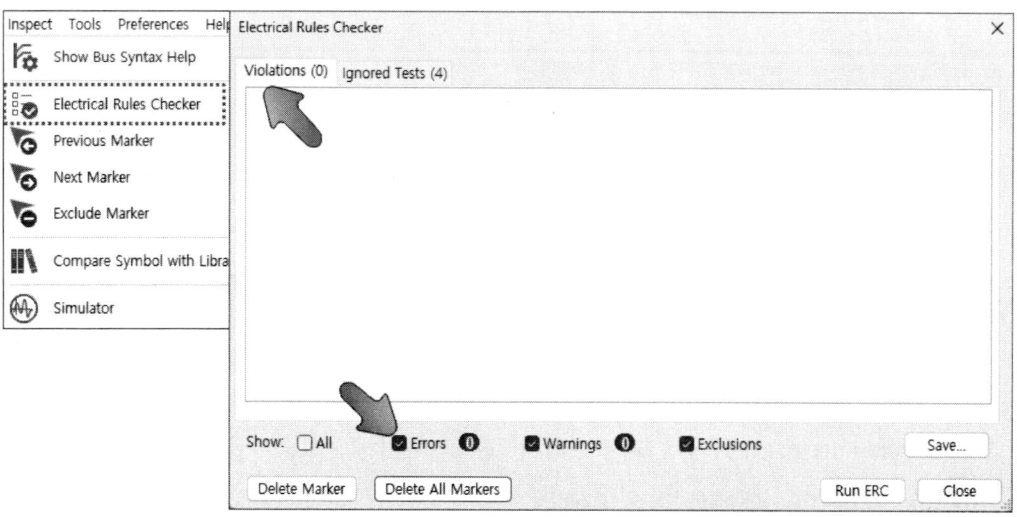

Schematic 편집 화면의 Inspect 메뉴에서 전기 규칙 검사(ERC)를 실행하면 다음과 같은 팝업창이 나타나는데 하단 부분의 Errors와 Warnings 부분만 체크하고

ERC를 실행한다. 전기적 결선 작업과 규칙에 아무런 오류가 없는 경우에는 아래와 같이 팝업 창에 아무것도 나타나지 않는다.

⑦ **사용자 라이브러리 등록 :** KiCad에서 제공되지 않는 부품에 대한 심볼과 Footprint 라이브러리는 새로 만들어서 등록하거나 앞서 언급한 SnapEDA등과 같은 사이트에서 내려 받기를 한 다음 사용자 라이브러리로 등록해서 사용하면 된다. 내려받은 심볼과 Footprint 그리고 3D 모델은 아래와 같이 신규 라이브러리로 저장한다.

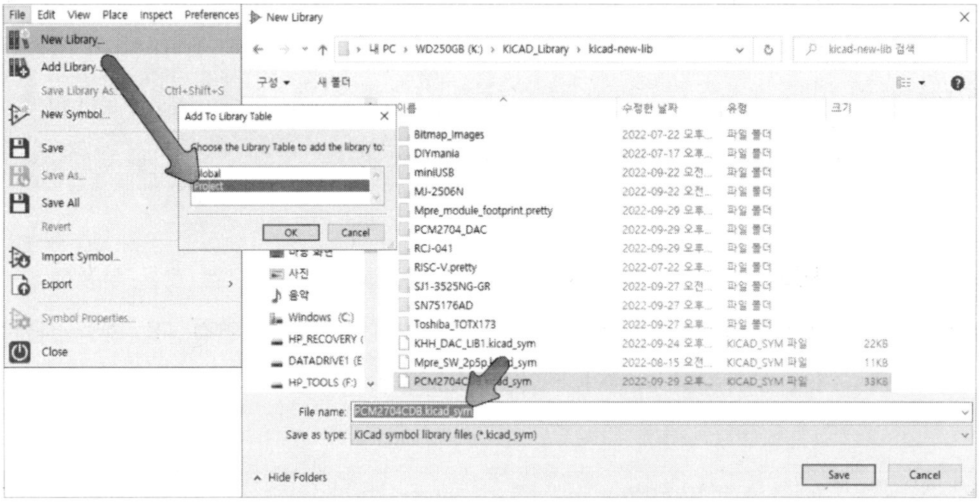

새로운 라이브러리의 등록은 Schematic 편집 창에서 아이콘 “ ”를 실행하여 심볼 편집창을 연 다음 File 메뉴에서 “New Library ”를 실행하여 새로운 이름의 라이브러리를 추가하도록 한다. 추가되는 라이브러리는 KiCad에서 사용하는 “Global” 라이브러리가 아닌 이번 프로젝트에서만 사용하도록 “Project” 항목을 선택한 후 저장될 라이브러리의 이름과 경로를 지정해 준다. 필자는 “PCM2704CDB.kicad.sym”라는 이름으로 저장을 하였다. 새롭게 저장된 라이브러리는 심볼 편집기의 “Preferences” 메뉴에서 라이브러리 관리 아이콘 “ ” 실행한 다음 Project Specific Libraries 탭에서 좌측 아래의 “+”버튼을 선택한 다음 라이브러리 별명과 “PCM2704CDB.kicad.sym”이 저장되어 있는 경로를 지정해 준다.

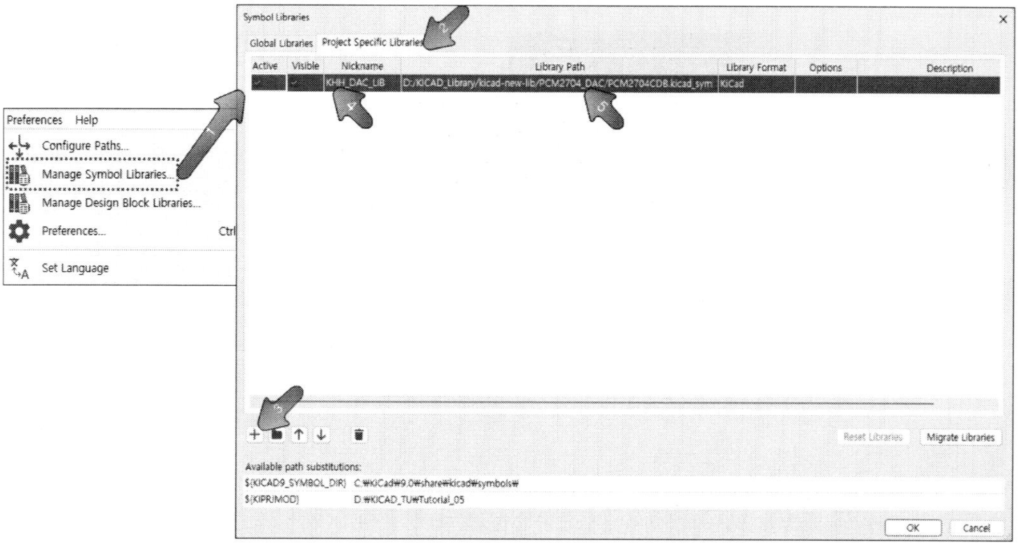

새롭게 추가된 라이브러리가 정상적으로 등록되었는지 심볼 편집기를 열어서 확인해 보자. 정상적으로 라이브러리가 등록되었으면 앞서 다운로드 받아둔 3개 부품의 심볼 라이브러리를 이곳에 "Import"하여 등록한다.

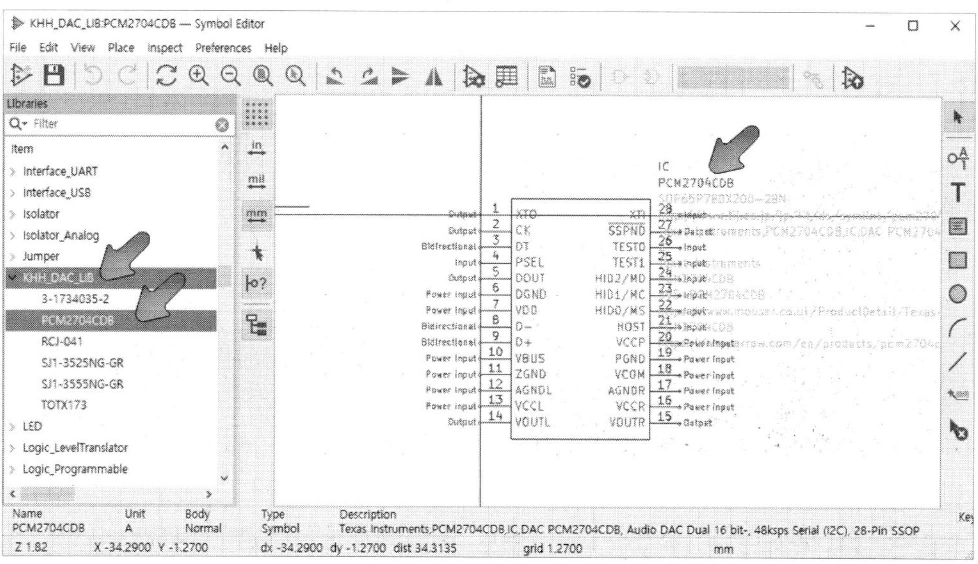

참고로 새로운 Footprint 라이브러리를 등록하는 방법도 동일한 방법으로 작업을 해주면 되는데 3개의 부품 "TOTX173", "SJ1-3525NG-GR" 그리고 "SN75176AD-8N"의 Footprint를 등록한 다음 아래와 같이 정상 등록이 되었는지 확인해 보자.

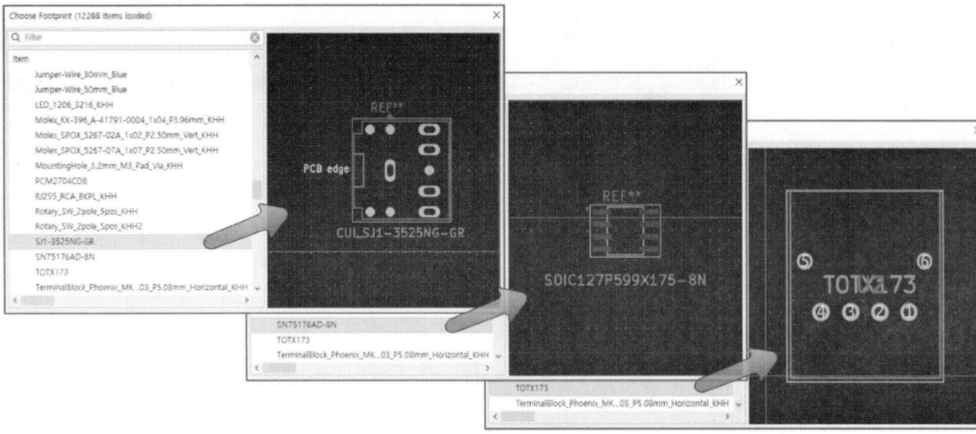

⑧ Footprint할당 작업 : KiCad에서 제공하지 않는 부품에 대한 심볼과 Footprint 라이브러리의 등록을 마쳤으면 Schematic 편집 창의 상단에 위치한 Footprint 할당 아이콘 “ ”를 실행하여 모든 개별 부품에 대한 Footprint를 할당해 준다.

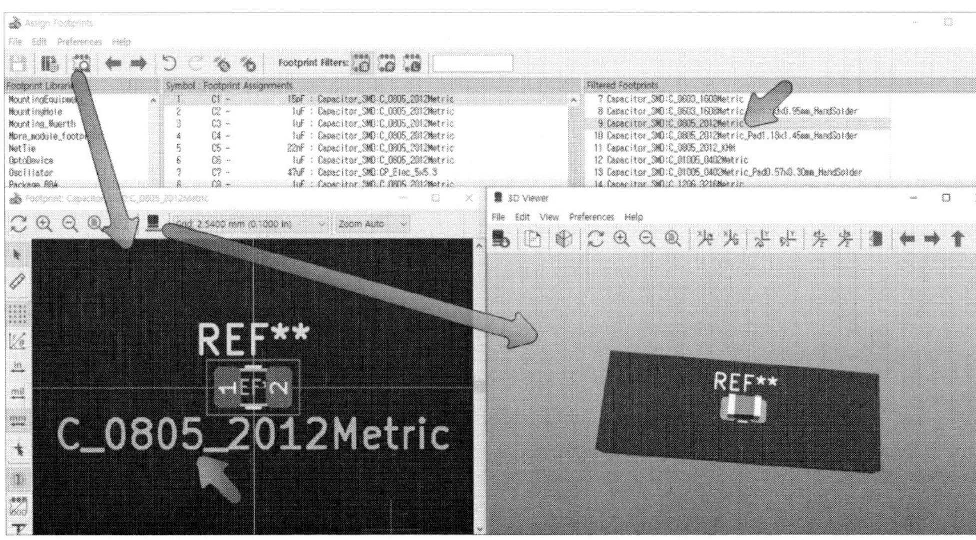

SMD 형 캐패시터와 저항은 모두 0805 혹은 2012형 부품을 할당하도록 한다. 부품 Footprint 보기와 3D 모델 보기를 열어두고 Footprint 할당 작업을 하면 부품의 실물을 확인하면서 작업을 하게 되기 때문에 라이브러리 할당 오류를 줄일 수 있다. KiCad 라이브러리에 새롭게 추가된 2개의 부품에 대한 Footprint와 3D 모델도 동일한 방법으로 할당하는 과정을 다음과 같이 단계별로 확인해 보자.

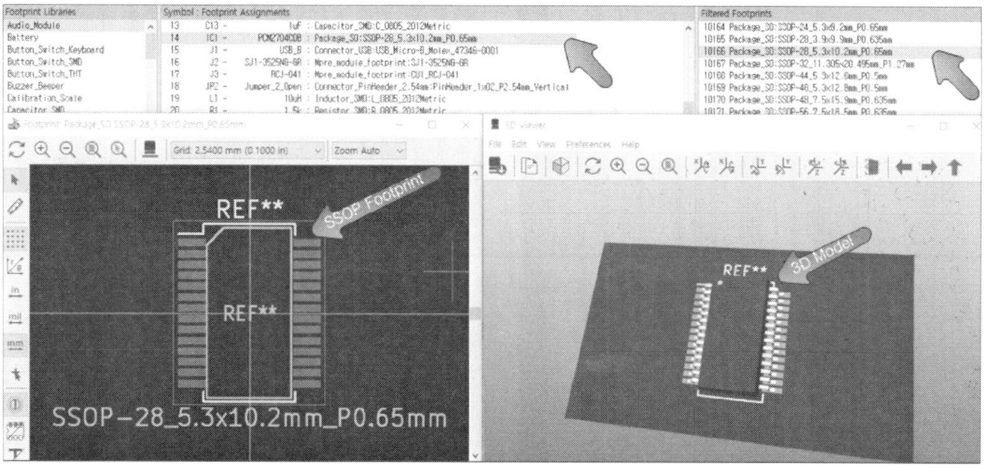

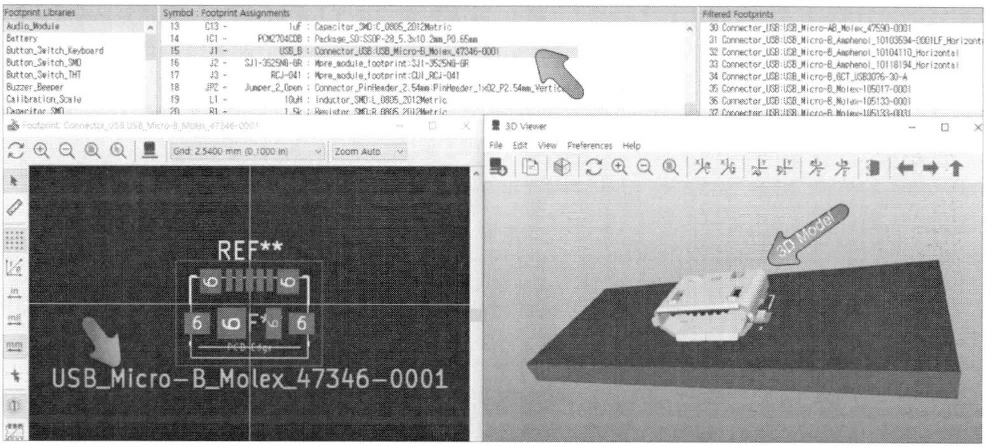

PCM2704CDB의 Footprint는 SSOP-28_5.3x10.2mm_P0.65mm 형식으로 선택하면 부품의 3D 모델의 사용이 가능하다. USB 역시 USB_Micro-B_Molex_47346- 0001 형식으로 마이크로 B타입을 선택하여 기본 3D 모델까지 지원을 받도록 하자.

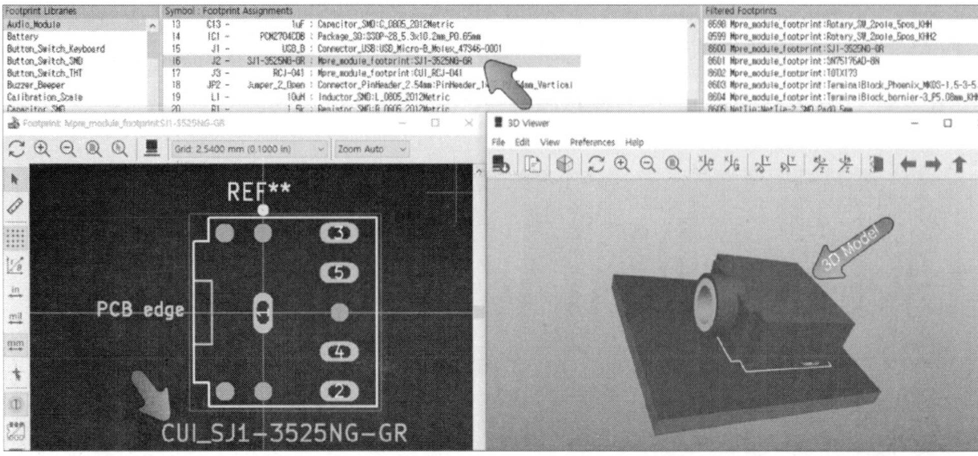

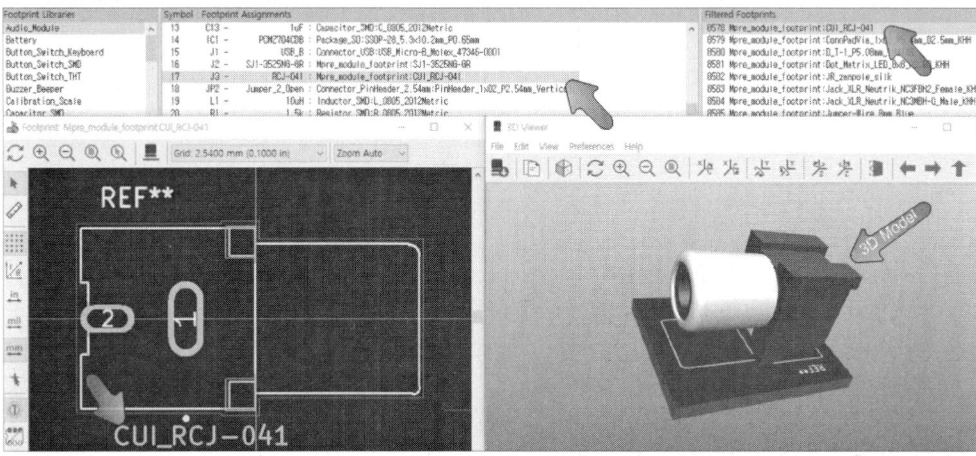

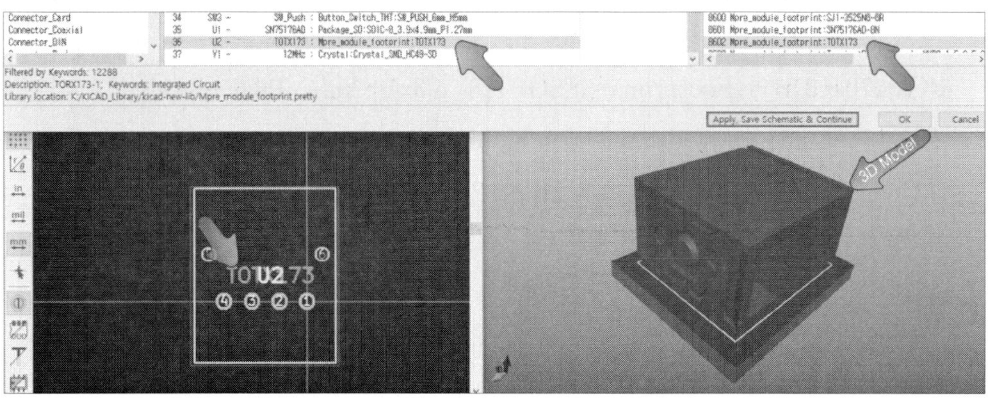

Headphone Jack과 RCA 단자와 S/PDIF 단자인 TOTX173은 SnapEDA 사이트에서 내려 받은 심볼과 Footprint 라이브러리를 앞서 설명한 절차에 따라 사용자 라이브러리로 등록해서 사용하도록 하고 3D 모델은 내려 받기를 한 다음 FreeCAD

에서 KiCad의 Footprint와 3D 모델의 위치 보정 작업을 한 다음 KiCad의 3D 모델로 등록해서 사용하도록 한다.

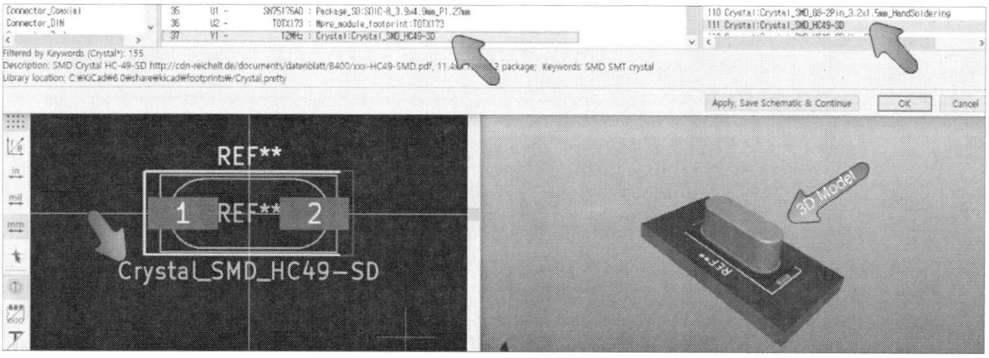

Crystal은 KiCad에서 기본적으로 제공하고 있는 SMD 형식인 "HC49-SD"를 사용하면 3D 모델의 사용이 가능하다. 그 밖에 트랜시버 SN75176과 Push 버튼도 KiCad에서 지원되는 Footprint와 3D 모델을 사용하도록 하자.

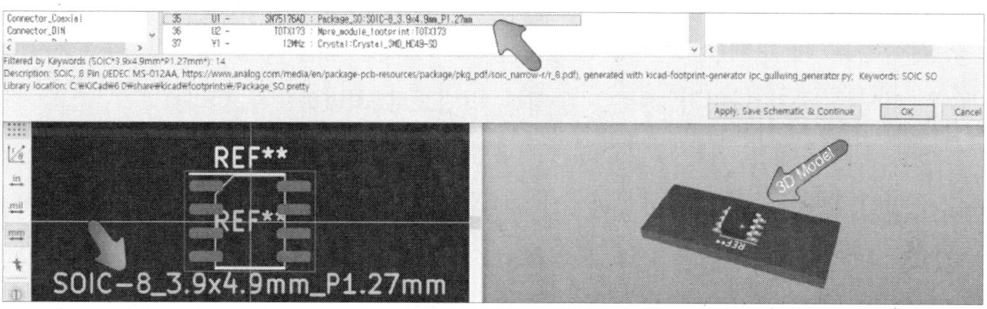

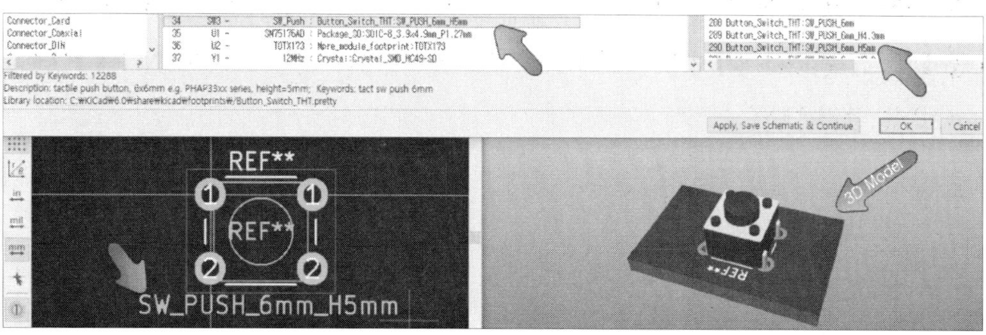

⑨ **외부 3D 모델 부품과 Footprint의 좌표 조정:** 앞서 Footprint 할당 과정에서 사용한 라이브러리 중 "SnapEDA" 사이트 등에서 받아온 외부 라이브러리와 3D 모델은

FeeCAD를 실행하여 두 개의 모듈 간 좌표 조정 작업과 KiCAD에 신규 라이브러리로 등록하는 작업을 하도록 하자.

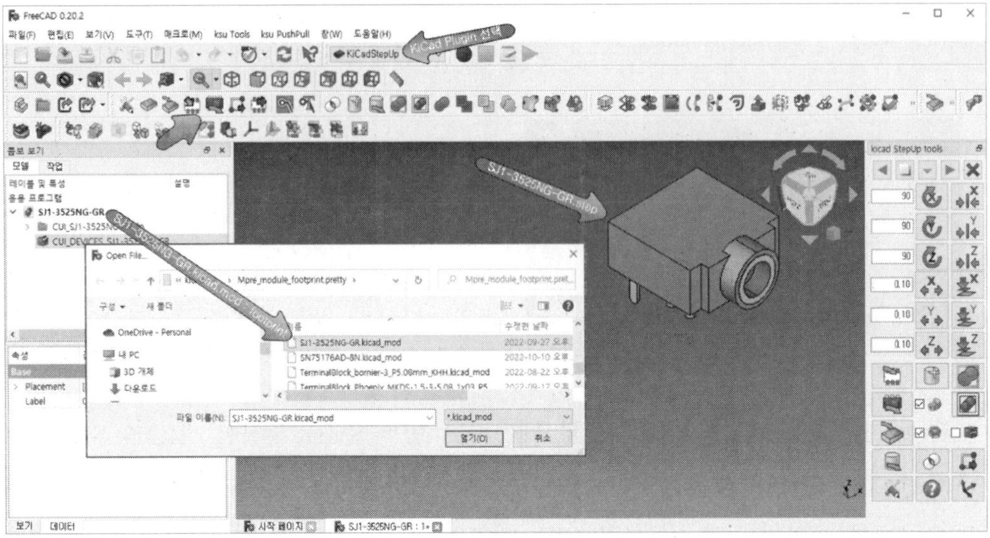

SJ-3525(헤드폰 잭), RCJ-041(RCA 단자), TOTX173(광 단자)에 대한 3D 모델의 보정 작업을 해 주어야 하는데 이번에는 SJ-3525에 대한 보정 작업을 따라하기 실습을 하도록 하고 나머지 부품은 동일한 방법으로 처리하도록 한다.

"SnapEDA"에서 SJ1-3525NG-GR을 다운 받으면 "SJ1-3525NG-GR.kicad.mod"라는 Footprint라는 파일과 3D 모델은 "SJ1-3525NG-GR.step" 파일이 저장되는데 여기서 3D 모델을 먼저 FreeCAD로 불러들이고 난 다음 편집 창 중앙 상단에 위치한 펼침 메뉴에서 KiCadSetup을 선택한다. 여기서 나타난 KiCad의 아이콘 중에서 Footprint 가져오기 아이콘 " "를 실행하여 "SJ1-3525NG-GR.kicad.mod"를 불러온다.

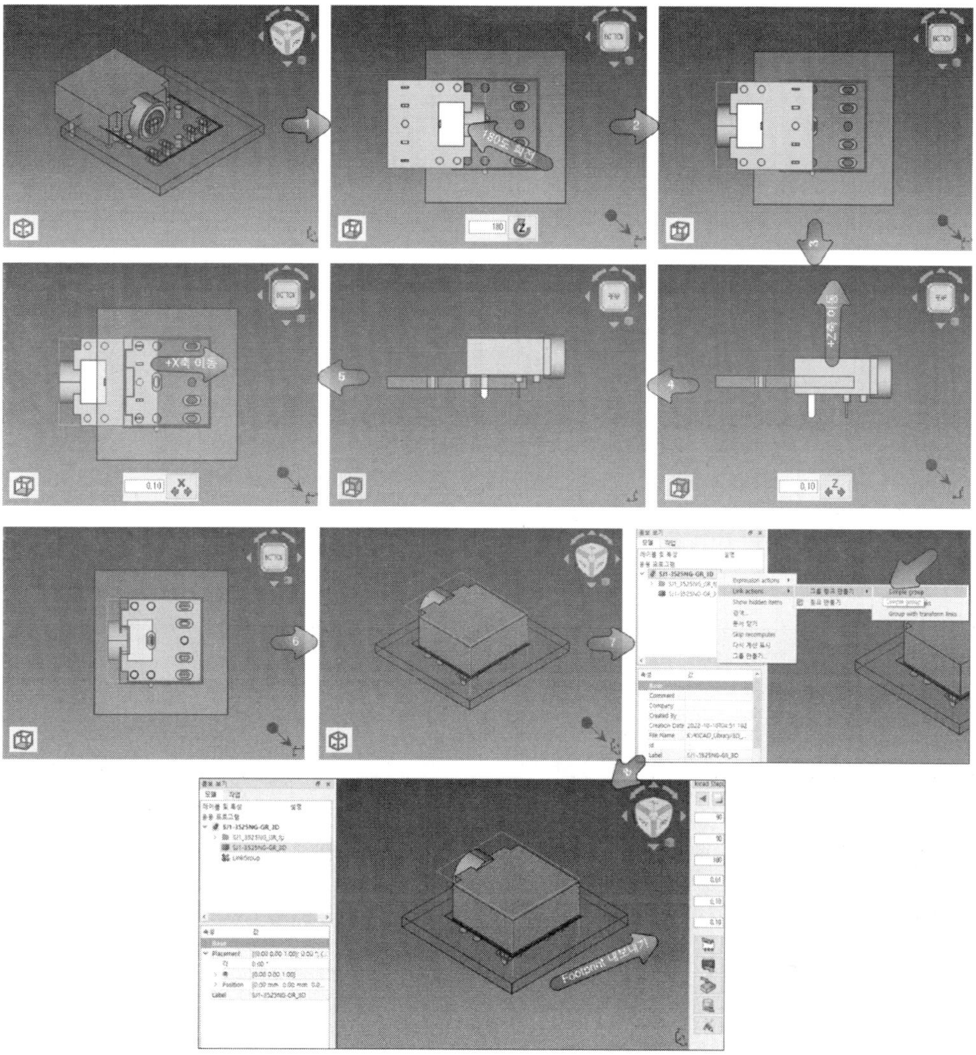

FreeCAD에서 3D 모델 파일과 Footprint 파일을 불러오면 첫 번째 그림처럼 핀의 위치와 자세가 서로 어긋나 있는 것을 확인할 수 있다. 3차원 좌표공간에서 처음 작업을 할 때는 공간 감각에 어려움이 있을 수 있는데 우측 하단의 좌표 “ ” 표식을 최대한 잘 활용해서 3차원 모델과 Footprint의 자세를 정확하게 파악하는 것이 중요하다. 대부분의 경우 Footprint와 3차원 모델의 바닥은 xy 평면으로 이루어져 있으며 z축 위쪽으로 입체 형상을 가지고 있다. 따라서 두 가지 파일을 불러오게 되면 우선적으로 xy평면 바닥 보기 아이콘 “ ”을 이용해서 바닥 상태에서부터 좌표 조정을 하도록 한다. 위의 그림의 1번에서 8번의 과정을 따라 하기 방식으로 실습

을 진행하도록 하자. 마지막 8번에서는 두 개의 모델을 하나의 심볼로 합체를 한 다음에는 합체된 심볼 중에서 3D model만 선택한 상태에서 아래와 같이 KiCad로 내보내기를 한다.

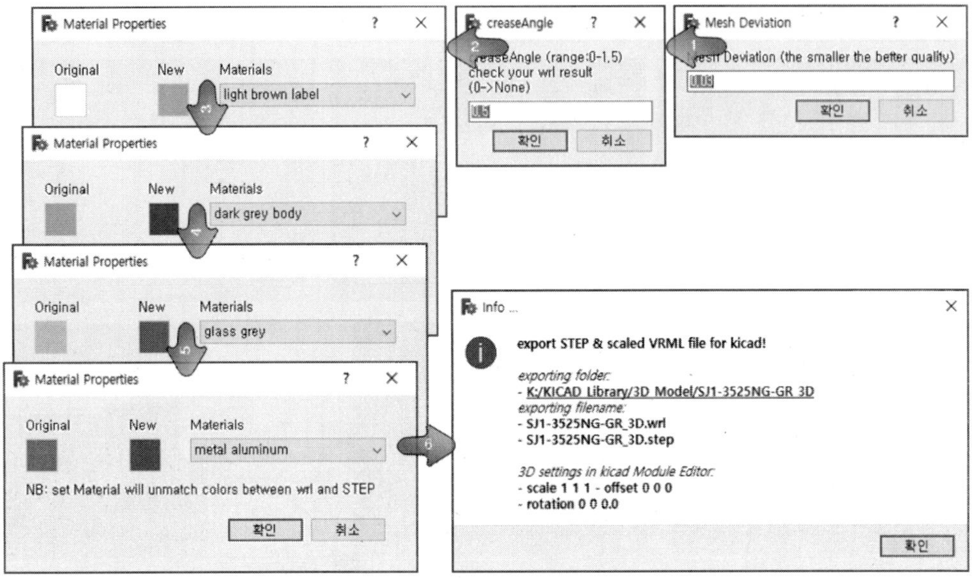

내보내기를 한 Footprint의 3D 모델은 KiCad를 실행한 다음 Footprint 편집메뉴에서 기존의 Footprint에 3D 모델로 등록해 보자.

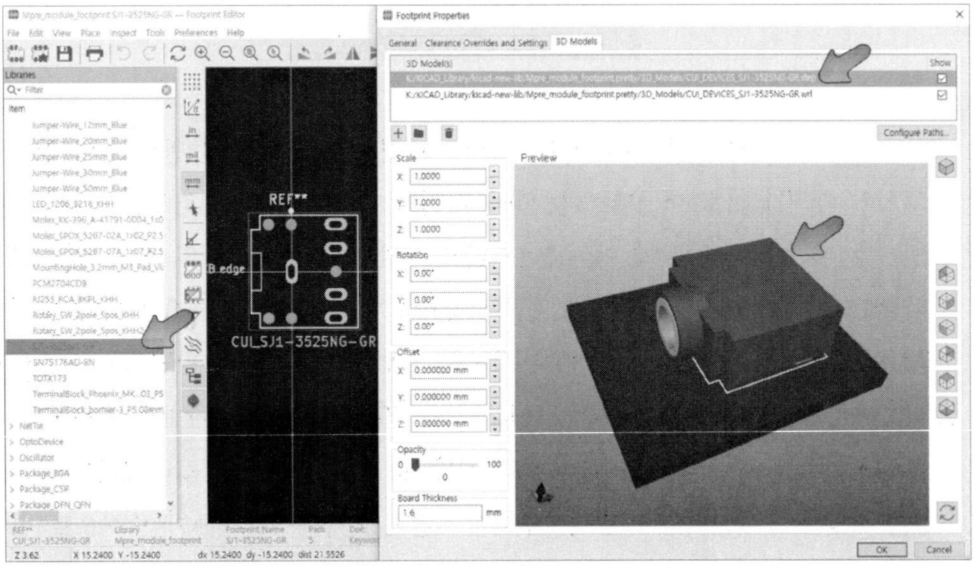

나머지 TOTX173, RCJ-041에 대한 3D 모델도 동일한 과정으로 작업을 하여 KiCad에 등록하도록 하자. FeeCAD에서 3D 모델 작업을 완료한 이후에는 반드시 전체 작업 내용을 하나의 객체로 묶음처리를 한 다음 3D 모델 부분만 마우스로 선택하여 KiCad로 전송해 주어야 한다.

14.4 PCB 보드의 설계

PCB 보드의 설계를 진행하기 전에 보드에 장착하게 될 기구와 규격을 고려하여 보드의 크기를 결정하고 보드가 고정될 마운트 탭의 크기와 갯수를 사전에 결정해 두는 것이 좋다. 이번 실습에서 사용될 보드의 마운트 홀은 4개로 하고 크기는 “50×54mm”으로 설계하는 것으로 하자.

① **작업 레이어 설정:** PCB 편집 창에서 환경 설정 아이콘 “ ”를 실행한 다음 PCB 제작에서 사용될 개별 레이어를 선택하도록 한다. 이번 실습에서 PCB는 두 개의 레이어를 사용하는 것으로 하고, 제작에서 사용할 레이어는 동박 레이어 F.Cu와 B.Cu를 선택하고 Silkscreen, Mask, Fab, EdgeCuts와 예비용으로 User.Eco1 레이어를 사용하는 것으로 설정하도록 하자.

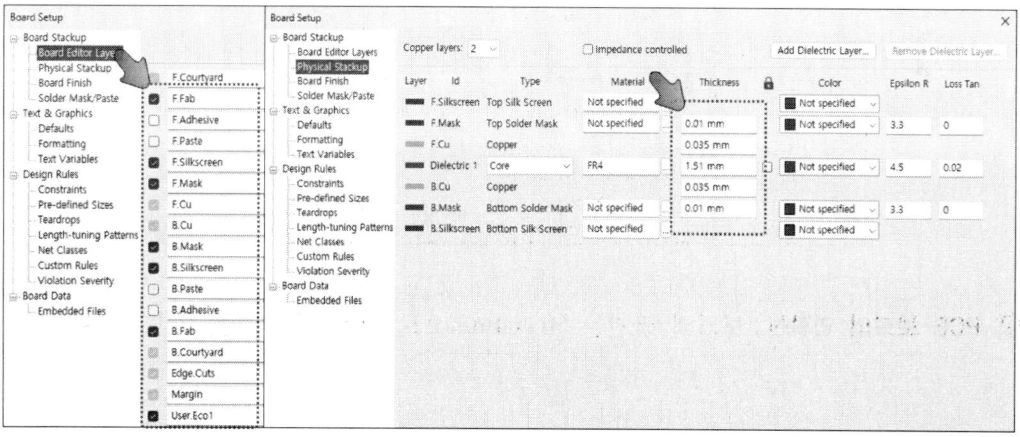

물리 계층에 대한 옵션 사항이나 배선과 관련된 설정 내용은 나중에 변경이 가능하기 때문에 기본적으로 설정되어 있는 값을 따르기로 한다. SMD 형식의 부품의 납

땜을 위해서 사전에 Paste를 입혀서 제작하는 경우가 있으나 이번 실습에서는 Paste를 두지 않고 Mask 레이어만 사용하는 것으로 한다.

설계 규칙에서 배선 폭은 "0.2mm, 0.3mm 0.5mm 0.8mm 1mm"와 같이 5개를 설정 하고 Net Class의 기본 값으로 배선의 안전한 이격거리, 배선 폭, Via의 크기, Via 홀등과 관련된 내용은 각 페이지에서 다음과 같은 값으로 설정하는 것으로 하자. 그밖에 설계 시 발생되는 각종 오류와 경고 메시지 그리고 무시해야 할 사항과 관련된 내용은 기본 값을 그대로 적용하는 것으로 한다.

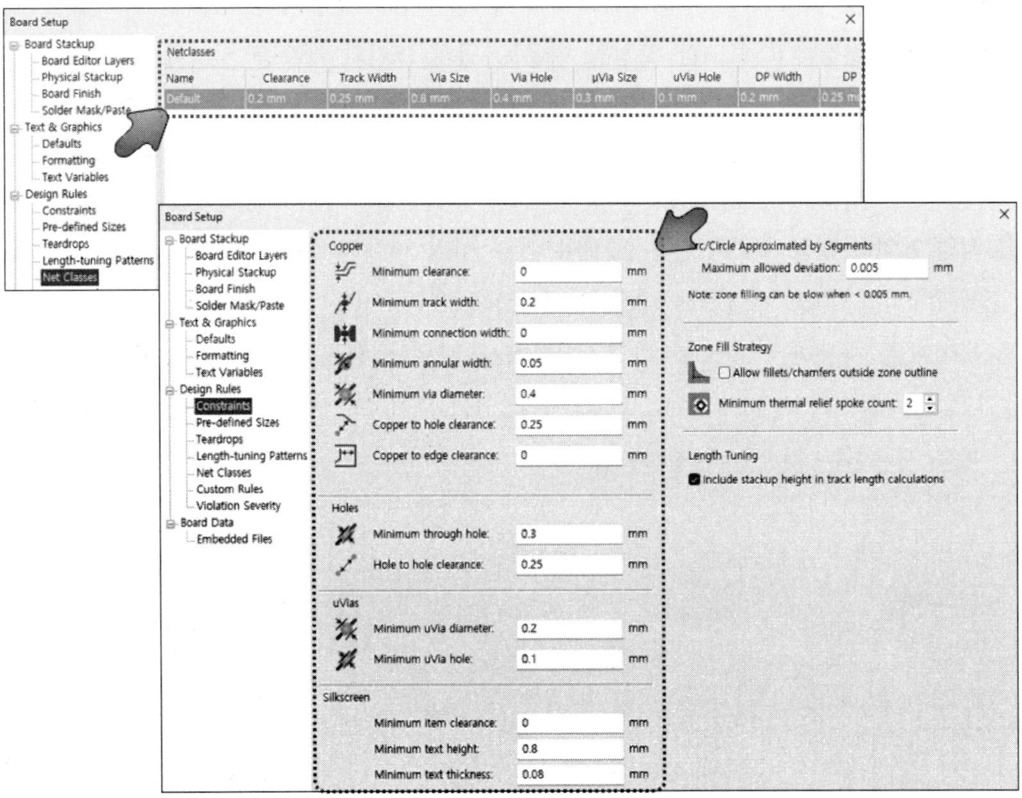

② **PCB 보드의 외곽선 :** 보드의 크기는 50×54mm으로 외곽선을 그리는 것으로 한다.

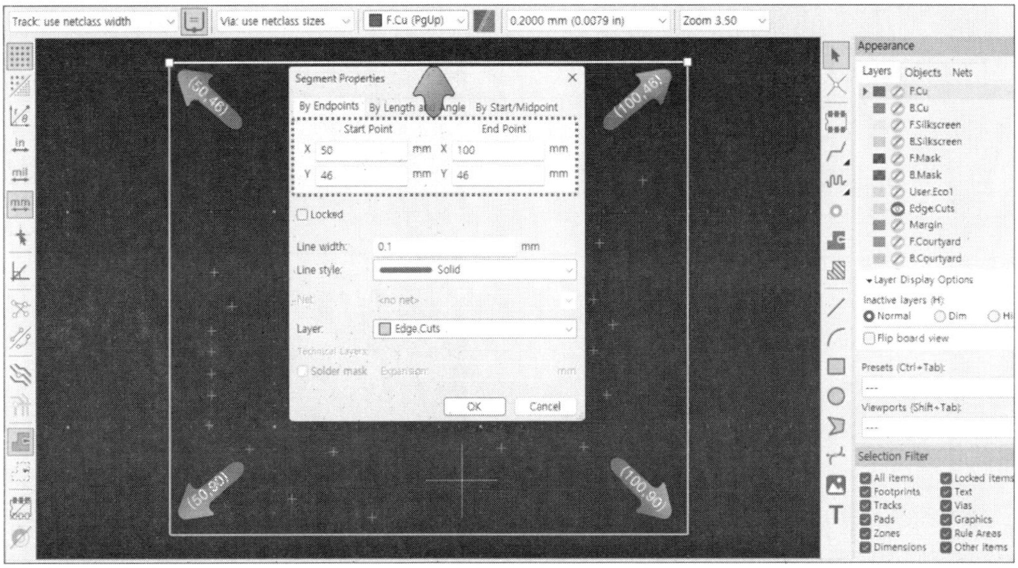

보드의 외곽선을 그리기 위해서는 우선 Edge.Cuts 레이어를 선택한 다음 사각형 그리기 아이콘 “□”를 선택한 다음 적당한 위치에서 선 그리기를 시작하여 사각형을 임시로 그려서 마감을 하도록 한다. 마감된 외곽선은 상,하,좌,우 선을 개별적으로 선택하여 좌표를 지정해서 정확한 수치의 외곽선을 완성하도록 하자. 좌상 좌표는 (50,46), 우상 좌표는 (100,46), 좌하 좌표는 (50,90) 그리고 우하 좌표는 (100,90)으로 한다.

③ **부품의 Ratnests 불러오기 :** Schematic 창에서 작업한 회로 도면의 네트 정보와 부품을 논리적으로 연결하고 있는 부품과 네트의 묶음은 Schematic을 PCB로 업데이트 하기 위한 아이콘 “ ”를 선택하여 Ratnests를 불러오기를 한 다음 보드의 외곽선 부근에 위치시키도록 한다. 이때 누락된 네트가 있는 경우에는 팝업 창에서 경고목록에 해당하는 네트의 정보가 나타난다. 누락된 네트는 PCB 편집 창에서도 추가 작업이 가능하다.

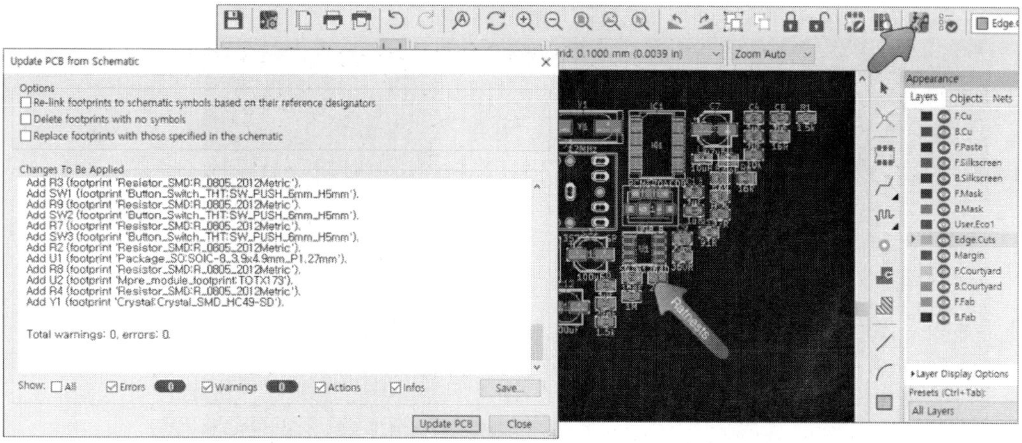

추가적으로 PCB 보드를 고정할 수 있는 Mounting Hole은 부품의 배치와 배선 작업 전에 미리 배치하는 것이 좋다.

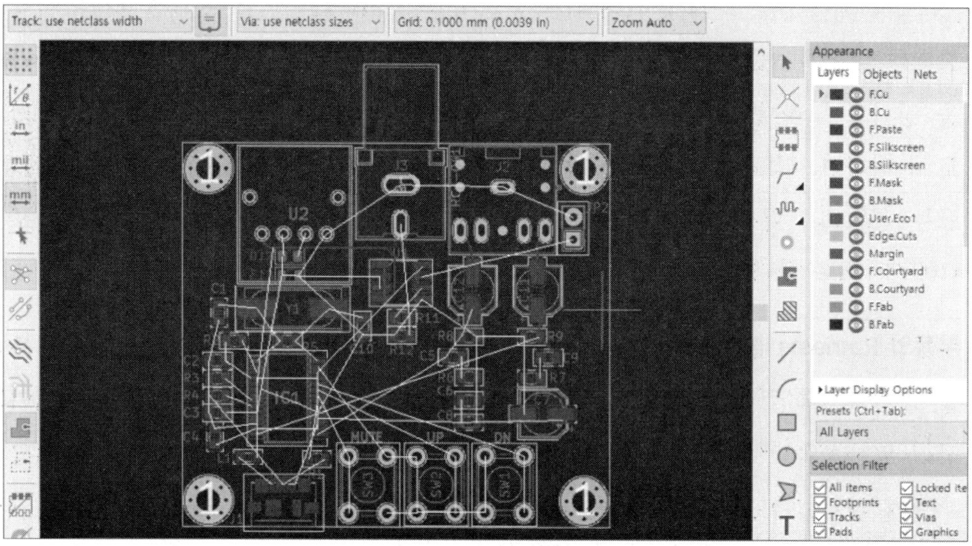

여기서는 보드의 외곽선 4개의 구석 위치에 배치를 하도록 하자. 이때에도 수작업으로 배치하기 보다는 보드의 외곽선 좌표를 참조하여 MT 홀의 위치 좌표 값으로 지정하여 배치하는 것이 정확하다. 4개의 MT 홀 좌표는 좌상 위치에서 시계 방향으로 (53, 49), (97, 49), (97, 87), (53, 87)로 하고 Footprint는 2.7mm Pad Via를 배치하도록 한다. 나머지 부품의 배치는 커넥터의 위치와 푸시 버튼 위치를 고려하여 가능한 최소 배선 길이를 갖도록 배치를 완료하도록 한다.

14.5 PCB 보드의 배선

① **부품의 배선**: KiCad 초기 화면에서 Calculator 도구를 실행하면 허용전류와 온도 환경에 따라 권장하는 최소 배선 폭의 크기를 참조할 수 있다. 여기서 계산된 값들은 권장하는 최소 배선 폭이므로 전체 보드의 상황과 시각적 요소를 고려하여 배선 폭 목록을 3~5개 정도를 등록해 두고 선택적으로 사용하도록 한다. 이번 실습에서는 mm단위를 기준을 할 때 "0.2, 0.3, 0.5, 0.8, 1.0"의 5개 값을 선택 목록으로 등록해 두고 사용하도록 하자.

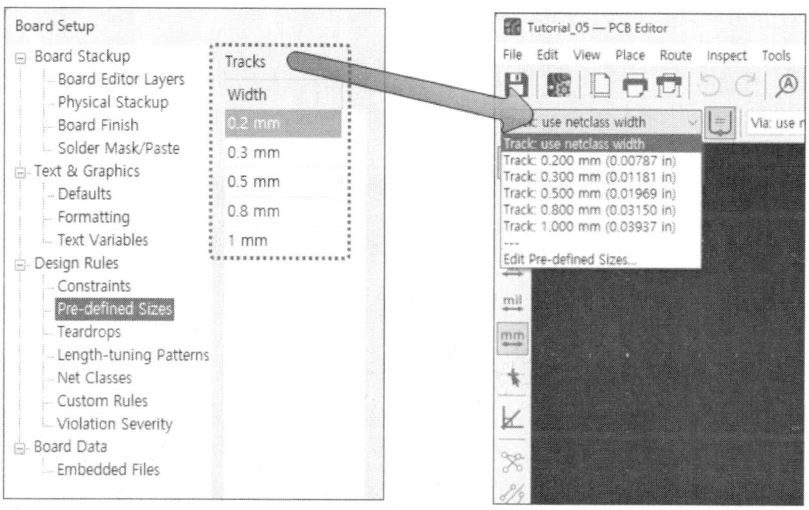

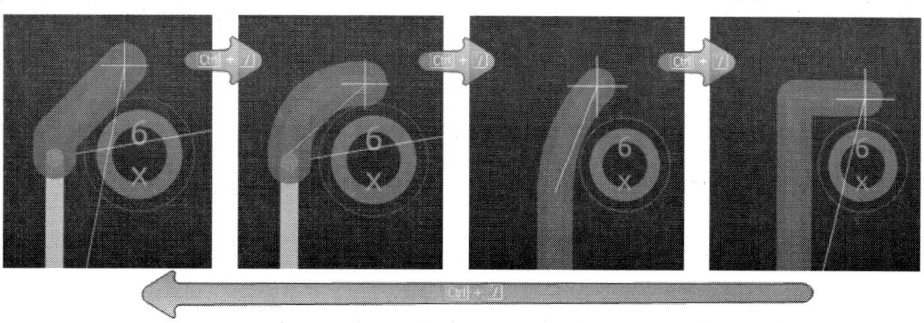

우선적으로 GND를 배선하는 것으로 하고 폭은 0.5mm로 설정한 다음 Bottom 레이어에서 곡선으로 배선 작업처리를 한다. 여기서 네트의 배선 작업 중에 배선 위치가 변경될 때 배선 경로를 변경하는 방법은 단축키를 이용하는 것이 편리하다.

우선 배선의 시작점을 마우스의 클릭으로 작업을 시작하면서 경로의 위치가 변경될 때 단축키 "Ctrl+/"를 이용하여 배선의 각도를 90꺽기, 45도 꺽기, 곡선(3 단계)으로 배선 작업의 모드를 선택적으로 변경하면서 사용해 보자.

전원 배선은 0.5mm로 작업을 하고, 나머지 신호선은 0.2mm로 배선 작업을 완료하도록 한다. 자동 배선 기능이 완전하지 않기 때문에 "Route" 메뉴에서 대화식 배선설정(Interactive Router Settings)을 선택한 다음 배선 관련 옵션 내용을 설정하도록 하자. 팝업 창을 보면 배선이 충돌 시 밝은 색으로 표시(Highlight)하는 모드, 배선이 겹치는 경우 기존 배선을 자동을 밀어내는(Shove) 모드 그리고 돌아가기 배선(Walk around) 모드 중에서 선택이 가능하고 아래의 선택사항 목록은 필요에 따라서 지정할 수 있다. 여기서는 돌아가기 배선(Walk around) 모드를 사용하는 것으로 하고 선택사항은 기본 설정 값을 그대로 따르기로 하자.

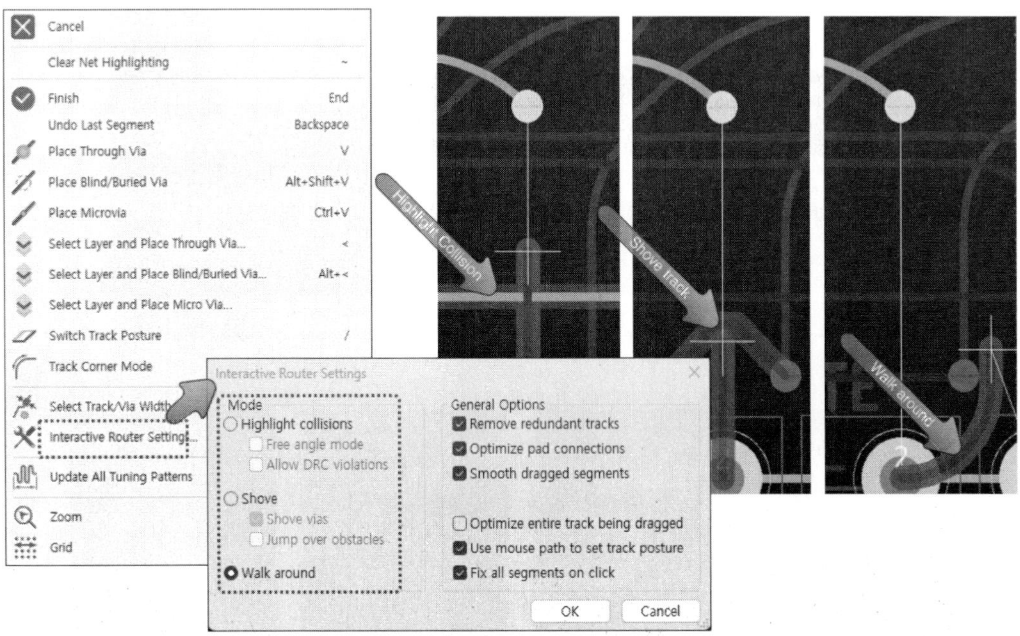

배선 작업 과정에서 부품의 배선 경로가 확보되지 않는 경우에는 두 개의 레이어를 관통하고 지나가는 Via를 이용하여 반대편 레이어에서 배선을 이어가는 방법으로 작업을 진행하도록 한다.

모드 배선 작업을 마쳤으면 일단 프로젝트 폴더에 작업 내용을 저장한다. 다음 단계로 PCB 편집 창에서 “Inspect” 메뉴에서 배선 작업의 오류가 없는지 지금까지 작업이 완료된 보드에 대하여 설계규칙검사(Design Rules Checker)를 실행한다. 실제 오류가 발생한 상황을 확인하기 위해서 한 개의 배선을 완료하지 않은 상태로 검사를 진행한 후 미배선 된 부분에 대한 검사가 제대로 진행되는지 확인 하도록 한다. 실행 결과는 미 배선 부분에 노란색 화살 표시가 되면서 오류에 대한 내용이 아래와 같이 나타난다. 설계 규칙 검사에 대한 기능에 대하여 실습을 해 보았으면 미 배선 부분까지 모두 완성을 한다. 아래 화면에 두 개의 경고 메시지가 보이는데 보드의 외곽선 바깥으로 RCA 단자가 돌출되는 형태의 Footprint를 사용했기 때문에 보드 외곽선을 넘어갔다는 내용이다. 실제 부품이 안착되는 부분과는 관계가 없어서 이러한 메시지는 무시하고 진행하도록 한다. 모든 부품의 배치와 배선을 완료하고 설계 규칙 검사까지 완료된 보드의 최종 결과는 2D 보드와 부품이 장착된 최종 3D 보기까지 확인해 보자.

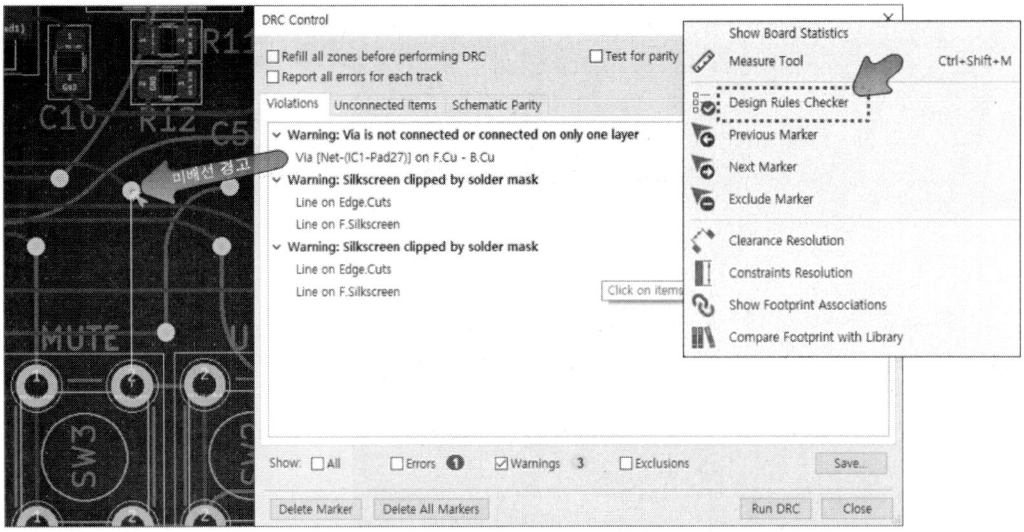

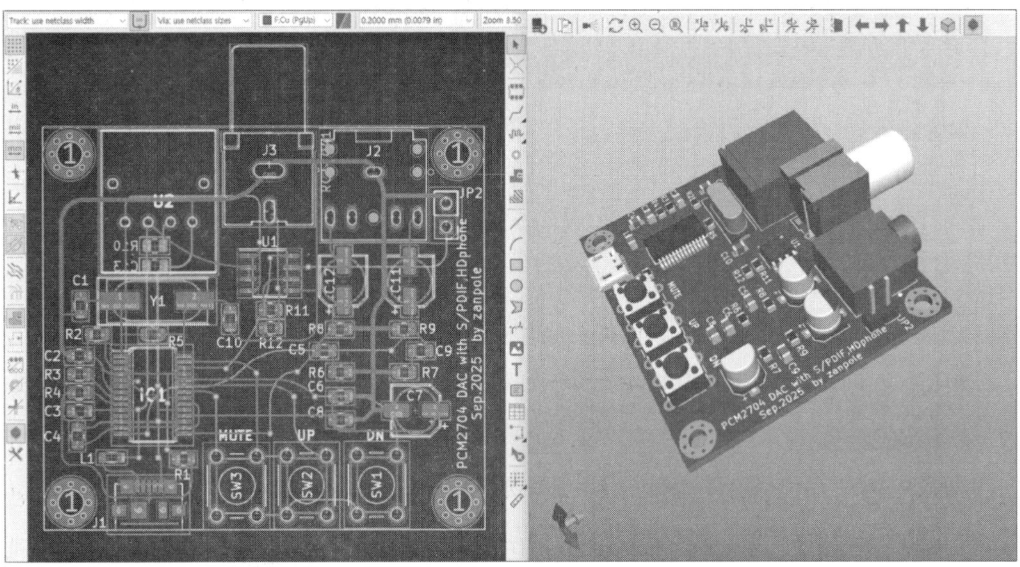

② **심볼과 텍스트의 배치 :** 이전 실습에서 작업한 내용처럼 Footprint 심볼 라이브러리에서 제공하는 심볼을 사용해도 되고 새로운 심볼이 필요한 경우는 심볼 만들기 과정을 참조해서 사용할 수 있다. 이번 실습에서는 심볼의 사용은 하지 않은 것으로 하고 PCB 제작과 관련된 내용으로 사용자의 요구사항을 텍스트로 작업해서 Silkscreen 레이어에 배치를 하도록 한다.

⑥ **중복배선 중복트랙의 제거 :** 부품의 배치와 배선 작업 그리고 심볼과 텍스트의 배치

작업을 모두 마치고 나면 패드나 비아 부근에 감춰져 있어서 시각적으로는 확인이 불가능한 배선 과정의 중복 배선 조각을 제거해 주어야 설계 규칙 검사에서 오류가 발생하지 않는다. PCB 편집 창의 상단에 있는 도구(Tool) 메뉴에서 "Cleanup Tracks&Vias.."를 실행하여 이러한 중복 요소들을 깨끗하게 제거하도록 한다. 그 밖에 설계 규칙 오류 여부도 DRC 검사를 통하여 확인하도록 하자.

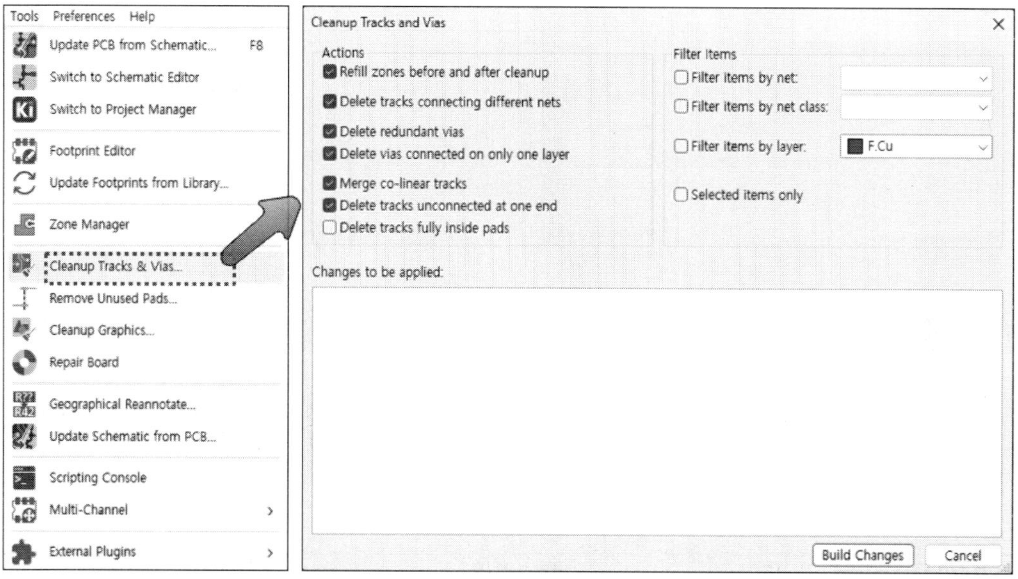

③ **BOM파일의 작성 :** KiCad의 메인 메뉴에서 "Plugin and Content Manager"를 통하여 설치된 대화형 HTML Bom 생성 플러그인을 사용하여 BOM 파일을 작성하도록 한다. 화면 우측 상단에 위치한 아이콘 " "를 선택해서 실행을 하면 팝업창에 3개의 탭이 나타나는데 "General" 탭에서는 BOM파일의 저장경로와 이름을 설정한다. 파일 이름은 "PCM2704_DAC"로 저장하도록 하고 나머지 두 개 탭의 설정은 기본 값을 그대로 따르기로 하자. 이제 "General" 탭의 하단부의 "Generate BOM" 버튼을 눌러서 BOM 파일을 만들어 보자.

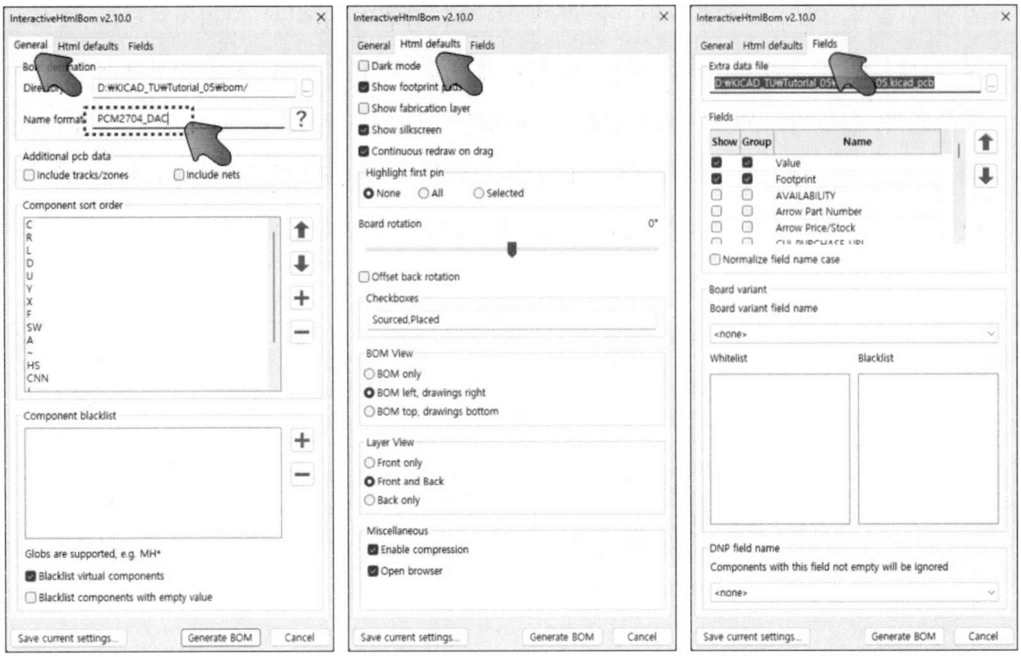

대화형 HTML형식의 BOM이 만들어지면 웹 브라우저 위에 다음과 같이 파일 열기를 하여 내용을 확인해 보자.

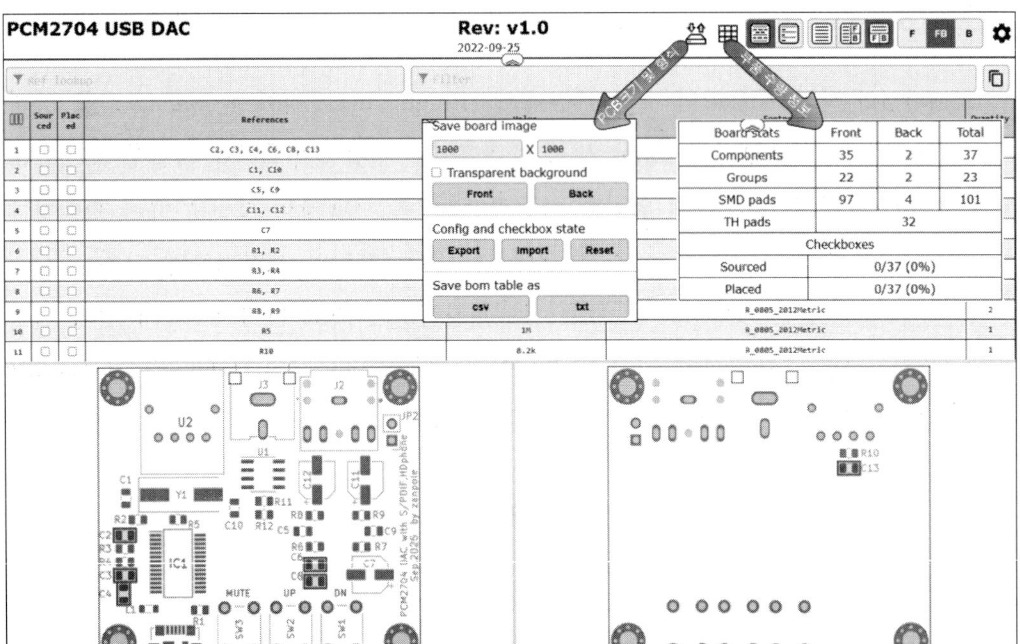

좌측 상단에는 보드의 크기와 BOM 파일의 저장 형식을 설정하는 아이콘 메뉴와 부품의 개수와 유사한 부품의 그룹, 패드 형식에 대한 정보 등을 나타내는 아이콘 메뉴가 있다. 보드의 상하 레이어 표기 옵션은 “”아이콘을 선택한 다음 나타낼 항목을 선택하도록 한다. 위의 화면은 부품 목록을 화면 상단에 위치하고, 아래쪽에는 보드의 상,하 레이어를 나란히 표기하는 형식이다.

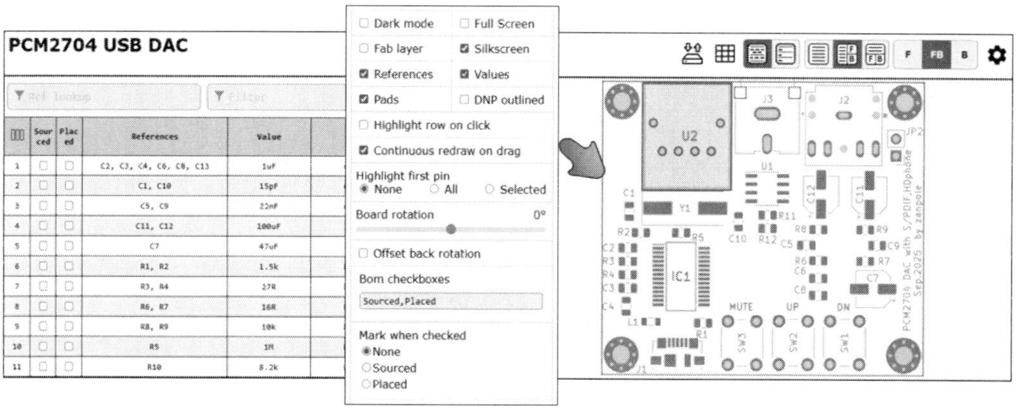

이 표기 방식은 부품 목록이 많지 않은 경우에도 전체 목록이 잘리기 때문에 부품 목록은 왼쪽 창에 모두 표시되고 보드의 상하 레이어가 우측 창의 위,아래에 표기되도록 아이콘 “”를 선택하여 화면에 나타난 결과를 확인해 보자.

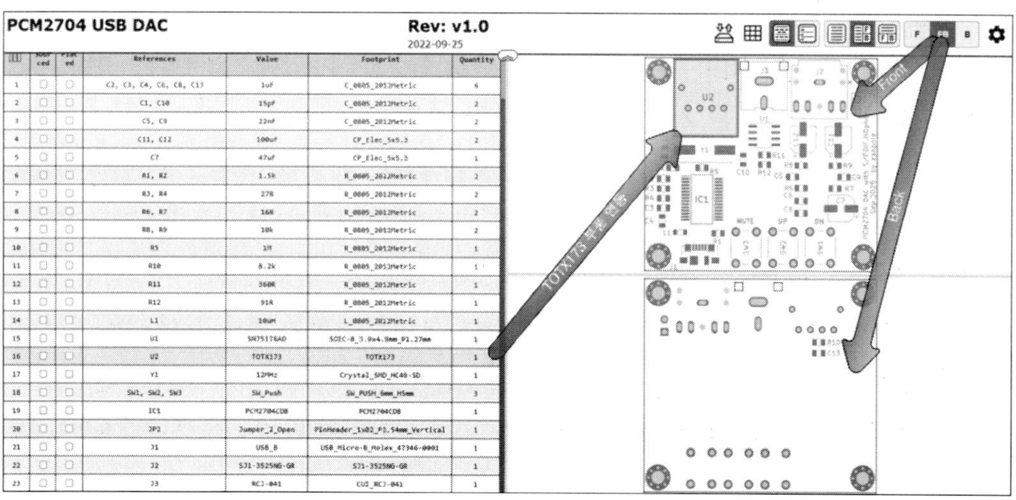

우측 상단의 “ ”아이콘을 선택하여 나타난 팝업 창에서 BOM 파일의 형식을 “csv” 형식으로 저장하고 또한 동일한 부품은 그룹으로 묶음 표기가 되도록 “ ” 를 선택한다. 이제 “csv” 형식으로 저장된 파일을 엑셀을 이용하여 확인해 보자.

null	Sourced	Placed	References	Value	Footprint	Quantity
1			C2, C3, C4, C6, C8, C13	1uF	C_0805_2012Metric	6
2			C1, C10	15pF	C_0805_2012Metric	2
3			C5, C9	22nF	C_0805_2012Metric	2
4			C11, C12	100uF	CP_Elec_5x5.3	2
5			C7	47uF	CP_Elec_5x5.3	1
6			R1, R2	1.5k	R_0805_2012Metric	2
7			R3, R4	27R	R_0805_2012Metric	2
8			R6, R7	16R	R_0805_2012Metric	2
9			R8, R9	10k	R_0805_2012Metric	2
10			R5	1M	R_0805_2012Metric	1
11			R10	8.2k	R_0805_2012Metric	1
12			R11	360R	R_0805_2012Metric	1
13			R12	91R	R_0805_2012Metric	1
14			L1	10uH	L_0805_2012Metric	1
15			U1	SN75176AD	SOIC-8_3.9x4.9mm_P1.27mm	1
16			U2	TOTX173	TOTX173	1
17			Y1	12MHz	Crystal_SMD_HC49-SD	1
18			SW1, SW2, SW3	SW_Push	SW_PUSH_6mm_H5mm	3
19			IC1	PCM2704CDB	PCM2704CDB	1
20			JP2	Jumper_2_Open	PinHeader_1x02_P2.54mm_Vertical	1
21			J1	USB_B	USB_Micro-B_Molex_47346-0001	1
22			J2	SJ1-3525NG-GR	SJ1-3525NG-GR	1
23			J3	RCJ-041	CUI_RCJ-041	1

14.6 PCB 거버 파일의 작성

① PCB 파일 메뉴에서 “Fabrication Output” 메뉴를 열고 “Gerbers(*.gbr)”을 선택하면 새롭게 작성할 거버 파일의 출력 경로를 설정할 수 있다. 출력되는 거버 파일은 다양한 옵션 항목을 지원하는 데 필요한 부분의 체크박스를 마우스로 선택하고 나머지는 기본 값으로 설정되어 있는 내용을 따르도록 한다. 제조 과정에 필요한 “F.Fab”과 “B.Fab”은 필요한 경우 거버 파일에 포함시키도록 한다. 모든 옵션에 대한 설정을 마쳤으면 화면 아래의 “Plot” 버튼을 선택하여 현재 작업 중인 Tutorial_05 프로젝트 폴더에 “Gerber”라는 새로운 폴더를 만들고 이곳에 거버 파일을 출력하도록 하자. Via 홀의 위치와 드릴 구멍 좌표를 나타내는 드릴 차트는 화면 아래 “Generate Drill files” 메뉴를 실행하면 동일한 폴더에 드릴 파일도 생성된다.

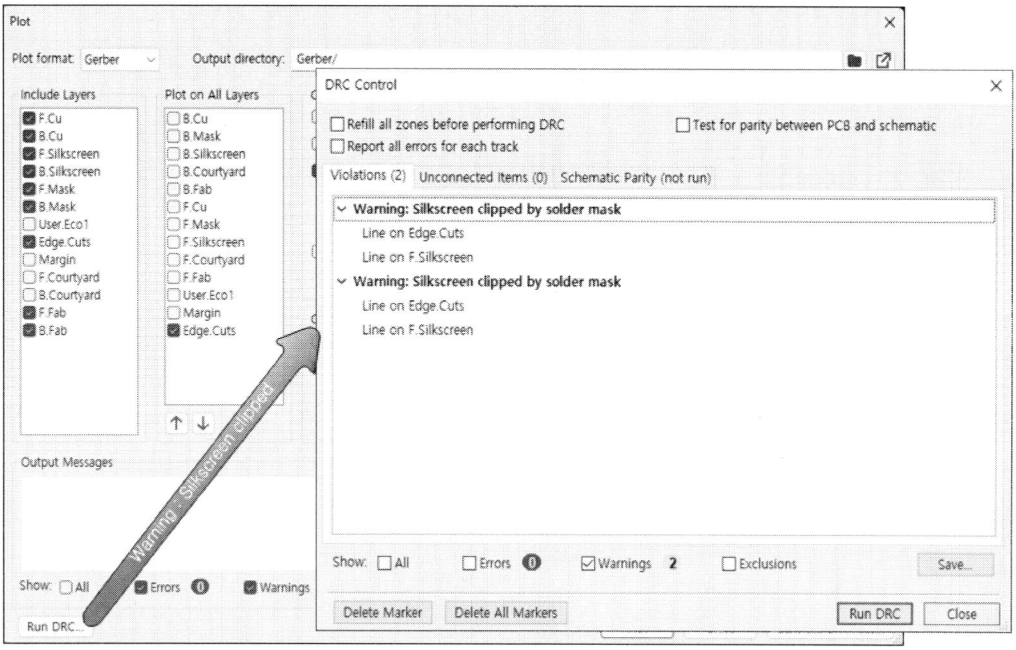

지금 프로젝트에서는 RCA 단자의 부품 외형을 나타내는 "Silkscreen"이 "Solder Mask"로 잘려 나간다는 경고 메시지 목록이 발생하면서 거버 파일을 생성하는 과정에 "Stackup Update" 오류로 작업이 중단된다.

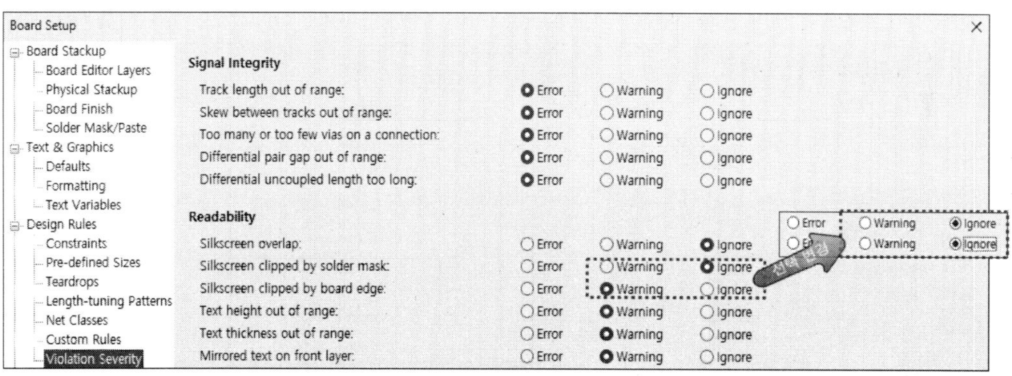

RCA 단자의 돌출 부분에 대한 영역은 'Silkscreen" 부분이기 때문에 이 경우에는 PCB 환경 설정 아이콘 "[icon]"를 선택한 다음 "Silkscreen Overlap"과 "Silkscreen Clipped by solder mask"의 "Warning" 체크를 해제하고 "Ignore"를 체크하는 것

으로 변경하면 경고 메시지가 사라진다. 이와 같이 환경설정 작업을 마친 후 거버 파일 생성 창의 왼쪽 아래 부분에 위치한 DRC를 실행해서 아래 화면과 같이 "Errors"와 "Warnings" 항목에 "0"이 표시되는지 확인을 한 다음 최종적으로 "Plot"버튼을 눌러서 거버 파일을 출력하고 우측의 드릴차트 버튼을 이용하여 드릴 차트 파일도 함께 생성하도록 하자.

② **Gerber Viewer**: 대부분의 PCB 제조사에서는 제조에 필요한 거버 파일, 드릴 파일 등을 하나의 압축파일로 제출하거나 주문 시 웹페이지에 업로드를 하는 절차를 따라 압축되어 저장했다.

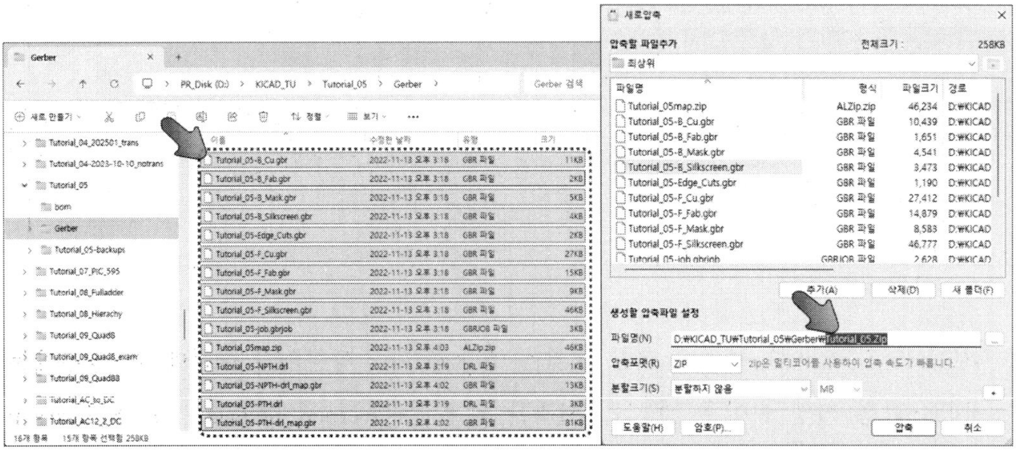

저장된 거버 파일은 KiCad에서 지원하고 있는 거버 보기 프로그램을 이용해서 최종적으로 완성된 PCB 보드의 내용을 확인해 보자. 우선 KiCad의 메인 화면의 좌측에 위치한 주요 프로그램 아이콘 목록에서 "[icon]"아이콘을 선택해서 실행을 한다. 이 때 거버 파일을 가져올 수 있는 다양한 종류의 메뉴 창이 나타나는 데 지난 실습과 마찬가지로 방금 압축한 거버 파일 "Tutorial_05.zip"을 불러와 보자.

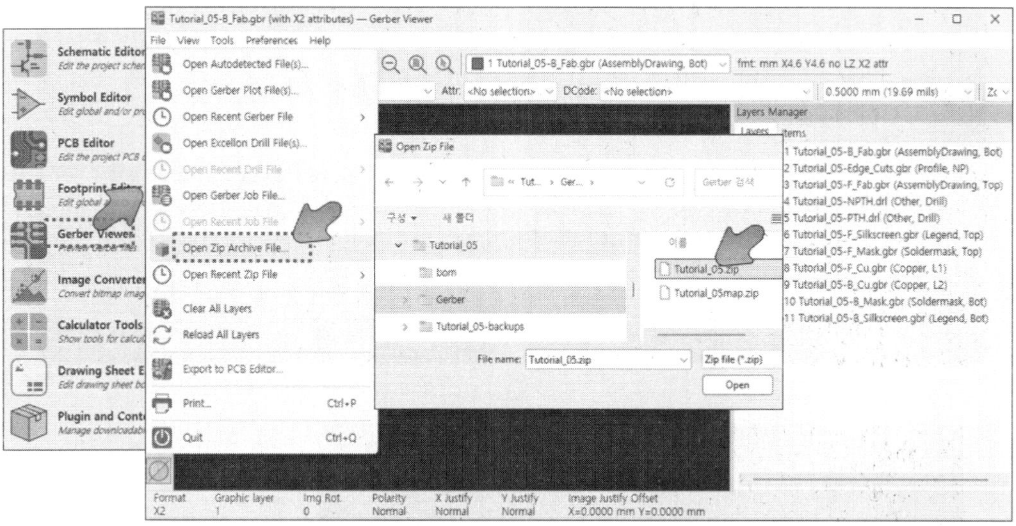

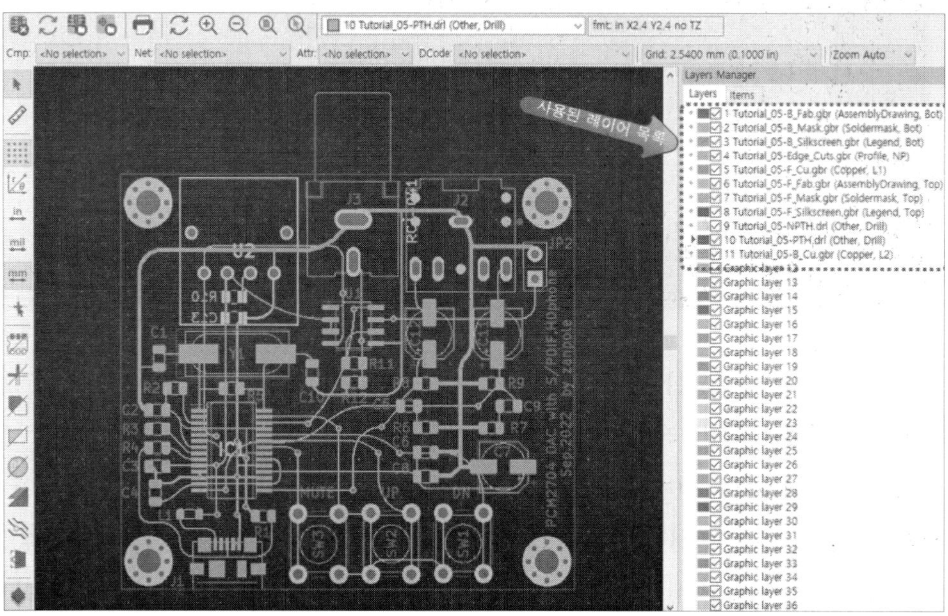

거버 파일 불러오기를 하면 우측 레이어 목록에 현재 보드에서 사용하고 있는 레이어를 확인할 수 있다. 윗면/아래면의 실크스크린 레이어, 윗면/아래면의 동박 레이어, 마스크 레이어, 제조용 Fab레이어, Edge_Cuts 레이어와 관통/비관통 드릴홀 레이어가 우측 레이어 목록 창에 표시가 되고 있는지 확인해 보자.

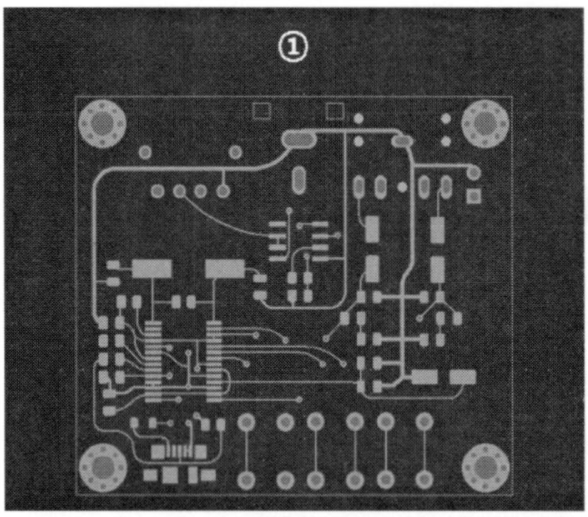

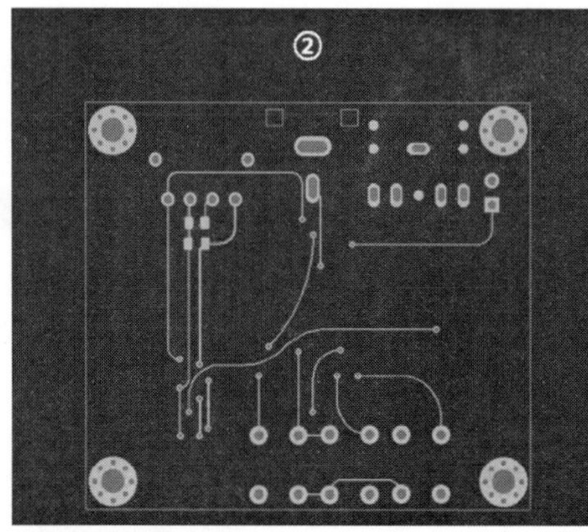

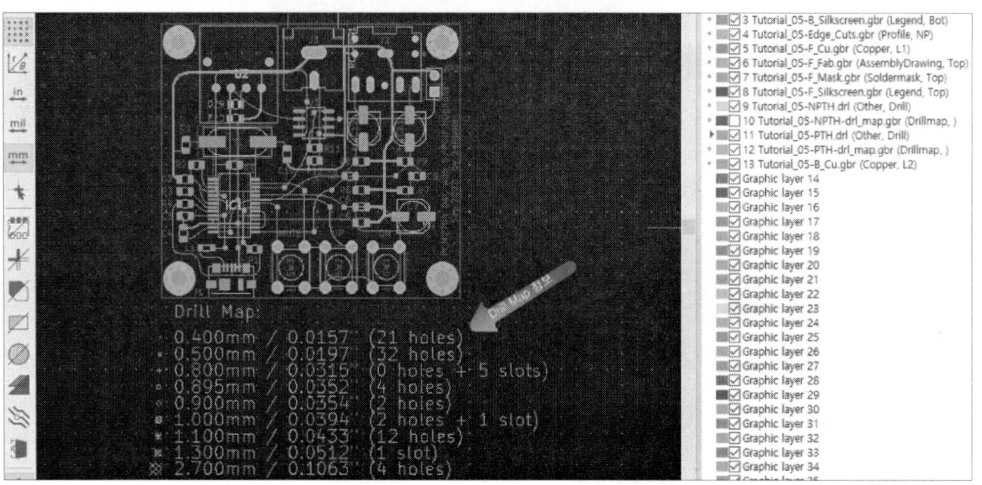

첫 번째 우측에 위치한 레이어 목록에서 보드의 외곽선을 나타내는 “Edge_Cuts” 레이어와 앞면의 동박 레이어와 관통/비관통 드릴정보를 나타내는 레이어만 선택한 결과를 확인하고 두 번째로는 반대로 뒷면의 동박 레이어와 드릴정보 레이어만 선택했을 때 나타난 PCB 보드의 결과를 비교해서 확인해 보자. 세 번째로는 앞, 뒷면의 동박레이어와 Fab 레이어 그리고 마스크 레이어를 보기로 선택했을 때와 네 번째로는 실크스크린을 포함하여 앞, 뒷면의 모든 레이어를 보기로 하고 좌측에 위

치한 옵션 아이콘 “ ”를 선택해서 밝은 색의 부품과 Pad 정보를 외곽선 보기로 했을 때 나타난 결과를 확인해 보자. PCB 제작 관련 거버 파일 작성하는 과정에서 드릴 파일 작업까지 마쳤을 때의 결과를 확인해 보았는데 드릴 파일 작업 시 “드릴 맵” 파일까지 작업을 하게 되면 PCB의 드릴 홀의 좌표 값까지 거버 파일 보기에서 확인이 가능하다.

14.7 PCB 최종 제작 결과

지금까지 모든 작업을 마친 PCB 보드와 최종 제조 단계의 결과물은 3D 모델링 한 형태로 나타나는지 확인하면서 5번째 실무과제 실습을 마치도록 한다.

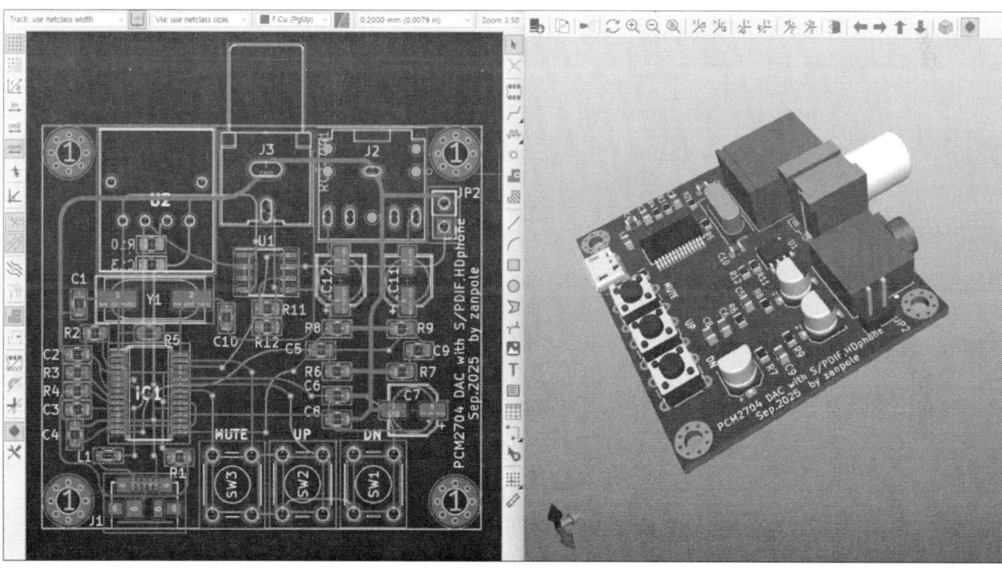

부 록(Appendix)

A1 KiCad 관련 사이트

아래의 표는 KiCad 관련 프로그램을 내려 받거나 각종 라이브러리 정보를 얻을 수 있인터넷 주소를 소개하고 있으며 또 다른 주소에서는 KiCad 프로그램을 이용해서 실제로 프로젝트를 수행한 결과를 공유하거나 KiCad의 기능을 다양화 시켜주는 플러그인, 라이브러리 그리고 새로운 테마의 정보를 얻을 수 있다. 그 밖에 다른 EDA 프로그램에서 작업한 결과를 상호 공유할 수 있는 방법에 대한 정보를 소개하고 있다.

사이트 로고	사이트 주소	관련 내용
KiCad	https://docs.kicad.org/	KiCad 프로그램 관련 문서 파일
KiCad	https://www.kicad.org/download/	KiCad 내려 받기 가능 주소
KiCad	https://www.kicad.org/blog/	KiCad 관련된 블로그
KiCad	https://www.kicad.org/pcm/	PCM 자료의 저장 (Plugin,Libraries,Theme)
KiCad	https://www.kicad.org/made-with-kicad/	KiCad 프로젝트 관련 정보 제공

사이트 로고	사이트 주소	관련 내용
KiCad	https://github.com/KiCad	KiCad 통합 github KiCad-symbols KiCad-packages3D KiCad-Footprints KiCad-templates KiCad-i18n
KiCad	https://gitlab.com/kicad	KiCad 프로젝트 그룹 KiCad Addons KiCad Libraries KiCad Packaging KiCad Source Code KiCad Web Services KiCad-ci KiCon
KiCad	https://www.kicad.org/external-tools/	KiCad 외부 도구

A2 KiCad에 도움이 되는 사이트

아래의 표는 KiCad 프로그램을 이용하여 Schematic이나 PCB 설계 작업을 진행시 매우 유용한 유틸리티(파이썬, 3D 모델링, 시뮬레이션, 라이브러리 검색등)를 제공하는 인터넷 주소 목록이다.

사이트 로고	사이트 주소	관련 내용
python	https://www.python.org/	오픈소스 KiCad 지원 프로그램
FreeCAD	https://www.freecad.org/	오픈소스 3D 모델링 프로그램
NGSPICE	https://ngspice.sourceforge.io/ngspice-tutorial.html	오픈소스 시뮬레이션 프로그램
git	https://git-scm.com/	오픈소스 프로젝트 관리 프로그램
ALL ABOUT CIRCUITS	https://www.allaboutcircuits.com/	Online 전기공학 커뮤니티

사이트 로고	사이트 주소	관련 내용
CIRCUITSTATE	https://circuitstate.com/?s=kicad&ct_post_type=post%3Apage%3Aportfolio	하드웨어 창작 커뮤니티
PCB온라인플랫폼 SAMPLEPCB	https://www.samplepcb.co.kr/bbs/content.php?co_id=about_us#about	한국 PCB 제작업체
SnapEDA	https://www.snapeda.com/	미국, 캘리포니아 무료 심볼, Footprint, 3D 모델 라이브러리
Ultra Librarian	https://www.ultralibrarian.com/	무료 심볼, Footprint, 3D 모델 라이브러리공
GRABCAD COMMUNITY	https://grabcad.com/library	무료 3D 모델 라이브러리 제공
SamacSys	https://www.samacsys.com/pcb-librarian-service/	무료 심볼, Footprint, 3D 모델 라이브러리공
COMPONENT SEARCH ENGINE	https://componentsearchengine.com/	무료 심볼, Footprint, 3D 모델 검색엔진
YouTube KR	https://youtu.be/vaCVh2SAZY4 https://youtu.be/EPH23zhPg50 https://youtu.be/s_eMqgbjEsY	KiCad 유튜브 강좌

A3 KiCad의 후원 기업 정보

아래의 표는 KiCad 오픈소스 정책에 후원을 하고 있는 중요 기업체의 목록으로 PCB 제작업체, 설계 프로젝트 수행업체, KiCad 연계 소프트웨어 개발업체, 세계적인 전기전자 부품 유통업체들이다. 실제로 KiCad 프로그램을 이용한 프로젝트를 수행하는 경우 직접적으로 도움을 받을 수 있는 후원 기업체이므로 적극적으로 이용하기를 권장한다.

사이트 로고	사이트 주소	관련 내용
PCBWay	https://www.pcbway.com/	중국, PCB 제작
NextPCB	https://www.nextpcb.com/	중국, PCB 제작
KiCad Services Corporation	https://www.kipro-pcb.com/	미국, 소프트웨어
AISLER	https://aisler.net/	네덜란드 림 뷔르흐 PCB 제작
ALTRONIC	https://www.altronic-llc.com/	미국 오하이오 점화 제어 시스템
DigiKey	https://www.digikey.com/	미국 미네소타 전자부품 유통업체
WIN SOURCE ELECTRONICS	https://www.win-source.net/	중국 전자 부품 업체
	https://neurai.org/	AI, IoT 개발 기업
	https://kynsight.com/	반도체, 공정, 검증 관련

DUOmetric measure/detect	The only USA PCB company owns 100% PCB/PCBA fabs in China	ZAPATA	SK ELECTRONICS CONSULTING
ourPCB	FAR FIELD EXPLOITS	EMI SLEUTH	PartsBox

A4 PCB 제조 공정

아래의 그림은 KiCad의 후원 업체인 PCBway에서 제공하고 있는 PCB의 제조 공정에 대한 전체 처리 과정을 보여주고 있다. 단계별로 개별 아이콘 형태로 공정 처리

순서를 소개하고 있는데 세부 내용은 해당 사이트에 접속해서 개별 아이콘을 클릭하면 구체적인 공정 과정을 확인할 수 있다.

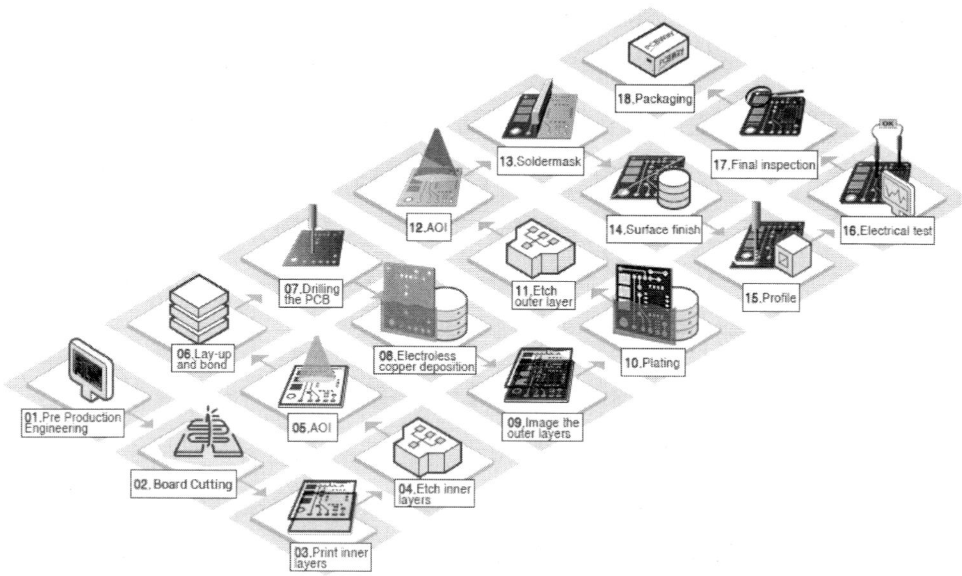

참고 KiCad 후원 업체 PCBway에서 제공하고 있는 PCB 공정 흐름도

(https://www.pcbway.com/pcb-service.html : 참고 주소)

- Pre Production Engineering : 고객의 요청에 따라 거버 파일을 이용한 PCB 생산에 필요한 두께와 크기의 자재를 선택하여 재단 작업을 진행 하는 과정.
- Board Cutting : PCB 양산을 능력과 생산 장비의 제한 사항에 맞추어서 PCB 원재료(Copper Clad Laminate)의 재단을 진행하는 단계이다.
- Print Inner Layers : 아트워크 필름을 이용해서 여러 개의 회로가 적층된 내층과 절연제를 사용해서 완전한 구조의 형태로 합치는 과정이다. 도면과 관련된 이미지를 보드의 표면에 전송하는 단계로 여기서는 감광 건식 필름과 UV(극자외선) 빛을 이용해서 전자 데이터(반전 회로 이미지)를 광 플로터로 전송 한다.
- Etch Inner Layers : PCB 회로 기판에서 불필요한 구리(Cu)를 제거하는 과정이다. 경화되지 않는 포토 레지스트가 제거되고 경화된 레지스트는 구리를 보호하고 나머지는 제거된다.
- Inner Layer Automatic Optical Inspection(AOI) : 내부 레이어의 구조에 대한 자동 광학 검사과정이다. AOI(Automated Optical Inspection)는 레이어를 함께 라미네이

팅하기 전에 PCB의 다층 레이어를 검사하는 데 이때 광학 장치는 패널의 실제 이미지를 PCB 설계 데이터와 비교하며 각 층을 검사하게 된다.

- Lay-up and bond(Lamination) : 다층 PCB를 생산하기 위해 프리프 레그라고 불리는 에폭시 주입 유리 섬유 시트와 전도성 코어 재료를 번갈아 가며 유압 프레스를 사용하여 고온과 압력에서 적층하는 과정이다. 이 단계에서는 여러 레이어에서 회로의 올바른 정렬을 유지해야 하기 때문에 세심한 주의가 필요하다.
- Drilling the PCB : PCB 보드 상의 비아, 장착 및 기타 구멍을 천공하는 과정이다. 일반적으로 드릴 깊이에 따라 정확한 천공이 필수적인데 이 과정에서는 비교적 정교한 광학기기를 사용한다.
- Electroless Copper Deposition : 무전해 화학 구리도금은 양면(Double-Layer) 또는 다층(Multi-Layer) 기판의 제조 시, 층과 층 사이의 비전도성 부분을 도금하여 전기적으로 통전이 되기 위한 구리도금의 핵심 기술이다. 전기가 통하지 않는 비전도성 부분을 도금하기 위한 약품의 화학적 산화-환원 반응을 이용한 도금 과정이다.
- Image the Outer Layers : 외부 패턴 도금은 화학적 구리 공정을 따르는데 구리를 전체 외층 표면뿐만 아니라 홀 내부에도 증착하는 과정이다. 이 경우 내층의 화학 구리 공정과 달리 기판은 후속 에칭 공정에서 구리를 보호하기 위해 전해 주석에 담가지는 과정을 거친다.
- Plating : PTH 홀 도금을 마친 후에 PCB의 표면의 산화 부식등을 방지하기 위한 표면 도금 과정이다. 홀 도금 공정과 표면 도금은 도금이라는 과정은 유사하지만 제조 라인은 전혀 다르다.
- Etch Outer Layer : 사진 공정에 의하여 금속 배선 패턴을 형성한 후, 상기 금속 배선 패턴 위에 금속 배선 층을 선택적으로 식각하여 금속 배선을 형성하는 과정이다. 대부분 ME(main etch), OE(over etch), 잔여 PR(photo resist)과 폴리머(polymer)를 제거하는 PET(post etching treatment) 단계로 진행된다.
- Outer Layer AOI : 패널의 실제 이미지를 PCB 설계 데이터와 비교하며 외부 층을 검사하는 과정이다.
- Soldermask : 솔더 마스크는 보드의 양면에 적용되지만 그 전에 패널은 에폭시 솔더 마스크 잉크로 덮여 있기 때문에 기판은 솔더 마스크를 통과하는 UV 광선

을 조사하여 가려진 부분은 경화되지 않고 노출된 부분만 제거하는 과정이다.

- Surface Finish : PCB 제조에 사용되는 최종 화학 공정으로 솔더 마스크가 덮이지 않은 표면에 남아있는 구리의 산화를 방지하는 과정이다. 회로 기판에 적용하는 표면 마감 과정으로 가장 일반적인 것은 LED 및 무연으로 제공되는 HASL (Hot Air Solder Level)가 있으나 PCB의 사양, 적용 또는 조립 공정에 따라 무전해 니켈 침수 금(ENIG), 연질 금, 경질 금, 침수 은, 침지 주석, 유기 납땜 성 보존제(OSP)등이 이용된다.
- Profile : PCB 패널의 전기 테스트를 완료한 후 개별 보드를 패널에서 분리하는 과정으로 각 보드는 패널에서 원하는 모양과 크기로 CNC 기계 또는 라우터에 의해 작업을 수행한다.
- Final Inspection : 프로세스의 마지막 과정으로 허용 기준에 따라 1차적으로 PCB를 시각적 검사를 완료한다. PCB를 Gerber와 비교하고 모든 주문의 치수, 납땜등을 포함한 전체 검사를 마친다. 제품이 고객의 표준 기준을 충족하는지 확인하기 위해 포장 및 배송 전에는 100 % 품질 감사를 로트에서 수행한다.
- Packaging

저자 소개

김훈학

성균관대학교 전자공학과 학사, 석사, 박사
Information Technology Course, Sofia Antipolis, Nice, France. 객원연구
(전)인덕대학교 전자계산소장, 정보통신처장, 도서관장, 컴퓨터전자공학과 교수
(현)인덕대학교 명예교수

주요 저서

전자회로 설계를 위한 ORCAD SDT/VST. 집문당
윈도우용 v7.x~10.5 실무와 예제 중심의 OrCAD. 복두출판사
정보처리기사 실기 Powerbuilder.Delphi,. Visual Basic. 한울출판사
최신 전기자기학. 북스힐
Schematic, Simulation, 3D Model, PCB설계까지 KiCad. 북스힐

Schematic, Simulation, 3D Model, PCB 설계까지
KiCad 개정판

초판 1쇄 발행 | 2023년 08월 15일
개정판 1쇄 발행 | 2025년 12월 15일

기부자대표 | 김 훈 학
펴낸이 | 조 승 식
펴낸곳 | (주)도서출판 **북스힐**

등 록 | 1998년 7월 28일 제 22-457호
주 소 | 서울시 강북구 한천로 153길 17
전 화 | (02) 994-0071
팩 스 | (02) 994-0073

홈페이지 | www.bookshill.com
이메일 | bookshill@bookshill.com

정가 35,000원

ISBN 979-11-5971-722-2

Published by bookshill, Inc. Printed in Korea.